Linux-Server
mit Debian GNU/Linux

Eric Amberg

Linux-Server mit Debian GNU/Linux

mitp

Bibliografische Information Der Deutschen Nationalbibliothek
Die Deutsche Nationalbibliothek verzeichnet diese Publikation in der Deutschen Nationalbibliografie; detaillierte bibliografische Daten sind im Internet über <http://dnb.d-nb.de> abrufbar.

Bei der Herstellung des Werkes haben wir uns zukunftsbewusst für umweltverträgliche und wiederverwertbare Materialien entschieden. Der Inhalt ist auf elementar chlorfreiem Papier gedruckt.

ISBN 978-3-8266-5520-3
2. Auflage 2009

E-Mail: kundenbetreuung@hjr-verlag.de

Telefon: +49 89/2183-7928
Telefax: +49 89/2183-7620

Lektorat: Sabine Schulz
Sprachkorrektorat: Petra Heubach-Erdmann
Satz: III-satz, Husby, www.drei-satz.de
Druck: Köppl & Schönfelder, Stadtbergen

Inhaltsverzeichnis

Über den Autor

Eric Amberg arbeitet seit Jahren in großen Unternehmen im Bereich IT-Security und System- und Netzwerkadministration. Anfang 2009 gründete er seine eigene Firma ATRACON IT-Dienstleistungen und ist seither vorwiegend als Consultant und IT-Trainer tätig. Er verfügt über zahlreiche Zertifizierungen, unter anderem LPIC-2, RHCE, Checkpoint CCSE NGX, Cisco CCNP und CISSP. Außerdem ist er zertifiziert als MCSE 2003 und MCITP Enterprise Administrator sowie Microsoft Certified Trainer. Er beschäftigt sich seit langer Zeit mit dem Aufbau und der Administration von Linux-Servern und heterogenen Netzwerken.

Danksagung

Zunächst möchte ich meiner geliebten Frau danken – vielen Dank, Kati, für deine unglaublich tolerante und liebevolle Art, mit dem Stress der letzten Monate umzugehen, und dafür, dass du mir so toll den Rücken freigehalten hast! Ich frage mich, woher du immer diese Kraft dazu nimmst ...

Mein nächster herzlicher Dank gilt meiner Lektorin, Sabine Schulz. Sie hat mich mit ihrer positiven und konstruktiven Kritik immer wieder ermutigt, noch eine Kohle nachzulegen, um dieses ehrgeizige Projekt fertigzustellen. Ihre motivierende Art hat mein Selbstvertrauen immer wieder gestärkt. Vielen Dank dafür, Frau Schulz!

Für die inhaltliche Durchsicht möchte ich in erster Linie Martin Meinl danken, der als Linux-Experte in seiner ihm eigenen positiven gründlich-kritischen Art immer wieder wertvolle Hinweise für die Verbesserung dieses Buches geliefert hat. Danke Martin, ohne dich wäre dieses Buch nicht das, was es jetzt ist!

Im Bereich »Root-Server« und »IDS« sowie »Mailserver« hat mir mein Freund und Kollege Heiko Michelsen wertvolle Hinweise gegeben. In seinen praktischen Tests hat er viele Verbesserungsideen entwickelt, die die Qualität dieses Buches entscheidend gehoben haben – nebenbei, Heiko: Läuft dein Root-Server inzwischen nach deinen Wünschen?

Für die Überarbeitung des Kapitels *Squid-Proxyserver* danke ich Anton Perchermeier, ebenfalls Freund und Kollege, der sich dem Thema beruflich seit Jahren widmet und dadurch einen wichtigen Beitrag zu diesem Kapitel geleistet hat – vielen Dank dafür, Anton!

Petra Bilke war so freundlich, die Kapitel über PHP und MySQL durchzusehen und mich auf Fehler und Unstimmigkeiten hinzuweisen – danke Petra!

Nicht vergessen möchte ich Anna, meine Ziehtochter. Vielen Dank an dich, Anna, dass du so tolerant warst und mir die Zeit gegeben hast, dieses Buch zu schreiben – ich habe dich unheimlich lieb und habe nun endlich auch wieder mehr Zeit für dich!

Einleitung

Herzlich Willkommen! Mit diesem Buch halten Sie einen Lehrgang über die System- und Netzwerkadministration von Linux-Servern im Allgemeinen und Debian GNU/Linux im Besonderen in den Händen. Zwar stelle ich die Administration eines Linux-Servers am Beispiel von Debian GNU/Linux vor, jedoch ist nur der geringste Teil des Buches Debian-spezifisch. Auch wenn Sie eine andere Linux-Distribution, wie zum Beispiel OpenSUSE oder Fedora, nutzen, werden Sie großen Nutzen aus diesem Buch ziehen können!

Die meisten Bestandteile eines Linux-Systems, wie zum Beispiel der Kernel, die Shell, die Linux-Befehle und die Serverdienste, sind distributionsübergreifend vorhanden. Die Entwickler einer Distribution passen nur bestimmte, im Grunde recht überschaubare Details im System an. So sind zum Beispiel die Startskripte teilweise unterschiedlich aufgebaut. Während die eine Distribution in der Voreinstellung in den Runlevel 2 bootet, ist dies bei anderen Distributionen Runlevel 3. Natürlich gibt es weitere Änderungen und jede Distribution bringt ihre eigenen Konfigurationstools mit. Wenn man jedoch von diesen Details abstrahiert, bleibt ein Linux-System ein Linux-System – egal, ob es den Namen Debian, OpenSUSE oder Fedora trägt! Dies gilt umso mehr im Serverbereich, da der Administrator hier ohnehin sein individuelles, auf die Erfordernisse abgestimmtes, Serversystem aufbauen wird.

> Daher liegt einer der Schwerpunkte dieses Buches darauf, die Hintergründe und Funktionsweisen der Systeme zu durchleuchten – wer sein System kennt, kann die Administrationsaufgaben wesentlich effektiver bewältigen als jemand, der nur über oberflächliches Wissen verfügt.

Für wen ist dieses Buch geeignet?

Das Buch ist genau das richtige für Sie, wenn Sie als Poweruser bereits ein wenig Erfahrung in der Betreuung von PCs und eventuell sogar kleinen Serversystemen haben – egal ob Windows oder Linux – und sich nun systematisch in die System- und Netzwerkadministration von Linux-Servern (vor allem unter Debian GNU/Linux) einarbeiten möchten. Es ist in erster Linie zum »Mitmachen« konzipiert. Viele Bücher über das Thema Linux-Systemadministration handeln die Themen inhaltlich ab, überlassen es aber der Eigeninitiative des Lesers, die angebotenen Inhalte in der einen oder anderen Form in die Praxis umzusetzen.

Aus meiner Erfahrung als Kursleiter und Dozent für Fachinformatiker für Systemintegration weiß ich jedoch, dass es für den Lernenden oftmals schwierig ist, einen praxisnahen Übungsansatz zu finden. Und so bleibt der angelesene Stoff nicht lange hängen und verflüchtigt sich schnell wieder.

Dieses Problem versuche ich in diesem Buch dadurch zu lösen, dass ich Ihnen in vielen Kapiteln Workshops mit Schritt-für-Schritt-Anleitungen und zum Teil weitergehenden Übungen anbiete. Ich kann Sie nur immer wieder ermutigen, mir nichts zu glauben, bis Sie es nicht selbst nachgeprüft haben – nur wenn Sie tatsächlich mit dem Serversystem arbeiten, werden Sie Ihren Server kennen lernen.

Dabei erstellen wir gemeinsam ein Szenario, in dem Sie der Administrator bzw. die Administratorin des expandierenden *Architekturbüros Windschief* sind. Je nach Situation ergeben sich immer neue Herausforderungen, denen Sie sich als Administrator gegenübersehen. Dabei werden Sie die verschiedensten Serverdienste aufsetzen und konfigurieren, um – je nach Grundszenario – einen kompletten Linux-Server aufzubauen.

Der Aufbau dieses Buches

Ziel des Buches ist es, Ihnen die notwendigen Grundlagen zur Administration eines (Debian-)Linux-Servers in unterschiedlichen Umgebungen zu verschaffen. Dazu ist das Buch in fünf Teile gegliedert, die jeweils unterschiedliche Aspekte bzw. Anwendungsbereiche eines Servers beleuchten. Die Inhalte der Teilbereiche werden weiter unten erläutert. Neben dem allgemeinen (ersten) Teil habe ich für Sie drei typische Szenarien entworfen, die Ihnen in dieser oder abgewandelter Form in der Praxis begegnen könnten:

- Backoffice-Server
- Root-Server
- Linux als Gateway

Ich habe versucht, möglichst lebendige Szenarien im Rahmen des bereits eingangs erwähnten *Architekturbüros Windschief* zu entwickeln, um Ihnen eine Identifikation mit den gestellten Administrationsaufgaben zu erleichtern. Sie werden Ihren Server gemäß den sich ändernden Anforderungen schrittweise aufbauen und erweitern.

Last but not least werden wir im fünften Teil unseren Fokus auf die Sicherheit unseres Servers legen, da dies ein elementarer Bestandteil der Serveradministration ist.

Wir arbeiten in der neuen Auflage mit *Etch* (Debian 4.0) und *Lenny* (Debian 5.0), den zurzeit aktuellen Versionen von Debian. Auf Sarge (Debian 3.1) werde ich nur noch sehr vereinzelt eingehen.

Das Buch ist als Lehrbuch konzipiert, die einzelnen Kapitel bauen also an einzelnen Stellen aufeinander auf. Arbeiten Sie das Buch von Anfang bis Ende durch, werden Sie einen sehr guten Einblick in die Arbeit als Administrator eines Linux-Servers bekommen haben. Andererseits sind die einzelnen Themenbereiche klar voneinander abgegrenzt, so dass Sie dieses Buch auch später als Nachschlagewerk verwenden können, zumal wir in den Kapiteln auch über den Tellerrand hinausschauen werden, um zu sehen, was uns das eine oder andere Programm über die Anforderungen unseres Szenarios hinaus noch bieten kann.

Lassen Sie uns einen Blick auf die Inhalte der fünf Teilbereiche des Buches werfen.

Teil I – Allgemeine Systemadministration

Wir werden klassisch starten: Zunächst lernen Sie, Ihr Debian-System zu installieren. Sollten Sie eine andere Distribution nutzen, werden Sie an dieser Stelle abweichende Installationsschritte durchführen müssen. Anschließend werden wir uns mit dem Paketmanage

ment von Debian beschäftigen – ein sehr leistungsfähiges, aber gewöhnungsbedürftiges Konzept.

Sie lernen das (Debian-)Linux-System aus der Administratorsicht kennen – wo befindet sich was, wie sind die Runlevel organisiert usw. Wir schauen hier auch auf Gemeinsamkeiten und Unterschiede zu anderen Distributionen.

Anschließend steigen wir in die Benutzerverwaltung ein. Diesem Bereich kommt auf einem Server eine große Bedeutung zu, da naturgemäß mehrere User auf unseren Server zugreifen und normalerweise die Systemaccounts zur Authentifizierung und Zugriffsberechtigung verwendet werden.

Sie lernen wichtige Befehle zur Systemadministration kennen, damit Sie in der Lage sind, Ihr System zu beherrschen. Darüber hinaus werden wir einige Grundlagen zur Shellskript-Programmierung schaffen, damit Sie Routine-Aufgaben auch automatisieren können. Fast alle Prozeduren auf einem Linux-System sind durch Shellskripte realisiert. Diese Shellskripte greifen auf genau die Programme zurück, die Sie vorher als äußerst nützliche Administrationstools kennen gelernt haben.

Haben Sie diese Grundlagen gemeistert, wird es Zeit, in das Herz Ihres Servers zu schauen: den Kernel. Sie werden lernen, den Kernel unseren persönlichen Bedürfnissen anzupassen, ihn zu »customizen«. Das ist anspruchsvoll, aber unter bestimmten Bedingungen sehr nützlich. Da es sich hier sozusagen um eine »Herzoperation« handelt, ist äußerste Konzentration und Genauigkeit vonnöten – nichts, was man mal eben nebenbei erledigen sollte.

Leider läuft nicht immer alles nach Plan – für diesen Fall ist das Logfile Ihr bester Freund. Wird es normalerweise stiefmütterlich behandelt, werden wir es hegen und pflegen. Sie werden die Logfiles Ihres Systems immer wieder konsultieren, um Fehler zu finden und sich über den Status des Systems zu informieren.

In diesem Zusammenhang ist eine passende Backup-Strategie absolut essenziell. Im Falle eines Desasters, das im Allgemeinen immer dann auftaucht, wenn man es am wenigsten gebrauchen kann, können Sie kalt lächelnd Ihre Daten wiederherstellen.

Ein X-Window-System ist für einen Server in der Regel nicht notwendig und unter Umständen sogar nicht erwünscht. Andererseits kann es die Administration deutlich vereinfachen. Wir schauen uns an, was das X-Window-System für uns tun kann.

Anschließend geht es um die Netzwerkgrundlagen. Sie lernen TCP/IP etwas genauer kennen und werden Ihren Server fit für die Netzwerkkommunikation machen. Außerdem werden Sie ab diesem Zeitpunkt in der Lage sein, Ihren Server »remote«, also aus der Ferne zu administrieren – SSH macht es möglich. Jetzt sind Sie bereit für das große Abenteuer!

Teil II – Der Backoffice-Server

Unser erstes Szenario führt uns in das lokale Netz des *Achitekturbüros Windschief.* Hier soll ein Server das bisherige Peer-to-Peer-Konzept (alle Workstations sind gleichberechtigt) ablösen. Wir werden also Schritt für Schritt typische Dienste in einem solchen Umfeld einführen.

Zunächst überlassen wir die Client-Netzwerkkonfiguration dem DHCP-Server. Dies schafft dem Admin – das sind Sie – mehr Luft für andere Dinge, da er nicht jeden Client einzeln konfigurieren muss.

Danach üben wir tanzen – Samba, um genau zu sein: Dieser Dienst leistet erstklassige Arbeit bei der Integration von Linux und Windows, da er nicht nur einen Datei- und Druckserver für Windows-Clients bereitstellt, sondern darüber hinaus auch noch als Domänencontroller Chef einer Windows-Domäne werden kann.

Ein Intranet muss her! Dabei hilft uns der »Indianer« – sprich: der Apache Webserver. Wir werden ein einfaches Intranet aufbauen, um die Grundfunktionen des Apache kennen zu lernen. Im nächsten Teil werden wir den Webserver ein bisschen gründlicher unter die Lupe nehmen.

Was in einem Unternehmen nicht fehlen darf, ist eine Datenbank – genauer: ein relationales Datenbank-Management-System. Unsere Wahl fällt auf MySQL, weil es einfach zu bedienen und weit verbreitet ist. Außerdem ist es erste Wahl für Webdatenbanken. Damit können wir das Backend für unser Intranet schaffen.

Um das Backend (MySQL) mit dem Frontend (Apache) zu verbinden, benötigen wir einen Vermittler. Hier bietet sich PHP als serverseitige Skriptsprache an, da PHP eine sehr ausgereifte Schnittstelle zu MySQL bereitstellt.

Teil III – Der Root-Server

Inzwischen sind sie für fast jeden Geldbeutel erschwinglich und werden immer beliebter: die Root-Server. Dabei handelt es sich um einen dedizierten Server, der im Rechenzentrum eines Providers installiert wird. Sie als »Mieter« dieses Servers haben alleinigen Root-Zugriff und können diesen genau so konfigurieren, wie Sie einen Rechner bei sich zu Hause oder in Ihrem Unternehmen einrichten könnten. Die Administration erfolgt über SSH, also konsolenbasiert. Sie haben oftmals auch die Möglichkeit, den Server über eine Weboberfläche zu verwalten, aber das werden wir nicht weiter betrachten, da sich die interessanten Aspekte hier Blackbox-artig hinter den Menüs und Dialogfenstern verstecken.

Mit einem solchen Server werden Sie selbst zum Provider mit allen Rechten und Pflichten: Sie können verschiedene Domains bzw. Websites hosten, sind für die DNS-Einträge verantwortlich und müssen den E-Mail-Verkehr abwickeln. Eine spannende und sehr anspruchsvolle Aufgabe, vor allem, wenn Sie zahlende Kunden haben.

Da darf nichts schiefgehen, da hier unter Umständen SLAs (Service Level Agreements) greifen, die Sie mit Ihren Kunden vereinbart haben – zum Beispiel 99,5-prozentige Verfügbarkeit, Datenwiederherstellung innerhalb von vier Stunden o.Ä. Aber selbst wenn nicht, dürfte die Verfügbarkeit der Internetpräsenz eine sehr wichtige Rolle spielen, so dass die Ausfallzeit generell so gering wie möglich zu halten ist – Experimente sollten Sie also lieber auf einem Testsystem zu Hause machen und Änderungen am Produktivsystem erst vornehmen, wenn Sie alles getestet haben.

Wir werden uns in diesem Abschnitt mit der Konfiguration des Apache für mehrere Domains beschäftigen. Außerdem gehe ich auf weitere Funktionalitäten wie zum Beispiel die Unterstützung für verschiedene Zusatzfunktionen (unter anderem SSL/TLS) ein und wir werden unseren Webserver tunen, um auch höherem Datenverkehr gerecht zu werden.

Außerdem werden wir einen DNS-Server aufbauen, der die gehosteten Domains verwaltet. Mein ehemaliger Chef sagte einmal zu mir: »Bei Einstellungsgesprächen frage ich die Kandidaten immer über DNS aus – wer DNS versteht, versteht das Internet!« DNS ist ein anspruchsvolles und essenzielles Konzept, und wir werden es durchleuchten.

Dagegen ist die wichtigste Anwendung im Internet noch immer E-Mail. Die Konfiguration eines E-Mail-Servers gehört zu den anspruchsvollsten Aufgaben eines Netzwerkadministrators. Wir werden Postfix statt den von Debian standardmäßig installierten Exim-Mailserver nutzen, da Postfix verbreiteter und besser dokumentiert ist. Leistungsfähig und relativ einfach zu konfigurieren sind sie beide.

Außer den bunten Bilderchen und E-Mail benötigen Sie allerdings oft auch noch FTP, zum Beispiel um die Übertragung der Dokumente einer Webpräsenz vom Client auf den Server zu ermöglichen. Außerdem ist FTP bis heute der Standard in Sachen Datenübertragung.

Last but not least müssen Sie Ihren Server absichern. Wir werden wichtige Sicherheitsaspekte schon im Rahmen der einzelnen Serverdienste untersuchen, jedoch gibt es auch globale Pflichtmaßnahmen – eine davon lernen Sie hier kennen: die Firewall. Mit `iptables` liefert Linux eine sehr brauchbare Paketfilter- bzw. Stateful Inspection-Firewall. An dieser Stelle werden wir zunächst eine Personal-Firewall aufsetzen, während ich im nächsten Teil auf `iptables` als Netzwerk-Firewall eingehen werde.

Teil IV – Linux als Gateway

In letzter Zeit sind DSL-Router sogar mit WLAN-Funktionalität so preisgünstig geworden, dass viele dazu übergehen, eine vormals installierte Linux-Lösung abzulösen. Dennoch hat die Linux-Gateway-Lösung noch immer viele Vorteile, die ich in diesem Teil beleuchten werde.

Sie werden lernen, wie Sie aus Linux einen Router machen, eine Netzwerk-Firewall mit `iptables` aufbauen und einen DNS-Caching-Server installieren. Darüber hinaus werden wir uns `Squid` – den bekanntesten Proxy-Server für Linux – ansehen und für unser Netzwerk nutzbar machen.

Haben Sie keine feste IP-Adresse – was der Häufigkeitsfall sein dürfte –, möchten aber trotzdem immer erreichbar sein, bietet sich DynDNS an. Damit ist es möglich, einen festen Domainnamen (zum Beispiel `hansjuergen.dyndns.org`) jeweils auf die aktuelle, dynamisch vom Provider zugewiesene Adresse Ihres Routers auflösen zu lassen.

Teil V – Server-Security

Sie haben bis zu diesem Zeitpunkt schon einiges über Sicherheit gelernt, da wir die wichtigsten spezifischen Sicherheitsmaßnahmen der einzelnen Dienste bereits an Ort und Stelle untersucht haben. Jedoch gibt es darüber hinaus noch einige allgemeine wichtige Maßnahmen, die Sie treffen sollten. Diese beleuchte ich in diesem Abschnitt.

Dazu gehört die Härtung Ihres Linux-Servers. Darunter versteht man geeignete Maßnahmen, um das System so unangreifbar wie möglich und andererseits so zugänglich wie nötig zu machen – eigentlich ein eigenes Buch.

Mit `Tripwire` können Sie erkennen, ob sich jemand an Ihren Systemdateien zu schaffen gemacht hat. Hierbei handelt es sich um ein Host Intrusion Detection-System (HIDS). Wir werden `Tripwire` installieren und konfigurieren.

Des Weiteren werden wir eine »Netzwerkkamera« in Form eines NIDS (Network Intrusion Detection-System) installieren. Ein NIDS kann als solches keine Angriffe verhindern, aber Warnungen ausgeben, wenn ein Angriff – oder die Vorbereitung eines solchen – erkannt wird. Dafür nutzen wir `Snort`, das Schwein mit der Riesennase.

Bevor wir zum Ende kommen, möchte ich mit Ihnen noch einen sehr wichtigen Aspekt besprechen: Desaster-Recovery. Der Standardfall sieht in etwa folgendermaßen aus: Eine kritische Komponente versagt ihren Dienst, keiner weiß so richtig, was zu tun ist, und alles rennt hektisch durcheinander. Die so genannte *Downtime* (die Zeit, in der der Server nicht verfügbar ist) wird dadurch unnötig verlängert.

Mit einem guten Notfallplan können Sie einem solchen Fall jedoch relativ entspannt entgegensehen. Der Plan ermöglicht es Ihnen, im Notfall schnell und effizient zu reagieren und die Downtime auf ein Minimum zu beschränken.

Konventionen in diesem Buch

Wo vorhanden, habe ich versucht, mich an Standards in der Darstellung zu halten. Leider ist dies nicht überall möglich. In diesem Buch gelten folgende Darstellungsregeln:

Die Syntax eines Befehls sieht folgendermaßen aus:

```
Befehl <Pflichtangabe> [<Freiwillige Optionen oder Parameter>]
```

In jedem Fall werden Pflichtangaben in spitze, freiwillige Angaben in eckige Klammern gefasst. Ersetzungen, also Angaben, die Sie einsetzen müssen, werden ebenfalls generell in spitze Klammern gefasst, im Befehl oder im Konfigurationsparameter entfallen die Klammern generell, wenn nicht anders angegeben.

Befehle und Eingaben sind **`fett`** gedruckt, Ausgaben von Befehlen und Dateilistings `nicht fett`. Spezielle Begriffe sind – je nach Kontext – *kursiv* oder in »Anführungszeichen« gesetzt.

Für Passwörter habe ich pauschal immer sechs fettgedruckte Asteriske (******) gesetzt. Ihr Passwort sollte tunlichst länger sein, mindestens acht oder besser zwölf Zeichen! Bei Linux-Programmen sehen Sie in der Regel die Passworteingabe nicht auf dem Bildschirm, weder maskiert noch überhaupt als Zeichen. Die Passworteingabe wird jedoch immer regulär mit einem [Enter] abgeschlossen.

Zum Thema Kommentieren: Bei Linux ergibt sich häufig die Notwendigkeit, in einer Konfigurationsdatei eine Zeile aktiv oder inaktiv zu setzen. Dies geschieht durch das Entfernen bzw. Hinzufügen von Kommentarzeichen (meistens #) als erstes Zeichen der Zeile. Da es keine einheitliche Meinung zur Aussage von Ein- und Auskommentieren gibt, habe ich in den entsprechenden Fällen immer hinzugeschrieben, um welchen Schritt es sich handelt.

Warum Debian GNU/Linux?

Ich hatte Ihnen eingangs erläutert, warum Sie auch großen Nutzen aus diesem Buch ziehen können, wenn Sie eine andere Linux-Distribution als Debian GNU/Linux verwenden möchten (oder müssen). Dennoch kann ich Ihnen Debian GNU/Linux nur wärmstens ans Herz legen, wenn Sie eine zuverlässige und stabile Serverplattform benötigen. Doch gibt es noch andere Gründe, die für Debian sprechen, wie Sie im Folgenden lesen können.

Es stimmt! Debian ist nicht so wie andere Linux-Distributionen! Der kleine, aber wichtige Unterschied liegt im Detail:

- Debian beinhaltet ausschließlich freie Software und steht als Ganzes unter der GPL (GNU Public License) – andere Distributionen beinhalten häufig kommerzielle Software-Pakete. Einerseits ist dies schade, weil man auf einige schöne Programmchen verzichtet hat, andererseits bleiben Sie als Anwender in jedem Fall lizenztechnisch (im Rahmen der GPL) auf der sicheren Seite. Lesen Sie weiter unten, was es mit der GPL auf sich hat.
- Debian bietet in der Standardversion (stable) nicht die neueste, sondern stets ausgereifte und ausführlich getestete Software. Das liegt an der Philosophie der Debian-Entwickler, ein möglichst stabiles Betriebssystem bereitzustellen. Dagegen bieten andere Distributionen wie SuSE (bzw. OpenSUSE) und Red Hat (bzw. Fedora), deren Versionsrad sich inzwischen immer schneller dreht, immer die neuesten Versionen einer Software. Mit dem Resultat, dass diese Systeme sich in manchen Situationen in puncto Stabilität – etwas ketzerisch formuliert – langsam hinter Windows einreihen müssen ... und das mag schon etwas heißen. Im Übrigen ist es auch Debian-Nutzern möglich, sich immer die neueste, schönste und schnellste Software zu besorgen. Das ist aber nur unter ganz bestimmten Umständen sinnvoll. Ich gehe weiter unten darauf ein.
- Debian als Projekt ist nicht kommerziell – das heißt, es wird ausschließlich von engagierten Linux-Programmierern in deren Freizeit erstellt und weiterentwickelt. Diese erhalten dafür kein Geld – allenfalls einen warmen Händedruck. Vielen Dank an dieser Stelle an die vielen idealistischen Programmierer und Betreuer, die ihre Freizeit dafür opfern, dieses professionelle Betriebssystem zu pflegen!
- Debian nutzt ein eigenes Paket-Management-System namens `dpkg`. Obgleich es vielleicht das leistungsfähigste System ist, benötigt ein Einsteiger doch etwas Eingewöhnungszeit, da es sich vom mehr verbreiteten RPM-System unterscheidet – ich werde versuchen, diese Eingewöhnungszeit so kurz wie möglich zu halten und Ihnen zu zeigen, wie Sie hocheffizient damit arbeiten können. Kennen Sie es erst einmal, werden Sie es lieben!
- Debian ist an einigen Stellen nicht wirklich bequem in der Konfiguration. Aber andere Linux-Distributionen sind dies auch nicht, wenn man ein wenig mehr als die Standardkonfiguration möchte, da man dann auch Hand anlegen muss, anstatt die schicken Frontends wie zum Beispiel YaST von SuSE zu nutzen. Wer sein System per Hand konfiguriert, weiß, was läuft! Das ist einer der Gründe, warum Experten oftmals auf Debian schwören: Ein Debian-System fordert anfangs zwar etwas mehr Eingewöhnungszeit, aber wenn es einmal »funzt« (funktioniert), dann wissen Sie auch, warum – Sie haben es nämlich selbst und höchst eigenhändig konfiguriert ...

Um den Kritikern den Wind aus den Segeln zu nehmen: Nein, Debian ist kein optimales Einsteigersystem, da es vom Anwender oft ein wenig mehr Know-how abverlangt, um ein lauffähiges System zu konfigurieren! Aber mit der entsprechenden Hilfestellung ist die Einarbeitung in Debian problemlos möglich. Dieses Buch wird Ihnen dabei helfen.

Im Übrigen handelt das Buch von Linux bzw. Debian GNU/Linux als Serversystem. Somit gehe ich natürlich von einem gewissen Grundwissen aus, da kaum ein Einsteiger gleich mit der Konfiguration eines Servers beginnen wird. Trotzdem werde ich versuchen, Ihnen alle nötigen Informationen zukommen zu lassen – die »Basics« als kurze Zusammenfassung, alles andere mehr oder weniger ausführlich.

Genug davon. Schauen wir uns also die Besonderheiten von Debian GNU/Linux einmal etwas genauer an. Oben war die Rede von einer GPL. Diese sagt im Kern Folgendes aus:

Statt der üblichen Einschränkungen einer Lizenz gewährt die GPL (GNU Public License) vier Freiheiten:

1. Das Programm darf für jeden (auch kommerziellen) Zweck genutzt werden.
2. Das Programm darf beliebig oft kopiert und kostenlos verteilt werden. Auf Anfrage muss der Quellcode dem Empfänger zur Verfügung gestellt werden.
3. Das Programm darf beliebig verändert und angepasst werden, um den eigenen Bedürfnissen gerecht zu werden.
4. Die geänderte Version darf ebenfalls kostenlos weitergegeben oder aber kommerziell vertrieben werden, immer unter der Maßgabe von Punkt 2.

Ein Großteil der Software in gängigen Linux-Distributionen steht unter der GPL. Allerdings erlaubt Debian im Gegensatz zu vielen anderen Distributionen keine Ausnahme von der GPL. Andere nützliche Software wie zum Beispiel Adobe Reader steht nicht unter der GPL. Diese müssen Sie sich aus anderen Quellen besorgen.

Die Releases und Versionen von Debian

Während es bei anderen Linux-Distributionen nur eine Versionsnummer gibt, ist Debian etwas anders aufgebaut. Daran muss man sich erst einmal gewöhnen.

Debian-Releases

Es gibt grundsätzlich drei aktuelle Versionen von Debian:

1. **stable**: Die aktuelle, offizielle Debian-Version. Hierbei handelt es sich durchweg um Software, die in umfangreichen Praxistests ihre Stabilität und Zuverlässigkeit unter Beweis gestellt hat. Diese Tests laufen nicht im Labor einer Softwareschmiede ab, sondern im täglichen Betrieb tausender Debian-User und -Entwickler. Sie können sicher sein, dass dieses Release über einen sehr hohen Reifegrad verfügt. Der Nachteil: Die Software ist teilweise veraltet. Dies wirkt sich allerdings nur dann aus, wenn Sie Features einer neueren Version nutzen möchten, die in der älteren, distributionseigenen Version noch nicht vorhanden ist. Im Serverbereich ist das eher selten.
2. **testing**: Diese, für Workstations vielleicht beliebteste, Debian-Distribution enthält recht aktuelle Pakete, die zwar schon intensiven Tests unterzogen, aber noch nicht in das Stable-Release übernommen wurden. Hier vereinen sich Aktualität der Programme und Stabilität auf hohem Niveau. Allerdings mit Abstrichen auf beiden Seiten: Sie werden

vereinzelt noch über Software-Probleme stolpern und haben andererseits noch immer nicht die absolut neueste Software. Für einen Server stellt die »stable«-Version oft die bessere Variante dar.

3. **unstable**: Hier finden Sie endlich die absolut neuesten Versionen aller Programme und Pakete – allerdings befinden sich diese in der Regel noch im Entwicklungsstadium. Sie sollten Pakete aus diesem Bereich nicht in einer kritischen Produktionsumgebung verwenden, weil Ihnen hier niemand für Stabilität und Zuverlässigkeit garantieren wird – aus gutem Grund! Mit anderen Worten: Sollten Sie einmal die schönste, neueste und tollste Version eines unkritischen Programms haben wollen, bedienen Sie sich aus diesem Pool – ohne Gewährleistung.

Wie Sie vielleicht schon zwischen den Zeilen gelesen haben, können Sie jederzeit auch aktuellere Pakete in die »Stable«-Version einbinden. Hierbei greifen Sie auf so genannte *Backports* zurück, die aktuelle Software für die ältere Umgebung bereitstellt. Diese finden Sie u.a. auf `http://www.backports.org`.

Neben den drei Hauptversionen existieren noch zwei weitere Zweige:

- **Experimental:** Hier werden nur bestimmte Programme geführt, deren Einführung umfangreiche Änderungen im System nach sich ziehen würde und daher einer speziellen Untersuchung bedarf. Ein Beispiel ist der Übergang des X-Servers von `Xfree86` auf `X.Org`. »Experimental« ist eine spezielle Vorstufe zur »unstable«-Version.
- **Volatile:** Der Begriff heißt »flüchtig« oder »vergänglich«. Hier werden Programme geführt, die naturgemäß kurzfristigen Änderungen unterworfen sind, zum Beispiel Antivirus- und Antispam-Software.

Debian-Verisonen

Halten Sie es für albern oder sympathisch: Die Versionen von Debian sind eher unter ihrem »Namen« als unter ihrer Versionsnummer bekannt. Diese Namen sind dem Film »Toy Story« entnommen. Folgende »`Stable`«-Versionen sind bisher erschienen:

- Debian 5.0, Name: »Lenny« - seit Februar 2009 aktuelle Version
- Debian 4.0, Name: »Etch« - als Old-Stable bezeichnet
- Debian 3.1, Name: »Sarge«
- Debian 3.0, Name: »Woody«
- Debian 2.2, Name: »Potato«
- Debian 2.1, Name: »Slink«
- Debian 2.0, Name: »Hamm«
- Debian 1.3, Name: »Fox«
- Debian 1.2, Name: »Rex«
- Debian 1.1, Name: »Buzz«

Die gegenwärtige »Testing«-Version hat den Spitznamen »Squeeze« – dies wird die nächste »Stable«-Version. Dagegen hat die »Unstable«-Version immer den Namen »Sid«. Die Darsteller des Films sind begrenzt – ich bin gespannt, welchen Film sich die Debian-Entwickler als Nächstes aussuchen ...

Vergleich zu anderen Distributionen

Was macht Debian nun eigentlich aus? Worin unterscheidet sich Debian von anderen großen Distributionen? Nun, vor allem in der Philosophie. Während gerade die größten Distributionen, SuSE und Red Hat, in immer kürzeren Intervallen neue Versionen auf den Markt warfen, um auch ja die neuesten Versionen sämtlicher Programme anbieten zu können, blieben die Debian-Entwickler ihrem Grundsatz treu, ein möglichst stabiles Linux zu entwickeln und als Distribution bereitzustellen. Wie dies verwirklicht wird, haben Sie ja bereits weiter oben gesehen.

An dieser Stelle nehmen wir so genannte »Live-Distributionen« wie Knoppix einmal aus, da diese Distributionen nicht für einen permanenten Servereinsatz geeignet sind.

Die kurzen Versionsintervalle oben genannter Distributionen (zum Beispiel OpenSUSE oder Fedora) können eine entsprechende Qualität der Software hinsichtlich Stabilität und Zuverlässigkeit nicht mehr gewährleisten. Der Benutzer erhält zwar die neueste Software mit den neuesten Features, hat aber zugleich häufig mit Problemen zu kämpfen, weil die Software noch gar nicht ausgereift ist.

Es gibt seit Längerem von SuSE (bzw. Novell SUSE) und Red Hat so genannte »Enterprise-Server«. Diese verfolgen hinsichtlich der angebotenen Software interessanterweise eine ähnliche Philosophie wie das Debian-Projekt. Es wird nicht etwa das Neueste vom Neuesten in das Release integriert, sondern nur ausgereifte und zuverlässige Programme. Im Gegensatz zu Debian wird für diese Versionen allerdings jede Menge Kohle fällig.

In der jüngeren Vergangenheit wurden sowohl bei SuSE (bedingt durch die Übernahme von Novell) als auch bei Red Hat die »normalen« Versionen von den kommerziellen Versionen getrennt. Während Letztere von den bezahlten und angestellten Entwicklern weitergeführt wird, ist die normale Version beider Distributionen weitgehend für die Open-Source-Gemeinde freigegeben worden – sprich: Die Weiterentwicklung ist in der Verantwortung eben jener Leute, die keinen Cent für Ihre Arbeit zu erwarten haben. Dennoch folgt auch hier bisher ein Release dem nächsten – vielleicht auch deswegen, weil man der bisherigen Entwicklung in nichts nachstehen will.

Auf der anderen Seite geht Debian einen sehr konservativen Weg, bei dem das aktuelle Release mit seinen Software-Versionen anderen Distributionen um Monate hinterherhinkt. Wer das Entwicklungstempo innerhalb der Linux-Gemeinde kennt, weiß, was das bedeutet.

Darunter leidet natürlich der Ruf von Debian unter den normalen Usern, während die Server-Administratoren für jedes Stückchen zuverlässiger Software dankbar sind.

Da Debian aber neben dem Stable-Release auch noch »Testing« und »Unstable« als Versionsstand anbietet, steht dem Einsatz eines Debian-Systems auch auf einer Workstation nichts im Weg, selbst wenn man Wert auf topaktuelle Software legt. Der Vorteil ist, dass Debian einen der umfangreichsten Software-Pools bereitstellt.

Erschwerend kommt allerdings hinzu, dass Debian zurzeit noch keine derart ausgereiften grafischen Frontends für die Systemkonfiguration und Paketinstallation bereitstellt wie zum Beispiel SuSE mit dem äußerst benutzerfreundlichen YaST. Zur Ehrenrettung von Debian sei gesagt, dass es auch hier mit den APT-Tools (namentlich `aptitude`) sehr wohl ausgereifte Paketmanagement-Tools gibt, diese jedoch bei Weitem nicht so ansprechend und Endbenutzer-gerecht aufbereitet sind – bis jetzt.

Auch wenn mit »Etch« und »Lenny« (zukünftig *Etch* und *Lenny* geschrieben) die Installation eines Debian-Systems deutlich einfacher geworden ist und die meisten Grundkonfigurationsarbeiten per Frontend vorgenommen werden können, bleibt doch die Erkenntnis, dass Debian keine optimale Linux-Einsteiger-Distribution ist.

Dafür ist Debian *das* Profi-System für den Server-Einsatz! Denn hier zählt Stabilität und Zuverlässigkeit, während schicke Frontends bei eingefleischten Linux-Administratoren ohnehin keinen guten Stand haben. Wer Linux kennt, wird normalerweise lieber selbst Hand anlegen, als sich die Arbeit von »Blackbox«-artigen Frontends abnehmen zu lassen, bei denen er nicht wirklich weiß, was auf seinem System passiert. In diesem Sinne werfen auch wir einen tiefen Blick hinter die Kulissen der Serverdienste, damit Sie in der Lage sind, Ihren Debian-Server auch ohne Frontends zu verstehen und zu konfigurieren.

Nach Abschluss der Lektüre werden Sie viele Aspekte kennen gelernt haben, die bei der Konfiguration und Administration eines Linux-Servers eine Rolle spielen. So umfangreich eine Abhandlung jedoch auch wird, Sie werden vermutlich immer etwas im Inhaltsverzeichnis vermissen, das Sie besonders interessiert hätte. Mir geht es genauso. So hätte ich u. a. gern noch die Themen LDAP, NIS, RADIUS, WLAN und VPN behandelt. Leider reicht der Platz hierzu nicht aus. Dennoch hoffe ich, mit der Auswahl der Themen und der didaktischen Herangehensweise Ihren Geschmack zu treffen!

Falls Sie Fragen, Anregungen oder Kritik haben, freue ich mich über Ihr Feedback unter `eric.amberg@atracon.de` oder auf der Website meiner Firma `www.atracon.de`, auf der Sie auch Korrekturen und Ergänzungen zum Buch finden sowie viele weitere Informationen zum Thema Linux, Windows, IT-Netzwerke und IT-Security.

Und nun wünsche ich Ihnen viel Spaß und maximale Erfolge beim Einrichten Ihres Linux-Servers!

Berlin, 1. Juli 2009

Eric Amberg

Teil 1

Allgemeine Systemadministration

Im ersten Teil dieses Buches zeige ich Ihnen die Grundlagen der Linux-Systemadministration. Bis auf die Debian-spezifischen Kapitel 1 bis 3, sind die anderen Kapitel dieses Teils zum größten Teil allgemeingültig, also auch auf andere Linux-Distributionen anwendbar. Sie lernen hier zunächst einmal Ihr Serversystem kennen, erfahren, wie der Linux-Systemstart funktioniert und wie Sie ihn beeinflussen können und lernen, wie Sie Benutzer und Rechte verwalten.

Anschließend lernen Sie Ihren Admin-Werkzeugkasten kennen. Die Basis-Schnittstelle zwischen dem Linux-System und dem Benutzer ist die Shell. Unter Linux wird standardmäßig die *Bash* (Bourne Again Shell) genutzt. Die so unscheinbare Eingabezeile ist unglaublich leistungsfähig und verfügt sogar über eine eigene Shellskript-Sprache. Ich zeige Ihnen, wie Sie die *Bash* optimal nutzen können.

Im Gegensatz zum Integrationskonzept von Windowsanwendungen setzt Linux auf das Konzept hochspezialisierter kleiner Werkzeuge, die entsprechend miteinander kombiniert werden können, um das gewünschte Ergebnis zu erzielen. Das macht in der Regel mehr Arbeit, lässt aber in puncto Flexibilität Windows weit hinter sich. Die wichtigsten Kommandozeilen-Werkzeuge stelle ich Ihnen vor.

Anschließend wird es Zeit, sich der bereits angesprochenen Shellskript-Sprache zu widmen. Fast alle Konfigurationsskripts von Linux sind in der Shellskript-Sprache geschrieben, so dass es zum Standard-Repertoire eines Linux-Administrators gehört, zumindest Grundkenntnisse in der Shellskript-Programmierung zu besitzen.

Bisher haben Sie Ihrem System gesagt, was SIE wollen – nun schauen wir mal, was Ihnen das System zu sagen hat! Ihr System kommuniziert mit Ihnen über zwei Wege:

1. Die *Standardausgabe*, in der Regel der Bildschirm. Hier erhalten Sie Meldungen, die die einzelnen Programme ausgeben und diverse Systeminformationen. Jedoch bei Weitem nicht jeder Vorgang wird auf der Standardausgabe ausgegeben – das würde Sie als Benutzer auch binnen weniger Sitzungen an den Rand eines Nervenzusammenbruchs bringen. Um das zu verhindern, bietet Linux eine weitere Kommunikationsschnittstelle:
2. Die *Logdateien*. Das zentrale System zur Organisation und Verwaltung von Logmeldungen heißt *Syslog*. Mit dessen Hilfe können der Linux-Kernel, Programme und Dienste ihre Fehler- oder Statusinformationen in beliebige Logdateien schreiben.

Oftmals vernachlässigen Systembetreuer Ihre Logdateien, dabei geben diese dem Leser jede Menge Informationen über den Status des Betriebssystems und der Dienste und Programme. Ich zeige Ihnen, wie Sie die Logdateien optimal zur Fehleranalyse nutzen können und wie Sie mit Log-Rotation dafür sorgen, dass keine der Logdateien aus den Nähten platzt.

Anschließend begeben wir uns in das Zentrum von Linux – dem Linux-Kernel. Zwar bieten die Standard-Kernel der einzelnen Distributionen in der Regel schon die am häufigsten genutzten Features, jedoch ist es in Einzelfällen immer wieder notwendig, einen angepassten Kernel zu erstellen. Sie werden lernen, wie Sie einen eigenen Kernel kompilieren können.

Auch wenn wir in der Regel auf der Konsole arbeiten werden, so möchte ich Ihnen zumindest eine Einführung in das X-Window-System (kurz: X) anbieten, das eine grafische Benutzeroberfläche für Linux-Systeme anbietet. Mit KDE und GNOME gibt es sehr ausgereifte Desktop-Manager mit vielen integrierten Applikationen, so dass Windows-Benutzer sich hier recht schnell heimisch fühlen dürften. Unter dem Aspekt eines Serversystems ist X in der Regel allerdings nicht erforderlich bzw. aufgrund des Ressourcenhungers nicht erwünscht. In manchen Szenarien ist X jedoch eine echte Hilfe, so dass Sie in jedem Fall Grundkenntnisse über die Installation und Konfiguration haben sollten.

Die letzten drei Kapitel dieses umfangreichen ersten Teils beschäftigen sich mit den Netzwerkgrundlagen und der Einrichtung Ihres Servers zur Nutzung im Netzwerk. Hierzu werden wir auch einen SSH-Server installieren, damit Sie Ihren Server zukünftig per SSH fernwarten (remote administrieren) können.

In den folgenden Teilen dieses Buches geht es dann ausschließlich um die Netzwerkdienste, die aus einem Linux-System einen Linux-Server machen. Doch eines nach dem anderen – lassen Sie uns erst einmal laufen üben, bevor wir fliegen lernen ... ja, ja, ich weiß, der Spruch ist abgedroschen! Er hat aber dennoch seine Gültigkeit. ;-)

Also dann, lassen Sie uns einsteigen in das spannende Abenteuer »Linux-Server«!

## Kapitel 1

Woher bekomme ich Debian-Linux?

Zunächst müssen Sie sich Debian GNU/Linux irgendwie besorgen. Der klassische Weg ist der Download aus dem Internet. Haben Sie sich im Anschluss an dieses Kapitel eine Kopie von Debian organisiert, können wir loslegen. Wir werden Debian GNU/Linux 5.0 (Codename *Lenny*) bzw. das ältere, aber immer noch weit verbreitete Debian 4.0 (Codename *Etch*) installieren. Pünktlich zum Valentinstag (14. Februar 2009) ist *Lenny* »stable« geworden.

Auf Debian 3.1 (Codename *Sarge*) gehe ich nicht mehr ein, da es sich in jedem Fall lohnt, auf *Etch* bzw. auf *Lenny* umzusteigen. Ohnehin ist das, was Debian im *Stable*-Zweig bietet, teilweise schon hart an der Altersgrenze, wobei es im Serverbereich sicherlich nicht auf die neueste Software ankommt. An einigen Stellen haben neue Software-Versionen aber wichtige neue Features, so dass wir hier dann doch Wert auf eine aktuellere Version legen. Denken Sie immer daran: Sie bauen einen Server auf! Dabei kommt es in erster Linie auf Stabilität und Sicherheit an, nicht auf die neuesten Schnörkeleien. Doch zur Sache ...

1.1 Die Quellen von Debian-Linux

Sie haben mehrere Möglichkeiten, sich eine Debian-Version zu organisieren. Während hinter Distributionen wie Ubuntu, SuSE oder Red Hat große Unternehmen stehen, gibt es hinter Debian keinerlei wie auch immer gearteten kommerziellen Absichten.

SuSE und Red Hat haben mit openSUSE bzw. Fedora einen cleveren Schachzug getan: Die Community-Versionen werden von engagierten und vor allem entgeltlosen Programmierern weiterentwickelt. Ist ein stabiler Status erreicht, dient der jeweilige Stand der Community-Version als Basis für das kommerzielle Produkt, das – inklusive des Supports – für gutes Geld an interessierte Unternehmen verkauft wird.

Debian hat keinen derartigen Vermarktungsmechanismus. Sie werden es daher eher weniger in den Regalen der Software-Abteilungen von Warenhäusern oder Computer-Fachgeschäften finden. Dennoch gibt es Debian-Linux auch auf CD oder DVD zu kaufen – weniger aus Gewinnkalkül als vielmehr aus Idealismus. Fragen Sie einfach in den betreffenden Geschäften nach. Unter `http://www.debian.org/CD/vendors/#de` finden Sie eine Liste registrierter Händler, die Debian als Distribution anbieten. Außerdem liegt Debian manchmal den Computerzeitschriften in Form von CDs bzw. DVDs bei. Aber es gibt auch andere Möglichkeiten, an Debian-Linux heranzukommen. Allesamt online. Sie können Debian auf folgenden Wegen erhalten:

- *Download von ISO-Images für CD oder DVD über FTP oder HTTP* – Dieser Weg ist für Einsteiger oft am einfachsten.
- *Download von ISO-Images für CD oder DVD über BitTorrent* – Für diesen Weg sollten Sie sich entscheiden, wenn Sie gern mit BitTorrent arbeiten. Je nach Bandbreite kann diese

Variante schneller sein, da von mehreren Quellen gleichzeitig heruntergeladen werden kann.

- *Download von ISO-Images für CD oder DVD mittels jigdo* – Dies ist die beste Methode, wenn Sie öfters Ihre CDs auf den aktuellen Release-Stand bringen wollen, da `jigdo` beim Update nur die Differenz des ISO-Images lädt.
- *Download eines minimalen Boot-CD-Images, über das der Rest der Distribution installiert werden kann* (`netinst`) – hat den Charme, dass Sie hier echten Minimalismus erleben und vor allem für die meisten Pakete sofort die aktuellste Version aus den Debian-Repositories erhalten.
- Debian ist vorinstalliert. In diesem Fall entfällt die gesamte Problematik ;-).

Dass ein Debian-System bereits vorinstalliert ist, kommt auf Desktop-PCs leider eher selten vor. Auch hier existiert auf der Debian-Website unter `http://www.debian.org/distrib/pre-installed#de` eine Liste mit registrierten Händlern. Im Gegensatz zu Desktop-PCs haben Sie auf einem angemieteten Root-Server eine reelle Chance, dass Sie Debian als Betriebssystem wählen können. In diesem Fall können Sie den Rest dieses Kapitels und das nächste Kapitel überspringen und zum übernächsten Kapitel übergehen, in dem ich das Debian-Paketmanagement vorstellen werde. Alle anderen lesen weiter.

Schauen wir uns die einzelnen Möglichkeiten des Downloads einmal an. Ich gehe hier einmal davon aus, dass Sie einen Windows-Rechner zum Download der notwendigen CDs/DVDs nutzen. Für den Download können Sie natürlich genauso gut einen anderen Linux-Rechner nutzen, die Schritte sind grundsätzlich die gleichen.

> Vielleicht sollten Sie die Varianten zunächst einmal überfliegen, bevor Sie loslegen, um später entscheiden zu können, welches der beste Weg für Sie ist.

1.2 Download per FTP oder HTTP

Sie können CD- oder DVD-Images der gewünschten offiziellen Version (stable oder testing) direkt über FTP oder HTTP herunterladen. Auch die »Unstable«-Version ist hierüber erhältlich, wird aber nicht als offizielle Version angeboten. Debian empfiehlt diesen Weg allerdings nicht wegen möglicher Überlastung der Mirror-Server (gespiegelte FTP- oder Webserver mit identischem Inhalt) – andererseits war meine Downloadrate zu verschiedenen Zeiten beeindruckend. Ich konnte jederzeit fast mit meinen vollen 30 Mbit/Sek., die mein Kabel-Zugang zurzeit hergibt, saugen. Das mag allerdings zu speziellen Zeiten stark variieren, vor allem, wenn ein neues Release herauskommt. Schauen wir uns also an, wie Sie auf diesem Wege die CDs oder DVDs der offiziellen Stable-Distribution erhalten:

Gehen Sie auf `http://www.debian.org` und klicken Sie unter DEBIAN BESORGEN auf CD-ISO-IMAGES in der Navigationsleiste links.

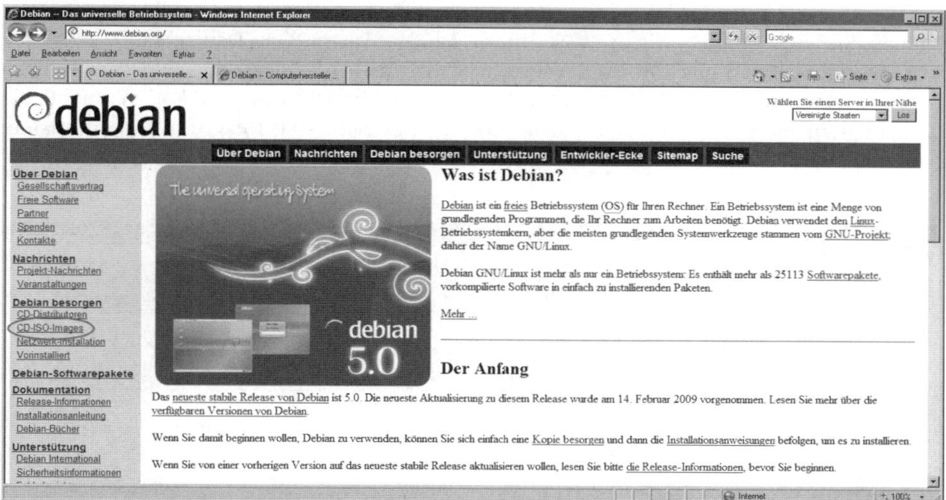

Abb. 1.1: Hier geht es direkt zu den ISO-Images.

Auf der anschließenden Seite wählen Sie CD-/DVD-IMAGES ÜBER HTTP ODER FTP HERUNTERLADEN.

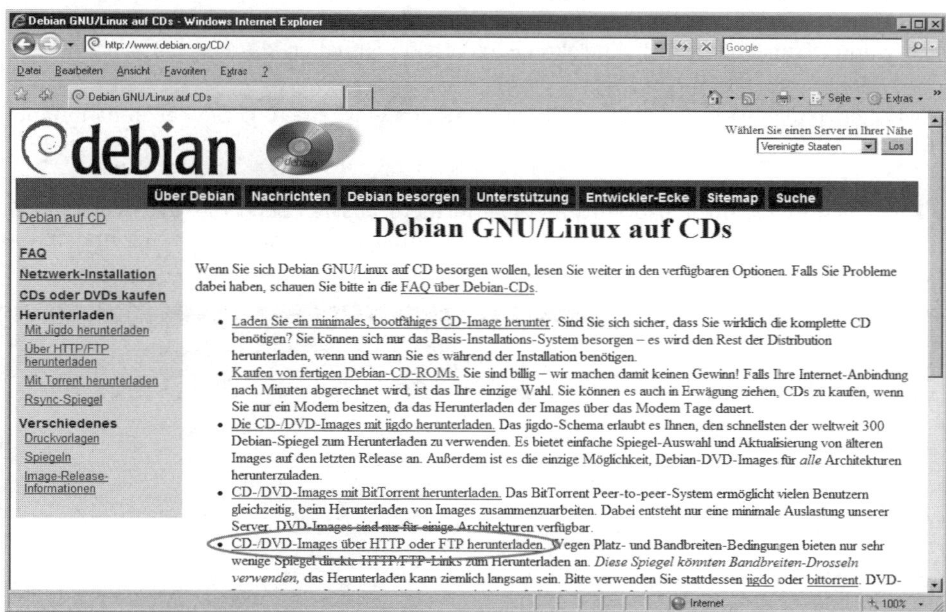

Abb. 1.2: Wählen Sie den Download direkt über HTTP oder FTP.

Scrollen Sie hinunter in die Sektion REGISTRIERTE SPIEGEL DES DEBIAN-CD-ARCHIVS. Hier suchen Sie sich einen »Mirror« aus Ihrem Land – vermutlich Deutschland. Ich habe `ftp.de.debian.org` gewählt. Außerdem habe ich mich hier dazu entschlossen, FTP zu nutzen. Ich habe es mit HTTP und FTP als Datenübertragungsprotokoll versucht, die Geschwindigkeit ist aber nahezu gleich, obwohl allgemein FTP für große Datentransfers bevorzugt wird.

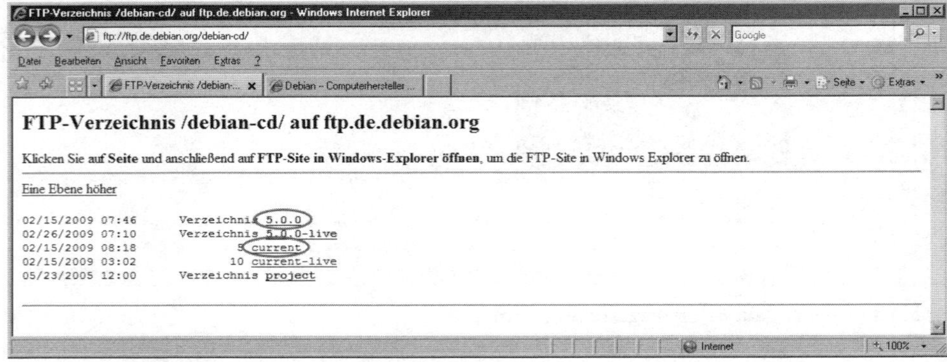

Abb. 1.3: Wählen Sie, welche Variante Sie nutzen möchten.

Sie können an dieser Stelle das Verzeichnis für die Version (`5.0.0`) oder einfach `current` auswählen – in beiden Fällen gelangen Sie in das gleiche Unterverzeichnis, wobei `current` später unter Umständen auch eine aktuellere Version enthalten könnte.

> Zwischenzeitlich werden weitere Release-Versionen erscheinen. Diese haben dann eine fortlaufende Ziffer im dritten Teil, zum Beispiel 5.0.1 oder 5.0.2.

Wählen Sie Ihre Plattform (i386 für Intel-Plattformen), anschließend `iso-dvd` oder `iso-cd`. Im ersten Fall landen Sie im Verzeichnis der DVD-Images – derer fünf Sie hier finden.

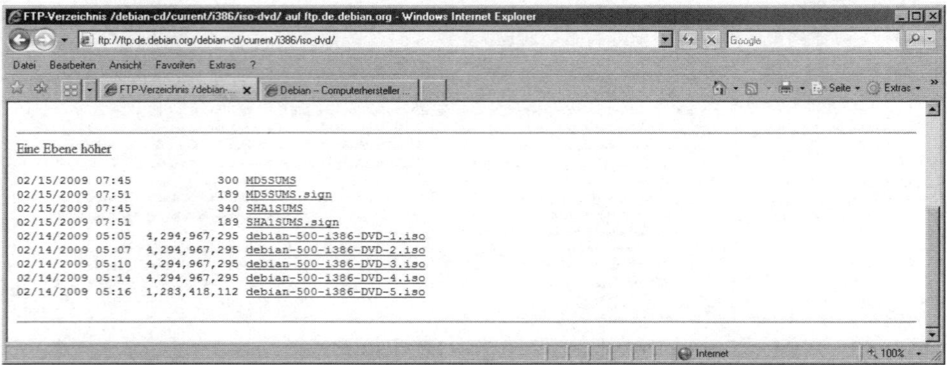

Abb. 1.4: Lenny kommt auf fünf DVDs daher.

Im zweiten Fall (iso-cd) finden Sie die Download-Links für die 32 (!) CDs, die die gesamte aktuelle Distribution von *Lenny* umfassen – zum Vergleich: Debian 4.0 *Etch* kam auf »nur« 22 CDs, Debian 3.1 *Sarge* hat es auf ganze 14 CDs gebracht. Kurz: Der Umfang der für Debian bereitgestellten Software ist enorm, wächst stetig und schlägt die meisten anderen Distributionen um Längen!

Doch zurück zum Download: Suchen Sie sich die jeweilige CD bzw. DVD aus, die Sie herunterladen möchten – sinnvollerweise beginnen Sie mit CD bzw. DVD Nummer 1.

> Falls Sie jetzt die Hände über dem Kopf zusammenschlagen und sich bereits überlegen, wie Sie den kompletten Satz Images innerhalb der nächsten Woche herunterladen können, kann ich Entwarnung geben: Sie benötigen nur in Ausnahmefällen tatsächlich alle CDs bzw. DVDs. Die erste CD bzw. DVD reicht, um ein Basissystem zu erstellen. Allerdings sind Sie in diesem Fall auf eine vernünftige Internetanbindung – in der Regel also DSL – angewiesen, um weitere Software von den Debian-Paketquellen herunterladen zu können.

Ups, genau da liegt der Haken! Egal, welchen Weg Sie wählen, solange Sie Ihre Debian-Distribution über das Internet beziehen möchten, sollten Sie die Online-Kosten und Ihre Bandbreite berücksichtigen – wenn Sie keine Flatrate haben, könnte sich der Kauf der CDs oder DVDs im Fachgeschäft vielleicht doch lohnen. Am besten rechnen Sie sich das vorher einmal durch. Glücklicherweise sind DSL-Flatrates heutzutage schon eher die Regel.

Nun haben Sie also die ersten Images heruntergeladen. Anschließend brennen Sie diese mit einem Brennprogramm Ihrer Wahl – fast alle aktuellen Programme unterstützen das ISO-Format. Wie Images auf CD-Rohlinge gebrannt werden, zeige ich Ihnen hier nicht im Einzelnen, da ich davon ausgehe, dass Sie damit keinerlei Probleme haben werden.

Und schon sind Sie bereit zur Installation und können zum nächsten Abschnitt springen. Andererseits könnte es interessant sein, sich die anderen Methoden zum Download anzusehen.

1.3 MD5 und SHA1-Prüfsummen

Es wird Ihnen nicht entgangen sein, dass auf dem Server zwei (Text-)Dateien namens `MD5SUMS` bzw. `SHA1SUMS` liegen. Sie dienen dazu, die Hash-Werte der Originale mit denen, die Sie heruntergeladen haben, zu vergleichen:

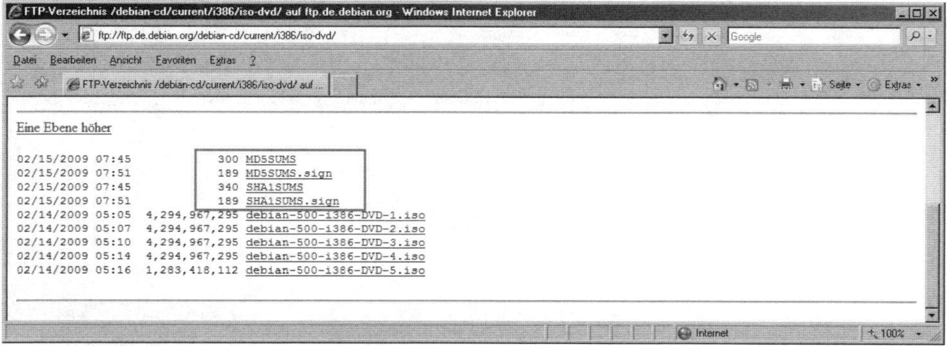

Abb. 1.5: Die MD5-Checksummen

MD5 (Message Digest 5) und SHA1 (Secure Hash Algorithm 1) sind Algorithmen zur Erstellung einer eindeutigen Prüfsumme mit einer festen Länge, in diesem Fall 128 Bit (MD5) bzw. 160 Bit (SHA1). Diese Prüfsumme wird »Hash« genannt, was eigentlich »zerhacken« bedeutet. Sie können diesen MD5- bzw. SHA1-Hashwert für beliebige Dateien errechnen lassen. Wird die Datei verändert oder beschädigt, ändert sich dieser Wert. Damit können Sie feststellen, ob eine heruntergeladene Datei immer noch dieselbe ist, wie die Datei auf dem Server, deren Hashwert Sie in der oben angegebenen Datei MD5SUMS bzw. SHA1SUMS finden.

Überprüfen der Prüfsummen

Zum Checken der Prüfsummen benötigen Sie ein entsprechendes Programm. Unter Windows können Sie zum Beispiel das Tool `cyohash` von *cyotec* `http://cyotec.com/resources/cyohash/` nutzen, mit dem Sie leicht Checksummen für MD5 und SHA1 bilden können. Laden Sie das Tool ganz einfach herunter und installieren Sie es. Anschließend können Sie `cyohash` über das Kontextmenü einer beliebigen Datei – in diesem Fall eines Images – aufrufen.

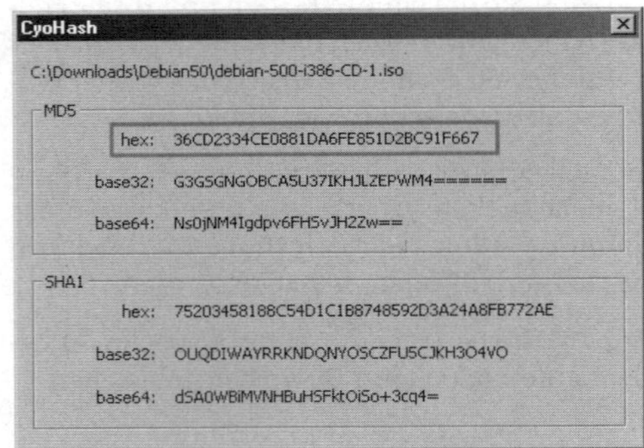

Abb. 1.6: Cyohash zeigt MD5- und SHA1-Hashsummen

Es werden die Hash-Prüfsummen für MD5 und SHA1 angezeigt, die Sie nun mit den entsprechenden Einträgen in der jeweiligen Hash-Datei vergleichen können.

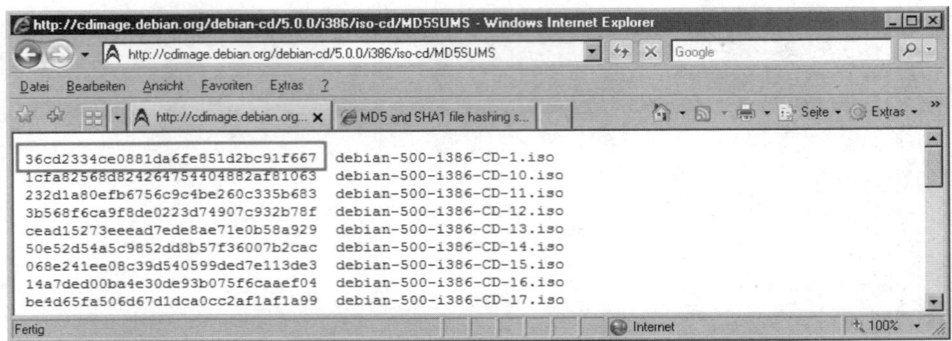

Abb. 1.7: Die Prüfsummen müssen übereinstimmen.

Die Aussagekraft des MD5-Checksummen-Tests beschränkt sich allerdings darauf, dass die heruntergeladene Datei der Version entspricht, die auf dem Server liegt – ist die Serverversion aber bereits korrupt (fehlerhaft) oder womöglich mit Malware (bösartiger Software) verseucht, haben Sie mit dieser Methode keine Chance. Achten Sie daher immer darauf, Software nur von vertrauenswürdigen Quellen (zum Beispiel `http://www.debian.org`) herunterzuladen. Darüber existiert jedoch ein weiterer Schutz:

Die Dateien `MD5SUMS.sign` und `SHA1SUMS.sign` im selben Verzeichnis wie die benannten Dateien enthalten die digitalen Signaturen der jeweiligen Dateien. Das bedeutet, dass die jeweilige Prüfsumme der Prüfsummendateien durch eine digitale Signatur mittels des Debian-Schlüssels gesichert ist. Doch was bedeutet das nun genau?

Wer überwacht den Wächter? Digitale Signaturen

Digitale Signaturen sind nichts anderes als fälschungssichere digitale Unterschriften. Haben Sie ein Programm wie GnuPG oder das allseits bekannte PGP (Pretty Good Privacy, leider nicht unter GNU Public License stehend), können Sie digitale Signaturen überprüfen. Hierzu müssen Sie den öffentlichen Schlüssel des Unterschreibenden importieren. Im Falle von Debian erhalten Sie diesen zum Beispiel automatisch über einen Schlüsselserver aus dem Internet, wenn Sie das Windows-Programm GnuPG verwenden.

Darüber hinaus können Sie mittels des Linux-Programms **gpg** über den Konsolen-Befehl **`gpg --verify MD5SUMS`** die Datei `MD5SUMS` überprüfen, die Sie vorab heruntergeladen haben. Hierzu greift **gpg** auf den im Debian-Basissystem enthaltenen Debian-Schlüsselbund (Paket `debian-archive-keyring`) zurück.

Leider funktioniert dies aber nicht immer reibungslos, da einige Schlüssel nicht gültig zu sein scheinen bzw. nicht verfügbar sind. Die Prüfung der CD- und DVD-Download-Dateien ist also somit nicht ganz trivial – es bleibt die Erkenntnis, dass Sie mit offenen Augen durch die Welt gehen und nur vertrauenswürdige Quellen für den Download nutzen sollten.

1.4 Download per BitTorrent

`BitTorrent` ist ein Peer-to-Peer-Netzwerk, das ein bisschen anders funktioniert als `Kazaa` oder `Emule`. Die technischen Details sind an dieser Stelle nicht so wichtig, allerdings gibt es eine Besonderheit, die Sie wissen müssen: Sie benötigen nicht nur einen Client, sondern auch eine `.torrent`-Datei. Diese Datei enthält die IP-Adresse des so genannten »Trackers«, eine Art Server für genau diese Datei. Dieser weiß, welche anderen Peers Teile der gewünschten Datei haben und vermittelt die Kommunikation. Außerdem enthält die `.torrent`-Datei den Dateinamen, die Dateigröße und Checksummen.

Wie auch immer, den Client erhalten Sie unter `http://www.bittorrent.com`. Laden Sie die aktuelle Version von der Hauptseite herunter:

Abb. 1.8: Zunächst wird der BitTorrent-Client benötigt.

Installieren Sie anschließend den BitTorrent-Client, die Setup-Prozedur ist unter Windows ja sicherlich hinlänglich bekannt. Daher möchte ich Sie hier nicht mehr damit langweilen.

> Sollten Sie Linux für den Download nutzen, können Sie auf der BitTorrent-Homepage den Link `Linux, Source Code, and Older Versions` anklicken und erhalten eine Liste weiterer Downloads für Linux. Es gibt verschiedene Versionen als `.rpm`- oder als `.deb`-Pakete.
>
> Haben Sie den BitTorrent-Client installiert, ist der weitere Weg identisch.

Weiter im Text: Auf der Downloadseite der Debian-Homepage (`http://www.debian.org/CD/`) finden Sie einen Link CD-/DVD-IMAGES MIT BITTORRENT HERUNTERLADEN. Suchen Sie sich wiederum Ihre Plattform (i386) aus und wählen Sie das gewünschte Image:

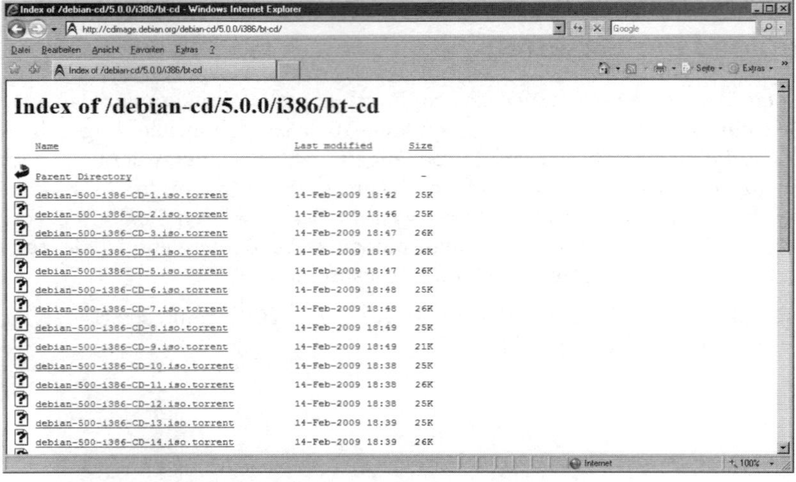

Index of /debian-cd/5.0.0/i386/bt-cd

Name	Last modified	Size
Parent Directory		-
debian-500-i386-CD-1.iso.torrent	14-Feb-2009 18:42	25K
debian-500-i386-CD-2.iso.torrent	14-Feb-2009 18:46	25K
debian-500-i386-CD-3.iso.torrent	14-Feb-2009 18:47	26K
debian-500-i386-CD-4.iso.torrent	14-Feb-2009 18:47	26K
debian-500-i386-CD-5.iso.torrent	14-Feb-2009 18:47	26K
debian-500-i386-CD-6.iso.torrent	14-Feb-2009 18:48	25K
debian-500-i386-CD-7.iso.torrent	14-Feb-2009 18:48	26K
debian-500-i386-CD-8.iso.torrent	14-Feb-2009 18:49	25K
debian-500-i386-CD-9.iso.torrent	14-Feb-2009 18:49	21K
debian-500-i386-CD-10.iso.torrent	14-Feb-2009 18:38	25K
debian-500-i386-CD-11.iso.torrent	14-Feb-2009 18:38	26K
debian-500-i386-CD-12.iso.torrent	14-Feb-2009 18:38	25K
debian-500-i386-CD-13.iso.torrent	14-Feb-2009 18:39	25K
debian-500-i386-CD-14.iso.torrent	14-Feb-2009 18:39	26K

Abb. 1.9: Die `.torrent`-Dateien

Klicken Sie auf die `.torrent`-Datei, öffnet sich unter Windows automatisch der BitTorrent-Client und beginnt, die Datensegmente herunterzuladen.

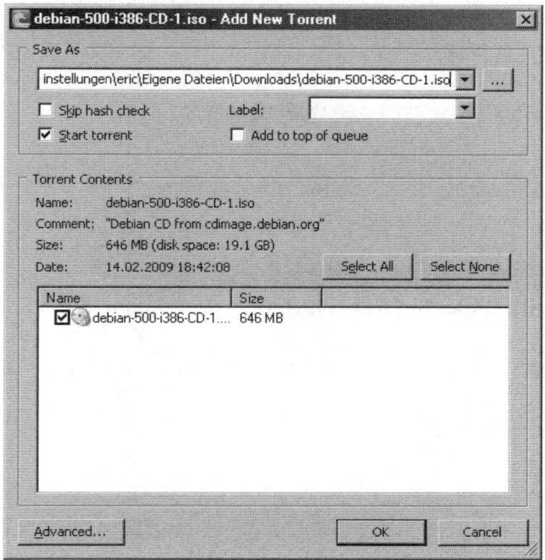

Abb. 1.10: Der BitTorrent-Client übernimmt den Download.

Den Speicherort legen Sie unter SAVE AS fest – und los geht's:

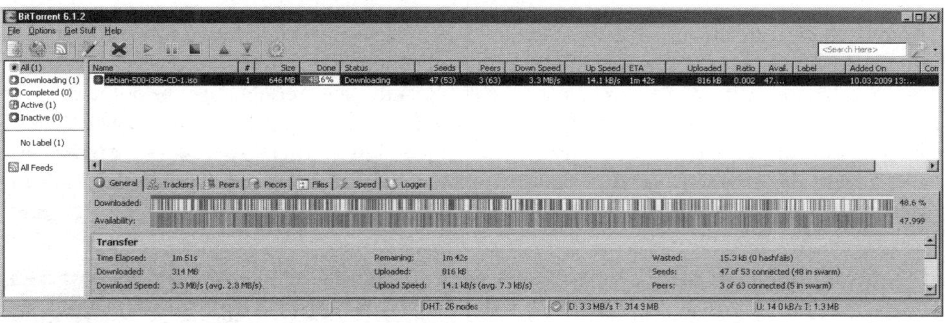

Abb. 1.11: BitTorrent bei der Arbeit

Haben Sie Ihre Image-Datei heruntergeladen, ist wieder CD-Brennen angesagt. Damit sind Sie auch schon fertig. War doch gar nicht so schwierig, oder?

> Der Vorteil bei der BitTorrent-Methode gegenüber dem HTTP- oder FTP-Download ist, dass ein abgebrochener Download jederzeit wieder aufgenommen werden kann. Durch viele Quellen kann das Herunterladen unter Umständen auch schneller erfolgen.

Die nächste Methode, die ich Ihnen vorstellen möchte, basiert auch auf »Hilfsdateien«. Lesen sie weiter!

1.5 Download mittels jigdo

Auf der Debian-Homepage wird der Download der ISO-Dateien mit `jigdo` von Richard Atterer empfohlen. Ich gestehe – ich hatte davor noch nicht von `jigdo` gehört, aber das Konzept ist überzeugend.

Abb. 1.12: jigdo soll die Haupt-Art für den Download von Debian werden.

`jigdo` ist die Kurzform von »Jigsaw Download«. »Jigsaw« heißt laut `http://dict.leo.org` irgendetwas zwischen Laubsäge und Puzzlespiel. Wie auch immer, `jigdo` basiert darauf, dass der Urheber einer Daten-CD diese in seine Bestandteile zerlegt. Das bedeutet, dass die Lage der Originaldateien und deren Prüfsummen errechnet werden und in zwei Dateien mit den Endungen `.jigdo` und `.template` festgehalten werden. Aus diesen Meta-Daten kann `jigdo` die Image-Datei aus den Originaldateien wiederherstellen, da das Tool die Anordnung der Bits innerhalb des Images kennt.

> Der große Vorteil hiervon ist, dass Images nicht vollständig neu heruntergeladen werden müssen, wenn sich nur ein gewisser Teil der Daten bei einem Update ändert. Durch die `jigdo`-Dateien, die die Metadaten enthalten – also die Daten über die Organisation der Bits und Bytes –, können auch differenzielle Updates erfolgen. Zu Deutsch: Hat `jigdo` ein ISO-Image bereits einmal erstellt, zieht sich das Tool nur die Dateien herunter, die sich verändert haben – eine hocheffiziente Methode für Updates!
>
> Für den Erst-Download ist diese Methode allerdings in der Regel weniger effizient, da ständig neue Verbindungen zu den einzelnen, zahlreichen Download-Quellen aufgebaut werden müssen.

Zunächst müssen wir auch hier wieder die Software (jigdo-lite) herunterladen – unter `http://atterer.net/jigdo/` werden wir fündig. Laden Sie das Programm für Ihr Betriebssystem (Windows oder Linux) herunter.

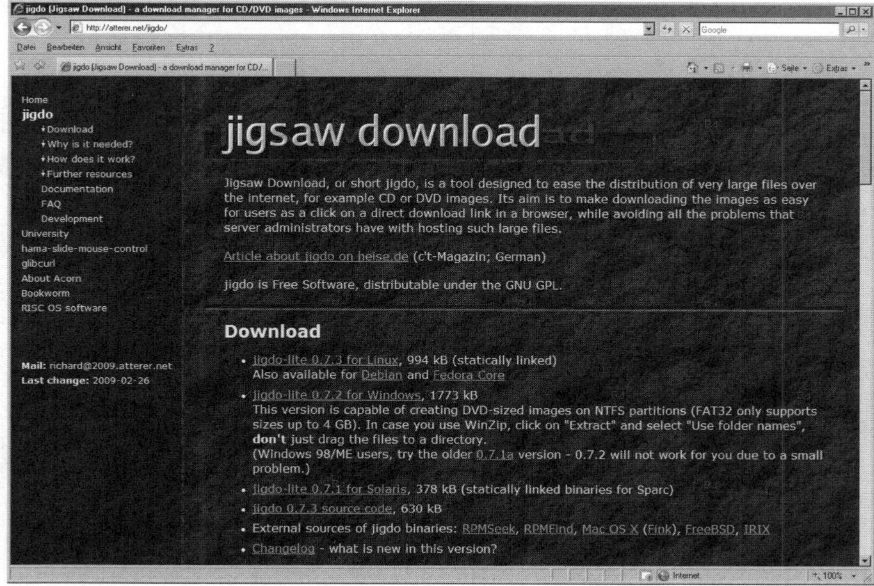

Abb. 1.13: jigsaw-Downloadseite (jigdo)

Hallo liebe Windows-Benutzer! Haben Sie sich bisher mit Klicki-Bunti durchgeschummelt, bekommen Sie jetzt einen kleinen Vorgeschmack auf die Kommandozeile, die Ihnen in diesem Buch noch häufig, um nicht zu sagen: ständig, begegnen wird – `jigdo-lite` enthält nämlich (noch) keine schöne glitzernde Oberfläche für Mausschubser. Für Linux-User ist der folgende Weg übrigens derselbe:

Nach dem Download entpacken Sie das Zip-Archiv in einen Ordner Ihrer Wahl:

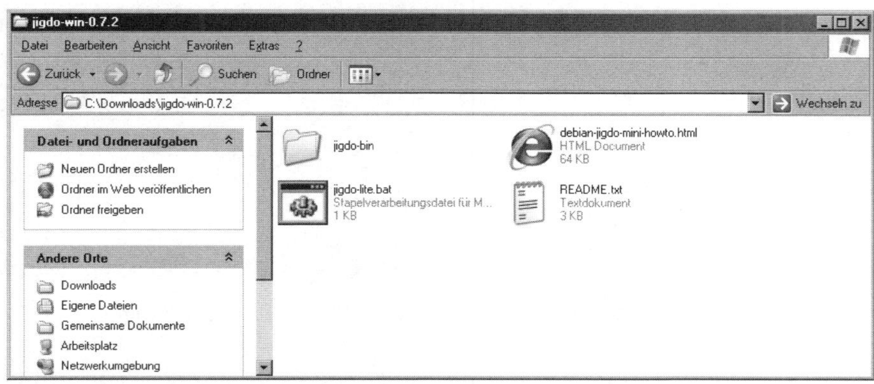

Abb. 1.14: Entpackte Dateien von `jigdo-lite`

Bevor `jigdo-lite` seine Arbeit beginnen kann, benötigen wir noch die Meta-Dateien für das gewünschte Image. Diese erhalten wir wiederum auf der Debian-Homepage. Ausgehend von der Download-Seite `http://www.debian.org/CD/` wählen wir dieses Mal den Link auf den Download mit `jigdo`:

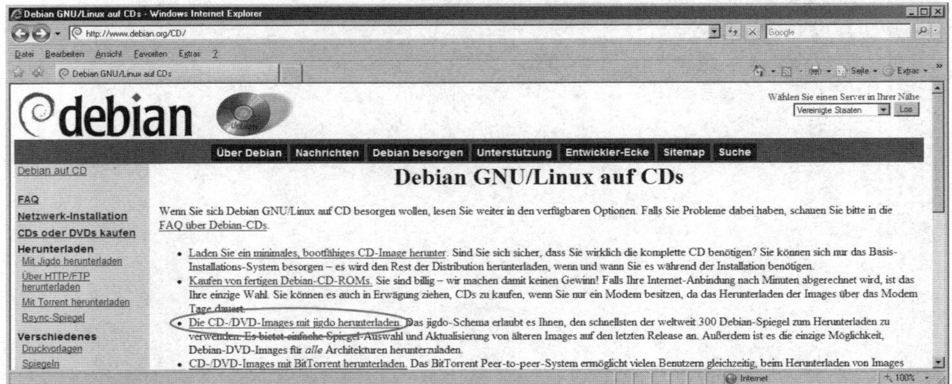

Abb. 1.15: Download diesmal mittels `jigdo`

Auf der folgenden Seite wählen Sie unter dem Bereich OFFIZIELLE IMAGES Ihre Plattform aus (i386, das kennen Sie ja jetzt schon hinlänglich) und landen im Verzeichnis der `jigdo`-Dateien:

Abb. 1.16: Hier finden Sie die Meta-Dateien, die `jigdo` für den Download benötigt.

Wählen Sie das gewünschte Image aus und laden Sie die zusammengehörigen Dateien mit den Endungen `.jigdo` und `.template` herunter. Speichern Sie diese am besten an einem Ort, der nicht allzu schwer auf der Konsole einzugeben ist, zum Beispiel `e:\Debian-Downloads`.

Achtung: Der Ordner `Eigene Dateien`, vielleicht noch mit einem Unterordner `Downloads`, bietet sich nicht wirklich an, wenn Sie nicht gerade Spaß am Tippen einer Zeile der folgenden Art haben: `c:\Dokumente und Einstellungen\Eric\Eigene Dateien\downloads\debian-31.r1-i386-binary-1.jigdo`. Diese Zeile müssten Sie nämlich jedes Mal angeben, wenn Sie `jigdo` den Speicherort seiner Meta-Dateien nennen ...

Was benötigen wir noch? `Jigdo` wird uns fragen, woher wir die Original-Dateien zu holen gedenken. Dies geschieht von einem der vielen Mirrors. Unter `http://www.debian.org/mirror/list` erhalten Sie eine Übersicht aller gegenwärtig vorhandenen Mirrors:

Weltweite Spiegel-Sites von Debian - Windows Internet Explorer

http://www.debian.org/mirror/list

Datei Bearbeiten Ansicht Favoriten Extras ?

Weltweite Spiegel-Sites von Debian

Seite ▾ Extras ▾

Primäre Debian-Spiegel-Sites

Land	Site	Architekturen
Australien	ftp.au.debian.org/debian/	alpha amd64 arm armel hppa hurd-i386 i386 ia64 mips mipsel powerpc s390 sparc
Belgien	ftp.be.debian.org/debian/	alpha amd64 arm armel hppa hurd-i386 i386 ia64 mips mipsel powerpc s390 sparc
Bosnien und Herzegowina	ftp.ba.debian.org/debian/	alpha amd64 arm armel hppa hurd-i386 i386 ia64 m68k mips mipsel powerpc s390 sparc
Brasilien	ftp.br.debian.org/debian/	alpha amd64 arm armel hppa hurd-i386 i386 ia64 mips mipsel powerpc s390 sparc
Bulgarien	ftp.bg.debian.org/debian/	alpha amd64 arm armel hppa hurd-i386 i386 ia64 mips mipsel powerpc s390 sparc
Chile	ftp.cl.debian.org/debian/	alpha amd64 arm armel hppa hurd-i386 i386 ia64 mips mipsel powerpc s390 sparc
Dänemark	ftp.dk.debian.org/debian/	alpha amd64 arm armel hppa hurd-i386 i386 ia64 mips mipsel powerpc s390 sparc
Deutschland	ftp2.de.debian.org/debian/	alpha amd64 arm armel hppa hurd-i386 i386 ia64 mips mipsel powerpc s390 sparc
Deutschland	ftp.de.debian.org/debian/	alpha amd64 arm armel hppa hurd-i386 i386 ia64 mips mipsel powerpc s390 sparc
Estland	ftp.ee.debian.org/debian/	alpha amd64 arm armel hppa hurd-i386 i386 ia64 mips mipsel powerpc s390 sparc
Finnland	ftp.fi.debian.org/debian/	alpha amd64 arm armel hppa hurd-i386 i386 ia64 mips mipsel powerpc s390 sparc
Frankreich	ftp2.fr.debian.org/debian/	alpha amd64 arm armel hppa hurd-i386 i386 ia64 mips mipsel powerpc s390 sparc
Frankreich	ftp.fr.debian.org/debian/	alpha amd64 arm armel hppa hurd-i386 i386 ia64 mips mipsel powerpc s390 sparc
Griechenland	ftp.gr.debian.org/debian/	alpha amd64 arm armel hppa hurd-i386 i386 ia64 mips mipsel powerpc s390 sparc
Großbritannien	ftp.uk.debian.org/debian/	alpha amd64 arm armel hppa hurd-i386 i386 ia64 mips mipsel powerpc s390 sparc
Hong Kong	ftp.hk.debian.org/debian/	alpha amd64 arm armel i386 ia64 powerpc sparc
Irland	ftp.ie.debian.org/debian/	alpha amd64 arm armel hppa hurd-i386 i386 ia64 mips mipsel powerpc s390 sparc
Island	ftp.is.debian.org/debian/	alpha amd64 arm armel hppa hurd-i386 i386 ia64 mips mipsel powerpc s390 sparc
Italien	ftp.it.debian.org/debian/	alpha amd64 arm armel hppa hurd-i386 i386 ia64 mips mipsel powerpc s390 sparc

Fertig Internet 100%

Abb. 1.17: Mirror-Verzeichnis für Debian-Downloads jeder Art

Schauen wir uns einen aus, der in unserer Nähe liegt. Was halten Sie von `ftp.de.debian.org`? Merken Sie sich den Namen des gewünschten Servers oder schreiben Sie ihn auf, wenn Sie Ihrem Gedächtnis nicht trauen.

Nun wird es Zeit für ein bisschen »ehrliche« Konsolenarbeit. Öffnen Sie die `Eingabeaufforderung` über START|AUSFÜHREN und Eingabe von `cmd` (unter Linux ist dies das Konsolenfenster) und wechseln Sie in das von Ihnen angelegte `jigdo`-Verzeichnis, in dem Sie das Zip-Archiv entpackt haben. Hier rufen Sie `jigdo-lite(.bat)` auf:

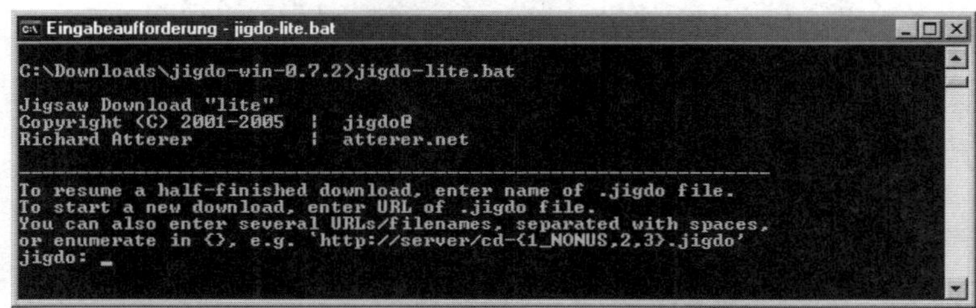

Abb. 1.18: Jetzt geht es los – Download mittels `jigdo`.

So richtig »Linux-like« ist das ja noch gar nicht, da Sie es hier mit einem Dialog zu tun haben. Aber wir wollen ja auch langsam anfangen. An dieser Stelle fordert Sie `jigdo` auf, den Speicherort der gewünschten `.jigdo`-Datei anzugeben. Sie können hier auch eine URL wie im Beispiel angegeben eingeben, aber wir haben die Dateien ja bereits auf unsere Festplatte gezogen. Also geben Sie dies jetzt entsprechend ein:

```
Eingabeaufforderung - jigdo-lite.bat

C:\Downloads\jigdo-win-0.7.2>jigdo-lite.bat

Jigsaw Download "lite"
Copyright (C) 2001-2005  |  jigdo@
Richard Atterer          |  atterer.net

-----------------------------------------------------------------------
To resume a half-finished download, enter name of .jigdo file.
To start a new download, enter URL of .jigdo file.
You can also enter several URLs/filenames, separated with spaces,
or enumerate in {}, e.g. `http://server/cd-{1_NONUS,2,3}.jigdo'
jigdo: c:\downloads\debian50\debian-500-i386-cd-1.jigdo_
```

Abb. 1.19: `jigdo` benötigt den Speicherort der Meta-Dateien für den Download.

Spätestens jetzt sind Sie mir dankbar, wenn Sie meinem obigen Tipp bezüglich des Speicherortes gefolgt sind ;-). Hat `jigdo` die Datei gefunden, werden Sie gefragt, ob Sie zumindest einen Teil der Originaldaten schon auf einem lokalen Datenträger, zum Beispiel einer CD-ROM haben. In diesem Fall lädt `jigdo` nur die neuen Dateien aus dem Internet.

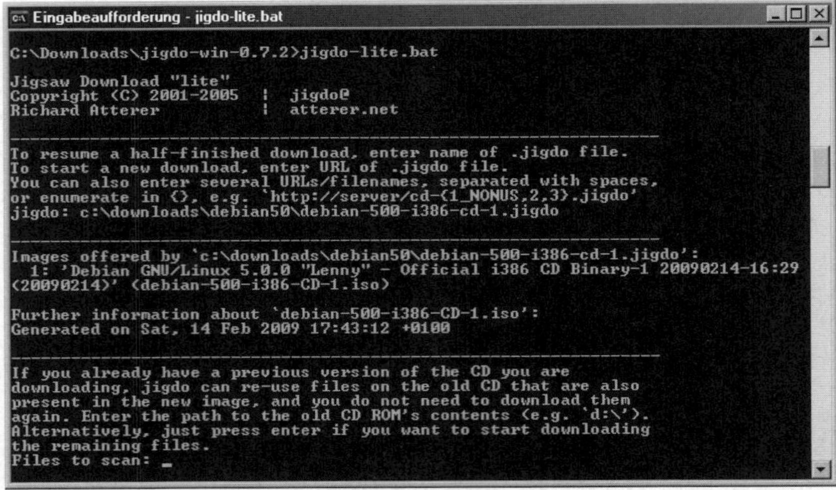

Abb. 1.20: `jigdo` zieht nur das herunter, was nicht schon lokal vorhanden ist.

Gegebenenfalls geben Sie hier zum Beispiel den Laufwerksbuchstaben (bzw. Pfad) Ihres CD-ROM-Laufwerks an. Natürlich muss dann die entsprechende Debian-Installations-CD eingelegt sein.

Ist dies Ihr erster Download, drücken Sie hier einfach [Enter]. Doch ganz so leicht lässt Sie `jigdo` nicht davonkommen: Als Nächstes (und Letztes) müssen Sie noch den gewünschten

Mirror angeben, von dem die Originaldaten heruntergeladen werden sollen – kein Problem, da wir diesen vorhin schon ausgewählt haben. Sollten Sie an dieser Stelle noch keinen Mirror haben, geben Sie einfach de ein. Es wird eine Liste der deutschen Mirrors angezeigt, aus der Sie Ihren Server wählen können:

```
Eingabeaufforderung - jigdo-lite.bat
Debian mirror: de
http://ftp.tu-clausthal.de/pub/linux/debian/ # DE Germany (Clausthal-Zellerfeld,
 Niedersachsen)
http://ftp.de.debian.org/debian/            # DE Germany (Dresden)
http://ftp2.de.debian.org/debian/           # DE Germany (Guetersloh)
http://debian.uni-essen.de/debian/          # DE Germany (Essen, Nordrhein-Westfale
n)
http://ftp.freenet.de/debian/               # DE Germany (D&uuml;sseldorf)
http://ftp.uni-erlangen.de/pub/Linux/debian/ # DE Germany (Erlangen)
http://sunsite.informatik.rwth-aachen.de/ftp/pub/Linux/debian/ # DE Germany (Aac
hen)
http://ftp-stud.fht-esslingen.de/debian/ # DE Germany (Esslingen)
ftp://ftp.stw-bonn.de/pub/mirror/debian/ # DE Germany (Bonn)
ftp://ftp.fu-berlin.de/pub/unix/linux/mirrors/debian/ # DE Germany (Berlin)
http://debian.tu-bs.de/debian/              # DE Germany (Braunschweig)
http://ftp.uni-koeln.de/debian/             # DE Germany (K&ouml;ln)
http://debian.pffa.de/mirrors/debian/       # DE Germany (Berlin)
ftp://ftp.mpi-sb.mpg.de/pub/linux/distributions/debian/debian/ # DE Germany (Saa
rbr&uuml;cken)
http://ftp.leo.org/debian/                  # DE Germany (Munich)
http://ftp.tiscali.de/pub/debian/debian/ # DE Germany (Frankfurt am Main)
http://debian.serveftp.net/debian/          # DE Germany (N&uuml;rnberg)
ftp://ftp.tu-chemnitz.de/pub/linux/debian/debian/ # DE Germany (Chemnitz)
```

Abb. 1.21: Eine Liste mit Mirrors der Debian-Server

Beachten Sie, dass Sie die Adresse des Mirrors als vollständige URL, also mit vorangestelltem `ftp://`, angeben müssen:

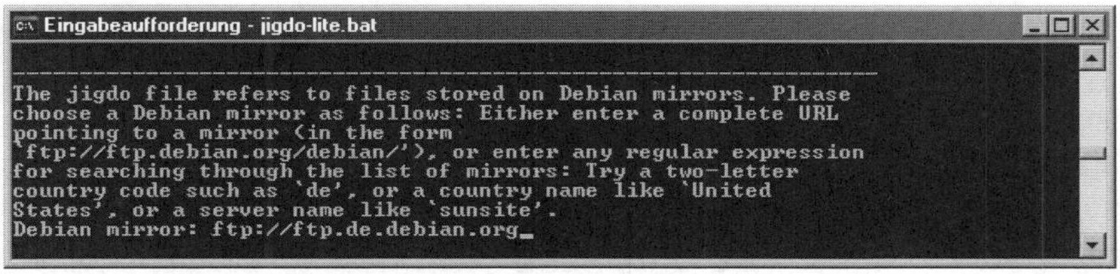

```
Eingabeaufforderung - jigdo-lite.bat

-----------------------------------------------------------------------------
The jigdo file refers to files stored on Debian mirrors. Please
choose a Debian mirror as follows: Either enter a complete URL
pointing to a mirror (in the form
`ftp://ftp.debian.org/debian/'), or enter any regular expression
for searching through the list of mirrors: Try a two-letter
country code such as `de', or a country name like `United
States', or a server name like `sunsite'.
Debian mirror: ftp://ftp.de.debian.org_
```

Abb. 1.22: Um die Angabe eines Mirrors kommen Sie nicht herum.

Anschließend können Sie sich erst mal eine Tasse Kaffee holen – oder eine ganze Kanne. Denn jetzt arbeitet `jigdo` eine ganze Weile, bis alle benötigten Dateien heruntergeladen wurden. Anschließend überprüft das Programm noch die Checksummen – ist alles in Ordnung, erhalten Sie folgende Meldungen:

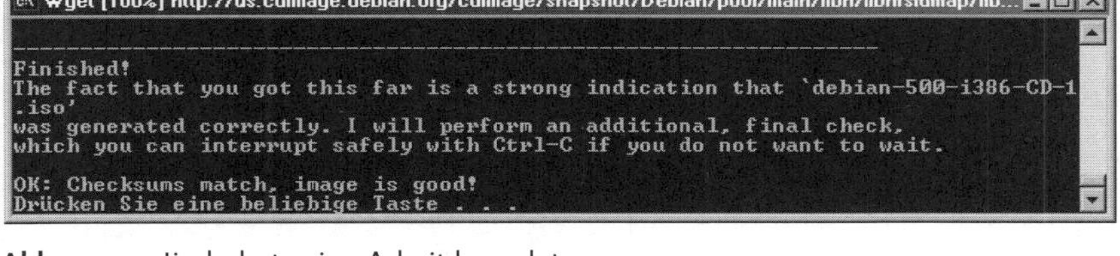

```
Wget [100%] http://us.cdimage.debian.org/cdimage/snapshot/Debian/pool/main/libn/libnfsidmap/lib...

-----------------------------------------------------------------------------
Finished!
The fact that you got this far is a strong indication that `debian-500-i386-CD-1
.iso'
was generated correctly. I will perform an additional, final check,
which you can interrupt safely with Ctrl-C if you do not want to wait.

OK: Checksums match, image is good!
Drücken Sie eine beliebige Taste . . .
```

Abb. 1.23: Jigdo hat seine Arbeit beendet.

Damit ist das gewünschte ISO-Image im aktuellen Verzeichnis erstellt. Sie können dieses Image nun ganz normal auf CD brennen.

1.6 Download per Netzinstallation

Ob Sie nun die erste Installations-CD oder die erste DVD herunterladen – in jedem Fall haben Sie zumindest ein lauffähiges Debian-System, das zur Not auch ohne Internet-Quellen auskommt und sogar noch einiges an optionaler Software enthält – die DVD 1 ist natürlich entsprechend umfangreicher als die CD 1. Möchten Sie den vollen Software-Umfang auf lokalen Installationsmedien vorhalten, benötigen Sie jedoch 5 DVDs oder 32 CDs.

Aber vielleicht möchten Sie gar keinen Stapel DVDs oder CD-ROMs haben? Schließlich ist der Computerschrank auch schon so voll genug ...

Hier werden Sie geholfen: Laden Sie einfach nur ein kleines ISO-Image (ca. 140 MB) für eine CD herunter, das die notwendigsten Daten für eine Debian-Installation enthält, und lassen Sie den Rest anschließend über diese Installation herunterladen! Diese Methode nennt Debian `netinst`. Sie bietet sich an, wenn Sie nur Pakete herunterladen möchten, die Sie wirklich benötigen. Damit sparen Sie Online-Kosten, Zeit und CD-Rohlinge sowie Platz im CD-Regal. Die Sache hat allerdings einen kleinen Haken:

> Zurzeit werden bei der `netinst`-Methode laut Debian-Homepage weder interne ISDN-Karten noch WLAN unterstützt – Sie benötigen folglich einen PPP-Dialup- oder Ethernet(DSL)-Anschluss.

Das ist für Sie kein Problem? Also dann, legen wir los:

Unter `http://www.debian.org/CD/netinst/` finden Sie das `netinst`-Image. Sie können auch den ersten Link unter den ISO-Downloadquellen wählen, wie in Abbildung 1.24 gezeigt. Wählen Sie Ihre Plattform und der Download kann beginnen.

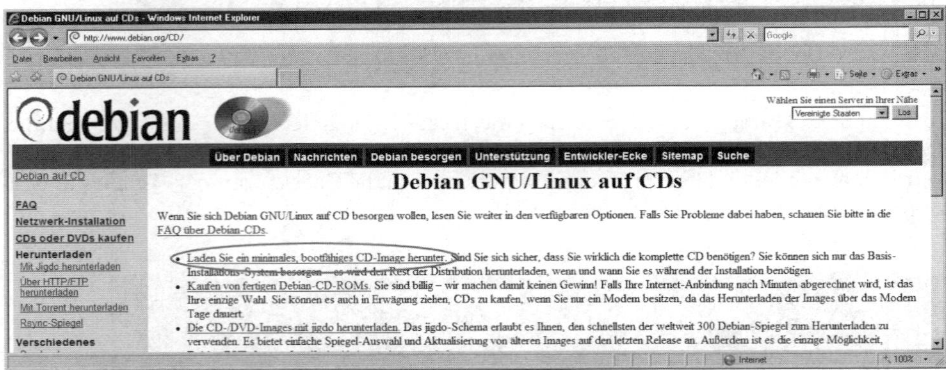

Abb. 1.24: Das `netinst`-Image ist nicht sehr groß.

Mit rund 180 MB für eine Intel-Plattform (i386) sind Sie dabei. Die Größe der Images anderer Plattformen variiert, bleibt aber deutlich unter der normalen Größe einer vollen CD-ROM von ca. 700 MB.

Wenn man es genau nimmt, ist der einzige Unterschied zu den normalen Debian-CDs der, dass `netinst` lediglich das Debian-Grundsystem enthält und keine optionalen weiteren Pakete. Die Installationsprozedur ist dieselbe. Nach bzw. während der Basisinstallation müssen Sie in beiden Fällen im Setup-Programm des Paketmanagers APT die Quellen der nachzuinstallierenden Pakete angeben. Dies werden in diesem Fall keine CDs sein, sondern Mirrors der Debian-FTP- oder Web-Server. Aber auch in der normalen CD-Version können (und sollten) Sie diese Online-Quellen angeben.

Im Übrigen geht es noch kleiner: Das »Visitenkarten-Image« (auf derselben Download-Seite wie das `netinst`-Image) ist nur rund 40 MB groß und ist ein noch weiter abgespecktes Minimal-System. Der Name kommt daher, dass dieses Image auch auf die Mini-CD-ROMs im Visitenkarten-Format passt ...

Zur Installation kommen wir im nächsten Kapitel. Jetzt müssen Sie Ihr `netinst`-Image zunächst – wie immer – auf eine CD brennen.

1.7 Zusammenfassung und Weiterführendes

Sie können Debian-GNU/Linux auf verschiedene Arten beziehen:

- als Beilage zu einer Fachzeitschrift
- in ausgewählten Software-Distributoren (`http://www.debian.org/CD/vendors/`)
- aus dem Internet (`http://www.debian.org/distrib/`)
- vorinstalliert auf einem Computer

In der Regel werden Sie Debian aus dem Internet beziehen. Hier stehen folgende Installationsarten zur Verfügung:

- CD-ROM oder DVD-ROM
- Netzwerkinstallation (`netinst`) mittels Netzwerk-Installationsimage (ca. 120 MB)
- Visitenkartenimage – wie `netinst` nur noch komprimierter (ca. 40 MB)

Als Installationsquellen können Sie später – wie Sie im nächsten und übernächsten Kapitel lernen werden – sowohl CD-ROMs (bzw. DVD-ROMS) als auch HTTP- oder FTP-Server angeben.

Sie können die ISO-Images aus dem Internet auf folgende Arten herunterladen:

- HTTP/FTP-Server
- BitTorrent
- Jigdo

In jedem Fall werden Sie zunächst ein oder mehrere Installationsmedien in Form von CD-ROMs oder DVD-ROMs erstellen müssen, bevor Sie die Installation beginnen können.

## Kapitel 2

Debian installieren

Im letzten Kapitel haben Sie die verschiedenen Möglichkeiten kennen gelernt, über die Sie an die Installations-CD(s) von Debian GNU/Linux 4.0 *Etch* bzw. 5.0 *Lenny* gelangen können. Ich gehe also davon aus, dass Sie nun ungeduldig mit einem Stapel CDs oder DVDs (mindestens aber einer CD bzw. DVD) vor diesem Buch sitzen und mich innerlich verfluchen, weil ich so lange Vorreden halte.

Ich werde Sie aber noch einen Moment warten lassen – nicht (nur) aus Gemeinheit, sondern um einige Voraussetzungen zu erläutern, die Ihr System erfüllen muss, damit die Installation erfolgreich ist.

2.1 Hardware-Voraussetzungen

Debian läuft auf über einem Dutzend Plattformen (unter Debian 5.0 *Lenny* sind es 14). Die Intel-Plattform (i386) für handelsübliche PCs und Server ist nur eine davon, allerdings diejenige, die ich in diesem Buch behandeln möchte.

CPU, RAM, Festplatte

Aus der Debian-Dokumentation (`http://www.debian.org/releases/stable/i386`) bzw. den Hilfe-Informationen im Debian-Installer gehen folgende Informationen bezüglich der Hardware-Voraussetzungen hervor. Sie benötigen mindestens einen 386-Prozessor, 44 MB RAM und 500 MB Festplattenspeicher. Aber diese Werte sind wohl eher theoretischer Natur. Für einen Produktiv-Server empfehle ich mindestens folgende Hardware:

Anwendung	CPU	RAM	Festplattenplatz
Basissystem	Pentium III	256 MB	500 MB
Mit Desktop	Pentium IV	1 GB	5 GB
Server	Pentium III	2 GB	Nach Anwendung

Welche Hardware-Anforderungen Ihr Debian-System tatsächlich hat, hängt immer vom Anwendungsfall ab. Desktop-Systeme benötigen in der Regel einen schnelleren Prozessor, um den grafischen Anforderungen zu genügen, da nur ein Teil der Last von der Grafikkarte übernommen werden kann.

Für einen Server – und um dieses Thema dreht sich dieses Buch – empfehle ich Ihnen, insbesondere mit dem Festplattenplatz und dem Arbeitsspeicher nicht zu geizen. Je nach Anwendung empfiehlt sich mindestens 1 GB RAM und 20 bis 200 GB Festplattenplatz. Für ein Test-System, das nicht unter Last steht, können Sie aber schon mit einem P III, 256 MB RAM und 5 GB Speicherplatz arbeiten – und das entspricht nach heutigen Maßstäben ja schon der PC-Holzklasse ...

Peripherie und Netzwerkhardware

Natürlich besteht ein PC aus mehr als nur den drei oben genannten Komponenten. Wir benötigen in den meisten Fällen (allerdings nicht beim Root-Server) zunächst noch

- Tastatur,
- evtl. Maus und
- Monitor.

Außerdem bestimmte weitere Netzwerkkomponenten, wie

- Ethernet-Karte(n) und/oder
- Modem/ISDN-Karte.

Für bestimmte Serveranwendungen sind weitere Peripheriekomponenten erforderlich, zum Beispiel

- Drucker,
- Scanner oder
- USB-Festplatte(n).

Für die Hardware-Unterstützung unter Linux gilt allgemein folgende Grundregel:

> Leider werden Treiber für Hardware-Komponenten vom Hersteller normalerweise erst für Windows bereitgestellt und – wenn überhaupt – erst später für Linux. Oftmals wird ein Treiber nur von engagierten Linux-Programmierern entwickelt.
>
> Die Treiberunterstützung für Hardware unter Linux ist gut und wird immer besser. Allerdings kann es vorkommen, dass die neuesten Hardware-Komponenten noch nicht von Linux unterstützt werden. Daher sollten Sie sicherstellen, dass für Ihre Hardware Linux-Treiber zur Verfügung stehen.
>
> Sind Sie sich nicht sicher, sollten Sie gängige Hardware-Komponenten wählen, die schon eine Weile auf dem Markt sind, da diese in den meisten Fällen unterstützt werden. Sie können sich auch in den einschlägigen Foren im Internet (zum Beispiel `http://www.treiber-forum.de` oder `http://pc-driver.de/forum/linux`) oder unter `http://www.tldp.org/HOWTO/Hardware-HOWTO/` informieren.

In jedem Fall sollten Sie so viele Informationen über Ihre Hardware sammeln, wie Sie erhalten können. Zwar ist die automatische Hardware-Erkennung unter Debian *Etch* und *Lenny* wiederum deutlich verbessert gegenüber den Vorgängerversionen, jedoch kann es vorkommen, dass Sie einzelne Komponenten manuell konfigurieren müssen. Die meisten Spezifikationen finden Sie online oder in den Handbüchern zu Ihren Komponenten.

> Haben Sie vorher bereits ein Windows-System installiert, hilft Ihnen der Gerätemanager auch oft weiter. Da die Hardware-Komponenten unter Windows teilweise besser unterstützt werden, können Sie sich in diesem Sinne die »Konkurrenz« aus Redmond zunutze machen.

2.2 Installation des Debian-Grundsystems

Nutzen Sie dieses Buch als Lehrbuch, empfehle ich Ihnen, an dieser Stelle einen Testrechner – zum Beispiel einen älteren, vielleicht ausgemusterten Desktop-PC – mit Debian zu bestücken. Somit können Sie alles ausprobieren und müssen keine Sorge haben, etwas kaputtzumachen. Im weiteren Verlauf des Buches werden wir zusammen verschiedene Szenarien durcharbeiten, für die wir eine bestimmte Netzwerkkonfiguration bestehend aus bis zu drei Rechnern aufbauen werden. Natürlich können Sie auch mit VMware oder vergleichbaren Produkten arbeiten, wenn Sie genügend RAM (mindestens 1 GB) auf dem Host haben – auf den meisten aktuelleren Desktop-Computern sind diese Anforderungen in der Regel erfüllt. Somit sparen Sie Hardware-Kosten.

Andererseits gibt es inzwischen für relativ wenig Geld (deutlich unter 100 Euro) gebrauchte PCs mit Garantie zu kaufen (zum Beispiel unter `http://www.ebay.de`), die den Anforderungen an unsere Test-PCs locker gerecht werden. Zur Not können Sie auch eine Dual-Boot-Konfiguration mit einem Windows-PC erstellen. Dazu rate ich aber im Serverbereich grundsätzlich ab und werde auch nicht weiter auf dieses Thema eingehen. Für Ihren Testserver können Sie das aber natürlich einrichten.

In jedem Fall sollte Ihr Testsystem netzwerkfähig sein und über eine Internetanbindung verfügen. Nicht nur Updates, auch weitere Software-Pakete lassen sich auf diese Weise deutlich einfacher installieren.

2.2.1 Booten von CD oder DVD

Der Boot- und Installationsvorgang von CD und DVD ist in wesentlichen Punkten gleich – die DVD enthält einfach mehr Software »am Stück«. Ich werde im Folgenden nur noch »CD« als Synonym für »CD oder DVD« benutzen. Nur, wenn es Unterschiede gibt, werde ich speziell darauf zurückkommen.

Die nachfolgende Installationsanleitung bezieht sich zwar auf *Lenny*, gilt aber weitestgehend auch für *Etch*. Unterschiede zwischen den Distributionen werden explizit erwähnt. Die grundlegende Installationsprozedur hat sich aber nicht wesentlich verändert.

Legen Sie also die erste CD – hier ein letztes Mal: *oder DVD* – Ihrer Debian-GNU/Linux-Version ein (egal ob *Etch* oder *Lenny*) und starten Sie Ihren (zukünftigen) Server neu. Achten Sie darauf, dass das CD-ROM-Laufwerk in der Bootreihenfolge im BIOS vor der ersten Festplatte als Bootmedium eingetragen ist – dass Ihr System von CD bootfähig ist, setze ich an dieser Stelle natürlich voraus. Es begrüßt Sie Ihr zukünftiges Lieblingsserverbetriebssystem (siehe Abbildung 2.1).

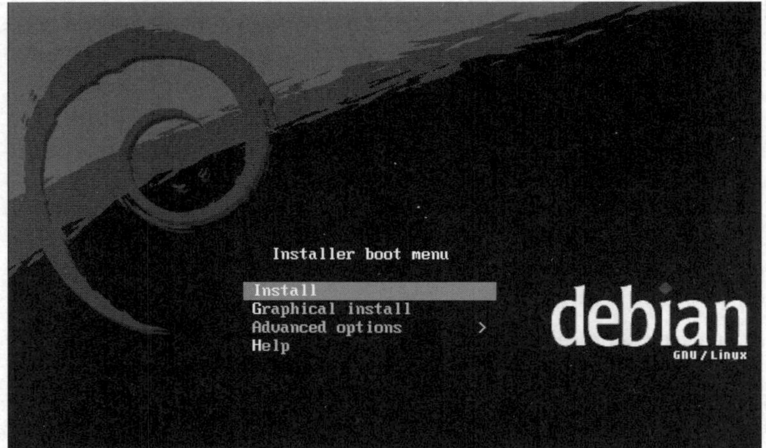

Abb. 2.1: Wenn Sie dieses Bild sehen, startet die Debian-CD.

Wir nehmen hier zunächst eine Standardinstallation vor. Weitere Optionen für den Systemstart und die Installation erkläre ich Ihnen später. Sollten Sie spezielle Anforderungen haben oder auf Probleme bei der Installation stoßen, schauen Sie sich die Hinweise in Abschnitt 1.4 an.

> Debian 3.1 *Sarge* brachte einen völlig neu entwickelten Installer mit, der für *Etch* und *Lenny* noch weiterentwickelt wurde. Neben dem modularen Konzept (es werden verschiedene Setup-, Installations- und Konfigurationstools integriert, die später auch separat aufgerufen werden können) wurde hier erstmals auch eine Hardware-Erkennung angeboten. Damit wurde die Installation um einiges einfacher – und zeitgerechter.

Doch jetzt drücken Sie erst einmal `Enter`, um die Installation zu starten.

2.2.2 Sprach- und Ländereinstellungen

Nachdem das Setup-System gebootet hat, werden Sie nach der Sprache für die Installation gefragt. Sie können mit den Cursortasten den Auswahlbalken hoch- und runterbewegen, mit `Enter` wählen Sie eine Option aus. Mit `⇆` können Sie zwischen den Bereichen des Installationsmenüs springen.

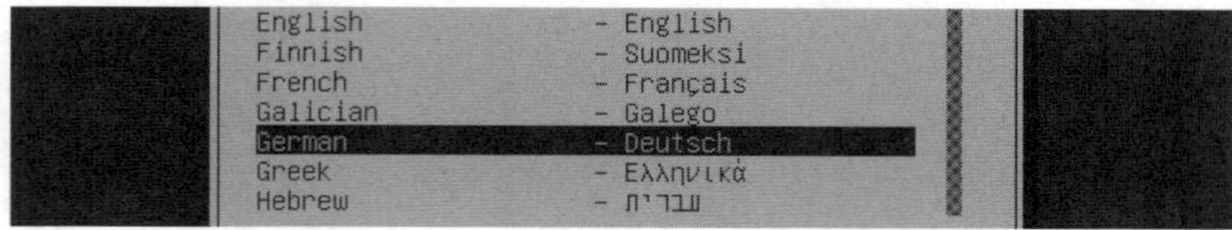

Abb. 2.2: Wählen Sie Ihre Sprache für die Installationsroutine.

Sie können an dieser Stelle natürlich auch *Hebräisch* wählen (vielleicht eine interessante Herausforderung), aber *Deutsch* bietet sich hier wohl an. Anschließend wählen Sie Ihr Land und Ihr Tastaturlayout. Beides bietet Ihnen keine darüber hinaus gehenden Optionen, also wählen Sie auch hier einfach *Deutschland* bzw. *Deutsch*.

Wählen Sie an einer beliebigen Stelle den Button ZURÜCK, landen Sie im Debian-Installer-Hauptmenü. Dort können Sie entweder an der entsprechenden Stelle fortfahren – die bisher vorgenommenen Einstellungen merkt sich der Installer – oder einen anderen Menüpunkt wählen, um die Installation entsprechend zu konfigurieren. Ich komme später in diesem Kapitel darauf zurück.

2.2.3 Automatische Hardware-Erkennung

Nun wird eine Hardware-Erkennung für das CD-/DVD-Laufwerk durchgeführt (siehe Abbildung 2.3).

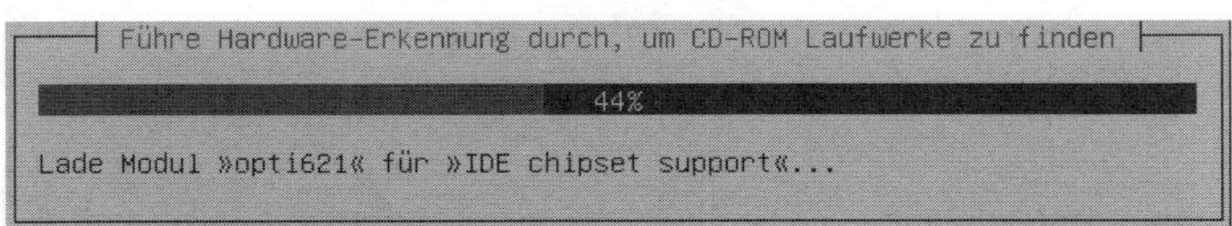

Abb. 2.3: Hardware-Erkennung zur Identifikation des CD-ROM-Laufwerks

An dieser Stelle werden alle möglichen Treiber für die verschiedenen Laufwerke geladen. Wurde das CD- oder DVD-Laufwerk gefunden (was normalerweise der Fall sein wird), findet anschließend eine Durchsuchung der Inhalte der CD statt und weitere Debian-Installer-Komponenten werden geladen.

Zur Beruhigung: Sie müssen an dieser Stelle nichts auswählen, können also auch nichts falsch machen. Nach dieser Prozedur sucht der Installer nach vorhandener Netzwerkhardware und wird (hoffentlich) auch schnell fündig.

2.2.4 Netzwerkkonfiguration

Nun versucht der Debian-Installer sich – ungefragt – eine IP-Konfiguration mittels DHCP zu organisieren (siehe Abbildung 2.4).

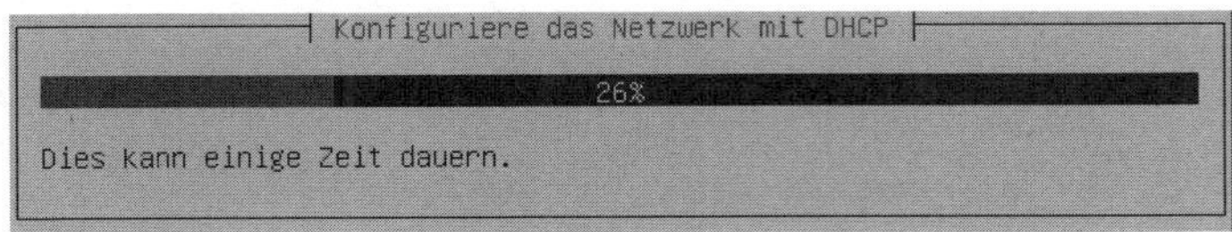

Abb. 2.4: Hat jemand eine IP-Adresse für mich?

Haben Sie bereits einen DHCP-Server (zum Beispiel Ihren DSL-Router) in Ihrem Netz, erhalten Sie nun eine IP-Konfiguration.

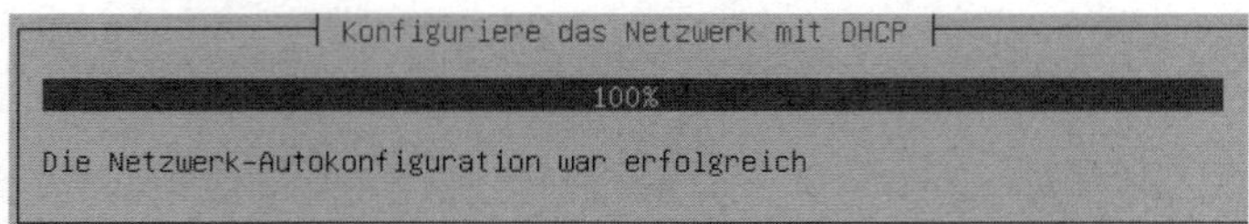

Abb. 2.5: Sie haben eine IP-Konfiguration erhalten.

Hat dies nicht hingehauen, ist das Ergebnis negativ, wie Sie in Abbildung 2.6 sehen.

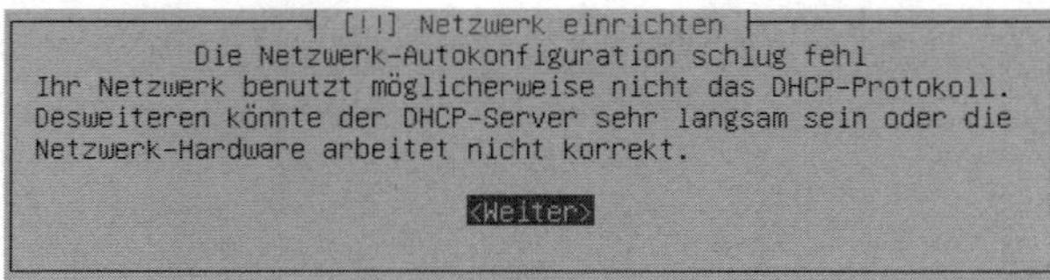

Abb. 2.6: Der Installer hat keine IP-Konfiguration über DHCP erhalten.

Toll! Ich lasse mich hier über irgendwelche DHCP-Geschichten aus, und Sie verstehen womöglich Bahnhof? Kurz gesagt: DHCP steht für *Dynamic Host Configuration Protocol* und ermöglicht es, dem Client auf Anfrage eine IP-Konfiguration, bestehend aus IP-Adresse, Subnetzmaske, Gateway, DNS-Server und anderen Komponenten zu vergeben. Natürlich lasse ich Sie mit diesen Informationen nicht im Regen stehen, sondern verweise auf das Kapitel 21 *DHCP – dynamische Zuweisung der IP-Konfiguration*, in dem ich sehr ausführlich darauf eingehen werde.

Wird kein DHCP-Server gefunden, können Sie wählen, ob Sie die IP-Konfiguration jetzt manuell eintragen möchten oder dies erst später machen wollen.

Achtung – für Sie zur Orientierung: das Folgende ist nur dann für Sie relevant, wenn die Netzwerkkonfiguration *nicht* automatisch erfolgte und Sie eine manuelle Konfiguration vornehmen möchten – sonst können Sie dies hier überspringen und sofort zum nächsten Abschnitt übergehen!

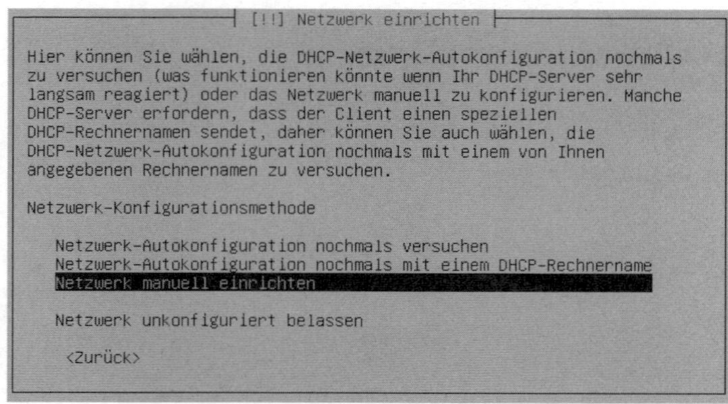

Abb. 2.7: Möchten Sie Ihr Netzwerk manuell konfigurieren?

Verfügen Sie über eine *netinst-CD* oder nur die erste Installations-CD (diesmal meine ich ausschließlich die CD, nicht die DVD), sollten Sie möglichst eine IP-Konfiguration, bestehend aus IP-Adresse, Subnetzmaske, Standard-Gateway und DNS-Server angeben, da weitere Software-Quellen über das Debian-Basispaket hinaus nur online zur Verfügung stehen. In diesem Fall wählen Sie NETZWERK MANUELL EINRICHTEN. Der Installer fordert Sie auf, eine IP-Adresse anzugeben (siehe Abbildung 2.8).

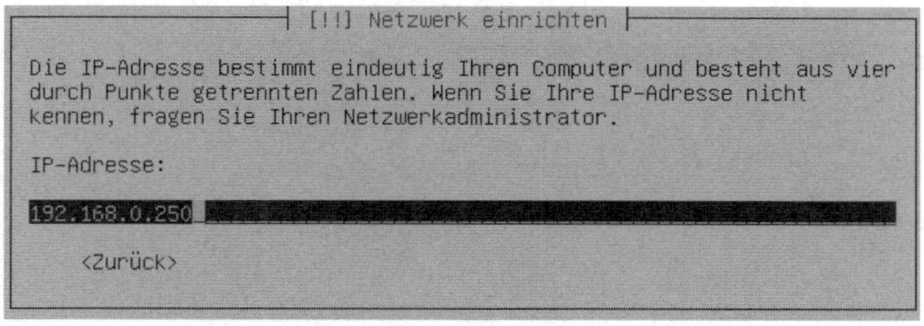

```
[!!] Netzwerk einrichten

Die IP-Adresse bestimmt eindeutig Ihren Computer und besteht aus vier
durch Punkte getrennten Zahlen. Wenn Sie Ihre IP-Adresse nicht
kennen, fragen Sie Ihren Netzwerkadministrator.

IP-Adresse:

192.168.0.250

    <Zurück>
```

Abb. 2.8: Geben Sie die IP-Adresse Ihres Debian-Systems an.

Achten Sie darauf, dass diese IP-Adresse in Ihrem Netzwerk eindeutig sein muss. Sollten Sie hierzu Informationen benötigen, finden Sie diese in den Kapiteln 17 *Netzwerkgrundlagen und TCP/IP* sowie 18 *Netzwerkkonfiguration*.

Zu einer IP-Adresse gehört immer eine Netzmaske. Diese wird Ihnen bereits vorgeschlagen. Wenn Sie so stimmt, können Sie die Netzmaske übernehmen (siehe Abbildung 2.9).

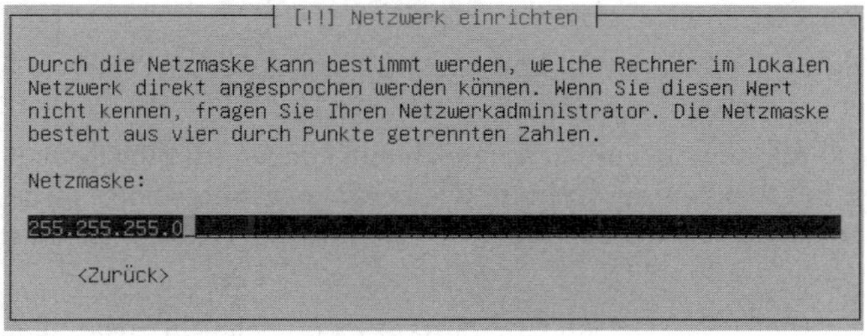

```
[!!] Netzwerk einrichten

Durch die Netzmaske kann bestimmt werden, welche Rechner im lokalen
Netzwerk direkt angesprochen werden können. Wenn Sie diesen Wert
nicht kennen, fragen Sie Ihren Netzwerkadministrator. Die Netzmaske
besteht aus vier durch Punkte getrennten Zahlen.

Netzmaske:

255.255.255.0

    <Zurück>
```

Abb. 2.9: Zu Ihrer IP-Adresse gehört eine Netzmaske.

Damit Ihr Debian-System auch mit Rechnern kommunizieren kann, die außerhalb des eigenen Netzbereichs liegen, benötigen Sie ein Gateway. Dieses definieren Sie im nächsten Schritt (siehe Abbildung 2.10).

Haben Sie ein lokales Netzwerk mit DSL-Router-Anbindung, entspricht das einzutragende Gateway in der Regel der internen IP-Adresse des DSL-Routers (siehe Kapitel 18 *Netzwerkkonfiguration*). Nun fehlt noch eine wichtige Angabe, ohne die das Internet nicht so einfach funktionieren würde: die IP-Adresse des DNS-Servers. Sie können einen DNS-Server Ihres Providers oder einen beliebigen (freien) anderen nehmen – andererseits fungiert Ihr DSL-Router normalerweise als DNS-Proxy, so dass Sie an dieser Stelle häufig ebenfalls die interne Adresse des Routers angeben können (siehe Abbildung 2.11).

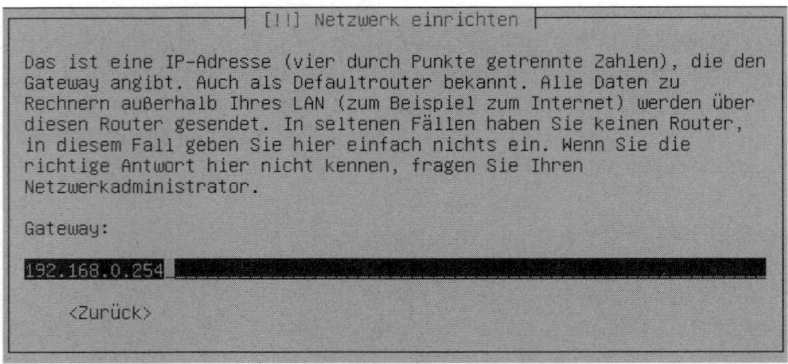

Abb. 2.10: Gateway – der Weg nach draußen

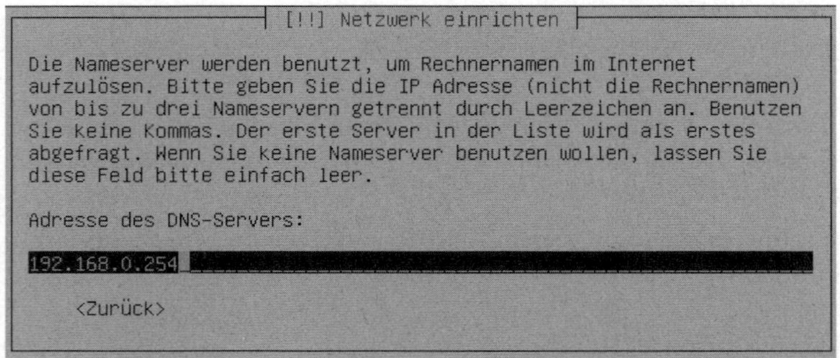

Abb. 2.11: Der DNS-Server dient zum Auflösen der Internetnamen in IP-Adressen.

Jetzt sind wir durch! Die IP-Konfiguration wurde erfolgreich eingetragen und Ihr Debian-System kann mit Servern im Internet kommunizieren. Wie bereits erwähnt, ist dies insbesondere dann wichtig, wenn die Installationsquellen der Debian-Software-Pakete nicht lokal vorliegen.

Haben Sie sich jedoch einige »normale« Debian-CDs besorgt (oder vielleicht sogar alle), können Sie zur Not an dieser Stelle auf die IP-Konfiguration verzichten. Wählen Sie also im Zweifel die Option NETZWERK UNKONFIGURIERT BELASSEN.

Um es noch einmal in aller Deutlichkeit zu sagen: Ein Debian-System ohne Netzwerkanschluss ist nur ein halbes Debian-System – gerade als Server. Sie können die IP-Konfiguration jedoch zu einem beliebigen späteren Zeitpunkt im laufenden Betrieb vornehmen, so dass die fehlende Konnektivität an dieser Stelle noch kein Beinbruch ist.

2.2.5 Host- und Domainname

Unabhängig davon, ob Sie das Netzwerk konfiguriert haben oder nicht, müssen Sie als Nächstes über den Hostnamen Ihres Debian-Systems entscheiden (siehe Abbildung 2.12).

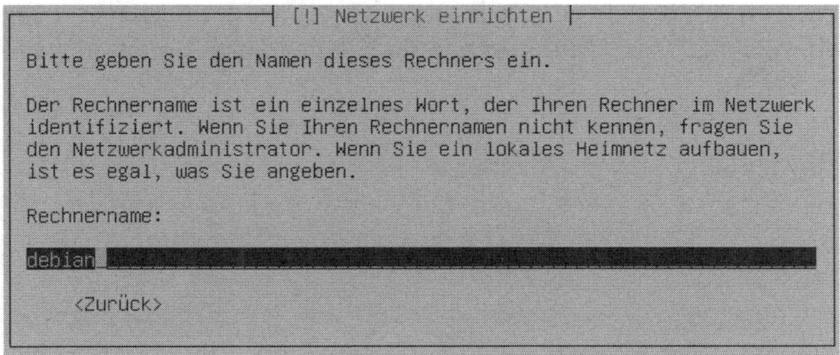

Abb. 2.12: Im Rahmen der Netzwerkkonfiguration ist ein Hostname notwendig.

Der voreingestellte Name ist *debian*. Sie können aber auch *gulugulu* eingeben – vermeiden Sie nur Sonderzeichen über das Minus (-) hinaus. Groß- und Kleinschreibung wird an dieser Stelle übrigens – für Linux völlig untypisch – ignoriert. In Kapitel 30 *DNS – Namensauflösung im Internet* gehe ich ausführlich auf DNS-Namen ein. Der Hostname unseres Systems ist der erste Bestandteil des DNS-Namens. Er muss in Ihrem lokalen Netzwerk eindeutig sein.

Haben Sie die Netzwerkkonfiguration vorgenommen, müssen Sie jetzt den Domainnamen angeben. Andernfalls landen Sie direkt in der Partitionierung (siehe unten).

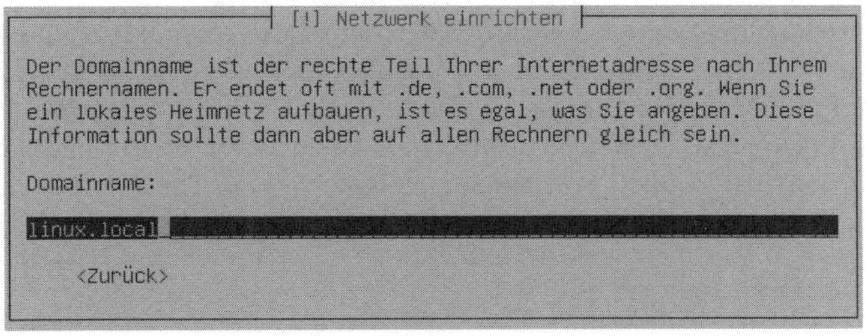

```
[!] Netzwerk einrichten

Der Domainname ist der rechte Teil Ihrer Internetadresse nach Ihrem
Rechnernamen. Er endet oft mit .de, .com, .net oder .org. Wenn Sie
ein lokales Heimnetz aufbauen, ist es egal, was Sie angeben. Diese
Information sollte dann aber auf allen Rechnern gleich sein.

Domainname:

linux.local

    <Zurück>
```

Abb. 2.13: Nach dem Hostnamen folgt der Domainname.

Der Domainname folgt dem Hostnamen und wird von diesem durch einen Punkt getrennt. Nach dem Domainnamen folgt i.d.R. noch eine Topleveldomain (zum Beispiel `.de` oder `.com`). Der Installer schlägt Ihnen hier nichts vor – im Gegensatz zu mir: was halten Sie von `linux.local`? Der Vorteil ist, dass die Topleveldomain `.local` nicht im Internet auftaucht und es damit zu keinerlei Verwechslungen kommen kann. Möchten Sie Näheres hierzu wissen, werfen Sie einen Blick in das o.a. Kapitel 30 über DNS und Nameserver.

2.2.6 Partitionierung

Nun ist es so weit: Sie müssen einige nicht zu revidierende Entscheidungen treffen! Wir kommen zum Thema *Partitionierung*:

Wer zum ersten Mal mit Linux zu tun hat, bekommt spätestens jetzt einen gehörigen Schreck. Linux hat ein von der Windows-Welt vollkommen unterschiedliches Konzept zur Nutzung und Einbindung von (logischen) Laufwerken, *Partitionen* genannt. Um Ihnen den

Weg ein wenig zu erleichtern, werde ich an dieser Stelle eine kleine »Wiederholung« für Sie als Admin und Poweruser einwerfen, da sich Änderungen, die Sie hier vornehmen, nicht so einfach rückgängig machen lassen.

IDE-Schnittstellen haben in der Regel zwei Anschlüsse: `Primary` und `Secondary`. An jedem dieser Anschlüsse können zwei Geräte hängen: ein `master` und ein `slave`. Damit kann eine Festplatte zum Beispiel `primary master` oder `secondary slave` sein. Die bootfähige Festplatte muss immer `primary master` sein, also die erste Festplatte am ersten IDE-Port. Dies gilt analog auch für S-ATA-Festplatten, die allerdings wie SCSI-Geräte mit `/dev/sdx` angesprochen werden, wobei x durch a, b usw. ersetzt wird, um die einzelnen Festplatten zu kennzeichnen. Ich komme gleich im Anschluss darauf zurück.

Neben der traditionellen Partitionierung unterstützt Linux seit Längerem bereits die dynamische Aufteilung der Festplatte(n) in so genannte logische Volumes. Dieses Konzept ist wesentlich skalierbarer (also später dynamisch an Ihre Bedürfnisse anzupassen), so dass ich Ihnen im Abschnitt über die Experteninstallation am Ende dieses Kapitels zeigen werde, wie Sie mit LVM, dem Logical Volume Manager, dynamische Datenträgerverwaltung einrichten können. Darüber hinaus können Sie auch unter Linux RAID-Festplattenkonfigurationen einrichten. Doch dazu später an besagter Stelle mehr.

Traditionelle Partitionierung der Festplatten

Eine Festplatte wird heutzutage kaum noch in einem Stück genutzt. Normalerweise wird sie in mehrere Partitionen unterteilt. Diese können Sie sich als Kuchenstücke vorstellen. Es gibt auf einer Festplatte mindestens eine und bis zu vier *primäre Partitionen*, die in beliebiger Größe erstellt werden können. Reichen Ihnen diese vier nicht, erstellen Sie eine *erweiterte Partition*. Diese ersetzt eine der *primären Partitionen* und ist per se zunächst nicht nutzbar. Sie ist nur ein Container, in dem Sie *logische Partitionen* erstellen können. Diese *logischen Partitionen* sind (fast) auf dieselbe Art nutzbar wie die *primären Partitionen*. Das stellt sich zum Beispiel folgendermaßen dar:

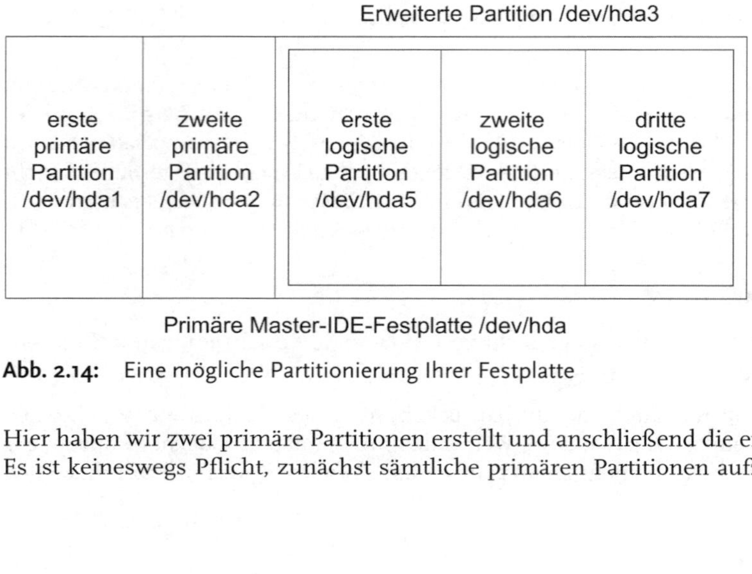

Abb. 2.14: Eine mögliche Partitionierung Ihrer Festplatte

Hier haben wir zwei primäre Partitionen erstellt und anschließend die erweiterte Partition. Es ist keineswegs Pflicht, zunächst sämtliche primären Partitionen aufzubrauchen, bevor man die erweiterte Partition erstellt. In der erweiterten Partition wurden drei logische Partitionen erstellt.

> Die erste Partition auf einer Festplatte muss immer eine primäre Partition sein. Anschließend können Sie bereits die erweiterte Partition anlegen oder zunächst weitere (maximal drei) primäre Partitionen. Sie können insgesamt entweder maximal vier primäre Partitionen oder maximal drei primäre Partitionen plus eine erweiterte Partition anlegen. Innerhalb der erweiterten Partitionen legen Sie dann die gewünschten logischen Partitionen an – es empfiehlt sich, die erweiterte Partition bis zum Ende der Festplatte zu definieren, da der restliche Speicherplatz ansonsten verloren geht. Eine weitere primäre Partition hinter der erweiterten ist im Übrigen nicht zu empfehlen, da es meiner Erfahrung nach zu unangenehmen Effekten kommen kann. Ich habe mir mit solchen Konstellationen schon die ganze Partitionierung zerschossen. Im Übrigen ist das kein guter Stil.

Um es klarzustellen: Die erweiterte Partition tritt niemals direkt in Erscheinung – lediglich die in ihr erstellten logischen Partitionen! Unter Debian erstellen Sie die erweiterte Partition nicht explizit, sondern indirekt durch die Auswahl einer logischen Partition. Die erweiterte wird durch den Debian-Installer automatisch gemäß Ihrer Auswahl erstellt.

Es bleibt die Frage nach den – gemessen an Windows-Maßstäben – merkwürdigen Partitionsbezeichnungen. In aller Kürze:

> Unter Linux ist einfach alles als Datei organisiert – auch Festplatten und deren Partitionen. Das hat viele Vorteile: Der Zugriff auf Geräte und Hardware ist vereinheitlicht, dies vereinfacht die System- und Anwendungsprogrammierung. Das Konzept ist für Windows-Benutzer gewöhnungsbedürftig, aber objektiv betrachtet durchgängiger, klarer und transparenter.

Die Gerätedateien liegen unter dem Verzeichnis `/dev` (für *device* = Gerät). Die erste IDE-Festplatte (primary master) wird als `hda` bezeichnet. Weitere Bezeichnungen sind `hdb` (primary slave), `hdc` (secondary master) und `hdd` (secondary slave). Nutzen Sie SCSI- oder S-ATA-Festplatten, heißen diese `sda`, `sdb` usw.

> Wechselmedien wie zum Beispiel USB-Sticks werden oft als SCSI-Laufwerke emuliert.

Die Partitionen einer Festplatte werden von eins beginnend durchnummeriert, also `/dev/hda1`, `/dev/hda2` usw. Eine erweiterte Partition wird diesbezüglich behandelt wie eine primäre Partition. Die logischen Partitionen fangen allerdings grundsätzlich bei fünf an, auch wenn die erweiterte Partition zum Beispiel `/dev/hda3` ist – so wie in unserem Beispiel oben. Somit ist die erste logische Partition der ersten Festplatte (primary master) immer `/dev/hda5`. Um Ihnen das ein wenig zu verdeutlichen, werfen Sie einen Blick auf die Tabelle:

Bezeichnung	Partition
`/dev/hda`	Erste Festplatte (*primary master*)
`/dev/hda1`	Erste Festplatte, erste primäre Partition (die erste Partition muss immer primär sein)

Bezeichnung	Partition
`/dev/hda2`	Erste Festplatte, zweite primäre Partition oder erweiterte Partition
`/dev/hda3`	Erste Festplatte, dritte primäre Partition oder erweiterte Partition
`/dev/hda5`	(immer) erste logische Partition (die logischen fangen immer bei 5 an, auch wenn es weniger als 3 primäre gibt)
`/dev/hdb`	Zweite Festplatte oder CD-ROM-/DVD-Laufwerk (*primary slave*) – ein CD-ROM-Laufwerk hat natürlich keine Partitionen
`/dev/hdc2`	Dritte Festplatte (*secondary master*), zweite primäre oder erweiterte Partition
`/dev/sda1`	Erste SCSI- oder S-ATA-Festplatte, erste primäre Partition

Während unter Windows die einzelnen Partitionen als Laufwerke mit Buchstaben benannt automatisch eingebunden werden, nutzt Linux ein anderes Konzept. Die Partitionen werden unter bestimmten Punkten im Dateisystem »eingehängt«, man spricht von »mounten«. Die bootfähige Partition wird unter / (*root*, der Wurzel) eingebunden. Theoretisch benötigt Linux nur diese eine Partition. Werden keine anderen »Mountpoints« für andere Partitionen definiert, wird das gesamte Dateisystem auf der /-Partition (sprich: root-Partition) angelegt. Während `/bin`, `/dev`, `/etc` und einige andere Verzeichnisse auf der root-Partition verbleiben müssen, werden typischerweise andere Verzeichnisse auf andere Partitionen ausgelagert, also als Mountpoint für diese Partitionen definiert:

- `/var` (Programm-Datenpartition)
- `/home` (User-Basisverzeichnisse)
- `/usr` (Programme und Bibliotheken)
- `/tmp` (temporäre Dateien)

Der Vorteil ist, dass diese Partitionen gesondert behandelt werden können. So können zum Beispiel Images (Eins-zu-eins-Sicherungen) von Partitionen gezogen werden, die dann für eine schnellstmögliche Wiederherstellung sorgen. Wird eine Partition beschädigt, betrifft es nicht sofort das ganze System. Außerdem können Quotas (Regeln zur Speichernutzung für die User) nur partitionsweise vergeben werden. Weiterhin kann es von Vorteil sein, bestimmte Partitionen mit verschiedenen Dateisystemen zu bestücken, da diese im Detail unterschiedliche Vor- und Nachteile bieten.

Auf Serversystemen werden normalerweise mehrere Partitionen eingebunden, um die oben genannten Vorteile zu nutzen – der Nachteil: Der Verwaltungsaufwand ist höher.

Und dann gibt es da noch die Swap-Partition. Sie entspricht der Windows-Auslagerungsdatei und kann auch unter Linux im Notfall als Datei angelegt werden. Besser ist es allerdings, eine eigene Partition dafür zu reservieren. Die Meinungen über die Größe der Swap-Partition gehen weit auseinander – ältere Quellen sprechen oft von der doppelten Größe des Arbeitsspeichers. Ich denke, Sie sind in den meisten Fällen auf der sicheren Seite, wenn Ihre Swap-Partition ungefähr so groß ist wie der Arbeitsspeicher.

Genug Theorie! Schauen wir uns das Ganze nun in der Praxis an. Am Ende des Kapitels werde ich Ihnen noch weitere Detailinformationen zukommen lassen. Sollte Ihnen also der von mir hier vorgeschlagene Standardweg zur Partitionierung nicht genügen, gehen Sie zu Abschnitt 2.4.3, um die Expertenpartitionierung vorzunehmen.

Haben Sie den Debian-Installer bis hierhin normal durchlaufen, erscheint jetzt der erste Partitionierungsdialog:

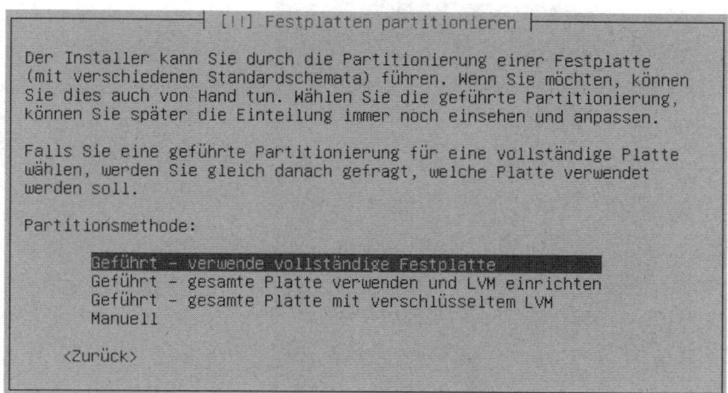

Abb. 2.15: Wie hätten Sie es denn gern?

Wählen Sie hier entweder GEFÜHRT – VERWENDE VOLLSTÄNDIGE FESTPLATTE oder MANUELL. Trauen Sie Ihren Kenntnissen über die Partitionierung noch nicht so recht über den Weg, bietet sich die geführte Partitionierung an. Wählen Sie im nächsten Dialogfenster die zu partitionierende Festplatte aus, falls Sie über mehrere Festplatten verfügen sollten – sonst drücken Sie einfach [Enter].

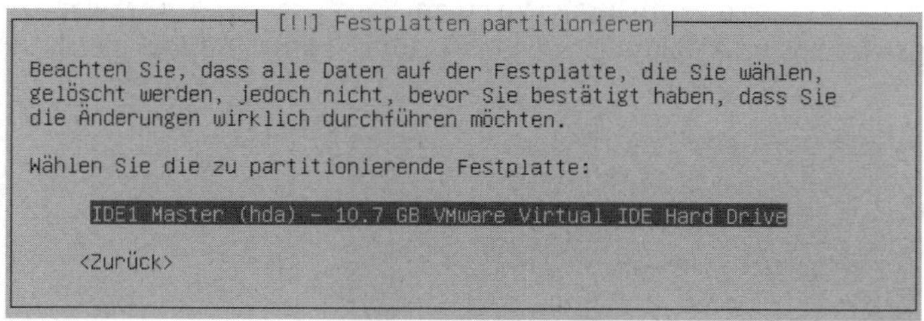

Abb. 2.16: Auswahl der Festplatte

Unter *Etch* läuft der Dialogvorgang noch etwas anders, enthält aber im Endeffekt weitgehend dieselben Menüpunkte. Lassen Sie sich davon nicht irritieren, falls Sie nach dieser Anleitung *Etch* installieren möchten.

Sie müssen noch weitere Entscheidungen treffen. Während die vorgegebenen Partitionierungsschemas unter *Etch* noch Sinn und Zweck andeuteten, werden unter *Lenny* die Details der jeweiligen Partitionierung angezeigt, wie untenstehende Abbildungen zeigen:

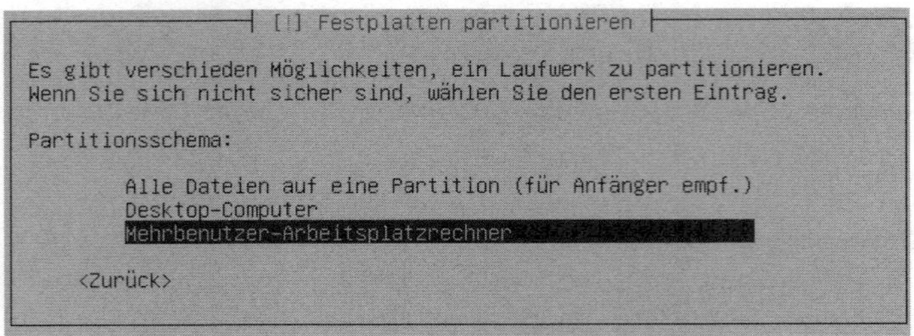

Abb. 2.17: Partitionierungsschemas unter Etch

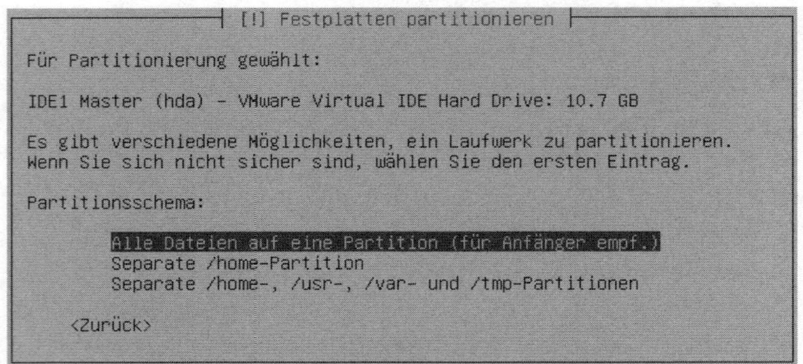

Abb. 2.18: Partitionierungsschemas unter Lenny

Je nach Nutzung des Debian-Systems bietet der Installer drei verschiedene Varianten an. Wir wählen die untere Option Mehrbenutzer-Arbeitsplatzrechner bzw. Separate /home-, /usr-, /var- und /tmp-Partitionen, da dies am besten zu einem Server passt. Der Installer bietet uns das Partitionierungsschema aus Abbildung 2.19 an, das unter *Lenny* und *Etch* gleich ist:

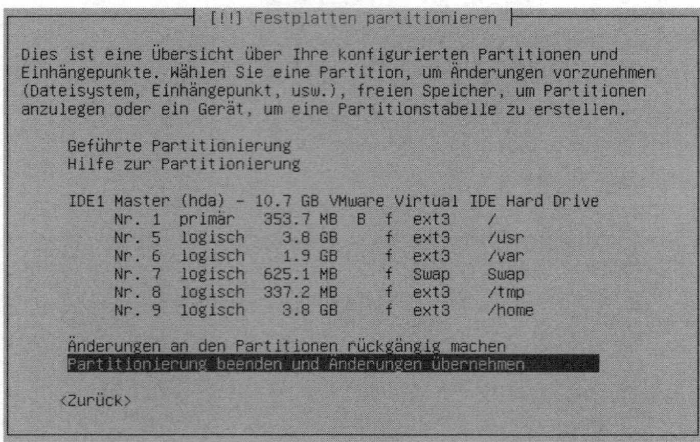

Abb. 2.19: Das vom Debian-Installer vorgeschlagene Server-Partitionierungsschema (Abbildung für Lenny – unter Etch finden Sie an dieser Stelle zusätzlich die Optionen für die Erstellung von LVM und RAID)

Die Spalten haben folgende Bedeutung:

1. Partitionsnummer
2. Partitionstyp (primär oder logisch)
3. Größe der Partition in MB oder GB
4. Bootfähig – die bootfähige Partition wird durch ein `B` angezeigt, in der Regel ist dies die erste primäre Partition. Es handelt sich um ein *Flag* (`bootable`), das Sie ggf. manuell setzen müssen.
5. Formatierung – ein `f` zeigt an, dass die Partition, die bereits besteht, durch die Formatierung plattgemacht wird (sprich: absoluter Datenverlust!)
6. Dateisystem – Debian-Linux unterstützt eine ganze Reihe von Dateisystemen. Das gängigste ist *ext3* (sprich Third Extended). Auf Dateisysteme gehen wir im Expertenbereich weiter hinten ein
7. Mountpoint – der Einhängepunkt der Partition im Dateisystem. Weiteres zu den Dateisystemen finden Sie in Kapitel 4 *Das Debian-System – Grundlagen* und weiter unten in Abschnitt 2.4.3.

Wie Sie sehen, wird im obigen Abbild nur eine primäre Partition (Nr. 1 genannt) erstellt und diese unter / (root) gemountet. Anschließend folgt Partition Nr. 5, was der ersten logischen entspricht. Denken Sie daran: Die logischen Partitionen fangen immer bei 5 an zu zählen! Was Sie hier nicht sehen, ist die vom System stillschweigend angelegte erweiterte Partition, ohne die die logischen gar nicht existieren könnten. Sie hätte die Nr. 2, wenn sie angezeigt werden würde.

Im Übrigen werden die »typischen« Verzeichnisse (wie `/var`, `/home` usw.) in eigene Partitionen ausgelagert, außerdem wird eine Swap-Partition erstellt.

> Die Größe der einzelnen vorgeschlagenen Partitionen ist von der Gesamtgröße der Festplatte abhängig. Die Größenverhältnisse bleiben (prozentual gesehen) natürlich gleich. Allerdings macht dieses Verhältnis nur unter bestimmten Bedingungen Sinn – haben Sie zum Beispiel einen Datenbank- oder Webserver, müsste unter Umständen die `/var`-Partition deutlich größer dimensioniert werden, da Programme ihre Dateien oft hier ablegen. Die hier gezeigte Variante ist aufgrund der großen `/home`-Partition für Datei-Server geeignet, die die Home-Verzeichnisse der Benutzer enthalten.

Sie können diesen Vorschlag für die Partitionierung übernehmen, da im ersten Teil des Lehrgangs zunächst keine spezielle Funktion Ihres zukünftigen Servers vorausgesetzt wird. Im Zweifel kommt uns dieses Partitionierungsschema für unser erstes Szenario aber auch entgegen. Wählen Sie also PARTITIONIERUNG BEENDEN UND ÄNDERUNGEN ÜBERNEHMEN. Als Nächstes passiert ... nichts!

Zunächst müssen Sie nämlich noch einmal bestätigen, dass die Änderungen an der Partitionierungstabelle und die Formatierungen wie angegeben auch wirklich durchgeführt werden sollen – eine reine Sicherheitsmaßnahme, da durch die Neupartitionierung alle gegebenenfalls vorhandenen Daten ins *Nirwana* geschickt werden:

```
[!!] Festplatten partitionieren

Wenn Sie fortfahren, werden alle unten aufgeführten Änderungen auf
die Festplatte(n) geschrieben.

WARNUNG: Dies zerstört alle Daten auf Partitionen, die Sie entfernt
haben, sowie alle Daten auf Partitionen die formatiert werden sollen.

Die Partitionstabellen folgender Geräte wurden geändert:
   IDE1 Master (hda)

Die folgenden Partitionen werden formatiert:
   Partition #1 auf IDE1 Master (hda) mit ext3
   Partition #5 auf IDE1 Master (hda) mit ext3
   Partition #6 auf IDE1 Master (hda) mit ext3
   Partition #7 auf IDE1 Master (hda) mit Swap
   Partition #8 auf IDE1 Master (hda) mit ext3
   Partition #9 auf IDE1 Master (hda) mit ext3

Änderungen auf die Festplatten schreiben?

    <Zurück>                                    <Ja>   <Nein>
```

Abb. 2.20: Soll wirklich alles zerstört werden?

Haben Sie dies nach reiflicher Überlegung mit <JA> bestätigt, wird formatiert.

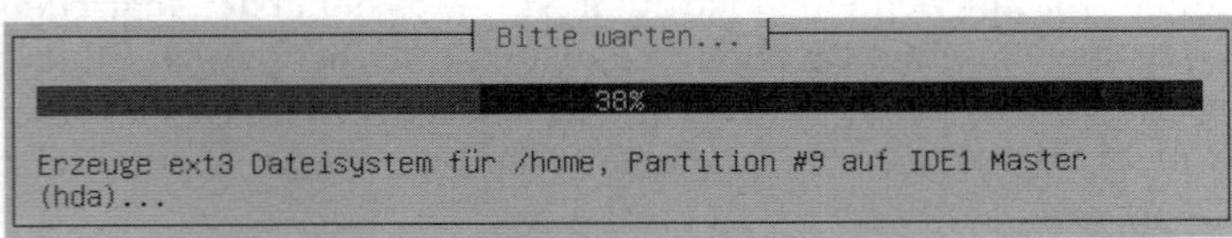

Abb. 2.21: Die Dateisysteme werden auf den Partitionen erstellt.

2.2.7 Weitere Installationsschritte

Im Anschluss an die Partitionierung werden weitere Installationsprozeduren durchgeführt. Die Reihenfolge variiert zwischen *Lenny* und *Etch* geringfügig, enthält aber dieselben Vorgänge, die ich im Folgenden kurz erläutere.

Installation des Grundsystems inklusive Kernel

Hier wird das Basissystem von Debian erstellt. Darüber hinaus wird der Kernel installiert:

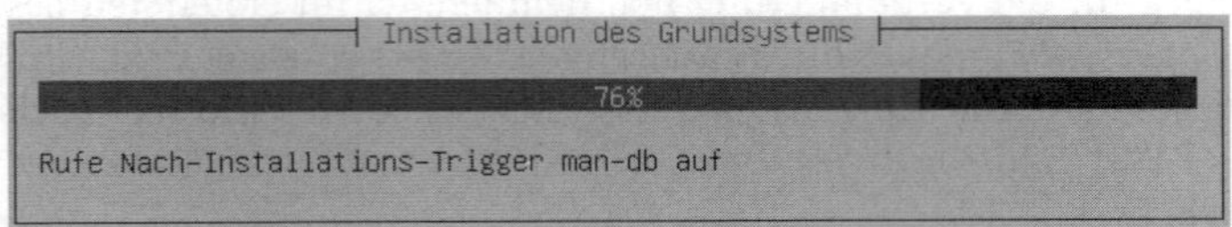

Abb. 2.22: Der Debian-Installer erstellt das Grundsystem und installiert den Kernel.

Hier haben Sie keine Einflussmöglichkeit, lassen Sie diese Prozedur also einfach über sich ergehen ...

Benutzer und Passwörter einrichten

Legen Sie zunächst das Root-Passwort fest. Da *root* der Administrator auf einem Linux-System ist, sollte das Passwort entsprechend komplex und schwer zu erraten sein:

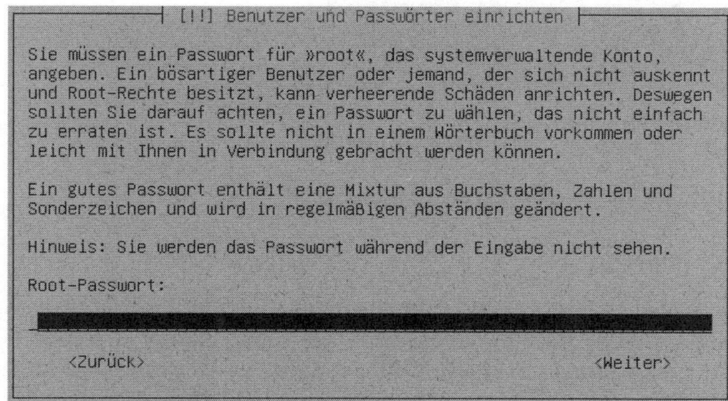

Abb. 2.23: Festlegen des Root-Passwortes

Tipps für ein gutes Passwort erhalten Sie im Erläuterungstext dieses Dialogfensters. Geben Sie im Anschluss im nächsten Dialogfenster einen Benutzernamen ein, mit dem Sie arbeiten möchten:

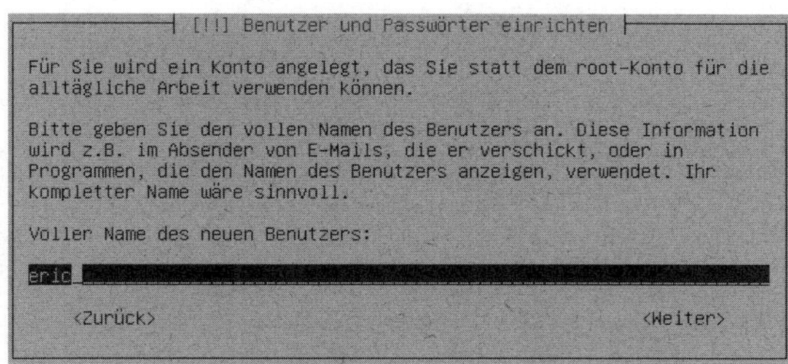

Abb. 2.24: Sie sollten so wenig wie möglich unter root arbeiten – nutzen Sie stattdessen einen nicht-privilegierten Benutzer.

Zunächst können Sie zum Beispiel Ihren vollen Namen eingeben, um im Anschluss den Benutzernamen für das Konto festzulegen. Ersteres wird allerdings nicht vom System ausgewertet und dient nur informativen Zwecken – ich trage hier ebenfalls nur meinen Benutzerkontonamen ein.

Auch der normale Benutzer sollte ein gutes Kennwort erhalten – für Labor- und Testzwecke bietet es sich allerdings an, das Passwort simpel zu halten, da Sie sich im Laufe Ihrer Studien sehr häufig am System anmelden müssen:

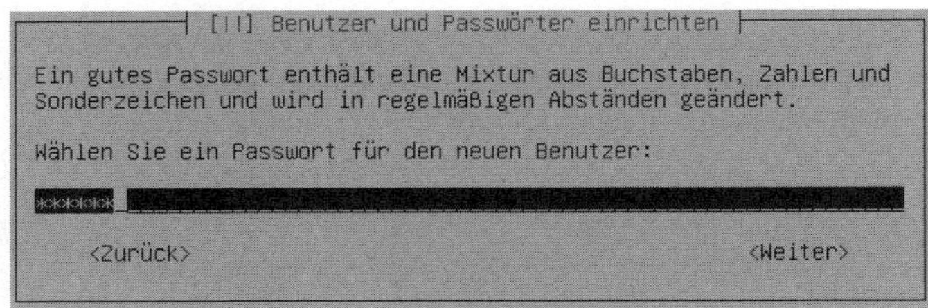

Abb. 2.25: Ohne Passwort keine Anmeldung ...

Das Passwort müssen Sie sicherheitshalber zweimal eingeben.

Den Paketmanager konfigurieren

Damit der Debian-Paketmanager weiß, woher er Informationen über verfügbare Pakete bzw. diese selbst beziehen soll, müssen Sie ihm die Installations- bzw. Paketquellen mitteilen. Zunächst liest er die erste Installations-CD ein, um Informationen über die dort vorhandenen Software-Pakete zu erhalten. Im Anschluss können Sie unter *Lenny* wählen, ob Sie weitere CDs einlesen möchten. Tun Sie dies, wenn Sie mehrere CDs vor der Installation heruntergeladen haben.

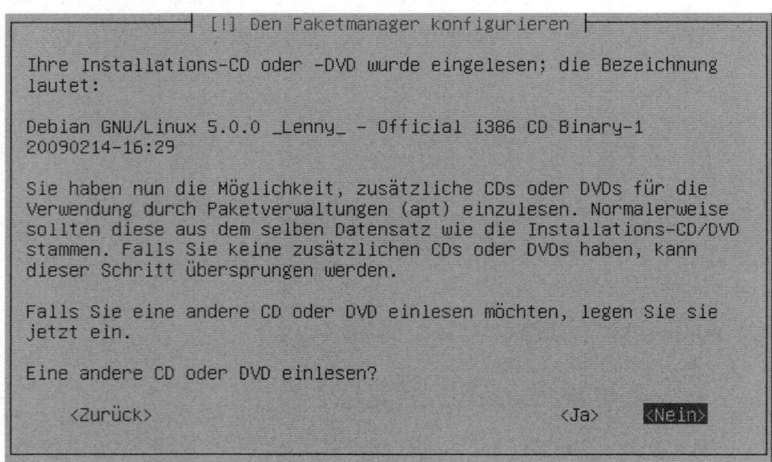

Abb. 2.26: Weitere CDs/DVDs?

Ansonsten wählen Sie <Nein> und fahren fort. Im nächsten Dialogfenster müssen Sie sich dazu entscheiden, ob und welchen Netzwerkspiegel (Mirror-Server) Sie verwenden möchten. Dabei handelt es sich schlicht um Internet-Repositories (Paketdepots), auf dem sich jeweils ein vollständiger Satz von Debian-Software-Paketen befindet.

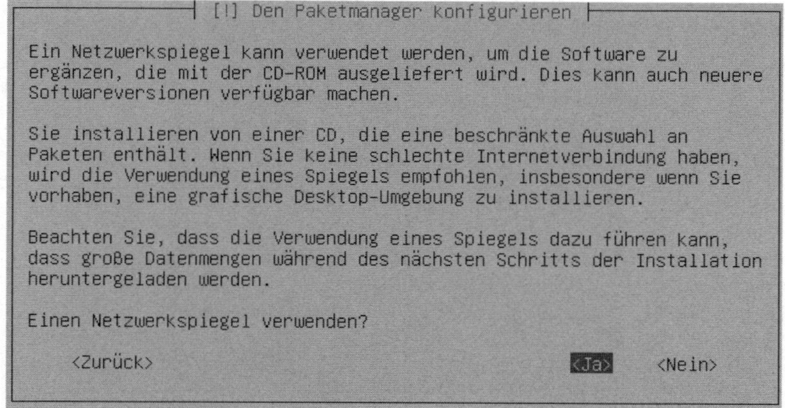

Abb. 2.27: Netzwerkspiegel bieten Internet-Paketquellen.

Wenn Sie über eine ausreichende Internetanbindung verfügen, sollten Sie in jedem Fall einen Netzwerkspiegel auswählen. Übernehmen Sie im Zweifel die Voreinstellungen – diese führen Sie zum Haupt-Netzwerkspiegel für Deutschland.

Anschließend können Sie einen HTTP-Proxy eintragen, falls Sie einen nutzen möchten oder müssen.

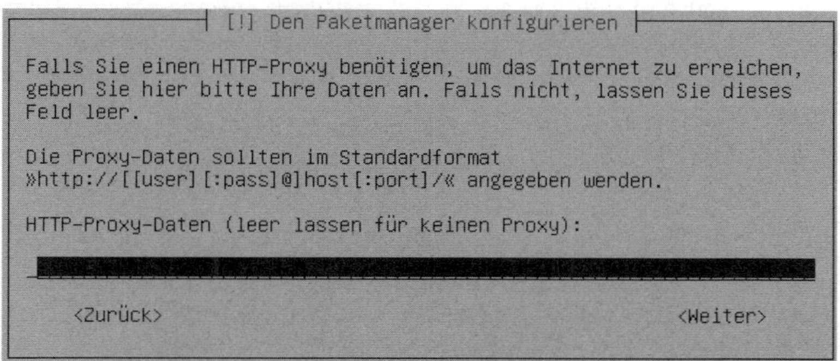

Abb. 2.28: Der Paketmanager ist eine Proxy-fähige Anwendung.

Ansonsten lassen Sie die Eingabezeile einfach leer und klicken auf <WEITER>.

Popularity-contest

Entscheiden Sie hier, ob Sie an der Statistik für die Paketverwendungserfassung teilnehmen möchten, um den Debian-Entwicklern die Möglichkeit zu bieten, die Software-Zusammenstellungen auf den CDs in Zukunft noch passender zu gestalten.

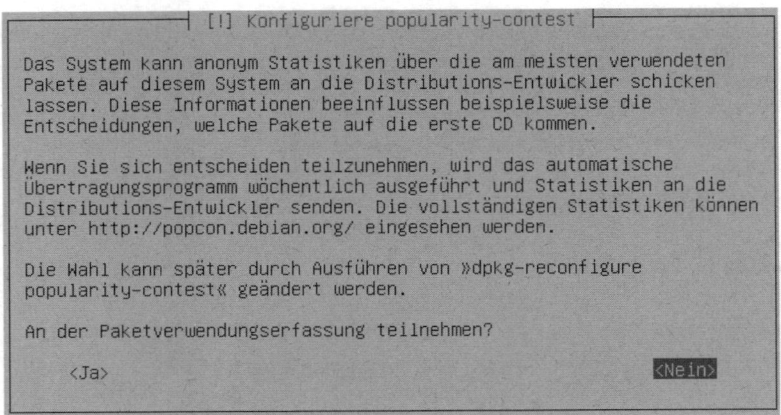

Abb. 2.29: Helfen Sie, Debian noch komfortabler zu gestalten.

Im Gegensatz zu manch anderen statistischen Erfassungen können Sie hier sicher sein, dass keine personenbezogenen Daten gesammelt, ausgewertet und ggf. weitergereicht werden. Dies stünde im krassen Gegensatz zur Debian-Philosophie.

Software-Auswahl

Bevor die Installation abgeschlossen werden kann, müssen Sie dem Installer noch mitteilen, welche vordefinierten Software-Sammlungen Sie ggf. installieren möchten (siehe Abbildung 2.30).

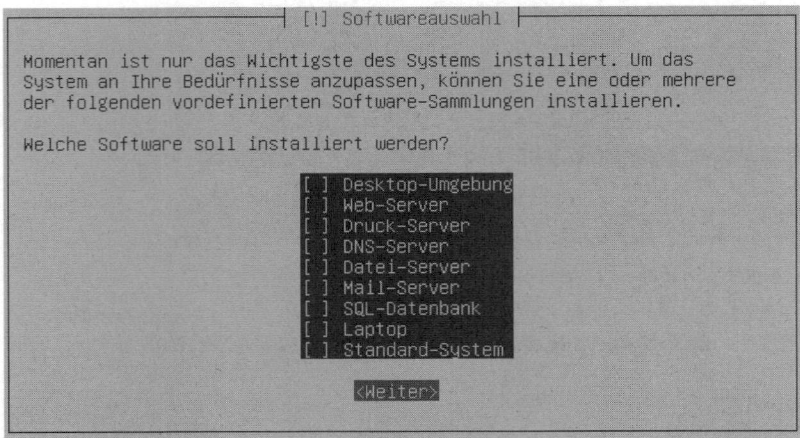

Abb. 2.30: Vordefinierte Software-Sammlungen erleichtern die Software-Auswahl.

Dahinter verbirgt sich das Tool **`tasksel`** (für *Task Selection*, Aufgaben-Auswahl), das Sie auch zur Laufzeit Ihres Debian-Systems aufrufen können. Dies ist zwar ein netter Versuch und für Schnellschüsse (»ich setz' mal eben einen Server auf!«) vielleicht geeignet, aber um einen Server aufzusetzen, der nur die Funktionalität besitzt, die wir tatsächlich benötigen, ist es günstiger, die Software bei Bedarf einzeln hinzuzufügen. Daher sollten Sie an dieser Stelle zunächst alle markierten Einträge (Desktop-Umgebung und Standard-System) entfernen, um lediglich beim Basissystem zu bleiben. Dies ist das professionelle Vorgehen bei der Installation eines Servers – mühseliger, aber dafür wissen Sie genau, was auf Ihrem System läuft.

Installation des GRUB-Bootloaders

Zu guter Letzt installiert der Debian-Installer den Bootloader namens GRUB, mit dem das Betriebssystem gestartet wird. In fast allen Fällen kann GRUB in den MBR, den *Master Boot Record*, geschrieben werden (siehe Abbildung 2.31).

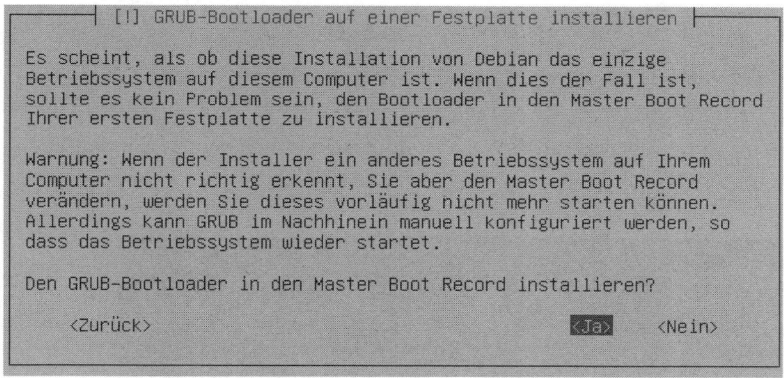

Abb. 2.31: Installation von GRUB

Wählen Sie <JA>, um dies zu bestätigen. GRUB wird nun installiert und die Installation abgeschlossen (siehe Abbildung 2.32).

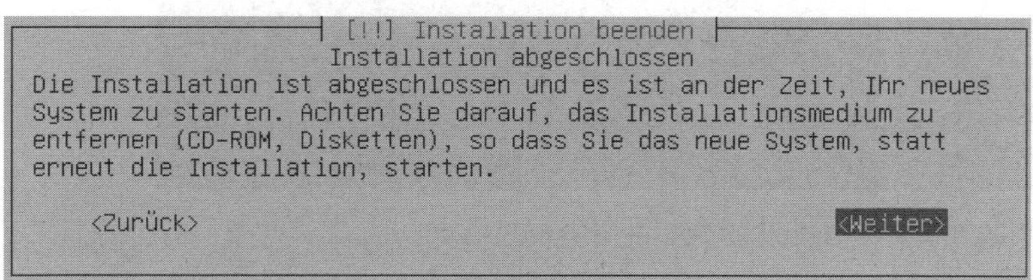

Abb. 2.32: Nach einem Neustart haben wir es geschafft.

Herzlichen Glückwunsch! Sie haben soeben Ihr erstes Debian-System installiert! Entnehmen Sie die CD, wählen Sie WEITER, und starten Sie damit den Computer neu. Nach dem POST (Power On Self Test) des BIOS erscheint der Bootloader (Abbildung 2.33).

```
GNU GRUB  version 0.97  (638K lower / 522176K upper memory)

Debian GNU/Linux, kernel 2.6.26-1-686
Debian GNU/Linux, kernel 2.6.26-1-686 (single-user mode)

Use the ↑ and ↓ keys to select which entry is highlighted.
Press enter to boot the selected OS, 'e' to edit the
commands before booting, or 'c' for a command-line.
```

Abb. 2.33: GRUB zeigt die Bootoptionen an.

Wählen Sie entweder den Standardeintrag, hier: DEBIAN GNU/LINUX, KERNEL 2.6.26-1-686, aus oder warten Sie, bis Debian nach dem Timeout des Bootmenüs von allein gestartet wird.

Der Bootvorgang nimmt einige Zeit in Anspruch, doch schließlich sollten Sie den Login-Prompt sehen (siehe Abbildung 2.34).

```
/dev/hda1: clean, 3692/86344 files, 99613/345364 blocks
done.
Setting the system clock.
Cleaning up ifupdown....
Loading kernel modules...done.
Checking file systems...fsck 1.41.3 (12-Oct-2008)
/dev/hda9: clean, 15/230608 files, 32698/921721 blocks
/dev/hda8: clean, 12/82328 files, 20685/329300 blocks
/dev/hda5: clean, 11403/230608 files, 78651/921721 blocks
/dev/hda6: clean, 1089/114016 files, 48440/455836 blocks
done.
Setting kernel variables (/etc/sysctl.conf)...done.
Mounting local filesystems...done.
Activating swapfile swap...done.
Setting up networking....
Configuring network interfaces...done.
Setting console screen modes and fonts.
INIT: Entering runlevel: 2
Starting enhanced syslogd: rsyslogd.
Starting ACPI services....
Starting periodic command scheduler: crond.

Debian GNU/Linux 5.0 debian tty1

debian login: _
```

Abb. 2.34: Nach dem Bootvorgang können Sie sich anmelden.

Damit geht es gleich weiter ins dritte Kapitel – oder möchten Sie noch weitere Informationen zum Thema »Installation von Debian« erhalten? In diesem Fall lesen Sie weiter!

2.3 Experteninstallation

Werfen wir an dieser Stelle ein Blick über den Tellerrand und betrachten erweiterte Optionen und Problemfälle. Im ersten Teil dieses Kapitels habe ich Ihnen einen – unter normalen

Umständen – gangbaren und einfachen Weg zur Installation eines Debian-Systems gezeigt. Vielleicht sind Sie aber aufgrund bestimmter Umstände damit nicht zum Ziel gelangt oder Sie benötigen aus anderen Gründen weitergehende Informationen. Dies wird Ihnen an dieser Stelle nachgereicht. Fangen wir an.

2.3.1 Bootoptionen

... und zwar ganz von vorn: Nach dem Bootvorgang bietet Ihnen die Debian-Installations-CD an, über den Menüpunkt HELP (*Lenny*) bzw. über F1 (*Etch*) eine Hilfe über die verfügbaren Optionen aufzurufen (siehe Abbildung 2.35).

```
                  Welcome to Debian GNU/Linux!

This is a Debian 5.0 (lenny) installation CD-ROM.
It was built 20090214-16:29; d-i 20090123.

HELP INDEX

KEY    TOPIC

<F1>   This page, the help index.
<F2>   Prerequisites for installing Debian.
<F3>   Boot methods for special ways of using this CD-ROM
<F4>   Additional boot methods; rescue mode.
<F5>   Special boot parameters, overview.
<F6>   Special boot parameters for special machines.
<F7>   Special boot parameters for selected disk controllers.
<F8>   Special boot parameters for the install system.
<F9>   How to get help.
<F10>  Copyrights and warranties.

Press F2 through F10 for details, or ENTER to boot: _
```

Abb. 2.35: Die erweiterten Optionen der Installations-CD

Mit F1 können Sie jederzeit diesen Bildschirm aufrufen. Wie Sie sehen, können Sie über weitere F-Tasten verschiedene Hilfe- und Info-Seiten aufrufen. Hier besteht kein großer Unterschied zwischen *Lenny* und *Etch*. Wir werden an dieser Stelle nicht jede einzelne Seite im Detail durchgehen. Aber das Grundprinzip ist recht einfach: Mit F3 können Sie sich die vier unterschiedlichen Boot-Methoden ansehen (siehe Abbildung 2.36).

Sie können am Bootprompt entweder Enter drücken (für die Standard-Boot-Methode `install`) oder eine spezielle Boot-Methode angeben:

- *install*: Standardinstallation – muss nicht extra angegeben werden.
- *installgui*: Führt über eine grafische Oberfläche durch die Installation – inhaltlich kein Unterschied zur Konsolenvariante.
- *expert*: Enthält weitere Optionen, die während der Installation ausgewählt werden müssen, ermöglicht so maximale Kontrolle über den Installationsvorgang.
- *expertgui*: Der Expertenmodus für die Installation wird über eine grafische Oberfläche durchgeführt – inhaltlich wiederum keine Änderungen zur Konsolenvariante.

```
BOOT METHODS

Available boot methods:

install
  Start the installation -- this is the default CD-ROM install.
installgui
  Start the installation using the graphical installer.
expert
  Start the installation in expert mode, for maximum control.
expertgui
  Start the installation in expert mode using the graphical installer.

To use one of these boot methods, type it at the prompt, optionally
followed by any boot parameters. For example:
  boot: install acpi=off

If unsure, you should use the default boot method, with no special
parameters, by simply pressing enter at the boot prompt.

Except in expert mode, non-critical kernel boot messages are suppressed.

Press F1 for the help index, or ENTER to boot: _
```

Abb. 2.36: Die verschiedenen Arten, den Debian-Installer zu starten

Seit *Etch* können Sie Debian auch über eine grafische Oberfläche installieren. Wenn Sie **`installgui`** bzw. **`expertgui`** am Bootprompt eingeben, erwartet Sie eine Oberfläche, die Sie mit der Maus bedienen können (siehe Abbildung 2.37).

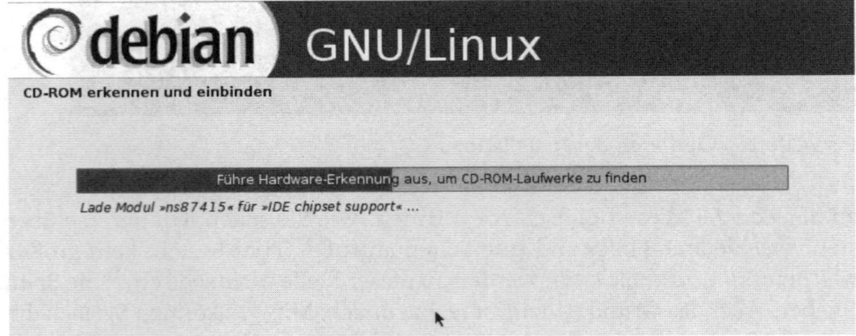

Abb. 2.37: Installationsroutine mit grafischer Oberfläche

Das ist letztlich allerdings nur etwas für die Galerie, da die Optionen während der Installation dieselben sind, wie in der Textfassung.

Die Boot-Methode kann durch verschiedene Parameter ergänzt werden. Wie im Beispiel angegeben, würde eine Eingabe `linux acpi=off` bewirken, dass die Standardinstallation aufgerufen wird, allerdings alle ACPI-Funktionen (Advanced Configuration & Power Interface – ermöglicht Energiesparfunktionen) deaktiviert werden. Das Prinzip ist meistens folgendes:

```
<Boot-Methode> <Parameter>[=<Wert>]
```

Die möglichen Parameter können Sie den Hilfeseiten F5–F7 entnehmen. Diese können auch hintereinander durch Leerzeichen getrennt kombiniert werden.

```
SPECIAL BOOT PARAMETERS - VARIOUS HARDWARE

You can use the following boot parameters at the boot: prompt,
in combination with the boot method (see <F3>).
If you use hex numbers you have to use the 0x prefix (e.g., 0x300).

HARDWARE                               PARAMETER TO SPECIFY
IBM PS/1 or ValuePoint (IDE disk)      hd=cylinders,heads,sectors
Some IBM ThinkPads                     floppy.floppy=thinkpad
Protect I/O port regions               reserve=iobase,extent[,...]
Laptops with screen display problems   vga=771
Use first serial port at 9600 baud     console=ttyS0,9600n8
Force use of generic IDE driver        generic.all_generic_ide=1
Possible (temporary) workarounds for lockups or other hardware failures:
disable buggy APIC interrupt routing   noapic nolapic
(partly) disable ACPI                  acpi=noirq or acpi=off
disable USB                            nousb
poll for interrupts                    irqpoll

For example:
  boot: install vga=771 noapic nolapic

Press F1 for the help index, or ENTER to boot: _
```

Abb. 2.38: Erweiterte Bootoptionen für verschiedene Hardware

2.3.2 Installationskonfiguration

Wenn Sie den Installer im Expert-Modus starten oder während der Standardinstallation den Button <Zurück> betätigen, erscheint das Hauptmenü des Installers.

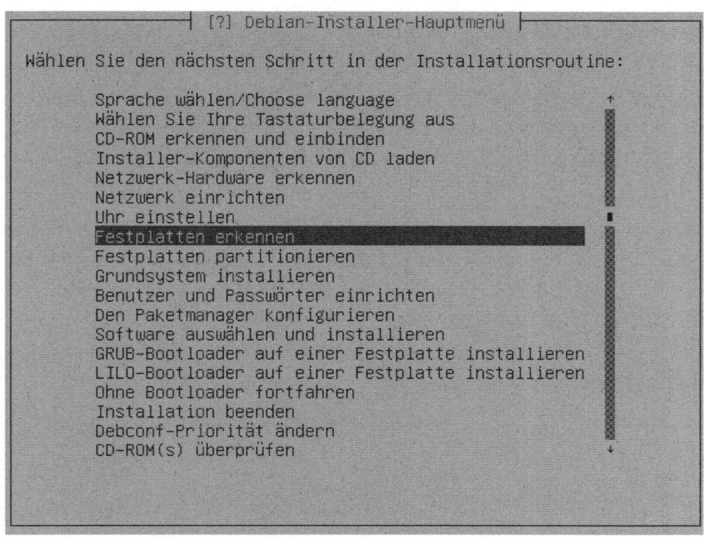

Abb. 2.39: Debian-Installer-Hauptmenü

Dieses Menü ist nicht statisch – die Optionen verändern sich gemäß den vorher vorgenommenen Einstellungen. Weiterhin bemüht sich das Menü, Ihnen die sinnvollste Option für den nächsten Schritt vorzugeben. In der Regel funktioniert das. Möchten Sie allerdings zunächst andere Einstellungen treffen, ist dies durch die freie Auswahl möglich.

Es gibt jede Menge Möglichkeiten, die das Hauptmenü bietet. Alle aufzuzählen, würde den Rahmen dieses Buches sprengen. Als wichtigen Punkt möchte ich Sie auf die *debconf-Priorität* aufmerksam machen:

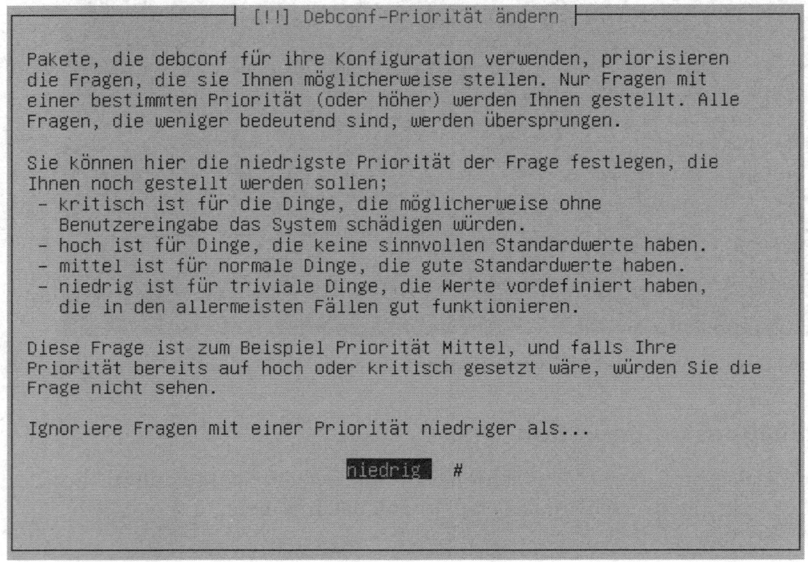

Abb. 2.40: Wie viele Fragen möchten Sie gestellt bekommen?

`Debconf` ist ein Tool, dessen sich die Pakete bedienen, um sich mit sinnvollen Parametern im System zu etablieren. Die Fragen, die an den Benutzer gehen, sind priorisiert und können daher ggf. abgefangen werden. Geben Sie an dieser Stelle einen Schwellenwert an, ab dem Sie die Frage gestellt bekämen. Mögliche Werte sind *niedrig, mittel, hoch* und *kritisch.*

Wählen Sie *niedrig,* bekommen Sie jede kleine Entscheidung vorgelegt – meistens gibt es bereits sinnvolle Vorgabewerte, die genutzt werden können. Wählen Sie *kritisch,* sehen Sie nur Fragen, die ohne Ihre Eingabe unter Umständen das System schädigen würden. Der Standard, *mittel,* ist in der Regel ein guter Vorgabewert.

2.3.3 Experteninstallation

Die Experteninstallation starten Sie entweder über den Bootprompt durch Eingabe von **`expert`** oder **`expertgui`** oder durch Auswahl über die ADVANCED OPTIONS im Bootmenü.

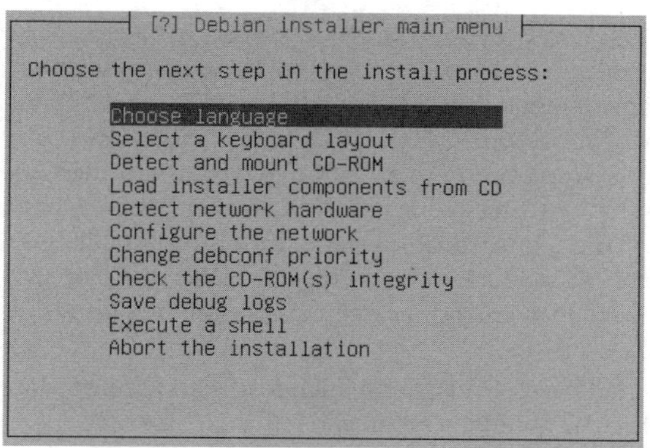

Abb. 2.41: Im Expert-Modus landen Sie im Hauptmenü.

Nach dem Start des Installers im Expert-Modus landen Sie im Hauptmenü. Vom Prinzip unterscheidet sich die Experteninstallation inhaltlich nicht von der Standardversion – allerdings können (und müssen) Sie viele Dinge granularer steuern, also im Detail genauer konfigurieren. Hatten Sie mit der Standardinstallation keinen Erfolg, bietet es sich an, die Experteninstallation zu starten, um verstärkten Einfluss auf die Installationsparameter zu nehmen. An dieser Stelle gehe ich jedoch nicht auf alle Details ein, da auch diese Installation menügeführt ist – allerdings müssen Sie den jeweiligen Menüpunkt auswählen, bevor der Installer aktiv wird. Sinnvollerweise beginnen Sie mit CHOOSE LANGUAGE ...

2.3.4 Menüpunkte der manuellen Partitionierung

Haben Sie manuelle Partitionierung gewählt, können Sie den freien Speicherplatz Ihrer gewählten Festplatte auswählen, um in diesem eine primäre oder logische Partition zu erstellen. Anschließend müssen Sie die Eigenschaften dieser neuen Partition festlegen.

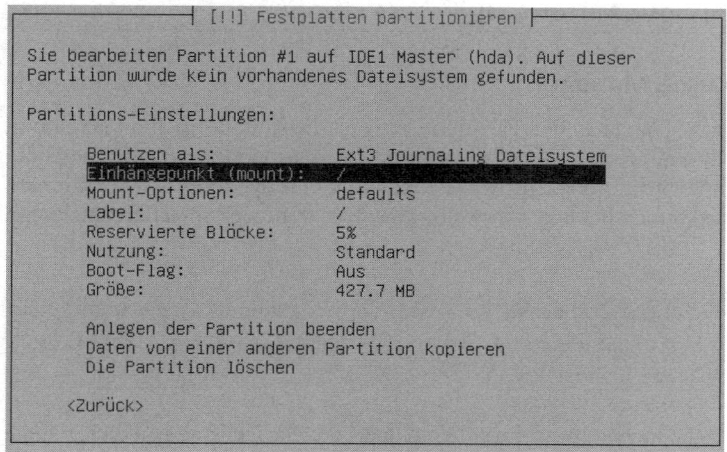

Abb. 2.42: Einstellungen für eine gewählte Partition

In diesem Dialogfenster konfigurieren Sie folgende wesentliche Punkte:

- BENUTZEN ALS: Hier können Sie festlegen, welches Dateisystem Sie nutzen möchten. Mit Ausnahme von FAT, das nur ungenügende Features enthält, ist die Wahl des Dateisystems eine Frage der persönlichen Vorlieben – alle Dateisysteme (außer FAT und EXT2) verfügen über ein Journaling-System, mit dem sich Daten wiederherstellen lassen, und bieten ähnliche Features und Leistungsmerkmale. Ich empfehle Ihnen `Ext3` oder `ReiserFS`, da es sich hierbei um die Standarddateisysteme für Linux handelt. Darüber hinaus stehen Ihnen u.a. noch `JFS` und `XFS` zur Verfügung. Über das Für und Wider der einzelnen Dateisysteme werde ich mich hier nicht auslassen, da hier wahre Glaubenskriege toben ...

  Wichtig ist hier allerdings, dass Sie in diesem Untermenü auch festlegen können, dass die gewählte Partition für LVM oder RAID genutzt werden soll.
- EINHÄNGEPUNKT (MOUNT): Der Mountpoint, den ich früher schon erwähnt habe. Wenigstens eine Partition muss als / eingehängt sein.
- MOUNT-OPTIONEN: Hier können Sie zum Teil wichtige Optionen für die Partition angeben, zum Beispiel `ro` für *read-only*. Diese Einstellungen können aber auch später vorgenommen werden.
- LABEL: Sie können hier festlegen, unter welcher Bezeichnung die Partition geführt wird – eine Art Alias.
- BOOT-FLAG: Wenigstens eine Ihrer Partitionen muss bootfähig sein. Dies ist in der Regel die `/`-Partition oder aber – wenn vorhanden – die `/boot`-Partition. Setzen Sie dort das Boot-Flag.

Damit sind wir mit den wesentlichen Optionen durch. Wenn Sie den Umgang mit Partitionierungstools gewöhnt sind, werden Sie sich hier schnell zurechtfinden. Ungeübte Administratoren werden einige Zeit benötigen.

> Nutzen Sie im Zweifel die Assistenten-Funktionen und übernehmen Sie die Vorgaben. Sollten Sie unsicher sein, erstellen Sie eine einzige große Partition, wie vom Assistenten angeboten. Zumindest für ein Testsystem ist dies ausreichend.

2.3.5 Logical Volume Manager

Eine interessante Variante der statischen Partitionierung ist die Aufteilung und Verwaltung der Festplatten durch den LVM, den *Logical Volume Manager*. Der LVM nutzt ein vollständig anderes Aufteilungskonzept und ermöglicht die Erstellung von dynamischen Partitionen, *Volumes* genannt. Diese können bei Bedarf erweitert werden, wenn der Speicherplatz knapp wird.

> An dieser Stelle zeige ich Ihnen zunächst, wie Sie bei der Installation statt der traditionellen Partitionierung LVM einsetzen können. Später, in Kapitel 11 *System- und Festplattenmanagement*, werden Sie lernen, wie Sie LVM administrieren.

Natürlich können Sie LVM auch manuell installieren, jedoch stelle ich Ihnen an dieser Stelle die geführte LVM-Partitionierung vor. Wählen Sie im Partitionsmenü zunächst GEFÜHRT – GESAMTE PLATTE VERWENDEN UND LVM EINRICHTEN (siehe Abbildung 2.43).

```
Partitionsmethode:

        Geführt - den größten freien Speicherbereich benutzen
        Geführt - verwende vollständige Festplatte
        Geführt - gesamte Platte verwenden und LVM einrichten
        Geführt - gesamte Platte mit verschlüsseltem LVM
        Manuell

     <Zurück>
```

Abb. 2.43: Wenn, dann richtig: Wir nutzen die gesamte Platte für LVM.

> Falls Sie sich an dieser Stelle fragen, was es mit der *verschlüsselten LVM-Partitionierung* auf sich hat: Hierbei können Sie die Partitionsdaten durch ein Passwort schützen, so dass Sie beim Systemstart zunächst dieses Passwort eingeben müssen – allerdings geht dies natürlich zu Lasten der Performance und bietet sich weniger im Serverbereich als vielmehr bei Laptops an, um diese gegen Datendiebstahl zu sichern.

Wie immer müssen Sie anschließend die gewünschte Festplatte auswählen, die Sie mittels LVM konfigurieren möchten. Interessanterweise sehen Sie anschließend das bereits bekannte Menü für die drei vorgegebenen Partitionsschemas (siehe Abbildung 2.44).

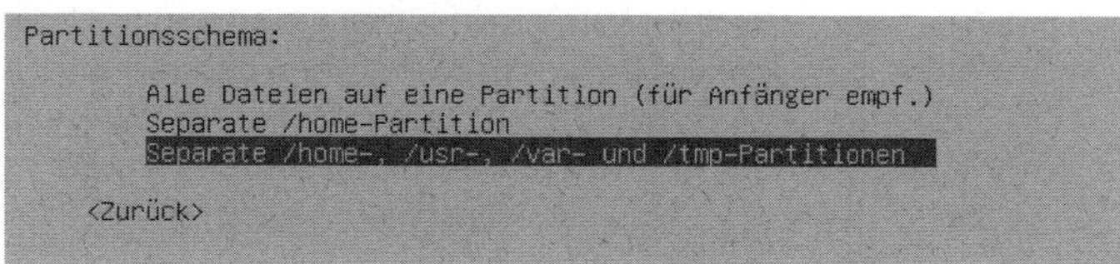

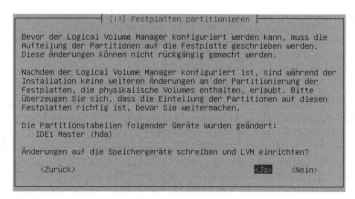

Abb. 2.44: Auch bei LVM können die Schemas angewendet werden.

Wählen Sie hier wiederum die für Server geeignete Konfiguration mit separaten Partitionen aus. Im Gegensatz zur traditionellen Partitionierung, bei der Sie bis zum Schluss Änderungen vornehmen können, müssen Sie sich bei LVM zu diesem Zeitpunkt für genau diese Konfiguration entscheiden, die anschließend im Partitionierungsassistenten nicht mehr rückgängig gemacht werden kann.

```
┌──────────────┤ [!!] Festplatten partitionieren ├──────────────┐

 Bevor der Logical Volume Manager konfiguriert werden kann, muss die
 Aufteilung der Partitionen auf die Festplatte geschrieben werden.
 Diese Änderungen können nicht rückgängig gemacht werden.

 Nachdem der Logical Volume Manager konfiguriert ist, sind während der
 Installation keine weiteren Änderungen an der Partitionierung der
 Festplatten, die physikalische Volumes enthalten, erlaubt. Bitte
 überzeugen Sie sich, dass die Einteilung der Partitionen auf diesen
 Festplatten richtig ist, bevor Sie weitermachen.

 Die Partitionstabellen folgender Geräte wurden geändert:
    IDE1 Master (hda)

 Änderungen auf die Speichergeräte schreiben und LVM einrichten?

     <Zurück>                                   <Ja>     <Nein>
```

Abb. 2.45: Der LVM wird einmalig während der Installation konfiguriert.

Die anschließende Übersicht ist weniger übersichtlich, zeigt Ihnen aber, dass LVM-Volumes erstellt wurden (siehe Abbildung 2.46).

```
Dies ist eine Übersicht über Ihre konfigurierten Partitionen und
Einhängepunkte. Wählen Sie eine Partition, um Änderungen vorzunehmen
(Dateisystem, Einhängepunkt, usw.), freien Speicher, um Partitionen
anzulegen oder ein Gerät, um eine Partitionstabelle zu erstellen.

             pri/log  361.9 MB        FREIER SPEICHER
  LVM VG debian, LV home - 3.7 GB Linux device-mapper (linear)
       Nr. 1            3.7 GB      f  ext3              /home
  LVM VG debian, LV root - 348.1 MB Linux device-mapper (linear)
       Nr. 1          348.1 MB      f  ext3              /
  LVM VG debian, LV swap_1 - 608.2 MB Linux device-mapper (linear)
       Nr. 1          608.2 MB      f  Swap              Swap
  LVM VG debian, LV tmp - 327.2 MB Linux device-mapper (linear)
       Nr. 1          327.2 MB      f  ext3              /tmp
  LVM VG debian, LV usr - 3.7 GB Linux device-mapper (linear)
       Nr. 1            3.7 GB      f  ext3              /usr
  LVM VG debian, LV var - 1.8 GB Linux device-mapper (linear)
       Nr. 1            1.8 GB      f  ext3              /var

  Änderungen an den Partitionen rückgängig machen
  Partitionierung beenden und Änderungen übernehmen
```

Abb. 2.46: LVM zeigt die Volumes.

Wählen Sie nun also PARTITIONIERUNG BEENDEN UND ÄNDERUNGEN ÜBERNEHMEN. Im Endeffekt merken Sie im weiteren Verlauf keinen großen Unterschied zwischen der traditionellen Partitionierung und LVM. Allerdings werden Sie in Kapitel 11 *System- und Festplattenmanagement* lernen, wie LVM funktioniert und wie Sie LVM-Volumes konfigurieren.

2.3.6 RAID

Mittels RAID (Redundant Array of Independent Disks) wird es möglich, Partitionen verschiedener Festplatten logisch zusammenzulegen, so dass eine Redundanz bzw. Leistungsoptimierung entsteht. Dies ist sowohl als Hardware-RAID mittels RAID-Controller auf dem Mainboard als auch als so genanntes Soft-RAID (bei Linux *Multi Disk*-System genannt) realisierbar. Ein Hardware-RAID ist im Zweifel die bessere Variante, da das RAID-System hier von einem Controller gesteuert wird, der keine Ressourcen von der CPU und vom Betriebssystem benötigt. Da jedoch keineswegs alle Mainboards RAID-Controller anbieten, lässt sich auch mittels Soft-RAID eine Leistungssteigerung bzw. Redundanz der Festplatten erzielen.

Das RAID stellt sich für den Benutzer als ein einzelnes logisches Laufwerk dar. Je nach RAID-Typ wird dadurch die Ausfallsicherheit und die Lese- und/oder Schreibgeschwindigkeit erhöht. Während Debian unter *Etch* nur die RAID-Typen 0, 1 und 5 unterstützt, können Sie unter *Lenny* zwischen folgenden RAID-Typen wählen:

- **RAID 0 (Stripe Set ohne Parität):** Hierbei werden mindestens zwei gleich große Partitionen verschiedener physischer Festplatten derart miteinander verknüpft, dass eine Datei entsprechend aufgeteilt auf die Partitionen geschrieben wird. Sind die Festplatten an verschiedenen Controllern, können die Daten gleichzeitig auf die Partitionen geschrieben und von ihnen gelesen werden. Dadurch erhöht sich die Lese- und Schreibgeschwindigkeit. Allerdings erhöht sich das Ausfallrisiko, da die gesamte Datei verloren ist, wenn eine der Festplatten ausfällt.

- **RAID 1 (Spiegelung):** Ein aus genau zwei Festplatten (bzw. Partitionen) bestehendes RAID-System, bei der eine Datei auf beiden Partitionen (also doppelt) gespeichert wird. Die Schreibgeschwindigkeit wird bestenfalls nicht verringert, jedoch die Lesegeschwindigkeit erhöht, da die Daten gleichzeitig von beiden Laufwerken gelesen werden können. Der große Pluspunkt bei RAID 1 ist die Ausfallsicherheit: Fällt ein Laufwerk aus, kann mit dem anderen ohne Weiteres weitergearbeitet werden. Diese Lösung wird immer populärer, da die Festplattenpreise inzwischen sehr niedrig sind.
- **RAID 5 (Stripe Set mit Parität):** erfordert mindestens drei Festplatten. Ähnlich wie RAID 0, allerdings wird wechselnd jeweils eine Partition für die Parität verwendet. Die Parität ist eine Checksumme, mit der sich die Daten rekonstruieren lassen, wenn ein Laufwerk ausfällt. Allerdings darf nie mehr als ein einzelnes Laufwerk ausfallen. Die Schreibgeschwindigkeit wird verringert, da die Parität berechnet werden muss. Die Lesegeschwindigkeit und die Ausfallsicherheit werden dadurch aber erhöht.
- **RAID 6:** erfordert mindestens vier Festplatten. Das RAID-System funktioniert wie RAID 5, nur werden zwei Platten für die Paritätsinformationen genutzt – ergo können auch zwei Platten ausfallen, ohne dass ein effektiver Datenverlust auftritt.
- **RAID 10:** erfordert mindestens vier Festplatten. Es handelt sich um ein Zusammenschluss von RAID 1 und RAID 0. Im Endeffekt werden zunächst zwei RAID-0-Festplattenverbünde gebildet, die wiederum über ein RAID 1 verknüpft werden, um die Performancesteigerung von RAID 0 mit Ausfallsicherheit von RAID 1 zu verbinden.

> Für die Ausfallsicherheit empfehle ich Ihnen, ein Hardware-RAID in Form einer Spiegelung (RAID 1) zu erstellen. Sie benötigen ein RAID-fähiges Motherboard (viele Motherboards unterstützen dies) und zwei möglichst identische Festplatten in der gewünschten Größe. Damit kümmert sich die Hardware um das RAID (statt Linux). Der Vorteil liegt in der Performance und in der Sicherheit.

Dennoch sehen wir uns im Folgenden an, wie Sie Software-RAID-Konfigurationen erstellen können. Hierzu benötigen Sie mehrere Festplatten und nutzen die manuelle Partitionierungsmethode.

Lassen Sie uns also beispielsweise ein RAID 5 erstellen, um sowohl eine Leseperformance-Steigerung als auch Ausfallsicherheit zu erzeugen. Voraussetzung hierfür ist, dass Sie mindestens über drei Festplatten verfügen.

Hierzu wählen Sie im Menü FESTPLATTEN PARTITIONIEREN die Option MANUELL.

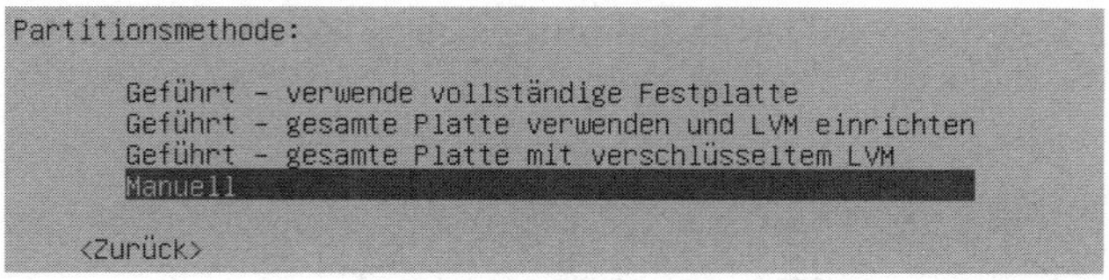

```
Partitionsmethode:

        Geführt - verwende vollständige Festplatte
        Geführt - gesamte Platte verwenden und LVM einrichten
        Geführt - gesamte Platte mit verschlüsseltem LVM
        Manuell

    <Zurück>
```

Abb. 2.47: RAID wird manuell erstellt.

Wählen Sie die erste Festplatte aus, um hier eine Partition zu erstellen, die Teil des RAID-5-Verbundes sein soll.

```
Geführte Partitionierung
Hilfe zur Partitionierung

IDE1 Master (hda) - 10.7 GB VMware Virtual IDE Hard Drive
IDE1 Slave (hdb) - 5.4 GB VMware Virtual IDE Hard Drive
IDE2 Slave (hdd) - 5.4 GB VMware Virtual IDE Hard Drive

Änderungen an den Partitionen rückgängig machen
Partitionierung beenden und Änderungen übernehmen

<Zurück>
```

Abb. 2.48: Mit der ersten Festplatte beginnen wir.

In dieser müssen wir zunächst eine leere Partitionstabelle erstellen, wenn noch keine vorhanden ist.

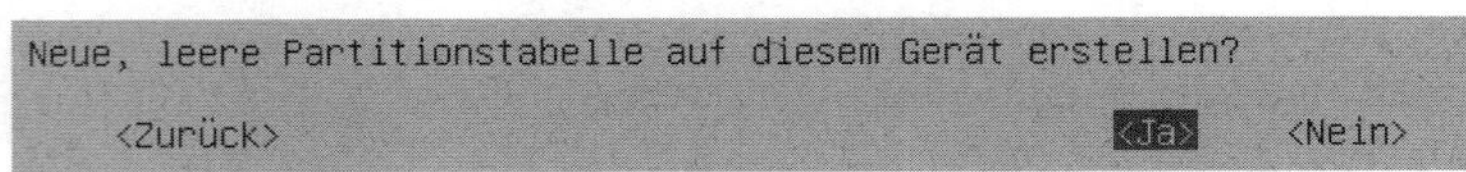

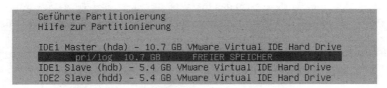

Abb. 2.49: Wir beginnen bei null.

Wählen Sie anschließend den Eintrag FREIER SPEICHER, um eine erste Partition in der gewünschten Größe zu erstellen. Diese bestimmt die Größe des RAIDs. Bei drei Festplatten können Sie den hier festgelegten Wert x2 nehmen, um den effektiven Speicherplatz zu berechnen, da die dritte Festplatte für die Paritätssumme verwendet wird.

```
Geführte Partitionierung
Hilfe zur Partitionierung

IDE1 Master (hda) - 10.7 GB VMware Virtual IDE Hard Drive
      pri/log  10.7 GB       FREIER SPEICHER
IDE1 Slave (hdb) - 5.4 GB VMware Virtual IDE Hard Drive
IDE2 Slave (hdd) - 5.4 GB VMware Virtual IDE Hard Drive
```

Abb. 2.50: Die erste Partition festlegen

Erstellen Sie eine neue Partition mit der gewünschten Größe. Sie sollte nicht unbedingt der Maximalgröße entsprechen, da Sie noch eine Swap-Partition (ca. gleiche Größe wie der verfügbare Arbeitsspeicher) sowie eine 200 MB große Boot-Partition (Mountpoint: `/boot`) erstellen müssen. Darüber hinaus darf diese Partition maximal die Größe der kleinsten beteiligten Festplatte haben, da für einen RAID-Verbund nur gleich große Partitionen verwendet werden können.

Abb. 2.51: Die Größe der ersten Partition legt die Größe des RAIDs fest.

Wählen Sie im nächsten Dialogfenster als Typ PRIMÄR, da es sich in diesem Fall um die erste Partition handelt. Die Position der Partition sollte am ANFANG des freien Speicherplatzes liegen. Im anschließenden Dialogfenster können Sie die Details der Partitionskonfiguration einstellen. Wählen Sie BENUTZEN ALS, um den Typ der Partition festzulegen.

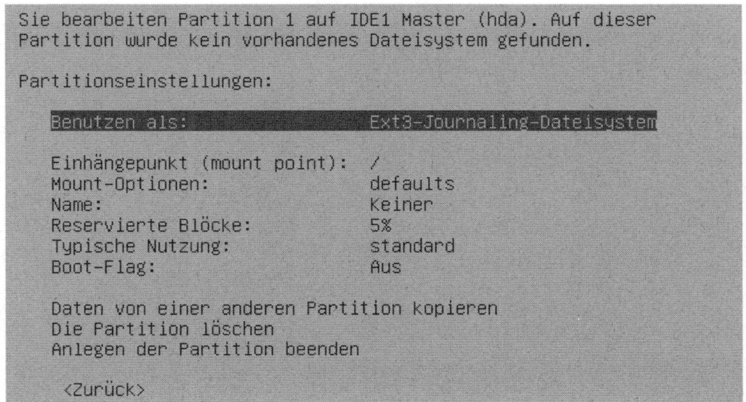

```
Sie bearbeiten Partition 1 auf IDE1 Master (hda). Auf dieser
Partition wurde kein vorhandenes Dateisystem gefunden.

Partitionseinstellungen:

   Benutzen als:                 Ext3-Journaling-Dateisystem

   Einhängepunkt (mount point):  /
   Mount-Optionen:               defaults
   Name:                         Keiner
   Reservierte Blöcke:           5%
   Typische Nutzung:             standard
   Boot-Flag:                    Aus

   Daten von einer anderen Partition kopieren
   Die Partition löschen
   Anlegen der Partition beenden

    <Zurück>
```

Abb. 2.52: Unter BENUTZEN ALS können wir die RAID-Konfiguration auswählen.

Wir benötigen ein PHYSIKALISCHES VOLUME FÜR RAID:

```
Auslagerungsspeicher (Swap)
physikalisches Volume für Verschlüsselung
physikalisches Volume für RAID
physikalisches Volume für LVM
Partition nicht benutzen
```

Abb. 2.53: Wir wählen den RAID-Eintrag.

Nun können Sie Partitionen gleicher Größe (!) auf den anderen Festplatten einrichten. Schließlich sollte Ihre Konfiguration so ähnlich wie in Abbildung 2.54 aussehen:

```
Software-RAID konfigurieren
Geführte Partitionierung
Hilfe zur Partitionierung

IDE1 Master (hda) - 10.7 GB VMware Virtual IDE Hard Drive
     Nr. 1  primär    5.0 GB    K  raid
     Nr. 2  primär  501.7 MB    f  Swap                 Swap
     Nr. 3  primär  197.4 MB    f  ext3                 /boot
            pri/log   5.0 GB       FREIER SPEICHER
IDE1 Slave (hdb) - 5.4 GB VMware Virtual IDE Hard Drive
     Nr. 1  primär    5.0 GB    K  raid
            pri/log 361.9 MB       FREIER SPEICHER
IDE2 Slave (hdd) - 5.4 GB VMware Virtual IDE Hard Drive
     Nr. 1  primär    5.0 GB    K  raid
            pri/log 361.9 MB       FREIER SPEICHER
```

Abb. 2.54: RAID 5 wird vorbereitet.

Auf jeder Festplatte wurde in diesem Fall eine 5 GB große Partition erstellt und für die Verwendung von RAID vorbereitet. Wie Sie erkennen können, wird nun auch eine Option SOFTWARE-RAID KONFIGURIEREN angeboten. Diese bedingt mindestens eine normale Partition, deren Mountpoint (beliebig) festgelegt wurde. Sinnvollerweise erstellen Sie hier eine kleine, ca. 200 MB große `/boot`-Partition. Diese wird für den Systemstart genutzt und kann aktiviert werden.

Wenn Sie also nun die Option zum Konfigurieren des Software-RAIDs wählen, müssen Sie zunächst die Änderungen auf die Festplatten schreiben.

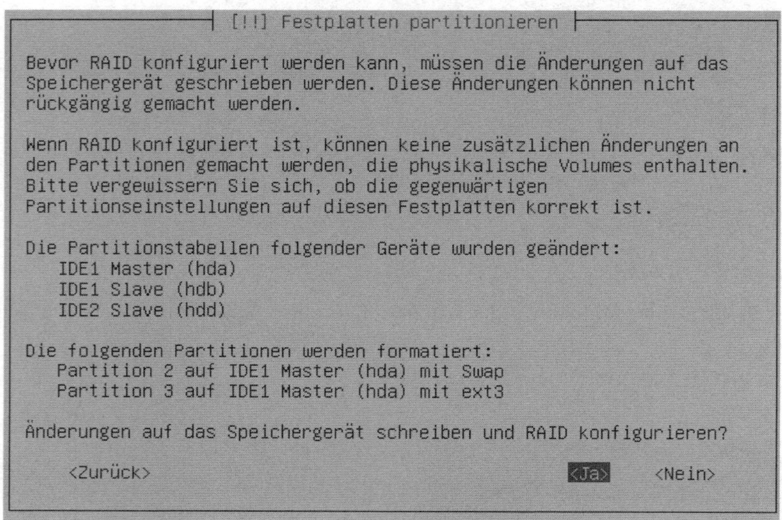

Abb. 2.55: Die erstellten Änderungen an der Partitionstabelle müssen bestätigt werden, bevor RAID konfiguriert werden kann.

Nun können Sie ein MD-GERÄT ERSTELLEN. Wählen Sie RAID 5 (siehe Abbildung 2.56).

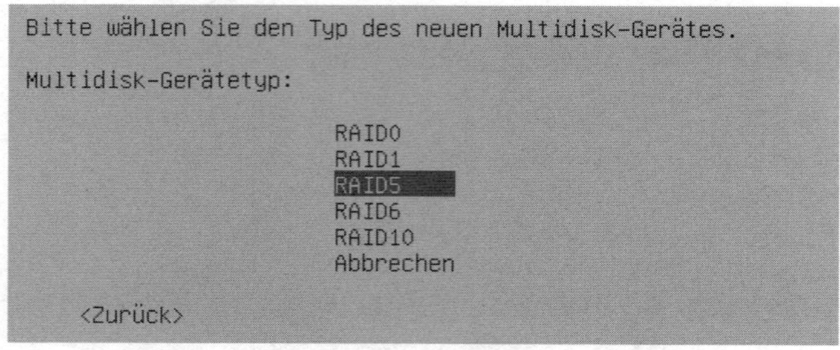

Abb. 2.56: Als Multidisk-Gerätetyp wählen wir RAID5.

Die nächsten drei Dialogfenster legen die Anzahl der aktiven Geräte für das RAID5-Array, ggf. die Reserve-Geräte und die aktiven Partitionen für den RAID-Verbund fest. Sie können bei den ersten beiden Dialogfenstern die Voreinstellung übernehmen und beim letzten Dialogfenster alle verfügbaren Festplatten-Partitionen markieren, um sie in das RAID-System zu integrieren. Anschließend wählen Sie FERTIGSTELLEN, um die RAID-Erstellung zu beenden.

```
IDE1 Master (hda) - 10.7 GB VMware Virtual IDE Hard Drive
        Nr. 1  primär     5.0 GB     K  raid
        Nr. 2  primär   501.7 MB     F  Swap                Swap
        Nr. 3  primär   197.4 MB     F  ext3                /boot
               pri/log    5.0 GB        FREIER SPEICHER
IDE1 Slave (hdb) - 5.4 GB VMware Virtual IDE Hard Drive
        Nr. 1  primär     5.0 GB     K  raid
               pri/log  361.9 MB        FREIER SPEICHER
IDE2 Slave (hdd) - 5.4 GB VMware Virtual IDE Hard Drive
        Nr. 1  primär     5.0 GB     K  raid
               pri/log  361.9 MB        FREIER SPEICHER
RAID5 Gerät #0 - 10.0 GB Software-RAID-Gerät
        Nr. 1            10.0 GB

Änderungen an den Partitionen rückgängig machen
Partitionierung beenden und Änderungen übernehmen
```

Abb. 2.57: Der Software-RAID wurde erstellt.

Im Anschluss wird Ihnen eine neue, virtuelle Festplatte als RAID5 GERÄT #0 angezeigt. Nun können Sie die virtuelle, als NR. 1 bezeichnete RAID-Partition auswählen, unter BENUTZEN ALS ein Dateisystem, zum Beispiel EXT3-JOURNALING-DATEISYSTEM, zuordnen und ihr einen Einhängepunkt, zum Beispiel / zuweisen.

```
Benutzen als:                    Ext3-Journaling-Dateisystem

Einhängepunkt (mount point):     /
Mount-Optionen:                  defaults
Name:                            Keiner
Reservierte Blöcke:              5%
Typische Nutzung:                standard

Daten von einer anderen Partition kopieren
Löschen von Daten auf dieser Partition
Anlegen der Partition beenden
```

Abb. 2.58: Der RAID-Verbund wird wie eine normale Partition behandelt.

Und schon ist das RAID-System erstellt und einsatzbereit. Die restliche Prozedur zur Installation entspricht dem Standardverfahren. In Kapitel 11 *System- und Festplattenmanagement* zeige ich Ihnen, wie Sie RAID-Systeme verwalten können.

2.4 Zusammenfassung und Weiterführendes

Die Installation des Debian-Systems ist seit *Sarge* recht einfach und komfortabel geworden. Zwischen *Etch* und *Lenny* besteht hinsichtlich der Konfigurationsschritte kein großer Unterschied.

Sie haben die Möglichkeit, bei der Installation zwischen Standard- und Expertenmodus zu wählen. Normalerweise dürfte allerdings der Standardmodus vollkommen ausreichen. Sollten Sie jedoch mehr Kontrolle über die Installationsoptionen benötigen, starten Sie den Expertenmodus, indem Sie am Bootprompt `expert` oder `expertgui` eingeben.

Überlegen Sie sich vor allem genau, wie Ihr Partitionierungsschema aussehen soll, da dies im Nachhinein nicht mehr ohne großen Aufwand geändert werden kann. Unter Umständen bietet sich auch eine Partitionierung mittels LVM an, falls der Speicherbedarf im Vorhinein noch nicht exakt bestimmt werden kann.

Für mehr Speicherperformance bzw. Redundanz bietet sich die Konfiguration von RAID an – besser ist ein Hardware-RAID, doch auch ein Software-RAID steigert die Performance.

Darüber hinaus benötigen wir für die Basisinstallation unseres Servers normalerweise keine Paketauswahl, die über das Basissystem hinausgeht, da wir die notwendigen Pakete bei Bedarf manuell nachinstallieren werden.

## Kapitel 3

Debian-Paketmanagement

Haben Sie die Grundinstallation des letzten Kapitels vollzogen, sitzen Sie im Moment vor einem ziemlich nackten System, das nicht besonders viel kann – es fehlt schlicht die installierte Software. Dies gilt gleichermaßen für *Lenny* und für *Etch*. Für die ersten Experimente wird das reichen, aber später benötigen wir weitere Software, um die Serverdienste einzurichten.

Damit Sie Ihr System nach Ihren Bedürfnissen gestalten können, zeige ich Ihnen in diesem Kapitel, wie Sie mit Hilfe des einzigartigen Debian-Paketmanagements Software verwalten können. Sie erhalten in diesem Kapitel Antworten auf folgende Fragen:

- Wie arbeite ich mit `dpkg`?
- Wie funktionieren die `dpkg`-Front-Ends (`apt`, `dselect`, `aptitude`)?
- Wo bekomme ich die Debian-Software-Pakete her?
- Welche Konzepte und Strukturen stehen hinter dem Paketmanagement?

Es geht hier nicht nur darum, dass Sie Anwenderkenntnisse erlangen – als Administrator müssen Sie die Hintergründe und Konzepte kennen. Haben Sie sich erst einmal mit den Konzepten und Installations-Tools vertraut gemacht und einige Anfangshürden überwunden, werden Sie das überaus leistungsstarke Debian-Paketmanagement schätzen und lieben lernen – mir ging es jedenfalls so.

> Das Paketmanagement gehört zu den typischen Eigenheiten von Debian GNU/Linux (und seinen Derivaten). Obwohl es sehr ausgereift ist, stellt es doch aufgrund des ungewohnten Handlings für einen Debian-Einsteiger zunächst eine Hürde dar. Daher halte ich dieses Kapitel etwas ausführlicher, um den Einstieg für Sie zu erleichtern.

Da ein Linux-Server in der Regel durch Fernwartung per SSH administriert wird, werden wir uns auf die Konsolenbefehle beschränken. Es existieren grafische Frontends, die allerdings ein lauffähiges X Windows-System voraussetzen. Dieses werden wir aber erst in Kapitel 16 *Das X Window-System* installieren und konfigurieren. Darüber hinaus wird X Window auf vielen Servern gar nicht erst installiert, da die gesamte Administration auf der Konsole geschieht.

3.1 dpkg – das Basistool

Das gesamte Paketmanagement von Debian basiert auf `dpkg`. Jedes Frontend, das ich hier vorstellen werde, nutzt `dpkg` für die Installation und Deinstallation der Debian-Software-

Pakete. Es ist vergleichbar mit `rpm`, dem Red-Hat-Paketmanager, der in vielen anderen Distributionen wie zum Beispiel Red Hat (Fedora), openSUSE und Mandriva, verwendet wird.

Im Übrigen existiert auch eine ganze Reihe von Distributionen, die auf dem Debian-Paketmanagement und den vom Debian-Projekt zur Verfügung gestellten Paketen basieren – namentlich der Shooting-Star *Ubuntu* und die bekannte Live-Distribution *Knoppix*.

Die Software-Installation unter Linux kann schnell zu einem äußerst frustrierenden Erlebnis werden! Sobald Sie versuchen, Software per Hand zu installieren, fliegen Ihnen die unerfüllten Abhängigkeiten um die Ohren. Das liegt an dem modularen Konzept von Linux.

Viele Programme bauen auf anderen Programmen oder Programmbibliotheken auf und können ohne diese nicht arbeiten. Der Vorteil liegt darin, dass das Rad nicht ständig neu erfunden werden muss, die externen Bestandteile werden einfach dynamisch eingebunden. Der Nachteil ist, dass Sie als Anwender zusehen müssen, wie Sie die fehlenden Abhängigkeiten auflösen.

Ich kann mich an manche Nacht erinnern, in der ich »nur mal eben schnell« zum Beispiel unter Red Hat ein Programm installieren wollte. Das Ergebnis ist regelmäßig, dass man vom Hundertsten ins Tausendste kommt: Ist ein Paket von einem anderen abhängig, versucht man dieses andere zu installieren. Leider ist dieses Paket seinerseits von einigen anderen Paketen abhängig usw.

Mit Hilfe der Frontends `apt-get` und `aptitude` wird dieses Problem aber in sehr eleganter Art entschärft. Da `dpkg` zwar Abhängigkeiten aufzeigen, aber nicht selbstständig auflösen kann, werden Sie in der Regel nicht mit `dpkg` selbst arbeiten, sondern mit `apt-get` oder `aptitude`.

Doch bevor wir uns diesen Luxus gönnen, möchte ich Sie mit dem Basistool `dpkg` vertraut machen, damit Sie erstens wissen, was im Hintergrund abläuft und zweitens zur Not auch ohne Frontends arbeiten können.

Für alle Installations- und Software-Verwaltungsaufgaben benötigen Sie Superuser-Rechte. Melden Sie sich also zunächst an der Konsole als `root` an.

3.1.1 dpkg-Optionen

`dpkg` ist ein Kommandozeilenprogramm und kann mit diversen Optionen aufgerufen werden. Achten Sie auf die Groß- und Kleinschreibung der Optionen. Lassen Sie uns beginnen – betrachten wir zunächst mit `-i` die am häufigsten genutzte Option:

```
# dpkg -i <Paketname>
```

Mit diesem Befehl installieren Sie ein Debian-Paket. Debian-Software-Pakete haben die Endung `.deb` und werden – genauso wie `.rpm`-Pakete – automatisch mit den voreingestellten Parametern an der richtigen Stelle im System installiert. Im Expertenteil gehe ich in Abschnitt 3.4 näher darauf ein.

Achtung: Das Paket muss lokal vorliegen, eine URL wird von `dpkg` nicht akzeptiert.

Mit der Option -I lassen Sie sich die Informationen wie Versionsnummer, Abhängigkeiten und Beschreibung über das angegebene (nicht installierte!) Paket anzeigen:

```
# dpkg -I <Paketname>
```

Möchten Sie Informationen über ein *bereits installiertes* Debian-Paket angezeigt bekommen, ist -s die richtige Option:

```
# dpkg -s <Paketname>
```

Der folgende Befehl zeigt Ihnen eine Auflistung aller Dateien (inkl. Installationspfade) des genannten (nicht installierten!) Pakets an:

```
# dpkg -c <Paketname>
```

Die Dateien eines *installierten* Pakets zeigt die Option -L:

```
# dpkg -L <Paketname>
```

Mit -r entfernen Sie ein Paket, belassen allerdings die Konfigurationsdateien, die zu diesem Paket gehören, so dass Sie das Programm jederzeit wieder installieren können:

```
# dpkg -r <Paketname>
```

Möchten Sie ein Programm inklusive Konfigurationsdateien entfernen, nutzen Sie die Option -P:

```
# dpkg -P <Paketname>
```

Es gibt weitere Optionen, doch wir wollen es bei dieser Auswahl der wichtigsten belassen. Sie denken sich jetzt vielleicht: »Typisch! Einfach mal schnell die Optionen angeben und der Autor hat seine Schuldigkeit getan ...« Doch seien Sie beruhigt, ich lasse Sie an dieser Stelle nicht allein!

Der Einstieg ist immer am schwierigsten. Am besten lernt man durch die Praxis. Daher habe ich einen kleinen Workshop für Sie vorbereitet, in dem Sie die oben angegebenen Befehle einmal praktisch anwenden.

3.1.2 Workshop: Pakete mit dpkg verwalten

Als »Pager« (engl. *Page* = Seite) werden Programme bezeichnet, die das seitenweise Betrachten von Textdateien bzw. Bildschirmausgaben ermöglichen. Haben Sie ausschließlich das Basissystem installiert, ist der Standard-Pager **more**. Er ist nicht besonders komfortabel. Lassen Sie uns **less** installieren (wie sonst hätte der Nachfolger von **more** heißen sollen?). Damit können Sie sehr viel komfortabler durch Textausgaben blättern, seiten- oder zeilenweise vor- und zurückgehen, und noch einiges mehr. Später werde ich Ihnen weitere Details zu **less** enthüllen.

Vorbereitung bei vorliegenden Installations-CDs bzw. DVDs:

Liegen Ihre Installationsquellen in Form der Installations-CDs der offiziellen Debian-Distribution vor, mounten Sie die erste CD von *Lenny* oder *Etch* (bei älteren Releases könnte hier auch eine andere CD erforderlich sein), indem Sie sie einlegen und mit folgendem Befehl in das System einbinden, den ich Ihnen später noch genauer erläutern werde:

```
# mount /dev/cdrom
```

Dies sollte in den meisten Fällen funktionieren – in seltenen Fällen müssen Sie die Gerätebezeichnung (`cdrom`) anpassen. Jetzt können Sie auf die CD/DVD zugreifen. Sie wurde im Dateisystem unter `/media/cdrom` eingebunden. Anschließend wechseln Sie in das Verzeichnis, in dem sich das `less`-Debian-Paket befindet:

```
# cd /media/cdrom/pool/main/l/less
```

Geben Sie **`ls`** ein, um sich davon den Inhalt des aktuellen Verzeichnisses anzeigen zu lassen. Hier sollte das entsprechende `less`-Paket zu finden sein, unter Umständen mit einer anderen Versionsnummer:

```
less_418-1_i386.deb
```

Als stolzer Besitzer des Pakets `less` auf einem Wechselmedium (CD/DVD) können Sie den nächsten Abschnitt überspringen.

Vorbereitung bei FTP- oder HTTP-Installations-Quellen:

Haben Sie als Installationsquellen HTTP- oder FTP-Server angegeben, müssen wir einen etwas anderen Weg gehen und zur Bereitstellung des `less`-Debian-Pakets etwas vorgreifen. Geben Sie folgenden Befehl ein:

```
# apt-get -d install less
```

Damit wird das `less`-Paket von Ihrer bevorzugten Quelle in das Verzeichnis `/var/cache/apt/archives` geladen, aber durch die Option `-d` noch nicht installiert. Fragt das Programm nach, bestätigen Sie den Download durch Eingabe von `J` bzw. Y. Näheres zum Befehl `apt-get` in Abschnitt 3.2.2. Wechseln Sie in das Verzeichnis mit folgendem Befehl:

```
# cd /var/cache/apt/archives
```

Ob das Paket angekommen ist, überprüfen Sie folgendermaßen:

```
# ls less*
```

Der Asterisk (*) am Ende sorgt dafür, dass Ihnen alle Pakete angezeigt werden, die mit `less` beginnen. Existiert das Paket, wird Ihnen ein entsprechender Eintrag angezeigt:

```
less_418-1_i386.deb
```

Sie erhalten eine Fehlermeldung, wenn der Verzeichnislistingbefehl **`ls`** keinen Eintrag im aktuellen Verzeichnis finden kann, der mit `less` beginnt (der Asterisk * ist ein Wildcardzeichen für beliebige weitere Zeichen). Überprüfen Sie in diesem Fall Ihre Quellen (siehe Abschnitt 3.2.4) und versuchen Sie die Prozedur erneut. Nur, wenn Sie Pakete aus den Internet-Quellen beziehen, werden diese hier gespeichert. Für Pakete auf lokalen Medien wird kein Cache-Verzeichnis genutzt.

> Für die folgenden Schritte gehe ich davon aus, dass Sie sich in dem Verzeichnis befinden, das das `less`-Paket enthält, also entweder `/media/cdrom/pool/l/less` oder `/var/cache/apt/archives`.

Im Folgenden unterstelle ich Ihnen aus didaktischen Gründen einfach mal einige Wünsche. Fangen wir an:

Sie möchten zunächst gerne nähere Informationen über dieses noch nicht installierte Paket haben, daher geben Sie folgenden Befehl ein:

```
# dpkg -I less_418-1_i386.deb
```

Ersetzen Sie falls nötig die Versionsnummer – oder drücken Sie [Tab], nachdem Sie den Dateinamen mit der Zeichenkette »less« begonnen haben – die Autovervollständigung zeigt Ihnen den gesamten Namen an. Sie erhalten eine Menge Informationen zu dem Paket:

```
neues Debian-Paket, Version 2.0.
 Größe 114510 Byte: control-Archiv= 2031 Byte.
     745 Byte,    16 Zeilen      control
     854 Byte,    14 Zeilen      md5sums
    1764 Byte,    60 Zeilen   *  postinst             #!/bin/sh
     150 Byte,     5 Zeilen   *  postrm               #!/bin/sh
     884 Byte,    37 Zeilen   *  prerm                #!/bin/sh
 Package: less
 Version: 418-1
 Architecture: i386
 Maintainer: Anibal Monsalve Salazar <anibal@debian.org>
 Installed-Size: 224
 Depends: debianutils (>= 1.8), libc6 (>= 2.7-1), libncurses5 (>= 5.6+20071006-3)
 Section: text
 Priority: standard
 Homepage: http://www.greenwoodsoftware.com/less/
 Description: Pager program similar to more
  Less is a program similar to more(1), but which allows backward
  movement in the file as well as forward movement.  Also, less does not
  have to read the entire input file before starting, so with large input
  files it starts up faster than text editors like vi(1).  Less uses
  termcap (or terminfo on some systems), so it can run on a variety of
  terminals.  There is even limited support for hardcopy terminals.
```

Neben einigen internen Informationen (auf die ich in Abschnitt 3.4 eingehe), dem Namen und der Version erhalten Sie – je nach Paket – folgende Informationen, allerdings nicht immer in derselben Reihenfolge:

- `Architecture`: Die Systemarchitektur, für PCs `i386`.
- `Maintainer`: Derjenige, bei dem Sie sich beschweren können, wenn das Programm nicht tut, was Sie erwarten – also derjenige im Debian-Team, der das Paket pflegt (das mit der Beschwerde ist bitte nicht wörtlich zu nehmen, die Funktion eines Programms kann der `Maintainer` auch nicht beeinflussen ...).
- `Installed-Size`: Der Festplattenplatz, den das Paket nach der Installation beansprucht.

- `Depends`: Die wichtigste Information – hier erfahren Sie, von welchen anderen Paketen (und deren Versionen) Ihr Paket abhängig ist.
- `Section`: Debian-Pakete werden ihren Anwendungsgebieten zugeteilt. Der Pager `less` gehört daher in den Bereich `text`. Weiterhin gibt es zum Beispiel `admin` (administrative Programme), `base` (grundlegende Pakete), `devel` (Entwicklung) usw.
- `Priority`: Die Priorität bestimmt, wie wichtig ein Paket für das Debian-System ist.
  - `required`: Das Paket muss zwingend auf dem System installiert sein.
  - `important`: Das Paket wird von vielen anderen Paketen vorausgesetzt und sollte daher installiert sein.
  - `standard`: Das Paket ist zwar nicht notwendig, jedoch gehört es zur Grundausstattung einer textbasierten Debian-Standard-Installation (X Window ist hierbei nicht berücksichtigt).
  - `optional/extra`: Das Paket kann bei Bedarf installiert werden.
- `Conflicts`: Pakete, die nicht zur gleichen Zeit auf demselben System existieren können wie das betrachtete Paket.
- `Replaces`: Wird das Paket installiert, ersetzt es die angegebenen Pakete in dieser Zeile – normalerweise korrespondiert das mit der vorigen Zeile.
- `Provides`: Hier wird die Grundfunktionalität angegeben. Dies hängt mit den vom Debian-System zur Verfügung gestellten virtuellen Paketen zusammen, die eine bestimmte Funktion (zum Beispiel `www-browser` oder `news-reader`) zur Verfügung stellen. Diese virtuellen Pakete existieren zwar nicht physisch, aber jedes echte Paket, das diese Funktion erfüllt, schafft die Installationsvoraussetzung für andere Pakete, die von dem virtuellen Paket, zum Beispiel von einem `news-reader`, abhängen.
- `Description`: Eine Beschreibung dessen, was das Programm eigentlich macht. In der ersten Zeile steht eine Kurzbeschreibung, in den darauffolgenden Zeilen wird die Funktion genauer erläutert.

> Vorsicht Falle: Wenn Sie sich die Liste der `dpkg`-Optionen genau ansehen, werden Sie nicht nur bemerken, dass zwischen `-i` und `-I` ein großer Unterschied besteht, sondern auch, dass manche Optionen für nicht installierte Pakete gelten und andere ein installiertes Paket voraussetzen. Haben Sie in löblicher Initiative die Option `-s` für das noch nicht installierte `less`-Paket getestet, erhalten Sie lediglich eine Fehlermeldung, da `-s` ein installiertes Paket voraussetzt.

Nachdem Sie sich die Informationen zu **`less`** angesehen haben, möchten Sie nun gern feststellen, welche Dateien das Paket installiert. Geben Sie den folgenden Befehl ein – wie erwähnt, gegebenenfalls mit angepasster Versionsnummer:

```
# dpkg -c less_418-1_i386.deb
```

Das Ergebnis ist eine entsprechende Liste der Dateien inklusive ihres Installationspfades:

```
drwxr-xr-x root/root         0 2008-01-22 12:21 ./
drwxr-xr-x root/root         0 2008-01-22 12:21 ./usr/
drwxr-xr-x root/root         0 2008-01-22 12:21 ./usr/bin/
-rwxr-xr-x root/root    120816 2008-01-22 12:21 ./usr/bin/less
```

```
-rwxr-xr-x root/root     10448 2008-01-22 12:21 ./usr/bin/lesskey
-rwxr-xr-x root/root      5112 2008-01-22 12:21 ./usr/bin/lessecho
-rwxr-xr-x root/root      6507 2008-01-22 12:21 ./usr/bin/lesspipe
drwxr-xr-x root/root         0 2008-01-22 12:21 ./usr/share/
drwxr-xr-x root/root         0 2008-01-22 12:21 ./usr/share/man/
drwxr-xr-x root/root         0 2008-01-22 12:21 ./usr/share/man/man1/
-rw-r--r-- root/root     19231 2008-01-22 12:21 ./usr/share/man/man1/less.1.gz
[...]
```

Wie Sie sehen, sind es eine ganze Menge Dateien, die das Paket `less` beinhaltet. Nun wird es Zeit, `less` mittels der Option `-i` zu installieren:

```
# dpkg -i less_418-1_i386.deb
```

Der Installationsvorgang ist in diesem Fall ziemlich unspektakulär und stellt sich folgendermaßen dar:

```
# dpkg -i less_418-1_i386.deb
Wähle vormals abgewähltes Paket less.
(Lese Datenbank ... 15200 Dateien und Verzeichnisse sind derzeit installiert.)
Entpacke less (aus less_418-1_i386.deb) ...
Richte less ein (418-1) ...
Verarbeite Trigger für man-db ...
```

Wie Sie noch feststellen werden, setzt sich die Installation eines Debian-Pakets aus mehreren Stufen zusammen. Hier sehen wir lediglich zwei: *Entpacken* und *Einrichten*. Das war kurz und schmerzlos, aber es gibt Software-Pakete, die sehr viel aufwändiger in der Installation sind. Ich komme in Abschnitt 3.4 darauf zurück.

Ob `less` installiert wurde, können Sie überprüfen, indem Sie das Programm aufrufen. Lassen Sie sich zum Beispiel eine Informationsdatei zu `less` anzeigen:

```
# less /usr/share/doc/less/LESSOPEN
```

Mit den Cursortasten [↑] und [↓] können Sie sich zeilenweise im Text nach oben und nach unten bewegen. Mit [Leertaste] gehen Sie (Bildschirm-)seitenweise weiter, mit [Enter] zeilenweise. Mit `q` wird das Programm beendet. So viel zu den Grundfunktionen. Abgesehen davon, dass das Beispieldokument für Sie momentan reichlich wertneutral (mit anderen Worten: nutzlos) ist, dient es nur zur Veranschaulichung. Gehen wir also den nächsten Schritt in unserem Workshop an.

Möchten Sie sich Informationen über ein *installiertes* Programm anzeigen lassen, nutzen Sie statt `-I` die Option `-s`, gefolgt vom Paketnamen. Hierbei müssen Sie keine Versions- oder Plattformangaben machen, sondern geben einfach den Namen des Programms (bzw. Pakets) an:

```
# dpkg -s less
```

Das Ergebnis ist dasselbe wie bei einem nicht installierten Paket. Analog dazu verwenden Sie `-L` statt der Option `-c`, um sich die installierten Dateien eines Pakets anzeigen zu lassen:

```
# dpkg -L less
```

Sie sollten die gleiche Bildschirmausgabe sehen wie beim nicht installierten Paket.

Benötigen Sie ein Paket nicht mehr, können Sie es auf zwei Arten aus Ihrem System entfernen:

1. Geben Sie **dpkg -r less** ein, um das Paket zu entfernen. Hierbei werden eventuell vorhandene Konfigurationsdateien beibehalten. Sollten Sie sich für eine erneute Installation entscheiden, wird Ihre alte Konfiguration wieder aktiv. Das ist in etwa so, als ob Sie unter Windows ein Spiel deinstallieren, aber die Spielstände (Savegames) beibehalten. Beim Paket `less` gibt es keine Konfigurationsdateien (auch keine Spielstände!), daher spielt es hier keine Rolle, welche Variante Sie verwenden.
2. Geben Sie **dpkg -P less** ein, um das Programm einschließlich der Konfigurationsdateien zu entfernen. Um bei der Analogie zu bleiben, gibt es nun keine Spielstände mehr, bei einer erneuten Installation müssen Sie in jeder Hinsicht von vorn anfangen.

Wenn Sie wissen möchten, welche Pakete auf Ihrem System installiert sind, geben Sie folgenden Befehl ein:

```
# dpkg -l
```

Die Liste ist ziemlich lang. Sie können mit den Cursortasten hinauf- und herunterscrollen, wenn Sie den Befehl etwas erweitern:

```
# dpkg -l | less
```

Diese merkwürdige Konstruktion werde ich Ihnen in Kapitel 9 *Einführung in die Bash* erläutern. Sollte **less** auf Ihrem System nicht vorhanden sein (weil Sie es zum Beispiel gerade deinstalliert haben), setzen Sie **more** ein – das ist auf jedem Basissystem vorhanden und tut in etwa dasselbe. Sie erhalten eine Ausgabe in dieser Art:

```
# dpkg -l | more
Gewünscht=Unbekannt/Installieren/R=Entfernen/P=Säubern/Halten
| Status=Nicht/Installiert/Config/U=Entpackt/Fehlgeschl. Konf./Halb install.
|/ Fehler?=(kein)/Halten/R=Neuinst notw/X=beide (Status, Fehler: GROSS=schlecht)
||/ Name                     Version                          Beschreibung
+++-============-==============-============================================
ii  acpid           1.0.4-5        Utilities for using ACPI power management
ii  adduser         3.101          Add and remove users and groups
ii  apt             0.6.46.4       Advanced front-end for dpkg
ii  apt-utils       0.6.46.4       APT utility programs
ii  aptitude        0.4.4-1        terminal-based apt frontend
ii  base-files      4              Debian base system miscellaneous files
ii  base-passwd     3.5.11         Debian base system master password and group
ii  bash            3.1dfsg-8      The GNU Bourne Again Shell
ii  bsdmainutils    6.1.6          collection of more utilities from FreeBSD
ii  bsdutils        2.12r-15       Basic utilities from 4.4BSD-Lite
ii  busybox         1.1.3-3        Tiny utilities for small and embedded system
ii  console-common  0.7.68         Basic infrastructure for text console config
ii  console-data    1.01-6         Keymaps, fonts, charset maps, fallback table
ii  console-tools   0.2.3dbs-65    Linux console and font utilities
ii  coreutils       5.97-5         The GNU core utilities
ii  cpio            2.6-17         GNU cpio -- a program to manage archives of
```

Während Sie sich mit **less** mit Hilfe der Cursortasten in der Liste hoch- und runterbewegen können, bietet **more** lediglich den zeilenweisen (Enter) bzw. seitenweisen (Leertaste) Fortschritt. Sie können diese Ansicht jederzeit durch q verlassen.

Ein ziemlich leistungsfähiges Feature von **dpkg** ist die Option -S. Damit können Sie die Paketdatenbank nach einem Begriff, i.d.R. einem Dateinamen, durchsuchen lassen, um herauszufinden, in welchen Paketen (genauer: Dateilisten ebendieser Pakete) der Begriff auftaucht bzw. zu welchem Paket die Datei gehört:

```
# dpkg -S mount
```

Der o.a. Befehl zeigt Ihnen, dass der Begriff »mount« unter anderem im Paket `mount` auftaucht (wie unerwartet ...). Jedoch gibt es noch eine ganze Reihe anderer Pakete, in denen dieser Begriff auftaucht, wie Sie in der ziemlich langen Ausgabeliste sehen können, die ich hier verkürzt darstelle:

```
# dpkg -S mount
[...]
mount: /usr/share/doc/mount/changelog.Debian.gz
mount: /usr/share/man/man8/mount.8.gz
initscripts: /etc/init.d/mountall-bootclean.sh
mount: /usr/share/doc/mount/examples/fstab
mount: /usr/share/doc/mount/changelog.gz
mount: /bin/umount
[...]
```

Ganz links steht der Paketname (`mount`) gefolgt von den Dateien und Verzeichnissen, die den Begriff im Namen enthalten.

Damit endet unser kleiner Workshop. Im nächsten Abschnitt lernen Sie **apt-get** kennen, das Programm, mit dem Sie nicht nur installieren, sondern auch Abhängigkeiten auflösen können.

3.2 Die APT-Tools

Mein damaliger Mathematiklehrer zelebrierte Didaktik. Er ließ es sich nicht nehmen, am Anfang eines neuen Themas als erste Überschrift »Motivierendes Einstiegsbeispiel« an die Tafel zu schreiben. Er war es im Übrigen auch, der uns (im Mathe-Leistungskurs!) das Kräfteparallelogramm am Beispiel von *He-Man* und *Skeletor* (den Hauptakteuren der *Masters of the Universe*-Welt) erklärt hat ... doch das ist eine andere Geschichte.

Die Idee mit dem Einstiegsbeispiel greife ich auf, aber keine Sorge: mit He-Man und Skeletor verschone ich Sie ;-).

3.2.1 Das »motivierendes Einstiegsbeispiel«

Zunächst benötigen wir wieder ein »Versuchskaninchen« in Form eines Debian-Pakets. An dieser Stelle muss **tcpdump** dafür herhalten. Das Programm **tcpdump** ist ein so genannter »Netzwerk-Sniffer«. Mit **tcpdump** können Sie Netzwerkverkehr mitschneiden und in Echtzeit verfolgen. Für das »Debuggen« von Netzwerkproblemen (mit denen Sie als Serveradministrator ziemlich häufig zu tun haben werden), ist ein »Sniffer« obligatorisch.

Vorbereitung bei Installationsquellen im Internet

Haben Sie Internetquellen eingetragen, laden Sie sich das Programm mit folgendem Befehl herunter, *ohne* es zu installieren:

```
# apt-get -d install tcpdump
```

Haben Sie die Bildschirmausgabe von `apt-get` gelesen, ahnen Sie schon, dass wir es hier mit Abhängigkeiten zu tun bekommen:

```
# apt-get -d install tcpdump
Paketlisten werden gelesen... Fertig
Abhängigkeitsbaum wird aufgebaut... Fertig
Die folgenden zusätzlichen Pakete werden installiert:
  libpcap0.8
Die folgenden NEUEN Pakete werden installiert:
  libpcap0.8 tcpdump
0 aktualisiert, 2 neu installiert, 0 zu entfernen und 0 nicht aktualisiert.
Es müssen noch 0B von 392kB Archiven geholt werden.
Nach dem Auspacken werden 831kB Plattenplatz zusätzlich benutzt.
Möchten Sie fortfahren [J/n]?
```

> Beachten Sie: Die oben gezeigte Ausgabe variiert geringfügig zwischen *Etch* und *Lenny*. Jedoch ist das nur Kosmetik, lassen Sie sich davon nicht irritieren!

Die vierte Zeile `Die folgenden zusätzlichen Pakete werden installiert:` zeigt uns, dass da noch mehr passiert, als wir eigentlich vorhatten. Lassen Sie uns das zunächst ignorieren und **`apt-get`** seine Arbeit verrichten. **Achtung:** Wurden die Pakete von einer Quelle im Internet heruntergeladen, müssen Sie anschließend wieder in das Verzeichnis des APT-Caches wechseln (Einzelheiten hierzu folgen im nächsten Abschnitt):

```
# cd /var/cache/apt/archives
```

Vorbereitung bei Installationsquellen auf CD-ROM

Haben Sie jedoch im APT-Setup als Installationsquelle für APT Ihre Installations-CD-ROMs einlesen lassen, müssen Sie schauen, auf welcher CD **`tcpdump`** zu finden ist – dies variiert mitunter von Release zu Release, da Debian gern mal die Repositories umstellt. Im Falle der DVD ist das in jedem Fall DVD 1. Schauen Sie jeweils im Verzeichnis `/media/cdrom/pool/main/t`. In jedem Fall müssen Sie das betreffende Medium »mounten« (siehe Abschnitt 3.1.2):

```
# mount /dev/cdrom
```

Wechseln Sie nun in das Verzeichnis auf der CD-ROM, in dem sich das `tcpdump`-Paket befindet – wie erwähnt, dieser Schritt ist nur notwendig, wenn Sie das Paket nicht aus dem Internet heruntergeladen haben, ansonsten liegt die Datei im APT-Cache (siehe oben):

```
# cd /media/cdrom/pool/main/t/tcpdump
```

Überzeugen Sie sich in jedem Fall durch Eingabe von **`ls`**, dass das Paket `tcpdump_3.9.8-4_i386.deb` existiert. Ihre Versionsnummer kann davon abweichen. Jetzt werden wir versuchen, das Paket mit Hilfe von **dpkg** zu installieren:

```
# dpkg -i tcpdump_3.9.8-4_i386.deb
```

Das Ergebnis ist ernüchternd:

```
# dpkg -i tcpdump_3.9.8-4_i386.deb
Wähle vormals abgewähltes Paket tcpdump.
(Lese Datenbank ... 19300 Dateien und Verzeichnisse sind derzeit installiert.)
Entpacke tcpdump (aus tcpdump_3.9.8-4_i386.deb) ...
dpkg: Abhängigkeitsprobleme verhindern Konfiguration von tcpdump:
 tcpdump hängt ab von libpcap0.8 (>= 0.9.3-1); aber:
  Paket libpcap0.8 ist nicht installiert.
dpkg: Fehler beim Bearbeiten von tcpdump (--install):
 Abhängigkeitsprobleme - lasse es unkonfiguriert
Fehler traten auf beim Bearbeiten von:
 tcpdump
```

dpkg bricht ab und schickt uns wieder nach Hause, da das Paket `libpcap0.8` nicht installiert ist – eine Abhängigkeit ist nicht erfüllt. Das Programm `dpkg` hat die Abhängigkeit erkannt, kann damit aber nicht umgehen.

Wir können jetzt natürlich `libpcap0.8` händisch mit Hilfe von **dpkg** nachinstallieren, aber stellen Sie sich vor, dass diese Bibliothek ebenfalls Abhängigkeiten hat, die womöglich ebenfalls noch in Abhängigkeit zu anderen Paketen stehen – das reduziert den Spaßfaktor ziemlich schnell ...

Doch unser Retter in strahlender Rüstung naht: **`apt-get`** löst die Abhängigkeiten für Sie auf. Und **`apt-get`** kann noch viel mehr, wie Sie anschließend erfahren werden.

3.2.2 Einführung in die APT-Tools

APT steht für *Advanced Package Tool*. Die APT-Tools stellen eine Sammlung von spezialisierten Programmen dar, die bestimmte Aufgaben der Software-Verwaltung übernehmen. Hier eine Übersicht über die wichtigsten:

- `apt-get`: Ein ausgereiftes Frontend für `dpkg`, das Abhängigkeiten erkennen und auflösen kann.
- `aptitude`: ein Menü-geführtes Software-Verwaltungs-Tool für die Konsole. Es können beliebig viele Pakete zur Installation oder Deinstallation ausgewählt werden. Auch hier werden Abhängigkeiten aufgezeigt und auf Wunsch aufgelöst.
- `apt-cache`: ein Tool zur Verwaltung und Manipulation des APT-Caches.
- `apt-cdrom`: das Programm ermöglicht es ihnen, Installations-CDs einzulesen.

Es gibt noch eine ganze Reihe weiterer Programme in dieser Sammlung, wie zum Beispiel `apt-key` zur Schlüsselverwaltung der GPG-Schlüssel. In diesem Rahmen schauen wir uns diese vier Tools an, da Sie mit diesen am häufigsten zu tun haben werden.

3.2.3 Grundfunktionen von apt-get

Mit apt-get gehören Abhängigkeitsprobleme der Vergangenheit an – das Tool lädt Ihre Dateien aus dem Internet herunter bzw. kopiert diese auf Ihr System und löst Abhängigkeiten automatisch auf. Testen Sie das gleich einmal aus – ich kann Ihnen schließlich viel erzählen, wenn der Tag lang ist ... Geben Sie Folgendes ein, und beachten Sie hierbei, dass Sie in diesem Fall nur den reinen Paketnamen eingeben:

```
# apt-get install tcpdump
```

Das erfreuliche Ergebnis stellt sich so dar:

```
Paketlisten werden gelesen... Fertig
Abhängigkeitsbaum wird aufgebaut
Lese Status-Informationen ein... Fertig
Die folgenden zusätzlichen Pakete werden installiert:
  libpcap0.8
Die folgenden NEUEN Pakete werden installiert:
  libpcap0.8 tcpdump
0 aktualisiert, 2 neu installiert, 0 zu entfernen und 9 nicht aktualisiert.
Es müssen noch 94,4kB von 400kB an Archiven heruntergeladen werden.
Nach dieser Operation werden 848kB Plattenplatz zusätzlich benutzt.
Möchten Sie fortfahren [J/n]? y
Hole:1 http://ftp.de.debian.org lenny/main libpcap0.8 0.9.8-5 [94,4kB]
Es wurden 94,4kB in 0s geholt (237kB/s)
Wähle vormals abgewähltes Paket libpcap0.8.
(Lese Datenbank ... 15217 Dateien und Verzeichnisse sind derzeit installiert.)
Entpacke libpcap0.8 (aus .../libpcap0.8_0.9.8-5_i386.deb) ...
Wähle vormals abgewähltes Paket tcpdump.
Entpacke tcpdump (aus .../tcpdump_3.9.8-4_i386.deb) ...
Verarbeite Trigger für man-db ...
Richte libpcap0.8 ein (0.9.8-5) ...
Richte tcpdump ein (3.9.8-4) ...
```

Das Leben kann so einfach sein ... Mit **apt-get** funktioniert die Installation des Pakets tcpdump einwandfrei, die Abhängigkeit zu libpcap0.8 wird automatisch aufgelöst und alles ist schick. Haben Sie das Paket noch nicht lokal auf Ihrem System bzw. keine passende Installations-CD, lädt **apt-get** zunächst das Paket aus den konfigurierten Internet-Paketquellen in den APT-Cache (/var/cache/apt/archives/) und führt anschließend die Installation durch.

Natürlich können Sie mit apt-get auch Software entfernen. Analog zu den Optionen von dpkg können Sie zwischen zwei Varianten wählen:

```
# apt-get remove tcpdump
```

Entfernt das Programm **tcpdump**, erhält aber evtl. vorhandene Konfigurationsdateien – das entspricht **dpkg -r <Paketname>**. Die gründlichere Methode sieht folgendermaßen aus:

```
# apt-get --purge remove tcpdump
```

Hiermit werden auch die Konfigurationsdateien gelöscht. Dies entspricht **dpkg -P <Paketname>**.

Doch **apt-get** kann noch wesentlich mehr. Um diese Funktionen zu verstehen, werfen wir zunächst einen Blick hinter die Kulissen.

3.2.4 Definition der Paketquellen

Vielleicht haben Sie sich schon gefragt, woher **apt-get** denn überhaupt weiß, wo es die Installationspakete bekommt? Das wird in der Datei `/etc/apt/sources.list` definiert. Werfen wir einen Blick in die Datei mit folgendem Befehl:

```
# less /etc/apt/sources.list
```

Hinweis: Je nach Installation steht Ihnen statt **less** nur **more** zur Verfügung. Aber zur Sache: Je nach Konfiguration sieht der Inhalt dieser Datei bei Ihnen etwas anders aus:

```
deb cdrom:[Debian GNU/Linux 5.0 r1 _Lenny_ - Official i386 DVD Binary-1 20081029-
10:54]/ lenny contrib main

deb http://ftp.de.debian.org/debian/ lenny main
deb-src http://ftp.de.debian.org/debian/ lenny main

deb http://security.debian.org/ lenny/updates main contrib.
deb-src http://security.debian.org/ lenny/updates main contrib
```

Die Einträge haben die folgende Syntax:

```
<deb|deb-src> uri distribution [component1] [component2] [...]
```

Untersuchen wir die Spalten:

`deb|deb-src` – `deb` steht für Binärpakete (die eigentliche Debian-Distribution), `deb-src` zeigt auf Quellcode-Pakete gemäß GPL (falls Sie mal ein Programm genauer unter die Lupe nehmen wollen oder sich zum Programmierer berufen fühlen).

`uri` – Der Uniform Resource Identifier (uri) dient zur Angabe der Quelle und des Pfades zum Debian-Verzeichnis.

`distribution` – Jede Zeile kann nur einen Distributionseintrag enthalten. Sie können hier entweder `stable`, `testing` oder `unstable` angeben, oder Sie verwenden die Synonyme, zum Beispiel `lenny`, `etch` oder `sid`.

Abschließend bezeichnen Sie die Komponenten. Diese bestimmen, aus welchen Teilen der Debian-Distribution die Pakete stammen sollen. Wir unterscheiden zwischen

- `main`: die eigentliche Debian-Distribution, sie enthält alle freien Pakete gemäß der GPL (engl. main = hauptsächlich).
- `non-free`: die nicht-freien Pakete, die zwar nicht Teil der eigentlichen Debian-Distribution sind, dennoch als Debian-Pakete vorliegen und über diese Quelle bezogen werden können.
- `contrib`: enthält freie Pakete, die von nicht freien Paketen abhängen (engl. contribute = beitragen).

Sie können mehrere Komponenten für eine Quelle (also in einer Zeile) durch Leerzeichen voneinander getrennt angeben. Wie Sie darüber hinaus sehen können, werden sowohl CD-/DVD-ROMs als auch Internet-Quellen in Form von URIs erfasst.

> Die Einträge werden von oben nach unten abgearbeitet – sollte eine Quelle nicht erreichbar sein, wird die nächste kontaktiert. Im Übrigen wählt **apt-get** immer das aktuellste Paket für eine Installation aus.

Eine Ausnahme stellt der vorletzte Eintrag dar, da unter `http://security.debian.org/` die Security-Patchs für Ihre Pakete zu finden sind. Diese sind von besonderer Bedeutung, da die Installation dieser Patchs Sicherheitslöcher beseitigt.

Seit *Etch* existiert das äußerst nützliche Skript **apt-setup** nicht mehr, mit dem Sie sowohl lokale Quellen (CD/DVD) als auch Internet-Mirrors auswählen konnten. Mir ist nicht bekannt, warum das Tool entfernt wurde. Geblieben jedoch ist **apt-cdrom**, mit dem Sie immerhin lokale CD/DVD-Quellen einlesen und automatisch in `/etc/apt/sources.list` eintragen lassen können.

Verfügen Sie über eine Internetverbindung, sollten Sie als Installationsquelle einen HTTP- oder FTP-Mirror wählen, da darauf stets die aktuellen Pakete liegen – CD/DVD-ROMs veralten schnell. Auch wenn das Stable-Release von Debian sehr beständig ist, gibt es doch immer wieder Patchs und neue Minor-Releases, die Probleme beheben oder Sicherheitslöcher stopfen und daher installiert werden sollten. Besonders wichtig ist der Eintrag für `http://security.debian.org` (s.o.). Wie Sie die Installationsquellen festlegen, erfahren Sie im nächsten Abschnitt, in dem wir uns die fortgeschrittenen Möglichkeiten von **apt-get** ansehen werden.

3.2.5 Welche Quellen eintragen?

Eine Liste mit verfügbaren (offiziellen) Mirror-Servern finden Sie unter `http://www.debian.org/mirror/list`. Der deutsche Mirror `ftp.de.debian.org` verfügt über eine recht gute Bandbreite und ist in der Regel eine gute Wahl. Dementsprechend können Sie den oben angezeigten Eintrag in Ihre `sources.list` übernehmen:

```
deb http://ftp.de.debian.org/debian/ lenny contrib main
deb-src http://ftp.de.debian.org/debian/ lenny contrib main

deb http://security.debian.org/ lenny/updates main contrib
deb-src http://security.debian.org/ lenny/updates main contrib
```

Wie Sie mittels eines Texteditors (zum Beispiel nano) eine Textdatei wie `sources.list` bearbeiten können, lernen Sie in Kapitel 4 *Das Debian-System – Grundlagen*.

Möchten Sie den optimalen Mirror finden, hilft Ihnen das Tool **netselect-apt**. Sie können es über den gleichnamigen Paketnamen installieren und ohne Parameter auf der Kommandozeile ausführen. Es testet die Anbindung an alle bekannten Mirrors und erstellt im aktuellen Verzeichnis automatisch eine Datei `sources.list`, die den besten Server als Eintrag enthält. Über die folgenden Zeilen können Sie diese Datei an die richtige Stelle kopieren, nachdem wir aber bitte schön vorher eine Sicherung der alten `sources.list` gemacht haben (siehe Zeile 1):

```
# mv /etc/apt/sources.list /etc/apt/sources.list.old
# mv ./sources.list /etc/apt/sources.list
```

Hierbei wird nach der Sicherung in Zeile 1, in der die Datei `sources.list` in `sources.list.old` umbenannt wird, die von **`netselect-apt`** im aktuellen Verzeichnis (von wo auch immer Sie den Befehl aufgerufen haben!) erstellte Datei `sources.list` nach `/etc/apt/` kopiert.

Ich persönlich halte nicht so viel davon, mit **`netselect-apt`** den »optimalen« Mirror zu ermitteln, da die Bandbreiten variieren. Führen Sie **`netselect-apt`** erneut aus, wird vermutlich ein anderer Server als der beste identifiziert. Mit der oben beschriebenen Vorgehensweise (Wahl eines nahegelegenen Mirrors, wie zum Beispiel `ftp.de.debian.org`) gehen Sie auf Nummer sicher.

3.2.6 Erweiterte Funktionen von apt-get

Sie können mit **`apt-get`** nicht nur einfach Debian-Pakete aus dem Internet herunterladen, installieren, deren Abhängigkeiten auflösen lassen und auf verschiedene Arten deinstallieren. Das Tool übernimmt auf Wunsch auch ein Update einzelner oder aller auf dem System installierten Pakete. Darüber hinaus können Sie sogar Ihre gesamte Distribution upgraden, zum Beispiel von »Stable« auf »Testing«, oder, wenn ein neues »Stable« herauskommt, auch auf dieses. Und dafür brauchen Sie noch nicht einmal ein Linux-Diplom, weil **`apt-get`** Ihnen fast alle Schritte abnimmt.

Hier eine Übersicht über die weiteren Optionen:

```
# apt-get update
```

Aktualisiert die APT-Datenbank, in der alle Pakete einer Quelle verzeichnet sind. Diese sind jeweils in einer Datei `Packages.gz` aufgeführt. Dies sollte in jedem Fall vor einem Upgrade durchgeführt werden.

```
# apt-get upgrade
```

Führt eine Aktualisierung aller auf dem System installierten Pakete durch – wenn es eine aktuellere Version gibt. Dies hält sich bei der »Stable«-Version in Grenzen. Bei »Testing« und »Unstable« kann das dann schon mal etwas länger dauern ...

> Im Übrigen sollten Sie keinesfalls darauf verzichten, die beiden oben genannten Befehle regelmäßig auszuführen, da dies auch die Security-Updates beinhaltet – und die sind bei einem Serversystem besonders wichtig!

Sie können aber auch das ganze System auf eine neuere Distribution aktualisieren lassen, wie der folgende, unscheinbare Befehl zeigt:

```
# apt-get dist-upgrade
```

Dieser Befehl führt ein Upgrade zum Beispiel von »stable« auf »testing« durch. Sie müssen dazu einen entsprechenden Eintrag in `/etc/apt/sources.list` einfügen. Tragen Sie zum Beispiel als letzte Zeile Folgendes ein:

```
deb ftp://ftp.de.debian.org/debian/ testing main non-free contrib
```

Führen Sie anschließend den Befehl **apt-get update** aus, um die neuen Paketinformationen einzulesen. Nun können Sie oben genannten upgrade-Befehl ausführen, um Ihr System auf die aktuelle »Testing«-Version upzugraden. Dabei werden alle gegenwärtig installierten Pakete auf den aktuellen Stand der neueren Version gebracht. Werden aufgrund von Abhängigkeiten zusätzliche Pakete benötigt, werden diese ebenfalls installiert.

3.2.7 Upgrade von Etch auf Lenny

Zwar haben Sie im letzten Abschnitt schon alle Werkzeuge und Optionen für ein Distributionsupgrade kennen gelernt. Dennoch möchte ich Ihnen im Folgenden noch einmal eine klare Schritt-für-Schritt-Anleitung an die Hand geben, um ein vorhandenes Debian 4.0 *Etch* auf Debian 5.0 *Lenny* über die Internet-Quellen mittels **apt-get** upzugraden:

1. Zunächst müssen wir die Einträge in `/etc/apt/sources.list` in der Art modifizieren, dass die Quellen für Lenny enthalten sind. Fügen Sie zum Beispiel die Quellen aus Abschnitt 3.2.5 ein. Kommentieren Sie nun alle Einträge für *Etch* aus – sonst erhalten Sie Fehlermeldungen bei der weiteren Prozedur!
2. Vorausgesetzt, Sie nutzen bereits ein produktives Debian-System unter *Etch*, so sollten Sie vor dem Upgrade in jedem Fall eine Vollsicherung aller relevanten Daten vornehmen. Hinweise und das entsprechende Werkzeug hierzu finden Sie in diesem Buch vor allem in den Kapiteln 4 *Das Debian-System – Grundlagen* und 12 *Zeitlich gesteuerte Backups*.
3. Nun müssen Sie den Cache für die Paketlisten aktualisieren. Geben Sie **apt-get clean** gefolgt von **apt-get update** ein.
4. Bevor Sie auf die neue Version upgraden können, benötigen Sie zunächst die aktuellen Paketverwaltungswerkzeuge. Mit der folgenden Zeile installieren Sie alles Notwendige: **apt-get install dpkg aptitude apt**. Die neuen Versionen basieren auf einer neuen Bibliotheksversion `glibc6`. Die während der Installation gezeigten Dialogfenster können Sie durch Betätigen von [Enter] durchlaufen. Sie informieren Sie nur über den erforderlichen Neustart verschiedener Dienste.
5. Jetzt wird's ernst! Kochen Sie sich eine Kanne Kaffee oder Tee, setzen Sie sich vor Ihr Debian-System und geben Sie **apt-get dist-upgrade** ein, bestätigen Sie das Upgrade mit y bzw. j (je nach Spracheinstellungen) und lehnen Sie sich zurück! So ein Upgrade braucht seine Zeit – je mehr Pakete vorher schon installiert waren, desto länger dauert das Upgrade. Im Verlauf dieser Prozedur werden Sie unter Umständen über verschiedene Dialogfenster zu bestimmten Entscheidungen befragt. In der Regel sollte Sie dies jedoch nicht vor unlösbare Aufgaben stellen. Wenn Sie können, behalten Sie die alten Einstellungen bei. Nach der Installation müssen Sie einmalig neu starten, damit der neue Kernel (Version 2.6.26) aktiv wird. Er erscheint im Bootmenü nun als Standard und wird automatisch gestartet. Voilà: *Lenny* ist installiert und funktionsbereit! Sollten Sie jedoch Probleme mit dem neuen Kernel haben, können Sie jederzeit im Bootmenü den alten Kernel (Version 2.6.18) auswählen, der – im Gegensatz zu einer frischen *Lenny*-Installation – noch immer zur Verfügung steht.

Zwar hat es im Vorfeld vor der Veröffentlichung von *Lenny* in den einschlägigen Debian-Mailinglisten vereinzelte Fehlermeldungen gegeben, die häufigsten Fehlerursachen sollten aber nun nach dem Release behoben sein. Immerhin hat Debian einen Ruf als stabilste Linux-Distribution zu verlieren ...

Wie Sie gesehen haben, handelt es sich bei **apt-get** um ein sehr leistungsfähiges Werkzeug zur Installation und Deinstallation einzelner Pakete, dem Update und Upgrade Ihres Systems. Allerdings hat **apt-get** den Nachteil, dass Sie bei der Installation einzelner Pakete deren Bezeichnung genau kennen müssen. Außerdem stellt es sich als ziemlich schwierig dar, in einem Zug mehr als nur eine Handvoll Pakete zu installieren. Hierfür gibt es besser geeignete Lösungen. Schauen wir sie uns an!

3.2.8 aptitude – das Frontend zu apt-get

Genau genommen stimmt die Überschrift so nicht: Es gibt mehrere Frontends zu **apt-get**. Allerdings ist **aptitude** das Beste, was Debian zurzeit in Bezug auf Paketverwaltung aufzubieten hat – und es muss sich wahrlich nicht verstecken. Die Leistungsfähigkeit lässt nur wenige Wünsche offen und ist in Bezug auf das Paketmanagement durchaus mit YaST von SuSE zu vergleichen. Sie rufen das Programm – wie üblich – mit seinem Namen auf:

```
# aptitude
```

Es öffnet sich ein Dialogfenster auf der Konsole:

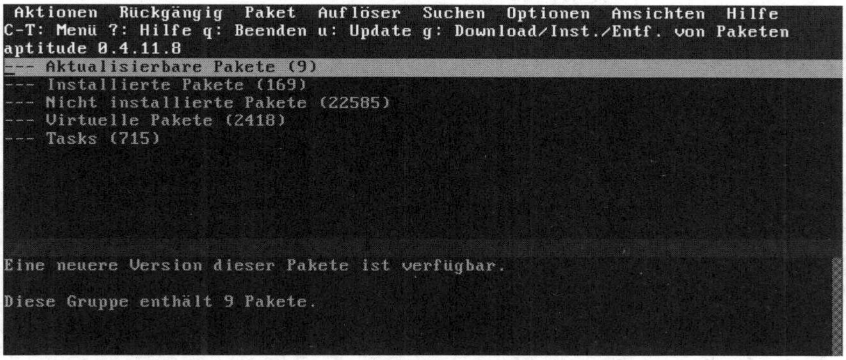

```
 Aktionen  Rückgängig  Paket  Auflöser  Suchen  Optionen  Ansichten  Hilfe
C-T: Menü ?: Hilfe q: Beenden u: Update g: Download/Inst./Entf. von Paketen
aptitude 0.4.11.8
--- Aktualisierbare Pakete (9)
--- Installierte Pakete (169)
--- Nicht installierte Pakete (22585)
--- Virtuelle Pakete (2418)
--- Tasks (715)

Eine neuere Version dieser Pakete ist verfügbar.

Diese Gruppe enthält 9 Pakete.
```

Abb. 3.1: Aptitude präsentiert sich als übersichtliches Frontend.

Haben Sie gpm als Konsolen-Maustreiber installiert, können Sie aptitude sogar per Maus steuern – ganz so, als hätten Sie eine »echte« GUI vor sich. Kennen Sie jedoch die Tastenkürzel, werden Sie sich unter Umständen sogar schneller in den Menüs bewegen können als mit der Maus.

Im Hauptfenster finden Sie Titel, die verschiedene Hauptgruppen voneinander trennen. Die Anzahl der in der jeweiligen Gruppe vorhandenen Pakete wird in Klammern angegeben:

- Aktualisierbare Pakete: Hier werden alle bereits installierten Pakete aufgeführt, zu denen es neuere Versionen bzw. Updates gibt. Wird nur nach einem **apt-get update** angezeigt.

- `Neue Pakete`: Diese Pakete sind seit dem letzten Update der Paketliste hinzugekommen (in Abbildung 3.1 nicht vorhanden).
- `Installierte Pakete`: der Punkt ist wohl selbsterklärend.
- `Nicht installierte Pakete`: ... na ja, eben diese ;-).
- `Virtuelle Pakete`: Die hier aufgeführten Pakete existieren nicht wirklich. Stattdessen handelt es sich um Bezeichnungen für Programme, die von bestimmten anderen Programmen angefordert werden. Diese Funktion kann dann von verschiedenen Programmen übernommen werden. Ein Beispiel hierfür ist das virtuelle Paket `www-browser`. Wird ein beliebiger Browser installiert, kann er über das virtuelle Paket allgemein angefordert werden, ohne dass der Browser selbst spezifiziert werden muss, sozusagen im Sinne einer »Programm-Gattung«.
- `Tasks`: Unter dieser Gruppe finden Sie Gruppen von Paketen, die einem bestimmten Zweck dienen, zum Beispiel `Web-Server`, o.Ä. Sie können dies als eine Erweiterung des Konzepts der virtuellen Pakete sehen – diesmal sind es statt einem einzelnen Paket mehrere zusammengefasste.

Außerdem zeigt **`aptitude`** gegebenenfalls auch Sicherheitsaktualisierungen an, wenn diese vorhanden, aber noch nicht installiert sind.

Sie können im Dialogfenster wie gewohnt mit den Cursortasten (hoch/runter) zwischen den Hauptgruppen wechseln. Im Dokumentationsfenster im unteren Bereich finden Sie jeweilige Erläuterungen und Detailinformationen zum gewählten Objekt.

Mit [Enter] öffnen Sie die darunterliegende Struktur. Hier finden Sie Untergruppen (zum Beispiel `admin`) unter denen wiederum die einzelnen Debian-Komponenten (`main`, `contrib` etc.) zu finden sind (siehe Abbildung 3.2).

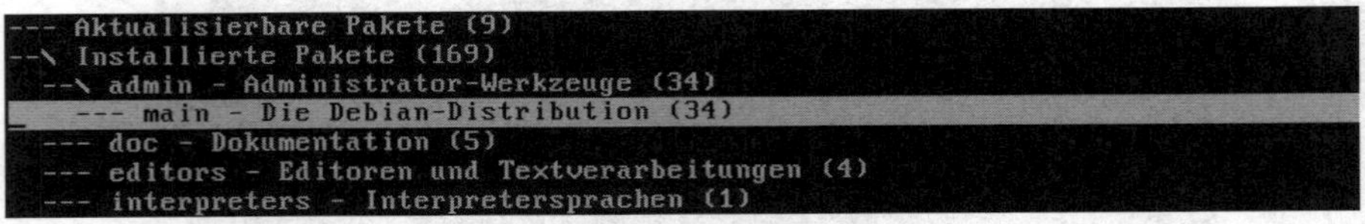

```
--- Aktualisierbare Pakete (9)
--\ Installierte Pakete (169)
  --\ admin - Administrator-Werkzeuge (34)
    --- main - Die Debian-Distribution (34)
  --- doc - Dokumentation (5)
  --- editors - Editoren und Textverarbeitungen (4)
  --- interpreters - Interpretersprachen (1)
```

Abb. 3.2: Die Hauptgruppen sind durch Untergruppen unterteilt.

Erst darunter verbergen sich die einzelnen Pakete der jeweiligen Gruppe (siehe Abbildung 3.3).

```
--- Aktualisierbare Pakete (9)
--\ Installierte Pakete (169)
  --\ admin - Administrator-Werkzeuge (34)
    --\ main - Die Debian-Distribution (34)
i       acpi-support-base                   0.109-9     0.109-9
i       adduser                             3.110       3.110
i       apt                                 0.7.14+b1   0.7.14+b1
i       apt-utils                           0.7.14+b1   0.7.14+b1
i       aptitude                            0.4.11.8-1  0.4.11.8-1
i       base-files                          4.0.5       4.0.5
```

Abb. 3.3: Unter den Debian-Komponenten (hier: `main`) finden sich die Pakete der Gruppe.

Drücken Sie [Enter], um sich Informationen zu einem markierten Paket anzeigen zu lassen. Mit q können Sie diese Ansicht beenden. Ansonsten beenden Sie mit q das Programm.

Die Pakete werden in folgender Form angezeigt:

Zustand	Aktion	Abhängigkeit	Paketname	Installierte Version	Verfügbare Version

Jede Zeile steht für ein Paket und enthält zunächst links eine Spalte über den momentanen Zustand des Pakets (`i` für *installiert*, `p` für *verfügbar*, aber nicht installiert usw.). Ist das Paket für eine Aktion (zum Beispiel Installation oder Deinstallation) vorgesehen, folgt eine zweite Spalte, die über die geplante Aktion informiert. Dies kann dann wiederum `i` für Installation oder `p` (purge) für totale Deinstallation oder etwas anderes sein. Die möglichen Werte können Sie übrigens über die Kurzhilfe mittels Drücken der Taste ? abrufen.

Entsteht durch die Installation oder Deinstallation ein Abhängigkeitsproblem, werden Sie darauf hingewiesen. Die Installation stellt sich in diesem Fall recht einfach dar, da **`aptitude`** die jeweils notwendigen Pakete automatisch anwählt. Diese Pakete enthalten dann eine dritte Spalte, die die Abhängigkeit anzeigt (A).

```
aptitude 0.4.4             Werde 831kB mehr belegen        DL-Größe: 392kB
--\ Pakete, die automatisch installiert werden, um Abhängigkeiten zu erfüllen
ciA  libpcap0.8                            +209kB  <keine>     0.9.5-1
--\ Pakete, die installiert werden
pi   tcpdump                               +623kB  <keine>     3.9.5-1
```

Abb. 3.4: Abhängigkeiten bei der Installation werden automatisch aufgelöst.

Müssen Sie Abhängigkeiten bei der *Deinstallation* auflösen, kommen Sie nicht umhin, die fraglichen (und markierten) Pakete, die von dem zu deinstallierenden Paket abhängen, ebenfalls (diesmal manuell) zur Deinstallation auszuwählen – sonst riskieren Sie eine Inkonsistenz in Ihrem System. Die abhängigen Pakete enthalten dann in der dritten Spalte ein B (für *broken* – kaputt), wie Sie in Abbildung 3.5 sehen können.

```
 Aktionen  Rückgängig  Paket  Auflöser  Suchen  Optionen  Ansichten  Hilfe
C-T: Menü ?: Hilfe q: Beenden u: Update g: Download/Inst./Entf. von Paketen
aptitude 0.4.4        #Kaputt: 1   Werde 209kB freigeben
idA   libpcap0.8                             -209kB  0.9.5-1      0.9.5-1
i     libpcre3                                       6.7-1        6.7-1
i     libpopt0                                       1.10-3       1.10-3
i     libreadline5                                   5.2-2        5.2-2
i     librpcsecgss3                                  0.14-2       0.14-2
i     libsasl2                                       2.1.22.dfs   2.1.22.dfs
i     libsasl2-2                                     2.1.22.dfs   2.1.22.dfs
i     libselinux1                                    1.32-3       1.32-3
i     libsemanage1                                   1.8-1        1.8-1
System interface for user-level packet capture
libpcap0.8 wird entfernt.

Die folgenden Pakete hängen von libpcap0.8 ab und werden nach dem Entfernen
kaputt sein:

  * tcpdump hängt ab von libpcap0.8 (>= 0.9.3-1)

[1/1] Schlage 1 Entfernung vor
e: Prüfen  !: Anwenden  .: Nächste  ,: Vorhergehende
```

Abb. 3.5: Bei der Deinstallation von `libc6` sind Abhängigkeiten zu beachten.

> Sorgen Sie immer für ein konsistentes System, indem Sie alle Abhängigkeiten auflösen, bevor Sie installieren oder deinstallieren. Sonst bekommen Sie über kurz oder lang auch mit dem besten Installationsassistenten Probleme!

Schauen wir uns nun an, wie Sie Pakete für Aktionen auswählen können.

Die Menüleiste oben in blau aktivieren Sie über F10. Dieselbe Taste deaktiviert das Menü wieder. In klassischer Manier finden Sie neben vielen Menübefehlen das entsprechende Tastaturkürzel:

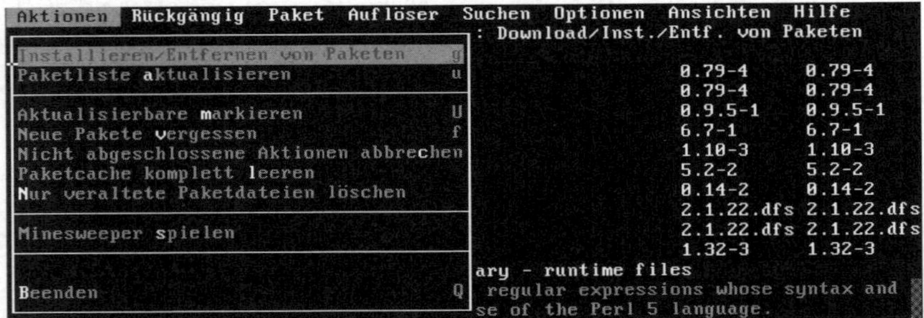

Abb. 3.6: Die Menüs stellen sich in gewohnter Form dar.

So können Sie im Menü AKTIONEN bereits erkennen, dass mittels der Taste g ausgewählte Pakete installiert werden können, während u die Paketliste aktualisiert. **Vorsicht**: auch hier werden Groß- und Kleinbuchstaben unterschieden: mit U markieren Sie alle Pakete, zu denen Updates verfügbar sind!

> Übrigens haben Sie sich nicht verguckt: Es existiert wirklich ein Menüpunkt MINESWEEPER SPIELEN! Dahinter versteckt sich eine konsolenbasierte Version des berühmten Spiels – sollten Sie also mal eine Installationspause benötigen ...;-)

Aber weiter: Im Menü PAKET finden Sie die Optionen zur Paketinstallation:

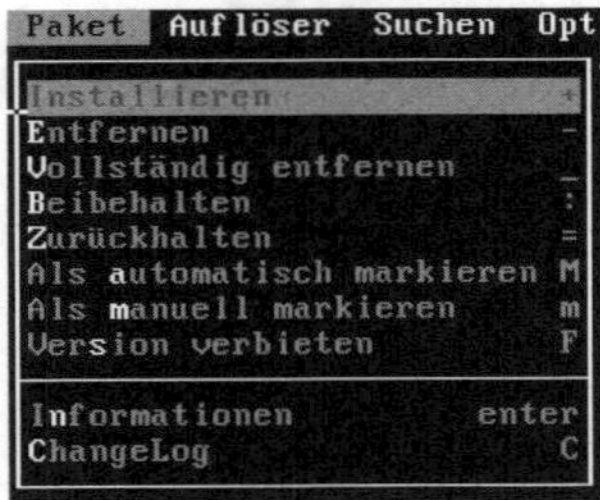

Abb. 3.7: Ausgewählte Pakete Installieren, Entfernen u.a.

Markieren Sie ein gewünschtes Paket und drücken Sie + (plus), so wird es zur Installation vorgesehen, mit – (minus) wird es ggf. deinstalliert und _ (Unterstrich) sorgt für eine restlose Deinstallation. Die Pakete werden entsprechend der gewünschten Aktion farblich markiert. Darüber hinaus stehen am Anfang einer Zeile der aktuelle Status und die Aktion, die Sie in Abbildung 3.8 sehen können.

```
pi    apache2-mpm-prefork           +672kB  <keine>   2.2.3-3.2
piA   apache2-utils                 +528kB  <keine>   2.2.3-3.2
piA   apache2.2-common             +3523kB  <keine>   2.2.3-3.2
```

Abb. 3.8: Dieses Paket soll installiert werden (i) und hat Abhängigkeiten (A).

```
id    dselect                      -1958kB  1.13.25   1.13.25
```

Abb. 3.9: Ein Paket ist zur Deinstallation vorgesehen.

Existiert eine aktuellere Version für ein installiertes Paket, wird dieses in der Hauptgruppe `Aktualisierbare Pakete` aufgeführt. Sie können durch Drücken von `u` alle Pakete für ein Update anwählen, zu denen neuere Versionen verfügbar sind. Möchten Sie jedoch nur ausgewählte Pakete aktualisieren, markieren Sie das betreffende Paket und drücken +. Damit wird das Paket ebenfalls für ein Update ausgewählt und hat ein `u` in der Aktionsspalte.

```
iu    adduser                       +172kB  3.63      3.80
```

Abb. 3.10: Das gewählte Paket wird aktualisiert.

Die aktuell installierte Version (hier: 3.63) und die verfügbare Version des Pakets (3.80) werden rechts angezeigt. Natürlich können Sie nur bereits installierte Pakete updaten – logisch!

Eine weitere nützliche Funktion ist die Suche nach Paketen. Durch Auswahl des entsprechenden Menüs oder Drücken der Taste / rufen Sie die Suche auf. Diese wird sofort aktiv, sobald Sie eine Eingabe machen.

```
i     tcpdump                                3.9.5-1     3.9.5-1
p     vlc-nox                                <keine>     0.8.6-svn2
p     winbind                                <keine>     3.0.23d-2+
p     wireshark                              <keine>     0.99.4-3
p     wireshark-common                       <keine>     0.99.4-3
p     xchat                                  <keine>     2.6.8-0.3
p     xchat-common                           <keine>     2.6.8-0.3
   Suche nach:
   tcpdump_
A             [ OK ]                      [ Abbrechen ]
tc
```

Abb. 3.11: Die Suchfunktion wird sofort aktiv.

Es wird ein Filter auf die Paketliste gesetzt, der den Suchkriterien entspricht. Die beste Übereinstimmung wird ganz oben in der Liste angezeigt. Drücken Sie [Enter], können Sie anschließend mittels `n` weitere Fundstellen aufrufen. Mit dem Backslash (\) können Sie eine Rückwärtssuche starten.

Ob noch eine Aktion ansteht, sehen Sie in der unteren Zeile des blauen Bereichs oben (siehe Abbildung 3.12).

> **Beachten Sie:** Sie können beliebig viele Pakete zur Installation, Deinstallation oder zum Update auswählen – solange Sie nicht g drücken, bzw. im Menü AKTIONEN INSTALLIEREN/ENTFERNEN VON PAKETEN – wird nichts passieren! Sie können also in Ruhe ein wenig experimentieren und anschließend durch (ggf. mehrfaches) Drücken von Strg+u Ihre Änderungen wieder rückgängig machen.

```
aptitude 0.4.4                 Werde 23,6MB mehr belegen      DL-Größe: 7227k
```

Abb. 3.12: Aptitude sagt Ihnen, was nach den gewählten Aktionen passieren wird.

Hier werden nach der Installation 23,6 MB mehr belegt sein. Haben Sie alle anstehenden Aktionen rückgängig gemacht, sehen Sie hier eine leere Zeile.

Sie werden nach einiger Eingewöhnungszeit bemerken, dass **aptitude** recht einfach zu bedienen ist – vor allem mittels Tastenkürzel. Sind Sie unsicher, wählen Sie den Weg über die Menüs. Zur Übersicht hier noch einmal die wichtigsten Tastenkürzel:

Tastenkürzel	Funktion
/	Ruft die Suche auf
n	Springt in der Suche auf den nächsten Treffer
+	Paket wird installiert.
-	Paket wird deinstalliert, Konfigurationsdateien werden erhalten.
_	Paket wird einschließlich der Konfigurationsdateien deinstalliert.
g	Die gewählten Aktionen werden durchgeführt.
Enter	Zeigt detaillierte Informationen zu einem Paket an
q	Aus einem Unterpunkt eine Ebene höher
u	Paketliste updaten (wie `apt-get update`)
Strg+u	Jeweils letzte Aktion rückgängig machen (kann auch mehrfach für weiter zurückliegende Aktionen angewendet werden)

3.2.9 apt-cache

Das Programm **apt-cache** ermöglicht es, den APT-Cache zu manipulieren. Im Wesentlichen sind die Suchfunktionen nützlich. Schauen wir uns das praktisch an:

Mit folgendem Befehl können Sie eine Volltextsuche nach dem angegebenen Begriff im APT-Cache starten:

```
# apt-cache search <Begriff>
```

Versuchen Sie es! Suchen Sie zum Beispiel nach Begriffen wie `less`, `browser`, `apt-get` oder was auch immer Sie interessiert. Als Ergebnis Ihrer Suche erhalten Sie eine Liste mit Paketen (einschließlich Kurzbeschreibung), die in Ihren Informationseinträgen den gesuchten Begriff enthalten. Nehmen wir den Begriff »sniffer«:

```
# apt-cache search sniffer
```

Hier ein Auszug der Bildschirmausgabe dieses Befehls:

```
# apt-cache search sniffer
dsniff - Various tools to sniff network traffic for cleartext insecurities
dvbsnoop - DVB / MPEG stream analyzer
ettercap-gtk - Multipurpose sniffer/interceptor/logger for switched LAN
gssdp-tools - GObject-based library for SSDP (tools)
hunt - Advanced packet sniffer and connection intrusion
[...]
snort - flexible Network Intrusion Detection System
snort-common - flexible Network Intrusion Detection System [common files]
snort-common-libraries - flexible Network Intrusion Detection System ruleset
snort-doc - Documentation for the Snort IDS [documentation]
snort-mysql - flexible Network Intrusion Detection System [MySQL]
snort-pgsql - flexible Network Intrusion Detection System [PostgreSQL]
tcpick - TCP stream sniffer and connection tracker
tcptrack - TCP connection tracker, with states and speeds
vnstat - console-based network traffic monitor
darkstat - Netzwerkverkehr-Analysator
ettercap - vielseitiger Sniffer/Interceptor/Logger fÃ¼r ein switched LAN
karpski - Ethernet Sniffer und Analyzer
libhttp-browserdetect-perl - bestimmt Webbrowser, Version und Plattform vom HTTP-
Userstring
ethereal - dummy upgrade package for ethereal -> wireshark
ethereal-common - dummy upgrade package for ethereal -> wireshark
ethereal-dev - dummy upgrade package for ethereal -> wireshark
tethereal - dummy upgrade package for ethereal -> wireshark
tshark - network traffic analyzer (console)
wireshark - network traffic analyzer
wireshark-common - network traffic analyser (common files)
wireshark-dev - network traffic analyser (development tools)
```

Für den Einsteiger sind dies jede Menge unbekannte Namen – die Liste weicht übrigens an einigen Stellen ab zwischen *Etch* und *Lenny*. Wie bekommen Sie nun heraus, welches Programm das richtige ist? Vielleicht sagt Ihnen **Ethereal** als Netzwerk-Sniffer etwas? Das Tool wurde schon vor längerer Zeit abgelöst durch **Wireshark**. Daher existiert unter *Lenny* auch nur noch ein so genanntes »Dummy-Upgrade-Package« für **Ethereal**, das auf **Wireshark** zeigt. Geben Sie folgenden Befehl ein, um sich Detailinformationen zu **Wireshark** anzusehen:

```
# apt-cache show wireshark
Package: wireshark
Priority: optional
Section: net
Installed-Size: 1508
Maintainer: Frederic Peters <fpeters@debian.org>
Architecture: i386
Version: 1.0.2-3+lenny1
Replaces: ethereal (<< 1.0.0-3)
Depends: libadns1 (>= 1.4), libatk1.0-0 (>= 1.20.0), libc6 (>= 2.7-1), libcairo2 (>=
1.2.4), libcomerr2 (>= 1.33-3), libgcrypt11 (>= 1.4.0), libglib2.0-0 (>= 2.16.0),
libgnutls26 (>= 2.4.0-0), libgtk2.0-0 (>= 2.12.0), libkrb53 (>= 1.6.dfsg.2),
libpango1.0-0 (>= 1.20.3), libpcap0.8 (>= 0.9.3-1), libpcre3 (>= 7.4), libportaudio2,
wireshark-common (= 1.0.2-3+lenny1), zlib1g (>= 1:1.1.4)
```

```
Recommends: gksu
Conflicts: ethereal (<< 1.0.0-3)
Filename: pool/updates/main/w/wireshark/wireshark_1.0.2-3+lenny1_i386.deb
Size: 619138
MD5sum: d7bd58e9394c69a740434c676e800318
SHA1: aaa7173dbad3d938cea2817b0043e0e67c81d99a
SHA256: f43a3d93534cca7bf832f1b0f676e21b99fdb6af66900789434451b78da39ae4
Description: network traffic analyzer
 Wireshark is a network traffic analyzer, or "sniffer", for Unix and
 Unix-like operating systems. A sniffer is a tool used to capture
 packets off the wire. Wireshark decodes numerous protocols (too many
 to list).
 .
[...]
Description: network traffic analyzer
 Wireshark is a network traffic analyzer, or "sniffer", for Unix and
 Unix-like operating systems. A sniffer is a tool used to capture
 packets off the wire. Wireshark decodes numerous protocols (too many
 to list).
 .
 This package provides wireshark (the GTK+ version)
Tag: admin::monitoring, implemented-
in::c, interface::x11, network::scanner, protocol::ethernet, role::program, scope
::utility, uitoolkit::gtk, use::monitor, works-with::network-
traffic, x11::application
```

Wow, eine Menge Informationen, die ich hier sogar verkürzt dargestellt habe.

Wireshark ist ein sehr beliebter Netzwerksniffer. Leider handelt es sich um die GTK+-Version, die eine GUI voraussetzt, die Sie im Moment vermutlich noch nicht haben. Für die Konsole gibt es **tshark**, das erweiterte Optionen gegenüber **tcpdump** bietet. Wenn Sie möchten, können Sie das Tool jetzt installieren.

Die Ausgabe ist übrigens dieselbe wie unter **dpkg -I <Paketname>** (wenn nicht installiert) bzw. **dpkg -s <Paketname>** (wenn installiert). Der Unterschied von **apt-cache show ...** zum Aufruf mittels **dpkg** liegt darin, dass Sie diese Informationen unabhängig davon erhalten, ob das Paket bereits installiert ist oder bisher nur im APT-Cache vorliegt. Darüber hinaus können Sie sich mit diesem Befehl die Informationen aller Pakete dieses Typs anzeigen lassen – falls es von einem Paket mehrere Versionen gibt, werden diese untereinander angezeigt. Damit können Sie direkt vergleichen, welche Neuerungen die neue Version bringt.

Sehr interessant ist auch die Möglichkeit, sich nur die Abhängigkeiten eines Pakets anzeigen zu lassen. Mit folgendem Befehl sehen Sie die Abhängigkeiten des Pakets `wireshark`:

```
# apt-cache depends wireshark
```

Die Bildschirmausgabe enthält eine Liste der Pakete, die installiert sein müssen bzw. als Abhängigkeiten installiert werden, damit das Programm **wireshark** lauffähig ist.

3.3 Software-Auswahl mit Tasksel

Neben **dpkg**, **apt-get** und **aptitude** gibt es noch ein weiteres Tool namens **tasksel**, das Ihnen die Installation von Software erleichtert. Hierbei handelt es sich um ein Frontend, mit dem Sie vorgefertigte Paketzusammenstellungen auswählen können, die einem bestimmten Zweck dienen (*task selection*). Dieser Zweck ist sehr weit gefasst. So können Sie zum Beispiel ein Desktop-System oder einen Webserver auswählen. Sie haben dieses Skript bereits bei der Grundkonfiguration Ihres Systems direkt im Anschluss an die Installation des Basis-Systems kennen gelernt.

Der Vorteil ist, dass Sie nicht alle Pakete einzeln mühsam installieren müssen, die Sie benötigen – der Nachteil ist, dass mit dieser Auswahl unter Umständen auch viele Programme auf Ihrem System landen, die Sie gar nicht benötigen. Ein Server sollte in der Regel nur genau die Software enthalten, die er zur Erfüllung seiner Aufgabe benötigt, jedes weitere Paket stellt ein potenzielles Sicherheits- oder Performancerisiko dar. Daher ist dieser Ansatz für ein Produktivsystem eher ungeeignet. Wie auch immer: Möchten Sie das Tool nutzen, rufen Sie es über Eingabe von **`tasksel`** auf der Konsole auf. Ansehen sollten Sie es sich in jedem Fall.

3.4 Weiterführende Informationen und Backgrounds

An dieser Stelle folgen wieder einige vertiefende Informationen und so genannte »Underlying constructs« – zugrundeliegende Konzepte. In manchen Kapiteln bietet es sich an, diese gleich im normalen Text einzubinden. Wo möglich, ziehe ich es allerdings vor, Ihnen zunächst die Basics und anschließend, sozusagen optional, weitere, vertiefende Informationen zukommen zu lassen.

3.4.1 Wie organisiert dpkg seine Daten?

Die Paketdatenbanken von **dpkg** liegen unter `/var/lib/dpkg`. Es handelt sich ausschließlich um Textdateien:

```
/var/lib/dpkg/available
```

In dieser Datei befinden sich Informationen über alle verfügbaren, also dem System bekannten Pakete. Diese müssen nicht zwangsläufig installiert sein. Andererseits ist **dpkg** nicht in der Lage, Pakete selbst aus dem Internet zu holen. Das müssen andere Programme, zum Beispiel **`apt-get`** oder **`aptitude`** erledigen, da **dpkg** als Paketquelle nur das lokale Dateisystem anerkennt.

```
/var/lib/dpkg/status
```

Hier finden sich detaillierte Informationen über den Status der bekannten Pakete. Es werden auch entfernte Pakete erfasst, die einmal auf Ihrem System installiert waren und deren Config-Dateien noch vorhanden sind.

```
/var/lib/dpkg/info
```

Hierbei handelt es sich um ein Verzeichnis, in dem sich die Verwaltungsdateien der Pakete befinden. Welche Dateien vorhanden sind, hängt vom Paket ab. Haben Sie zum Beispiel den textbasierenden Browser **w3m** installiert (Sie können das auch jetzt durch Eingabe von **`apt-get install w3m`** nachholen), existieren unter *Etch* die folgenden Dateien:

- `w3m.conffiles`: Diese Datei enthält eine Auflistung der Config-Dateien von `w3m`.

- `w3m.list`: Hier sind alle Dateien aufgelistet, die im Paket `w3m` enthalten sind.
- `w3m.md5sums`: Prüfsummendatei für das Paket `w3m`.
- `w3m.postinstall`: Shellskript, das nach der Installation von `w3m` ausgeführt wird.
- `w3m.postrm`: Shellskript, das nach der Deinstallation zur Ausführung kommt.
- `w3m.prerm`: Shellskript, das vor der Deinstallation abgearbeitet wird.

Unter *Lenny* finden Sie die letzten drei Dateien nicht mehr, doch zur Veranschaulichung reicht es. Schauen Sie zum Beispiel mit **`ls | less`** in die Dateiliste dieses Verzeichnisses, werden Sie noch weitere Dateitypen finden. Der nächste Abschnitt beleuchtet die Hintergründe zu diesen Dateien.

3.4.2 Der Aufbau eines Debian-Pakets

Debian-Pakete bestehen aus drei Dateien, die mittels `ar` (eine einfache Version von `tar`, dem Archivierungsprogramm) zusammengefasst werden. Bemühen wir wiederum `w3m`. Haben Sie das Paket zu einem früheren Zeitpunkt mittels **`apt-get -d install w3m`** in den APT-Cache geladen, können Sie sich den Inhalt des Debian-Pakets `w3m` ansehen. Voraussetzung hierzu ist, dass das Paket `binutils` installiert ist, da es das Programm `ar` beinhaltet. Sie können es ggf. mittels **`apt-get install binutils`** nachinstallieren.

> Liegt das Paket auf einer lokalen Installationsquelle vor, können Sie dies leider nicht nachvollziehen, da **`apt-get`** in diesem Fall auch mit `-d` nichts in den Cache lädt. Sie können an dieser Stelle die lokale Quelle in `/etc/apt/sources.list` auskommentieren und anschließend **`apt-cache update`** eingeben, um die (vorher eingetragenen) Internetquellen zu aktivieren.

Kopieren Sie die Datei zum Beispiel in Ihr Home-Verzeichnis (`/root`) und entpacken Sie sie folgendermaßen:

```
# cp /var/cache/apt/archives/w3m_0.5.2-2+b1_i386.deb ~
# cd
# ar xv w3m_0.5.2-2+b1_i386.deb
x - debian-binary
x - control.tar.gz
x - data.tar.gz
```

Die Befehle **`cp`** und **`cd`** erläutere ich Ihnen später und bitte Sie, die Befehlszeilen zunächst einmal zur Kenntnis zu nehmen. An dieser Stelle geht es nur um den Aufbau eines Debian-Pakets. Wie Sie sehen, besteht ein Debian-Paket aus drei verschiedenen Dateien. Die Dateien haben folgende Bedeutung:

- `debian-binary`: Diese kleine Datei enthält die Versionsnummer des Debian-Pakets. Diese ist zurzeit 2.0.
- `control.tar.gz`: Hier sind die Verwaltungsinformationen des Pakets gespeichert. Je nach Paket befinden sich in dieser Datei die Konfigurationsdateien und -skripte, die Sie bereits oben als Inhalt des Verzeichnisses `/var/lib/dpkg/info` kennen gelernt haben. Entpacken Sie die Datei mit **`tar -xzf control.tar.gz`** (Näheres zu diesem Befehl in Kapitel 12 *Zeitlich gesteuerte Backups*), finden Sie die Dateien `conffiles`, `postrm` usw.

Diese werden umbenannt in `w3m.conffiles`, `w3m.postrm` etc. und in das o.a. Verzeichnis kopiert.

- `data.tar.gz`: Hier sind die eigentlichen Programmdateien und -Skripte enthalten, weiterhin die Konfigurationsdateien, Dokumentation und die Manpages.

3.4.3 debconf

Bei `debconf` handelt es sich um ein Konfigurationskonzept – es existiert allerdings auch ein gleichnamiges, selten genutztes Programm. Sie sind `debconf` bereits begegnet: Spätestens, als Sie Ihren Mail-Server konfiguriert haben, hat `debconf` Ihnen bestimmte Entscheidungen abverlangt, zum Beispiel in welchem Modus der Mail-Server laufen soll, welchen Namen er hat usw.

Zwar gibt es das `postinst`-Skript, aber bei der Installation größerer Pakete wird die Post-Konfiguration von `debconf` übernommen. Es ist in `control.tar.gz` enthalten und wird unter dem Namen `config` zusammen mit den übrigen Control-Dateien im Verzeichnis `/var/lib/dpkg/info` gespeichert (nur, falls Sie das interessiert!).

Haben Sie die Fragen des `debconf`-Skripts beantwortet, werden die Antworten in `/var/cache/debconf/config.dat` gespeichert. Rufen Sie das betreffende `debconf`-Skript nochmals auf, werden diese Informationen als Default-Werte angenommen, die Sie ändern oder übernehmen können.

Mit folgendem Befehl lassen Sie sich alle Pakete anzeigen, die `debconf` nutzen:

```
# debconf-show -listowners
```

Geben Sie den folgenden Befehl ein, um sich die aktuell gespeicherten `debconf`-Einstellungen zu dem angegebenen Paket (aus der obigen Ausgabeliste) anzeigen zu lassen:

```
# debconf-show <Paketname>
```

Was aber passiert, wenn Sie die Einstellungen ändern wollen? Ganz einfach: sie können das `debconf`-Skript eines Pakets durch folgenden Befehl erneut aufrufen:

```
# dpkg-reconfigure <Paketname>
```

Es gibt vier Prioritäten, die bestimmen, welche Fragen Ihnen `debconf` stellt:

- `low`: Sie bekommen alle Fragen gestellt, die das `debconf`-Skript für ein Paket zu beantworten hat. Für viele Fragen gibt es bereits sinnvolle Standardwerte.
- `medium`: Normale Fragen – auch hier existieren Standardwerte, die meistens zutreffen.
- `high`: Wichtige Fragen für die es keine allgemein gültigen Standardwerte gibt.
- `critical`: Fragen, die Sie in jedem Fall beantworten müssen, da sonst das Programm nicht lauffähig ist.

Natürlich schließt eine geringere Priorität immer die Fragen der höheren Prioritäten ein. So bekommen Sie auch alle `critical`- und `high`-Fragen gestellt, wenn Sie `medium` wählen.

Sie können die Priorität durch den Parameter `-p<Priorität>` festlegen, wie in folgendem Beispiel gezeigt:

```
# dpkg-reconfigure -phigh exim
```

Dies ruft das `debconf`-Skript für den Mail-Server **`exim`** auf und stellt nur Fragen der Priorität `high` und `critical`.

Sie können das Verhalten und die Standardpriorität von `debconf` durch folgenden Befehl einstellen:

```
# dpkg-reconfigure debconf
```

Sie werden hier ebenfalls nach einem Frontend gefragt, mit dem die `debconf`-Skripte ausgeführt werden. Testen Sie einfach einmal aus, was Ihnen am besten gefällt.

3.4.4 Installation von Software mittels Tarballs

Es kann vorkommen, dass Software nicht als Debian-Paket erhältlich ist. Unter diesen Umständen müssen Sie den traditionellen Weg gehen, den ich hier nur am Rande kurz skizzieren möchte.

In der Regel wird Open-Source als gezipptes Archiv (`<Dateiname>.tar.gz`), »Tarball« genannt, angeboten. Tarballs sind (meist mit `tar` und `gzip` oder `bzip2`) gepackte und vorkonfigurierte Quellcode-Dateien, die mit einem Maximum an Flexibilität auf Ihrem System kompiliert und installiert werden können. Tarballs sind distributionsunabhängig. Zur Installation benötigen Sie einen C/C++-Compiler (zum Beispiel das Paket `gcc`) und `glibc`, die GNU-C-Bibliothek. Außerdem den `make`-Befehl, der als gleichnamiges Debian-Paket erhältlich ist.

Haben Sie zum Beispiel einen Tarball in das Homeverzeichnis von `root` (`/root`) heruntergeladen, können Sie in der folgenden Art vorgehen:

```
# cp /root/<Dateiname>.tar.gz /usr/local
```

Der Befehl kopiert den Tarball nach `/usr/local/`. Dies ist ein guter Platz für selbst installierte Programme.

```
# tar -xzf <Dateiname>.tar.gz
```

Hiermit entpacken Sie den Tarball. Es entsteht ein Unterverzeichnis mit dem Programmnamen.

```
# cd <Verzeichnisname>
```

Geben Sie den Verzeichnisnamen des neuen Verzeichnisses an. Diesen können Sie mit **`ls`** überprüfen.

```
# ./configure
```

Damit rufen Sie das Konfigurationsskript des Programms auf. Normalerweise sind sinnvolle Standardwerte vorgegeben. Jedoch können Sie häufig durch diverse Optionen Konfigurationsänderungen vornehmen, wie zum Beispiel das Installationsverzeichnis ändern oder den Ort der Konfigurationsdatei bestimmen. Dies können Sie den README-Dateien und anderen Dokumentationsdateien entnehmen.

Das Konfigurationsskript prüft im Übrigen auch Abhängigkeiten und verweigert die Ausführung, wenn fehlende Abhängigkeiten vorliegen. Nur auflösen kann es sie leider nicht.

```
# make && make install
```

Das Programm **make** erstellt aus den Quellcode-Dateien und dem vom `configure`-Skript erstellten `Make-File` die installierbaren Binaries, also die fertigen Programme. Der letzte Befehl **make install** wird durch den Verknüpfungsbefehl && im Anschluss an **make** ausgeführt und installiert die Programm- und Konfigurationsdateien in den richtigen Stellen im System.

Dies in aller Kürze zur Installation von Tarballs. Normalerweise benötigen Sie nur die Debian-Pakete. Sollten Sie dennoch Tarballs installieren wollen oder müssen, lesen Sie aufmerksam die README- und Dokumentationsdateien durch – auch wenn ich diesen Begriff furchtbar finde: RTFM (Read the fine Manual). Manche übersetzen übrigens das Wort »fine« mit einem anderen Wort mit f...

3.5 Zusammenfassung und Weiterführendes

Das Debian-Paketmanagement basiert nicht – wie andere Distributionen (openSUSE, Red Hat [Fedora], andriva u.a.) – auf dem Red Hat Packet Manager (RPM) sondern auf **dpkg**. Andererseits gibt es eine Reihe Distributionen, die auf das Debian-Paketmanagement setzen, wie zum Beispiel Ubuntu und Knoppix.

Wie RPM hat auch **dpkg** jede Menge Optionen zum Installieren, Deinstallieren, Suchen und Betrachten von Paketen. Während sowohl RPM als auch **dpkg** fehlende Paketabhängigkeiten entdecken, sind doch beide Paketmanager nicht in der Lage, diese aufzulösen.

Im Gegensatz zu RPM wird **dpkg** daher in der Regel nicht direkt aufgerufen, sondern dient nur als Basis für so genannte *Frontends* wie:

- **apt-get** oder
- **aptitude**

Diese Frontends lösen selbstständig vorhandene Abhängigkeiten auf. Sowohl **apt-get** als auch **aptitude** basieren dabei auf den Advanced Packaging Tools (APT).

Die Installationsquellen für die APT-Tools geben Sie in `/etc/apt/sources.list` an. Dabei können Sie sowohl CD-ROMs (DVD-ROMs) als auch Internetquellen angeben.

Das Debian-Paketmanagement ist (wie inzwischen viele andere Distributionen auch) sehr stark internetbezogen. Zwar kommt die Installationsroutine ohne Internet aus und auch alle anderen Programme können ohne Zugriff auf das Internet per CD-ROM bzw. DVD-ROM installiert werden, jedoch spielen gerade die APT-Tools ihre Stärke vor allem dann aus, wenn als Installationsquellen FTP- bzw. HTTP-Spiegelserver (Mirrors) konfiguriert sind. Die derzeit schnellsten Quellen können Sie mittels **netselect-apt** automatisch herausfinden und eintragen lassen. Dies ist allerdings optional und nicht von jedem Administrator gewünscht.

Über Programme wie **apt-cache** oder **apt-show** kann der APT-Cache durchsucht und manipuliert bzw. Informationen zu bestimmten Teilen von Paketen (zum Beispiel Abhängigkeiten) dargestellt werden.

Während der Installation von Paketen werden diese häufig mit notwendigen Parametern und Werten konfiguriert. Hierzu dient in der Regel `debconf`, ein Debian-internes System zur Konfiguration von Paketen. Mittels **`dpkg-reconfigure`** können Sie `debconf` jederzeit wieder aufrufen und die Einstellungen für das betreffende Paket ändern.

Kapitel 4

Das Debian-System – Grundlagen

Willkommen auf unserem ersten Rundgang durch Ihr neues Debian-GNU/Linux-System. In diesem Kapitel lernen Sie Folgendes:

- Grundlagen der Konsole
- Herunterfahren und Neustarten des Systems
- Basisbefehle zur Navigation durch das Dateisystem
- Aufbau des Dateisystems – Wo befindet sich was?
- Manipulation von Dateien und Verzeichnissen
- Hilfe zur Selbsthilfe – die Man-Pages und Infoseiten

Der Inhalt dieses Kapitels ist eigentlich nicht Debian-spezifisch, sondern kann fast eins zu eins auf viele andere Linux-Distributionen angewendet werden. Es handelt sich um allgemeine Linux-Grundlagen, die ihre Gültigkeit größerenteils sogar bei Unix-Systemen haben.

4.1 Die Konsole

Nach der Installation des Basissystems bietet Ihnen Debian zunächst einmal eine Konsole an. Sie müssen einen Benutzernamen und sein Passwort eingeben, um sich einzuloggen.

```
Debian GNU/Linux 5.0 debian tty1

debian login: root
Password: _
```

Während der Eingabe Ihres Passwortes sehen Sie keine Zeichen auf dem Bildschirm – das hat seine (sicherheitsbedingte) Richtigkeit. Anschließend sehen Sie den *Prompt*. Dieser zeigt Ihnen in der Voreinstellung den Rechnernamen, das aktuelle Verzeichnis und Ihren User-Status an:

```
debian: ~#
```

Dieses System hat den Rechnernamen `debian`, das aktuelle Verzeichnis ist das Home-Verzeichnis des angemeldeten Benutzers. Dies wird durch die Tilde (~) angezeigt. Nach der Anmeldung ist dieses Verzeichnis grundsätzlich Ihr Startpunkt. Das Doppelkreuz (#) zeigt an, dass Sie Superuser-Rechte haben, also als `root` angemeldet sind. Bei normalen Benutzern steht hier in der Voreinstellung das Dollarzeichen ($).

Linux ist ein echtes Multiuser-Betriebssystem. Das bedeutet, es können mehrere Benutzer zur gleichen Zeit auf dem System arbeiten. Sie können aber auch so tun, als seien Sie selbst zu mehreren. Das heißt, Sie können sich mehr als einmal anmelden – als derselbe Benutzer oder als ein beliebiger anderer dem System bekannter Benutzer.

Dies hat durchaus praktischen Nutzen – so kann es vorkommen, dass Sie mehrere Vorgänge parallel anstoßen möchten oder einen Vorgang in Echtzeit beobachten oder überwachen wollen.

Dazu gibt es die virtuellen Konsolen. Sie wechseln zwischen den Konsolen durch die Tastenkombinationen `Alt`+`F1` (für die erste Konsole) bis `Alt`+`F6` (für die letzte Konsole). Mit `Alt`+`F7` gelangen Sie auf eine grafische Oberfläche – vorausgesetzt, diese ist installiert. Von dort kommen Sie mit der Tastenkombination `Strg`+`Alt`+`F1`–`F6` wieder auf eine der Textkonsolen, da die Kombination `Alt`+`F1`–`F6` bereits durch die GUI belegt ist.

Testen Sie es aus – am besten jetzt. Melden Sie sich an mehreren Konsolen an, mal als `root` und mal als ein normaler Benutzer – einen müssten Sie ja wenigstens bei der Installation erstellt haben.

Auf welcher Konsole Sie sich befinden, bekommen Sie übrigens heraus, indem Sie `tty` eingeben. Die Ausgabe ist die Gerätedatei (zum Beispiel `/dev/tty5` für die fünfte Konsole), die die aktuelle Konsole verwaltet. Haben Sie sich noch nicht angemeldet, wird die Konsole oben rechts über dem Login-Prompt angezeigt.

Geben Sie **`logout`** ein, um sich an einer Konsole abzumelden. Sie können auch **`exit`** eingeben – damit schließen Sie die aktuelle Shell (Ihre Benutzerumgebung). Handelt es sich um Ihre Login-Shell (was normalerweise der Fall ist) werden Sie ebenfalls abgemeldet. Näheres hierzu in Kapitel 9 *Einführung in die Bash.*

4.2 Herunterfahren und Neustarten des Systems

Ein ketzerisches Thema! Linux muss nicht neu gestartet werden, alles geht im laufenden Betrieb ... Das ist größtenteils richtig, dennoch kommt es vor, dass Sie Ihren Server herunterfahren oder neu starten möchten, zum Beispiel weil Sie Hardware austauschen müssen, oder weil Sie es als die einfachste Lösung für ein größeres Problem im Zusammenhang mit Programmen oder Diensten sehen, die sich »irgendwie verhakt« haben – sprich: abgestürzt sind und nicht mehr sauber zu beenden und neu zu starten sind.

Vielleicht möchten Sie das System auch ausschalten, um es an einen anderen Ort zu transportieren, oder weil Sie es im Moment nicht mehr benötigen – im Falle einer Workstation kommt Letzteres praktisch jeden Tag (bzw. Abend) vor.

Es sollte selbstverständlich sein, dennoch eine kurze Begründung: Um ein Linux-System sauber beenden zu können, müssen etliche Prozesse ausgeführt bzw. beendet werden. Auf keinen Fall sollten Sie die Hardware einfach ausschalten! Das gefährdet die Konsistenz Ihrer Daten und des Systems bis hin zu möglichen Hardware-Schäden, insbesondere an der Festplatte.

Es gibt mehrere Möglichkeiten, ein Linux-System herunterzufahren oder zu »rebooten«. Für jede dieser Möglichkeiten benötigen Sie `root`-Rechte.

Sowohl **`halt`** als auch **`reboot`** greifen auf den Befehl **`shutdown`** mit entsprechenden Parametern zurück, wie Sie sich selbst durch Aufruf der entsprechenden Online-Hilfeseiten (Man-Pages) überzeugen können. Geben Sie **`man 8 halt`** bzw. **`man 8 reboot`** ein. Daher beschränke ich mich auf die Darstellung dieses einen Befehls:

```
# shutdown -h now
```

Hiermit fahren Sie das System herunter (`-h`) und zwar auf der Stelle (`now`). Allerdings wird keine Power-Off-Funktion aufgerufen. Dies können Sie mit der Option `-P` tun. Möchten Sie eine Zeit für diese Aktion festlegen, nutzen Sie die Option `-t`:

```
# shutdown -P -t <Sekunden>
```

Hiermit wird der Shutdown inklusive Power-Off verzögert, um die angegebenen Sekunden, ausgeführt. Möchten Sie das System rebooten, geben Sie folgenden Befehl ein:

```
# shutdown -r now
```

Damit wird das System sofort heruntergefahren und neu gestartet – sprich: Ein Reboot wird durchgeführt.

Außerdem haben Sie die Möglichkeit, über die Angabe des Runlevels (siehe Kapitel 6 *Der Linux-Systemstart*) das System entweder zu stoppen (Runlevel 0) oder zu rebooten (Runlevel 6). Hierzu geben Sie den Befehl **`init`** und den gewünschten Runlevel an, um in diesen zu wechseln. Folgender Befehl führt zu einem Neustart:

```
# init 6
```

Mit diesen wenigen Befehlen sollten Sie auskommen – ich habe bisher noch nie einen anderen Befehl benötigt.

4.3 Basisbefehle zur Navigation

Lassen Sie uns die Grundbefehle in gebührender Kürze durchgehen, nur um sicherzustellen, dass Ihnen später nicht das Handwerkszeug für grundlegende Arbeiten fehlt.

4.3.1 Aktuelles Verzeichnis anzeigen lassen

Wie bereits erwähnt, befinden Sie sich nach dem Login in Ihrem Home-Verzeichnis. Welches dies ist, bekommen Sie mit folgendem Befehl heraus:

```
# pwd
```

Dies steht für *print working directory* und zeigt Ihnen das Verzeichnis an, in dem Sie sich aktuell befinden. Normalerweise ist das nicht notwendig, da der Prompt ebenfalls darüber Aufschluss gibt – bei der Tilde (~) ist das allerdings nicht so direkt abzulesen. Wie Sie sehen, befinden Sie sich in `/root` (wenn Sie sich als `root` angemeldet haben) oder in `/home/<Ihr-Benutzername>`, wenn Sie als normaler User angemeldet sind.

4.3.2 Inhalt eines Verzeichnisses anzeigen lassen

Folgender Befehl zeigt Ihnen den Inhalt des aktuellen Verzeichnisses an:

```
# ls
```

Er steht für `list`. Führen Sie **`ls`** in Ihrem Home-Verzeichnis aus, wird Ihnen womöglich nichts angezeigt, weil noch keine normalen Dateien und keine Verzeichnisse existieren. Geben Sie **`ls -a`** ein, erhalten Sie zusätzlich die versteckten Objekte angezeigt. Deren Namen beginnen mit einem Punkt (`.`). Möchten Sie detaillierte Informationen, geben Sie **`ls -la`** ein. Hier ein Beispiel:

```
# ls
# ls -a
.  ..  .aptitude  .bashrc  .profile
# ls -la
insgesamt 5
drwxr-xr-x  3 root root 1024 2007-01-21 19:05 .
drwxr-xr-x 23 root root 1024 2007-01-21 19:07 ..
drwx------  2 root root 1024 2007-01-21 19:05 .aptitude
-rw-r--r--  1 root root  412 2004-12-15 23:53 .bashrc
-rw-r--r--  1 root root  110 2004-11-10 17:10 .profile
```

In der ersten Spalte der Ausgabe finden Sie den Objekttyp. Verzeichnisse werden durch `d` (für *directory*) gekennzeichnet. Normale Dateien haben hier ein Minus (-). Während `.aptitude` ein verstecktes Verzeichnis ist, handelt es sich bei `.bash_history`, `.bashrc` und `.profile` um Dateien.

Hinter dem Objekttyp stehen die Rechte, anschließend die Anzahl der Verlinkungen im Dateisystem, der Eigner des Objekts, die Gruppe, der das Objekt zugeordnet ist, die Größe in Byte, das Änderungsdatum einschließlich der Uhrzeit und schließlich der Name des Objekts.

> Für »Objekt« können Sie übrigens auch getrost »Datei« einsetzen, da unter Linux einfach alles – einschließlich der Verzeichnisse und sogar der Hardware – als Datei gehandhabt wird (wie bereits in Kapitel 2 *Debian installieren* erwähnt).

Die versteckten Dateien und Verzeichnisse Ihres Home-Verzeichnisses können Konfigurationsparameter für verschiedene Programme (zum Beispiel `aptitude`) enthalten, die nur für Ihren Benutzer gelten. Es handelt sich also um Ihre Profildateien.

4.3.3 In ein anderes Verzeichnis wechseln

Die ersten beiden Einträge in der Auflistung stehen übrigens für das aktuelle Verzeichnis (.) und das übergeordnete Verzeichnis (..). Der Befehl **`cd`** (*change directory*) dient dazu, in bestimmte Verzeichnisse zu wechseln. Als Parameter geben Sie den Pfad zum Verzeichnis an. Ein paar einfache Beispiele:

`cd` (Pfadangabe) wechselt in das Home-Verzeichnis des Benutzers:

`cd /` wechselt in das /-Verzeichnis (Wurzelverzeichnis).

`cd ..` wechselt ein Verzeichnis nach oben.

4.3.4 Pfadangaben

Pfade können absolut oder relativ angegeben werden. Das Dateisystem ist hierarchisch untergliedert (siehe nächster Abschnitt). Die Ebenen werden durch / voneinander getrennt. Der oberste Punkt des Dateisystems ist / (*root*, die Wurzel). *Absolute Pfade* werden vom obersten Punkt – root – angegeben, zum Beispiel:

/ – das `root`-Verzeichnis (**Achtung:** nicht das Home-Verzeichnis des Benutzers `root`!)

`/usr` – ein Verzeichnis auf der obersten Ebene

`/usr/sbin` – ein Unterverzeichnis von `/usr`

Relative Pfade gehen vom aktuellen Verzeichnis aus und geben relativ hierzu den Weg zum Ziel an. Sie haben kein führendes /.

`../usr` – eine Ebene nach oben, dort in das Verzeichnis `usr` auf dieser Ebene

`../../../usr/sbin` – drei Ebenen aufwärts, dann in `usr`, darunter in `sbin`.

`local/bin` – aus aktuellem Verzeichnis in das Unterverzeichnis `local`, darunter `bin`

Damit diese Informationen nun nicht einfach im Raum stehen bleiben, sehen wir uns nun das Dateisystem Ihres Debian GNU/Linux-Systems an.

4.4 Die Struktur des Dateisystems

Der Begriff »Dateisystem« wird in zwei Bedeutungen benutzt:

- Das System, mit dem eine Partition formatiert ist – Hier ist definiert, wie die Bits und Bytes organisiert sind, welche Features unterstützt werden (Journaling, Quotas, Benutzerrechte etc.). Dazu gehören `ext2`, `ext3`, `xfs`, `jfs` usw.
- Das System, das die Verzeichnisstruktur definiert – also die Hierarchie der Verzeichnisse

In diesem Abschnitt geht es um die Verzeichnisstruktur. Es existiert ein internationaler Unix-Standard, an den sich Debian weitgehend hält – FHS (Filesystem Hierarchy Standard), nachzulesen unter `http://www.pathname.com/fhs/`.

Abbildung 4.1 stellt die Grundzüge dieser Verzeichnisstruktur dar. Im Anschluss daran werden wir die einzelnen Verzeichnisse kurz durchsprechen.

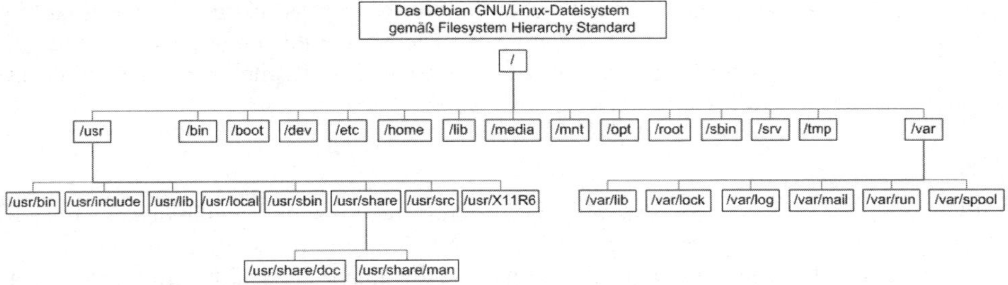

Abb. 4.1: Debian hält sich mit seiner Verzeichnishierarchie weitgehend an das FHS.

Die Abbildung enthält die wichtigsten Verzeichnisse eines Debian-GNU/Linux-Dateisystems entsprechend des FHS.

> Sollten Sie noch nicht vertraut sein mit dieser Struktur, empfehle ich Ihnen, parallel zu der folgenden Übersicht in die entsprechenden Verzeichnisse zu wechseln und sich deren Inhalt anzusehen.

Die folgende Aufzählung ist unter Umständen etwas trocken, aber Sie sollten sich trotzdem mit der Verzeichnishierarchie auseinandersetzen. Das fördert das Verständnis für Ihr Debian-GNU/Linux-System und wird später an vielen Stellen sehr nützlich sein.

/

Die Wurzel, root genannt. Dies ist vergleichbar mit C:\, allerdings noch eine Ebene höher, da es unter Windows-Dateisystemen keinen absoluten obersten Punkt gibt – jedes Laufwerk hat einen eigenen Buchstaben. Bei Linux werden den Partitionen und externen Speichermedien Mountpoints in Form von beliebigen Verzeichnissen unterhalb von / zugewiesen, unter denen diese in das Dateisystem eingehängt (gemountet) werden (siehe nächstes Kapitel).

/bin

Das Verzeichnis für Befehle, die auch von normalen Benutzern ausgeführt werden können. Insbesondere Navigationsbefehle (**`ls`**, **`cd`**, **`pwd`**) und Dateimanipulationsbefehle (**`cp`**, **`mv`**, **`mkdir`** etc.) sind hier zu finden. Außerdem wird hier ein Link von `/bin/sh` auf die aktuelle Shell benötigt. Unter Linux ist das standardmäßig `/bin/bash`. Dies ist notwendig, weil Shellskripte allgemein auf `/bin/sh` verweisen.

/boot

Hier befinden sich die Dateien, die für den Bootprozess notwendig sind. Normalerweise befindet sich hier der Kernel.

/dev

Das Geräteverzeichnis – alle ansprechbaren Peripheriegeräte (Maus, Tastatur, Grafikkarte, Festplatten, CD-ROM-Laufwerke etc.) werden hier in Form einer Gerätedatei geführt. Enthielt dieses Verzeichnis früher noch teilweise Hunderte von Einträgen für alle möglichen Geräte, finden Sie in aktuellen Linux-Distributionen neuerdings nur noch die relevanten Gerätedateien, da diese zu einem Teil von einem Dienst namens `udev` entsprechend der Hardware-Erkennung dynamisch erstellt werden. Im nächsten Kapitel werde ich auf dieses Thema noch näher eingehen.

/etc

Enthält die (Text-)Konfigurationsdateien der Programme. Einstellungen in diesen Dateien gelten für das gesamte System. Existieren optionale Konfigurationsdateien in den Home-Verzeichnissen der Benutzer, überschreiben diese die allgemeinen Einstellungen. Unter `/etc` können weitere Verzeichnisse liegen, zum Beispiel `/etc/postfix`, `/etc/apache`, `/etc/X11` usw.

/home

Hier liegen die Home-Verzeichnisse der Benutzer. Sie haben normalerweise den Anmeldenamen des Benutzers. Eine Ausnahme stellt `root` dar. Dessen Home-Verzeichnis liegt unter `/root`. Dies hat sicherheitstechnische Gründe, da auf dieses Verzeichnis gesonderte Rechte gesetzt werden können – ein normaler User kommt damit nicht in das Verzeichnis hinein.

/lib

Enthält die für den Systemstart und die elementaren Prozesse notwendigen dynamischen Bibliotheken, *shared libraries* genannt.

/media

Mountpoint für externe transportable Datenspeicher wie zum Beispiel USB-Sticks und -Festplatten, Floppy-Disk, CD/DVD-ROM usw.

Dieses Konzept wird verstärkt verfolgt und löst die Sitte ab, solche Datenspeicher unter `/mnt/<medium>` zu mounten.

/mnt

Wird oft noch mit Unterverzeichnissen als Mountpoint für externe Speichermedien genutzt (zum Beispiel `/mnt/cdrom`), ist aber eigentlich als direkter Einhängepunkt für temporäre gemountete Dateisysteme gedacht.

/opt

Ist reserviert für die Installation zusätzlicher Software-Pakete. Dazu wird häufig auch `/usr/local` verwendet.

/root

Home-Verzeichnis des Benutzers `root`.

/sbin

Hier liegen die Befehle für die Systemadministration (*root-only commands*). Normale Benutzer haben keinen Zugriff auf diese Kommandos. Weitere Speicherorte für diese Art von Befehlen sind `/sbin`, `/usr/sbin` und `/usr/local/sbin`.

/srv

Dieses Verzeichnis enthält in Unterverzeichnissen spezielle Daten für Serverdienste, zum Beispiel FTP, rsync usw.

/tmp

Das `/tmp`-Verzeichnis dient Programmen zur temporären Ablage von Dateien. Es wird in der Voreinstellung bei jedem Systemstart gelöscht.

/usr

Unter dieser Verzeichnishierarchie befinden sich in der Regel nur lesbare Dateien, die mit anderen Hosts geteilt werden können. Das Verzeichnis enthält zahlreiche Unterverzeichnisse.

/usr/bin

Dies enthält die meisten User-Befehle, die für alle Benutzer zur Verfügung stehen.

/usr/include

Hier befinden sich die Standard-Include-Dateien für die Programmiersprachen C und C++.

/usr/lib

Enthält Objektdateien, Bibliotheken und interne Binärdateien für Programme und Pakete. Diese Dateien sind nicht für den direkten Gebrauch durch Benutzer oder Shellskripte vorgesehen.

/usr/local

Dieses Verzeichnis wird vom Administrator zur Installation von lokaler Software genutzt, ähnlich wie `/opt`. Es enthält oft noch etliche Unterverzeichnisse wie `/usr/local/bin`, `/usr/local/etc` usw.

/usr/share

Enthält architekturunabhängige Daten. Hier befinden sich in Unterverzeichnissen auch die Man-Pages und Dokumentation zu den einzelnen Programmen und Tools.

/usr/share/doc

Hier befinden sich die Dokumentationsdateien der Programme und Pakete.

/usr/share/man

Hauptverzeichnis für die Man-Pages. Nicht alle Pakete halten sich an diese Struktur, aber in der Regel finden Sie die Online-Hilfen für die einzelnen Programme, Konfigurationsdateien und Strukturen unterhalb dieses Verzeichnisses.

/usr/src

Enthält den Sourcecode von Programmen und dem Kernel – dies ist optional. In Kapitel 15 *Den Kernel anpassen* komme ich darauf zurück.

/var

In diesem Verzeichnis liegen variable Daten. Dazu gehören die Logfiles, Drucker-Spool-Verzeichnis, Mailboxen etc.

/var/lib

Enthält Statusinformationen über bestimmte Applikationen. Diese Informationen können von den jeweiligen Programmen zur Laufzeit verändert werden.

/var/lock

In diesem Verzeichnis befinden sich so genannte Lockfiles (engl. *to lock* = sperren). Mit diesen Dateien werden bestimmte Ressourcen (zum Beispiel ein serieller Anschluss) für andere Anwendungen geblockt, so dass nur ein einziger Prozess darauf Zugriff hat. Dies dient der Vermeidung von Inkonsistenzen.

/var/log

Davon zu unterscheiden sind die Logdateien, die sich in dieser Verzeichnisstruktur befinden. Auf sie komme ich in Kapitel 14 *Protokollierung* zurück.

/var/mail

Hier befinden sich die Mailboxen der Benutzer. Die Spool-Dateien haben den Login-Namen.

/var/run

Dies sind so genannte *variable Runtime*-Daten. Hier sind Informationen über den aktuellen Zustand des Systems abgelegt. Diese werden zur Laufzeit (*runtime*) erstellt. Hier befinden sich auch die Prozess-ID-Dateien der Form:
`<Programm-Name>.pid`.

/var/spool

Dieses Verzeichnis enthält Daten, die in irgendeiner Art noch weiterverarbeitet werden, zum Beispiel Maildaten. Es existiert ein symbolischer Link (siehe Abschnitt 4.5.8) von `/var/spool/mail` auf `/var/mail`.

4.5 Dateioperationen

Als Systemadministrator werden Sie sehr oft Dateien manipulieren wollen oder müssen. Hier schauen wir uns an, wie Sie Dateien und Verzeichnisse

- erstellen,
- bearbeiten,
- kopieren,
- verschieben,
- umbenennen,
- löschen und
- verknüpfen

können. Damit Sie ein wenig Routine darin bekommen, werde ich Ihnen im Anschluss daran eine kleine Übung anbieten, mit der Sie Ihre Kenntnisse in die Praxis umsetzen können.

4.5.1 Dateien und Verzeichnisse erstellen

Sie können eine neue Datei mit folgendem Kommando erstellen:

```
# touch <Dateiname>
```

Es wird eine leere Textdatei im aktuellen Verzeichnis erstellt. Existiert die angegebene Datei bereits, wird die Zeitangabe der Datei aktualisiert. Ein neues Verzeichnis erstellen Sie mit folgendem Befehl:

```
# mkdir <Verzeichnis>
```

Im aktuellen Verzeichnis wird ein Unterverzeichnis mit dem angegebenen Namen erstellt. Mit der Option `-p` können Sie mehrere Verzeichnisse untereinander gleichzeitig anlegen:

```
# mkdir -p <Verzeichnis1>/<Verzeichnis2>
```

Ohne diese Option muss das jeweils darüber liegende Verzeichnis (`Verzeichnis1`) bereits existieren. Ein Beispiel soll das verdeutlichen:

```
# mkdir -p /oben/darunter
```

erstellt auf der obersten Ebene (unter /) ein Verzeichnis `oben` und im gleichen Zug ein Unterverzeichnis namens `darunter`.

> **Beachten Sie**: Der oben angegebene **`mkdir`**-Befehl kann von überall aufgerufen werden! Ihr aktuelles Verzeichnis muss sich nicht an der Stelle befinden, wo Sie eine Dateimanipulation vornehmen möchten – Sie können bei fast jedem Befehl einen Pfad angeben, um die Stelle im Dateisystem anzugeben, an der etwas geschehen soll (zum Beispiel das Erstellen eines Verzeichnisses). Nutzen Sie absolute Pfade, ist es völlig egal, wo Sie sich im Moment befinden.

Beachten Sie weiterhin, dass Linux zwischen Groß- und Kleinschreibung unterscheidet: `verzeichnis1` ist nicht gleich `Verzeichnis1`!

4.5.2 Textdateien bearbeiten mit nano

Eine leere Datei nutzt Ihnen in den seltensten Fällen etwas – in der Regel möchten Sie den Inhalt bearbeiten. Unter Linux stehen Ihnen Dutzende von Editoren zur Verfügung.

Zwar ist **`vi`** bzw. **`vim`** (`vi improved`) nach wie vor der kleinste gemeinsame Nenner auf fast allen Unix-artigen Systemen, aber er ist in der Bedienung alles andere als intuitiv! Er stammt aus der Unix-Urzeit und war auf Effizienz und nicht auf Bedienbarkeit ausgelegt. Trotz seiner geringen Größe (ein gutes Megabyte) ist der Editor unglaublich leistungsfähig – Suchen und Ersetzen, Makros usw.

Auf der anderen Seite gibt es das Nonplusultra: **`emacs`** – ein Alleskönner, der vollkommen anders konzipiert ist als **`vi`** (es gibt Gerüchte, dass dieser Editor auch Kaffee kochen kann ...). Emacs wird allerdings aufgrund seines Umfangs nicht auf jedem Basissystem installiert.

> Es gibt eigentlich nur zwei Lager: Die einen lieben **`vi`** (und hassen **`emacs`**), die anderen halten es genau umgekehrt und schwören auf **`emacs`** – das wird zelebriert, das ist Kult! Ein Mittelding gibt es nicht, darf es auch nicht geben.

Abgesehen davon sollten Sie sich in jedem Fall ein wenig Grundlagenwissen zu **vi** bzw. **vim** aneignen – ob Sie ihn mögen oder nicht. Irgendwie stolpert man im Laufe der Zeit doch immer wieder über diesen kleinen, etwas zickigen, aber irgendwie urigen Editor. Er repräsentiert im Grunde das gesamte Wesen von Unix und Linux – ungeheuer mächtig, aber nicht immer leicht zugänglich. Etwas später werde ich Ihnen noch einen kleinen Workshop zu **vim** anbieten, falls Sie meinem Rat folgen möchten und sich für alle (Linux-)Eventualitäten wappnen möchten. Doch zunächst habe ich noch eine gute Nachricht für Sie:

Auf den meisten Linux-Versionen ist auch nach einer Basisinstallation meist **nano** vorhanden – auf unserem Debian-System ist er sogar der Standardeditor!

Bei **nano** handelt es sich um einen kleinen GNU-Editor, der für unsere Zwecke vollkommen ausreicht. Sie öffnen ihn entweder durch Eingabe von **nano <Dateiname>** oder – da es der Standardeditor ist – durch **editor <Dateiname>**.

Sie rufen den Standardeditor immer über **editor** auf. Dieser Eintrag befindet sich unter `/usr/bin/`. Es handelt sich hierbei um einen Softlink auf `/etc/alternatives/editor`. Hierbei handelt es sich ebenfalls um einen Softlink, der auf das echte Editorprogramm (in diesem Fall **nano**) in `/bin` zeigt. Den Standardeditor können Sie ändern, indem Sie den Softlink für `/etc/alternatives/editor` ändern (siehe Abschnitt 4.5.8) und auf einen anderen Editor zeigen lassen, zum Beispiel auf **ed**. Bemerkung: Ist **vim** installiert, wird er als Standardeditor eingetragen. Bei Debian *Etch* und *Lenny* ist das aber standardmäßig nicht der Fall.

Haben Sie **nano** gestartet, können Sie Ihre Eingaben wie in jedem anderen »normalen« Editor machen – **vi** (und **vim**) gehört *nicht* in die Kategorie »normal«.

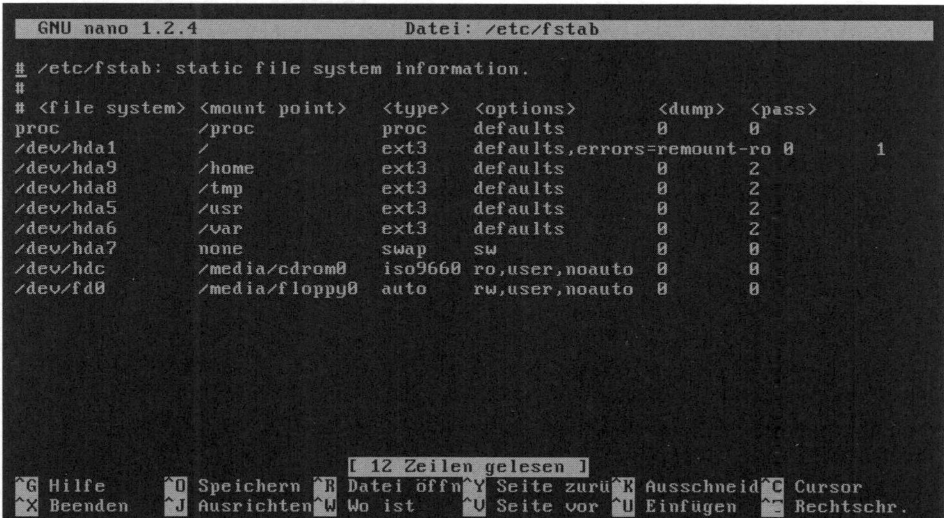

Abb. 4.2: Der Debian-Standardeditor nano

In diesem Fall haben wir die Datei `/etc/fstab` geöffnet (siehe nächstes Kapitel). Haben Sie Ihre Änderungen vorgenommen, können Sie die Datei speichern, indem Sie [Strg]+[o] drücken. Bei Bedarf können Sie an dieser Stelle den Namen der Datei ändern. Mit [Strg]+[r] öffnen Sie eine Datei. Geben Sie hier entweder den relativen Pfad ausgehend vom aktuellen Verzeichnis an oder besser den absoluten Pfad zur gewünschten Datei.

Mit [Strg]+[c] brechen Sie die aktuelle Aktion (Speichern, Laden etc.) ab. [Strg]+[x] beendet den Editor. Haben Sie Änderungen vorgenommen, müssen Sie die Beendigung noch bestätigen. Letztlich steht alles im unteren Bereich.

Mit [Strg]+[g] erhalten Sie eine kurze Hilfe, die aber alle wichtigen Tastenkürzel enthält. Beachten Sie: In der Hilfe steht die Zeichenkombination `^<Taste>` für [Strg] + <Taste>. Die Darstellung sieht auf den ersten Blick zwar merkwürdig aus, ist aber allgemeine Konvention. So wird also [Strg]+[G] durch `^G` dargestellt.

4.5.3 vim – ein Crashkurs

Da **`vim`** bzw. im Härtefall **`vi`** der kleinste gemeinsame Nenner auf einem Linux/Unix-System ist, möchte ich Ihnen an dieser Stelle einen Mini-Crashkurs anbieten, um sich mit diesem durchaus *nicht* intuitiv zu bedienenden Ur-Editor anzufreunden. Die meisten **`vi`**-Kommandos funktionieren auch beim **`vim`** – Letzterer ist allerdings deutlich erweitert worden, um die Funktionalität und Bedienbarkeit zu verbessern.

`vim` arbeitet in verschiedenen Modi:

1. *Kommandomodus* (command mode): Dies ist der Modus, in dem **`vim`** sich nach dem Start befindet. Hier können Sie Kommandos eingeben, die in der Regel einer bestimmten Taste entsprechen. In diesem Modus werden Eingaben nicht als Text im Dokument angezeigt. So kommen Sie zum Beispiel über die Taste `i` in den *Einfüge-Modus*.
2. *Einfüge-Modus* (insert mode): In diesem Modus können Sie den Inhalt der Textdatei bearbeiten. Vom *Kommandomodus* gelangen Sie in den Einfüge-Modus durch die Tasten `i` (*insert*), `a` (*append*, Zeichen werden hinter die Stelle des Cursors angefügt), `o` (eine neue Zeile wird unter dem Cursor eröffnet) und `O` (eine neue Zeile wird über dem Cursor eröffnet). Über [ESC] gelangen Sie zurück in den *Kommandomodus*.
3. *Visueller Modus* (visual mode): Dieser dient zum Markieren und Bearbeiten von Textpassagen, ähnlich, wie Sie es von Programmen wie MS Word kennen. Die markierten Textpassagen können gelöscht, kopiert oder verschoben werden.
4. *Kommandozeilen-Modus* (command-line mode): In diesem Modus können Sie einzeilige Kommandos absetzen. Er wird durch Eingabe von Doppelpunkt (`:`) gestartet. Anschließend können Sie bestimmte Kommandos, wie zum Beispiel `:syntax on` eingeben.

Es gibt weitere Modi, die wir jedoch nicht weiter betrachten wollen.

Im Kommandomodus können Sie zwar den Text nicht direkt bearbeiten, jedoch den Cursor an einer beliebigen Stelle positionieren. Hierzu können Sie die Cursor-Tasten und die üblichen Sondertasten wie [Pos1], [Ende], [Bild↑] und [Bild↓] nutzen. Anschließend gehen Sie in den Einfüge- oder in den visuellen Modus.

Workshop: Einführung in vim

Gehen wir ein kurzes Beispiel durch:

Zunächst öffnen Sie **vim** und geben ihm als Dateinamen `test.txt` an:

```
# vim test.txt
```

Der Editor öffnet sich mit leeren Zeilen. Geben Sie `i` ein, um in den *Einfüge-Modus* zu gelangen. Anschließend geben Sie einige Zeilen ein, um mit diesen experimentieren zu können. Verlassen Sie den *Einfüge-Modus* anschließend wieder mit [ESC].

Nun wollen wir eine Textpassage kopieren. Hierzu bewegen Sie den Cursor an die erste Stelle der ersten zu kopierenden Zeile und geben im *Kommandomodus* v ein, um in den *visuellen Modus* zu wechseln. Bewegen Sie den Cursor mit den Pfeiltasten nach rechts, links, oben oder unten, um den gewünschten Bereich auszuwählen (siehe Abbildung 4.3).

```
Dies ist ein Testtext, der keine weitere Bedeutung hat.
Er besteht aus vielen, vielen sinnlosen Zeilen.
Ein Wort jagt das nächste, und es ist kein Ende in Sicht.
Manchmal muss man sich schon fragen, wie ein einzelner Autor auf soviel Unsinn kommen kann.
Andererseits stecken in manchen Texten tiefe Wahrheiten, die nur erkannt werden wollen.
Nun ja, in diesem Text sicherlich nicht ...
~
```

Abb. 4.3: Im visuellen Modus können Textpassagen markiert werden.

Ist die gewünschte Textpassage markiert, drücken Sie y, um den Text in die Zwischenablage (den Puffer) zu kopieren. Sie gelangen anschließend automatisch wieder in den *Kommandomodus*. Bewegen Sie jetzt den Cursor an die erste Stelle des Textes und drücken Sie O, um vom *Kommandomodus* in den *Einfüge-Modus* zu gelangen und eine Zeile über der aktuellen Cursorposition zu öffnen. Der Cursor blinkt nun in der neuen Zeile. Nun gehen Sie aus dem *Einfüge-Modus* über [ESC] zurück in den *Kommandomodus* und fügen über Eingabe von p die Textpassage in der neuen Zeile ein. Das Ergebnis stellt sich in unserem Beispiel so dar, wie in Abbildung 4.4 gezeigt.

```
Manchmal muss man sich schon fragen, wie ein einzelner Autor auf soviel Unsinn kommen kann.
Andererseits stecken in manchen Texten tiefe Wahrheiten, die nur erkannt werden wollen.
Nun ja, in diesem Text sicherlich nicht ...
Dies ist ein Testtext, der keine weitere Bedeutung hat.
Er besteht aus vielen, vielen sinnlosen Zeilen.
Ein Wort jagt das nächste, und es ist kein Ende in Sicht.
Manchmal muss man sich schon fragen, wie ein einzelner Autor auf soviel Unsinn kommen kann.
Andererseits stecken in manchen Texten tiefe Wahrheiten, die nur erkannt werden wollen.
Nun ja, in diesem Text sicherlich nicht ...
```

Abb. 4.4: Nach dem Einfügen der Textpassage ist der Text zweimal vorhanden.

Spielen wir weiter. Als Nächstes löschen wir die zweite Zeile. Dies bewerkstelligen Sie, indem Sie den Cursor im *Kommandomodus* in die entsprechende Zeile bewegen und dd (Doppel-D) eingeben. Die zweite Zeile ist verschwunden.

```
Manchmal muss man sich schon fragen, wie ein einzelner Autor auf soviel Unsinn kommen kann.
Nun ja, in diesem Text sicherlich nicht ...
Dies ist ein Testtext, der keine weitere Bedeutung hat.
```

Abb. 4.5: Die zweite Zeile war einmal ...

Das war nun aber gar nicht das, was Sie wollten – stattdessen war Zeile Nummer 3 überflüssig! Also müssen wir die eben vorgenommene Änderung rückgängig machen. Dies geschieht im *Kommandomodus* durch Drücken von `u` (für *undo*). Schwupps, die Zeile ist wieder da. Nehmen Sie stattdessen nun wie beschrieben Zeile 3 heraus.

```
Manchmal muss man sich schon fragen, wie ein einzelner Autor auf soviel Unsinn kommen kann.
Andererseits stecken in manchen Texten tiefe Wahrheiten, die nur erkannt werden wollen.
Dies ist ein Testtext, der keine weitere Bedeutung hat.
```

Abb. 4.6: Zeile 2 ist wieder da, stattdessen ist Zeile 3 nun weg.

> Sie können übrigens mehrere Zeilen auf einmal löschen, indem Sie vorher die gewünschte Anzahl der Zeilen angeben, zum Beispiel `10dd`. Die Angabe von Zahlen vor dem Befehl funktioniert bei vielen `vim`-Kommandos.

Natürlich ist es mit **`vim`** auch möglich, nach einer Zeichenkette zu suchen. Hierzu geben Sie im *Kommandomodus* `/<Suchbegriff>` ein. Wird der Suchbegriff gefunden, blinkt der Cursor unter dem Begriff. Mit `n` können Sie sich die nächste Fundstelle anzeigen lassen.

Haben Sie **`vim`** mit Dateinamen aufgerufen und die Textdatei erstellt bzw. eine Änderung an einer bestehenden Datei vorgenommen, möchten Sie diese sicherlich speichern. Hierzu wechseln Sie über `:` in den *Kommandozeilenmodus* und geben `w` ein. Haben Sie **`vim`** ohne Dateinamen aufgerufen oder möchten Sie die Datei unter einem anderen Namen abspeichern, geben Sie `:w <Dateiname>` an. `<Dateiname>` kann auch einen relativen oder absoluten Pfad enthalten, also zum Beispiel `/etc/test.cfg`.

Möchten Sie **`vim`** verlassen, geben Sie im *Kommandomodus* `:q` ein. Haben Sie eine Änderung vorgenommen, die noch nicht gespeichert wurde, verweigert **`vim`** dies.

Abb. 4.7: Regulär verweigert `vim` die Beendigung, wenn Änderungen nicht gespeichert wurden.

Ergänzen Sie den Befehl durch Ausrufezeichen (`!`), können Sie die Beendigung erzwingen. Der Befehl zum Beendigen ohne Speichern lautet also `:q!`.

> Fast alle Befehle werden im *Kommandomodus* eingegeben. Geben Sie im Zweifel immer ein oder zweimal [ESC] ein, wenn Sie nicht sicher sind, wo Sie sich gerade befinden.

Im Folgenden finden Sie noch einmal die wichtigsten **`vim`**-Befehle:

Befehl	Bedeutung
`i, a, o, O`	Vom Kommandomodus in den Einfüge-Modus wechseln: `i` – Zeichen können an der aktuellen Cursorposition eingefügt werden. `a` – Zeichen können nach der aktuellen Cursorposition eingefügt werden. `o` – neue Zeile unterhalb der aktuellen Cursorposition `O` – neue Zeile oberhalb der aktuellen Cursorposition

Befehl	Bedeutung
:w [<Dateiname>]	Datei speichern (ggf. unter dem angegebenen Namen)
:q[!]	Editor beenden, mit ! Beendigung erzwingen
[<Anzahl>]dd	Zeile löschen, ggf. ab Cursorposition die angegebene Anzahl der Zeilen
v	Visueller Modus
y	Markierten Text im visuellen Modus in den Puffer schreiben und in den Kommandomodus zurückspringen
p	Text im Puffer an der aktuellen Cursorposition einfügen (im Kommandomodus)
/<Suchbegriff>	Suche nach Suchbegriff
n	Nächste Fundstelle im Text
w	Im Kommandomodus: Wort vorwärts
b	Im Kommandomodus: Wort rückwärts
x	Im Kommandomodus: Zeichen unter dem Cursor löschen (funktioniert auch bei vi, bei vim auch [Entf] möglich)
:set number	Zeigt die Zeilennummern an
:syntax on	Aktiviert das Syntax-Highlighting, vim unterstützt eine Vielzahl von Programmiersprachen

Dies ist lediglich eine kurze Einführung, um sich eigenständig im **vim** bewegen zu können. Sie werden etwas Geduld benötigen, bis Sie sich mit dem Editor angefreundet haben. Andererseits sollten Sie sich meiner Erfahrung nach in jedem Fall etwas Basiswissen über **vim** aneignen, da Sie immer wieder über dieses Urgestein stolpern werden, wenn Sie auch mit anderen Linux-Systemen außer Ihrem eigenen zu tun haben.

4.5.4 Textdateien betrachten

Möchten Sie eine vorhandene Textdatei lediglich betrachten, ohne sie zu verändern, bieten sich gleich fünf Programme an:

```
# more <Datei>
```

Der alte – und auf fast allen Systemen vorhandene – Pager zeigt Ihnen eine Datei seitenweise an. Mit [Leertaste] gehen Sie weiter, zurück können Sie nicht. Die Taste q beendet den Betrachter.

```
# less <Datei>
```

Der Standard-Pager unter Linux ist **less**. Unter Debian GNU/Linux müssen Sie ihn allerdings unter Umständen erst nachinstallieren, wie Sie im letzten Kapitel gesehen haben, da er in der Basisinstallation nicht enthalten ist.

Der Aufruf funktioniert genauso wie **more**. Sie können mit den Cursortasten zeilenweise hoch- und runterscrollen und mit /<Suchbegriff> sogar nach Begriffen suchen. Mit n kommen Sie zur nächsten Fundstelle, [Shift]+[n] führt zur vorigen Fundstelle. Wiederum beendet q das Programm. Erwähnenswert: Durch die Taste v wird der Standardeditor gestartet. Verlassen Sie den Editor anschließend, landen Sie wieder im Pager **less**.

```
# cat <Datei>
```

Dieser Befehl ist eigentlich für andere Dinge ausgelegt. Der Name kommt von *concatenate* (zusammenfügen). Genau das kann das Programm dann auch: Textdateien auf bestimmte Arten zusammenfügen. Als »Nebenprodukt« wird eine Textdatei von Anfang bis Ende ohne Unterbrechung auf dem Bildschirm angezeigt, wenn die obige Syntax verwendet wird. Dies ist insbesondere nützlich, wenn man den Inhalt einer Datei durch einen Filter schicken möchte. Näheres hierzu in Kapitel 10 *Wichtige Befehle zur Systemadministration*.

```
# head -n<Zeilen> <Datei>
```

Hiermit werden die ersten Zeilen einer Datei angezeigt. `-n40` zeigt die ersten 40 Zeilen an. Wird keine Option angegeben, werden die ersten zehn Zeilen angezeigt.

```
# tail -n<Zeilen> <Datei>
```

Dieses Kommando funktioniert wie **head**, nur umgekehrt: Sie lassen sich die letzten Zeilen einer Datei anzeigen. Per Default zehn Zeilen, was aber durch `-n<Zeilen>` angepasst werden kann. Dieser Befehl bietet noch einen sehr interessanten Modus mit der Option `-f`. Hiermit wird die Anzeige ständig aktualisiert. Das ist besonders nützlich, wenn man »live« Logfile-Einträge beobachten möchte.

4.5.5 Kopieren von Dateien und Verzeichnissen

Der Befehl zum Kopieren von Dateien und Verzeichnissen lautet folgendermaßen:

```
# cp <Optionen> <Quelle> <Ziel>
```

Möchten Sie zum Beispiel einen in das Home-Verzeichnis von `root` (`/root`) heruntergeladenen Tarball namens `gulugulu.tar.gz` zur Installation nach `/usr/local` kopieren, so lautet der Befehl folgendermaßen:

```
# cp /root/gulugulu.tar.gz /usr/local
```

Zum Kopieren von Verzeichnissen benötigen Sie die Option `-r` (rekursiv), um auch den Inhalt des Verzeichnisses einschließlich der Unterverzeichnisse zu erfassen. Beispiel:

```
# cp -r /home/hans/ordner1 /tmp
```

Dieser Befehl kopiert den Ordner `Ordner1` aus dem Home-Verzeichnis des Benutzers `hans` einschließlich aller Unterverzeichnisse nach `/tmp`.

4.5.6 Verschieben und Umbenennen

Beim Verschieben und Umbenennen handelt es sich um ein und denselben Befehl: **mv** (move). Je nach Kontext wird eine Datei oder ein Verzeichnis umbenannt oder verschoben. Die Syntax ist so ziemlich dieselbe wie beim Kopierbefehl:

```
# mv <Quelle> <Ziel>
```

Zur Veranschaulichung schauen wir uns wieder ein Beispiel an:

```
# mv text1 Verzeichnis1
```

Damit verschieben Sie eine Datei `text1` aus dem aktuellen Verzeichnis in ein Unterverzeichnis `Verzeichnis1`. **Jetzt aufgepasst**: Wenn das angegebene Verzeichnis `Verzeichnis1` nicht existiert, wird die Datei `text1` einfach in `Verzeichnis1` umbenannt – der Befehl ist also kontextsensitiv.

Das Verschieben und Umbenennen von Verzeichnissen funktioniert exakt genauso:

```
# mv Verzeichnis1 Verzeichnis2
```

Je nach Kontext wird `Verzeichnis1` in ein Unterverzeichnis `Verzeichnis2` verschoben oder einfach in `Verzeichnis2` umbenannt – wenn Letzteres nicht existiert.

> Das Verschieben von Verzeichnissen funktioniert – im Gegensatz zum Kopierbefehl – ohne Zusatzoptionen.

4.5.7 Löschen von Dateien und Verzeichnissen

Das mit dem Löschen ist so eine Sache unter Linux! Im Gegensatz zu Windows werden Sie als Linux-Administrator nämlich nicht vor sich selber geschützt – zu Deutsch: Weg ist weg! Seien Sie also sehr vorsichtig mit den Löschbefehlen.

Zum Löschen einfacher Dateien nutzen Sie folgenden Befehl:

```
# rm <Datei1>
```

Sie können bei Bedarf mehrere Dateien durch Leerzeichen voneinander getrennt angeben. Möchten Sie (leere) Verzeichnisse löschen, nutzen Sie folgenden Befehl:

```
# rmdir <Verzeichnis>
```

Wie erwähnt: Das angegebene Verzeichnis muss leer sein, sonst folgt eine Fehlermeldung. Möchten Sie ein nicht-leeres Verzeichnis löschen – womöglich noch mit Unterverzeichnissen –, nutzen Sie den Befehl **`rm`** mit der Option `-r` (rekursiv):

```
# rm -r <Oberstes Verzeichnis>
```

Dieser Befehl löscht die gesamte Verzeichnisstruktur ab dem angegebenen obersten Verzeichnis.

> **Denken Sie daran**: Sie müssen sich *nicht* in den Verzeichnissen befinden, in denen sich etwas abspielen soll (kopieren, verschieben, löschen etc.). Sie können jederzeit und für jeden Parameter (Datei oder Verzeichnis) einen Pfad angeben, wenn sich das Objekt woanders befindet oder danach woanders befinden soll.

4.5.8 Eine Verknüpfung erstellen

Sie können einen Verzeichniseintrag auf eine Datei oder ein Verzeichnis zeigen lassen, das sich an einem anderen Ort befindet. Dies nennt sich *link* (engl. *to link* = verknüpfen). Eine Verknüpfung ist zum Beispiel sinnvoll, wenn Sie – sagen wir als Benutzer `hans` – bequem von Ihrem Home-Verzeichnis auf ein Projektverzeichnis `/home/Projekte/2009/Linux-Team/Operating/Migration_Debian_5.0` zugreifen möchten. Sie können jedes Mal den normalen Weg über den Verzeichniswechsel gehen:

```
# cd /home/Projekte/2009/Linux-Team/Operating/Migration_Debian_5.0
```

Das ist natürlich relativ aufwändig. Der elegantere Weg führt über einen *symbolischen Link*, auch *Symlink* oder *Softlink* genannt:

```
# ln -s /home/Projekte/2009/Linux-Team/Operating/Migration_Debian_5.0 ~/Lenny
```

Damit wird ein Eintrag in Ihrem Home-Verzeichnis (`/home/hans`) namens `Lenny` erstellt. Dieser Eintrag verweist auf das angegebene Verzeichnis `/home/Projekte/2009/Linux-Team/Operating/Migration_Debian_5.0`. Der Eintrag stellt sich anschließend folgendermaßen dar:

```
hans@etch:~$ ls -l
insgesamt 4
lrwxrwxrwx 1 hans hans 62 2007-01-21 20:22 Lenny -> /home/Projekte/2009/Linux-Team/
Operating/Migration_Debian_5.0/
```

Beachten Sie, dass als Dateityp ganz links ein `l` steht, um den symbolischen bzw. Softlink (sorry, aber es existieren wirklich beide Bezeichnungen!) zu kennzeichnen. Im Übrigen sehen Sie auch hinter dem Pfeil nach dem Namen, auf welchen Ort der Link zeigt.

Möchten Sie nun aus Ihrem Home-Verzeichnis in das o.a. Verzeichnis wechseln, geben Sie einfach Folgendes ein:

```
hans@etch:~$ cd Lenny
```

Kurz, knackig und erheblich weniger Tipperei. Ich gehe einmal selbstbewusst davon aus, dass Sie dieses Beispiel bereits überzeugt hat; aber es gibt noch andere Gründe, einen Link zu erstellen. Insbesondere kann somit ein fester Eintrag bei Bedarf auf unterschiedliche Ziele zeigen. Nehmen wir den Standardeditor. Wie Sie wissen, rufen Sie ihn mit **`editor <Dateiname>`** auf. Hinter den Kulissen passiert Folgendes:

Der Befehl **`editor`** befindet sich als Softlink in `/usr/bin/`. Überzeugen Sie sich selbst:

```
# ls -l /usr/bin/editor
lrwxrwxrwx 1 root root 24 2007-01-21 18:43 /usr/bin/editor -> /etc/alternatives/
editor
```

Der Link zeigt auf einen Eintrag namens `editor` in `/etc/alternatives/`. Dieses Verzeichnis wird unter Debian dafür verwendet, um virtuelle Pakete anzusprechen – sprich, um bestimmte Funktionalitäten (`editor`, `www-browser` usw.) abzubilden. Damit kann das Standardprogramm für diese Funktionalität leicht ausgetauscht werden. Warum? Weil wir in `/etc/alternatives` wiederum nur einen Link – diesmal auf das echte Programm – finden:

```
# ls -l /etc/alternatives/editor
lrwxrwxrwx 1 root root 9 2007-01-21 18:43 /etc/alternatives/editor -> /bin/nano
```

Dieses zeigt hier auf `/bin/nano`. Möchten Sie hier einen anderen Editor angeben, löschen Sie zunächst den alten Link und erstellen wie oben gezeigt einen neuen, der auf den anderen Editor zeigt. Und schon haben Sie einen anderen Standardeditor.

Diese komplizierte Struktur mag zunächst recht sinnfrei erscheinen – aber wenn Sie es im Gesamtzusammenhang betrachten, sorgen solche Strukturen für ein klares Konzept, das man nur erst einmal »gefressen« haben muss ... das wiederum dauert natürlich eine kleine Weile.

Warum spreche ich eigentlich die ganze Zeit von Softlinks? Gibt es auch Hardlinks? Allerdings, die gibt es! Sie werden viel seltener genutzt und sind weniger flexibel. Einen Hardlink erstellen Sie wie einen Softlink mit **`ln`**, allerdings lassen Sie die Option `-s` weg. Das Ergebnis ist ein Verzeichniseintrag, der sich unter **`ls -l`** in keiner Weise von anderen Dateien unterscheidet – kein `l` in der Spalte `Dateityp` ganz links und kein Pfeil mit dem Verweis auf das Ziel hinter dem Dateinamen. Dies funktioniert nur innerhalb einer Partition, während Softlinks auch partitionsübergreifend eingesetzt werden können.

Hintergrund: Während ein *Softlink* eine eigene (zweite) Datei als Link erstellt, ist ein *Hardlink* ein Eintrag mit anderem Namen aber gleichem *Inode* wie das Ziel. Der *Inode* identifiziert eine Datei in einem Dateisystem – daher stellt ein *Hardlink* lediglich einen zweiten Namen für ein und dieselbe Datei dar. Sie können sich die Inodes mit **`ls -i`** anzeigen lassen, natürlich auch kombiniert mit anderen Optionen des Befehls, zum Beispiel **`ls -lia`**.

Und noch ein wenig Background: Vielleicht haben Sie sich schon gefragt, welche Arten von Dateien Linux noch so auf Lager hat? Hier eine Übersicht:

Zeichen	Dateityp
-	Normale Datei (Text, Binär, Archiv usw.)
d	Directory (Verzeichnis)
l	Symbolische Links (s.o.)
b	Blockorientiertes Gerät – ermöglicht einen wahlfreien Zugriff, zum Beispiel Festplatte oder CD-ROM
c	Character (Zeichen-)orientiertes Gerät – liest sequenziell, also zum Beispiel Streamer oder serielle Schnittstelle
p	Named Pipes – eine benannte Umleitung der Ausgabe eines Prozesses für einen anderen Prozess (siehe Kapitel 9 *Einführung in die Bash*)
s	Socket-Datei – ähnlich wie Named Pipes, aber im Netzwerk

4.5.9 Eine Übung zum Vertiefen

Vielleicht ist dieser ganze Abschnitt für Sie nur alter Kaffee gewesen. Erfahrungsgemäß ist es jedoch für viele Administratoren und Poweruser recht schwer, sich mit den Befehlen zur Dateimanipulation anzufreunden, wenn dies ohne Mausschubserei vor sich gehen soll (nicht persönlich nehmen – mir ging es am Anfang nicht anders!). Daher biete ich Ihnen an dieser Stelle eine kleine Übung an, die Ihnen ein wenig Routine verschaffen wird. Erwarten Sie bitte keinen tieferen Sinn hinter den Übungsschritten, außer, dass Sie im Laufe dieses Lehrgangs immer wieder mit diesen Prozeduren zu tun haben werden.

> Noch ein Tipp, bevor Sie anfangen: Ihre besten Freunde für die Übersicht auf der Konsole sind **`ls`**, **`cd`** und **`pwd`**. Nutzen Sie sie so oft wie möglich.

Ich unterstelle hier einen normalen Benutzer `hans` – ersetzen Sie `hans` durch ihren Benutzer, den Sie bei der Installation angelegt haben, oder erstellen Sie sich eben einen `hans`.

1. Melden Sie sich als `hans` (bzw. Ihr Benutzername) an. Erstellen Sie unter Ihrem Home-Verzeichnis `/home/hans` folgende Verzeichnisstruktur:

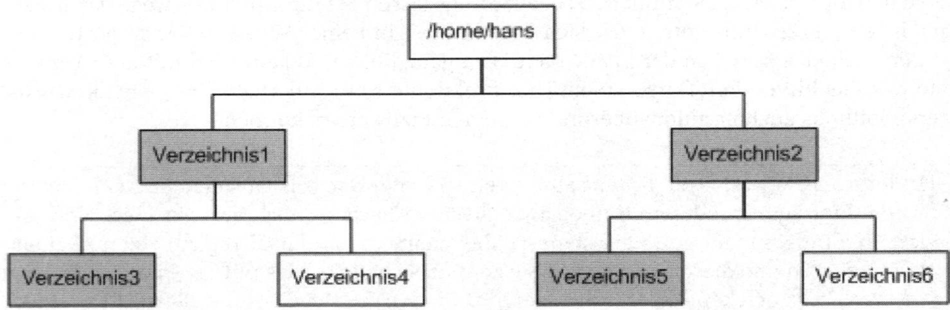

   Nutzen Sie für die grau unterlegten Verzeichnisse auf der Konsole den Befehl **`mkdir -p`**, um die Verzeichnisse mit einer einzigen Befehlszeile anzulegen.
2. Erstellen Sie unter `Verzeichnis4` eine leere Textdatei namens `text1.txt`.
3. Füllen Sie diese Datei nun mit einem kurzen Text. Nutzen Sie dazu den Standardeditor.
4. Erstellen Sie nun noch eine Datei unter `Verzeichnis6` mit dem Namen `text2.txt`.
5. Geben Sie auch hier einige Zeilen ein.
6. Erstellen Sie einen Softlink in `Verzeichnis6` zu `text1.txt`. Nutzen Sie absolute Pfadangaben.
7. Kopieren Sie `text1.txt` nach `Verzeichnis6`.
8. Kopieren Sie `Verzeichnis1` mit der gesamten Verzeichnisstruktur darunter nach `Verzeichnis5`.
9. Erstellen Sie unter `Verzeichnis3` ein weiteres Verzeichnis namens `Verzeichnis7`.
10. Haben Sie noch einen Schimmer, was gerade läuft? Schauen Sie sich mal mit den oben genannten Befehlen `cd`, `ls` und `pwd` Ihre neuen Verzeichnisse und deren Inhalt an und orientieren Sie sich. ;-)
11. Verschieben Sie nun `Verzeichnis1` samt Unterverzeichnissen nach `Verzeichnis6`.
12. Überzeugen Sie sich, dass alles dort ist, wo es hingehört. Ganz schön verwirrend, was?
13. Löschen Sie anschließend die gesamte Struktur wieder. Nutzen Sie elegant den Befehl **`rm -r`**, aber passen Sie auf, dass Sie das richtige Verzeichnis angeben (mit **`rm -r /`** hatten Sie mal ein Linux-System...).

Haben Sie sich bis hierher durchgebissen, können Sie sich auf die Schulter klopfen. Sie haben es sicherlich bemerkt: Zunächst lesen sich die Befehle ganz einfach. Aber in der Realität muss man höllisch aufpassen, um die Übersicht zu behalten.

4.6 Man-Pages – Hilfe zur Selbsthilfe

Die Optionsliste mancher Befehle liest sich wie das Alphabet. Nehmen Sie nur den völlig alltäglichen Befehl **ls**. Geben Sie doch einfach mal Folgendes ein, um sich die Kurzhilfe anzeigen zu lassen:

```
# ls --help
```

Es existiert nicht nur fast jeder Buchstabe des Alphabets als Option, darüber gibt es einzelne Buchstaben auch noch in Groß- und Kleinschreibung – natürlich mit teilweise völlig unterschiedlicher Bedeutung! So, und nun lernen Sie die Liste auswendig, auf der nächsten Seite erwartet Sie ein kleines Quiz!

Bevor Sie das Buch jetzt entrüstet zur Seite legen: Das war natürlich nur ein Scherz! Aber Sie werden mir recht geben, wenn ich behaupte, dass auch echte Hardcore-Linux-Administratoren nicht alle Optionen zu allen Befehlen im Kopf haben können.

4.6.1 Die Man-Pages nutzen

Hilfe bieten hier die Man-Pages (**man** wie *manual*). Es handelt sich um (oftmals recht ausführliche) Online-Hilfeseiten zu Programmen, Programmprozeduren und Konzepten. Man-Pages sind sehr nützliche Helfer, um sich einen Überblick über ein Programm zu verschaffen oder um sich eine Option für eine bestimmte Funktion in Erinnerung zu rufen. Andererseits sind Man-Pages meines Erachtens oftmals nicht dafür geeignet, sich erstmals in einen Befehl oder ein Programm einzuarbeiten – dafür sind die Erläuterungen meistens zu abstrakt. Außerdem gibt es in vielen Man-Pages keine Beispiele, die den Einsatz eines Befehls erläutern würden.

> Leider sind Man-Pages oft nur auf Englisch vorhanden, so dass Sie häufig auf Ihre Englischkenntnisse angewiesen sind. Viele Man-Pages sind aber auch schon lokalisiert, also in unserem Fall auf Deutsch, verfügbar. Auch wenn die Übersetzung vorangeht, ist dies wirklich verbesserungsfähig. Hoffentlich können Sie etwas Englisch ... ;-)

Sie rufen die Man-Page eines Befehls folgendermaßen auf:

```
# man <Befehl>
```

Versuchen Sie das zum Beispiel mit dem Kommando **mount**. Geben Sie ein:

```
# man mount
```

Die Man-Page wird durch einen Pager angezeigt, standardmäßig ist das das Programm **less**. Ist **less** nicht installiert, wird **more** genutzt. Sie können in der Man-Page mit den Cursortasten hoch- und runterscrollen oder seitenweise mit Bild auf und Bild ab – wenn Sie **less** nutzen können. Ansonsten bleibt Ihnen mit **more** nur das zeilen- und seitenweise Vorwärtsgehen. Mit q beenden Sie die Anzeige.

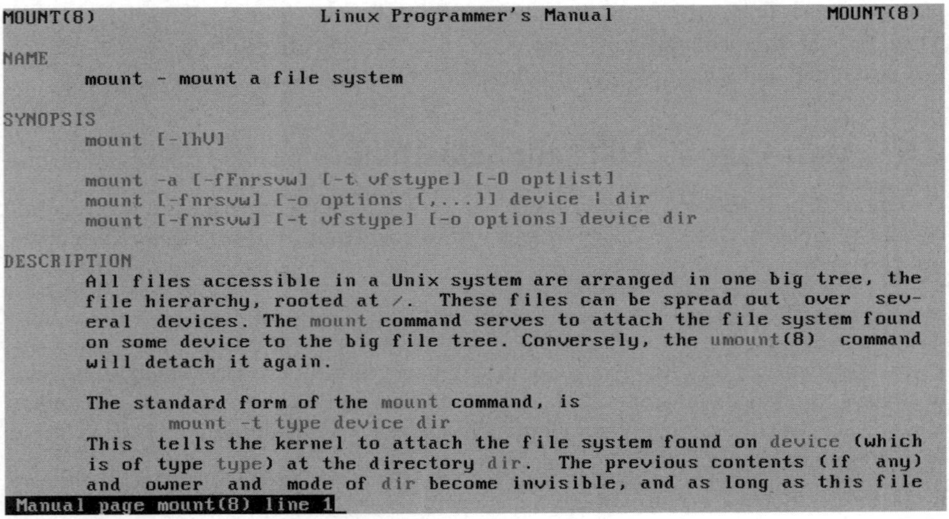

```
MOUNT(8)                 Linux Programmer's Manual                 MOUNT(8)

NAME
       mount - mount a file system

SYNOPSIS
       mount [-lhV]

       mount -a [-fFnrsvw] [-t vfstype] [-O optlist]
       mount [-fnrsvw] [-o options [,...]] device | dir
       mount [-fnrsvw] [-t vfstype] [-o options] device dir

DESCRIPTION
       All files accessible in a Unix system are arranged in one big tree, the
       file hierarchy, rooted at /.  These files can be spread out  over  sev-
       eral  devices. The mount command serves to attach the file system found
       on some device to the big file tree. Conversely, the umount(8)  command
       will detach it again.

       The standard form of the mount command, is
              mount -t type device dir
       This  tells the kernel to attach the file system found on device (which
       is of type type) at the directory dir.  The previous contents (if  any)
       and  owner  and  mode of dir become invisible, and as long as this file
 Manual page mount(8) line 1
```

Abb. 4.8: Die Man-Page des Befehls `mount`

Sie können im Pager nach einem Begriff suchen, indem Sie `/<Suchbegriff>` eingeben. Ein gefundener Begriff wird markiert. Mit `n` wird zur nächsten Fundstelle gesprungen.

Ganz oben links fällt Ihnen vielleicht auf, dass dort `MOUNT(8)` steht. Aber was bedeutet die Ziffer in Klammern hinter dem Befehl? Antwort: die Man-Pages sind nach Kategorien sortiert:

Kategorie	Sektion
1	Benutzerkommandos
2	Systemaufrufe (Systemcalls)
3	Bibliotheksaufrufe
4	Spezielle Dateien (zum Beispiel Gerätedateien)
5	Dateiformate der Konfigurationsdateien und Konventionen
6	Spiele
7	Makropakete und Konventionen, Diverses
8	Kommandos für die Systemadministration
9	Kernel-Routinen

Für jeden Abschnitt finden Sie ein Unterverzeichnis unter `/usr/share/man`. Die Unterverzeichnisse lauten `man1` bis `man9`. Die lokalisierten Fassungen finden sich unter einem entsprechenden Unterverzeichnis, zum Beispiel `/usr/share/man/de`.

Es kann vorkommen, dass ein Eintrag mit gleichem Namen in mehreren Sektionen auftaucht, zum Beispiel `passwd` oder `mount`. Daher wird hinter dem Namen in Klammern die jeweilige Sektion angegeben. Demnach bedeutet `mount(8)`, dass es sich um ein Kommando für die Systemadministration handelt.

Möchten Sie sich einen Eintrag innerhalb einer bestimmten Sektion anzeigen lassen, geben Sie die Sektion mit an:

```
# man 8 mount
```

Mit der Option -a werden Ihnen nacheinander alle Einträge angezeigt. Der folgende Befehl zeigt Ihnen (unter *Etch*) zunächst `mount(8)`, anschließend (nach Drücken von [Enter]) `mount(2)`:

```
# man -a mount
```

Warum wird Ihnen zunächst der Eintrag in Sektion 8 und danach in Sektion 2 gezeigt? Daran ist die interne Priorität schuld – Kommandos werden gegenüber System- und Bibliotheksaufrufen bevorzugt. Geben Sie also ohne Ziffer **man mount** an, wird Ihnen der Eintrag `mount(8)` angezeigt, nicht `mount(2)`.

> Eventuell können Sie dies nach der Basisinstallation nicht unmittelbar nachvollziehen, da hier der Manual-Page-Eintrag für `mount(2)` fehlt. Diese ist im Paket `manpages-dev` bzw. `manpages-de-dev` (für die deutsche Version) enthalten, das Sie jederzeit nachinstallieren können.

4.6.2 whatis und apropos

Benötigen Sie lediglich eine kurze Orientierungshilfe, stehen Ihnen die beiden Befehle **whatis** und **apropos** zur Seite. Das Programm **whatis** sucht in der Man-Page-Datenbank nach dem gesuchten Begriff. Dieser muss in der eigentlichen Bezeichnung der Man-Page auftauchen. Hier ein Beispiel:

```
# whatis apt
apt (8)                - Advanced Package Tool
```

Dagegen können Sie mit **apropos** auch die Kurzbeschreibung durchsuchen lassen:

```
# apropos apt
apt (8)                - Advanced Package Tool
apt-cache (8)          - APT package handling utility - - cache manipulator
apt-cdrom (8)          - APT CDROM management utility
apt-config (8)         - APT Configuration Query program
apt-extracttemplates (1) - Utility to extract DebConf config and templates from
Debian packages
apt-ftparchive (1)     - Utility to generate index files
apt-get (8)            - APT package handling utility - - command-line interface
apt-key (8)            - APT key management utility
apt-secure (8)         - Archive authentication support for APT
apt-sortpkgs (1)       - Utility to sort package index files
apt.conf (5)           - Configuration file for APT
apt_preferences (5)    - Preference control file for APT
aptitude (8)           - high-level interface to the package manager
captoinfo (1)          - convert a termcap description into a terminfo description
debconf-apt-progress (1) - install packages using debconf to display a progress bar
sources.list (5)       - Package resource list for APT
```

Dieser Befehl findet in der Regel mehrere Einträge, da sein Suchradius größer ist. Schauen Sie sich den letzten Eintrag an – hier befindet sich der Begriff nur in der Beschreibung, nicht im Namen der Man-Page. Andererseits dürfte `captinfo` nichts mit den APT-Tools zu tun haben.

4.6.3 info – die neuen Man-Pages

Handelt es sich um GNU-Software, existieren zusätzlich zu den traditionellen Man-Pages oder statt derer so genannte Infoseiten. Das Infosystem basiert auf den Konzepten des Hypertexts.

Zu einem Befehl, Konzept oder Systemaufruf existiert ein Hauptknoten und eventuelle Unterknoten. Zwischen diesen können Sie mit `n` (*next* – weiter) und `p` (*previous* – zurück) wechseln. Außerdem gibt es häufig Hyperlinks – zu diesen können Sie über [Tab] springen, [Enter] ruft die verlinkte Seite auf.

Außerdem gibt es manchmal Menüs, durch die Sie ebenfalls mit [Tab] wechseln können, während `m` den Menüeintrag aufruft. Mit `p` kommen Sie wieder zurück.

Mit ? erhalten Sie eine Hilfe zur Benutzung des Infosystems. Sind Sie die Man-Pages gewöhnt, bedarf es etwas Eingewöhnungszeit, aber die Infoseiten sind in der Regel ausführlicher und daher für eine umfassende Einarbeitung nützlicher, zumal Sie mit den Hyperlinks zwischen verschiedenen Bereichen hin- und herspringen können. Ich empfehle Ihnen, an dieser Stelle ein wenig mit den Infoseiten zu üben. Mit folgendem Befehl können Sie das Angenehme mit dem Nützlichen verbinden:

```
# info info
```

Das ruft die Infoseite über das Infosystem auf – Bildung und Praxis in einem ... was will man mehr ;-).

4.7 Zusammenfassung und Weiterführendes

In diesem Kapitel haben Sie einige wichtige Grundlagen zur Nutzung Ihres Linux-Systems erlernt und können sich nun selbstständig durch das Dateisystem bewegen. Sie kennen die Dateisystemstruktur und wissen, wie Sie Textdateien manipulieren können. Da fast jede Konfigurationsdatei unter Linux als Textdatei daherkommt, ist dieses Wissen essenziell.

Sie haben darüber hinaus gelernt, wie Sie Dateien und Verzeichnisse manipulieren, sprich erstellen, löschen, verschieben, kopieren etc. können. Auch dies werden Sie immer wieder benötigen.

Schließlich haben Sie herausgefunden, wie Sie mit Hilfe der Man-Pages und Infoseiten Informationen zu Dateien, Diensten und Strukturen erhalten können.

Sie werden in diesem Buch noch sehr viele weitere Befehle kennen lernen. Jedoch sollten Sie die hier vorgestellten Kommandos beherrschen – sonst kommen Sie früher oder später in die Situation, dass Sie zwar wissen, was Sie tun müssen, aber leider nicht, wie ...

Nützliche Weblinks

Im Folgenden möchte ich Ihnen noch ein paar nützliche Websites vorstellen, die Informationen (How-tos, Man-Pages, Tutorials und Einführungen) zu verschiedenen Aspekten von Linux haben. Schauen Sie einmal auf die genannten Seiten, wenn Sie sie noch nicht kennen, und erstellen Sie einen Bookmark für sie:

`http://www.tldp.org/` - Die Seite des *Linux Documentation Project*. Hier finden Sie einen Haufen interessanter Informationen rund um Linux. Leider nur in Englisch und anderen (nicht deutschen) Sprachen.

`http://www.linuxfibel.de/` – eine Website, die eine sehr gute Einführung in viele Themen der Linux-Systemadministration bietet

`http://www.linux.org/` – Die »offizielle« Linux-Website. Auch hier finden Sie jede Menge Links zu Dokumentationen jeder Art – ebenfalls auf Englisch.

`http://www.linuxhaven.de/` – Hier verbergen sich jede Menge How-tos in Deutsch.

`http://debiananwenderhandbuch.de` – ein Onlinehandbuch, das ebenfalls zu sehr vielen Themen ausführliche Anleitungen enthält

`http://www.redhat.de/documentation/` – Das Red-Hat-Handbuch ist zwar eine Dokumentation, die auf Red Hat ausgerichtet ist, kann aber in vielen Bereichen (genau wie dieses Buch) distributionsübergreifend genutzt werden.

## Kapitel 5

Einbinden von Dateisystemen

Bevor ein Dateisystem auf einem Speichermedium unter Linux genutzt werden kann, muss es in das lokale Dateisystem eingebunden und damit im Verzeichnisbaum verfügbar gemacht werden. Dazu wird es an einem definierten Punkt im System – dem Mountpoint – eingehängt (gemountet).

Dies ist ein Konzept, das für Windows-Benutzer zunächst ein wenig ungewohnt ist. Es hat jedoch einige Vorteile, da einige Vorgänge dadurch transparent für den Benutzer ablaufen. Soll heißen: Er merkt nichts davon. Benutzer finden so etwas toll – ganz im Gegensatz zu uns Administratoren: Wir wollen immer wissen, was läuft.

Das sind die Themen:

- Der Mount-Befehl (Einbinden und Aushängen von Dateisystemen)
- Die virtuellen Dateisysteme und deren Verwendung
- Dynamische Geräteverwaltung mit *udev*, *HAL* und *D-Bus*
- USB-Geräte
- Die Datei `/etc/fstab`

Gerade im Bereich der dynamischen Geräteverwaltung hat sich in den letzten Jahren enorm viel bewegt. Es existieren eine ganze Menge an verwirrenden Begriffen und wenig einsteigerfreundlich dokumentierten Konzepten, die ich Ihnen in diesem Kapitel (möglichst verständlich) vorstellen möchte.

5.1 mount und umount

Im letzten Kapitel sind Sie bereits des Öfteren auf den Befehl `mount` gestoßen. Es handelt sich um das Kommando zum Mounten von Dateisystemen – wer hätte das gedacht? Wussten Sie aber auch, dass der Befehl zum Unmounten `umount` heißt? Das `n` ist ersatzlos entfallen. Sie dürfen gern darüber philosophieren, warum das so ist. Ich halte mich an die Praxis. Die Syntax von `mount` ist:

```
# mount <Optionen> <Gerät> <Mountpoint>
```

Da das natürlich wieder viel zu abstrakt ist, schauen wir, wie wir zum Beispiel die dritte primäre Partition der ersten IDE-Festplatte unter `/home` als Mountpoint einhängen:

```
# mount /dev/hda3 /home
```

Die Daten auf dieser Partition sind ab sofort über `/home` erreichbar. Die Verzeichnisstruktur des Dateisystems auf dieser Partition wird unter `/home` eingebunden.

In der Regel werden Sie vor allem Wechsellaufwerke einbinden wollen. CD-ROMs und DVDs werden zum Beispiel folgendermaßen gemountet, ggf. muss der Mountpoint noch angelegt werden:

```
# mount -t auto /dev/cdrom /media/cdrom
```

Dabei wird mit `-t auto` das Dateisystem angegeben – `auto` steht für eine automatische Erkennung desselben, was meistens funktioniert. Funktioniert die automatische Erkennung nicht, können Sie das Dateisystem explizit angeben. Die gebräuchlichsten Dateisysteme sind:

- **ISO9660:** das ältere, aber sehr gebräuchliche CD-Dateisystem. Mit den *Joliet-* bzw. *Rockridge*-Erweiterungen werden bestimmte Beschränkungen, wie zum Beispiel die maximale Pfad- und Namenslänge, aufgehoben bzw. ausgeweitet.
- **UDF:** Das *Universal Disk Format* ist der Nachfolger von iso9660 und wird vor allem auf DVDs verwendet.
- **VFAT:** Die *Virtual File Allocation Table* ist das Dateisystem für Windows-FAT16 bzw. FAT32 und kann auf beides angewendet werden.
- **NTFS:** Das *New Technology File System* kommt ab Windows NT zum Einsatz und ist inzwischen das Standard-Dateisystem für alle Windows-Versionen. Linux kann NTFS zwar problemlos lesen, hat jedoch beim Schreiben auf NTFS, bei allen Fortschritten in den letzten Jahren, noch immer bei bestimmten Dateioperationen große Probleme.
- **NFS:** Das *Network File System* dient zum Einhängen (mounten) von freigegebenen Verzeichnissen auf anderen Unix-artigen Systemen über das Netzwerk. Dies ist mit dem *Netzlaufwerk* von Windows vergleichbar. In Kapitel 22 *NFS – Dateiübertragung zwischen Linux-Computern* werde ich darauf zurückkommen.

Kommen wir auf unser Beispiel zurück: Die Gerätedatei `/dev/cdrom` ist dabei ein Symlink (siehe letztes Kapitel) auf die echte Gerätedatei, zum Beispiel `/dev/hdc`. Der Mountpoint ist im Grunde frei wählbar – selbst wenn dort Daten gespeichert sind, *werden diese temporär unsichtbar,* solange dort per `mount` ein anderes Dateisystem eingebunden ist.

> Andererseits wird Ihr System unter Umständen unbrauchbar, wenn Sie die falschen Mountpoints wählen – zum Beispiel wichtige Systemverzeichnisse, deren Inhalt für den Betrieb notwendig ist. Würden Sie z. B. einen USB-Stick unter `/bin` mounten, könnten Sie nicht mehr auf die dort befindlichen Befehle (u. a. auch **`mount`** und **`umount`**!) zugreifen ... dumm gelaufen!

Daher hat der FHS bestimmte Verzeichnisse für das temporäre Mounten von Dateisystemen vorgesehen. Dies sind `/media` inklusive Unterverzeichnisse (für Wechseldatenträger u.Ä.) und `/mnt` für sonstige temporär einzubindende Dateisysteme.

Mit dem Befehl `umount` hängen Sie ein Dateisystem wieder aus:

```
# umount /media/cdrom
```

Dies »entlässt« das Medium im CD-ROM/DVD-Laufwerk. Sie können anschließend nicht mehr auf die Daten der CD oder DVD über `/media/cdrom` zugreifen – sie sind verschwunden, als ob sie nie da gewesen wären.

> Bei `umount` müssen Sie nur einen Parameter angeben – entweder die Gerätedatei oder den Mountpoint.

Geben Sie den Befehl **mount** ohne Parameter an, wird Ihnen eine Liste mit allen zurzeit gemounteten Dateisystemen angezeigt. Dies könnte zum Beispiel folgendermaßen aussehen:

```
# mount
/dev/hda1 on / type ext3 (rw,errors=remount-ro)
tmpfs on /lib/init/rw type tmpfs (rw,nosuid,mode=0755)
proc on /proc type proc (rw,noexec,nosuid,nodev)
sysfs on /sys type sysfs (rw,noexec,nosuid,nodev)
procbususb on /proc/bus/usb type usbfs (rw)
udev on /dev type tmpfs (rw,mode=0755)
tmpfs on /dev/shm type tmpfs (rw,nosuid,nodev)
devpts on /dev/pts type devpts (rw,noexec,nosuid,gid=5,mode=620)
/dev/hda9 on /home type ext3 (rw)
/dev/hda8 on /tmp type ext3 (rw)
/dev/hda5 on /usr type ext3 (rw)
/dev/hda6 on /var type ext3 (rw)
```

Sie sehen die Gerätedateien, hinter denen sich die Datenträger verbergen, den Mountpoint, den Dateisystemtyp und die Optionen, die in Klammern angegeben sind Ich komme in Abschnitt 5.3 *Die Datei /etc/fstab* auf die möglichen Optionen zurück.

5.2 Die virtuellen Dateisysteme

Neben den real existierenden Dateisystemen finden sich in der Ausgabe-Liste von **mount** einige virtuelle Dateisysteme. Sie existieren nicht irgendwo auf einem Festspeicher, sondern werden vom Kernel zur Verfügung gestellt. Bestimmte Prozesse unter Linux sind auf diese virtuellen Dateisysteme angewiesen. Werfen wir einen Blick darauf, um uns einen Überblick zu verschaffen:

tmpfs Dieses virtuelle Dateisystem ist der Nachfolger von *shmfs* und dient als eine Art dynamische Ramdisk, täuscht also gewissermaßen einen Festspeicher vor, auf den Programme und Prozesse zugreifen können. Ob und wo das Dateisystem verwendet bzw. gemountet wird, hängt vom Einzelfall bzw. der Distribution ab. Bei Debian wird es unter `/lib/init/rw` gemountet.

proc Das Proc-Dateisystem stellt Informationen über die Kernel- und Prozessverwaltung zur Verfügung. Es wird unter `/proc` gemountet.

devpts Dieses Dateisystem stellt virtuelle Pseudoterminals unter `/dev/pts` zur Verfügung. Diese werden von einigen Programmen für die Kommunikation benötigt.

sysfs Das *sysfs* wird regelmäßig unter `/sys` gemountet und stellt Geräte-Informationen aus dem so genannten *Kernel Device Model* dem so genannten Userspace zur Verfügung. Beim Kernel Device Model handelt es sich um eine ab Kernel-Version 2.6 verwendete interne Organisationsstruktur zur Verwaltung der verschiedenen Devices (= Geräte). Linux unterscheidet bei der internen Organisation in *Kernel-* und *Userspace*. Letzterer ist für normale

Programme gedacht (wie zum Beispiel *udev*, siehe unten), während der Kernelspace für systeminterne Prozesse reserviert ist.

udev Auch dieses virtuelle Dateisystem hat erst mit der Einführung des 2.6er-Kernels Einzug in Linux gehalten. Es ersetzt das früher genutzte *devfs* und wertet so genannte Hotplug-Ereignisse aus. Der nächste Abschnitt beleuchtet die dynamische Geräteverwaltung im Detail.

usbfs Das USB-Dateisystem wird zur Verwaltung von USB-Geräten verwendet. Ich komme in Abschnitt 5.2.2 darauf zurück, daher gehe ich hier nicht weiter darauf ein.

5.2.1 udev – Dynamische Geräteverwaltung

Haben Sie zufällig mal einen Blick in das `/dev`-Verzeichnis einer älteren Linux-Version (zum Beispiel Debian GNU/Linux *Sarge*) geschaut? Nach Eingabe von `ls` reichte teilweise der Bildschirmpuffer nicht mehr aus, um zum Anfang der Liste zu gelangen – buchstäblich Hunderte von Einträgen! Jede nur denkbare Gerätedatei wurde hier aufgelistet und statisch »mitgeschleppt«, da der Administrator sie ja irgendwann einmal brauchen könnte. Das war ziemlich unpraktisch.

Mit dem Programm *udev* bzw. dem System-Daemon `udevd` gehören diese Endlos-Listen der Vergangenheit an, da *udev* automatisch den Anschluss eines neuen Gerätes, zum Beispiel eines DVD-Laufwerks oder einer USB-Maus, erkennt. Das Entscheidende dabei ist, dass *udev* auch auf *Hotplug-Ereignisse* reagiert, also auch während der Laufzeit angeschlossene Geräte erkennt und dynamisch einbindet.

Dabei erstellt *udev* ein virtuelles Dateisystem (in der Regel *tmpfs*) unter `/dev` und fügt die entsprechenden Gerätedateien bei Bedarf gegebenenfalls auch zur Laufzeit (!) ein. So finden Sie zum Beispiel unter `/dev/disks` die Unterverzeichnisse `by-id`, `by-label`, `by-path` und `by-uuid`. Die Verzeichnisse enthalten die entdeckten Festplatten bzw. Partitionen in Form von Symlinks (siehe letztes Kapitel). Diese tragen eine interne ID und zeigen auf die tatsächlichen Gerätedateien, wie zum Beispiel `/dev/sda` oder `/dev/sda1`.

Außerdem erstellt *udev* Symlinks für CD- und DVD-Laufwerke. So zeigt dann zum Beispiel `/dev/dvd` auf `hdc` im selben Verzeichnis, wie im Folgenden gezeigt:

```
# ls -l /dev/dvd
lrwxrwxrwx 1 root root 3 May 19 22:05 dvd -> hdc
```

Wird ein neues Gerät als angeschlossen erkannt, kann *udev* auch auf Informationen in `/sys` zugreifen, um weitere Daten über das angeschlossene Gerät zu erhalten. Sie erinnern sich? Das Dateisystem *sysfs* wird unter `/sys` gemountet und enthält Geräte-Informationen vom Kernel für Userspace-Programme, wie zum Beispiel *udev*, bereit.

Ob und inwieweit *udev* dies macht und wie *udev* im Allgemeinen auf Hotplug-Ereignisse reagiert, wird durch ein komplexes Regelwerk detailliert geregelt. Unter `/etc/udev` befindet sich die Konfigurationsdatei `udev.conf`, in der vor allem der Loglevel für das System-Logging von *udev* geregelt wird. Darüber hinaus finden Sie hier jedoch das Verzeichnis `rules.d`, worin sich die *udev*-Regeldateien befinden:

```
debian:/etc/udev/rules.d # ls
50-udev.rules                   75-cd-aliases-generator.rules
60-persistent-input.rules       75-persistent-net-generator.rules
```

```
60-persistent-storage.rules       80-drivers.rules
60-persistent-storage-tape.rules  91-permissions.rules
60-persistent-v4l.rules           95-late.rules
70-persistent-cd.rules
```

Die Nummern zu Beginn stellen sicher, dass die Regeldateien in der gewünschten Reihenfolge aufgerufen werden. Bei *Etch* stehen die Regeldateien direkt unter `/etc/udev`, und in `rules.d` befinden sich lediglich Symlinks auf diese Dateien. Dies ändert jedoch grundsätzlich nichts an der Funktionsweise.

Um Sie hier nicht gleich komplett zu verschrecken, werde ich Sie an dieser Stelle mit weiteren Details zu den Regeln verschonen! Dennoch ist es meines Erachtens sehr wichtig, dass Sie mit diesem, zugegebenermaßen recht komplexen, Prozess der dynamischen Geräteverwaltung vertraut sind. Bitte schauen Sie sich daher die vorgestellten Strukturen in Ruhe an und verfolgen Sie dies auf Ihrem eigenen System, um ein Gefühl für diese Konstrukte zu bekommen.

Was mit einem angeschlossenen Gerät passiert, bestimmen die *udev*-Regeln. In einigen Fällen werden weitere Informationen vom *sysfs* (siehe oben) gezogen und der passende Treiber automatisch geladen. Dies geschieht nicht durch *udev* selbst. Stattdessen wird hierzu innerhalb des Regelwerks entweder ein externes Programm oder ein Skript aufgerufen, das die Treibermodule zum Beispiel über den Befehl **modprobe** einbindet. Sie lernen den Befehl in Kapitel 15 *Den Kernel anpassen* noch ausführlich kennen.

In jedem Fall steht jetzt eine Gerätedatei zur Verfügung, über die auf das Gerät zugegriffen werden kann, so zum Beispiel bei einem USB-Stick. Handelt es sich um einen Festspeicher, muss diese Gerätedatei (bzw. das Dateisystem darauf) dann allerdings noch zum Beispiel unter `/media` gemountet werden.

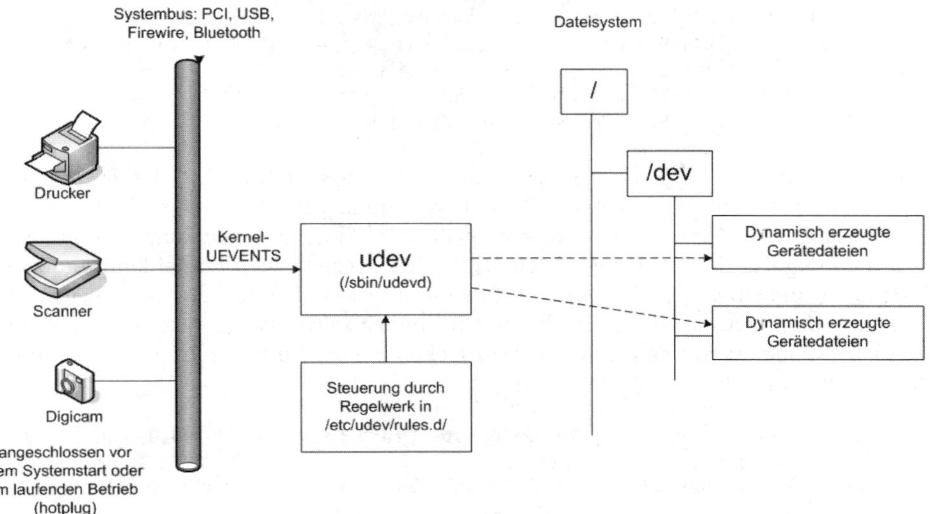

Abb. 5.1: Dynamische Geräteverwaltung mit *udev*

Dies schauen wir uns gleich in einem Beispiel an. Hierzu stelle ich Ihnen noch einen nützlichen Befehl vor, der so allerdings nur unter *Etch* zu finden ist: **udevmonitor**.

> Unter *Lenny* wurde **udevmonitor** ersetzt durch **udevadm**, das als umfassendes *udev*-Administrationstool alle wesentlichen *udev*-Tools umfasst. Mit **udevadm monitor** erhalten Sie die gleichen Ergebnisse wie unter *Etch* mit **udevmonitor**.

Starten Sie den jeweiligen Befehl Ihrer Debian-Version, um *udev*-Ereignisse zu beobachten. Im folgenden Beispiel wird ein USB-Stick angeschlossen:

```
# udevmonitor
udevmonitor will print the received events for:
UDEV the event which udev sends out after rule processing
UEVENT the kernel uevent

UEVENT[1211230500.007306] add      /devices/pci0000:00/0000:00:1d.7/usb4/4-
1 (usb)
UEVENT[1211230500.007400] add      /devices/pci0000:00/0000:00:1d.7/usb4/4-1/
usb_endpo         int/usbdev4.15_ep00 (usb_endpoint)
UEVENT[1211230500.007430] add      /devices/pci0000:00/0000:00:1d.7/usb4/4-1/4-
1:1.0 (         usb)
UEVENT[1211230500.007456] add      /class/scsi_host/host8 (scsi_host)
UEVENT[1211230500.007481] add      /devices/pci0000:00/0000:00:1d.7/usb4/4-1/4-
1:1.0/u         sb_endpoint/usbdev4.15_ep01 (usb_endpoint)
[...]
UEVENT[1211230501.014092] add      /block/sdc (block)
UEVENT[1211230501.014145] add      /block/sdc/sdc1 (block)
UEVENT[1211230501.014171] add      /class/scsi_device/8:0:0:0 (scsi_device)
UEVENT[1211230501.014197] add      /class/scsi_generic/sg2 (scsi_generic)
UDEV  [1211230501.226234] add      /devices/pci0000:00/0000:00:1d.7/usb4/4-1/4-
1:1.0/h         ost8/target8:0:0/8:0:0:0 (scsi)
UDEV  [1211230501.228330] add      /class/scsi_disk/8:0:0:0 (scsi_disk)
UDEV  [1211230501.244596] add      /class/scsi_device/8:0:0:0 (scsi_device)
UDEV  [1211230501.265830] add      /class/scsi_generic/sg2 (scsi_generic)
UDEV  [1211230501.368579] add      /block/sdc (block)
UDEV  [1211230501.511487] add      /block/sdc/sdc1 (block)
```

Gute Güte, da passiert ja richtig was hinter den Kulissen! Die Liste der Events beim Anschluss eines einzelnen Gerätes ist mitunter ziemlich lang, ich habe Sie hier bereits gekürzt dargestellt. Wie Sie in der ersten Spalte jedes Eintrags sehen können, unterteilen sich die Ereignisse in die so genannten UEVENTS, spezielle vom Kernel kommunizierte Ereignisse, und UDEV, den Aktionen des Programms selbst. Den letzten beiden Zeilen können Sie entnehmen, dass das Gerät als `sdc` mit einer einzelnen Partition `sdc1` erkannt wird. Das korrespondiert mit den nun neu hinzugekommenen Einträgen zum Beispiel unter `/dev/disks/by-id`:

```
lrwxrwxrwx 1 root root  9 May 19 22:55 usb-_Flash_Disk_00CCCBB99999-0:0 -> ../
../sdc
lrwxrwxrwx 1 root root 10 May 19 22:55 usb-_Flash_Disk_00CCCBB99999-0:0-part1 -
> ../../sdc1
```

Wie Sie erkennen können, zeigen die Symlinks des als *USB-Flash-Disk* erkannten Sticks auch auf `sdc` bzw. `sdc1` relativ gesehen zwei Ebenen höher, also in `/dev`. Unter `/dev/disk/by-label` finden wir den folgenden Eintrag:

```
lrwxrwxrwx 1 root root  10 May 19 22:55 DISK_IMG -> ../../sdc1
```

Der Stick stellt sich also selbst als `DISK_IMG` vor – nun ja, es gibt aussagefähigere Namen, aber gut. Lassen Sie uns den Stick also mounten. Hierzu erstellen wir ein Verzeichnis `usbstick` unter `/media` und mounten die Gerätedatei unter diesem Verzeichnis:

```
# mkdir /media/usbstick
# mount /dev/sdc1 /media/usbstick/
# cd /media/usbstick/
# ls
Testdatei.txt
```

Siehe da, auf dem Stick ist eine Testdatei gespeichert (die habe ich vorher zugegebenermaßen angelegt!). In der gleichen Art können Sie natürlich auch eine externe USB-Festplatte einbinden – für das System ist hier kein Unterschied zwischen einem USB-Stick und einer Festplatte.

Für CDs und DVDs funktioniert es ebenso, hier müssen Sie allerdings zuvor herausfinden, unter welchem Symlink Ihr Laufwerk erreichbar ist, da *udev* dieses Laufwerk schon beim Systemstart einbindet und nicht erst in dem Moment, wo Sie die CD/DVD einlegen. Heiße Kandidaten sind `/dev/cdrom` oder `/dev/dvd`, in der Regel existieren mehrere Symlinks für die echte Gerätedatei – somit führen mehrere Wege nach Rom bzw. nach CD-Rom ;-). Erstellen Sie also zum Beispiel ein Verzeichnis `/media/dvd` und mounten Sie Ihr Gerät nach dem oben gezeigten Schema.

Jetzt ist es die ganze Zeit um USB-Geräte gegangen– daher sollten wir nun noch einen etwas genaueren Blick auf die Besonderheiten von USB-Geräten werfen. Also ab zum nächsten Abschnitt!

5.2.2 USB-Geräte

Das oben genannte *usbfs* wurde früher unter *devusbfs* geführt, was jedoch zu Verwechselungen mit *devfs* führte und daher umbenannt wurde. Es handelt sich um das virtuelle Dateisystem zur Verwaltung von USB-Devices und wird regelmäßig unter `/proc/bus/usb` gemountet.

> Die merkwürdige Bezeichnung *procbususb* in der obigen Mount-Liste (siehe Abschnitt 5.1) ist Debian-spezifisch, andererseits aber auch irrelevant, da bei den virtuellen Dateisystemen die erste Spalte grundsätzlich nicht ausgewertet wird und daher frei benannt werden darf. Orientieren Sie sich also nur am Mountpoint und am dahinter angegebenen Dateisystem.

USB-Geräte werden ebenfalls über *udev* erkannt – das haben wir ja bereits festgestellt. Dabei wird dynamisch bei Anschluss eines USB-Gerätes ein passender Treiber als Kernel-Modul eingebunden, wenn dieses nicht ohnehin schon vorhanden ist. Es kommen die folgenden USB-Module zum Einsatz:

- `ohci-hcd` – Das Open Host Controller Interface unterstützt die USB-1.0-Spezifikation.
- `uhci-hcd` – steht für Universal Host Controller Interface und unterstützt USB 1.1.
- `ehci-hcd` – heißt Enhanced Host Controller Interface und unterstützt USB 2.0.

Mit dem Befehl **`lsmod`** können Sie sich die aktuell geladenen Kernel-Module bzw. Treiber anschauen. Hier sollten Sie die oben genannten Treiber bereits finden. Mehr dazu in Kapitel 15 *Den Kernel anpassen*.

Handelt es sich um einen Festspeicher, wird das USB-Gerät als SCSI-Festplatte emuliert und kann entsprechend eingebunden werden, wie Sie das ja schon im letzten Abschnitt kennen gelernt haben.

> Denken Sie daran, dass nicht nur USB-Festplatten, sondern auch USB-Sticks partitioniert sind. Binden Sie also die gewünschte Partition (zum Beispiel `/dev/sdc1`) ein, nicht die Gerätedatei (`/dev/sdc`) als solche.

Anschließend haben Sie auf das Dateisystem des USB-Gerätes Zugriff.

Möchten Sie wissen, welche Geräte am USB-Bus erkannt wurden, geben Sie **`lsusb`** ein:

```
# lsusb
Bus 004 Device 001: ID 0000:0000
Bus 001 Device 006: ID 04a9:220d Canon, Inc. CanoScan N670U/N676U/LiDE 20
Bus 001 Device 003: ID 04b4:0033 Cypress Semiconductor Corp.
Bus 001 Device 001: ID 0000:0000
Bus 003 Device 001: ID 0000:0000
Bus 002 Device 001: ID 0000:0000
```

Wie die Geräte bezeichnet sind, bestimmen diese selbst. Sie melden sich am Bus mit dem angezeigten Namen an. Während im oberen Fall ein Scanner (`CanoScan`) erkennbar ist, benötigt man schon ein wenig Fantasie (oder Hintergrundwissen), um zu erkennen, dass es sich bei `Cypress Semiconductor Corp.` um eine USB-Maus handelt ...

5.3 Die Datei /etc/fstab

Haben Sie ein Dateisystem gemountet, hält dies maximal bis zum nächsten Reboot. Anschließend müssen Sie es erneut mounten. Über die Datei `/etc/fstab` (*f*ile*s*ystem *tab*le) wird dem System mitgeteilt, welche Dateisysteme wo und mit welchen Optionen beim Systemstart gemountet werden sollen. Werfen wir mit **`less /etc/fstab`** einen Blick in diese Textdatei:

```
# /etc/fstab: static file system information.
#
# <file system> <mount point>   <type>  <options>       <dump>  <pass>
proc            /proc           proc    defaults        0       0
/dev/hda1       /               ext3    defaults,errors=remount-ro 0       1
/dev/hda9       /home           ext3    defaults        0       2
/dev/hda8       /tmp            ext3    defaults        0       2
/dev/hda5       /usr            ext3    defaults        0       2
/dev/hda6       /var            ext3    defaults        0       2
/dev/hda7       none            swap    sw              0       0
```

```
/dev/hdc        /media/cdrom0   udf,iso9660 user,noauto     0       0
/dev/fd0        /media/floppy0  auto        rw,user,noauto  0       0
```

Listing 5.1: /etc/fstab

Die Ähnlichkeit zur Ausgabe von `mount` ohne Parameter ist unverkennbar – mit dem Unterschied, dass hier alles viel ordentlicher aussieht. Auch hier können Sie erkennen, dass einige Partitionen der Primary-Master-IDE-Platte unter verschiedenen Mountpoints gemountet werden. Darüber hinaus existiert bei *Debian* noch der Eintrag für das CD-ROM-Laufwerk. Dieses finden Sie in anderen Distributionen um Teil nicht mehr, da diese Distributionen GUI-orientiert sind und die Geräteorganisation an die dynamische Geräteverwaltung und die dort vorhandenen Tools delegiert (mehr dazu im nächsten Abschnitt).

Die Einträge in `/etc/fstab` können ziemlich stark variieren. Dies hängt einerseits von der verwendeten Distribution bzw. deren Version und andererseits von der verwendeten Partitionsorganisation ab. Erinnern Sie sich an den *Logical Volume Manager* (LVM)? Er fasst mehrere Partitionen von ggf. verschiedenen physischen Laufwerken zu einer logischen Organisationseinheit zusammen.

So finden Sie dann zum Beispiel eine Zeile der folgenden Art:

```
/dev/vg00/lvol02            /           ext3      defaults       1 1
```

Diese Gerätedatei wurde vom LVM bei der Partitionierung angelegt und muss demnach so auch in `/etc/fstab` eingebunden werden, um nach dem Systemstart verfügbar zu sein.

Partitionsbezeichnungen mit Volume-Labels

In manchen Distributionen (Debian gehört *noch* nicht dazu) finden Sie oft Einträge in der `/etc/fstab`, die mit LABEL beginnen, wie im folgenden Beispiel gezeigt:

```
LABEL=/boot             /boot           ext3      defaults       1 2
```

Über *Volume-Labels* können Sie die Partitionen benennen. Das ist das gleiche Prinzip wie unter Windows, wenn Sie zum Beispiel Ihr Laufwerk `D:` im Eigenschaftendialogfenster mit `Daten` betiteln. Der Vorteil liegt auch unter Linux darin, zu wissen, wohin die betreffende Partition gehört und was sie macht. Außerdem können die Partitionen so über ihre Partitionsbezeichnungen über die Volume-Labels unabhängig von den Geräte-Dateien (`/dev/sda1`, `dev/sr0`, o.Ä.) angesprochen werden. Unter Linux bezeichnet man daher die Partitionen in der Regel gemäß ihren Mountpoints oder entsprechend eindeutig.

Die Partition bzw. Gerätedatei wird anschließend über `LABEL=<Volume-Label>` angesprochen. Nicht nur die Datei `/etc/fstab`, sondern auch der `mount`-Befehl versteht diese Syntax.

Sie können einer Partition ein Volume-Label entweder beim Anlegen der Partition zuweisen oder aber auch zu einem späteren Zeitpunkt. Wie Sie dies bewerkstelligen, zeige ich Ihnen in Kapitel 11, *System- und Festplattenmanagement*.

Die Volume-Labels können Sie sich mittels des Befehls **`mount -l`** anzeigen lassen. Das Volume-Label wird Ihnen – wenn vorhanden – am Ende der Zeile in eckigen Klammern angezeigt, wie im folgenden Beispiel zu sehen:

```
/dev/sda1 on /boot type ext3 (rw) [/boot]
```

Hierbei wird die Partition `/dev/sda1` mit dem Label `/boot` versehen, also in diesem Fall entsprechend dem Mountpoint.

Dynamische Gerätedateien

Neben den bisher vorgestellten Möglichkeiten können Sie das einzubindende Gerät bzw. die Partition bzw. das Dateisystem dieser Partition auch über die von *udev* dynamisch erzeugte Gerätedatei angeben. Manche Distributionen (zum Beispiel openSUSE) verwenden diese Notation. Das könnte dann zum Beispiel so aussehen:

```
/dev/disk/by-id/scsi-SATA_IC24N0TMRA-Mrg277k2-part2  /  ext3  acl,user_xattr 1 1
```

Wie die Bezeichnung des Gerätes, hier einer Partition auf einer SATA-Festplatte, genau lautet, hängt von Ihrem System ab. Für jedes Gerät wird eine eindeutige ID vergeben.

Der Mountpoint

Wie Sie gesehen haben, folgt in der zweiten Spalte der Mountpoint, also derjenige Punkt bzw. dasjenige Verzeichnis im Verzeichnisbaum, an dem das in Spalte 1 angegebene Gerät eingebunden, also gemountet, werden soll. Dabei handelt es sich regelmäßig um ein gültiges Verzeichnis, das existieren muss, wie zum Beispiel `/`, `/home` oder `/var` – einzige Ausnahme: `none`. Dies wird für die Swap-Partition verwendet, da diese zwar aufgeführt, aber nirgendwo im Verzeichnisbaum gemountet werden muss.

Das Dateisystem

Hinter dem Mountpoint wird das Dateisystem des Gerätes (bzw. der Partition) angegeben. Dies haben Sie weiter oben in Abschnitt 5.1 bereits kennen gelernt, als ich Ihnen den **`mount`**-Befehl vorgestellt habe.

Die Mount-Optionen

Hinter der Angabe des Dateisystems folgt die Spalte für die Mount-Optionen. Für die meisten Dateisysteme sind die Optionen auf `defaults` gesetzt. In unserem Beispiellisting von `/etc/fstab` haben `/dev/hda7` und die Wechselmedien andere Einstellungen. Genau genommen gibt es Dutzende Optionen. Hier eine Übersicht über einige wichtige:

Option	Bedeutung
`ro/rw`	Dateisystem wird im Nur-lesen- (`ro`) bzw. im Lese- und Schreibmodus (`rw`) eingebunden
`user/nouser`	Erlaubt/verbietet einem normalen User, dieses Dateisystem zu mounten
`suid/nosuid`	Lässt Set-User-Identifier-Bits oder Set-Group-Identifier-Bits zu oder nicht – damit können auf Dateien und Verzeichnisse besondere Rechte vergeben werden (siehe Kapitel 8 *Rechteverwaltung*)
`dev`	Interpretiert spezielle Character- und Block-Devices – siehe weiter unten
`exec/noexec`	Erlaubt/verbietet die Ausführung von Programmen
`async`	Alle Lese-/Schreibvorgänge werden asynchron durchgeführt.
`acl`	Erlaubt die Verwendung von ACLs. Näheres hierzu siehe Kapitel 8, *Rechteverwaltung*.

Option	Bedeutung
auto/noauto	Das Dateisystem wird automatisch beim Systemstart eingebunden/nicht eingebunden.
user_xattr	Ermöglicht die Verwendung von zusätzlichen so genannten *User extended attributes*, zu Deutsch: von Benutzern erweiterte Attribute. Dies kann zum Beispiel MIME-Typen, Beschreibungen u.a. umfassen.
defaults	Enthält die Einträge rw, suid, dev, exec, auto, nouser und async

Die letzten beiden Spalten in /etc/fstab bestimmen, ob ein Dateisystem vom systemeigenen (alten) Backup-Programm **dump** gesichert werden soll oder nicht und in welcher Reihenfolge ein Dateisystemcheck vorgenommen wird – da enthält das /-Dateisystem normalerweise eine Eins (1).

Alle Einträge, die in /etc/fstab enthalten sind, können manuell vereinfacht gemountet werden. Es reicht, wenn einer der beiden Parameter (Dateisystem oder Mountpoint) angegeben wird, zum Beispiel **mount /dev/cdrom**. Den Rest sucht sich der Befehl aus der Datei. Sie können sich natürlich auch selbst entsprechende Einträge erstellen.

5.4 udev, HAL und D-Bus

So! Ein Thema hab ich noch für Sie, um Ihr Wissen um dynamische Geräteverwaltung abzurunden! Zum Abschluss dieses Kapitels möchte ich Ihnen noch die anderen beiden Komponenten, die mit der dynamischen Geräteverwaltung befasst sind, vorstellen: *HAL* und *D-Bus*. Diese beiden kommen insbesondere im Desktop-Bereich zum Zuge. Ziel hierbei ist es, ein im laufenden Betrieb angeschlossenes Gerät automatisch in die Benutzerumgebung einzubinden.

Wie geht das vor sich? Um das zu beantworten, betrachten wir zunächst die neuen Komponenten:

HAL

Der *Hardware Abstraction Layer* (HAL) ist keine Erfindung von Linux. Allerdings ist das entsprechende Linux-Projekt noch nicht sehr alt und nach einem von 2003 stammenden Papier (siehe http://www.ometer.com/hardware.html) entwickelt worden.

HAL wird im Zuge der Installation von KDE oder GNOME bei Debian mitinstalliert. In der Basisinstallation ist *HAL* noch nicht vorhanden.

HAL läuft als Systemprozess (Daemon) hald inklusive einiger Subprozesse und scannt die Systembusse (PCI, USB) nach Ereignissen. Weitere Informationen (zum Beispiel von *udev* und sysfs) werden herangezogen, um eine einheitliche und möglichst umfassende Beschreibung der Attribute für alle angeschlossenen Geräte zu erhalten.

Diese Beschreibung wird als XML-Datei mit der Endung *.fdi in einer *HAL*-eigenen Datenbank gespeichert, die unter /usr/share/hal/fdi liegt.

> Im Unterschied zu *udev* erstellt *HAL* also keine Gerätedateien und startet passende Kernel-Module, sondern sammelt lediglich so viele Informationen wie möglich über die vorhandenen Geräte und stellt diese in einer Datenbank bereit.
>
> Ohne diese Zusatzinformationen würde eine USB-Kamera oder ein MP3-Player zum Beispiel nur als USB-Speicher erkannt werden. Mit den Informationen aus dem *HAL* kann nun zum Beispiel nach dem Anschließen automatisch die passende Applikation, etwa ein Bildbetrachtungsprogramm oder eine Musikverwaltung, gestartet werden. Dieses Konzept dürfte Ihnen von Windows schon länger bekannt sein.

Möchten Sie sich die Liste der erkannten Geräte und deren Attribute anzeigen lassen, können Sie entweder auf der Konsole den Befehl **`lshal`** eingeben oder über eine etwaige GUI das Desktop-Programm **`hal-device-manager`** aufrufen. Die Ausgabe von **`lshal`** sieht dann zum Beispiel folgendermaßen aus, wobei hier der Datensatz für eine Teilkomponente des Soundsystems abgebildet ist:

```
udi = '/org/freedesktop/Hal/devices/pci_8086_27d8_alsa_playback_0'
  info.udi = '/org/freedesktop/Hal/devices/pci_8086_27d8_alsa_playback_0'  (string)
  linux.device_file = '/dev/snd/pcmC0D0p'  (string)
  linux.subsystem = 'sound'  (string)
  linux.hotplug_type = 2  (0x2)  (int)
  info.product = 'ALC262 Analog ALSA Playback Device'  (string)
  alsa.type = 'playback'  (string)
  alsa.device_id = 'ALC262 Analog'  (string)
  alsa.pcm_class = 'unknown'  (string)
  alsa.card_id = 'Intel'  (string)
  alsa.device = 0  (0x0)  (int)
  alsa.card = 0  (0x0)  (int)
  alsa.physical_device = '/org/freedesktop/Hal/devices/pci_8086_27d8'  (string)
  info.parent = '/org/freedesktop/Hal/devices/pci_8086_27d8'  (string)
  alsa.device_file = '/dev/snd/pcmC0D0p'  (string)
  info.capabilities = {'alsa'} (string list)
  info.category = 'alsa'  (string)
  linux.sysfs_path = '/sys/class/sound/pcmC0D0p'  (string)
```

Mit diesen Informationen kann eine Anwendung, wie zum Beispiel der `gnome-device-manager` oder `solid` (siehe unten) entsprechend weiterarbeiten. Hier kommt nun das Mittelstück zur Anwendung:

D-Bus

Das *D-Bus*-System ist ein Schnittstellenprogramm für die Kommunikation zwischen Anwendungen (Interprozesskommunikation). Es läuft unter der Kategorie »IPC-Framework«. IPC (Inter-Process Communication) ist eine Methode der Kommunikation zwischen Prozessen auf einem Computer. *D-Bus* wurde in erster Linie für die Bedürfnisse von Desktop-Applikationen entworfen und ist daher sehr gut dafür geeignet, Informationen zwischen *HAL* und einer GUI-Anwendung zu übertragen.

D-Bus unterscheidet in den *System-Bus* und den *Session-Bus*. Beide werden durch die Optionen `--system` bzw. `--session` durch den Systemprozess `/bin/dbus-daemon` erzeugt. Die Prozesse des Session-Bus werden wiederum durch das Programm `/usr/bin/dbus-launch` aufgerufen. In der Prozessliste sieht das zum Beispiel folgendermaßen aus:

```
# ps ax|grep dbus
 2156 ?        Ss     0:18 dbus-daemon -system
25536 ?        S      0:00 /usr/bin/dbus-launch --exit-with-session /etc/X11/xinit/
Xclients
25537 ?        Ss     0:00 /bin/dbus-daemon --fork --print-pid 4 --print-
address 6 -session
26288 ?        Ss     0:00 /bin/dbus-daemon --fork --print-pid 11 --print-
address 13 --session
```

Während der System-Bus permanent läuft, wird der Session-Bus erst gestartet, wenn sich ein Benutzer an der grafischen Benutzeroberfläche, wie zum Beispiel GNOME oder KDE, anmeldet. Der System-Bus wird für die Kommunikation zwischen den Desktop-Applikationen und den darunter liegenden Schichten genutzt. Dabei werden verschiedene Hardware-Klassen unterschieden. So kann sich zum Beispiel eine Bildbetrachter-Anwendung für digitale Kameras registrieren und wird fortan von *HAL* über den *D-Bus* informiert, wenn sich ein Gerät der entsprechenden Klasse am System angemeldet hat.

Der Session-Bus ist für die Kommunikation zwischen verschiedenen Desktop-Anwendungen konzipiert.

Ein kurzes **Beispiel** soll die Vorgehensweise verdeutlichen: Nehmen wir an, Sie schließen einen 2-GB-USB-Stick am USB-Port Ihres Linux-Systems an. Daraufhin wird der Kernel eine UEVENT-Meldung versenden, die *udev* aufgreift. *HAL* erhält von *udev* eine Mitteilung und liest weitere Informationen vom *sysfs* unter `/sys` aus, um eine `*.fdi`-Datei mit XML-Code zu erstellen, die sämtliche verfügbaren Attribute zu diesem neuen Gerät enthält. *HAL* informiert *D-Bus*, der seinerseits wieder alle für die entsprechenden Geräteklassen angemeldeten Desktop-Applikationen informiert.

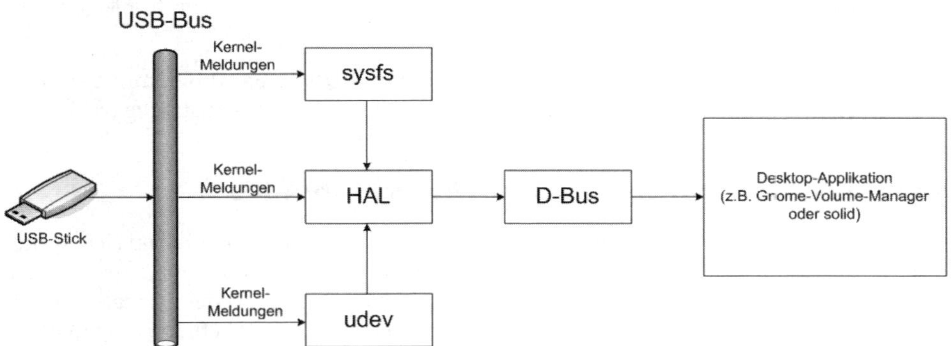

Abb. 5.2: Zusammenspiel von *udev*, *HAL*, *sysfs* und *D-Bus* mit den Desktop-Applikationen

Angenommen, Sie nutzen GNOME. In diesem Fall wird nun das Programm `gnome-volume-manager` aktiv und handelt entsprechend der Konfiguration, die Sie durch das Programm `gnome-volume-properties` definieren können.

Hier lassen sich auch sehr schön die verfügbaren Geräteklassen in Form der Registerkarten ablesen. Haben Sie, wie hier im Beispiel dargestellt, das automatische Mounten ebenso aktiviert wie die Option BROWSE REMOVABLE MEDIA WHEN INSERTED, dann wird sich automatisch ein Browserfenster öffnen, wenn ein USB-Stick angeschlossen wird.

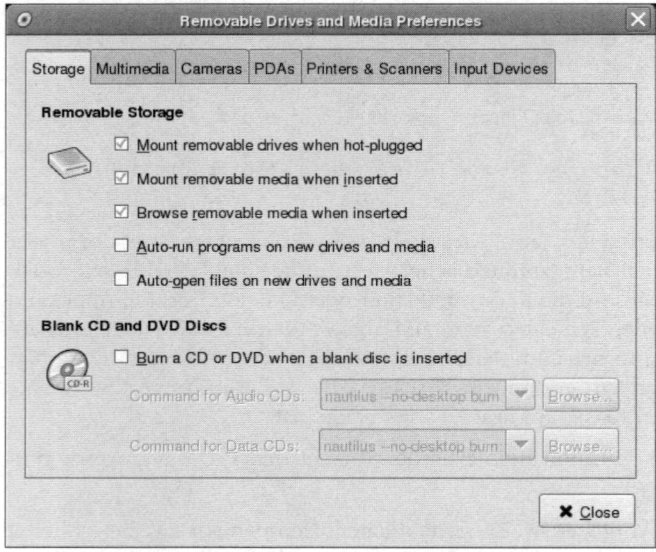

Abb. 5.3: Das Programm `gnome-volume-properties`

Die Geräte werden übrigens in der Regel in ein dynamisch erzeugtes Mount-Verzeichnis unter `/media` gemountet, wobei der Name des Verzeichnisses dem Namen des Gerätes entspricht, mit dem es sich angemeldet hat. Wundern Sie sich also nicht, wenn Sie unter `/media` plötzlich Verzeichnisse finden, die Sie selbst gar nicht angelegt haben – diese werden nach dem Entfernen der Geräte übrigens auch wieder automatisch entfernt.

Unter KDE greifen ähnliche Mechanismen, wobei unter KDE 4.x das Programm `solid` für die Abwicklung der automatischen Verarbeitung von Hotplug-Events zuständig ist.

5.5 Zusammenfassung und Weiterführendes

Durch die dynamische Geräteverwaltung mit *udev, HAL* und auch *D-Bus* haben sich grundlegende Linux-Prinzipien gewandelt. Diese Entwicklung ist insbesondere für den Einsatz von Linux als Desktop-System dringend notwendig, um die Akzeptanz der normalen Benutzer zu erhöhen. Mussten diese vor wenigen Jahren noch teilweise Verrenkungen durchführen, um ein angeschlossenes Gerät zum Laufen zu bringen, ist Linux inzwischen auf dem besten Weg, um in absehbarer Zeit in puncto *Hotplugging* zu Windows aufzuschließen.

Doch auch im Serverbereich werden Sie von der neuen Technologie profitieren können, wenn Sie eine grafische Desktop-Umgebung, wie zum Beispiel KDE oder GNOME nutzen.

Somit haben Sie in diesem Kapitel auch neben den traditionellen Methoden, ein Dateisystem bzw. ein Gerät zu mounten bzw. wieder zu u(n)mounten, auch jede Menge Background-Wissen erhalten, um die neuen Strukturen zu verstehen. Sie sollten auf jeden Fall wissen, wie der Mount-Befehl funktioniert, welche Einträge in /etc/fstab welche Bedeutung haben und wo Sie Informationen zu den Geräten finden, die Sie während der Laufzeit angeschlossen haben – in der Regel helfen hier schon die Tools lsusb, lshal oder ein Blick in /proc/bus/usb weiter.

Nützliche Links und Hinweise

Im Allgemeinen ist die Dokumentation zum Thema dynamische Geräteverwaltung nicht allzu umfassend. Es gibt bisher nur wenige Tutorials, und der größte Teil der Dokumentation ist englisch, bezieht sich vor allem auf die Programmierung der Schnittstellen und weniger auf die Bedürfnisse von Anfängern, die in die Thematik einsteigen wollen. Im Folgenden einige nützliche Weblinks:

http://www.linux-user.de/ausgabe/2007/12/096-udev/index.html – Guter Einstieg in *udev* und die Regelprogrammierung

http://www.linux-magazin.de/heft_abo/ausgaben/2006/09/geraeteverwalter?category=0 – noch mal *udev*, inklusive Einführung zum *HAL* und *D-Bus*

http://www.linux-magazin.de/heft_abo/ausgaben/2006/05/flotte_verkehrsmittel - zum Thema *HAL, D-Bus* und Desktop-Applikationen

http://freedesktop.org/wiki/Software/dbus – die offizielle *D-Bus*-Website des Projektes

http://freedesktop.org/wiki/Software/hal – die offizielle *HAL*-Website des Projektes

## Kapitel 6

Der Linux-Systemstart

Nutzen Sie zum Beispiel Windows XP, können Sie über [F8] am Anfang des Bootvorgangs das Startmenü aufrufen. Hier können Sie bestimmen, ob das System normal, abgesichert, mit oder ohne Netzwerk usw. gestartet werden soll. Für Ihr Debian-System ist das ein alter Hut – das Startkonzept *System V* kennt diese verschiedenen Systemzustände schon seit ewigen Zeiten. *System V* wird von Debian GNU/Linux und vielen anderen Linux-Distributionen verwendet. Lediglich Slackware Linux startet im *SimpleInit-Verfahren*, das auch bei verschiedenen BSD-Varianten zum Einsatz kommt. In diesem Kapitel lernen Sie Folgendes kennen:

- wie Linux gebootet wird
- die Organisation des Systemstarts
- das Konzept der Runlevel
- den Aufbau der Runlevel-Verzeichnisse
- wie Sie Dienste verwalten können
- wie die Init-Skripte aufgebaut sind

Damit erhalten Sie bereits einen recht guten Einblick in die Innereien Ihres Debian-Linux-Systems. Sie sollten Ihr Serversystem verstehen, um es richtig nutzen zu können.

Die Informationen in diesem Kapitel sind – bis auf erwähnte Besonderheiten und Unterschiede – auch auf andere Linux-Distributionen anwendbar. Wenn nicht besonders erwähnt, bestehen keine nennenswerten Unterschiede zwischen *Etch* und *Lenny*.

6.1 GRUB – Der Linux-Bootloader

Unter Linux allgemein sind zwei Bootloader geläufig: LILO (LInux LOader) und GRUB (GRand Unified Bootloader). LILO kommt langsam außer Mode, selbst das konservative Debian GNU/Linux nutzt standardmäßig inzwischen GRUB. Daher werde ich mich hier auch nur auf GRUB beschränken.

Der Bootloader ist ein kleines Programm, das das Betriebssystem in den Hauptspeicher lädt und startet. Es wird durch das BIOS gestartet, das den Bootsektor (die ersten 512 Byte eines bootfähigen Mediums) liest.

Der so genannte MBR (Master Boot Record) ist der Hauptbootsektor der Festplatte und wird als erstes gelesen. Von hier kann zum Beispiel im Falle eines Dualbootsystems ein Bootsektor einer bestimmten Partition angesprochen werden, um den dort befindlichen Bootloader zu starten. Ist nur ein Betriebssystem auf der Festplatte, wird dieses vom MBR gestartet. Dies ist ein zweistufiger Prozess:

Zunächst wird die erste Stufe des Bootloaders (446 Byte) innerhalb des Bootsektors geladen. Dieses kleine Programm lädt den eigentlichen Bootloader, der sich irgendwo auf der Festplatte befindet. Dieser lädt den Linux-Kernel ins RAM, von dem der weitere Startprozess initiiert wird. Neben der Bootloader-Fähigkeit können sowohl LILO als auch GRUB auch noch als Bootmanager auftreten: Über Menüeinträge können verschiedene Linux-Kernel oder auch andere Betriebssysteme, insbesondere Windows, gestartet werden.

Im Gegensatz zu LILO, der eine Map-Datei mit den Informationen über den Ort des Linux-Kernels und anderer wichtiger Daten benötigt, kann GRUB den Kernel über seinen Namen finden. Dazu wählen Sie beim Systemstart einen Eintrag aus dem Bootmenü:

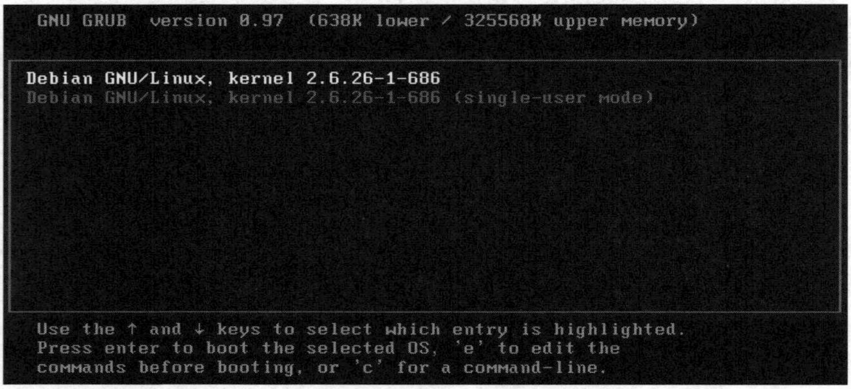

```
GNU GRUB  version 0.97  (638K lower / 325568K upper memory)

Debian GNU/Linux, kernel 2.6.26-1-686
Debian GNU/Linux, kernel 2.6.26-1-686 (single-user mode)

Use the ↑ and ↓ keys to select which entry is highlighted.
Press enter to boot the selected OS, 'e' to edit the
commands before booting, or 'c' for a command-line.
```

Abb. 6.1: Das Bootmenü von GRUB

Die GRUB-Konfigurationsdatei ist `/boot/grub/menu.lst`. Sie ist gut dokumentiert und nicht schwer zu verstehen. Schauen wir uns die »wirksamen« (nicht auskommentierten) Zeilen der Datei unter *Lenny* einmal an:

```
default         0
timeout         5
color cyan/blue white/blue
title           Debian GNU/Linux, kernel 2.6.26-1-686
root            (hd0,0)
kernel          /boot/vmlinuz-2.6.26-1-686 root=/dev/hda1 ro quiet
initrd          /boot/initrd.img-2.6.26-1-686
title           Debian GNU/Linux, kernel 2.6.26-1-686 (single-user mode)
root            (hd0,0)
kernel          /boot/vmlinuz-2.6.26-1-686 root=/dev/hda1 ro single
initrd          /boot/initrd.img-2.6.26-1-686
```

Listing 6.1: `/boot/grub/menu.lst`

Die Parameter im Einzelnen:

default – definiert das standardmäßig zu bootende System. Die weiter unten stehenden Einträge in der Datei sind intern von 0 beginnend durchnummeriert und beginnen jeweils mit `title`. Möchten Sie zum Beispiel das Recovery-System (den zweiten Eintrag) per Default starten, tragen Sie hier 1 ein.

timeout – Zeit in Sekunden, bis das Standardsystem gestartet wird, wenn keine manuelle Auswahl erfolgt.

color – definiert die Farben des Menüs.

title – die Bezeichnung des Eintrags, wie sie im Bootmenü auftaucht

root – Angabe der Partition für den Bootloader

kernel – bestimmt den zu bootenden Kernel inklusive der zu übergebenden Parameter: `root=/dev/hda1 ro single` bedeutet, dass die Wurzel des Dateisystems (/) auf `/dev/hda1` liegt, diese Partition während des Bootvorgangs read-only (`ro`) und im Singl-User-Mode (`single`) gestartet werden soll.

savedefault (bei *Lenny* standardmäßig nicht vorhanden) – Wurde der dazugehörige Eintrag im Bootmenü ausgewählt, sichert der Parameter diesen Eintrag als Default-Eintrag für den nächsten Bootvorgang, wenn gleichzeitig oben `default save` eingetragen wurde – allein hat `savedefault` keine Auswirkung.

Boot (bei *Lenny* standardmäßig nicht vorhanden) – Dieser Eintrag sorgt dafür, dass der in den Speicher geladene Kernel auch gebootet wird. Er steht implizit am Ende jedes Konfigurationseintrages und wird nur im voll-interaktiven Modus (siehe unten) explizit benötigt.

Es gibt noch viele andere Parameter und Konfigurationseinstellungen. Im Gegensatz zu LILO müssen Sie den Bootloader nicht jedes Mal neu schreiben, wenn Sie eine Änderung an der Konfiguration vorgenommen haben, da diese Änderungen automatisch beim nächsten Systemstart übernommen werden.

Sie können im Bootmenü noch während des Systemstarts Parameteränderungen vornehmen. Drücken Sie `e`, um den ausgewählten Bootmenü-Eintrag zu bearbeiten. Die anschließend gezeigte Liste der Parameter dieses Eintrags können Sie nun an Ihre Bedürfnisse anpassen.

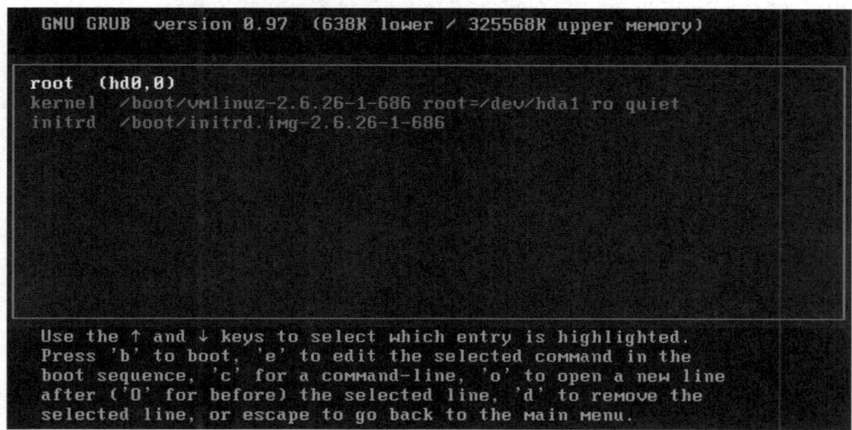

Abb. 6.2: GRUB-Einträge können vor dem Booten bearbeitet werden.

Die Bedienung wird Ihnen im unteren Bereich erklärt – zwar auf Englisch, aber in einfachen Worten. Außerdem können Sie durch Drücken der Taste `c` eine Kommandozeile aufrufen. Diese ermöglicht Ihnen die direkte Eingabe der Bootbefehle und -parameter. Es steht eine Untermenge der Befehle für die Konfigurationsdatei zur Verfügung, die in exakt derselben Syntax wie dort verwendet werden kann. Jeder Befehl wird sofort nach der Eingabe aktiv.

Für weitere Informationen finden Sie unter `http://www.gnu.org/software/grub/` die Dokumentation zu GRUB.

6.2 Das Konzept der Runlevel

Der Zustand eines Linux-Betriebssystems, das mittels *System V* startet, definiert sich über so genannte Runlevel. Leider ist die Bedeutung der Runlevel bei verschiedenen Linux-Distributionen nicht einheitlich. Gerade hier seilt sich Debian ein wenig vom »Mainstream« (openSUSE, Fedora, Mandriva u.a.) ab. Im Mainstream unterscheiden wir folgende Zustände, sprich: Runlevel:

0 – Systemhalt

1 – Einzelbenutzer (Wartungslevel)

2.- lokaler Mehrbenutzerbetrieb ohne Netzwerk

3 – Multiuser-Betrieb mit Netzwerk

4 – frei (kann vom Administrator selbst definiert werden)

5 – Multiuser-Betrieb mit Netzwerk und grafischem Login

6 – Systemneustart (reboot)

Bei Debian sind die Runlevel 2-5 per Default nicht so streng getrennt und zunächst einmal identisch. Ist der Standard-Runlevel bei anderen Distributionen 3 oder 5, so ist dies bei Debian Runlevel 2. Für jeden Runlevel sind bestimmte Systemdienste bzw. Daemons definiert, die in einer bestimmten Reihenfolge gestartet bzw. gestoppt werden.

> Das Wort *Daemon* leitet sich von **D**isk **a**nd **E**xecution **Mon**itor ab und bezeichnet Dienstprogramme, die beim Systemstart oder später gestartet werden und im Hintergrund ihre Arbeit verrichten: Daemon = Dienst = Service.

Standardmäßig gilt die Faustregel: Je höher der Runlevel, desto komplexer die Benutzerumgebung. Während des Betriebssystemstarts werden die einzelnen Dienste gestartet, die für den Default-Runlevel definiert sind. Sie werden gleich lernen, wie sie diesen Runlevel bei Bedarf anpassen können.

Wenn Sie wissen möchten, in welchem Runlevel Sie sich zurzeit befinden, geben Sie einfach **`runlevel`** ein. Sie können den Runlevel im laufenden Betrieb wechseln, indem Sie **`init <Runlevel-Nummer>`** eingeben. Mit **`init 1`** gelangen Sie in den `Single-User-Mode` zur Systemwartung. Hier werden nur die notwendigsten Prozesse und Dienste gestartet, um mit Debian arbeiten zu können – das reduziert Fehlerquellen und ermöglicht Ihnen die Reparatur des Systems. Das entspricht dem *Abgesicherten Modus* unter Windows.

6.3 Die Organisation des Systemstarts

Beim Start von Debian-Linux (eigentlich bei fast allen Linux-Distributionen) werden Sie mit einem scheinbar nie abreißenden Strom an Bildschirmausgaben bombardiert, den nur sehr geübte Linux-User (und sehr schnelle Leser) erfassen und verstehen können. Diese Ausgaben kommen vom Kernel und von den Prozessen, die während des Systemstarts aufgerufen und abgearbeitet werden.

> Die Meldungen während des Systemstarts werden in `/var/log/dmesg` gespeichert und können über das Programm **dmesg** angezeigt werden – alternativ dazu könnten Sie auch diese Logdatei direkt betrachten, da es sich hier wie bei fast allen Logs um eine Textdatei handelt.
>
> Da die Ausgabe des Befehls **dmesg** länger als eine Bildschirmseite ist, empfiehlt sich der Einsatz eines »Pagers« (ein Programm, das die Ausgabe seitenweise anzeigt), zum Beispiel **less**. Dabei leiten wir die Ausgabe von **dmesg** mittels »Pipe« durch den Pager. Der Befehl hierzu lautet dann **dmesg | less**. Näheres zur Pipe und dieser Konstruktion finden Sie in Kapitel 9 *Einführung in die Bash*.

Beim System-V-Initprozess gibt es einen ersten Prozess namens `/sbin/init`. Dieser hat grundsätzlich die Prozess-ID (PID) 1. Von ihm gehen alle anderen Prozesse aus. Dieser Prozess wertet die Datei `/etc/inittab` aus und startet gemäß den Angaben in dieser Datei weitere Systemdienste. Schauen Sie sich die Datei einmal an, um sich einen Überblick zu verschaffen. Betrachten wir ein paar ausgewählte Zeilen daraus:

```
id:2:initdefault:
```

Dies definiert den Default-Runlevel – ändern Sie die Ziffer entsprechend, um den Default-Wert anzupassen.

```
si::sysinit:/etc/init.d/rcS
```

Hier wird das Initialisierungsskript festgelegt. Es wird als Erstes von `init` gestartet und startet seinerseits wieder die Dienste, die im Verzeichnis `/etc/rcS.d` eingetragen sind.

```
~~:S:wait:/sbin/sulogin
```

Startet das System im Single-User-Mode (S), wird am Login-Prompt von `/sbin/sulogin` ein Login von `root` erwartet.

```
l0:0:wait:/etc/init.d/rc 0
l1:1:wait:/etc/init.d/rc 1
l2:2:wait:/etc/init.d/rc 2
l3:3:wait:/etc/init.d/rc 3
l4:4:wait:/etc/init.d/rc 4
l5:5:wait:/etc/init.d/rc 5
l6:6:wait:/etc/init.d/rc 6
```

Je nach erreichtem Runlevel wird das Runlevel-Skript `/etc/init.d/rc` mit entsprechendem Runlevel aufgerufen. Schauen Sie ruhig einmal in dieses Skript hinein. Es ist in Shellskript-Sprache geschrieben. Haben Sie sich ein wenig damit beschäftigt (siehe Kapitel 13 *Einführung in die Shellskript-Programmierung*), sollten Sie den Ablauf im Groben nachvollziehen können.

```
ca:12345:ctrlaltdel:/sbin/shutdown -t1 -a -r now
```

Diese Zeile sorgt dafür, dass Ihr System auf den so genannten Klammeraffen (Strg+Alt+Entf) reagiert. Es wird der Befehl `/sbin/shutdown` mit entsprechenden Parametern aufgerufen, damit das System einen sauberen Reboot durchführt.

```
1:2345:respawn:/sbin/getty 38400 tty1
2:23:respawn:/sbin/getty 38400 tty2
3:23:respawn:/sbin/getty 38400 tty3
4:23:respawn:/sbin/getty 38400 tty4
5:23:respawn:/sbin/getty 38400 tty5
6:23:respawn:/sbin/getty 38400 tty6
```

Diese Zeilen sind dafür verantwortlich, dass Sie mit Alt+F1 bis Alt+F6 eine Konsole vorfinden. Diese wird über `/sbin/getty` aufgerufen. In der ersten Zeile wird definiert, dass `tty1` (so heißt der Prozess), also die Konsole auf Alt+F1, in den Runlevels 2, 3, 4 und 5 verfügbar ist – die gewünschten Runlevels werden direkt hintereinander angegeben. Alle anderen Konsolen sind demnach nur in Runlevel 2 und 3 verfügbar. Natürlich können Sie dies hier anpassen.

Testweise könnten Sie zum Beispiel durch ein vorangestelltes Doppelkreuz (#) vor der letzten Zeile dafür sorgen, dass nach dem nächsten Systemstart die sechste Konsole unter Alt+F6 nicht mehr zur Verfügung steht – probieren Sie es aus!

> Es wird Zeit, Ihnen die *Was-passiert-dann-Maschine* vorzustellen: Der optimale Weg, ein System kennen zu lernen, besteht darin, alles Mögliche zu probieren und zu schauen, wie sich das System nach der Änderung verhält. Dabei sind Ihrer Fantasie keine Grenzen gesetzt – allerdings sollten Sie systematisch vorgehen und immer nur einen Parameter ändern, sonst können Sie teilweise keine Rückschlüsse aus dem Ergebnis ziehen. Dieses Prinzip nenne ich die *Was-passiert-dann-Maschine*, nach dem Motto: »Was passiert eigentlich, wenn ich auf diesen Knopf drücke ...?«
>
> Also: Testen Sie, experimentieren Sie, fahren Sie Testreihen! Aber bitte nur auf Ihrem Testsystem, bei dem es nichts ausmacht, wenn Sie es zerschießen. Auf einem Praxissystem dagegen empfehle ich Ihnen, äußerste Vorsicht walten zu lassen und jede Konfigurationsänderung zweimal zu durchdenken, bevor Sie leichtfertig etwas verändern.

Noch einmal zurück zu den Konsolenprozessen in `/etc/inittab`:

Es existieren einige Beispiele für weitere Anwendungen, die zwar bereits in der Datei vorhanden, aber durch # am Zeilenanfang auskommentiert sind. Benötigen Sie eine Konsole über die serielle Schnittstelle, können Sie die passenden in der Datei `/etc/inittab` auskommentierten Zeilen aktivieren, indem Sie das # entfernen. Auch für den Modemanschluss existiert in der Datei ein entsprechendes Beispiel.

Der Systemstart von Linux ist sehr transparent, da fast alles durch Shellskripte gesteuert ist. Nachdem `/sbin/init` also gemäß `/etc/inittab` das Skript `/etc/init.de/rc` aufruft, weiß rc aufgrund des übergebenen Runlevel-Parameters, welche Vorgänge nun auszuführen sind ...

Warum eigentlich? Auch das ist transparent, da die weiteren Startvorgänge ebenfalls über entsprechende Skripte gesteuert werden. Wie das funktioniert, lernen Sie jetzt.

6.4 Die Runlevel-Verzeichnisse

Für jeden Runlevel existiert ein eigenes Verzeichnis:

/etc/rc0.d - /etc/rc6.d

In /etc/init.d/ befinden sich sämtliche Skripte, die zum Systemstart ausgeführt werden können. Schauen Sie in das Verzeichnis, finden Sie Skripte, wie zum Beispiel

- cron,
- halt,
- inetd,
- portmap,
- postfix,
- ssh usw.

> Nach der Basisinstallation finden sich hier vermutlich nicht alle oben angeführten Skripte, aber im Laufe der Zeit fügen wir sie hinzu.

Die Skripte haben alle eine klar umgrenzte Aufgabe – oft wird ein bestimmter Dienst damit gesteuert (zum Beispiel Postfix-Mail-Server oder SSH-Secureshell). Manche Skripte steuern aber auch Systemvorgänge wie zum Beispiel halt.

Die einzelnen Runlevel-Verzeichnisse enthalten Verweise (Links) auf die entsprechenden Skripte in /etc/init.d/, die im entsprechenden Runlevel auszuführen sind. Wir unterscheiden zwischen so genannten Start- und Stopskripten (obwohl es sich eigentlich um Links auf dasselbe Init-Skript handelt). Die Startskripte beginnen mit einem S gefolgt von einer Nummer, durch die die Reihenfolge der Abarbeitung der Skripte bestimmt wird. Bei Debian finden Sie in den Runlevel-Verzeichnissen 2 bis 5 normalerweise ausschließlich Startskripte, wie hier für Runlevel 2 dargestellt:

```
etch:/etc/rc2.d# ls
README        S18portmap  S20makedev         S21nfs-common  S99rc.local
S10sysklogd   S20acpid    S20openbsd-inetd   S89atd         S99rmnologin
S11klogd      S20exim4    S20ssh             S89cron        S99stop-bootlogd
```

Die Datei README gibt hier nur einige Hinweise zur Nutzung dieser Verzeichnisse und läuft außer Konkurrenz. Wie Sie hier erkennen können, wird also im Runlevel 2 (unter *Etch*) zunächst S10sysklogd ausgeführt. Bei *Lenny* finden Sie hier S10rsyslog (siehe Kapitel 14 *Protokollierung*). Schauen wir uns diesen Verzeichniseintrag einmal im Detail an:

```
etch:/etc/rc2.d# ls -l S10sysklogd
lrwxrwxrwx 1 root root 18 2007-01-21 18:43 S10sysklogd -> ../init.d/sysklogd
```

Es handelt sich um einen Symlink mit einem relativen Pfad (Sie erinnern sich? Siehe Kapitel 4 *Das Debian-System – Grundlagen*). Dieser zeigt eine Ebene höher (dies wird durch zwei Punkte `..` dargestellt), dann auf das Verzeichnis `/init.d/` und hier auf das Skript `sysklogd`. Schauen Sie nach, es befindet sich dort – wenn Sie *Etch* nutzen, bei *Lenny* heißt es `rsyslog`, da in der neuen Version auf einen neuen Syslog-Daemon umgestellt wurde.

Wurde dem Skript `/etc/init.d/rc` als Parameter `2` angegeben (für den Runlevel 2), startet `rc` folglich als Erstes `/etc/init.d/sysklogd` und anschließend alle anderen Skripte, auf die die Symlinks mit einem `S` am Anfang in `/etc/rc2.d` verweisen.

> Da einige Dienste von anderen abhängig sind, muss unter Umständen die Startreihenfolge beachtet werden. So kann ein Netzwerkdienst (Webserver, Mail-Server etc.) zum Beispiel erst aktiviert werden, nachdem das Skript `networking` abgearbeitet wurde – sonst kann sich der Dienst an kein Interface und keinen Port binden (Details hierzu siehe Kapitel 17 *Netzwerkgrundlagen und TCP/IP*).

Auf der anderen Seite gibt es die Stopskripte, die mit einem `K` (für kill) anfangen. Diese Skripte finden Sie unter Debian in `/etc/rc0.d` (system halt) und `/etc/rc6.d` (system reboot). Bei einigen anderen Distributionen befinden sie sich auch in anderen Runlevels. Sie funktionieren im Prinzip so wie die Startskripte. Durch die Ziffern nach dem `k` wird die Reihenfolge der Abarbeitung bestimmt.

> Sie finden zum Beispiel im Verzeichnis für Runlevel 6 (`/etc/rc6.d`) auch einige Startskripte. Mit Ausnahme von einigen wenigen, zum Beispiel `S35networking`, werden diese Skripte ohne Parameter aufgerufen; sie sind ausschließlich für das Herunterfahren bzw. Rebooten des Systems konzipiert.
>
> Für alle aufmerksamen Leser, die jetzt ein Fragezeichen im Gesicht haben: Durch eine Sonderbehandlung in `/etc/init.d/rc` (dem Initialisierungsskript) wird das Skript `networking` im Runlevel 6 zwar als Startskript aufgerufen, beendet aber dennoch alle Netzwerkschnittstellen.

Befinden sich in einem Runlevel-Verzeichnis sowohl Start- als auch Stopskripte, werden die Stopskripte zuerst abgearbeitet. Zur Verdeutlichung:

Befinden Sie sich im Runlevel 2 und wechseln mit **`init 3`** in Runlevel 3, so werden alle evtl. vorhandenen Stopskripte in `/etc/rc3.d/` ausgeführt und anschließend die Startskripte in diesem Verzeichnis.

6.5 Die Verwaltung der Dienste

Bei einem Blick in `/etc/init.d/` ist Ihnen sicherlich aufgefallen, dass die Init-Skripte fast immer den Namen des Dienstes haben, den sie verwalten. Zwar werden sie normalerweise über die Runlevel-Verzeichnisse bzw. das `rc`-Skript aufgerufen; Sie können die Skripte aber auch direkt nutzen, um die Dienste zu starten, stoppen oder neu zu starten. Die per Konvention festgelegten Parameter dazu sind folgende:

- `start`
- `stop`

- `restart`
- `reload`
- `status`

Während die Parameter `start` und `stop` relativ klar sind, liegt der Unterschied zwischen `restart` und `reload` darin, dass bei `restart` der gesamte Service gestoppt und erneut gestartet wird, während `reload` nur für das erneute Einlesen der Konfigurationsdatei sorgt – im Zweifel sollten Sie den Dienst neu starten. Der Parameter `status` gibt eine mehr oder weniger ausführliche Statusmeldung aus.

Um einen Dienst zu starten, geben Sie Folgendes ein:

```
# /etc/init.d/<Dienstname> start
```

Entsprechend verfahren Sie, um die anderen Parameter anzugeben. Um die Netzwerkdienste neu zu starten, geben Sie also Folgendes ein:

```
# /etc/init.d/networking restart
```

Ein Startversuch für einen bereits gestarteten Dienst ist unschädlich und bringt im schlimmsten Fall eine Fehlermeldung, dass der Dienst schon gestartet ist. Ebenso verhält es sich mit dem Stoppen von nicht gestarteten Diensten. Sie können hierbei also nicht allzu viel falsch machen.

> Sie werden diese Art der manuellen Manipulation eines Dienstes im weiteren Verlauf dieses Buches häufig benötigen. Jedes Mal, wenn wir eine Veränderung in der Konfiguration vornehmen, ist mindestens ein Reload des betroffenen Dienstes notwendig! Immer noch besser als ein Reboot, oder? ;-)

6.6 Einrichten der Links in den Runlevel-Verzeichnissen

Installieren Sie einen Dienst durch ein Debian-Paket, werden das entsprechende Skript in `/etc/init.d/` und die Links in den Runlevel-Verzeichnissen automatisch angelegt. Aber wie können Sie den Start eines Dienstes kontrollieren?

6.6.1 rcconf

Ein einfaches Programm, mit dem einzelne Dienste aktiviert oder deaktiviert werden können, ist `rcconf`. Sie können mit diesem Programm lediglich festlegen, ob Sie einen Dienst generell starten wollen oder nicht – Sie können aber *nicht* die einzelnen Runlevels für diesen Dienst festlegen – sprich er wird in den Runlevels 2, 3, 4 und 5 gestartet und in Runlevel 0, 1 und 6 gestoppt.

Sollte das Programm noch nicht auf Ihrem System installiert sein, installieren Sie es mit folgendem Befehl:

```
# apt-get install rcconf
```

Anschließend können Sie das Programm über den Namen aufrufen:

```
# rcconf
```

Das Tool präsentiert sich Menü-gesteuert:

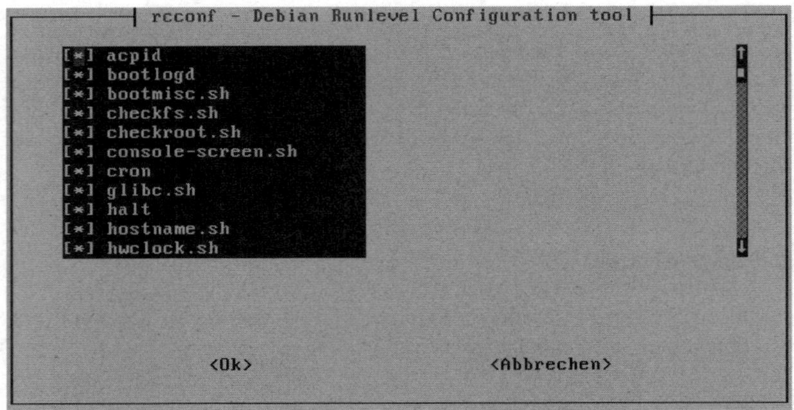

Abb. 6.3: Mit `rcconf` aktivieren und deaktivieren Sie Dienste.

Sie können das Programm nun per Cursortasten [↑] und [↓], [Leertaste] zum Auswählen und [⇆] zum Sprung zu den Schaltflächen (OK und ABBRECHEN) steuern. Eine Schaltfläche aktivieren Sie durch [Enter]. Die Bedienung ist also ganz wie gewohnt.

6.6.2 update-rc.d

Möchten Sie ein wenig mehr Kontrolle über die Vorgänge ausüben, bietet sich **update-rc.d** an. Wer sich diesen Namen ausgedacht hat, hatte keinen Gedanken an Benutzerfreundlichkeit verschwendet – ich breche mir regelmäßig die Finger beim Eintippen des Namens!

Wie auch immer: Mit diesem Programm können Sie definieren, in welchen Runlevels mit welcher Ziffer (`Sxx<Dienstname>` und `Kxx<Dienstname>`) der angegebene Dienst durch einen entsprechenden Link gestartet und gestoppt werden soll. Hier ein paar Beispiele:

Möchten Sie vorhandene Runlevel-Einträge ändern, müssen Sie diese zunächst löschen, da sich das Programm sonst weigert, etwas zu tun:

```
# update-rc.d -f <Dienstname> remove
```

Ohne die Option `-f` (forcieren) würde das Programm sich ebenfalls weigern, irgendwelche Links zu löschen, wenn das Ziel des Links, also das Init-Skript selbst, unter `/etc/init.d/` noch vorhanden ist. Bei einer Änderung ist dies natürlich regelmäßig der Fall.

Als Nächstes können Sie die neuen Runlevel-Einträge setzen. Dazu haben Sie mehrere Möglichkeiten. Möchten Sie die Voreinstellungen von Debian nutzen, benötigen Sie nur einen Parameter:

```
# update-rc.d <Dienstname> defaults
```

Dies ist allerdings nur eine Kurzform des Befehls. Dieser lautet in seiner ausführlichen (und allgemeinen) Form folgendermaßen:

```
# update-rc.d <Dienstname> start 20 2 3 4 5 . stop 20 0 1 6 .
```

Nach dem Dienstnamen geben Sie mittels `start` an, welche Startnummer (per Default 20) der Link in welchen Runlevels (per Default 2, 3, 4 und 5) erhalten soll. Nach einem Leerzeichen folgt durch einen Punkt getrennt die Angabe, welche Nummer der Stopplink erhalten soll (per Default wieder 20) und in welchen Runlevels der Stopplink erstellt werden soll (hier 0, 1 und 6). Der Befehl wird durch einen Punkt (nach einem Leerzeichen!) abgeschlossen.

Möchten Sie zunächst lediglich einen Testdurchlauf starten, ohne wirkliche Veränderungen vorzunehmen, ergänzen Sie die Option `-n`.

> Beachten Sie: Wenn Sie den Dienst durch ein neueres Debian-Paket updaten, gehen die durch **`update-rc.d`** vorgenommenen Änderungen verloren, da `debconf` oder die integrierten Skripte die Links wieder in den ursprünglichen Zustand versetzen.

6.7 Workshop – Anpassen der Runlevels

Um Ihnen die Vorgehensweise ein wenig näher zu bringen, werden wir zu Testzwecken den lokalen Mail-Server – in diesem Beispiel `Exim4` – nur im Runlevel 3 und 4 laufen lassen. Ist auf Ihrem Testsystem ein anderer Mail-Server (zum Beispiel `Postfix`) installiert, funktioniert es aber im Prinzip genauso.

> Unter *Lenny* ist in der Basisinstallation kein Mail-Server enthalten. Früher wurde die interne Kommunikation, zum Beispiel von bestimmten Diensten zum Systemadministrator `root`, über einen Mail-Server abgefertigt, der somit zu den Pflichtprogrammen innerhalb einer Linux-Grundinstallation gehörte – das ist so etwas wie »mit Kanonen auf Spatzen schießen«. Inzwischen kommunizieren die Systeme intern auf anderen Wegen, so dass Sie den Mail-Server gegebenenfalls zum Beispiel mit **`apt-get install exim4-daemon-light`** für unsere Zwecke nachinstallieren müssen.

Darüber hinaus werden wir in diesem Workshop an einigen Stellen hinsichtlich der Netzwerkfunktionalität etwas vorgreifen – machen Sie sich keine Sorgen, Informationen zu Themen wie »telnet« oder »Ports« erhalten Sie später in den entsprechenden Kapiteln – versprochen!

Geben Sie Folgendes ein:

```
# ls /etc/init.d/
```

Überzeugen Sie sich, dass dort `exim4` als Init-Skript vorhanden ist. Nun schauen wir, ob wir einen entsprechenden Link im Runlevel-Verzeichnis `/etc/rc2.d/` finden:

```
# ls /etc/rc2.d/*exim4
S20exim4
```

Der Eintrag im Verzeichnis für Runlevel 2 ist vorhanden. Überprüfen Sie die anderen Verzeichnisse, indem Sie den Pfad des Verzeichnisses entsprechend anpassen – zum Beispiel **`ls /etc/rc3.d/*exim4`** usw.

Alle Links vorhanden? Sehr gut, nun löschen Sie diese (!), damit Sie anschließend die neuen Links setzen können. Geben Sie zunächst folgenden (unvollständigen) Befehl ein:

```
# update-rc.d exim4 remove
```

Es erfolgt eine Fehlermeldung, da das Init-Skript noch vorhanden ist:

```
update-rc.d: /etc/init.d/exim4 exists during rc.d purge (use -f to force)
```

Nun ergänzen wir die Option `-f`:

```
# update-rc.d -f exim4 remove
/etc/rc0.d/K20exim4
/etc/rc1.d/K20exim4
/etc/rc2.d/K20exim4
/etc/rc3.d/K20exim4
/etc/rc4.d/K20exim4
/etc/rc5.d/K20exim4
/etc/rc6.d/K20exim4
```

Die Links werden klaglos entfernt. Sie können nun die neuen Links setzen, um `exim4` in den Runlevel 3 und 4 starten und in allen anderen Runlevels stoppen zu lassen:

```
# update-rc.d exim4 start 50 3 4 . stop 50 0 1 2 5 6 .
/etc/rc0.d/K50exim4 -> ../init.d/exim4
/etc/rc1.d/K50exim4 -> ../init.d/exim4
/etc/rc2.d/K50exim4 -> ../init.d/exim4
/etc/rc5.d/K50exim4 -> ../init.d/exim4
/etc/rc6.d/K50exim4 -> ../init.d/exim4
/etc/rc3.d/S50exim4 -> ../init.d/exim4
/etc/rc4.d/S50exim4 -> ../init.d/exim4
```

Überzeugen Sie sich davon, dass die Links in den gewünschten Runlevel-Verzeichnissen vorhanden sind. Für Runlevel 3 und 4 sollten Einträge der Art `S50exim4` vorhanden sein, in den restlichen Runlevel-Verzeichnissen finden Sie `K50exim4`. Die höhere Zahl (50) sorgt für eine spätere Abarbeitung des Skripts bei einem Runlevel-Wechsel.

Die Links sind wie gewünscht gesetzt? Dann können wir in die Testphase gehen. Wechseln Sie dazu in Runlevel 5:

```
# init 5
INIT: Switching to runlevel: 5
INIT: Sending processes the TERM signal
# Stopping MTA: exim4
```

Drücken Sie anschließend `Enter`, um einen Prompt zu bekommen. Versuchen Sie, Ihren lokalen Mail-Server durch folgenden Befehl aufzurufen, indem Sie eine Verbindung zum lokalen Rechner auf dem Mail-Server-Port (25) herstellen. Hierzu nutzen Sie das Programm **`telnet`**. Dieses ist in der Basisinstallation unter *Lenny* noch nicht installiert. Sie können dies jetzt durch Eingabe von **`apt-get install telnet`** nachholen. Anschließend geben Sie den folgenden Befehl ein, um sich auf der lokalen Schnittstelle mit der IP-Adresse 127.0.0.1 auf Port 25 zu verbinden:

```
# telnet 127.0.0.1 25
telnet: Unable to connect to remote host: Connection refused
```

Der Mail-Server kann Ihnen nicht antworten, weil er nicht gestartet ist. Wechseln Sie in Runlevel 3:

```
# init 3
```

Testen Sie wiederum den Mail-Server:

```
# telnet 127.0.0.1 25
Trying 127.0.0.1...
Connected to 127.0.0.1.
Escape character is ']'.
220 localhost.localdomain ESMTP Exim 4.69 Sun, 09 Nov 2008 21:54:37 +0100
```

Der Mail-Server ist nun gestartet und antwortet Ihnen. Sie können die Kommunikation durch Eingabe von **quit** beenden. Näheres zum Thema »Mail-Server« in den Kapiteln 31 *Lokaler E-Mail-Server mit Content-Filter* und 32 *Internet-Mail-Server mit SMTP-Authentication.*

Überzeugen Sie sich davon, dass sich in den Verzeichnissen für die Runlevels 1, 2, 5 und 6 Stopskripte (bzw. entsprechende Links) für `Exim4` befinden. Ist das der Fall, können Sie den Ursprungszustand wiederherstellen. Zunächst löschen Sie alle Links für `Exim4`:

```
# update-rc.d -f exim4 remove
/etc/rc0.d/K50exim4
/etc/rc1.d/K50exim4
/etc/rc2.d/K50exim4
/etc/rc3.d/S50exim4
/etc/rc4.d/S50exim4
/etc/rc5.d/K50exim4
/etc/rc6.d/K50exim4
```

Nun bringen Sie alles in den Ausgangszustand zurück, indem Sie die Default-Einstellungen herstellen:

```
# update-rc.d exim4 defaults
/etc/rc0.d/K20exim4 -> ../init.d/exim4
/etc/rc1.d/K20exim4 -> ../init.d/exim4
/etc/rc6.d/K20exim4 -> ../init.d/exim4
/etc/rc2.d/S20exim4 -> ../init.d/exim4
/etc/rc3.d/S20exim4 -> ../init.d/exim4
/etc/rc4.d/S20exim4 -> ../init.d/exim4
/etc/rc5.d/S20exim4 -> ../init.d/exim4
```

Ab sofort steht Ihr Mail-Server wieder in allen Multiuser-Runlevels (2, 3, 4 und 5) zur Verfügung.

Wenn Sie es bevorzugen, können Sie natürlich die Links manuell setzen, aber mit dem Befehl **update-rc.d** lässt sich diese Arbeit angenehm vereinfachen.

Vielleicht fragen Sie sich jetzt zu Recht, warum ich Ihnen die Manipulation der Runlevel-Verzeichnisse so ausführlich gezeigt habe – dies hat genau zwei Gründe:

1. Zunächst fördert es Ihr Verständnis für die internen Abläufe Ihres Debian-Servers. Dies hilft beim Einrichten und Debuggen des Systems.

2. Zum Anderen können Sie sich dadurch Ihr eigenes Debian-System erstellen. Im Moment dürfte es dazu noch an Anwendungsmöglichkeiten mangeln. Aber nachdem Sie etliche Serverdienste und Möglichkeiten zur Nutzung Ihres Servers kennen gelernt haben, möchten Sie vielleicht verschiedene Zustände mit verschiedenen Diensten testen – dazu bietet sich die unterschiedliche Konfiguration der Runlevel an. Behalten Sie also diese Möglichkeiten im Hinterkopf – Sie werden sie vielleicht irgendwann benötigen, und froh sein, zu diesem Kapitel zurückblättern zu können.

6.8 Zusammenfassung und Weiterführendes

Sie wissen nun, wie Ihr Debian GNU/Linux gebootet wird, haben den Bootloader GRUB kennen gelernt und wissen, was es mit den Runlevels auf sich hat. Außerdem sind Sie in der Lage, Dienste mittels verschiedener Hilfsprogramme (**`rcconf`** und **`update-rc.d`**) aber auch manuell in den gewünschten Runlevels einzubinden.

Beachten Sie, dass fast jeder Dienst nach einer Konfigurationsänderung über Aufruf seines Init-Skripts in `/etc/init.d/` entweder per `reload` seine Konfiguration neu einlesen muss oder aber mit `restart` oder `stop` und `start` neu gestartet werden muss! Zurzeit benötigen Sie das noch nicht allzu oft. Später jedoch werden Sie die Dienste während der Konfigurationsphase ständig neu starten müssen.

Inzwischen haben Sie – wenn Sie das Buch von vorne durchgearbeitet haben, schon einen ganz guten Überblick über wichtige Grundprinzipien, auf denen Debian GNU/Linux im Speziellen und Linux im Allgemeinen beruht. Lassen Sie uns im nächsten Kapitel einen Blick auf die Benutzerverwaltung werfen.

## Kapitel 7

Benutzerverwaltung

Es ist charakteristisch für einen Server, dass er von mehreren Benutzern genutzt wird – für eine Einzelperson genügt normalerweise eine Workstation. Es gibt Ausnahmen, bei denen die Benutzerkonten in speziellen, eigenen Datenbanken geführt werden (zum Beispiel Samba oder MySQL) – in der Regel jedoch werden die Benutzer eines Servers auch von diesem verwaltet. Was ich Ihnen sagen möchte, ist, dass Sie um Benutzerverwaltung nicht herumkommen werden!

> Folgende drei Begriffe sind äquivalent: **Benutzer = User = Account**. Daneben wird der Begriff *Login* als Synonym für *Benutzer+Passwort* verwendet. Melden Sie sich also mit Ihrem Login an, geben Sie Ihren Benutzernamen und das dazugehörige Passwort ein.

Sie lernen in diesem Kapitel Folgendes:

- Anlegen, Modifizieren und Löschen von Benutzern
- Aufbau der Datei `/etc/passwd`
- Anlegen, Modifizieren und Löschen von Gruppen
- Aufbau der Datei `/etc/group`
- Erstellen von Passwörtern und Passwortrichtlinien
- Aufbau der Datei `/etc/shadow`

In einem Workshop am Ende des Kapitels werden Sie Ihre Kenntnisse in die Praxis umsetzen können und ein Gefühl für den Umgang mit den Befehlen und Dateien bekommen.

7.1 Einen Benutzer anlegen

Einen Benutzer für Ihr System legen Sie folgendermaßen an:

```
# useradd <Benutzer>
```

Ohne weitere Optionen und Parameter legt der Befehl lediglich einen Eintrag in `/etc/passwd` an. Möchten Sie ein Home-Verzeichnis anlegen, ergänzen Sie die Option `-m`: (für **m**ake home-directory)

```
# useradd -m <Benutzer>
```

Dies erstellt zusätzlich ein Standardverzeichnis `/home/<Benutzer>/` mit entsprechenden Berechtigungen. Die Vorlage für den Inhalt dieses Verzeichnisses liefert `/etc/skel/`. Vielleicht benötigen Sie ein Home-Verzeichnis an einer anderen Stelle – dies geben Sie als Parameter der Option `-d` (für *directory*) an:

```
# useradd -m -d <Home-Verzeichnis> <Benutzer>
```

Es muss sich hierbei um eine absolute (keine relative!) Pfadangabe handeln. In der Regel werden Sie ein Benutzerverzeichnis automatisch erstellen lassen, da Sie dies ansonsten manuell anlegen und mit passenden Rechten ausstatten müssten. Daher nutzen Sie im Zusammenhang mit der Option `-d` auch fast immer `-m`.

Möchten Sie in der Datei `/etc/passwd` eine Beschreibung des Benutzers, zum Beispiel seinen vollen Namen, eintragen, benötigen Sie `-c` (für *comment*) als Option und den Text in Anführungszeichen als Parameter:

```
# useradd -c "<Kommentar>" <Benutzer>
```

Sie können dem Benutzer auch mit `-s <Shell>` eine Shell zuweisen. Die Voreinstellung ist `/bin/bash`, die Standard-Shell für Linux-Systeme. Neben vielen anderen Shells ist besonders eine für Sie interessant: `/bin/false`. Diese Pseudo-Shell verhindert einen lokalen Zugriff auf das System. Das wird zum Beispiel verwendet, wenn Sie Systembenutzer einrichten, die lediglich E-Mail-Postfächer benötigen, aber sonst ausschließlich remote (also über das Netz) zugreifen. Dies sieht zum Beispiel so aus:

```
# useradd -s <Shell> <Benutzer>
```

Jeder Benutzer wird normalerweise durch eine eindeutige User-ID (UID) identifiziert. Der Systemadministrator `root` hat immer die UID 0. System-Accounts (siehe nächster Abschnitt) haben UIDs unter 1000. Die normalen User erhalten UIDs ab 1000 aufwärts. Die UID wird normalerweise vom System aufsteigend automatisch vergeben. Möchten Sie hierauf Einfluss nehmen, können Sie die Option `-u <UID>` nutzen:

```
# useradd -u <UID> <Benutzer>
```

Möchten Sie zum Beispiel Ihre lokalen Benutzer von den reinen E-Mail-Benutzern trennen, könnten Sie letzteren fortlaufende UIDs von 5000 aufwärts vergeben. Die Grenze liegt hier bei 65534 – dieser letzte Wert wird dem Benutzer `nobody` zugewiesen. Dies entspricht einem Gastkonto unter Windows mit denkbar geringen Rechten. Im Gegensatz zum Windows-Gastkonto existiert der Benutzer `nobody` allerdings nicht per Default, sondern muss bei Bedarf angelegt werden.

7.2 Die Datei /etc/passwd

Wo landen nun die Informationen, die Sie mit **useradd** eingegeben haben? Nicht etwa in einer Datei `/etc/users` – diese existiert normalerweise nicht auf einem Linux-System –, sondern in der Datei `/etc/passwd`. Der Name ist historisch begründet, da in früherer Zeit das Passwort mit den Benutzerinformationen zusammen in dieser Datei gespeichert wurde. Werfen wir einen Blick in die (verkürzte) Datei `/etc/passwd`:

```
root:x:0:0:root:/root:/bin/bash
daemon:x:1:1:daemon:/usr/sbin:/bin/sh
bin:x:2:2:bin:/bin:/bin/sh
sys:x:3:3:sys:/dev:/bin/sh
sync:x:4:65534:sync:/bin:/bin/sync
```

```
games:x:5:60:games:/usr/games:/bin/sh
man:x:6:12:man:/var/cache/man:/bin/sh
lp:x:7:7:lp:/var/spool/lpd:/bin/sh
[...]
user1:x:1000:1000:user1,,,:/home/user1:/bin/bash
hans:x:1001:100:Hans Wurst, Pers-No: 10568:/home/hans:/bin/bash
snoopy:x:1002:100::/home/snoopy:/bin/false
```

Listing 7.1: Auszug aus /etc/passwd

Die Einträge in dieser Datei haben folgende Syntax:

```
<Benutzer>:x:<UID>:<GID>:<Kommentar>:<Homeverzeichnis>:<Shell>
```

Jede Spalte wird von der nächsten durch einen Doppelpunkt getrennt. Bleibt eine optionale Spalte leer, stehen dort schlicht zwei aufeinanderfolgende Doppelpunkte (`::`). Die Spalten haben folgende Bedeutung:

1. `Benutzer`: Der Login-Name des Benutzers.
2. `x`: Hier stand früher das verschlüsselte Passwort, das nun in `/etc/shadow` ausgelagert wurde. Stattdessen wird diese Spalte immer mit einem `x` ausgefüllt.
3. `UID`: Die User-ID eines Benutzers.
4. `GID`: Jedem Benutzer wird genau eine Hauptgruppe zugeordnet. Der Wert an dieser Stelle ist die ID der Hauptgruppe eines Benutzers. Näheres dazu im nächsten Abschnitt.
5. `Kommentar`: Hier können Sie eine Beschreibung des Benutzers eintragen, zum Beispiel seinen vollen Namen und seine Personalnummer etc. Dieser Eintrag ist optional.
6. `Homeverzeichnis`: Jeder normale Benutzer benötigt ein Home-Verzeichnis, in dem er volle Rechte hat und arbeiten kann. Nach der Anmeldung landet er zunächst in seinem Home-Verzeichnis.
7. `Shell`: Die Shell eines Benutzers ist seine Arbeitsumgebung und Schnittstelle zum System. Der Standard unter Linux ist `/bin/bash`.

Schauen Sie sich die Datei einmal etwas genauer an: Die erste Zeile ist auf jedem Linux-System gleich – sie enthält den Eintrag für `root`. Es folgen einige Zeilen mit System-Accounts, die nur von den Systemdiensten verwendet werden. Damit erhalten diese Dienste genau die Rechte, die sie zum Abarbeiten Ihrer Aufgaben benötigen, aber nicht mehr.

Unten folgen die normalen Benutzer. Der erste Eintrag (`user1`) wurde vom Assistenten während der Grundkonfiguration während bzw. nach der Installation des Basissystems vorgenommen und sieht etwas anders aus im Kommentarfeld und bezüglich der GID. Das Kommentarfeld können Sie in kleineren Umgebungen vergessen, da es lediglich informativen Charakter hat – sprich es wird nicht vom System ausgewertet. Die GID 1000 verweist auf eine extra für diesen Benutzer angelegte Gruppe. Während normale Benutzer der Standardgruppe `users` (GID 100) zugeordnet werden, erhält dieser Account des Systems eine Sonderstellung, da angenommen wird, dass dies der nicht-administrative Account des Systemadministrators ist. Damit kann der Systemadministrator auf diesen Account flexibler Rechte vergeben.

7.3 Benutzer modifizieren

Nachdem Sie einen Benutzer angelegt haben, könnten sich bestimmte Änderungen ergeben, die eine Anpassung des Benutzer-Accounts notwendig machen. So könnte sich das Home-Verzeichnis eines Benutzers ändern oder der Benutzer wünscht eine andere Shell. Der Befehl zum Modifizieren eines Benutzers ist **usermod**. Erfreulicherweise funktioniert er fast genauso wie **useradd**. Möchten Sie zum Beispiel ein neues Home-Verzeichnis definieren, geben Sie Folgendes ein:

```
# usermod -d /<neues Homeverzeichnis> <Benutzer>
```

Der Parameter `-m` ist übrigens nicht erlaubt, das Verzeichnis müssen Sie folglich per Hand anlegen und mit entsprechenden Rechten versehen.

> Wie Sie Rechte vergeben und verändern, lernen Sie im nächsten Kapitel.

Möchten Sie die Shell eines Benutzers anpassen, geben Sie analog Folgendes ein:

```
# usermod -s <neue Shell> <Benutzer>
```

Sie können auch den Benutzernamen ändern mit folgendem Befehl:

```
# usermod -l <neuer Benutzername> <Benutzer>
```

Damit werden Benutzername und Zugriffsrechte angepasst, aber nicht das Home-Verzeichnis! Ein Benutzer `user1` mit einem Home-Verzeichnis `/home/user1/`, der nun `user2` heißen soll, hat nach wie vor als Home-Verzeichnis `/home/user1/`. Dieses Verzeichnis müssten Sie folglich mit **usermod -d /home/user2/** noch anpassen, nachdem Sie das Home-Verzeichnis `/home/user1/` manuell in `/home/user2/` umbenannt haben.

Der Befehl **usermod** eignet sich sehr gut, um einen Account zu sperren, ohne ihn zu löschen:

```
# usermod -L <Benutzer>
```

Dies fügt in `/etc/shadow` vor dem verschlüsselten Passwort ein Ausrufezeichen (!) ein und verwehrt somit dem Benutzer die Anmeldung. Möchten Sie den Benutzer wieder entsperren, können Sie Folgendes eingeben:

```
# usermod -U <Benutzer>
```

Damit entfernen Sie das Ausrufezeichen wieder. Näheres zur Datei `/etc/shadow` weiter unten.

7.4 Einen Benutzer löschen

Sie können nicht mehr benötigte Benutzer folgendermaßen löschen:

```
# userdel <Benutzer>
```

Dies löscht den User, aber nicht sein Home-Verzeichnis. Soll dieses zusammen mit den entsprechenden Daten im Mail-Spool-Verzeichnis ebenfalls entfernt werden, ergänzen Sie -r:

```
# userdel -r <Benutzer>
```

Seien Sie vorsichtig mit dem endgültigen Löschen von Benutzern. In Produktivsystemen bietet es sich an, die Benutzer mit **usermod -L <Benutzer>** zunächst zu deaktivieren. Wenn zum Beispiel ein Mitarbeiter im Unternehmen aufhört und ein neuer Mitarbeiter diesen ersetzen soll, können Sie einfach das Login anpassen, belassen aber die restlichen Einstellungen so, wie sie sind.

7.5 Gruppen erstellen, zuweisen und löschen

Jedem Benutzer wird beim Anlegen eine Hauptgruppe zugewiesen. Dies ist standardmäßig users (GID 100). Darüber hinaus kann ein Benutzer Mitglied von beliebig vielen anderen Gruppen sein. Eine neue Gruppe können Sie über folgenden Befehl anlegen:

```
# groupadd <Gruppe>
```

Diese neue Gruppe ist zunächst einmal leer, sie hat keine Mitglieder. Diese können Sie mit **useradd** oder **usermod** in gleicher Weise hinzufügen. Wir haben zwei Fälle zu unterscheiden. Mit -g können Sie die Hauptgruppe eines Benutzers zuweisen bzw. ändern:

```
# useradd -g <Hauptgruppe> <Benutzer>
```

Falls der Benutzer bereits existiert, nutzen Sie **usermod** mit derselben Syntax:

```
# usermod -g <Hauptgruppe> <Benutzer>
```

Möchten Sie weitere Gruppen zuweisen, nutzen Sie -G. Sie können den Benutzer zum Mitglied beliebig vieler Gruppen machen. Diese werden durch Komma voneinander getrennt:

```
# useradd -G <Gruppe1>[,<Gruppe2>][,...]
```

Existiert der Benutzer bereits, ersetzen Sie **useradd** durch **usermod**.

7.6 Die Datei /etc/group

Die Gruppen des Systems werden in der Datei /etc/group verwaltet. Schauen wir uns deren Aufbau einmal an:

```
root:x:0:
daemon:x:1:
bin:x:2:
sys:x:3:
adm:x:4:
tty:x:5:
[...]
users:x:100:
nogroup:x:65534:
```

```
crontab:x:101:
Debian-exim:x:102:
user1:x:1000:
ssh:x:103:
```

Listing 7.2: Auszug aus `/etc/group`

Das sieht ziemlich unspektakulär aus. Die Syntax ist ähnlich zu `/etc/passwd`:

```
<Gruppe>:x:<GID>:[Mitglied1][,Mitglied2][,...]
```

Die einzelnen Spalten werden wiederum durch Doppelpunkt voneinander getrennt. Nach dem Gruppennamen in Spalte eins folgt x, da Sie theoretisch auch Gruppenpasswörter vergeben können, die in `/etc/gshadow` gespeichert werden. Ich gehe hier nicht weiter darauf ein. Spalte 3 enthält die Gruppen-ID. Die Gruppe `root` hat GID 0, die Systemgruppen haben eine GID zwischen 1 und 99. Die Standardgruppe für Benutzer ist `users`, sie hat die GID 100. Alle weiteren Gruppen erhalten fortlaufende GIDs. Natürlich können Sie auch beim Anlegen einer Gruppe eine GID folgendermaßen manuell vergeben:

```
# groupadd -g <GID> <Gruppe>
```

Die gleichnamige Gruppe des vom Basiskonfigurationsassistenten erstellten Benutzers (hier: `user1`) hat die GID 1000.

Fällt Ihnen etwas auf? Keine der hier aufgeführten Gruppen scheint Mitglieder zu haben, die ja hinter dem letzten Doppelpunkt mit Komma voneinander getrennt aufgeführt werden müssten. Was hat das zu bedeuten? Mindestens die Gruppen `users` und `root` müssten doch Mitglieder haben, oder?

> **Vorsicht Falle**: Die Benutzer, denen eine bestimmte Gruppe als *Hauptgruppe* zugeordnet wurde, tauchen in der Mitgliederliste der Gruppe in `/etc/group` nicht auf! Es werden hier nur zusätzliche Gruppenmitgliedschaften (über die Hauptgruppenmitgliedschaft hinaus) eingetragen. Die Hauptgruppe eines Benutzers können Sie also *nur* an am GID-Feld in `/etc/passwd` ablesen.

7.7 Informationen über einen Benutzer abfragen

Es gibt zwei Befehle, mit denen Sie die UID, Hauptgruppe und weitere Gruppenzugehörigkeiten eines Benutzers auf einen Blick herausfinden können.

```
# id [<Benutzer>]
```

Dieses kurze Kommando listet für den eigenen oder für den angegebenen Benutzer die UID, die GID der Hauptgruppe und die weiteren Gruppenmitgliedschaften auf. Ein Beispiel:

```
# id hans
uid=1004(hans) gid=100(users) Gruppen=100(users),1001(projekt),1002(management)
```

Der Benutzer `hans` hat die UID 1004, hat als Hauptgruppe `users` (GID 100) und ist weiterhin Mitglied in den Gruppen `projekt` und `management`.

Möchten Sie sich ausschließlich die Gruppen anzeigen lassen, in denen ein Benutzer Mitglied ist, hilft der folgende Befehl:

```
# groups [<Benutzer>]
```

Diesmal beschränkt sich die Ausgabe auf die Gruppennamen. Nehmen wir wieder `hans`:

```
# groups hans
hans : users projekt management
```

Als erste Gruppe wird die Hauptgruppe angegeben, anschließend die weiteren Gruppenmitgliedschaften.

Geben Sie keinen Benutzer an, listen beide Befehle die Informationen zum Benutzer, mit dem Sie aktuell angemeldet sind, auf.

7.8 Passwörter vergeben

Mit einem frisch erstellten Benutzer können Sie noch nichts anfangen, da Sie noch kein Passwort für den Account vergeben haben. Im Gegensatz zu Windows ist die Anmeldung auch nicht mit einem leeren Passwort möglich – das Passwort ist in diesem Status undefiniert.

Ein Passwort setzen Sie mit folgendem Befehl:

```
# passwd [<Benutzer>]
```

Geben Sie keinen Benutzer an, setzen Sie das Passwort für den aktuellen Benutzer, mit dem Sie angemeldet sind.

> Jeder Benutzer kann sein eigenes Passwort ändern, aber nur `root` kann das Passwort aller Benutzer ändern!

Der Befehl fordert Sie auf, das Passwort zweimal einzugeben.

```
# passwd hans
Enter new UNIX password:******
Retype new UNIX password:******
passwd: password updated successfully
```

Das eingegebene Passwort wird (im Gegensatz zu den symbolischen Sternchen hier) aus Sicherheitsgründen nicht angezeigt. Anschließend ist das Passwort dem Benutzer zugeordnet, und er kann sich am System anmelden.

> Im Hintergrund erfolgt eine Passwort-Überprüfung (Stichwort: PAM, *Plaggable Authentication Modules,* wird hier jedoch nicht weiter vertieft). Ist das Passwort zu einfach, weist Linux Sie darauf hin. Sind Sie `root`, können Sie dies ignorieren und ein beliebiges Passwort setzen. Normale Benutzer müssen jedoch den Passwortcheck bestehen, um ihr Passwort ändern zu können.

7.9 Die Datei /etc/shadow

Die Passwortinformationen und Passwortrichtlinien werden in der Datei `/etc/shadow` verwaltet. Werfen wir wieder einen Blick hinein:

```
root:$1$MG420D4H$PyPzlq9is6xTYH6H6WZx.0:13202:0:99999:7:::
daemon:*:13202:0:99999:7::::
bin:*:13202:0:99999:7:::
[...]
hans:$1$uL5DtGNA$yf/4atLPQKPV.xVudz5SB/:13204:0:99999:7:::
```

Listing 7.3: Auszug aus `/etc/shadow`

Vom Aufbau her sieht die Datei ähnlich aus wie die bereits bekannten Dateien `/etc/passwd` und `/etc/group`. Die Spalten sind wieder durch Doppelpunkte voneinander getrennt und jede Zeile beinhaltet die Informationen für einen Benutzer. Die Spalten haben die folgende (teilweise sehr gewöhnungsbedürftige) Bedeutung:

1. `Benutzer`: ... eben der
2. `Verschlüsseltes Passwort`: Das Passwort wird in der Regel mit MD5 verschlüsselt, so dass ein eindeutiger Hashwert herauskommt. Gibt ein Benutzer sein Passwort beim Login-Vorgang ein, wird dieses mit derselben Technik verschlüsselt und anschließend mit dem gespeicherten Wert verglichen. Nur wenn diese beiden Hashwerte übereinstimmen, erhält der Benutzer Zugriff. Der Vorteil ist, dass das Passwort somit nirgendwo direkt gespeichert werden muss. Ein Hashwert kann nicht rückgängig gemacht werden, so dass aus dem Hashwert keine Rückschlüsse auf das Passwort gezogen werden können.
3. `Tage seit dem 01. Januar 1970, seit dem das Passwort zuletzt geändert wurde`: Aus historischen Gründen wird die Zeit auf einem Unix-artigen System in dieser Art verwaltet: Der Urknall war der 01. Januar 1970, davor gab es nichts und jeder Zeitpunkt in der Zukunft wird relativ zu diesem Zeitpunkt angegeben – es scheint eine unglaubliche Leistung zu erfordern, diese inzwischen ca. 40 Jahre alte Technik umzustellen ... dafür hat es den Charme einer alten Dampflok.
4. `Mindestalter des Passwortes in Tagen`: Davor darf das Passwort nicht verändert werden.
5. `Maximales Alter des Passwortes in Tagen`: Innerhalb dieser Zeit muss das Passwort verändert werden.
6. `Tage vor dem Ablaufdatum des Passwortes, ab denen der Benutzer gewarnt wird`: Steht hier eine fünf, wird der Benutzer fünf Tage vor dem Ablaufen seines Passwortes gewarnt.
7. `Tage, nach denen der Account deaktiviert wird, nachdem das Passwort abgelaufen ist`: Wurde ein Account längere Zeit nicht mehr benutzt, kann es sein, dass das Passwort bei einer erneuten Anmeldung abgelaufen ist. Diese Angabe definiert den Zeitraum in Tagen, innerhalb dessen der Benutzer sein abgelaufenes Passwort noch ändern kann, bevor der Account deaktiviert wird.
8. `Tag ab dem 01.01.1970 an dem der Account deaktiviert wird`: Hier können Sie eine zeitliche Begrenzung für einen Account definieren.

9. Reservefeld: wird zurzeit nicht benutzt

Der Inhalt der Datei /etc/shadow ist sicherlich schwerer zu erfassen, sobald es über die Speicherung des verschlüsselten Passwortes hinausgeht – aber im nächsten Abschnitt werden Sie geholfen ...

7.10 Kennwortrichtlinien

Ganz ehrlich: Haben Sie Lust, die Anzahl der Tage zu berechnen, angefangen vom 01.01.1970 bis heute in drei Wochen, um herauszufinden, welche Zahl Sie eintragen müssen, um das Konto eines Praktikanten automatisch in drei Wochen zu deaktivieren? Wenn Sie nun mit JA antworten, bedenken Sie, dass es alle vier Jahre ein Schaltjahr gibt – welche waren das doch gleich?

Egal, ich habe eine elegantere Lösung für Sie! Nutzen Sie das Programm **chage**, um diese Informationen in verständlichen Datumsformaten einzugeben. Als Parameter benötigt das Programm den Benutzernamen. Ein Beispiel:

```
# chage hans
Ändere die Kennwortalterung für hans
Geben Sie den neuen Wert ein oder drücken Sie ENTER für den Standardwert

        Minimales Kennwortalter [0]: 5
        Maximales Kennwortalter [99999]: 30
        Letzte Kennwortänderung (JJJ-MM-TT) [2009-05-30]:
        Warnung falls Kennwort abläuft [7]:
        Kennwort inaktiv [-1]:
        Ablaufdatum des Kontos (JJJJ-MM-TT) [1996-12-31]: 2009-12-31
```

Wie Sie sehen, beschränken sich die Eingaben auf Tages- und Datumsangaben (Letzteres im amerikanischen Format). In eckigen Klammern stehen die Default-Werte, die übernommen werden, wenn Sie keine Eingabe machen.

Die entsprechende Zeile in /etc/shadow sieht nun folgendermaßen aus:

```
hans:$1$oPjuqrIv$x3Pvbt.is8KzorRy.2D9F/:14318:5:30:7::14609:
```

Nach dem Hashwert des Passwortes in Spalte zwei finden Sie in Spalte drei den automatischen Eintrag für die letzte Passwortänderung (13205). Anschließend werden das minimale (5 Tage) und das maximale Kennwortalter (30 Tage) angegeben, gefolgt von der Warnzeit vor Ablauf des Kennwortes (7 Tage). Die leere Spalte enthält die Anzahl der Tage, nach denen ein Konto deaktiviert wird, nachdem das Kennwort abgelaufen ist – kein Wert bedeutet »nie«. Der letzte Wert steht für das Ablaufdatum des Kontos in der entsprechenden Darstellungsweise.

Möchten Sie diese Einstellungen für einen bestimmten Benutzer überprüfen, nutzen Sie die Option -l in folgender Form:

```
# chage -l <Benutzer>
```

Bemühen wir wieder hans, stellt sich die Ausgabe (unter *Etch*, bei *Lenny* etwas schicker formatiert) so dar:

```
# chage -l hans
Minimum :      5
Maximum :      30
Warnung :      7
Inaktiv :      -1
Letzte Änderung :            Mai 30, 2009
Kennwort läuft ab :      Jun 29, 2009
Kennwort inaktiv:        Nie
Konto läuft ab: Dez 30, 2009-05-30
```

Wie Sie sehen, können Sie die sehr umständliche Darstellungsweise in /etc/shadow durch das Frontend **chage** so weit entschärfen, dass es kein Mathematik-Diplom erfordert, um die passenden Eingaben vorzunehmen. Eine Einschränkung, die Sie in Kauf nehmen müssen, liegt darin, dass Sie eine Kennwortrichtlinie immer nur für einen bestimmten Benutzer einrichten können und nicht allgemein für alle Benutzer.

7.11 Einen neuen Benutzer mit su testen

Um einen neuen Benutzer zu testen, können Sie sich mit dem Login dieses Benutzers auf einer anderen Konsole anmelden. Den gleichen Effekt können Sie jedoch erzielen, wenn Sie den kleinen Befehl **su** verwenden:

```
# su [<Benutzer>]
```

Mit diesem Kommando ändern Sie die effektive Benutzer- und Gruppen-ID des Benutzers. Was bedeutet das? Ganz einfach: Sie machen sich temporär zu diesem Benutzer. Sind Sie root, benötigen Sie nicht einmal das Passwort des Benutzers. Sind Sie als normaler Benutzer angemeldet, müssen Sie bei einem Wechsel mit su das Passwort des gewünschten Benutzers angeben.

Der Befehl **su** kommt von **S**ubstitute **U**ser, da Sie sich mit diesem Befehl zu jedem Benutzer machen können. Sind Sie root, können Sie unter Angabe des Benutzernamens zu jedem normalen Benutzer werden – ohne Passworteingabe! Als normaler Benutzer durch Eingabe von **su** (also ohne Angabe eines Benutzers) werden Sie zu root – hier müssen Sie natürlich das Passwort eingeben.

Eine wichtige Option ist -l oder schlicht –, da Sie somit in das Home-Verzeichnis des angegebenen Benutzers gelangen und dessen Login-Shell gemäß Eintrag in /etc/passwd inklusive aller Umgebungsvariablen zugewiesen bekommen. Dies bietet sich als Test an, ob die Zugriffsrechte richtig gesetzt sind, wie Sie im nächsten Kapitel lernen werden. Mit folgendem Beispiel überprüfen Sie den Benutzer hans:

```
# su - hans
```

Durch Eingabe von **exit** beenden Sie den Identitätswechsel und landen wieder an Ihrem Ausgangspunkt, sprich der Shell, in der Sie vorher gearbeitet haben. Näheres dazu in Kapitel 9 *Einführung in die Bash.*

7.12 Workshop: Einrichten von Benutzern

In diesem Workshop werden Sie einige Benutzer und Gruppen einrichten, um ein wenig Praxis in diesen alltäglichen Aufgaben eines Serveradministrators zu bekommen. Lassen Sie uns daher auch ohne große Vorrede beginnen!

Erstellen Sie mit folgendem Befehl einen Benutzer `hmeyer`:

```
# useradd -m -c "Hans Meyer, Abt. HR, Pers.Nr. 100405" hmeyer
```

Schauen Sie sich den neuen Eintrag in `/etc/passwd` an. Er sollte sinngemäß folgendermaßen aussehen:

```
hmeyer:x:1005:100:Hans Meyer, Abt. HR, Pers.Nr. 100405:/home/hmeyer:
```

Nehmen Sie zur Kenntnis, dass (im Gegensatz zu *Lenny*) unter *Etch* kein Eintrag für die Login-Shell vorgenommen wird, wenn Sie die Shell nicht mit `-s <Shell>` angeben – dem Benutzer wird in diesem Fall die Standard-Shell (`/bin/bash`) zugewiesen. Bei vielen anderen Distributionen wird hier automatisch ein Eintrag für die `bash` bzw. `/bin/sh` generiert.

Schauen Sie sich den passenden Eintrag in `/etc/shadow` an:

```
hmeyer:!:13205:0:99999:7:::
```

Wie Sie sehen können, steht anstelle des verschlüsselten Passwortes ein Ausrufezeichen – das Signal, dass der Benutzer sich zurzeit (noch) nicht anmelden kann.

Vergeben Sie daher jetzt ein Passwort für diesen Benutzer:

```
# passwd hmeyer
Enter new UNIX password:******
Retype new UNIX password:******
passwd: password updated successfully
```

Schauen Sie sich nun noch einmal den Eintrag für `hmeyer` in `/etc/shadow` an:

```
hmeyer:$1$Uf4Gh3zH$rp03GQ1c/N.YdLVFw6tAr0:13205:0:99999:7:::
```

Wie Sie sehen, wurde das neue Passwort nun eingefügt – ab sofort ist der Benutzer in der Lage, sich am System anzumelden. Wechseln Sie die Konsole mit [Alt]+[F2] und melden Sie sich mit dem Login `hmeyer` an. Ihr Prompt sollte nun ungefähr so aussehen:

```
hmeyer@Debian:~$ _
```

Der Name des Systems variiert natürlich. Wie Sie sich mittels **pwd** überzeugen können, befinden Sie sich im Home-Verzeichnis von `hmeyer /home/hmeyer`. Schauen Sie sich den Inhalt Ihres Verzeichnisses an, unter *Etch* sieht es standardmäßig so aus:

```
hmeyer@Debian:~$ ls -la
drwxr-xr-x 2 hmeyer users 1024 2006-02-26 22:05 .
drwxrwsr-x 8 root   staff 1024 2006-02-26 22:00 ..
```

```
-rw------- 1 hmeyer users   25 2006-02-26 22:10 .bash_history
-rw-r--r-- 1 hmeyer users  567 2006-02-26 22:00 .bash_profile
-rw-r--r-- 1 hmeyer users 1834 2006-02-26 22:00 .bashrc
```

Unter *Lenny* existiert hier zusätzlich die Datei `.bash_logout`, lassen Sie sich davon jedoch nicht beirren. Anschließend vergleichen Sie diesen Inhalt mit dem des Verzeichnisses `/etc/skel`:

```
drwxr-xr-x 2 hmeyer users 1024 2006-02-20 22:15 .
drwxrwsr-x 8 root   staff 1024 2006-02-26 22:04 ..
-rw-r--r-- 1 hmeyer users  567 2004-12-19 17:53 .bash_profile
-rw-r--r-- 1 hmeyer users 1834 2004-12-19 17:53 .bashrc
```

Welch frappierende Ähnlichkeit! Lassen wir das Datum einmal beiseite, finden wir nur einen einzigen Unterschied: Die Datei `.bash_history` ist in `/etc/skel` nicht vorhanden. Da es sich um die Auflistung der bisher eingegebenen Befehle des Benutzers handelt, ist dies nicht weiter verwunderlich – schließlich kann Linux nicht hellsehen und dies im Vorlagenverzeichnis `/etc/skel` vorwegnehmen.

Fügen Sie nun in `/etc/skel` eine Datei namens `Netiquette` hinzu, zum Beispiel durch **`touch /etc/skel/Netiquette`**. Wenn Sie möchten, können Sie zum Beispiel dort Grundregeln für den Umgang im Kommunikationsnetz (E-Mail, Chat usw.) festhalten. Für unsere Zwecke reicht natürlich auch eine leere Datei.

Nun erstellen Sie einen neuen Benutzer:

```
# useradd -m -c "Juergen Schmidt, Abt. IT, Pers.Nr. 05500456" jschmidt
```

Vergeben Sie ein Passwort für diesen Benutzer mit **`passwd jschmidt`**. Aber anstatt sich jetzt mit dem Benutzer auf einer anderen Konsole anzumelden, nutzen Sie nun das **`su`**-Kommando:

```
# su - jschmidt
jschmidt@Debian:~$ _
```

Nun überprüfen Sie das Home-Verzeichnis des Benutzers. Es enthält den zusätzlichen Eintrag `Netiquette`:

```
hmeyer@Debian:~$ ls -la
drwxr-xr-x 2 jschmidt users 1024 2006-02-26 22:15 .
drwxrwsr-x 9 root     staff 1024 2006-02-26 22:15 ..
-rw-r--r-- 1 jschmidt users  567 2006-02-26 22:16 .bash_profile
-rw-r--r-- 1 jschmidt users 1834 2006-02-26 22:16 .bashrc
-rw-r--r-- 1 jschmidt users   26 2006-02-26 22:16 Netiquette
```

Wie Sie sehen, wird eine Datei, die sich in `/etc/skel` befindet, beim Anlegen eines neuen Benutzers automatisch in dessen Home-Verzeichnis kopiert. Dies gilt natürlich auch für Verzeichnisse. Sie können auf diese Weise also beliebige Standardinhalte definieren, die jeder Benutzer in seinem Home-Verzeichnis erhalten soll.

Auf der anderen Seite fehlt eine Datei: `.bash_history`. Diese wird nur für den Benutzer angelegt, wenn Sie sich tatsächlich als dieser anmelden.

Legen Sie die Gruppen `edv` und `projekt1` und `projekt2` an:

```
# groupadd edv
# groupadd projekt1
# groupadd projekt2
```

Jetzt werden wir einen neuen Mitarbeiter erstellen, der in der EDV-Abteilung tätig ist. Seine Primärgruppe wird folglich `edv`. Darüber hinaus soll er an einem Projekt teilnehmen, daher soll er zusätzlich in den Gruppen `projekt1` und `projekt2` Mitglied werden. Als alter Sun-Solaris-Kenner bevorzugt er die C-Shell:

```
# useradd -m -g edv -G projekt1,projekt2 -s /bin/csh tmueller
```

Wie Sie sich anschließend überzeugen können, enthält der Eintrag für `tmueller` in `/etc/passwd` die C-Shell:

```
tmueller:x:1005:1003::/home/tmueller:/bin/csh
```

Außerdem werden Sie bemerken, dass die Hauptgruppe die GID 1003 hat – in `/etc/group` können Sie sich davon überzeugen, dass dies der Gruppe `edv` entspricht. Gleich darunter dürften die Einträge für die Gruppen `projekt1` und `projekt2` auftauchen:

```
edv:x:1003:
projekt1:x:1004:tmueller
projekt2:x:1005:tmueller
```

Da `tmueller` hier nur zusätzlich Mitglied ist, taucht der Benutzer an dieser Stelle namentlich auf, während er hinter seiner Hauptgruppe (`edv`) nicht erscheint.

Vergeben Sie dem Benutzer durch Eingabe von **`passwd tmueller`** ein Kennwort. Anschließend erstellen Sie eine Kennwortrichtlinie für diesen Benutzer nach folgenden Angaben:

Nehmen wir an, der Benutzer `tmueller` ist lediglich für fünf Monate engagiert. Nehmen wir weiterhin an, dass die Security Policy (die unternehmensweite Sicherheitsrichtlinie) vorgibt, dass Kennwörter jeden Monat geändert werden müssen, aber nicht innerhalb der ersten Woche nach der letzten Änderung. Dafür soll der Benutzer 5 Tage vor Ablauf des Kennwortes gewarnt werden. Das Konto soll 15 Tage nach Ablauf des Kennwortes inaktiv werden.

Unter diesen Umständen bietet es sich an, die Datei `/etc/shadow` zu konfigurieren.

> Sie können dies übrigens – genau wie die Einträge in `/etc/passwd` sowie `/etc/group` – manuell vornehmen. Fast alle Konfigurationsdateien lassen sich über einen Texteditor anpassen.

Wesentlich eleganter aber geht es in diesem Fall mit dem Befehl **chage**, da Sie keine Umrechnungen der Tage seit dem 01.01.1970 anstellen müssen. Vorausgesetzt, das Engagement des Angestellten endet am 15.12.2007 (ja, das Beispiel ist älter, aber noch immer aktuell!), ergeben sich folgende Eingaben:

```
# chage tmueller
Ändere die Kennwortalterung für tmueller
Geben Sie den neuen Wert ein oder drücken Sie ENTER für den Standardwert

        Minimales Kennwortalter [0]: 7
        Maximales Kennwortalter [99999]: 30
        Letzte Kennwortänderung (JJJJ-MM-TT) [2006-02-27]:
        Warnung falls Kennwort abläuft [7]: 5
        Kennwort inaktiv [-1]: 15
        Ablaufdatum des Kontos (JJJJ-MM-TT) [1969-12-31]: 2007-12-15
```

Damit stellt sich der Eintrag für `tmueller` in `/etc/shadow` in etwa folgendermaßen dar:

```
tmueller:$1$dY9PaIZL$YOrzvQqQhR9cthuzkMRSr0:13534:7:30:5:15:13862:
```

Der (gesetzte) Wert für das *maximale Kennwortalter* wird bei Ihnen natürlich ein anderer sein als hier dargestellt, da Sie **chage** an einem anderen Tag ausführen. Quizfrage: Wann habe ich diesen Befehl eingegeben?

Als letzte Übung legen Sie ein spezielles Verzeichnis als Home-Verzeichnis für einen neuen Benutzer an:

```
# mkdir /hometest
```

Nun erstellen Sie den neuen Benutzer und weisen ihm das Home-Verzeichnis zu:

```
# useradd -d /hometest keinrecht
```

Vergeben Sie dem Benutzer ein Passwort und melden Sie sich als `keinrecht` an. Überzeugen Sie sich, dass Sie sich im Home-Verzeichnis von `keinrecht` befinden:

```
keinrecht@Debian:~$ pwd
/hometest
```

Nun versuchen Sie, eine Datei namens `test.txt` zu erstellen:

```
keinrecht@Debian:~$ touch test.txt
touch: kann ,,test.txt" nicht berühren: Keine Berechtigung
```

Ups, was ist denn das? Sie haben in Ihrem Home-Verzeichnis keine Berechtigung, eine Datei zu erstellen? Warum das richtig ist und wie Sie das ändern können, lesen Sie im nächsten Kapitel, in dem es um die Rechteverwaltung geht.

Kapitel 8

Rechteverwaltung

Das Linux-Dateisystem lässt einen Benutzer nur auf die Ressourcen zugreifen, auf die er Zugriffsrechte hat. Dieses Berechtigungssystem ist uralt und vergleichsweise einfach. Dennoch können Sie in der Regel fast alle Szenarien entsprechend umsetzen – manchmal mit einigen Einschränkungen.

> Dieses Rechtesystem ist übrigens unabhängig vom verwendeten Dateisystem: `ext2`, `ext3`, `ReiserFS`, `XFS` und `JFS` funktionieren diesbezüglich gleich.

Am Ende des Kapitels werden Sie ein Übungsszenario kennen lernen, in dem Sie die Benutzerverwaltung und Rechtevergabe üben können.

In diesem Kapitel lernen Sie Folgendes:

- Wie funktioniert das Rechtesystem unter Linux?
- Unterschiede zwischen Dateien und Verzeichnissen
- Eigentümer und Gruppe setzen mit `chown` und `chgrp`
- Rechtevergabe mit `chmod` und `umask`
- Was bedeutet SUID, SGID und Sticky-Bit?
- ACLs
- Quotas zur Speicherplatzbeschränkung

Das Grundkonzept ist nicht besonders schwer, jedoch erfordert es ein wenig Übung und Erfahrung, bis Sie souverän Benutzerrechte setzen sowie Eigentümer und Gruppen anpassen können.

8.1 Das Linux-Rechtesystem

Es gibt unter Linux drei Kategorien, für die Sie Rechte setzen können:

- den Eigentümer
- die Gruppe
- den Rest der Welt – kurz: »Welt« genannt

Es gibt genau drei Rechte, die für die jeweilige Kategorie vergeben werden können:

r – lesen (**r**ead)

w – schreiben (**w**rite)

x – ausführen (e**x**ecute)

Das ist ja schön aufgelistet, aber wie hängt das jetzt miteinander zusammen? Lassen Sie sich zur Erläuterung zum Beispiel den Befehl `touch` mit ausführlichen Informationen anzeigen:

```
# ls -l /bin/touch
-rwxr-xr-x 1 root root 30360 2004-07-16 13:37 /bin/touch
```

Wenn wir diese Zeile bzw. hier die linke Spalte einmal aufschlüsseln, bietet sich folgendes Bild:

```
Block:    0     1     2     3
         [d]  [rwx] [r-x] [r-x]
```

Die einzelnen Blöcke haben folgende Bedeutung:

- Block 0: Dateityp, eigentlich nicht zu diesem Thema gehörend, daher mit 0 bezeichnet:

Zeichen	Bedeutung
-	Normale Datei (Text, ausführbar, Archiv etc.)
d	Verzeichnis (*directory*)
l	Softlink (Verknüpfung)
b	Block-Device, zum Beispiel Festplatte (wahlfreier Zugriff)
c	Character-Device, zum Beispiel serielle Schnittstelle (serieller Zugriff)
p	Named Pipe, eine benannte »Röhre« zur Weiterleitung von Daten
s	Socket-Datei, funktioniert wie eine Pipe, nur im Netzwerk

- Block 1: Rechte für den Eigentümer der Datei
- Block 2: Rechte für die Gruppe, die der Datei zugeordnet ist
- Block 3: Rechte für alle anderen (»Welt«)

Daraus ergibt sich, dass der Eigentümer der Datei über die Rechte *lesen, schreiben* und *ausführen* verfügt (`rwx`), während die Gruppe und »Welt« nur *lesen* und *ausführen* dürfen (`r-x`). Dabei sehen Sie bereits zweierlei:

1. Die Rechte (`r`, `w` und `x`) stehen immer an den gleichen Stellen und
2. Für ein nicht gesetztes Recht wird ein Minus (`-`) eingetragen.

Betrachten Sie nun wieder die obige Beispielzeile. Nach den Rechten folgt eine Ziffer (hier: 1). Diese gibt an, wie viele Verweise es im Dateisystem auf die Datei gibt. Steht hier eine eins, existiert nur dieser eine Eintrag.

Anschließend folgen der Eigentümer der Datei und die Dateigruppe. Auf diese beziehen sich die vorne angegebenen Rechte in Block eins und zwei. In unserem Beispiel steht `root` als Eigentümer und die Gruppe `root` als Dateigruppe. Ein Benutzer, der weder der Eigentümer noch Mitglied der Dateigruppe ist, erhält die Rechte der restlichen Welt, die durch den dritten Block gekennzeichnet sind.

Daran sehen Sie bereits, welche Einschränkungen dieses Konzept mit sich bringt:

- Sie können nur die Rechte *lesen, schreiben* und *ausführen* vergeben – die Rechtevergabe bei Windows ist weit granulierbarer. Das Konzept der ACLs, die ich Ihnen in Abschnitt 7.7 vorstelle, gleicht diesen Nachteil jedoch zum Teil wieder aus.
- Jeder Datei und jedem Verzeichnis kann neben dem Eigentümer nur eine Gruppe zugewiesen werden.
- Gruppen können nicht andere Gruppen enthalten (zugegebenermaßen eine unangenehme Einschränkung).

Das Rechtesystem unter Linux ist einfach, effizient, aber nicht perfekt. Um bestimmte Szenarien abzubilden, müssen Sie unter Umständen etwas tricksen. Ich komme bei den Übungsszenarien darauf zurück.

Um es deutlich zu sagen: Für größere Umgebungen ist dieser Ansatz ungenügend. Hier müssen Sie auf andere Strukturen, wie *Verzeichnisdienste* (zum Beispiel LDAP) zurückgreifen, um die Berechtigungen für Benutzer zu regeln. Dies ist allerdings nur für Netzwerkanwendungen möglich, die den Verzeichnisdienst unterstützen. Inzwischen wird LDAP von fast allen großen Serverdiensten, wie zum Beispiel Samba und Apache, unterstützt.

Für kleinere Umgebungen und dedizierte Server (also solche, die für genau einen Zweck bereitgestellt werden) ist das Linux-Rechtesystem jedoch ausreichend.

8.2 Unterschiede zwischen Verzeichnissen und Dateien

Unter Linux wird alles als Datei behandelt, manches mehr, manches weniger. Im Falle der Rechtevergabe müssen wir zwischen Dateien und Verzeichnissen unterscheiden. Im Folgenden finden Sie eine Übersicht über die Unterschiede:

Recht	Bedeutung für eine Datei	Bedeutung für ein Verzeichnis
r	Dateiinhalt ansehen	Inhalt des Verzeichnisses auflisten
w	Dateiinhalt verändern	Dateien anlegen, löschen oder umbenennen
x	Binärdateien ausführen, bei Skripten muss zusätzlich Leserecht bestehen.	In das Verzeichnis bzw. durch dieses Verzeichnis hindurch darf mit `cd` gewechselt werden.

Daraus ergeben sich einige Erkenntnisse, die Sie einmal in Ruhe bezüglich Ihrer Konsequenzen durchdenken und auf sich wirken lassen sollten:

- Für das Löschen oder Umbenennen einer Datei benötigen Sie *keine* Schreibrechte auf diese Datei, sondern auf das Verzeichnis, in dem sich die Datei befindet.
- Möchten Sie in ein Unterverzeichnis wechseln, müssen Sie das Ausführen-Recht auf dieses Verzeichnis und auf die übergeordneten Verzeichnisse haben – und zwar auf alle darüberliegenden im Pfad!
- Andererseits müssen Sie weder Leserecht in einem bestimmten Verzeichnis noch auf eine Binärdatei in diesem Verzeichnis haben, um diese Binärdatei auszuführen. Sie kön-

nen zwar den Inhalt des Verzeichnisses nicht auflisten, aber die Datei darin aufrufen und ausführen.

- Möchten Sie ein Skript ausführen, benötigen Sie neben dem Recht, die Datei auszuführen, auch noch Leserechte auf die Datei.

Wie Sie sehen, müssen Sie sich einige Unterschiede einprägen. Haben Sie nach den nächsten Abschnitten die notwendigen Werkzeuge kennen gelernt, empfehle ich Ihnen, die *Was-passiert-dann-Maschine* anzuwerfen und alles durchzuprobieren, was Ihnen einfällt.

8.3 Eigentümer und Gruppe festlegen

Eigentlich benötigen Sie nur einen einzigen Befehl: **chown** (für *change owner*). Dieser ermöglicht es Ihnen, sowohl den Benutzer als auch die Dateigruppe festzulegen. Darüber hinaus gibt es den Befehl **chgrp** (für *change group*), mit dem Sie lediglich die Gruppe definieren können. Zu ihm komme ich weiter unten.

Sie können den Befehl **chown** auf folgende Arten verwenden:

```
# chown <Benutzer> <Datei>
```

Damit können Sie einen Eigentümer für eine Datei festlegen. Hierzu ein Beispiel:

```
# chown hmeyer projektplanung.txt
```

Hiermit ändern Sie den Eigentümer der Datei `projektplanung.txt` auf `hmeyer`. Allerdings nur den Eigentümer. Möchten Sie zusätzlich die Gruppe ändern, geben Sie den Befehl nach der folgenden Syntax ein:

```
# chown <Benutzer>:<Gruppe> <Datei>
```

Hierbei wird die Gruppe durch einen Doppelpunkt vom Benutzer getrennt. Dadurch wird sowohl der Benutzer als auch die Gruppe für die angegebene Datei neu festgelegt. Ein Beispiel:

```
# chown hmeyer:edv projektplanung.txt
```

Damit ändern Sie den Eigentümer der Datei `projektplanung.txt` auf `hmeyer` und die zugewiesene Gruppe auf `edv`. Nun zwei Sonderfälle:

```
# chown <Benutzer>: <Datei>
```

Dies setzt den Eigentümer der angegebenen Datei auf den angegebenen Benutzer. Darüber hinaus wird die *Hauptgruppe* des gesetzten Eigentümers als Dateigruppe festgelegt.

Sie können auch lediglich die Gruppe für eine anzugebende Datei festlegen, indem Sie folgenden Befehl verwenden:

```
# chown :<Gruppe> <Datei>
```

Hier wird vor dem Doppelpunkt kein Eigentümer angegeben, dafür legen Sie nach dem Doppelpunkt die Gruppe für die anzugebende Datei fest.

Möchten Sie die Rechte für ein ganzes Verzeichnis inklusive aller Dateien in diesem Verzeichnis anpassen, nutzen Sie die Option -R (für *rekursiv*).

Sie können die Gruppe auch durch den Befehl **chgrp** festlegen:

```
# chgrp <Gruppe> <Datei>
```

Dieser Befehl ermöglicht es nur, die Gruppe festzulegen.

Mein Tipp: Gewöhnen Sie sich die Nutzung von **chown** an, da Sie mit diesem einen Befehl alles, was mit Eigentümer- und Gruppenänderung zu tun hat, erledigen können.

8.4 Rechte vergeben mit chmod und umask

Mit der Festlegung des Eigentümers und der Gruppe einer Datei hängt auch immer die Festlegung der entsprechenden Rechte zusammen. Möchten Sie dem Eigentümer, der Gruppe und/oder dem Rest der Welt Berechtigungen für den Zugriff auf eine Datei ermöglichen, nutzen Sie den Befehl **chmod** (**ch**ange **mod**e). Dieser Befehl hat zwei Modi. Man kann nach Herzenslust darüber streiten, welcher der beiden der einfachere ist – ich stelle sie Ihnen beide vor, urteilen Sie selbst.

Zunächst können Sie die Rechte mit Buchstaben setzen. Hört sich vielleicht erst einmal leichter an, ist es aber nicht unbedingt. Hier ein paar Beispiele:

```
# chmod u+r <Datei>
```

Hiermit setzen Sie das Leserecht für den Eigentümer. Es gibt bekanntermaßen drei Gruppen: den Eigentümer (u – für User), die Gruppe (g – für Gruppe) und »Welt« (o – für *others*, alle anderen). Geben Sie diese drei Gruppen (jeweils getrennt durch ein Komma) zusammen mit Ihren gewünschten Rechten an. Plus (+) bedeutet ein gesetztes Recht, minus (-) bedeutet ein nicht gesetztes Recht. Diese Angaben sind relativ zu den bisherigen Rechten. Sind Rechte gesetzt und werden diese nicht explizit geändert, bleibt das Recht bestehen. Schauen wir uns ein paar Beispiele an:

```
# chmod u+rw <Datei>
```

Dem Eigentümer (u) wird *zusätzlich* zu den bisherigen Rechten Lese- und Schreibrecht auf die angegebene Datei gegeben.

```
# chmod g+rx,o+r <Datei>
```

Hiermit werden der Gruppe (g) zusätzlich Lese- und Ausführungsrechte vergeben. Darüber hinaus erhält die Welt zusätzlich Leserechte.

```
# chmod o-rwx <Datei>
```

Der Welt (o) werden alle Rechte entzogen. Alles andere bleibt gleich, wie auch immer der Stand vorher war.

Wie Sie bemerkt haben werden, taucht das Wort »zusätzlich« ziemlich häufig auf. Das liegt daran, dass die Rechte relativ zum bisherigen Zustand verändert werden. Das kann ziemlich verwirrend sein. Nutzen Sie statt Plus (+) und Minus (–) das Gleichheitszeichen (=), setzen Sie die angegebenen Rechte absolut. Beispiel:

```
# chmod -u=rw <Datei>
```

Dies setzt für die angegebene Datei die Eigentümerrechte auf Lesen und Schreiben. Hatte er vorher noch Ausführungs-Rechte, wurden sie ihm durch den Befehl entzogen.

Doch es gibt noch einen zweiten Modus für **chmod**, mit dessen Hilfe Sie die Rechte für alle drei Blöcke absolut setzen können (und müssen). Man nennt dies die *oktale Schreibweise*. Dafür müssen wir ein wenig rechnen. Jedes Recht erhält eine Wertigkeit:

4 – `r` (lesen)

2 – `w` (schreiben)

1 – `x` (ausführen)

Die Wertigkeiten werden addiert, um die gewünschte Rechtekombination festzulegen. Dies sieht folgendermaßen aus:

Wert	Rechtekombination
0	`---` (kein Recht)
1	`--x` (nur ausführen)
2	`-w-` (nur schreiben)
3	`-wx` (schreiben und ausführen)
4	`r--` (nur lesen)
5	`r-x` (lesen und ausführen)
6	`rw-` (lesen und schreiben)
7	`rwx` (lesen, schreiben, ausführen – das volle Programm)

Es ergibt sich also immer ein Wert zwischen 0 und 7. Für jeden Block (Eigentümer, Gruppe und Welt) wird ein solcher Wert angegeben. Dies sieht zum Beispiel folgendermaßen aus:

```
# chmod 755 <Datei>
```

Damit legen Sie für die angegebene Datei folgende Rechte fest: 7 für den Eigentümer, 5 für die Gruppe und 5 für den Rest der Welt. Das stellt sich folgendermaßen dar: `-rwxr-xr-x`. Ein weiteres Beispiel:

```
# chmod 400 <Datei>
```

Damit legen Sie folgende Rechte fest: `-r--------`. Die Datei ist also nur für den Eigentümer lesbar.

Mit dieser Methode können Sie die Rechte von Grund auf setzen. Ich bevorzuge diesen Modus, da er kürzer ist und nach einem solchen Befehl die »Rechtslage« klar ist.

Sie haben jetzt Methoden kennen gelernt, die Rechte auf eine Datei oder ein Verzeichnis manuell zu setzen. Wer aber legt fest, welche Rechte gesetzt werden, wenn eine Datei oder ein Verzeichnis erstellt wird? Schauen wir uns zwei Beispiele an:

```
# touch testdatei.txt
# ls -l testdatei.txt
-rw-r-r--  1 root root 0 2006-03-02 20:21 testdatei.txt
```

Einer neu erstellten Datei werden folgende Rechte zugeordnet:

1. Der Eigentümer erhält Lese- und Schreibrecht.
2. Die Gruppe erhält nur Leserecht.
3. Die Welt erhält ebenfalls nur Leserecht.

Dies entspricht der oktalen Schreibweise 644. Im Übrigen wird der Ersteller einer Datei automatisch zum Eigentümer und seine Hauptgruppe zur Dateigruppe. Schauen wir nun, wie es sich für Verzeichnisse verhält:

```
# mkdir verzeichnis1
# ls -ld verzeichnis1/
drwxr-xr-x  2 root root 1024 2006-03-02 20:22 verzeichnis1/
```

Nebenbemerkung: Die Option -d beim Befehl `ls` zeigt Ihnen den Eintrag eines Verzeichnisses an statt dem Inhalt des Verzeichnisses. Testen Sie es aus.

Zusätzlich zu den Rechten, die einer neu erstellten Datei vergeben werden, erhält bei einem Verzeichnis jeder Block noch das Ausführen-Recht, da dies für das Wechseln in dieses Verzeichnis bzw. dessen Unterverzeichnisse benötigt wird. Dies entspricht der oktalen Schreibweise 755.

Offensichtlich weiß das System ganz genau, wie die Rechte zu setzen sind. Dies ist nicht fest in den Kernel einprogrammiert, sondern wird durch den Befehl **umask** definiert. Die *umask* ist eine Schablone zur Erstellung der Rechte für Dateien und Verzeichnisse. Sie können sich die aktuelle Schablone anzeigen lasen:

```
# umask
0022
```

Doch was sagt uns dieser Wert? Ignorieren Sie zunächst die erste Ziffer. Dann bleibt 022. Dieser Wert stellt genau das Gegenteil (Komplement) dessen dar, was an Rechten vergeben werden soll. Für ein Verzeichnis gehen Sie von der maximalen Ziffer 7 aus. Die jeweilige Differenz zum `umask`-Wert entspricht den gegebenen Rechten: 7 – 0 = 7, 7 – 2 = 5 und 7 – 2 = 5. Das entspricht der oktalen Schreibweise 755. Merken Sie was? Das passt genau zu den oben errechneten Werten.

Auf der anderen Seite haben wir die Datei. Hier gehen wir von 6 als höchstem Wert aus. Damit ergibt sich aus der Differenz Folgendes: 6 – 0 = 6, 6 –- 2 = 4, 6 – 2 = 4, also 644. Stimmt ebenfalls auffällig.

Sie können die *umask* auch ändern, indem Sie die oktalen Werte entsprechend anpassen, zum Beispiel so:

```
# umask 0077
```

Dies würde bei einer neuen *Datei* lediglich dem Eigentümer Lese- und Schreibrechte vergeben (denken Sie daran, dass der Komplementärwert hier 6 ist), bei einem neuen *Verzeichnis* Lese-, Schreib- und Ausführen-Rechte für den Eigentümer (da Komplementärwert 7) – alle anderen würden leer ausgehen.

> Bei mir dauerte es eine kleine Weile, bis ich das zugrunde liegende Konzept »gefressen« hatte – lassen Sie sich also ein wenig Zeit und durchdenken Sie alles noch einmal in Ruhe, bevor Sie weiterlesen. Dieses Prinzip sollten Sie verstanden haben.

In der Regel können Sie den Wert für die *umask* auf dem Standard belassen. Möchten Sie Berechtigungsänderungen definieren, müssen Sie normalerweise ohnehin Hand anlegen.

8.5 Besondere Rechte

Der Wert der *umask* enthält eine erste Ziffer, die Sie zunächst ignorieren sollten. Diese erste Ziffer kann im Rahmen von zusätzlichen speziellen Rechten angegeben werden. Was bedeutet das schon wieder?

Nehmen wir das klassische Beispiel: das Programm `/usr/bin/passwd` dient dazu, die Passwörter von Benutzern zu ändern. Dazu muss der Befehl in die Datei `/etc/shadow` schreiben können, da das verschlüsselte Passwort hier gespeichert wird. Nun ist es so, dass ein Programm normalerweise immer mit den Rechten läuft, die der Benutzer hat, der dieses Programm aufruft. Werfen wir einen Blick auf die Rechte der Datei `/etc/shadow`:

```
# ls -l /etc/shadow
-rw-r-----  1 root shadow 1018 2006-02-28 18:24 /etc/shadow
```

Wie Sie sehen, darf nur `root` als Eigentümer in die Datei schreiben. Zwar darf die Gruppe `shadow` die Datei lesen, aber dieses Recht reicht nicht aus. Der Rest der Welt darf gar nichts.

Wie aber können normale Benutzer nun ihr Passwort ändern? Hat das Programm **passwd** nur die Rechte des Benutzers, darf es definitiv nicht in die Datei `/etc/shadow` schreiben. Dennoch funktioniert die Passwortänderung. Aber wie?

Es gibt ein besonderes Recht, das Set-UID-Bit – auch SUID-Bit genannt. Ist dieses für ein Programm gesetzt, führen auch normale User das Programm mit `root`-Rechten aus. Da `root` Schreibrechte hat, funktioniert die Passwortänderung.

Ist das Bit gesetzt, erscheint ein `s` anstelle des `x` für das Ausführen-Recht des Benutzers:

```
# ls -l /usr/bin/passwd
-rwsr-xr-x  1 root root 26616 2005-05-18 08:33 /usr/bin/passwd
```

Genau genommen hat der Prozess, der den Aufruf von `/usr/bin/passwd` verwaltet, Schreibrechte auf `/etc/shadow`. Damit liegt es am Programmierer des Programms `passwd`, dafür zu sorgen, dass hiermit kein Unsinn getrieben werden kann.

Neben dem SUID-Bit gibt es das SGID-Bit. Es ermöglicht den Mitgliedern der Dateigruppe den Aufruf eines Programms mit `root`-Rechten. Auch hier wird das entsprechende `x` durch ein `s` ersetzt. Die Rechte sehen dann zum Beispiel so aus:

```
-rwxr-sr-x [...] <Datei>
```

Und dann gibt es da noch das »Sticky-Bit«. Dieses entspricht dem Ersatz des Ausführen-Rechts für »Welt«. Es wird durch ein `t` statt dem `x` im dritten Block dargestellt. Es trifft nur auf Verzeichnisse zu. Die Bedeutung ist Folgende:

Das Löschen oder Umbenennen einer Datei ist nur dem Eigentümer, dem Verzeichniseigentümer und `root` erlaubt. Sie treffen das Sticky-Bit typischerweise im `/tmp`-Verzeichnis an:

```
# ls -ld /tmp
drwxrwxrxt  5 root root 1024 2006-03-02 20:21 /tmp/
```

Damit wird erreicht, dass Dateien temporär an einer definierten Stelle abgelegt werden, jedoch nur der Eigentümer dieser Datei darüber zu entscheiden hat, ob diese Datei gelöscht oder umbenannt wird. Wäre dieses Bit nicht gesetzt, würde jeder Benutzer nicht nur Schreibrechte in diesem Verzeichnis haben, sondern auch beliebige – sprich: auch nicht ihm gehörende – Dateien löschen oder umbenennen können. Das ist in einem öffentlichen Ablageverzeichnis nicht besonders günstig ...

Das ist ja alles ganz schick, aber wie können Sie diese Rechte setzen? Sie nutzen ganz einfach das erste Bit – genau jenes, das Sie bisher ignorieren sollten. Dabei setzen Sie folgende Wertigkeiten an:

1 – Sticky-Bit

2 – SGID-Bit

4 – SUID-Bit

Nehmen wir zwei Beispiele. Würden Sie die passenden Rechte (so, wie sie jetzt sind) für `/usr/bin/passwd` setzen wollen, geben Sie folgenden Befehl ein:

```
# chmod 4755 /usr/bin/passwd
```

Durch die Ziffer 4 am Anfang wird das SUID-Bit gesetzt. Die Rechte auf das `/tmp`-Verzeichnis könnten Sie folgendermaßen nachbilden:

```
# chmod 1777 /tmp
```

Natürlich können Sie auch Sonderrechte miteinander kombinieren; das kommt jedoch in den seltensten Fällen vor.

8.6 Ein Übungsszenario

In diesem Abschnitt stelle ich Ihnen ein Übungsszenario vor, das Sie nutzen können, um die Benutzerverwaltung und Rechtevergabe zu üben. Ich empfehle Ihnen dringend, diese Trainingsmöglichkeit wahrzunehmen, wenn Sie in diesem Bereich noch nicht besonders erfahren sind. Sie benötigen diese Kenntnisse für viele Serveraufgaben. Aber zur Sache:

Sie sind Administrator eines mittelständischen Produktionsunternehmens, das einen Linux-Server betreibt, auf den alle Mitarbeiter zugreifen müssen. Jeder hat auf dem Server ein eigenes Home-Verzeichnis, über dessen volle Rechte er verfügt. Weiterhin benötigen die

Mitarbeiter bestimmte Zugriffsrechte auf andere Verzeichnisse. Folgende Arbeitsschritte müssen vollzogen werden:

1. Erstellen der Zugriffsregeln
2. Planung der Verzeichnisstruktur
3. Planung der Gruppen und Gruppenmitgliedschaften
4. Planung der Verzeichnisrechte
5. Realisierung
6. Test der Zugriffsregeln

Im ersten Schritt planen Sie, welcher Mitarbeiter auf welches Verzeichnis in welcher Form zugreifen darf. Letztlich hat der Chef hier das letzte Wort. In diesem Zusammenhang darf ich Ihnen gleich Ihre Mitarbeiter vorstellen:

Mitarbeiter	Rechte
`Boss`	Der Boss darf mindestens alles lesen, schreiben ist optional.
`Sek1` und `Sek2`	Beide Sekretärinnen dürfen im Büro lesen und schreiben.
`Buch`	Die Buchhalterin darf in der Buchhaltung lesen und schreiben.
`Meister1`	Darf in `Werk1` lesen und schreiben und bei `Geselle1` und `Azubi1` lesen
`Geselle1`	Darf in `Werk1` und bei `Azubi1` lesen
`Azubi1`	Darf in `Werk1` lesen
`Meister2`	Darf in `Werk2` lesen und schreiben und bei `Geselle2` und `Azubi2` lesen
`Geselle2`	Darf in `Werk2` lesen und schreiben und bei `Azubi2` lesen
`Azubi2`	Darf in `Werk2` lesen

Wichtig: Jeder darf bei sich im Home-Verzeichnis alles (volle Rechte) – andererseits ist alles, was nicht explizit erlaubt ist (siehe Ausnahmen in der Tabelle), verboten!

Um diese Rechte umzusetzen, benötigen Sie im zweiten Schritt eine entsprechende Verzeichnisstruktur unter `/home`, in der Sie die Home-Verzeichnisse anlegen und Rechte auf die entsprechenden Abteilungsordner setzen können. Natürlich gibt es viele Wege, dies zu realisieren – eine dieser Möglichkeiten stelle ich Ihnen in Abbildung 8.1 vor.

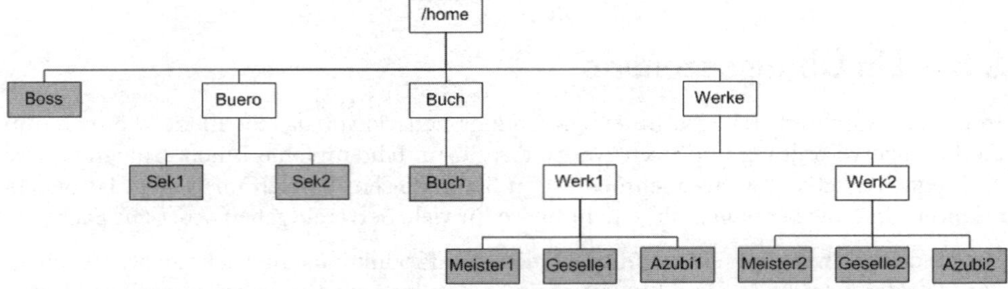

Abb. 8.1: Die Verzeichnisstruktur der Produktionsfirma

Alle grau unterlegten Felder sind Home-Verzeichnisse. Die weißen Felder sind normale Unterverzeichnisse von `/home` und grenzen die Abteilungen voneinander ab.

Der dritte Schritt besteht darin, die Gruppen zu planen. Dabei ist zu überlegen, wie die Zuordnungen zu den Benutzern vorgenommen werden, um die passenden Rechte in den einzelnen Verzeichnissen vergeben zu können.

Sie gehen auf Nummer sicher, wenn Sie für jedes Verzeichnis eine eigene Gruppe erstellen. Damit können die Rechte am flexibelsten gesetzt werden. Allerdings bedeutet das unter Umständen auch mehr Administrationsaufwand.

Auch hier hilft eine Matrix weiter:

User	Gruppe	Mitglied von allen anderen Gruppen
Boss	Boss	
Sek1, Sek2	Buero	
Buch	Buch	
Meister1	Meister	Werk1, Geselle1, Azubi1
Geselle1	Geselle1	Werk1, Azubi1
Azubi1	Azubi1	Werk1
Meister2	Meister	Werk2, Geselle2, Azubi2
Geselle2	Geselle2	Werk2, Azubi2
Azubi2	Azubi2	Werk2

Im vierten Schritt halten Sie nun fest, wer welche Rechte in welchem Verzeichnis hat – natürlich müssen Sie sich darüber schon im Schritt 3 klar werden. Auch dies können Sie sehr schön in einer Tabelle zusammenfassen:

Verzeichnis	Eigentümer	Gruppe	Rechte
Boss	Boss	Boss	rwxr-x---
Buero	root	Buero	rwxrwx---
Sek1	Sek1	Sek1	rwxr-x---
Sek2	Sek2	Sek2	rwxr-x---
Buch	root	Buch	rwxrwx---
Buch (Home-Verzeichnis)	Buch	Buch	rwxr-x---
Werke	root	Meister	rwxrwxr-x
Werk1	root	Werk1	rwxrwx--x
Meister1	Meister1	Meister1	rwxr-x---
Geselle1	Geselle1	Geselle1	rwxr-x---
Azubi1	Azubi1	Geselle1	rwxr-x---
Werk2	root	Werk2	rwxrwx--x
Meister2	Meister2	Meister2	rwxr-x---

Verzeichnis	Eigentümer	Gruppe	Rechte
`Geselle2`	`Geselle2`	`Geselle2`	`rwxr-x---`
`Azubi2`	`Azubi2`	`Azubi2`	`rwxr-x---`

Sie haben es sicher bemerkt: Sie müssen einiges an Gehirnschmalz in die Vorbereitung investieren, um die Zugriffsrechte richtig zu planen, da Sie nur eine Gruppe für ein Verzeichnis definieren können. So müssen Sie zum Beispiel sicherstellen, dass die Meister in den jeweiligen Werkverzeichnissen lesen und schreiben können und dass beide Meister im Verzeichnis `/home/Werke` lesen und schreiben können.

Nun folgt die Einrichtung. Gehen Sie systematisch folgendermaßen vor:

1. Erstellen Sie zunächst die Verzeichnisstruktur mit **mkdir <Verzeichnis>**, aber nicht die Home-Verzeichnisse, da diese mit den richtigen Rechten automatisch von **useradd** erzeugt werden.
2. Dann erstellen Sie die notwendigen Gruppen mit **groupadd <Gruppe>**.
3. Nun werden die User generiert: mit **useradd -m -d <Verzeichnis> <Benutzer>** passen Sie die Home-Verzeichnisse an und legen diese automatisch an.
4. Definieren Sie anschließend die Eigentümer und Gruppen der einzelnen Verzeichnisse mit **chown <Benutzer>:<Gruppe> <Verzeichnis>**.
5. Zuletzt setzen Sie die Zugriffsrechte für alle Verzeichnisse mit **chmod <Rechte> <Verzeichnis>**.

Sie sind an dieser Stelle aber keineswegs fertig! Ich kann es gar nicht genug betonen, denn jetzt kommt vielleicht der wichtigste Arbeitsschritt: Sie müssen die neue Struktur testen! Melden Sie sich dazu als *jeder* neue Benutzer an und testen Sie die Zugriffsrechte auf *jedes* Verzeichnis – lesen und schreiben! Testen Sie insbesondere aus, ob jemand etwas kann, das er eigentlich nicht dürfte, zum Beispiel eine Datei erstellen etc.

> Diesen Schritt dürfen Sie in einer Produktiv-Umgebung niemals auslassen, da nur so sichergestellt ist, dass die Benutzer genau die Rechte haben, die sie haben sollen – nicht mehr und nicht weniger.

8.7 Access Control Lists (ACLs)

Auch wenn das traditionelle Linux-Rechtesystem in vielen Fällen ausreichend ist und durch geschickte Gruppenzuordnung auch erstaunlich flexibel gestaltet werden kann, so reicht dies in einigen Situationen nicht aus. Was wäre zum Beispiel, wenn die Buchhalterin aus der Übung im letzten Abschnitt im Verzeichnis `Buero` Leserechte benötigt, aber niemand sonst? Da der Gruppe bereits Schreib- und Leserechte vergeben wurden, müsste »Welt« dann zumindest Leserechte erhalten – das allerdings führt dazu, dass alle anderen auch lesen dürfen ...

Wenn Sie die letzte Übung aufmerksam nachvollzogen haben, ist Ihnen vielleicht auch aufgefallen, dass der Boss der Firma in den Verzeichnissen `Buero`, `Buch`, `Werke`, `Werk1` und `Werk2` nicht nur Lese-, sondern auch Schreibrechte hat. Laut Eingangsforderung darf der Boss aber dort nur lesen.

Mit POSIX Access Control Lists (ACLs) kann dieses Manko behoben werden. Sie basieren auf dem POSIX 1003.1e draft 17, der nie als Standard verabschiedet wurde, aber bereits einen ausgereiften Qualitätsgrad hat, so dass ACLs schon seit Kernel 2.6.1 implementiert sind.

Der Begriff »ACL« im Sinne von *Access Control List* wird von vielen Herstellern verwendet und ist keinesfalls exklusiv für Linux reserviert. So werden auch die Windows-Rechte durch ACLs gesetzt. Häufig taucht der Begriff auch im Zusammenhang mit Cisco-Geräten auf, bei denen unter ACLs – etwas vereinfacht ausgedrückt – Firewall-Regeln gemeint sind. Im Zusammenhang mit Linux sprechen wir von »POSIX-ACLs«.

8.7.1 ACLs aktivieren

POSIX-ACLs werden von den meisten Dateisystemen unter Linux unterstützt. Hierzu zählen Ext2/Ext3, ReiserFS, JFS und XFS. Während ACLs bei JFS und XFS immer aktiviert sind, müssen sie für die Dateisysteme Ext2, Ext3 und ReiserFS in den Mount-Optionen angegeben werden. Hierzu wird die Option `acl` in `/etc/fstab` im Eintrag der entsprechenden Partition ergänzt. Dies könnte zum Beispiel so aussehen:

```
/dev/hda1      /      ext3     errors=remount-ro,acl   0   1
```

Sie können die ACL-Unterstützung auch während des Betriebes konfigurieren, indem Sie die Datei mit neuen Optionen erneut einbinden (»remounten«), wie in folgendem Beispiel gezeigt:

```
# mount -o remount,acl <Partition>
```

Welche Partition Sie hier eintragen müssen, können Sie Ihrer `/etc/fstab` entnehmen. Oft ist es sinnvoll, zumindest die Root-Partition (/) hierfür zu präparieren. Je nach Zielstellung könnte es erforderlich sein, diesen Befehl für mehrere Partitionen auszuführen, wenn Sie zum Beispiel `/home`, `/var` und / auf getrennten Partitionen gemountet haben. Beachten Sie jedoch, dass ACLs in der Regel nur für bestimmte Dateien bzw. Verzeichnisse angewendet werden, da die Administration ab einem bestimmten Punkt zu aufwändig und damit fehleranfällig wird.

Damit Sie ACLs verwenden können, benötigen Sie das Paket `acl`. Installieren Sie es über **`apt-get install acl`**. Neben der Dokumentation enthält es im Wesentlichen zwei Tools, die ich Ihnen im Folgenden vorstellen werde.

8.7.2 Wie funktionieren ACLs?

Ausgehend vom traditionellen Rechtesystem unter Linux kennen wir drei Benutzerklassen, für die einzeln Rechte vergeben werden können:

- die Rechte für den *Eigentümer*
- diejenigen für die *Gruppe*
- die Rechte für alle anderen (*Welt*)

Sie können für diese drei das Lese-, Schreib- und Ausführen-Recht separat vergeben. Die Sonderrechte lassen wir hier außer Acht. Hier setzen die ACLs an.

ACL-Rechte

Auch ACLs basieren auf diesen drei »Grundrechten«. Mit ACLs können Sie nun jedoch weitere Benutzer oder Gruppen angeben, für die Sie ebenfalls beliebige Rechte setzen können. Abbildung 8.2 veranschaulicht das beispielhaft.

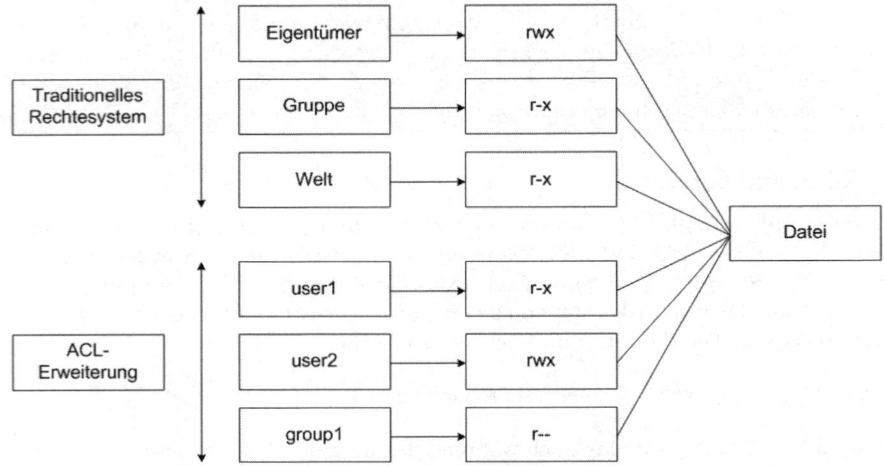

Abb. 8.2: ACLs erweitern die traditionellen Rechte.

Dabei können Sie zwar nicht unendlich viele ACL-Einträge erzeugen, aber ausreichend, um auch hartgesottene Administratoren an den Rand der Verzweiflung zu bringen. Anders ausgedrückt dürften Sie hier in der Praxis kaum an Grenzen stoßen, da ab einer bestimmten Anzahl an ACL-Einträgen die so genannte »Usability«, also die Fähigkeit, die geschaffenen Konstrukte zu verwalten, verloren geht. Auch hier gilt also im Zweifel: Weniger ist mehr!

Erzeugen und Anzeigen von ACL-Einträgen

Zum Setzen der ACLs existiert der Befehl **`setfacl`**. Schauen wir uns ein Beispiel an. Nehmen wir an, Sie haben eine Datei `acl-test`, deren Eintrag zunächst folgendermaßen aussieht:

```
-rwxr-xr-- 1 paul users 29 Jun 21 14:44 acl-test
```

Möchten Sie für diese Datei zum Beispiel dem Benutzer `knut` Lese- und Ausführen-Rechte vergeben, so lautet der Befehl folgendermaßen:

```
# setfacl -m user:knut:r-x acl-test
```

Mit `-m` fügen Sie der ACL-Liste einen Eintrag hinzu. Sie müssen angeben, ob es sich um einen Benutzer (`user`) oder eine Gruppe (`group`) handelt. Durch Doppelpunkt getrennt geben Sie anschließend den Benutzer bzw. die Gruppe und deren Rechte an. Angenehmerweise werden die Rechte so angegeben, wie sie auch tatsächlich wiedergegeben werden, also als `rwx`-Triple. Als letzten Parameter geben Sie die Datei oder das Verzeichnis an, für die bzw. das der ACL-Eintrag erstellt werden soll. Fertig!

Schauen Sie sich nun diesen Eintrag noch einmal an, fällt ein kleines Detail ins Auge:

```
-rwxr-xr--+ 1 paul users 29 Jun 21 14:44 acl-test
```

Am Ende der Rechteliste erscheint nun ein Plus (+) statt des Ausführen-Rechts für *Welt*. Dies zeigt an, dass weitere ACL-Einträge bestehen. Ja und nun?

Nun kommt **getfacl**. Damit lassen Sie sich die ACLs anzeigen, wie im Folgenden gezeigt:

```
# getfacl acl-test
# file: acl-test
# owner: paul
# group: users
user::rwx
user:knut:r-x
group::r-x
mask::r-x
other::r--
```

Hier erhalten Sie also nun übersichtlich die zusätzlichen Benutzer bzw. Gruppen und deren Berechtigungen aufgelistet. Hier finden Sie nun den Eintrag `user:knut:r-x`.

Die Maske

Lassen Sie uns einen Eintrag für die Gruppe `vips` erzeugen:

```
# setfacl -m group:vips:rwx acl-test
```

Die Gruppe erhält sämtliche Rechte – werfen wir einen Blick auf den Dateieintrag:

```
-rwxrwxr--+  1 paul users   29 Jun 21 14:44 acl-test
```

Fällt Ihnen etwas auf? Schauen Sie mal auf die Gruppenrechte, da steht jetzt `rwx` ... Heißt das jetzt, dass die Gruppe `users` nun auch volle Rechte hat? Was sagt **getfacl**?

```
# getfacl acl-test
# file: acl-test
# owner: paul
# group: users
user::rwx
user:knut:r-x
group::r-x
group:vips:rwx
mask::rwx
other::r–
```

Beachten Sie die Einträge für `user::` und für `group::`. Diese bestimmen die Rechte für die Standardklassen (Eigentümer und Gruppe). Wie Sie sehen, hat sich hier nichts geändert. Was also wird hier tatsächlich angezeigt?

Es handelt sich um die so genannte »Maske« (`mask`). Sie stellt die maximal möglichen Rechte für ACL-Einträge dar. Standardmäßig wird sie automatisch so erzeugt, dass die maximal erforderlichen Rechte möglich sind.

> Das, was Ihnen der Eintrag im Dateilisting an der Stelle der *Gruppenrechte* anzeigt, ist *bei Nutzung von ACLs* also die Maske.

Im ersten Fall haben wir dem Benutzer `knut` lediglich `r-x` zugestanden. Dies entsprach den vorhandenen Gruppenrechten, daher war keine Änderung an der Maske notwendig. Im zweiten Fall haben wir jedoch `rwx` zugewiesen, so dass die Maske hier automatisch von **`setfacl`** angepasst wurde und nun somit `rwx` anzeigt. Normalerweise können Sie die Maske ignorieren. Wird sie jedoch manuell gesetzt, werden die zugewiesenen Rechte durch diese Maske gefiltert. Hat ein Benutzer eigentlich `rwx`, die Maske erlaubt aber nur `r-x`, so wird der Benutzer effektiv auch nur `r-x` erhalten. Das zeigt auch **`getfacl`** an. Setzen wir probeweise die Maske auf `r--`. Dies erledigen Sie mit dem Befehl **`chmod`**, indem Sie die Gruppenrechte entsprechend setzen. Anschließend schauen wir uns die Einträge an:

```
# chmod g=r acl-test
# ls -l acl-test
-rwxr--r--+ 1 paul users 29 Jun 21 14:44 acl-test
# getfacl acl-test
# file: acl-test
# owner: paul
# group: users
user::rwx
user:knut:r-x                   #effective:r--
group::r-x                      #effective:r--
group:vips:rwx                  #effective:r--
mask::r--
other::r--
```

`getfacl` fügt allen Einträgen einen Kommentar hinzu, deren effektive Rechte nicht den gesetzten Rechten entsprechen. Die oben abgebildete Ausgabe lässt darüber hinaus folgende Schlüsse zu:

1. Die gesetzten Rechte bleiben für alle Einträge erhalten, also auch für die Standardklasse `group` (hier der Gruppe `users` zugewiesen). Sie gehen nicht verloren und können jederzeit wieder aktiviert werden – dies ist eine elementare Feststellung!
2. Der `mask`-Wert wird entsprechend angepasst (`r--`).
3. Für alle ACL-Einträge UND die Gruppe wird die Maske zum begrenzenden Faktor. Durch die rigorose Einschränkung auf Leserechte werden die effektiven Rechte wie angezeigt entsprechend reduziert.
4. Die Maske wirkt sich NICHT auf den *Eigentümer* und die *Welt* aus. Diese Rechte werden durch ACLs nicht berührt.

Würden Sie jetzt die Rechte der Gruppe wieder auf `rwx` setzen, würden die alten gesetzten Rechte (auch für die Standardgruppe!) effektiv wieder auf den alten Wert gesetzt werden.

> Über den Befehl **`chmod`** können Sie bei gesetzten ACLs also nur den `mask`-Wert einrichten, wenn Sie die Gruppenrechte anpassen.

Möchten Sie die Rechte für die Standardgruppe zum Beispiel auf `rwx` setzen, so nutzen Sie den Befehl **`setfacl`** folgendermaßen:

```
# setfacl -m group::rwx acl-test
```

Der Eintrag für den Gruppennamen bleibt also einfach leer. Dem Befehl **setfacl** reicht übrigens auch statt user ein u und statt group ein g. Im folgenden Beispiel werden wir dies so nutzen.

Möchten Sie einen Eintrag löschen, nutzen Sie die Option -x und geben den betreffenden Benutzer bzw. die betreffende Gruppe an. Die Rechte werden nicht angegeben. Lassen Sie uns knut entfernen:

```
# setfacl -x u:knut acl-test
# getfacl acl-test
# file: acl-test
# owner: paul
# group: users
user::rwx
group::rwx
group:vips:rwx
mask::rwx
other::r-
```

Sie sehen, knut ist nicht mehr in der ACL vorhanden – schade für ihn ;-). Mit der Option -b entfernen Sie sämtliche Einträge der ACL. Hierzu sind keine weiteren Angaben außer dem Objektnamen notwendig:

```
# setfacl -b acl-test
# getfacl acl-test
# file: acl-test
# owner: paul
# group: users
user::rwx
group::rwx
other::r--
```

Folglich zeigt der Befehl **getfacl** nur noch die Standardrechte an, wie sie auch **ls -l** darstellt.

ACLs funktionieren sowohl für Dateien als auch für Verzeichnisse.

Für Letztere existiert allerdings noch eine Besonderheit, die Sie im folgenden Abschnitt kennen lernen werden.

Default-ACLs

Nehmen wir an, Sie haben ein Verzeichnis /austausch. Hier werden oftmals auch neue Dateien und Unterverzeichnisse erzeugt. Sie möchten der Gruppe vips (der Name kommt von *Very Important Persons*, also *sehr wichtige Leute*) auf alle Einträge volle Rechte geben. Hierzu können Sie für das Verzeichnis /austausch eine Default-ACL festlegen, die die in diesem Verzeichnis angelegten Objekte erben. Hierzu nutzen Sie die Option -d und erzeugen einen entsprechenden ACL-Eintrag:

```
# setfacl -d -m group:vips:rwx /austausch
# getfacl /austausch
# file: austausch
# owner: root
# group: root
user::rwx
group::r-x
other::r-x
default:user::rwx
default:group::r-x
default:group:vips:rwx
default:mask::rwx
default:other::r-x
```

Die Ausgabe von **getfacl** zeigt uns nun die Default-Einträge, deren Zeilen mit `default:` beginnen. Wie Sie erkennen können, werden alle vorher bereits vorhandenen Einträge als Default-Wert kopiert, sobald ein expliziter Default-Eintrag erzeugt wird.

Lassen Sie uns nun ein Unterverzeichnis erstellen und schauen, wie die ACL-Rechte dort automatisch gesetzt werden:

```
# cd /austausch
# mkdir sub
# getfacl sub
# file: sub
# owner: root
# group: root
user::rwx
group::r-x
group:vips:rwx
mask::rwx
other::r-x
default:user::rwx
default:group::r-x
default:group:vips:rwx
default:mask::rwx
default:other::r-x
```

Alle Einträge wurden übernommen – auch die Default-Werte. Wie verhält es sich mit einer Datei, die im Verzeichnis `/austausch` oder einem Unterverzeichnis erstellt wurde? Testen wir es aus:

```
# touch /austausch/testdatei
# ls -l /austausch/testdatei
-rw-rw-r--+ 1 root root 0 Jun 21 16:40 testdatei
# getfacl /austausch/testdatei
# file: testdatei
# owner: root
# group: root
user::rw-
group::r-x                      #effective:r--
group:vips:rwx                  #effective:rw-
mask::rw-
other::r--
```

Auch hier findet sich wieder der Eintrag für die Gruppe `vips`. Aber was soll das mit den Rechten und der Maske? Da wurde einfach das Ausführen-Recht (`x`) für beide Gruppen-Einträge entfernt?!

Die Erklärung ist einfach: Während das Ausführen-Recht für ein Verzeichnis besagt, dass die entsprechende Benutzerklasse durch dieses Verzeichnis in ein Unterverzeichnis wechseln kann, würde eine Datei als »ausführbar« gekennzeichnet werden. Das sollte aber in der Voreinstellung nicht der Fall sein, schließlich sind nicht alle Dateien Skripte oder Programme – ergo wird das Ausführen-Recht abgeschnitten. Logo, oder?

8.7.3 Probleme bei der Nutzung von ACLs

Wir haben da ein kleines grundsätzliches Problem, das ich Ihnen nicht verschweigen will. Während die grundlegenden Befehle (**cp**, **mv**, **ls** etc.) ACLs unterstützen, ist dies bei Weitem nicht bei allen Programmen der Fall. Normale Backup-Tools, wie zum Beispiel **tar** (siehe Kapitel 12 *Zeitlich gesteuerte Backups*), sichern zwar die Standard-Rechte zusammen mit der Datei oder dem Verzeichnis, nicht jedoch die ACLs! Sie können hier entweder ein Backup-Programm, wie **star**, nutzen (ist nur bei *Etch* enthalten, *Lenny* hat dies nicht mehr im Programm!) oder sichern die ACLs separat mittels der beiden Tools **getfacl** und **setfacl**. Dies läuft folgendermaßen ab:

1. Möchten Sie die ACLs eines Verzeichnisses, zum Beispiel `/austausch`, speichern, lassen Sie sich diese über die Option `-R` rekursiv für den gesamten Verzeichniszweig anzeigen und leiten diese Textausgabe in eine Datei um. Der Befehl lautet **getfacl -R /austausch > acl-backup.txt**.
2. Um die ACLs für die Dateien später wieder einzuspielen, nutzen Sie **setfacl** und die Option `--restore=<ACL-Datei>`. Dies sieht dann zum Beispiel folgendermaßen aus: **setfacl --restore=acl-backup.txt**. Sie müssen sich hierbei auf der Ebene des obersten Verzeichnisses des Verzeichniszweiges befinden, ab dem die ACLs wieder hergestellt werden sollen – in unserem Beispiel also direkt unter `/`.

Ein weiteres Problem ist die Bearbeitung einer ACL-belegten Datei mit Texteditoren oder anderen Programmen. Wenn diese nach der Bearbeitung eine neue Datei erstellen, werden unter Umständen auch hier wieder nur die Standardrechte entsprechend gesetzt und die ACL-Erweiterungen verworfen. Der Linux-Standardeditor **vim** unterstützt glücklicherweise ACLs. Sollte Ihre Anwendung ACLs nicht unterstützen, so können Sie zumindest versuchen, über die Rechte des Verzeichnisses entsprechende Zugriffsberechtigungen zu setzen.

8.7.4 Wo werden ACLs sinnvoll eingesetzt?

ACLs sollten aus den oben genannten Gründen sinnvollerweise nur dort zum Einsatz kommen, wo eine entsprechend granulare Unterscheidung der Rechte vorgenommen werden *muss*. Die POSIX-ACLs sind eine optionale Erweiterung, die punktuell eingesetzt werden sollte, um die Administration nicht unnötig zu erschweren.

Im Allgemeinen ist es sinnvoll, für den Einsatz von ACLs bestimmte Verzeichnisse vorzusehen, die dem *allgemeinen Datenaustausch* dienen. Insbesondere Windows-Freigaben, wie Sie sie in Kapitel 24 Samba Teil I – *Grundlagen des Windows-Servers* kennen lernen werden, bieten sich hier an. Da auch Windows – zumindest zum Teil – POSIX-kompatibel arbeitet, können Sie die Rechte über die Eigenschaften einer Sambaserver-Freigabe auch von einem Windows-Client aus setzen, wenn Sie auf das Register SICHERHEIT wechseln. Zwar unterstützen POSIX-ACLs nicht alle Berechtigungen, die Windows kennt, aber die Grundberechtigungen, wie Lesen, Ändern (Löschen), Schreiben, Ordnerinhalt auflisten oder Vollzugriff, können angepasst werden.

Dies setzt natürlich entsprechende Rechte voraus. Genau genommen kann nur der Eigentümer oder `root` entsprechende Anpassungen vornehmen – dies gilt gleichermaßen für den lokalen Zugriff wie über den Zugriff über ein Netzwerk.

Darüber hinaus können Sie natürlich auch im Einzelfall POSIX-ACLs festlegen, wenn dies notwendig ist. Denken Sie aber dabei immer an die steigende Komplexität, die sich in der Administration bemerkbar macht.

Ist ein System (zum Beispiel ein älterer Kernel) übrigens nicht in der Lage, ACLs zu verstehen, greifen nach wie vor die traditionellen Rechte.

8.8 Quotas – Einschränkungen des Speicherplatzes für Benutzer

Mit Quotas können Sie festlegen und kontrollieren, wie viel Festplattenplatz ein Benutzer belegen darf. Das ist auf einem Serversystem in vielen Fällen nicht nur sinnvoll, sondern notwendig, da viele Benutzer auf dem Server Daten speichern. Auch aus diesem Grund ist eine sinnvolle Partitionierung sehr wichtig, da Quotas *pro Partition* festgelegt werden.

Mit anderen Worten: haben Sie zum Beispiel nur eine einzige Partition, kann es Ihnen passieren, dass ein einzelner Benutzer den gesamten verbleibenden Festplattenplatz verbraucht und damit das Betriebssystem unbrauchbar macht! Der Kernel und einige sehr wichtige Subsysteme reagieren mitunter nämlich ziemlich empfindlich darauf, wenn sie keine Prozessdaten mehr speichern können ...

Typischerweise werden Sie zumindest die `/home`-Partition mit Quotas versehen (so Sie diese separat angelegt haben), da die Benutzer hier normalerweise ihre Daten in ihren Home-Verzeichnissen speichern.

8.8.1 Quota-Unterstützung aktivieren

Der Kernel muss Quotas unterstützen. Das ist bei den Standard-Kerneln fast aller großen Distributionen neueren Datums der Fall. Unter Debian können Sie das Paket zur Unterstützung von Quotas wie folgt installieren:

```
# apt-get install quota
```

Um Quotas für eine Partition aktivieren zu können, müssen Sie entsprechende Mount-Optionen in `/etc/fstab` einfügen. Sie können `usrquota` zur Aktivierung von Benutzer-Quotas und `grpquota` zur Aktivierung von Gruppen-Quotas eintragen. Somit können Sie den entsprechenden Eintrag sinngemäß in `/etc/fstab` ergänzen:

```
/dev/hda9        /home        ext3    defaults,usrquota,grpquota        0   2
```

In den meisten Fällen werden vermutlich Benutzer-Quotas ausreichen – aber vielleicht finden Sie die Gruppen-Quotas nützlich. Wenn Sie sie nicht benötigen, können Sie die Mount-Option hierfür natürlich auch weglassen.

Übrigens hat Linux hier dem Fenster-Betriebssystem etwas voraus: *Kontingente* (so die Quota-Bezeichnung unter Windows) können nämlich nur für Benutzer, nicht aber für Gruppen eingerichtet werden ...

Im Anschluss an die Änderung der Datei `/etc/fstab` speichern Sie diese und führen den folgenden Befehl aus, um die Partition neu zu mounten:

```
# mount -o remount /home
```

Mittels des Befehls **`mount`** können Sie sich davon überzeugen, dass die entsprechenden Parameter nun tatsächlich aktiv sind. Die entsprechende Zeile sieht in etwa folgendermaßen aus, ggf. sind die Optionen um entsprechende weitere Einträge ergänzt:

```
/dev/hda9 on /home type ext3 (rw,usrquota,grpquota)
```

Nun müssen die Quotas einmalig initialisiert werden. Dazu wird der »Status quo« hinsichtlich bereits verbrauchtem Speicherplatz aufgenommen und die Dateien `aquota.user` und `aquota.group` im Wurzelverzeichnis der jeweiligen Partition (hier: `/home`) erstellt. Dies geschieht folgendermaßen:

```
# quotacheck -avug
```

Dabei steht `-avug` für alle (`a`), geschwätzig (`v` für *verbose*), Benutzer-Quotas (`u` für User) und Gruppen-Quotas (`g`). Sie können sich aber auch die Kombination der Optionen merken, da diese in der Regel immer in dieser Form aufgerufen wird.

Im Anschluss daran aktivieren wir die Quotas:

```
# quotaon -a
```

Die Option `-a` sorgt dafür, dass alle für Quotas präparierten Partitionen aktiviert werden. Entsprechend gibt es einen Befehl **`quotaoff`**, der zur Deaktivierung der Quotas dient. Als Parameter können Sie auch einzelne Partitionen bzw. Mountpoints angeben. Möchten Sie also nur die Quotas für `/home` deaktivieren, geben Sie Folgendes ein:

```
# quotaoff /home
```

Dies ist allerdings selten notwendig. Schließlich sind Sie froh, wenn Sie den Speicherplatzhunger Ihrer Benutzer erst einmal kontrollieren können ;-).

8.8.2 Quotas festlegen

Der nächste Schritt besteht darin, den Benutzern ein entsprechendes Limit zuzuweisen. Dies funktioniert natürlich nur als `root`. Möchten Sie zum Beispiel dem Benutzer `hans` eine Beschränkung auferlegen, geben Sie als `root` folgenden Befehl ein:

```
# edquota hans
```

Es öffnet sich der Standardeditor mit der Quota-Datei für `hans`:

```
Disk quotas for user hans (uid 1001):
  Filesystem            blocks      soft      hard    inodes     soft     hard
  /dev/hda9               1543     60000     70000        10        0        0
```

Bei dieser Datei handelt es sich um eine temporäre Datei, die vom Quota-System interpretiert wird – obwohl es eine Textdatei ist, können Sie diese nicht direkt editieren, wundern Sie sich also nicht. Sie benötigen folglich den Befehl **`edquota <Benutzername>`**.

Zum Inhalt:

- Die Spalte 1 zeigt das durch Quota reglementierte Dateisystem, ggf. finden Sie hier mehrere Zeilen.
- In Spalte 2 stehen die bisher vom Benutzer belegten Blocks in KB-Größe.
- Das erste *Softlimit* in Spalte 3 beschreibt eine Grenze für die Speicherplatzgröße, die temporär überschritten werden kann – der Benutzer erhält an dieser Stelle eine Warnung. Der Wert wird in KB angegeben.
- Das erste *Hardlimit* in Spalte 4 definiert eine absolute Grenze, ab der weitere Schreibvorgänge mit einer entsprechenden Fehlermeldung abgelehnt werden. Auch dieser Wert wird in KB angegeben.
- Die *Inodes* in Spalte 5 zeigen die Anzahl der belegten Inodes an. Das entspricht grob gesagt der Anzahl der vom Benutzer gespeicherten Dateien.
- In den Spalten 6 und 7 können Sie analog zu den Spalten 3 und 4 eine entsprechende Grenze für die Belegung von Inodes angeben – anders gesagt beschränken Sie hiermit die Anzahl der vom Benutzer speicherbaren Dateien. Dies wird seltener genutzt.

8.8.3 Quotas kontrollieren

Jeder Benutzer kann durch die Eingabe von **`quota`** seine eigenen Quotas checken.

Als `root` können Sie natürlich alle anderen Benutzer kontrollieren. Zunächst mit folgendem Befehl, hier für den Benutzer `hans`:

```
# quota hans
Disk quotas for user hans (uid 1001):
     Filesystem  blocks   quota   limit   grace   files   quota   limit   grace
      /dev/hda9  70000*   60000   70000   7days      10       0       0
```

Wie Sie sehen, hat `hans` in diesem Fall das Hardlimit für die Blocks (Speicherplatz) überschritten, was durch einen Asterisk (*) in der zweiten Spalte angezeigt wird. Dabei haben wir ihm doch schon rund 70 MB zugewiesen. Ts, ts ...

Jaaa, ich weiß, dass das heutzutage nicht wirklich viel ist. Zu meiner Entschuldigung sei angemerkt, dass der Benutzer `hans` in meinem Fall nur ein Testbenutzer ist ..., aber abgesehen davon – wie können Sie die Wirksamkeit von Quotas testen? Nun, im Grunde ist dies recht einfach:

1. Erstellen Sie entsprechende Quotas für einen existierenden (!) Benutzer, wie oben beschrieben. Die genannte Hardgrenze von 70 MB ist ein beliebiger Wert.
2. Nun können Sie per **`su - <Benutzer>`** zu diesem Benutzer wechseln. Erstellen Sie als dieser Benutzer eine entsprechend große Datei, um die Softgrenze zu überschreiten.

Oben genannte Werte vorausgesetzt, könnten Sie folgende Zeile eingeben: **dd if=/dev/zero of=~/grosse.datei bs=1024 count=60010**. Hiermit erstellen Sie eine Datei im Home-Verzeichnis des Benutzers mit der Größe 1024 x 60010 Byte, also etwas mehr als 60 MB. Den Befehl werde ich Ihnen in Kapitel 10 *Wichtige Befehle zur Systemadministration* detailliert erläutern. Nehmen Sie ihn bitte an dieser Stelle erst einmal zur Kenntnis und ändern ggf. lediglich die numerischen Werte. Wie auch immer, damit sollte ihre Softgrenze überschritten sein und eine entsprechende Warnmeldung erscheint.

3. Über Eingabe von **quota** können Sie sich jederzeit über den aktuellen Stand informieren.

4. Um die Hardgrenze zu überschreiten, können Sie nun einen weiteren **dd**-Befehl wie oben angegeben nutzen. Ändern Sie aber den Dateinamen (zum Beispiel in `~/grosse.datei2`), da dieser sonst mit den neuen Werten überschrieben wird. Sie sollten während des Schreibvorgangs eine Fehlermeldung der folgenden Art erhalten: `dd: Schreiben von /home/hans/test: Der zugewiesene Plattenplatz (Quota) ist überschritten`

Damit haben Sie sichergestellt, dass die Quotas tatsächlich greifen. Diesen Test sollten Sie in jedem Fall durchführen, bevor Sie ein Quota-System etablieren.

8.9 Zusammenfassung und Weiterführendes

Auf den meisten Serversystemen werden Sie lokale Benutzer verwalten müssen. Zwar existieren zum Beispiel in Form von NIS und LDAP oder virtuellen Benutzern für bestimmte Dienste Alternativen zu lokalen Benutzerkonten, dennoch sind bestimmte lokale Benutzer in der Regel dennoch vertreten.

Die Benutzerverwaltung besteht einerseits aus den Maßnahmen zum Erstellen, Anpassen und Löschen eines Benutzers und andererseits aus der Definition seiner Zugriffsrechte. Beides haben Sie in den letzten beiden Kapiteln kennen gelernt. Reichen Ihnen die normalen Benutzerrechte für Eigentümer, Gruppe und Welt nicht aus, können Sie ACLs einsetzen, um die Rechte fast beliebig granular zu setzen – aufpassen müssen Sie dabei nur, dass Sie als Administrator nicht die Übersicht verlieren. Darüber hinaus sollten Sie überlegen, ob und inwieweit Ihnen ein Quota-System das Leben erleichtern kann, da es sicherstellt, dass ein bestimmter Benutzer nur einen begrenzten Speicherplatz auf Ihrem System belegen kann.

Über die vorgestellten Mechanismen hinaus gibt es verschiedene andere Ansätze, das Rechtesystem von Linux zu erweitern. Einer davon ist *SE-Linux* (SE steht für *Security Enhanced*), mit dem Benutzer- und Dateirechte sehr detailliert – wenn auch nicht gerade intuitiv – vergeben werden können. Leider kann ich hier aus Platzgründen nicht näher darauf eingehen, möchte Ihnen aber die folgende Website ans Herz legen: `http://www.nsa.gov/selinux/`. Allerdings ist die Site auf Englisch. Für deutsche Informationen zu SE-Linux bietet sich eine Suche bei `www.google.de` oder einer anderen Suchmaschine an.

Kapitel 9

Einführung in die Bash

In diesem Kapitel legen wir gemeinsam den Grundstein für ein erfolgreiches Arbeiten auf der Konsole. Sie lernen in diesem Kapitel Folgendes:

- Aufgaben der Shell
- Die Kommandozeile bearbeiten
- Einrichten der Arbeitsumgebung
- Ein- und Ausgabeumleitungen und Pipes
- Befehle verketten
- Einführung in die Patterns
- Kommandosubstitution
- Einführung in die Shellvariablen

Die hier vorgestellten Inhalte gelten für jede Konsole, auf der eine *Bash* als Shell gestartet wird – unabhängig vom Betriebssystem bzw. der Distribution. Sie werden also das hier Gesagte zum Beispiel auch auf openSUSE oder Fedora anwenden können.

Haben Sie dieses Kapitel durchgearbeitet, werden Sie ein tieferes Verständnis für Ihre Benutzerumgebung (denn genau das ist die *Bash*) entwickelt haben. Die Möglichkeiten sind sehr vielfältig und umfangreich. Daher ist dieses Kapitel allenfalls eine Einführung in das Thema »Bash«.

Das nächste Kapitel beschäftigt sich dann folgerichtig mit Befehlen zur Systemadministration, so dass Sie dort Ihre Kenntnisse vertiefen können. Das wird auch nötig sein, da nur stetige Übung verhindert, dass Sie die vielen Details, die Ihnen dieses Kapitel bringt, schnell wieder vergessen!

Seien Sie faul! Damit meine ich nicht, dass Sie nichts lernen sollen – im Gegenteil: Suchen Sie immer wieder nach Möglichkeiten, wie Sie bestimmte Administrationstätigkeiten noch einfacher gestalten können – Sie werden sich schon bald wundern, wie sich das Angenehme mit dem Nützlichen verbinden lässt: Einerseits lernen Sie dadurch die vielfältigen (Kombinations-)Möglichkeiten der Linux-Befehle kennen, andererseits ersparen Sie sich oft viel Arbeit bei wiederkehrenden Aufgaben, wenn Sie erst einmal eine ausgeklügelte Lösung gefunden haben!

9.1 Was macht eine Shell?

Melden Sie sich als Benutzer an einer Linux-Konsole an, benötigen Sie eine so genannte »Shell«, um arbeiten zu können. Shell bedeutet wörtlich Muschel, aber auch Hülle oder Schale. Sie als Anwender sind in diese Muschel eingebettet und erhalten eine komplette Umgebung zum Arbeiten. Es gibt viele verschiedene Shells, zum Beispiel

- *ksh* – die Korn-Shell, ursprünglich für Unix-System V entwickelt
- *csh* – C-Shell, Standard unter Solaris, orientiert sich an der C-Syntax
- *tcsh* – TENEX C-Shell, erweiterte C-Shell
- *zsh* – vereinigt viele Verbesserungen der csh, tcsh und Bash, ist eine der leistungsfähigsten Shells
- *sh* – die Bourne-Shell, die Urahnin der meisten heutigen Shells und Vorgängerin der Bash (Bourne Again Shell)

Die `Bash` ist die Standardshell unter Linux. Für Linux ist die `Bash` einfach das erste Programm, das nach dem erfolgreichen Anmelden eines Benutzers gestartet wird. Für den Anwender dagegen ist diese Shell die zentrale Schnittstelle zwischen ihm und dem Betriebssystem. Sie präsentiert sich als Konsole und ist ein Kommandointerpreter. Sie ist enorm leistungsfähig und verfügt – wie viele andere Unix-Shells auch – über eine eigene Shellskript-Sprache. Ich komme in Kapitel 13 *Einführung in die Shellskript-Programmierung* darauf zurück.

9.2 Die Kommandoeingabe

Die Kommandoeingabe wird auf der Kommandozeile vorgenommen. Als Kommandozeile wird die aktuelle Zeile auf der Konsole bezeichnet. Hinter dem Prompt steht der Cursor, der Ihre aktuelle Position angibt.

```
Debian:~# _
```

Sie haben bereits gelernt, wie Sie Befehle in der Kommandozeile eingeben. Befehle können Optionen und Parameter enthalten. Eine Kommando- oder Befehlszeile wird durch [Enter] abgeschlossen. Zunächst gilt, dass jede Kommandozeile aus einem Befehl besteht. Später werden Sie lernen, wie Sie Befehle in einer Zeile verketten können.

Sie haben schon gesehen, dass Sie Optionen eines Befehls mit einem Minus einleiten. Bis auf bestimmte Ausnahmen können Sie Optionen auch direkt hintereinander schreiben, wie zum Beispiel beim Befehl **`ls -la`**. Sie könnten diese Zeile genauso gut als **`ls -l -a`** schreiben. Oft gibt es Langformen der Optionen. Diese werden mit einem Doppelminus angegeben, zum Beispiel **`ls --help`**. Das Doppelminus ist notwendig, damit zum Beispiel `--help` nicht als `-h -e -l -p` interpretiert wird.

Sie können die Kommandozeile wie in einem Editor bearbeiten. Das bedeutet, Sie können Zeichen irgendwo einfügen, löschen, ersetzen usw. Die Bash gibt Ihnen hierfür diverse Hilfestellungen. Hier ein paar wichtige:

- [↑] und [↓]: wechselt durch die zuletzt eingegebenen Kommandos (siehe Bash-History).

- [→] und [←]: Cursor auf der aktuellen Befehlszeile vor und zurück bewegen.
- [⇆]: vervollständigt den Befehl, Datei- oder Verzeichnisangaben, sobald sie eindeutig sind. Zweimal [⇆] ruft gegebenenfalls alle Möglichkeiten auf.
- [Pos1], [Ende]: Cursor an den Anfang bzw. das Ende einer Zeile positionieren.
- [Backspace], [Entf]: Ein Zeichen rückwärts bzw. vorwärts löschen.
- [Alt]+[d]: Ein ganzes Wort löschen, Cursor muss auf dem ersten Zeichen stehen.
- [Strg]+[k]: Ab dem Cursor bis zum Ende der Zeile alles löschen.
- [Strg]+[l]: Löscht den gesamten Bildschirm, wirkt wie der Befehl **clear**.
- [Strg]+[r]: Ruft die Suchfunktion der Bash auf. Geben Sie das erste Zeichen des gesuchten Befehls ein, sucht die Bash nach alten Eingaben, die die entsprechenden Zeichen (zum Beispiel cp) enthalten. Ein Beispiel:

  ```
  (reverse-i-search)`cp´: cp testdatei.txt /home/hans/
  ```

  Es wird der neueste Eintrag angezeigt. Drücken Sie wiederholt [Strg]+[r], werden nacheinander alle passenden Einträge gezeigt. Haben Sie den gesuchten Befehl gefunden, können Sie ihn einfach durch [Enter] ausführen.

> Diese Hilfestellungen können sehr nützlich sein – allerdings müssen Sie sich erst daran gewöhnen. Sie sollten so oft wie möglich diese Tastenkürzel verwenden, um sich deren Gebrauch anzugewöhnen, sonst vergessen Sie sie schnell wieder.

Sie werden sich vielleicht gewundert haben, woher die Bash weiß, welche Befehle Sie bereits eingegeben haben. Dies wird – wie sollte es auch anders sein – nicht etwa binär gespeichert, sondern schön nachvollziehbar im Home-Verzeichnis eines Benutzers. Die Datei heißt `.bash_history`. Jeder Benutzer, der schon einmal am System angemeldet war, verfügt über eine solche Datei.

> Zur Erinnerung: Da die Datei mit einem Punkt beginnt, sehen Sie sie mit einem einfachen **ls**-Befehl nicht, sondern müssen die Option -a anfügen.

Schauen Sie sich die Datei einmal an:

```
# less ~/.bash_history
cd /usr/bin
ls
pwd
passwd hans
[...]
```

Bei Ihnen stehen dort ganz sicher andere Befehle. Aber wie Sie sehen, merkt sich die Bash durch diese Datei alle Eingaben, die Sie gemacht haben.

9.3 Verschachtelte Shells

Melden Sie sich am System an, bekommen Sie Ihre Login-Shell zugewiesen. Das entspricht dem Eintrag in der letzten Spalte in /etc/passwd. Unter Linux erhebt eine Shell aber kein Anspruch auf alleinige Existenz.

Sie haben bereits den Befehl **su** kennen gelernt, mit dem Sie sich temporär in einen anderen Benutzer verwandeln. In diesem Zusammenhang wird eine neue Shell gestartet – die Login-Shell des Benutzers. Diese wird innerhalb der Login-Shell des Benutzers gestartet, der **su** ausgeführt hat. Dies erkennen Sie daran, dass Sie mit dem Befehl **exit** aus dieser Shell herauskommen und dann wieder in der alten Shell sind. Nehmen wir ein Beispiel: Sie haben dem Benutzer tmueller die C-Shell /bin/csh zugewiesen. Schauen wir, welche Shell er tatsächlich hat. Mit der Umgebungsvariablen $SHELL (siehe Abschnitt 8.13 weiter unten) können Sie sich die aktuelle Shell anzeigen lassen. In diesem Beispiel sind Sie root:

```
Debian:~# su - tmueller
tmueller@Debian:~$ whoami
tmueller
tmueller@Debian:~$ echo $SHELL
/bin/csh
tmueller@Debian:~$ exit
logout
Debian:~# echo $SHELL
/bin/bash
```

Nach dem **su**-Befehl ändert sich der Prompt, wodurch der Identitätswechsel angezeigt wird. Durch den Befehl **whoami** lassen Sie sich Ihre momentane Identität anzeigen. Das Kommando **echo $SHELL** zeigt die aktuelle Shell an, in der Sie sich befinden. Mit **exit** verlassen Sie jede Shell – hier wird allerdings automatisch auf **logout** gewechselt, da Sie hier eine Login-Shell verlassen (siehe unten). Anschließend landen Sie wieder – wie am Prompt ersichtlich – in Ihrer alten Shell. Dass dies die Bash ist, zeigt Ihnen die Variable $SHELL, deren Inhalt wir uns zum Schluss noch einmal anzeigen lassen.

Worin aber besteht der Unterschied zwischen **exit** und **logout**?

- **exit** – Hiermit können Sie jede Shell verlassen.
- **logout** – Dieser Befehl dient zum Verlassen der Login-Shell. Ist die aktuelle Shell die Login-Shell und verlassen Sie diese über **exit**, wird automatisch **logout** aufgerufen (s.o.).

Zur Verdeutlichung wieder ein kleines Beispiel. Geben Sie **sh** ein, um eine weitere Shell zu starten und testen Sie nun den Befehl **logout** und anschließend **exit**.

```
Debian:~# sh
Debian:~# logout
sh: logout: not login shell: use 'exit'
Debian:~# exit
exit
Debian:~# _
```

Wie Sie sehen, weigert sich das System, mit **logout** eine so genannte *interaktive Shell* zu beenden – also eine Shell, die Sie nach Ihrer Login-Shell gestartet haben. Erst **exit** führt zum Erfolg.

Sie können mehrere Shells ineinander verschachtelt starten. Verlassen Sie eine Shell, gelangen Sie in die nächsthöhere, also die, aus der diese Shell gestartet wurde. Die oberste Shell ist die *Login-Shell*. Wird sie verlassen, müssen Sie sich erneut anmelden.

Rufen Sie als Benutzer eine Shell aus einer anderen Shell auf, so handelt es sich um eine *interaktive Shell*, da Sie weiter Befehle eingeben können. Shellskripte rufen ebenfalls eine eigene Shell auf, in der sie ihre Befehle abarbeiten – da Sie als Benutzer hier jedoch nicht eingreifen können (außer über die Schnittstellen, die Ihnen das Skript zum Beispiel in Form von Eingabeaufforderungen bereitstellt), wird eine solche Shell als *nicht-interaktive Shell* bezeichnet.

Vielleicht haben Sie sich gewundert, welche Shell wir mit **sh** aufgerufen haben? Eigentlich wäre das ja die uralte Bourne Shell. Allerdings ist `/bin/sh` in den heutigen Linux-Systemen immer ein symbolischer Link auf die Standard-Shell, meistens `/bin/bash`.

```
# ls -l /bin/sh
lrwxrwxrwx  1 root root 4 2006-02-23  22:14 sh -> bash
```

Hintergrund hierzu ist folgender: Shellskripte benötigen zur Ausführung ihre eigene Shell. Welche Shell das ist, wird in der ersten Zeile eines Shellskripts festgelegt:

```
#!/bin/sh
```

Um dies so variabel wie möglich zu halten, wird in allen System-Shellskripten `/bin/sh` aufgerufen, ein symbolischer Link, der auf die gewünschte Shell zeigt. Dies funktioniert, weil die Syntax der meisten Shellskript-Sprachen in wesentlichen Teilen übereinstimmt.

Näheres zur Shellskript-Sprache der Bash finden Sie in Kapitel 13 *Einführung in die Shellskript-Programmierung*.

9.4 Aliasse

Mit Aliassen können Sie eine Zeichenkette durch eine andere ersetzen – sehr theoretisch formuliert. Etwas praktischer lautet das folgendermaßen:

Durch den Befehl **alias** können Sie den Aufruf eines Befehls mit den von Ihnen gewünschten Optionen vereinfachen. Nehmen wir an, Sie sehen sich Verzeichnisse oft mit dem Befehl **ls -la** an, Sie möchten also sowohl die Langform der Darstellung als auch die versteckten Dateien und Verzeichnisse sehen. Ich vertippe mich hierbei oft in der Eile des Gefechts. Daher habe ich mir durch folgenden Befehl einen Alias angelegt:

```
# alias ll='ls -la'
```

Damit wird für die Dauer der Sitzung – sprich bis zur Abmeldung am System – die Eingabe von **ll** durch **ls -la** ersetzt. Testen Sie es aus!

Achtung: Da Aliasse vor der Suche nach einem passenden Befehl abgearbeitet werden, können Sie Befehle überschreiben, wenn Sie denselben Namen verwenden. Ein Alias auf **cd** zum Beispiel ruft immer dessen Ersetzung auf, nicht mehr den Originalbefehl. Das können Sie für sich nutzen, ist aber auch wunderbar dafür geeignet, Sie unbeabsichtigt in diese Falle tappen zu lassen.

Möchten sie den Alias wieder aufheben, geben Sie **unalias**, gefolgt vom Alias ein:

```
# unalias ll
```

Schon bringt die Bash nach Eingabe von **ll** eine Fehlermeldung, da der Alias nicht mehr existiert:

```
# ll
-bash: ll: command not found
```

Sie können mit Aliassen viele nützliche Dinge anstellen, zum Beispiel einem Benutzer, der noch alte Befehle von DOS im Kopf hat, den Umstieg erleichtern:

```
# alias del="echo 'Diesen Befehl gibt es nicht, nutze rm -iv'"
```

Dies gibt folgende Ausgabe, wenn der Befehl **del** eingegeben wird:

```
# del test
Diesen Befehl gibt es nicht, nutze rm -iv
```

Ich nutze gern die Möglichkeit, das Mounten und Unmounten etwas komfortabler zu gestalten:

```
# alias mcd='mount /dev/cdrom'
# alias umcd='umount /dev/cdrom'
```

Leider müssen Sie Aliasse in dieser Art nach jeder Neuanmeldung wieder eingeben – das ist nicht sehr zweckmäßig. Sie können daher die gewünschten Aliasse aber auch dauerhaft eintragen – lesen Sie weiter!

9.5 Die Bash-Konfigurationsdateien

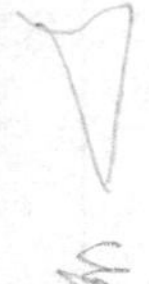

Je nachdem, wie die Bash aufgerufen wird, werden unterschiedliche Konfigurationsdateien abgearbeitet. Es gibt sowohl globale Konfigurationsdateien unter /etc als auch individuelle Dateien in den Home-Verzeichnissen der Benutzer.

Wird die Bash als Login-Shell gestartet, also direkt nach dem Einloggen, liest Sie folgende Dateien aus:

/etc/profile

Diese Datei gilt systemweit und liegt daher im zentralen Konfigurationsverzeichnis /etc. Möchten Sie Einstellungen konfigurieren, die nach einem Login eines beliebigen Benutzers aktiv werden, so können Sie dies hier vornehmen. In dieser Datei werden unter Debian standardmäßig folgende Einstellungen vorgenommen:

- Konfiguration der PATH-Variablen: Hier werden alle Verzeichnisse eingetragen, die Befehle enthalten können und vom System automatisch durchsucht werden.
- Konfiguration des Prompts: Das Aussehen des Prompts für alle Benutzer wird hier festgelegt.
- Die PATH-Variable wird dem System bekannt gemacht (export PATH)
- Der umask-Wert wird hier festgelegt (siehe Kapitel 8 *Rechteverwaltung*)

~/.profile

Im Home-Verzeichnis eines jeden Benutzers befindet sich eine (versteckte) Datei `.profile`. Je nach Distribution enthält sie verschiedene Anweisungen und Konfigurationseinträge. Unter Debian wird in der Standardeinstellung lediglich die Datei `~/.bashrc` aufgerufen – vorausgesetzt, sie existiert.

Wird die Bash als interaktive Shell aufgerufen, zum Beispiel über den Befehl **su**, werden folgende Dateien abgearbeitet:

/etc/bash.bashrc

In dieser Datei werden unter Debian einige systeminterne Einstellungen vorgenommen, auf die ich an dieser Stelle nicht weiter eingehen möchte. Werfen Sie einfach mal einen Blick hinein. Wichtiger jedoch ist die folgende Datei:

~/.bashrc

In dieser Datei werden unter Debian typischerweise Aliasse definiert. Sie sieht für normale Benutzer und für `root` etwas unterschiedlich aus, da für normale Anwender noch einige weitere Einstellungen vorgenommen werden.

Einige schöne Aliasse werden Ihnen in der Datei bereits angeboten, die Sie bei Bedarf nur noch einkommentieren (also das Doppelkreuz am Beginn der Zeile entfernen) müssen. Bei normalen Benutzern sind dies andere als bei `root`. Sie finden die entsprechenden Zeilen am Ende in der angegebenen Datei:

```
# some more ls aliases
#alias ll='ls -l'
#alias la='ls -A'
#alias l='ls -CF'
```

Ein weiterer Unterschied ist, dass für `root` unter Debian in der Standardeinstellung keine Farben in den Directory-Listings von **ls** angezeigt werden – im Gegensatz zu den normalen Benutzern. Ich persönlich finde die farbliche Darstellung angenehm und habe daher die Kommentarzeichen an der entsprechenden Stelle entfernt. Die entsprechende Stelle in `.bashrc` von `root` sieht folgendermaßen aus:

```
# You may uncomment the following lines if you want 'ls' to be colorized:
# export LS_OPTIONS='--color=auto'
# eval "'dircolors'"
# alias ls='ls $LS_OPTIONS'
# alias ll='ls $LS_OPTIONS -l'
# alias l='ls $LS_OPTIONS -lA'
```

Nach einer erneuten Anmeldung wird die neue Einstellung aktiv und zeigt Ihnen die Directory-Listings farblich kodiert an.

Unter Debian existiert übrigens keine Datei `/etc/DIR_COLORS`. In dieser Datei können Sie zum Beispiel unter openSUSE die Farben für die verschiedenen Dateitypen individuell definieren. Unter Debian wird diese Konfiguration in der Umgebungsvariablen `$LS_COLORS` gespeichert. Sie können die Daten aus dieser Variablen mit folgendem Befehl in eine Datei umleiten, um diese entsprechend zu konfigurieren:

```
# dircolors -p >> ~/ls_farben.txt
```

Editieren Sie nun die Farbeinstellungen in der Datei `~/ls_farben.txt`, deren Inhalt nun im Übrigen dem der Datei `/etc/DIR_COLORS` in anderen Distributionen gleicht – inklusive Kommentarzeilen, die Ihnen die Bedeutung und die Farbcodes erläutern.

Der folgende Befehl zeigt Ihnen die Befehlszeilen an, die Sie eingeben müssen, um die Farben zu ändern:

```
# dircolors -b ~/ls_farben.txt
```

Leider werden die notwendigen Zeilen lediglich angezeigt, aber nicht ausgeführt, Sie müssen sie also in der Befehlszeile selbst eingeben – mir ist zumindest kein einfacherer Weg ohne Skripting (!) bekannt.

Sie können die beiden Ausgabezeilen (der zugewiesene Wert für die Variable `LS_COLORS` erstreckt sich über mehrere Zeilen) nun zum Beispiel in ein Shellskript oder einfach in eine der Bash-Konfigurationsdateien einbauen, um Ihre Farbanzeige dauerhaft anzupassen. Warum Debian diesen unkomfortablen Weg nutzt, statt über die Datei `/etc/DIR_COLORS` zu gehen, ist mir nicht bekannt.

> Das gezeigte Verfahren ist nur notwendig, wenn Sie die farbliche Darstellung der Verzeichnislistings verändern wollen – für die (meistens sinnvollen) Standardfarben müssen Sie für normale Benutzer nichts konfigurieren.

9.6 Ein- und Ausgabeumleitungen

Vielleicht sind Sie im letzten Abschnitt über die merkwürdige Befehlskonstruktion **`dircolors -p >> ~/ls_farben.txt`** gestolpert? Was machen diese beiden Größer-als-Zeichen (>>)?

Sie können Ausgaben eines Befehls in verschiedener Weise weiterverarbeiten und Befehle miteinander kombinieren. Möchten Sie zum Beispiel den Inhalt eines Verzeichnisses in einer Datei festhalten, können Sie das folgendermaßen tun:

```
# ls -la > Verzeichnisinhalt.txt
```

Die Datei `Verzeichnisinhalt.txt` enthält anschließend die Ausgabe des Befehls **`ls -la`**, also den Verzeichnisinhalt.

Das Umleitungszeichen > schreibt den Inhalt der angegebenen Datei neu. Existiert die Datei noch nicht, wird sie automatisch erstellt. Ist bereits Inhalt in der Datei vorhanden, wird dieser überschrieben! Möchten Sie den vorhandenen Inhalt erhalten und lediglich ergänzen, nutzen Sie folgende Konstruktion:

```
# ls -la >> Verzeichnisinhalt.txt
```

Hiermit wird hinter der letzten vorhandenen Zeile der neue Inhalt angehängt.

Nützlich ist diese Umleitung insbesondere bei langen Ausgaben, die nicht in Echtzeit ausgewertet werden können. Lassen Sie diese in eine Datei schreiben, können Sie die Datei zu einem beliebigen Zeitpunkt analysieren. Ich nutze dies zum Beispiel bei einem längeren Netzwerk-Dump. Dabei werden viele Datenpakete gesammelt, die normalerweise auf der *Standardausgabe* angezeigt werden und anschließend für immer verloren sind, sobald sie aus dem Bildschirmpuffer herauslaufen. Um die Daten in aller Ruhe betrachten zu können, nutze ich zum Beispiel folgende Befehlszeile:

```
# tcpdump > dump.txt
```

Die Datei `dump.txt` wird nun so lange mit der Ausgabe von **`tcpdump`** gefüllt, bis der Befehl mit [Strg]+[c] beendet wird.

Sie sind schon wieder gestolpert? Diesmal über den Begriff »Standardausgabe«? Dieser Ausdruck stammt von einem grundlegenden Konzept von Linux. Es gibt drei interne Verwaltungsvorgänge, die vom System und von Programmen genutzt werden können. Sie werden über so genannte »Dateideskriptoren« angesprochen:

1. *Standardeingabe*: Zeichen werden von der Tastatur gelesen (Dateideskriptor 0).
2. *Standardausgabe*: Zeichen werden auf dem aktuellen Terminal (und damit auf dem Monitor sichtbar) ausgegeben (Dateideskriptor 1).
3. *Standarderror*: Die Fehlermeldungen werden ebenfalls auf dem Terminal ausgegeben (Dateideskriptor 2).

Während Sie also nun mittels 1>, oder dessen Kurzform >, die Standardausgabe auf das nachfolgend angegebene Ziel (zum Beispiel eine Datei oder auch den virtuellen Mülleimer `/dev/null`) umleiten können, fangen Sie auf diese Weise Fehler mit 2> ab. Dies ist zum Beispiel sehr nützlich, um bei der Kernel-Kompilierung Fehlermeldungen, die unter den vielen tausend Standardmeldungen untergehen würden, zu filtern und zu extrahieren:

```
# make 2> errors.txt
```

Mit diesem Befehl werden die Fehlermeldungen in `errors.txt` festgehalten. Der Befehl **`make`** erzeugt aus den Quellcode-Dateien im aktuellen Verzeichnis Binärdateien, die der Computer lesen kann. Dies nur zur Vorabinformation. Sie werden dies genauer in Kapitel 15 *Den Kernel anpassen* kennen lernen.

> Standardausgaben und Fehlermeldungen *gemeinsam* können Sie mit >& oder auch 2>&1 umleiten. Sollten Sie also jegliche Meldungen verhindern wollen, bietet sich diese Umleitung an. Nicht eben intuitiv, aber eine sehr schöne Erläuterung, warum das so ist, finden Sie unter `http://suse-linux-faq.koehntopp.de/q/q-shell-redirect.html`.

Quizfrage: Welches Zeichen wird zum Auslesen von Inhalten einer Datei verwendet, also dem entgegengesetzten Prozess? Richtig, das Kleiner-als-Zeichen (<). Aber in welchem Zusammenhang können Sie sich das zunutze machen? Betrachten wir ein Beispiel:

Der Befehl **`sort`** sortiert den Inhalt einer Datei nach ASCII-Code Zeile für Zeile und gibt das Ergebnis auf dem Bildschirm aus. Nehmen wir an, Sie haben eine Datei `unsortiert.txt` mit folgendem Inhalt:

```
Tango
bravo
november
charlie
zulu
sierra
```

Listing 9.1: `unsortiert.txt`

Dann können Sie mit oben genanntem Befehl den Inhalt der Datei sortiert ausgeben:

```
# sort < unsortiert.txt
bravo
charlie
november
sierra
tango
zulu
```

Dabei wird der Inhalt der Datei `unsortiert.txt` eingelesen und durch **`sort`** verarbeitet. Das Ergebnis sehen Sie auf dem Bildschirm. Testen Sie es am besten gleich aus, bevor Sie weiterlesen. Den Befehl **`sort`** lernen Sie ein wenig ausführlicher im nächsten Kapitel kennen.

9.7 Pipes

Während Ein- und Ausgabeumleitungen in der Regel in Dateien schreiben bzw. aus Dateien lesen, nutzen Sie Pipes, um die Ausgabe eines Befehls durch einen anderen Befehl weiterzuverarbeiten. Sie haben dies schon verschiedentlich kennen gelernt. Die Syntax lautet folgendermaßen:

```
# <Befehl1> | <Befehl2> [| <Befehl3>] [...]
```

Eine Pipe wird also durch einen senkrechten Strich (|) dargestellt. Sie finden dieses Zeichen auf der <>-Taste unten links und können es in Kombination mit [ALT GR] aufrufen.

> Die Leerzeichen in der Syntax sind übrigens nicht notwendig, wurden hier aber zur besseren Lesbarkeit eingefügt.

Ein einfaches Beispiel zur Verdeutlichung der Funktion: Lassen Sie sich einmal den Inhalt des Verzeichnisses `/dev` auflisten. Das Ergebnis ist unter *Etch* eine riesige Liste mit Hunderten von Einträgen. Zwar wurde durch die Einführung von `udev` (siehe Kapitel 5 *Einbinden von Dateisystemen*) die Übersichtlichkeit der Gerätedateien stark erhöht, da nur noch relevante Geräte abgebildet wurden, statt allen nur denkbaren. Andererseits füllt die Langform des Verzeichnislistings auch hier deutlich mehr als eine Bildschirmseite. Da bietet sich ein Pager, zum Beispiel **`less`**, an:

```
# ls -l /dev | less
```

Hiermit haben Sie volle Kontrolle über die Ausgabe und können zeilen- oder seitenweise vor- und zurückgehen.

Die Pipe ist eines der nützlichsten Hilfsmittel im täglichen Betrieb. In diesem Buch wird Ihnen diese Konstruktion immer wieder begegnen.

9.8 Die Ausgabe eines Befehls mit tee teilen

Sie haben sicherlich schon bemerkt, dass Sie nichts mehr auf dem Bildschirm angezeigt bekommen, wenn Sie die Ausgabe eines Befehls in eine Datei umleiten. Mit dem Befehl **tee** können Sie die Ausgabe eines Befehls sowohl auf dem Bildschirm ausgeben lassen als auch in eine Datei schreiben. Schauen Sie sich folgendes Beispiel an:

```
# ls -l | tee verzeichnis_inhalt.txt
```

Die Ausgabe von **ls -l** wird durch die Pipe zum Befehl **tee** weitergeleitet, der den Inhalt einerseits auf der Konsole ausgibt, andererseits in die Datei `verzeichnis_inhalt.txt` schreibt.

9.9 Befehle verketten

Sie können Befehle miteinander kombinieren, aber auch nacheinander ausführen lassen. So können Sie zum Beispiel ein Inhaltsverzeichnis in eine Datei umleiten und zu späteren Vergleichszwecken mit einem Datum, einem so genannten *Timestamp*, versehen. Schauen Sie sich zunächst folgendes Beispiel hierzu an:

```
# date; ls
Fr Mär 10 21:57:06 CET 2006
test.txt
verzeichnis1
```

Der Befehl **date** zeigt Ihnen das aktuelle Datum inklusive Uhrzeit an. Anschließend zeigt Ihnen **ls** den Inhalt des aktuellen Verzeichnisses an.

Mit einem Semikolon (`;`) voneinander getrennte Befehle werden direkt nacheinander ausgeführt. Dabei folgt der zweite Befehl immer dem ersten, unabhängig davon, ob dieser erfolgreich war oder nicht.

> Diese Art der Befehlsverknüpfung nennt sich *unbedingte Befehlsverknüpfung* bzw. *-verkettung.*

Jetzt kombinieren wir! Möchten Sie nun beide Ausgaben in eine Datei umleiten, benötigen Sie eine Klammer. Sonst würde nur die Ausgabe des letzten Befehls (**ls**) in die Datei umgeleitet werden. Geben Sie folgende Befehlszeile ein:

```
# (date;ls) > verzeichnis_inhalt.txt
```

Neben der unbedingten können Sie auch eine bedingte Befehlsverknüpfung vornehmen. Dabei haben Sie zwei Möglichkeiten. Durch && wird der nachfolgende Befehl nur dann ausgeführt, wenn der vorhergehende erfolgreich war. Das wird zum Beispiel gern bei der Kompilierung der Quellcode-Dateien eines Tarballs gemacht:

```
# make && make install && make clean
```

Der zweite Befehl **make install** wird nur dann ausgeführt, wenn der erste (**make**) erfolgreich war. Der dritte Befehl **make clean** kommt wiederum nur dann zur Ausführung, wenn auch der zweite erfolgreich beendet wurde.

> Diese Art der Befehlsverknüpfung nennt sich *bedingte UND-Verknüpfung.*

Sie könnten die Befehle auch nacheinander per Hand eingeben. Bei großen Programmpaketen kann die Kompilierung aber teilweise sehr lang dauern. Um die Zeit zu optimieren, automatisiert man die Befehlseingabe durch die bedingte UND-Verknüpfung.

Bei der zweiten Möglichkeit einer bedingten Befehlsverknüpfung wird der nächste Befehl nur dann ausgeführt, wenn der vorige *nicht* erfolgreich war. Dazu nutzen Sie statt && den doppelten senkrechten Strich (||). Hier ein einfaches Beispiel:

```
# ls datei1 || touch datei1
```

Zunächst wird getestet, ob `datei1` existiert (das geht eigentlich in einem Shellskript mit dem Befehl **test** auch eleganter). Ist dies nicht der Fall, sprich wird **ls** mit einer Fehlermeldung beendet, kommt der zweite Befehl zur Geltung und die Datei wird erstellt.

> Diese Art der Befehlsverknüpfung nennt sich *bedingte ODER-Verknüpfung.*

Etwas irritierend hierbei ist die Ausgabe, da nur die Fehlermeldung von **ls** erscheint, während der Befehl **touch** still und ohne Rückmeldung arbeitet. Dass die Datei anschließend existiert, können Sie aber kontrollieren, wie nachfolgendes Beispiel zeigt:

```
# ls datei1 || touch datei1
ls: datei1: Datei oder Verzeichnis nicht gefunden
# ls datei1
datei1
```

Ein einfaches Beispiel mit begrenztem Praxiswert – zugegeben. Aber es sollte reichen, um Ihnen die Funktion zu zeigen. Diese Befehlsverknüpfungen werden normalerweise erst bei fortgeschrittenen Befehlszeilen wichtig, aber es dauert ja bei Ihnen nicht mehr lang, bis es so weit ist ;-).

9.10 Patterns (Jokerzeichen)

Windows kennt in der Befehlszeile genau zwei Jokerzeichen:

- * für kein, ein oder beliebig viele Zeichen
- ? für genau ein Zeichen

Nehmen wir an, Sie haben in einem Verzeichnis zehn Textdateien: `datei1.txt` bis `datei10.txt`. Hier zwei Beispiele für Jokerzeichen:

- **`ls -l datei*.txt`** zeigt alle oben genannten Dateien an.
- **`ls -l datei?.txt`** zeigt `datei1.txt` bis `datei9.txt` an, aber nicht `datei10.txt`, da hier zwei Zeichen folgen, der Fragezeichen-Joker aber nur eins erlaubt.

Das ist ja noch recht leicht, aber unter Linux gibt es noch viel mehr Ersetzungsmöglichkeiten. Das Zauberwort heißt »Reguläre Ausdrücke«, auch geläufig in der englischen Bezeichnung »Regular Expressions« bzw. kurz: »RegEx«. Über reguläre Ausdrücke gibt es ganze Bücher. Wir werden uns im nächsten Kapitel intensiver damit auseinandersetzen.

> Die `Bash` unterstützt eine Untermenge dieser regulären Ausdrücke mit teilweise leicht abweichender Syntax. Auch heißt es hier offiziell nicht »regular expressions« sondern »Patterns«.

Möchten Sie längere Bildschirmausgaben, Texte bzw. Textdateien anpassen, sortieren, verändern oder durchsuchen, können diese Filteroptionen sehr nützlich sein. Werfen wir zunächst einen Blick auf die Syntax:

Pattern	Ersetzung
`[abc]`	Eins der angegebenen Zeichen
`[a-c], [1-5]`	Ein Zeichen aus dem angegebenen Bereich des Alphabets bzw. des Zahlenbereichs
`[!abc]`	Keins der angegebenen Zeichen darf vorkommen
`[^abc]`	Genau das Gleiche – das Dach (^) hat bei den RegEx eine andere Bedeutung!
`[a,b,e-g,3-7,9,0]`	Kombination der bisherigen Filter, jeweils durch Komma getrennt

Auch hier möchte ich Sie nicht mit beiden Beinen fest in der Luft stehen lassen, daher einige Beispiele. Nehmen wir an, die gewünschten Dateien existieren im aktuellen Verzeichnis. Dann führen die folgenden Befehle zu den nachfolgend erläuterten Ergebnissen:

```
# ls datei[abc].txt
```

zeigt Ihnen `dateia.txt`, `dateib.txt` und `dateic.txt`.

```
# ls datei[1-9].txt
```

zeigt `datei1.txt`, `datei2.txt` usw. bis `datei9.txt` – nicht aber `datei10.txt`, da hier zwei Ziffern folgen. Möchten Sie sich `datei10.txt` anzeigen lassen, könnten Sie dies mit folgendem Pattern eingrenzen:

```
# ls datei[1-9][0].txt
```

Quizfrage: Welche Dateien würden darüber hinaus außerdem angezeigt werden? Denken Sie einen Moment nach, bevor Sie die folgende Lösung lesen!

Machen Sie es sich nicht zu leicht! Selbst denken macht schlau ... ;-) Fertig? Okay:

Es wird ebenfalls `datei20.txt`, `datei30.txt` usw. bis `datei90.txt` angezeigt, da die erste Ziffer irgendetwas zwischen 1 und 9 sein muss.

Ein weiteres Beispiel:

```
# ls datei[a-d, 0-9].txt
```

zeigt `dateia.txt`, `dateib.txt`, `dateic.txt`, `dateid.txt`, `datei0.txt`, `datei1.txt`, `datei2.txt` usw. Es wird aber nicht zum Beispiel `dateia0.txt` angezeigt!

> Alles, was innerhalb einer eckigen Klammer steht, filtert *genau ein* Zeichen. Möchten Sie mehrere spezielle Zeichen auswählen, benötigen Sie für jedes dieser Zeichen eine eckige Klammer.

9.11 Sonderzeichen und Maskierung

Eine merkwürdige Überschrift. Aber fast jedes Sonderzeichen wie zum Beispiel *, ?, /, \, &, <>, [] usw. hat für die Bash eine besondere Bedeutung. Einige dieser Zeichen und deren Bedeutung haben Sie ja bereits kennen gelernt.

Es gibt viele Fälle, bei denen Sie die Sonderzeichen ganz normal verwenden möchten, ohne dass die Bash diese Zeichen in ihrem Sinne auswertet. Damit die Bash diese Zeichen ignoriert, können Sie eine Zeichenkette in einzelne Hochkommas setzen. Bei `'d*tei.txt'` wird der Asterisk (*) als Jokerzeichen ignoriert und steht nur für sich selbst.

```
# ls 'd*tei.txt'
```

Dieser Befehl zeigt eine (vorhandene) Datei an, die exakt `d*tei.txt` heißt.

> Nebenbei bemerkt sollten Sie nur ausgewählte Sonderzeichen (-, _ und .) in Datei- und Verzeichnisnamen benutzen. Es ist unsauber, eine Datei in der oben genannten Art zu benennen, auch wenn es funktioniert. Auch Leerzeichen im Dateinamen sind – wie weiter unten gezeigt – unter Linux keine gute Idee!

Nutzen Sie normale Gänsefüßchen ("), so werden bestimmte Sonderzeichen ($, ' und \) weiterhin interpretiert:

- Mit $ werden Variablen angegeben (zum Beispiel `$PATH`).
- Die einfachen Hochkommas (`'`) kennen Sie bereits.
- Der so genannte Backslash (\) maskiert das folgende Zeichen, damit es als normales Zeichen und nicht als Sonderzeichen interpretiert wird.

Der Befehl **echo** schreibt das Folgende auf den Bildschirm. Für mehr als ein Wort muss der Text in Anführungszeichen gesetzt werden. Daraus können wir ein paar schöne Beispiele konstruieren:

```
# echo 'Die Variable PATH: $PATH'
Die Variable PATH: $PATH
```

Wie Sie sehen, wird jedes Zeichen im Original wiedergegeben. Was passiert, wenn Sie doppelte Hochkommas (Gänsefüßchen) statt der einzelnen Hochkommas verwenden? Testen Sie es aus:

```
# echo "Die Variable PATH: $PATH"
Die Variable PATH: /usr/local/sbin:/usr/local/bin:/usr/sbin:/usr/bin:/sbin:/bin:
/usr/bin/X11
```

Wie Sie sehen, wird in diesem Fall der Inhalt der Variablen `$PATH` ausgegeben.

Das Maskierungszeichen (\) können Sie verwenden, um Dateinamen anzugeben, die ein Leerzeichen im Namen haben. Wie schon erwähnt: Unter Linux sollten Sie solche Namen lieber vermeiden, da viele Kommandos ein Leerzeichen als Trennung zwischen zwei Argumenten interpretieren. Haben Sie aber zum Beispiel in einem Dualboot-System eine Windows-Partition gemountet, finden Sie dort oft Datei- und Ordnernamen, die ein Leerzeichen enthalten, zum Beispiel den Ordner `Eigene Dateien`. Unter Linux führt dies zu Problemen. Möchten Sie zum Beispiel `Neue Textdatei.txt` nach `Sicherung Neue Textdatei.txt` kopieren, sieht das eigentlich so aus:

```
# cp Neue Textdatei.txt Sicherung Neue Textdatei.txt
```

Woher soll aber der `cp`-Befehl wissen, welche Teile zum gleichen Dateinamen gehören? Das Ergebnis fällt entsprechend ernüchternd aus:

```
# cp Neue Textdatei.txt Sicherung Neue Textdatei.txt
cp: Kopieren mehrerer Dateien, aber der letzte Parameter ,,Textdatei.txt" ist kei
n Verzeichnis
,,cp -help" gibt weitere Informationen
```

Die Lösung für dieses Problem ist der Backslash. Testen Sie es durch folgende Übung aus. Versuchen Sie, eine Datei `Neue Textdatei.txt` mit `touch` zu erstellen:

```
# touch Neue Textdatei.txt
```

Das Ergebnis sind zwei neu erstellte Dateien: `Neue` und `Textdatei.txt`. Haben Sie sich durch Eingabe von **`ls`** davon überzeugt, können Sie die neu erstellten Dateien auch gleich wieder löschen, da auch der Befehl **`rm`** die Parameter `Neue` und `Textdatei.txt` als zwei separate Dateien interpretiert:

```
# rm Neue Textdatei.txt
```

Nun erstellen wir die richtige Datei:

```
# touch Neue\ Textdatei.txt
```

Ein Blick auf das Verzeichnislisting mit **`ls`** zeigt uns, dass die Datei korrekt erstellt wurde. Den gleichen Fallstrick müssen Sie beim Umbenennen mit **`mv`** umgehen:

```
# mv Neue\ Textdatei.txt Alte\ Textdatei.txt
```

Schon ist die Datei korrekt umbenannt.

Ist Ihnen beim Verzeichnislisting etwas aufgefallen? Die Datei wird ganz normal, also mit Leerzeichen, angezeigt. Nutzen Sie jedoch die Autovervollständigen-Funktion [Tab], wird der Backslash mit angezeigt:

```
# ls Neue\ Textdatei.txt
```

Sie sehen also, dass Linux unter bestimmten Umständen mit Dateien zurechtkommt, die Leerzeichen enthalten – dies sollte jedoch möglichst vermieden werden, da das Handling damit sehr fehleranfällig ist.

9.12 Kommandosubstitution

Ich greife an dieser Stelle ein wenig vor, da die Technik der Kommandosubstitution nur mit fortgeschrittenen Befehlen Sinn ergibt, die Sie aber erst im nächsten Kapitel kennen lernen werden. Hier genügt es zunächst, wenn Sie das Prinzip verstanden haben. »Substitution« heißt übrigens »Ersetzung« – nur zur Erläuterung.

Nehmen wir an, Sie möchten die Dateien eines Benutzers löschen. In diesem Fall können Sie den **find**-Befehl nutzen, um die Dateien zu finden. Nehmen wir weiterhin an, dass es sich um ein paar hundert Dateien handelt, die über viele Verzeichnisse verteilt sind. Da wird ein manuelles Löschen sehr aufwändig. Besser wäre es, diesen Vorgang zu automatisieren.

Leider können Sie das Ergebnis von **find** nicht einfach über die Pipe (|) an den Befehl **rm** zum Löschen weiterleiten, da **rm** nicht in der Lage ist, die Dateien auf diese Art entgegenzunehmen. Stattdessen müssen Sie die Dateien über eine Kommandosubstitution übergeben. Die Syntax hierzu sieht folgendermaßen aus:

```
# Befehl1 $(Befehl2)
```

Die spitzen Klammern habe ich hier ausnahmsweise der Übersichtlichkeit halber weggelassen. Kommen wir zu unserem Beispiel. Unser Benutzer hans muss wieder herhalten. Führen Sie den folgenden Befehl bitte zunächst *nicht* aus:

```
# rm -f $(find / -user hans -type f)
```

Die Konstruktion sieht abenteuerlich aus, ist aber sehr hilfreich, um Befehle mit Argumenten zu versorgen, wenn die Pipe nicht funktioniert. Dem Befehl **rm** wird hier die Ausgabe des **find**-Befehls übergeben, der die Dateien des Benutzers hans sucht. Die Option -f nutzen Sie, um nicht jedes Mal eine Sicherheitsabfrage vom System zu bekommen – sonst könnten Sie es ja gleich per Hand machen ...

> **Achtung:** Dieser Befehl ist wirklich böse! Sie sollten ihn nicht unbedacht ausführen, weil er zur unwiderruflichen Löschung sämtlicher Dateien führt, die dem Benutzer hans gehören! Möchten Sie das üben, erstellen Sie einen Dummy-Benutzer, in dessen Namen Sie einige Dateien erstellen.

Neben der oben gezeigten Schreibweise gibt es noch eine zweite, recht geläufige, Schreibweise, bei der die so genannten »Backticks« genutzt werden. Dabei handelt es sich um das Akzent-Zeichen, das auf Ihrer Tastatur in der ersten Zeile gleich links neben der Backspace-

Taste zu finden ist. Als »Backtick« wird das abwärts zeigende Akzentzeichen (`) bezeichnet, das über die [Return]-Taste erreichbar ist. Der zu ersetzende Befehl wird statt $(<Befehl>) durch die Backticks in der Form `<Befehl>` eingefasst, wie das folgende Beispiel zeigt:

```
# rm -f `find / -user hans -type f`
```

Ich bevorzuge aus Gründen der Lesbarkeit die erste Variante, aber dies ist sicherlich eine Frage des Geschmacks – und über den lässt sich nicht streiten.

9.13 Shellvariablen

Wie bei Windows gibt es auch bei Linux Systemvariablen. Sie werden als Shellvariablen bzw. Umgebungsvariablen bezeichnet. Sie können Variablen auch selber definieren, genauso wie in einer Programmiersprache. In Kapitel 13 *Einführung in die Shellskript-Programmierung* werden wir davon Gebrauch machen.

Sie können sich den Wert einer Variablen folgendermaßen anzeigen lassen:

```
# echo $<Variable>
```

Vor dem eigentlichen Variablennamen müssen Sie ein Dollarzeichen (`$`) setzen, um den Wert zu »referenzieren«. Schönes Wort, es steht einfach für »ansprechen« oder »aufrufen«. Sie haben das bereits kennen gelernt, als Sie sich den Inhalt der Variablen PATH haben anzeigen lassen:

```
# echo $PATH
/usr/local/sbin:/usr/local/bin:/usr/sbin:/usr/bin:/sbin:/bin:
/usr/bin/X11
```

9.13.1 Shellvariablen vs. Umgebungsvariablen

Shellvariablen sind so genannte *lokale Variablen*. Sie sind nur innerhalb einer Shell gültig. Wird diese Shell verlassen, verlieren die Shellvariablen ihre Gültigkeit bzw. werden durch entsprechende Konfigurationseinstellungen der neuen Shell mit einem neuen Wert belegt.

Dagegen sind Umgebungsvariablen *globale Variablen*, ihr Gültigkeitsbereich umfasst auch die Subshells, die innerhalb einer Shell gestartet wurden. Damit dies funktioniert, müssen die Shellvariablen exportiert werden. Geben Sie Folgendes ein, um eine Variable global gültig zu machen:

```
# export <Variable>
```

Dadurch wird der Wert einer Shellvariablen auf die entsprechenden Variablen einer Subshell vererbt, wenn diese aufgerufen wird. Dies funktioniert nur in eine Richtung, von der Muttershell zur Kindshell, also der Subshell. Aus der Subshell können Sie keine Variablen exportieren, die von der Muttershell übernommen werden.

Das ist für Sie zu abstrakt? Kann ich gut nachempfinden, daher möchte ich Sie zu einem kleinen Workshop einladen, um der Theorie ein wenig Praxis folgen zu lassen. Holen Sie sich erst einmal eine Tasse Kaffee (oder Tee, wenn Ihnen das lieber ist) und lassen Sie uns dann gleich loslegen.

9.13.2 Workshop: Shell- und Umgebungsvariablen

Sie können einer Variablen folgendermaßen einen Wert zuweisen:

```
# <Variable>=<Wert>
```

Es darf kein Leerzeichen vor und hinter dem Gleichheitszeichen sein, sonst würde dies als ein Programmaufruf mit Parameter gewertet werden. Legen Sie nun eine Variable folgendermaßen an:

```
# name=hans
```

Lassen Sie sich den Inhalt dieser neuen Variablen anzeigen:

```
# echo $name
hans
```

Es funktioniert. Nun öffnen Sie eine neue Shell:

```
# sh
```

Lassen Sie sich die Variable erneut anzeigen:

```
# echo $name
```

Die Variable ist leer, da sie in dieser Shell keinen Wert hat. Verlassen Sie die Subshell:

```
# exit
```

Exportieren Sie nun die Variable, um sie für die Subshells ebenfalls zu setzen:

```
# export name
```

Nun rufen Sie erneut eine Subshell auf und prüfen den Wert der Variablen:

```
# sh
# echo $name
hans
```

Voilà! Die Variable hat auch in der Subshell den Wert behalten. QED (lat. Quad Erat Demonstrandum – was zu beweisen war).

9.13.3 Shell- und Umgebungsvariablen anzeigen

Möchten Sie sich alle Shell- und Umgebungsvariablen anzeigen lassen, nutzen Sie den Befehl **set** ohne Parameter. Die Liste der Variablen ist etwas länger, daher bietet sich ein Pager wie **less** an, dem Sie die Ausgabe mittels Pipe übergeben, wie Sie es ja schon weiter oben gelernt haben:

```
# set | less
BASH=/bin/bash
BASH_ARGC=()
BASH_ARGV=()
```

```
BASH_LINENO=()
BASH_SOURCE=()
BASH_VERSINFO=([0]="3" [1]="2" [2]="39" [3]="1" [4]="release" [5]="i486-pc-linux-
gnu")
BASH_VERSION='3.2.39(1)-release'
COLUMNS=137
DIRSTACK=()
EUID=0
GROUPS=()
HISTFILE=/root/.bash_history
HISTFILESIZE=500
HISTSIZE=500
HOME=/root
HOSTNAME=Debian
HOSTTYPE=i486
IFS=$' \t\n'
LANG=de_DE.UTF-8
LINES=42
LOGNAME=root
LS_COLORS='no=00:fi=00:di=01;34:ln=01;36:pi=40;33:so=01;35:do=01;35:bd=40;33;01:
:
```

Möchten Sie lediglich die globalen (Umgebungs-)Variablen angezeigt bekommen, nutzen Sie den Befehl **export**, ebenfalls ohne Parameter. Auch hier wieder sinnvollerweise durch **less** »gepiped«:

```
# export | less
declare -x HOME="/root"
declare -x LANG="de_DE.UTF-8"
declare -x LOGNAME="root"
declare -
x LS_COLORS="no=00:fi=00:di=01;34:ln=01;36:pi=40;33:so=01;35:do=01;35:bd=40;33;01
:cd=40;33;01:or=40;31;01:su=37;41:sg=30;43:tw=30;42:ow=34;42:st=37;44:ex=01;32:*.
tar=01;31:*.tgz=01;31:*.svgz=01;31:*.arj=01;31:*.taz=01;31:*.lzh=01;31:*.lzma=01;
31:*.zip=01;31:*.z=01;31:*.Z=01;31:*.dz=01;31:*.gz=01;31:*.bz2=01;31:*.bz=01;31:*
.tbz2=01;31:*.tz=01;31:*.deb=01;31:*.rpm=01;31:*.jar=01;31:*.rar=01;31:*.ace=01;3
1:*.zoo=01;31:*.cpio=01;31:*.7z=01;31:*.rz=01;31:*.jpg=01;35:*.jpeg=01;35:*.gif=0
1;35:*.bmp=01;35:*.pbm=01;35:*.pgm=01;35:*.ppm=01;35:*.tga=01;35:*.xbm=01;35:*.xp
m=01;35:*.tif=01;35:*.tiff=01;35:*.png=01;35:*.svg=01;35:*.mng=01;35:*.pcx=01;35:
*.mov=01;35:*.mpg=01;35:*.mpeg=01;35:*.m2v=01;35:*.mkv=01;35:*.ogm=01;35:*.mp4=01
;35:*.m4v=01;35:*.mp4v=01;35:*.vob=01;35:*.qt=01;35:*.nuv=01;35:*.wmv=01;35:*.asf
=01;35:*.rm=01;35:*.rmvb=01;35:*.flc=01;35:*.avi=01;35:*.fli=01;35:*.gl=01;35:*.d
l=01;35:*.xcf=01;35:*.xwd=01;35:*.yuv=01;35:*.aac=00;36:*.au=00;36:*.flac=00;36:*
.mid=00;36:*.midi=00;36:*.mka=00;36:*.mp3=00;36:*.mpc=00;36:*.ogg=00;36:*.ra=00;3
6:*.wav=00;36:"
declare -x LS_OPTIONS="--color=auto"
declare -x MAIL="/var/mail/root"
declare -x OLDPWD
declare -x PATH="/usr/local/sbin:/usr/local/bin:/usr/sbin:/usr/bin:/sbin:/bin"
declare -x PS1="\\h:\\w\\\$ "
declare -x PWD="/root"
declare -x SHELL="/bin/bash"
declare -x SHLVL="1"
[...]
```

Es ist mir kein Befehl bekannt, mit dem sich nur die lokalen Variablen anzeigen lassen.

9.13.4 PATH – Die Pfadfinder-Variable

Die wohl wichtigste Shellvariable ist PATH. Sie enthält – wie bei Windows – alle Verzeichnisse, die nach ausführbaren Programmen durchsucht werden, wenn Sie auf der Konsole einen Programmnamen ohne Pfad angeben. Den Inhalt dieser Variable haben Sie bereits weiter oben betrachtet.

Sie können den Wert von PATH anpassen, wenn Sie weitere Verzeichnispfade angeben möchten, in denen sich ausführbare Programme oder Skripte befinden. Viele Benutzer erstellen sich ~/bin als persönliches Skriptverzeichnis für sich selbst – alle Skripte, die sich ein Benutzer erstellt, können in diesem Verzeichnis abgelegt werden. Das Verzeichnis existiert aber noch nicht in PATH. Sie können es folgendermaßen hinzufügen:

```
# PATH=$PATH':~ /bin'
```

Das ist ungefähr wie `x = x + y`. Es ist keine Gleichung, sondern eine Zuweisung: `x` bekommt den Wert `x + y` zugewiesen, wird in diesem Fall also durch `y` (`:~/bin`) ergänzt.

> Achten Sie darauf, dass wir die Variable links vom Gleichheitszeichen ohne $ schreiben, rechts davon jedoch auf den in PATH enthaltenen Wert *referenzieren* (eben diesen anzeigen) wollen und daher $ benötigen.

Dass dieses Verzeichnis nun tatsächlich in der Pfadvariablen existiert, sehen Sie mit folgendem Befehl:

```
# echo $PATH
/usr/local/sbin:/usr/local/bin:/usr/sbin:/usr/bin:/sbin:/bin:
/usr/bin/X11/:~/bin
```

Vergessen Sie nicht, dass das Verzeichnis existieren muss, damit es genutzt werden kann. Sie können es zum Beispiel als Unterverzeichnis unter `/etc/skel` einrichten, damit es jedem neuen Benutzer automatisch zur Verfügung steht:

```
# mkdir /etc/skel/bin
```

Um die Änderung von PATH dauerhaft zu machen, können Sie die Konfigurationsdatei `/etc/profile` anpassen, da hier diese Variable definiert wird. Ergänzen Sie den angegebenen Wert in der entsprechenden Zeile einfach durch `:~/bin`.

Eine andere Möglichkeit ist das Anpassen der Datei in den persönlichen Dateien. Die Datei `~/.bash_profile` enthält bereits eine vorbereitete Zeile, die Sie nur noch auskommentieren müssen, indem Sie das # am Anfang der Zeile entfernen.

9.13.5 PS1 – Der Prompt

Wenn Sie auf der Konsole arbeiten, sehen Sie vor dem Cursor in der aktuellen Befehlszeile den Prompt. Dieser kann verschieden aussehen, zum Beispiel:

```
Debian:~# _
```

oder für normale User:

```
hans@Debian:~$ _
```

Dies sind aber nur zwei mögliche Varianten. Das Aussehen des Prompts wird durch den Wert der Variablen `PS1` gesteuert. Lassen Sie sich den Wert als `root` anzeigen, sieht das ungefähr so aus:

```
# echo $PS1
\h:\w\$
```

Das ist jetzt nicht so wahnsinnig intuitiv zu verstehen. Bringen wir also Licht in die Sache. Hier eine Auflistung von Variablen, die Sie in den Prompt einbinden können:

Variable	Bedeutung
`\h`	Hostname
`\w`	Aktuelles Verzeichnis
`\W`	Letzter Teil des aktuellen Verzeichnisses (zum Beispiel bin bei `/usr/bin`)
`\u`	Angemeldeter Benutzer
`\$`	Das Promptzeichen ($ für normale Benutzer, # für `root`)
`\t`	Aktuelle Zeit
`\d`	Aktuelles Datum

Sie können die Variablen durch normale Zeichen verbinden, wie oben zum Beispiel durch den Doppelpunkt hinter `\h`. Versuchen Sie übungshalber, Ihren eigenen Prompt zu bauen. Vielleicht möchten Sie ja immer die aktuelle Uhrzeit angezeigt bekommen? Damit der Prompt nicht zu lang wird, lassen wir uns nur den letzten Teil des aktuellen Verzeichnisses anzeigen. Das ließe sich zum Beispiel folgendermaßen realisieren:

```
# PS1=\h:\t-\W\$
```

Das Ergebnis sieht ungefähr so aus:

```
Debian:23:15:01-bin# _
```

Die Änderung wird sofort aktiv. Sie können also nach Herzenslust experimentieren. Möchten Sie den Prompt nach jedem Anmeldevorgang angezeigt bekommen, können Sie die Zuweisung des Wertes für `PS1` wiederum in den Konfigurationsdateien `/etc/profile` oder `~/.bash_profile` anpassen.

9.13.6 Weitere wichtige Umgebungsvariablen

Haben Sie die Befehle **`set`** und **`export`** einmal ausprobiert, konnten Sie sich bereits davon überzeugen, wie viele Variablen das System definiert hat. Lassen Sie uns einige weitere Variablen betrachten, mit denen Sie vermutlich des Öfteren in Kontakt kommen werden:

```
$HOME
```

Diese Variable enthält das Home-Verzeichnis des aktuellen Benutzers, so wie in `/etc/passwd` für diesen Benutzer angegeben. Sie sollte in ihrem Wert nicht verändert werden. Sie macht sich vor allem in Shellskripten nützlich, wenn zum Beispiel im Home-Verzeichnis eines beliebigen Benutzers ein Unterverzeichnis `Skripte` eingetragen werden soll. Der Pfad lautet dann folgendermaßen:

```
$HOME/skripte
```

Dies ist gleichbedeutend mit der Tilde:

```
~/skripte
```

Die Tilde kann allerdings noch mehr. So können Sie sich mit dem Befehl **cd ~hans** in das Home-Verzeichnis von `hans` begeben, auch wenn Sie nicht als `hans` angemeldet sind. Der Pfad `$HOME/hans` funktioniert in diesem Fall nicht, weil `$HOME` unveränderlich das aktuelle Home-Verzeichnis Ihres eigenen Benutzers anzeigt.

```
$USER
```

Diese Variable enthält den aktuellen Benutzer.

```
$PWD
```

Hier ist der Pfad des aktuellen Verzeichnisses enthalten.

```
$SHELL
```

Die aktuelle Shell des Benutzers.

Lassen wir es bei dieser Auswahl bewenden. Im Laufe der Zeit werden Sie sicherlich noch mit anderen Variablen konfrontiert werden, doch die oben genannten kommen immer wieder vor. Eigene Variablen werden Sie in Kapitel 13 *Einführung in die Shellskript-Programmierung* definieren und ausgiebig nutzen.

9.14 Zusammenfassung und Weiterführendes

Die Bash als die Standard-Shell von Linux ist eine der mächtigsten Shells überhaupt. Sie verfügt über viele nützliche Hilfsmittel für den Benutzer, um ihm die Arbeit zu vereinfachen. Shells sind nicht exklusiv – Sie können Shells als Subshells von anderen Shells öffnen. Hierbei müssen Sie allerdings den Gültigkeitsbereich der Systemvariablen berücksichtigen.

Das Verhalten der Bash können Sie mittels einiger zentraler, aber auch benutzerspezifischer Konfigurationsdateien an Ihre Bedürfnisse anpassen.

Weiterhin haben Sie in diesem Kapitel gelernt, wie Sie Befehle miteinander verknüpfen können, Umleitungen der Ausgaben von Befehlen vornehmen und mittels Patterns Jokerzeichen nutzen.

Dieses Basiskapitel können Sie im weiteren Verlauf immer wieder aufschlagen, wenn Sie eine Auffrischung der Bash-Funktionen benötigen. Nun aber gilt es erst einmal, Ihnen wichtige Befehle zur Systemadministration vorzustellen, die Sie immer wieder benötigen werden. Im Zusammenspiel mit den im übernächsten Kapitel zu erklärenden Shellskripten bekommen Sie einen mächtigen Werkzeugkasten an die Hand, der Ihnen das Administratorleben um vieles einfacher machen kann. Freuen Sie sich auf die nächsten Kapitel!

## Kapitel 10

Wichtige Befehle zur Systemadministration

Linux hat – wie fast jedes andere Unix-artige System – Hunderte von Befehlen. Es gehört zur Philosophie von Linux, keine »eierlegenden Wollmilchsäue« bereitzustellen, sondern kleine, hochspezialisierte Werkzeuge, die der Benutzer kombinieren kann (und muss), um zum gewünschten Ergebnis zu kommen. Für einen Außenstehenden sind die Befehle oft kryptisch und unverständlich.

Es gibt sehr mächtige Tools (das Wort »mächtig« bedeutet, dass die Programme viele Funktionen haben), denen man ihre Leistungsfähigkeit auf den ersten Blick gar nicht ansieht. Beispielsweise könnte man über Tools wie **grep**, **find**, **sed** und **awk** ganze Bücher schreiben – und genau genommen existieren diese Bücher schon.

Für viele Programme gibt es inzwischen grafische Frontends. Ihre volle Leistungsfähigkeit entfalten diese Tools aber nur auf der Konsole. Da Sie Ihren Linux-Server vermutlich ohnehin meistens per SSH bzw. konsolenbasiert administrieren, werde ich nicht weiter auf diese Frontends eingehen.

Sie lernen in diesem Kapitel Folgendes:

- Dateien und Verzeichnisse suchen mit **find** und **locate**
- Zeichenketten finden mit **grep**
- Regular Expressions (Reguläre Ausdrücke)
- Grundlagen zu **sed** und **awk**
- Packprogramme (**gzip**, **bzip2**)
- Midnight Commander (**mc**)
- Weitere nützliche Befehle für den täglichen Bedarf

Dieses Kapitel hilft Ihnen, einen Werkzeugkasten mit allerlei nützlichen Tools zusammenzustellen, um für die Arbeit an Ihrem Linux-Server gewappnet zu sein.

10.1 Dateien und Verzeichnisse suchen

Es gibt zwei sehr nützliche Befehle, die Ihnen bei der Suche nach bestimmten Dateien und Verzeichnissen sehr hilfreich sind: **find** und **locate**. Während **find** auch nach bestimmten Attributen sucht und erheblich mehr Optionen anbietet, greift **locate** auf eine Datenbank zurück, wodurch die Suche sehr viel schneller abläuft. Sie werden beide Tools zu schätzen lernen.

10.1.1 find

Mit dem **find**-Kommando können Sie beliebige Dateien und Verzeichnisse im Dateisystem auffinden. Der Befehl kann ziemlich kompliziert sein – je nach gewählten Optionen. In jedem Fall ist er ein wenig gewöhnungsbedürftig. Er ist jedoch so mächtig, dass ich sehr oft damit arbeite. Der Befehl funktioniert folgendermaßen:

```
# find <Startverzeichnis> <Suchoptionen> -[Option]
```

Das sagt natürlich noch nicht allzu viel aus. Wichtig ist, dass bei diesem Befehl zwischen *Suchoptionen* und *Optionen* unterschieden wird. Werfen wir zunächst einen Blick auf einige wichtige *Suchoptionen*:

Suchoption	Bedeutung
-atime [+-]<Tage>	Letzter Zugriff in Tagen älter (+) bzw. jünger (-) als die angegebenen Tage
-mtime [+-]<Tage>	Letzte Änderung am Inhalt in Tagen (sonst wie atime)
-user <Name>	Gehört Benutzer
-group <Name>	Gehört Gruppe
-type <Datei-Typ>	f = Datei d = Verzeichnis l = link
-name <Datei/Verzeichnis>	Suche nach angegebenen Datei- oder Verzeichnisnamen
-size [+-]<Größe>k	Größer (+) oder kleiner (-) als die angegebenen Kilobyte
-maxdepth <Level>	Maximale Verzeichnistiefe ab Startverzeichnis, bis zu der gesucht wird, Level wird in Ziffern angegeben

Betrachten wir zur Erläuterung ein paar Beispiele. Beginnen wir mit dem einfachsten Fall:

```
# find / -name gulugulu
```

Dieser Befehl findet ausgehend vom Root-Verzeichnis (/) alle Verzeichnisse oder Dateien, die exakt (!) gulugulu heißen.

> Möchten Sie Dateien und Verzeichnisse finden, die die angegebene Zeichenkette enthalten, müssen Sie den Asterisk (*) als Platzhalter für kein, ein oder beliebig viele Zeichen verwenden, also *<Suchstring>*, zum Beispiel **find / -name *gulugulu***. Lassen Sie den Asterisk vorn oder hinten weg, findet der Befehl folglich nur Namen, die mit gulugulu beginnen bzw. enden.

```
# find /home -group hans -type f
```

Hiermit finden Sie ausgehend von /home alle Dateien, denen die Gruppe hans zugewiesen ist.

```
# find /home -user hans -mtime -3
```

Dies findet alle Dateien des Benutzers hans unter /home, deren Inhalt innerhalb der letzten 3 Tage geändert wurde. Damit können Sie zum Beispiel differenzielle Sicherungen durchführen, siehe Kapitel 12 *Zeitlich gesteuerte Backups.*

```
# find / -user hans -size +3000k
```

Dieses Kommando findet alle Dateien des Benutzers hans, die größer als 3000 KB sind. Hiermit lassen sich Platzfresser finden.

```
# find /usr -type f -name gulugulu -maxdepth 3
```

Dies sucht unter /usr nach Dateien (nicht Verzeichnissen!) mit dem Namen gulugulu. Dabei wird bis maximal drei Unterverzeichnisebenen hinabgestiegen. Hätten Sie statt dem f ein d angegeben, hätte der Befehl nur nach Verzeichnissen gesucht.

An dieser Stelle empfehle ich Ihnen, wieder die *Was-passiert-dann-Maschine* anzuwerfen. Erstellen Sie einige Dateien und Verzeichnisse unter bestimmten Benutzern und lassen Sie **find** danach mit den verschiedenen Suchoptionen suchen.

Gehen wir nun einen Schritt weiter: Neben den *Suchoptionen* gibt es noch die *Optionen* selber. Diese erweitern nochmals den Funktionsumfang des **find**-Befehls.

Mit den Optionen bestimmen Sie, was mit dem Ergebnis der Suche geschieht. Solange nichts weiter angegeben ist, gibt **find** sein Suchergebnis auf dem Bildschirm aus. Diese Option entspricht -print und muss nicht angegeben werden. Darüber hinaus gibt es eine weitere wichtige Option:

```
-exec <Befehl> {} \;
```

Äußerst intuitiv, finden Sie nicht? Nein? Dann werde ich Ihnen diese kryptische Option wohl erläutern müssen. Wie Sie sich vielleicht denken können, wird hier ein weiterer Befehl zur Ausführung (*exec*ution) gebracht. Er übernimmt zeilenweise die Ausgabe von **find**. Das wird durch die geschweiften Klammern {} ausgedrückt. Der Passus '\;' folgt dahinter, da es sich um eine unbedingte Aneinanderreihung des angegebenen Befehls handelt (Befehle werden in derselben Zeile durch Semikolon getrennt – siehe Kapitel 9 *Einführung in die Bash*). Das Semikolon muss maskiert werden (\), damit es nicht als zum Befehl selbst zugehörig interpretiert wird.

Das klingt ganz schön kompliziert – aber auch wenn Sie dieses Konstrukt nicht im Detail verstehen, können Sie von der Option profitieren. Sie geben in dieser feststehenden Syntax einfach den gewünschten Befehl ein. Hier ein Beispiel:

```
# find / -user horst -type f -exec rm -f {} \;
```

Dieses Kommando findet alle Dateien des Benutzers horst und löscht diese ohne Nachfrage (-f). Dies können Sie zum Beispiel einsetzen, wenn der Benutzer horst das Unternehmen verlassen hat und seine Dateien nicht mehr benötigt werden. Vorher sollten Sie aber in jedem Fall eine Sicherung vornehmen, da der o. a. Befehl alles unwiderruflich löscht. Wie Sie Sicherungen erstellen, lernen Sie in Kapitel 12 *Zeitlich gesteuerte Backups.*

10.1.2 locate

Betrachtet man **find** als *Sherlock Holmes*, so wäre **locate** wohl *Dr. Watson*. Dieser Befehl ist ein heißer Kandidat für den Olymp Ihrer Lieblingsbefehle, weil er denkbar einfach einzusetzen ist und im Gegensatz zu **find** sehr schnell Ergebnisse bringt. Geben Sie als Parameter einfach den Suchbegriff ein, zum Beispiel folgendermaßen:

```
# locate gulugulu
```

Dies sucht nach einer Datei oder einem Verzeichnis, die bzw. das `gulugulu` heißt oder diese Zeichenkette im Namen enthält. Die Suche erfolgt erheblich schneller als bei **find**, da hier eine vorher angelegte interne Datenbank durchsucht wird. Diese Datenbank wird durch folgenden Befehl aktualisiert:

```
# updatedb [&]
```

Da diese Aktualisierung länger dauern kann, empfehle ich Ihnen, das & dahinter zu setzen, da damit der Befehl im Hintergrund abläuft und nicht die Kommandozeile sperrt. Näheres hierzu im nächsten Kapitel in Abschnitt 11.2 *Prozessverwaltung*.

> Behalten Sie im Hinterkopf, dass diese Datenbank den Zustand des Dateisystems zu einem bestimmten Zeitpunkt aufnimmt – alle Änderungen, die seitdem gemacht wurden, sind nicht erfasst. Daher sollten Sie in regelmäßigen Abständen die Datenbank aktualisieren. Dies lässt sich hervorragend mit einem Cron-Job erledigen, den Sie in Kapitel 12 *Zeitlich gesteuerte Backups* kennen lernen werden.

10.2 grep und die Regular Expressions

Mit **grep** und den »Regular Expressions« (zu deutsch: Reguläre Ausdrücke) erhalten Sie ein weiteres mächtiges Werkzeug, das Ihnen im täglichen Administrationsbetrieb eine sehr nützliche Hilfe sein wird. Zwar funktioniert **grep** auch unabhängig von den *Regular Expressions*, letztlich wird er aber erst dadurch so unglaublich flexibel. Doch eins nach dem Anderen.

10.2.1 grep

Der Befehl **grep** ist ebenfalls ein Suchbefehl. Er entspricht sozusagen der Lupe von Sherlock Holmes, da er innerhalb von (Text-)Dateien nach Zeichenketten, *Strings* genannt, sucht. Zunächst die Syntax:

```
# grep <Optionen> <Zeichenfolge> <Datei>
```

Findet **grep** das Gesuchte, wird die entsprechende Zeile angezeigt. Das Interessante ist, dass die Zeichenfolge auch als regulärer Ausdruck angegeben werden kann. Nehmen wir an, Sie haben eine Textdatei `gulugulu.txt` mit folgendem Inhalt:

```
Was bedeutet denn nun gulugulu?
Eigentlich steht es für alles und nichts.
Das Wort eignet sich perfekt als Joker, um alle möglichen Dinge beispielhaft zu
bezeichnen:
```

```
- Dateien
- Textstellen
- Suchstrings
Damit brauche ich mir nicht ständig neue Fantasienamen auszudenken (z.B. textdate
i123 oder §halleluja).
Das Wort 'Gulugulu' stammt eigentlich aus einem Donald-Duck-
Comic, in dem Onkel Dagobert dieses Wort morgens unter der Dusche einfällt.
Später beschert ein leichtfertig gegebenes Versprechen 'Bertel' jede Menge Ärger
mit Gitta Gans ...
```

Listing 10.1: `~/gulugulu.txt`

Ich empfehle Ihnen dringend, diese Datei übungshalber tatsächlich in Ihrem Home-Verzeichnis zu erstellen, damit Sie die Beispiele praktisch nachvollziehen können. Fertig? Gut, dann lassen Sie uns loslegen. Zunächst einige wichtige Optionen:

Option	Bedeutung
`-i`	Ignoriert Groß-/Kleinschreibung
`-l`	Gibt nur die Dateinamen an (wenn in mehreren Dateien gesucht wird)
`-m`	Gibt die Zeilennummer mit an
`-w`	Ausdruck muss ein Wort sein (also nicht nur Bestandteil einer größeren Zeichenkette).
`-x`	Ausdruck muss der ganzen Zeile entsprechen
`-v`	Umkehrung: Der Suchstring darf *nicht* vorkommen.
`-e`	Ermöglicht fortgeschrittene reguläre Ausdrücke

Insbesondere die Option `-i` werden Sie erfahrungsgemäß häufig benötigen. Sie erleichtert Ihnen oft die Suche.

Wenn Sie mit regulären Ausdrücken arbeiten, sollten Sie bei komplizierten Ausdrücken eventuell die Option `-E` nutzen, sonst könnte es Ihnen passieren, dass Ihre Ausdrücke falsch interpretiert werden. Der Befehl **grep** versteht in seiner Grundform nur einen gewissen Teil der regulären Ausdrücke. Mit der Option `-E` können Sie den vollen Umfang nutzen. Stattdessen können Sie auch **egrep** aufrufen.

Sie können **grep** auf mehrere Dateien oder auch ganze Verzeichnisse anwenden. In diesem Fall werden sämtliche Dateien nach der angegebenen Zeichenkette durchsucht. Mit `-l` können Sie sich lediglich die Dateinamen anzeigen lassen, in denen der Suchbegriff vorkommt.

Hier zunächst ein einfaches Anwendungsbeispiel für den Befehl:

```
# grep Joker gulugulu.txt
Das Wort eignet sich perfekt als Joker, um alle möglichen Dinge beispielhaft zu
bezeichnen:
```

Wie Sie sehen, wird die ganze Zeile ausgegeben, in der der gesuchte Begriff gefunden wurde. Die gesuchte Zeichenkette kann auch nur Teil einer größeren Zeichenkette sein, so hätte die Suche nach `Jok` oder `ker` genau dasselbe Suchergebnis erbracht. Die können Sie allerdings mit der Option `-w` unterbinden. Suchen wir nun nach dem Begriff `gulu`:

```
# grep gulu gulugulu.txt
Was bedeutet denn nun gulugulu?
Das Wort 'Gulugulu' stammt eigentlich aus einem Donald-Duck-Comic, in dem Onkel
Dagobert dieses Wort morgens unter der Dusche einfällt. Später beschert ein leicht-
fertig gegebenes Versprechen 'Bertel' jede Menge Ärger mit Gitta Gans ...
```

Es werden beide Zeilen, in denen `gulu` vorkommt, angezeigt. In einer Textdatei geht eine Zeile immer bis zum nächsten [Enter]. Daher wird hier auch noch der nächste Satz angezeigt, den ich im Beispiel in derselben Zeile ohne [Enter] weitergeführt habe. Lassen Sie uns ein weiteres Experiment starten:

```
# grep gulugulu guluglulu.txt
Was bedeutet denn nun gulugulu?
```

Aha?! Und was ist aus der zweiten Zeile geworden? Diese wird richtigerweise nicht angezeigt, weil hier das Wort *Gulugulu* großgeschrieben wird. Genau das ist oftmals ärgerlich und führt zu Fehlern, da wir die exakte Schreibweise eines Begriffs nicht kennen. Die Lösung lautet `-i`. Hiermit wird die Groß- und Kleinschreibung ignoriert:

```
# grep -i gulugulu gulugulu.txt
Was bedeutet denn nun gulugulu?
Das Wort 'Gulugulu' stammt eigentlich aus einem Donald-Duck-Comic, in dem Onkel
Dagobert dieses Wort morgens unter der Dusche einfällt. Später beschert ein leicht-
fertig gegebenes Versprechen 'Bertel' jede Menge Ärger mit Gitta Gans ...
```

Sie sehen: Kaum macht man es richtig, funktioniert es auch ;-). Kommen wir nun zu etwas komplexeren Suchbegriffen. Diese werden mit den regulären Ausdrücken dargestellt.

10.2.2 Regular Expressions

Bei den *Regular Expressions* (= reguläre Ausdrücke) handelt es sich um ein Regelwerk zur Darstellung von Suchbegriffen in Form von Ersetzungen. Es wird von verschiedenen Befehlen (wie zum Beispiel **grep** und **find**) und sogar Programmiersprachen (wie zum Beispiel Perl) unterstützt, leider aber nicht völlig einheitlich gehandhabt. *Regular Expressions* können beliebig komplex werden. Der längste mir bekannte reguläre Ausdruck hat über 2000 Zeichen und ist eine Seite lang ...

Sie haben in Kapitel 9 *Einführung in die Bash* bereits die *Patterns* kennen gelernt, eine einfache Unterform der *Regular Expressions*. Die Syntax der *Regular Expressions* ist etwas gewöhnungsbedürftig. Verschaffen wir uns zunächst einen Überblick über eine Auswahl wichtiger Ersetzungsregeln:

Ausdruck	Bedeutung
.	Beliebiges Zeichen
*	Vorheriges Zeichen beliebig oft
\?	Vorheriges Zeichen ein- oder keinmal
\+	Vorheriges Zeichen ein- oder mehrmals
^<Ausdruck>	Ausdruck am Zeilenanfang
<Ausdruck>$	Ausdruck am Zeilenende

Ausdruck	Bedeutung
`[abc]`	Zeichen aus der Auswahl
`[a-z]`	Zeichen aus dem Bereich
`!`	Negierung

Das sieht auf den ersten Blick erst mal ganz schön heftig aus. Außerdem scheint hier einiges anders zu laufen als bei den Patterns der *Bash*. Aber eins nach dem anderen. Zunächst ein wichtiger Unterschied zur *Bash*:

> Während Sie beliebige Zeichen in der Bash mit dem Asterisk (*) ausdrücken, verwenden Sie bei den Regular Expressions die Zeichenkette »`.*`«. Dies bedeutet: ein beliebiges Zeichen, beliebig oft.

Lassen Sie uns einige Beispiele als Einführung in die Verwendung von *Regular Expressions* durchgehen. Dazu nutzen wir wieder unsere Beispieldatei `gulugulu.txt`:

```
# grep -i eigentlich gulugulu.txt
Eigentlich steht es für alles und nichts.
Das Wort 'Gulugulu' stammt eigentlich aus einem Donald-Duck-Comic, in dem Onkel
Dagobert dieses Wort morgens unter der Dusche einfällt. Später beschert ein leicht-
fertig gegebenes Versprechen 'Bertel' jede Menge Ärger mit Gitta Gans ...
```

Dies findet beide Zeilen, die das Wort »eigentlich« beinhalten. Hätten wir die Option `-i` weggelassen, wäre die erste Zeile nicht angezeigt worden, da hier »Eigentlich« großgeschrieben wird. Lassen Sie uns einen regulären Ausdruck verwenden:

```
# grep -i ^eigentlich gulugulu.txt
Eigentlich steht es für alles und nichts.
```

Nun wird nur die erste Zeile gefunden, da wir nach einem Ausdruck suchen, der sich am Anfang einer Zeile (^) befindet – und das trifft nur auf die angezeigte Zeile zu. Genau das Gegenteil können Sie durch das Dollarzeichen ($) ausdrücken:

```
# grep s$ gulugulu.txt
- Suchstrings
```

Nur die ausgegebene Zeile endet mit einem »`s`«. Lassen Sie uns weiter suchen:

```
# grep e.*ch gulugulu.txt
```

Dieses Konstrukt findet alle Zeichenketten, die irgendwo ein »`e`«, danach beliebig viele Zeichen gefolgt von »`ch`« enthalten. Wenn Sie jetzt glauben, Sie bekämen nur die Zeilen mit »`eigentlich`« angezeigt, dann werden Sie sich wundern – der Suchbegriff trifft auch auf »`bezeichnen`« und »`beschert`« zu.

Schauen Sie sich das folgende Beispiel an:

```
# grep ".*[0-9]\+" gulugulu.txt
Damit brauche ich mir nicht ständig neue Fantasienamen auszudenken (z.B. textdatei123
oder §halleluja).
```

Dieser Ausdruck findet die Zeile mit »`textdatei123`«, da nach beliebigen Zeichen gefolgt von einer Ziffer, die ein- oder mehrmals auftauchen kann, gesucht wird.

Schließen Sie solche Ausdrücke immer in doppelten Hochkommas (Gänsefüßchen) ein, da sie sonst oft nicht korrekt erkannt werden.

Regular Expressions haben die Eigenschaft, manchmal ziemlich eigensinnig und unerwartet zu reagieren. Ich empfehle Ihnen daher, den Gebrauch dieser Ausdrücke erst einmal intensiv zu üben. Werfen Sie die *Was-passiert-dann-Maschine* an und experimentieren Sie!

Der Befehl **grep** wird im Übrigen oftmals im Zusammenhang mit anderen Befehlen genutzt. So können Sie zum Beispiel die Ausgabe eines Befehls nach einem bestimmten Suchstring (*string* = Zeichenkette) durchsuchen lassen. Dabei muss dem **grep**-Befehl logischerweise keine Datei angegeben werden, da er seinen Input von der Standardausgabe erhält. Hier ein einfaches Beispiel:

```
# ls -l | grep gulugulu
-rw-r—r--  1 root     root   547 2006-03-16 21:40 gulugulu.txt
```

Ist eine Datei oder ein Verzeichnis vorhanden, dass »`gulugulu`« im Namen hat, wird die entsprechende Zeile angezeigt. Sie werden Kombinationen in dieser Art noch sehr oft begegnen.

10.3 sed – Manipulation von Textdateien

Die Bezeichnung **sed** steht für *S*tream *Ed*itor. Es handelt sich um einen Editor, der eine automatisierte Bearbeitung von Textdateien auf der Kommandozeile ermöglicht. Dadurch unterscheidet er sich von interaktiven Editoren wie zum Beispiel **vi**, **emacs** oder **nano**.

sed unterstützt *Regular Expressions* (ab hier mit RE abgekürzt) mit einigen wenigen Besonderheiten, die uns allerdings im Rahmen dieser kurzen Einführung nicht berühren sollen. Dennoch werden Sie bei der Anwendung von **sed** vermutlich fast immer auf *Regular Expressions* zurückgreifen. **sed** ist ungeheuer mächtig, aber zunächst ein wenig hakelig in der Benutzung. Er ist in vielen Aufgabenstellungen sehr hilfreich, und wenn Sie sich erst einmal die Zeit genommen haben, sich einzuarbeiten, werden Sie ihn als Arbeitswerkzeug nicht mehr missen wollen!

10.3.1 Die ersten Schritte mit sed

sed liest von der Standardeingabe (`stdin`) und schreibt auf die Standardausgabe (`stdout`). Das heißt nichts anderes, als dass Sie die *Umleitungsoperatoren* und die *Pipe* verwenden können. Betrachten wir dazu ein einfaches Beispiel, bei dem ich Ihnen einige Grundfunktionen von **sed** erläutern kann:

```
# cat /etc/passwd | sed -n -e '/hans/p' > hans.txt
# ls
hans.txt
# cat hans.txt
hans:x:1001:1001::/home/hans:/bin/sh
```

So, was passiert hier? In der ersten Zeile lassen wir uns die Datei `/etc/passwd` mit `cat` ausgeben (Details hierzu siehe weiter unten in Abschnitt 10.9.2) und leiten das Ergebnis über die *Pipe* als Standardeingabe zu **sed**.

Der Editor sucht nun in der Datei nach dem Ausdruck `hans` und gibt jede Zeile aus, die `hans` enthält. Die Ausgabe des Ergebnisses geschieht jedoch nicht auf der Standardausgabe. Stattdessen leiten wir es wiederum in die Datei `hans.txt` um. Anschließend können Sie sich über den Befehl **`cat hans.txt`** davon überzeugen, dass die Datei die entsprechende Benutzerzeile aus `/etc/passwd` enthält.

> Die Originaldatei `/etc/passwd` wird dabei nicht verändert!

Ich habe Ihnen gesagt, *was* **sed** gemacht hat – aber *wie* hat **sed** das nun angestellt? Das, was **sed** mit der Eingabe machen soll, geben Sie in einem *Skript* an. Dieses wird mit `-e` eingeleitet und sollte immer in einfachen Hochkommas stehen. Dabei geben Sie zunächst eine *Adresse* an. Damit sind die Stellen im Text gemeint, mit denen **sed** etwas tun soll. Dies ist oftmals eine RE. Die RE steht zwischen den Slashes: `/<RE>/`. In unserem Fall ist dieser Ausdruck schlicht `hans`.

Dahinter folgt ein **sed**-Kommando, hier ein `p` für *print* (ausdrucken). Damit werden also alle Zeilen, die `hans` enthalten, ausgegeben. Was aber bewirkt das `-n`? Lassen wir es spaßeshalber weg und schauen uns das Ergebnis dann an:

```
# cat /etc/passwd | sed -e '/hans/p' > hans.txt
# cat hans.txt
root:x:0:0:root:/root:/bin/bash
daemon:x:1:1:daemon:/usr/sbin:/bin/sh
bin:x:2:2:bin:/bin:/bin/sh
sys:x:3:3:sys:/dev:/bin/sh
sync:x:4:65534:sync:/bin:/bin/sync
[...]
user1:x:1000:1000:user1,,,:/home/user1:/bin/bash
sshd:x:103:65534::/var/run/sshd:/usr/sbin/nologin
hans:x:1001:1001::/home/hans:/bin/sh
hans:x:1001:1001::/home/hans:/bin/sh
```

Nanu? Was ist denn hier passiert? Offensichtlich funktioniert unser schöner Befehl nicht mehr, oder? Beachten Sie, dass nicht nur der gesamte Inhalt von `/etc/passwd` ausgegeben wurde, sondern zusätzlich noch einmal die gefundene Zeile mit `hans`, die nun am Ende zweimal dasteht.

Um das zu verstehen, müssen wir uns die interne Arbeitsweise von **sed** anschauen: Zunächst wird der gesamte Text in den so genannten *pattern buffer* geladen. Jede Zeile, auf die die Adresse (also unser Ausdruck »`hans`«) zutrifft, wird entsprechend des angegebenen Kommandos (`p` für ausdrucken) verarbeitet. Anschließend wird der gesamte *pattern buffer* ausgegeben. Na, klingelt's?

IM BUFFER SELBST (!) wird die Zeile mit `hans` geschrieben – anschließend wird der gesamte Buffer, der auch alle anderen Zeilen enthält, ausgegeben. Das Ergebnis ist die gesamte Datei plus eine zweite Zeile mit `hans`.

Das ist natürlich normalerweise nicht erwünscht. Daher fügen wir -n vorne an. Diese Option verhindert, dass alle nicht bearbeiteten Zeilen ebenfalls ausgegeben werden. Übrig bleiben alle Zeilen, auf die das angegebene Kommando ausgeführt wurde.

10.3.2 Adressen

Sie haben als Adresse bereits die REs kennen gelernt. **sed** versteht aber auch einfache Zeilenangaben. Ich habe folgende – absolut sinnfreie – Datei erstellt, um ein wenig mit **sed** zu experimentieren:

```
Dies ist ein Text mit Zeile 1
Zeile 2 ist das, jaja!
# Und hier haben wir die dritte nutzlose Zeile
Die Zeile 4 lassen wir aus ;-).
# Dafür machen wir die fünfte Zeile etwas länger als die anderen ...
Mit Zeile 6 wollen wir nun langsam zum Ende kommen
Und Zeile 7 ist nun definitiv die letzte Spalte
```

Listing 10.2: text.txt

Sehen Sie sich das folgende Beispiel an:

```
# sed -e '1d' text.txt
Zeile 2 ist das, jaja!
# Und hier haben wir die dritte nutzlose Zeile
Die Zeile 4 lassen wir aus ;-).
# Dafür machen wir die fünfte Zeile etwas länger als die anderen ...
Mit Zeile 6 wollen wir nun langsam zum Ende kommen
```

Wie Sie sehen, wird die erste Zeile nicht mehr ausgegeben. Adressen bezeichnen die Zeilen des *pattern buffers*. Die Adresse (1) haben wir zusammen mit dem Befehl zum Löschen (d) angegeben. Diesmal benötigen wir -n nicht, da wir ja alles andere ausgeben lassen wollen. Im Übrigen jetzt nicht in eine Datei umgeleitet, sondern auf die Standardausgabe. Folglich müssen wir hier auch nichts weiter angeben.

Sie können Zeilen auch als Bereiche angeben, zum Beispiel um die ersten fünf Zeilen zu löschen:

```
# sed -e '1,5d' text.txt
Mit Zeile 6 wollen wir nun langsam zum Ende kommen
Und Zeile 7 ist nun definitiv die letzte Spalte
```

Mit dem folgenden Befehl können Sie den Befehl tail nachbilden, der ohne weitere Angaben die letzten 10 Zeilen einer Datei ausgibt:

```
# sed -n -e '1,10p' <Dateiname>
```

10.3.3 Weiterführende Anwendungsbeispiele

Vermutlich haben Sie jetzt schon einen kleinen Überblick über Funktionsweise von **sed** – das eigentliche Problem aber ist an dieser Stelle, sinnvolle Anwendungsbeispiele zu finden, um aus dem Tool Nutzen zu ziehen. In den folgenden Zeilen finden Sie nicht nur praxisnahe Anwendungen für **sed**, sondern auch einige weiterführende Befehle und syntaktische Konstruktionen:

Keine Kommentarzeilen

Viele Konfigurationsdateien sind mit ausführlichen Erläuterungen in Form von Kommentarzeilen versehen. Dies bläht die Datei natürlich oft stark auf, so dass die Übersicht verloren geht. Mit folgendem Befehl können wir die Kommentarzeilen aus der Datei `config.template` entfernen:

```
# sed -n -e '/^[^#].*/p' config.template
```

Die RE bedeutet: Am Anfang einer Zeile (`^`) darf *nicht* das Doppelkreuz (`[^#]`) stehen – danach kann an Zeichen kommen, was will (`.*`). Alle gefundenen Zeilen werden ausgedruckt. Auf unsere Beispieldatei angewandt, fallen die dritte und fünfte Zeile raus. Interessanterweise werden (im Gegensatz zur Anwendung mit **grep -v ^# <Dateiname>**) auch die Leerzeilen mit diesem Konstrukt eliminiert, so dass das Ergebnis eine saubere Konfigurationsdatei mit allen effektiven Zeilen ist.

Compiler-Fehler

Sollten Sie einmal Programme aus dem Quellcode kompilieren, kann es in manchen Fällen zu Fehlern kommen. Der Compiler zeigt normalerweise jeden Arbeitsschritt auf dem Monitor an. Bevor der Compiler abbricht, erzeugt er oftmals schon etliche Warnmeldungen. Um nur diese angezeigt zu bekommen – und zwar von der ersten Warnmeldung bis zur eigentlichen Abbruchmeldung –, können Sie folgendermaßen vorgehen:

```
# gcc <Quellcode-Datei> 2>&1 | sed -n -e '/warning:/,/error:/p'
```

Hierbei machen wir uns wieder die VON-BIS-Angabe zunutze. Hatten wir bisher nur Zeilen angegeben, sind es nun einfache REs. Vom ersten `warning:` bis zum `error:` wird alles angezeigt. Mit dem Konstrukt `2>&1` stellen wir sicher, dass alle Meldungen (`stdout` und `stderr`) weitergegeben werden. Standardmäßig leitet die *Pipe* sonst nur `stdout` weiter.

Natürlich können Sie auch REs mit Zeilenangaben kombinieren, also zum Beispiel `/<RE>/,n`. Dabei muss die RE auf die erste Zeile zutreffen und `n` markiert die Nummer der letzten Zeile, die untersucht werden soll.

Suchen und ersetzen

Eine der Hauptaufgaben von **sed** ist das Suchen und Ersetzen von Textstellen. Nutzen wir wieder unsere Beispieldatei und lassen Sie uns jedes »`wir`« im Text durch »`Sie`« ersetzen. Das läuft nach folgendem Schema ab:

```
s/<zu ersetzende Stelle>/<Ersetzung>/g
```

Während das vorgestellte `s` einen Ersetzungsvorgang einleitet (`s` für *substitute*), geben Sie am Ende die *Modalität* in Form eines Flags an. Die Modalität besagt, in welcher Form die gefundenen Stellen ersetzt werden. Mit `g` (für *global*) ersetzen Sie alle Fundstellen, nicht nur die erste. Damit können Sie folgendermaßen vorgehen:

```
# sed -e 's/wir/Sie/g' text.txt
Dies ist ein Text mit Zeile 1
Zeile 2 ist das, jaja!
Und hier haben Sie die dritte nutzlose Zeile
Die Zeile 4 lassen Sie aus ;-).
Dafür machen Sie die fünfte Zeile etwas länger als die anderen...
Mit Zeile 6 wollen Sie nun langsam zum Ende kommen
Und Zeile 7 ist nun definitiv die letzte Spalte
```

Wie Sie sehen, haben wir tatsächlich jedes `wir` in ein `Sie` verwandelt.

Mit **sed** können Sie noch viele andere Dinge machen. Das, was ich Ihnen hier gezeigt habe, ist nur ein erster kleiner Schritt und die Spitze eines sehr großen Eisbergs. Haben Sie jedoch Lust auf mehr bekommen, hilft Ihnen nun sicher die Man-Page zu **sed** weiter. Ein exzellentes Tutorial zu **sed**, das weit über das hier Gesagte hinausgeht, finden Sie unter `http://www.tty1.net/sed-tutorium/html/index.html`.

10.4 Awk – Auswertung von Textdateien

Ist `sed` ein Editor, mit dem sich Skript-gesteuert bestimmte Textmanipulationen vornehmen lassen, geht `Awk` deutlich weiter. Man spricht von *dem* `A-W-K`. Die Bezeichnung geht auf die Initialen der drei Programmautoren *Aho, Weinberger* und *Kernighan* zurück. `Awk` ist praktisch auf jedem Unix-artigen System vertreten. Es gibt verschiedene Versionen und Varianten. Auf einem Debian-System wird standardmäßig `Mawk` installiert, eine freie Implementation von Michael Brennan. Daneben ist `Gawk` (*GNU awk*) weit verbreitet. Der erste `Awk` wurde 1977 entworfen und 1985 grundlegend erweitert und als `Nawk` (New Awk) veröffentlicht.

Bei `Awk` handelt es sich um eine Skriptsprache zur Manipulation von Textdateien, die eine ähnliche Syntax wie C/C++ nutzt. Sie können mit `Awk` insbesondere Daten extrahieren, reduzieren, aufbereiten, ersetzen, präsentieren und vieles mehr.

Eine Weiterentwicklung von `Awk` ist Perl, eine Skriptsprache, die auch Elemente von `sed`, `grep` und anderen Tools vereint und eigentlich eine »eierlegende Wollmilchsau« darstellt. Warum also sollten Sie noch `Awk` lernen? Antwort: weil es leichter ist, `Awk` als `Perl` zu lernen. Die Syntax von Perl ist ungleich komplexer als die von `Awk`, und für die meisten Anwendungen reicht `Awk` vollkommen aus.

Der Vorteil von `Awk` bei der Bearbeitung von Texten ist, dass es eine Reihe von Automatismen gibt, die Ihnen entsprechend manuell zu programmierende Routinen ersparen. So werden zum Beispiel Eingabezeilen in Wörter (Spalten bzw. Felder) zerlegt, was deren Adressierung viel einfacher macht.

Im Rahmen dieser Betrachtung kann ich Ihnen leider nur einen kleinen Einblick in diese Skriptsprache geben. Ich bin jedoch der Meinung, dass ein Linux-Administrator in jedem Fall ein wenig `sed`- und `Awk`-Grundkenntnisse haben sollte. In der Hoffnung, Ihr Interesse für eigene weitergehende Studien zu wecken, mögen einige Einführungsbeispiele genügen.

10.4.1 Einführung

Sie können `Awk` auf der Kommandozeile durch Eingabe von **awk** aufrufen. Dabei ist `/usr/bin/awk` ein symbolischer Link auf `/etc/alternatives/awk`. Dieses Konzept kennen Sie ja bereits. An dieser Stelle wird wiederum auf `/usr/bin/mawk` verwiesen.

Viele Awk-Aufgaben sind bereits durch einen Einzeiler realisierbar. Um Ihnen das zu demonstrieren, benötigen wir wieder eine Beispieldatei. Awk eignet sich besonders gut, um tabellenförmige Daten zu bearbeiten, da die einzelnen Spalten oft schon automatisch ermittelt und in vordefinierten Variablen gespeichert werden. Lassen Sie uns das einmal ausprobieren. Erstellen Sie eine Beispieldatei `einkauf.dat` in Ihrem Home-Verzeichnis mit folgendem Inhalt:

```
Wurst 1.99
Käse 2.29
Eier 1.79
Milch 0.99
Brot 1.55
Kaffee 5.69
```

Listing 10.3: `~/einkauf.dat`

Nun schauen wir uns ein paar einfache Beispielaufgaben an. Nehmen wir an, Sie möchten wissen, wie viele Dinge Sie eingekauft haben. Das sieht mit Awk zum Beispiel so aus:

```
# awk 'END {print NR}' einkauf.dat
7
```

Auch Awk-Skripte werden mit einfachen Hochkommas eingefasst, wenn sie auf der Kommandozeile ausgeführt werden – das verhindert, dass die Shell bestimmte Sonderzeichen selbst interpretiert und somit das Skript verfälscht. Awk nimmt die Daten wie `sed` über die Standardeingabe (bzw. über die Angabe einer Datei) an und liest Zeile für Zeile ein. Mit anderen Worten, die folgende Zeile funktioniert ebenfalls:

```
# cat einkauf.dat | awk 'END {print NR}'
```

Ein Awk-Skript ist grundsätzlich folgendermaßen aufgebaut:

```
BEGIN { <Anweisungen, die vor dem Einlesen durchgeführt werden> }
<Eigentliche Datenmanipulation oder Auswertung>
END { <Anweisungen, die nach der Bearbeitung durchgeführt werden> }
```

Die Blöcke `BEGIN` und `END` werden in geschweifte Klammern eingefasst und können beliebig viele Zeilen umfassen. Eine Zeile wird mit [Enter] abgeschlossen. Sie können je nach Anwendungsfall auf den einen oder anderen Block verzichten.

In unserem Fall haben wir sogar gleich auf die ersten beiden Blöcke (BEGIN und Hauptskript) verzichtet und uns einer der vordefinierten Variablen bedient. `NR` enthält die Nummer der aktuell eingelesenen Zeile. Nachdem alle Zeilen eingelesen wurden, ist dies natürlich die Summe aller eingelesenen Zeilen. Die Variable `NF` enthält die Anzahl der Spalten in einer Zeile. Dagegen enthalten die Variablen `$1` bis `$n` die einzelnen Wörter (bzw. Feldwerte) einer Zeile, also die Spalteninhalte. Möchten Sie zum Beispiel die Spalten 1 und 2 vertauschen, gehen Sie folgendermaßen vor:

```
# awk '{temp=$1 ; $1=$2 ; $2=temp;print}' einkauf.dat
1.99 Wurst
2.29 Käse
1.79 Eier
0.99 Milch
```

```
1.55 Brot
5.69 Kaffee
3.79 Tee
```

Wie Sie sehen, werden die Anweisungen durch Semikolons voneinander getrennt, wenn sie in einer Zeile stehen. Im obigen Beispiel nutzen wir nur den mittleren Block, in dem die eingelesenen Zeilen bearbeitet und ausgewertet werden. In diesem Fall weisen wir zunächst den Wert des jeweiligen ersten Feldes (`$1`) einer Zeile der Variablen `temp` zu, um anschließend dem ersten Feld den Wert des zweiten Feldes zuzuordnen (`$1=$2`). Nun erhält das zweite Feld den Wert des ersten Feldes, der in `temp` gespeichert ist. (`$2=temp`). Anschließend wird diese manipulierte Zeile ausgegeben (`print`). Wie bei `sed` wird auch vom Awk die Originaldatei nicht verändert.

Wie sieht es aus, wenn Sie mehrere Blöcke angeben? Nehmen wir an, Sie wollen die Summe Ihres Einkaufs errechnen. Mit Awk geht das zum Beispiel so:

```
# awk '{summe=summe+$2} END {print "Summe=",summe}' einkauf.dat
Summe= 18.09
```

Der nächste Block wird also schlicht angefügt. Im ersten Block weisen wir der Variablen `summe` immer ihren eigenen gegenwärtigen Wert und den Wert der aktuellen Zeile zu, der in `$2` gespeichert ist (denken Sie daran: in der Originaldatei ist der Preis immer noch in der zweiten Spalte!). Im Gegensatz zu anderen Programmiersprachen wie zum Beispiel C/C++, wird eine Variable bei Awk automatisch initialisiert. Auch um den Variablentyp brauchen Sie sich keine Gedanken zu machen – Awk erkennt dies automatisch.

10.4.2 Mehrzeilige Awk-Skripte

Statt direkt auf der Kommandozeile zu arbeiten, werden Sie allerdings in der Regel Skriptdateien erstellen wollen, da die Skripte oft länger als ein oder zwei Zeilen sein werden. Dazu erstellen Sie eine Datei, zum Beispiel `skript1.awk`, und setzen das Ausführungsrecht mit dem Befehl **`chmod 755 skript1.awk`**. In die erste Zeile Ihrer Skriptdatei schreiben Sie Folgendes:

```
#!/usr/bin/awk -f
```

Damit weisen Sie die Shell an, bei Ausführung dieses Skripts das angegebene Programm (**awk**) als Interpreter zu verwenden. Das gleiche Prinzip wird Ihnen in Kapitel 13 *Einführung in die Shellskript-Programmierung* begegnen. Mit `-f` ermöglichen Sie den Aufruf von einzulesenden Dateien als Argument des Skripts (siehe unser erstes Beispiel).

Während ich Ihnen im oben genannten Kapitel eine ausführliche Einführung in die Thematik bieten werde, kann ich an dieser Stelle aus Platzgründen leider nur sehr kurz auf die Syntax von Awk eingehen. Wenn Sie C/C++ oder Perl kennen, werden Sie sich leicht zurechtfinden. Awk beherrscht *Regular Expressions*, bedingte Verzweigungen, Schleifen, Prozeduren, Ausgabeformatierungen etc.

Tabellenformate

Wie Sie wissen, versucht Awk beim Einlesen einer Zeile gleich die einzelnen Spalten zu separieren und in den Variablen `$1, $2` bis `$n` zu speichern, wobei `$n` die letzte Spalte ist.

Awk geht in der Voreinstellung davon aus, dass das Feldtrennzeichen aus einem oder mehreren Leerzeichen besteht. Selbst Tabulatoren in Kombination mit Leerzeichen zwischen den Feldern sind unschädlich.

Was aber, wenn wir zum Beispiel eine Datei wie `/etc/passwd` vor uns haben? Hier ist das Trennzeichen ein Doppelpunkt (`:`). Hier geben Sie im ersten Block ganz einfach über die Variable FS (steht für *field seperator*) das gewünschte Trennzeichen an. Hier ein Beispiel, bei dem wir den Benutzernamen und die UID extrahieren. Sie können das Skript in Ihrem Home-Verzeichnis als `benutzer.awk` erstellen. Vergessen Sie nicht, es mit dem Befehl **`chmod 755 benutzer.awk`** ausführbar zu machen:

```
#!/usr/bin/awk -f
BEGIN { FS=":"
    print "Benutzer\t\tUID"
    print "============================"
    }
{ print $1,"\t\t",$3 }
END { print "\nFertig\n"}
```

Listing 10.4: `benutzer.awk`

Mit `\t` setzen Sie einen Tabulator und mit `\n` einen Zeilenumbruch. Wie Sie sehen, setzen wir hier zum ersten mal alle drei möglichen Blöcke eines Awk-Skripts ein. Sie können das Skript folgendermaßen aufrufen, wenn Sie sich in Ihrem Home-Verzeichnis befinden:

```
# ./benutzer.awk /etc/passwd
Benutzer                UID
============================
root            0
daemon          1
bin             2
sys             3
sync            4
games           5
man             6
lp              7
mail            8
news            9
uucp            10
proxy           13
[...]

Fertig
```

Nun, dies ist noch nicht perfekt formatiert, zumal es vermutlich einige Ausreißer gibt, die in der nächsten Spalte angezeigt werden, weil der Benutzername zu lang ist. Aber für unsere Zwecke reicht es vollkommen aus.

Sie können das Ergebnis allerdings auch in eine Datei umleiten, wie folgendes Beispiel zeigt:

```
# ./benutzer.awk /etc/passwd > Benutzer-IDs
```

Hier wird das Ergebnis in der Datei `Benutzer-IDs` gespeichert.

Bedingungen

In den meisten Anwendungsfällen wollen Sie bestimmte Dinge nur unter bestimmten Bedingungen durchführen. Nehmen wir an, Sie möchten sich alle Benutzer anzeigen lassen, die als Shell `/bin/false` haben. Dies können Sie auf verschiedenen Wegen erreichen. Hier ein paar Vorschläge:

```
#!/usr/bin/awk -f
BEGIN { FS =":" }
{
    if ( $7 == "/bin/false" )
    {
        print $1, " kann sich nicht lokal anmelden"
    }
    else { print $1, " ist ein normaler Benutzer" }
}
```

Hier benutzen wir eine `if-else`-Konstruktion. Hinter `if` kommt eine Bedingung. Ist sie erfüllt, wird der Anweisungsblock in den folgenden geschweiften Klammern ausgeführt. Ist die Bedingung nicht erfüllt, wird durchgeführt, was hinter `else` in geschweiften Klammern steht.

Eine andere Methode ist der Einsatz von *Regular Expressions*. Sie nutzen sie ähnlich wie mit `sed`. Die Bedingung wird in diesem Fall folgendermaßen abgeprüft:

```
if ( $7 ~ /false/ ) ...
```

Auch den umgekehrten Fall können Sie abfragen – also mittels Negation:

```
if ( $7 !~ /bash|ksh|csh/ ) ...
```

Mit dieser Konstruktion ist die Bedingung nur dann wahr, wenn das siebte Feld weder `bash` noch `ksh` noch `csh` enthält. Falls Ihre Benutzer noch andere Shells nutzen, müssten diese natürlich hier als weitere Alternativen durch einen senkrechten Strich getrennt angegeben werden.

Ausblick

Awk bietet auch die Möglichkeit, `for`- und `while`-Schleifen einzusetzen, die allerdings nicht so häufig wie in anderen Programmiersprachen verwendet werden, da eine eingelesene Datei ohnehin schon automatisch Zeile für Zeile und in seine einzelnen Felder zerlegt eingelesen wird.

Darüber hinaus können Sie mit Awk auf viele interne Funktionen zugreifen oder eigene Funktionen definieren. Durch zahlreiche numerische Funktionen und Formatierungsmöglichkeiten können Sie auch im Bereich der Mathematik mit Awk einiges bewerkstelligen. Allerdings sollten Sie sich mit steigender Komplexität irgendwann überlegen, ob es nicht sinnvoller wäre, eine Sprache wie `Perl` zu lernen und zu nutzen, da diese universeller und leistungsfähiger ist. In diesem Fall ist die Stärke von Awk also nicht sein Funktionsumfang, sondern seine Einfachheit.

Sollte Ihr Interesse jedoch geweckt sein, finden Sie zum Beispiel auf `http://www-128.ibm.com/developerworks/library/l-awk1.html` eine tiefergreifende (englische) Einführung in Awk. Ersetzen Sie `awk1.html` durch `awk2.html` oder `awk3.html`, um zu den anderen beiden Teilen dieser dreiteiligen Einführung zu gelangen.

10.5 Komprimierung von Dateien

In vielen Fällen möchten Sie eine Datei oder ein `tar`-Archiv (siehe Kapitel 12 *Zeitlich gesteuerte Backups*) komprimieren, um Speicherplatz zu sparen oder um die Datei(en) einfacher per Mail, FTP, SCP oder wie auch immer übertragen zu können.

10.5.1 compress

Das älteste und auf fast allen Unix-Systemen verfügbare Pack-Programm ist **compress**. Es basiert auf einem veralteten Algorithmus namens *LZW* und sollte nur bei fehlenden Alternativen eingesetzt werden. Auf einem Debian Linux-System findet man es nur noch selten. Sie können es bei Bedarf durch das Paket `ncompress` nachinstallieren.

Möchten Sie eine Datei komprimieren, geben Sie dem Befehl schlicht den Dateinamen mit:

```
# compress <Datei>
```

Die angegebene Datei erhält nach dem Packen die Endung `.Z` und ist – je nach Inhalt – deutlich kleiner geworden. Möchten Sie die Datei wieder entpacken, können Sie das Programm entweder mit der Option `-d` aufrufen oder Sie nutzen `uncompress.real`:

```
# uncompress.real <Datei>
```

Dabei wird die ursprüngliche Datei wieder hergestellt – die Dateiendung `.Z` wird entfernt. Der Befehl **uncompress.real** wird unter anderen Systemen als Debian als **uncompress** geführt und ist nichts anderes als eine »Inkarnation« des Befehls **compress** mit der Option `-d`. Natürlich verfügt **compress** noch über weitere Optionen, da das Programm aber nur noch selten verwendet wird, wenden wir uns nun den geläufigeren Tools zu.

10.5.2 gzip und gunzip

Das unter Linux am meisten genutzte Programm zum Packen von Dateien ist **gzip**. Es nutzt einen Algorithmus namens *LZ77 Lempel-Ziv*, der erheblich bessere Kompressionsraten als *LZW* erzielt. Ansonsten verhält es sich sehr ähnlich wie **compress**.

> **Achtung:** Im Unterschied zu zum Beispiel `WinZip` kann `gzip` allein keine Archive erstellen. Mit `WinZip` komprimierte Dateien können Sie auch nicht mit `gzip` entpacken, wohl aber umgekehrt.

Um mit **gzip** ein gepacktes Archiv zu erstellen, muss die Archivdatei vorher von einem anderen Programm – in der Regel **tar** – erstellt worden sein. Wie das funktioniert, lesen Sie in Kapitel 12 *Zeitlich gesteuerte Backups*. Lassen Sie uns hier zunächst einen Blick auf die Grundfunktionen von **gzip** werfen. Die Syntax ist analog zu der von **compress**:

```
# gzip <Datei>
```

Die komprimierte Datei erhält die Endung `.gz`. Mit der Option `-d` oder dem Synonym **gunzip** können die komprimierten Dateien wieder dekomprimiert werden:

```
# gunzip <Datei>
```

Wie bei **uncompress** wird auch bei **gzip -d** bzw. **gunzip** die Endung (`.gz`) entfernt. Möchten Sie alle Dateien in einem Verzeichnis packen, können Sie dies durch die Option `-r` (für rekursiv) tun:

```
# gzip -r <Verzeichnis>
```

Dieser Befehl komprimiert alle Dateien, die sich im angegebenen Verzeichnis und ggf. in dessen Unterverzeichnissen befinden. Sie können die Option `-r` analog auch zum Entpacken mit **gunzip** verwenden:

```
# gunzip -r <Verzeichnis>
```

Somit können Sie auch alle komprimierten Dateien innerhalb einer Verzeichnisstruktur entpacken – seien Sie aber damit vorsichtig, da die entpackten Dateien z.T. sehr viel mehr Speicherplatz in Anspruch nehmen.

In der Regel bietet es sich bei mehreren zu komprimierenden Dateien ohnehin an, zunächst aus den betreffenden Dateien mit **tar** eine Archivdatei zu erstellen, um diese dann zu packen.

Da eine höhere Kompression auch immer mit einer höheren Rechenzeit einhergeht, können Sie die Kompressionsrate bei **gzip** einstellen. Geben Sie hierzu einfach nach dem Minus eine Ziffer zwischen 1 und 9 an, wobei 1 zwar schnell, aber schlecht komprimiert, und 9 zwar langsam, aber dafür optimal komprimiert. Hier ein Beispiel für eine optimale Kompressionsrate:

```
# gzip -9 <Datei>
```

10.5.3 bzip2 und bunzip2

Der neueste Spross der Familie der GNU-Packprogramme ist **bzip2** bzw. **bunzip2**. Es nutzt einen Algorithmus, der sich »Burrows-Wheeler block sorting text compression algorithm« nennt. Nein, das müssen Sie nicht auswendig lernen! ;-)

Wie auch immer – **bzip2** komprimiert noch deutlich besser als **gzip**, braucht dafür allerdings auch wesentlich mehr Zeit. Die Syntax ist fast identisch mit **gzip**, daher verzichte ich auf eine Darstellung. Mit **bzip2** komprimierte Dateien erhalten die Endung `.bz2`. Obwohl **bzip2** nicht so verbreitet ist wie **gzip**, werden viele Tarballs (Quellcode-Pakete für Open-Source-Software) auch schon als `.bz2`-Dateien angeboten.

10.6 Der Midnight-Commander

Der *Midnight-Commander* ist ein *Norton-Commander*-Clon. Vielleicht kennen Sie das Programm aus der DOS-Welt. Es erlangte eine sehr große Popularität, bevor es durch die Einführung von Windows und dem Windows Explorer nach und nach überflüssig wurde.

Unter Linux herrscht nach wie vor die Konsole – vergleichen Sie den Funktionsumfang von DOS einmal mit der Linux-Konsole, wissen Sie, warum das auch auf absehbare Zeit so bleiben wird. Fast alle administrativen Tätigkeiten werden auf einem Linux-Server mittels Remote Administration über SSH vorgenommen, auch wenn der Trend zur webbasierten Administration geht.

Der *Midnight-Commander* (MC) kann auch über SSH aufgerufen werden, weil er keine GUI benötigt – er bringt seine eigene Oberfläche mit, die er über Konsolenzeichen realisiert. Der MC ist auch bei Administratoren sehr beliebt, weil er einen sehr einfachen Zugriff auf die Dateistruktur gewährt. Er enthält einen eigenen Editor mit Syntax-Highlighting und hat viele weitere Funktionen.

Genug der Vorrede – lassen Sie uns zur Tat schreiten! Zunächst die Installation. »Same Procedure as every year«:

```
# apt-get install mc
```

Anschließend können Sie den MC über folgende Eingabe an der Konsole aufrufen.

```
# mc
```

Der MC bringt einen Editor mit, den Sie auch separat aufrufen können:

```
# mcedit
```

Bei mir persönlich ist dieser Editor sehr beliebt. Testen Sie ihn einfach einmal aus. Weiter unten verliere ich noch ein paar Worte über ihn.

10.6.1 Grundfunktionen

Rufen Sie **mc** auf, präsentiert er sich in voller Größe.

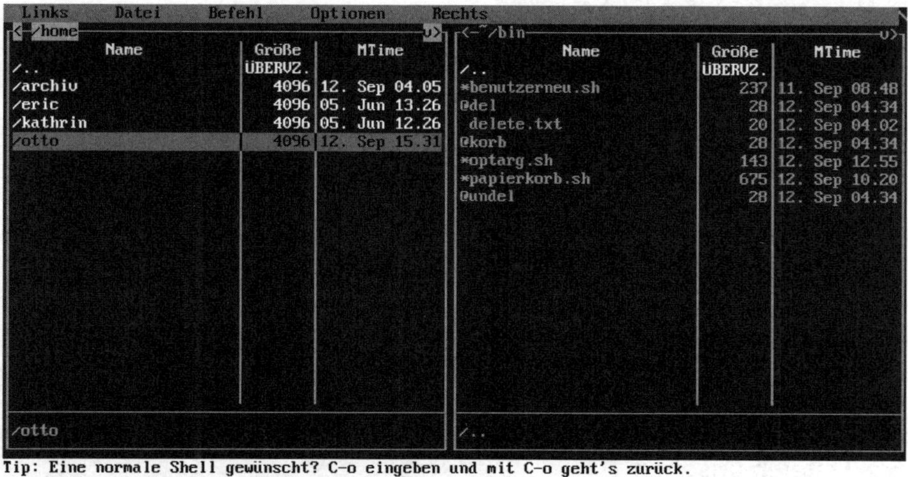

Abb. 10.1: Der Midnight Commander

Das Programm bietet zwei Verzeichnisfenster. Mit [⇆] wechseln Sie zwischen diesen Fenstern, die gleichwertig sind. Die Cursor-Tasten dienen zum Auf- und Abscrollen des Balkens. [Bild↑] und [Bild↓] ermöglichen seitenweises Blättern.

Mit [Enter] aktivieren Sie entweder die Datei (wenn ausführbar) oder wechseln in das markierte Verzeichnis.

Gehen Sie auf das `/..`-Verzeichnis, um eine Ebene höher zu kommen.

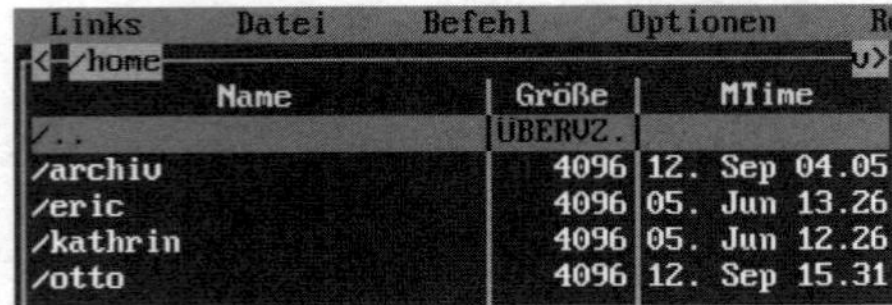

Abb. 10.2: Übergeordnete Verzeichnisebene

Das aktuelle Verzeichnis (`/home`) wird oben in grau angegeben.

Die Verzeichnisse und Dateien werden entsprechend ihrer Funktion unterschiedlich dargestellt: *Verzeichnisse* haben einen vorangestellten Slash (/), *ausführbare Dateien* (Programme oder Skripte) haben einen Asterisk (*) vorangestellt. *Symbolische Links* werden mit *at* (@) dargestellt. Normale Dateien sind dagegen einfach grau:

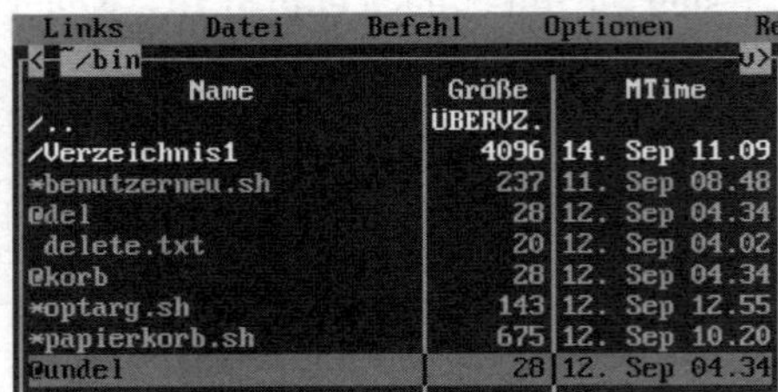

Standardmäßig zeigt MC zusätzlich zum Namen die Größe und die Zeit der letzten Änderung (`MTime`) an.

Unter den beiden Verzeichnisfenstern befindet sich eine kontextsensitive Auswahl an Funktionen, die über die gleichnamigen Funktionstasten aufgerufen werden können.

Abb. 10.3: Direkter Zugriff auf die wichtigsten Funktionen

Der *Midnight Commander* kann im Hauptmodus mit [F10] beendet werden. Sind Sie in einem anderen Modus (siehe nächste Abschnitte), kommen Sie mit [F10] immer wieder zurück in den Hauptmodus.

10.6.2 Dateien ansehen

Mit [F3] können Sie sich den Inhalt von Dateien anzeigen lassen. Sind Sie in dem Modus, der standardmäßig ASCII anzeigt (auch bei Binärdateien), können Sie über [F4] auch HEX-

Code anzeigen lassen (siehe Abbildung 10.4), allerdings *keine* Änderungen wie bei einem Hex-Editor vornehmen.

```
Datei: e2fsck            Offset 0x00000000  147448 Bytes                       0%
00000000 7F 45 4C 46  01 01 01 00  00 00 00 00  00 00 00 00 .ELF............
00000010 02 00 03 00  01 00 00 00  30 B1 04 08  34 00 00 00 ........0±..4...
00000020 E8 3B 02 00  00 00 00 00  34 00 20 00  08 00 28 00 è;......4. ...(.
00000030 1A 00 19 00  06 00 00 00  34 00 00 00  34 80 04 08 ........4...4...
00000040 34 80 04 08  00 01 00 00  00 01 00 00  05 00 00 00 4...............
00000050 04 00 00 00  03 00 00 00  34 01 00 00  34 81 04 08 ........4...4...
00000060 34 81 04 08  13 00 00 00  13 00 00 00  04 00 00 00 4...............
00000070 01 00 00 00  01 00 00 00  00 00 00 00  00 80 04 08 ................
00000080 00 80 04 08  D4 1B 02 00  D4 1B 02 00  05 00 00 00 ....ô...ô.......
00000090 00 10 00 00  01 00 00 00  00 20 02 00  00 A0 06 08 ................
000000A0 00 A0 06 08  1C 1B 00 00  BC 1D 00 00  06 00 00 00 ........¼.......
000000B0 00 10 00 00  02 00 00 00  14 20 02 00  14 A0 06 08 ................
000000C0 14 A0 06 08  E8 00 00 00  E8 00 00 00  06 00 00 00 ....è...è.......
000000D0 04 00 00 00  04 00 00 00  48 01 00 00  48 81 04 08 ........H...H...
000000E0 48 81 04 08  20 00 00 00  20 00 00 00  04 00 00 00 H...............
000000F0 04 00 00 00  50 E5 74 64  84 1B 02 00  84 9B 06 08 ....Påtd........
00000100 84 9B 06 08  14 00 00 00  14 00 00 00  04 00 00 00 ................
00000110 04 00 00 00  51 E5 74 64  00 00 00 00  00 00 00 00 ....Qåtd........
00000120 00 00 00 00  00 00 00 00  00 00 00 00  06 00 00 00 ................
00000130 04 00 00 00  2F 6C 69 62  2F 6C 64 2D  6C 69 6E 75 ..../lib/ld-linu
00000140 78 2E 73 6F  2E 32 00 00  04 00 00 00  10 00 00 00 x.so.2..........
00000150 01 00 00 00  47 4E 55 00  00 00 00 00  02 00 00 00 ....GNU.........
00000160 04 00 00 00  01 00 00 00  83 00 00 00  C0 00 00 00 ............À...
1Hilfe  2Bearbei3Beenden4Ascii  5Gehe zu6 Speich7HxSuche8Roh   9Anti-Fo10Beende
```

Abb. 10.4: Binärdateien über [F3] und [F4] ansehen

Nochmaliges Drücken der Taste bringt wieder ASCII zum Vorschein.

Über [F7] können Sie die Datei nach einem String durchsuchen:

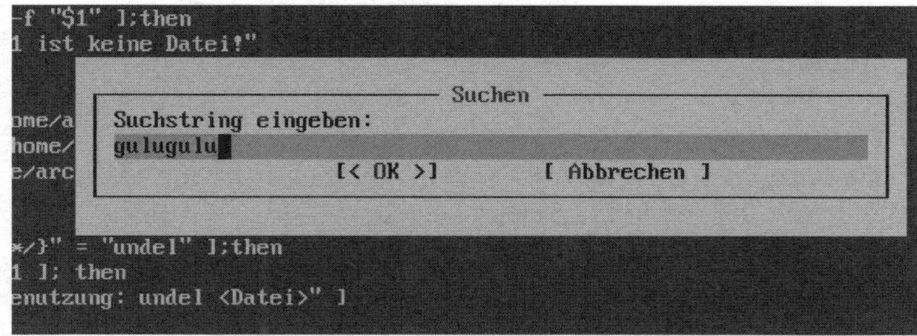

Abb. 10.5: Die Suchfunktion ist stets nützlich.

Aus dem Betrachten-Modus kommen Sie über [F3] wieder heraus. Zwar ist das Betrachten von Dateien eine schöne Sache, jedoch stellt sich oftmals die Aufgabe, diese dann auch zu bearbeiten.

10.6.3 Dateien bearbeiten

Wie ich bereits andeutete, können Sie Dateien auch wunderbar mit dem MC bearbeiten. Dazu markieren Sie die Datei im Hauptfenster und drücken [F4]. Probieren wir das gleich einmal an einem Skript aus – wie wäre es mit `/etc/init.d/rc`?

```
rc              [----]  0 L:[ 26+22  48/333] *(1175/8045b)= f 102 0x66
# Make sure the name survive changing the argument list
scriptname="$0"

umask 022

on_exit() {
    echo "error: '$scriptname' exited outside the expected code flow."
}
trap on_exit EXIT # Enable emergency handler

# Ignore CTRL-C only in this shell, so we can interrupt subprocesses.
trap ":" INT QUIT TSTP

# Set onlcr to avoid staircase effect.
stty onlcr 0>&1

# Decide if usplash progress bar should be activated or not.  Override
# in /etc/default/rcS if required.
if type usplash_write >/dev/null 2>&1; then
    SPLASH=true
else
    SPLASH=false
fi
1Hilfe  2 Speich3Markier4Ersetze5Kopiere6Verschi7Suchen 8Löschen9Menüs  10Beende
```

Abb. 10.6: Der Editor des MC

Wie Sie sehen, beherrscht der MC-Editor sogar *Syntax-Highlighting*, also das Hervorheben der einzelnen Elemente einer Programmiersprache. Das erhöht die Lesbarkeit und reduziert Fehler beim Eingeben des Codes.

10.7 Die Befehlszeile

Sie haben beim MC auch die Möglichkeit, direkt Befehle auf der Konsole einzugeben – die Zeile ist über dem Kontextmenü in der Hauptansicht. Tippen Sie einfach drauf los ;-). Die Befehle, die Sie hier eingeben, werden direkt umgesetzt. Listing- oder Ausgabebefehle sind allerdings nicht sehr sinnvoll, da diese hinter der MC-Oberfläche verschwinden.

10.8 Das Menü

Mit *Menü* ist nicht die *Menüleiste* gemeint, sondern das über [F2] aufzurufende Menü. Sie können hier eine ganze Menge mit der markierten Datei anstellen.

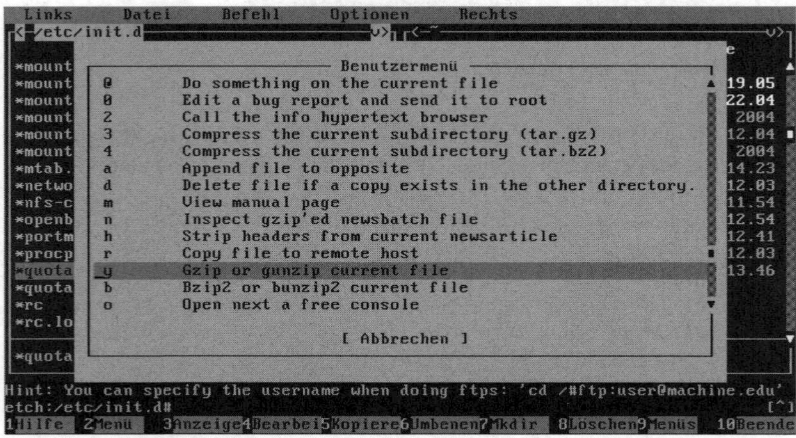

Abb. 10.7: Das Menü von MC

Insbesondere die Möglichkeit, die Datei zu komprimieren (zum Beispiel mit **Bzip2**), ist wirklich schick. Die Datei liegt danach im gewählten Format vor.

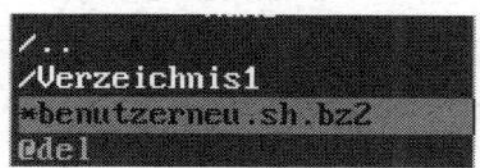

Abb. 10.8: Packen und entpacken mit dem MC

Anschließend kann die Datei durch Auswahl derselben Option wieder entpackt werden.

So, damit soll es zunächst genug sein! Der MC bietet etliche Möglichkeiten, die Sie sich Schritt für Schritt erarbeiten können, wenn Sie an dem Programm Gefallen finden.

10.9 Weitere nützliche Befehle

Es gibt eine Reihe weiterer nützlicher Tools, die Ihnen die tägliche Arbeit sehr erleichtern können. Sie können hier Ihren Werkzeugkasten erweitern und aufstocken, um durch geeigneten Einsatz und sinnvoller Kombination Ihrer Werkzeuge eine größtmögliche Effizienz in Ihrer Administrationstätigkeit zu erzielen. Wie schon erwähnt, liegt die Kunst darin, die vorhandenen Spezialwerkzeuge so miteinander zu verknüpfen, dass das Ziel mit möglichst sparsamen Mitteln erreicht wird – ein guter Linux-Administrator ist ein Vorbild an Faulheit durch Effizienz. Er überlegt ständig, an welcher Stelle der eine oder andere Arbeitsschritt eingespart werden kann, um mit möglichst geringem Einsatz das festgelegte Ziel zu erreichen. In der Betriebswirtschaftslehre wird dies »Minimalprinzip« genannt.

10.9.1 wc – Ausgabezeilen zählen

Es erweist sich manchmal als nützlich, die Anzahl der Zeilen zu zählen, die ein Befehl ausgibt. Insbesondere im Zusammenhang mit **grep** oder **find** ist dieses Ergebnis oft aufschlussreich. Der Befehl hierzu lautet **wc**. Dies steht nicht für *Klosett*, sondern für *word count*, zu Deutsch: Worte zählen. Mit **wc** können Sie also zum Beispiel die ausgegebenen Wörter zählen lassen. Dies ist jedoch oft gar nicht so interessant, wie die folgende Option.

Mit dem Parameter -l können Sie sich die Anzahl der Zeilen anzeigen lassen, die ein Befehl ausgibt. Nehmen wir an, Sie möchten Sich die Anzahl der installierten Debian-Pakete anzeigen lassen, die mit einem »m« beginnen. Dann sähe das zum Beispiel so aus:

```
# dpkg -l | grep -i "ii  m.*" | wc -l
20
```

Es wird also zunächst der eigentliche Befehl (dpkg -l) aufgerufen, dessen Ergebnis durch **grep** gefiltert und anschließend werden mit **wc** die Zeilen gezählt – nur diese werden schließlich ausgegeben.

Sie werden den Befehl **wc** vermutlich erst später so richtig schätzen lernen, wenn Sie bereits Erfahrung mit Ihrem System haben. Behalten Sie ihn bis dahin im Hinterkopf.

10.9.2 cat – Textdateien vollständig ausgeben

Normalerweise ist es bei längeren Dateien sinnvoll, sich die Zeilen durch einen Pager (i.d.R. `less`) seitenweise anzeigen zu lassen. Es gibt aber Fälle, in denen Sie eine Textdatei als Ganzes und ohne Unterbrechung am Bildschirm anzeigen lassen wollen, weil Sie sie zum Beispiel umleiten wollen. Nehmen wir an, Sie haben drei Verzeichnislistings, die Sie in `listing1.txt`, `listing2.txt` und `listing3.txt` gesichert haben. Diese Listings möchten sie nun zusammenführen. Dazu nutzen Sie den Befehl **`cat`**. Die Bezeichnung kommt nicht etwa von dem niedlichen Schmusehaustier sondern von »con**cat**enate«, was »zusammenfügen« heißt.

Sie nutzen diesen Befehl in diesem Fall folgendermaßen:

```
# cat listing1.txt > listing_komplett.txt
# cat listing2.txt >> listing_komplett.txt
# cat listing3.txt >> listing_komplett.txt
```

Im Anschluss daran haben Sie eine Datei `listing_komplett.txt`, die alle drei Listings untereinander enthält, da das zweite Listing mit >> angehängt wurde.

> **Achtung:** Lassen Sie sich Binärdateien mit **`cat`** anzeigen, kann es Ihnen passieren, dass der Zeichensatz »verrutscht« und Sie nur noch Hieroglyphen angezeigt bekommen. Hier hilft ein blind eingegebenes **`reset`**.

10.9.3 Ordnung schaffen mit sort

Das Kommando **`sort`** ermöglicht es Ihnen, Ausgaben anderer Befehle (also zum Beispiel den Inhalt einer Textdatei) nach bestimmten Kriterien zu sortieren und entsprechend sortiert auszugeben. Oft werden Sie diese Ausgabe dann wieder in eine Datei umleiten, um das Ergebnis festzuhalten.

Sie haben den Befehl ja schon in Kapitel 9 *Einführung in die Bash* oberflächlich kennen gelernt. An dieser Stelle schauen wir mal, was Sie sonst noch alles mit diesem Befehl anstellen können.

Ohne Optionen aufgerufen, sortiert **`sort`** nach der ersten Spalte, die bis zum ersten Leerzeichen reicht. Das Sortierverhalten können Sie allerdings nach Ihren Vorstellungen anpassen.

Hier ein paar wichtige Optionen:

Option	Bedeutung
`-c`	Prüft, ob die Datei bereits sortiert ist
`-f`	Behandelt Klein- und Großbuchstaben als gleichwertig
`-m`	Fügt zwei oder mehrere vorsortierte Dateien zu einer großen sortierten Datei zusammen (geht schneller als erst zusammenfügen und dann sortieren)
`-o <Datei>`	Schreibt das Ergebnis in die angegebene Datei, die auch genauso wie die alte lauten kann, aus der gelesen wurde
`-n`	Sortiert numerisch (nicht nach ASCII), sonst folgt nach 1 die 10, statt der 2
`-r`	Sortiert in umgekehrter Reihenfolge

Option	Bedeutung
`-t '<Trennzeichen>'`	Gibt das Trennzeichen für die Spaltentrennung an
`+n1 [-n2]`	Berücksichtigt für die Sortierung nur die Spalte *n1* (Optional bis zur Spalte *n2* – exklusive!)

Hier wieder ein paar Beispiele:

```
# sort -m sortiert1.txt sortiert2.txt -o sortiert.txt
```

Dieser Befehl fügt die beiden vorsortierten (!) Dateien `sortiert1.txt` und `sortiert2.txt` zusammen und schreibt sie in `sortiert.txt`.

```
# ls | sort -r
```

Dies zeigt den Inhalt des Verzeichnisses in umgekehrter Reihenfolge an.

```
# sort +2 -n -r -t ':' /etc/passwd
```

Hiermit wird die Datei `/etc/passwd` nach dem dritten Feld (UID) numerisch absteigend sortiert.

Gerade die Datei `/etc/passwd` bietet sich hervorragend für weitere Tests an – Sie wissen schon: die *Was-passiert-dann-Maschine* ... Also keine Müdigkeit vortäuschen, Übung macht den Meister! Mir fallen gerade keine weiteren abgedroschenen Sprüche ein, also weiter im Text.

10.9.4 Datum und Uhrzeit mit date

Möchten Sie wissen, was die Stunde auf Ihrem Debian-System geschlagen hat, geben Sie **date** ohne Parameter an:

```
# date
So Mär 19 21:55:06 CET 2006
```

Sie können mit dem Befehl aber auch die Systemzeit setzen. Das funktioniert nach folgender (vereinfachter) Syntax:

```
# date [-u] MMDDHHMM[[CC]YY]
```

Dies ist fast eins-zu-eins aus der Man-Page entnommen. Die Franzosen würden an dieser Stelle vermutlich lächelnd »ahh, d'accord!« sagen, was so viel bedeutet wie: »keine Ahnung, was das soll, aber erzähl weiter!« (wörtlich heißt es: »einverstanden«).

Ich für meinen Teil habe zunächst einfach nur gestutzt – mit einem Fragezeichen im Gesicht. Aber eigentlich ist es recht einfach. Die Option -u erlaubt es Ihnen, statt CET (Central European Time) die so genannte UTC, Universal Time Convention zu wählen – das benötigen Sie aber in der Regel nicht (siehe Kapitel 2 *Debian intallieren*).

Sie geben nur den Monat (MM), den Tag (DD – d für *day*), die aktuelle Stunde (HH, h für *hour*) und die Minute (MM) ein. Wenn Sie möchten bzw. müssen, auch das Jahr (YY – y für *year*) und im Extremfall davor das Jahrhundert (CC, c für *century*). Das Ganze stellt sich dann zum Beispiel so dar:

```
# date 0422101506
Mo Apr 10 22:15:00 CET 2006
```

Damit setzen Sie das Datum auf den 10. April 2006, 22.15 Uhr CET-Zeit. Sie müssen hier nicht das Jahrhundert angeben, können dies aber tun, wenn Sie – aus welchem Grund auch immer – zum Beispiel ein Datum im letzten Jahrhundert angeben möchten. Ansonsten wird von **date** immer 2000+ angenommen.

10.9.5 Identifikation – whoami, id und who

Arbeiten Sie als Administrator, wechseln Sie des Öfteren die Identitäten, zum Beispiel um neue Konfigurationen zu testen. Um hier den Überblick zu behalten, können Sie ein paar digitale Helferlein einspannen. Der Befehl **whoami** mit seiner sehr sprechenden Bezeichnung tut genau das, was man von ihm erwartet: er zeigt die eigene Identitiät:

```
# whoami
root
```

Mit **id** lassen Sie sich die UID, GID und die restlichen Gruppenmitgliedschaften eines Benutzers anzeigen - freundlicherweise mit entsprechenden Namen in Klammern dahinter.

```
$ id
uid=1004(hans) gid=100(users) groups=100(users), 1001(projekt),1002(management)
```

Möchten Sie wissen, wer an Ihrem Debian-System zurzeit angemeldet ist, rufen Sie **who** auf. Auch dieser Befehl benötigt keine Parameter.

```
# who
root    tty1      Mar 19 21:32
hans    tty2      Mar 19 22:28
```

Sie erhalten eine Liste mit angemeldeten Benutzern inklusive des Terminals, an dem diese angemeldet sind.

10.10 Zusammenfassung und Weiterführendes

Die Befehle in diesem Kapitel werden Ihnen helfen, über die ersten Standardbefehle wie zum Beispiel **ls**, **cd**, **pwd**, **mv**, **cp** usw. hinaus Ihren Administratoralltag zu überleben. Linux ist auf der Konsole ungeheuer mächtig und bietet für fast jede Situation ein passendes Tool. Allerdings sind die Befehle oftmals nicht so toll dokumentiert – ganz zu schweigen von ihrer intuitiven Bedienbarkeit ...

Sie kommen also nicht drumherum, sich mit den Befehlen auseinanderzusetzen, wenn Sie die Konsole beherrschen wollen. Ich kann Ihnen hier nur wieder den üblichen Tipp mit der *Was-passiert-dann-Maschine* geben, der aber auch hier seine volle Gültigkeit hat. Insbesondere die Regular Expressions und ihre Anwendungen im Rahmen von **grep**, **find**, **sed** und **Awk** sind eine Herausforderung, die Sie wochenlang in Atem halten kann.

Doch aus eigener Erfahrung sage ich Ihnen: Es lohnt sich, sich durch dieses Kapitel durchzubeißen und daran in der Praxis anzuknüpfen – überlegen Sie immer, wie Sie ein Problem noch ein wenig einfacher lösen können, damit Sie später so richtig schön faul werden können ;-).

Kapitel 11

System- und Festplatten-management

In diesem Kapitel konzentrieren wir uns auf Systemprozesse und Speicherverwaltung. Sie werden lernen, wie Sie Ihren Systemstatus überprüfen und wie Sie Ihren Speicher (sowohl RAM als auch Festplattenspeicher) verwalten können. Folgende Themen habe ich im Einzelnen für Sie:

- Systemstatus überprüfen (CPU- und Arbeitsspeicherauslastung)
- Prozesse und Abhängigkeiten auflisten und verwalten
- Die Zeit seit dem letzten Neustart anzeigen
- Partitionierung im laufenden Betrieb
- Formatierung von Linux-Dateisystemen
- Dateisysteme checken
- Speicherplatzbelegung überprüfen

Dieses Kapitel ist sehr System- bzw. Hardware-nah. Viele Befehle sind passiv und beobachten das Geschehen auf Ihrem System lediglich. Bei einigen Tools (insbesondere **fdisk**) sollten Sie allerdings Vorsicht walten lassen, da diese Veränderungen vornehmen, die nach dem Schreibvorgang nicht mehr ohne sehr viel Aufwand rückgängig gemacht werden können.

11.1 Systemstatus – CPU, RAM, Prozesse

Als Administrator sollten Sie immer einen Überblick über die Auslastung und den Zustand Ihres Systems haben. Mit den folgenden Programmen können Sie sich über den Systemstatus informieren.

11.1.1 vmstat – RAM, Swap und CPU

Mit **vmstat** lassen Sie sich Informationen über Speichernutzung und CPU-Auslastung anzeigen. Sie können die Anzeige automatisch aktualisieren lassen. Die Syntax ist die folgende:

```
# vmstat <Intervall> <Wiederholungen>
```

So zeigt der Befehl **vmstat 2 10** alle zwei Sekunden und insgesamt zehnmal eine aktuelle Ausgabe an, wie in der folgenden Darstellung gezeigt:

```
# vmstat 2 10
procs -----------memory---------- ---swap-- -----io---- -system-- ----cpu----
```

```
r  b   swpd   free   buff  cache   si   so    bi    bo   in    cs us sy id wa
0  5      0  20004   5396  81756    0    0     2     3  251     3  0  0 100  0
0  5      0  19836   5396  81756    0    0     0  9088  320    48  0 27  0 73
1  4      0   5900   5608  94528    0    0     2  7936  323    55  2 58  0 40
0  4      0   2668   2844  99996    0    0     2  1543  310    94  3 56  0 41
3  7     56   2276   1916 100496    0    0     0  7432  303    81  1 42  0 57
0  7     56   2116   1916  99712    0    0     2  8569  302    91  4 41  0 55
0  6     56   2460   1952  99072    0    0     3  5765  301    89  0 21  0 79
2  6     64   2108   2072  99264    0    0     1  2422  286    80  0 38  0 62
0  6     64   4468   2144  98540    0   36     1 10062  317   102  0 35  0 65
0  5     64   4484   2144  98540    0    0     0  4096  296    71  0 18  0 82
```

Gehen wir die Spalten kurz durch:

Spalte	Unterspalte	Bedeutung
`procs`	`r`	Prozesse, die auf CPU-Zeit warten
	`b`	schlafende Prozesse
`memory` (hoher Swap-Speicher -> zu wenig RAM)	`swpd`	genutzter Swap-Speicher
	`free`	freier physischer Speicher
	`buff`	Speicher für Puffer genutzt
	`cache`	Speicher als Cache benutzt
`swap` (deutet ggf. auf zu wenig RAM hin)	`si`	pro Sekunde in den Swap geschriebener Speicher
	`so`	pro Sekunde aus dem Swap gelesener Speicher
`IO`	`bi`	Schreibprozesse auf Festspeicher
	`bo`	Leseprozesse auf Festspeicher
`system` (viele Interrupts -> hohe Auslastung)	`in`	Anzahl Interrupts/Sekunde
	`cs`	Anzahl Context-Switches/Sekunde
CPU (viele Systemprozesse -> System ist ausgelastet)	`us`	CPU-Zeit für Usermode-Programme (keine Systemprogramme)
	`sy`	CPU-Zeit für Kernelmode-Programme (vom System selbst)
	`id`	Idle-Time, CPU hat nichts zu tun
	`wa`	Wartezeit für IO-Vorgänge

Um aus solchen Angaben den größten Nutzen ziehen zu können, sollten Sie Programme dieser Art immer zu bestimmten Zeiten laufen lassen (zum Beispiel morgens, wenn sich die Mitarbeiter am Server anmelden oder mittags, wenn der Server nicht so viel zu tun hat). Damit wird ein Ausgangszustand (»Baseline«) für die entsprechenden Zeiträume definiert.

Sollte nun ein Problem auftreten, können Sie anhand der Vergleichswerte feststellen, ob sich Ihr Server ungewöhnlich verhält oder nicht.

11.1.2 top – die Top-Ten-Liste

Eine ganz ähnliche Systemstatusübersicht erhalten Sie durch Aufruf von **top**. Hier liegt der Fokus aber etwas anders: Die Prozesse werden nach Systemlast sortiert angegeben. Im Gegensatz zu **vmstat** aktualisiert sich die Anzeige selbstständig, solange das Programm läuft:

```
top - 17:40:08 up  6:12,  3 users,  load average: 0.00, 0.00, 0.02
Tasks:  45 total,   1 running,  44 sleeping,   0 stopped,   0 zombie
Cpu(s):  0.0%us,  0.1%sy,  0.0%ni, 99.6%id,  0.1%wa,  0.1%hi,  0.0%si,  0.0%st
Mem:    127132k total,    22012k used,   105120k free,     2740k buffers
Swap:   232900k total,       64k used,   232836k free,     5540k cached

  PID USER      PR  NI  VIRT  RES  SHR S %CPU %MEM    TIME+  COMMAND
    1 root      15   0  1940  648  556 S  0.0  0.5   0:02.97 init
    2 root      34  19     0    0    0 S  0.0  0.0   0:00.00 ksoftirqd/0
    3 root      10  -5     0    0    0 S  0.0  0.0   0:00.46 events/0
    4 root      16  -5     0    0    0 S  0.0  0.0   0:00.00 khelper
    5 root      10  -5     0    0    0 S  0.0  0.0   0:00.00 kthread
    8 root      10  -5     0    0    0 S  0.0  0.0   0:00.04 kblockd/0
    9 root      20  -5     0    0    0 S  0.0  0.0   0:00.00 kacpid
   67 root      10  -5     0    0    0 S  0.0  0.0   0:00.03 kseriod
  110 root      15   0     0    0    0 S  0.0  0.0   0:00.16 pdflush
  111 root      10  -5     0    0    0 S  0.0  0.0   0:00.01 kswapd0
  112 root      16  -5     0    0    0 S  0.0  0.0   0:00.00 aio/0
  547 root      10  -5     0    0    0 S  0.0  0.0   0:00.00 khubd
  626 root      11  -5     0    0    0 S  0.0  0.0   0:00.00 scsi_eh_0
  926 root      10  -5     0    0    0 S  0.0  0.0   0:00.44 kjournald
 1102 root      21  -4  2180  604  352 S  0.0  0.5   0:00.68 udevd
 1362 root      13  -5     0    0    0 S  0.0  0.0   0:00.00 kpsmoused
 1381 root      11  -5     0    0    0 S  0.0  0.0   0:00.04 kgameportd
```

Im oberen Bereich befinden sich die statistischen Gesamtangaben. Die meisten Angaben können Sie von **vmstat** übertragen. Ein sehr wichtiger Parameter ist *load average*: Hier wird die Systemlast als Ganzes dargestellt. Man spricht auch von dem *Load* eines Systems. Es werden drei Werte angezeigt, wobei die beiden rechten die Durchschnittswerte der letzten Minuten sind. Der aktuelle Wert steht links. Ist er über 1.00, steht die Maschine unter Last. Ab 3.00 sollten Sie zusehen, dass Sie das System an der einen oder anderen Stelle entlasten. Die Werte sind nur Richtwerte und können variieren.

Das Programm ist recht komplex und besitzt verschiedene Modi. Es kann zur Laufzeit angepasst werden. Drücken Sie `f`, um die angezeigten Spalten zu bestimmen. Hier können Sie durch Drücken der entsprechenden Taste für die jeweilige Spalte ebendiese zur Anzeige aktivieren.

```
Current Fields:  AEHIOQTWKNMbcdfgjplrsuvyzX  for window 1:Def
Toggle fields via field letter, type any other key to return
* A: PID        = Process Id              u: nFLT       = Page Fault count
* E: USER       = User Name               v: nDRT       = Dirty Pages count
* H: PR         = Priority                y: WCHAN      = Sleeping in Function
* I: NI         = Nice value              z: Flags      = Task Flags <sched.h>
* O: VIRT       = Virtual Image (kb)    * X: COMMAND    = Command name/line
* Q: RES        = Resident size (kb)
```

```
* T: SHR        = Shared Mem size (kb)  Flags field:
* W: S          = Process Status          0x00000001  PF_ALIGNWARN
* K: %CPU       = CPU usage               0x00000002  PF_STARTING
* N: %MEM       = Memory usage (RES)      0x00000004  PF_EXITING
* M: TIME+      = CPU Time, hundredths    0x00000040  PF_FORKNOEXEC
  b: PPID       = Parent Process Pid      0x00000100  PF_SUPERPRIV
  c: RUSER      = Real user name          0x00000200  PF_DUMPCORE
  d: UID        = User Id                 0x00000400  PF_SIGNALED
  f: GROUP      = Group Name              0x00000800  PF_MEMALLOC
  g: TTY        = Controlling Tty         0x00002000  PF_FREE_PAGES (2.5)
  j: P          = Last used cpu (SMP)     0x00008000  debug flag (2.5)
  p: SWAP       = Swapped size (kb)       0x00024000  special threads (2.5)
  l: TIME       = CPU Time                0x001D0000  special states (2.5)
  r: CODE       = Code size (kb)          0x00100000  PF_USEDFPU (thru 2.4)
  s: DATA       = Data+Stack size (kb)
```

Eine aktivierte Spalte wird durch einen Asterisk (*) gekennzeichnet. Das Programm kann mittels [Strg]+[c] oder mit q beendet werden.

11.1.3 free – verfügbarer Arbeitsspeicher

Mit **free** können Sie sich Informationen zum Arbeitsspeicher anzeigen lassen:

```
# free -m
             total       used       free     shared    buffers     cached
Mem:           124         22        102          0          2          5
-/+ buffers/cache:         13        110
Swap:          227          0        227
```

Die Option -m zeigt den Speicher in MB an. Sollte der Swap-Speicher in der Spalte **free** gegen null gehen, sollten Sie dringend Speicher nachschieben. Ist der Memory-Wert (erste Zeile) in der Spalte **free** klein, könnte das an evtl. installierten grafischen Benutzeroberflächen liegen. Gerade Desktops wie KDE oder Gnome greifen sich gern erst einmal alles, was da ist, um auf Anfrage wieder dynamische Speicher freizumachen. Trotzdem ist dies ein guter Grund, auf aufwändige grafische Oberflächen bei einem Server zu verzichten.

11.1.4 uptime – Zeit seit dem Booten

Der Befehl **uptime** dient in erster Linie dazu, die Zeit seit dem letzten Systemstart anzuzeigen:

```
# uptime
 18:27:48 up  7:00,  3 users,  load average: 0.00, 0.00, 0.00
```

Daneben erhalten Sie auch Informationen über die Zahl der angemeldeten Benutzer und die Durchschnittslast wie unter **top** angegeben.

> Wozu braucht man bitte einen Befehl wie **uptime**? Nun, es kommt zum Beispiel vor, dass Sie gerne wissen möchten, ob Ihr System ohne Ihr Wissen rebootet hat – da ist **uptime** der einfachste Indikator.

11.1.5 uname – Systembezeichnung und -version

Als letzten Befehl der Kategorie *Systeminformationen* schauen wir uns uname an. Ohne Parameter zeigt der Befehl nur den Hostnamen an. Sinnvoller ist es, die Option –a hinzuzufügen:

```
debian:~# uname -a
Linux etch 2.6.18-3-486 #1 Mon Dec 4 15:59:52 UTC 2006 i686 GNU/Linux
```

Damit lassen Sie alle über **uname** erhältlichen Informationen anzeigen. Insbesondere die *Kernel-Version* ist sehr schön über diesen einfachen Befehl abzufragen.

11.2 Prozessverwaltung

Zwar haben Sie mit dem Befehl **top** bereits einen guten Überblick über die Prozesse auf Ihrem System erhalten. Jedoch gibt es noch andere Befehle zur Prozessverwaltung, die ich Ihnen hier vorstellen möchte. Da die Prozessverwaltung gerade auf einem Serversystem eine hohe Priorität hat, wollen wir sie in diesem Rahmen noch einmal intensiver betrachten.

11.2.1 ps – Die Prozessliste

Der Befehl **ps** wird meistens mit den Optionen ax oder aux angegeben und zeigt eine Liste der Prozesse Ihres Systems an, die im Moment gerade laufen:

Option	Bedeutung
a	alle Prozesse (nicht nur die eigenen)
u	zusätzliche Informationen inkl. CPU und RAM-Benutzung
x	auch Prozesse anzeigen, die kein Terminal kontrollieren

```
# ps aux
USER       PID %CPU %MEM   VSZ  RSS TTY      STAT START   TIME COMMAND
root         1  1.6  0.5  1940  644 ?        Ss   15:35   0:02 init [2]
root         2  0.0  0.0     0    0 ?        SN   15:35   0:00 [ksoftirqd/0]
root         3  0.0  0.0     0    0 ?        S<   15:35   0:00 [events/0]
root         4  0.0  0.0     0    0 ?        S<   15:35   0:00 [khelper]
root         5  0.0  0.0     0    0 ?        S<   15:35   0:00 [kthread]
root         8  0.0  0.0     0    0 ?        S<   15:35   0:00 [kblockd/0]
root         9  0.0  0.0     0    0 ?        S<   15:35   0:00 [kacpid]
root        67  0.0  0.0     0    0 ?        S<   15:35   0:00 [kseriod]
root       109  0.0  0.0     0    0 ?        S    15:35   0:00 [pdflush]
root       110  0.0  0.0     0    0 ?        S    15:35   0:00 [pdflush]
root       111  0.0  0.0     0    0 ?        S<   15:35   0:00 [kswapd0]
root       112  0.0  0.0     0    0 ?        S<   15:35   0:00 [aio/0]
root       565  0.0  0.0     0    0 ?        S<   15:35   0:00 [khubd]
root       625  0.0  0.0     0    0 ?        S<   15:35   0:00 [scsi_eh_0]
root       925  0.0  0.0     0    0 ?        S<   15:35   0:00 [kjournald]
root      1101  0.5  0.4  2180  588 ?        S<s  15:35   0:00 udevd -daemon
root      1380  0.0  0.0     0    0 ?        S<   15:35   0:00 [kpsmoused]
root      1398  0.0  0.0     0    0 ?        S<   15:35   0:00 [kgameportd]
```

```
root      1577  0.0  0.0     0     0 ?        S<   15:35   0:00 [kmirrord]
root      1614  0.0  0.0     0     0 ?        S<   15:35   0:00 [kjournald]
daemon    1685  0.0  0.2  1684   368 ?        Ss   15:35   0:00 /sbin/portmap
root      1936  0.0  0.7  2556   944 ?        Ss   15:35   0:00 /sbin/syslogd
root      1942  0.0  0.3  1576   384 ?        Ss   15:35   0:00 /sbin/klogd -x
root      2011  0.0  0.4  1572   556 ?        Ss   15:35   0:00 /usr/sbin/acpid
100       2054  0.0  0.7  5328   992 ?        Ss   15:35   0:00 /usr/sbin/exim4
[...]
```

Hier ein Überblick über die Spalten:

Spalte	Bedeutung
`User`	Benutzer, dem der Prozess zugeordnet ist
`PID`	Prozess-ID (zum Beispiel für `kill` – siehe unten)
`%CPU`	Prozessorzeit, vgl. `top`
`%MEM`	Speicherbelegung, vgl. `top`
`VSZ`	virtuelle Prozessgröße (unwichtig)
`RSS`	Größe des residenten Speichers (was bleibt permanent im Speicher)
`TTY`	Terminal, von wo aus der Prozess gestartet wurde, wenn nicht von Terminal gestartet, dann '?'
`STAT`	Status des Prozesses: `r` – *running*, läuft aktuell `s` – *sleeping*, schläft `t` – *terminated*, gestoppt `z` – *zombie*, Vaterprozess nicht ordnungsgemäß beendet (auch als <defunct> zu sehen)
`Start`	Startzeit
`Time`	Zeit, die der Prozess läuft
`Command`	Befehl oder Dienst, der als Prozess läuft

Die Liste ist oft ziemlich lang und damit unübersichtlich. Sie können den Befehl aber auch prima mit **`grep`** »pipen«, wenn Sie einen bestimmten Dienst suchen:

```
# ps ax | grep -i <Service/Programm>
```

11.2.2 pstree – Mutter, Vater, Kind

Den Befehl **`pstree`** können Sie zusammen mit dem Befehl **`killall`** (siehe unten) über das Paket **`psmisc`** nachinstallieren:

```
# apt-get install psmisc
```

Dieser Befehl zeigt die Prozesshierarchie an.

```
init-+-acpid
     |-atd
```

```
        |-cron
        |-dhclient3
        |-events/0
        |-exim4
        |-5*[getty]
        |-inetd
        |-khelper
        |-klogd
        |-ksoftirqd/0
        |-kthread-+-aio/0
        |         |-kacpid
        |         |-kblockd/0
        |         |-kgameportd
        |         |-khubd
        |         |-5*[kjournald]
        |         |-kmirrord
        |         |-kpsmoused
        |         |-kseriod
[...]
```

Wie Sie sehen, ist **init** die *Mutter* aller Prozesse und hat immer die PID 1. Dieser Prozess initialisiert alle Prozesse beim Systemstart. Der Prozess kthread initialisiert wiederum weitere *Child*-Prozesse, sprich *Kinder*. Er ist für diese Prozesse der *Vaterprozess*. Damit ergibt sich eine klare Hierarchie. Wird der Vaterprozess beendet, beenden sich auch die Kind-Prozesse (zum Glück anders als im richtigen Leben!).

Den **init**-Prozess zu terminieren, ist demnach keine gute Idee! Sie können aber andererseits mit dem Befehl **init** den Systemstatus beeinflussen, indem Sie den *Runlevel* bestimmen. Wie das funktioniert, haben Sie ja bereits gesehen.

11.2.3 kill – Prozesse »umbringen«

Mit dem folgenden Befehl können Sie Prozesse beenden:

```
# kill <Prozess-ID>
```

Es ist immer vorzuziehen, den Befehl sauber über seine eigene Beendigungsroutine zu terminieren – manchmal stürzt ein Prozess aber ab und wir sind zu einem brutalen Abbruch gezwungen.

Sie können die Brutalität des Abbruchs allerdings beeinflussen, indem Sie dem Befehl ein bestimmtes Signal als Parameter von kill senden:

Signal	Bedeutung
-9	(SIGKILL) – Prozess wird gekillt, dieser kann dieses Signal nicht abfangen (wenn gar nichts mehr geht, dies hinterlässt aber manchmal Zombies).
-15	(SIGTERM) – Prozess erhält die Aufforderung, sich regulär zu beenden.
-HUP	(SIGHUP) – Prozess wird zum Neustart aufgefordert (zum Beispiel um eine neue Konfiguration einzulesen).

Geben Sie keine Option an, wird das Signal SIGTERM gesendet. Mit **kill -9 4711** aber wird der Prozess mit der PID 4711 mit SIGKILL »getötet«.

11.2.4 killall – alle gleichartigen Prozesse beenden

Wie bereits oben erwähnt, ist dieser Befehl bei Debian im Paket `psmisc` enthalten. Der Befehl wirkt noch rabiater als **`kill`**. Er erwartet als Argument nicht die PID, sondern den Namen des Prozesses. Alle auf diesen Namen lautenden Prozesse werden terminiert.

```
# killall apache2
```

Dies beendet alle `apache2`-Prozesse – also sowohl Vater- als auch Kindprozesse.

Insbesondere bei Serverdiensten, die viele Prozesse starten (Webserver fallen in diese Kategorie) findet der Befehl Anwendung, wenn der Dienst sich verhakt und nicht mehr richtig funktioniert.

11.3 Festplattenmanagement

Im Rahmen der Basisinstallation von Debian GNU/Linux in Kapitel 2 *Debian installieren* habe ich Ihnen ja bereits eine recht ausführliche Einführung zum Thema »Partitionierung« gegeben. Hier komme ich nochmals darauf zurück und gehe mit Ihnen noch einen Schritt weiter zur Formatierung der Partitionen. Auch werfen wir einen Blick auf Analyse- und Reparaturtools, um Probleme mit dem Dateisystem zu beseitigen. Außerdem zeige ich Ihnen Tools und Befehle, mit denen Sie sich die Speicherplatzbelegung anzeigen lassen können.

11.3.1 fdisk – den Kuchen aufteilen

Das Partitionierungsprogramm **`fdisk`**, ein sehr altes Unix-Tool mit einem gleichnamigen DOS-Pendant, ist ziemlich mächtig. Sie können damit Partitionen für enorm viele Dateisysteme erstellen, auch Fremdsysteme wie FAT32 oder NTFS. Das Programm wird über ein sehr einfaches Menü gesteuert. Es erwartet beim Aufruf die Bezeichnung der Festplatte als Argument.

```
# fdisk /dev/hda
Command (m for help):
```

> Unter *Lenny* existieren durch *udev* unter `/dev/disk` dynamische Symlinks, die auf die entsprechenden `/dev/hda`- oder `/dev/sda`-Dateien in `/dev` verweisen. Diese dienen der internen Organisation. Sie können sich in den Unterverzeichnissen `by-id`, `by-path` und `by-uuid` einen Überblick verschaffen, indem Sie jeweils **`ls -l`** eingeben. Auf die eigentlichen Partitionen und Festplatten können Sie aber nach wie vor über die eigentlichen Gerätedateien zugreifen.

Unix-typisch präsentiert sich dieses Programm sehr schlicht. Mit `m` können Sie sich das Aktionsmenü anzeigen lassen:

```
Command action
   a   toggle a bootable flag
   b   edit bsd disklabel
   c   toggle the dos compatibility flag
   d   delete a partition
```

```
   l   list known partition types
   m   print this menu
   n   add a new partition
   o   create a new empty DOS partition table
   p   print the partition table
   q   quit without saving changes
   s   create a new empty Sun disklabel
   t   change a partition's system id
   u   change display/entry units
   v   verify the partition table
   w   write table to disk and exit
   x   extra functionality (experts only)
```

Lassen Sie sich mit p die Partitionstabelle anzeigen.

```
   Device Boot      Start         End      Blocks   Id  System
/dev/hda1   *           1          34      273073+  83  Linux
/dev/hda2              35         522     3919860    5  Extended
/dev/hda5              35         222     1510078+  83  Linux
/dev/hda6             223         302      642568+  83  Linux
/dev/hda7             303         331      232911   82  Linux swap / Solaris
/dev/hda8             332         346      120456   83  Linux
/dev/hda9             347         522     1413688+  83  Linux
```

Die Bedeutung der Spalten im Einzelnen:

Spalte	Bedeutung
`Device`	Zeigt die Bezeichnung der Partition
`Boot`	Der Asterisk (*) zeigt die »aktive« Partition, von der gebootet werden kann
`Start`	Der Startzylinder einer Partition – Zylinder sind eine interne logische Unterteilung der Festplatte.
`End`	Der Endzylinder einer Partition
`Blocks`	Normalerweise entspricht ein Block einem Kilobyte (kann aber auch 512 Byte sein).
`Id`	Jede Partition hat eine ID für die Dateisystemzuordnung.
`System`	Zugehörigkeit zum Betriebssystem (zum Beispiel Linux oder Windows 95)

Beachten Sie: Sie können mit den Optionen jetzt nach Herzenslust herumspielen! Alle Änderungen, die Sie hier vornehmen, werden erst dann aktiv, wenn Sie **fdisk** über die Option w wieder verlassen. Möchten Sie die Änderungen verwerfen (Was während dieser Übung empfehlenswert ist!), wählen Sie q.

Tipp: Wenn Sie nur eben Ihre Partitionierung checken möchten, können Sie **fdisk -l** (für *list*) eingeben.

Wollen Sie nun eine Partition erstellen, wählen Sie n. Anschließend können Sie – je nach Situation auf Ihrer Festplatte – auswählen, ob Sie eine *primäre*, eine *erweiterte* oder eine *logische* Partition erstellen möchten (p, e bzw. l).

> Dynamische Disks mit Volumes können Sie über `fdisk` nicht erzeugen! Dazu benötigen Sie das Paket `lvm` bzw. `lvm2` mit dem Logical Volume Manager.

Haben Sie bereits die Grenze von drei bzw. vier primären Partitionen erreicht oder existiert bereits eine erweiterte Partition, wird die entsprechende Option nicht angezeigt:

```
Command action
   l   logical (5 or over)
   p   primary partition (1-4)
```

Möchten Sie eine primäre Partition erstellen, müssen Sie die Partitionsnummer angeben – wählen Sie die nächste verfügbare. Das Programm meldet Ihnen, wenn Sie einen Fehler gemacht haben, wie hier zu sehen:

```
Partition number (1-4): 6
Value out of range.
Partition number (1-4): 1
Partition 1 is already defined.  Delete it before re-adding it.
```

Wählen Sie also eine gültige Partitionsnummer. Danach geben Sie den Startblock ein. Er ist standardmäßig der erste freie Block nach der bisher letzten Partition und kann i.d.R. beibehalten werden. Anschließend müssen Sie das Ende der Partition definieren.

```
Partition number (1-4): 2
First cylinder (35-522, default 35):
Using default value 35
Last cylinder or +size or +sizeM or +sizeK (35-522, default 522): +2048M
```

Dazu können Sie entweder den letzten Block angeben oder die Größe der Partition in Kilobyte (`K`) oder Megabyte (`M`). Um eine Partition von rund 2 GB anzulegen, können Sie also `+2048M` angeben. Vergessen Sie das vorangestellte Plus-Zeichen (+) nicht.

In der Partitionstabelle erscheint nun auch die neue Partition. Sie hat ungefähr die angegebene Größe.

```
   Device Boot      Start         End      Blocks   Id  System
/dev/hda1   *           1          34      273073+  83  Linux
/dev/hda2              35         284     2008125   83  Linux
```

Mit `t` legen Sie nun den Typ der Partition fest. Ein Untermenü ist über l erreichbar, aus welchem Sie die ID auswählen können (wenn Sie sie – wider Erwarten – nicht im Kopf haben sollten).

```
Command (m for help): t
Partition number (1-9): 2
Hex code (type L to list codes): L

 0  Empty           1e  Hidden W95 FAT1 80  Old Minix       be  Solaris boot
 1  FAT12           24  NEC DOS         81  Minix / old Lin bf  Solaris
 2  XENIX root      39  Plan 9          82  Linux swap / So c1  DRDOS/sec (FAT-
[...]
```

Normalerweise werden Sie *Typ 83* wählen, da das die Linux-Partition ist. Da dies allerdings dem Default-Zustand entspricht, brauchen Sie diesen Typ nicht extra auszuwählen. Folgende IDs sind für Sie darüber hinaus vielleicht interessant:

System-ID	Dateisystem
7	NTFS
c	Windows FAT32 (LBA) primär/logisch
f	Windows erweiterte Partition
82	Linux swap
83	Linux native (ext2/3, reiserfs)

Beachten Sie: An dieser Stelle wird die Partition nur entsprechend gekennzeichnet – die Formatierung wird erst an späterer Stelle vorgenommen. Mit anderen Worten: Die neu erstellte Partition ist zu diesem Zeitpunkt noch nicht benutzbar. Im nächsten Abschnitt werden wir unsere neue Partition formatieren.

Sie können eine Partition mit d wieder löschen, indem Sie anschließend die laufende Nummer der Partition angeben.

```
   Device Boot      Start         End      Blocks   Id  System
/dev/hda1   *           1          34      273073+  83  Linux
/dev/hda2              35         282     1992060   83  Linux

Command (m for help): d
Partition number (1-4): 2

Command (m for help): p

Disk /dev/hda: 4294 MB, 4294967296 bytes
255 heads, 63 sectors/track, 522 cylinders
Units = cylinders of 16065 * 512 = 8225280 bytes

   Device Boot      Start         End      Blocks   Id  System
/dev/hda1   *           1          34      273073+  83  Linux
```

Damit hätten wir die wichtigsten Optionen des Programms.

Achtung: Haben Sie diese Beispiele nachvollzogen, sollten Sie das Programm unbedingt mit q verlassen, um die Änderungen zu verwerfen! Schreiben Sie die geänderte Partitionierung mit w auf die Platte, droht Ihnen ein Datenverlust oder sogar die Zerstörung Ihres gesamten Systems!

11.3.2 Formatierung

Für Linux-Standardsysteme stehen heutzutage fünf Dateisysteme zur Verfügung:

1. *Ext2* (second extended): älteres Dateisystem, ehemals Standard für Linux
2. *Ext3* (third extended): Aktuelles Standarddateisystem für Linux, hält Journaling-Funktionalität bereit, sprich es führt Buch über seine Aktivitäten. Damit lässt sich ein bestimmter (älterer) Zustand des Systems wieder herstellen.

3. *Reiserfs*: Modernes Dateisystem mit Journaling-Funktion. Es basiert auf einer Baumtechnologie – das heißt auf einem Datenbankalgorithmus, der effektive Verwaltung und Suchfunktionen zur Verfügung stellt. Durch die Verurteilung des Entwicklers Hans Reiser zu lebenslänglicher Haft ist die Weiterentwicklung ungewiss.
4. *XFS*: Ebenfalls ein Dateisystem mit Journaling-Funktion, wurde bis 1994 ausschließlich für IRIX (einem Unix-Derivat) entwickelt und ist seit Kernel 2.6 offizieller Bestandteil des Kernels.
5. *JFS*: Wurde ursprünglich von IBM für AIX entwickelt und steht seit 2002 unter der GNU General Public License.

Für den normalen Servergebrauch kann man sich nach Herzenslust über Vor- und Nachteile der einzelnen Dateisysteme streiten. Ich schlage Ihnen *Ext3* vor, da es voll kompatibel zu *Ext2* ist und außerdem noch die Journaling-Funktion bietet. Wegen der fehlenden Journaling-Funktion sollten Sie *ext2* nicht benutzen.

Ein Dateisystem können Sie mit dem Befehl **mkfs** erstellen. Dabei handelt es sich um ein Frontend für verschiedene andere Formatierungsprogramme, die auf die jeweiligen Dateisysteme spezialisiert sind:

- **mkfs.ext2** (Ext2)
- **mkfs.ext3** (Ext3)

usw.

Die Partition wird wie gewohnt angegeben, beispielsweise folgendermaßen:

```
# mkfs.ext3 /dev/hda7
```

Dieses Beispiel erstellt also ein entsprechendes Dateisystem *Ext3* auf hda7.

Die Syntax von **mkfs** sieht folgendermaßen aus:

```
# mkfs -t <Filesystem-Typ> <Partition>
```

Das Beispiel oben könnten Sie also auch durch folgenden Befehl realisieren:

```
# mkfs -t ext3 /dev/hda7
```

Darüber hinaus können Sie mit dem Befehl **mkswap <Partition>** eine Swap-Partition formatieren. Diese müssen Sie im Vorhinein durch den Dateisystemtyp 82 vorbereiten (siehe letzter Abschnitt).

Die Namen der Formatierungsprogramme weichen bei verschiedenen Distributionen u.U. ab, so dass Sie mitunter erst herausbekommen müssen, wie das Tool heißt. Schauen Sie einfach online auf der Website des Distributors oder – der Spruch ist furchtbar – in der Dokumentation nach.

11.3.3 Einbinden in das Dateisystem

Um eine neue Partition auf Ihrem System nutzbar zu machen, sind folgende drei Schritte notwendig:

1. Erstellen der Partition (**fdisk**)
2. Formatierung (*Ext2, Ext3, Reiserfs*)
3. Mounten (Einbinden ins System)

Das Mounten habe ich Ihnen bereits früher erläutert. An dieser Stelle gebe ich Ihnen daher lediglich eine kurze Wiederholung. Sie können die neue Partition direkt mounten gemäß der Syntax:

```
# mount <Partition> <Mountpoint>
```

Damit binden Sie die Partition direkt und mit den Standardoptionen im Dateisystem unter dem angegebenen Mountpoint ein.

Sie werden Ihre Partition aber vermutlich ganz normal nach dem *Booten* nutzen wollen, ohne dass Sie jedes Mal per Hand einen **mount**-Befehl eingeben. Daher tragen wir die neue Partition in die Datei `/etc/fstab` ein, die beim Systemstart ausgewertet wird, um die Partitionen und Geräte über die angegebenen Mountpoints ins Dateisystem einzubinden.

Editieren Sie die Datei mit einem Editor Ihrer Wahl (zum Beispiel *nano* oder *vim*) und fügen Sie in der letzten Zeile die Informationen für die neue Partition hinzu – wenn Sie zum Beispiel eine Partition `/dev/hda7` erstellt haben, auf der Sie Urlaubs- oder andere Videofilme speichern möchten, könnte die Zeile folgendermaßen aussehen:

```
/dev/hda5    /mnt/filme    ext3  defaults    1 1
```

Das Dateisystem (hier *Ext3*) müssen Sie ggf. anpassen, wenn Sie die Partition zum Beispiel mit *Reiserfs* formatiert haben. Der Mountpoint muss beim Mounten bereits existieren, das heißt, Sie sollten ihn spätestens anschließend mit **mkdir** erstellen, bevor Sie den Server neu starten oder die Partition einhängen.

Vergessen Sie nicht, die Berechtigungen entsprechend zu setzen. Sollen auch normale Benutzer Schreibzugriff auf diese Partition haben, müssen Sie den Mountpoint (also das entsprechende Verzeichnis) mit dem Befehl **chmod 777** o.Ä. freigeben.

11.3.4 fsck – Wenn's mal nicht so läuft

Kennen Sie *Scandisk* von Windows? Finden Sie es nützlich? Ich schon – schließlich hilft es, die Festplatte bei Inkonsistenzen oder Unstimmigkeiten in den Verwaltungsinformationen zu bereinigen. Linux kann das natürlich auch – hier heißt das Programm **fsck**. Wie Sie sich denken können, leitet es sich (in der Unix-typischen Abkürzungsfaulheit) ab von *file system check*.

Es handelt sich ebenfalls um ein Frontend, in diesem Fall für die Checkprogramme der verschiedenen Dateisysteme. Wird es gänzlich ohne Optionen aufgerufen, versucht es, die Dateisysteme nacheinander gemäß `/etc/fstab` zu checken. Auch die Dateisysteminformationen werden aus dieser Datei entnommen.

Analog zu **mkfs** können Sie **fsck** für das entsprechende Dateisystem aufrufen:

```
# fsck.<Dateisystem> [Option(en)] <Gerät>
```

also zum Beispiel

```
# fsck.ext3 /dev/hda7
```

Als einzige Option schlage ich Ihnen -y vor, damit alle Korrektur-Nachfragen automatisch mit *ja* beantwortet werden. Sehr sinnvoll, sonst kann es sein, dass Sie den ganzen Vormittag mit [Enter]-Drücken beschäftigt sind ...

Solche Dateisystemchecks nimmt man sinnvollerweise im so genannten *Single-User-Mode* vor. Geben Sie dazu einfach als root den Befehl **init 1** ein. Nach einigen Systemstatusmeldungen landen Sie im *Single-User-Mode* und müssen sich zunächst wieder authentifizieren.

```
Give root password for maintenance
(or type Control-D to continue): _
```

Wenn Sie nun versuchen, Ihr Dateisystem zu checken, erleben Sie u.U. eine Überraschung:

```
# fsck -y /dev/hda1
fsck 1.40-WIP (14-Nov-2006)
e2fsck 1.40-WIP (14-Nov-2006)
/dev/hda1 ist eingehängt.

WARNUNG!!! Die Benutzung von e2fsck auf einem eingehängten
Dateisystem kann das Dateisystem STARK BESCHÄDIGEN.

Wirklich fortfahren (j/n)? nein
```

Sie erhalten eine Warnung, dass das Gerät bzw. die Partition eingehängt ist. Laufen auf Ihrem System viele Prozesse, die permanent schreiben und lesen, kann das zu Inkonsistenzen führen, die das gesamte System beschädigen können. Daher ist es ratsam, das Dateisystem entweder temporär über den Befehl **umount <Partition/Gerät>** auszuhängen oder – wenn das nicht geht – es zumindest für die Zeit des Scannings als *read-only* zu mounten. Das geschieht folgendermaßen:

```
# mount -o remount,ro <Dateisystem>
```

Damit wird ein bereits gemountetes Dateisystem erneut mit neuen Optionen gemountet. Diese müssen direkt nach dem Passus `remount` durch Komma getrennt angegeben werden. Wie Sie sich vielleicht denken können, steht `ro` für *read-only*.

Nun können Sie Ihren Dateisystem-Check durchführen. Tun Sie dies immer aus dem Runlevel 1 – einen Check im normalen Betrieb (Runlevel 2 o.Ä.) sollten Sie nach Möglichkeit vermeiden.

11.3.5 du – Wer braucht welchen Platz?

Natürlich werden Sie von Linux mit dem Befehl **du** nicht selbst angesprochen ... auch wenn es der Sache eine persönliche Note gäbe ;-).

Stattdessen steht **du** für *disk usage* (Plattennutzung). Damit lassen Sie sich also die Festspeicherbelegung anzeigen. Die Syntax ist:

```
# du [Option(en)] <Verzeichnis>
```

Es gibt wieder einige nützliche Optionen:

Option	Bedeutung
-c	summiert den Plattenplatzverbrauch in der letzten Zeile der Ausgabe
-h	für human readable, zeigt die Belegung in Kilobyte an
-s	für summarize, zeigt nur die Gesamtsumme an.
--max-depth=n	n bestimmt die maximale Tiefe der untersuchten Unterverzeichnisse, 0 ist wie -s

Geben Sie **du** ohne Optionen und Argumente an, zeigt der Befehl die Größe aller Dateien und Verzeichnisse an, die sich unterhalb des aktuellen Verzeichnisses befinden:

```
debian:/var/lib# du
8       ./tex-common/fmtutil-cnf
12      ./tex-common
4       ./vim/addons
8       ./vim
24      ./exim4
104     ./python-support/python2.4
108     ./python-support
4       ./nfs/rpc_pipefs
4       ./nfs/sm
4       ./nfs/sm.bak
20      ./nfs
4       ./dpkg/parts
4       ./dpkg/updates
[...]
```

Diese Liste ist meistens ziemlich lang und ich finde sie weniger aussagekräftig. Sie können dem Befehl **du** als Argument auch das Verzeichnis angeben, das Sie anzeigen lassen möchten:

```
# du /home/hans
```

Das ergibt dann Sinn, wenn Sie nicht zuvor mit **cd** dorthin wechseln möchten. Übersichtlicher wird die Anzeige dadurch aber nicht. Dazu können Sie aber zum Beispiel die Option -h verwenden:

```
debian:/var/lib# du -h
8,0K    ./tex-common/fmtutil-cnf
12K     ./tex-common
4,0K    ./vim/addons
8,0K    ./vim
[...]
```

So wird die Anzeige bezüglich der Speicherplatzgrößen zumindest lesbarer. Mit -s wird die Sache nun wirklich übersichtlich:

```
debian:/var/lib# du -s
38408   .
```

Wie Sie sehen, wird nur noch eine Gesamtsumme für den gesamten belegten Speicherplatz unter `/var/lib/` ausgegeben.

Mit `--max-depth=1` können Sie sich jeweils nur die erste Unterebene anzeigen lassen. Damit lässt sich zum Beispiel schnell und einfach herausfinden, wie viel Platz einzelne Benutzer belegen:

```
debian:/home# du -h --max-depth=1
160K    ./lost+found
160K    ./gulugulu
160K    ./user1
690M    ./hans
200K    ./doedel   .
700880  .
700880  insgesamt
```

Sie einer an: hier sollten wir doch mal den Benutzer `hans` im Auge behalten, der mit Abstand den meisten Speicherplatz verbraucht ...

In der letzten Zeile einer solchen Ausgabe steht übrigens immer der Speicherverbrauch des aktuellen Verzeichnisses, was die Unterverzeichnisse mit einschließt.

11.4 df – Wie viel Platz habe ich noch?

Im Grunde macht **df** (für *disk free*) genau das Gleiche wie **du** – nur zeigt der Befehl den insgesamt verbrauchten Festspeicherplatz auf einem Gerät bzw. einer Partition an, hat also einen globalen Blickwinkel.

Allerdings geht es um genau das Gegenteil: In diesem Fall möchten Sie wissen, wie viel Platz Sie noch auf dem jeweiligen Datenträger bzw. der jeweiligen Partition haben. Auch das wird Ihnen angezeigt.

Als Optionen können Sie wieder entweder `-h` oder `-k` angeben. Sie haben dieselbe Bedeutung wie bei **du**. Der Befehl benötigt keinerlei weitere Parameter:

```
# df -h
Dateisystem           Größe Benut  Verf Ben% Eingehängt auf
/dev/hda1              259M   95M  151M  39% /
tmpfs                   63M     0   63M   0% /lib/init/rw
udev                    10M   68K   10M   1% /dev
tmpfs                   63M     0   63M   0% /dev/shm
/dev/hda9              1,4G  103M  1,2G   8% /home
/dev/hda8              114M  5,6M  103M   6% /tmp
/dev/hda5              1,5G  293M  1,1G  22% /usr
/dev/hda6              618M  128M  459M  22% /var
```

Das jeweilige Dateisystem wird in der ersten Spalte angegeben, die letzte Spalte zeigt den Mountpoint. Die restlichen Spalten dürften selbsterklärend sein.

11.5 Zusammenfassung und Weiterführendes

In diesem Kapitel haben wir uns mit dem Systemstatus, Prozessen und dem Festplatten- und Partitionsmanagement befasst. Alle vorgestellten Befehle und Tools sollten Sie beherrschen. Viele Tools sind wertvolle Helfer beim Debugging!

Gerade die Speicherkontrolle und –Verwaltung ist auf einem Server essenziell wichtig. Auch die Prozessverwaltung wird in Ihrem Administratoralltag vermutlich häufig eine wichtige Rolle spielen.

Nehmen Sie sich am besten wieder ein Testsystem und spielen Sie mit der Partitionierung herum. Sie sollten wirklich verstanden haben, wie Partitionen unter Linux eingebunden und ggf. überprüft werden können. Beachten Sie hierbei auch, dass sich hier einiges durch *udev* verändert hat.

## Kapitel 12

Zeitlich gesteuerte Backups

In diesem Kapitel beschäftigen wir uns mit einem Thema, das oftmals stiefmütterlich behandelt wird – dem Backup. Im Weiteren geht es darum, diese Backups zu automatisieren. Eigentlich handelt es sich hier um zwei getrennte Themen:

1. Backups mit **tar**, **cpio**, **dump** und **amanda**
2. zeitlich gesteuerte Aufträge mit **cron**

Da diese beiden aber so wunderbar zusammenpassen, werde ich hier keine gewaltsame Trennung vornehmen. Dieses Kapitel beschäftigt sich mit folgenden Inhalten:

- Sinn und Zweck von Backups
- Backup-Strategien
- Welche Daten müssen gesichert werden?
- Die Backup-Werkzeuge **tar**, **gzip**, **cpio**, **dump** und **amanda**

Lassen Sie uns zunächst einige Grundüberlegungen zu den Sicherungen anstellen, bevor wir uns damit beschäftigen, wie wir unsere ausgeklügelte Sicherungsstrategie von Debian automatisch ausführen lassen.

12.1 Wozu eigentlich Backups?

Ich kannte mal einen Mann, der sprang aus dem zehnten Stockwerk. Bei jedem Stockwerk, an dem er vorbeikam, sagte er: »Bis hierhin ging's gut!«.

Vielleicht lächeln Sie jetzt – aber seien Sie mal ehrlich: Wann haben Sie das letzte Backup Ihres Home-PCs gemacht? Tatsache ist, dass viele Administratoren um die Wichtigkeit eines Backups wissen, trotzdem aber nur unregelmäßige Sicherungen vornehmen. Solange alles läuft, merkt es ja auch keiner ...

Es gibt grundsätzlich zwei Situationen, in denen ein aktuelles Backup eine drohende Katastrophe verhindern kann:

1. Der Datenträger ist defekt und wichtige Daten sind zerstört.
2. Es wurde eine falsche Änderung an wichtigen Daten vorgenommen (zum Beispiel wurden Datensätze aus einer Kundendatenbank gelöscht).

In beiden Fällen können Sie entweder Blut und Wasser schwitzend versuchen, die Daten zu rekonstruieren oder aber kalt lächelnd eine Sicherung einspielen. Na, überzeugt? Dann lassen Sie uns einen Blick auf die verschiedenen Möglichkeiten werfen, diesen Datenverlust zu vermeiden.

12.2 RAID versus Backup

Heutzutage sind RAID-Systeme (Redundant Array of Inexpensive Discs) schon für recht wenig Geld einzurichten. Der Vorteil ist, dass die Daten in der einen oder anderen Form redundant gespeichert sind. Verabschiedet sich eine Festplatte, sind die Daten noch immer vollständig vorhanden. Dass gleichzeitig mehrere Festplatten ausfallen, ist ziemlich unwahrscheinlich. Dabei ist es unerheblich, ob Sie sich für RAID 1 (Spiegelung), RAID 5 (Stripe Set mit Parität) oder eine Mischform entscheiden.

Damit haben Sie bereits eine recht gute Ausfallsicherheit geschaffen und für einen guten Schutz vor Datenverlust durch defekte Hardware gesorgt. Was aber tun Sie, wenn ein Mitarbeiter aus Versehen 2000 Datensätze aus einer Tabelle löscht und diese Tabelle anschließend fein säuberlich abspeichert?

In diesem Fall haben Sie die Tabelle mit den gelöschten Daten redundant abgespeichert. Hier nutzt Ihnen RAID nichts mehr – wohl aber ein Backup! Damit können Sie einen früheren Stand der Tabelle zurückspielen und haben zumindest einen großen Teil Ihrer Datensätze gerettet. Je aktueller die Sicherung, desto geringer der Datenverlust.

Optimal für die Datensicherheit ist also eine Kombination aus RAID und regelmäßigen Backups. Keinesfalls kann ein RAID-System das Backup ersetzen!

12.3 Backup-Medien

12.3.1 Auswahl des geeigneten Mediums

Bevor Sie mit der Sicherung beginnen, müssen Sie sich entscheiden, auf welches Medium diese Sicherung gespeichert werden soll. Dafür kommen in kleinen Umgebungen vor allem drei Festspeicher in Betracht:

- *Externe Festplatten*: Vorzugsweise per USB angeschlossene Festplatten mit ausreichender Speicherkapazität sind aufgrund der stetig gefallenen Preise und der Wiederbespielbarkeit oftmals eine geeignete Option, um Daten zu sichern. Allerdings ist die Ausfallsicherheit nicht besonders hoch. Weiterhin werden verschiedene Backups auf demselben Medium gespeichert, so dass wir hier einen klassischen *Single-Point-of-Failure* haben: Fällt die Platte aus, sind sämtliche Sicherungen verloren. Es empfiehlt sich daher in regelmäßigen Abständen eine Zusatzsicherung auf ein Wechselmedium (vorzugsweise Band) vorzunehmen.
- *CD/DVD*: Zwar haben diese Medien im Vergleich die geringste Speicherkapazität (zwischen 700 MB für eine herkömmliche CD und 17 GB für DVD-18), sind andererseits aber sehr robust und lange lagerungsfähig. Der Hauptvorteil liegt im günstigen Preis für diese Medien. Sie sind für große Datenmengen ungeeignet und haben den weiteren Nachteil, dass Sie als Administrator immer daran denken müssen, die Medien auszuwechseln. In näherer Zukunft wird die Blu-Ray-Technologie sicherlich auch hier Einzug halten und mit deutlich höheren Kapazitäten als Speichermedium attraktiv sein.
- *Streamer*: DAT, DLT oder LTO-Streamer haben eine große Kapazität (bis zu 300 GB), sind stabil, zuverlässig und lagerungsfähig – allerdings nur seriell lesbar, was das Zurückspielen bestimmter Daten teilweise recht aufwändig werden lässt. Außerdem sind sie recht teuer. Bandspeicherungen sind die traditionelle Methode der Datensiche-

rung und nach wie vor für viele Administratoren erste Wahl. In größeren Umgebungen werden *Tape-Libraries* eingesetzt, die das automatische Wechseln der Bänder übernehmen. Für kleinere Umgebungen bieten sich *Autoloader* an, die eine geringe Anzahl von Bändern wechseln können.

- *Zentraler Backup-Server*: Haben Sie ein größeres Netzwerk und Daten von mehreren Servern zu sichern, bietet es sich an, einen dedizierten Backup-Server zu installieren und alle Sicherungen auf diesen Server zu überspielen. Dieser sollte allerdings ebenfalls nach den hier geschilderten Kriterien gesichert werden.

Sie können diese Medien auch miteinander kombinieren, wie Sie im nächsten Abschnitt erfahren werden.

> Ein wichtiger Punkt ist aber grundsätzlich bei jeder Backup-Strategie zu beachten: Die Backup-Medien sollten wenn möglich nicht im, am oder in der Nähe des Servers gelagert werden – bei einem Brand oder anderen höheren Gewalten hätten Sie sonst nichts gewonnen. Optimal verwahren Sie die Festplatten, Disks oder Tapes folglich in einem komplett anderen Gebäude.
>
> Dies ist bei Bändern und Wechselmedien wie CD/DVD natürlich einfacher zu realisieren, als bei einer (empfindlichen) USB-Festplatte, die normalerweise am Server angeschlossen bleibt.

12.3.2 Zugriff auf die Backup-Medien

Möchten Sie auf ein Medium sichern, müssen Sie wissen, wie Sie dieses ansprechen müssen. Wie Sie wissen, existiert für jedes Gerät (Device) eine Gerätedatei unter `/dev`. Hierbei unterscheiden wir in zwei verschiedene Zugriffsmethoden:

1. Direkter Zugriff: Sie können grundsätzlich direkt auf ein Gerät schreiben und daraus lesen ohne Rücksicht auf jegliche Formatierung. Dies wird insbesondere bei Character-Devices mit seriellem Zugriff (also zum Beispiel Streamern) angewendet.
2. Zugriff nach Mounten: Im Normalfall müssen Sie ein Gerät mit einem enthaltenen Dateisystem zunächst in das lokale Dateisystem einbinden, bevor Sie darauf zugreifen können. Das trifft zumindest bei Lesezugriff auf CDs, DVDs, USB-Sticks, aber natürlich auch auf Festplatten zu.

Zugriff auf USB-Festplatten

Werden wir konkreter: Möchten Sie auf eine Festplatte speichern, werden Sie diese zunächst in Partitionen einteilen und diese mit einem bestimmten Dateisystem formatieren. Im einfachsten Fall haben Sie nur eine Partition. Diese können Sie unter einem frei definierbaren Mountpoint einbinden. Anschließend mounten Sie die Festplatte (bzw. Partition) über die entsprechende Gerätedatei mit dem bekannten Befehl:

```
# mount <Gerät> <Mountpoint>
```

Sie haben in Kapitel 4 *Das Debian-System – Grundlagen* bereits gelernt, wie Sie ein USB-Device einbinden können. Dazu mounten Sie das emulierte SCSI-Device. Haben Sie nur eine Partition auf Ihrer USB-Festplatte und möchten Sie diese unter einem Mountpoint /archiv einhängen, sieht das folgendermaßen aus:

```
# mount /dev/sda1 /archiv
```

Zugriff auf CD-Brenner

Etwas ganz anderes ist das Brennen von CDs und DVDs. Natürlich gibt es grafische Tools. Ich möchte Ihnen an dieser Stelle aber die konsolenbasierten Programme zeigen, da diese einfach in ein passendes Backup-Skript zu integrieren sind (zur Skriptprogrammierung siehe nächstes Kapitel).

Zum Brennen von CDs können Sie das traditionelle **cdrecord** bzw. **wodim** nutzen. Sie installieren das Programm wie üblich:

```
# apt-get install cdrecord
```

cdrecord ist eigentlich allerdings eine Mogelpackung, »Dummy-Package« genannt! Es wird nämlich zusätzlich das Paket **wodim** installiert und **cdrecord** ist nur noch ein Symlink auf **wodim**. Das Programm **wodim** ist der Nachfolger von **cdrecord**. Im Gegensatz zum echten (alten) **cdrecord** beherrscht **wodim** auch das Brennen auf DVD.

Außerdem benötigen Sie noch **mkisofs** bzw. den Nachfolger **genisoimage**, das Sie ebenfalls installieren:

```
# apt-get install mkisofs
```

mkisofs ist erneut nur ein Dummy-Package. Auch **mkisofs** wird seit *Etch* vom Nachfolger **genisoimage** abgelöst und existiert nur noch als Symlink. Hiermit können Sie die nötigen Images erzeugen, die Sie mit **cdrecord** bzw. **wodim** brennen. CD-Images sind ein identisches Abbild der rohen Daten auf der CD.

Der einfachste Weg, die Daten für ein solches Image zusammenzutragen, besteht darin, diese in ein dafür angelegtes Verzeichnis (zum Beispiel /tmp/backup) zu kopieren. Aus diesem Verzeichnis entsteht anschließend folgendermaßen das Image:

```
# genisoimage -r -J -o /tmp/backup.iso /tmp/backup/
```

Dabei ergänzt -r die Unterstützung für *rockridge-Extensions* (Unix) und -J für *Joliet-Extensions* (Windows). Dies ist sinnvoll, da ein reines ISO9660-Dateisystem, das nur mit dem Parameter -o erzeugt worden wäre, Beschränkungen enthält, die zum Beispiel keine Speicherung von Zugriffsrechten oder symbolischen Links ermöglicht.

> Zwar bietet **genisoimage** mehr Optionen als **mkisofs**, jedoch ist der Nachfolger weitgehend kompatibel. Der obige Befehl funktioniert genauso mit **mkisofs**.

Die Daten-CD brennen Sie anschließend mit folgendem Befehl:

```
# wodim -v dev=/dev/cdrom speed=32 /tmp/backup.iso
```

Dabei sorgt -v (*verbose*) wieder einmal für eine ausführliche Ausgabe. Mit dev=/dev/cdrom geben Sie den CD-Brenner an, hinter /dev/cdrom verbirgt sich ein von Debian automatisch erstellter Symlink auf die echte Gerätedatei, oft `/dev/hdc`. Mit `speed=32` definieren Sie, dass die Brenngeschwindigkeit 32fach sein soll. Als letzten Parameter geben Sie das Image an, das gebrannt werden soll.

Zugriff auf DVD-Brenner

Aus Platzgründen werde ich mich hier auf eine kurze Übersicht beschränken. Das Brennen von DVDs geschieht im Prinzip genauso wie bei CDs. Unter Debian nutzen Sie das Paket `dvd+rw-tools`. Bevor Sie ein vorbereitetes Image auf DVD brennen können, müssen Sie die DVD-/+RW zunächst einmalig formatieren:

```
# dvd+rw-format /dev/dvd
```

Dabei ist `/dev/dvd` wiederum ein Symlink auf die echte Gerätedatei, zum Beispiel `/dev/hdc`. Anschließend können Sie das Image brennen:

```
# growisofs -Z /dev/dvd=/tmp/backup/backup.iso
```

Das Tool **growisofs** ist eine Erweiterung von **mkisofs** und kann im Prinzip genauso verwendet werden. Der Unterschied ist, dass **growisofs** das erstellte ISO-Image »on-the-fly«, also sofort auf die DVD brennen kann. Mit `-R` (diesmal groß) und `-J` können Sie wieder die Dateisystemerweiterungen aktivieren:

```
# growisofs -Z /dev/hdc -R -J /tmp/backup/
```

Hiermit erstellen Sie ein Image, das alle Dateien des Verzeichnisses `/tmp/backup` enthält und brennen dieses auf DVD.

Zugriff auf Streamer

Der Zugriff auf DAT-, DLT- oder LTO-Streamer ist vergleichsweise einfach, da hier nichts vorbereitet oder gemountet werden muss. Sie schreiben die Daten roh direkt auf das Medium. Dieses wird bei SCSI-Geräten in der Regel über `/dev/nst0` oder `/dev/st0` angesteuert. Die Ziffer variiert, wenn Sie mehrere Geräte angeschlossen haben. Dabei steht `/dev/nst0` für ein *non-rewinding scsi-tape* (dieses wird nach einem Speichervorgang nicht automatisch zurückgespult) und `/dev/st0` für ein Gerät, das nach einem Backup direkt zurückgespult wird. Letzteres ist unpraktisch, wenn Sie auf einem Band mehrere Sicherungen speichern wollen, daher verwenden Sie in der Regel `/dev/nst0`. Ein Voll-Backup sieht dann zum Beispiel so aus:

```
# tar -cv /dev/nst0 /tmp/backup/
```

Damit sichern Sie alle Daten, die sich unter `/tmp/backup` befinden, auf das SCSI-Bandlaufwerk. Auf den Befehl **tar** komme ich weiter unten zurück.

Unter Umständen müssen Sie noch eine Blockgröße für den Schreibvorgang definieren. Dies können Sie über die Option `-b <Blockgröße>` angeben, wobei die Blockgröße sich aus einem Multiplikator von 512 Byte/Sektor ergibt. Ist die Blockgröße zum Beispiel 32 KByte, schreiben Sie `-b 64`.

Möchten Sie die Daten wiederherstellen, gehen Sie folgendermaßen vor:

```
# tar -xv -directory=<Verzeichnis> -b <Blockgröße> -f /dev/nst0
```

Als Verzeichnis geben Sie dasjenige an, unter dem die Sicherung wieder zurückgespielt werden soll.

Für eine bessere Steuerung Ihres Bandlaufwerkes empfiehlt sich allerdings der Einsatz von **mt**. Dieses Tool ermöglicht es Ihnen, Daten auf dem Band zu löschen, dieses zurückzuspulen und Sicherungen an vorhandene Daten anzuhängen.

12.4 Backup-Strategien

Das Backup steht und fällt mit der Backup-Strategie. Hierbei gibt es verschiedene Konzepte zu berücksichtigen, die ich Ihnen hier einmal kurz vorstellen möchte.

12.4.1 Das Generationenprinzip

Dieses Konzept wird auch *Großvater-Vater-Sohn-Prinzip* genannt. Nehmen wir an, Sie stellen erst einige Tage später fest, dass die Daten aus besagter Tabelle gelöscht wurden. Haben Sie nur eine Sicherung, die Sie immer wieder überschreiben, kann es Ihnen passieren, dass die neue Version der Tabelle bereits gesichert wurde – Ende der Geschichte ...

Um diesem Problem zu begegnen, werden Sicherungen in verschiedenen zeitlichen Abstufungen erstellt. Damit erhalten Sie Datenzustände zu verschiedenen Zeitpunkten.

Traditionell werden für die Datensicherung nach dem Großvater-Vater-Sohn-Prinzip 21 Bänder benötigt. 12 dieser Bänder werden für die monatliche Sicherung verwendet (Januar bis Dezember). Diese werden als *Großvater-Bänder* bezeichnet. 5 Bänder stellen die wöchentliche Sicherung innerhalb eines Monats dar (*Vater-Bänder*). Sie werden freitags oder am Wochenende bespielt und während des ganzen Monats nicht mehr überspielt. Die restlichen 4 Bänder enhalten die Backups der einzelnen Tage Montag bis Donnerstag. Diese werden als *Sohn-Bänder* bezeichnet und werden wöchentlich neu bespielt.

Dieses Prinzip ist natürlich variabel. Sie können auch nur eine zweistufige Sicherungsstrategie anwenden, die dann als Vater-Sohn-Prinzip funktioniert. Im Endeffekt geht es immer darum, über einen bestimmten Zeitraum den jeweiligen Datenzustand zu einem bestimmten Zeitpunkt wiederherstellen zu können. Dabei können Sie die Daten auf verschiedene Weise sichern. Lesen Sie weiter.

12.4.2 Sicherungsarten

Es gibt drei grundsätzliche Arten der Datensicherung:

- *Vollsicherung*: Diese Sicherung enthält sämtliche zu sichernden Daten ohne Rücksicht auf deren Status.
- *Differenzielle Sicherung*: Diese Art der Sicherung enthält sämtliche Daten, die seit der letzten Vollsicherung verändert wurden – nicht enthalten sind Daten, die sich nicht geändert haben.
- *Inkrementelle Sicherung*: Hierbei werden alle Daten gesichert, die sich seit der letzten Sicherung geändert haben – dies kann eine Vollsicherung, eine differenzielle oder eine ältere inkrementelle Sicherung sein.

Dabei stellen sich die Zeiträume der einzelnen Sicherungen folgendermaßen dar:

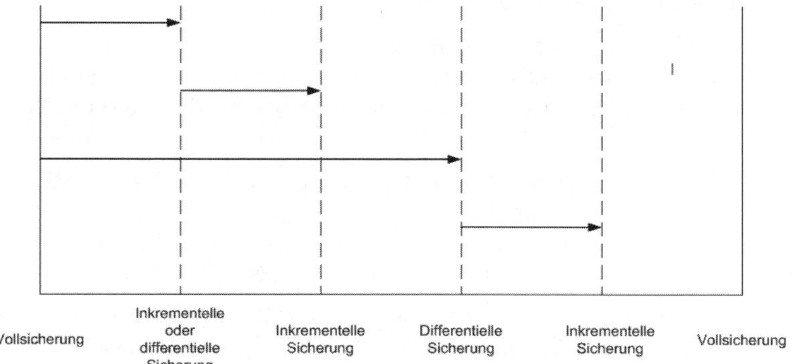

Die Grafik zeigt einen einfachen Sicherungszyklus. Jeder Zyklus beginnt mit einer Vollsicherung. Die nächste Sicherung kann eine inkrementelle oder eine differenzielle Sicherung sein, das spielt keine Rolle. Anschließend werden inkrementelle und differenzielle Sicherungen gemischt, um Speicherplatz und Wiederherstellungszeit zu optimieren. Welche Strategie im Einzelfall die richtige ist, muss nach verschiedenen Kriterien entschieden werden, wie Sie im Folgenden lesen können.

Falls Sie bereits Erfahrung mit Backup-Strategien haben, werden Sie vielleicht einwerfen, dass differenzielle und inkrementelle Sicherungen normalerweise nicht vermischt werden – dies liegt daran, dass unter Windows das so genannte Archiv-Bit genutzt wird, um die zu sichernden Dateien zu kennzeichnen – bei Voll- und inkrementellen Sicherungen wird das Archiv-Bit zurückgesetzt, differenzielle Sicherungen setzen es nicht zurück. Dadurch können unter Windows differenzielle und inkrementelle Sicherungen nicht beliebig gemischt werden. Unter Linux greifen hier jedoch andere Mechanismen (Zeitpunkt der letzten Änderung etc.), so dass hier eine Vermischung möglich ist.

12.4.3 Die richtige Strategie entwickeln

Nun haben Sie eigentlich alles Notwendige über Backup-Strategien gelernt. Aber wie setzen wir das jetzt sinnvoll zusammen? Nach welchen Kriterien erstellen wir unsere Strategie?

Dabei sind folgende Hauptfaktoren zu berücksichtigen:

1. Zeitraum der Sicherungen
2. Größe des Datenbestandes
3. gewünschte Wiederherstellungszeit
4. finanzielle Mittel

Sind die finanziellen Mittel knapp, müssen Sie unter Umständen bezüglich der anderen Anforderungen gewisse Kompromisse eingehen. Möchten Sie Speicherplatz sparen, bieten sich wenige Vollsicherungen und viele inkrementelle Sicherungen an. Dies geht allerdings zu Lasten der Wiederherstellungszeit, da im Zweifel viele Einzelsicherungen zurückgespielt werden müssen.

Besteht andererseits die Anforderung an eine schnelle Wiederherstellung der Daten, sollten Sie öfter Vollsicherungen durchführen und darüber hinaus differenzielle Sicherungen anlegen. Je mehr Vollsicherungen, desto schneller die Wiederherstellungszeit.

Bei einer Backup-Strategie handelt es sich normalerweise um einen Zyklus, der über eine bestimmte Zeit geht, bevor er sich wiederholt. Wie lang dieser Zyklus geht, wird durch die Anforderung bestimmt, wie lange zurück ein bestimmter Datenzustand wiederherstellbar sein soll.

Last but not least müssen Sie sich darüber klar werden, ob Sie bestimmte Backup-Medien miteinander kombinieren möchten. Ein sinnvoller Ansatz ist zum Beispiel die regelmäßige Speicherung der aktuellen Backups auf eine externe Festplatte, wobei die hier abgelegten Sicherungen in bestimmten Zeitintervallen auf einen Streamer geschrieben werden.

Wie Sie sehen, ist es manchmal gar nicht so leicht, die geeignete Strategie für Ihre Backups zu entwickeln. Nachfolgend stelle ich Ihnen zwei mögliche Lösungen für unterschiedliche Anforderungen vor.

Strategie 1 – Priorität: geringe Kosten

Hier bietet es sich an, auf CD R/Ws zu sichern, vorausgesetzt, es handelt sich um wenige Daten. Ist das Datenaufkommen höher, können Sie entweder DVD R/Ws oder eine USB-Festplatte nutzen.

Die Sicherungsstrategie enthält einen Zyklus von einem Monat. Nutzen Sie CDs oder DVDs, benötigen Sie neun Medien. Die Strategie sieht folgendermaßen aus:

1. *Vollsicherung* auf CD 1, 2, 3 und 4 (evtl. 5) jeweils in der Nacht vom Freitag zu Sonnabend 1:00 Uhr. Diese CDs werden mit »Woche 1« bis »Woche 5« beschriftet und nach einem Monat überschrieben.
2. *Inkrementelle Sicherungen* jeweils Montag bis Donnerstag in der Nacht 1:00 Uhr mit den CDs 6-9. Diese werden mit »Montag« bis »Freitag« im Wochenzyklus wiederbeschrieben.

Bei dieser Strategie nutzen Sie nur eine Art von Medium – entweder CD/DVD oder Festplatte. Nutzen Sie CD/DVD, müssen Sie daran denken, jeden Tag ein neues Medium einzulegen – das kann schon mal vergessen werden. Andererseits verteilen Sie das Risiko auf verschiedene Medien. Sollte die USB-Festplatte ausfallen, haben Sie vermutlich sämtliche Sicherungen verloren.

Backups werden mit einem Schlag interessant, wenn es darum geht, bestimmte Daten zu einem bestimmten Zeitpunkt wiederherzustellen. Je nach Sicherungsstrategie dauert dieser Vorgang mehr oder weniger lang. In unserem Beispiel müssen im ungünstigsten Fall – Freitagmittag crashed die Festplatte – eine Vollsicherung der letzten Woche und 4 inkrementelle Sicherungen eingespielt werden.

Strategie 2 – Priorität: Sicherheit und Wiederherstellungszeit

Liegt die Priorität auf einer höheren Sicherheit, empfiehlt sich die Kombination von externer Festplatte und Streamer. Hierbei werden die Daten auf der Festplatte nach einer bestimmten Strategie gesichert. Am Wochenende wird der Inhalt der Festplatte aber zusätzlich auf einem Band gesichert. Möchten Sie wiederum einen Sicherungszyklus von einem Monat einrichten, benötigen Sie 5 Bänder (für jede Woche eins). Möchten Sie zum Beispiel den Datenbestand ein Jahr zurück rekonstruieren können, benötigen Sie 17 Bänder. Dabei werden die Bänder 6 bis 17 als Monatssicherung verwendet.

Um die Wiederherstellungszeit zu verkürzen, können Sie einerseits häufigere Vollsicherungen vornehmen und andererseits differenzielle Sicherungen anlegen, da diese die seit der letzten Vollsicherung veränderten Daten gesichert haben. Im Allgemeinen reicht eine Vollsicherung pro Woche. In diesem Fall ersetzen wir jedoch die inkrementellen Sicherungen durch differenzielle Sicherungen:

1. Vollsicherung in der Nacht vom Freitag zu Sonnabend 1:00 Uhr
2. Sicherung der externen Festplatte auf Band Sonnabend zu Sonntag 1:00 Uhr
3. Differenzielle Sicherungen Montag bis Donnerstag 1:00 Uhr.
4. Gegebenenfalls werden die Bänder mit der Wochensicherung der letzten Woche eines Monats als Monatssicherung archiviert.

Der Vorteil dieser Methode ist, dass Sie ein schnell zugängliches Speichermedium in Form der USB-Festplatte nutzen, andererseits aber zumindestens wöchentlich eine Sicherung auf ein weiteres Medium (den Streamer) vornehmen, um die Auswirkungen eines Ausfalls der USB-Festplatte zu reduzieren.

Bezüglich der Wiederherstellungszeit ist der Maximalaufwand auf das Zurückspielen einer Vollsicherung und genau einer differenziellen Sicherung begrenzt.

Darüber hinaus können Sie natürlich öfter Vollsicherungen anlegen. Ist das Budget hoch genug, können Sie alle Sicherungen über den Streamer vornehmen. Hier bieten sich Tape-Roboter an, die die Bänder automatisch täglich einlegen. Aber hier sprechen wir schon über größere Investitionen. Daher möchte ich das an dieser Stelle nicht vertiefen. Für einen guten Grundschutz reichen die oben vorgeschlagenen Strategien in jedem Fall aus.

12.5 Welche Daten sind zu sichern?

Für ein Backup gilt, dass alle *veränderlichen* Daten gesichert werden sollten, nicht aber die unveränderlichen wie zum Beispiel Programmdateien, Bibliotheken und Befehle. Diese lassen sich später wieder installieren. Die veränderlichen Dateien befinden sich regelmäßig in folgenden Verzeichnissen:

/etc

Hier befinden sich fast alle Konfigurationsdateien.

/home

Das Default-Verzeichnis für alle Home-Verzeichnisse der Benutzer. Die sind Ihnen sicher böse, wenn ihre Dateien nicht mitgesichert werden.

/root

Das `root`-Home-Verzeichnis. Mit der Zeit sammeln sich hier allerlei wichtige Dateien und Skripte an, die Sie in jedem Fall mitsichern sollten.

/var

Hier befinden sich vom System und von Applikationen angelegte Dateien. Viele Dienste haben hier ein eigenes Unterverzeichnis, in dem sich spezifische Dateien befinden. Außerdem befinden sich hier die Log-Dateien des Systems und vieler Dienste und Applikationen.

Leider halten sich viele Applikationen nicht an die Konventionen und halten zum Beispiel eigene `etc`-Verzeichnisse unter den Installationsverzeichnissen für die Konfigurationsdateien bereit. Achten Sie also bei Neuinstallationen immer darauf, wo ein Dienst oder eine Applikation seine Daten hinschreibt, um diese Verzeichnisse ebenfalls zu sichern. Hier hilft in der Regel ein Blick in die README-Dateien.

12.6 Die Sicherungswerkzeuge

Es gibt unzählige Backup-Programme, viele davon sind kommerziell. Für die meisten Fälle reichen allerdings die Open-Source-Werkzeuge aus. Wir werfen einen Blick auf folgende Tools:

- **dump/restore** – der Klassiker, seit 1975 im Einsatz
- **tar** – das Tool der Wahl für flexible Sicherungen
- **cpio** – eine Alternative zu `tar`
- **dd** – kein eigentliches Backuptool, aber u.a. zur Image-Erstellung geeignet
- **amanda** – ein Open-Source-Werkzeug zur professionellen Netzwerksicherung

Ich werde Ihnen aus Platzgründen nicht alle Programme im Detail vorstellen, da wir mit **dump/restore**, **cpio** und **amanda** nicht arbeiten werden. Der Schwerpunkt liegt auf **tar**, da dies das am meisten verbreitete Programm für einfache Sicherungen ist.

12.6.1 dump und restore

Lassen Sie uns mit dem wohl dienstältesten Backup-Tool unter Linux beginnen: **dump** und dem dazugehörigen Wiederherstellungstool **restore**. Es ist seit 1975 unter Unix im Einsatz. Um es vorwegzunehmen: Linus Torvalds selbst rät von der Nutzung von **dump** unter Linux ab, da es unzuverlässig ist. Es kann tausendmal gutgehen und dann geht etwas schief. Aufgrund der Architektur dieses Programms kann nicht in jedem Fall für ein korrektes Backup garantiert werden. Da es trotzdem hier und da noch angewendet wird, möchte ich Ihnen zumindest die Funktionsweise erläutern.

Mit **dump** können Backups von read-only gemounteten und nicht gemounteten Partitionen erstellt werden. Es ist für Multilevel-Backups mit bis zu 10 Levels konzipiert. Dabei steht Level 0 für eine Vollsicherung. Level 1 sichert alles, was sich seit der letzten Vollsicherung (Level 0) verändert hat. Level 2 sichert jede Veränderung gegenüber Level 1, oder – wenn nicht vorhanden – gegenüber Level 0. So geht es weiter bis Level 9. Allgemein formuliert, sichert ein definierter Level immer alle Änderungen bis zum nächstniedrigeren, davor definierten Level.

Damit können Sie – je nachdem, welche Levels Sie definieren – inkrementelle und differenzielle Sicherungen vornehmen. Für die Backups können die Informationen aus `/etc/fstab` ausgewertet werden, wenn die Option `-w` verwendet wird. Den Aufbau von **/etc/**

fstab haben Sie ja bereits in Kapitel 6 *Der Linux-Systemstart* kennen gelernt. Nehmen wir folgende Beispielzeile aus der Datei:

```
/dev/hda3    /home    ext    defaults    1    2
```

Die letzten beiden Spalten bestehen aus jeweils einer Ziffer. Dabei bedeutet die vorletzte Spalte die Kennzeichnung für **dump**: mit 1 (ja) oder 0 (nein) wird entschieden, ob **dump** diese Partition überhaupt sichern soll oder nicht. Ein typischer Aufruf von **dump** sieht folgendermaßen aus:

```
# dump -0uaf /dev/nst0/vollsicherung.dmp /dev/hda3
```

Dabei stehen die Optionen direkt hinter dem Backup-Level (0 für Vollsicherung). Diese haben folgende Bedeutung:

Option	Bedeutung
`-u`	Das Backup wird in der Protokolldatei `/etc/dumpdates` eingetragen.
`-a`	Steht für *autosize*, damit keine Berechnung der Bandkapazität erfolgt. Sollte bei Linux immer genutzt werden, da die Berechnung von **dump** nicht zuverlässig ist.
`-f`	Steht für *file*, um die Sicherungsdatei anzugeben.
`-w`	Hiermit werden die Daten aus `/etc/fstab` ausgelesen.

Möchten Sie nun Daten wiederherstellen, nutzen Sie **restore** in der folgenden Form:

```
# restore -rf /dev/nst0
```

Dabei haben Sie in geeigneter Weise die gewünschte Partition frisch formatiert (siehe Kapitel 10 *Wichtige Befehle zur Systemadministration*), haben diese gemountet und sind in das Mount-Verzeichnis gewechselt. Die Option `-r` spielt ein Backup, das sich auf dem ersten Streamer `/dev/nst0` befindet, zurück auf die aktuelle Partition.

Dies soll als Überblick ausreichen – keinesfalls werde ich Sie dazu auffordern, dieses Programm zu verwenden. Es ist unzuverlässig, und es gibt bessere Alternativen.

12.6.2 Dateien archivieren mit tar

Das Tool **tar** hat seinen Namen von *tape archiver*, zu Deutsch »Band-Archivierer«. Es fügt beliebige Dateien zu einer einzigen Archivdatei zusammen, die per Konvention die Endung `.tar` hat. Traditionell wurden diese Archivdateien auf ein Band gesichert. Den Speicherort für die Archivdatei können Sie jedoch frei wählen – auch wenn das Band sicher nach wie vor eine der besten Optionen ist.

Sie können mit **tar** auch durch **gzip** komprimierte Dateien erstellen. Diese haben dann die Endung `.tar.gz` oder kurz `.tgz`. In diesem Format werden die meisten Open-Source-Programmpakete im Quellcode ausgeliefert.

Wir unterscheiden in Aktionen und die eigentlichen Optionen. Werfen wir zunächst einen Blick auf die Aktionen:

Aktion	Beschreibung
`-c`	(*create*) erstellt ein neues Archiv
`-t`	(*table*) zeigt das Inhaltsverzeichnis des Archivs an
`-r`	(*recreate*) fügt eine Datei einem Archiv zu
`-d`	(*diff*) vergleicht Dateien und stellt ggf. Unterschiede fest
`-x`	(*extract*) extrahiert die Dateien aus dem angegebenen Archiv und kopiert sie in das aktuelle Verzeichnis (oder bei Erstellung mit `-P` an den Originalplatz), ohne die Dateien aus dem Archiv zu löschen

Nun die Optionen:

Optionen	Bedeutung
`-f <Archivname>.tar`	Verwendet die angegebene Datei als Archiv, das geben Sie eigentlich immer an.
`-v`	Zeigt alle Aktionen (während des Archivierens) an, mit `-vv` wird noch mehr angezeigt (vv = *very verbose* – ohne Witz!).
`-z`	Komprimiert das angegebene Verzeichnis durch das Linux-Standard-Packprogramm gzip.
`-C <Verzeichnis>`	Angabe des Verzeichnisses, unter dem die Dateien (inklusive relativem Pfad) wieder hergestellt werden.
`-P`	Archiviert die Dateien mit absolutem Pfad – standardmäßig wird der führende / entfernt.

tar-Archive erstellen

Ein Archiv erstellen Sie folgendermaßen:

```
# tar -cvf <Archivname>.tar <Verzeichnis/Dateien>
```

Hier ein Beispiel:

```
# tar -cvf /archiv/hans-backup.tar /home/hans
tar: Removing leading `/´ from members names
/home/hans/
/home/hans/.bashrc
/home/hans/.bash_profile
/home/hans/testdatei.txt
/home/hans/datei1
/home/hans/datei2
/home/hans/datei3
```

Die erstellte Archivdatei befindet sich nun unter `/archiv` und heißt `hans-backup.tar`.

> Haben Sie absolute Pfadangaben für die zu sichernden Dateien gemacht, entfernt **`tar`** in der Standardeinstellung die führenden Schrägstriche (/) und gibt eine entsprechende Meldung aus, siehe zweite Zeile im Beispiel.

> Dies ist durchaus beabsichtigt. Ansonsten könnten Sie als `root` versehentlich wichtige Systemdateien (zum Beispiel `/etc/passwd`) überschreiben und das gesamte System dadurch unbrauchbar machen. Durch diesen Sicherheitsmechanismus können Sie die gesicherten Dateien mit relativem Pfad unter jedem beliebigen Verzeichnis wieder herstellen. Es steht Ihnen frei, die Dateien anschließend wieder an den Originalplatz zu kopieren.

Möchten Sie die absoluten Pfade beibehalten, verwenden Sie die Option `-P`. Sie verlieren damit allerdings die Möglichkeit, die Dateien an einem anderen Ort wiederherzustellen.

Archive komprimieren

Erstellen Sie eine Archivdatei mit **`tar`**, werden die zu archivierenden Dateien eins-zu-eins in diese Archivdatei integriert (ohne die Originaldateien zu löschen). Das Ergebnis ist eine Datei, die ungefähr so groß ist wie alle archivierten Dateien zusammen.

Wenn Sie bei der Archivierung von Dateien Platz sparen möchten, bietet es sich an, **`tar`**-Archive zu komprimieren. Hierzu stellt das GNU-tar die Option `-z` zur Verfügung, die eine Komprimierung des Archivs im Zuge der Erstellung ermöglicht.

Die Option `-z` nutzt das Packprogramm **`gzip`** (siehe Kapitel 10 *Wichtige Befehle zur Systemadministration*) als Grundlage zum Komprimieren der Dateien. Der **`tar`**-Befehl hierfür sieht dann so aus:

```
# tar -cvzf backup-/archiv/hans-backup.tar.gz /home/hans
```

Beachten Sie, dass die Backup-Datei nun die Endung `.tar.gz` hat. Dies ist eine Konvention, die Sie einhalten sollten. Die Konsolen-Ausgabe des Befehls unterscheidet sich nicht von der unkomprimierten Version. Das Ergebnis ist allerdings eine komprimierte Datei mit dem angegebenen Namen `hans-backup.tar.gz` unter `/archiv`.

Haben Sie die beiden Beispiele auf Ihrem System nachverfolgt, können Sie sich nun selbst davon überzeugen, dass die komprimierte Datei deutlich kleiner ist als die erste Variante:

```
# ls -l /archiv/hans-backup*
-rw-r-r--  1 root root 10240 2006-04-08 12:50 hans-backup.tar
-rw-r-r--  1 root root  1480 2006-04-08 12:50 hans-backup.tar.gz
```

Wie hoch die Kompressionsrate ist, hängt natürlich vom Inhalt der Dateien ab. So sind bestimmte Binärdateien (zum Beispiel Bilder) häufig bereits optimiert – andererseits sind zum Beispiel Textdateien in der Regel auf einen Bruchteil der Originalgröße komprimierbar.

> Sie haben es vielleicht schon bemerkt: Haben Sie farbige Listings aktiviert (siehe Kapitel 9 *Einführung in die Bash*), werden Archivdateien und komprimierte Dateien in der Voreinstellung rot angezeigt.

tar-Archive einsehen

Sie haben nun schon **`tar`**-Archive erstellt und auch komprimiert. Im nächsten Schritt zeige ich Ihnen, wie Sie sich den Inhalt eines Archivs ansehen können.

Handelt es sich um ein unkomprimiertes Archiv, nutzen Sie die Option `-tf`:

```
# tar -tf /archiv/hans-backup.tar
home/hans/
home/hans/.bashrc
home/hans/.bash_profile
home/hans/testdatei.txt
home/hans/datei1
home/hans/datei2
home/hans/datei3
```

Dabei steht `-t` für *table* (Tabelle). Für ein mit **`gzip`** komprimiertes Archiv ergänzen Sie die Option `-z`:

```
# tar -tzf /archiv/hans-backup.tar.gz
```

Das Ergebnis ist natürlich das gleiche.

Archive entpacken

Möchten Sie die archivierten Dateien wieder herstellen, nutzen Sie die Option `-x`. Bemühen wir wieder unser Beispielarchiv. Die Grundform des Befehls ist folgende:

```
# tar -xf /archiv/hans-backup.tar.gz
```

Dieser Befehl stellt die Dateien des angegebenen Archivs unter dem aktuellen Verzeichnis wieder her. Dabei wird die relative Verzeichnisstruktur der Dateien ggf. übernommen. Führen Sie also diesen Befehl unter `/root` aus, erhalten Sie anschließend zwei neue Unterverzeichnisse `/root/home` und `/root/home/hans`. Unter Letzterem befinden sich nun die archivierten Dateien.

> Dies gilt nicht, wenn Sie bei der Archivierung die Option `-P` gesetzt haben! In diesem Fall werden die Dateien mit absolutem Pfad an der Originalstelle wiederhergestellt – seien Sie vorsichtig, da damit evtl. neuere Versionen überschrieben werden!

Sie können den Ort der Wiederherstellung mit `-C` angeben:

```
# tar -xf /archiv/hans-backup.tar -C /
```

Dies stellt die Dateien an der Originalstelle wieder her, da Sie als Ausgangspunkt das Wurzelverzeichnis / angegeben haben.

Haben Sie ein komprimiertes Archiv erstellt, benötigen Sie wieder die Option `-z`:

```
# tar -xzf /archiv/hans-backup.tar.gz
```

Der Dekomprimierungsvorgang läuft auch hier transparent, so dass Sie keinen Unterschied bemerken werden.

Inkrementelle und differenzielle Backups

Wie Sie eine Vollsicherung der veränderlichen Dateien vornehmen können, wissen Sie nun. Doch wie finden Sie heraus, welche Dateien sich seit einem bestimmten Zeitpunkt verändert haben und in einem inkrementellen oder differenziellen Backup zu berücksichtigen sind? Im Gegensatz zu Windows verfügt Linux nicht über ein Archiv-Bit.

> Erinnern Sie sich an das Werkzeugkasten-Prinzip? Nach dieser Philosophie stellt Linux Ihnen jede Menge hochspezialisierter Tools bereit, die Sie geschickt kombinieren müssen, um komplexere Aufgaben zu bewältigen. Für die Suche nach bestimmten Dateien ist **tar** nicht geeignet – aber da war doch was?

Genau! In diesem Fall nutzen Sie ein anderes Werkzeug, das Sie bereits kennen gelernt haben: **find**. Nehmen wir an, Sie möchten alle Dateien aus /home sichern, die seit der letzten Vollsicherung vor zwei Tagen geändert wurden. Dann könnten Sie folgende Befehlszeile eingeben:

```
# tar -czf /archiv/home-backup $(find /home -mtime -2)
```

Wir übergeben **tar** durch eine Kommandosubstitution die Ausgabe eines entsprechend formulierten **find**-Befehls als Liste der zu sichernden Dateien. Die Option -mtime -<Tage> sucht nach Dateien, deren Inhalt seit einer bestimmten Zeit (hier 2 Tage) verändert wurden. Diesen Wert können Sie für jede Sicherung anpassen, so dass Sie inkrementelle und differenzielle Backups einrichten können. Später zeige ich Ihnen, wie Sie dies automatisieren können, damit Sie diese Befehlszeile nicht jedes Mal neu eingeben müssen.

12.6.3 cpio – eine Alternative zu tar

Ein weiteres Backup-Programm ist **cpio**. Es ist **tar** sehr ähnlich, kann jedoch im Gegensatz dazu mit beschädigten Archiven umgehen, so dass der unbeschädigte Teil des Archivs häufig noch wieder herstellbar ist.

cpio erwartet immer nur einen Dateinamen, daher bietet es sich an, mit einer Pipe zu arbeiten. Hierbei können Sie entweder über **ls** oder über **find** eine entsprechende Dateiliste übergeben, wie in folgenden Beispielen gezeigt:

```
# ls /home/hans | cpio -o > /archiv/backup_neu
# find / -user hans | cpio -o > /archive/backup_neu
```

Im ersten Beispiel werden alle Dateien, die sich direkt im Home-Verzeichnis von hans befinden, gesichert – das zweite Beispiel findet alle Dateien des Benutzers hans im gesamten Dateisystem und sichert diese. In dieser Art können Sie Voll- oder inkrementelle bzw. differenzielle Backups vornehmen, wie Sie es schon im letzten Abschnitt kennen gelernt haben.

Gesicherte Daten können Sie nicht ohne Weiteres überprüfen lassen. Möchten Sie die Daten automatisch vergleichen lassen, müssten Sie das Archiv in einem anderen Verzeichnis entpacken und mit dem Befehl **diff** vergleichen, auf den ich hier aber nicht näher eingehen werde. Zumindest haben Sie die Möglichkeit, die Dateien im Archiv anzeigen zu lassen, wie folgendes Beispiel zeigt:

```
# cpio -itvI /archiv/backup_neu
-rw-r--r--    1 hans  users          100 Mar  5 20:03 /home/hans/test1
-rw-r--r--    1 hans  users           91 Mar  1 19:24 /home/hans/datei
-rw-r--r--    1 hans  users          157 Mar  4 17:05 /home/hans/text.txt
```

Dabei bedeuten die Optionen Folgendes:

Option	Bedeutung
`-i`	Archiv auspacken
`-t`	Archiv nur anzeigen, nicht zurückspielen
`-v`	Ausgabe der Dateirechte
`-I`	Angabe des Archivs

Das Wiederherstellen der Daten geschieht folgendermaßen:

```
# cpio -id /archiv/backup_neu
```

Hiermit werden die Dateien aus dem Archiv an ihren Platz zurückkopiert, sofern die dort vorhandenen Dateien nicht identisch oder älter sind. Die Option `-d` erstellt die notwendigen Verzeichnisse, sofern noch nicht vorhanden.

Das Tool **cpio** enthält eine Optionenliste, die sich wie das Alphabet liest. Es ist mit umfangreichen Möglichkeiten ausgestattet und steht **tar** in nichts nach – genau genommen bietet es sogar einige Vorteile. Somit liegt es in der Entscheidung des Administrators, welches Backup-Tool er nutzen möchte. Ich setze auf **tar**, weil es das Standardarchivprogramm und fast überall vorhanden ist und genutzt wird. Daher soll dies als Übersicht über **cpio** genügen.

12.6.4 Rohdaten sichern mit dd

Das Tool **dd** steht für *disk dump*. Es ermöglicht Ihnen, Rohdaten von einer Partition oder einem anderen Medium zu lesen und zu speichern. Es ist kein Backup-Programm im eigentlichen Sinne, jedoch vielseitig einsetzbar.

Zunächst können Sie mit **dd** ein Image einer Partition erstellen. Möchten Sie zum Beispiel `/dev/hda3` komplett sichern, sähe das so aus:

```
# dd if=/dev/hda3 of=/tmp/hda3-image
```

Dabei liest **dd** von der durch `if` (input file) angegebenen Quelle und schreibt die Daten in die durch `of` (output file) angegebene Datei. Dabei sollte die betreffende Partition nicht oder nur read-only gemountet sein und die Image-Datei nicht auf derselben Partition angelegt werden.

dd wird regelmäßig zur Erstellung von Disketten-Images verwendet, die dann in folgender Form auf die Diskette kopiert werden:

```
# dd if=<Image> of=/dev/fd0
```

Wobei für `<Image>` der Pfad zur Image-Datei angegeben wird.

Sie können mit **dd** auch den Bootsektor einer Partition sichern. Dies war zu früheren Zeiten notwendig, als LILO Windows NT noch nicht zuverlässig starten konnte. In diesem Fall wurde der Bootsektor der /-Partition auf `C:\` gespeichert und über einen passenden Eintrag in `C:\boot.ini` angesprochen, um ein Dualbootsystem zu erstellen.

Um den Bootsektor einer Partition als Datei zu sichern, benötigen Sie lediglich die ersten 512 Byte einer Partition. Für `/dev/hda1` erstellen Sie die Bootsektordatei folgendermaßen:

```
# dd if=/dev/hda1 of=~/linuxboot bs=512 count=1
```

Es wird eine Datei `linuxboot` im Home-Verzeichnis von `root` (nur dieser kann **dd** nutzen!) erstellt. Diese hat die Größe 512 Byte. Diesen Wert geben Sie durch die Kombination von `bs=512` (für block size) und `count=1` (genau einen Block) an.

Eine andere Anwendungsmöglichkeit besteht darin, eine Datei beliebiger Größe zu erzeugen. Dies funktioniert ganz ähnlich durch die Angabe von `bs` und `count`. Möchten Sie eine 1 MB große Datei erzeugen, ginge das zum Beispiel so:

```
# dd if=/dev/null of=~/grosse_datei bs=1024 count=1000
```

Dies ist insbesondere nützlich, um bestimmte Situationen zu simulieren. Sie können damit künstlich Partitionen volllaufen lassen oder einen Kopiervorgang mit einer sehr großen Datei simulieren, um die Systemlast zu überprüfen, etc.

12.6.5 AMANDA – Netzwerk-Backups

Möchten Sie Daten von mehreren Systemen sichern, bietet es sich an, einen Backup-Server mit angeschlossenen Streamern mit entsprechender Kapazität einzurichten. Die Organisation von zentralen Backups über das Netzwerk erfordert eine aufwändigere Software, so wie sie das Open-Source-Programm AMANDA bietet. Natürlich ist AMANDA auch wieder eine Abkürzung und steht für *Advanced Maryland Automatic Network Disc Archiver*.

Für die Backups bedient sich AMANDA entweder **dump** oder **tar**. In der Version 2.6 bietet AMANDA sichere Übertragungen und unterstützt OpenSSH und Kerberos zur Authentifizierung und Übertragung der Backups.

AMANDA besteht aus vielen Tools, die alle einem spezifischen Zweck dienen. Es ist sehr umfangreich und daher recht kompliziert zu konfigurieren.

Da wir in diesem Lehrgang nur einen einzelnen Debian-Server aufsetzen und konfigurieren wollen, werde ich an dieser Stelle nicht weiter auf AMANDA eingehen.

12.7 Zeitlich gesteuerte Aufträge mit cron

Es wäre nun ziemlich mühselig, jeden Tag den entsprechenden Befehl zur Sicherung Ihrer Daten einzugeben. Hinzu kommt, dass die Sicherung am besten in einen Zeitraum gelegt wird, zu dem kaum ein Zugriff stattfindet – also nachts. Ich weiß ja nicht, wie es Ihnen geht, aber ich würde streiken, wenn ich jede Nacht eine neue Sicherung anstoßen müsste ...

Natürlich hält Ihr Debian-Server auch hierfür eine Lösung parat: **cron**. Dabei handelt es sich um einen Dienst, der zeitlich gesteuert bestimmte Aufgaben ausführt.

12.7.1 Der cron-Daemon

Auf nahezu jedem Linux läuft ein cron-Daemon. Unter Debian ist dies /usr/sbin/cron. Der Daemon wacht jede Minute auf und schlägt in seinem Terminkalender, der crontab nach, ob er etwas zu erledigen hat – wenn nicht, dreht er sich um und schläft eine weitere Minute ...

Es gibt eine zentrale Datei, in der die cron-Jobs des Systems zu finden sind: /etc/crontab. Werfen wir einen Blick in die Standardversion unter Debian (*Lenny* wie *Etch*):

```
# /etc/crontab: system-wide crontab
# Unlike any other crontab you don't have to run the `crontab'
# command to install the new version when you edit this file.
# This file also has a username field, that non of the other crontabs do.

SHELL=/bin/sh
PATH=/usr/local/sbin:/usr/local/bin:/sbin:/bin:/usr/sbin:/usr/bin

# m h dom mon dow user  command
17 * * * *  root   run-parts --report /etc/cron.hourly
25 6 * * *  root   test -x /usr/sbin/anacron || run-parts --report /etc/
cron.daily
47 6 * * 7  root   test -x /usr/sbin/anacron || run-parts --report /etc/cron.wee-
kly
52 6 1 * *  root   test -x /usr/sbin/anacron || run-parts --report /etc/
cron.monthly
#
```

Uns interessiert hier insbesondere der untere Teil, in dem die Jobs definiert werden. Jede Zeile ist nach dem Prinzip »wann passiert was« aufgebaut. Die Zeilen, die mit einem # beginnen, sind natürlich wieder Kommentarzeilen und werden von cron ignoriert.

Die vorderen fünf Spalten sind von links nach rechts so zu betrachten:

* Minuten	* Stunden	* Tag	* Monat	* Wochentag
0–59	0–23	1–31	1–12	0–7 0, 7 = So

Dahinter folgt der Benutzer, mit dessen Rechten die Tasks (Aufgaben) aufgerufen werden. Als Letztes wird ganz rechts das auszuführende Skript oder der Befehl aufgeführt.

Demnach wird in der ersten Zeile in jeder Stunde jeweils nach 17 Minuten als Benutzer root ein Programm namens **run-parts** mit der Option --report und dem Parameter /etc/cron.hourly ausgeführt. Das Programm **run-parts** ruft alle ausführbaren Programme und Skripte im angegebenen Verzeichnis auf und führt sie aus. Die Option --report sorgt dafür, dass die Namen der Programme auf der Konsole ausgegeben werden.

Im Verzeichnis /etc existieren die Unterverzeichnisse cron.hourly, cron.daily, cron.weekly und cron.monthly. In ihnen befinden sich Skripte, die zu entsprechenden Zeiten ausgeführt werden sollen. So finden Sie zum Beispiel im Verzeichnis cron.daily das Skript logrotate. Dieses startet das Programm /usr/sbin/logrotate, das für ein automatisches Rotieren der Logfiles sorgt. Dieses wird einmal pro Tag gemäß /etc/crontab aufgerufen. Werfen Sie am besten einmal einen Blick in sämtliche Verzeichnisse und untersuchen die dort befindlichen Skripte, um zu sehen, was auf Ihrem System alles automatisch abläuft.

Während /etc/cron.hourly direkt aufgerufen wird, lautet die Befehlszeile für die anderen drei Verzeichnisse etwas anders:

```
test -x /usr/sbin/anacron || run-parts --report /etc/cron.daily
```

Hiermit wird zunächst geschaut, ob /usr/sbin/anacron existiert. Ist dies nicht der Fall, kommt durch die ODER-Verknüpfung (||) der zweite Befehl run-parts zur Ausführung.

Das Programm **anacron** ist eine Ergänzung zu cron und macht sich insbesondere auf Systemen nützlich, die nicht ununterbrochen laufen, wie zum Beispiel Workstations.

> Wird ein cron-Job nicht ausgeführt, weil das System zu diesem Zeitpunkt nicht hochgefahren ist, wird der Job später auch nicht nachgeholt.

Das kann unter Umständen zu Schwierigkeiten führen, daher führt **anacron** alle Jobs aus, die aufgrund eines heruntergefahrenen Systems zu der vorgesehenen Zeit nicht gestartet werden konnten.

Damit Sie mit den Zeitangaben ein wenig vertraut werden, finden Sie nachfolgend ein paar Beispiele, die die Syntax verdeutlichen:

Jeden Tag um 6 Uhr 25:

```
25 6 * * *
```

Jeden Sonntag um 6 Uhr 47:

```
47 6 * * 7
```

Für Sonntag können Sie sowohl 0 als auch 7 einsetzen.

Jeden 1. des Monats um 6 Uhr 52:

```
52 6 1 * *
```

Ein Komma lässt mehrere Zeitangaben zu, zum Beispiel jeden Tag um 12 und um 15 Uhr:

```
* 12,15 * * *
```

Ein Bindestrich gibt einen Zeitraum an, zum Beispiel jeden Tag von 12-24 Uhr zur vollen Stunde:

```
* 12-24 * * *
```

Ein Schrägstrich teilt einen Zeitraum ein, beispielsweise zwischen 6 und 23 Uhr alle 15 Minuten:

```
*/15 6-23 * * *
```

12.7.2 cron-Jobs für Benutzer

Neben den systemweiten cron-Jobs kann jeder erlaubte Benutzer Ihres Linux-Servers seine eigenen cron-Jobs erstellen. Dazu kann vom Benutzer das Programm /usr/bin/crontab aufgerufen werden, um eine persönliche crontab-Tabelle zu erstellen. Die Dateien /etc/cron.allow und /etc/cron.deny regeln, wer eigene Aufträge einrichten darf.

Existiert /etc/cron.allow, dann dürfen nur die darin aufgeführten Benutzer (einer pro Zeile) crontab benutzen. Enthält diese Datei keine Einträge, dann darf niemand crontab nutzen, die System-crontab existiert aber immer.

Die Datei /etc/cron.deny wird nur ausgewertet, wenn /etc/cron.allow nicht existiert; diese Datei enthält die Benutzer, die crontab nicht benutzen dürfen, und hat dieselbe Syntax wie cron.allow.

Existieren beide Dateien nicht, darf jeder Benutzer seine eigene crontab erstellen.

12.7.3 Einen cron-Job mit crontab erstellen

Im nächsten Abschnitt werden wir für das System eine Beispielsicherung einrichten. Doch zunächst betrachten wir crontab aus der Benutzersicht. Zunächst müssen Sie Ihre persönliche crontab erstellen bzw. editieren:

```
$ crontab -e
```

Es öffnet sich der Standardeditor, über den Sie entsprechende Eintragungen vornehmen können. Als ganz einfaches Beispiel wollen wir jede Stunde die locate-Datenbank aktualisieren. Der Eintrag sieht folgendermaßen aus:

```
1 * * * * updatedb
```

Speichern Sie die vom Befehl **crontab** automatisch angelegte Datei. Der cron-Job ist ab sofort aktiv. Möchten Sie Ihre persönlichen cron-Jobs ansehen, geben Sie Folgendes ein:

```
$ crontab -l
1 * * * * updatedb
```

Möchten sie (als root) die crontab eines anderen Benutzers einsehen, können Sie diesen mit -u angeben:

```
# crontab -u hans -l
no crontab for hans
```

> Welche Aktivitäten cron entwickelt, können Sie übrigens in /var/log/syslog überprüfen.

12.7.4 Zeitlich gesteuerte Sicherungen einrichten

Möchten Sie Backups über cron-Jobs einrichten, nutzen Sie natürlich die systemweite crontab, das heißt, Sie editieren /etc/crontab. Für ausgereifte Backups bietet es sich an, entsprechende Shellskripte zu schreiben und diese aufrufen zu lassen. Für unsere Zwecke genügt eine entsprechende Zeile, die den Backup-Befehl direkt enthält. Lassen Sie uns als

Beispiel die Home-Verzeichnisse aller Benutzer auf eine externe Platte sichern, die unter /backup gemountet ist. Dies soll einmal pro Woche am Sonntag um 1 Uhr nachts geschehen. Die entsprechende Zeile in /etc/crontab sieht dann folgendermaßen aus:

```
* 1 * * 0 tar -cvzf /backup/home_backup_voll.tar.gz /home
```

Hierbei handelt es sich um eine Vollsicherung. Als zweites Beispiel ergänzen wir diese Vollsicherung um eine differenzielle Sicherung am Mittwoch, ebenfalls um 1 Uhr nachts:

```
* 1 * * 3 tar -cvzf /backup/home_backup_diff.tar.gz $(find /home -type f -mtime-
3)
```

Natürlich ergeben diese zwei Sicherungen keine zuverlässige Backup-Strategie. Dennoch sollte Ihnen jetzt das Prinzip klar geworden sein, wie Sie automatische Backups einrichten können.

Beachten Sie, dass Sie für jede Sicherung innerhalb des Backup-Zyklus eine eigene Zeile einrichten müssen – hätten wir in obigem Beispiel zwei Vollsicherungen pro Woche gewünscht, zum Beispiel am Sonntag und am Mittwoch, können wir nicht einfach 0,3 in der Spalte Wochentag schreiben. Dies würde dazu führen, dass die eine Sicherung durch die andere überschrieben werden würde.

In der Regel werden Sie einen cron-Job über ein Shellskript ausführen lassen, da Sie sonst auf eine Befehlszeile beschränkt sind. Wie Sie sehen, wird das bereits bei einer sehr einfachen differenziellen Sicherung sehr eng.

Wie Sie Shellskripte schreiben, erfahren Sie im nächsten Kapitel.

12.8 Zusammenfassung und Weiterführendes

Das Thema »Backup« kann in seiner Wichtigkeit nicht hoch genug angesehen werden. Dabei sollten Sie auch nicht am falschen Ende sparen – ein passendes Backup nach einem Festplattencrash kann Ihnen sehr viel Stress ersparen.

Wichtig ist, dass Sie überlegen, wie Ihre Sicherungsstrategie aussehen soll und diese auch konsequent umsetzen. In vielen kleineren Umgebungen werden sporadisch Backups durchgeführt, und im Bedarfsfall hofft der Admin, dass da noch irgendwo eine Sicherung ist, die wenigstens halbwegs aktuell ist – nicht, dass ich das irgendwann einmal so gemacht hätte ... wie kommen Sie denn darauf?

Auf jeden Fall habe ich aus eigener leidvoller Erfahrung gelernt, dass das einzige Backup, das man jemals benötigt, genau jenes ist, das man »ausnahmsweise« gerade nicht gemacht hat. Sorgen Sie also dafür, dass es niemals dazu kommt, indem Sie die Backups automatisieren und eine wasserdichte Backup-Strategie fahren.

Darüber hinaus lege ich Ihnen wärmstens ans Herz, wenigstens einmal im Quartal eine Rücksicherung vorzunehmen, um so den Ernstfall zu testen. Ich habe auch schon die Erfahrung gemacht, dass die Sicherungen nicht das enthielten, was man erwartet hat – von daher gehen Sie besser auf Nummer sicher!

Kapitel 13

Einführung in die Shellskript-Programmierung

Inzwischen haben Sie schon einige Befehle kennen gelernt und damit einen ganz ansehnlichen Werkzeugkasten aufgebaut. Viele Routineaufgaben wiederholen sich häufig, zum Beispiel das Anlegen eines Benutzers. Das könnte man bestimmt etwas komfortabler gestalten. Darüber hinaus fehlt Ihnen vielleicht die eine oder andere Funktion in Ihrem Werkzeugkasten. Vielleicht hat es Sie schon sehr geärgert, dass Sie versehentlich eine wichtige Datei gelöscht haben? Wie wäre es, wenn wir uns eine Art Papierkorb erstellen würden, ähnlich wie bei Windows?

Diese beiden Beispiele werde ich aufgreifen, um Ihnen eine Einführung in die Shellskript-Programmierung anzubieten. In diesem Kapitel geht es um folgende Themen:

- Was sind Shellskripte?
- Bedingte Verzweigungen
- Schleifen mit `while`
- Parameter beim Skriptaufruf verarbeiten mit `if ... then`
- Zeichenketten bearbeiten
- Listen einlesen und verarbeiten mit `for`
- Fälle unterscheiden mit `case`
- Zustände abfragen mit `test`
- Skripte optimieren mit Funktionen
- Analyse eines »echten« Shellskripts `/etc/init.d/rc`

Haben Sie dieses Kapitel durchgearbeitet, sind Sie natürlich noch nicht zum Profiprogrammierer mutiert – dazu müssen Sie schon noch ein paar Jahre Programmierpraxis dranhängen ;-). Andererseits sollten Sie eine gute Grundlage zum Schreiben eigener Skripte haben. Außerdem werden Sie in der Lage sein, die vorhandenen Skripte Ihres Linux-Systems in Ihrer grundlegenden Funktionsweise zu verstehen.

13.1 Was sind Shellskripte eigentlich?

Die Bash und andere Shells unter Unix und Linux verfügen über eine eigene Programmiersprache – bei weitem nicht so leistungsfähig wie C/C++, Java, Delphi und andere Sprachen, aber dennoch erstaunlich flexibel. Es reicht jedenfalls aus, um viele Routineaufgaben zu automatisieren.

Ein Shellskript besteht aus Benutzerabfragen, Bildschirmausgaben, bedingten Verzweigungen, Schleifen und vor allem aus normalen Linux-Kommandos, die Sie auch per Hand auf der Konsole aufrufen könnten. Fast alle Vorgänge beim Start eines Linux-Systems basieren auf Shellskripten. In Kapitel 6 *Der Linux-Systemstart* haben Sie dieses Prinzip bereits kennen gelernt. Der Prozess `/sbin/init` ruft `/etc/init.d/rc` mit einer Runlevel-Ziffer als Parameter auf. Das Skript `/etc/init.d/rc` führt daraufhin alle erforderlichen Maßnahmen durch, um das gewünschte Runlevel zu erreichen. Dazu werden weitere Skripte aus `/etc/init.d` aufgerufen, die über Softlinks in den jeweiligen Runlevel-Verzeichnissen `/etc/rc[0-6].d` festgelegt werden. Am Ende dieses Kapitels werden wir gemeinsam das Skript `/etc/init.d/rc` analysieren, um Ihnen zu demonstrieren, wie transparent Linux aufgebaut ist.

Zur Abarbeitung von Shellskripten wird ein Interpreter benötigt. Dieser ist in der jeweiligen Shell integriert. Daraus folgt andererseits, dass Shellskripte nicht kompiliert werden, sie werden also nicht von einem Compiler in Maschinensprache übersetzt. Ein Shellskript liegt daher immer als Textdatei vor, niemals in binärer Form, so wie zum Beispiel C-Programme.

Sie können Ihre Shellskripte folglich mit einem normalen Texteditor erstellen und bearbeiten. Wie Sie bereits im letzten Kapitel gelernt haben, gibt es Editoren, die Syntax-Highlighting beherrschen. Das ist ein äußerst nützliches Feature beim Erstellen Ihrer Skripte, da es die Fehler reduziert und die Lesbarkeit erhöht.

Auch bei Shellskripten gibt es – wie bei allen anderen Dateien unter Linux – keine verpflichtende Namenskonvention. Oftmals wird allerdings `.sh` an den Skriptnamen angehängt. Entscheidend ist jedoch, dass für eine Datei, die Shellskript-Code enthält, das Ausführungsrecht (x) gesetzt ist. Dies erreichen Sie in der einfachsten Form folgendermaßen:

```
# chmod +x <Shellkskript-Name>
```

Dies setzt auf allen drei Ebenen (Eigentümer, Gruppe und Welt) das Ausführungsrecht. Natürlich können Sie das entsprechend einschränken, siehe Kapitel 8 *Rechteverwaltung*.

Während der Ausführung eines Shellskripts wird eine neue Shell gestartet. Diese Shell ist eine Subshell und sie ist nicht interaktiv – das heißt, sie wird aus der aktuellen Benutzershell gestartet, arbeitet das Skript ab und wird anschließend wieder beendet.

In den meisten Shellskripten finden Sie folgende erste Zeile:

```
#!/bin/sh
```

Hiermit definieren Sie die aufzurufende Shell, wobei `/bin/sh` der Default-Shell des Betriebssystems entspricht (siehe Kapitel 9 *Einführung in die Bash*). Es bietet sich an, die Shell in dieser Art zu definieren, da nicht alle Shellbefehle kompatibel zueinander sind und daher Probleme verursachen könnten.

13.2 Ein Skript zum Erstellen von Skripten

Als Erstes werden wir ein Skript erstellen, das uns die sonst notwendigen Routinearbeiten abnimmt, die beim Schreiben eines Shellskripts anfallen. Wir nennen es **bs** für »build script«. Dieses Skript soll Folgendes leisten:

1. Das als Parameter übergebene Skript soll im Home-Verzeichnis des Benutzers unter `~/skripte/` erstellt werden.
2. Existiert dieses Verzeichnis noch nicht, soll es erstellt werden.
3. Ein Editor soll gestartet werden, damit das Skript erstellt werden kann.
4. Nach Beendigung des Editors sollen die Rechte für die neu erstellte Textdatei so gesetzt werden, dass daraus ein ausführbares Skript wird.

Das klingt ganz schön kompliziert, oder? Ist es aber gar nicht. Sehen Sie sich den Shellskript-Code von `bs` einmal an:

```
1 [ -z "$1" ] && echo "usage: bs <Scriptname>" && exit 1
2 test -d $HOME/scripts || mkdir $HOME/scripts
3 editor $HOME/scripts/$1
4 chmod +x $HOME/sc/$1
```

Auf die Zeile `#!/bin/sh` wurde verzichtet. Die Ziffern zu Beginn jeder Zeile sind nicht Bestandteil des Codes. Sie dienen lediglich der Erläuterung. Und genau damit legen wir los:

In der ersten Zeile wird zunächst ein Wahrheitswert überprüft. Bei den bedingten Verzweigungen komme ich darauf zurück. Hier wird der Inhalt von `$1` überprüft. Diese Variable enthält den ersten Parameter, der beim Skriptaufruf übergeben wurde. Ist diese Variable leer (`-z` für *zero*, null) wird der Ausdruck wahr. Wahr ist ein Ausdruck dann, wenn Sie die Aussage in der eckigen Klammer bejahen können. Anders formuliert: Wurde KEIN Parameter angegeben, ist der Ausdruck wahr – damit kommt durch die UND-Verknüpfung der Befehle (`&&`) `echo` zur Ausführung. Anschließend wird das Skript durch `exit 1` (mit einem Fehler) beendet.

Die zweite Zeile testet, ob ein Verzeichnis (`-d`) `$HOME/scripts` existiert. Ist dies nicht der Fall, greift die ODER-Verknüpfung. In diesem Fall wird das Verzeichnis mit `mkdir` neu erstellt.

In der dritten Zeile wird der Standardeditor aufgerufen. Er erstellt eine Datei mit dem als Parameter übergebenen Skriptnamen im Verzeichnis `$HOME/scripts`. Sie können anschließend den Shellskript-Code eingeben.

Beenden Sie den Editor, kommt Zeile 4 zur Ausführung; die erstellte Datei wird mit `chmod +x` ausführbar gemacht und kann ab sofort als Shellskript aufgerufen werden.

Stellen Sie sicher, dass das Verzeichnis `$HOME/scripts` in Ihrer PATH-Variablen enthalten ist. Dazu können Sie – wie in Kapitel 9 *Einführung in die Bash* beschrieben – eine entsprechende Zeile in Ihrer Profildatei `~/.profile` einfügen:

```
PATH=$PATH':~/scripts'
```

Nach einer Neuanmeldung ist der zusätzliche Eintrag aktiv. Sie können dies mit dem Befehl **`echo $PATH`** überprüfen.

Erstellen Sie nun das Skript und testen Sie es folgendermaßen aus:

```
# bs test.sh
```

Es sollte sich Ihr Standardeditor öffnen. Geben Sie Folgendes ein:

```
echo "Dies ist mein erstes Shellskript"
```

Anschließend speichern Sie die Datei und beenden den Editor. Sie sollten nun direkt das Skript `test.sh` aufrufen können:

```
# test.sh
Dies ist mein erstes Shellskript
```

Mit diesem kleinen Hilfsprogramm **bs** ersparen Sie sich einige Arbeitsschritte bei der Erstellung von Shellskripten – ob Sie **bs** einsetzen oder nicht, bleibt natürlich Ihnen überlassen.

13.3 Variablen

Das folgende Skript können Sie nur als `root` ausführen, da nur `root` Benutzer anlegen kann. Wir erstellen gemeinsam ein Skript namens **nb** (für **n**euer **B**enutzer). Sie merken schon: Ich bin ziemlich faul bei der Namensgebung – Sie können Ihr Skript natürlich auch `neuerbenutzermitdialog` nennen ...

Das Skript soll Folgendes leisten:

- Der Username soll eingelesen werden.
- Das Home-Verzeichnis soll festgelegt werden.
- Die Hauptgruppe soll definiert werden.
- Ein Kommentar soll erfasst werden.
- Der neue Benutzer soll angelegt werden.

Hier benötigen wir schon ein wenig mehr Zeilen Skriptcode, aber es bleibt überschaubar. Zunächst der Code:

```
1 #!/bin/bash
2 # Name
3 echo -n "Username: "
4 read name
5 # Home
6 echo -n "Homeverzeichnis: "
7 read home
8 # Gruppe
9 echo -n "Hauptgruppe: "
10 read gruppe
11 # Kommentar
12 echo -n "Kommentar: "
13 read kommentar
14 useradd -m -d $home -g $gruppe -c "$kommentar" $name && \
15 echo "Benutzer $name wurde erstellt"
```

In Zeile 1 definieren wir die Shell (`/bin/bash`). Bei den meisten Skripten steht hier `/bin/sh`, was normalerweise auf dasselbe hinausläuft, da die Default-Shell unter Linux die Bash ist.

Zeile 2 enthält einen Kommentar. Beginnt eine Zeile mit `#`, wird sie nicht ausgewertet. Die einzige Ausnahme bildet die erste Zeile.

> Es gehört zu einem guten Programmierstil, seinen Skriptcode zu dokumentieren. Was Ihnen heute noch völlig logisch vorkommt, stellt Sie in einigen Monaten vielleicht vor Rätsel. Dann sind Sie – oder jeder andere, der Ihren Shellskript-Code liest – dankbar für jede Erläuterung.

In Zeile 3 rufen Sie den Ihnen bereits bekannten Befehl `echo` auf. Die Option `-n` sorgt dafür, dass nach dieser Ausgabe KEIN Zeilenumbruch erfolgt.

Zeile 4 enthält ein neues Konstrukt. Mit `read <Variable>` wird eine Eingabe von der Tastatur eingelesen und in der angegebenen Variablen gespeichert. Im Gegensatz zu anderen Programmiersprachen müssen Sie diese Variable weder zunächst deklarieren noch ihr einen Typ (zum Beispiel `char` oder `integer`) zuweisen. Dies übernimmt die Shell für Sie.

> Wählen Sie für Ihre Variablen aussagefähige Bezeichnungen. Beachten Sie, dass die Variable `$HOME` nicht der Variablen `$home` entspricht – Groß- und Kleinschreibung werden genau unterschieden. Viele Shellskript-Programmierer definieren am Anfang ihres Skripts bestimmte Variablen mit Werten, die im Skript an mehreren Stellen auftauchen. Bei C/C++ und anderen Programmiersprachen nennt man dies »Konstanten«, da sich die Werte nicht im Laufe der Abarbeitung des Skripts ändern. Sollten sich diese grundlegenden Werte dennoch einmal ändern, so kann dies einmalig zu Beginn des Skripts angepasst werden, indem die Werte der Konstanten verändert werden. Variablen dieser Art werden gemäß (nicht zwingender) Konvention groß geschrieben.

Zurück zu unserem Skript: Es werden nach und nach Eingaben für Usernamen, Home-Verzeichnis, Hauptgruppe und Kommentar eingelesen. Erst Zeile 14 enthält dann wieder etwas Neues. Zunächst wird der Befehl **`useradd`** mit den entsprechenden Parametern aufgerufen. Wie Sie sehen können, werden die Variablen nun über `$<Variable>` referenziert, das heißt, es wird ihr Wert ausgelesen und eingesetzt. Am Ende dieser Zeile steht wieder die UND-Verknüpfung (&&), das heißt, der folgende Befehl kommt nur zur Ausführung, wenn **`useradd`** erfolgreich war. Aber welcher Befehl ist das?

Der Backslash (\) ist – wie Sie bereits wissen – das Maskierungszeichen. In diesem Fall verhindert er, dass das nachfolgende [Enter] von der Bash registriert wird. Damit gehört die Zeile 15 logisch gesehen noch zur Zeile 14. Der Befehl **`echo`** wird also genau dann ausgeführt, wenn **`useradd`** aus Zeile 14 erfolgreich war. Voilà!

> Dieses Maskierungszeichen wäre nicht unbedingt notwendig gewesen. Ich habe es jedoch an dieser Stelle eingefügt, um nicht endlos in einer Zeile weiterschreiben zu müssen. Dies verbessert die Übersicht in der Skriptdatei.

Sie sollten das Skript nun erstellen und austesten. Seien Sie nicht zu hart mit sich, wenn am Anfang bestimmte Dinge nicht auf Anhieb klappen. Meiner Erfahrung nach gibt es keinen Fehler, den Sie nicht irgendwann einmal (oder mehrmals) machen, wenn Sie anfangen, zu programmieren. Sollte also irgendeine Fehlermeldung auftauchen, schauen Sie sich Ihr

Skript noch einmal in aller Ruhe an – das System funktioniert in der Regel, das Problem sitzt meistens vor dem Bildschirm ... ;-).

Testen wir das Skript:

```
# nb
Username: testuser
Homeverzeichnis: /home/testuser
Hauptgruppe: users
Kommentar: nurntest
Benutzer testuser wurde erstellt
```

So weit, so gut! Doch Sie werden bemerkt haben, dass das Skript einige Schwächen aufweist. Zum Beispiel müssen Sie das Home-Verzeichnis und die Hauptgruppe angeben – es gibt keinen Default-Wert. Außerdem muss die Hauptgruppe bereits existieren. Hier besteht eindeutig noch Optimierungsbedarf. Wäre doch gelacht, wenn wir das nicht hinbekommen würden, was meinen Sie?

13.4 Bedingte Verzweigungen – wenn, dann

Wir haben in unserem ersten Skript **bs** bereits eine Abfrage eingebaut – und zwar gleich in der ersten Zeile, als wir die Variable `$1` abgefragt haben, um sicherzustellen, dass der Benutzer das Skript mit einem Skriptnamen als Parameter aufgerufen hat. Dabei haben wir einen Trick angewandt, indem wir den nächst folgenden Befehl mit && an die Bedingung in der eckigen Klammer geknüpft haben. Nun zeige ich Ihnen einen eleganteren und flexibleren Weg. Das Prinzip funktioniert folgendermaßen:

```
wenn <Bedingung> dann <Reaktion>
```

Sie können sogar noch weitere Abfragen einbauen:

```
sonst wenn <Bedingung> dann <2. Reaktion>
```

und

```
sonst <Handlung>
```

Das Ganze wird programmtechnisch folgendermaßen formuliert:

```
if [<Bedingung>]; then
   <Anweisung>
elif [<Bedingung>]; then
   <Anweisung>
else
   <Anweisung>
fi
```

Ja, Sie haben richtig gelesen! In der letzten Zeile schließt `fi` die bedingte Verzweigung ab. Es handelt sich um ein umgekehrtes `if`. Dies begegnet Ihnen auch später noch einmal bei `case`, das mit `esac` abgeschlossen wird. Linux-Programmierer haben eben einen Sinn für das Besondere ...

Der elif-Block ist optional und wird abgefragt, wenn die if-Bedingung nicht wahr ist. Dasselbe gilt für else; dieser Block kommt zur Anwendung, wenn weder die Bedingungen für if noch elif wahr sind. Natürlich ist dann keine Bedingungsabfrage mehr erforderlich.

Der Formulierung von Bedingungen kommt eine entscheidende Bedeutung zu. Sie können verschiedene Bedingungstypen formulieren. Normalerweise wird der Wert von Variablen überprüft. Die Bedingung wird immer in eckige Klammern gesetzt. Ist sie wahr, wird der nachfolgende Anweisungsblock ausgeführt, andernfalls wird er bis zur nächsten Abfrageanweisung (elif, else oder fi) übersprungen. Schauen wir uns die Bedingungstypen einmal an.

Zeichenketten:

Bedingung	Abfrage auf folgende Frage:
["$<Variable1>" = "$<Variable2>"]	Sind die Variablenwerte gleich?
["$<Variable1>" != "$<Variable2>"]	Sind die Variablenwerte ungleich?
["$<Variable>"]	Enthält die Variable einen Wert?
[-z "$<Variable>"]	Ist die Variable leer?

Dateien:

Bedingung	Abfrage auf folgende Frage:
[-d $<Variable>]	Ist der Inhalt der Variablen ein Verzeichnis?
[-f $<Variable>]	Ist der Inhalt der Variablen eine Datei?
[-e $<Variable>]	Existiert eine Datei oder ein Verzeichnis mit dem Variablenwert?

Achtung: Die angegebenen Leerzeichen nach der öffnenden und vor der schließenden Klammer sind zwingend erforderlich! Das ist eine häufige Fehlerquelle!

Wir können nun unser Skript zum Erstellen neuer Benutzer etwas erweitern, um leere Eingaben abzufangen. Ersetzen Sie den Bereich # Home ab Zeile 6 mit folgendem Code:

```
6 echo -n "Homeverzeichnis [/home/$name]: "
7 read home
8 if [ -z "$home" ]; then
9     home=/home/$name
10 fi
```

Damit können Sie einen Default-Wert definieren. Wurde in Zeile 7 vom Benutzer keine Angabe gemacht, bleibt die Variable leer, die Bedingung in Zeile 8 ist wahr und der then-Block (in diesem Fall nur Zeile 11) bis fi wird ausgeführt.

Übung: Aufgewacht! Sie sind dran: Ersetzen Sie analog den Bereich # Gruppe mit einer Abfrage nach der Variablen gruppe. Ist sie leer, weisen Sie ihr den Wert users zu.

Die Variable kommentar müssen Sie übrigens nicht überprüfen, da auch ein leerer Wert akzeptiert wird – es steht dann eben nichts im Kommentarfeld in /etc/passwd.

> Die Bedingung muss immer mit wahr oder falsch beantwortet werden können. Per Definition ist Null (0) falsch und jeder andere Wert wahr. Eine Bedingung
>
> `if [1]; then` bleibt demnach immer wahr, ist aber natürlich unsinnig. Setzen Sie aber eine Variable ein und fragen nach `if [ "$<Variable>" ]; then`, ergibt es einen Sinn: hat sie einen (beliebigen) Wert, ist die Bedingung wahr, sonst (wenn 0 bzw. leer) falsch.

13.5 Schleifen – wiederholte Ausführung

Vielleicht haben Sie sich gewundert, dass wir bisher gar nicht überprüfen, ob ein Login-Name eingegeben wurde. Das hat einen ganz einfachen Grund: Wir können hier keinen Default-Wert einsetzen, der Benutzer des Skripts muss zwingend eine Eingabe vornehmen. Die Eingabeaufforderung für den Namen muss so lange erfolgen, bis der Benutzer eine Eingabe gemacht hat. Das erreichen wir mit einer Schleife. Es gibt verschiedene Schleifentypen. Die Grundform sieht folgendermaßen aus:

```
solange <Bedingung wahr> führe aus <Anweisung>
```

Das wird in folgende Konstruktion verpackt:

```
while [ <Bedingung> ]; do
   <Anweisung>
done
```

Damit erzwingen wir nun die Eingabe eines Benutzernamens. Ersetzen Sie den Bereich `# Name` ab Zeile 3 folgendermaßen:

```
3 while [ -z "$name" ]; do
4   echo -n "Username: "
5   read name
6 done
```

Ein weiteres Beispiel finden wir in der Behandlung der Gruppe. Sie muss existieren. Um Fehler abzufangen, können wir die Datei `/etc/group` durchsuchen, ob die angegebene Gruppe tatsächlich existiert. Wenn nicht, fordern wir den Benutzer erneut auf, die Gruppe zu nennen. Gibt er gar keine Gruppe an, setzen wir die Gruppe auf `users`, die Default-Gruppe. Ersetzen Sie den Bereich `# Gruppe` ab Zeile 9 (des Originalskripts) durch Folgendes:

```
9  while [ -z $(grep ^$gruppe: /etc/group) ]; do
10    echo "Gruppe [users]: "
11    read gruppe
12    if [ -z "$gruppe" ]; then
13       gruppe=users
14    fi
15 done
```

Das wirkt doch schon etwas anspruchsvoller, oder? Sie werden die Zeilen vielleicht ein paar Mal lesen müssen, um den Sinn voll zu erfassen. Ich mache es Ihnen so leicht wie möglich:

In Zeile 9 wird die Datei `/etc/group` mit `grep` durchforstet. Betrachten wir die Zeile von innen nach außen: Der Befehl sucht nach einem Ausdruck, der dem Inhalt der Variable `gruppe` entspricht. Dieser muss am Anfang einer Zeile stehen, gefolgt von einem Doppelpunkt. Damit das für Sie einen Sinn ergibt, rufen Sie sich noch einmal die Syntax von **/etc/group** ins Gedächtnis:

```
<Gruppe>:x:<GID>:[<zusätzliche Mitglieder>]
```

Für jede Gruppe ist eine Zeile reserviert. Der Gruppenname steht am Anfang (^) der Zeile und wird durch einen Doppelpunkt von der nächsten Spalte getrennt.

Da auch `grep` 0 bzw. nichts zurückgibt, wenn er nichts findet, kann die Ausgabe des Befehls auch mit `-z` untersucht werden. Dazu nutzen wir die Kommandosubstitution `$(<Befehl>)`, die das Ergebnis des Befehls enthält. Daraus ergibt sich folgende Bedingung:

```
[ -z $(grep ^$gruppe: /etc/group) ]
```

Sie ist genau dann wahr, wenn `grep` nichts findet. Und genau dann muss auch noch einmal nachgefragt werden, daher Zeile 10 und 11. Die Schleife wird im Übrigen mindestens einmal durchlaufen, da eine Variable ohne Wertzuweisung zunächst den Wert 0 bzw. keinen Wert hat (das ist in diesem – nicht in allen Fällen! – dasselbe).

Damit gibt **grep** im ersten Check der Bedingung nichts zurück (weil `$gruppe` noch keinen Wert hat), und die Bedingung ist somit wahr.

> Sollte Ihnen das jetzt etwas zu heftig sein, atmen Sie erst einmal tief durch. Nehmen Sie sich Zeit und gehen Sie das Konstrukt bis hierher noch einmal durch, bis Sie es verstanden haben. Geben Sie sich etwas Zeit, vielleicht dauert es einen Moment, aber irgendwann kommt der Aha-Effekt, versprochen!

Nun könnten wir an dieser Stelle die Schleife abschließen. Aber eleganter ist es, auch hier einen Default-Wert anzubieten. Wenn der Benutzer nichts eingibt, wird die Gruppe `users` festgelegt. Die Zeilen 12-14 formulieren das analog zu unserem vorigen Beispiel. Zeile 15 schließt die `while`-Schleife mit `done` ab.

Für Einsteiger in die Programmierung ist es oft schwierig, die Logik hinter manchen Programmkonstrukten zu erfassen. Und haben Sie es endlich begriffen, fragen Sie sich, wie Sie jemals selbst auf eine solche Konstruktion kommen sollen – im Leben nicht!

Nun, ich habe eine gute und eine schlechte Nachricht für Sie! Zuerst die gute: Sie werden es irgendwann verstehen und auch selbst anwenden können.

Jetzt die schlechte: Das geht nicht über Nacht! Sie brauchen Geduld, Kreativität und eine hohe Affinität zur *Was-passiert-dann-Maschine*!

Genug lamentiert, zurück zur Sache. Lassen Sie uns einige sinnvolle Ergänzungen einbauen:

Wie Sie ja wissen, benötigt ein Benutzer grundsätzlich ein gesetztes Passwort, um sich anzumelden. Daher fügen wir unserer letzten Zeile den `passwd`-Befehl hinzu:

```
useradd (...) && passwd $name
```

Der `useradd`-Ausdruck bleibt, wie er ist, aber er wird durch eine bedingte UND-Verknüpfung ergänzt – `passwd` wird nur dann aufgerufen, wenn `useradd` erfolgreich war.

Die nächste Ergänzung: Wir können nachfragen, ob die Eingabe richtig war, oder ob der Benutzer gern eine Änderung wünscht. Das sieht dann für den Benutzernamen folgendermaßen aus – und diesmal überlassen wir dem Benutzer die Verantwortung:

```
2 # Name
3 ok=n
4  while [ "$ok" = "n" ]; do
5     echo -n "Username: "
6     read name
7     echo "ok [y/n]: "
8     read ok
9     if [ "$ok = "n" ]; then
10    unset name
11    fi
12 done
```

Beachten Sie: In Zeile 3 steht eine Variablenzuweisung `ok=n`, hier darf kein Leerzeichen vor und nach dem Gleichheitszeichen stehen!

Wenn wir eine Ja/Nein-Variable mittels `while`-Schleife überprüfen wollen, müssen wir die Variable vorher entsprechend definieren und ihr den »Negativ«-Wert (hier: `n`) zuweisen, damit die Schleife wenigstens einmal durchlaufen wird.

In Zeile 10 wird die Variable zurückgesetzt. Dies ist zwar nicht zwingend notwendig, entspricht aber sauberer Programmiertechnik.

13.6 Parameter beim Skriptstart übergeben

Die meisten Befehle unter Linux erwarten mindestens einen Parameter – ein Verzeichnis, eine Datei, einen Suchstring o.Ä. Shellskripte können das auch, wie Sie bereits bei unserem ersten Skript gelernt haben. Dazu gibt es bestimmte vordefinierte Shellvariablen:

Variable	Bedeutung und Inhalt
`$?`	Rückgabewert des letzten Kommandos
`$!`	Prozess-ID des zuletzt gestarteten Hintergrundprozesses
`$$`	Prozess-ID der aktuellen Shell
`$0`	Dateiname des Skripts (inkl. Pfad)
`$#`	Anzahl der dem Shellskript übergebenen Parameter
`$1 bis $9`	Parameter 1 bis 9
`$* oder $@`	Gesamtheit aller übergebenen Parameter

Diese Aufzählung ist nicht vollständig. Wir betrachten hier insbesondere die Parameter. Nehmen wir an, Sie rufen ein Skript **sk** mit zwei Parametern folgendermaßen auf:

```
# sk par1 par2
```

Dann ist `par1` in `$1` und `par2` in `$2` gespeichert und kann entsprechend ausgelesen werden. Dies machen wir uns in unserem nächsten Skript zunutze.

Während es auf der grafischen Oberfläche KDE oder GNOME durchaus einen Papierkorb gibt – ähnlich wie bei Windows – sind Dateien, die Sie auf der Konsole mit **`rm`** löschen, definitiv weg! Lassen Sie uns ein Skript erstellen, das die Funktion des Papierkorbes nachbildet! Das Skript muss Folgendes leisten:

- Dateien, die gelöscht werden sollen, werden zunächst in ein Archiv gepackt – dadurch lassen sich die Dateien bei Bedarf wieder herstellen.
- Es muss möglich sein, einen Blick in den Papierkorb (sprich: in das Archiv) zu werfen.
- Einzelne Dateien müssen wieder herstellbar sein.

Zunächst erstellen wir ein einziges Skript, das dies alles vermag. Es liegt unter dem Namen `papierkorb` wieder unter `~/scripts` im jeweiligen Home-Verzeichnis. Es werden drei Softlinks im selben Verzeichnis darauf erstellt: `del`, `undel` und `korb`. Sie funktionieren folgendermaßen:

- `del <Datei>` – schiebt die Datei ins Archiv und löscht sie anschließend.
- `undel <Datei>` – stellt das Original im aktuellen Verzeichnis wieder her.
- `korb` – zeigt den Inhalt des Archivs.

> Das klingt für Sie wie von hinten durch die Brust ins Auge? Warum erstellen wir nicht drei einzelne Programme oder fassen die Funktionen in diesem Skript direkt zusammen? Zugegeben, das Beispiel ist ein wenig konstruiert, aber so können wir noch weitere Programmiertechniken integrieren, die Sie vielleicht nützlich finden werden. Außerdem haben Sie so gleich eine Anregung, in welcher Weise Sie das Skript umschreiben können.

Hier eine erste Version des Skripts, die wir noch erweitern werden. Die einzelnen Zeilen werde ich im Anschluss natürlich wieder erläutern:

```
#!/bin/bash
if [ "$0" = "$PWD/del" ]; then
   if [ -z "$1" ]; then
      echo "Benutzung: del <Datei>"
      exit
   elif [ ! -f "$1" ]; then
      echo "$1 ist keine Datei!"
      exit
   fi
   gunzip /home/archiv/muell.tar.gz 2> /dev/null
   tar -rPf /home/archiv/muell.tar $1 2> /dev/null
   gzip /home/archiv/muell.tar
fi
if [ "$0" = " "$PWD/undel" ]; then
   if [ -z "$1" ]; then
      echo "Benutzung: undel <Datei>"
      exit
   elif [ -z $(tar -tzf /home/archive/muell.tar.gz|grep $1) ]; then
      echo "$1 ist nicht im Papierkorb!"
      exit
```

```
21     fi
22     tar -xzPf /home/archive/muell.tar.gz $1 2> /dev/null
23 fi
24 if [ "$0" = "$PWD/korb" ]; then
25     tar -tzf /home/archive/muell.tar.gz 2> /dev/null
```

Nachdem Sie das Skript erstellt haben, müssen Sie zunächst noch einige Vorarbeiten leisten:

1. Erstellen Sie ein Archivverzeichnis: `mkdir /home/archiv`.
2. Vergeben Sie Rechte auf dieses Archiv, so dass Welt Lese- und Schreibrechte hat – denken Sie daran: Ein Programm oder Skript hat nur genau die Rechte, die der Benutzer hat, der das Programm oder den Befehl aufruft. Der Befehl lautet **`chmod 777 /home/archiv`**.
3. Erstellen Sie mit dem Befehl **`ln -s papierkorb <Link>`** die drei Softlinks **`del`**, **`undel`** und **`korb`** auf das Skript **`papierkorb`**.

Um das Skript aufzurufen, *wechseln Sie in Ihr Skriptverzeichnis* und rufen den Link für die entsprechende Funktion auf. Im Moment müssen Sie – auch wenn Sie sich in diesem Verzeichnis befinden – sowohl den Link als auch die zu löschende Datei in jedem Fall mit absolutem Pfadnamen aufrufen, zum Beispiel folgendermaßen:

```
hans@Debian~$ /home/hans/skripts/del /home/hans/zuloeschen.txt
```

Den Grund dafür erläutere ich Ihnen im nächsten Absatz. Zunächst zum Shellskript-Code: Da das Programm über die Links **`del`**, **`undel`** und **`korb`** aufgerufen wird, müssen wir checken, als was das Skript aufgerufen wurde. Die Bedingung in Zeile 2 überprüft, ob der Aufruf über **`del`** kam. Die Variable `$0` enthält den Aufruf mit Pfad – das wäre also zum Beispiel `/home/hans/bin/del`. Die Shell-Variable `$PWD` enthält den aktuellen (absoluten) Pfad; zusammen ergibt `$PWD/del` also auch `/home/hans/bin/del`.

Hier sehen Sie auch schon das größte Handicap unseres Programmchens: Es muss direkt aus dem Verzeichnis aufgerufen werden, in dem sich das Skript befindet, und es muss mit absolutem Pfad aufgerufen werden – das ist noch stark verbesserungswürdig.

An dieser Stelle nutze ich aber meine Chance, Sie mit `$PWD` bekannt zu machen und Ihnen ein (mehr oder weniger) praktisches Beispiel zu präsentieren, in dem Sie diese Variable nutzbringend einsetzen können. Im nächsten Abschnitt werden wir das Skript verfeinern – dann zeige ich Ihnen, wie Sie diese Probleme lösen können.

Ist also die Bedingung in Zeile 2 erfüllt, wird in Zeile 3 überprüft, ob ein Argument mitgeliefert wurde; `$1` enthält das erste übergebene Argument. Ist die Variable `$1` leer, ist der Aufruf fehlerhaft, was wir dem Benutzer auch in Zeile 4 mitteilen. Danach steigen wir sportlich elegant mit **`exit`** in Zeile 5 aus und beenden das Skript.

In Zeile 6 lernen Sie `elif` kennen. Wenn in Zeile 2 festgestellt wurde, dass das Skript als **`del`** aufgerufen wurde, können drei Zustände vorliegen:

1. Es wurde kein Argument, also keine zu löschende Datei, angegeben,
2. Es wurde zwar ein Argument übergeben, aber dieses ist keine existierende Datei und
3. alles ist fein ...

In Zeile 6 fangen wir Nr. 2 ab. Dazu fragen wir mit `-f`, ob $1 eine Datei ist, und negieren das mit dem Ausrufezeichen. Die Bedingung ist also genau dann wahr, wenn `$1` keinem existierenden Dateinamen entspricht. Dies teilen wir dem Benutzer gegebenenfalls analog zu oben in Zeile 7 mit und steigen in Zeile 8 folgerichtig und konsequent aus.

Anschließend beenden wir das innere Abfragekonstrukt mit `fi` in Zeile 9.

> Zur Orientierung: Wir befinden uns immer noch im Zweig der äußeren Abfrage, die in Zeile 2 stattfand. Das ist auch recht gut durch die Einrückungen im Quellcode zu sehen. Damit sind wir also bei Zustand 3 angekommen.

Schauen Sie sich das noch einmal an: Wir kommen nur bis zur Zeile 10, wenn nicht vorher festgestellt wurde, dass das Skript falsch aufgerufen wurde.

Nun also erfüllen wir die eigentliche Aufgabe von **del** in den Zeilen 10, 11 und 12. Wie Sie sehen, leiten wir alle Meldungen der Befehle mit 2> nach `/dev/null`, eine Art »schwarzes Loch« von Linux. Zu Deutsch: es wird nichts ausgegeben. Die Befehle selbst kennen Sie bereits aus dem letzten Kapitel:

In Zeile 11 erstellen wir das Archiv `muell.tar` oder erweitern es um die zu löschende Datei. Dabei erhalten wir durch die Option `-P` den absoluten Pfad zur Datei. Da Archiv muss vorher – wenn vorhanden – entpackt werden (Zeile 10). Ist es nicht vorhanden, läuft der Befehl **gunzip** ins Leere und gibt eine Fehlermeldung aus, die wir über `2> /dev/null` ins schwarze Loch schicken. Danach wird das Archiv mit **gzip** in Zeile 12 gepackt. In Zeile 13 wird also nun der gesamte **del**-Block geschlossen.

Zeile 14 ist analog zu Zeile 2 und fragt nach **undel**. Auch hier könnte wieder kein Argument angegeben worden sein, das wird in den Zeilen 15 bis 17 behandelt. Das kennen Sie ebenfalls schon von den Zeilen 3 bis 5.

Zeile 18 ist da schon interessanter: Das Papierkorb-Archiv `muell.tar.gz` wird zunächst einmal aufgelistet und mit **grep** nach der angegebenen Datei (`$1`) durchsucht. Gibt **grep** nichts zurück (weil die Datei nicht vorhanden ist), ist die Kommandosubstitution leer, durch `-z` wird der gesamte Ausdruck dadurch wahr und der `then`-Block wird ausgeführt. Fehlermeldung und Ausstieg folgen in Zeile 19 und 20. Zeile 21 beendet den `if-elif`-Block.

Ist der Aufruf korrekt, so wird die Datei in Zeile 22 wieder hergestellt. der **undel**-Block wird geschlossen.

Die Zeilen 24 und 25 stehen für den Fall, dass das Skript als **korb** aufgerufen wurde. Zeile 25 zeigt schlicht den Inhalt des **tar**-Archivs an. Es ist kein `fi` nötig, da der ganze Anweisungsblock nur eine einzige Zeile umfasst. Fertig!

13.7 Zeichenketten ausschneiden

Leider können Sie in Bedingungsabfragen nicht einfach einen regulären Ausdruck bzw. Pattern verwenden. Damit könnten Sie zum Beispiel nach `*/del` fragen und könnten so das Pfadproblem umgehen. Ich habe aber einen anderen Vorschlag für Sie:

Schneiden Sie doch einfach den überflüssigen Pfad aus der Variablen `$0` und vergleichen Sie diesen mit **`del`**, **`undel`** und **`korb`**. Hier die Syntax für das Ausschneiden von Zeichenketten:

```
${<Variable>#<Zeichenkette>}
```

Dies schneidet das erste Vorkommen der Zeichenkette *von links* in der Variablen ab. Nehmen wir an, Sie haben `a=xx:yy:zz` definiert. Dann ergibt `${a#*:}` die Zeichenkette `yy:zz`, weil alles – einschließlich des angegebenen Zeichens – abgeschnitten wird, was sich links vom ersten Auftauchen des angegebenen Zeichens (dem Doppelpunkt) befindet. Dafür schreiben Sie regelmäßig den Asterisk (*) als Platzhalter für beliebige Zeichen.

```
${<Variable>##<Zeichenkette>}
```

Hiermit schneiden Sie *das letzte Vorkommen* der angegebenen Zeichenkette *von links* ab: `${a##*:}` ergibt also nur noch `zz`.

> Wo ist hier hinten und vorn? Diese Konstrukte können einen ganz schön verwirren, finden Sie nicht? Lassen Sie sich Zeit und gehen Sie alles in Ruhe noch einmal durch – es steckt ein System dahinter, das Sie bald durchschaut haben werden.

Nutzen Sie das Doppelkreuz (#), betrachten Sie die Zeichenkette immer von links. Sie können aber mit dem Prozentzeichen (%) auch von rechts beginnen:

```
${<Variable>%<Zeichenkette>}
```

Damit schneiden Sie *das erste Vorkommen* einer Zeichenkette *von rechts* ab. Somit ergibt `${a%:*}` folgenden Rest: `xx:yy`.

```
${<Variable>%%<Zeichenkette>}
```

Dies schneidet *das letzte Vorkommen* einer Zeichenkette *von rechts* ab. Der Ausdruck `${a%%:*}` ergibt somit `xx`.

> Achten Sie darauf, wo die Asteriske zu setzen sind – links oder rechts von der Zeichenkette!

Na, haben Sie schon einen Ansatz für unser Pfadproblem gefunden? Das Abschneiden des letzten Vorkommens von links funktioniert genauso wie das Abschneiden des ersten Vorkommens von rechts. Wir wählen Variante 1 und korrigieren unsere Zeilen 2, 14 und 24 entsprechend, indem wir alles ab dem letzten Slash (/) von links abschneiden. Damit erhalten wir die Namen der Links **`del`**, **`undel`** oder **`korb`** ohne Pfadangabe:

```
2     if [ "${0##*/}" = "del" ]; then
14   if [ "${0##*/}" = "undel" ]; then
24   if [ "${0##*/}" = "korb" ]; then
```

Und schon ist das Pfadproblem gelöst. Das sieht sehr merkwürdig aus, da unsere Variable `$0` eben als `0` dargestellt wird, wenn `$` wegfällt. Und Letzteres haben Sie ja vor die geschweifte Klammer gezogen.

Sie können nun das Skript über den jeweiligen Link von überall aufrufen (sofern Ihre PATH-Variable das Skriptverzeichnis enthält), ohne den Pfad angeben zu müssen. Einen Haken hat die Sache allerdings noch: Die zu löschenden Dateien werden genau so in das Archiv gepackt, wie Sie sie angegeben haben – mit oder ohne Pfad, relativ oder absolut. Um den Pfad für die Wiederherstellung beizubehalten, müssen Sie also weiterhin den absoluten Pfad angeben.

13.8 Listen – Die for-Schleife

Wenn Sie die `for`-Schleife von anderen Programmiersprachen her kennen, werden Sie hier ein wenig umdenken müssen. Die Syntax sieht folgendermßen aus:

```
for <Variable> in <Liste>; do
   <Anweisung>
done
```

Die Variable nimmt nacheinander alle Werte der Liste an. Die Anzahl der Schleifendurchläufe entspricht der Anzahl der Listenpunkte. Hier ein einfaches Beispiel:

Nehmen wir an, in einer Datei `liste.txt` steht folgender Inhalt:

```
Eins
zwei
drei
vier
```

Listing 13.1: `liste.txt`

Schauen Sie sich nun den folgenden Code an:

```
for i in $(cat liste.txt); do
   echo $i
done
```

Diese Schleife gibt genau die vier Werte eins, zwei, drei und vier untereinander aus. Na ja, wenig spektakulär. Sie hätten gern ein praktischeres Beispiel? Gern, lassen Sie uns gemeinsam ein weiteres Skript entwickeln!

Wenn Sie wissen möchten, in welchen Gruppen Sie sind, geben Sie den Befehl **groups** ein und bekommen die entsprechende Auflistung.

```
hans@Debian:~$ groups
users projekt management
```

Wie aber können Sie ohne eine Suche in `/etc/group` und `/etc/passwd` herausfinden, welche Benutzer in einer bestimmten Gruppe sind? Rufen wir uns zunächst die Syntax der zwei Dateien ins Gedächtnis:

Aufbau von `/etc/group`:

```
<Gruppe>:x:<GID>:<Benutzer1>,<Benutzer2>, ...
```

Aufbau von `/etc/passwd`:

```
<User>:x:<UID>:<GID>:<Kommentar>:<Homeverzeichnis>:<Shell>
```

Unser Skript heißt **gu** (für *group users*) und nimmt als Argument den Gruppennamen entgegen. Es hat folgenden Aufbau:

1. Fehleranzeige, wenn kein `$1` vorhanden oder `$1` keine Gruppe
2. aus `/etc/group` die GID holen
3. aus `/etc/passwd` alle User mit der GID holen
4. zusätzliche User aus `/etc/group` auslesen

Betrachten wir die technische Umsetzung:

Zu Punkt 1 muss ich wohl nicht mehr viel sagen, das haben Sie bereits beim Papierkorb-Skript kennen gelernt.

Zu Punkt 2: Die GID erhalten Sie folgendermaßen:

```
gid=$(grep ^$1: /etc/group)
```

Wir weisen der Variablen `gid` zunächst als Wert die ganze Zeile zu, die für die angegebene Gruppe (`$1`) zuständig ist. Nun geht es weiter:

```
gid=$(gid%:*)
```

Wir suchen damit den von rechts ersten Doppelpunkt und schneiden ihn und alles rechts davon ab. Damit hat die Variable `gid` folgenden Inhalt:

```
<Gruppe>:x:<GID>
```

Danach folgt ein weiteres Konstrukt dieser Art:

```
gid=${gid##*:}
```

Diese Zeile schneidet alles aus, was sich links vom letzten Doppelpunkt befindet, das Resultat ist <GID>. Voilà!

Zu Punkt 3: Um die User mit der Hauptgruppe zu finden, die der GID der angegebenen Gruppe entspricht, benötigen wir die `for`-Schleife:

```
for i in $(grep [0-9]:$gid:.*:.*.*$ /etc/passwd); do   echo ${i%%:*}
done
```

Dieser Ausdruck ist schon heftig. Für diesen Part sollten Sie immer ein Auge auf der Syntax für `/etc/passwd` haben. Analysieren wir die entscheidende erste Zeile von innen nach außen: Zunächst suchen wir mit `grep` in `/etc/passwd` nach einem Ausdruck, der am Ende einer Zeile steht (durch `$` am Ende des Ausdrucks formuliert). Dieser hat von rechts gelesen drei Doppelpunkte, zwischen denen beliebige Zeichen (`.*`) stehen dürfen. Dann allerdings muss die Gruppen-ID folgen (`$gid`).

Damit wir sicher sein können, dass es sich um die Gruppen-ID handelt, ergänzen wir den regulären Ausdruck um einen weiteren Doppelpunkt (immer von rechts gelesen!), gefolgt von einer beliebigen Ziffer. Diese ist ggf. Bestandteil der UID.

Wie Sie sehen, können Sie in diesem Fall doch reguläre Ausdrücke verwenden – das liegt daran, dass nicht die Bash diese Ausdrücke auswertet, sondern der Befehl `grep`, der sie (im Gegensatz zur Bash) auch versteht.

Zu Punkt 4: Die zusätzlichen Nutzer einer Gruppe können Sie aus der entsprechenden Zeile in `/etc/group` herausholen. Wir machen es uns einfach:

```
user=$(grep ^$1: /etc/group)
echo "Zusätzliche Nutzer: ${user ##*:}
```

Zunächst holen wir uns die entsprechende Zeile aus der Datei; danach geben wir die Benutzer so an, wie sie in der Datei angegeben sind (mit Komma voneinander getrennt). Dazu schneiden wir alles weg, was links vom letzten Doppelpunkt ist – übrig bleibt die Benutzerliste. Fertig!

Übung: Anstatt Ihnen das vollständige Skript vorzusetzen, haben Sie nun die Aufgabe, unsere Codefragmente sinnvoll zu einem laufenden Skript zusammenzusetzen. Ich bin sicher, Sie schaffen das.

13.9 Fälle unterscheiden mit case

Mit `case`-Verzweigungen haben Sie eine Variante zu `if`-Abfragen. `Case` dient in fast jedem Dienststeuerungsskript unter `/etc/init.d` der Unterscheidung, mit welchem Argument das Skript aufgerufen wurde (`start`, `stop` etc.). Wir können es aber auch sehr gut für eigene Skripte verwenden. Zum Beispiel, um zwischen Optionen und Argumenten zu unterscheiden – vielleicht möchten Sie ein eigenes Befehlsskript schreiben, das auch Optionen versteht. Hier zunächst die Syntax:

```
case "<Ausdruck>" in
   <Vergleich1>) <Anweisung>;;
   <Vergleich2>) <Anweisung>;;
esac
```

Der Ausdruck ist regelmäßig eine Variable, und die Vergleichswerte sind mögliche Werte, die die Variable enthalten kann. Eine entsprechende Zeile mit Anweisungen für einen »Case« (engl. Fall) wird mit zwei Semikolons abgeschlossen.

Der Vergleichsausdruck darf normale Patterns haben, wie sie die Bash versteht. Hier ein Beispiel, wie Sie alle Optionen und Argumente eines Befehls sauber trennen und in Variablen zusammenfassen können. Wir nennen dieses Skript **optarg** und erstellen es wieder im Verzeichnis `~/scripts`.

```
#!/bin/bash
for i do
   case "$i" in
      -* ) opt="$opt $i";;
      *  ) arg="$arg $i";;
   esac
done
echo "Optionen: $opt"
echo "Argumente: $arg"
```

Zeile 2 zeigt eine andere Anwendung der `for`-Schleife: Wird sie ohne das anschließende `in` gebildet, nimmt die Schleifenvariable `i` nacheinander alle beim Aufruf übergebenen Parameter an.

Die `case`-Konstruktion hat hier nur zwei Fallunterscheidungen: Einmal Parameter, die mit einem Minus beginnen (`-*`) und alle anderen (`*`). Hier ist die Reihenfolge wichtig, da natürlich auch alle mit Minus beginnenden Parameter von der zweiten Abfrage (`*`) erfasst werden. Da aber immer nur der erste zutreffende `case`-Zweig zur Anwendung kommt und danach zum Ende der `case`-Verzweigung gesprungen wird, funktioniert es so.

Hier ein Beispiel für den Aufruf:

```
hans@Debian:~/scripts$ optarg -t -e -s -t datei1 datei2 datei3 -z
Optionen: -t -e -s -t -z
Argumente: datei1 datei2 datei3
```

13.10 Zustände abfragen mit test

Sie können mit `test` bestimmte Zustände abfragen, zum Beispiel den Vergleich einer Variablen mit einem numerischen Wert. Das ist sonst in der Bash nicht möglich. Die Anweisung ist oft in Shellskripten anzutreffen und ist eine Alternative zur Formulierung von Bedingungen innerhalb von Schleifen oder Verzweigungen. Es gibt drei grundsätzliche Einsatzmöglichkeiten:

```
test "$a"
```

Dies testet, ob in der Variablen a etwas steht.

```
test $x -eq 5
```

Hier steht `-eq` für *equal* (gleich). Es wird also gefragt, ob `x=5` ist. Neben `-eq` können Sie folgende Vergleichsoperatoren verwenden:

Operator	Bedeutung
`-gt`	*greater than* – größer als
`-ne`	*not equal* – nicht gleich
`-lt`	*less than* – kleiner als
`-ge`	*greater or equal* – größer oder gleich
`-le`	*less or equal* – kleiner oder gleich

Schließlich können Sie mit `test` noch herausfinden, ob eine Datei oder ein Verzeichnis existiert:

```
test -e $a
```

Dies entspricht der Fragestellung: »Gibt es eine Datei oder ein Verzeichnis, die bzw. das dem Inhalt von `$a` entspricht?« Darüber hinaus können Sie speziell nach Dateien (`-f`) und nach Verzeichnissen (`-d`) suchen lassen. Es gibt noch weitere Optionen, die Sie der Man-Page zu test entnehmen können.

`test` ist eine Funktion und hat einen Rückgabewert. Dieser ist 0 für wahr und 1 für falsch (Achtung, umgekehrt zur üblichen Definition!). Dieser Wert ist in `$?` enthalten und kann mittels Fallunterscheidung nach Belieben ausgewertet werden.

13.11 Analyse von /etc/init.d/rc

Lassen Sie uns als »Schmankerl« zum Abschluss dieses Kapitels ein bereits vorhandenes Debian GNU/Linux-Skript anschauen. Warum nehmen wir nicht eins der zentralen Skripte, `/etc/init.d/rc`? Vielleicht erinnern Sie sich: **rc** wird von `/sbin/init` aufgerufen, um die passenden Start- bzw. Stopskripte aufzurufen. Dazu wird **rc** eine Runlevel-Ziffer als Parameter mitgegeben.

Das Skript sieht unter *Lenny* etwas anders aus als unter *Etch*. Letztlich geht es aber nur darum, ein »echtes« Skript einmal zu analysieren. Nachfolgend finden Sie zunächst das Skript, wie es unter *Etch* zu finden ist, (fast) ohne Kommentarzeilen abgedruckt. Anschließend werden wir gemeinsam in gewohnter Art Zeile für Zeile analysieren.

```
#! /bin/sh
# debug=echo
startup() {
   case "$1" in
      *.sh)
         $debug sh "$@"
         ;;
      *)
         $debug "$@"
         ;;
   esac
}
trap ":" INT QUIT TSTP
stty onlcr 0>&1
runlevel=$RUNLEVEL
[ "$1" != "" ]  && runlevel=$1
if [ "$runlevel" = "" ]
then
   echo "Usage: $0 <runlevel>" >&2
   exit 1
fi
previous=$PREVLEVEL
[ "$previous" = "" ] && previous=N
export runlevel previous
if [ -d /etc/rc$runlevel.d ]
then
   if [ $previous != N ]
   then
      for i in /etc/rc$runlevel.d/K[0-9][0-9]*
      do
         [ ! -f $i ] && continue
         startup $i stop
```

```
33         done
34      fi
35      for i in /etc/rc$runlevel.d/S*
36      do
37         [ ! -f $i ] && continue
38         if [ $previous != N ] && [ $previous != S ]
39         then
40            suffix=${i#/etc/rc$runlevel.d/S[0-9][0-9]}
41            stop=/etc/rc$runlevel.d/K[0-9][0-9]$suffix
42            previous_start=/etc/rc$previous.d/S[0-9][0-9]$suffix
43            [ -f $previous_start ] && [ ! -f $stop ] && continue
44         fi
45         case "$runlevel" in
46           0|6)
47              startup $i stop
48              ;;
49            *)
50              startup $i start
51              ;;
52         esac
53      done
54   fi
```

Bereits die ersten Zeilen stellen uns vor neue Herausforderungen. Zeile 2 enthält eine auskommentierte Variablendefinition. Die Variable debug können Sie für verschiedene Analysemethoden einsetzen. Setzen Sie die Variable gemäß der Voreinstellung auf echo, wird nachfolgend jeder Parameter, der debug mitgegeben wird, ausgegeben. Die dritte Zeile enthält etwas Neues: eine Funktion. Funktionen haben folgende Syntax:

```
<Funktionsname> () {
   <Answeisungsblock>
}
```

Eine Funktion ist eine Skriptroutine (auch Unterprogramm genannt) mit einer bestimmten Funktionalität, die mehrfach in einem Skript auftaucht. Damit erspart sich der Autor Schreibarbeit und das Skript wird übersichtlicher. Hier heißt die Funktion `startup ()`. Eine Funktion wird einmalig (meistens zu Beginn) definiert und bei Bedarf innerhalb des Skripts aufgerufen.

In diesem Fall wird in Zeile 4 eine case-Abfrage gestartet, die testet, ob das aufgerufene Skript in /etc/init.d eine Endung .sh hat – gemäß Debian-Policy ist dieses dann für Runlevel 'S' (Singleuser-Mode) vorgesehen. Wurde die Variable debug=echo in Zeile 2 gesetzt (bzw. # entfernt), wird beim Start des Runlevels das jeweils gerade gestartete oder gestoppte Skript ($@ - die Gesamtheit aller übergebener Parameter) angezeigt (Zeile 8 und 9). Handelt es sich um den Singleuser-Mode, wird ein sh zur Verdeutlichung vorangestellt (Zeile 5 und 6). Zeile 10 beendet die case-Abfrage und in Zeile 11 wird die Funktion abgeschlossen.

> Wie Sie sehen, können die zwei Semikolons auch in einer eigenen Zeile stehen (Zeile 7 und 10). Das ist Geschmackssache.

Zeile 13 hält wiederum Neues für uns bereit: Das interne Kommando trap (engl. Falle) fängt Signale bestimmter Prozesse ab. Es gibt Dutzende von Signalen, die wiederum systemabhängig sind. INT (interrupt – unterbrechen), QUIT (beenden) und TSTP (suspend – unterdrücken) sind Signale, die von Unterbrechungstastenkombinationen, wie Strg+C oder Strg+Z ausgelöst werden. Diese sollen hier abgefangen werden, damit `rc` nicht von diesen Unterbrechungssignalen gestoppt werden kann – dies würde unter Umständen zu einem inkonsistenten Systemzustand führen.

Zeile 14 stellt sicher, dass es nicht zum Treppeneffekt auf der Konsole kommt. Dafür wird für die Terminalausgabe (`stty`) `onlcr` (Zeilenvorschub und Wagenrücklauf) gesetzt – jede neue Zeile fängt also in Spalte 1 an.

In Zeile 15 wird der Variablen `runlevel` der Wert von `$RUNLEVEL`, also dem gegenwärtigen Runlevel des Systems, zugewiesen.

Das Konstrukt in Zeile 15 kennen Sie bereits vom Aufbau: Wenn das übergebene Runlevel (`$1`) nicht (`!=`) leer ist (`""`), dann (`&&`) setze `runlevel` auf `$1`.

Zeile 16 beginnt eine bedingte Verzweigung. Sollte RUNLEVEL keinen Wert enthalten und kein Wert übergeben worden sein, ist die Bedingung `[ "$runlevel" = "" ]` war, und es wird in Zeile 19 eine entsprechende Hinweismeldung zur korrekten Benutzung des Skripts ausgegeben. Anschließend wird in Zeile 20 das Skript mit einer Fehlermeldung beendet. Wie Sie sehen, können Sie `exit` mit oder ohne Rückgabewert (1 oder 0) verwenden. Dies hat nur Auswirkungen, wenn das Skript aus einem Kontext heraus aufgerufen wird, der den Rückgabewert auswertet.

> Haben Sie bemerkt, dass `then` in Zeile 18 in einer einzelnen Zeile steht? Das ist kein Problem, da wir bisher eine unbedingte Befehlsverknüpfung mittels Semikolon hinter der Bedingung (`if [ <Bedingung> ]; then`) verwendet haben – das läuft auf dasselbe heraus.

In den Zeilen 22 und 23 wird die Variable `previous` entweder auf den Wert des vorigen Runlevels gesetzt oder, wenn es keinen gibt, auf 'N'.

Zeile 24 macht die Variablen `runlevel` und `previous` der Umgebung verfügbar.

Zeile 25 testet, ob es ein Verzeichnis gibt, das den angegebenen Runlevel als Ziffer hat. In diesem Fall wird in Zeile 27 überprüft, ob es sich um einen Wechsel von einem Runlevel in den nächsten handelt – genau dann ist `previous != 0`. Ist dies der Fall, wird in Zeile 29 eine `for`-Schleife eingeläutet, deren Laufvariable `i` nacheinander die Namen aller Stopplinks (`K[0-9][0-9]*`) des gewünschten Runlevel-Verzeichnisses annimmt.

Zeile 31 testet, ob sich hinter dem Stopplink eine Datei verbirgt – ist dies nicht der Fall (durch die Negation mittels Ausrufezeichen), ist die Bedingung wahr und der aktuelle Schleifendurchlauf wird mit `continue` abgebrochen. Damit beginnt ein neuer Schleifendurchlauf, bei dem `i` den nächsten Wert annimmt.

Sollte es sich jedoch um eine Datei handeln, wird die Funktion `startup` aufgerufen, die zu Beginn des Skripts definiert wurde. Wie Sie sich erinnern werden, ist diese ohnehin nur von Bedeutung, wenn Sie die Variable `debug` gesetzt haben. Im Normalfall wird das jeweilige Skript ohne Konsolenausgabe mit dem Parameter `stop` aufgerufen.

Zeile 33 beendet die `for`-Schleife und Zeile 34 die `if`-Abfrage.

Zeile 35 startet eine weitere `for`-Schleife, um die Startskripte für den gewünschten Runlevel aufzurufen. In Zeile 38 sehen Sie, wie Sie zwei Bedingungen per `&&` miteinander verknüpfen können – nur wenn beide Bedingungen wahr sind, ist der gesamte Ausdruck wahr. Hier wird sichergestellt, dass der vorige Runlevel vorhanden und nicht 'S' war.

Zeile 40 setzt eine Variable `suffix` auf den Wert von `i`. Dabei wird allerdings der angegebene Passus von links abgeschnitten (#), so dass nur noch der Name des aktuellen Links übrigbleibt – Pfad und `Sxx` entfällt. Bedenken Sie, dass wir uns in einem Schleifendurchlauf befinden, in dem die Laufvariable `i` den Wert eines bestimmten Links im aktuellen Runlevel-Verzeichnis angenommen hat.

In Zeile 41 wird der Variablen `stop` der komplette Pfad zu einem möglichen Stopplink des soeben extrahierten Namens (welcher in `suffix` gespeichert ist) zugewiesen.

Zeile 42 setzt die Variable `previous_start` analog auf einen möglichen Startlink für den aktuellen Dienst im alten (!) Runlevel-Verzeichnis.

Wozu nun das Ganze? Dies wird aus der nächsten Zeile nach genauem Hinsehen deutlich. Diese besagt Folgendes: Wenn es im vorigen Runlevel einen Startlink gab und in diesem Runlevel keinen Stopplink, ist es nicht notwendig, den Dienst erneut zu starten – ergo brechen wir diesen Schleifendurchlauf mit `continue` ab.

Zeile 44 beendet diesen Zweig, der ohnehin nur aufgerufen wird, wenn gemäß Zeile 38 der vorige Runlevel vorhanden und nicht der Singleuser-Mode war.

Es folgt in Zeile 45 eine `case`-Abfrage, bei der die Variable `runlevel` getestet wird. Hat sie den Wert 0 oder 6 (Zeile 46), wird das Dienststeuerungsskript, auf das der aktuelle Link in `i` zeigt, mit `stop` aufgerufen, um sicherzustellen, dass der Dienst bzw. die Systemfunktion gestoppt wird.

In jedem anderen Runlevel (Zeile 49) wird das Dienstskript mit dem Parameter `start` aufgerufen, um den Dienst zu starten.

Die Zeilen 52 bis 54 beenden die jeweiligen Abfragen und Schleifen.

Bedenken Sie, dass in Zeile 25 getestet wird, ob es überhaupt ein Runlevel-Verzeichnis für den angegebenen Runlevel gibt – nur dann werden alle weiteren Zeilen abgearbeitet.

13.12 Zusammenfassung und Weiterführendes

Gratulation, Sie haben sich durchgebissen! Dieses Kapitel hat es für einen Nicht-Programmierer sicher in sich. Andererseits lohnt es sich, sich mit der Shellskript-Programmierung auseinanderzusetzen, da Sie immer wieder darüber stolpern. Schließlich ist fast die gesamte Betriebssystemkonfiguration über Shellskripte realisiert!

Abgesehen davon können Sie sich das Leben sehr viel leichter machen, wenn Sie in der Lage sind, Routinearbeiten durch Skripte abarbeiten zu lassen. Sollten Sie keine Programmiererfahrung mitbringen, werden die hier gezeigten Programmstrukturen und -abläufe zunächst sicherlich nicht ganz einfach zu erfassen sein. Lesen Sie sich dieses Kapitel gegebenenfalls mehrfach durch und beachten Sie vor allem eins: Werfen Sie die *Was-passiert-dann-Maschine* an und experimentieren Sie! Testen Sie jedes Skript unter verschiedenen Bedingungen aus und verändern Sie es, um zu sehen, wie sich das Skript anschließend verhält.

Sollten Sie Spaß am Skripten gefunden haben, empfehle ich Ihnen einen Blick auf `Perl` zu werfen. `Perl` ist eine Skriptsprache, die auf fast jedem Linux-System auch in der Basisinstallation bereits vorhanden ist und weit über die Möglichkeiten der Shellskript-Sprache hinausgeht. Für eine Übersicht bieten sich folgende Seiten an:

- `http://perl-seiten.privat.t-online.de/`
- `http://www.perl.org/`
- `http://de.selfhtml.org/perl/index.htm`
- `http://www.perl-community.de/`

Mit Perl können Sie eigentlich alles machen – besonders eignet sich `Perl` jedoch für die Textmanipulation und somit für die Bearbeitung von textbasierten Konfigurationsdateien. Außerdem ist Perl sehr beliebt, um CGIs zu erstellen. Dabei handelt es sich um Programme auf Webservern, die serverseitig aufgerufen werden, um dynamische Websites zu erstellen. Das Wort CGI bedeutet *Common Gateway Interface* und definiert lediglich eine allgemeine Webserver-Schnittstelle. CGIs können somit an sich auch in C/C++ oder anderen Programmiersprachen erstellt werden.

Kapitel 14

Protokollierung

Nicht nur das System, sondern auch fast jeder Dienst hält bestimmte Standard- oder Fehlerereignisse in den Logdateien fest. Oft können Sie als Administrator sogar konfigurieren, wie detailliert dieses Protokoll ausfällt. Dabei schreiben viele Programme in die zentralen Logdateien `/var/log/messages` und `/var/log/syslog`. Andere Programme legen ihre eigenen Logdateien an, in denen nur sie Logeinträge erzeugen. Für Daemons, also System- und Serverprozesse, ist diese Art häufig die einzige Methode, um sich der Außenwelt mitzuteilen.

In der Regel beachten Sie diese Hintergrundtätigkeit nicht, bis etwas passiert, dass Sie sich zunächst nicht erklären können. In diesem Fall kommen die Logdateien ins Spiel. Die Logdateien helfen Ihnen, das Verhalten des Systems zu verstehen und Fehler aufzuspüren.

In diesem Kapitel lernen Sie Folgendes:

- Einrichtung eines NTP-Clients
- die Konfiguration des `syslogd` und `syslog-ng`
- Remote Logging einrichten
- Rotation von Logdateien einrichten
- Analyse von Logdateien

Insbesondere um eine zuverlässige Fehleranalyse zu ermöglichen, benötigen Sie eine exakte Systemzeit. Ich zeige Ihnen daher zunächst, wie Sie sich die Zeit von einem Zeitserver holen können. Anschließend werden Sie lernen, den Syslog-Daemon, `syslogd`, sowie seinen Nachfolger, `syslog-ng` zu konfigurieren und an Ihre Bedürfnisse anzupassen.

> Im Übrigen nutzt Lenny eine etwas erweiterte Version von `syslogd` namens `rsyslogd`. Im Unterschied zu ersterem unterstützt `rsyslogd` unter anderem auch die Übertragung über das zuverlässigere TCP-Protokoll (`syslogd` nutzt ausschließlich UDP) und ermöglicht die Konfiguration des Formats der Logfile-Einträge. Die Basiskonfiguration unterscheidet sich jedoch nur marginal, so dass ich im weiteren Verlauf nicht speziell auf `rsyslogd` eingehe.

Ich zeige Ihnen ebenfalls in einem kleinen Exkurs, wie Sie Syslog-Daten über das Netzwerk auf einen zentralen Logserver verschieben (nur hier spielen die Transportprotokolle UDP und TCP eine Rolle!).

Last but not least müssen Sie sicherstellen, dass Ihre Logdateien nicht überlaufen und die Partitionsgrenzen sprengen. Dazu werden die Logdateien rotiert.

14.1 Zeitsynchronisation mit NTP

Das NTP (Network Time Protocol) ermöglicht es, die Zeit eines lokalen Systems mit der Zeit eines NTP-Servers abzugleichen und gegebenenfalls anzupassen. NTP verbindet sich dazu mit dem Server auf Port 123/udp (siehe Kapitel 17 *Netzwerkgrundlagen und TCP/IP*).

Dazu benötigen wir zunächst zwei Pakete:

- `ntp`
- `ntpdate`

Diese Pakete können Sie sich auf die gewohnte Art installieren:

```
# apt-get install ntp ntpdate
```

Anschließend nehmen wir noch eine kleine Anpassung in der Konfiguration vor und nutzen die Gelegenheit, einen Blick in die Konfigurationsdatei von `ntpd`, dem Zeitdaemon, zu werfen. Sie heißt `/etc/ntp.conf` und sieht bei *Etch* und *Lenny* fast identisch aus. Die meisten Dienste haben eine Konfigurationsdatei unter `/etc`, die nach dieser Namenskonvention benannt ist. Öffnen Sie die Datei mit einem Editor Ihrer Wahl.

Zunächst fügen Sie die folgende Zeile hinzu, wobei es egal ist, an welcher Stelle dies geschieht – Hauptsache als eigene Zeile:

```
logfile /var/log/ntpd
```

Damit protokolliert der Zeitdaemon in die besagte Datei. Andernfalls landen alle Logeinträge in `/var/log/syslog`. Das ginge auch, aber ich bevorzuge eine Trennung, um die Übersicht zu bewahren.

Die meisten Zeilen dieser Datei sind Kommentarzeilen. Etwas weiter unten befinden sich vier Zeilen der folgenden Art:

```
server [0-3].debian.pool.ntp.org iburst [dynamic]
```

Mit dem Begriff `server` definieren Sie einen Zeitserver. Sie können hier bei Bedarf weitere Server eintragen, die der Reihenfolge nach abgefragt werden, falls die angegebenen nicht erreichbar sind. In der Standardeinstellung werden jedoch bereits vier Server angegeben, das ist für unsere Zwecke mehr als ausreichend. Diese vier Server sind Bestandteil eines Server-Pools namens pool.ntp.org, der über 1000 »low-stratum NTP servers« beinhaltet (dieser Wert stammt von *Lenny*, ist aber auch für *Etch* gültig, auch wenn hier immer noch 300 angegeben sind). Was bedeutet dieses `stratum`?

Es gibt eine zentrale Uhr mit der Originalatomzeit. Mit `stratum` wird die logische Distanz eines Servers zu dieser Uhr beschrieben. Ein Server, der direkt an dieser Atomuhr hängt, befindet sich auf `stratum 1`, ein Server, der von diesem wiederum seine Zeit bekommt, ist auf `stratum 2` usw. Ein niedriger `stratum`-Wert ist also gut.

Das Kommando `iburst` hinter dem Servernamen dient der Versendung von acht NTP-Paketen zugleich, wenn ein Server zunächst nicht erreichbar ist. Es handelt sich laut Man-Page um einen empfohlenen Zusatz. Unter *Lenny* wird darüber hinaus noch der Parameter `dynamic` angegeben, wobei dieser Zusatz insbesondere Mobile-Clients betrifft, die nur zu bestimmten Zeiten am Netzwerk angeschlossen sind.

Die Option `restrict` ermöglicht es Ihnen, den Zugriff auf Ihren NTP-Server zu beschränken – per Default dient der Zeitserver auf einem Linux-System sowohl als Client für die eigene Zeit als auch als Server für andere Systeme. Mit der folgenden Zeile können Sie den Zugriff auf Ihren Server auf das angegebene Netzwerk beschränken und sicherstellen, dass niemand aus diesem Netzwerk eine Konfigurationsänderung an ihrem NTP-Server vornehmen kann:

```
restrict 192.168.1.0 mask 255.255.255.0 nomodify notrap
```

Die Konfigurationsmöglichkeiten des Zeitdienstes gehen natürlich weit darüber hinaus, aber für unsere Zwecke soll dies ausreichen. Speichern Sie die Datei ab und verlassen Sie den Editor.

NTP kann die Zeit »sauber« korrigieren. Dazu wird die Uhrzeit nicht schlagartig umgestellt, wenn eine Differenz zum maßgeblichen Zeitserver besteht. Stattdessen lässt NTP die Zeit auf dem lokalen System entweder schneller oder langsamer laufen, bis die korrekte Zeit hergestellt ist. Das funktioniert allerdings nur bei kleinen Abweichungen. Daher müssen Sie die Systemzeit einmalig einstellen, bevor NTP seine Arbeit sinnvoll aufnehmen kann. Ist der NTP-Server noch nicht gestartet, können Sie dazu das Kommando **`ntpdate`** nutzen, das Sie mit dem gewünschten Zeitserver als Parameter aufrufen:

```
# ntpdate pool.ntp.org
10 Apr 20:55:43 ntpdate[1171]: adjust time server 212.244.104.2 offset -5.231563 sec
```

Hat sich der NTP-Server jedoch bereits am Port 123/udp gebunden, erhalten Sie eine Fehlermeldung, dass der Socket bereits benutzt wird. Dies liegt daran, dass der NTP-Daemon an dem gleichen Port lauscht, auf dem auch **`ntpdate`** agieren möchte. Daher müssen wir den NTP-Daemon zunächst deaktivieren, bevor wir **`ntpdate`** verwenden können. Dies geschieht durch folgenden Befehl:

```
# /etc/init.d/ntp stop
```

Im Anschluss funktioniert der Befehl **`ntpdate`** einwandfrei. Um anschließend den NTP-Daemon wieder zu aktivieren, ändern Sie lediglich den Parameter des Startskripts:

```
# /etc/init.d/ntp start
```

Beachten Sie, dass der Befehl **`ntpdate`** nicht notwendig ist, wenn Sie den NTP-Daemon starten, da dieser dann beim Start automatisch eine Synchronisation vornimmt, wie Sie in `/var/log/ntpd` nachvollziehen können:

```
17 May 19:05:02 ntpd[2348]: synchronized to 141.40.103.103, stratum 2
17 May 19:05:02 ntpd[2348]: kernel time sync status change 0001
```

Nun ist Ihr Server auf dem aktuellen (Zeit-)Stand und kann ordentlich protokollieren.

> Nutzen Sie **`ntpdate`** für den manuellen Abgleich, falls Ihre Systemzeit deutlich von der Echtzeit abweicht. Hier kann NTP unter Umständen keinen Abgleich durchführen, da NTP die Zeit durch eine Art »Beschleunigen« bzw. »Verlangsamen« der Uhr anpasst. Somit benötigt es manchmal auch einige Zeit, bis dieselbe angepasst ist, hat aber den Vorteil, Inkonsistenzen zu vermeiden.

Als Nächstes sollten Sie die Systemzeit auf die Hardware-Zeit übertragen, damit der Server nach einem Reboot mit der richtigen Zeit hochfährt:

```
# hwclock --systohc
```

Nun können Sie Ihren NTP-Server starten, wenn dies noch nicht geschehen ist:

```
# /etc/init.d/ntp-server start
Starting NTP server: ntpd.
```

Ab sofort steht Ihnen eine sehr genaue Systemzeit zur Verfügung. NTP wird sich in regelmäßigen Intervallen die aktuelle Zeit von dem eingetragenen Server holen und das lokale System anpassen, damit die Logfile-Einträge zeitlich korrekt erfasst werden können. Und damit kommen wir zum eigentlichen Thema.

14.2 Der Syslog-Daemon

Der Syslog-Daemon, kurz: `syslogd` (unter *Lenny* `rsyslogd`), wird als einer der ersten Dienste beim Booten gestartet und als einer der letzten Dienste beim Shutdown beendet. Er nimmt Systemmeldungen verschiedener Dienste und Programme entgegen, bereitet sie auf und schreibt sie in die entsprechenden Logdateien oder schickt sie über das Netzwerk zu einem Logserver. Im Gegenzug kann er auch als Netzwerkdienst Syslog-Daten anderer Rechner entgegennehmen und lokal speichern. Damit erhalten Sie einen vollwertigen Logserver.

Viele Programme ermöglichen es, Meldungen an `syslogd` zu senden. Dabei kann `syslogd` die Meldungen in einem begrenzten Rahmen einer Kategorie zuordnen und entsprechend individuell behandeln.

Ein Eintrag in den Logfiles (hier `/var/log/syslog`) sieht dann zum Beispiel folgendermaßen aus:

```
Mar 25 08:39:00 localhost kernel: usb.c: registered new driver usbdevfs
```

Nach dem Datum folgen der Rechner und das Programm, von dem der Logeintrag stammt. Die nachfolgende Nachricht ist vom Programm frei wählbar. Hier handelt es sich um eine Meldung vom Kernel.

Sie können `syslogd` über das Start-/Stopskript `/etc/init.d/sysklogd` (*Etch*) bzw. `/etc/init.d/rsyslog` (*Lenny*) starten und stoppen. Der Daemon kann über die Konfigurationsdatei `/etc/syslog.conf` (*Etch*) bzw. `/etc/rsyslog.conf` konfiguriert werden.

14.2.1 Die Herkunftsarten (facilities)

Ihr Linux-Server kennt mehrere Logdateien. `syslogd` bestimmt die passende Logdatei für eine bestimmte Meldung eines Programms oder Dienstes durch die Kombination aus Herkunft (*facility*) und Priorität. Dies sind Eigenschaften, die das betreffende Programm mitbringt. Sie lassen sich meistens nur bezüglich der Priorität beeinflussen. Handelt es sich um Shell- oder andere Skripte (also nicht-binäre Programme), lässt sich diese Einstellung aber oft auch hinsichtlich der *facility* einfach ändern.

syslogd kann einen Logeintrag *nicht* nach dem Programmnamen oder der Prozess-ID zuordnen!

Folgende Herkunftsarten (*facilities*) werden von syslogd unterschieden:

facility	Beschreibung
auth	Authentifizierung (zum Beispiel login)
authpriv	Sicherheits- und Authorisierungsmeldungen
cron	Meldungen von cron und at
daemon	Andere Dienste
kern	Meldungen vom Kernel
lpr	Meldungen des Drucksystems
local0-7	Frei definierbare Herkunftsarten
mail	Nachrichten des Mail-Systems
mark	Markierungen (sog. timestamps) zur Funktionskontrolle von syslogd
news	Meldungen eines News-Servers
syslog	Nachrichten vom syslog-Daemon selbst
user	Vom Benutzer generierte Meldungen
uucp	Nachrichten eines UUCP-Systems

Sie merken vermutlich bereits, dass dieses Konzept schon sehr alt ist – doch wie vieles in der Unix-Welt hat sich auch dies erhalten und wird wohl noch eine Weile Bestand haben.

14.2.2 Die Prioritäten (priorities)

Je niedriger der Meldungslevel (Loglevel), desto mehr Meldungen werden geloggt. Das bedeutet, Sie erhalten mit dem niedrigsten Loglevel **debug** die meisten Informationen, während **emerg** nur solche Meldungen enthält, die absolut systemkritisch sind.

Loglevel	Beschreibung
debug	Logging-Stufe mit den meisten Meldungen, enthält Debugging-Informationen (und auch nur zu Debugging-Zwecken zu empfehlen!)
info	Enthält allgemeine Informationen
notice	Wichtige Hinweise, oftmals die goldene Mitte beim Loglevel
warn (ing)	Warnungen, die auf Fehler hindeuten
err (or)	Allgemeine Fehlermeldungen
crit (ical)	Kritische Fehler
alert	Schwerwiegende Fehler, bei denen eingegriffen werden muss
emerg (ency)	Systemkritische Fehler, die ein sofortiges Eingreifen erforderlich machen
none	Ignorieren der Meldungen

Die Loglevel mit niedrigerer Priorität schließen die höheren Level mit ein. Im Loglevel `notice` werden auch die Level `warn`, `err`, `crit`, `alert` und `emerg` mitgeloggt.

14.3 syslog.conf

Die Konfigurationsdatei von `syslogd` ist – wie sollte es anders sein? – `/etc/syslog.conf`. Analog wird `rsyslog` mit `/etc/rsyslog.conf` eingerichtet. Werfen wir einen Blick hinein und schauen uns die wichtigsten Zeilen an:

```
auth,authpriv.*             /var/log/auth.log
*.*;auth,authpriv.none      -/var/log/syslog
daemon.*                    -/var/log/daemon.log
kern.*                      -/var/log/kern.log
lpr.*                       -/var/log/lpr.log
mail.*                      -/var/log/mail.log
user.*                      -/var/log/user.log
uuccp.*                     /var/log/uucp.log

mail.info                   -/var/log/mail.info
mail.warn                   -/var/log/mail.warn
mail.err                    /var/log/mail.err

news.crit                   /var/log/news/news.crit
news.err                    /var/log/news/news.err
news.notice                 -/var/log/news/news.notice

*.=debug;\
        auth,authpriv.none;\
        news.none;mail.none       -/var/log/debug
*.=info;*.=notice;*.=warn;\
        auth,authpriv.none;\
        cron,daemon.none;\
        mail,news.none            -/var/log/messages
*.emerg                           *
daemon.*;mail.*;\
        news.crit;news.err;news.notice;\
        *.debug;*.=info;\
        *.=notice;*.=warn         |/dev/xconsole
```

Listing 14.1: `etc/syslog.conf`

Unter *Lenny* existieren in `/etc/rsyslog.conf` noch einige weitere Zeilen:

```
$FileOwner root
$FileGroup adm
$FileCreateMode 0640
$DirCreateMode 0755
```

Hiermit können Sie Eigentums- und Rechtsverhältnisse festlegen. Darüber hinaus ist der `rsyslog` modular aufgebaut und benötigt einige Standard-Module, die über die Direktive `$ModLoad` gleich zu Beginn der Konfigurationsdatei eingelesen werden. Inhaltlich ist dies für uns jedoch nicht weiter relevant.

Weiterhin wird bei *Lenny* mittels der Direktive `$IncludeConfig` das Verzeichnis `/etc/rsyslog.d` eingebunden. Dieses ist per Default leer, kann aber weitere Anweisungen in Form von Textdateien mit `rsyslog`-Syntax enthalten, um die Konfigurationsdatei zu erweitern.

Kommen wir zurück zur o.a. Datei. Die Ziffern am Anfang jeder Zeile dienen nur der Erläuterung und sind in der Datei nicht vorhanden. Die grundsätzliche Syntax der Datei ist nach folgendem Muster aufgebaut:

```
<Herkunft>.<Priorität>      <Ziel>
```

Herkunft entspricht der *Facility*. Die Kombination aus Herkunft und Priorität wird oft als *Selector* bezeichnet. Das Ziel kann eine Datei, ein Gerät (`/dev/xyz`), ein Rechner, eine FIFO-Datei oder ein Benutzer sein. Das Ziel wird verschiedentlich auch als *abstract logfile* bezeichnet.

Möchten Sie mehrere *Facilities* in einer Zeile angeben, können diese durch Kommas voneinander getrennt aufgeführt werden. Sie können auch mehrere Selectoren pro Zeile angeben, diese werden durch Semikolons voneinander getrennt, wie Sie sich zum Beispiel in den Zeilen 1 und 2 überzeugen können.

Beachten Sie: Meldungen von Systemen, Diensten oder Programmen, die an den Syslog-Daemon geschickt werden und keinem Selector entsprechen, werden nicht verarbeitet, das heißt, sie sind unwiederbringlich verloren!

Schauen wir uns die Syntax etwas konkreter an. Zunächst können Sie Meldungen in Dateien schreiben lassen:

```
<facility.priority>   <Dateiname>
```

Hierbei geben Sie den absoluten Pfadnamen an. Schauen Sie sich die erste Zeile der Datei an:

```
auth,authpriv.*             /var/log/auth.log
```

Diese Zeile können wir nun bereits interpretieren: Meldungen für die Facilities `auth` und `authpriv` mit beliebiger Priorität werden nach `/var/log/auth.log` geschrieben.

In Zeile 2 steht vor dem Pfad ein Minus (-):

```
*.*;auth,authpriv.none     -/var/log/syslog
```

Zunächst besagt diese Zeile, dass alles, was nicht explizit aufgeführt ist (`*.*`), nach `/var/log/syslog` geschrieben wird. Der Wildcard-Operator (*) kann sowohl für die Facility als auch für die Priorität eingesetzt werden. Außerdem werden in dieser Zeile die `auth`- und `authpriv`-Meldungen erfasst, die keiner Priorität zugeordnet sind (`none`).

Linux puffert normalerweise Schreibvorgänge im Hauptspeicher und führt diese zeitversetzt durch, um die Performance zu optimieren. Der Syslog-Daemon schreibt allerdings ohne Puffer in die Dateien, um sicherzustellen, dass bei einem Systemausfall keine Meldungen verlorengehen. Für Logdateien mit einem hohen Datenaufkommen kann dies allerdings die Systemlast erhöhen. Mit einem vorangestellten Minus vor dem Dateinamen puffert `syslogd` die Daten und verlegt die Schreibvorgänge in Zeiten mit geringerer Systemlast.

In den Zeilen 3 bis 8 sehen Sie, dass für verschiedene *facilities* eigene Logfiles festgelegt werden, in die die Ereignisse dieser facilities geschrieben werden. Diese befinden sich normalerweise unter `/var/log`.

In den Zeilen 9 bis 11 werden Logdaten für verschiedene Prioritäten des Mail-Systems in drei verschiedene Logdateien getrennt, um eine übersichtlichere Struktur aufzubauen und die Logdatenanalyse zu vereinfachen. Die Zeilen 12 bis 14 konfigurieren das gleiche für die Herkunft `news`.

Die Zeile 15 hält Neues bereit: Das Gleichheitszeichen (=) dient als so genannter Exact-match-Operator. Der Wert dahinter muss mit dem des aktuellen Selectors übereinstimmen. Der Ausdruck `*.=debug` umfasst folglich alle Selectoren mit einer beliebigen Herkunft, die die Priorität `debug` haben.

Die Zeilen 15 bis 17 sind lediglich optisch voneinander getrennt, um die Übersichtlichkeit zu erhöhen. Logisch handelt es sich um eine einzige Zeile – beachten Sie den Backslash (\), der als Maskierung für das folgende Zeichen (einen Zeilenumbruch) wirkt. Dadurch wird der Zeilenumbruch ignoriert.

Diese »virtuelle« Zeile definiert, dass alle nicht anderweitig definierten Meldungen mit der Priorität `debug` sowie Meldungen von `auth`, `authpriv`, `news` und `mail`, die die Priorität `none` besitzen, nach `/var/log/debug` mit Puffer (-) geschrieben werden. Die Zeilen 18 bis 21 sind analog hierzu.

Zeile 22 beinhaltet ein neues Ziel, den Asterisk (*). Dieser steht für das `wall`-Kommando, das Meldungen eines Programms direkt auf alle geöffneten Terminals ausgibt. Sehr sinnvoll bei Meldungen mit der Priorität `emerg(ency)`, denn hier besteht sofortiger Handlungsbedarf.

Die Selectoren ab Zeile 23 haben ein neues Ziel: `|/dev/xconsole`. Hierbei handelt es sich um eine FIFO-Datei. Diese ist nicht im eigentlichen Sinne eine Datei, sondern ein Kanal, der nach dem FIFO-Prinzip (first in first out) arbeitet. Zur Kennzeichnung dieser FIFO-Datei wird eine Pipe (|) als Umleitung genutzt. Der Kanal `/dev/xconsole` führt zur Konsole von X Window (siehe Kapitel 16 *Das X-Window-System*) und gibt dort die Meldungen aus. Haben Sie kein X-Window installiert, laufen die Meldungen natürlich ins Leere.

Darüber hinaus können Sie auch Benutzer angeben, die die Meldungen direkt auf der Konsole angezeigt bekommen. Ist der angegebene Benutzer nicht angemeldet, ist die Meldung unwiederbringlich verloren. Mehrere Benutzer können Sie durch Komma getrennt angeben, wie in folgendem Beispiel gezeigt:

```
*.emerg      hans, gunter, michelle
```

Es gibt noch eine weitere Art Ziel, dem ich einen eigenen Abschnitt gewidmet habe: dem Host oder Logserver. Wie Sie einen Logserver ansprechen, erfahren Sie gleich im Anschluss.

14.4 Remote Logging

In größeren Umgebungen ist es oft sinnvoll, die Logdateien zentral zu speichern. Neben dem Sicherheitsaspekt, dass die Logdaten durch einen Systemcrash des lokalen Hosts nicht verloren gehen, können die Daten auch zentral gesichert werden. Außerdem erleichtert dies unter Umständen die Analyse von Fehlern und Problemen.

Um den Syslog-Daemon als Netzwerkserver laufen zu lassen, starten Sie den Dienst einfach mit der Option `-r` (für remote). Das ist eigentlich schon alles – wenn nur alles so einfach ginge! Ab sofort lauscht `syslogd` auf Port 514/udp und nimmt Syslog-Meldungen von anderen Rechnern entgegen, vorausgesetzt, Sie haben eine funktionierende IP-Konfiguration – versteht sich (mehr hierzu siehe Kapitel 18 *Netzwerkkonfiguration*).

Kommen wir zur Client-Seite. Um Meldungen an einen Logserver zu senden, geben Sie als Ziel Folgendes ein:

```
<selector>    @<Rechnername>
```

Mit folgender Zeile würden Sie zum Beispiel alle kritischen Meldungen zum Logserver `loghost1` senden:

```
*.emerg    @loghost1
```

Sie können hier auch die IP-Adresse des Logservers angeben, wenn Sie zum Beispiel keine Namensauflösung (DNS oder /etc/hosts) haben.

Beachten Sie: Die Datenübertragung per UDP ist unzuverlässig (siehe Kapitel 17 *Netzwerkgrundlagen und TCP/IP*). Sollte bei der Übertragung ein Fehler passieren, sind die Daten verloren.

`rsyslog` bietet hierfür die Module `imtcp` (für den Wechsel auf TCP als Transportprotokoll) und `imrelp` (für eine zuverlässigere Übertragung auch bei Unterbrechungen und Sitzungsabbrüchen). Werfen Sie einen Blick in die Man-Page von `rsyslog.conf`, um nähere Informationen zu erhalten.

Darüber hinaus werden die Logdaten unverschlüsselt übermittelt, was ein Sicherheitsrisiko darstellt. Eine perfekte Lösung ist das folglich nicht – auch wenn das Remote-Logging vielerorts auch in professionellen Umgebungen angewendet wird. Auch hierfür gibt es Lösungsansätze (zum Beispiel stunnel oder Übertragung durch SSH getunnelt), die ich in diesem Rahmen jedoch nicht vertiefen will.

14.5 logger – syslog für eigene Skripte

Programme können ihre Meldungen über `syslogd` in die Logfiles schreiben. Aber auch Benutzer können in ihren Skripten über das Programm `logger` Meldungen an `syslogd` schicken – nicht immer zur Freude des Administrators ...

Um `logger` verwenden zu können, muss in `/etc/syslog.conf` die Facility `user` mit dem Level `notice` erfasst sein. Dies ist aber durch `*.*` als Platzhalter für beliebige Selectoren in Zeile 2 der oben angegebenen Datei gegeben. Sie können das Programm übrigens ganz einfach testen:

```
# logger
Test, ob logger funktioniert!
[Strg]+[c]
```

Letzteres, um die Eingabe zu beenden. Nun schauen Sie sich die letzten Einträge in /var/log/syslog an:

```
# tail /var/log/syslog
(...)
Apr 13 18:44:28 localhost root: Test, ob logger funktioniert!
```

Wie Sie sehen, wurde der Eintrag erzeugt. Möchten Sie Meldungen mit einem bestimmten Selector versenden, können Sie die Option -p nutzen. Hier ein Beispiel:

```
# logger -p mail.emerg Diese Mail kam nicht an!
 root: Diese Mail kam nicht an!
```

Die zweite Zeile erscheint, weil wir eine Meldung mit der Priorität emerg versendet haben. Dies erzeugt einen Konsoleneintrag. Darüber hinaus finden Sie aber nun auch eine entsprechende Meldung in /var/log/syslog.

Möchten Sie den Programmnamen angeben (hier ist es ein Benutzername), nutzen Sie die Option -t, wie folgendes Beispiel zeigt:

```
# logger -t fake -p daemon.emerg Das ist das Ende!
```

Der Eintrag in /var/log/syslog sieht dann ungefähr folgendermaßen aus:

```
Apr 13 18:55:28 lenny fake: Das ist das Ende!
```

Die Wahl der Bezeichnung des Programms, das in der Logdatei angezeigt wird, ist vollkommen frei wählbar.

> Sie können folglich beliebige (anonyme) Meldungen in die Logdateien schreiben – das gilt für jeden Benutzer des Systems! Eine eindeutige Sicherheitslücke, die aus einer Zeit stammt, in der man das Wort »Sicherheit« noch ausschließlich mit Sparbriefen und Wachschutz in Verbindung gebracht hat.

Vermutlich haben Sie in der Zwischenzeit bereits bemerkt, dass der alte syslogd einige Schwachstellen hat, die sich nicht nur in systembedingten Sicherheitslücken, sondern auch in fehlenden Features bemerkbar macht. Doch Hilfe ist in Sicht!

14.6 syslog-ng

1998 begann *Balazs Scheidler* mit der Entwicklung von syslog-ng. Dabei steht ng für »next generation«. Das Programm syslog-ng verfügt über deutliche Verbesserungen gegenüber dem traditionellen Syslog-Daemon und soll den betagten syslogd ablösen. Es ist seit längerer Zeit in allen großen Linux-Distributionen integriert, wird aber standardmäßig nicht bei allen installiert. Es gibt nur wenige Gründe, nicht auf syslog-ng umzusteigen.

Einer der Gründe könnte sein, dass syslog-ng eine völlig andere, objektorientierte Syntax in seiner Konfigurationsdatei /etc/syslog-ng/syslog-ng.conf nutzt. Auf den ersten Blick sieht das sehr verwirrend aus. Haben Sie jedoch einmal das Prinzip dahinter verstanden und sich an die Schreibweise gewöhnt, werden Sie die objektorientierte Konfiguration zu schätzen wissen. Sie ist übersichtlicher und klarer strukturiert. Aus Platzgründen werde ich mich hier jedoch auf einen Überblick beschränken.

Die Konfigurationsdatei ist in Sektionen unterteilt:

Options

Hier definieren Sie allgemeine Optionen wie zum Beispiel die Anzahl der Meldungen, die gepuffert werden sollen. Die Optionen werden in folgender Syntax dargestellt:

```
options { Option1(Wert);Option1(Wert); ...};
```

In der Datei sind die Optionen der Übersicht halber in eigenen Zeilen untergebracht und gut dokumentiert.

Sources

In dieser Sektion definieren Sie, über welche Quellen syslog-ng Meldungen erhalten soll. Im Allgemeinen reicht die Voreinstellung, wonach die Daten von /dev/log gelesen werden.

Destinations

Interessanter sind die Zielangaben. Hier ein Beispiel für eine Zieldefinition:

```
destination logdat1 {
   file ("/var/log/meinlog"
   template( "[$YEAR/$MONTH/$DAY  $HOUR:$MIN:$SEC] $PRIORITY $FACILITY $PROGRAM
              $MESSAGE\n")); };
```

Das Ziel meinziel wird als Datei /var/log/meinlog festgelegt. Außerdem definieren wir eine Vorlage (template) für die Darstellung. Das Ergebnis sieht dann zum Beispiel so aus:

```
[2006/04/13 18:44:05] info mail postfix: mail queued ...
```

Das ist dann schon etwas genauer als die Ausgabe von syslogd. Allerdings ist dieses Ziel bisher noch nicht aktiv, da wir das Ziel noch keinem Logging-Vorgang zugeordnet haben.

Filter

Mit Filtern können Sie die Facilities und die Prioritäten filtern, um dies in Ihren Logging-Definitionen einzubauen. Hier ein Beispiel:

```
filter f_mail { level(info, notice, err) and facility(mail); };
```

Im Filter f_mail werden die Prioritäten info, notice und err der Facility mail berücksichtigt. In der syslogd-Syntax sähe das folgendermaßen aus:

```
mail.info,notice,err
```

Logs

Bisher passiert noch gar nichts. Alle Definitionen, die wir bis zu diesem Zeitpunkt vorgenommen haben, dienen zwar dazu, die Log-Aktivitäten zu bestimmen. Diese werden aber erst durch Log-Direktiven miteinander verbunden. Die Syntax sieht folgendermaßen aus:

```
log { source(<Quelle>); filter(<Filter>); destination (<Ziel>); };
```

`source`, `filter` und `destination` haben Sie vorher bereits definiert. Durch `log` werden diese zusammengeführt. Hier können Sie also Regeln nach folgenden Maßgaben festlegen:

Von welcher Quelle soll nach welchen Selectoren (Herkunft/Priorität) gefiltert in welche Logdatei (Ziel) geschrieben werden?

Der neue Syslog-Daemon `syslog-ng` bietet eine erhebliche Erweiterung der Funktionen des alten `syslogd`. Neben der wesentlich verbesserten Verwaltung der Logdateien ist in Verbindung mit `stunnel` (einer universellen Verschlüsselungstechnik für beliebige TCP-Verbindungen) auch eine verschlüsselte Übertragung der Logdaten auf einen Logserver möglich.

14.7 Rotation der Logdateien

Alle möglichen Programme, Systeme und Dienste loggen in verschiedene Logdateien. Diese Dateien haben eines gemeinsam: Sie haben die Eigenschaft, ständig zu wachsen. Das kann früher oder später zu Problemen führen, da der Speicherplatz begrenzt ist.

Um diesem Problem zu begegnen, gibt es `/usr/sbin/logrotate`. Dieser Dienst bietet Ihnen die Möglichkeit, die aktuellen Logfiles regelmäßig zu archivieren, durch leere Dateien zu ersetzen und nach einem bestimmten Zyklus zu überschreiben. `logrotate` ist bei Debian GNU/Linux bereits in der Grundinstallation enthalten.

So können Sie zum Beispiel bestimmen, dass eine bestimmte Logdatei nach einer Woche archiviert und damit geleert werden soll, während nach vier Wochen die älteste Archivdatei überschrieben wird. Dabei wird den archivierten Logdateien eine fortlaufende Ziffer angehängt, zum Beispiel `messages.1`, `messages.2` usw., wobei 1 für die neueste archivierte Logdatei steht, 2 für die nächst ältere usw. Wird rotiert, so wird die aktuelle Logdatei `messages` zu `messages1`, die alte Datei `messages.1` zu `messages.2` usw. Die älteste Datei wird überschrieben gemäß dem angegebenen Rotationszyklus.

Der Dienst `logrotate` wird über die Datei `/etc/logrotate.conf` konfiguriert, die bei *Etch* und *Lenny* identisch ist.

Werfen wir einen Blick hinein:

```
weekly
rotate 4
create
include /etc/logrotate.d/
/var/log/wtmp {
    missingok
    monthly
    create 0664 root utmp
    rotate 1
```

```
10 }
11 /var/log/btmp {
12     missingok
13     monthly
14     create 0664 root utmp
15     rotate 1
16 }
```

Listing 14.2: `/etc/logrotate`

`logrotate` wird normalerweise als täglicher `cron`-Job ausgeführt. Jede Logdatei kann täglich (`daily`), wöchentlich (`weekly`), monatlich (`monthly`) rotiert werden. Außerdem kann die Logdatei auch dann rotiert werden, wenn Sie zu groß geworden ist.

In den Zeilen 1 bis 4 stehen die allgemein gültigen Einstellungen, die im Einzelfall überschrieben werden können. Demnach wird per Default wöchentlich rotiert. Der Rotationszyklus beträgt vier Wochen (`rotate 4`), das heißt, archivierte Logdateien werden vier Wochen aufbewahrt, bevor sie von neueren Versionen überschrieben werden.

Durch `create` wird nach der Archivierung eine neue (leere) Logdatei mit gleichem Namen und gleichen Rechten erstellt. Durch Angabe von Rechten (in oktaler Form wie bei `chmod`), einem Benutzer und einer Gruppe kann dies auch nach Bedarf angepasst werden. Nachfolgend ein Beispiel, bei dem der Eigentümer als `root` und die Gruppe als `adm` festgelegt wird, wobei Eigentümer lesen und schreiben, die Gruppe nur lesen darf:

```
create 640 root adm
```

Mittels `include`-Direktive in Zeile 4 wird das Verzeichnis `/etc/logrotate.d` bzw. alle darin befindlichen Dateien in die Konfiguration eingebunden. In den dort befindlichen Dateien stehen genau die gleichen Anweisungen, wie Sie sie auch direkt in `/etc/logrotate.conf` schreiben würden. Im Ergebnis macht es für `logrotate` keinen Unterschied, wo sich die Informationen zur Konfiguration befinden.

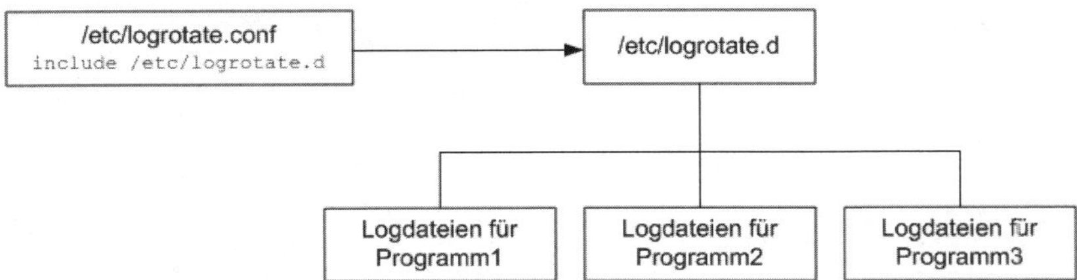

Abb. 14.1: `logrotate.conf` integriert die Konfigurationsdateien aus `/etc/logrotate.d`

Dies ist ein gängiges Konzept, das Sie auch bei anderen Konfigurationsdateien wie zum Beispiel beim Apache Webserver (siehe Kapitel 26 *Apache Teil I – Aufbau eines Intranets*), wieder finden. Der Vorteil dieses modularen Aufbaus ist, dass Programme durch einfache Textdateien, die sie in `/etc/logrotate.d` schreiben, ihre eigene Logrotation festlegen können. Für Sie als Administrator wird die Konfiguration dadurch natürlich auch übersichtlicher. Ich komme gleich noch einmal darauf zurück. Zunächst weiter im Text:

Die Zeilen 5 bis 10 definieren das Verhalten von `logrotate` für die Datei `/var/log/wtmp`, die Zeilen 11 bis 16 konfigurieren `/var/log/btmp`. Es handelt sich um Systemdateien, die

Anmeldevorgänge protokollieren und – völlig untypisch – keine normalen ASCII-Dateien sind. Die Bedeutung der Direktiven folgt weiter unten.

Im Verzeichnis /etc/logrotate.d befinden sich im Moment noch nicht allzu viele Dateien, die zudem zwischen *Etch* und *Lenny* geringfügig variieren:

```
# ls /etc/logrotate.d
apt  aptitude  dpkg rsyslog
```

Nehmen wir als Beispiel die Datei rsyslog:

```
1  /var/log/syslog
2  {
3          rotate 7
4          daily
5          missingok
6          notifempty
7          delaycompress
8          compress
9          postrotate
10                 invoke-rc.d rsyslog reload > /dev/null
11         endscript
12 }
13 /var/log/mail.info
14 /var/log/mail.warn
15 /var/log/mail.err
16 /var/log/mail.log
17 /var/log/daemon.log
18 /var/log/kern.log
19 /var/log/auth.log
20 /var/log/user.log
21 /var/log/lpr.log
22 /var/log/cron.log
23 /var/log/debug
24 /var/log/messages
25 {
26         rotate 4
27         weekly
28         missingok
29         notifempty
30         compress
31         delaycompress
32         sharedscripts
33        postrotate
34                 invoke-rc.d rsyslog reload > /dev/null
35         endscript
36 }
```

Listing 14.3: /etc/logrotate.d/rsyslog

Syslog hält mehrere Logfiles für unterschiedliche Meldungen bereit. Für /var/log/syslog in Zeile 1 werden die nachfolgenden Einstellungen getroffen, die durch geschweifte Klammern zusammengefasst werden:

- `rotate 7` – Die Logfiles werden sieben Wochen aufbewahrt, bevor sie überschrieben werden.
- `daily` – Die Logfiles werden täglich rotiert. Andere Werte sind `weekly` und `monthly`.
- `missingok` – Das Fehlen einer Logdatei führt nicht zu einer Fehlermeldung, sondern wird ignoriert.
- `notifempty` – überschreibt den Default-Wert `ifempty`, wodurch im Gegensatz zur Voreinstellung leere Logfiles nicht rotiert werden.
- `delaycompress` – Die Komprimierung findet erst nach der nächsten Rotation statt, so dass das neueste archivierte Logfile unkomprimiert bleibt. Diese Einstellung wird nur im Zusammenhang mit `compress` aktiv und dient der schnelleren Ansicht des letzten archivierten Logfiles.
- `compress` – Die archivierten Logfiles werden komprimiert.
- `postrotate/endscript` – bindet entsprechende Befehle (auch Shellskripte sind möglich) in die Logfile-Rotation mit ein. Mit dem hier angegebenen Befehl **`invoke-rc.d`** wird der Syslog-Daemon neu gestartet.

Es gibt natürlich noch viele weitere Konfigurationsdirektiven. Sie können zum Beispiel mit `prerotate` ein kleines Skript integrieren, das vor dem Rotationsprozess ausgeführt wird. Das Skript wird ebenso mit `endscript` beendet. Viele Dienste nutzen diese Skriptfähigkeit. Für den Apache Webserver existiert zum Beispiel folgendes Skript:

```
postrotate
        if [ -f /var/run/apache2.pid ]; then
                /etc/init.d/apache2 restart > /dev/null
        fi
endscript
```

Damit wird überprüft, ob Apache läuft (genau genommen wird überprüft, ob eine aktuelle Prozess-ID existiert). Ist dies der Fall, wird Apache neu gestartet. In diesem Zusammenhang wird oft die Direktive `sharedscripts` eingesetzt, um zu verhindern, dass in einer Logfile-Definition mit mehreren Dateien (zum Beispiel `/var/log/news/*`) das Skript für jede einzelne Datei ausgeführt wird. Ist `sharedscripts` gesetzt, führt `logrotated` das Skript nur einmal aus. Diese Direktive finden Sie im Beispiel in der Zeile 32. Zuvor werden etliche Logfiles angegeben (Zeilen 13 bis 24), auf die die nachfolgende, durch geschweifte Klammern eingefasste Logrotate-Konfiguration angewendet wird.

Andere Dienste und Programme installieren ebenfalls Konfigurationsdateien im Verzeichnis `/etc/logrotate.d`. Möchten sie das Logrotationsverhalten anpassen, können Sie das direkt in diesen Dateien vornehmen. Dabei sollten Sie Folgendes berücksichtigen:

- Wie hoch ist das Logdatenaufkommen? Bei hohem Datenvolumen können Sie die Rotation täglich vornehmen, archivierte Logs komprimieren und den Rotationszyklus verkürzen.
- Wie lange müssen die Daten aufbewahrt werden? Dies bestimmt die Dauer des Rotationszyklus. Beachten Sie dabei das Datenvolumen.
- Wie schnell müssen alte Logdaten zur Verfügung stehen? Hier können Sie entscheiden, ob die Daten komprimiert werden sollen oder nicht.

Im Zusammenspiel mit `syslogd` bzw. `syslog-ng` können Sie das Logverhalten und die Archivierung der Logdateien ziemlich gut steuern. Doch was fangen wir nun mit den Logdaten an?

14.8 Analyse der Logdaten

Der Titel dieses Abschnitts könnte auch lauten: »Ihr bester Freund, das Logfile«. Wie bereits eingangs dargelegt, wird fast jedes nennenswerte Ereignis in den Logfiles festgehalten. Sehr viele Informationen werden Sie vermutlich in Ihrer ganzen Karriere als Administrator niemals benötigen. Doch ein gewisser Teil – dummerweise weiß man vorher nie, welcher das sein wird – wird Ihnen in den verschiedensten Situationen helfen, Probleme Ihres Linux-Servers zu finden und zu beheben. Die Kunst liegt darin, die richtigen Informationen herauszufiltern. Dabei stoßen Sie unter anderem auf folgende Probleme:

- Viele Programme schreiben in eigene Dateien – oftmals nicht nur eine, sondern mehrere. Die Informationen sind damit zwar grundsätzlich sortiert, leider können Sie sich aber nicht in allen Fällen darauf verlassen. Sie müssen also im Zweifel in verschiedenen Logfiles suchen.
- Es werden genau die Daten gespeichert, die ein Programm oder ein Dienst liefert. Sie können in der Regel nicht entscheiden, welche Informationen und in welcher Form geloggt werden.

Es gibt verschiedene Situationen, in denen Sie Logdaten auswerten möchten. Meistens aber werden Sie vor einem Problem stehen – ein Dienst startet nicht, eine Anmeldung hat nicht funktioniert, das System reagiert nicht wie erwartet usw.

Um die Informationen zu erhalten, die Sie für die Lösung eines Problems benötigen, müssen Sie diese aus dem Wust an Logdaten herausfiltern. Sie können dies manuell tun oder automatisch.

14.8.1 Manuelle Analyse

Der Befehl **grep** eignet sich hervorragend, um bestimmte Informationen herauszufiltern. Zunächst müssen wir die in Frage kommenden Logfiles herausfinden. Oft hilft ein Blick in `/etc/logrotate.d/<Dienstname>`. Gute Kandidaten sind als System-Logfiles auch `/var/log/syslog` und `/var/log/messages`. Viele Dienste schreiben ihre Logdaten hier hinein.

Anschließend überlegen Sie sich einen oder mehrere passende Begriffe, von denen Sie vermuten bzw. wissen, dass sie in einem Logeintrag des betreffenden Systems bzw. Programms vorkommen werden. Nun können Sie **grep** einsetzen:

```
# grep -i <Begriff> <Logdatei>
```

Die Option `-i` bietet sich an, da hiermit Groß- und Kleinschreibung ignoriert wird. Sie können auch zum Beispiel das ganze Verzeichnis `/var/log` durchsuchen lassen:

```
# grep -i <Begriff> /var/log/*
```

Möchten Sie einen bestimmten Begriff ausschließen, nutzen Sie `-v`: Dies macht in der Regel nur Sinn als zweiter Filter, nachdem ein anderer Begriff gesucht wurde:

```
# grep -i <Begriff> /var/log/* | grep -iv <auszuschließender Begriff>
```

Wie Sie sehen, können Sie das mittels Pipe (|) beliebig kombinieren. Oft werden mehrere Logeinträge für einen Vorgang vorgenommen. Sehr sinnvoll sind daher auch die folgenden Optionen:

```
# grep -i -A 3 -B 3 <Begriff> <Logdatei>
```

Mit `-A <Zeilen>` können Sie die angegebene Anzahl an Zeilen nach der Fundstelle mit ausgeben lassen (A wie after). Die Option `-B <Zeilen>` zeigt analog die Anzahl an Zeilen vor der Fundstelle an (B wie before).

14.8.2 Automatisierte Analyse

Eine komplett automatisierte Analyse für ein Problem ist nur schwer bis gar nicht zu erreichen und kann beliebig komplex werden. Hier sind Sie letztlich doch auf Ihr Auge und Ihre Kombinationsfähigkeit angewiesen. Analysetools können Sie dabei allerdings sehr effektiv unterstützen, indem sie Logdaten entsprechend aufbereiten. Es gibt verschiedene Ansätze und Tools zur automatischen Auswertung von Logdaten.

14.8.3 Logsurfer und SEC

Bei `logsurfer` handelt es sich um ein Universaltool, das sämtliche ASCII-basierenden Logdateien untersuchen kann. Dabei geht `logsurfer` nach bestimmten Regeln vor, die einmal vorgefertigt und zum anderen selbst erstellt werden können. Zur Filterung werden Regular Expressions genutzt, die auch von **egrep** verstanden werden. Die Regel bestimmt das Verhalten von `logsurfer`, wenn ein Logeintrag auf ein Filterkriterium zutrifft. Daraufhin kann zum Beispiel eine Ausgabe auf dem Bildschirm erfolgen, eine Mail an einen Benutzer verschickt oder ein Programm ausgeführt werden. `logsurfer` ist nicht Bestandteil der offiziellen `stable`-Distribution von Debian – weder bei *Etch* noch bei *Lenny*.

Sie können `logsurfer` von `http://www.crypt.gen.nz/logsurfer/` herunterladen. Hier finden Sie auch eine Dokumentation und Konfigurationsbeispiele.

Erwarten Sie nicht, das Programm mal eben schnell installieren zu können – ein wenig Einarbeitungszeit ist in jedem Fall erforderlich! Zu Beginn ist es auch recht schwierig, eigene Regeln einzufügen. Glücklicherweise gibt es hierzu auf `http://www.obfuscation.org/emf/logsurfer.html` auch vorgefertigte Regeln, die Sie einfach einbinden können.

Auf dieser Seite weist der Autor auch darauf hin, dass er selbst auf das Tool SEC (*simple event correlator*) umgestiegen ist und stellt einen Link bereit. Sie sollten sich ggf. also auch hier einmal umsehen.

14.8.4 Logtool

Mit `logtool` können Sie die Ausgabe von Logeinträgen entweder nach bestimmten Kriterien herausfiltern oder farblich markieren. Sie installieren das Tool auf die gewohnte Art:

```
# apt-get install logtool
```

Es gibt verschiedene Datenbanken, die Sie vorgefertigt übernehmen können. In jedem Fall müssen Sie aber bei der Installation über einen menügesteuerten Dialog den Einsatz dieser Datenbanken einrichten und die entsprechende Farbzuordnung definieren.

Sie können diese Zuordnungen später noch ändern. Die Konfigurationsdatei befindet sich unter `/etc/logtool` und heißt – wie üblich – `logtool.conf`. Das Tool leistet gute Dienste, wenn Sie zum Beispiel das aktuelle Syslog beobachten:

```
# tail -f /var/log/syslog | logtool
```

Mit `tail -f` lassen Sie jeden aktuellen Eintrag auf dem Bildschirm anzeigen. Leiten Sie dies durch `logtool`, wird die Anzeige entsprechend farbig dargestellt. Sie können aber auch eine HTML-Seite erstellen und in das Veröffentlichungsverzeichnis Ihres Webservers schreiben. Diese können Sie anschließend über einen Webbrowser abrufen. Haben Sie einen Webserver installiert, können Sie den Report gleich im Veröffentlichungsverzeichnis ablegen:

```
# cat /var/log/syslog | logtool -o html > /var/www/syslog.html
```

Sie können die Erstellung und den E-Mail-Versand von Reports sehr gut durch `cron`-Jobs automatisieren. Erstellen Sie einen Job mit folgender Befehlszeile:

```
#cat /var/log/syslog|logtool -o ASCII|mail -s "Syslog-Report" Benutzer@Domain.de
```

Die hier genannten Beispiele stammen übrigens nicht von mir, sondern aus der Man-Page von `logtool`.

14.8.5 Webalizer

Das wohl bekannteste Tool zur grafischen Auswertung von Web- und FTP-Server-Logdaten ist `webalizer`. Es dient nicht unbedingt primär zur Fehlersuche – stattdessen erstellt es aussagfähige Statistiken und Reports und stellt diese im HTML-Format dar. Wir werden uns mit `webalizer` separat im Rahmen des Kapitels über den Apache-Webserver beschäftigen. Ich werde daher an dieser Stelle nicht weiter darauf eingehen.

14.9 Zusammenfassung und Weiterführendes

Leider werden die Logfiles oft unterschätzt. Dabei sind sie das wertvollste Hilfsmittel bei der Analyse von Fehlern. Allerdings ist es oftmals nicht leicht, durch die vielen Logdateien durchzublicken und den Überblick zu behalten. Es bietet sich an, die Protokollierung (ein anderes Wort für Logging) auf Ihre Bedürfnisse anzupassen.

Dabei sollten Sie überlegen, ob Sie nicht bestimmte Ereignisse in eigene Dateien loggen lassen wollen. Das Hilfsmittel hierzu ist `/etc/syslog.conf` (*Etch*), `/etc/rsyslog` (*Lenny*) bzw. `/etc/syslog-ng/syslog-ng.conf`. Letzteres dann, wenn Sie sich dazu entschlossen haben, den neueren Syslog-Daemon, `syslog-ng` einzusetzen. Dieser bietet neben deutlich erweiterten Konfigurationsmöglichkeiten auch die Option, mittels *stunnel* Logdaten auf andere Server zu übertragen. Unter dem alten `syslogd` werden die Daten lediglich mittels UDP unzuverlässig und unverschlüsselt übertragen. Hier haben Sie mit `rsyslog` bereits erweiterte Möglichkeiten.

Alle Logfiles wachsen stetig an. Damit sie nicht irgendwann sämtlichen verfügbaren Speicherplatz einer Partition aufbrauchen, werden sie mittels `logrotate` in konfigurierbaren regelmäßigen Abständen rotiert, so dass die Logdaten letztlich nur eine bestimmte Zeit aufbewahrt werden.

Sie sollten sich in jedem Fall mit der Analyse Ihrer Logdaten auseinandersetzen. Meiner Erfahrung nach schauen Anfänger oft in ihre Logfiles wie das sprichwörtliche Schwein ins Uhrwerk. Dagegen hilft nur kontinuierliches Einarbeiten. Sie sollten möglichst oft in ihre Logfiles schauen, um normale von außergewöhnlichen Meldungen unterscheiden zu lernen. Außerdem schult dies den Blick, so dass Sie sich bei einer notwendigen Analyse im Falle eines Problems schnell einen Überblick über die Geschehnisse machen können.

Zur Hilfe – und nur dazu! – können Sie sich verschiedener Analysetools bedienen. Allerdings ersetzen diese niemals das eigene geschulte Auge sondern geben immer nur Hinweise auf mögliche Probleme.

## Kapitel 15

Den Kernel anpassen

Der Linux-Kernel ist das Kernstück Ihres Linux-Servers. Er übernimmt die Speicher- und Prozessverwaltung sowie die Steuerung der Hardware. Genau genommen besteht das eigentliche »Linux« nur aus dem Kernel – alles andere wie Dienste, Anwendungen, grafische Oberflächen, aber auch die Shell als Kommandozeilenschnittstelle gehört zwar nach unseren Begriffen zum Betriebssystem »Linux« dazu, stammt aber von unterschiedlichen Quellen und wird lediglich im Rahmen der Distributionen zusammengefügt.

Unter bestimmten Umständen benötigen Sie einen anderen Kernel als den Standardkernel, der unter Debian GNU/Linux verwendet wird. Entweder möchten Sie auf eine neuere Kernelversion umsteigen oder Sie benötigen eine Funktion (Feature), die durch Ihren aktuellen Kernel nicht unterstützt wird.

Dabei ist es gar nicht unbedingt erforderlich, einen neuen Kernel einzusetzen, wenn Sie eine bestimmte Funktion benötigen – häufig können so genannte Kernel-Module dynamisch nachgeladen werden, die die Funktionalität des Kernels entsprechend erweitern. Das dahinterstehende Konzept werden wir gleich im Anschluss näher beleuchten.

In diesem Kapitel befassen wir uns mit folgenden Themen:

- Monolithische und modulare Kernel
- Distributions- und Originalkernel
- Kernel-Module einbinden
- Einen anderen Kernel der Debian-Distribution einbinden
- Einen eigenen Kernel kompilieren und installieren

Da es sich bei Veränderungen am Kernel sozusagen um »Herzoperationen« handelt, ist hier besondere Sorgfalt angesagt. Damit alles reibungslos funktioniert, sollten Sie einen neuen Kernel vielleicht nicht unbedingt um 5 Uhr morgens nach einer 13-Stunden-Schicht einbinden ...

15.1 Monolithische versus modulare Kernel

Die alten Unix-Kernel sind monolithisch. Das bedeutet, dass jede Funktion, die der Kernel unterstützen soll, fest in den Kernel-Code integriert ist. Der Kernel wird dadurch z.T. ziemlich groß, ist dafür aber auch sehr stabil.

Linux hat in der Anfangszeit dieses alte Konzept aus den 1970er Jahren übernommen. Die ersten Kernel (Version 1.x) waren alle monolithisch. Das daraus resultierende Problem bestand darin, dass der Kernel teilweise sehr unflexibel war. Es konnte Ihnen passieren, dass durch den Austausch einer Netzwerkkarte ein neuer Kernel erstellt werden musste.

Die Alternative zu einem monolithischen Kernel ist ein so genannter Mikro-Kernel. Dieser enthält nur die nötigsten Funktionen direkt im Kernel-Code und lagert alle darüber hinausgehenden Funktionen aus. Diese werden von Programmen und Modulen übernommen. Die Kernel-Module können dynamisch und bei Bedarf zur Laufzeit eingebunden werden.

Der Vorteil liegt in der höheren Flexibilität. Heutzutage ist es nur noch in speziellen Fällen notwendig, einen neuen Kernel zu erstellen, alle Standardfunktionen werden durch Kernel-Module unterstützt. Andererseits wird der Kernel dadurch ein wenig langsamer, was sich aber bei der heutigen Hardware nicht nennenswert bemerkbar macht.

Wie Sie Kernel-Module verwalten können, erfahren Sie in Abschnitt 15.2.4.

> Es gibt noch einen anderen Grund, monolithische Kernel zu verwenden: modular erweiterbare Kernel sind einfacher angreifbar! Dies wird von so genannten LKM-Rootkits ausgenutzt (LKM steht für *loadable kernel module*). Diese laden bestimmte Kernel-Module nach, um Kernel-Funktionen zu modifizieren und bestimmte eigene Prozesse so vor der Entdeckung zu schützen.

15.2 Distributions- und Original-Kernel

Jede Linux-Distribution bringt eine bestimmte Kernel-Version mit. Oft sind es sogar mehrere Kernel mit unterschiedlichen Versionsnummern bzw. unterschiedlichen Funktionen, die zur Auswahl stehen.

Debian 4.0 (*Etch*) verwendet den Kernel 2.6.18, während Debian 5.0 (*Lenny*) Kernel 2.6.26 nutzt. An dieser Stelle wird es Zeit, sich mit den Kernel-Versionen und der Bezeichnungskonvention auseinanderzusetzen.

15.2.1 Die Kernel-Versionen

Jeder Kernel wird mit einer Versionsnummer versehen. Mitte Mai 2009 ist die aktuelle Kernelversion 2.6.29. Dabei wird die erste Ziffer (2) nur bei grundlegenden Änderungen der Systemarchitektur erhöht. Die zweite Ziffer (6) gibt das jeweilige Major-Release an. Bisher war es so, dass die stabilen Versionen (auch als Produktions-Kernel bezeichnet) gerade Ziffern hatten (2.2, 2.4, 2.6), während die Entwickler-Kernel ungerade Ziffern haben (2.3, 2.5, 2.7). Seit Mitte 2004 ist diese Konvention aber ausgesetzt, so dass es zurzeit keine Version 2.7 gibt. Die aktuelle Entwicklerversion wird durch `mm` gekennzeichnet und ist Mitte Mai 2009 `2.6.28-rc2-mm1`.

Die dritte Zahl (29) bezeichnet das Minor-Release. Diese Ziffer ändert sich relativ häufig und beschreibt kleinere Änderungen am Kernel im Sinne neuer Funktionen. Seit März 2005 wird offiziell eine vierte Ziffer hinzugefügt. Diese ändert sich im Zusammenhang mit der Behebung von kritischen Fehlern und wurde erstmalig beim Kernel 2.6.8.1 im Zusammenhang mit einem schwerwiegenden NFS-Fehler eingeführt. Der zu diesem Zeitpunkt aktuelle Kernel ist 2.6.29.3.

15.2.2 Der Original-Kernel

Linus Torvalds hat inzwischen die Pflege der stabilen Produktions-Kernel an andere Programmierer abgegeben und veröffentlicht nur noch die Entwicklungsversionen. Dennoch bleibt die Pflege des originalen Linux-Kernels unter zentraler Kontrolle. Die offiziellen Kernel-Versionen können Sie sich von `http://www.kernel.org` herunterladen.

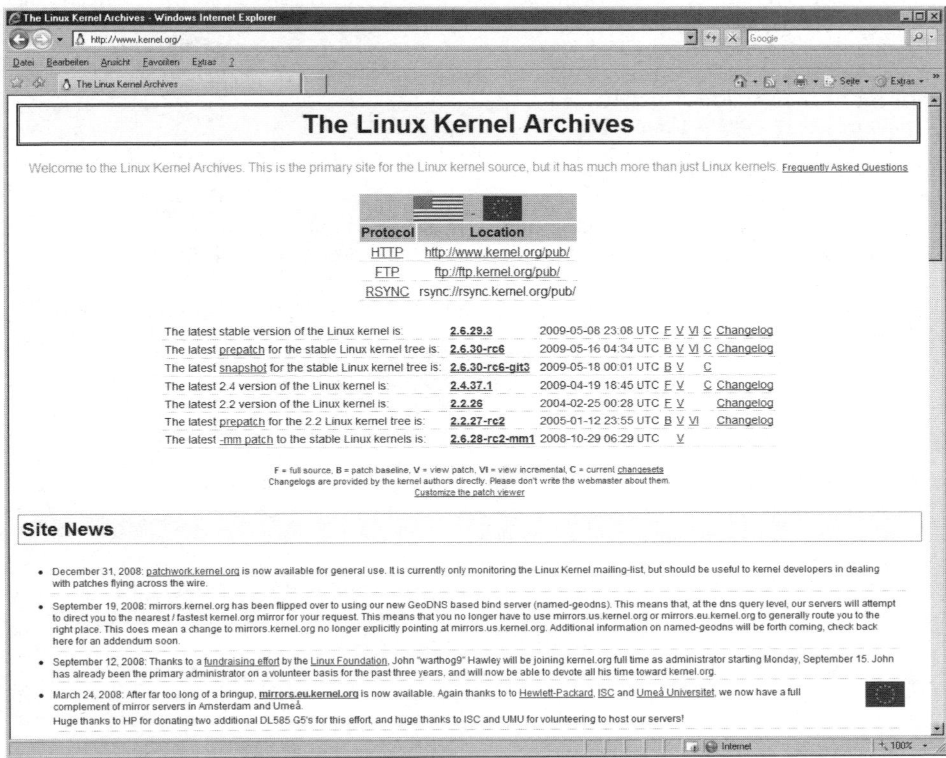

Abb. 15.1: Der originale Linux-Kernel von `http://www.kernel.org`

Es handelt sich um Kernel-Quellcode-Dateien, die auf Ihrem lokalen System zunächst angepasst und kompiliert werden müssen. Anschließend können Sie den Kernel in Ihr System einbinden. Später zeige ich Ihnen, wie Sie das bewerkstelligen.

15.2.3 Distributions-Kernel

Fast jede Distribution enthält modifizierte Kernel. Die Distributoren ergänzen Ihre Kernel um Funktionen, die zwar noch nicht im Original-Kernel enthalten sind, die aber dennoch eine ausreichende Stabilität gewährleisten. Manchmal allerdings kommt es unter bestimmten Bedingungen zu Problemen mit solchen Kernel-Versionen. Die Debian-Kernel sind gemäß der Debian-Philosophie sehr stabil.

Debian stellt mehrere vorgefertigte Kernel zur Verfügung. Die Kernelpakete beginnen bei Debian immer mit `linux-image-...` Eine Liste mit verfügbaren Kernel können Sie folgendermaßen abrufen:

```
# apt-cache search ^linux-image
linux-image-openvz-686 - Linux image on PPro/Celeron/PII/PIII/P4, OpenVZ support
linux-image-486 - Linux-Image fÜr x86-Maschinen
linux-image-vserver-686 - Linux-Image für PPro/Celeron/PII/PIII/P4, mit Linux-VSer-
ver UnterstÜtzung
linux-image-2.6-686-bigmem - Linux-Image 2.6 fÜr PPro/Celeron/PII/PIII/P4
linux-image-2.6-vserver-686 - Linux 2.6 Image für PPro/Celeron/PII/PIII/P4 mit
UnterstÜtzung von Linux-VServer
linux-image-2.6-486 - Linux-Image 2.6 für x86-Maschinen
linux-image-2.6-vserver-686-bigmem - Linux 2.6 Image für PPro/Celeron/PII/PIII/P4,
mit Linux-VServer-UnterstÜtzung
linux-image-686-bigmem - Linux-Image auf PPro/Celeron/PII/PIII/P4
linux-image-xen-686 - Linux 2.6 Image für i686, mit Xen-UnterstÜtzung im alten Stil
linux-image-2.6-xen-686 - Linux 2.6 Image für i686, mit Xen-UnterstÜtzung im alten
Stil
linux-image-2.6-openvz-686 - Linux 2.6 Image für PPro/Celeron/PII/PIII/P4 mit Unter-
stÜtzung fÜr OpenVZ
linux-image-2.6-amd64 - Linux 2.6 Image für AMD64
linux-image-2.6-k7 - Linux-Kernelabbild für AMD K7 - Ãbergangspaket.
linux-image-k7 - Linux-Image auf AMD K7 - Ãbergangspaket
linux-image-vserver-686-bigmem - Linux-Image für PPro/Celeron/PII/PIII/P4, mit
Linux-VServer UnterstÜtzung
linux-image-2.6-686 - Linux-Image 2.6 für PPro/Celeron/PII/PIII/P4
linux-image-686 - Linux-Image auf PPro/Celeron/PII/PIII/P4
linux-image-amd64 - Linux Image für AMD64
linux-image-2.6.26-1-486 - Linux 2.6.26 image on x86
linux-image-2.6.26-1-686 - Linux 2.6.26 image on PPro/Celeron/PII/PIII/P4
linux-image-2.6.26-1-686-bigmem - Linux 2.6.26 image on PPro/Celeron/PII/PIII/P4
linux-image-2.6.26-1-amd64 - Linux 2.6.26 image on AMD64
linux-image-2.6.26-1-openvz-686 - Linux 2.6.26 image on PPro/Celeron/PII/PIII/P4,
OpenVZ support
(...)
```

Die Liste ist hier verkürzt dargestellt. Es stehen etliche Kernel zur Verfügung, die für die unterschiedlichen Plattformen und Prozessoren optimiert wurden. Möchten Sie wissen, welcher Kernel gerade auf Ihrem System aktiv ist, hilft folgendes Kommando:

```
# uname -a
Linux lenny 2.6.26-2-686 #1 SMP Mon May 11 19:00:59 UTC 2009 i686 GNU/Linux
```

Der Befehl **uname** gibt Systeminformationen aus. Die Option `-a` steht für *all* – also alle verfügbaren Informationen. Dies umfasst das Betriebssystem (`GNU/Linux`), den Systemnamen (`Debian`), die Kernel-Versionsnummer (`2.6.26`), das aktuelle Datum inklusive Zeit und die Plattform (`i686`).

Bevor wir uns anschauen, wie wir den aktuellen Kernel austauschen können, werden wir zunächst einen Blick auf die Kernel-Module werfen, um zu sehen, wie der aktuelle Kernel dynamisch angepasst werden kann.

15.2.4 Die Kernel-Module

Die Kernel-Module befinden sich unter `/lib/modules/<Kernelversion>/kernel`. Sie sind in verschiedenen Unterverzeichnissen nach ihrem Einsatzzweck untergebracht:

```
# ls /lib/modules/2.6.26-2-686/kernel
arch crypto drivers fs lib net sound
```

So befindet sich zum Beispiel das Kernel-Modul zur Unterstützung des Dateisystems `ext3` unter `fs/ext3` und heißt `ext3.ko`. Alle Module haben die Endung `.ko`, da es sich um Objektdateien (`.o`) der Programmiersprache C handelt – das `k` kam hinzu, um deutlich zu machen, dass es sich um Kernel-Module handelt.

Möchten Sie wissen, welche Module im Moment gerade aktiv eingebunden sind, geben Sie folgenden Befehl ein:

```
# lsmod
Module                  Size  Used by
ipv6                  235364  18
loop                   12748  0
snd_ens1371            19072  0
gameport               10700  1 snd_ens1371
snd_rawmidi            18528  1 snd_ens1371
snd_seq_device          6380  1 snd_rawmidi
snd_ac97_codec         88484  1 snd_ens1371
serio_raw               4740  0
parport_pc             22500  0
parport                30988  1 parport_pc
i2c_piix4               7216  0
ac97_bus                1728  1 snd_ac97_codec
intel_agp              22556  1
psmouse                32336  0
pcspkr                  2432  0
snd_pcm                62596  2 snd_ens1371,snd_ac97_codec
snd_timer              17800  1 snd_pcm
snd                    45604  6 snd_ens1371,snd_rawmidi,snd_seq_device,snd_ac97_c
odec,snd_pcm,snd_timer
soundcore               6368  1 snd
agpgart                28776  1 intel_agp
i2c_core               19828  1 i2c_piix4
snd_page_alloc          7816  1 snd_pcm
shpchp                 25528  0
pci_hotplug            23460  1 shpchp
container               3456  0
ac                      4196  0
button                  6096  0
evdev                   8000  0
ext3                  105512  5
(...)
```

Der dritten Spalte können Sie entnehmen, ob und wie oft ein Modul in Benutzung ist. Die letzte Spalte zeigt Ihnen, von welchen anderen Modulen das Modul genutzt wird.

Geben Sie den Befehl **modprobe** ein, um eine Übersicht über sämtliche verfügbaren Module zu erhalten, sinnvollerweise kombiniert mit **less**:

```
# modprobe -l | less
/lib/modules/2.6.26-2-686/kernel/drivers/ide/ide-cd_mod.ko
/lib/modules/2.6.26-2-686/kernel/drivers/ide/ide-generic.ko
```

```
/lib/modules/2.6.26-2-686/kernel/drivers/ide/ide-disk.ko
/lib/modules/2.6.26-2-686/kernel/drivers/ide/ide-core.ko
/lib/modules/2.6.26-2-686/kernel/drivers/ide/legacy/ide-cs.ko
/lib/modules/2.6.26-2-686/kernel/drivers/ide/pci/delkin_cb.ko
/lib/modules/2.6.26-2-686/kernel/drivers/ide/pci/amd74xx.ko
/lib/modules/2.6.26-2-686/kernel/drivers/ide/pci/ns87415.ko
/lib/modules/2.6.26-2-686/kernel/drivers/ide/pci/pdc202xx_old.ko
/lib/modules/2.6.26-2-686/kernel/drivers/ide/pci/it8213.ko
/lib/modules/2.6.26-2-686/kernel/drivers/ide/pci/cs5520.ko
/lib/modules/2.6.26-2-686/kernel/drivers/ide/pci/slc90e66.ko
/lib/modules/2.6.26-2-686/kernel/drivers/ide/pci/cy82c693.ko
/lib/modules/2.6.26-2-686/kernel/drivers/ide/pci/jmicron.ko
/lib/modules/2.6.26-2-686/kernel/drivers/ide/pci/rz1000.ko
(...)
```

Der Befehl **modprobe** dient nicht nur zum Anzeigen der vorhandenen Kernel-Module, er ist auch in der Lage, Module einzubinden und zu entfernen. Hierzu setzt er auf den Befehlen **insmod** und **rmmod** auf, die für das Einfügen (insert – **insmod**) bzw. das Entfernen (remove – **rmmod**) zuständig sind.

modprobe löst dabei – im Gegensatz zu **insmod** – Abhängigkeiten selbstständig auf und kann obendrein auch noch mittels `/etc/modprobe.conf` konfiguriert werden. Für den Normalgebrauch reicht Folgendes aus:

```
# modprobe <Modul>
```

Hiermit installieren Sie das gewünschte Modul. Beim Modulnamen lassen Sie die Endung `.ko` weg. Ist das Einfügen des Moduls erfolgreich, gibt **modprobe** keine Meldung aus.

Sie können den Befehl aus jedem Verzeichnis heraus aufrufen und müssen sich nicht im Modulverzeichnis befinden. Nutzen Sie die Option `-r`, wird das angegebene Modul entfernt. Nehmen wir ein kleines Beispiel:

```
# modprobe msdos
```

Dies installiert das Modul `msdos` für MS-DOS-Dateisystemunterstützung. Es wird in der Modulliste ganz oben angezeigt:

```
# lsmod
Module                  Size  Used by
msdos                   6944  0
fat                    40896  1 msdos
nls_base                6820  1 fat
ipv6                  235364  18
loop                   12748  0
snd_ens1371            19072  0
gameport               10700  1 snd_ens1371
```

Dabei wurden von **modprobe** automatisch zwei weitere Module namens `fat` und `nls_base` installiert. Diese Abhängigkeiten hat **modprobe** erkannt und aufgelöst. Mit **insmod** hätten Sie an dieser Stelle eine Fehlermeldung erhalten.

Da wir FAT-Dateisystemunterstützung im Moment nicht benötigen, können wir das Modul wieder entfernen:

```
# modprobe -r msdos
# lsmod
Module                  Size  Used by
ipv6                  235364  18
loop                   12748  0
snd_ens1371            19072  0
gameport               10700  1 snd_ens1371
snd_rawmidi            18528  1 snd_ens1371
snd_seq_device          6380  1 snd_rawmidi
snd_ac97_codec         88484  1 snd_ens1371
```

Alle drei Module wurden automatisch entfernt. Ein Modul kann vom Kernel automatisch nachgeladen werden. Verbinden Sie zum Beispiel ein USB-Gerät, wird dieses automatisch erkannt und ein entsprechender Treiber in Form eines Moduls mittels **modprobe** eingebunden.

Möchten Sie nähere Informationen zu einem Modul haben, nutzen Sie **modinfo <Modul>**, wie in folgendem Beispiel gezeigt:

```
# modinfo ext3
filename:       /lib/modules/2.6.26-2-686/kernel/fs/ext3/ext3.ko
license:        GPL
description:    Second Extended Filesystem with journaling extensions
author:         Remy Card, Stephen Tweedie, Andrew Morton, Andreas Dilger, Theodore
Ts'o and others
depends:        mbcache,jbd
vermagic:       2.6.26-2-686 SMP mod_unload modversions 686
```

Kernel-Module können konfiguriert werden. Unter bestimmten Umständen müssen Sie passende Parameter angeben, um dem Modul die nötigen Informationen mitzugeben. Dies ist klassischerweise bei alten ISA-Steckplätzen notwendig – die Sie vermutlich nur noch in sehr seltenen Fällen zu Gesicht bekommen.

Welche Parameter von einem Modul akzeptiert werden, zeigt Ihnen **modinfo**. Sie geben die Parameter einfach hinter dem Modulnamen ein. Dies gilt sowohl für **insmod** als auch für **modprobe**. Nachfolgend ein Beispiel für ein Modul einer 3Com-Netzwerkkarte:

```
# modprobe 3c501 io=0x220 irq=7
```

Da bei ISA-Steckplätzen kein Plug & Play möglich ist, müssen die Ressourcen oft manuell zugewiesen werden. Hier wird die IO-Adresse 0x220 und IRQ 7 festgelegt.

15.3 Einen Distributionskernel einbinden

In diesem Abschnitt werden Sie lernen, einen in der Debian-Distribution vorhandenen Kernel in Ihr System einzubinden. Dabei kann zwar immer nur ein Kernel im laufenden System aktiv sein, aber Sie können mehrere Kernel zur Auswahl im Bootmenü zur Verfügung stellen.

Nehmen wir einmal an, Sie hätten Ihren Intel-basierenden Server derart aufgerüstet, dass er nun über acht GB Arbeitsspeicher verfügt. Um mehr als vier GB RAM zu unterstützen, benötigen Sie einen speziell angepassten Kernel. Im Folgenden zeige ich Ihnen, wie Sie diesen Kernel installieren können.

Auf diesem Weg ist es zudem möglich, einen XEN-Kernel zu installieren, um Ihren Debian-Server zu einem Gastsystem für virtuelle Systeme zu machen. Dieses Thema werde ich allerdings in diesem Rahmen nicht weiter vertiefen.

15.3.1 Den neuen Kernel installieren

Es ist fast verboten einfach, einen neuen Debian-Kernel einzubinden, da Debian uns die ganze Arbeit abnimmt. Zunächst wählen Sie einen Kernel aus. Lassen Sie sich dazu zunächst die Liste der verfügbaren Kernel anzeigen:

```
# apt-cache search ^kernel-image
```

Aus der angezeigten Liste wählen Sie nun den Kernel für großen Arbeitsspeicher (`bigmem`) auf Intel-Plattformen aus und installieren ihn über den gewohnten Weg mit **`apt-get`**, wie hier am Beispiel von *Lenny* gezeigt:

```
lenny:~# apt-get install linux-image-686-bigmem
Paketlisten werden gelesen... Fertig
Abhängigkeitsbaum wird aufgebaut
Lese Status-Informationen ein... Fertig
Die folgenden zusätzlichen Pakete werden installiert:
  linux-image-2.6.26-2-686-bigmem
Vorgeschlagene Pakete:
  linux-doc-2.6.26
Die folgenden NEUEN Pakete werden installiert:
  linux-image-2.6.26-2-686-bigmem linux-image-686-bigmem
0 aktualisiert, 2 neu installiert, 0 zu entfernen und 0 nicht aktualisiert.
Es müssen 20,2MB an Archiven heruntergeladen werden.
Nach dieser Operation werden 61,4MB Plattenplatz zusätzlich benutzt.
Möchten Sie fortfahren [J/n]? j
Hole:1 http://ftp.de.debian.org lenny/main linux-image-686-bigmem.6.26+17+lenny1
[2598B]
Hole:2 http://security.debian.org lenny/updates/main linux-image-2.6.26-2-686-big-
mem 2.6.26-15lenny2 [20,2MB]
Es wurden 20,2MB in 9s geholt (2118kB/s)
Vorkonfiguration der Pakete ...
Wähle vormals abgewähltes Paket linux-image-2.6.26-2-686-bigmem.
(Lese Datenbank ... 15824 Dateien und Verzeichnisse sind derzeit installiert.)
Entpacke linux-image-2.6.26-2-686-bigmem (aus .../linux-image-2.6.26-2-686-
bigmem_2.6.26-15lenny2_i386.deb) ...
Done.
Wähle vormals abgewähltes Paket linux-image-686-bigmem.
Entpacke linux-image-686-bigmem (aus .../linux-image-686-
bigmem_2.6.26+17+lenny1_i386.deb) ...
Richte linux-image-2.6.26-2-686-bigmem ein (2.6.26-15lenny2) ...
Running depmod.
Running mkinitramfs-kpkg.
Running postinst hook script update-grub.
Searching for GRUB installation directory ... found: /boot/grub
Searching for default file ... found: /boot/grub/default
Testing for an existing GRUB menu.lst file ... found: /boot/grub/menu.lst
Searching for splash image ... none found, skipping ...
Found kernel: /boot/vmlinuz-2.6.26-2-686-bigmem
Found kernel: /boot/vmlinuz-2.6.26-2-686
```

```
Updating /boot/grub/menu.lst ... done

Richte linux-image-686-bigmem ein (2.6.26+17+lenny1) ...
```

Es ist mir fast peinlich, das zu sagen, aber: Sie sind bereits fertig! Wie Sie in den Meldungen von **apt-get** lesen können, wurde automatisch ein entsprechender Bootmenü-Eintrag in der Bootloader-Konfigurationsdatei `menu.lst` vorgenommen. Starten Sie Ihr System neu und überzeugen Sie sich:

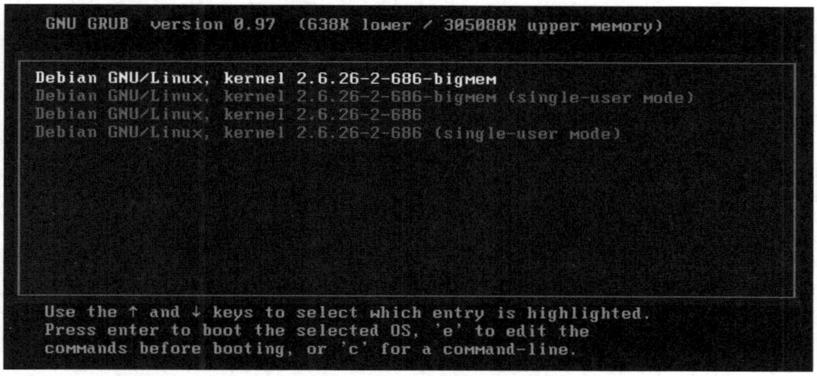

```
GNU GRUB  version 0.97  (638K lower / 305088K upper memory)

Debian GNU/Linux, kernel 2.6.26-2-686-bigmem
Debian GNU/Linux, kernel 2.6.26-2-686-bigmem (single-user mode)
Debian GNU/Linux, kernel 2.6.26-2-686
Debian GNU/Linux, kernel 2.6.26-2-686 (single-user mode)

Use the ↑ and ↓ keys to select which entry is highlighted.
Press enter to boot the selected OS, 'e' to edit the
commands before booting, or 'c' for a command-line.
```

Abb. 15.2: Der neue Kernel mit `bigmem` wurde eingebunden.

Der neue Kernel wurde gleich als Standardauswahl eingerichtet. Starten Sie ihn, um sich davon zu überzeugen, dass er korrekt arbeitet.

15.3.2 Wie ist der Kernel-Start organisiert?

Werfen wir einen kurzen Blick hinter die Kulissen. Zunächst wird der neue Kernel unter `/boot` als `vmlinuz-2.6.26-2-686-bigmem` gespeichert. Die Bezeichnung `vmlinuz` ist Konvention und bezeichnet einen komprimierten Linux-Kernel (daher z am Ende). Außerdem wird noch eine »Initial Ramdisk« (`initrd.img-2.6.26-2-686-bigmem`) installiert. Diese Datei wird vom Bootloader als virtuelles Laufwerk in den Speicher geladen, um dem Kernel zusätzliche Module bereitzustellen, die dieser nicht fest einkompiliert hat. Darüber hinaus existiert für jeden vorhandenen Kernel eine umfangreiche (ASCII-)Konfigurationsdatei, die mit `config-2.6.26` beginnt und die Kernel-Parameter auflistet. Diese Datei dient als Referenz für Anpassungen.

Das Installationsskript des Kernel-Pakets nimmt außerdem die passenden Einträge in `/boot/grub/menu.lst` vor:

```
title           Debian GNU/Linux, kernel 2.6.26-2-686-bigmem
root            (hd0,0)
kernel          /boot/vmlinuz-2.6.26-2-686-bigmem root=/dev/hda1 ro quiet
initrd          /boot/initrd.img-2.6.26-2-686-bigmem

title           Debian GNU/Linux, kernel 2.6.26-2-686 (single-user mode)
root            (hd0,0)
kernel          /boot/vmlinuz-2.6.26-2-686 root=/dev/hda1 ro single
initrd          /boot/initrd.img-2.6.8-2-386
```

Im Anschluss ist Ihr neuer Kernel einsatzbereit und kann beim nächsten Start aus dem Bootmenü ausgewählt werden. Möchten Sie einen Kernel wieder deinstallieren, können Sie dies genauso über `apt-get` bewerkstelligen:

```
# apt-get remove kernel-image-2.6.26-2-686-bigmem
```

Das Deinstallationsskript des Kernel-Pakets löscht ebenfalls die Einträge in `/boot/grub/menu.lst`.

15.4 Workshop: Den eigenen Kernel kompilieren

Bisher haben wir uns mit Kerneln »von der Stange« zufriedengegeben. Dies ist in den meisten Fällen auch ausreichend. Allerdings kann es vorkommen, dass Sie einen eigenen Kernel benötigen, der bestimmte Funktionen unterstützt. Vielleicht möchten Sie auch eine Kernel-Optimierung vornehmen, um alle nicht benötigten Funktionen zu deaktivieren. Dies verringert die Größe des Kernels und erhöht – bei korrekter Konfiguration – die Sicherheit.

Wir treten an dieser Stelle in einen Bereich ein, der fortgeschrittenen Benutzern vorbehalten bleibt – herzlich willkommen! Um Ihnen einen Einblick in den Prozess der Kernel-Kompilierung zu ermöglichen, werden wir in diesem Workshop einen eigenen Kernel 2.6 erstellen. Fangen wir an!

15.4.1 Den aktuellen Kernel herunterladen

Unser Ziel ist es, den aktuellen Kernel von `http://www.kernel.org` herunterzuladen, zu konfigurieren und in unser System als Standard-Kernel zu integrieren. Dazu suchen Sie unter `http://www.kernel.org/pub/linux/kernel/v2.6/` zunächst die aktuellste Version des Linux-Kernels heraus. Anschließend holen Sie diese Kernel-Datei auf Ihren lokalen Rechner. Beachten Sie, dass Ihre Kernel-Version mit ziemlicher Sicherheit von der hier gezeigten abweicht!

Wechseln Sie zunächst in das Quellcode-Verzeichnis:

```
# cd /usr/src
```

Vermutlich befindet sich in diesem Verzeichnis bisher noch nichts – überzeugen Sie sich davon am besten zunächst mit **`ls`**. Nun holen Sie sich mit **`wget`** die Datei. Voraussetzung hierfür ist eine funktionierende Internetanbindung. Beachten Sie, dass es sich um rund 50 MB oder mehr handelt!

```
# wget http://www.kernel.org/pub/linux/kernel/v2.6/linux-2.6.29.3.tar.bz2
--2009-05-18 22:07:11--  http://www.kernel.org/pub/linux/kernel/v2.6/linux-
2.6.29.3.tar.bz2
Auflösen des Hostnamen »www.kernel.org«.... 130.239.17.4, 199.6.1.164
Verbindungsaufbau zu www.kernel.org|130.239.17.4|:80... verbunden.
HTTP Anforderung gesendet, warte auf Antwort... 200 OK
Länge: 56553508 (54M) [application/x-bzip2]
In »linux-2.6.29.3.tar.bz2.3« speichern.

100%[=========================================>] 56.553.508  3,35M/s   in 18s
2009-05-18 22:07:29 (3,06 MB/s) - »linux-2.6.29.3.tar.bz2.3« gespeichert [56553508/
56553508]
```

Der Befehl **wget** ermöglicht es Ihnen, von der Kommandozeile Dateien aus dem Internet über HTTP, HTTPS und FTP herunterzuladen. Als Parameter erwartet **wget** die vollständige URL der Zieldatei inklusive des Übertragungsprotokolls (http). War der Download erfolgreich, erscheint eine entsprechende Meldung:

```
2009-05-18 22:07:29 (3,06 MB/s) - »linux-
2.6.29.3.tar.bz2.3« gespeichert [56553508/56553508]
```

Jetzt können Sie die Datei zunächst dekomprimieren und anschließend mit **tar** entpacken. Beachten Sie, dass es sich um eine mit **bzip2** komprimierte Datei handelt. Falls Sie dieses Tool noch nicht installiert haben, sollten Sie das nun nachholen:

```
# apt-get install bzip2
```

Nun spätestens ist es an der Zeit, die Datei zu dekomprimieren:

```
# bunzip2 /usr/src/linux-2.6.29.3.tar.bz2
# tar -xf /usr/srclinux-2.6.29.3.tar
```

> Diese beiden Befehle hätten wir übrigens auch in einen `tar`-Befehl verpacken können: mit der Option `-j` statt `-z` werden `bzip2`-gepackte Verzeichnisse entpackt. Der Befehl **tar -xjf ...** hätte also auch genügt.

Anschließend finden Sie neben dem `tar`-Archiv ein gleichnamiges Verzeichnis unter `/usr/src`:

```
# ls
linux-2.6.16.5 linux-2.6.29.3.tar
```

Erstellen Sie aus Kompatibilitätsgründen einen Softlink namens `linux` auf dieses Verzeichnis:

```
# ln -s linux-2.6.16.5 linux
```

15.4.2 Den Kernel konfigurieren

So weit, so gut! Nun beginnen wir mit der Konfiguration des Kernels. Am besten nehmen wir die bisherige Konfiguration als Ausgangspunkt. Kopieren Sie daher die Konfigurationsdatei Ihres jetzigen Kernels als `.config` nach `/usr/src/linux`:

```
# cp /boot/config-2.6.26-2-686 /usr/src/linux/.config
```

Sie können die Kernel-Konfiguration auf drei verschiedene Arten vornehmen. In jedem Fall benötigen Sie das Paket `make`, das Sie ggf. nun nachinstallieren müssen. Anschließend haben Sie die folgenden Optionen:

1. **make config**: rein textbasiert, diese Art funktioniert immer. Es werden nacheinander sämtliche Kernel-Parameter abgefragt – ich empfehle Ihnen diese Variante keinesfalls, da Sie die vollständige Konfiguration mit allen Optionen durchlaufen müssen. Außerdem können Sie nach einer falschen Antwort nicht wieder zurückgehen. Ergo: Finger weg, wenn es sich vermeiden lässt!
2. **make menuconfig**: Diese Methode ist die flexibelste. Sie können über ein textbasiertes Menü sämtliche Einstellungen nach Belieben vornehmen, sich Hilfetexte anzeigen las-

sen und gegebenenfalls Änderungen an bereits vorgenommenen Einstellungen machen. Ein großer Vorteil ist, dass Sie keine grafische Benutzeroberfläche benötigen. Wir werden in diesem Workshop mit dieser Methode arbeiten.

3. **`make xconfig`**: Eine Tcl/TK-Variante, die eine grafische Oberfläche benötigt. Inhaltlich wie **`menuconfig`** aufgebaut.

Alle drei Varianten sichern die gegenwärtige Konfigurationsdatei `.config` nach `.config.old`. Lassen Sie uns nun einen Konfigurationsdialog starten: Im Verzeichnis `/usr/src/linux` (!) geben Sie Folgendes ein:

```
# make menuconfig
```

... und werden vermutlich mit einer knallharten Fehlermeldung konfrontiert, die sich in der folgenden Art darstellt:

```
  HOSTCC  scripts/basic/fixdep
/bin/sh: gcc: command not found
make[1]: *** [scripts/basic/fixdep] Fehler 127
make: *** [scripts_basic] Fehler 2
```

Fehlermeldungen dieser Art können schon dazu führen, dass man die Flinte ins Korn wirft – oder sagt Ihnen `Fehler 127` oder `Fehler 2` etwas? Es gibt keinerlei Ansatzpunkt, wo der Fehler liegen könnte. Hier hilft im Zweifel nur noch das Internet – oder gute Lehrbücher! Lösen wir das Rätsel auf: um dieses Problem zu beheben, müssen Sie zunächst das Paket `libncurses5-dev` installieren:

```
# apt-get install libncurses5-dev
```

Anschließend klappt auch der Aufruf von **`make menuconfig`**, und Sie erhalten das gewünschte Menüfenster.

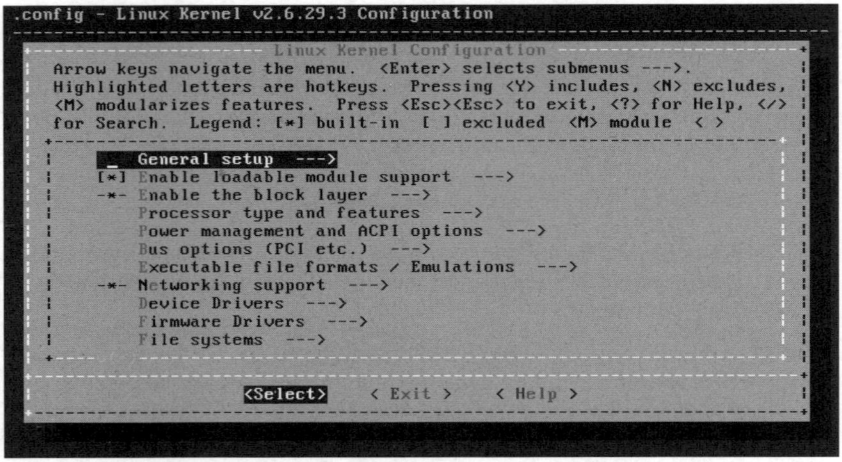

```
.config - Linux Kernel v2.6.29.3 Configuration
 Linux Kernel Configuration
  Arrow keys navigate the menu.  <Enter> selects submenus --->.
  Highlighted letters are hotkeys.  Pressing <Y> includes, <N> excludes,
  <M> modularizes features.  Press <Esc><Esc> to exit, <?> for Help, </>
  for Search.  Legend: [*] built-in  [ ] excluded  <M> module  < >

          General setup  --->
      [*] Enable loadable module support  --->
      -*- Enable the block layer  --->
          Processor type and features  --->
          Power management and ACPI options  --->
          Bus options (PCI etc.)  --->
          Executable file formats / Emulations  --->
      -*- Networking support  --->
          Device Drivers  --->
          Firmware Drivers  --->
          File systems  --->

              <Select>    < Exit >    < Help >
```

Abb. 15.3: Das mit `make menuconfig` aufgerufene Dialogfenster

Sie können mit den Cursortasten [↑] und [↓] zwischen den Menüpunkten wechseln. Mit [Enter] rufen Sie die jeweiligen Untermenüs auf. Sie erkennen an den Pfeilen hinter dem Text, ob ein Untermenü verfügbar ist:

```
    General setup  --->
[*] Enable loadable module support  --->
-*- Enable the block layer  --->
    Processor type and features  --->
    Power management and ACPI options  --->
```

Abb. 15.4: Menüpunkte mit Untermenüs

In den Untermenüs können Sie die Funktionen konfigurieren. Der aktuelle Zustand wird in eckigen bzw. spitzen Klammern vor dem jeweiligen Feature angezeigt:

```
.config - Linux Kernel v2.6.29.3 Configuration
 ------------------------ Processor type and features ------------------------
  Arrow keys navigate the menu.  <Enter> selects submenus --->.
  Highlighted letters are hotkeys.  Pressing <Y> includes, <N> excludes,
  <M> modularizes features.  Press <Esc><Esc> to exit, <?> for Help, </>
  for Search.  Legend: [*] built-in  [ ] excluded  <M> module  < >
      [*] HPET Timer Support
      (8) Maximum number of CPUs
      [*] SMT (Hyperthreading) scheduler support
      [*] Multi-core scheduler support
          Preemption Model (No Forced Preemption (Server))  --->
      [ ] Reroute for broken boot IRQs (NEW)
      [*] Machine Check Exception
      <M>   Check for non-fatal errors on AMD Athlon/Duron / Intel Pent
      [*]   check for P4 thermal throttling interrupt.
      <M> Toshiba Laptop support
      <M> Dell laptop support

                  <Select>    < Exit >    < Help >
```

Abb. 15.5: Funktionen können gar nicht, fest oder modular eingebunden werden.

Dieser Zustand kann folgende Werte annehmen:

- `[ ]` – nicht aktiviert (Taste `n`)
- `[*]` – im Kernel eingebunden (Taste `y`)
- <*> – im Kernel eingebunden, kann aber auch als Modul ausgelagert werden
- <M> – als Modul nachladbar (Taste `m`)
- `(Wert)` – Manche Funktionen benötigen die Angabe eines Dezimalwertes (zum Beispiel die maximale Anzahl an unterstützten CPUs).

Wird eine spitze Klammer angezeigt, ist die Auswahl als Modul möglich. Bei eckigen Klammern können Sie nur wählen, ob das Feature integriert ist oder nicht.

Im oberen Teil sehen Sie eine Erläuterung zu den Funktionen: Drücken Sie [ESC], um das Untermenü zu verlassen, ? für eine Erläuterung zur markierten Funktion und / für eine Volltextsuche, bei der Ihnen die Fundstellen angegeben werden.

Nehmen Sie sich nun Zeit, um sich mit den einzelnen Menüs und Untermenüs vertraut zu machen. Die Funktionen sind entsprechend gruppiert (zum Beispiel NETWORKING SUPPORT, DEVICE DRIVERS, FILE SYSTEMS usw. Stellen Sie zum Beispiel übungshalber sicher, dass folgende Funktionen integriert sind:

- Unter PROCESSOR TYPE AND FEATURES|PROCESSOR FAMILY wählen Sie den Prozessor Ihres Computers aus, zum Beispiel ATHLON/DURON/K7. Dadurch optimieren Sie den Kernel für Ihren Prozessor.
- Unter FILE SYSTEMS aktivieren Sie ggf. REISERFS SUPPORT und JFS FILESYSTEM SUPPORT als Module. Vielleicht möchten Sie später noch ein entsprechendes Dateisystem anlegen. Unter FILE SYSTEMS finden Sie auch CD- und DVD-Dateisysteme. Werfen Sie doch einmal einen Blick hinein.

Anschließend verlassen Sie das Menüfenster mit [ESC] auf der obersten Ebene oder über die Schaltfläche < EXIT > und beantworten die Frage, ob Sie die neue Kernel-Konfiguration speichern möchten, mit < YES >.

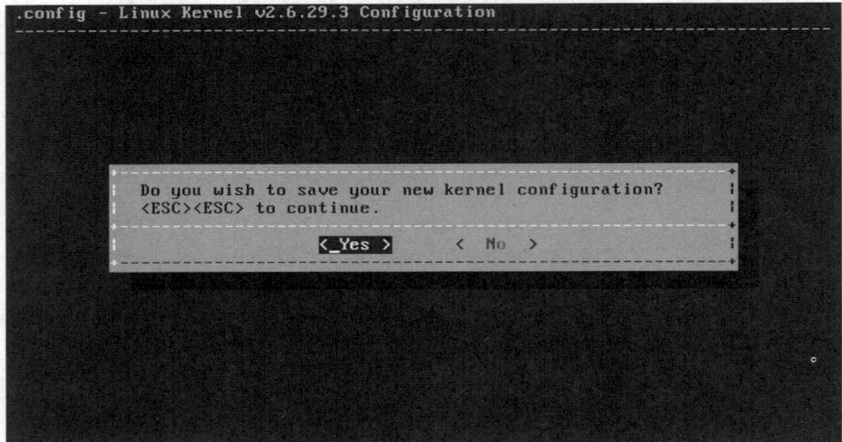

Abb. 15.6: Die neue Kernel-Konfiguration wird gesichert.

Die akutelle Konfiguration wird als `.config` abgelegt. Die alte Datei wird zu `.config.old` umbenannt.

Jetzt kommen wir zur eigentlichen Kernel-Kompilierung. Neben der traditionellen (und manuellen) Methode bietet Debian ein eigenes Paket namens `kernel-package` an, das diesen Vorgang automatisiert, und ein neues Kernel-Paket erstellt, das Sie ganz bequem installieren können.

15.4.3 Variante 1 – Debian-Kernel-Paket erstellen

In dieser Variante nutzen wir das Debian-Hilfsmittel zum Erstellen von Kernel-Paketen. Installieren Sie also ggf. zunächst das Paket `kernel-package`.

Bevor wir nun den Kernel kompilieren, sollten wir uns eine Bezeichnung überlegen, die unseren maßgeschneiderten Kernel eindeutig identifiziert. Dadurch können Sie den Kernel bei Bedarf auch wieder sauber aus dem System entfernen. Nennen wir ihn schlicht `test.0`.

Die Ziffer bezeichnet unsere Versionsnummer, die aus Konventionsgründen mit 0 beginnt. Nun können wir starten:

```
# make-kpkg kernel_image --revision=test.0
```

Beachten Sie, dass der Kompilierungsvorgang sehr zeitaufwändig sein kann. Mit einer halben Stunde müssen Sie in jedem Fall rechnen.

Ist der Prozess abgeschlossen, befindet sich unter `/usr/src` ein Debian-Paket mit dem Kernelnamen:

```
# ls /usr/src
Kernel-image-2.6.16.5_test.0_i386.deb   linux-2.6.16.5
Linux                                   linux-2.6.16.5.tar
```

Dieses können Sie nun normal installieren:

```
# dpkg -i kernel-image-2.6.16.5_test.0_i386.deb
```

Das Paket erstellt das Kernel-Image unter `/boot` und legt einen entsprechenden Eintrag in `/boot/grub/menu.lst` an. Anschließend können Sie Ihren neuen Kernel starten – und schon haben Sie Ihr System erfolgreich aktualisiert.

Damit sind wir eigentlich am Ende unseres Workshops. Andererseits möchten Sie vielleicht noch die zweite Variante zur Kernel-Kompilierung probieren – nur zu, erstellen Sie einen weiteren Kernel, zum Beispiel `test.1`, den Sie ebenfalls einbinden. Der Anzahl der verfügbaren und zur Auswahl bereitgestellten Kernel ist – abgesehen vom Plattenplatz – keine Grenze gesetzt.

15.4.4 Variante 2 – Kernel manuell erstellen

Die erste Variante ist auf einem Debian-System fast immer vorzuziehen, jedoch können Sie auf `kernel-package` auch verzichten und den Kernel auf die herkömmliche Weise erstellen. Auf vielen anderen Systemen haben Sie ohnehin keine andere Wahl.

Der Befehl **make** dient zum Erstellen großer Programmdateien aus Quellcode. Hierzu benötigt **make** ein so genanntes `Makefile`, das sich im Quellcodeverzeichnis befindet. Dieses wird meistens mit Hilfe eines Skripts mit dem Namen **configure** gemäß den Benutzerangaben erstellt.

Das **configure**-Skript nimmt seinerseits als Parameter alle möglichen Einstellungen entgegen. Welche das sind, steht in den README-Dateien eines Quellcodepakets. Der Befehl **make** benötigt den GNU-C-Compiler **gcc** oder einen anderen kompatiblen Compiler und die C-Standardbibliothek. Beides ist bei Debian bereits in der Grundinstallation enthalten.

Beim Kernelpaket ist die Auswahl an Optionen allerdings so groß, dass diese nicht über ein **configure**-Skript definiert werden, sondern über eine eigene Steuerdatei. Wie Sie die Funktionen konfigurieren, haben Sie bereits weiter oben gelernt – zum Beispiel durch **make menuconfig**.

Bevor wir beginnen, müssen Sie die gewählte Kernel-Bezeichnung direkt im `Makefile` eintragen. Öffnen Sie die Textdatei mit einem beliebigen Editor. Gleich in den ersten Zeilen finden Sie `EXTRAVERSION =`, das wir mit `-test.1` belegen:

```
VERSION = 2
PATCHLEVEL = 6
SUBLEVEL = 16
EXTRAVERSION = -test.0
```

Damit sind wir bereit und können beginnen. Zunächst bereinigen wir die Konfiguration, um sicherzustellen, dass keine Altlasten von früheren Versuchen die Kompilierung stören:

```
# make clean
```

Nun lösen wir die Abhängigkeiten auf:

```
# make dep
```

Jetzt ist der Zeitpunkt gekommen, an dem wir die Übersetzung des Kernels starten:

```
# make bzImage
```

Dies erstellt ein mit **`bzip2`** komprimiertes Kernel-Image und legt es unter `/usr/src/linux/arch/i386/boot/` mit dem Namen `bzImage` ab. Ist der Vorgang beendet, kopieren Sie diese Datei mit dem richtigen Namen an die richtige Stelle:

```
# cp /usr/src/linux/arch/i386/boot/bzImage /boot/vmlinuz-2.6.29.3-test.1
```

Die Bezeichnung Ihres Kernels kann natürlich abweichen. Anschließend müssen Sie die Kernel-Module übersetzen:

```
# make modules
```

Dieser Vorgang dauert vermutlich am längsten. Ist **`make`** damit fertig, werden die Module mit folgendem Befehl unter `/lib/modules/<Kernel-Bezeichnung>` installiert:

```
# make modules_install
```

Jetzt benötigen Sie noch einen passenden Eintrag im Startmenü `/boot/grub/menu.lst`:

```
title         Debian GNU/Linux, kernel 2.6.29.3-test.1
root          (hd0,0)
kernel        /boot/vmlinuz-2.6.29.3-test.1 root=/dev/hda1 ro
```

Sind Sie sich nicht sicher, orientieren Sie sich an den bisherigen Einträgen: Die `root`-Zeile ändert sich nicht, `savedefault` und `boot` bleibt ebenfalls gleich. Anpassen müssen Sie die die Zeile `title` und `kernel`.

Herzlichen Glückwunsch! Ihr neuer Kernel ist einsatzbereit und kann beim nächsten Systemstart ausgewählt werden.

15.5 Zusammenfassung und Weiterführendes

Unter normalen Umständen müssen Sie den Standard-Kernel Ihres Linux-Systems nicht verändern – dies wird nur für bestimmte Umgebungen notwendig. Allerdings sollten Sie wissen, wie Sie in einem solchen Fall vorzugehen haben. Hierbei gibt es die Debian-Methode, die Ihnen bei der Übersetzung und Installation so gut wie alles abnimmt. Sie sollten sich ihrer bedienen, wenn es möglich ist. Auf anderen Systemen sind Sie allerdings oft auf die herkömmliche Methode der Kernel-Kompilierung angewiesen.

Dabei ist das Kompilieren selbst gar nicht mal der anspruchsvollste Teil einer Kernel-Neugestaltung. Wichtiger ist, dass Sie darauf achten, Ihren alten Kernel als Backup-Lösung im Bootmenü zu erhalten – zumindest bis zu dem Zeitpunkt, an dem Sie den neuen Kernel auf Herz und Nieren geprüft und für lauffähig befunden haben.

Um dies zu gewährleisten, sollten Sie bei der Konfiguration Ihres neuen Kernels sehr sorgfältig vorgehen. Achten Sie darauf, nur die Optionen zu ändern, von denen Sie wissen, wie sie sich auswirken. Natürlich können Sie auch Trial-and-Error bzw. die *Was-passiert-dann-Maschine* anwenden – allerdings bitte nicht auf Produktivsystemen ;-).

Kapitel 16

Das X-Window-System

Es ist Ihnen vermutlich nicht entgangen, dass wir bisher ausschließlich auf der Konsole gearbeitet haben. Dies hat mehrere Gründe:

1. In einer Produktivumgebung administrieren Sie Ihren Linux-Server in der Regel *remote* (über das Netzwerk) per SSH (*Secure Shell*). Dieser Dienst stellt Ihnen lediglich eine Konsole Ihres Servers zur Verfügung, aber keine grafische Benutzeroberfläche (GUI – Graphical User Interface). Die meisten Linux-Administratoren arbeiten fast ausschließlich auf der Konsole.
2. Die GUI verleitet dazu, sich auf die Frontends zu verlassen, ohne die Hintergründe zu verstehen. Sie als Administrator müssen aber Ihr System verstehen, um im Problemfall effektiv reagieren zu können.
3. Die Installation eines Desktop-Systems ist auf vielen Servern unnötiger Ballast und frisst Ressourcen.

Diese und andere Gründe haben dazu geführt, dass wir uns im Rahmen unseres Lehrgangs erst jetzt mit dem X-Window-System (X11) beschäftigen. In diesem Kapitel erhalten Sie Informationen über folgende Themen:

- Grundlagen des X-Window-Systems
- Die Client-Server-Architektur des X-Window-Systems
- Konfiguration von X11
- Die Oberfläche von GNOME
- X11 über das Netzwerk nutzen

Eine grafische Benutzeroberfläche kann in manchen Fällen sehr vorteilhaft sein. So haben Sie zwar bereits konsolenbasierte Webanwendungen wie den Browser `Lynx` oder das Download-Tool `wget` kennen gelernt, aber so richtig benutzerfreundlich ist das dann doch nicht. Da machen `Mozilla Firefox`, `Netscape Navigator` oder `Konqueror` und Co. doch eine weitaus bessere Figur.

Ein weiterer großer Vorteil von grafischen Oberflächen ist, dass Sie mehrere Konsolen gleichzeitig auf dem Bildschirm anzeigen lassen können (Abbildung 16.1).

Möchten Sie sich mit einem Programm oder einem Konstrukt vertraut machen, bietet es sich an, in einem Fenster die PDF- oder HTML-Dokumentation laufen zu lassen, während ein anderes Fenster das Programm oder die Konsole anzeigt.

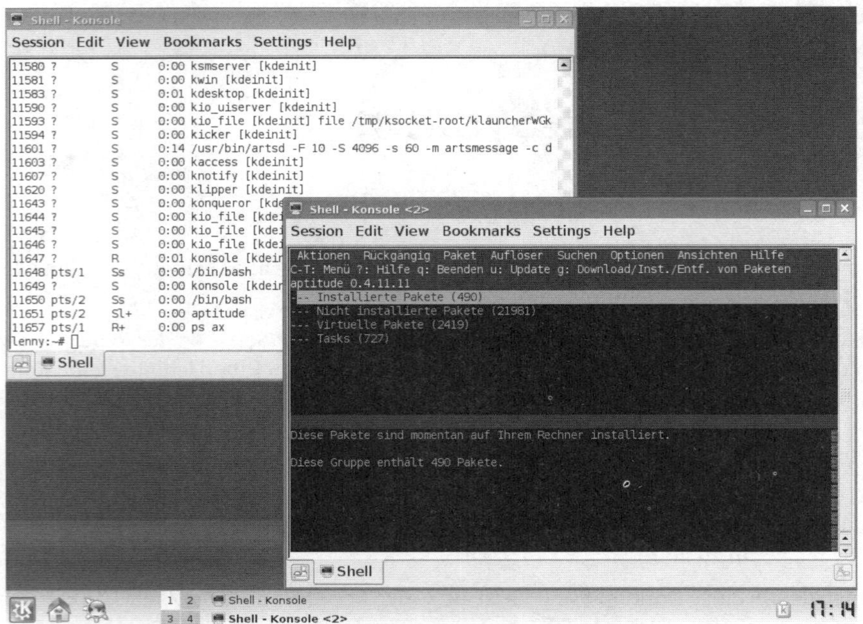

Abb. 16.1: Mehrere Konsolen unter X Window

16.1 Was ist eigentlich X Window?

Das X-Window-System wird auch X Version 11, X11 oder kurz: X genannt. Es heißt tatsächlich Window – nicht Windows! X wurde 1984 im Massachusetts Institute of Technology (MIT) in Zusammenarbeit mit DEC und IBM entwickelt. Es handelt sich um eine Sammlung von Protokollen, Programmen und Standards zur Anzeige einer grafischen Benutzeroberfläche unter Unix-Systemen.

Dabei werden lediglich grundlegende Funktionen wie das Bewegen der Fenster, die Ereignisabfrage der Maus und Verwaltungsfunktionen für Druck und Sound sowie Grafik bereitgestellt. Die eigentliche Darstellung erfolgt durch einen Fenstermanager (Window-Manager). X ist von Anfang an auf Netzwerkbetrieb ausgelegt worden, weist dabei aber Performance-Probleme auf.

Im September 1987 wurde die Version X11 freigegeben. Im Jahr darauf wurde das X-Konsortium gegründet, um die Entwicklung von X zentral weiterzuführen. Die letzte veröffentlichte Version war X11R6 im Jahr 1994. Anschließend wurde die Weiterentwicklung von *The Open Group* übernommen.

Seit 2004 wird es durch *X.Org* (`www.x.org`) standardisiert. Die aktuelle Version ist X11R7 (veröffentlicht im Dezember 2005).

Die freie Open-Source-Implementation XFree86 wurde 1991 gegründet und sorgte für eine weite Verbreitung von X auf PCs. Aufgrund projektinterner Probleme wurde das Entwicklerteam von XFree86 jedoch 2003 aufgelöst. Der Großteil der Programmierer wechselte zur X.Org-Foundation. Dort wird der auf der letzten XFree86-Version 4.4RC2 basierende X-Server unter der GPL weiterentwickelt und als X.Org-Server zur Verfügung gestellt, Stand Juni 2009 in der aktuellen Version X11R7.4.

Debian *Etch* und *Lenny* verwenden beide *X.Org-Server 7.1.*

16.2 Wie funktioniert X?

Beim X-Window-System existieren immer mehrere Komponenten, die zusammenspielen. Die grundsätzliche Kommunikation geschieht nach einem Client-Server-Prinzip. Dieses ist jedoch gegenüber den normalen Client-Server-Applikationen, die Sie vielleicht kennen, ein wenig verdreht:

Der X-Server läuft auf dem lokalen Arbeitsplatzrechner. Er stellt seine grafischen Dienste den X-Clients zur Verfügung. Diese X-Applikationen können entweder ebenfalls auf dem lokalen Rechner oder aber auf einem entfernten Server laufen. X-Applikationen sind also Programme mit einer grafischen Schnittstelle, die als Client mit dem X-Server kommunizieren. Jedes Programm, das Sie innerhalb einer X-Oberfläche starten, tritt als X-Client auf.

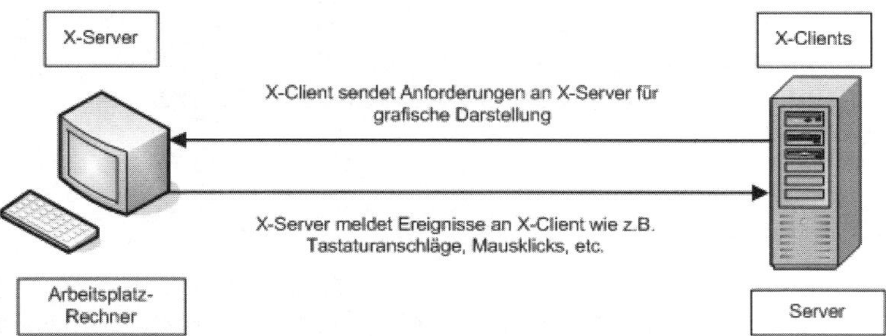

Abb. 16.2: Die Client-Server-Struktur des X-Window-Systems

Das eigentliche Aussehen der Fenster wird nicht von X bestimmt sondern vom eingesetzten Fenstermanager. Dabei bestimmt er oft tatsächlich nur den Fensterrahmen wie Titelleiste u.Ä. Auch er läuft als Client des X-Servers. Bekannte Fenstermanager sind

- `twm` (Teil des X-Systems, sehr einfach gehalten)
- `FVWM/FVWM 2` (sehr effektiv programmierter Fenstermanager)
- `AfterStep` (basiert auf `FVWM`)
- `Kwin` (Fenstermanager für KDE, früher `kwm`)
- `Sawfish` (Standardfenstermanager für GNOME 1.x)
- `Metacity` (Fenstermanager für GNOME 2.x)

Doch damit noch nicht genug: Für die Darstellung der Programmoberflächen werden in der Regel Programmbibliotheken (Hilfsmodule, die Programmen zur Verfügung stehen) genutzt. Diese sorgen für ein einheitliches Aussehen der Applikationen, also dem Inhalt der Fenster (Menüs, Buttons etc.).

Werden hierzu noch Taskleisten, ein einheitliches Design, ein Startmenü und Zusatzprogramme zur Verwaltung hinzugefügt, werden aus den Fenstermanagern Desktop-Umgebungen. Die bekanntesten sind KDE und GNOME. Letzteres ist der Standard-Desktop von Debian.

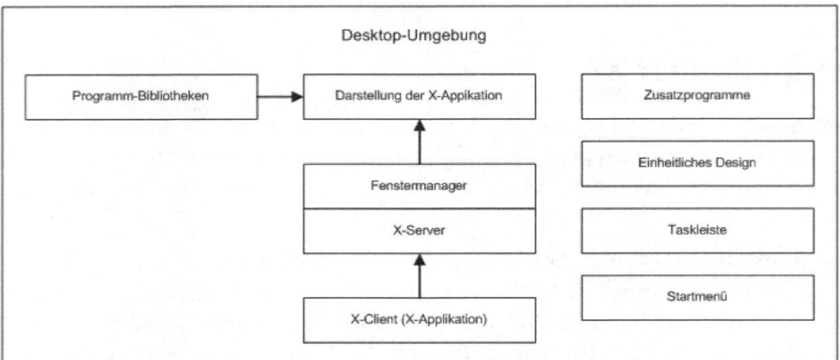

Abb. 16.3: Eine Desktop-Umgebung setzt sich aus mehreren Zusatzkomponenten zusammen.

Wählen Sie im Programm `tasksel` die Option DESKTOP-UMGEBUNG, werden sowohl GNOME als auch KDE installiert. Sie können im Anmeldefenster auswählen, welche Umgebung Sie nutzen möchten.

16.3 X Window installieren

Die X-Versionen von *Etch* und *Lenny* sind bis auf wenige Details gleich. Die nachfolgend beschriebene Prozedur zur Installation ist in wesentlichen Teilen identisch bei beiden Debian-Versionen.

Sie können X Window wie eben bereits erwähnt über das Programm `tasksel` installieren, indem Sie die Desktop-Umgebung auswählen. Dies installiert allerdings die komplette Programmpalette: GNOME und KDE ebenso wie alle möglichen Zusatzprogramme – vermutlich viel mehr, als Sie auf Ihrem Server benötigen.

Nun wollen wir andererseits auch nicht auf sämtlichen Komfort verzichten, wenn wir schon eine GUI installieren. Wählen Sie die folgenden Pakete (inklusive ihrer Abhängigkeiten) zur Installation aus:

- `x-window-system-core` (unter *Lenny* ein virtuelles Paket, das Sie zunächst mit [Enter] öffnen müssen, um anschließend `xorg 1:7.3+18` auszuwählen)
- `kdebase`

Damit erhalten wir eine Minimal-Desktop-Umgebung unter KDE, einer der komfortabelsten grafischen Umgebungen unter Linux.

An dieser Stelle habe ich meine persönliche Vorliebe für KDE eingebracht. Dies ist aber rein subjektiv. Möchten Sie lieber mit GNOME arbeiten, können Sie stattdessen oder auch zusätzlich das Paket `gnome-core` unter GNOME – DER GNOME-DESKTOP installieren. Die spätere Einführung in die Arbeit mit dem Desktop können Sie leicht übertragen. GNOME und KDE sind aus meiner Sicht völlig gleichberechtigt und nur eine Frage des Geschmacks.

Wählen Sie eines der oben genannten Pakete zum Beispiel in `aptitude` aus, werden Sie bemerken, dass `aptitude` eine Reihe von Abhängigkeiten anzeigt und auflöst. Lassen Sie nun `aptitude` seine Arbeit verrichten, indem Sie die Installation starten.

```
 Aktionen  Rückgängig  Paket  Suchen  Optionen  Ansichten  Hilfe
f10: Menü  ?: Hilfe  q: Beenden  u: Update  g: Download/Installieren/Entf. von P
aptitude 0.2.15.9              Werde 257MB mehr belegen       DL Größe: 101MB
--\ Pakete, die automatisch installiert werden, um Abhängigkeiten zu erfüllen
piA akode                                        +934kB  <keine>    4:3.3.2-1
piA aspell-en                                    +3899kB <keine>    6.0-0-3
piA debconf-utils                                +123kB  <keine>    1.4.30.13
piA defoma                                       +512kB  <keine>    0.11.8-0.1
piA enscript                                     +2392kB <keine>    1.6.4-7
piA esound-clients                               +160kB  <keine>    0.2.35-2
piA esound-common                                +287kB  <keine>    0.2.35-2
piA fam                                          +266kB  <keine>    2.7.0-6sar
piA fontconfig                                   +328kB  <keine>    2.3.1-2

Diese Pakete werden installiert, weil sie für ein anderes Paket notwendig sind,
das Sie zur Installation ausgewählt haben.

Wenn Sie ein Paket auswählen, wird hier eine Erläuterung seines derzeitigen
Status erscheinen.
```

Abb. 16.4: `aptitude` findet jede Menge Abhängigkeiten.

Im Laufe der Installation werden Sie unter *Etch* noch nach der gewünschten Bildschirmauflösung gefragt.

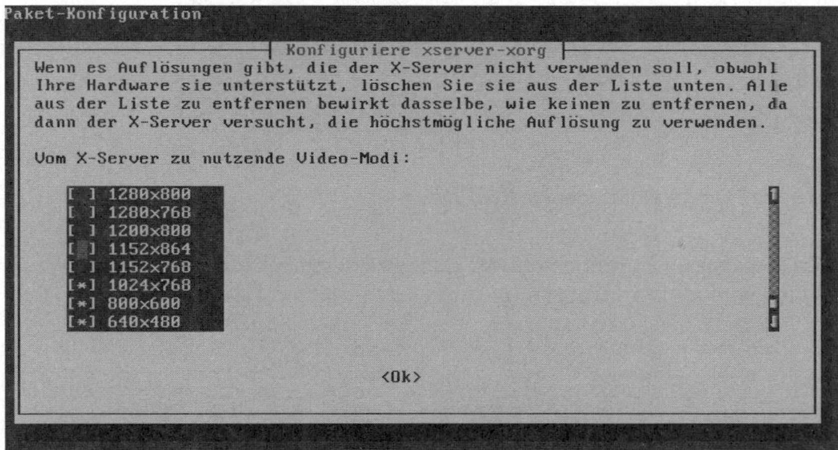

Abb. 16.5: Hier legen Sie fest, in welchen Video-Modi Ihr X-Server arbeiten kann.

Achtung: Wenn Sie hier falsche Einstellungen vornehmen, kann Ihre Hardware unter Umständen Schaden nehmen. Bei heutigen Monitoren werden die Signale zwar in der Regel geblockt, wenn Sie außerhalb der Monitorparameter liegen, dennoch ist Vorsicht angesagt. Im besten Fall sehen Sie ganz einfach nichts.

Unter *Lenny* wird diese Einstellung zunächst automatisch vorgenommen. Sowohl bei *Etch* als auch bei *Lenny* können Sie jedoch anschließend jederzeit im CONTROL CENTER in KDE unter PERIPHERALS|DISPLAY die Bildschirmauflösung anpassen.

Nach der Installation können Sie `aptitude` beenden. Nun kommt der große Moment: Geben Sie folgenden Befehl ein und warten Sie, was passiert:

```
# startx
```

Hat alles funktioniert, startet Ihr X-Window-System mit KDE 3.5.5 (*Etch*) bzw. 3.5.10 (*Lenny*) Sie werden nun noch nach einigen Grundeinstellungen wie Sprache und Darstellungsqualität gefragt. Im Anschluss können Sie die volle Pracht Ihres neuen Desktops bewundern:

Abb. 16.6: Der KDE-Desktop nach dem ersten Start

Bei genauerer Betrachtung kommt einem das Ganze ziemlich bekannt vor: Die Aufteilung der Desktop-Elemente ist fast identisch mit der eines gewissen Fenstersystems aus Redmont ...

> Sollte bei Ihnen eine Fehlermeldung erscheinen, erfahren Sie im Anschluss an den folgenden Abschnitt, wie Sie den X-Server konfigurieren können.

16.4 Einführung in die Bedienung von KDE

Ich gehe davon aus, dass Sie bereits Erfahrung in der Bedienung von grafischen Oberflächen mitbringen. Da uns hier nur administrative Aufgaben interessieren, werde ich mich auf die wichtigsten Tools und Arbeitsabläufe beschränken.

Während Microsoft Windows lediglich *eine* grafische Benutzerschnittstelle bereitstellt, können Sie unter Linux zwischen vielen verschiedenen Window-Managern wählen – die komfortabelsten sind GNOME und KDE. Wie bereits erläutert, stellen diese nicht nur einen Window-Manager, sondern eine gesamte Desktop-Umgebung bereit. Wie bereits erläutert, werde ich mich hier auf die Beschreibung von KDE beschränken. Bezüglich der wichtigsten Anwendungen werden Sie sich jedoch auch schnell auf einem GNOME-Desktop zurechtfinden.

16.4.1 Die Taskleiste

Vergleichen wir mit Bekanntem: Ebenso wie Windows hat auch KDE eine Taskleiste. In Abbildung 16.7 sehen Sie die Taskleiste von KDE 3.5.5.

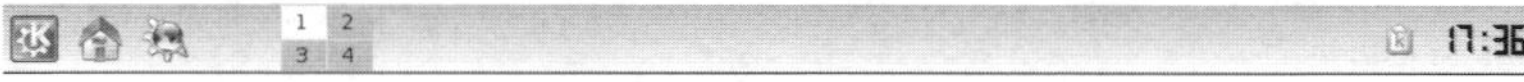

Abb. 16.7: Die Taskleiste

Die Bedeutung der Symbole von links nach rechts:

Start-Button – Dies entspricht dem Start-Button unter Windows. Sie finden hier alle verfügbaren Programme, können die Systemeinstellungen anpassen und Konfigurationstools aufrufen. Außerdem finden Sie hier Editoren und Konsolen.

Home-Verzeichnis – öffnet das Home-Verzeichnis des angemeldeten Benutzers mit Konqueror, einem Dateisystem- und WWW-Browser.

Konqueror – Dies ist der integrierte Browser, mit dem Sie auch im Dateisystem browsen können – ganz ähnlich zum Internet Explorer, der bei Bedarf (je nach anzuzeigendem Inhalt) auch zum Windows-Explorer wird. Die Dateibrowser-Funktion übernimmt ab KDE 4.0 allerdings vorzugsweise das Programm *Dolphin*.

Die vier mit *1* bis *4* bezeichneten Schaltflächen stellen übrigens virtuelle Desktops dar, die Sie bei Bedarf nutzen können. Sie können für die einzelnen Fenster entscheiden, ob diese auf allen oder nur auf bestimmten Desktops angezeigt werden sollen. Somit können Sie sich eine sehr flexible Umgebung erschaffen.

Im Mittelteil der Taskleiste werden – wie bei Windows auch – die Fenster der Programme angezeigt. Rechts befindet sich der *Klipper*, ein Clipboard-Tool, das Sie sich gern einmal in einer ruhigen Minute ansehen können. Daneben finden Sie die obligatorische Uhr, die auf einen Mausklick natürlich auch einen Kalender öffnet. Wie Sie sehen, orientiert sich KDE ganz am Bewährten (und in dieser Hinsicht ist die Oberfläche von Microsoft Windows sicherlich richtungweisend), um Umsteigern den Einstieg so leicht wie möglich zu machen.

16.4.2 Der Konqueror

Der Dateimanager und Browser von KDE ist sehr flexibel, stürzte in der Vergangenheit allerdings noch recht häufig ab. Sie können sich natürlich auch `Mozilla` über `http://www.firefox-browser.de/linux.php` installieren, aber der `Konqueror` verrichtet auch seinen Dienst. Dabei ist er recht komfortabel und kann ebenso flexibel konfiguriert werden wie andere Browser (Abbildung 16.8).

Über SETTINGS|CONFIGURE KONQUEROR können Sie einen Proxy-Server einrichten und den `Konqueror` entsprechend Ihren Bedürfnissen einrichten. Sie können mit Hilfe des `Konquerors` sämtliche WWW-Dienste weitaus bequemer nutzen, als dies auf der Konsole möglich wäre.

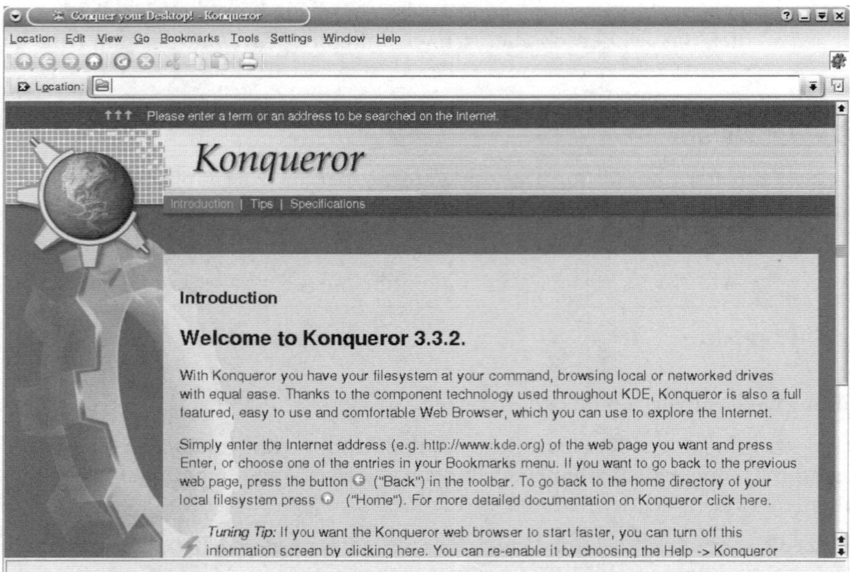

Abb. 16.8: Der Konqueror von KDE ist gleichzeitig Browser und Dateimanager.

16.4.3 Das Startmenü

Klicken Sie auf das K-Symbol ganz links, öffnet sich das Startmenü. Wie bei Windows finden Sie hier sämtliche verfügbaren Programme in Form von X-Clients. Diese sind in Kategorien unterteilt. Insbesondere können Sie hier folgende Applikationen aufrufen:

SYSTEM|KONSOLE – TERMINAL PROGRAM – Dies öffnet eine ganz normale Konsole, auf der Sie wie im Textmodus arbeiten können. Der Vorteil an einer grafischen Konsole: Sie können mehrere Konsolen öffnen, um gleichzeitig in mehreren Verzeichnissen bzw. (Nicht-X-) Programmen zu arbeiten.

Wie Sie in der Abbildung 16.9 erkennen können, können Sie auch Nicht-X-Applikationen von der Konsole innerhalb von X aufrufen. In diesem Beispiel ist `aptitude` gestartet worden.

Der Display-Manager (egal ob `xdm`, `wdm`, `gdm` oder `kdm`) erlaubt unter Debian in der Voreinstellung keine Anmeldung als `root`. Sind Sie als normaler Benutzer angemeldet, benötigen Sie eine Konsole, die Ihnen die Arbeit als `root` ermöglicht. Hierzu starten Sie SYSTEM|MORE APPLICATIONS|TERMINAL PROGRAM – SUPER USER MODE. Alternativ können Sie auch jederzeit aus einem normalen Terminalfenster **`su -`** aufrufen.

> Sie sind aber trotzdem als `root` drin? Dies funktioniert, da Sie X und KDE gerade erst installiert haben – nach dem nächsten Neustart erwartet Debian von Ihnen gleich eine Anmeldung an der grafischen Oberfläche.

Unter UTILITIES|EDITORS finden Sie `Kate`, einen kleinen Editor, der für die Bearbeitung von Skripten sehr gut geeignet ist, da er Syntax-Highlighting unterstützt (Abbildung 16.10).

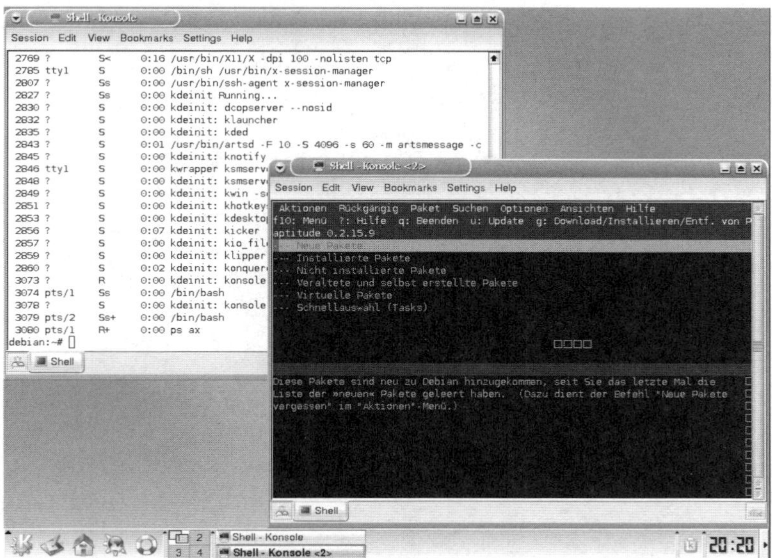

Abb. 16.9: Mit X sind mehrere Konsolen auf einem Bildschirm kein Problem.

```
ssh - Kate
File Edit Document View Bookmarks Tools Sessions Settings Window Help

set -e

# /etc/init.d/ssh: start and stop the OpenBSD "secure shell(tm)" daemon

test -x /usr/sbin/sshd || exit 0
( /usr/sbin/sshd -\? 2>&1 | grep -q OpenSSH ) 2>/dev/null || exit 0

export SSHD_OOM_ADJUST=-17
if test -f /etc/default/ssh; then
    . /etc/default/ssh
fi

. /lib/lsb/init-functions

if [ -n "$2" ]; then
    SSHD_OPTS="$SSHD_OPTS $2"
fi

# Are we running from init?
run_by_init() {
    ([ "$previous" ] && [ "$runlevel" ]) || [ "$runlevel" = S ]
}

check_for_no_start() {
    # forget it if we're trying to start, and /etc/ssh/sshd_not_to_be_run exists
    if [ -e /etc/ssh/sshd_not_to_be_run ]; then
        if [ "$1" = log_end_msg ]; then
            log_end_msg 0

Line: 1 Col: 1   INS  NORM  ssh
Find in Files  Terminal
```

Abb. 16.10: Kate – ein einfacher Editor unter KDE

Er benimmt sich, wie man das von einem guten Editor erwartet, so dass Sie sicher leicht mit ihm zu Recht kommen werden.

Im Übrigen können Sie KDE über den bereits erwähnten Menüpunkt CONTROL CENTER nach Ihren Bedürfnissen konfigurieren.

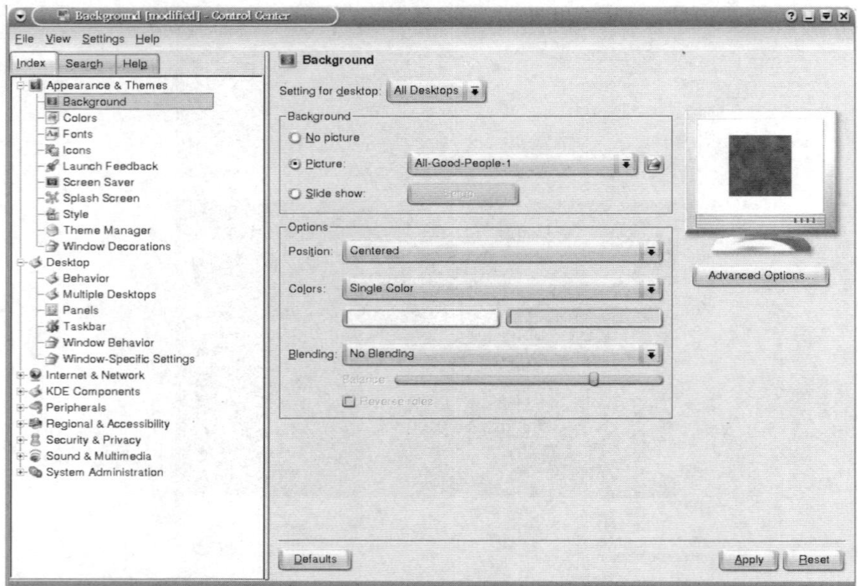

Abb. 16.11: Über das Control Center können Sie KDE konfigurieren.

Es gibt fast nichts, was Sie nicht anpassen können – ich wünsche Ihnen viel Spaß beim Experimentieren!

Damit sind wir am Ende der Kurzeinführung in KDE. Für die Administrationsarbeit ist es in der Regel ausreichend, eine (bzw. mehrere) Shell(s), einen Browser und einen Texteditor zur Verfügung zu haben. Mit diesen Tools können Sie normalerweise 90% Ihrer Administrationstätigkeit bewerkstelligen. Alles darüber Hinausgehende werden Sie sich mit der Zeit selbst aneignen können – denken Sie immer an die *Was-passiert-dann-Maschine* und experimentieren Sie fleißig ... ;-)

16.5 Den X-Server konfigurieren

Ist der Start Ihres X-Servers abgebrochen? Vielleicht haben Sie ja eine Fehlermeldung in der folgenden Art erhalten:

```
Fatal server error:
no screens found

When reporting a problem related to a server crash, please send
the full server output, not just the last messages.
This can be found in the log file "/var/log/Xorg.0.log".
Please report problems to submit@bugs.debian.org.

XIO:  fatal IO error 104 (Connection reset by peer) on X server ":0.0"
      after 0 requests (0 known processed) with 0 events remaining.
```

Das sieht übel aus – muss es aber gar nicht sein! In diesem Fall liegt es an einer falsch ausgewählten Grafikkarte. Stimmen die konfigurierten Parameter nicht mit der Hardware überein, bricht der X-Server ab.

In der Fehlermeldung sehen Sie den Hinweis auf das Logfile /var/log/Xorg.0.log. Ein Blick in die Datei offenbart dann auch gleich den Hinweis auf die Lösung des Problems:

```
(II) Module mouse: vendor="The XFree86 Project"
        compiled for 4.3.0.1, module version = 1.0.0
        Module class: XFree86 XInput Driver
        ABI class: XFree86 XInput driver, version 0.4
(II) TSENG: driver for Tseng Labs chipsets: ET4000, ET4000W32, ET4000W32i,
        ET4000W32p, ET6000, ET6100,
(II) Primary Device is: PCI 00:0f:0
(EE) No devices detected.

Fatal server error:
no screens found
```

Für die Grafikkarten sind immer die Grafik-Chipsätze relevant. Hier wurde ein Tseng ET4000-Chipsatz-Treiber installiert, für den keine passende Hardware gefunden wurde. Um den Server zum Laufen zu bringen, müssen Sie die X-Server-Konfiguration korrigieren und den richtigen Chipsatz auswählen.

Einfacher gesagt als getan? Glücklicherweise müssen Sie die Konfigurationsdatei /etc/X11/xorg.conf in den seltensten Fällen per Hand editieren. Stattdessen können Sie auf verschiedene Konfigurationshilfen zurückgreifen:

16.5.1 Konfiguration über Debconf

Sie starten die Konfiguration für X11 durch folgenden Befehl:

```
# dpkg-reconfigure xserver-xorg
```

Daraufhin startet das Debconf-Skript, das paketspezifische Einstellungen vornimmt.

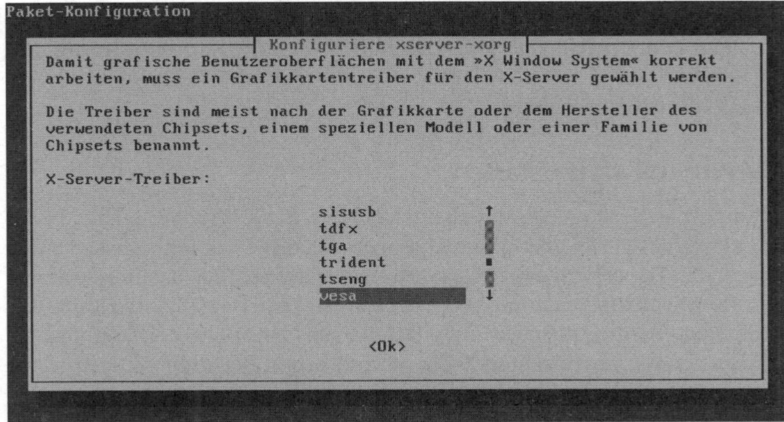

Abb. 16.12: Sie können den X-Server jederzeit mit dem Debconf-Skript konfigurieren.

Sie werden hier Schritt für Schritt durch die Konfiguration geführt, wobei die bisherige Konfiguration eingelesen und als Grundlage genommen wird. Sie müssen also nur dort an den Vorgaben etwas ändern, wo Sie den Fehler vermuten.

16.5.2 Weitere Konfigurationsmöglichkeiten

Unter Debian 3.1 *Sarge* existierte ein Tool namens **XFree86**, mit dem die X-Konfiguration recht bequem durchgeführt werden konnte – seit *Etch* ist es nicht mehr verfügbar unter Debian. Ebenso fehlen Tools wie **xorgconfig** oder **xorgcfg**, die direkt von *X.org* angeboten werden. Warum diese nicht in *Etch* und *Lenny* integriert wurden, ist mir nicht bekannt. Einen faszinierenden Effekt hatte bei mir der folgende Befehl:

```
# Xorg -configure
```

Er ist eigentlich dazu gedacht, eine neue Konfigurationsdatei für den X-Server zu erstellen, die unter `/root` abgelegt wird und entsprechend eingebunden werden kann – in meinem Fall sorgte er für einen schwarzen Bildschirm unter *Lenny*, auch ein Wechsel auf andere Terminals half nichts. Also: Nutzung auf eigene Gefahr ;-).

Es bleibt die Erkenntnis, dass Sie mittels **dpkg-reconfigure xserver-xorg** Ihren X-Server sicher konfigurieren können, falls er nicht läuft. Alle Alternativen (einschließlich der manuellen Konfiguration der Datei `/etc/X11/xorg.conf`) sollten Sie nur dann nutzen, wenn Sie wissen, was Sie tun, oder nichts zu verlieren haben – zum Beispiel auf einem Testsystem.

16.6 Start des X-Servers

Sie haben grundsätzlich zwei verschiedene Möglichkeiten, den X-Server zu starten:

1. über `startx` – Diesen Befehl können Sie aufrufen, wenn Sie sich an der Konsole angemeldet haben und noch kein X-Server läuft.
2. über einen Display-Manager – Dieser bietet eine grafische Anmeldung.

Ist X Window erst einmal installiert, werden auf allen Haupt-Runleveln 2 bis 5 entsprechende Skriptlinks zum Start eines Display-Managers eingetragen. Bei jedem Systemstart im regulären Runlevel wird damit X automatisch gestartet. Ich finde das nicht besonders gelungen, da Sie so beim Booten nicht auswählen können, ob Sie eine Konsole oder die GUI bei der Anmeldung zur Verfügung gestellt bekommen. In Abschnitt 16.6.2 zeige ich Ihnen, wie Sie dieses Problem umgehen können.

16.6.1 Den X-Server mit startx starten

Haben Sie sich wie bisher an der Konsole angemeldet, können Sie X Window jederzeit über die Eingabe von `startx` starten. Es gibt einige Optionen für diesen Befehl, diese werden aber nur selten verwendet. Dabei wird das Programm `xinit` aufgerufen, das für die Initialisierung des X-Window-Systems zuständig ist. `xinit` sucht (bei Debian) im Home-Verzeichnis des aufrufenden Benutzers nach einer Datei `.xsession`. Diese Datei wird als Shellskript ausgeführt, um die gewünschten X-Clients zu starten. Bei anderen Distributionen sucht `xinit` übrigens nach der Datei `.xinitrc`. Diese hat allerdings dort dieselbe Bedeutung wie `.xsession` unter Debian.

Das X-Window-System ist nach dem Start automatisch auf Konsole 7 (Alt+F7) aktiv. Möchten Sie von dort auf eine andere Konsole wechseln, müssen Sie Strg+Alt+F1–F6 drücken, da ohne Strg andere Funktionen mit der Tastenkombination Alt+ F1–F6 belegt sind.

Der X-Server kann auf zwei Arten beendet werden:

1. Sie melden sich regulär über die Logout-Funktion ab (abhängig vom Window-Manager).
2. Sie beenden den X-Server mit der Tastenkombination Strg+Alt+Backspace.

In beiden Fällen landen Sie wieder auf der Konsole und können dort ganz normal weiterarbeiten, wenn Sie X mit **startx** gestartet haben. Sonst landen Sie im zweiten Fall wieder im grafischen Login, da der X-Server hier nur neu gestartet wird.

16.6.2 Den X-Server mit Display-Manager starten

Wird X Window unter Debian installiert, wird auch automatisch ein Display-Manager eingebunden. Haben Sie KDE installiert, finden Sie nun unter /etc/init.d/ das Skript kdm, das den K-Display-Manager /usr/bin/kdm startet.

Abb. 16.13: kdm – der K-Display-Manager

Vielleicht haben Sie ja auch GNOME installiert? In diesem Fall startet gdm als Display-Manager, der allerdings dieselbe Funktion hat.

Beide Display-Manager können auch andere X-Sitzungen starten. So ist kdm in der Lage, GNOME zu starten, und gdm kann im Gegenzug KDE starten. Welche weiteren Möglichkeiten Sie haben, können Sie bei kdm unter MENÜ|SESSION TYPE anzeigen lassen. Unter gdm nutzen Sie den Menüpunkt SESSION, um den Sitzungstyp zu bestimmen.

Da Sie nach dem Systemstart unabhängig vom Runlevel (ausgenommen Runlevel 1, dem Wartungsmodus) direkt mit einem Display-Manager konfrontiert werden, können Sie im kdm als SESSION-TYPE ebenfalls CONSOLE starten, um Ihre Sitzung ohne GUI auf der Textkonsole auszuführen.

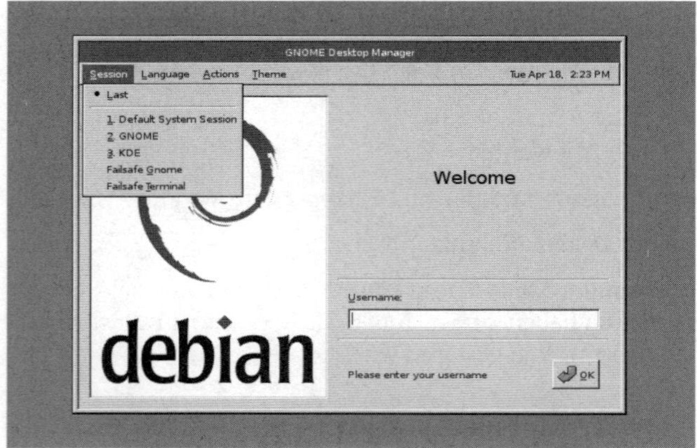

Abb. 16.14: gdm – der GNOME-Display-Manager

Haben Sie X Window über `tasksel` und die Option Desktop-Umgebung installiert, können Sie zwar sowohl KDE als auch GNOME starten, es wird jedoch der `gdm` gestartet.

Sollten Sie zum Kreis der Hardcore-GUI-User gehören und weder KDE noch GNOME, sondern zum Beispiel `twm`, `FVWM` o.Ä. installiert haben, wird der Original-Display-Manager von X11 namens `wdm` gestartet. Er ist der Nachfolger von `xdm`.

Abb. 16.15: `wdm` – der Nachfolger des `xdm` (X-Display-Manager)

Hier wählen Sie über die Option START WM den gewünschten Window-Manager aus – sofern Sie überhaupt eine Alternative installiert haben.

Nun können Sie zwar bei allen Display-Managern zur Konsole zurückwechseln und den X-Server damit beenden, leider wird dieser aber in allen Runleveln außer 0, 1 und 6 gestartet. Damit haben Sie zunächst immer eine GUI, die Sie vielleicht standardmäßig gar nicht benötigen.

Möchten Sie den Default-Runlevel 2 ohne GUI starten, so müssen sie die Runlevel-Links anpassen. Den elegantesten Weg hierzu (mittels `update-rc.d`) haben Sie bereits in Kapitel 6 *Der Linux-Systemstart* kennen gelernt.

Nehmen wir an, Ihr Display-Manager ist kdm. Dann führen sie folgende Befehle aus, um die GUI nur im Runlevel 5 automatisch starten zu lassen und im Default-Runlevel 2 nach dem Systemstart auf der Konsole zu bleiben:

```
# update-rc.d -f kdm remove
update-rc-d: /etc/init.d/kdm exists during rc.d purge (continuing)
 Removing any system startup links for /etc/init.d/kdm ...
   /etc/rc0.d/K99kdm
   /etc/rc1.d/K99kdm
   /etc/rc2.d/S99kdm
   /etc/rc3.d/S99kdm
   /etc/rc4.d/S99kdm
   /etc/rc5.d/S99kdm
   /etc/rc6.d/K99kdm
```

Damit werden zunächst sämtliche Links gelöscht, da der Befehl sonst die neuen Links nicht anlegen kann. Diese definieren wir nun folgendermaßen:

```
# update-rc.d kdm start 99 5 . stop 99 0 1 6 .
 Adding system startup for /etc/init.d/kdm ...
    /etc/rc0.d/K99kdm -> ../init.d/kdm
    /etc/rc1.d/K99kdm -> ../init.d/kdm
    /etc/rc6.d/K99kdm -> ../init.d/kdm
    /etc/rc5.d/S99kdm -> ../init.d/kdm
```

Nun existiert nur noch in Runlevel 5 ein Startlink. Damit können Sie, wenn sie einen Start mit GUI-Login wünschen, am Bootprompt **init=5** angeben oder jederzeit im laufenden Betrieb mit dem Befehl **init 5** in den Runlevel wechseln. In der Regel finde ich es aber ausreichend, mit **startx** den X-Server temporär starten zu können, um seine Vorteile (Browser, mehrere Konsolen usw.) nutzen zu können – mit dieser Methode stellen Sie auch sicher, dass das X-Window-System nur dann Speicherressourcen in Anspruch nimmt, wenn sie benötigt werden.

16.7 X Window im Netzwerk

Wie ich Ihnen bereits zu Beginn dieses Kapitel geschildert habe, ist das X-Window-System von Anfang an auf Netzwerkbetrieb ausgelegt gewesen. Andererseits wird X in der Regel nur auf einem Rechner sowohl als Server als auch als Client ausgeführt. Hinzu kommt, dass es nicht ganz unproblematisch ist, X über das Netzwerk zu verwenden:

- Es ist einige Konfigurationsarbeit notwendig, um X-Client und X-Server zusammenzubringen.
- Das X-Protokoll ist unsicher und kann abgehört werden, da die Kommunikation nicht verschlüsselt ist. Damit ist es kein Problem, Passwörter und Tastaturbefehle mitzuschneiden.

Schließlich ist es heutzutage meistens auch nicht mehr nötig, X-Applikationen zur Administration zu nutzen – viele Administrationstools sind inzwischen webbasiert und laufen über einen beliebigen Browser. Diese Kommunikation lässt sich über SSL/TLS (HTTPS) abhörsicher gestalten, so dass auch die Sicherheit gewährleistet wird, die X nicht bieten kann. Zwar bietet auch X mit `xhost` und `xauth` Möglichkeiten, den Zugriff zu beschränken, dies lässt sich jedoch mehr oder weniger leicht aushebeln.

Aus diesen Gründen belasse ich es bei einer Übersicht. Sie haben grundsätzlich zwei Möglichkeiten:

1. Möchten Sie eine X-Client-Applikation auf einem entfernten X-Server anzeigen und bedienen, können Sie den regulären Weg nehmen. Dazu muss der X-Server die Anfragen von dem betreffenden Rechner zulassen. Dies lässt sich über `xhost` oder `xauth` regulieren. Für den Client müssen Sie entweder die `DISPLAY`-Variable auf einen X-Server im Netzwerk einstellen oder dem X-Client die Option `-display <IP-Adresse>:0` mitgeben. Dabei ist die IP-Adresse die des X-Servers und `:0` die Angabe des ersten Displays. Der X-Server horcht auf Port 6000/tcp.
2. Sie haben die Möglichkeit, X11 durch SSH zu tunneln. Das SSH-Protokoll bietet diese Option, die Sie allerdings aktivieren müssen. In Kapitel 20 *Fernwartung mit SSH* werde ich Ihnen etwas mehr dazu erzählen. An dieser Stelle nehmen Sie bitte einfach zur Kenntnis, dass diese Möglichkeit besteht und aus sicherheitstechnischer Sicht eine sehr gute Alternative ist.

Das ist sicher keine ausreichende Anleitung zur Einrichtung einer Netzwerk-X-Session. Nehmen Sie es als Überblick. Vermutlich werden Sie nicht in die Verlegenheit kommen, eine solche Netzwerkverbindung aufbauen zu müssen. In der Regel werden Sie zur Administration entweder SSH oder einen Browser benötigen.

16.8 Zusammenfassung und Weiterführendes

X Window kann in einigen Fällen auch auf einem Server ein wertvolles Hilfsmittel zur effizienten Administration sein. Insbesondere dann, wenn Ihr Server im lokalen Netz steht und Sie auch lokal an diesem Rechner arbeiten können. Doch obwohl X gerade für die Nutzung im Netzwerk konzipiert war, zeigt es hier Schwächen, die einen Einsatz erschweren. Dennoch empfehle ich Ihnen eigene Experimente, um den Nutzen von X für Ihr Einsatzszenario auszuloten.

Grundsätzlich werden Sie allerdings wohl nicht auf X zurückgreifen, wenn es um die Administration eines Servers geht, der sich im Internet befindet bzw. sich irgendwo außerhalb Ihres vertrauenswürdigen Netzbereichs steht.

Der Trend geht hier auch eindeutig zu Web-UIs, die außer einem beliebigen Browser und evtl. Standard-Plugins wie Java o.Ä. keine zusätzliche Software erfordern. Ich persönlich kenne nur eine einzige kommerzielle Plattform (Cyberguard Firewall), die in einer älteren Version noch über X administriert werden will.

Darüber hinaus werden Sie ohnehin die meisten Administrationsarbeiten auf einem Terminal vornehmen, von daher hat eine grafische Oberfläche auf einem Linux-Server nur begrenzten Nutzen.

Kapitel 17

Netzwerkgrundlagen und TCP/IP

Sie haben sich bisher tapfer durch die System-Interna Ihres (Debian-)Linux-Servers hindurchgearbeitet. Nun wird es Zeit, den Blick nach außen zu wenden. Ab diesem Kapitel geht es um Netzwerkkommunikation, Dienste und Server.

Bevor wir gemeinsam unser Debian-System für die Kommunikation im Netzwerk einrichten, möchte ich mit Ihnen gerne die Grundlagen für den Netzwerkbetrieb besprechen. Dabei gehe ich davon aus, dass Sie bereits über die notwendige Hardware verfügen. Hierzu gehören Netzwerkkarten, Ethernetkabel, evtl. ein Switch und ein Router für die Verbindung ins Internet. Sollten Sie einen so genannten *Root-Server* (dies ist ein Server in einem Rechenzentrum, auf dem Sie `root`-Rechte haben) angemietet haben, müssen Sie sich darum natürlich keine Gedanken machen.

Das Internet spricht TCP/IP (sprich: Ti Si Pi Ei Pi). Damit wird eine ganze Protokollfamilie bezeichnet, wobei TCP (Transmission Control Protocol) und IP (Internet Protocol) lediglich die Namen gebenden Protokolle sind. Diese Protokolle bauen teilweise aufeinander auf und dienen auf unterschiedlichen Kommunikationsebenen jeweils einem bestimmten Zweck. Fast jede Anwendung im Internet hat ihr eigenes Protokoll. So nutzen Sie HTTP für Webanwendungen, SMTP, POP3 oder IMAP für Mailübertragungen, FTP für Dateiübertragungen und DNS für Namensauflösungen.

In diesem Kapitel legen wir die Grundlagen für das Verständnis aller folgenden Kapitel. Sie erhalten Informationen zu folgenden Themen:

- Netzwerkgrundlagen
- Das Schichtenmodell (OSI und TCP/IP)
- Das Internet-Protokoll (IP-Adressen, Netzmasken, Routing, ARP)
- Die Transportprotokolle TCP und UDP (TCP-Handshake, Ports, Unterschiede)
- Das Statusprotokoll ICMP (Bedeutung, Meldungstypen, ping)
- Der Domain-Name-Service (Namensauflösung im Internet, `/etc/hosts`)
- NetBIOS (Kommunikation in Windows-Netzwerken)
- DHCP – automatische IP-Konfiguration
- WWW – das World Wide Web (Anwendung, HTTP)
- FTP – das File Transfer Protocol
- Mail – immer noch die wichtigste Internetanwendung

In den folgenden Kapiteln werden Sie all das, was Sie hier kennen lernen, in der Praxis nutzen können. Ich arbeite seit vielen Jahren als Administrator von IT-Netzwerken und spreche daher aus Erfahrung: Das Know-how der Grundlagen und Zusammenhänge wird Ihnen im Administratoralltag wertvolle Dienste leisten – insbesondere bei der Fehlersuche!

17.1 Netzwerkgrundlagen

Bevor wir uns mit TCP/IP beschäftigen, möchte ich sicherstellen, dass Sie die nötigen Netzwerkgrundlagen haben, um mit IT-Netzwerken arbeiten zu können. Ich werde mich hier auf das absolute Minimum beschränken, da ein kompletter Einführungskurs in die Netzwerkgrundlagen den Rahmen dieses Buches sprengen würde. Lassen Sie uns also beginnen.

17.1.1 LAN, MAN, WAN, GAN, Internet

Wenn wir von einem Netzwerk innerhalb eines Gebäudes sprechen, so ist von einem LAN (Local Area Network) die Rede. Haben Sie zu Hause zum Beispiel einen DSL-Router, einen Switch und zwei daran angeschlossene Rechner, dann handelt es sich bereits um ein LAN.

Ein Netzwerk, das sich im Ausdehnungsbereich einer Stadt befindet, bezeichnen wir als MAN (Metropolitan Area Network). Viele große Unternehmen betreiben ein solches MAN, um Filialen innerhalb einer Stadt miteinander zu verbinden.

Ein WAN (Wide Area Netwok) ist eigentlich alles, was über ein LAN hinausgeht. Somit ist ein MAN eine Sonderform eines WANs.

Ebenfalls eine Sonderform eines WANs ist das so genannte GAN (Global Area Network), das sich über den gesamten Erdball erstrecken kann. Das größte GAN ist das Internet.

Das Internet besteht nicht aus einem einzelnen Netz, sondern aus dem Zusammenschluss tausender Einzelnetze, die über bestimmte Schnittstellen miteinander verbunden sind – entweder permanent oder temporär.

17.1.2 Ethernet, WLAN, ISDN, DSL, Standleitungen

Ethernet und WLAN

Im LAN wird heutzutage fast ausschließlich über die Übertragungstechnik Ethernet kommuniziert. Ethernet basiert auf einem Standard namens *IEEE 802.3*, auch *CSMA/CD* genannt. Dies ist die Kurzform für *Carrier Sense Multiple Access with Collision Detection*.

Während Ethernet kabelbasiert ist, nutzt WLAN (Wireless LAN) die Luft als Übertragungsmedium und ist daher nicht auf Kabelsalat angewiesen. WLAN bedient sich IEEE 802.11a, b, g oder n bzw. Abarten oder Weiterentwicklungen hiervon. Die Datenübertragungstechnik ist ein wenig abgewandelt und wird als CSMA/CA (Carrier Sense Multiple Access with *Collision Avoidance*) bezeichnet.

Im Grunde wird beim klassischen Ethernet jeder Rechner mit jedem anderen physisch verbunden und horcht auf dem Medium auf Nachrichten (Carrier Sense Multiple Access). Nur ein Knoten (ein beliebiges Netzwerk-Endgerät) kann gleichzeitig senden. Möchte er selbst also Daten versenden, schickt er die Daten in einem Moment los, zu dem niemand anderes sendet – vorausgesetzt, kein anderer Knoten kam im selben Moment auf dieselbe Idee. In diesem Fall kommt es zu Kollisionen, die die sendenden Netzwerkknoten bemerken (Collision Detection). Sie brechen dann die Übertragung ab und versuchen es zu einem zufälligen späteren Zeitpunkt noch einmal.

Obwohl dies eigentlich völlige Anarchie im Netzwerk bedeutet und die Performance deutlich sinkt, wenn zu viele Knoten Daten übertragen möchten, da es dann ständig zu unproduktiven Kollisionen kommt, hat sich Ethernet durchgesetzt. Dies liegt auch an höheren Bandbreiten (bis 10 GBit/s, Standard ist 100 MBit/s), vor allem aber an der Switching-Technologie, die es ermöglicht, dass sich die einzelnen Knoten die Bandbreite nicht mehr teilen müssen. Ich komme gleich darauf zurück.

Im WLAN wird zunächst ein Vorsignal versendet, um Kollisionen zu vermeiden (Collision Avoidance). Diese Technik heißt demnach auch CMSA/CA und erlaubt zwar ein geordnetes Übertragen der Daten, hat sich aber erstaunlicherweise nicht als effizienter als CSMA/CD herausgestellt. WLAN ist aufgrund seiner leichteren Abhörbarkeit und Fehleranfälligkeit kein geeignetes Medium für die Anbindung eines Servers. Dafür wird die Technik im Home-Bereich aber auch im Small-Office-Bereich immer beliebter, da der sonst übliche Kabelwust entfällt.

ISDN

Die digitale Übertragungstechnik ISDN (Integrated Service Digital Network) wurde zunächst vor allem für die Telefonie verwendet. Zwischenzeitlich war ISDN dann auch die beste Methode zur Anbindung von Home-PCs und kleinen Büros an das Internet. In diesem Bereich wurde es allerdings von DSL verdrängt, so dass ISDN immer öfter lediglich als Fall-Back-Lösung bzw. Ersatzanbindung Verwendung findet. Auch in der Telefonie droht ISDN starke Konkurrenz durch VoIP (Voice over IP).

ISDN verfügt in der Basisversion (BRI – Basic Rate Interface) über drei Kanäle: zwei B-Kanäle à 64 KBit/s und einem D-Kanal à 16 KBit. Letzterer dient zur Übertragung der Steuerungssignale. Die Datenübertragungskanäle können einzeln oder gebündelt (dann mit 128 KBit/s) genutzt werden.

DSL

Die beliebteste Technik für die Anbindung von Home-PCs, Home-Netzwerken und kleinen Büros ist DSL (Digital Subscriber Line). Dabei kommt hauptsächlich ADSL (A für Asynchronous) zur Anwendung. Hierbei ist im Gegensatz zu SDSL (S für Synchronous) die Upload-Bandbreite (das, was Sie senden) deutlich geringer als die Download-Rate (das, was Sie empfangen).

DSL basiert auf den normalen Kupferleitungen des Telefonanschlusses. Zur Trennung der Signale kommt ein *Splitter* zum Einsatz, der einerseits die Telefoniedaten (analog oder ISDN) und andererseits die DSL-Daten trennt und entsprechend weiterleitet. Während bei einem ISDN-Anschluss das Endgerät aus einem NTBA besteht, endet die DSL-Anbindung an einem DSL-Modem.

Es gibt verschiedene Geschwindigkeiten, die zurzeit zwischen 1 und 16 MBit/s Download-Bandbreite (bzw. bis zu 25 MBit/s bei ADSL2) und 128 und 2048 KBit/s Upload-Bandbreite liegen.

In der Regel wird DSL über einen DSL-Router betrieben, der auf der LAN-Seite einen Ethernet-Anschluss besitzt und als Gateway für die Computer im LAN dient.

> Es gibt im Übrigen weitere DSL-Varianten, wie zum Beispiel HDSL (High Data Rate DSL, symmetrisch bis ca. 2 MBit/s, VDSL (Very High Data Rate DSL, asymmetrisch bis 50 Mbit/s) und skyDSL (Internetzugang via Satellit, bis 25 MBit/s). Jedoch sind dies eher Exoten, die (zurzeit noch) seltener verwendet werden.

Standleitungen

In der Regel stellen Sie bei Bedarf eine Verbindung zu Ihrem Provider her. Auch im Falle einer Flatrate (Datenvolumen-unabhängige Abrechnung), bei der Sie die Verbindung oft sehr lange aufrechterhalten, wird diese doch hin und wieder auf- und wieder abgebaut. Möchten Sie eine permanente Anbindung an das Internet, benötigen Sie eine Standleitung, die sie in der Regel bei Ihrem Provider anmieten.

Standleitungen gibt es in verschiedenen Ausführungen. Meistens basieren sie auf einer Glasfaseranbindung. Sie haben eine Bandbreite von bis zu 10 GBit/s. Standleitungen sind nur für den professionellen Einsatz geeignet, da sie sehr teuer sind.

17.1.3 Kabel, Stecker und Spezifikationen

Jede Übertragungstechnik hat ihre eigenen Spezifikationen. Für Ethernet wird heutzutage Cat-5- oder Cat-5e-Twisted-Pair-Kabel verwendet, das über einen RJ-45-Stecker an der Netzwerkkarte bzw. am Switchport angeschlossen wird. Bei Twisted Pair handelt es sich um verdrillte Adernpaare. Die Verdrillung sorgt für eine recht gute Abschirmung gegen elektromagnetische Störimpulse. Twisted Pair ist in Kategorien eingeteilt, wobei Cat 5 bzw. Cat 6 für Ethernet geeignet ist. Normalerweise sind diese Kabel ungeschirmt (UTP – Unshielded Twisted Pair). Für höhere Übertragungsraten wird eine Abschirmung in Form von Metallflechten oder Aluminium-Ummantelung benötigt (STP – Shielded Twisted Pair). Wird neben der Abschirmung jedes Adernpaares das gesamte Kabel abgeschirmt, wird das als FTP (*Foiled Twisted Pair*) bezeichnet.

Die RJ-45-Stecker sehen aus wie große Telefonstecker. ISDN nutzt dieselben Stecker, allerdings mit einer anderen Polung.

Bei Ethernet unterscheidet man ebenfalls zwischen verschiedenen Spezifikationen. Die heute gängigen sind 100BaseTX und 1000BaseT. Dabei steht die Zahl für die Bandbreite (100 MBit/s bzw. 1000 MBit/s), T für Twisted Pair und X für Extended.

17.1.4 Repeater, Hubs, Switches und Router

In den Anfangstagen von Ethernet nutzte man ein Kabel mit BNC-Stecker (*British Naval Connector*, auch Bajonett-Anschluss genannt). Dabei wurden die einzelnen Rechner mittels T-Stück angebunden. Dies bedarf einer genaueren Erläuterung:

Ethernet ist ein Bussystem. Das bedeutet, dass alle Rechner (logisch) an einem Kabelstrang hängen. Das wurde früher auch physisch umgesetzt. Es gab einen physischen Anfang und ein Ende des Kabels. Dazwischen wurden die Netzwerkknoten angebunden.

Da die maximale Länge einer solchen Busverkabelung auf 180 Meter pro Segment begrenzt war, wurde bei Bedarf zwischen einzelnen Segmenten ein *Repeater* eingesetzt. Dieser empfängt das Signal, verstärkt es und leitet es weiter.

Heutzutage wird Ethernet zwar weiterhin als logischer Bus betrieben, physisch jedoch wird eine Sternverkabelung verwendet. Das Zentrum eines solchen Sterns ist ein *Hub* oder *Switch*.

Während ein Hub nichts anderes als ein Multiport-Repeater ist, ist ein Switch schon ein wenig intelligenter. Der Switch erkennt anhand der MAC-Adresse (das ist die Hardware-Adresse eines Knotens), welcher Knoten mit wem kommunizieren möchte und richtet eine Exklusivverbindung zwischen diesen ein. Ist diese Verbindung aufgebaut, können die beiden Knoten mit voller Bandbreite kommunizieren. Alle anderen Knoten bemerken davon nichts. Damit müssen sich nicht alle Rechner die Bandbreite teilen.

Ein Router wiederum ist ein Netzwerkknoten, der Pakete von einem Netz in ein anderes Netz weiterleitet. Dabei bedient er sich der logischen Adresse, nicht der darunterliegenden Hardware-Adresse. Die zugrundeliegende Technik lernen Sie etwas später im Rahmen von IP kennen.

Ein Repeater oder Hub ist ein ziemlich einfach gehaltenes Netzwerkgerät. Er arbeitet auf Schicht 1 des ISO-OSI-Modells. Switches arbeiten dagegen schon auf Schicht 2, da sie die MAC-Adresse des Knotens auswerten. Ein *Router* reagiert auf die logische Adresse, die auf Schicht drei angesiedelt ist, von daher ist er noch ein Stück intelligenter als der Switch. Er arbeitet auf Schicht 3.

Ihnen stehen große Fragezeichen auf dem Gesicht? Dann wird es Zeit, Sie mit den Schichtenmodellen vertraut zu machen.

17.2 Die Schichtenmodelle

Netzwerkkommunikation ist nicht so trivial, wie es vielleicht auf den ersten Blick scheint. Die zu übertragenden Daten müssen in eine passende Form gebracht werden, es müssen Entscheidungen hinsichtlich der Kommunikationsform, der maximalen Datenpaketgröße, der Transportversicherung, des Übertragungswegs und anderer Dinge getroffen werden.

Um diesem Problem auf einer abstrakten Ebene Herr zu werden, wurden Schichtenmodelle entworfen. Jede Schicht hat eine genau umschriebene Aufgabe. Dabei kommuniziert eine Schicht mit der direkt über oder unter ihr liegenden. Niemals kann eine Schicht übersprungen werden.

Es gibt zwei wichtige Schichtenmodelle: ISO-OSI und TCP/IP-Referenzmodell. Ich stelle sie Ihnen in aller Kürze vor.

17.2.1 ISO-OSI-Schichtenmodell

Das OSI-Modell (Open Systems Interconnect) ist ein protokollunabhängiges Schichtenmodell für die Kommunikation offener EDV-Systeme. Es soll die Kommunikation der einzelnen Komponenten vereinheitlichen. Es wird seit 1979 entwickelt und wurde von der ISO (Internationel Organization for Standardization) standardisiert.

Das OSI-Modell besteht aus 7 Schichten:

Schicht 7: Anwendungsschicht (Application Layer)

Die 7. Schicht liegt logisch gesehen ganz oben. Hier sind die Netzwerkapplikationen angesiedelt. Beispiele hierfür sind: Browser, E-Mail-Client und -Server, Terminals usw. Dabei sind jedoch nicht die Anwenderfunktionen des jeweiligen Programms gemeint, sondern nur die reinen Datenübertragungsfunktionen.

Schicht 6: Darstellungsschicht (Presentation Layer)

Auf dieser Schicht wird die systemabhängige Darstellung der Daten in eine unabhängige Form (zum Beispiel ASCII) gebracht, um die Daten von einem System auf ein anderes übertragen zu können. Auch die Datenkompression ist hier angesiedelt.

Schicht 5: Sitzungsschicht (Session Layer)

Diese Schicht wird auch Kommunikationssteuerungsschicht genannt. Hier werden Sitzungen zwischen den Applikationen auf logischer Ebene aufgebaut. Diese Schicht überwacht die Datenübertragung auf einer höheren Ebene (im Gegensatz zur TCP-Sitzung).

Schicht 4: Transportschicht (Transport Layer)

Hier beginnt die applikationsunabhängige Netzwerkkommunikation. Auf dieser Schicht werden die Daten segmentiert und kontrolliert (fehlerüberwacht) übertragen. Dabei kann auch hier eine Sitzung aufgebaut werden.

Schicht 3: Vermittlungsschicht (Network Layer)

Auf dieser Schicht werden die Daten übertragen, weitervermittelt und Verbindungen geschaltet. Hier fällt insbesondere die Wegfindung (Routing) und Kontrolle des Netzwerkstatus hinein.

Schicht 2: Sicherungsschicht (Data Link Layer)

Die Aufgabe der Sicherungsschicht ist es, eine fehlerfreie Übertragung zu gewährleisten. Dies wird durch Aufteilung des Bitstroms in Datenblöcke und Prüfsummen-Bildung erreicht. Diese Schicht ist in zwei Unterschichten aufgeteilt:

1. LLC (Logical Link Control): Dient der Datensicherung und Fehlerkontrolle.
2. MAC (Media Access Control): Hier ist die Hardware-Adresse eines Netzwerkknotens angesiedelt.

Schicht 1: Bitübertragunsschicht (Physical Layer)

Diese Schicht ist die unterste Schicht. Sie stellt die physischen (mechanischen oder elektrischen) Parameter einer Netzwerkübertragung zur Verfügung. Dies umfasst zum Beispiel die elektrischen Signale, Frequenzen und Kabelspezifikationen.

17.2.2 Das TCP/IP-Referenzmodell

Für die TCP/IP-Protokollfamilie wurde ein eigenes Modell, das aus vier Schichten besteht, entwickelt. Es lässt sich jedoch sehr gut mit dem OSI-Modell vergleichen.

Schicht 4: Anwendungsschicht

Hier werden wiederum alle Protokolle und Netzwerkapplikationen erfasst. Beispiele hierfür sind HTTP, FTP, SMTP, SSH, Telnet, aber auch X Window. Im Vergleich zum ISO-OSI-Modell umfasst diese Schicht die OSI-Schichten 5 bis 7.

Schicht 3: Transportschicht

Wie im OSI-Modell umfasst dies die Transportprotokolle TCP und UDP und stellt eine zuverlässige Übertragung (TCP) oder zumindest die Zustellung an den richtigen Dienst (UDP) sicher. Diese Schicht entspricht der vierten OSI-Schicht.

Schicht 2: Internetschicht

Auf dieser Schicht sind die Weitervermittlung von Paketen und die Wegfindung (Routing) angesiedelt. Hier arbeitet insbesondere das Internetprotokoll (IP) aber auch das Statusprotokoll ICMP. Die Internetschicht entspricht der dritten OSI-Schicht.

Schicht 1: Netzzugangsschicht

Diese Schicht spezifiziert den Zugriff auf das Netzwerk auf unterster Ebene. Sie entspricht den OSI-Schichten 1+2. Dabei sind vom TCP/IP-Protokollstapel (anderes Wort für Sammlung oder Familie, engl. *stack*) außer ARP und RARP keine Protokolle auf dieser Ebene angesiedelt. Stattdessen befinden sich die Übertragungstechnologien wie zum Beispiel Ethernet und DSL auf dieser Ebene.

Hier noch einmal eine Gegenüberstellung der beiden Referenzmodelle:

<table>
<tr><th>ISO-OSI-Modell</th><th>TCP/IP-Referenzmodell</th></tr>
<tr><td>Schicht 7: Anwendungsschicht
(Application Layer)</td><td rowspan="3">Schicht 4: Anwendungsschicht
(Application Layer)</td></tr>
<tr><td>Schicht 6: Darstellungsschicht
(Presentation Layer)</td></tr>
<tr><td>Schicht 5: Sitzungsschicht
(Session Layer)</td></tr>
<tr><td>Schicht 4: Transportschicht
(Transport Layer)</td><td>Schicht 3: Transportschicht
(Transport Layer)</td></tr>
<tr><td>Schicht 3: Vermittlungsschicht
(Network Layer)</td><td>Schicht 2: Internetschicht
(Internet Layer)</td></tr>
<tr><td>Schicht 2: Sicherungsschicht
(Data Link Layer)</td><td rowspan="2">Schicht 1: Netzzugangsschicht
(Host-To-Network Layer)</td></tr>
<tr><td>Schicht 1: Bitübertragungsschicht
(Physical Layer)</td></tr>
</table>

Abb. 17.1: Vergleich: Schichten des OSI- und des TCP/IP-Schichtenmodells

Worin liegt nun der praktische Nutzen solcher Modelle?

- Für die Hersteller einerseits ist es möglich, einheitliche Funktionen in ihre Netzwerkkomponenten (zum Beispiel Netzwerkkarte oder Switch) zu integrieren. Diese haben standardisierte Schnittstellen zu den Ebenen über und unter ihnen. Es herrschen klare Funktionstrennungen.
- Für die Anwender und Betreuer von Netzwerken ist es andererseits möglich, bestimmte Fehlereingrenzungen vorzunehmen. So wissen Sie zum Beispiel, dass das Anwendungsprotokoll HTTP nicht daran beteiligt sein kann, wenn Sie einen entfernten Rechner nicht anpingen können. Hier müssen Sie auf Netzwerkebene nach der Lösung suchen.

Als ich im Rahmen einer Schulung zum ersten Mal mit dem OSI-Schichtenmodell konfrontiert wurde, hätte ich nicht geglaubt, dass dieses Modell der Schlüssel zur Lösung für viele Netzwerkprobleme sein könnte. Prinzipiell reicht schon eine Zweiteilung in Netzwerk- und Applikationsebene aus. Haben Sie eine Kommunikationsstörung, können Sie die Hälfte aller möglichen Ursachen schon zu Anfang ausschließen, wenn Sie festgestellt haben, ob es sich um ein Problem im Netzwerk- oder im Applikationsbereich handelt.

Lassen Sie uns nun einen Blick auf die wichtigsten Protokolle des TCP/IP-Stacks werfen.

17.3 Was ist eigentlich ein Protokoll?

Stellen Sie sich einen deutschen Botschafter vor, der von einem kleinen und von der Zivilisation bisher unberührten afrikanischen Land einen Staatsbesuch empfängt. Der Botschafter reicht dem afrikanischen Gesandten die Hand, so wie es bei uns zur Begrüßung üblich ist. Für den Afrikaner, der unsere Gepflogenheiten nicht kennt, bedeutet diese Geste leider etwas ganz anderes, nämlich eine Kriegserklärung. Wutentbrannt ruft er seine Leibwächter, die sich schützend vor ihren Botschafter stellen ...

Ja ja, ziemlich weit hergeholt. Aber es verdeutlicht Ihnen zumindest, wie wichtig es ist, dass alle an einer Kommunikation Beteiligten dieselbe Sprache sprechen. Damit dies funktioniert, gibt es in der Diplomatie wie in der Computertechnik Protokolle.

Ein Protokoll ist ein Regelwerk, das den formellen Ablauf einer Kommunikation regelt. Dazu wird in der Netzwerkkommunikation das zu sendende Datenpaket in einen Header und die eigentlichen Nutzdaten (*Payload* genannt) unterteilt. Dieser Header enthält Verwaltungsinformationen gemäß des verwendeten Protokolls. Je nach Protokoll kann in einem Trailer, der an die Nutzdaten angehängt wird, eine Prüfsumme, CRC (Cyclical Redundancy Check) genannt, angehängt werden.

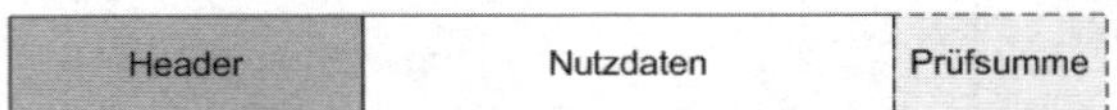

Abb. 17.2: Allgemeiner Aufbau eines Netzwerkprotokolls

Die einzelnen Protokolle bauen zum Teil aufeinander auf. Somit enthält die Payload des einen Protokolls unter Umständen ein weiteres Protokoll, das wiederum in Header und Payload unterteilt ist.

17.4 Das Internet Protokoll

Das Internet Protokoll (IP) ist das Herz der Netzwerkkommunikation. Die meisten Verbindungen im Internet (und auch im LAN) basieren auf diesem Protokoll. Es ist für die Datenübertragung von A nach B zuständig. Stellen Sie sich die physische Anbindung Ihres Netzwerkes (zum Beispiel Ethernet, ISDN oder DSL) als Straße vor, dann wäre IP der Lastwagen für den Transport der Güter (bzw. Daten).

17.4.1 IP-Adresse und Subnetzmaske

So wie im wirklichen Leben benötigt auch jeder Computer, der (Daten-)Pakete empfangen möchte, eine Lieferadresse. Im TCP/IP-Netzwerk ist das die IP-Adresse. Sie besteht bei IPv4, dem zurzeit noch gängigen Standard, aus vier Zahlen zwischen 0 und 255, die durch einen Punkt voneinander getrennt sind. Technisch gesehen entspricht das vier Byte. Jedes Byte wird in diesem Zusammenhang auch als Oktett bezeichnet.

Ein Beispiel für eine IP-Adresse ist 217.13.25.60. Dagegen wäre die Adresse 80.30.366.5 ungültig, weil 366 im 3. Oktett über den erlaubten Bereich von 255 hinausgeht.

Jede IP-Adresse ist in einen Netz- und einen Hostanteil unterteilt. Computer in einem Netzwerk können zunächst nur mit anderen Computern im selben Netz kommunizieren. Möchten sie in ein anderes Netz kommunizieren, benötigen sie ein Gateway, also eine Tür nach draußen. Ich komme beim Thema Routing darauf zurück.

Der Netzanteil beginnt von links und wird durch die Subnetzmaske definiert. Die Subnetzmaske besteht wie die IP-Adresse ebenfalls aus vier Oktetten und sieht zum Beispiel so aus: 255.255.255.0. Legen Sie die Subnetzmaske über die IP-Adresse, erhalten Sie den Netzanteil. Der Hostanteil rechts wird mit Nullen aufgefüllt.

Dahinter verbirgt sich die Binärschreibweise. Ein Byte besteht aus 8 Bits. Diese Bits haben Wertigkeiten, die sich aus 2er-Potenzen ergeben:

Bit	8	7	6	5	4	3	2	1
Wertigkeit	128	64	32	16	8	4	2	1

Jedes Bit kann den Wert 0 (nicht gesetzt) oder 1 (gesetzt) annehmen. Ist ein Bit gesetzt, wird die jeweilige Wertigkeit addiert. Nehmen wir ein Beispiel:

01000101 ergibt 64+4+1=69

Für die IP-Adresse 192.168.5.33 wäre die Binärschreibweise folgende:

1100 0000.1010 1000.0000 0101.0010 0001

Bei der Subnetzmaske wird eine bestimmte Anzahl von Bits ausgehend von links durchgängig gesetzt. Für 255.255.255.0 sieht das so aus:

1111 1111.1111 1111.1111.1111.0000 0000

Jedes Bit in der IP-Adresse, das in der Subnetzmaske gesetzt ist, gehört zum Netzanteil. Wie das? Hier ist Binärarithmetik gefragt: Das ergibt sich durch eine logische UND-Verknüpfung, die folgendermaßen funktioniert:

Bit 1	Bit2	Ergebnis
0	0	0
0	1	0
1	0	0
1	1	1

Das Ergebnis ist also nur dann 1, wenn beide Bits 1 sind, in allen anderen Fällen ist das Ergebnis 0. Nehmen wir unsere Beispieladresse 192.168.5.33 mit der Subnetzmaske 255.255.255.0. Legen Sie IP-Adresse und Subnetzmaske bitweise übereinander, ergibt sich folgende Berechnung:

	Netzanteil			Hostanteil
IP-Adresse dezimal	192	168	5	33
IP-Adresse binär	1100 0000	1010 1000	0000 0101	0010 0001
Netzmaske	1111 1111	1111 1111	1111 1111	0000 0000
UND-addiert	1100 0000	1010 1000	0000 0101	0000 0000
Subnetz dezimal	192	168	5	0

Der Netzanteil ist also 192.168.5 und umfasst die ersten drei Bytes. Damit bleibt für den Hostanteil nur das letzte Byte, hier 33.

17.4.2 Netzadressen und Broadcasts

Für die Schreibweise des Netzes wird der Hostanteil mit Nullen aufgefüllt. Das Netz unseres obigen Beispiels ist also 192.168.5.0. Dazu muss immer die Subnetzmaske angegeben werden. Sie schreiben also Folgendes, um dieses Subnetz zu definieren:

```
192.168.5.0 255.255.255.0
```

Da die Anzahl der gesetzten Bits die Netzmaske definiert, schreibt man für eine IP-Adresse häufig auch Folgendes:

```
<IP-Adresse>/<Anzahl der gesetzten Bits in der Subnetzmaske>
```

Unsere Beispieladresse sieht dann so aus:

```
192.168.5.33/24
```

Das Netz hierfür wird folgendermaßen angegeben:

```
192.168.5.0/24
```

Ein Netz (=Subnetz) ist ein logisch begrenzter IP-Adressbereich. Rechner innerhalb eines Netzes können direkt miteinander kommunizieren. Dazu gibt es drei Formen:

- *Unicast* – Die Kommunikation ist zielgerichtet. Hierbei gibt es genau einen Kommunikationspartner mit einer bekannten IP-Adresse.
- *Multicast* – Es werden Pakete über eine D-Klasse-Adresse in das Netzwerk geschickt. Alle Rechner, die sich von diesen Paketen angesprochen fühlen, erhalten das Paket, alle anderen ignorieren es.
- *Broadcast* – Der sendende Knoten »brüllt« ins Netz ohne speziellen Adressaten.

Um ein Broadcast-Paket ins Netz zu schicken, wird immer die letzte IP-Adresse innerhalb eines Subnetzes genutzt. Für das C-Klasse-Netz 192.168.5.0/24 lautet die Broadcast-Adresse also 192.168.5.255, da 255 die letzte Host-Adresse in diesem Netz wäre. Durch ihre besondere Bedeutung darf sie nun natürlich nicht mehr für die Adressierung eines bestimmten Hosts angewandt werden, so dass die letzte Host-Adresse 192.168.5.254 ist.

17.4.3 Netzklassen, NAT und private Netzbereiche

Netzklassen

TCP/IP-Netzwerke werden in logische Segmente unterteilt. Jedes Segment hat eine eigene Netzadresse (zum Beispiel 192.168.5.0). Ohne zusätzliche Komponenten können Knoten nur im eigenen Netz miteinander kommunizieren. Wie bereits oben erwähnt, benötigen Sie ein Gateway bzw. einen Router, um zwischen einzelnen Netzwerken zu vermitteln.

Die Netzwerke können in Klassen eingeteilt werden. Dabei sind bestimmte zusammenhängende Netzbereiche bestimmten Klassen zugeordnet:

Klasse	Bereich	Subnetzmaske	Hosts pro Subnetz
A	1.0.0.0–127.255.255.255	255.0.0.0	1,67 Mio
B	128.0.0.0–191.255.255.255	255.255.0.0	65.534
C	192.0.0.0–223.255.255.255	255.255.255.0	254
D	224.0.0.0–239.255.255.255	n.a.	Multicast
E	240.0.0.0–255.255.255.255	n.a.	Experimentell

Für reguläre Adressierung von Netzwerkknoten werden nur die Netzklassen A bis C genutzt. Dabei werden die Netze entsprechend der Anforderungen verteilt. Während ein kleineres Büro mit 254 adressierbaren Hosts (also einem Klasse-C-Netz) auskommen wird, reicht dies für ein größeres Unternehmen schon nicht mehr. Dieses benötigt dann schon ein Klasse-B-Netzwerk. Ein großes Backbone-Netz eines multinationalen Konzerns (GAN) wird vielleicht noch mehr Adressen benötigen und erhält ein Klasse-A-Netzwerk.

Klasse D wird für Multicast-Anwendungen verwendet. Dadurch kann der Netzwerk-Traffic (engl. traffic = Verkehr) reduziert werden, weil für mehrere Adressaten nur ein einzelnes Datenpaket versandt werden muss. Dies wird insbesondere bei Videokonferenzen und anderen Multimediaanwendungen verwendet, um das Netzwerk nicht zu überlasten.

Klasse E wird dagegen gar nicht produktiv genutzt und bleibt experimentellen Zwecken vorbehalten.

Es gibt noch eine Besonderheit: Der Bereich 127.0.0.0 bis 127.255.255.255 ist für *Loopback* reserviert. Jeder Rechner benötigt mindestens eine Loopback-Adresse (standardmäßig 127.0.0.1), über die er mit sich selbst kommunizieren kann. Dabei wird keine Netzwerkkarte benötigt. Die Loopback-Adresse ist notwendig, da bei vielen Netzwerkanwendungen sowohl der Client als auch die Serverkomponente auf demselben Rechner liegen. Der Client spricht dann entweder 127.0.0.1 oder *localhost* an, um mit dem lokalen Server zu kommunizieren.

Die Netzklassen sind zu einer Zeit entstanden, wo noch niemand mit den heutigen Ausmaßen des Internets gerechnet hätte. Schon bei grober Querrechnung werden Sie bemerken, dass die Anzahl der adressierbaren Hosts viel zu gering sein muss, wenn man bedenkt, dass bei einer solchen Netzeinteilung oft viele Adressen verschenkt werden. Ein Unternehmen, das 1000 Computer vernetzen möchte, benötigt nach dieser Einteilung dann ein Klasse-B-Netz, das bis zu 65534 Hosts adressieren kann ...

Hierfür gibt es zwei Lösungsansätze:

NAT und die privaten Netzbereiche

Für die meisten Netzwerke ist es nicht notwendig, dass alle angeschlossenen Knoten eine offizielle IP-Adresse besitzen. Stattdessen wird die Internetanbindung auf eine oder wenige IP-Adressen beschränkt. Dahinter erhalten die Computer eine IP-Adresse aus dem Pool der privaten Adressbereiche.

Aber wie funktioniert das? Zunächst benötigen wir eine Technik, die sich NAT (Network Address Translation) nennt. Damit können Sie interne (private) Adressen in öffentliche

Adressen umwandeln. So haben die Rechner im LAN Zugriff auf Ressourcen im Internet. Das stellt sich folgendermaßen dar:

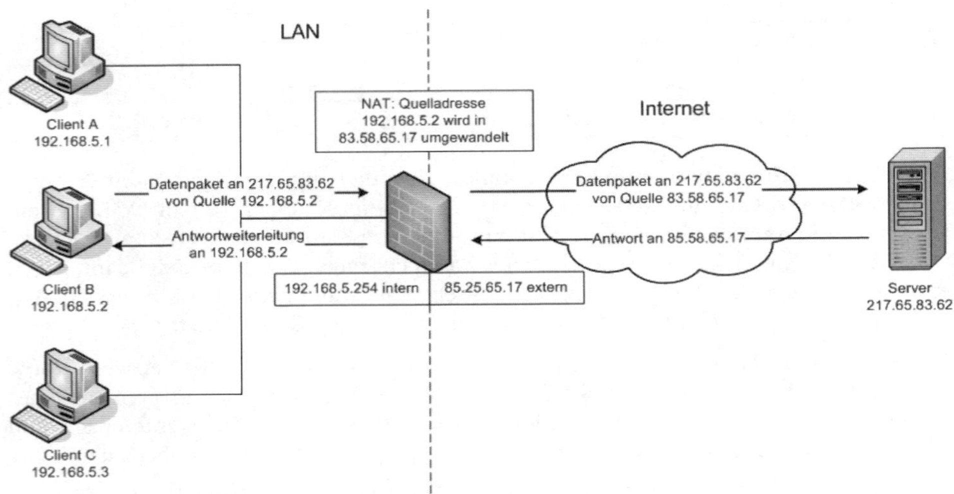

Abb. 17.3: NAT wandelt die Adresse des Clients in eine andere Adresse um.

Für die Clients ist dieser Vorgang transparent, das heißt, sie merken nichts von der Adressumwandlung. Der Server denkt, er kommuniziere mit dem NAT-Device und antwortet der externen IP-Adresse des Gateways. Kommt die Antwort vom Server an das Gateway, leitet dieses die Antwort an den Original-Client im LAN weiter.

Es gibt zahlreiche Formen von NAT, die hier gezeigte Variante ist das *Hide-NAT*, bei dem viele lokale Adressen hinter einer öffentlichen Adresse versteckt werden. Dies ist eine Sonderform des Source-NAT, bei dem die Quelladresse umgewandelt wird.

Weitere Formen sind das Destination-NAT, bei dem die IP-Adresse des Ziels umgewandelt wird und das Static-NAT. Hierbei wird eine lokale Adresse fest in eine globale Adresse umgewandelt – oder umgekehrt.

Verschiedene Hersteller (Cisco, Checkpoint, Microsoft) benennen jede NAT-Form etwas anders. Schimpfen Sie also nicht, wenn Sie auf andere Bezeichnungen stoßen. Diese Einführung erhebt keinen Anspruch auf Vollständigkeit.

Doch welche Adresse können Sie im lokalen Netz sinnvollerweise verwenden? Hierzu sind die bereits angedeuteten privaten Adressräume definiert. Sie werden im Internet nicht geroutet. Es gibt für jede genutzte Klasse (A bis C) einen solchen Adressbereich:

Klasse	Privater Adressbereich
A	10.0.0.0 bis 10.255.255.255
B	172.16.0.0 bis 172.31.255.255
C	192.168.0.0 bis 192.168.255.255

Möchten Sie Details zu diesem Thema nachlesen, bieten sich die RFCs an. Für die privaten IP-Adressbereiche ist RFC 1918 zuständig.

RFC steht für *Request for Comment*. Es handelt sich um Standards, die von der ISOC (Internet Society) veröffentlicht werden. Die ISOC ist eine nicht-staatliche Dachorganisation für verschiedene Institutionen (IETF, IANA, RFC-Editor u.a.), die sich der Weiterentwicklung des Internets verschrieben hat. Es gibt verschiedene Stadien eines RFCs Wichtige sind *Standard* (muss umgesetzt sein), *Proposed Standard* (für Standard vorgeschlagen) und *Draft* (zur Begutachtung vorgelegt).

CIDR und Subnetting

Der zweite Lösungsansatz ist CIDR (Classless Inter Domain Routing). Wie der Name schon vermuten lässt, wirft CIDR die Klassengesellschaft über Bord.

Wir hatten weiter oben festgestellt, dass der Netzanteil der IP-Adresse durch die gesetzten Bits in der Subnetzmaske definiert wird. Für die Klassennetze sind jeweils alle oder kein Bit innerhalb eines Bytes gesetzt. Bei CIDR gilt diese Regel nicht. Nehmen wir ein konkretes Beispiel:

Unser Unternehmen hat ein Klasse-C-Netz 192.168.1.0/24. Zur besseren Administrierbarkeit soll dieses Netz nun in fünf Teilnetze aufgeteilt werden:

- Verwaltung
- Produktion
- Einkauf
- Verkauf
- Lager

Die fünf Netze bilden die Organisation des Unternehmens ab und werden durch Router voneinander getrennt. Sie können nun eigenständig verwaltet werden. Für alle Leser, die bisher noch nichts mit Subnetting zu tun hatten, wird es jetzt etwas schwieriger, denken Sie also sorgfältig mit:

Möchten wir aus einem bestehenden Netz weitere Subnetze generieren, »klauen« wir uns die notwendige Anzahl an Bits vom Hostanteil und weisen sie dem Netzanteil zu. Dazu müssen wir wissen, wie viele Subnetze wir benötigen. Dies sind in unserem Fall 5.

Nun müssen wir die Anzahl an Bits herausfinden, mit der fünf oder mehr Kombinationsmöglichkeiten vorhanden sind:

- 1 Bit = 2 Kombinationsmöglichkeiten: 0 und 1
- 2 Bits = 4 Kombinationsmöglichkeiten: 00, 01, 10 und 11
- 3 Bits = 8 Kombinationsmöglichkeiten: 000, 001, 010, 011, 100, 101, 110 und 111

Da ein Bit immer nur zwei Zustände annehmen kann, ist die Berechnung recht einfach. In unserem Beispiel reichen 2 Bits nicht aus, da wir mehr als 4 Netze benötigen. 3 Bits sind zwar eigentlich zu viel, aber es ist der kleinste mögliche Wert. In diesem Fall bleiben 3 von den 8 Netzen ungenutzt, aber so ist das Leben.

Technisch wird das Ganze nun folgendermaßen umgesetzt: Wir gehen von unserem gesamten Hostanteil aus. Wir haben in diesem Fall genau ein Byte, das vierte:

Aufteilung	Netzanteil			Hostanteil
Byte	1	2	3	4
Wert des Bytes	192	168	1	0-255
Subnetzmaske	255	255	255	0

Möchten Sie die 3 neuen Bits dem Netzanteil hinzufügen, erweitern Sie die Subnetzmaske um diese 3 Bits. Binär stellt sich das folgendermaßen dar:

1111 1111.1111 1111.1111 1111.**111**0 000

Das ergibt einen Dezimalwert von 255.255.255.224 (da 1110 000 = 224). Jetzt sind also nicht mehr 24 sondern 27 Bits in der Subnetzmaske gesetzt. Wie erhalten wir nun die Subnetze?

Dazu wird die Anzahl der Kombinationsmöglichkeiten des Hostanteils durch die Anzahl der möglichen Subnetze geteilt. Uns steht das vierte Byte für den Hostanteil zur Verfügung. Ein Byte kann Werte zwischen 0 und 255 annehmen, hat also 256 Kombinationsmöglichkeiten. Mit 3 zusätzlichen Bits lassen sich 8 Subnetze erzeugen. 256/8 = 32. Dies entspricht unserer Schrittweite von einem Netz zum nächsten. Fügen wir nun alle Informationen zusammen, ergibt sich folgende Tabelle:

Ausgangsnetz: 192.168.1.0/24

Subnetzmaske für die Subnetze: 255.255.255.224 oder /27

Subnetz	Netzadresse	Erste Hostadresse	Letzte Hostadresse	Broadcast-Adresse
1	192.168.1.0	192.168.1.1	192.168.1.30	192.168.1.31
2	192.168.1.32	192.168.1.33	192.168.1.62	192.168.1.63
3	192.168.1.64	192.168.1.65	192.168.1.94	192.168.1.95
4	192.168.1.96	192.168.1.97	192.168.1.126	192.168.1.127
5	192.168.1.128	192.168.1.129	192.168.1.158	192.168.1.159
6	192.168.1.160	192.168.1.161	192.168.1.190	192.168.1.191
7	192.168.1.192	192.168.1.193	192.168.1.222	192.168.1.223
8	192.168.1.224	192.168.1.225	192.168.1.254	192.168.1.255

Schauen Sie sich die Tabelle in Ruhe an, bis Sie das Prinzip verinnerlicht haben. Hier noch einmal ein paar Beispiele:

- 192.168.1.96/27 ist das 4. Subnetz
- 192.168.1.190 ist die letzte Hostadresse im Subnetz 192.168.1.160/27.
- 192.168.1.200 ist eine Hostadresse innerhalb des Subnetzes 192.168.1.192/27.

Das ist sicher nicht ganz einfach zu ergründen. Es erfordert einiges an Routine, um mit einem kurzen Blick zu erkennen, welche Adressen in welches Subnetz fallen und wie die

Subnetzmasken aussehen müssen. Dennoch (oder gerade deswegen) liegen hier zahlreiche Fehlerquellen, so dass es sich lohnt, sich mit Subnetting zu beschäftigen.

Ermöglicht das *Subnetting* die Segmentierung eines vorhandenen Netzes, so ist *CIDR* die Verallgemeinerung dieses Prinzips dahingehend, dass Netze ohne Rücksicht auf die Klassenzugehörigkeit mit beliebigen Subnetzmasken versehen werden können, um dem jeweiligen Anwendungsfall gerecht zu werden.

Das macht die Adressvergabe um ein Vielfaches flexibler. Für ein Transfernetz von einem Unternehmens-Router zum Provider-Router sind genau zwei IP-Adressen notwendig: jeweils eine für die Router. Hier kann der Provider ein Minimalnetz mit einer Subnetzmaske 255.255.255.252 bzw. /30 zur Verfügung stellen. Nehmen wir zum Beispiel das Netz 212.15.27.160/30. Dann haben wir folgende Adressen:

Adresse	Bedeutung
212.15.27.160	Netzadresse
212.15.27.161	1. Router
212.15.27.162	2. Router
212.15.27..163	Broadcast-Adresse

Unterteilen Sie Ihr LAN in Subnetze, müssen Sie die einzelnen Subnetze über Router miteinander verbinden. Lassen Sie uns nun einen Blick auf diese Router werfen, von denen ich schon die ganze Zeit spreche.

17.5 Bridges, Router und Gateways

Eigentlich gehört dieses Kapitel in den Bereich Netzwerkgrundlagen, da die Netzsegmentierung nicht TCP/IP-spezifisch ist. Jedoch glaube ich, dass Sie die Konzepte an dieser Stelle besser verstehen werden.

Es gibt verschiedene Möglichkeiten, ein Netzwerk in Segmente zu unterteilen.

17.5.1 Bridges

Eine Bridge (zu Deutsch: Brücke) arbeitet auf Layer 2 (Sicherungsschicht) und unterteilt zwei oder mehr Netze physikalisch.

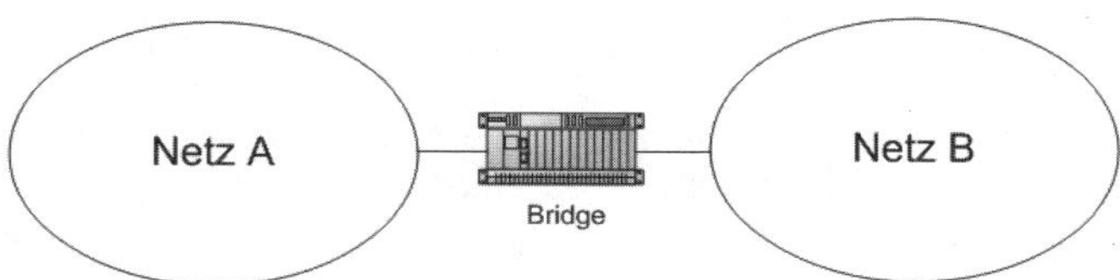

Abb. 17.4: Eine Bridge segmentiert die Netze.

Anhand der MAC-Adresse (Hardware-Adresse) des Ziels entscheidet die Bridge, ob ein Datenpaket aus Netz A in das Netz B weitergeleitet werden muss. Wenn nicht, bleibt das Paket im Segment von Netz A und belastet nicht das Netz B.

Dazu lauscht die Bridge an beiden Interfaces und baut nach und nach eine MAC-Tabelle auf, aus der die Zugehörigkeit einer MAC-Adresse zu dem jeweiligen Netzsegment hervorgeht. Kann sie keine Zuordnung vornehmen, wird das Paket weitergeleitet.

Eine Erweiterung dieses Konzepts stellt der Switch dar, der mehrere Ports hat, an denen oft keine Netzwerke, sondern einzelne Netzwerkknoten hängen. Die Knoten, die miteinander sprechen wollen, werden direkt zusammengeschaltet. Auch die Switch-Logik basiert auf den MAC-Adressen, die der Switch sich merkt als die Adresse, die an einem bestimmten Port angeschlossen ist.

17.5.2 Router, Next Hop und Standard-Gateways

Die Router sind die Wegweiser, Straßenschilder und Ampeln unserer Analogie. Sie arbeiten auf Layer 3 (Vermittlungsschicht) und unterteilen die Netzwerke nicht anhand der MAC- sondern der logischen Adresse. Dies entspricht der IP-Adresse oder kurz: IP. Haben Sie Ihr Netzwerk segmentiert, benötigen Sie Router zur Kommunikation zwischen den Netzen:

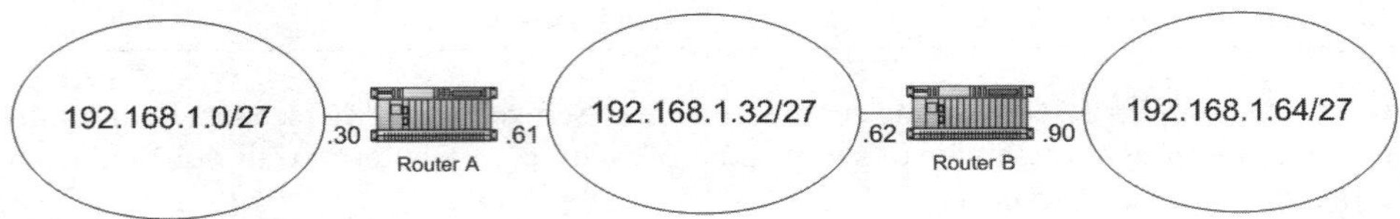

Abb. 17.5: Router verbinden Segmente.

Jeder Router hat mindestens zwei Ports, an die verschiedene Netze angeschlossen sind. Möchte 192.168.1.5 aus dem linken Netz mit 192.168.1.70 im rechten Netz kommunizieren, so muss das Datenpaket zunächst Router A passieren. Router A schickt das Paket weiter zu Router B, der es an das eigentliche Ziel sendet.

Damit die Rechner wissen, an welche Router-IP ein Paket gesendet werden muss, wenn es an ein bestimmtes Ziel adressiert ist, haben die Rechner Routing-Tabellen. Schauen wir uns eine einfache Routing-Tabelle an:

```
Destination     Gateway         Genmask         Flags   MSS Window  irtt Iface
192.168.1.32    0.0.0.0         255.255.255.224 U         0 0          0 eth0
192.168.1.0     192.168.32.61   255.255.255.224 U         0 0          0 eth0
127.0.0.0       0.0.0.0         255.0.0.0       U         0 0          0 lo
0.0.0.0         192.168.1.62    0.0.0.0         UG        0 0          0 eth0
```

Es handelt sich um die Routing-Tabelle eines Rechners im Subnetz 192.168.1.32/27. In der ersten Spalte finden Sie das jeweilige Ziel. Lautet das Gateway wie in der ersten Zeile 0.0.0.0, ist das Netz direkt angeschlossen. Die `Genmask` entspricht der Subnetzmaske. Die Flags haben folgende Bedeutung:

`U` – up, Route aktiv

`H` – Host, es handelt sich um eine Hostroute

`G` – Gateway, ein Next-Hop-Router

In der zweiten Zeile sehen Sie die Route zum Netz 192.168.1.0/27. Dabei muss die IP-Adresse von Router A als Gateway eingetragen werden.

Die dritte Zeile enthält den Weg zum Loopback-Netz 127.0.0.0. Sie haben bereits gelernt, dass jeder Rechner eine Loopback-Adresse 127.0.0.1 hat, über die er mit sich selbst kommunizieren kann.

Die letzte Spalte definiert das Interface, über das das Ziel zu erreichen ist. In der letzten Zeile steht `0.0.0.0` in der Spalte `Destination`. Dies definiert die Default-Route. Diese wird immer dann genutzt, wenn es keinen anderen spezielleren Weg zu einem Ziel gibt (so, wie zum Beispiel unsere Hostroute, die allerdings nicht notwendig wäre, da der Weg auch über das Default-Gateway läuft).

Damit sind wir beim nächsten Begriff: Das *Default-Gateway* bzw. *Standard-Gateway* ist der Router, über den die Default-Route geht, also der letzte Weg, wenn sonst keiner definiert ist. Dabei ist der Begriff Gateway eigentlich schon vergeben, wird aber umgangssprachlich als Synonym für Router verwendet.

17.5.3 Gateways

Die eigentliche Bedeutung eines Gateways ist die eines Protokollumwandlers. Neben TCP/IP gibt es noch weitere Protokolle wie zum Beispiel IPX/SPX von Novell oder AppleTalk von Apple. Diese haben in der heutigen Zeit zwar keine größere Bedeutung mehr, dennoch trifft man noch auf Netzwerke, in denen diese Protokolle gesprochen werden.

Um zwischen zwei Netzwerken kommunizieren zu können, die unterschiedliche Protokolle sprechen, wird ein Gateway benötigt. Es arbeitet auf allen 7 Schichten des OSI-Modells und entfernt auf der einen Seite sämtliche Protokollheader, bis nur noch die reinen Nutzdaten vorhanden sind. Auf der anderen Seite werden diese Nutzdaten nun in das neue Protokoll eingebettet und weitergeleitet.

Gateways haben in der Praxis nur noch in speziellen Umgebungen eine Bedeutung, da fast alle Netzwerke inzwischen auf TCP/IP umgestellt sind.

17.6 ARP

ARP (Address Resolution Protocol) arbeitet zwischen der Sicherungs- und der Vermittlungsschicht, also zwischen Layer 2 und 3. Rechner können nicht wirklich über ihre logische Adresse (IP) miteinander kommunizieren. Sie benötigen die MAC-Adresse. Daher erfolgt auf jede Kommunikationsanfrage an eine IP-Adresse eines anderen Rechners ein ARP-Request in folgender Art: »Wer hat die MAC-Adresse zu 192.168.5.1«.

Es handelt sich um einen Broadcast, der an alle Rechner im lokalen Subnetz geht. Der angesprochene Rechner antwortet mit einem ARP-Reply und nennt seine MAC-Adresse. Anschließend spricht der sendende Host den Empfänger über seine MAC-Adresse an.

Dies funktioniert nur in lokalen Netzen. Liegt die Ziel-IP irgendwo hinter einem Router, fragt der Client per ARP-Request nach der MAC-Adresse des Routers und schickt das Datenpaket mit der originalen IP-Adresse des Ziels (!) an die MAC-Adresse des Routers. Dieser leitet das Paket dann nach bekanntem Prinzip weiter.

Jeder Rechner enthält eine ARP-Tabelle, in der die bekannten Zuordnungen von IP-Adresse zu MAC-Adresse gespeichert sind. Sie können sich die ARP-Tabelle mit folgendem Befehl anzeigen lassen:

```
# arp -a
```

Die ARP-Tabelle ist in der Regel dynamisch. Wird ein Eintrag nach erstmaliger Auflösung einige Zeit lang nicht genutzt, wird der Eintrag gelöscht.

Sie können einzelne Einträge der ARP-Tabelle mit folgendem Befehl löschen:

```
# arp -d <IP-Adresse>
```

Einen statischen Eintrag können Sie auch vornehmen:

```
# arp -s <IP-Adresse> <MAC-Adresse>
```

Die Adresszuordnung bleibt somit permanent (bzw. bis zum nächsten Neustart) bestehen,

17.7 TCP und UDP

Wir haben bisher die Straße (Ethernet, DSL usw.), das Transportvehikel (IP) und die Verkehrsregeln, Hinweis- und Straßenschilder (Router), definiert. Zu einem zünftigen Lastwagen gehört natürlich auch eine Ladefläche. Diese wird auf der Transportschicht bereitgestellt. Bis zu dieser Schicht handelt es sich noch um unspezifische Protokolle, die bei jeder Datenübertragung eingesetzt werden können.

17.7.1 TCP

Das Transmission Control Protocol ist das wichtigste Transportprotokoll. Es arbeitet auf der Transportschicht und setzt auf IP auf. Anders formuliert, ist TCP bereits Nutzlast von IP.

TCP arbeitet verbindungsorientiert. Was heißt das? Ganz einfach: Zur Kommunikation wird eine Sitzung aufgebaut, die es ermöglicht, die Datenübertragung zu überwachen. Das funktioniert über den so genannten 3-Way-TCP-Handshake. Dabei passiert Folgendes:

1. Der Client schickt dem Server ein Paket, in dem das SYN-Flag (für SYNchronisation) gesetzt ist. Das heißt in etwa so viel wie: »Lass uns miteinander sprechen«.
2. Der Server antwortet mit einem Paket, in dem das SYN- und zusätzlich das ACK-Flag (für ACKnowledge) gesetzt sind. Sie können das mit »Ok, ich rede mit dir« übersetzen.
3. Schließlich schickt der Client noch ein Paket, in dem das ACK-Flag gesetzt ist. Heißt so viel wie: »In Ordnung, ab jetzt sende ich«.

Damit beginnt die Kommunikation. Dabei wird eine mehr oder weniger zufällig generierte Sequenznummer generiert, die die Sitzung identifiziert. Darüber hinaus wird die Sequenznummer entsprechend der übertragenen Bytes erhöht, so dass gleichzeitig eine Datenflusskontrolle erfolgt. Der empfangende Rechner berechnet die Erhöhung der Sequenznummer und vergleicht diese mit der gesendeten. Sollten die Werte nicht übereinstimmen, fordert er eine erneute Übertragung an.

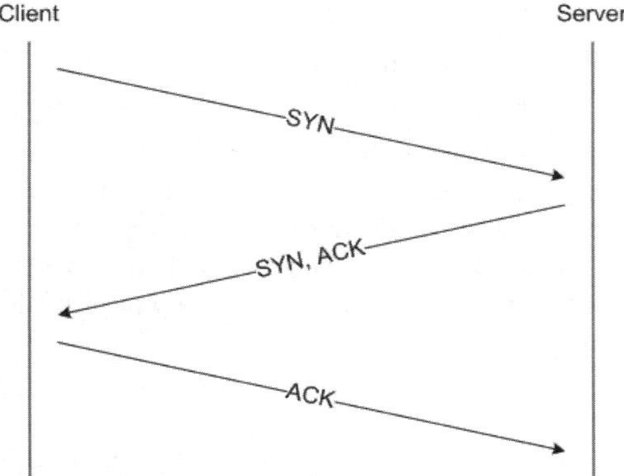

Abb. 17.6: Der TCP-Handshake

Auch der sendende Knoten erhält eine Rückmeldung. Nach einer bestimmten Anzahl von Paketen (als *TCP-Window* bezeichnet) muss der empfangende Knoten ein Bestätigungspaket versenden. Bleibt dieses aus, geht der Client davon aus, dass die Pakete nicht angekommen sind, und schickt diese erneut. Das Fenster, innerhalb dessen eine Rückmeldung vom Server erfolgen muss, kann konfiguriert werden.

Ist die Datenübertragung beendet, wird die Sitzung geschlossen. Dazu sendet der Client in der Regel ein Paket, in dem das FIN-Flag (für FINal) gesetzt ist. Der Server antwortet mit FIN, ACK und die Sitzung ist geschlossen.

So weit, so gut. Was aber passiert, wenn der Server nicht mit dem Client sprechen möchte? Dann schickt er als Antwort auf das SYN-Paket ein Paket, in dem das RST-Flag (für ReSeT) gesetzt ist. Das ist immer das Zeichen, dass etwas nicht funktioniert. Sei es, weil der angesprochene Dienst auf dem Server nicht läuft oder weil eine laufende Sitzung plötzlich beendet wird.

17.7.2 UDP

Das User Datagram Protocol ist das zweite Transportprotokoll neben TCP. Es wird vor allem für kurze Abfragen bzw. Kommunikationen eingesetzt wie zum Beispiel Namensauflösungen oder Managementinformationen über SNMP (Simple Network Management Protocol).

UDP arbeitet verbindungslos, das heißt, es wird keine Sitzung wie bei TCP aufgebaut. Die Datenpakete werden nach bestem Wissen und Gewissen zugestellt, aber es gibt keine Garantie dafür, dass sie ihr Ziel auch erreichen. Die Sicherheit der Datenübertragung obliegt damit den Anwendungen, die darüber laufen.

Das Transportprotokoll UDP wird auch bei Mediastreaming verwendet, da es aufgrund der geringeren Verwaltungsinformationen im Header weniger Overhead erzeugt. Mit anderen Worten: Die Nutzdaten werden schneller übertragen. Der Ausfall des einen oder anderen Pakets spielt hier keine so große Rolle – ob hier und da mal ein Pixel im Videostream fehlt, fällt nicht weiter ins Gewicht.

17.7.3 Ports

Nehmen wir an, ein Server dient gleichzeitig als FTP-, Mail- und Webserver. Wie schickt der Client dann die Pakete an einen bestimmten Dienst?

Dies wird durch die Ports definiert. Ein Port ist eine Tür oder eine Andockstation für andere Rechner. Ein Dienst bzw. Service bindet sich an einen bestimmten Port. Schickt der Client ein Paket an den Server, gibt er den Zielport an. Dadurch weiß der Server, welchen Dienst der Client ansprechen möchte. Sowohl TCP als auch UDP nutzen Ports. Dienste bestimmen selbst, welches Protokoll sie nutzen. Daher muss für jede Netzwerkanwendung unterschieden werden, um welches Transportprotokoll es sich handelt.

Hier ein paar typische Ports:

Port	Anwendung
21/tcp	FTP (File Transfer Protocol)
22/tcp	SSH (Secure Shell)
23/tcp	Telnet
25/tcp	SMTP (Simple Mail Transfer Protocol)
53/udp	DNS (Domain Name Service)
69/udp	DHCP (Dynamic Host Configuration Protocol)
80/tcp	HTTP (WWW)
161/udp	SNMP (Simple Network Management Protocol)

Andersherum weisen auch die Clients ihren Anwendungen Ports zu, so dass ein bestimmter Port von einer bestimmten Anwendung gebunden wird. Diese sind in der Regel allerdings dynamisch und werden vom Betriebssystem zugewiesen.

Insgesamt hat jeder TCP/IP-Rechner 65.535 Ports. Bei den so genannten *Well-Known-Ports* handelt es sich um die Ports unter 1024. Sie sind für Serverapplikationen reserviert und sind besonders schutzbedürftig. Allerdings hält sich nicht jeder Dienst an diese Regel, so dass viele Dienste auch auf den so genannten *High-Ports* (ab 1024) lauschen. Diese sind in der Regel für Clients vorgesehen und werden – wie oben bereits erwähnt – vom Betriebssystem dynamisch zugewiesen.

Allerdings gibt es die Möglichkeit, im Bereich von 1024 bis 49151 bestimmte Ports für bestimmte Anwendungen registrieren zu lassen. Damit wird das Chaos etwas gemildert.

Jede Verbindung benötigt ihren eigenen Port. So kann ein Webbrowser ohne weiteres 10 Sitzungen über 10 verschiedene Source-Ports (engl. source = Quelle) auf denselben Zielport (80/tcp) aufbauen – je nachdem, welche Webseiten aufgerufen wurden.

Möchten Sie wissen, welche Ports für welche Anwendung reserviert sind, werfen Sie einen Blick in `/etc/services`.

17.8 ICMP

Ein weiteres Protokoll auf der Vermittlungsschicht (bzw. Internetschicht) ist ICMP (Internet Control Message Protocol). Obwohl es auf derselben Ebene wie IP angesiedelt ist, wird es in einen IP-Header eingepackt. ICMP dient zur Übermittlung von Netzwerkstatus- und Fehlermeldungen. Es werden verschiedene Meldungstypen unterschieden. Hier ein paar der wichtigsten:

Meldungstyp	Bezeichnung	Bedeutung
0	Echo Reply	Antwort auf Echo-Request (ping)
3	Destination Unreachable	Ziel ist nicht zu erreichen. Hier wird in verschiedene Codes unterschieden: 1 – Host unreachable, 3 – Port unreachable, 4 – Fragmentation needed u.a.
8	Echo Request	Ping-Anfrage
11	Time Exceeded	Jedes Paket hat eine TTL (Time-To-Live). Ist diese abgelaufen, wird vom nächsten Router ein entsprechendes ICMP-Paket geschickt.

Diese Meldungen werden häufig von Routern versandt, können aber auch von jedem anderen Knoten ausgehen. Insbesondere der `ping`-Befehl basiert auf den ICMP-Typen 8 (Echo Request) und 0 (Echo Reply).

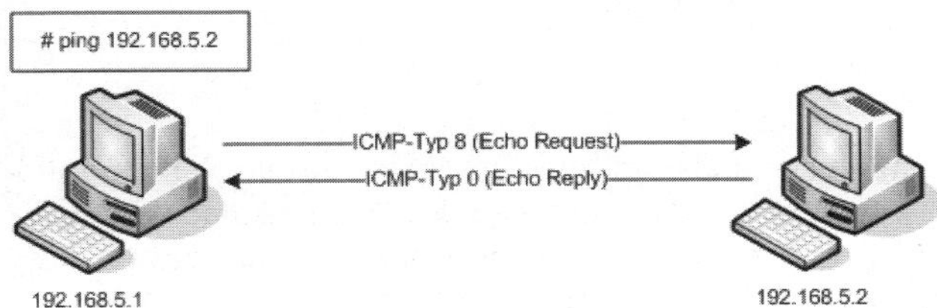

Abb. 17.7: `ping` basiert auf ICMP.

Ist ein Port auf einem Server geschlossen, den ein Client anspricht, sendet der Server dem Client ein ICMP-Typ-3-Paket mit dem Code 3. Sie können sich allerdings nicht in jedem Fall darauf verlassen, da eine vor dem Server platzierte Firewall nicht erlaubte Ports ohne Rückmeldung blocken würde.

Die Time-Exceeded-Meldung (Typ 11) wird für den Befehl `traceroute` bzw. `tracert` (unter Windows) verwendet. Sie können hiermit die so genannten *Hops*, das sind Router auf dem Weg zum Ziel, herausfinden. Damit wissen Sie, welchen Weg ein Paket zum Ziel nimmt.

```
# traceroute 213.200.97.214
traceroute to 213.200.97.214 (213.200.97.214), 30 hops max, 38 byte packets
 1  fritz.fonwlan.box (192.168.0.254)  0.035 ms  0.532 ms  0.717 ms
 2  217.0.116.28 (217.0.116.28)  68.874 ms  25.677 ms  20.813 ms
 3  217.0.66.22 (217.0.66.22)  18.035 ms  18.971 ms  19.575 ms
 4  so-1-0-3.fra10.ip.tiscali.net (213.200.64.41)  18.683 ms 19.847 ms 18.517 ms
 5  213.200.97.214 (213.200.97.214)  76.924 ms  80.759 ms  81.079 ms
```

Die Technik, die dahinter steckt, ist recht simpel: Es werden Pakete an die Zieladresse mit sehr kurzer TTL (Time to live) versandt. Das erste Paket hat die TTL 1. Der erste Router, der das Paket empfängt, setzt die TTL um 1 herab. Damit ist die TTL abgelaufen, und er schickt eine entsprechende ICMP-Typ-11-Meldung an den Quellhost. Dieser kennt somit den ersten Hop.

Anschließend schickt der Quellhost ein Paket zum Ziel mit einer TTL von 2. Auf dem ersten Router wird die TTL um eins verringert und weitergeleitet. Der zweite Router auf dem Weg zum Ziel reduziert die TTL wiederum um 1, womit diese abgelaufen ist. Auch er schickt nun ein ICMP-Typ-11-Paket an den Quellhost. Damit kennt dieser auch den zweiten Hop. Auf diesem Weg wird die TTL mit jedem neuen Paket immer um 1 erhöht, bis das Ziel erreicht wurde und der Quellhost den gesamten Weg zum Ziel kennt.

17.9 Die Anwendungsprotokolle

Bemühen wir wieder unsere Analogie. Bisher haben wir unspezifische Protokolle auf der Netzwerkebene kennen gelernt. Sie entsprechen den Straßen, den Hinweisschildern, Ampeln und Regeln des Straßenverkehrs. Das Vehikel besteht bisher aus einem Lastwagen (IP) und der einfachen Ladefläche (TCP/UDP).

Nun begeben wir uns auf die Anwendungsebene. Die Protokolle auf dieser Schicht entsprechen den passenden Containern einer Fracht, um diese sicher vom Startpunkt zum Ziel zu bringen. Im Laufe dieses Buches werden Sie viele verschiedene Dienste einrichten, wie zum Beispiel Webserver, Mail-Server, FTP-Server, Datenbankserver usw. Dabei nutzen viele von diesen Diensten eigene Protokolle, die ich Ihnen im Detail an der jeweiligen Stelle vorstellen werde. Hier folgt zunächst eine kurze Übersicht.

17.9.1 DNS

Das DNS (Domain Name System) entstand als Ersatzlösung für die lokale Namensauflösung in der Datei `/etc/hosts`. War es in den Anfangstagen des Internets noch durchaus machbar, diese Datei händisch zu pflegen, wurde es durch die explosionsartige Entwicklung schnell unmöglich, täglich einige tausend Rechner einzupflegen.

DNS ist ein hierarchisches System zur Namensauflösung. Sie kennen sicher Dutzende von Domainnamen wie zum Beispiel `www.debian.org`.

Ganz oben stehen die Root-Server (diesmal in etwas anderem Sinne verwendet). Diese verweisen bei Namensanfragen von DNS-Clients auf andere Server der jeweiligen Topleveldomain, in diesem Fall `.org`. Die Server auf dieser Ebene wissen, welche Server für die Domain `debian` zuständig sind. Diese wiederum haben einen Eintrag für den Rechner namens www.

Die Kommunikation zwischen DNS-Client und -Server findet über Port 53/udp statt. Details hierzu finden Sie in Kapitel 30 *DNS – Namensauflösung im Internet*.

17.9.2 NetBIOS, SMB und WINS

Ursprünglich war NetBIOS nur eine Programmierschnittstelle, bevor es als Netzwerkprotokoll verwendet wurde. Das Protokoll NetBIOS ist keine Erfindung von Microsoft, wird aber fast ausschließlich bei Windows-Rechnern verwendet. Es gibt drei verschiedene NetBIOS-Dienste:

1. *Nameservice*: NetBIOS-Namensauflösung, Port 137/udp.
2. *Datagram-Service*: Verschiedene Applikationen benötigen diesen Dienst auf Port 138/udp.
3. *Session-Service*: Die eigentlichen Nutzdaten wurden in früheren SMB-Versionen über Port 139/tcp übertragen. Aktuell besteht SMB im voll kompatiblen CIFS (Common Internet File System) weiter, das auf Port 445/tcp überträgt – 139/tcp wird nur noch zur Abwärtskompatibilität genutzt.

Damit NetBIOS auch über TCP/IP laufen kann, wurde die Schnittstelle NBT (NetBIOS over TCP/IP) erschaffen.

Auf NetBIOS setzt SMB (Server Message Block) auf. Mit Hilfe dieses Protokolls kann auf Netzwerkressourcen anderer Windows-Rechner wie zum Beispiel Shares (Ordnerfreigaben) oder Druckdienste zugegriffen werden.

WINS (Windows Internet Name Service) ist das Pendant zu DNS in Windows-Netzwerken. Die Rechner melden sich mit ihrem NetBIOS-Namen und ihrer IP-Adresse beim WINS-Server an. Wird eine Namensauflösung von einem anderen Rechner angefragt, löst der WINS-Server diese in die passende IP auf.

17.9.3 DHCP

Das DHCP (Dynamic Host Configuration Protocol) dient dazu, Computern und anderen aktiven Netzwerkkomponenten eine dynamische IP-Konfiguration zu geben. Dazu können u.a. folgende Informationen gehören:

- IP-Adresse und Subnetzmaske (Pflicht)
- Standard-Gateway
- DNS-Server
- WINS-Server

Fragt ein DHCP-Client nach einer IP-Konfiguration, weist der DHCP-Server dem Client eine so genannte *Lease* zu. Dies ist eine Konfigurationsleihgabe, die der Client nach Ablauf entweder erneuern oder wieder abgeben muss. Es gibt verschiedene Datenpakete, die zu diesem Zweck ausgetauscht werden. Der Dienst kommuniziert über Port 67/udp. Näheres in Kapitel 21 *DHCP – Dynamische Zuweisung der IP-Konfiguration*.

17.9.4 WWW

Das Protokoll, dass für das World Wide Web genutzt wird, heißt HTTP (Hypertext Transfer Protocol). Typisch für dieses Protokoll sind zahlreiche Sitzungen (Sessions), die auch zu einem einzelnen Webserver aufgebaut werden. Webserver lauschen in der Regel auf Port 80/tcp. Weitere Informationen inm Kapitel 26 *Apache I – Aufbau eines Intranets*.

17.9.5 FTP

Zur Übertragung von Dateien wird auch heute noch oftmals FTP (File Transfer Protocol) verwendet. Zwar lässt dieses Protokoll in puncto Sicherheit sehr zu wünschen übrig, wird aber dennoch am häufigsten für diesen Zweck verwendet. Der Vorteil von FTP zum Beispiel gegenüber einem Webserver ist, dass Dateien auch im großen Stil hochgeladen werden können, der Dateitransfer also bidirektional ausgelegt ist.

Es gibt Benutzer-Logins und Anonymous-Logins. Die Anonymous-FTP-Server ermöglichen es, ohne echte Anmeldung Dateien vom Server herunter- oder auf den Server hinaufzuladen.

FTP nutzt den Port 21/tcp. Weitere Informationen hierzu in Kapitel 33 *FTP – Dateiübertragung im Internet.*

17.9.6 E-Mail

Die Anwendung *E-Mail* nutzt verschiedene Protokolle. Zunächst wird SMTP (Simple Mail Transfer Protocol) zum Senden von Mails zwischen Client und Mail-Server und zwischen den Mail-Servern verwendet.

Möchte der Client seine Mails vom Server abholen, nutzt er entweder POP3 (Post Office Protocol) oder IMAP (Internet Message Application Protocol).

Die Protokolle nutzen die Ports 25/tcp (SMTP), 110/tcp (POP3) und 143/tcp (IMAP). Auch hierzu finden Sie nähere Informationen in den Kapiteln *Lokaler E-Mail-Server mit Content-Filter* und *Internet-Mail-Server mit SMTP-Authentication.*

17.10 Zusammenfassung und Weiterführendes

Dieses Kapitel mag Ihnen an einigen Stellen ziemlich theoretisch erscheinen, wenn Sie mit diesen Themen bisher noch nicht so intensiv in Berührung kamen. Ich kann Ihnen allerdings aus eigener Erfahrung versichern, dass Sie als Netzwerkadministrator so ziemlich alles, was Sie in diesem Kapitel lernen können, früher oder später auch gebrauchen können. Nutzen Sie die Gelegenheit an dieser Stelle, eventuelle Wissenslücken zu schließen.

Insbesondere die einzelnen Protokolle und deren Abhängigkeiten voneinander werden Sie spätestens zu dem Zeitpunkt benötigen, an dem Sie eine Netzwerkfirewall einrichten müssen. Aber auch zu Debugging-Zwecken für Netzwerkapplikationen ist es sehr hilfreich, ein gutes Verständnis für Netzwerkkommunikation und -protokolle zu haben. So ist zum Beispiel ein Netzwerksniffer oftmals das Tool der Wahl, um zu überprüfen, ob und in welcher Form Daten zwischen Client und Server ausgetauscht werden. Dessen Output können Sie aber nur verstehen, wenn Sie wissen, was es mit Netzadressen, Transportprotokollen und Ports auf sich hat. Doch keine Bange: Das nächste Kapitel wird wieder praxislastiger ;-).

Kapitel 18

Netzwerkkonfiguration

Das letzte Kapitel war zunächst etwas theorielastig, auch wenn Sie im Laufe der Zeit alle Informationen in der Praxis verwenden können – das hatte ich Ihnen versprochen.

In diesem Kapitel gehen wir in die Netzwerkpraxis. Dabei konfigurieren wir den Debian-Server so, dass er in unserem Netzwerk kommunizieren kann und außerdem ins Internet kommt. Dazu setzen wir ein bestimmtes Szenario voraus, das ich Ihnen im Anschluss präsentieren werde. Folgende Themen werden in diesem Kapitel behandelt:

- Die Konfiguration der Netzwerkschnittstelle
- Vergabe der IP-Adresse und Subnetzmaske
- Eine Netzwerkschnittstelle für DHCP einrichten
- Standard-Gateway und statische Routen
- Lokale Namensauflösung und Konfiguration des DNS-Clients

Hierbei geht es um einen Server mit nur einer Netzwerkkarte. Im vierten Teil dieses Buches (Linux als Gateway) werden Sie lernen, wie Sie einen Router unter Debian-Linux aufsetzen, der mit zwei bzw. drei Netzwerkschnittstellen arbeitet.

18.1 Bevor wir anfangen: Das Szenario

Ab sofort dreht sich alles nur noch um die Netzwerkpraxis – das erfordert eine entsprechende Umgebung, ein Szenario. Dieses können Sie natürlich bei Bedarf an Ihre Bedürfnisse anpassen. Für die weiteren Ausführungen gehe ich von folgendem Szenario aus:

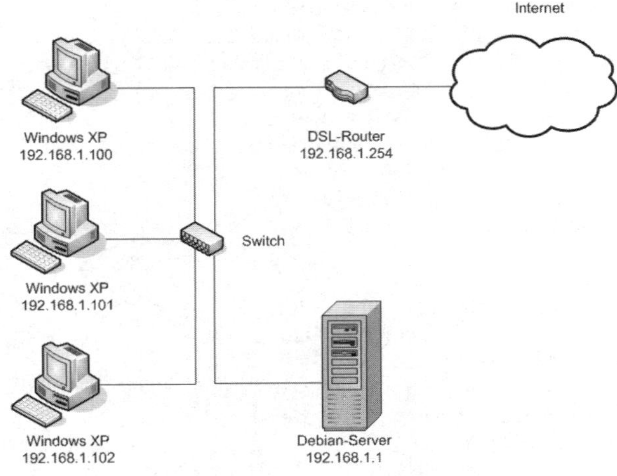

Abb. 18.1: Das Szenario

Ein Netzwerk dieser Art ist häufig anzutreffen – sowohl in Privathaushalten als auch in kleinen Büros. Es gibt drei Arbeitsplatzrechner, die auf Windows basieren, einen Linux-Server für die Datenhaltung und interne Dienste und einen DSL-Router, der den Zugriff auf das Internet für alle Rechner im LAN ermöglicht.

Zu diesem Zeitpunkt sind die Arbeitsplatzrechner noch nicht von Bedeutung, da wir uns zunächst auf unseren Server konzentrieren. Dieser benötigt nun eine passende Netzwerkkonfiguration, um mit den Clients und dem Internet kommunizieren zu können.

Für dieses Kapitel reicht also folgende Konstellation als Laborumgebung aus:

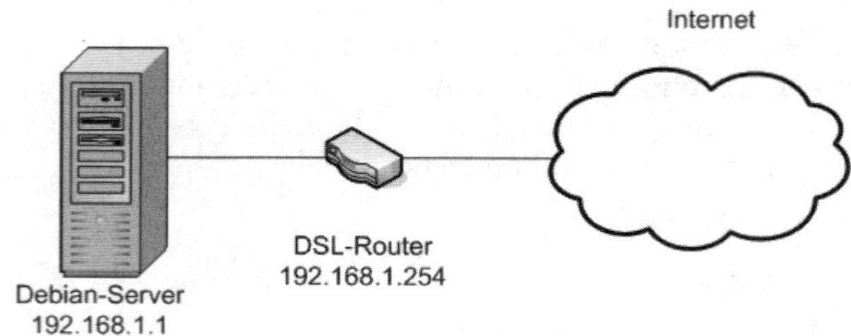

Abb. 18.2: Die erste Laborumgebung

Diese Laborumgebung wird von mir im Folgenden *Lab* genannt.

18.2 Die Netzwerkkarte

Die erste Ethernet-Netzwerkkarte (auch NIC genannt, für Network Interface Card) wird über die Gerätedatei /dev/eth0 angesprochen. Sie wurde vermutlich bereits bei der Installation Ihres Debian-Systems konfiguriert. In unserem Szenario läuft auf dem DSL-Router ein DHCP-Server, der der Netzwerkkarte bereits eine automatische IP-Konfiguration vergeben hat. Schauen wir mal nach! Geben Sie den folgenden Befehl ein:

```
# ifconfig
eth0      Protokoll:Ethernet  Hardware Adresse 00:0C:29:FD:87:11
          inet Adresse:192.168.1.27  Bcast:192.168.1.255  Maske:255.255.255.0
          inet6 Adresse: fe80::20c:29ff:fefd:8711/64 Gültigkeitsbereich:Verbindung
          UP BROADCAST RUNNING MULTICAST  MTU:1500  Metric:1
          RX packets:61 errors:0 dropped:0 overruns:0 frame:0
          TX packets:43 errors:0 dropped:0 overruns:0 carrier:0
          Kollisionen:0 Sendewarteschlangenlänge:1000
          RX bytes:9044 (8.8 KiB)  TX bytes:5677 (5.5 KiB)
          Interrupt:185 Basisadresse:0x1080

lo        Protokoll:Lokale Schleife
          inet Adresse:127.0.0.1  Maske:255.0.0.0
          inet6 Adresse: ::1/128 Gültigkeitsbereich:Maschine
          UP LOOPBACK RUNNING  MTU:16436  Metric:1
          RX packets:12 errors:0 dropped:0 overruns:0 frame:0
          TX packets:12 errors:0 dropped:0 overruns:0 carrier:0
          Kollisionen:0 Sendewarteschlangenlänge:0
          RX bytes:840 (840.0 b)  TX bytes:840 (840.0 b)
```

Geben sie den Befehl **ifconfig** ohne Parameter an, zeigt er Ihnen Ihre aktiven Netzwerkschnittstellen an. Wie Sie sehen können, sind eth0 und lo aktiv. Während eth0 Ihre NIC repräsentiert, ist lo das Loopback-Device, das fast immer die IP-Adresse 127.0.0.1 hat (siehe voriges Kapitel).

Sie können den Informationen über Ihre NIC die Hardware-Adresse (00:0C:29:FD:87:11), IP-Adresse (192.168.1.27), Broadcast-Adresse (192.168.1.255) und Subnetzmaske (255.255.255.0) sowie allerlei statistische Informationen entnehmen.

18.3 Eine IP-Adresse festlegen

Die Konfiguration der IP-Adresse kann auf verschiedene Arten geschehen:

- ifconfig – Der Befehl ermöglicht es Ihnen, die Konfiguration direkt einzugeben. Der Nachteil: Die Konfiguration hält nur so lange, wie das System läuft, nach einem Neustart ist die Konfiguration weg.
- /etc/network/interfaces – In dieser Datei können Sie die Interfaces konfigurieren. Dies bietet sich für eine statische Konfiguration an, da die Informationen gespeichert werden.
- DHCP – Mittels DHCP-Client können Sie für die Netzwerkschnittstellen eine automatische IP-Konfiguration vergeben lassen. Dazu benötigen Sie einen DHCP-Server.

18.3.1 IP-Adresse festlegen mittels ifconfig

Der Befehl **ifconfig** ist dafür geeignet, die IP-Konfiguration Ihrer Schnittstellen zu betrachten. Sie können sie mit Hilfe dieses Kommandos aber auch über geeignete Parameter festlegen. Testen wir es aus. Zunächst ändern wir die IP-Adresse von eth0 auf 192.168.1.2/24:

```
# ifconfig eth0 192.168.1.2 netmask 255.255.255.0
```

Lassen Sie sich nun die Konfiguration mit **ifconfig** anzeigen, werden Sie bemerken, dass die IP-Adresse geändert wurde. Sie ist sofort aktiv. Allerdings liegt die Konfiguration nur im Speicher bzw. in flüchtigen Kerneldateien unter /proc vor – sie wird nicht in /etc/network/interfaces geschrieben.

18.3.2 Konfiguration über /etc/network/interfaces

Möchten Sie eine statische IP-Konfiguration dauerhaft beibehalten, tragen Sie diese Informationen in /etc/network/interfaces ein. Werfen wir zunächst einen Blick in die Datei und sehen uns die Ausgangssituation an. Die hier dargestellten Zeilen sind die aktiven. Die Kommentarzeilen lasse ich an dieser Stelle weg:

```
auto lo
iface lo inet loopback

auto eth0
allow-hotplug eth0
iface eth0 inet dhcp
```

So sieht die Datei aus, wenn Sie eine DHCP-Konfiguration beziehen möchten. Hierbei haben die Parameter folgende Bedeutung:

`auto`: Die Schnittstelle wird beim Systemstart automatisch mitgestartet.

`iface`: Angabe der Schnittstelle (Interface)

`inet`: gibt die Art der Kommunikation an – das ist in der Regel immer `inet`.

`loopback`: definiert das Loopback-Device (`lo`) mit 127.0.0.1

`dhcp`: legt fest, dass dieses Interface seine Adresse mittels DHCP bezieht.

`allow-hotplug`: Mit `allow-hotplug` bereiten Sie laut `man 5 interfaces` ein Interface darauf vor, dass andere Subsysteme dieses Interface aktivieren können. Dies soll der Hotplugging-Fähigkeit dienen. Gute Idee, doch dadurch kommt das Interface `eth0` nicht immer automatisch hoch, wenn die Netzwerkdienste gestartet werden! Bevor Sie hier gegen eine Wand rennen oder komplizierte Workarounds entwickeln, ändern Sie die Zeile lieber in `auto eth0`. In jedem Fall können Sie ein Interface, das nicht aktiv ist, durch den Befehl **`ifup <Interface>`** aktivieren, zum Beispiel:

```
# ifup eth0
```

Mit **`ifdown`** können Sie ein Interface entsprechend deaktivieren.

In der Voreinstellung wird das Interface so konfiguriert, dass es seine IP-Adresse von einem DHCP-Server bezieht. Wir möchten nun aber eine feste IP-Adresse eintragen. Ersetzen Sie die zwei Zeilen für `eth0` durch Folgendes:

```
auto eth0
iface eth0 inet static
        address 192.168.1.1
        netmask 255.255.255.0
        network 192.168.1.0
        broadcast 192.168.1.255
```

Die letzten beiden Einträge sind optional und dienen nur der Sicherstellung der entsprechenden Adressen. Sie finden diese Einträge sehr häufig – notwendig sind Sie aber nur, wenn Sie CIDR bzw. Subnetting nutzen, da Linux-Tools mitunter nur nach dem ersten Oktett gehen, um die Broadcast-Adresse zu bestimmen. Ein Beispiel:

Sie definieren folgende Adresse:

```
address 192.168.1.20
netmask 255.255.255.192
```

Die Broadcast-Adresse ist 192.168.1.63, da das erste Subnetz von 192.168.1.0 bis 192.168.1.63 geht. Lassen Sie sich nun durch Eingabe von **`ifconfig`** die IP-Konfiguration anzeigen, so erscheint als Broadcast-Adresse aber weiterhin 192.168.1.255, da **`ifconfig`** CIDR nicht versteht. Gemäß der Definition gehört 192.x.y.z nämlich zu Klasse-C-Netzen ...

18.3.3 Die neue Konfiguration aktivieren

Nachdem Sie die Datei `/etc/network/interfaces` gespeichert und geschlossen haben, werden Sie bemerken, dass noch immer die alte IP-Adresse für `eth0` aktiv ist. Sie müssen die Konfiguration zunächst einlesen lassen. Dazu können Sie den »Dienst« Netzwerk neu starten:

```
# /etc/init.d/networking restart
```

Dieses Skript startet alle Interfaces mit der aktuellen Konfiguration neu und setzt noch ein paar weitere Netzwerkoptionen, die uns an dieser Stelle noch nicht interessieren. Sie können allerdings auch nur das betreffende Interace `eth0` stoppen und wieder starten:

```
# ifdown eth0
# ifup eth0
```

Anschließend können Sie sich mit **`ifconfig`** davon überzeugen, dass Ihre neuen Einstellungen greifen.

18.3.4 Konfiguration über DHCP

Sie haben die Einstellung in `/etc/network/interfaces` bereits kennen gelernt, um DHCP zu nutzen. Stellen Sie sicher, dass folgende Zeilen `eth0` definieren:

```
auto eth0
iface eth0 inet dhcp
```

Damit dies funktioniert, müssen Sie einerseits einen DHCP-Server im Netzwerk haben – fast jeder DSL-Router ist per Default gleichzeitig ein DHCP-Server. Aber zu einer Kommunikation gehören zwei. Auf der Client-Seite muss ein DHCP-Client installiert sein. Dies ist in der Basisinstallation von Debian bereits der Fall. Es handelt sich um das Paket `dhcp-client`. Der Client wird als Daemon (Systemdienst) aufgerufen und verbleibt im Speicher. Er heißt `dhclient`. Sie können ihn über `/etc/dhclient.conf` konfigurieren. Dies ist aber nur in seltenen Fällen notwendig, da die eigentliche IP-Konfiguration auf dem DHCP-Server vorgenommen werden muss.

18.4 Standard-Gateway und statische Routen

Liegt die IP-Adresse des Ziels außerhalb des eigenen Subnetzes, benötigt der sendende Host einen Routing-Eintrag für dieses Ziel. Als Analogie können Sie sich einen Raum mit Türen vorstellen, vielleicht einen Flur. Führt die eine Tür ins Wohnzimmer, grenzt eine andere Tür an die Küche.

Die Haustür jedoch hat eine besondere Bedeutung: Möchten Sie weder ins Wohnzimmer noch in die Küche noch in eines der anderen Zimmer, die Sie durch die anderen Türen erreichen können, bleibt nur die Wohnungstür. Sie führt überall dort hin, wofür Sie keine eigene Tür vorgesehen haben.

Die Wohnungstür entspricht dem Standard-Gateway. Die meisten kleineren Netzwerke haben – im Gegensatz zur Analogie mit dem Flur – nur eine Tür nach draußen, so als wären Sie in einem Raum mit nur einer Tür. Das Standard-Gateway können Sie auf zwei verschiedene Arten festlegen, die ich Ihnen im Folgenden vorstelle.

18.4.1 Das Standard-Gateway mit route festlegen

Der Befehl **route** dient einerseits zum Anzeigen der Routing-Tabelle, wenn Sie ihn ohne Parameter aufrufen. Andererseits lassen sich hiermit statische Routing-Einträge vornehmen, ändern oder löschen. Um das Standard-Gateway auf 192.168.1.254 zu setzen, geben Sie Folgendes ein:

```
# route add default gw 192.168.1.254
```

Weiter unten zeige ich Ihnen, wie Sie mit dem Befehl **route** statische Routen einfügen, ändern oder löschen können. Der Nachteil an dieser Methode besteht – genau wie bei **ifconfig** – darin, dass sich das System die Einstellungen nur bis zum nächsten Neustart merkt.

18.4.2 Der Weg über /etc/network/interfaces

Möchten Sie den Eintrag dauerhaft beibehalten, bietet sich wiederum die Datei /etc/network/interfaces an. Hier nehmen Sie unter den bisherigen Einträgen für eth0 folgenden Eintrag vor:

```
gateway 192.168.1.254
```

Damit haben Sie das Standard-Gateway bzw. Default-Gateway definiert.

18.4.3 Statische Routen definieren

Es gibt Fälle, in denen Ihr Client mehrere Türen zur Außenwelt hat. Führt der Weg zu einem bestimmten Netz nicht über das Standard-Gateway sondern über einen anderen Router, benötigen Sie eine statische Route. Dies wird in der Regel eine Netz-Route sein. Erinnern Sie sich an das letzte Kapitel, in dem ich Ihnen bereits ein Routing-Szenario vorgestellt habe? Hier noch mal das Schaubild:

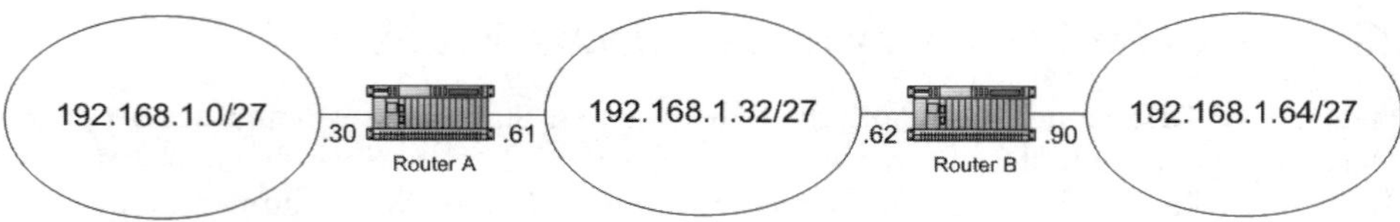

Abb. 18.3: Drei Subnetze über Router miteinander verbunden

Hier benötigten wir für einen Computer im Subnetz 192.168.1.32/27 (das mittlere) eine Route zum Netz 192.168.1.0/27, da wir vorher festgelegt hatten, dass der rechte Router (192.168.1.62) das Standard-Gateway sein soll. Dies könnten Sie folgendermaßen eingeben:

```
# route add -net 192.168.1.128 netmask 255.255.255.128 gw 192.168.1.2
```

Diese Route ist sofort aktiv, wenn Sie **netstat -nr** eingeben, um sich die Routing-Tabelle anzusehen:

```
# netstat -nr
Kernel IP Routentabelle
Ziel            Router          Genmask         Flags   MSS Fenster irtt Iface
192.168.1.32    0.0.0.0         255.255.255.224 U         0 0          0 eth0
192.168.1.0     192.168.1.61    255.255.255.224 UG        0 0          0 eth0
0.0.0.0         192.168.1.62    0.0.0.0         UG        0 0          0 eth0
```

Wie Sie in der zweiten Zeile sehen können, ist unsere Netzroute vorhanden. Vermutlich sind Sie jetzt trotzdem gestolpert – und zwar über den Befehl **netstat -nr**. Mit **netstat** können Sie sich allerlei statistische Netzwerkinformationen holen. Er eignet sich auch hervorragend zur Fehlersuche, daher stelle ich Ihnen den Befehl auch im nächsten Kapitel etwas genauer vor. Hier nutzen wir ihn jedoch schon vorab, um die Routing-Tabelle ohne die Verzögerung, die der Befehl **route** mit sich bringt, anzuzeigen.

Nun haben wir aber immer noch das Problem, dass die erstellten Routing-Einträge nur bis zum nächsten Reboot halten. Wie können wir permanente Einträge erzeugen?

Hierzu können Sie unter Debian wiederum die Datei /etc/network/interfaces nutzen. Ergänzen Sie zu den bisherigen Einträgen unten die folgende Zeile:

```
up route add -net 192.168.1.128 netmask 255.255.255.128 gw 192.168.1.2
```

Sie sehen, dass lediglich das kleine Wort up vorne angestellt wurde. Wie immer, wenn Sie an dieser Datei Änderungen vornehmen, müssen sie entweder das betreffende Interface oder – wie hier – das gesamte Netzwerk neu starten:

```
# /etc/init.d/networking restart
```

Anschließend sollte Ihr neuer Routing-Eintrag auch nach einem Neustart vorhanden sein.

> Die Man-Page zu route (8) ist übrigens vorbildlich auskunftsfreudig und enthält vor allem ein paar Beispiele, die man in anderen Man-Pages so schmerzlich vermisst.

Hier können Sie auch nachlesen, wie Sie eine *Hostroute* setzen, falls so etwas in Ihrer Umgebung nötig werden sollte.

18.5 Namensauflösung konfigurieren

Fassen wir mal zusammen: Bisher haben Sie folgende Einstellungen vorgenommen:

1. Sie haben eine IP-Adresse für Ihre Ethernet-Karte vergeben.
2. Sie haben die dazugehörige Subnetzmaske eingetragen.
3. Sie haben mindestens ein Standard-Gateway angegeben und gegebenenfalls weitere statische Routen hinzugefügt.
4. Was fehlt, um ins Internet zu kommen?

Es fehlt die Namensauflösung, um zum Beispiel bei Eingabe von http://www.debian.org im Adressfeld des Browsers eine Seite angezeigt zu bekommen. Grundsätzlich gibt es auf Ihrem Linux-System zwei Formen, um Namen in IP-Adressen aufzulösen.

18.5.1 Die Datei /etc/hosts

Sie haben diesen Dateinamen im letzten Kapitel schon einmal gehört und auch die Funktion dieser Datei im Groben kennen gelernt. Diese Datei dient der lokalen Namensauflösung. Schauen wir hinein:

```
127.0.0.1       localhost.localdomain   localhost       debian

# The following lines are desirable for IPv6 capable hosts
::1     ip6-localhost ip6-loopback
fe00::0 ip6-localnet
ff00::0 ip6-mcastprefix
ff02::1 ip6-allnodes
ff02::2 ip6-allrouters
ff02::3 ip6-allhosts
```

Listing 18.1: /etc/hosts

Während Sie im unteren Bereich einige Standardzuordnungen für IPv6 vorfinden (die wir in diesem Zusammenhang frecherweise ignorieren werden), steht gleich in der ersten Zeile ein schönes Beispiel für eine Zuordnung eines Namens zu einer IP-Adresse.

Ganz links steht die IP-Adresse, wobei dies die Loopback-Adresse ist. Speziell diese Zuordnung muss immer vorhanden sein, da Dienste damit intern arbeiten. Die Loopback-Adresse `127.0.0.1` wird dem Namen `localhost.localdomain` zugeordnet. Darüber hinaus können Sie weitere Aliasse angeben. Hier finden Sie noch `localhost` und `debian` (den selbst vergebenen Rechnernamen). Diese Einträge nimmt das System für Sie automatisch vor, so dass Sie sich nicht darum kümmern müssen.

Sie können hier nun beliebige Zuordnungen nach der folgenden Syntax eintragen:

```
<IP-Adresse> <Name> [<Alias1>] [<Alias2>] [...]
```

Wie viele Leerzeichen oder Tabulatorzeichen Sie zwischen den Spalten setzen, ist Ihnen überlassen. Das System ist in diesem Fall recht anspruchslos. Versuchen Sie es und tragen Sie Folgendes an beliebiger Stelle ein:

```
1.2.3.4     gulugulu.gibsgarnich.local     gulugulu
```

Nachdem Sie die Datei abgespeichert und den Editor verlassen haben, testen Sie das Ergebnis:

```
# ping gulugulu
PING gulugulu.gibsgarnich.local (1.2.3.4) 56(84) bytes of data.
From 192.168.1.35 icmp_seq=1 Destination Host Unreachable
```

Natürlich erhalten Sie keine Antwort, da Sie die IP-Adresse `1.2.3.4` nicht in Benutzung haben. Sie erhalten von Ihrem eigenen Host (`192.168.1.35`) eine ICMP-Typ-3-Meldung: `Destination Host Unreachable`. Brechen Sie das Experiment über [Strg]+[C] ab.

Sie sehen jedoch, dass diese Art der Namensauflösung funktioniert. Allerdings ist sie recht unpraktisch, wenn wir sämtliche IP-Adressen des Internets hier einpflegen müssten. Das könnte etwas länger dauern ...

18.5.2 Konfiguration des DNS-Clients

Um diese Problematik – die sich in den Anfangstagen des Internets tatsächlich gestellt hat – zu lösen, wurde das DNS (Domain Name System) erfunden. Einzelheiten zur Funktionsweise erhalten Sie in Kapitel 30 *DNS – Namensauflösung im Internet*. Hier geht es uns um die Konfiguration des DNS-Clients, der sich auf unserem Linux-System befindet. Jeder TCP/IP-Rechner hat einen DNS-Client oder sollte ihn zumindest haben.

Der DNS-Client heißt im Fachjargon *Resolver* (engl. resolve = auflösen). Daher kommt auch der Name der Konfigurationsdatei `/etc/resolv.conf`. Es gibt nur wenige Hauptparameter:

- `nameserver <IP-Adresse>` – hiermit geben Sie den oder die DNS-Server an. Tragen Sie mehrere Server ein, wird die Liste der Reihenfolge nach abgearbeitet.
- `domain <DNS-Domain-Name>` – Hiermit geben Sie den Domain-Namen Ihres Systems an. Dies wird genutzt, um weitere Auflösungsversuche vorzunehmen, wenn Sie nur einen Hostnamen angeben, der nicht in `/etc/hosts` gefunden werden kann. Dazu wird der eingetragene Domain-Name einfach an den angegebenen Hostnamen (zum Beispiel `gulugulu`) angehängt. In diesem Zusammenhang heißt der Domain-Name auch *Suffix*.
- `search <Domain1> [<Domain2>] [...]` – Geben Sie mit `search` weitere Domains an, werden diese bei erfolgloser Namensauflösung des angegebenen Hostnamens als Suffix an den angegebenen Hostnamen angehängt. Damit wird getestet, ob der Host evtl. in einer dieser Domains zu finden ist.
- `order <hosts,bind | bind,hosts>` - Sie können mit `order` die Reihenfolge angeben, in der die Namensauflösungsversuche vorgenommen werden. Entweder zuerst die lokale Datei `/etc/hosts` und anschließend der konfigurierte DNS-Server oder umgekehrt. Das Wort `bind` kommt übrigens von *Berkley Internet Name Daemon*. Dies ist der am meisten verbreitete Nameserver unter Linux und damit ein Quasi-Standard. Sie lernen ihn in Kapitel 30 *DNS – Namensauflösung im Internet* kennen.

Damit kommen Sie eigentlich schon recht gut hin. Hier eine einfache Beispielkonfiguration:

```
order hosts,bind
domain linux.local
nameserver 217.237.150.33
```

Damit wird zunächst `/etc/hosts` nach einer Namensauflösung durchsucht, anschließend der Nameserver befragt. Sollte der angegebene Name nicht aufzulösen sein, wird das Suffix `linux.local` angehängt und die Auflösung erneut probiert.

Der DNS-Server befindet sich irgendwo im Internet (217.237.150.33), was aber kein Problem darstellt, solange das Standard-Gateway definiert ist.

18.5.3 Der Hostname

Wir haben bisher nur über den Domain-Namen gesprochen. Was aber ist mit dem eigenen Hostnamen? Wie bei Windows können Sie auch unter Linux einen Hostnamen angeben, der in der Datei `/etc/hostname` gespeichert wird und mit dem gleichnamigen Befehl **`hostname`** abgerufen werden kann. Geben sie **`uname- n`** ein, wird er ebenfalls ausgegeben.

Um es noch einmal klarzustellen: Host- und Domainnamen ergeben zusammen den gesamten Namen des eigenen Systems. Man nennt dies dann FQDN (Fully Qualified Domain Name). In unserem Beispiel wäre das `debian.linux.local`.

18.6 Zusammenfassung und Weiterführendes

Damit Ihr Server im Netzwerk kommunizieren kann, benötigt er – neben der Netzwerkhardware – eine IP-Adresse und eine Subnetzmaske. Die Theorie dahinter haben Sie bereits im letzten Kapitel kennen gelernt. In diesem Kapitel haben Sie gelernt, wie Sie unter Debian eine Netzwerkkonfiguration einrichten, die neben der IP-Adresse/Subnetzmaske auch die anderen wichtigen Konfigurationsdaten beinhaltet: Standard-Gateway und Hostname/FQDN sowie DNS-Server.

Diese Konfigurationsparameter werden bei allen Linux-Servern benötigt, die im bzw. mit dem Internet kommunizieren möchten.

Außerdem haben Sie erfahren, wie Sie statische Routen einfügen. Dies ist allerdings normalerweise nur in größeren Netzwerken ein Thema.

In späteren Kapiteln werde ich noch auf andere Netzwerkthemen zu sprechen kommen, namentlich das Routing. In diesem Zusammenhang lernen Sie die Konfiguration mehrerer Netzwerkkarten bzw. –schnittstellen kennen.

## Kapitel 19

Fehlersuche im Netzwerk

Auch bei gewissenhafter Konfiguration Ihrer Netzwerkapplikationen lässt es sich nicht vermeiden, dass Fehler auftreten – ja, auch Ihnen wird das passieren, versprochen! Dieses Kapitel zeigt Ihnen, wie Sie methodisch den Fehler eingrenzen können. Sie lernen Tools und Methoden kennen, erhalten Tipps und Tricks und werden anschließend in der Lage sein, den Fehler in vielen Fällen recht schnell zu finden. Erwarten Sie aber bitte keine Wunder! Die Fehlersuche im Netzwerk ist eine Kunst für sich und erfordert viel Erfahrung. Folgende Themen lernen Sie in diesem Kapitel kennen:

- Netzwerktools: **ifconfig**, **ping**, **traceroute**, **netstat**, **telnet**, **nslookup**, **tcpdump**
- Wireshark – der Netzwerksniffer
- Fehlereingrenzung – Netzwerk- oder Applikationsproblem?

Dabei werden wir uns bei der Fehlersuche auf die Netzwerkebene beschränken. Sollte sich herausstellen, dass es sich um ein Applikationsproblem handelt, benötigen Sie spezifische Informationen über die Applikation, die Sie im jeweiligen Kapitel erhalten werden.

Dieses Kapitel ist im Übrigen ein weiteres, das für Linux generell gilt und nicht auf Debian, geschweige denn auf eine bestimmte Version, beschränkt ist.

19.1 Netzwerktools

Um ein Problem im Netzwerk optimal eingrenzen zu können, sind Sie auf eine Analyse der Netzwerkkonfiguration und des Netzwerkverkehrs angewiesen. Hierzu gibt es eine Reihe von spezialisierten Tools, die Ihnen dabei helfen können.

19.1.1 ping

Mit diesem Programm testen Sie, ob Sie auf IP-Ebene Kontakt zum Ziel haben. Die grundlegende Syntax ist recht einfach:

```
# ping <IP-Adresse>
```

Dabei werden ICMP-Pakete vom Typ 8 (Echo Request) an das Ziel gesendet. Ist dies erfolgreich, sieht die Antwort (ICMP-Typ 0) in etwa folgendermaßen aus:

```
# ping 192.168.1.100
PING 192.168.1.100 (192.168.1.100) 56(84) bytes of data.
64 bytes from 192.168.1.100: icmp_seq=1 ttl=128 time=0.001 ms
64 bytes from 192.168.1.100: icmp_seq=2 ttl=128 time=0.080 ms
64 bytes from 192.168.1.100: icmp_seq=3 ttl=128 time=0.147 ms
64 bytes from 192.168.1.100: icmp_seq=4 ttl=128 time=0.191 ms
```

```
--- 192.168.1.100 ping statistics ---
4 packets transmitted, 4 received, 0% packet loss, time 2999ms
rtt min/avg/max/mdev = 0.001/0.104/0.191/0.072 ms
```

Antwortet der Zielhost, ist erst einmal grundsätzlich eine Kommunikation möglich. Hierbei können Sie im Wert `time` auch die Antwortzeiten ablesen. Haben Sie überhaupt keinen Kontakt, sieht das in etwas so aus:

```
# ping 192.168.1.101
PING 192.168.1.101 (192.168.1.101) 56(84) bytes of data.
From 192.168.1.35 icmp_seq=1 Destination Host Unreachable
From 192.168.1.35 icmp_seq=2 Destination Host Unreachable
From 192.168.1.35 icmp_seq=3 Destination Host Unreachable
From 192.168.1.35 icmp_seq=4 Destination Host Unreachable

--- 192.168.1.101 ping statistics ---
7 packets transmitted, 0 received, +6 errors, 100% packet loss, time 5999ms
, pipe 4
```

Dies kann entweder an einer nicht vorhandenen Route, defekter Hardware oder daran liegen, dass der Zielhost gar nicht antworten kann, weil er inaktiv ist. Allerdings erhalten Sie diese Fehlermeldung auch, wenn eine Firewall den Host abschirmt – ziehen Sie also keine voreiligen Schlüsse!

Ist die Antwortzeit unstetig, vielleicht sogar mit Aussetzern, könnte ein Kabelproblem vorliegen.

> In der Voreinstellung »pingt« ein Linux-System sein Ziel übrigens unendlich oft an. Sie müssen den Befehl über [Strg]+[C] abbrechen. Mit `-c <Anzahl>` können Sie aber auch die Anzahl der Echo Requests angeben.

Nach dem Abbruch wird Ihnen eine Statistik angezeigt, aus der Sie ersehen können, ob die Pakete angekommen sind oder verworfen wurden.

Vermuten Sie ein Problem bei größeren Paketen, können Sie die Größe des gesendeten ICMP-Pakets durch `-s <Bytes>` angeben. Der Hintergrund hierzu ist folgender:

Es gibt Applikationen, die verbieten ein Fragmentieren (also Zerteilen) der Pakete durch das Setzen des »Don't Fragment-Flags« im IP-Header. Beim Fragmentieren wird ein eigentlich sehr großes Paket in mehrere kleinere unterteilt. Dies ist genau dann notwendig, wenn das eigentliche Paket größer ist, als die MTU der aktuellen Verbindung zulässt.

Jede Übertragungstechnik hat ihre eigene MTU. Die Abkürzung steht für *Maximum Transfer Unit* und bezeichnet die maximale Größe eines einzelnen Datenpakets. Für Ethernet liegt die MTU bei 1500 KB. Dies können Sie auch durch den bekannten Befehl **`ifconfig`** überprüfen.

Größere Pakete müssen in Fragmenten gesendet werden. Hat eine Applikation damit ein Problem und setzt das *Don't Fragment*-Flag, werden die Pakete vom Router abgewiesen, wenn eine Fragmentierung notwendig wäre. Dies könnte zum Beispiel dann erforderlich sein, wenn der Router an einer WAN-Anbindung hängt, die eine geringere MTU hat. Möchten Sie dies testen, geben Sie zum Beispiel folgenden Befehl ein:

```
# ping 192.168.1.100 -s 2500
PING 192.168.1.100 (192.168.1.100) 2500(2528) bytes of data.
2508 bytes from 192.168.1.100: icmp_seq=1 ttl=128 time=0.319 ms
2508 bytes from 192.168.1.100: icmp_seq=2 ttl=128 time=0.408 ms
2508 bytes from 192.168.1.100: icmp_seq=3 ttl=128 time=0.300 ms
2508 bytes from 192.168.1.100: icmp_seq=4 ttl=128 time=0.417 ms

--- 192.168.1.100 ping statistics ---
5 packets transmitted, 5 received, 0% packet loss, time 3999ms
rtt min/avg/max/mdev = 0.300/0.350/0.417/0.051 ms
```

Diesmal haben wir die Größe eines einzelnen Datenpakets auf 2500 KB erhöht. Wie Sie sehen, haben sich die Antwortzeiten deutlich verlängert. Das liegt aber immer noch im Bereich des Normalen, da die Zeiten halbwegs stabil sind. Sollten Sie sehr unstetige Zeiten vorfinden, ist ein Kabelbruch möglich, wie in folgendem Fall:

```
65008 bytes from 192.168.1.100: icmp_seq=1 ttl=128 time=1.69 ms
65008 bytes from 192.168.1.100: icmp_seq=2 ttl=128 time=1002 ms
65008 bytes from 192.168.1.100: icmp_seq=3 ttl=128 time=91.7 ms
65008 bytes from 192.168.1.100: icmp_seq=4 ttl=128 time=1.70 ms
65008 bytes from 192.168.1.100: icmp_seq=5 ttl=128 time=1002 ms
65008 bytes from 192.168.1.100: icmp_seq=6 ttl=128 time=85.7 ms
65008 bytes from 192.168.1.100: icmp_seq=7 ttl=128 time=1.74 ms
65008 bytes from 192.168.1.100: icmp_seq=8 ttl=128 time=1002 ms
65008 bytes from 192.168.1.100: icmp_seq=9 ttl=128 time=77.5 ms
```

Dennoch können Sie auch in diesem Fall Fehler in der Konfiguration des Default-Gateways und der eigenen IP-Adresse ausschließen. Kommunikation ist grundsätzlich möglich. Das Problem liegt dann vermutlich an defekter oder nicht korrekt konfigurierter Hardware.

Nutzen Sie **ping**, um folgende Probleme einzugrenzen:

- Ist auf Netzwerkebene Kommunikation möglich?
- Liegt evtl. ein Hardware-Problem vor (unstetige Antwortzeiten)?
- Liegt evtl. ein MTU-Problem vor (große Pakete mit *Don't Fragment*-Flag)?

19.1.2 ifconfig

Diesen Befehl haben Sie bereits im letzten Kapitel kennen gelernt. Der Befehl **ifconfig** ermöglicht es Ihnen, die IP-Adresse und Subnetzmaske Ihrer NIC herauszufinden. Dies ist ein guter Startpunkt, um herauszufinden, ob Ihre eigene Konfiguration stimmt.

```
# ifconfig
eth0      Protokoll:Ethernet  Hardware Adresse 00:0C:29:FD:87:11
          inet Adresse:192.168.1.35  Bcast:192.168.1.255  Maske:255.255.255.0
          inet6 Adresse: fe80::20c:29ff:fefd:8711/64 Gültigkeitsbereich:Verbindung
          UP BROADCAST RUNNING MULTICAST  MTU:1500  Metric:1
          RX packets:45 errors:0 dropped:0 overruns:0 frame:0
          TX packets:63 errors:0 dropped:0 overruns:0 carrier:0
          Kollisionen:0 Sendewarteschlangenlänge:1000
          RX bytes:5558 (5.4 KiB)  TX bytes:5739 (5.6 KiB)
          Interrupt:185 Basisadresse:0x1080
(...)
```

Achten Sie dabei auch auf die Subnetzmaske und die Broadcast-Adresse. Diese könnte falsch sein, wenn Sie CIDR nutzen (siehe letztes Kapitel). Weiterhin können Sie aus den Statistiken weiter unten mögliche Übertragungsfehler entdecken. Für eine Analyse dieser Werte eignet sich der **netstat**-Befehl jedoch besser, wie ich Ihnen weiter unten erläutern werde.

Taucht eth0 in der Ausgabe gar nicht auf, so ist das Interface nicht aktiv. Sie können es dann mit **ifup eth0** starten. Möchten Sie sich mit dem Befehl auch die nicht aktiven Interfaces anzeigen lassen, nutzen Sie die Option -a (für all).

Nutzen Sie **ifconfig**, um folgende Probleme einzugrenzen:

- Ist das Interface aktiv?
- Sind IP-Adresse, Subnetzmaske und Broadcast-Adresse richtig gesetzt?
- Gibt es Fehler bei der Übertragung der Daten?

19.1.3 traceroute

Mit **traceroute** können Sie überprüfen, ob Sie eine Route zum Ziel haben. Die Arbeitsweise des Tools haben Sie bereits im letzten Kapitel kennen gelernt. Lassen Sie uns einmal schauen, welchen Weg die Pakete von einem Rechner im lokalen Netz zum Webserver von www.gmx.de nehmen:

```
# traceroute 213.165.64.215
traceroute to 213.165.64.215 (213.165.64.215), 30 hops max, 38 byte packets
 1  fritz.fonwlan.box (192.168.17.254)  0.996 ms  0.510 ms  0.320 ms
 2  217.0.116.28 (217.0.116.28)  19.364 ms  20.393 ms  21.628 ms
 3  217.0.66.26 (217.0.66.26)  18.153 ms  19.614 ms  16.936 ms
 4  f-eb5.F.DE.net.DTAG.DE (62.154.17.62)  21.315 ms  21.594 ms  21.211 ms
 5  212.227.112.28 (212.227.112.28)  21.064 ms  19.942 ms  19.904 ms
 6  so-5000.gw-backbone-a.bs.ka.schlund.net (212.227.120.6)  21.373 ms  21.057 ms
21.820 ms
 7  a0kac1.gw-distg-a.bs.ka.schlund.net (212.227.116.214)  22.032 ms  22.740 ms
22.206 ms
 8  www.gmx.net (213.165.64.215)  22.574 ms  21.998 ms  22.892 ms
```

Das Tool kann Ihnen jede Menge erzählen. Es gibt Auskunft über die IP-Adressen und – wenn möglich – auch die Namen der Hops (Router) und deren Antwortzeiten. Allein durch die Namen können Sie oftmals Rückschlüsse auf die Provider (DTAG = Deutsche Telekom AG, Schlund = 1&1 etc.) ziehen. Möchten Sie die Namensauflösung verhindern, nutzen Sie die Option -n. Dies geht schneller, ermöglicht aber keine Rückschlüsse auf den Standort des jeweiligen Routers.

Insbesondere können Sie aber auch erkennen, welchen Weg das Paket zum Ziel nimmt. Ist an einem bestimmten Router Schluss? Dann kennt dieser keinen Weg zum Ziel und Sie haben Ihren Schuldigen, wie im folgenden Beispiel:

```
# traceroute 1.2.3.4
traceroute to 1.2.3.4 (1.2.3.4), 30 hops max, 38 byte packets
 1  fritz.fonwlan.box (192.168.17.254)  0.999 ms  0.538 ms  0.301 ms
 2  217.0.116.28 (217.0.116.28)  28.006 ms  40.085 ms  29.759 ms
 3  217.0.66.18 (217.0.66.18)  19.414 ms !H *  20.234 ms !H
```

Die fiktive Adress 1.2.3.4 passt dem dritten Router nicht, daher schickt er ein ICMP-Typ-3-Paket *Destination Host Unreachable* zurück, was `traceroute` mit `!H` quittiert. Oft läuft `traceroute` in einem solchen Fall aber auch ins Leere. Dies wird Ihnen durch Asteriske (*) angezeigt:

```
# traceroute -n 85.25.66.52
traceroute to 85.25.66.52 (85.25.66.52), 30 hops max, 38 byte packets
 1  192.168.0.254  0.710 ms  0.149 ms  0.019 ms
 2  217.0.116.28  19.201 ms  24.819 ms  32.737 ms
 3  217.0.66.18  18.693 ms  20.091 ms  19.955 ms
 4  62.154.17.58  18.965 ms  20.849 ms  18.479 ms
 5  62.156.139.242  15.379 ms  17.888 ms  21.928 ms
 6  217.71.105.205  21.640 ms  23.230 ms  20.887 ms
 7  217.71.110.62  25.868 ms  28.334 ms  29.582 ms
 8  62.75.135.62  20.013 ms  22.839 ms  21.833 ms
 9  85.25.65.2  21.776 ms  21.244 ms  23.123 ms
10  * * *
11  *
```

Sie können den Befehl dann mit [Strg]+[c] beenden.

Springt **traceroute** immer zwischen denselben Routern hin und her, liegt eine so genannte »Routing-Loop« vor. Dabei zeigt die Route des einen auf den jeweils anderen Router. Das passiert auch in professionellen Umgebungen häufiger, als Sie vielleicht annehmen ...

Der Befehl **traceroute** schickt in der Voreinstellung UDP-Pakete mit aufsteigendem Zielport ab 33435/udp. Diese Pakete könnten unter Umständen von einer Firewall gefiltert werden. Möchten Sie stattdessen ICMP-Typ 8 (Echo Request) nutzen (wie bei Windows) können Sie die Option `-I` setzen.

Nutzen Sie **traceroute**, um folgende Probleme einzugrenzen:

- Gibt es eine Route zum Ziel? Wenn nein, an welcher Stelle »versackt« das Paket?
- Welchen Weg nimmt das Paket zum Ziel?
- Liegt eine Routing-Loop vor?

19.1.4 netstat

Mit **netstat** können Sie eine ganze Menge anstellen. Das Tool zeigt Ihnen, entsprechend der angegebenen Optionen, ganz verschiedene Informationen an.

Die Routing-Tabelle anzeigen

Mit den Optionen `-nr` können Sie sich die Routing-Tabelle anzeigen lassen. Dabei zeigt `-r` die Routing-Tabelle und `-n` belässt es bei den IP-Adressen. Andrenfalls wird **netstat** versuchen, die IP-Adressen per DNS aufzulösen, was zu einer deutlichen Verzögerung der Anzeige führen kann. Dieser Befehl hat dieselbe Ausgabe wie `route -n`.

Interessant ist vor allem das Default-Gateway (letzte Zeile). Hat der Router die richtige IP-Adresse? Haben Sie vielleicht eine statische Route zum Ziel eingetragen, die nicht funktio-

```
# netstat -nr
Kernel IP Routentabelle
Ziel            Router          Genmask         Flags   MSS Fenster irtt Iface
192.168.1.32    0.0.0.0         255.255.255.224 U         0 0          0 eth0
172.16.0.0      192.168.1.61    255.255.0.0     UG        0 0          0 eth0
0.0.0.0         192.168.1.62    0.0.0.0         UG        0 0          0 eth0
```

niert? Das Default-Gateway ist nur der letzte Ausweg, falls keine spezifischere Route angegeben ist.

Die Übertragungsstatistiken anzeigen

Die Option `-i` zeigt Ihnen die Statistiken bezüglich übertragener und empfangener Bytes, eventueller Fehler bei der Übertragung oder beim Empfang usw. an.

```
# netstat -i
Kernel Schnittstellentabelle
Iface   MTU Met   RX-OK RX-ERR RX-DRP RX-OVR    TX-OK TX-ERR TX-DRP TX-OVR Flg
eth0   1500 0       242      0      0      0      172      0      0      0 BMRU
lo    16436 0        25      0      0      0       25      0      0      0 LRU
```

Dabei steht RX für den Empfang, TX für die Übertragung. OK zeigt die fehlerfreien und ERR die fehlerhaften Übertragungen an. Hier sollten Sie auf die ERR-Spalte achten. Ist die Zahl höher als 0, könnte dies auf ein Problem hindeuten. Stoßen Sie die Kommunikation, bei der Sie ein Problem haben, erneut an und überprüfen Sie anschließend, ob der ERR-Wert gestiegen ist. In diesem Fall kann das zwei verschiedene Ursachen haben:

Die physikalischen Geräte sind nicht einheitlich konfiguriert. Steht Ihr Interface auf 10 MBit/half duplex und das der Gegenseite auf 100 MBit/full duplex, werden Sie aufgrund von vielen Kollisionen Übertragungsfehler haben. Dieses Problem tritt häufig bei konfigurierbaren Switches auf oder wenn die Autoerkennung nicht korrekt funktioniert. Sollten Sie eine manuelle Konfiguration dieser Parameter für Ihre NIC vornehmen wollen, können Sie unter Umständen das Tool **`mii-diag`** (in der Debian-Distribution enthalten) nutzen – allerdings unterstützt es noch nicht alle NIC-Chipsätze.

Ein Port oder ein Netzwerkkabel ist defekt. Tauschen Sie die Komponenten systematisch aus – immer nur eine Komponente auf einmal, anschließend wieder testen.

Die Netzwerkverbindungen und gebundenen Ports anzeigen

Mit der Option -a können Sie sich die aktuellen Netzwerkverbindungen Ihres Systems und die Ports anzeigen lassen, die von Netzwerkapplikationen gebunden sind:

```
# netstat -a
Aktive Internetverbindungen (Server und stehende Verbindungen)
Proto Recv-Q Send-Q Local Address           Foreign Address         State
tcp        0      0 localhost.localdoma:707 *:*                     LISTEN
tcp        0      0 *:717                   *:*                     LISTEN
tcp        0      0 *:sunrpc                *:*                     LISTEN
tcp        0      0 *:auth                  *:*                     LISTEN
tcp        0      0 localhost.localdom:smtp *:*                     LISTEN
tcp6       0      0 *:ssh                   *:*                     LISTEN
tcp6       0      0 ::ffff:192.168.1.35:ssh   ::ffff:192.168.1.3:1284 VERBUNDEN
```

```
udp        0      0 *:711                   *:*
udp        0      0 *:714                   *:*
udp        0      0 *:sunrpc                *:*
Aktive Sockets in der UNIX Domäne (Server und stehende Verbindungen)
Proto RefZäh Flaggen       Typ        Zustand      I-Node Pfad
unix  5      [ ]           DGRAM                   3972     /dev/log
unix  2      [ ACC ]       STREAM     HÖRT         4096     /dev/printer
unix  2      [ ]           DGRAM                   4261
unix  2      [ ]           DGRAM                   4085
unix  2      [ ]           DGRAM                   3984
```

Dabei interessieren uns die Unix-Sockets im unteren Bereich nicht so sehr wie die aktiven Internetverbindungen oben. Wie Sie sehen, ist der Host 192.168.1.3 mit unserem System über SSH verbunden. Bevorzugen Sie eine numerische Anzeige (dann würde hier Port 22 angezeigt werden), so nutzen Sie wiederum -n. Das ergibt eine Ausgabe in folgender Art:

```
tcp        0      0 127.0.0.1:707           0.0.0.0:*               LISTEN
tcp        0      0 0.0.0.0:717             0.0.0.0:*               LISTEN
tcp        0      0 0.0.0.0:111             0.0.0.0:*               LISTEN
tcp        0      0 0.0.0.0:113             0.0.0.0:*               LISTEN
tcp        0      0 127.0.0.1:25            0.0.0.0:*               LISTEN
tcp6       0      0 :::22                   :::*                    LISTEN
tcp6       0      0 ::ffff:192.168.1.35:22  ::ffff:192.168.1.3:1284 VERBUNDEN
```

Wichtig sind insbesondere auch die gebundenen Ports. Hieran können Sie erkennen, ob ein bestimmter Dienst läuft oder nicht.

Nutzen Sie **netstat**, um folgende Probleme einzugrenzen:

- Existiert ein passender Routing-Eintrag zum Ziel?
- Ist das Standard-Gateway korrekt gesetzt?
- Existieren Übertragungsfehler, die auf ein Problem mit der Hardwarekonfiguration (10/100 MBit, half/full duplex) hindeuten oder vielleicht auf einen Hardwaredefekt?
- Läuft der betreffende Dienst und ist er an den richtigen Port gebunden?
- Ist eine bestimmte Verbindung etabliert?

19.1.5 telnet

Sie kennen vermutlich den Befehl **telnet**, mit dem Sie eine Konsolenverbindung zu einem anderen Host aufbauen können. Hierzu geben Sie einfach die IP-Adresse des Zielhosts ein:

```
# telnet <IP-Adresse>
```

Das wird meistens nicht funktionieren, da auf den wenigsten Servern ein **telnet**-Dienst läuft – und das ist auch gut so! Zur Remote-Administration sollte man besser SSH nutzen, da **telnet** im Klartext kommuniziert ... das gilt auch für übertragene Benutzernamen und Passwörter!

Trotzdem können Sie **telnet** hervorragend zur Fehleranalyse einsetzen. Geben Sie hinter der IP-Adresse einen Port an, versucht **telnet** eine TCP-Kommunikation zu diesem Port aufzubauen:

```
# telnet <IP-Adresse> <Port>
```

Hat sich ein Dienst an den angegebenen Port auf dem Server gebunden, wird er reagieren. Die meisten Dienste kommunizieren im ASCII-Format, so dass Sie – vorausgesetzt Sie kennen die Syntax – sogar mit dem Server interagieren können. Es gibt nur sehr wenige Dienste, die Sie nicht auf diese Weise auf grundlegende Funktionalität testen können. Dazu zählen insbesondere Dienste, die über UDP laufen, zum Beispiel DNS-Auflösungsanfragen.

Außerdem können Sie Dienste, die auf verschlüsselter Kommunikation basieren (zum Beispiel SSH oder HTTPS), nicht direkt testen. Hier ist es nur möglich, den TCP-Handshake zu kontrollieren – aber das reicht ja in der Regel, um zumindest auf Netzwerkebene Probleme auszuschließen.

In folgendem Beispiel testen wir, ob wir uns lokal mit dem Mail-Server, der auf Port 25/tcp lauscht, verbinden können:

```
# telnet localhost 25
Trying 127.0.0.1...
Connected to localhost.localdomain.
Escape character is '^]'.
220 localhost.localdomain ESMTP Exim 4.50 Sun, 30 Apr 2006 14:17:25 +0200
```

Der Mail-Server meldet sich brav mit einer 220-Meldung – das heißt so viel wie: Ich bin da, guten Tag! Der Dienst ist also vorhanden und an Port 25 gebunden.

> Zur Kommunikation mit einem Mail-Server lasse ich mich ausführlich in den Kapiteln 31 *Lokaler E-Mail-Server mit Content-Filter* und *Internet-Mail-Server mit SMTP-Authentication* aus.

Schauen Sie sich dagegen folgende Meldung an:

```
# telnet 192.168.0.35 80
Trying 192.168.0.35...
telnet: Unable to connect to remote host: Connection refused
```

Der Zielhost ist da, schickt aber eine Reset-Meldung auf die Anfrage (`Connection refused`). An diesem Port ist vermutlich kein Dienst gebunden.

Nutzen Sie **`telnet`**, um folgende Probleme einzugrenzen:

- Antwortet der Dienst auf dem entsprechenden Port?
- Reagiert der Dienst erwartungsgemäß?

19.1.6 nslookup

Ein Fehler, der häufiger vorkommt, hängt mit der Namensauflösung zusammen. Viele Benutzer sprechen den Zielhost über seinen Namen an. Kann dieser nicht aufgelöst werden, funktioniert die Verbindung nicht. Ob eine Auflösung über DNS möglich ist, können Sie mit dem Befehl **`nslookup`** testen. Es wird eine interaktive Shell gestartet, in der Sie den Namen oder die IP-Adresse eingeben können. Die entsprechende Zuordnung wird angefragt. Hier ein Beispiel:

```
# nslookup
> www.debian.org
Server:         192.168.0.254
Address:        192.168.0.254#53

Non-authoritative answer:
Name:   www.debian.org
Address: 192.25.206.10
> 192.25.206.10
Server:         192.168.0.254
Address:        192.168.0.254#53

Non-authoritative answer:
10.206.25.192.in-addr.arpa      name = gluck.debian.org.

Authoritative answers can be found from:
> exit
```

Zunächst fragen wir nach `www.debian.org`, anschließend nehmen wir noch einen *Reverse Lookup* (IP-Adresse zu DNS-Namen) vor. Oftmals erbringt das nicht dasselbe Ergebnis, da mehrere DNS-Namen auf eine IP-Adresse zeigen können, aber nicht umgekehrt. Näheres dazu in Kapitel 30 *DNS – Namensauflösung im Internet.*

Schließlich verlassen wir **nslookup** über Eingabe von `exit`. Das Tool kann noch mehr, aber das heben wir uns für das DNS-Kapitel auf.

Grundsätzlich sollten Sie DNS-Probleme erst einmal ausgrenzen und nur mit IP-Adressen arbeiten. Erst wenn auf dieser Ebene alles funktioniert, können Sie sich die Namensauflösung ansehen.

19.1.7 tcpdump

Sie haben zwei beste Freunde zur Netzwerkfehleranalyse:

1. Das Logfile
2. Den Netzwerksniffer

Die meisten Probleme lassen sich durch den passenden Einsatz beider Hilfsmittel lösen. Hier stelle ich Ihnen Ihren zweiten besten Freund vor: **tcpdump**.

Im Gegensatz zu den bisher vorgestellten Tools müssen Sie **tcpdump** extra installieren. Dies funktioniert in gewohnter Art zum Beispiel folgendermaßen:

```
# apt-get install tcpdump
```

Ich hatte Ihnen **tcpdump** am Anfang des Buches schon einmal kurz vorgestellt. Es handelt sich um einen konsolenbasierten Netzwerksniffer, mit dem Sie die Datenpakete von oder zu Ihrem eigenen Rechner anzeigen lassen können. Sie benötigen dazu eine Netzwerkbibliothek namens `libpcab`. Diese dient auch dem später gezeigten `Wireshark` als Basis und wird mit **tcpdump** automatisch mitinstalliert.

Geben Sie **tcpdump** ohne Parameter ein, wird auf `eth0` jedes Datenpaket mitgeschnitten und angezeigt. In der Regel werden Sie allerdings Filter setzen wollen, um die Anzeige auf die gewünschten Pakete zu reduzieren.

Sie können den »Dump« (engl. für Auflistung, Anzeige) jederzeit durch [Strg]+[c] beenden.

> **Achtung:** Haben Sie sich per SSH mit Ihrem Debian-System verbunden, entsteht eine Schleife, wenn Sie Port 22 nicht herausfiltern. Jedes von **`tcpdump`** gezeigte Paket wird über SSH angezeigt, was wiederum ein neues Datenpaket erzeugt, das wiederum von **`tcpdump`** über SSH angezeigt wird usw.

Hier zunächst eine Auflistung wichtiger Parameter:

Parameter	Bedeutung
`host <IP-Adresse>`	Die angegebene IP-Adresse muss als Source (Quelle) oder Destination (Ziel) vorkommen.
`port <Port>`	Der angegebene Port muss als TCP- oder UDP-Port als Quell- oder Zielport vorkommen.
`and, or, not`	Hiermit können Sie Filterbedingungen miteinander verknüpfen, zum Beispiel `host 1.2.3.4 and host 5.6.7.8` (siehe Beispiel weiter unten).
`src, dst`	Vor `host` oder `port` angegeben kann der Filter auf Source oder Destination beschränkt werden.

Natürlich hat **`tcpdump`** auch einige wichtige Optionen:

Option	Bedeutung
`-i <Interface>`	Gibt das Interface an, auf dem der Dump laufen soll, zum Beispiel `eth0`
`-l`	Puffert die Ausgabe, wenn zu viele Pakete vorhanden sind
`-n`	Numerische Ausgabe, keine Namens- und Portauflösung
`-v / -vv`	Erweiterte Anzeige mit mehr Details
`-X`	Gibt den Paketinhalt in Hexadezimal- und Dezimalform aus. Dies erzeugt eine sehr umfassende Ausgabe.

Lassen Sie uns nun ein paar Beispiele durchgehen, um Ihnen den Einsatz von **`tcpdump`** zu erläutern. Ich finde die Optionenkombination `-nli <Interface>` sehr nützlich und werde sie daher immer mit angeben.

```
# tcpdump -nli eth0 port 80
```

Erstellt einen Mitschnitt auf `eth0` und zeigt nur die Pakete, die Port 80 als Quell- oder Zielport enthalten. Diesen Filter setzen Sie, um HTTP-Kommunikation (Web) »mitzusniffen«.

```
# tcpdump -nli eth0 host 192.168.1.100 and port 80
```

Möchten Sie nur die HTTP-Kommunikation zu einem bestimmten Webserver (192.168.1.100) mitschneiden, nutzen Sie die `and`-Verknüpfung. Beide Bedingungen müssen nun erfüllt sein, um das Paket anzuzeigen.

```
# tcpdump -nli eth0 host 192.168.1.00 and not port 22
```

Mit der `not`-Verküpfung zeigen Sie in diesem Fall alle Pakete außer jene mit Quell- oder Zielport 22 (SSH) an, die von oder zu 192.168.1.00 kommen bzw. abgehen.

```
# tcpdump -nli eth0 src host 192.168.1.100
```

Dies zeigt Ihnen alle Pakete an, die vom Host 192.168.1.100 kommen, aber nicht die Antworten der Zielhosts.

Schauen wir uns nun einige Kommunikationen an:

```
1 IP 192.168.0.1 > 192.168.0.35: icmp 40: echo request seq 1280
2 IP 192.168.0.35 > 192.168.0.1: icmp 40: echo reply seq 1280
3 IP 192.168.0.1 > 192.168.0.35: icmp 40: echo request seq 1536
4 IP 192.168.0.35 > 192.168.0.1: icmp 40: echo reply seq 1536
5 IP 192.168.0.1 > 192.168.0.35: icmp 40: echo request seq 1792
6 IP 192.168.0.35 > 192.168.0.1: icmp 40: echo reply seq 1792
7 IP 192.168.0.1 > 192.168.0.35: icmp 40: echo request seq 2048
8 IP 192.168.0.35 > 192.168.0.1: icmp 40: echo reply seq 2048
```

Die Zeilen sind für Erläuterungszwecke nummeriert. Den so genannten »Timestamp« (die Zeitangabe) zu Beginn jeder Zeile habe ich der Übersichtlichkeit halber herausgenommen. In dieser Kommunikation sehen Sie, wie Host 192.168.0.1 das Ziel 192.168.0.35 anpingt (Echo Request) und Antworten erhält (Echo Reply). Dabei gehören immer zwei Zeilen zusammen. Es handelt sich um vier Echo Requests, die mit vier Echo Replys beantwortet werden.

Analysieren wir den nächsten »Dump«, Fachjargon für *Mitschnitt*:

```
1  IP 192.168.0.1.1399 > 192.168.0.35.80: S 170287071:170287071(0) win 65535 <mss
 1460,nop,nop,sackOK>
2  IP 192.168.0.35.80 > 192.168.0.1.1399: S 2346451204:2346451204(0) ack 17028707
2 win 5840 <mss 1460,nop,nop,sackOK>
3  IP 192.168.0.1.1399 > 192.168.0.35.80: . ack 1 win 65535
4  IP 192.168.0.1.1399 > 192.168.0.35.80: P 1:359(358) ack 1 win 65535
5  IP 192.168.0.35.80 > 192.168.0.1.1399: P 3196:3492(296) ack 1006 win 8576
6  IP 192.168.0.35.80 > 192.168.0.1.1399: . 3492:4952(1460) ack 1006 win 8576
7  IP 192.168.0.1.1399 > 192.168.0.35.80: . ack 4952 win 65535
8  IP 192.168.0.35.80 > 192.168.0.1.1399: P 4952:5818(866) ack 1006 win 8576
9  IP 192.168.0.1.1399 > 192.168.0.35.80: . ack 5818 win 64669
10 IP 192.168.0.35.80 > 192.168.0.1.1399: F 5818:5818(0) ack 1006 win 8576
11 IP 192.168.0.1.1399 > 192.168.0.35.80: . ack 5819 win 64669
12 IP 192.168.0.1.1399 > 192.168.0.35.80: R 1006:1006(0) ack 5819 win 0
```

Hierbei handelt es sich um eine HTTP-Kommunikation. Interessant sind vor allem die ersten drei Zeilen, in denen Sie den TCP-Handshake erkennen können (SYN, SYN/ACK, ACK). Dabei steht `S` für das gesetzte SYN-Flag, `ack` für ein gesetztes ACK-Flag. Der Zielport ist 80/tcp. Nachdem einige Daten ausgetauscht wurden, wird die Kommunikation schließlich mittels FIN-Flag (`F` in Zeile 10) beendet. Der Browser des Clients schickt am Schluss noch ein Reset-Paket (`R` in Zeile 12), eigentlich nicht die feine englische Art, eine Kommunikation zu beenden – stattdessen ziemt sich ein FIN/ACK zur Verabschiedung eines Kommunikationspartners! Wird der Browser jedoch zum Beispiel einfach geschlossen, kann es zu einem RST kommen. Das steht dann einfach für: »Bin weg!« Auch unter bestimmten anderen Bedingungen antwortet der Partner mit RST, was nicht unbedingt auf einen Fehler hinweist. Betrachten Sie also auf jeden Fall den Kontext.

> **Tipp:** Anhand des Source-Ports des Clients können Sie erkennen, ob es sich um eine bestimmte Kommunikation handelt. Ist der Client-Port ein anderer, gehört dieses Paket nicht zu dieser Kommunikation.

Weiter geht's:

```
1 arp who-has 192.168.0.254 tell 192.168.0.35
2 arp reply 192.168.0.254 is-at 00:04:0e:a6:9b:26
3 IP 192.168.0.35.32774 > 192.168.0.254.53:  1830+ A? www.debian.org. (32)
4 IP 192.168.0.254.53 > 192.168.0.35.32774:  1830 1/0/0 A 192.25.206.10 (48)
```

Hier sehen Sie eine DNS-Abfrage, die über UDP kommuniziert. In den Zeilen 1 und 2 fragt 192.168.0.35 zunächst nach der Hardware-Adresse von 192.168.0.254, dem DNS-Server, die entsprechend beantwortet wird. Dies entspricht einem ARP-Request und einem ARP-Reply. Anschließend wird in Zeile 3 nach dem A-Eintrag (dem Adresseintrag) für `www.debian.org` gefragt, der in Form der IP-Adresse 192.25.206.10 in Zeile 4 prompt geliefert wird.

Genug der Beispiele. Es dauert evtl. eine Weile, bis Sie die zunächst verwirrenden Ausgaben von **`tcpdump`** lesen können, aber die Einarbeitung lohnt sich! Es gibt kein »ehrlicheres« Netzwerktool. Mit **`tcpdump`** können Sie auf unterster Ebene sehen, was wirklich über das Netzwerk läuft.

19.2 Wireshark

Haben Sie eine GUI zur Verfügung, können Sie `Wireshark` nutzen, das unter dem ehemaligen Namen `Ethereal` bereits berühmt wurde. Es handelt sich um einen (eigentlich DEN) grafischen Netzwerk-Sniffer. Er basiert auf der Grafikbibliothek GTK+, die von GNOME verwendet wird. Sie können `Wireshark` aber auch unter KDE und anderen Window-Managern laufen lassen. Installieren Sie `Wireshark` über den gewohnten Weg, zum Beispiel folgendermaßen:

```
# apt-get install wireshark
```

Wiederum werden einige Bibliothekspakete mitinstalliert, von denen `Wireshark` abhängig ist. Anschließend können Sie `Wireshark` starten. Geben Sie dazu in einem Konsolenfenster innerhalb der GUI `wireshark` (alles klein!) ein.

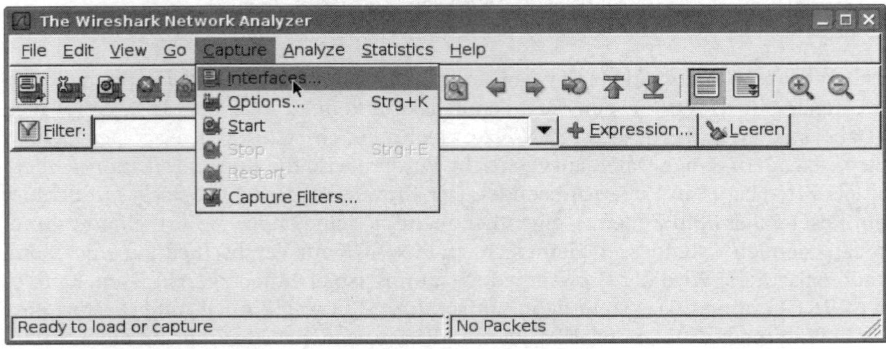

Abb. 19.1: Wireshark nach dem Start

Über CAPTURE|INTERFACES können Sie das gewünschte Interface auswählen.

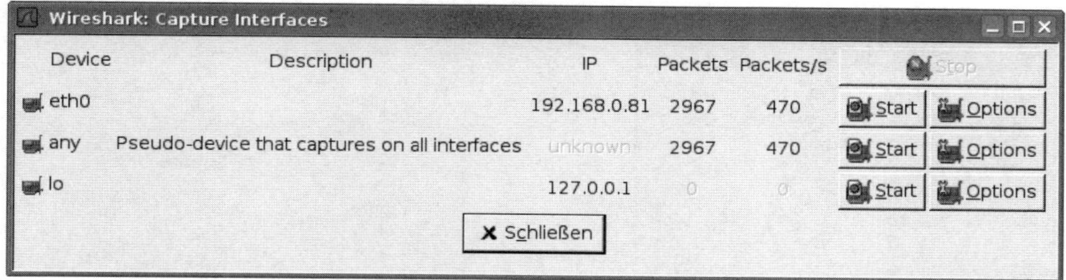

Abb. 19.2: Zunächst muss das Interface ausgewählt werden.

Über OPTIONS die gewünschten Einstellungen für den Dump vornehmen.

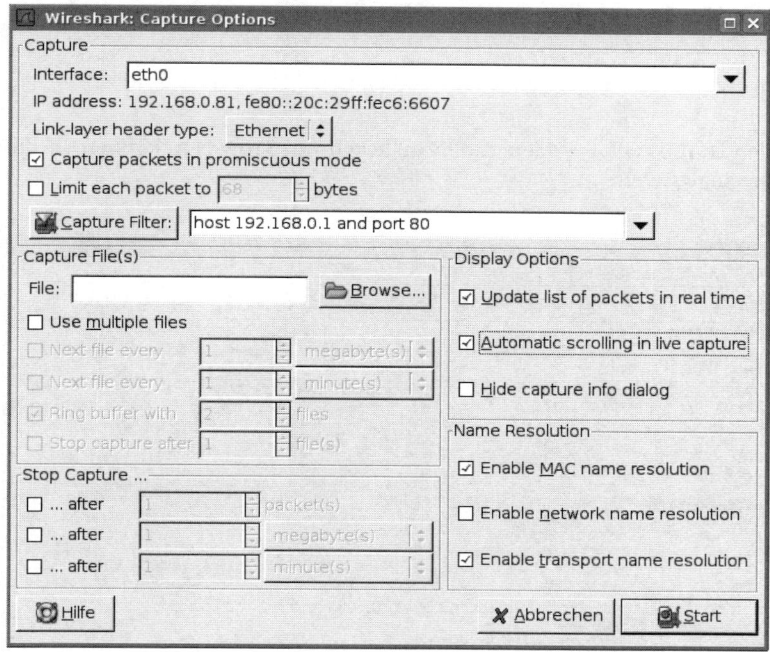

Abb. 19.3: In den CAPTURE OPTIONS können Sie das Verhalten von Wireshark bestimmen.

Im Feld CAPTURE FILTER können Sie dieselben Filter wie bei **`tcpdump`** setzen. Dies liegt an der zugrundeliegenden Capture-Bibliothek `libpcap`, auf der beide Sniffer basieren. Unter den DISPLAY OPTIONS können Sie UPDATE LISTS OF PACKETS IN REAL TIME und AUTOMATIC SCROLLING IN LIVE CAPTURE aktivieren, um jedes mitgeschnittene Paket sofort angezeigt zu bekommen. Sonst zeigt Ihnen `Wireshark` die Daten erst nach Abschluss des Dumps an.

Durch Anklicken von START wird der Dump gestartet. Haben Sie es unter den DISPLAY OPTIONS nicht deaktiviert, erscheint nun das Fenster CAPTURE INFO.

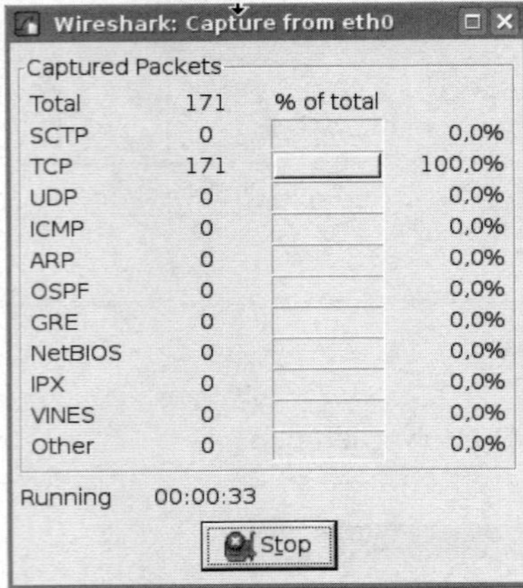

Abb. 19.4: Zeigt die Anzahl der mitgeschnittenen Pakete an

Hier können Sie den Dump auch beenden durch Anklicken von STOP. Nun können Sie die Pakete in aller Ruhe analysieren.

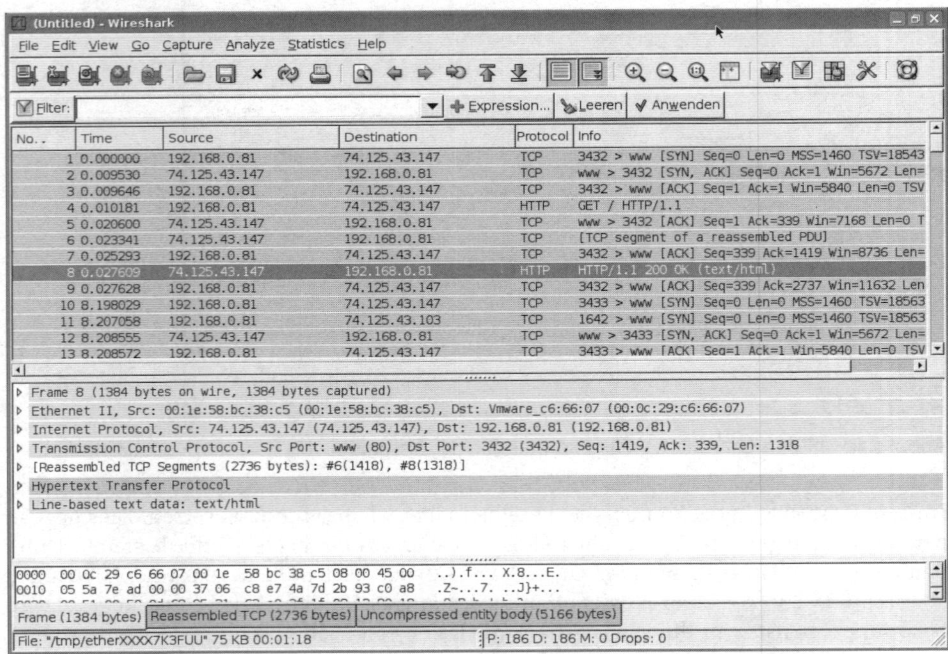

Abb. 19.5: Wireshark zeigt die eingefangenen Pakete an.

`Wireshark` besteht aus einem dreigeteilten Fenster:

Oben sehen Sie eine Übersicht über alle Pakete, die mitgeschnitten wurden. Bereits hier erhalten Sie (im Gegensatz zu **`tcpdump`**) eine recht gute Übersicht über den Netzwerkverkehr.

Im mittleren Fenster sehen Sie die Details zu dem oben markierten Paket. Hier können Sie auch sehr schön die Verschachtelung der Protokolle erkennen. Über den Pfeil links können Sie die Detailanzeige zum entsprechenden Protokoll-Header aufklappen.

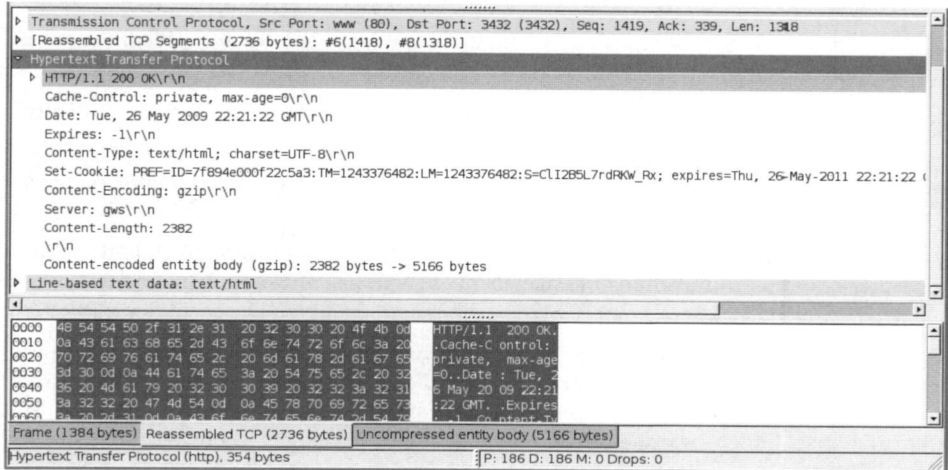

Abb. 19.6: Die Details zu TCP

In Abbildung 19.6 sehen Sie die Informationen, die im TCP-Header dieses Pakets enthalten sind.

Im unteren Bereich sehen Sie das vollständige Datenpaket im Hexadezimal- und Dezimalformat. Haben Sie ein Protokoll im mittleren Fenster ausgewählt, wird im unteren Fenster der entsprechende Bereich markiert. Sie können also jedes einzelne Paket bis auf Byte-Ebene analysieren. Genauer geht es nicht.

Nutzen Sie `Wireshark` immer dann, wenn Sie eine sehr detaillierte Analyse des Netzwerkverkehrs benötigen. Auf der Konsole bleibt Ihnen nur **`tcpdump`**. Beide Tools werden Ihnen häufig sehr gute Dienste erweisen können, wenn Sie Netzwerkprobleme haben.

19.3 Lösungsstrategie

Fassen wir noch einmal kurz zusammen, wie Sie die hier vorgestellten Tools optimal zur Fehlereingrenzung und Problemlösung einsetzen können. Der hier vorgestellte Weg ist nur eine von vielen Möglichkeiten, den Fehler einzugrenzen. Je nach Situation werden Sie andere Wege gehen müssen. Nehmen wir an, Sie möchten mit einem Webserver kommunizieren. Der Browser zeigt Ihnen an, dass er die gewünschte Seite nicht aufrufen kann.

1. Testen Sie zunächst mit **ping**, ob Sie auf Netzwerkebene Kontakt haben. Ist dies der Fall, können Sie davon ausgehen, dass das Routing und die Netzwerkkomponenten intakt sind. Nun handelt es sich entweder um DNS, ein Applikationsproblem oder es steht eine Firewall dazwischen, die die Pakete blockt. Löschen Sie in jedem Fall den Browser-Cache, bevor Sie es erneut probieren, da sonst evtl. das (negative) Ergebnis direkt aus dem Cache gezogen wird.
2. War **ping** nicht erfolgreich, überprüfen Sie mit **traceroute**, ob Sie eine Route zum Ziel haben. Je nach Ergebnis können Sie nun fortfahren.
3. Haben Sie keine Route, können Sie mittels **ifconfig** Ihre IP-Adresse überprüfen.
4. Stimmt die Adresse, überprüfen Sie mit **netstat -nr** Ihre Routing-Tabelle. Sind Sie auf dem Server, können Sie mit **netstat -na** prüfen, ob Ihr Dienst läuft.
5. Prüfen Sie, ob Sie mit **telnet** auf Port 80 eine Verbindung zum Webserver aufbauen können.
6. Scheint auf Netzwerkebene alles zu funktionieren, testen Sie mit **nslookup**, ob Sie die Webadresse auflösen können.
7. Kommen Sie nicht weiter, starten Sie entweder **tcpdump** oder `Wireshark` und beobachten Sie die Kommunikation auf Paketebene. Sehen Sie Antworten vom Zielsystem? Ist der TCP-Handshake erfolgreich? Schickt einer der beteiligten Hosts ein Reset-Paket?

Funktioniert die Verbindung auf Netzwerkebene, handelt es sich um ein Applikationsproblem. Dies können wir in diesem Rahmen nicht weiter verfolgen, da jeder Dienst ganz unterschiedlich funktioniert. In den einzelnen Kapiteln über die Serverdienste werden Sie viele Informationen finden, wie Sie ein Problem mit dem jeweiligen Dienst eingrenzen und lösen können.

Auch die besten Tools ersetzen den gesunden Menschenverstand nicht. Andererseits sollten Sie auch keine voreiligen Schlüsse ziehen, da manche Ergebnisse zu falschen Schlussfolgerungen verleiten. Wichtig sind ein grundlegendes Verständnis der Netzwerkkommunikation und ein sorgfältiges Vorgehen, um Probleme im Netzwerk einzugrenzen und zu lösen.

19.4 Zusammenfassung und Weiterführendes

Netzwerkprobleme sind allgegenwärtig. Es gibt kaum einen Tag in meiner Praxis als Administrator, Trainer und Consultant, an dem ich nicht auf zumindest einige der hier vorgestellten Befehle zurückgreife. Daher kann ich Ihnen nur ans Herz legen, sich mit diesem Kapitel intensiv auseinanderzusetzen! Ein tiefes Verständnis der Kommunikation auf Netzwerkebene werden Sie vermutlich erst im Laufe der Zeit erwerben können, indem Sie sich immer wieder mit dem Debuggen von Netzwerkproblemen beschäftigen.

> Einer meiner Lehrer formulierte es einmal scherzhaft folgendermaßen: »Bittet man Sie als Administrator hinzu, um ein Netzwerkproblem zu lösen, gehen Sie zunächst mit gewichtigem Gesichtsausdruck an ein Terminal oder PC und geben dort nacheinander die Befehle **ifconfig**, **netstat**, **ping**, **traceroute** und **nslookup** ein, um anschließend bedeutungsschwanger etwas Unverständliches zu murmeln ...«.

Es hat zwar eine Weile gedauert, bis ich das mit dem bedeutungsschwangeren Gemurmel hinbekommen habe, aber es hat gewirkt ☺.

## Kapitel 20

Fernwartung mit SSH

In den vergangenen Kapiteln sind wir davon ausgegangen, dass wir lokalen Zugriff auf den Debian-Server haben. In diesem Kapitel zeige ich Ihnen, wie Sie Ihren Server in eine Ecke stellen können, Maus, Tastatur und Monitor abklemmen und trotzdem noch vollen Zugang für die Administration haben. Das Zauberwort heißt SSH – Secure Shell.

Unter Debian wird OpenSSH, eine freie Variante von SSH genutzt. Es handelt sich um ein Toolpaket, das die veralteten und unsicheren Dienste `rlogin`, `rsh` und `rcp` ablösen soll.

In den meisten Fällen wird ein Linux-Server über SSH administriert. Sie benötigen kaum Bandbreite, da SSH Ihnen eine einfache Konsole anbietet, genauso, als säßen Sie direkt vor Ihrem Linux-Server. Sie können mit SSH all das machen, was auch lokal auf der Konsole möglich wäre. Es ist sogar möglich, andere (unsichere) Protokolle durch SSH zu tunneln – dazu später mehr.

In diesem Kapitel erhalten Sie Informationen zu folgenden Themen:

- Funktionsweise von SSH
- Konfiguration des SSH-Dienstes
- Nutzen des SSH-Clients unter Windows und Linux
- Nutzen von SCP (Secure Copy) und SFTP (SSH-FTP)
- X11 durch SSH tunneln
- Andere Protokolle durch SSH tunneln

Aus der Inhaltsübersicht können Sie bereits erkennen, dass wir mit dem SSH-Paket auch eine Möglichkeit zur sicheren Übertragung von Dateien erhalten – SCP und SFTP. In den meisten Umgebungen arbeiten auch Linux-Administratoren mit einer Windows-Arbeitsstation. Daher werden Sie in der Regel über Windows per SSH, SCP oder SFTP zugreifen wollen. Dennoch kommt es auch in solchen Fällen öfter vor, dass Sie über ein anderes Linux-System zugreifen möchten oder müssen. Daher werde ich Ihnen beide Zugriffsmöglichkeiten erläutern.

20.1 Wie funktioniert SSH?

SSH basiert auf RSA- und symmetrischer Verschlüsselung. Die (vereinfachte) Kommunikation läuft folgendermaßen ab:

1. Der Client initiiert eine Verbindung auf Port 22/tcp zum SSH-Server.
2. Nach dem TCP-Handshake handeln die Kommunikationspartner SSH-Version und Verschlüsselungsparameter aus.

3. Der Server schickt seinen Public Key. Bis zu diesem Punkt läuft die Kommunikation im Klartext.
4. Anschließend wird der Schlüssel für die symmetrische Verschlüsselung per Diffie Hellman ausgetauscht. Diffie Hellman ist ein asymmetrisches Verschlüsselungsverfahren für den Schlüsselaustausch.
5. Nun können beide miteinander verschlüsselt kommunizieren. Diese Verschlüsselung basiert auf den symmetrischen Verschlüsselungsalgorithmen AES, 3-DES, DES oder Blowfish.

Was ist der Unterschied zwischen symmetrischer und asymmetrischer Verschlüsselung? Während bei der symmetrischen Verschlüsselung beide Partner denselben Schlüssel verwenden, läuft die asymmetrische Verschlüsselung nach folgendem Prinzip ab:

Der eine Partner (hier der SSH-Server) generiert ein Schlüsselpaar, bestehend aus dem *Private Key* und dem *Public Key*. Der *Private Key* wird sicher verwahrt und ist nur dem Aussteller bekannt. Der *Public Key* wird veröffentlicht und an die Kommunikationspartner verschickt. Dabei kann eine Nachricht, die mit dem *Public Key* (also dem öffentlichen Schlüssel) verschlüsselt wurde, nur mittels des *Private Keys* (also dem beim Aussteller verbleibenden Schlüssel) entschlüsselt werden.

Somit ist sichergestellt, dass nur der Eigentümer eines öffentlichen Schlüssels Nachrichten, die mit diesem verschlüsselt wurden, lesen kann. Das Verfahren ist sicher, aber aufwändig, da die Schlüssellänge mindestens 1024 Bit betragen muss, um als sicher zu gelten. Daher kommt die asymmetrische Verschlüsselung nur beim Schlüsselaustausch zur Anwendung. Zu diesem Zweck wurde das Diffie Hellman-Verfahren entwickelt.

> Das Zertifikat, das der Server dem Client zur Authentifizierung schickt, enthält auch seinen Public Key.

Die symmetrische Verschlüsselung ist – nach heutigem Ermessen – bereits ab 128 Bit Schlüssellänge (besser 160 Bit) als sicher einzustufen. Dabei kommt es auch auf den Algorithmus an. Leider ist noch immer 3-DES (sprich: Triple DES) oftmals der Standardalgorithmus. Er ist sicher, aber langsam. Schneller sind da AES und Blowfish. Ganz abzuraten ist von DES, da dieser Algorithmus mit einer Schlüssellänge von 56 Bit innerhalb weniger Sekunden geknackt werden kann, wenn es jemand darauf anlegt.

20.2 Konfiguration des SSH-Dienstes

Unter Debian GNU/Linux *Etch* wird OpenSSH 4.3 eingesetzt, unter *Lenny* 5.1. Das entsprechende Paket `openssh-client` wird im Rahmen der Basisinstallation mitinstalliert. Es wird sowohl die alte (nicht zu empfehlende) Version 1 als auch SSH 2 unterstützt. Die Konfigurationsdatei des `sshd`, des SSH-Daemons, ist `/etc/ssh/sshd_config`.

> **Achtung:** Verwechseln Sie nicht die Datei `ssh_config` mit `sshd_config`. Erstere ist die globale Konfigurationsdatei für SSH-Clients auf dem lokalen System.

Es gibt unter Umständen ein paar Dinge, die Sie einstellen möchten. Wir werden in diesem Zusammenhang nicht die gesamte Konfigurationsdatei durchgehen, sondern nur die wichtigsten Parameter von `/etc/ssh/sshd_config` betrachten:

```
Port 22
```

Mit dieser Option können Sie den Port definieren, auf dem `sshd` lauscht. In der Voreinstellung ist dies 22/tcp. Sie sollten nichts daran ändern, wenn Sie keine triftigen Gründe haben.

```
Protocol 2
```

Definert, ob `sshd` SSHv1 oder SSHv2 spricht. Version 1 ist aus Sicherheitsgründen nicht zu empfehlen.

```
HostKey /etc/ssh/ssh_host_rsa_key
HostKey /etc/ssh/ssh_host_dsa_key
```

Dies definiert den Speicherort der Private Keys für RSA und DSA (Letzterer ist ein langsamerer Alternativalgorithmus zum Standard RSA).

```
UsePrivilegeSeparation yes
```

Dies ist eine Sicherheitsmaßnahme, bei der `sshd` nach der Anmeldung einen `sshd`-Prozess »forked«, also von sich selbst ableitet und neu erstellt. Dieser läuft mit den Privilegien des angemeldeten Benutzers.

```
SyslogFacility AUTH
LogLevel INFO
```

Hier können Sie festlegen, in welche Syslog-Facility und mit welchem Log-Level Sie loggen möchten (siehe Kapitel 14 *Protokollierung*).

```
LoginGraceTime 600
```

Nach dieser Zeit (in Sekunden) schließt der Server die Verbindung, wenn bis zu diesem Zeitpunkt noch keine erfolgreiche Anmeldung erfolgt ist.

```
PermitRootLogin yes
```

Diesen Wert sollten Sie aus Sicherheitsgründen auf `no` stellen. Damit verhindern Sie, dass sich jemand als `root` anmelden kann. Der bessere Weg ist es, sich als normaler Benutzer anzumelden und per `su` zu `root` zu wechseln.

```
PermitEmptyPasswords no
```

Ebenfalls eine Sicherheitsmaßnahme. Sollte es auf Ihrem System einen Benutzer ohne Passwort geben, kann dieser sich nicht anmelden.

```
X11Forwarding no
```

Setzen Sie diesen Wert auf `yes`, wenn Sie X11 durch SSH tunneln wollen. Dies ist im Zweifel die bessere Methode, um auf X-Applikationen zuzugreifen, also die vom X-Window-System vorgesehene, unverschlüsselte Kommunikation.

```
X11DisplayOffset 10
```

Dies setzt die Display-Nummer und steht auf 10, um nicht mit eventuell vorhandenen X-Servern in Konflikt zu geraten.

```
Subsystem       sftp    /usr/lib/sftp-server
```

Für SFTP wird ein externes Subsystem namens `sftp-server` genutzt.

```
UsePAM yes
```

Die Authentifizierung erfolgt über die Linux-eigene Methode mittels PAM.

Möchten Sie eine Übersicht über sämtliche zu setzende Optionen und Parameter, kann ich (ausnahmsweise) die sehr gute Man-Page zu `sshd_config(5)` empfehlen. Außer den hier genannten Parametern werden Sie aber vermutlich wenig konfigurieren müssen. SSH ist angenehm leicht zu nutzen. Bei der Installation wird automatisch der Public Key des Servers erstellt, der an den Client gesendet wird. Er wird in der Datei `/etc/ssh/ssh_host_rsa_key.pub` gespeichert. Der Dienst wird automatisch beim Systemstart gestartet und läuft als `/usr/sbin/sshd`.

20.3 Der SSH-Client

Während OpenSSH auf der Serverseite gleich einen SSH-Client mitliefert (`ssh`), stellt Windows mit Bordmitteln keinen Client zur Verfügung. Das ist allerdings nicht weiter schlimm, da der sehr gute Client PuTTY als Freeware auf `http://www.chiark.greenend.org.uk/~sgtatham/putty/` und auf zahlreichen anderen Websites erhältlich ist. Mit ihm werden wir hauptsächlich arbeiten, da ich von einem heterogenen Netzwerk ausgehe, bei dem der Administrator mit einem Windows-PC arbeitet, aber seinen Server remote administrieren möchte.

Sollten Sie einen Linux-PC als Arbeitsstation nutzen – umso besser ;-).

20.3.1 Der SSH-Client von OpenSSH

Möchten Sie unter Linux eine Verbindung zu einem SSH-Server aufbauen, können Sie folgenden Befehl eingeben:

```
# ssh <IP-Adresse>
```

Statt der IP-Adresse können Sie auch den Hostnamen oder DNS-Namen nutzen, wenn dieser aufgelöst werden kann. In dieser einfachen Form ist Ihr Anmeldename der des aufrufenden Benutzers. Sie werden anschließend nur noch nach dem Passwort gefragt. Möchten Sie den anzumeldenden Benutzer angeben, können Sie das mit `-l`:

```
# ssh -l <Benutzer> <IP-Adresse>
```

Schauen wir uns das in der Praxis an: Zunächst testen wir unseren lokalen Server:

```
hans@debian:~$ ssh -l hans localhost
The authenticity of host 'localhost (127.0.0.1)' can't be established.
RSA key fingerprint is 0b:28:12:20:98:bf:66:9a:07:0e:39:3b:db:9b:f1:9b.
Are you sure you want to continue connecting (yes/no)? yes
Warning: Permanently added 'localhost' (RSA) to the list of known hosts.
Password: ****
Linux debian 2.6.8-2-386 #1 Tue Aug 16 12:46:35 UTC 2005 i686 GNU/Linux

The programs included with the Debian GNU/Linux system are free software;
the exact distribution terms for each program are described in the
individual files in /usr/share/doc/*/copyright.

Debian GNU/Linux comes with ABSOLUTELY NO WARRANTY, to the extent
permitted by applicable law.

hans@debian:~$
```

Zunächst erhalten Sie eine Warnung, bei der Sie bestätigen müssen, dass Sie dem Server vertrauen. Dies ist eine einmalige Prozedur, die bei der ersten Anmeldung erforderlich ist. Anschließend ist dieser Host mit seinem Public Key in der Datei `~/.ssh/known_hosts` gespeichert.

Nun werden Sie zur Eingabe Ihres Passwortes aufgefordert. Anschließend begrüßt Sie Ihr Debian-System und kehrt zum Prompt zurück. Scheinbar ist gar nichts passiert? Selbst wenn Sie jetzt beliebige Eingaben machen, verhält sich das System so, als wären Sie lokal angemeldet?!

Es ist tatsächlich so: Sie befinden sich in einer SSH-Session. Die Ihnen zur Verfügung gestellte Umgebung gleicht jedoch der der lokalen Anmeldung. Dass Sie sich in einer SSH-Sitzung befinden, sehen Sie folgendermaßen:

```
hans@debian:~/.ssh$ ps ax|grep hans
 5099 pts/1    S+     0:00 ssh -l hans localhost
 5100 ?        Ss     0:00 sshd: hans [priv]
 5103 ?        S      0:00 sshd: hans@pts/2
 5170 pts/2    S+     0:00 grep hans
```

Wie Sie sehen, hat sich `hans` (Ihr Benutzer) über einen SSH-Prozess mit der PID 5099 an `localhost` angemeldet. Nun existiert im Home-Verzeichnis von `hans` auch ein neues Verzeichnis `~/.ssh/`. Es enthält zurzeit nur die Datei `known_hosts`, die ich oben bereits erwähnt habe. Möchten Sie eine lokale Konfigurationsdatei für Ihren Client erstellen, können Sie die Datei `/etc/ssh/ssh_config` als `~/.ssh/config` in dieses Verzeichnis kopieren und entsprechend anpassen.

Insbesondere möchten Sie vielleicht einen Benutzer angeben, mit dem Sie sich immer über SSH anmelden möchten. Dazu tragen Sie in die Datei folgende Zeile ein:

```
User <Benutzer>
```

Hierbei ersetzen Sie natürlich `<Benutzer>` durch den Benutzernamen. Nun können Sie auf den Parameter `-l <Benutzer>` verzichten.

Möchten Sie die SSH-Session verlassen, geben Sie `exit` ein. Damit verlassen Sie die SSH-Shell und landen wieder in Ihrer lokalen Shell – auch wenn Sie keinen Unterschied feststellen können.

20.3.2 PuTTY – SSH unter Windows

Da Windows keinen SSH-Client mitliefert, benötigen wir einen externen Client. Der bekannteste seiner Art ist PuTTY. Laden Sie ihn von `http://www.chiark.greenend.org.uk/~sgtatham/putty/download.html` oder einer anderen Website herunter. PuTTY erfordert keine Installation. Alle Einstellungen, die PuTTY benötigt, werden direkt in der Registry von Windows unter `HKEY_CURRENT_USER\Software\DimonTatham\PuTTY` und in einem Schlüssel unter `HKEY_USERS` gespeichert.

Tipp: Ich habe PuTTY direkt in der Schnellstartleiste und auf dem Desktop, so dass ich immer schnell an das Tool herankomme.

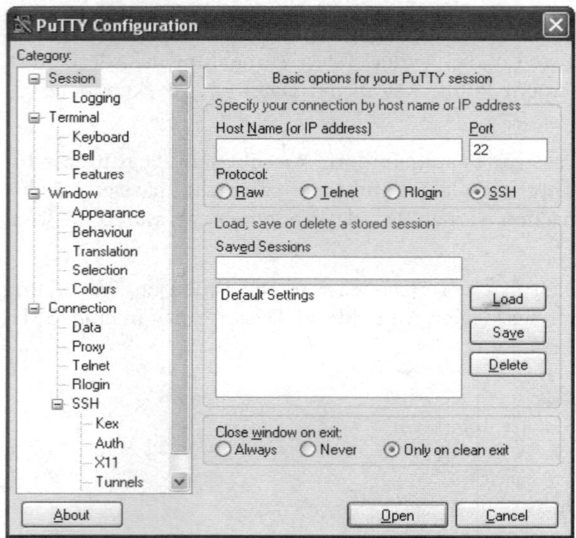

Abb. 20.1: PuTTY nach dem ersten Start

Im oberen Feld tragen Sie die IP-Adresse des SSH-Servers, also Ihres Linux-Servers, ein. Alle anderen Einstellungen können Sie zunächst so lassen, wie sie sind. Lassen Sie uns nun eine Verbindung aufbauen:

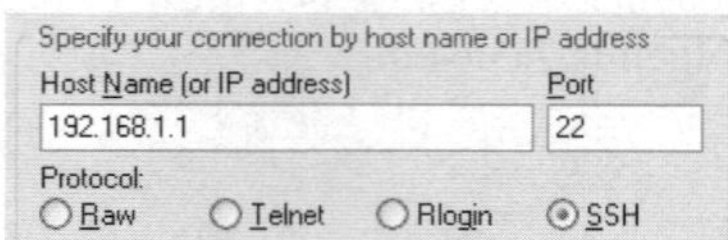

Abb. 20.2: Geben Sie die IP-Adresse des Ziels ein.

Erinnern Sie sich noch an den OpenSSH-Client? Auch bei PuTTY müssen Sie bei der ersten Verbindung bestätigen, dass Sie dem Server vertrauen:

Abb. 20.3: Trauen Sie diesem Server?

Klicken Sie auf JA, wird der *Public Key* des Servers in der Registry gespeichert und Sie erhalten eine Login-Aufforderung:

Abb. 20.4: Melden Sie sich am SSH-Server wie an der lokalen Konsole an.

Nun können Sie ganz normal an der Konsole arbeiten – ganz so, als säßen Sie direkt am Server und wären lokal angemeldet. Auch Farben werden dargestellt, wie Sie feststellen werden, wenn Sie zum Beispiel ein Verzeichnislisting betrachten (siehe Abbildung 20.5).

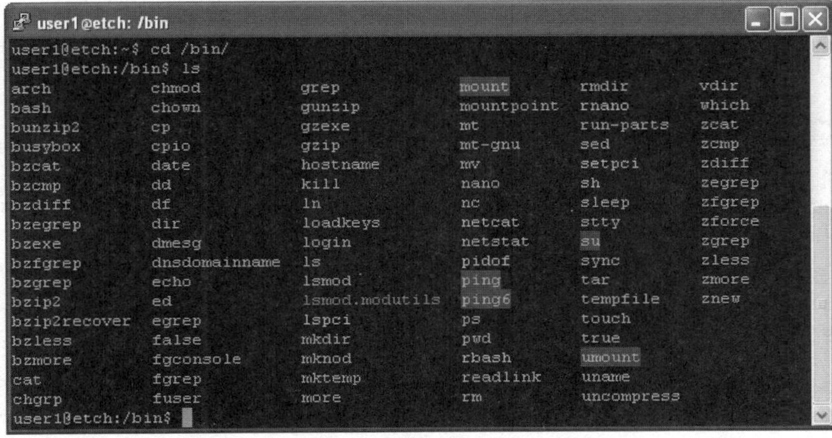

Abb. 20.5: PuTTY zeigt auch Farben wie die lokale Konsole an.

Sie können die SSH-Verbindung beenden, indem Sie entweder `exit` oder `logout` eingeben oder das PuTTY-Fenster schließen.

Apropos Farben: Links im Startfenster von PuTTY (CATEGORY) können Sie unter WINDOW|COLOURS die Farben für Ihr Terminal definieren. Wenn Ihnen also pink auf blau besser gefällt als grau auf schwarz, bitte sehr ...

Aber das Konfigurationsmenü ist zu mehr als ein paar Farbspielchen gut. So können Sie zum Beispiel unter WINDOW den Wert für LINES OF SCROLLBACK hochsetzen. Damit haben Sie einen größeren Zeichenpuffer und können weiter zurückgehen, falls Sie eine umfangreiche Bildschirmausgabe (zum Beispiel mit `cat` oder `tcpdump`) haben. Hier ist 3000 ein guter Wert.

> **Achtung:** Setzen Sie den Wert zu hoch an, kann dies zur unerwarteten Trennung der Verbindung führen.

Sehr nützlich ist auch die Speicherfunktion. Geben Sie eine IP-Adresse oder einen (auflösbaren) Hostnamen an, konfigurieren Sie diese Session (Farben etc.) und geben Sie der Session einen Namen, zum Beispiel `Debian-Server`. Nun klicken Sie auf SAVE. Die gespeicherte Session ist nun jederzeit verfügbar:

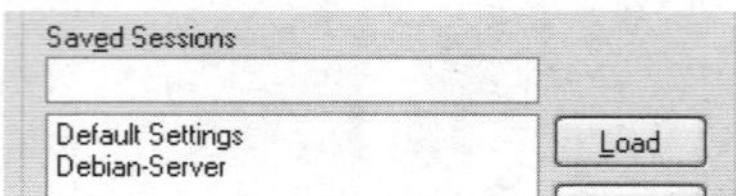

Abb. 20.6: Konfigurieren Sie Ihre eigenen Sessions.

PuTTY verfügt noch über weit mehr Optionen. Weiter unten zeige ich Ihnen, wie Sie X11 und andere Anwendungen tunneln können.

20.4 SCP und SFTP

Während SSH zunächst nur eine Konsole zur Eingabe von Befehlen zur Verfügung stellt, können Sie mit den Protokollen bzw. Programmen SCP und SFTP auch Dateien übertragen. Dabei steht in SSHv1 SCP und in SSHv2 sowohl SCP als auch das aus SCP weiterentwickelte SFTP zur Verfügung.

20.4.1 SCP

Secure Copy oder SCP ist sowohl ein Protokoll als auch ein Programm zur verschlüsselten Übertragung von Dateien zwischen Computern in einem Netzwerk. Dabei werden dieselben Verschlüsselungsmechanismen genutzt, die bei SSH zur Anwendung kommen.

Die Syntax für den Download von Dateien über `scp` sieht folgendermaßen aus:

```
# scp <user@remotehost>:<Remote-Quelle> <lokales Ziel>
```

Dies überträgt die angegebene Datei vom Remote-Host auf unseren lokalen Client. Ein Beispiel:

```
# scp hans@192.168.1.1:~/test.txt /tmp
The authenticity of host '192.168.1.1 (192.168.1.1)' can't be established.
RSA key fingerprint is 77:9f:04:c1:c5:e8:7a:13:68:9e:23:d4:e2:7c:e4:ab.
Are you sure you want to continue connecting (yes/no)? yes
Warning: Permanently added '85.25.66.51' (RSA) to the list of known hosts.
Password: *******
test.txt                                    100%   43     0.0KB/s   00:00
```

Hiermit können Sie die Datei `/root/test.txt` vom Host `192.168.1.1` auf den lokalen Rechner in das `/tmp`-Verzeichnis kopieren. Durch den Ausdruck `hans@debianserver` sagen Sie `scp`, mit welchem Benutzer sich das Programm an welchem Server anmelden soll. Bei der ersten Verbindung müssen Sie – wie bei SSH – die Annahme des Host Keys bestätigen. Anschließend werden Sie zur Eingabe des Passwortes des angegebenen Benutzers aufgefordert. Ist die Eingabe korrekt, beginnt `scp` mit dem Download.

Dies geht auch andersherum, also als Upload vom Client:

```
# scp <lokale Quelle> <user@remotehost>:<Remote-Ziel>
```

Sie können so auch Dateien vom Client auf den Server laden:

```
# scp /tmp/genial.sh root@85.25.66.51:~/
Password: ******
genial.sh                                   100%   33     0.0KB/s   00:00
```

Bei diesem Vorgang tauschen Sie einfach die Parameter aus und geben zunächst die lokale (upload) Datei und anschließend Benutzer und Remote-Host an, gefolgt von einem Doppelpunkt, der den Zielpfad trennt.

20.4.2 SFTP

Das SSH File Transfer Protocol oder SFTP ist eine Weiterentwicklung von SCP. Das Protokoll ermöglicht ebenso wie SCP eine verschlüsselte Übertragung von Dateien über das Netzwerk. Dabei unterstützt es alle Funktionen von FTP. Es ist nicht zu verwechseln mit Secure FTP, das nur den Steuerkanal auf Port 20 verschlüsselt oder FTP over SSL (FTPS), das auf SSL basiert.

SFTP beinhaltet weder Authentifizierung noch Verschlüsselung – dies muss vom darunter liegenden Protokoll (in der Regel SSH) übernommen werden. Auch SFTP kommuniziert daher über per Default über Port 22/tcp.

Die Syntax für den Linux-Client ist recht einfach:

```
# sftp <user@remotehost>
```

Wie bei **scp** geben Sie den Benutzer und den Hostnamen als Parameter an, mehr ist jedoch nicht nötig. In der Praxis sieht das dann ungefähr so aus:

```
# sftp root@192.168.1.1
Connecting to 85.25.66.51...
Password: ******
sftp> ls
.                        ..                       .aptitude
```

```
.bash_history           .bashrc                 .mc
.mysql_history          .profile                .rnd
.viminfo                genial.sh
test.txt
sftp> get test.txt
Fetching /root/test.txt to test.txt
/root/test.txt                            100%   43     0.0KB/s   00:00
sftp> exit
```

Nachdem wir uns eingeloggt haben, lassen wir uns mit `ls` den Inhalt des aktuellen Verzeichnisses (in der Regel das Home-Verzeichnis des angemeldeten Benutzers) anzeigen. Diesmal holen wir uns mit **`get`** nicht das geniale Shellskript wie im letzten Beispiel, sondern die Datei `test.txt`. Anschließend verlassen wir mit **`exit`** die SFTP-Session.

Wie oben erwähnt, stehen Ihnen fast alle Befehle zur Verfügung, die Sie auch in einer FTP-Session nutzen können. In Kapitel 33 *FTP – Dateiübertragung im Internet* werde ich näher darauf eingehen.

> Haben Sie die Möglichkeit dazu, sollten Sie jedoch SFTP bevorzugen, da dieses Protokoll eine sichere Übertragung ermöglicht, während FTP sogar den Benutzernamen und das Passwort unverschlüsselt überträgt!

20.4.3 WinSCP

Arbeiten Sie unter Windows, bietet sich das Freeware-Programm `WinSCP` an. Es handelt sich um einen grafischen und komfortablen SFTP-Client, der auch das ältere SCP-Protokoll spricht. Sie können ihn zum Beispiel von `http://winscp.net/eng/docs/lang:de` herunterladen. Wählen Sie das `Multilanguage Installation Package`, um das Programm in deutscher Sprache installieren zu können.

Bei der Installation wählen Sie die deutsche Sprache aus. Die Installationsroutine läuft wie bei Windows üblich ab. Sie können die Voreinstellungen übernehmen. Dies schließt auch die zweispaltige Anzeige in Form des *Norton Commanders* ein. Nach dem Start müssen Sie zunächst die Verbindungsparameter angeben:

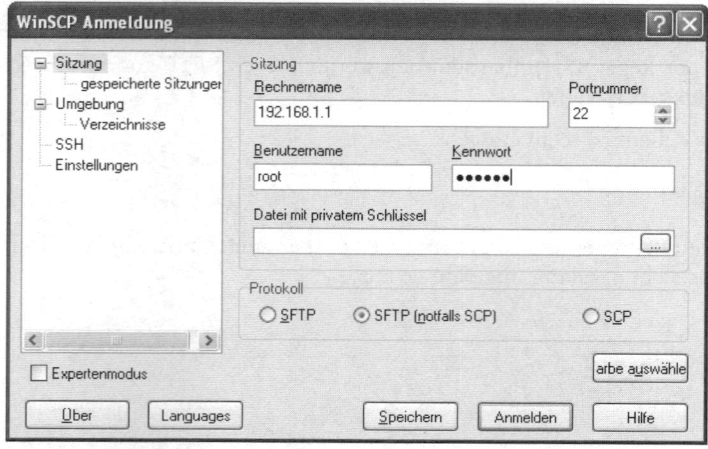

Abb. 20.7: Das Startfenster von WinSCP

Über ANMELDEN starten Sie die Session. Bei der ersten Anmeldung erhalten Sie die obligatorische Warnung, dass der Host Key noch nicht im Speicher liegt – wie gesagt: Alles basiert auf SSH. Anschließend erhalten Sie das Session-Fenster:

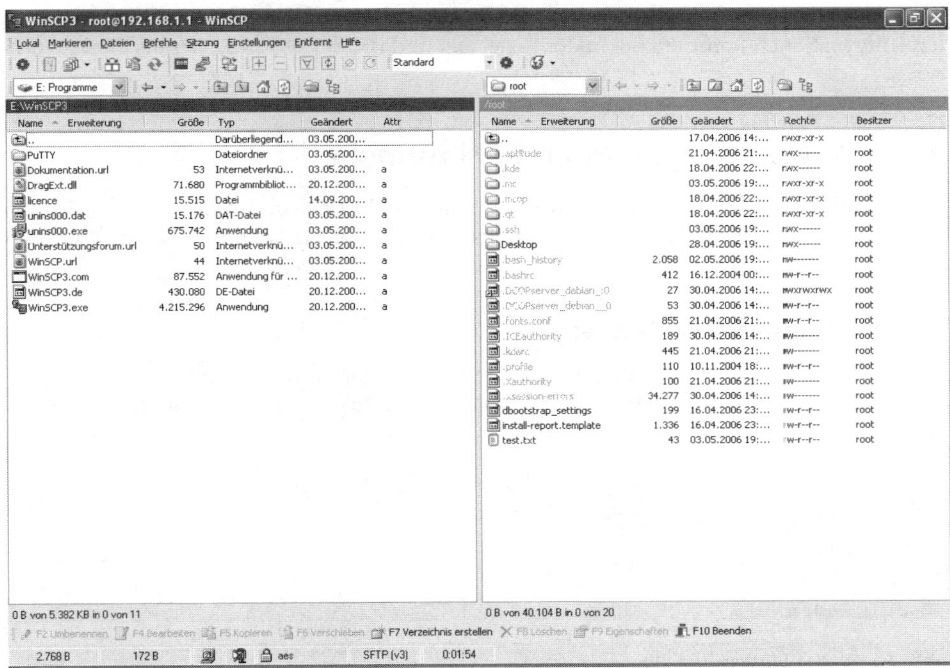

Abb. 20.8: WinSCP präsentiert sich wie der Norton Commander zweispaltig.

Links sehen Sie den Inhalt des lokalen Rechners, rechts befinden sich die Dateien und Verzeichnisse des Remote Hosts. Sie können die gewünschte Datei im linken oder rechten Fenster auswählen und per Drag & Drop auf die andere Seite ziehen. Die Datei wird daraufhin in das entsprechende Verzeichnis kopiert. Mehrfachauswahl mittels [Shift] oder [Strg] sind möglich – WinSCP verfügt über alle Funktionen, die Sie von einer Windows-Oberfläche erwarten.

Sie können über Rechtsklick ein Kontextmenü aufrufen, über das Sie zum Beispiel auch neue Verzeichnisse anlegen können – vorausgesetzt, Sie haben die Berechtigungen hierzu.

Über den Menüpunkt SITZUNG|SITZUNG SPEICHERN können Sie Ihre aktuelle Sitzung sichern:

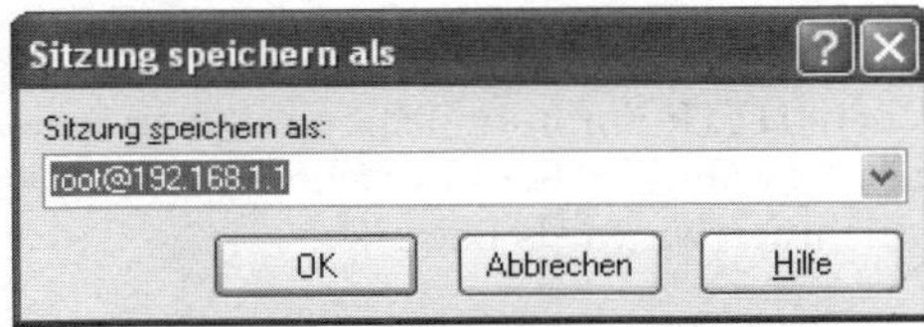

Abb. 20.9: Auch SCP-Sessions können Sie speichern.

Möchten Sie die Sitzung beenden, klicken sie oben rechts auf das X in der Titelleiste des Fensters, um WinSCP zu beenden, oder wählen Sie SITZUNG|VERBINDUNG TRENNEN, um das Startfenster angezeigt zu bekommen, ohne das Programm zu beenden.

Das Programm `WinSCP` hält unzählige Konfigurationsmöglichkeiten und Features für Sie bereit. Sie aufzuzählen würde den Rahmen dieses Buches sprengen. Mit den oben genannten Informationen kommen Sie in der Regel aus und können WinSCP bereits effektiv nutzen.

20.5 Anwendungen durch SSH tunneln

SSH erlaubt es, andere Anwendungen zu tunneln. Der Vorteil ist, dass die Kommunikation einerseits verschlüsselt läuft und andererseits seitens einer Firewall nur ein einzelner Port – nämlich 22/tcp – involviert ist.

20.5.1 X11 durch SSH tunneln

Möchten Sie aus Sicherheitsgründen X11 in SSH verpacken, sprich: tunneln, können Sie die X11-Forwarding-Funktion ENABLE X11 FORWARDING in PuTTY unter CONNECTION|SSH|X11 aktivieren.

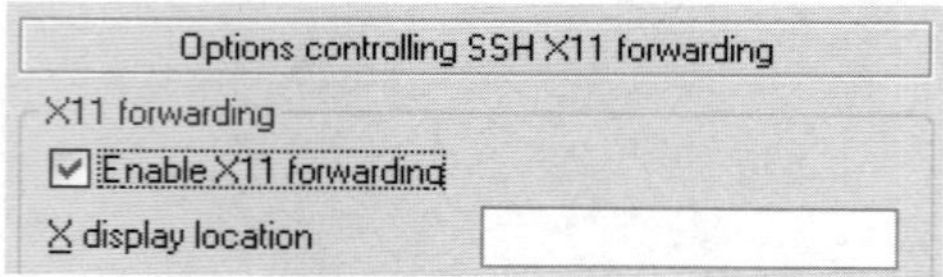

Abb. 20.10: X11-Forwarding aktivieren

Ist diese Funktion auch auf dem SSH-Server aktiviert, können Sie X11-Applikationen (Clients) auf einem lokalen X11-Server für Windows (zum Beispiel `Xming`, `http://sourceforge.net/projects/xming`) laufen lassen.

Ich hatte hierzu bisher nur einen Anwendungsfall in meiner Karriere – in der Regel werden Sie nur X-Anwendungen nutzen, die sich auf demselben Rechner wie der X-Server befinden oder die Administration über SSH oder Web-basierend vornehmen. Aus diesem Grund gehe ich an dieser Stelle nicht weiter darauf ein.

20.5.2 Andere Applikationen durch SSH tunneln

Möchten Sie eine unsichere Applikation durch SSH tunneln, müssen wir ein bisschen tiefer in die Trickkiste greifen:

Das Verb *to map* heißt im Englischen »etwas abbilden«. Wenn wir von *mappen* sprechen, meinen wir »etwas auf einem Objekt abbilden«.

Konkreter: Wir möchten zum Beispiel die unsichere HTTP-Kommunikation mit dem Webserver auf dem Zielrechner durch SSH tunneln, um sie abhörsicher zu machen. Es gibt bessere Methoden hierzu (zum Beispiel SSL), aber nehmen wir es als Beispiel.

Für diesen Tunnel bilden wir die Ziel-IP 192.168.1.1 (gleichzeitig unser SSH-Server) mit dem Zielport 80 (HTTP) auf localhost (127.0.0.1) und einem bisher nicht gebundenen Port ab, zum Beispiel 81. Sie können eine IP-Adresse/Port-Kombination durch einen Doppelpunkt voneinander getrennt angeben:

```
192.168.1.1:80 wird gemappt auf 127.0.0.1:81
```

Das stellen wir unter PuTTY folgendermaßen nach: Geben Sie zunächst die gewünschte IP-Adresse oder den Hostnamen des SSH-Servers (192.168.1.1) im Startfenster ein. Tragen Sie unter CONNECTION|SSH|TUNNELS im Feld SOURCE PORT den Wert 81 ein. Anschließend müssen Sie unter DESTINATION den Wert `192.168.1.1:80` angeben, um den Webserver auf diesem Host anzusprechen.

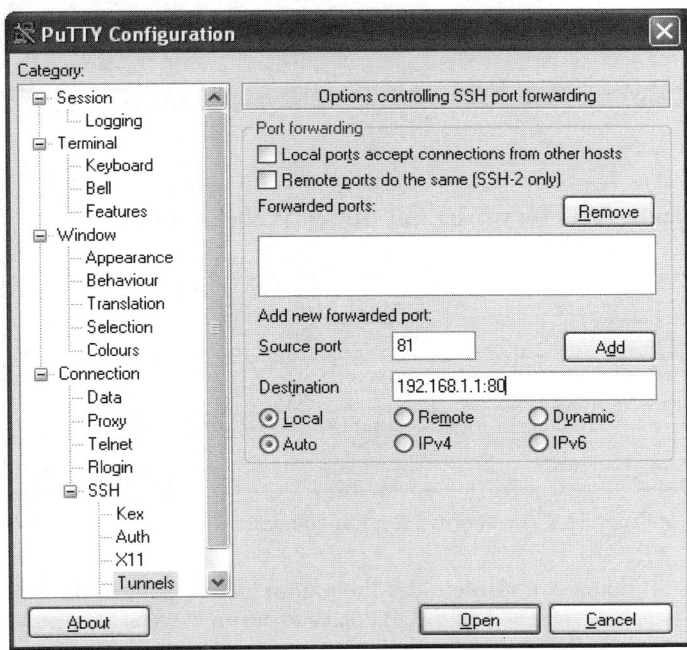

Abb. 20.11: Sie können beliebige Anwendungen durch SSH tunneln.

Klicken Sie nun auf ADD. Der neue Tunnel erscheint in der Liste der FORWARDED PORTS:

Abb. 20.12: Links der lokale Port, rechts das gemappte Ziel

Bauen Sie nun die Verbindung zum SSH-Server durch Klick auf OPEN auf, sehen Sie nach der erfolgreichen Anmeldung einen neuen gebundenen Port, wenn Sie auf dem Windows-Client in der Eingabeaufforderung `netstat -na` eingeben (ja, auch der kann das!).

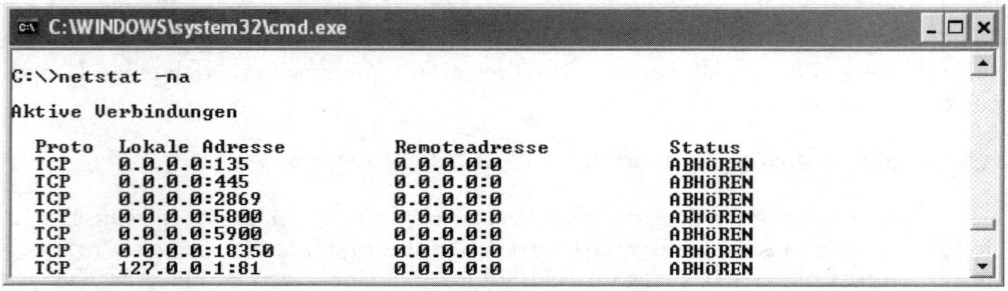

```
C:\>netstat -na

Aktive Verbindungen

  Proto  Lokale Adresse         Remoteadresse          Status
  TCP    0.0.0.0:135            0.0.0.0:0              ABHÖREN
  TCP    0.0.0.0:445            0.0.0.0:0              ABHÖREN
  TCP    0.0.0.0:2869           0.0.0.0:0              ABHÖREN
  TCP    0.0.0.0:5800           0.0.0.0:0              ABHÖREN
  TCP    0.0.0.0:5900           0.0.0.0:0              ABHÖREN
  TCP    0.0.0.0:18350          0.0.0.0:0              ABHÖREN
  TCP    127.0.0.1:81           0.0.0.0:0              ABHÖREN
```

Abb. 20.13: `netstat -na` zeigt auch unter Windows die gebundenen Ports.

Greifen Sie nun auf die Adresse 127.0.0.1:81 zu; indem Sie sie in der Adressleiste des Browsers eingeben, wird diese über SSH auf 192.168.1.1:80 weitergeleitet:

Abb. 20.14: Der Webserver auf 192.168.1.1 ist über 127.0.0.1:81 zu erreichen.

Lassen Sie auf dem Client `Wireshark` mitlaufen (das Programm gibt es ja auch für Windows), werden Sie nur SSH-Pakete sehen – keine HTTP-Pakete, die im Klartext kommunizieren.

Diese Tunneltechnik bietet sich immer dann an, wenn Sie über an sich unsichere Protokolle vertraulich kommunizieren möchten. Wie Sie sehen, ist SSH ein Protokoll mit vielen Features und Möglichkeiten. Da es auf verschlüsselter Kommunikation basiert, ist es immer den unverschlüsselten Varianten Telnet, FTP und den R-Diensten (`rlogin`, `rsh` usw.) vorzuziehen. Meiner Erfahrung nach wird 90% der Linux-Administration via SSH durchgeführt. Auch ich werde im Folgenden davon ausgehen, dass Sie Ihren Server in eine Ecke gestellt, Maus, Tastatur und Monitor abgeklemmt haben und nur noch per SSH über das Netzwerk auf Ihren Server zugreifen, wenn Sie ihn administrieren möchten.

20.6 Zusammenfassung und Weiterführendes

Mit dem Remote-Zugriff via SSH haben wir den ersten Teil nun abgeschlossen. Nachdem Sie ein gutes Grundlagenwissen über Ihren Linux-Server erworben und sich mit allerlei Kommandos inklusive diverser Optionen und Parameter herumgeschlagen haben, wissen Sie vermutlich spätestens nach diesem Kapitel, warum ich Sie fast ausschließlich auf der Konsole rumhacken lasse – es ist schlicht die effizienteste Methode, einen Linux-Server von überall aus zu administrieren, ohne Qualitätseinbußen in Kauf nehmen zu müssen. Ob Sie lokal am Server sitzen oder irgendwo 2000 Kilometer entfernt, macht sich fast nicht bemerkbar. Versuchen Sie das mal mit Microsofts Terminal-Service oder X Window ...

Ab jetzt können Sie Ihren Linux-Server, nachdem Sie eine Basisinstallation vorgenommen haben, in eine Ecke stellen und sämtliche Kabel außer dem Strom- und dem Netzwerkdatenkabel entfernen. Möchten Sie sichergehen, dass sich niemand an Ihrem Server vergreift, entfernen Sie im BIOS sämtliche anderen möglichen Bootmedien und sichern die BIOS-Einstellungen durch ein Passwort ab – vergeben Sie aber besser kein Boot-Passwort, da Sie sonst Probleme bekommen, wenn Ihr Server unerwartet doch einmal neu gestartet werden muss.

Teil 2

Der Backoffice-Server

Ab jetzt geht es voll in die Praxis! Bisher haben wir die Grundlagen der allgemeinen Systemadministration besprochen. Sie haben das (Debian-)Linux-System und Ihren Administrator-Werkzeugkasten kennen gelernt und haben schon einige Erfahrung als Systemadministrator sammeln können. In den letzten Kapiteln haben wir Ihren Linux-Server netzwerkfähig gemacht. Nun wird es Zeit, den Server nutzbringend in Ihrem Netzwerk einzusetzen – als Mittel zum Zweck und nicht mehr als Selbstzweck.

Das Szenario

In Ihrem Unternehmen, dem *Architekturbüro Windschief*, wurden kürzlich drei neue Mitarbeiter angestellt: eine Sekretärin und zwei neue Architekten. Damit zählt das Unternehmen nun 12 Mitarbeiter. Wie eingangs erwähnt, sind Sie der System- und Netzwerkadministrator des Betriebs. Bisher sind die PCs der Mitarbeiter zwar miteinander vernetzt, aber als Peer-to-Peer-Netzwerk organisiert, das heißt, es gibt keine zentrale Organisation oder Datenhaltung – alle Workstations sind gleichberechtigt. Der Chef, Herr Windschief, hat sich nach einem Beratungsgespräch mit Ihnen dazu entschlossen, das EDV-System auf ein Client-Server-Netzwerk umzustellen:

Sie haben Herrn Windschief davon überzeugen können, dass das Betriebssystem Linux alles mitbringt, was ein Unternehmensserver benötigt. Zunächst soll ein zentraler Server auf Debian-Basis mit Basiskonfiguration erstellt werden. Anschließend werden wir verschiedene Serverdienste einrichten, die in einem lokalen Netz typischerweise genutzt werden. Dazu zählen:

- DHCP (Dynamic Host Configuration Protocol – dynamische Zuweisung von IP-Konfigurationen für Clients)
- NFS (Network File System – Dateizugriff für Linux-Clients)
- CUPS (Common Unix Printing Service – Druckdienste für Linux-Clients)
- Samba (SMB – Datei- und Druckserver für Windows-Clients)
- Domain-Controller (Linux als Domänen-Controller für Windows-Clients)
- MySQL (Aufbau eines relationalen Datenbankmanagementsystems)
- Apache (der Webserver – Aufbau eines Intranets)

Klingt spannend? Ist es auch! Aber eins nach dem anderen. Schließlich wurde Rom auch nicht an einem einzigen Tag erbaut. Also nehmen wir uns einen Dienst nach dem anderen vor, um zu sehen, wie er installiert, konfiguriert und getuned wird – und welche Stolperfallen existieren, die wir vielleicht umgehen können.

Die bisherige Netzwerkkonfiguration

Zurzeit ist alles in einem einfachen Peer-to-Peer-Netzwerk angeordnet – soweit es die Windows-Rechner angeht. Allerdings gibt es noch zwei Linux-Rechner, die im Moment noch nicht mit den Windows-Rechnern kommunizieren, sondern als Stand-Alone-PCs ihren Dienst verrichten.

Das Ganze stellt sich also folgendermaßen dar:

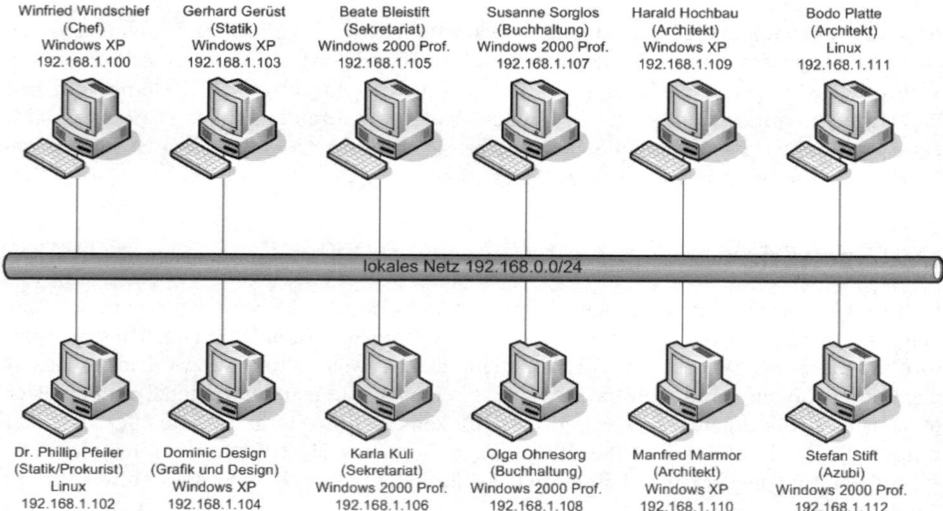

Abb. T.1: Ausgangskonfiguration des Netzwerks

Warum ein Client-Server-Netzwerk?

Wie Sie sehen, gibt es bisher keine zentrale Instanz, die eine – wie auch immer geartete – Verwaltungsfunktion übernimmt (außer Ihnen in der Funktion des Administrators). »Okay!«, werden Sie vielleicht denken, »Aber warum sollten wir das ändern?« Danke für die Vorlage! Hier kann ich Ihnen gleich einige Gründe nennen:

1. Ab einer bestimmten Größe wird ein Peer-to-Peer-Netzwerk schwer zu administrieren, da die Ressourcen auf jedem einzelnen Rechner verwaltet werden müssen – das bedeutet viel Aufwand für den armen Administrator. Man spricht von einer Grenze von ca. 10 Workstations. Meines Erachtens macht es aber aus den weiter unten genannten Gründen durchaus Sinn, auch bei weniger Clients bereits einen Server zu installieren.
2. Eine zentrale Verwaltung ermöglicht die Konfiguration bestimmter Ressourcen auf einem zentralen Rechner – Server genannt. Damit müssen eben nicht alle Clients ein-

zeln konfiguriert werden. Das beinhaltet zum Beispiel die IP-Konfiguration und Datei- und Druckdienste.

3. Eine zentrale Datenhaltung ermöglicht eine einfache Backup-Strategie, da nur die Daten vom Server gesichert werden müssen – nicht von den Clients.
4. Einige Dienste können nur zentral angeboten werden, wie zum Beispiel das Intranet. Ein Webserver auf jedem Client macht nun wirklich keinen Sinn. Auch ein relationales Datenbanksystem auf jedem Client ist unsinnig. Greifen mehrere Clients auf ein und dieselbe Ressource zu, macht ein Server grundsätzlich Sinn.

Überzeugt? Noch nicht ganz? Na dann lassen Sie uns doch gleich mal einen Blick auf den ersten Serverdienst DHCP werfen und schauen, was dieser Dienst für unsere Clients bereitstellt.

Doch zunächst die Laborumgebung ...

Moment! Haben wir da nicht noch etwas vergessen? In der Einleitung habe ich damit geprahlt, dass dies ein praktisches Lehrbuch sei und Sie aufgefordert, jeden Schritt und jede Übung praktisch nachzuvollziehen – allerdings an einem Übungsrechner!

> Ich empfehle Ihnen nachdrücklich, Ihr neues Wissen nicht in einer Praxisumgebung zu erproben, sondern zunächst in einer Laborumgebung, *Lab* genannt. Ein verantwortungsbewusster Administrator wird größere Konfigurationsänderungen an einem Server oder dem Netzwerk immer zunächst im Lab ausgiebig testen, bevor diese in die Produktivumgebung eingebracht werden.

Natürlich ist es unter normalen Umständen nicht notwendig, das Produktivnetzwerk exakt nachzubilden. Es reicht, wenn alle wesentlichen Komponenten modellhaft nachgebildet sind. Alle Windows-Clients innerhalb unseres Netzwerks können also durch einen einzigen Client dargestellt werden, ebenso wie die Linux-Rechner. Haben Sie in der Praxis einen hochwertigen Server mit zwei Prozessoren und 2 GB RAM, können Sie diesen im Lab durch einen einfachen Rechner ersetzen, da dieser nicht unter Last steht. Es reicht, wenn die Rechner die Mindesthardware-Anforderungen für die jeweilige Plattform (hier also unser Debian-Linux) erfüllen. Werfen wir also einen Blick auf unser Lab.

Wir verwenden das Subnetz 192.168.1.0/24, da dieses auch im Praxis-LAN eingesetzt wird. Dabei erhält der Debian-Server die IP-Adresse 192.168.1.1 und die Clients 192.168.1.100 und 192.168.1.101. Wir fassen alle Windows-Clients zu einem Windows XP-Rechner zusammen. Diese Vereinfachung gönnen wir uns, da sich Windows 2000 Professional und Windows XP im Netzwerk fast gleich verhalten. Sie können demnach auch einen Windows-2000-Professional-Rechner als Client aufsetzen, wenn Sie über keine Windows XP-Lizenz verfügen.

Außerdem haben wir im Produktionsnetzwerk noch zwei Linux-Rechner, die wir auch darstellen wollen, indem wir einen Linux-PC konfigurieren und in unser Lab einbinden. Haben Sie nur zwei PCs zur Verfügung, können Sie auf dem Client ein Dualboot-System mit Windows 2000/XP und Linux aufsetzen und je nach Bedarf das passende Betriebssystem booten.

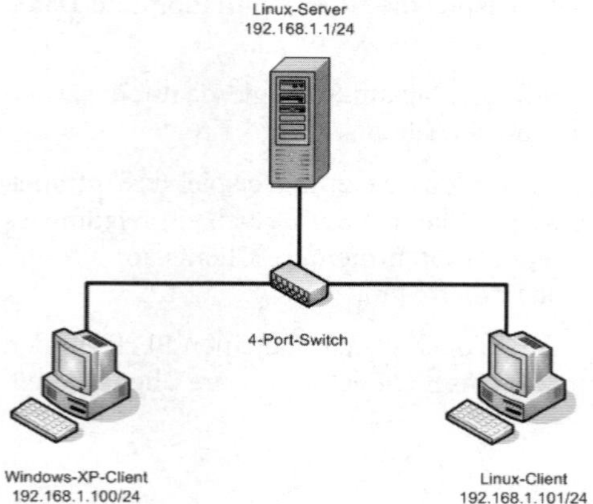

Abb. T.2: Laborumgebung für den Backoffice-Server

Welche Linux-Distribution und -Version Sie verwenden, ist clientseitig egal. Wir haben kaum Anforderungen an den Client, daher erfüllen fast alle – auch die älteren – Distributionen unsere Kriterien. Installieren Sie einfach Ihr Lieblings-Linux oder eines, mit dem Sie bereits ein wenig Erfahrung gesammelt haben, zum Beispiel SuSE oder Red Hat.

Dies gilt natürlich grundsätzlich auch für den Server. Zwar gehe ich hier auf Debian GNU/ Linux *Etch* und *Lenny* ein, doch sind die Netzwerkdienste zu einem großen Teil distributionsunabhängig. Sie werden also ebenso wie bei den Grundlagen auch bei den Netzwerkdiensten einen Nutzen aus diesem Buch ziehen können, auch wenn Sie eine andere Distribution verwenden. Besonderheiten bei der Installation oder Konfiguration sind meistens überschaubar und schnell zu erfassen.

## Kapitel 21

DHCP – dynamische Zuweisung der IP-Konfiguration

Das DHCP (Dynamic Host Configuration Protocol) ist eine segensreiche Erfindung, die oftmals gar nicht richtig geschätzt wird. Mit diesem Protokoll können Sie auf einem Server (einmalig) eine IP-Konfiguration erstellen und diese den Clients bei Bedarf (zum Beispiel beim Booten) zuweisen. Die Clients müssen zu diesem Zweck lediglich die Option für die dynamische Adresszuweisung (IP-Adresse automatisch beziehen) aktiviert haben.

In diesem Kapitel lernen Sie Folgendes:

- Was kann DHCP?
- Wie funktioniert DHCP?
- Installation des DHCP-Servers
- Konfiguration des DHCP-Servers
- Dynamische DNS-Aktualisierungen über DHCP

Einerseits ist DHCP ein recht einfach zu konfigurierender Dienst. Andererseits haben Sie durch DHCP die Möglichkeit, sich viel Arbeit an den Clients zu ersparen. DHCP bietet sogar die Möglichkeit einer dynamischen Registrierung bei einem DNS-Server. Auch das werden wir in diesem Kapitel beleuchten.

21.1 Das Szenario

Nachdem das EDV-Netzwerk in den letzten Jahren frei gewachsen ist, möchten Sie als Administrator Stück für Stück Ordnung schaffen. Ihr Fokus liegt darauf, die Administration möglichst zentral zu halten, da Sie mit »Turnschuh-Administration« bereits mehrere Paar Schuhe abgetragen haben – und da Ihr Antrag auf Kilometergeld abgelehnt wurde, haben Sie nun Ihre Strategie geändert.

Sie haben schon von DHCP gehört und möchten sich diesen Dienst nutzbar machen. Ihr Chef, Herr Windschief, steht auf dem Standpunkt, dass Sie einrichten können, was Ihnen das Leben erleichtert, solange dadurch nicht der Betrieb gefährdet wird. Mit anderen Worten: Er hat Ihnen freie Hand gelassen. Für die nächsten Tage haben Sie sich vorgenommen, die Einsatzmöglichkeiten von DHCP in Ihrem Netzwerk zu prüfen und gegebenenfalls einen Plan für die Implementation von DHCP zu erstellen. Lassen Sie uns daher zunächst DHCP allgemein bzw. im Lab betrachten, bevor Sie sich der Aufgabe widmen, eine passende Konfiguration im Netzwerk des Architekturbüros zu erstellen.

21.2 Was kann DHCP?

Mittels DHCP lassen sich unter anderem folgende Einstellungen zuweisen:

- IP-Adresse und Subnetzmaske
- Standard-Gateway
- DNS-Server
- WINS-Server
- DNS-Suffix (der Name, der an den Hostnamen angehängt wird)

Es gibt Dutzende von Konfigurationsmöglichkeiten. Allerdings sind die oben genannten die weitaus häufigsten. Ein DHCP-Server lohnt sich aus verschiedenen Gründen auch schon in kleinen Netzwerken. DHCP bietet folgende Vorteile:

- Es ist bei der Konfiguration eines Clients kein Know-how über die IP-Konfiguration notwendig (freie IP-Adressen, Gateway-IP, DNS- und WINS-Server-IP etc.), da dies der DHCP-Server übernimmt. Das erspart dem Administrator Zeit und Mühe.
- Wird ein Rechner neu aufgesetzt, erhält er automatisch eine passende IP-Konfiguration.
- Sollte ein Rechner in ein anderes Subnetz versetzt werden, bekommt er auch dort die passende Konfiguration zugewiesen. Dies betrifft zugegebenermaßen insbesondere größere Netzwerke mit mehreren Subnetzen, aber gerade dort spielt der DHCP-Dienst natürlich seine volle Stärke aus. Aus Erfahrung kann ich Ihnen sagen, dass eine manuelle Konfiguration der Clients bei mehreren hundert PCs kaum noch durchführbar ist.

> DHCP ist aus dem Bootstrap Protocol (BootP) hervorgegangen. Dieses wurde insbesondere für so genannte »Thin-Clients« (wörtlich: dünne Clients) ohne Festplatte verwendet. Diese haben neben den Netzwerkinformationen auch gleich das ganze Betriebssystem über BootP erhalten. Dabei handelte es sich natürlich nicht um mehrere hundert Megabyte, sondern lediglich um einige Kilobyte. Das waren noch Zeiten ...

Wie aber funktioniert das DHCP-System? Wie kommunizieren Client und Server miteinander und welche Informationen werden ausgetauscht? Lassen Sie uns einen Blick hinter die Kulissen werfen.

21.3 Wie funktioniert DHCP?

Während des Systemstarts eines Clients wird irgendwann die Netzwerkhardware (NIC – Network Interface Card) initialisiert. Hierbei kann der Schnittstelle entweder eine statische IP-Konfiguration zugewiesen werden oder dies geschieht per DHCP automatisch. Im letzteren Fall muss der Client mit dem DHCP-Server kommunizieren. Dabei werden in der Grundform vier Datenpakete ausgetauscht:

1. Der Client sendet einen so genannten DHCP-DISCOVER. Dieses Datenpaket enthält als Zieladresse FF:FF:FF:FF:FF:FF, also die Broadcast-Adresse auf Layer 2 (siehe Kapitel 17 *Netzwerkgrundlagen und TCP/IP*). Er brüllt also ins Netz. Mit diesem Paket signalisiert der Client: »Ich bin blind und taub, bitte gebt mir eine Brille und ein Hörgerät und sagt

mir, wo der Ausgang ist.« – mit anderen Worten: er möchte gerne eine IP-Konfiguration haben. Als Quelladresse enthält das Paket die MAC-Adresse des Clients.

2. Der DHCP-Server empfängt dieses »Hilfegesuch« und antwortet mit einem DHCP-Offer. Dieses Datenpaket enthält ein Angebot für eine IP-Konfiguration für den Client. Obwohl der Server die MAC-Adresse des Clients kennt, antwortet er auch hier mit einem Broadcast, brüllt also quasi zurück. Die gesamte DHCP-Aushandlung geschieht über Broadcast. Warum dies so ist, erschließt sich mir nur bedingt, ist aber auch nicht weiter von Belang.
3. Der Client sendet anschließend einen DHCP-Request an den DHCP-Server, um diese IP-Konfiguration anzunehmen.
4. Schließlich bestätigt der Server dies mit einem DHCP-Acknowledge, womit die IP-Konfigurationsvergabe zunächst abgeschlossen ist.

Schauen wir uns den Vorgang noch einmal bildlich an:

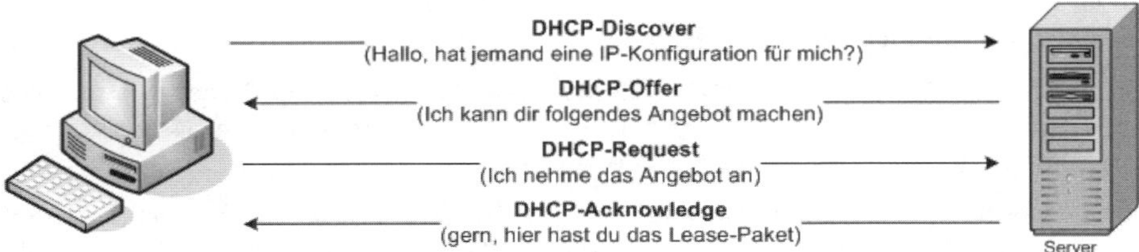

Abb. 21.1: DHCP-Kommunikation

Damit erhält der Client eine so genannte *Lease*. Unter *Lease* versteht man eine per DHCP vergebene IP-Konfiguration, die zeitlich begrenzt ist, sozusagen eine Leihgabe. Bei Windows-Clients kann man das sehr schön auf einen Blick sehen. Geben Sie in der Eingabeaufforderung **`ipconfig /all`** ein, bietet sich zum Beispiel ein Bild wie in Abbildung 21.2.

```
C:\WINDOWS\system32\cmd.exe

Ethernetadapter LAN-Verbindung:

        Verbindungsspezifisches DNS-Suffix: linux.local
        Beschreibung. . . . . . . . . . . : Realtek RTL8139-Familie-PCI-Fast Eth
ernet-NIC
        Physikalische Adresse . . . . . . : 00-40-F4-4F-49-1C
        DHCP aktiviert. . . . . . . . . . : Ja
        Autokonfiguration aktiviert . . . : Ja
        IP-Adresse. . . . . . . . . . . . : 192.168.1.100
        Subnetzmaske. . . . . . . . . . . : 255.255.255.0
        Standardgateway . . . . . . . . . : 192.168.1.254
        DHCP-Server . . . . . . . . . . . : 192.168.1.1
        DNS-Server. . . . . . . . . . . . : 192.168.1.254
        Lease erhalten. . . . . . . . . . : Montag, 8. Mai 2006 21:04:10
        Lease läuft ab. . . . . . . . . . : Montag, 8. Mai 2006 21:14:10

C:\Dokumente und Einstellungen\internet>
```

Abb. 21.2: IP-Konfiguration durch DHCP

Sie sehen, dass hier die IP-Adresse 192.168.1.100 vergeben wurde. Dass diese von einem DHCP-Server stammt, erkennen Sie an der Zeile, die mit DHCP-SERVER beginnt, aus der die IP-Adresse des DHCP-Servers hervorgeht (192.168.1.1). Ganz unten finden Sie Informationen über den Zeitpunkt, zu dem die *Lease* erteilt wurde und wann diese abläuft.

> Die Lease-Dauer bestimmt die Zeit der Leihgabe. Wurde die Lease innerhalb dieser Zeit nicht erneuert, muss der Client seine Lease wieder abgeben und verliert seine IP-Konfiguration. Er kann damit nicht mehr ohne Weiteres im Netzwerk kommunizieren.

Der Client versucht, nach der Hälfte der Zeit seine Lease zu erneuern. Dazu schickt er ein Unicast-Paket (also zielgerichtet) an seinen DHCP-Server in Form eines DHCP-REQUESTs. Unter normalen Umständen antwortet der DHCP-Server mit einem DHCP-ACKNOWLEDGE, und die Lease-Zeit wird erneuert.

Hat der Client keinen Erfolg bei der Kontaktaufnahme zu seinem DHCP-Server, versucht er es später erneut mit einem DHCP-REQUEST. Er probiert also, seine alte Lease nochmals zu erneuern. Antwortet der DHCP-Server auch dieses Mal nicht, muss der Client nach Ablauf der Lease-Dauer seine IP-Konfiguration abgeben und wechselt in den *Init-Status.* Nun versucht er, mit einem DHCP-DISCOVER gewissermaßen »ganz von vorn« per Broadcast eine beliebige DHCP-Konfiguration zu erhalten.

Mit einem DHCP-DISCOVER reagiert der Client auch auf ein DHCP-NACK des Servers. Dies passiert zum Beispiel, wenn der Client eine alte Lease aus einem anderen Netz mitbringt und nun in ein neues Subnetz eingebunden wird.

Ist der DHCP-Server *autoritativ* (also verantwortlich für dieses Netzwerk), sendet dieser auf die Anfrage des Clients auf Erneuerung der alten IP-Lease ein DHCP-NACK. Dies signalisiert dem Client, dass er seine aktuelle Lease nicht weiter nutzen darf. Durch diese Antwort ist der Client sozusagen »beleidigt« und beginnt wieder mit einem DHCP-DISCOVER.

Wenn die Begriffe für Sie etwas verwirrend sind, schauen Sie sich noch einmal oben die vier Schritte einer DHCP-Aushandlung an.

> DHCP kommuniziert im Übrigen vom Quell-Port 68/udp (DHCP-Client) über den Ziel-Port 67/udp (DHCP-Server). Dies ist wichtig, wenn Sie auf dem DHCP-Server oder zwischen Client und Server eine Firewall konfigurieren wollen. Wir kommen in *Kapitel 36 iptables als Netzwerkfirewall* darauf zurück.

21.4 Installation des DHCP-Servers

Debian GNU/Linux *Etch* und *Lenny* bringen den DHCP-Server von ISC (`www.isc.org`) in der Version 3 mit. Er ist unter Linux der gebräuchlichste und hat eine einfache Syntax. Um ihn zu installieren, benötigen Sie die Pakete `dhcp3-server` und `dhcp3-common` und ggf. noch `dhcp3-client`. Für die Installation reicht es, wenn Sie das Serverpaket angeben, da die Abhängigkeiten automatisch aufgelöst werden:

```
# apt-get install dhcp3-server
```

Im anschließend gezeigten Dialogfenster erfahren Sie, dass Ihr Server im gegenwärtigen Zustand nicht autoritativ ist. Das sollte er aber sein, daher werden wir dies in unserer Konfiguration berücksichtigen:

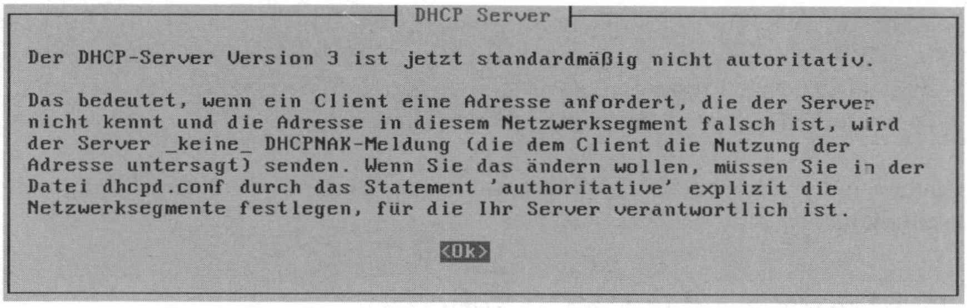

```
                    ┤ DHCP Server ├
Der DHCP-Server Version 3 ist jetzt standardmäßig nicht autoritativ.

Das bedeutet, wenn ein Client eine Adresse anfordert, die der Server
nicht kennt und die Adresse in diesem Netzwerksegment falsch ist, wird
der Server _keine_ DHCPNAK-Meldung (die dem Client die Nutzung der
Adresse untersagt) senden. Wenn Sie das ändern wollen, müssen Sie in der
Datei dhcpd.conf durch das Statement 'authoritative' explizit die
Netzwerksegmente festlegen, für die Ihr Server verantwortlich ist.

                              <Ok>
```

Abb. 21.3: Ihr Server ist im Moment noch nicht der Chef im Ring ...

Nach der Installation wird der Server selbstständig gestartet – und bricht mit einer ärgerlichen, wenn auch voraussehbaren (und zudem unter *Lenny* noch schlecht formatierten) Fehlermeldung ab:

```
Starting DHCP server: dhcpd3check syslog for diagnostics. failed!
 failed!
invoke-rc.d: initscript dhcp3-server, action "start" failed.
```

Dies ist absolut korrekt, wie uns der empfohlene Blick in `/var/log/syslog` zeigt:

```
# tail /var/log/syslog
May  9 19:17:59 localhost dhcpd: No subnet declaration for eth0 (192.168.1.1).
May  9 19:17:59 localhost dhcpd: ** Ignoring requests on eth0.  If this is not what
May  9 19:17:59 localhost dhcpd: you want, please write a subnet declaration
May  9 19:17:59 localhost dhcpd: in your dhcpd.conf file for the network segment
May  9 19:17:59 localhost dhcpd: to which interface eth0 is attached. **
May  9 19:17:59 localhost dhcpd:
May  9 19:17:59 localhost dhcpd:
May  9 19:17:59 localhost dhcpd: Not configured to listen on any interfaces!
```

Ein DHCP-Server ist im Default-Zustand nicht lauffähig – eleganter wäre es gewesen, wenn der Dienst nicht automatisch gestartet würde und stattdessen eine passende Meldung in Form eines Dialogfensters käme, dass eine manuelle Konfiguration der DHCP-Konfigurationsdatei notwendig ist. Unter der alten Version *Sarge* (Debian 3.1) war das noch der Fall, hier ist man leider einen Schritt zurückgegangen.

Während Ihre NIC `eth0` im Netz die IP-Adresse 192.168.1.1 hat und im Subnetz 192.168.1.0/24 liegt, gibt es in der DHCP-Konfigurationsdatei noch keine passende Konfiguration, um IP-Adressen aus diesem Adressbereich anzubieten.

Für alle, die bei der Fehlermeldung des DHCP-Servers im ersten Moment einen Adrenalinschub bekommen haben, hier ein kleiner Rat:

Bleiben Sie bei der Installation eines neuen Dienstes auch bei Fehlern gelassen und elastisch. Werfen Sie zunächst einen Blick in die Logdateien der entsprechenden Dienste oder – wie in diesem Fall – in `/var/log/syslog`. Sie können davon ausgehen, dass die wenigsten Neuinstallationen auf Anhieb perfekt funktionieren. Irgendetwas ist immer.

Meiner Erfahrung nach lassen sich die meisten Fehler nach einer kurzen Analyse finden. Lassen Sie sich also nicht gleich entmutigen. Im Übrigen gibt es unter Windows 2003/2008-Server bei der Installation der Serverdienste genauso viele Fallstricke wie unter Linux – Sie verstecken sich nur unter einer schönen Oberfläche ...

So, nun ziehe ich den erhobenen Zeigefinger wieder ein. Lassen Sie uns zur (Konfigurations-)Tat schreiten.

21.5 Konfiguration des DHCP-Servers

Die Konfigurationsdatei für den DHCP-Server ist `/etc/dhcp3/dhcpd.conf`. Wir werden die Datei »from the scratch«, also von Grund auf neu erstellen. Dazu werden wir im Rahmen des folgenden kleinen Workshops nach und nach einige Erweiterungen einbringen. Im Anschluss lernen Sie noch etwas über die fortgeschrittenen Optionen.

21.5.1 Workshop: DHCP-Grundkonfiguration

Der vorliegende Workshop geht davon aus, dass Sie einen Windows-Client nutzen. Steht Ihnen nur ein Linux-Client zur Verfügung, funktioniert die Serverkonfiguration in derselben Art, allerdings müssen Sie sich unter Linux die Konfigurationsinformationen aus verschiedenen Quellen zusammensuchen:

- **`ifconfig`** zeigt Ihnen die IP-Adresse und Subnetzmaske
- **`netstat -nr`** zeigt Ihnen das Standard-Gateway und alle weiteren Routen
- `/etc/resolv.conf` zeigt Ihnen die konfigurierten DNS-Server und das Domain-Suffix.

Nutzen Sie einen Linux-Client, dann vergessen Sie nicht, unter `/etc/network/interfaces` das Interface `eth0` auf DHCP zu stellen (siehe Kapitel 18 *Netzwerkkonfiguration*).

Lassen Sie uns beginnen! Zunächst benennen Sie die Originalkonfigurationsdatei um:

```
# mv /etc/dhp3/dhcpd.conf /etc/dhp3/dhcpd.conf.old
```

Anschließend erstellen Sie eine neue leere Konfigurationsdatei:

```
# touch /etc/dhp3/dhcpd.conf
```

Öffnen Sie nun die neue Datei `/etc/dhcp3/dhcpd.conf` mit Ihrem Lieblingseditor (zum Beispiel `pico`, `vi` oder `mcedit`) und fügen zunächst die folgenden Zeilen hinzu:

```
ddns-update-style none;
authoritative;
subnet 192.168.1.0 netmask 255.255.255.0 {
        range 192.168.1.100 192.168.1.199;
}
```

Hiermit definieren Sie in der ersten Zeile, dass Sie keine dynamischen DNS-Updates vornehmen möchten. Ich komme später in diesem Kapitel auf diese Funktion zurück.

Beachten Sie, dass jede Direktive mit einem Semikolon abgeschlossen wird. Kommentarzeilen werden wie üblich mit einem Doppelkreuz (#) eingeleitet.

In Zeile 2 stellen Sie mit der Direktive `authoritative` sicher, dass Ihr DHCP-Server der Chef ist. Ansonsten kann es aus bereits genannten Gründen passieren, dass in Ihrem Netzwerk DHCP-Clients mit einer vollkommen falschen IP-Konfiguration ihr Unwesen treiben.

Darunter legen Sie das Subnetz auf 192.168.1.0/24 fest, aus dem Sie in Zeile 4 eine *Range* angeben. Eine *Range* ist ein Bereich innerhalb eines Subnetzes. Sie definieren alle Optionen, die für eine bestimmte Range gelten, innerhalb der geschweiften Klammern. Die Start- und die Endadresse legen fest, dass dieser Adressbereich (192.168.1.100 bis 192.168.1.199) für die Vergabe der IP-Adressen zur Verfügung steht.

Damit haben Sie bereits eine einfache, aber funktionsfähige Konfiguration. Speichern Sie die Datei und beenden Sie den Editor. Sie können den Editor auch offen lassen und auf eine andere Konsole wechseln – wir werden weitere Änderungen an der Config-Datei vornehmen.

Achtung: In jedem Fall müssen Sie nun den DHCP-Server neu starten, um die Konfiguration zu aktualisieren. Dies gilt auch für alle folgenden Konfigurationsänderungen und im Übrigen für die meisten anderen Dienste auch!

Geben Sie folgenden Befehl ein:

```
# /etc/init.d/dhcp3-server start
Starting DHCP server: dhcpd3.
```

Haben Sie noch einen weiteren DHCP-Server in Ihrem Netzwerk, zum Beispiel wie in unserem Lab einen DSL-Router, stellen Sie sicher, dass dieser DHCP-Server deaktiviert ist. Nun konfigurieren Sie den Windows-Client für die automatische Adressvergabe. Klicken Sie rechts auf das Symbol NETZWERKUMGEBUNG (entweder auf Ihrem Desktop oder im Startmenü), wählen den Punkt EIGENSCHAFTEN und hier Ihre Netzwerkkarte – diese heißt in der Voreinstellung LAN-VERBINDUNG.

Über deren Eigenschaften können Sie sich wiederum die EIGENSCHAFTEN VON INTERNETPROTOKOLL (TCP/IP) anzeigen lassen.

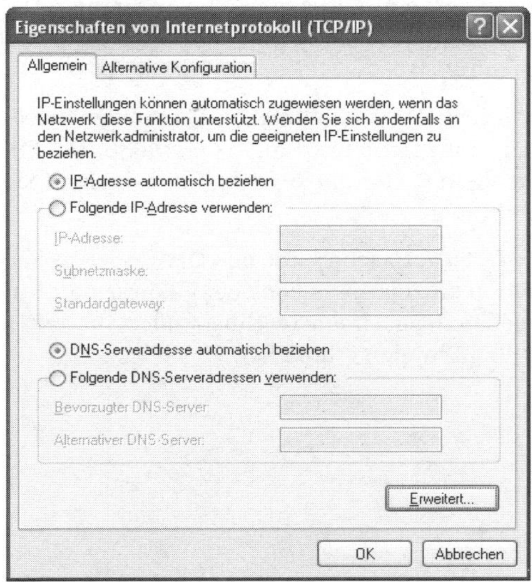

Abb. 21.4: Hier stellen Sie die IP-Konfiguration ein.

Hier stellen Sie sicher, dass die Optionen IP-ADRESSE AUTOMATISCH BEZIEHEN und DNS-SERVERADRESSE AUTOMATISCH BEZIEHEN aktiviert sind, wie in der Abbildung gezeigt.

Nun sollte der Client von unserem frischgebackenen DHCP-Server eine Lease erhalten haben. Dies kontrollieren Sie, indem Sie die Eingabeaufforderung öffnen (START|AUSFÜHREN -> **cmd**) und **ipconfig /all** eingeben:

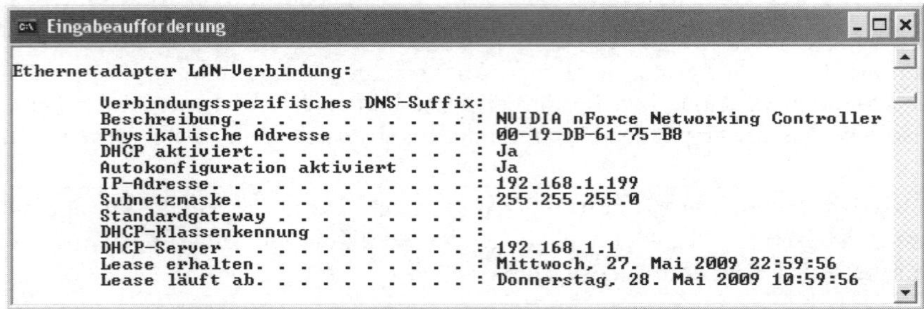
Eingabeaufforderung
Ethernetadapter LAN-Verbindung:
Verbindungsspezifisches DNS-Suffix:
Beschreibung. . . . . : NVIDIA nForce Networking Controller
Physikalische Adresse . . . . . . : 00-19-DB-61-75-B8
DHCP aktiviert. . . . . : Ja
Autokonfiguration aktiviert . . . : Ja
IP-Adresse. . . . . : 192.168.1.199
Subnetzmaske. . . . . : 255.255.255.0
Standardgateway . . . . :
DHCP-Klassenkennung . . . . :
DHCP-Server . . . . : 192.168.1.1
Lease erhalten. . . . . : Mittwoch, 27. Mai 2009 22:59:56
Lease läuft ab. . . . . : Donnerstag, 28. Mai 2009 10:59:56

Abb. 21.5: Erhält der Client eine Lease, zeigt er dies mit `ipconfig /all` an.

Der Client hat eine IP-Adresse aus dem Pool (192.168.1.199) erhalten. Wie Sie in den letzten drei Zeilen erkennen können, wurde vom DHCP-Server 192.168.1.1 am 27. Mai 2009 eine Lease vergeben, die exakt 12 Stunden später verfällt. Dies entspricht der Voreinstellung. Sie können das anpassen, indem Sie in `dhcpd.conf` eine entsprechende Zeile hinzufügen. Lassen Sie uns nun die Lease-Dauer auf 24 Stunden erhöhen, indem Sie folgende Zeilen unter `authoritative;` (!) eingeben:

```
default-lease-time 86400;
max-lease-time 86400;
```

Neben der Default-Lease-Dauer geben wir auch die maximale Lease-Dauer an. Dies ist notwendig, da ein DHCP-Client in einem DHCP-Request auch die Lease-Dauer anfordern kann – damit dieser Wert nicht beliebig groß werden kann, beschränken wir ihn hier. Die beiden Werte müssen übrigens nicht zwangsläufig gleich sein, wobei der Maximalwert im Zweifel natürlich höher sein muss als der Default-Wert.

Aber wie zum Dunkel komme ich auf diese Zahl? Nun, es handelt sich um Sekunden. Rechnen Sie selbst: Eine Stunde hat 3600 Sekunden, das multipliziert mit 24 ergibt 86400. Ein Tag hat demnach 86400 Sekunden. Wenn Sie diese Rechnungen genug üben, können Sie damit vielleicht sogar bei »Wetten dass ...?« auftreten ;-).

Zurück zum Ernst der Sache: Nachdem Sie die Datei gespeichert und den DHCP-Server neu gestartet haben, um die veränderte Konfiguration einzulesen (siehe oben), können Sie auf dem Windows-Client **ipconfig /renew** eingeben. Nach einem anschließenden **ipconfig /all** sehen Sie, dass sich die Lease-Dauer auf 24 Stunden erhöht hat:

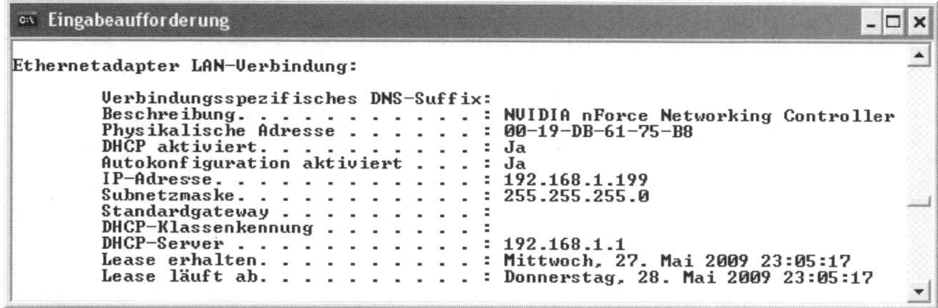

Abb. 21.6: Mit einer Lease-Dauer von einem Tag sind Sie auf der sicheren Seite.

Es bietet sich an, den Wert `default-lease-time` auf einen Tag zu setzen, da die Clients in der Regel während des ganzen Tages an sind – jedenfalls in Büros und anderen Produktivumgebungen.

> Sollte Ihr Windows-Client übrigens eine merkwürdige IP-Adresse aus dem Netz 169.254.0.0/16 erhalten haben, handelt es sich um APIPA (Automatic Private IP-Adressing) – eine in Windows integrierte Funktion, wonach DHCP-Clients, die keinen DHCP-Server kontaktieren können, eine zufällige IP-Adresse aus dem genannten Netzwerk beziehen. Es ist für diesen Zweck reserviert und wird – genau wie die privaten Adressräume – ebenfalls nicht im Internet geroutet. Somit können Windows-Clients auch ohne DHCP-Server und ohne statische IP-Adresse untereinander kommunizieren, solange sie sich im selben Netzwerk befinden.
>
> Die Kernaussage dieses Absatzes ist, dass die IP-Vergabe über DHCP in diesem Fall nicht funktioniert hat. Überprüfen Sie, ob Netzwerkkonnektivität vorhanden ist und ob Client und Server richtig konfiguriert sind.

Vielleicht ist Ihnen bei der Ausgabe von `ipconfig /all` die Lücke aufgefallen, die durch den fehlenden Wert für das Standardgateway gerissen wird. Die wollen wir schnellstens schließen, da der Client ansonsten keinen Kontakt zum Internet hat.

Vorausgesetzt, Ihre Umgebung entspricht unserer Laborumgebung, ist das Standard-Gateway 192.168.1.254 – nämlich der DSL-Router. Um ein Standard-Gateway einzugeben, benötigen Sie die `option`-Direktive. Sie können diese für alle Clients global setzen oder für eine bestimmte *Range*, sprich einen Bereich. Da Bereiche in der Regel für verschiedene Subnetze (mit verschiedenen Default-Routern) erstellt werden, sollten Sie diese Direktive *innerhalb der geschweiften Klammern* des entsprechenden Bereichs in einer eigenen Zeile unterbringen – ob Sie die Direktive über oder unter dem Range angeben, spielt jedoch keine Rolle:

```
option routers 192.168.1.254;
```

Mit der `routers`-Direktive definieren Sie das Standard-Gateway. Sie können hier auch weitere Router durch Komma voneinander getrennt angeben, jedoch ergibt dies in normalen Umgebungen m.E. nicht unbedingt Sinn. Im Übrigen könnten Sie auch DNS- bzw. durch `/etc/hosts` auflösbare Hostnamen angeben, zum Beispiel `router1.linux.local`. Ich für meinen Teil halte allerdings nichts davon, zu viel hinter DNS- und Hostnamen zu verstecken, da dies die Fehlersuche erschwert.

Schön und gut, das Standard-Gateway ist gesetzt – doch Webseiten können Sie sich damit immer noch nicht anzeigen lassen! Hierzu fehlt noch die Namensauflösung (wobei es natürlich theoretisch möglich wäre, die IP-Adressen der Webserver im Browser anzugeben).

In der Regel werden Sie – auch bei mehreren Subnetzen – nicht in jedem Subnetz einen anderen DNS-Server zur Verfügung stellen. Sie können jedoch zum Beispiel neben dem internen einen externen Server konfigurieren, um Redundanz zu schaffen. Gehen wir davon aus, dass der interne Server wiederum unser DSL-Router ist, benötigen wir diesmal folgende globale Direktive, die wir daher irgendwo *über* der `subnet`-Direktive einfügen:

```
option domain-name-servers 192.168.1.254, 217.237.151.225;
```

Neben dem internen DNS-Server wird hier noch, durch Komma getrennt, ein DNS-Server von der Telekom angegeben. Dieser wird nur dann angefragt, wenn der erste angegebene Server nicht reagiert.

Möchten Sie eine Option als globale Direktive für alle Bereiche (serverweit) festlegen, schreiben Sie die entsprechende Zeile *vor* die Bereichsdefinitionen. Weiter unten können Sie sich zur Übersicht noch einmal die gesamte Konfigurationsdatei ansehen.

> Die Reihenfolge der einzelnen Direktiven ist im Übrigen egal. Sie müssen nur darauf achten, ob eine Direktive für einen Bereich oder global gelten soll.

In diesem Zusammenhang tragen wir auch gleich den Domainnamen für unser Netzwerk als globale Direktive irgendwo über der Bereichsdefinition ein:

```
option domain-name "windschief.local";
```

Dies ist das Domainsuffix, das an den Hostnamen angehängt wird, wenn der Hostname allein nicht aufgelöst werden kann. Nähere Informationen hierzu finden Sie in Kapitel 30 *DNS – Namensauflösung im Internet*.

Lassen Sie uns nun schauen, welche Informationen der Client jetzt erhält. Speichern Sie `/etc/dhpd3/dhcpd.conf` ab und starten Sie `dhcpd3` wie oben gezeigt neu. Hier noch einmal unsere bisherige Konfiguration:

```
ddns-update-style none;
authoritative;
default-lease-time 86400;
max-lease-time 86400;
option domain-name-servers 192.168.1.254, 217.237.151.225;
option domain-name "windschief.local";
subnet 192.168.1.0 netmask 255.255.255.0 {
    option routers 192.168.1.254;
    range 192.168.1.100 192.168.1.199;
}
```

Nun erneuern Sie die Lease des Clients mit **`ipconfig /renew`**. Die Konfiguration des Clients sollte sich anschließend nach Eingabe von **`ipconfig /all`** folgendermaßen darstellen:

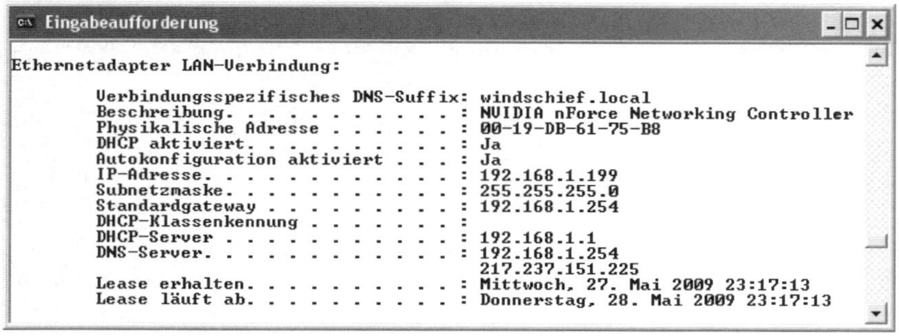

```
Eingabeaufforderung

Ethernetadapter LAN-Verbindung:

        Verbindungsspezifisches DNS-Suffix: windschief.local
        Beschreibung. . . . . . . . . . . : NVIDIA nForce Networking Controller
        Physikalische Adresse . . . . . . : 00-19-DB-61-75-B8
        DHCP aktiviert. . . . . . . . . . : Ja
        Autokonfiguration aktiviert . . . : Ja
        IP-Adresse. . . . . . . . . . . . : 192.168.1.199
        Subnetzmaske. . . . . . . . . . . : 255.255.255.0
        Standardgateway . . . . . . . . . : 192.168.1.254
        DHCP-Klassenkennung . . . . . . . :
        DHCP-Server . . . . . . . . . . . : 192.168.1.1
        DNS-Server. . . . . . . . . . . . : 192.168.1.254
                                            217.237.151.225
        Lease erhalten. . . . . . . . . . : Mittwoch, 27. Mai 2009 23:17:13
        Lease läuft ab. . . . . . . . . . : Donnerstag, 28. Mai 2009 23:17:13
```

Abb. 21.7: Die neue Lease enthält schon mehr Konfigurationsinformationen.

Na das sieht doch schon etwas weniger lückenhaft aus, oder? Der Client hat neben dem Standard-Gateway auch zwei DNS-Server und ein DNS-Suffix erhalten.

Der Server speichert übrigens eine Liste mit den vergebenen Leases unter `/var/lib/dhcp3/dhcpd.leases`. Der Eintrag für unseren Windows-Client sieht folgendermaßen aus:

```
lease 192.168.1.199 {
  starts 6 2009/05/27 21:17:22;
  ends 4 2009/05/28 21:17:22;
  binding state active;
  next binding state free;
  hardware ethernet 00:19:db:61:75:b8;
  uid "\001\000@\364OI\034";
  client-hostname "WINXP1";
}
```

Ihr Adlerauge hat natürlich sofort einen Fehler erspäht: Die Zeiten stimmen nicht mit dem Client überein. Das liegt daran, dass die Zeiten auf dem DHCP-Server nicht in lokaler, sondern in UTC-Zeit angegeben werden. Die Entwickler weisen in einem Kommentar am Anfang dieser Datei dezent darauf hin, dass es sich nicht um einen Bug handelt – es gibt schlicht keinen gangbaren Weg, die Zeiten in der lokalen Zeit zu speichern ... Ich denke, damit können wir leben, was meinen Sie?

Damit sind wir mit unserem Workshop am Ende – nicht aber mit DHCP! Lesen Sie nun, welche fortgeschrittenen Konfigurationsmöglichkeiten Sie haben.

21.5.2 Fortgeschrittene DHCP-Konfiguration

Wir haben bereits festgestellt, dass der DHCP-Client zunächst nur mit Hilfe seiner MAC-Adresse kommuniziert, die Sie sich über **`ifconfig`** bzw. **`ipconfig /all`** anzeigen lassen können. Über diese Hardware-Adresse wird er auch vom DHCP-Server identifiziert. Das können wir uns zunutze machen, um einem bestimmten Client immer dieselbe IP-Konfiguration (insbesondere seine IP-Adresse) »aufs Auge« zu drücken.

Wozu das? Dann können wir doch auch gleich eine statische Konfiguration eintragen, oder? Bleibt ein Netzwerk über lange Zeit unverändert, trifft dies zu. Die Erfahrung zeigt jedoch, dass Workstations häufig von A nach B gebracht und ausgewechselt werden. Sei es, weil ein Mitarbeiter umzieht, der betreffende Rechner einem neuen Mitarbeiter zugeteilt oder einem neuen Daseinszweck zugeführt werden soll. Auch Server bewegen sich öfter, als man meinen sollte.

In diesem Fall ermöglicht DHCP eine zentrale IP-Konfiguration der Clients. Dies macht die Sache für den Administrator erheblich einfacher und reduziert die »Turnschuh-Administration«.

Um eine feste IP-Konfiguration für einen bestimmten Rechner zu erstellen, nutzen Sie die `host`-Direktive gefolgt vom Hostnamen. Innerhalb der anschließenden geschweiften Klammern definieren Sie alle gewünschten Optionen und Direktiven. Hier ein Beispiel:

```
host winxp1 {
   hardware ethernet 00:40:f4:4f:49:1c;
   fixed-address 192.168.1.105;
}
```

Hier habe ich die MAC-Adresse des Windows-Clients angegeben. Tragen Sie dies hinter dem Range in unserer Beispieldatei mit der (von meiner unterschiedlichen!) MAC-Adresse Ihres Clients ein und holen Sie sich nach einem Neustart des DHCP-Servers mittels **`ipconfig /renew`** eine neue Lease, stellt sich das Ergebnis in etwa folgendermaßen dar:

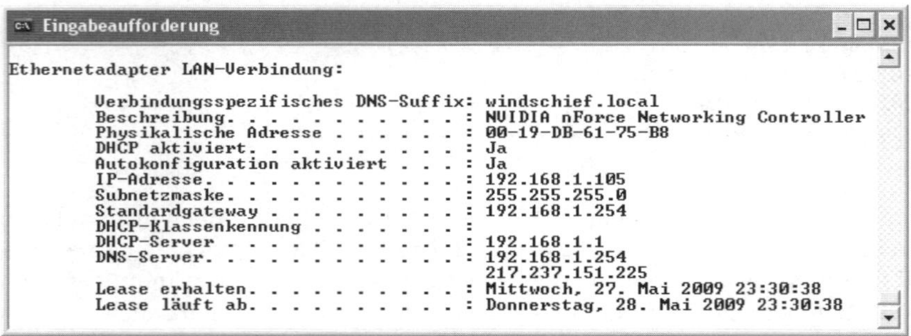

Abb. 21.8: Achten Sie auf die IP-Adresse.

Es scheint sich nicht allzu viel gegenüber vorher verändert zu haben – allerdings hat der Client nun die IP-Adresse 192.168.1.105 statt 192.168.1.100. Alle anderen Optionen sind gleich geblieben, da sie aus dem übergeordneten globalen Bereich übernommen wurden.

Achten Sie darauf, dass die IP-Adressen, die Sie für bestimmte Clients reservieren, nicht innerhalb eines Bereichs liegen, den Sie an anderer Stelle konfiguriert haben!

Möchten Sie speziell für diesen Client andere DNS-Server angeben, können Sie dies als Direktive `option domain-name-servers <DNS-Server>;` innerhalb der `host`-Direktive angeben.

Allgemein gilt: Sie können globale Einstellungen durch spezifische Optionen innerhalb einer Definition (Bereich, Host oder Gruppe – siehe unten) überschreiben. Damit gelten die globalen Einstellungen überall dort, wo keine anderen Direktiven innerhalb der geschweiften Klammern einer Definition existieren.

Sie können auch Direktiven in Gruppen organisieren und innerhalb dieser Gruppen bestimmte Optionen definieren. Möchten Sie zum Beispiel für alle Host-Direktiven eigene DNS-Server definieren, können Sie folgendermaßen vorgehen. Fügen Sie die nachfolgenden Zeilen unter den bisher vorhandenen Zeilen ein und deaktivieren Sie die Reservierung für den Client `winxp1`, indem Sie vor die entsprechenden Zeilen ein Doppelkreuz (#) setzen, um sie zu nicht ausgewerteten Kommentarzeilen zu machen.:

```
group {
   option domain-name-servers 192.168.1.1, 217.237.150.97;
   default-lease-time 604800
      host winxp1 {
         option netbios-name-servers 192.168.1.1;
         hardware ethernet 00:40:f4:4f:49:1c;
         fixed-address 192.168.1.105;
      }
      host linuxclient1 {
         hardware ethernet 00:40:f4:33:d2:ef;
         fixed-address 192.168.1.106;
      }
}
```

Hiermit legen Sie eine Gruppe fest, für die zwei andere DNS-Server und eine andere Lease-Dauer definiert werden. Alle innerhalb der `group`-Direktive geschachtelten `host`-Direktiven erhalten diese Konfiguration.

Für den ersten Host `winxp1` wurde mittels `option netbios-name-servers` noch ein WINS-Server konfiguriert. Dies stellt sich in der Ausgabe von `ipconfig /all` so dar:

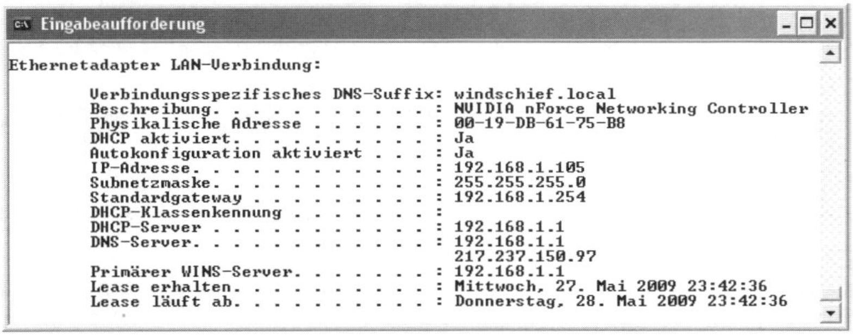

```
Eingabeaufforderung

Ethernetadapter LAN-Verbindung:

        Verbindungsspezifisches DNS-Suffix: windschief.local
        Beschreibung. . . . . . . . . . . : NVIDIA nForce Networking Controller
        Physikalische Adresse . . . . . . : 00-19-DB-61-75-B8
        DHCP aktiviert. . . . . . . . . . : Ja
        Autokonfiguration aktiviert . . . : Ja
        IP-Adresse. . . . . . . . . . . . : 192.168.1.105
        Subnetzmaske. . . . . . . . . . . : 255.255.255.0
        Standardgateway . . . . . . . . . : 192.168.1.254
        DHCP-Klassenkennung . . . . . . . :
        DHCP-Server . . . . . . . . . . . : 192.168.1.1
        DNS-Server. . . . . . . . . . . . : 192.168.1.1
                                            217.237.150.97
        Primärer WINS-Server. . . . . . . : 192.168.1.1
        Lease erhalten. . . . . . . . . . : Mittwoch, 27. Mai 2009 23:42:36
        Lease läuft ab. . . . . . . . . . : Donnerstag, 28. Mai 2009 23:42:36
```

Abb. 21.9: Neben DNS- können Sie auch WINS-Server angeben.

Direkt unter den DNS-Servern werden gegebenenfalls konfigurierte WINS-Server angegeben. Für Linux haben diese Windows Internet Nameserver allerdings keine Bedeutung. Warum das so ist, lesen Sie in Kapitel 24 *Samba Teil I – Grundlagen des Windows-Servers*. Dort gehe ich auf die Besonderheiten bei der Windows-Kommunikation ein.

Beachten Sie: Vergeben Sie IP-Adressen mit CIDR-Subnetzmasken (siehe Kapitel 17 *Netzwerkgrundlagen und TCP/IP*), müssen Sie die folgenden beiden Optionen angeben:

```
option subnet-mask <Subnetzmaske dezimal>
option broadcast-address <Broadcastadresse>
```

Dies können Sie passenderweise innerhalb eines Bereichs oder einer `host`-Direktive eintragen. Das könnte also beispielsweise so aussehen:

```
option subnet-mask 255.255.255.240
option broadcast-address 192.168.1.15
```

Es gibt noch unzählige weitere DHCP-Optionen, die jedoch in der Praxis eine untergeordnete Rolle spielen. Möchten Sie weitere Informationen hierzu erhalten, kann ich auch in diesem Fall einen Blick in die Man-Page von `dhcpd.conf (5)` empfehlen – zwar in Englisch und recht umfangreich, aber trotzdem übersichtlich.

21.6 Der DHCP-Relay-Agent

Das erste Datenpaket vom Client, der DHCP-Discover, ist ein Broadcast-Paket. Broadcasts werden jedoch nicht geroutet und verbleiben somit innerhalb des eigenen Subnetzes. In größeren Netzwerken verwaltet der DHCP-Server häufig mehrere Netze – er hat also mehrere Ranges.

Damit die DHCP-Discover-Pakete Router-übergreifend zum DHCP-Server gelangen, wird ein DHCP-Relay-Agent im lokalen Subnetz des DHCP-Clients benötigt. Der Agent kann (und sollte) natürlich auch direkt auf dem Router konfiguriert werden, dies ist jedoch nicht zwingend erforderlich.

Erhält ein DHCP-Relay-Agent einen DHCP-Discover-Broadcast, reicht er ihn per Unicast an den DHCP-Server weiter. Dazu muss die IP-Adresse des DHCP-Servers eingetragen sein. Alternativ kann der Router die Funktion des DHCP-Relay-Agents übernehmen. Diese Funktionalität nennt sich RFC-1542-kompatibel.

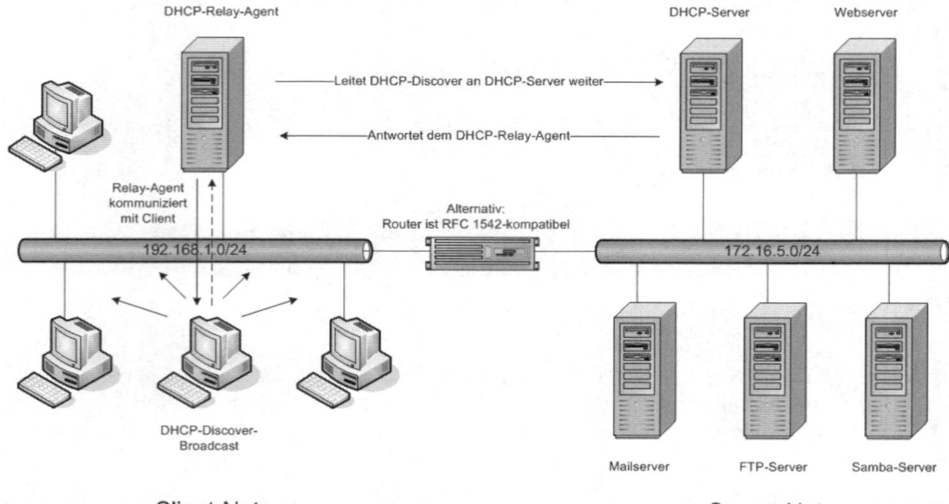

Abb. 21.10: Der DHCP-Relay-Agent übernimmt die Kommunikation mit dem DHCP-Client.

Auch Windows bringt einen Relay-Agent mit. Möchten Sie auf Debian GNU/Linux einen DHCP-Relay-Agent installieren, benötigen Sie das Paket `dhcp3-relay`. Während der Installation müssen Sie bereits den oder die DHCP-Server angeben:

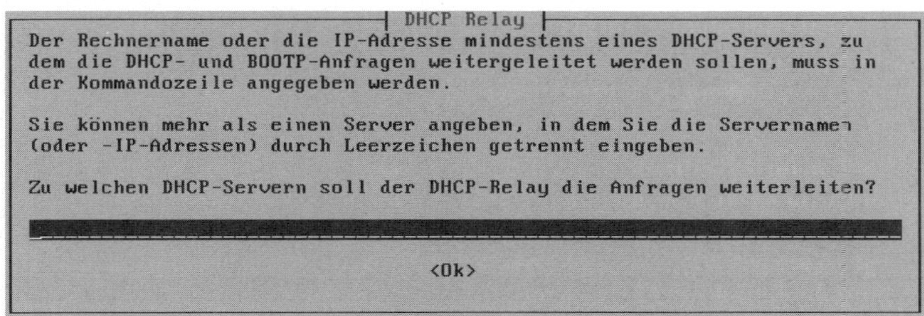

Abb. 21.11: Ein DHCP-Relay-Agent benötigt die IP-Adresse des DHCP-Servers.

Für den Relay-Agent existiert keine eigene Config-Datei, da nur wenige Konfigurationen vorgenommen werden müssen:

- An welche DHCP-Server soll der Request weitergeleitet werden?
- Auf welchen Interfaces soll der Relay-Agent lauschen?
- Optionen zum Start des Dienstes `/usr/sbin/dhcrelay3`

Diese Einstellungen werden in `/etc/default/dhcp3-relay` eingetragen. DHCP-Relay-Agents werden nur in größeren Umgebungen eingesetzt. Ich empfehle Ihnen, den Relay-Agent wenn möglich auf dem Router zu installieren, da dies die Netzwerkkomponente ist, die ohnehin laufen muss, damit die Weiterleitung funktioniert.

21.7 Dynamische DNS-Aktualisierung

Rufen wir uns kurz die Aufgabe von DNS ins Gedächtnis: Namensauflösung. Also die Auflösung von Namen in IP-Adressen und umgekehrt. Wie Sie lernen werden, existieren hierfür spezielle Zonendateien auf bestimmten DNS-Servern, die diese Zuordnungslisten enthalten.

Was aber passiert, wenn ein Client nicht immer dieselbe IP-Adresse erhält, weil er als DHCP-Client eine Lease von einem DHCP-Server erhält? In diesem Fall hilft DDNS – dynamisches DNS.

Hierbei aktualisiert der Client bzw. vorzugsweise der DHCP-Server den entsprechenden Zoneneintrag beim DNS-Server, nachdem eine neue Lease an den Client vergeben wurde. Zu diesem Zweck können wir in `/etc/dhcp3/dhcp.conf` die Direktive `ddns-update-style` definieren.

Wie Sie DNS und DHCP im Sinne von DynDNS zusammenbringen, lernen Sie in Kapitel 30 *DNS – Namensauflösung im Internet*.

21.8 Übung: DHCP im Szenario-Netzwerk

Zurück zu unserem Szenario: Sie haben sich nun entschlossen, DHCP im Netzwerk des Architekturbüros Windschief einzuführen. Das Netzwerk soll anschließend folgendermaßen aussehen:

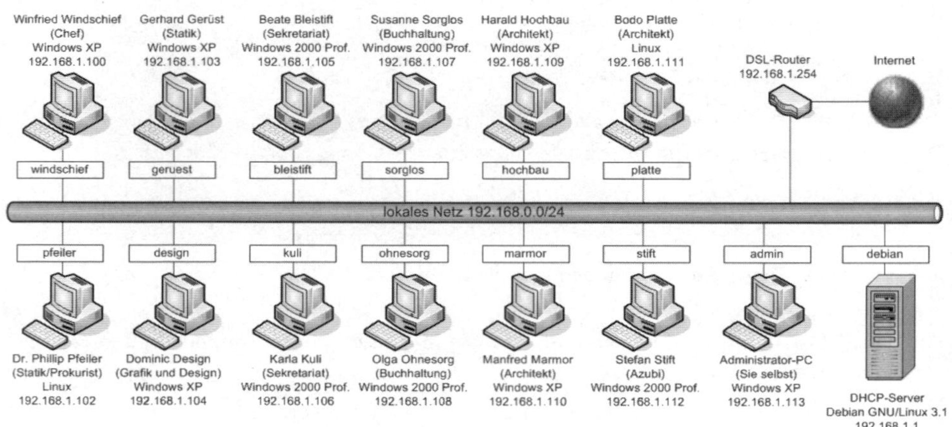

Abb. 21.12: Das Netzwerk erhält einen DHCP-Server.

Hierzu stellen sich Ihnen folgende Aufgaben:

1. Stellen Sie sicher, dass auf allen Workstations der richtige Hostname eingetragen ist. Dieser steht in der Abbildung im Kästchen über bzw. unter dem jeweiligen PC. In Ihrem Lab benennen Sie den Windows-PC gegebenenfalls in `admin` und den Debian-Server in `debian` um. Haben Sie einen Linux-PC, nennen Sie ihn `platte`.
2. Stellen Sie sicher, dass keine dynamischen DNS-Updates vorgenommen werden.
3. Definieren Sie 192.168.1.254 (DSL-Router) als *globalen* DNS-Server und als Standardgateway.
4. Legen Sie die Default-Lease-Dauer auf 2 Stunden und die maximale Lease-Dauer auf einen Tag fest.
5. Erstellen Sie mit der `group`-Direktive eine Gruppierung für die folgenden `host`-Direktiven.
6. Für diese Gruppierung legen Sie die Default-Lease-Dauer und die maximale Lease-Dauer auf zwei Tage fest, in dem Sie die entsprechenden Direktiven innerhalb der geschweiften Klammern setzen.
7. Setzen Sie den Domain-Namen in dieser Gruppe fest auf `windschief.local`.
8. Außerdem erhält die Gruppe die DNS-Server 192.168.1.254 und 217.237.150.97.
9. Fügen Sie der Gruppierung alle Hosts hinzu, denen Sie die entsprechenden IP-Adressen fest zuweisen. Für Ihr Lab können Sie sich die weiteren MAC-Adressen ausdenken, wenn Sie möchten.

10. Erstellen Sie einen Bereich für zusätzliche Rechner, wie zum Beispiel Laptops, die nur temporär an das Netzwerk angeschlossen werden. Legen Sie den Bereich auf die IP-Adressen 192.168.1.50 bis 192.168.1.99 fest.

Damit haben Sie erreicht, dass die Workstations eine feste IP-Adresse, das Standard-Gateway, zwei DNS-Server und das Domain-Suffix zugewiesen bekommen, wobei die Lease-Dauer auf zwei Tage gesetzt wurde, da sich an den Workstations erfahrungsgemäß nicht allzu oft etwas ändert.

Außerdem haben Sie einen Adressbereich für weitere Rechner definiert, die allerdings nur einen DNS-Server zugewiesen bekommen, eine weitaus kürzere Lease-Dauer und auch kein Domain-Suffix erhalten.

Gratulation, Sie haben Ihren ersten Serverdienst im Netzwerk des Architekturbüros Windschief eingerichtet! Doch es warten noch viele weitere Dienste darauf, eingerichtet zu werden...

21.9 Zusammenfassung und Weiterführendes

Sie haben nun Ihren ersten »echten« Serverdienst installiert und konfiguriert. Hier konnten Sie bereits einige Grundsätze feststellen, zum Beispiel dass Sie nach jeder Konfigurationsänderung an einem Dienst diesen neu starten oder zumindest die Konfiguration mit `reload` neu einlesen müssen. Oftmals haben die Dienste eine oder mehrere Konfigurationsdateien, die unter `/etc/<Dienstname>/` zu finden sind. Sie heißen `<Dienstname>.conf` oder ähnlich.

Zu DHCP: Auch in kleineren Netzwerken bietet es sich oftmals an, die IP-Konfiguration der Clients zentral vorzunehmen, da Adressänderungen einfacher zu pflegen sind. Außerdem muss der Administrator dann nicht jeden Client einzeln anfassen.

Allerdings kann es mit DHCP auch zu Problemen kommen, die dazu führen, dass die Clients gar keine IP-Konfiguration haben und somit nicht im Netzwerk kommunizieren können. Sie sollten mit dem Dienst ein wenig experimentieren und sich dann entscheiden, ob sie DHCP implementieren wollen oder nicht.

## Kapitel 22

NFS – Dateiübertragung zwischen Linux-Computern

Eine der wichtigsten Aufgaben der Kommunikation zwischen Computern ist die Übertragung von Dateien. Hierfür gibt es ganz verschiedene Ansätze, je nach Anwendung. Möchten Sie größere Mengen an Dateien im Internet übertragen, bietet sich FTP bzw. SFTP an. Für HTML- und andere Inhalte wird HTTP verwendet, Windows nutzt SMB zur Übertragung von Dateien – und was nutzt Linux?

Für Linux gibt es ein anderes interessantes Konzept namens NFS. Damit ist es möglich, bestimmte Verzeichnisse bzw. Verzeichnisbäume eines NFS-Servers auf dem Client zu mounten. Dies ist vergleichbar mit dem Laufwerk-Mapping unter Windows, wobei der Vorgang unter Linux völlig transparent, also unbemerkt für den Benutzer, abläuft.

In diesem Kapitel geht es um folgende Themen:

- Wie funktioniert NFS?
- Installation von NFS-Server und -Client
- Konfiguration von NFS und Einbinden von NFS-Dateisystemen

Im Gegensatz zu Windows verfügt Linux über keine Netzwerkumgebung oder ähnliche Mechanismen, mit denen Ressourcen im Netzwerk erkannt werden können. Sie als Administrator müssen also wissen, auf welchem Rechner Sie welche NFS-Freigabe vorfinden. Schauen wir uns das Funktionsprinzip von NFS einmal genauer an.

22.1 Das Szenario

Dr. Pfeiler, der Prokurist des Architekturbüros Windschief, arbeitet – genauso wie Herr Platte – auf einer Linux-Workstation. Nun, da Sie beginnen, einen Linux-Server aufzusetzen und einzurichten, tritt er an Sie heran: Er hätte gehört, dass es doch recht einfach möglich sein soll, über NFS Dateien zwischen Linux-Rechnern auszutauschen. Ob es nicht möglich wäre, bestimmte Dateien wie zum Beispiel Projektdateien und Installationspakete für verschiedene Programme zentral auf dem Server zur Verfügung zu stellen. Das reduziert den Aufwand für die Datenhaltung auf den Clients.

Gern nehmen Sie seine Anregung auf und denken gleich auch an eine generelle zentrale Datenhaltung aller Benutzerdaten, die Sie auch über eine entsprechende Backup-Strategie regelmäßig sichern können. Sie nehmen sich vor, sich die nächsten Tage mit NFS und seinen Einsatzmöglichkeiten im Netzwerk des Architekturbüros Windschief zu beschäftigen.

22.2 NFS-Grundlagen

Das *Network File System* wurde von Sun Microsystems entwickelt und unter RFC 1094 bzw. RFC 1813 (Version 3) standardisiert. In der Version 4 (RFC 3530) wurden grundlegende Strukturänderungen vorgenommen, die eine vollständige Kommunikation über TCP ermöglichen. Auch fallen die separaten Hilfsdienste (siehe unten) weg, da diese nun im NFS-Daemon integriert sind. Zurzeit hat NFSv4 aber noch keine große Verbreitung gefunden, wird aber von Debians NFS-Server bereits unterstützt.

NFS wird auch als verteiltes Dateisystem (DFS oder Distributed File System) bezeichnet. Ein ähnliches DFS ist auch in Microsoft Windows 2000/2003 Server implementiert.

Die Kommunikation von NFS bis zur Version 3 ist nicht ganz trivial, da mehrere Serverdienste und Hilfssysteme beteiligt sind. NFS basiert auf RPC, dem Remote Procedure Call. Diese Technologie ermöglicht es einem Computer, Prozeduren auf einem anderen Rechner über das Netzwerk aufzurufen. Dazu werden folgende Komponenten auf dem Server benötigt:

- `portmap` – Der Dienst kümmert sich um die dynamische Zuordnung von Ports für RPC-Dienste.
- `rpc.mountd` – Damit werden Mount-Anfragen des Clients bearbeitet.
- `nfsd` – der eigentliche NFS-Daemon
- `rpc.lockd` – Der Lock-Manager kümmert sich um die Sperrung gerade benutzter Dateien, damit keine Inkonsistenzen entstehen.
- `rpc.statsd` – Dieser Dienst überprüft den Status einer NFS-Verbindung und ist optional.

Die interne Vorgehensweise ist etwas gewöhnungsbedürftig. Möchte ein Client ein bestimmtes Verzeichnis mounten, passiert Folgendes:

1. Der Client kontaktiert den Portmapper (`/sbin/portmap`) des Servers auf Port 111/tcp und fragt ihn nach dem Port des Mount-Daemons `/usr/sbin/rpc.mountd`.
2. Der Client holt sich anschließend die Informationen (*Filehandle* genannt) vom `rpc.mountd`, um mit den korrekten Parametern das gewünschte Verzeichnis anzufordern.
3. Mit dem Filehandle in der Hand wird erneut der Portmapper konsultiert – diesmal benötigt der Client die Portnummer des NFS-Daemons (`nfsd`).
4. Glücklich, nun alle Informationen beisammenzuhaben, kontaktiert der Client den NFS-Daemon, um das Verzeichnis zu mounten. Die weitere Kommunikation zwischen NFS-Server und -Client geschieht über UDP mit variablen Ports.

Ist das Verzeichnis gemountet, kann der Client auf die Dateien und Unterverzeichnisse des freigegebenen Verzeichnisses zugreifen, soweit es seine Rechte erlauben. Aber wie werden diese Freigaben erstellt? Wer bestimmt, mit welchen Rechten ein Benutzer auf eine Datei zugreifen darf? Diese und andere Fragen werde ich Ihnen gern beantworten – zunächst jedoch müssen wir den Dienst auf dem Server installieren und einrichten.

22.3 NFS installieren

Der NFS-Client wird innerhalb der Basisinstallation von Debian installiert. Genauer gesagt ist die Unterstützung für NFS-Dateisysteme schon im Kernel integriert. Somit kann ein solches Dateisystem über den `mount`-Befehl eingebunden werden.

Viele wichtige Hilfsdienste (`rpc.statd`, `rpc.lockd`, u.a.) sind im Paket `nfs-common` enthalten. Die Installation des NFS-Servers ist – Debian-typisch – eine sehr einfache Angelegenheit. Es gibt zwei Varianten von NFS:

- NFS-Server im User-Space
- NFS-Server im Kernel-Mode

Während der NFS-Server im User-Space weniger Optionen bietet, daher einfacher zu debuggen ist und vollständig im so genannten User-Space (einem vom System abgetrennten Speicherbereich) arbeitet, ist der Kernel-NFS-Server schneller, arbeitet unter der Verwaltung des Kernels und ist für neuere Kernel (ab Version 2.2) geeignet. Wir werden Letzteren installieren, da dies auch die empfohlene Variante ist. Das Paket heißt `nfs-kernel-server`. Somit können Sie das Paket zum Beispiel mittels **`apt-get`** installieren:

```
# apt-get install nfs-kernel-server
```

Möchten Sie den NFS-Server für den User-Space installieren, ist das Paket `nfs-user-server`.

Die Installationsausgabe von **`apt-get`** unterscheidet sich geringfügig unter *Lenny* und *Etch*. In beiden Fällen wird jedoch die Datei `/etc/exports` erstellt und der NFS-Server gestartet.

22.4 Konfiguration von NFS

Um Verzeichnisse freigeben zu können, müssen Sie sie »exportieren«. Hierzu benötigen Sie eine Datei `/etc/exports`, die bereits bei der Installation erstellt wird, jedoch bisher noch nur auskommentierte Zeilen enthält. Ohne diese weigert sich der NFS-Daemon, seinen Dienst aufzunehmen.

Die Vorgehensweise für das Exportieren möchte ich Ihnen wieder in einem kleinen Workshop erläutern, um Ihnen die Möglichkeit zu geben, Ihr neues Wissen gleich in die Tat umzusetzen. In einem weiteren Abschnitt gehe ich auf fortgeschrittene Möglichkeiten zur Konfiguration ein. Doch lassen Sie uns mit den Basics beginnen:

22.4.1 Workshop: Grundkonfiguration von NFS

Ich gehe davon aus, dass Sie eine Lab-Konfiguration entsprechend meiner Vorschläge aufgebaut und somit zwei Linux-Rechner zur Verfügung haben. Der zweite Linux-Rechner dient jetzt und in Zukunft als Client für den (Debian-)Linux-Server. Die Distribution, die auf dem Client installiert ist, ist unwichtig – nutzen Sie openSUSE, Fedora oder Ubuntu, wenn Sie nicht noch einen weiteren Debian-Rechner haben möchten. Die beiden Computer haben die Hostnamen `Server` und `Client`, entsprechend ihrer Funktion.

Wir beginnen mit dem Debian-Server: Melden Sie sich als `root` an und erstellen Sie ein neues Verzeichnis:

```
Server:~# mkdir /install
```

Dies wird unsere Freigabe. Sie können hier zum Beispiel Debian- oder RPM-Pakete, aber auch ganze Distributionen ablegen, um Sie den Clients zur Verfügung zu stellen.

> Um allerdings richtige Repositories zur Verfügung zu stellen, sind, je nach Distribution, Metadateien und eine korrekte Verzeichnisstruktur notwendig. In diesem Rahmen gehe ich nicht weiter darauf ein.

Zur Übung erstellen Sie nun drei Dateien – nur damit Sie später auf dem Client etwas sehen können:

```
Server:~# cd /install
Server:~# touch datei1 datei2 datei3
```

Hier erstellen wir eine Freigabe für NFSv3. Nanu? Nicht NFSv4?

> NFSv3 ist nach wie vor die gängige Version für NFS-Umgebungen. NFSv4 bringt zwar einige Vorteile mit sich, benötigt jedoch andererseits auch etliche weitere Dienste, um diese Vorteile ausspielen zu können. Wir werden uns folglich im Rahmen dieses Lehrgangs auf NFSv3 konzentrieren.

Öffnen Sie also nun die Datei `/etc/exports` mit Ihrem Lieblingseditor und fügen Sie folgende Zeile an:

```
/install    *(ro,sync)
```

Damit geben Sie das eben angelegte Verzeichnis zur Veröffentlichung frei. In der zweiten Spalte definieren Sie die erlaubten Clients, wobei der Asterisk (*) für »alle« steht. Direkt danach (also ohne Leerzeichen) folgen in Klammern die gewünschten Berechtigungen. Hierbei steht `ro` für *read-only* und `sync` für sofortiges Schreiben der Veränderungen an Dateien und Verzeichnissen (*synchronize*). Ansonsten werden die Dateien zunächst gepuffert und evtl. erst zu einem späteren Zeitpunkt geschrieben.

Speichern Sie die Änderungen und beenden Sie den Editor bzw. wechseln Sie auf eine andere Konsole mit [Alt]+[F1]–[F6].

Bevor NFS diese Freigabe registriert, müssen Sie die Änderungen an `/etc/exports` folgendermaßen bekanntgeben:

```
Server:~# exportfs -a
```

Jetzt können wir den Server starten. Zunächst überzeugen Sie sich mit `rpcinfo`, welche RPC-Dienste zurzeit auf Ihrem Server laufen.

```
Server:~# rpcinfo -p
Program Vers Proto   Port
```

```
   100000    2   tcp     111  portmapper
   100000    2   udp     111  portmapper
   100024    1   udp   41639  status
   100024    1   tcp   35337  status
   100003    2   udp    2049  nfs
   100003    3   udp    2049  nfs
   100003    4   udp    2049  nfs
   100021    1   udp   57685  nlockmgr
   100021    3   udp   57685  nlockmgr
   100021    4   udp   57685  nlockmgr
   100003    2   tcp    2049  nfs
   100003    3   tcp    2049  nfs
   100003    4   tcp    2049  nfs
   100021    1   tcp   59072  nlockmgr
   100021    3   tcp   59072  nlockmgr
   100021    4   tcp   59072  nlockmgr
   100005    1   udp   59435  mountd
   100005    1   tcp   36663  mountd
   100005    2   udp   59435  mountd
   100005    2   tcp   36663  mountd
   100005    3   udp   59435  mountd
   100005    3   tcp   36663  mountd
```

Neben dem `portmapper` läuft noch ein Dienst namens `status`, hinter dem sich `/sbin/rpc.statd` verbirgt. `sgi_fam` ist ein Dienst, der Änderungen an Dateien meldet. Dieser Dienst wird von GNOME und KDE genutzt und hat für NFS keine Bedeutung.

Sollte bei Ihnen der NFS-Server noch nicht laufen, ist die entsprechende Liste, die `rpcinfo` ausgibt, ziemlich kurz. In diesem Fall können Sie den Server durch die folgende Eingabe starten:

```
Server:~ # /etc/init.d/nfs-kernel-server start
```

Ist der NFS-Server gestartet, können wir uns vorläufig dem Client zuwenden.

> Bei Ihnen tauchen merkwürdige Meldungen beim Start des NFS-Servers auf? Solange es keine Fehlermeldungen sind, ist das normalerweise unproblematisch. Der NFS-Daemon ist recht tolerant in der Syntax der Zeilen in `/etc/export` – allerdings bringt er seine Verwunderung über fehlende Parameter zum Ausdruck und nennt Ihnen die von ihm dafür eingesetzten Default-Werte. Für unsere ersten Gehversuche stören Sie sich nicht daran.

Auf der Clientseite können Sie das exportierte Verzeichnis nun mounten. Es ist auch hier theoretisch wieder jedes lokale Verzeichnis als Mountpoint verfügbar. Sinnvollerweise sollten Sie allerdings ein Verzeichnis anlegen, unter dem Sie die Freigabe einbinden möchten. Geben Sie Folgendes ein:

```
Client:~# mkdir /nfs_install
```

Anschließend mounten wir das NFS-Verzeichnis unter `/nfs_install` und überzeugen uns, dass das Verzeichnis `/install` auf dem Server tatsächlich gemountet ist:

```
Client:~# mount -t nfs 192.168.1.1:/install /nfs_install
```

Dem Befehl **mount** geben Sie mit `-t nfs` an, dass es sich um ein NFS-Dateisystem handelt. Durch `<Server>:<Exportverzeichnis>` wird das zu mountende Verzeichnis auf dem Server angegeben. Der letzte Parameter gibt den lokalen Mountpoint an (`/nfs_install`).

Überzeugen wir uns, dass das Verzeichnis `/install` auf dem Server tatsächlich unter `/install` gemountet ist:

```
Client:~# cd /nfs_install/
Client:/nfs_install# ls
datei1  datei2  datei3
```

Im lokalen Verzeichnis `/nfs_install` befinden sich tatsächlich die drei Dateien, die wir auf dem Server erstellt haben – es funktioniert!

Versuchen Sie nun, zum Beispiel `datei1` zu verändern und Ihre Änderung abzuspeichern, erhalten Sie eine Fehlermeldung des Editors: »Datei kann nicht gespeichert werden«. Selbst als `root` auf Ihrem lokalen Rechner haben Sie keine Schreibrechte für die Datei auf dem Server. Das liegt daran, dass Sie das Verzeichnis nur für read-only (`ro`) freigegeben haben. Lassen Sie uns nun einige Veränderungen in `/etc/exports` vornehmen. Wechseln Sie also wieder auf den Server und öffnen Sie die Datei mit einem Editor. Ändern Sie die Zeile wie folgt:

```
/install    192.168.1.101(rw,sync)
```

Mit `rw` ermöglichen wir grundsätzlichen Schreibzugriff. Außerdem haben wir nun den Zugriff auf die IP-Adresse 192.168.1.101 beschränkt, die Sie gegebenenfalls natürlich an die IP-Adresse Ihres Clients anpassen müssen. Speichern Sie die Änderung, geben Sie **exportfs -a** ein und starten Sie den NFS-Server neu:

```
Server:~# /etc/init.d/nfs-kernel-server restart
Stopping NFS kernel daemon: mountd nfsd.
Unexporting directories for NFS kernel daemon...done.
Exporting directories for NFS kernel daemon...done.
Starting NFS kernel daemon: nfsd mountd.
```

Auf NFS-Ebene haben Sie nun Schreibrechte eingeräumt. Damit Benutzer anderer Rechner die erstellten Dateien aber auch wirklich ändern und speichern, sprich: schreiben können, benötigen Sie auch lokal die entsprechenden Rechte.

Hierbei stellt sich das Problem, dass es entweder eine zentrale Benutzerverwaltung (wie zum Beispiel das in die Jahre gekommene NIS – Network Information Service) geben muss oder die Benutzer auf beiden Systemen bekannt sein müssen. Im folgenden Abschnitt 22.4.2 *Fortgeschrittene Konfiguration* lernen Sie, wie Sie den einzelnen Benutzern entsprechende Rechte zukommen lassen. An dieser Stelle gehen wir einen aus sicherheitstechnischer Perspektive unverantwortlichen Schritt und geben auf dem Server erst einmal alles frei:

```
Server:~# chmod 777 /install/*
```

Nun endlich können Sie aber auf dem Client auch Dateien des gemounteten NFS-Verzeichnisses verändern und abspeichern – testen Sie es aus!

> In der Voreinstellung erhält `root` auf dem Client durch die Default-Mount-Option `root_squash` (welche aktiv ist, auch wenn Sie sie nicht angegeben haben) lediglich Gastrechte auf dem NFS-Server. Dies ist eine Sicherheitsmaßnahme, die Sie mit `no_root_squash` deaktivieren können, aber nicht sollten!

Vielleicht scheint es Ihnen selbstverständlich: Sie können ein gemountetes NFS-Verzeichnis genauso unmounten, wie jedes andere Dateisystem auch – in unserem Beispiel mit folgendem Befehl:

```
Client:~# cd
Client:~# umount /nfs_install
```

Der erste Befehl stellt lediglich sicher, dass Sie sich nicht mehr im Verzeichnis `/nfs_install` befinden.

Zwar bietet NFS keine Netzwerkumgebung, so wie Windows, jedoch können Sie sich die exportierten Verzeichnisse eines Rechners folgendermaßen anzeigen lassen:

```
# showmount -e <Rechner>
```

Ohne Optionen und Parameter aufgerufen zeigt der Befehl alle zum lokalen Rechner verbundene Hosts an.

22.4.2 Fortgeschrittene NFSv3-Konfiguration

Weitere Server-Optionen

Sie können beliebig viele Verzeichnisse freigeben. Für jedes Verzeichnis, das Sie exportieren möchten, benötigen Sie eine eigene Zeile. In der zweiten Spalte definieren Sie, welche Clients auf diese Freigabe in welcher Art zugreifen dürfen. Dabei können Sie folgende Angaben machen:

- einzelne Hosts, zum Beispiel `192.168.1.101`
- Subnetze, zum Beispiel `192.168.1.0/255.255.255.0`
- vollständige DNS-Namen, zum Beispiel `pfeiler.windschief.local`
- Domains, zum Beispiel `*.windschief.local`

Außerdem können Sie durch die Jokerzeichen ? (= ein beliebiges Zeichen) und * (ein, kein oder beliebig viele Zeichen) beliebige andere Stellen ersetzen, zum Beispiel `workstation*.windschief.local`. Möchten Sie dies für ein Verzeichnis mehrerer einzelner Hosts angeben, können Sie das nach folgendem Schema tun:

```
<Export-Verzeichnis> <Host1>(<Optionen>)    <Host2>(<Optionen>)
```

Für jeden Host werden einzelne Optionen gesetzt, die Hosts folgen hintereinander in derselben Zeile. Es ist möglich, ein Verzeichnis mehrfach aufzulisten. Sie können also auch eine Liste in der folgenden Art erstellen:

```
/install  192.168.1.101(ro)
/install  192.168.1.102(rw)
```

Hinter der Angabe der erlaubten Clients folgen die Optionen. Neben `ro` (für *read-only*) und `rw` (für *write access*) können Sie u.a. auch folgende Optionen angeben:

Option	Bedeutung
`root_squash`	(engl. *squash* = quetschen) sorgt dafür, dass `root` auf den Benutzer `nobody` gemappt wird und somit die denkbar geringsten Rechte erhält; entspricht dem Default-Wert
`no_root_squash`	Setzt den Default-Wert außer Kraft.
`all_squash`	Alle Benutzer werden auf `nobody` »gesquashed«.
`squash_uids=<UIDs>`	Hierbei geben Sie eine Liste von UIDs an, die »gesquashed« werden sollen. Sie können Bereiche, zum Beispiel 1 bis 10 und/oder durch Komma voneinander getrennte UIDs oder UID-Bereiche, angeben. In der Regel schreiben Sie `squahs_uids=1-100`.
`anonuid=<UID>`	Der Zugriff des anonymen Benutzers `nobody` wird auf den angegebenen Wert gesetzt.
`anongid=<GID>`	Desgleichen für die Gruppe von `nobody`
`sync`	Sorgt für einen zeitgleichen Schreibvorgang nach Änderung einer Datei
`async`	Der Schreibvorgang wird gepuffert.

Benutzerrechte unter NFSv3

Wie Sie sehen, drehen sich die meisten Optionen um die Benutzerrechte. Benutzer werden auf einem Linux-System über ihre UID und GID identifiziert. Mountet ein Benutzer auf dem Client mit der UID 115 ein NFS-Verzeichnis, so erhält er genau die Rechte, die der Benutzer mit der UID 115 auf dem Server hat. Das System ist daher per se schon recht unsicher. Es gibt nur sehr eingeschränkte Möglichkeiten, NFSv3 abzusichern. Weiter unten dazu etwas mehr. Zur Authentifizierung (hier eigentlich eher Identifizierung) der Benutzer gibt es zwei Möglichkeiten:

1. Die Benutzer authentifizieren sich über eine zentrale Datenbank – hier wurde früher oft NIS (Network Information Service) verwendet – heutzutage bietet sich die Authentifizierung mittels LDAP an. Aus Platzgründen kann ich leider nicht weiter darauf eingehen.

1. Die Benutzer müssen auf dem Client und dem Server identisch konfiguriert werden. In einfachen Umgebungen lässt sich das meistens recht unkompliziert realisieren, indem Sie die Option `-u` im Befehl `useradd` verwenden (siehe Kapitel 7 *Benutzerverwaltung*). Damit können Sie die UID eines Benutzers festlegen, um sicherzustellen, dass diese auf dem Client und dem Server identisch ist, indem Sie den Benutzer auf beiden Systemen entsprechend anlegen.

NFSv3-Sicherheit

Noch ein Wort zur Sicherheit: NFSv3 überträgt sämtliche Informationen in Klartext – NFSv3 ist somit nur in sehr gut abgeschotteten und vertrauenswürdigen lokalen Netzwerken empfehlenswert. Zugriffe über das Internet verbieten sich hier von selbst! Beschränken Sie den Einsatz von NFS daher auf das Nötigste.

Zum Thema »Benutzerauthentifizierung« habe ich ja eben bereits das Grundproblem geschildert. Um NFS ein Quäntchen sicherer zu machen, können Sie auf den TCP-Wrapper zurückgreifen. Über die Dateien `/etc/hosts.allow` und `/etc/hosts.deny` können Sie für verschiedene Dienste Rechner oder Subnetze definieren, denen Sie den Zugriff auf den angegebenen Dienst ermöglichen möchten. Fügen Sie der Datei `/etc/hosts.deny` folgende Zeile hinzu:

```
portmap:ALL
```

Damit verbieten Sie jeglichen Zugriff auf den Portmapper. Diese Regel dient als Grundregel. Nun geben Sie in der Datei `/etc/hosts.allow` die Ausnahmen an:

```
portmap: 192.168.1.0/255.255.255.0
```

Damit erlauben Sie den Zugriff für das Netz 192.168.1.0/24 – also Ihr LAN.

Diese Sicherheit ist sehr unvollständig – eine IP-Adresse zu *spoofen* (das Fachwort für *fälschen*) ist die erste und einfachste Grundübung eines jeden Hackers. Sogar Skript-Kiddies (Möchtegern-Hacker, die lediglich Hackertools bedienen) bekommen das auf einfachste Weise mithilfe zahlreicher Tools hin. Verlassen Sie sich also niemals auf diesen Schutz!

Weitere Client-Optionen

Sie sollten darüber nachdenken, beim Mounten eines NFS-Verzeichnisses die Option `-o soft` zu verwenden, falls Ihr Server nicht hundertprozentig verfügbar ist, wie in folgendem Beispiel:

```
Client:~# mount -t nfs -o soft 192.168.1.1:/install /nfs_install
```

Der Default-Wert ist `hard`; dies führt dazu, dass ein Programm, das auf ein NFS-Verzeichnis zugreift, temporär abstürzt bzw. nicht mehr reagiert, wenn der NFS-Server nicht verfügbar ist, da der Zugriff ohne Zeitbegrenzung immer weiter versucht wird. Ist der Server wieder da, läuft das Programm jedoch sauber weiter, als ob nie etwas geschehen wäre.

Laut Man-Page und vieler Administratoren verursacht die Option `soft` zwar eine Menge Probleme, jedoch sorgt sie dafür, dass der Kernel den nicht erfolgreichen Zugriff auf NFS-Ressourcen nach einem Timeout unterbrechen kann, um das entsprechende Programm lauffähig zu halten. Vielleicht habe ich bisher nur Glück gehabt, aber ich bevorzuge die Option `soft`. Testen Sie es am besten selbst aus.

Mounten beim Systemstart

Bisher haben Sie das NFS-Verzeichnis auf dem Client manuell gemountet. In der Regel werden Sie jedoch die exportierten Verzeichnisse permanent auf dem Client verfügbar haben wollen. Dazu bietet es sich an, die Datei `/etc/fstab` zu modifizieren, um die NFS-Verzeichnisse beim Systemstart automatisch einbinden zu lassen. Möchten Sie das Verzeichnis `/install` auf dem Server 192.168.1.1 unter dem lokalen Mountpoint `/nfs_install` einbinden, ergänzen Sie die Datei um folgende Zeile:

```
192.168.1.1:/install   /nfs_install   nfs   ro,soft
```

Damit wird das Verzeichnis mit den Optionen `soft` und `read-only` gemountet. Setzen Sie [Tab] zwischen den Spalten, bzw. passen Sie dies entsprechend der vorhandenen Einträge an. Starten Sie den Client nach dem Speichern der Datei nun erneut, wird das Verzeichnis eingebunden und steht automatisch nach dem Start zur Verfügung.

> Es bietet sich an, `/home` zu exportieren. Dies müsste auf jedem Client in der oben beschriebenen Art automatisch gemountet werden, um den Benutzern den Zugriff auf ihr Home-Verzeichnis zu ermöglichen. Der Vorteil ist, dass Sie diese Verzeichnisse zentral sichern können. Dabei muss der Server allerdings zuverlässig und ständig laufen, um die Verfügbarkeit der Home-Verzeichnisse zu gewährleisten.

22.5 NFSv4

Die neue Version 4 von NFS tut sich schwer in der Ablösung von NFSv3. Dies liegt in erster Linie wohl daran, dass die wesentlichen Vorteile auf den besseren Authentifizierungsmechanismen (Kerberos) und möglicher Verschlüsselung basieren. Hierzu sind allerdings Dienste wie LDAP und Kerberos unerlässlich, die zunächst erst einmal installiert und konfiguriert werden müssen – ein nicht unerheblicher Zusatzaufwand. NFSv3 ist nicht zuletzt deswegen so beliebt, weil es sehr einfach zu konfigurieren ist.

Zudem gibt es im Praxiseinsatz immer wieder Probleme, so dass die Implementierungen verschiedener Distributionen an verschiedenen Details kranken. Unter dem Strich müssen Sie trotz nomineller Vorteile von NFSv4 mit einer nicht unerheblichen Einarbeitungszeit in NFSv4 rechnen, um zu vernünftigen Ergebnissen zu kommen. Im Rahmen dieses Lehrgangs werde ich wir das Thema NFSv4 nicht weiter vertiefen.

22.6 Übung: NFS im Szenario-Netzwerk

Nachdem Sie sich ausgiebig mit NFS beschäftigt haben, wissen Sie nun, wie Sie NFS sinnvoll im Architekturbüro einsetzen können. Sie möchten als Erstes das gesamte `/home`-Verzeichnis aller Linux-Benutzer (das sind Herr Dr. Pfeiler und Herr Platte) auf den Server auslagern, um eine zentrale Sicherung der Benutzerverzeichnisse der Linux-Rechner vornehmen zu können. Darüber hinaus möchten Sie ein Verzeichnis `/install` freigeben, in dem Sie alle wichtigen Softwarepakete speichern, um Sie den Linux-Clients von Herrn Dr. Pfeiler und Herrn Platte zugänglich zu machen. Der Einfachheit halber gehen wir davon aus, dass Sie neue Benutzer anlegen können. Hierzu führen Sie folgende Schritte aus:

1. Erstellen Sie ein Verzeichnis `/remotehome` auf dem Server.
2. Geben Sie dieses Verzeichnis über einen Eintrag in `/etc/exports` frei, wobei Sie `rw` und `sync` als Optionen eintragen und die beiden Hosts `192.168.1.102` und `192.168.1.111` als erlaubte Clients festlegen.
3. Mounten Sie das Verzeichnis `/remotehome` des Servers auf den beiden Clients (im Lab natürlich nur auf einem) unter `/home`.
4. Sorgen Sie mittels `useradd` dafür, dass ein entsprechender Benutzer, zum Beispiel `ppfeiler`, sowohl auf dem Server als auch auf den Clients erstellt wird. Dieser erhält

sein Home-Verzeichnis auf dem Client unter /home, das als NFS-Verzeichnis auf dem Server unter /remotehome liegt. Sollten Sie bestehende Home-Verzeichnisse umziehen wollen, müssen Sie dies manuell tun. Achten Sie hierbei auf die korrekte Rechtevergabe. Beachten Sie, dass der neue Benutzer auf dem Server (!) sein Home-Verzeichnis nicht in /remotehome, sondern in /home erhält – aber darauf wollen wir ja auch gar nicht zugreifen. Auf dem Client wird das Home-Verzeichnis standardmäßig unter /home/<Benutzer> angelegt – da /home als /remotehome gemountet ist, entsteht in Wirklichkeit ein neues Verzeichnis /remotehome/<Benutzer> auf dem Server.

5. Nachdem Sie die Home-Verzeichnisse zentral auf dem Server erstellt haben, erstellen Sie noch das Installationsverzeichnis /install.
6. Geben Sie dieses ebenfalls in /etc/exports mit read-only-Rechten frei. Hier können Sie nach Belieben bzw. Bedarf Softwarepakete oder ganze Distributionen speichern, um Sie den Clients zur Verfügung zu stellen.
7. Erstellen Sie in /etc/fstab entsprechende Einträge, um auf den Clients /remotehome auf /home und /installa auf /nfs_install beim Systemstart zu mounten.
8. Starten Sie den bzw. die Client(s) erneut und vergewissern Sie sich, dass die NFS-Verzeichnisse automatisch in das lokale Dateisystem eingebunden werden.

Damit haben Sie einerseits das Home-Verzeichnis eines jeden Benutzers auf den Clients auf den Server zentral ausgelagert, was Ihnen die Sicherung der Benutzerverzeichnisse enorm vereinfacht. Außerdem haben Sie ein Installationsverzeichnis erstellt, worauf Ihre Benutzer zugreifen können, um entsprechende Software zu installieren.

22.7 Zusammenfassung und Weiterführendes

NFS ist mit den Freigaben unter Windows vergleichbar, dient aber zur Freigabe von Verzeichnissen unter Linux-Rechnern. Dabei ist die Einbindung eines von einem NFS-Server exportierten Verzeichnisses auf dem lokalen Client für den Benutzer vollkommen transparent, das heißt, er weiß im Zweifel gar nicht, dass er auf eine Netzwerkfreigabe zugreift.

Leider ist NFS bis zur Version 3 aus sicherheitstechnischer Sicht eher unzulänglich. In der (noch nicht sehr verbreiteten) Version 4 bietet NFS auch verschlüsselte Übertragungen und andere Sicherheitsmechanismen, ist aber bisher noch nicht groß verbreitet.

In einem lokalen und vertrauenswürdigen Netz bietet sich der Einsatz von NFS in einer homogenen Linux-Umgebung an. Da Windows nicht ohne Umwege auf NFS-Freigaben zugreifen kann – geschweige denn diese zur Verfügung stellt – ist NFS auf Unix-artige Systeme beschränkt.

Kapitel 23

Drucken im Netzwerk

Man sollte es ja kaum für möglich halten: Seit der Einführung der EDV ist der Papierverbrauch eher gestiegen als gesunken! In fast jedem Betrieb, der ein EDV-Netzwerk betreibt, werden auch Drucker benötigt. Dabei ist es ziemlich unwirtschaftlich, jedem Mitarbeiter seinen eigenen Drucker hinzustellen. Besser wäre es, wenn an zentralen Stellen Drucker stehen, die von den Mitarbeitern gemeinsam genutzt werden können.

Dazu bietet es sich an, diese Drucker im Netzwerk verfügbar zu machen. Eine Möglichkeit ist, einen Drucker bei einem Mitarbeiter an seinem Arbeitplatz-PC anzuschließen: Ist dieser aber mal nicht da, muss zunächst seine Workstation gestartet werden – ist er da, fühlt er sich womöglich gestört, wenn ständig fremde Druckaufträge von seinem Drucker ausgeführt werden und die Kollegen kommen, um die Ausdrucke zu holen.

Besser macht sich da ein Druckserver. Unser (Debian-)Linux-Server bietet sich für diese Aufgabe natürlich an.

In diesem Kapitel erhalten Sie Informationen zu folgenden Themen:

- Drucksysteme unter Linux
- CUPS-Installation
- Drucker unter CUPS einrichten und verwalten
- Netzwerkdrucker nutzen

An dieser Stelle beschäftigen wir uns mit dem Thema »Drucken unter Linux«. Vermutlich wird es aber eher der Seltenheitsfall sein, dass Sie auf dem Server arbeiten und hier ständig drucken müssen. Wahrscheinlicher ist die Nutzung des Servers als Druckserver – nicht einmal für andere Linux-Clients sondern für Windows-PCs. Hierzu lernen Sie im nächsten Kapitel *Samba* kennen.

23.1 Das Szenario

Ihr Chef, Herr Windschief, plant die Anschaffung von drei neuen Tintenstrahl-Druckern, da sowohl von den beiden Linux-Workstations als auch vom Sekretariat oftmals gedruckt werden muss. Als Sie davon erfahren, raten Sie ihm, statt der drei Tintenstrahl-Drucker lieber einen guten und schnellen Laserdrucker anzuschaffen. Diesen könnte man am Linux-Server anschließen und den Server als Druckserver ausbauen, um den zentralen Drucker für alle Mitarbeiter zur Verfügung zu stellen. Mit einem entsprechend langen USB-Kabel könnte man den Drucker zentral platzieren.

Herr Windschief dankt Ihnen für den guten Tipp und beauftragt Sie mit dem Kauf eines entsprechenden Druckers und der Einrichtung des Druckservers ... da waren Sie wieder, ihre drei Probleme:

- Welchen Drucker wählt man in einem solchen Fall?
- Wie funktioniert das Drucken unter Linux?
- Wie kann ein am Linux-Server angeschlossener Drucker sowohl für Linux- als auch für Windows-Clients verfügbar gemacht werden?

Zum ersten Punkt werde ich mich hier nicht weiter auslassen. Natürlich empfiehlt sich ein leistungsstarker Laserdrucker, hier sollte man auch nicht an der falschen Stelle sparen. Sollten Sie tatsächlich in diese Situation geraten, empfehle ich Ihnen das Studium verschiedener Vergleichstests.

Zu den anderen beiden Punkten finden Sie Informationen in diesem und im nächsten Kapitel.

23.2 Drucksysteme unter Linux

Es sind historisch vor allem zwei Drucksysteme unter Unix von Bedeutung:

- Das *Berkley Printing System*. Der Berkley Line Printer Daemon (`lpd`) wird original oder in seiner weiter entwickelten Version LPRnrg auch heute noch auf vielen Linux-Distributionen installiert. Das System wurde in den 1970er Jahren entwickelt und ist auf die damalige Drucktechnik ausgelegt – Nadel- und Matrixdrucker.
- Das *AT&T-Line-Printer-System (LP)*: Ein unter Unix verwendetes System, was unter Linux nicht gebräuchlich ist.

Beiden Systemen ist gemein, dass Sie bedingt durch die frühe Entwicklung konzeptionelle Schwächen besitzen, die zwar ausgebessert, aber nie ganz gelöst werden konnten. Die Firma *Easy Software Products* entwickelte ein neues Konzept namens *CUPS* (Common Unix Printing System). Heutzutage wird auf den meisten aktuellen Linux-Systemen CUPS genutzt.

CUPS besteht aus einer Client-Server-Struktur. Der Druck-Client sendet den Druckauftrag an den Druckserver. Dieser leitet ihn durch den *Scheduler*. Hier werden die zu druckenden Daten in das PostScript-Format konvertiert und anschließend entweder zum Drucker oder zu einem anderen CUPS-Server im Netzwerk geleitet. Dabei wird das IPP (Internet Printing Protocol, RFC 2910 und 2911) genutzt, auf das auch zukünftige Drucksysteme bei Microsoft basieren.

Der Hauptvorteil gegenüber anderen Drucksystemen ist, dass es sich um ein standardisiertes und modulares Verfahren handelt, dessen Einsatz sogar in heterogenen Netzwerken möglich ist.

CUPS bringt seinen eigenen Webserver mit und lässt sich über ein WebUI (Web User Interface) konfigurieren. Zwar gibt es auch die Möglichkeit, CUPS manuell zu konfigurieren, aber wir werden uns hier ausnahmsweise auf die webbasierte Konfiguration konzentrieren.

23.3 Installation von CUPS

Für CUPS benötigen Sie das Paket cupsys. Etliche weitere Pakete werden von apt-get installiert, um Abhängigkeiten aufzulösen – diese variieren je nach Ausgangssituation und Debian-Version. Sie können die Pakete nach dem gewohnten Verfahren installieren:

```
# apt-get install cupsys
```

Während unter *Etch* noch Version 1.2.7 installiert wird, bringt *Lenny* die Version 1.3.8 mit. Darüber hinaus enthält cupsys unter Lenny deutlich mehr Abhängigkeiten – nicht zuletzt werden bestimmte Komponenten von Samba (siehe nächstes Kapitel) bereits an dieser Stelle installiert. Dies führt zu irritierenden Dialogfenstern während der Installationsprozedur, die Ihnen suggerieren, dass in diesem Zuge tatsächlich schon der Samba-Server installiert wird.

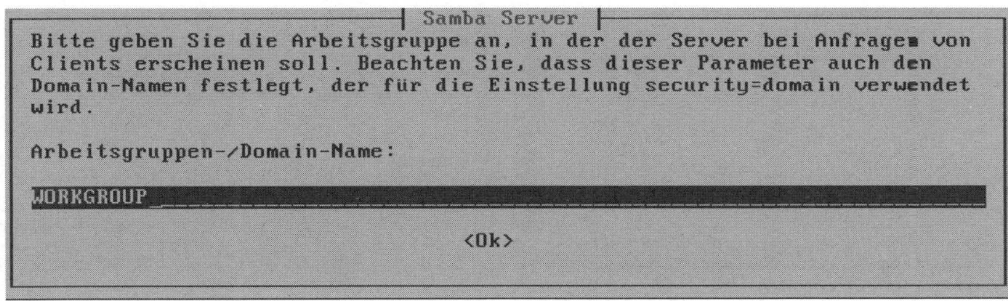

Abb. 23.1: Samba? Das hatten wir doch gar nicht gewählt?

Unter *Lenny* wird über das Paket samba-common nicht nur die Druckerunterstützung für Samba vorbereitet, sondern gleich eine entsprechende Samba-Konfigurationsdatei /etc/samba/smb.conf erstellt. An dieser Stelle können Sie die Default-Werte übernehmen und die Dialogfenster über [Enter] bestätigen.

Anschließend wird cupsd automatisch gestartet und erhält ein eigenes Init-Skript /etc/init.d/cupsys.

Die Liste der von Linux unterstützten Druckermodelle ist lang – allerdings nicht in der »Grundausstattung«. Jedoch gibt es für fast alle gängigen Modelle generische Treiber, die zumindest die Grundfunktionen zur Verfügung stellen. Unter http://www.linuxprinting.org finden Sie Informationen zu den unterstützten Druckern (Abbildung 23.2).

Es ist nicht ganz leicht, durch die o.a. Website durchzusteigen, ohne einige Hintergründe zu kennen: Das Grundproblem bei Druckvorgängen unter Linux ist, dass die Drucker im PostScript-Format angesprochen werden. Bei PostScript handelt es sich um die Standard-Formatierungssprache für Drucker unter Linux. Auch CUPS erwartet einen PostScript-fähigen Drucker. Die Parameter für einen solchen Drucker sind in einer PPD-Datei gespeichert. PPD steht für *Postscript Printer Description*. Diese Datei existiert *neben* dem Druckertreiber, der meistens für eine ganze Druckerklasse (zum Beispiel hpijs für HP-Deskjet- und Office-Jet-Drucker) genutzt wird.

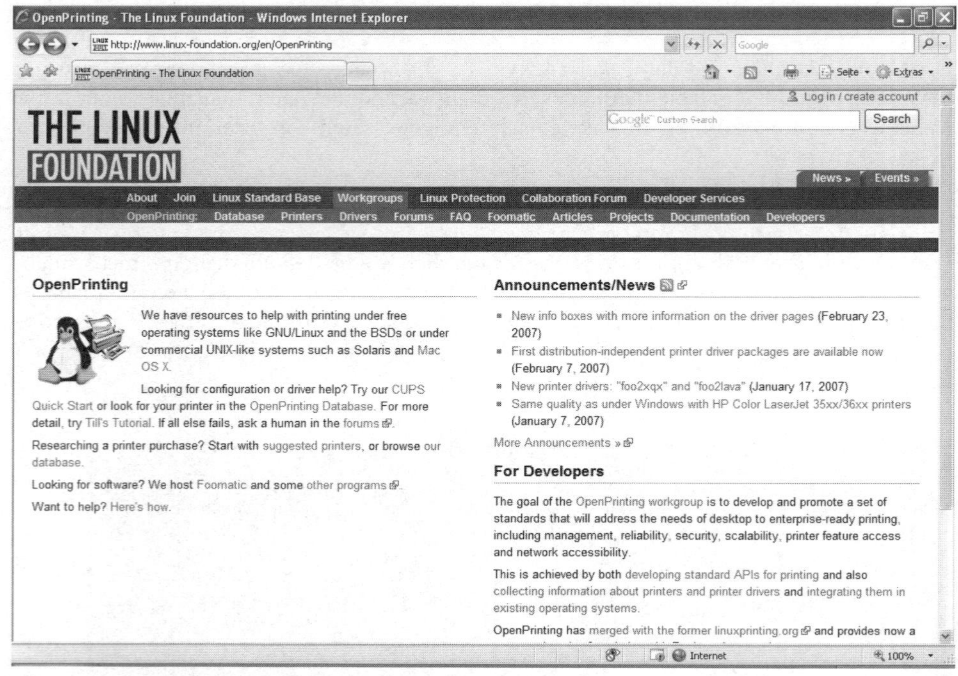

Abb. 23.2: Hier können Sie sich eigene Druckertreiber-Dateien herunterladen.

Dummerweise beherrschen nur die wenigsten Drucker tatsächlich PostScript. Damit auch nicht PostScript-fähige Drucker von CUPS angesteuert werden können, wird daher ein Übersetzungsprogramm namens *Ghostscript* verwendet. Es arbeitet normalerweise im Hintergrund. Welche Drucker von *Ghostscript* unterstützt werden, sehen Sie durch folgenden Befehl, dessen umfangreiche Ausgabe gekürzt dargestellt wird:

```
# gs -h
ESP Ghostscript 7.07.1 (2003-07-12)
Copyright 2003 artofcode LLC and Easy Software Products, all rights reserved.
Usage: gs [switches] [file1.ps file2.ps ...]
Most frequently used switches: (you can use # in place of =)
 -dNOPAUSE           no pause after page   | -q        `quiet', fewer messages
 -g<width>x<height>  page size in pixels   | -r<res>  pixels/inch resolution
 -sDEVICE=<devname>  select device         | -dBATCH  exit after last file
 -sOutputFile=<file> select output file: - for stdout, |command for pipe,
                                         embed %d or %ld for page #
Input formats: PostScript PostScriptLevel1 PostScriptLevel2 PDF
Default output device: x11
Available devices:
   alc2000 alc4000 alc8500 alc8600 ap3250 appledmp atx23 atx24 atx38 bbox
   bff bit bitcmyk bitrgb bj10e bj10v bj10vh bj200 bjc600 bjc800 bjc880j
   bjccmyk bjccolor bjcgray bjcmono bmp16 bmp16m bmp256 bmp32b bmpa16
   bmpa16m bmpa256 bmpa32b bmpamono bmpasep1 bmpasep8 bmpgray bmpmono
   bmpsep1 bmpsep8 ccr cdeskjet cdj1600 cdj500 cdj550 cdj670 cdj850 cdj880
```

```
    cdj890 cdj970 cdjcolor cdjmono cfax cgm24 cgm8 cgmmono chp2200 cif cljet5
    cljet5c cljet5pr coslw2p coslwxl cp50 cups declj250 deskjet dfaxhigh
    dfaxlow dj505j djet500 djet500c djet820c dl2100 dmprt dnj650c epl2050
(...)
```

Unter Debian wird eine Druckerdefinition für CUPS über das Drucksystem *foomatic* bereitgestellt. Die Datenbank von *foomatic* wird von `www.linuxprinting.org` bezogen – Sie müssen also in der Regel nichts von der Seite direkt downloaden. Installieren Sie hierzu unter *Etch* folgende Pakete:

```
# apt-get install foomatic-db foomatic-db-engine foomatic-filters foomatic-filters-ppds
```

Unter *Lenny* müssen Sie lediglich das letzte Paket `foomatic-filters-ppds` nachinstallieren, da die anderen Pakete bereits während der Installation von `cupsys` installiert wurden.

Etliche weitere Hilfspakete werden aufgrund von Abhängigkeiten mitinstalliert.

Nun verfügen Sie über eine recht ansehnliche Datenbank. Sollten Sie HP-Laser- oder Inkjet-Drucker verwenden, benötigen Sie evtl. noch die Pakete `hpijs` (bei der Installation von `cupsys` enthalten) und `foomatic-db-hpijs`.

23.4 Konfiguration von CUPS

Die Druckerkonfiguration war unter Linux oft etwas unkomfortabel. Dies ist bei Windows wesentlich besser gelöst, was sicherlich auch daran liegt, dass hier die Treiberunterstützung seitens der Hersteller erheblich besser ist. Die Konfiguration unter CUPS ist dagegen denkbar einfach über ein plattformunabhängiges WebUI (Web User Interface) möglich.

Die Konfigurationsdatei von CUPS

Auch CUPS hat als Dienst eine eigene Konfigurationsdatei: `/etc/cups/cupsd.conf`. Sie ist recht einfach und verständlich gehalten, da sie sich an die Syntax des Apache Webservers anlehnt. Diese hat sich inzwischen als Quasi-Standard etabliert.

Die Datei unterscheidet sich nur geringfügig zwischen *Lenny* und *Etch*. Auf Besonderheiten gehe ich gleich noch weiter ein.

Obwohl die Konfiguration und Administration von Druckern auch auf der Konsole vorgenommen werden kann, werden wir dies etwas komfortabler gestalten: CUPS installiert einen Webserver, der auf Port 631/tcp lauscht.

Konfiguration über das WebUI

Standardmäßig können Sie zunächst nur über `localhost`, also den Debian-Server selbst, auf das CUPS-Webinterface zugreifen. Möchten Sie vom gesamten LAN, also Ihrem lokalen Netzwerk, auf den Server zugreifen, ändern Sie die entsprechenden Direktiven in `/etc/cups/cupsd.conf` folgendermaßen:

```
<Location />
Order Allow,Deny
```

```
Allow From 192.168.1.0/24
</Location>
```

Unter *Lenny* existiert hier nur die Zeile `Order Allow,Deny`, jedoch keine Einschränkung wie unter *Etch*. Erstellen Sie in beiden Fällen eine Konfiguration wie oben angegeben. Passen Sie ggf. das Netzwerk entsprechend an.

Stellen Sie darüber hinaus sicher, dass die Listendirektive *nicht* auf `localhost` beschränkt ist, wie hier gezeigt:

```
Listen localhost:631
```

Ändern Sie dies ggf. entsprechend folgendermaßen:

```
Listen 631
```

Außerdem müssen Sie die Direktive `<Location /admin>` entsprechend anpassen. Diese finden Sie weiter unten in der Datei.

Unter *Lenny* fügen Sie am besten wieder eine `Allow`-Zeile analog zum obigen Beispiel ein:

```
Allow From 192.168.1.0/24
```

Unter *Etch* ersetzen Sie hier einfach die vorhandene Zeile `Allow localhost`.

Unter *Etch* müssen Sie hier auch `Encryption Required` auskommentieren oder löschen, da dies eine SSL-Verschlüsselung erfordert, die nicht ohne größeren Aufwand realisiert werden kann. Dies führt mit Sicherheit in fast jeder Standardsituation zu zunächst unverständlichen Fehlermeldungen.

Sie müssen zusätzlich `<Location /admin/conf>` entsprechend anpassen, indem Sie das Ziel für `Allow From` setzen bzw. auf Ihr Subnetz oder die Admin-IP ändern.

Anschließend müssen Sie – wie immer nach einer Änderung der Konfiguration – den Dienst neu starten:

```
# /etc/init.d/cups restart
```

Achtung: Unter *Etch* lautet das Init-Skript für den Drucker-Daemon `cupsys`.

Nun können Sie das WebUI von CUPS auf einem Server mit der IP 192.168.1.1 im Browser über `http://192.168.1.1:631` aufrufen. Zwischen den Versionen *Lenny* und *Etch* hat sich hier nicht allzu viel verändert (Abbildung 23.3).

Über den Link DRUCKER HINZUFÜGEN können Sie neue Drucker hinzufügen (Abbildung 23.4).

Die Informationen, die Sie an dieser Stelle eingeben, sind nur informativ – natürlich sollte der Name den Druckertyp widerspiegeln und darf keine Leerzeichen enthalten. Weitere Angaben sind optional. Klicken Sie anschließend auf FORTSETZEN. Wählen Sie im nächsten Dialogfenster den korrekten Drucker aus (Abbildung 23.5).

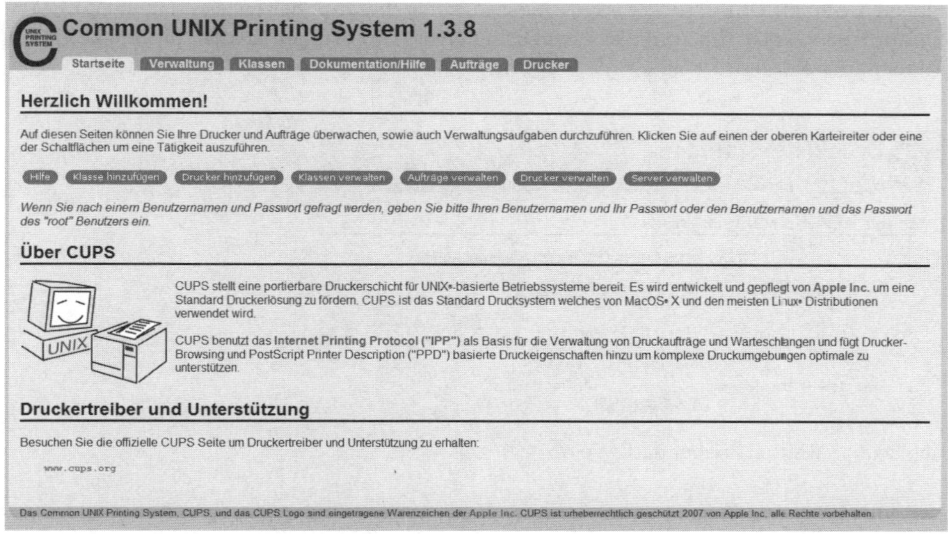

Abb. 23.3: CUPS lässt sich über eine Web-GUI administrieren.

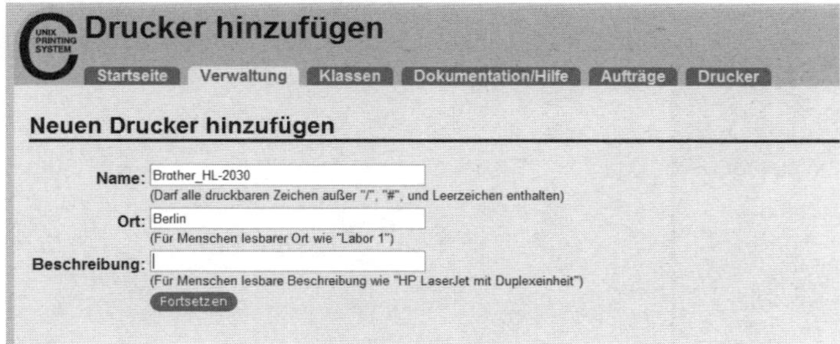

Abb. 23.4: Einen neuen Drucker hinzufügen

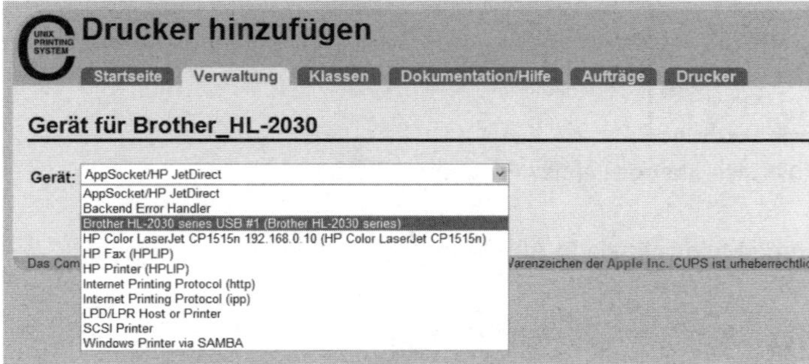

Abb. 23.5: Der angeschlossene Drucker sollte bereits erkannt worden sein.

Haben Sie einen USB-Drucker angeschlossen, sollte dieser in der Liste auftauchen. Klicken Sie auf FORTSETZEN, um zum nächsten Dialogfenster zu gelangen, in dem Sie den korrekten Treiber auswählen müssen.

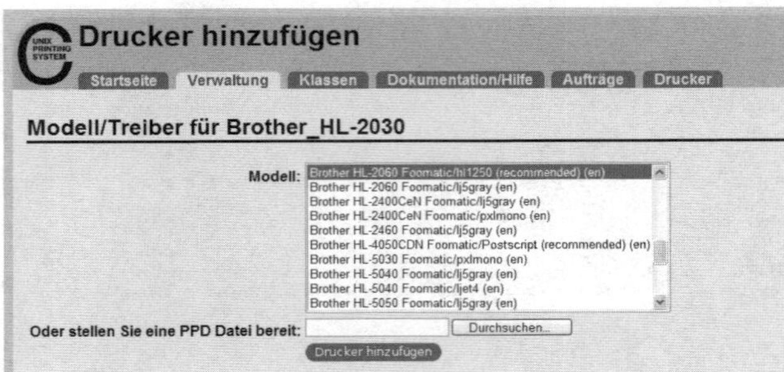

Abb. 23.6: Welcher Treiber darf's sein?

Glücklicherweise erhalten Sie vom Assistenten Hilfe – der empfohlene Treiber ist per Default ausgewählt, so dass Sie in der Regel nur auf DRUCKER HINZUFÜGEN klicken müssen. Nun werden Sie aufgefordert, sich mit einem autorisierten Benutzer anzumelden – dies ist in der Regel `root`.

Abb. 23.7: Auch `root` muss sich über das Netzwerk authentifizieren.

Sehen Sie anschließend eine Meldung wie in Abbildung 23.8, haben Sie gewonnen.

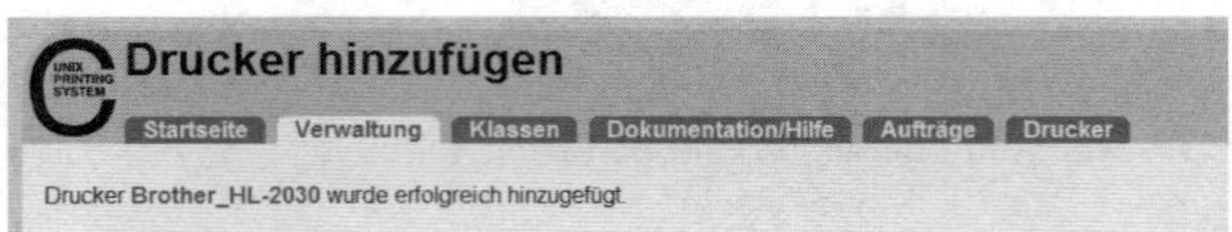

Abb. 23.8: Drucker ist eingebunden.

Der Drucker wurde erfolgreich hinzugefügt. So weit, so gut! Kurze Zeit später wird Ihnen automatisch die Verwaltungsseite Ihres Druckers angezeigt.

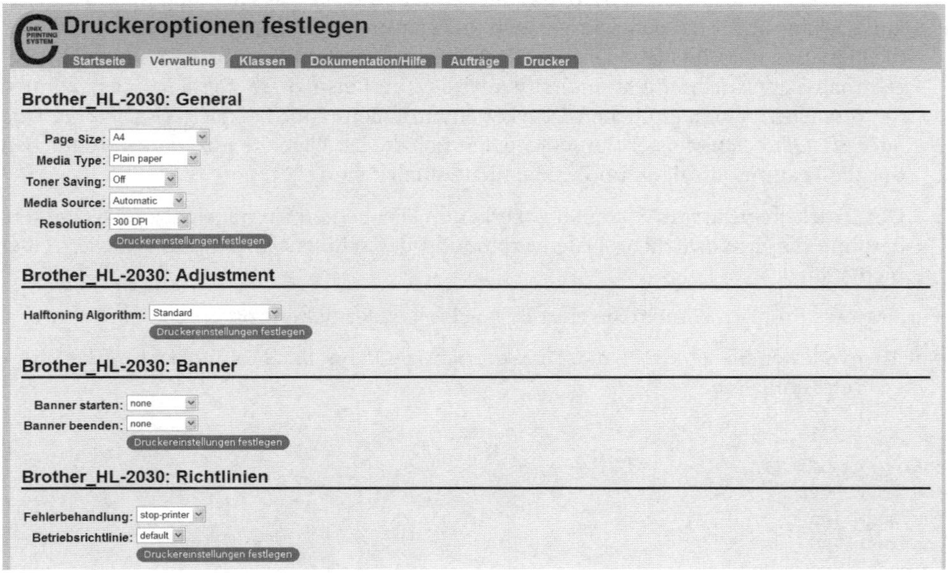

Abb. 23.9: Den Drucker verwalten

Klicken Sie auf DRUCKER, um die konfigurierten Drucker zu betrachten.

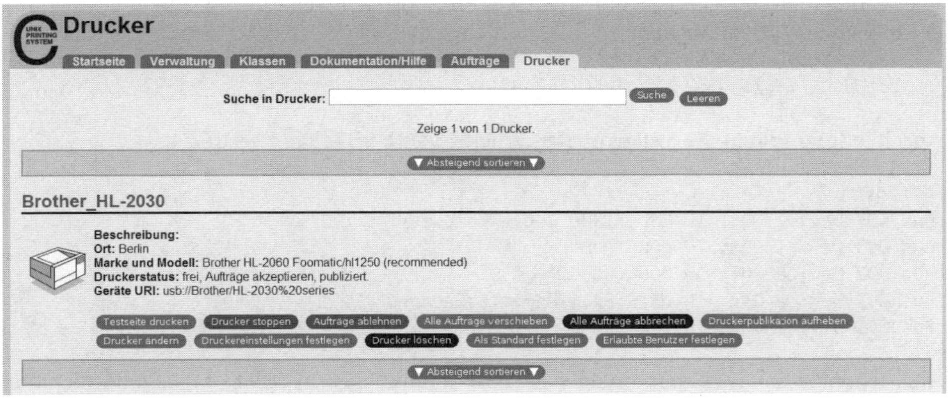

Abb. 23.10: Übersicht über Ihre Drucker

Über den Button TESTSEITE DRUCKEN können Sie überprüfen, ob Ihr Drucker tatsächlich in der Lage ist, korrekt zu drucken. Kontrollieren Sie die ausgedruckte Seite auf evtl. Fehler. Sollte das Ergebnis nicht zu Ihrer Zufriedenheit ausfallen, lesen Sie den folgenden Abschnitt.

Probleme bei der Druckererkennung

Funktioniert Ihr Drucker nicht, kann das im Wesentlichen zwei Ursachen haben:

1. Der Druckertreiber bzw. der Druckerfilter funktioniert nicht. Hier sind Sie im Zweifel auf Trial-and-Error (zu deutsch: Versuch und Irrtum) angewiesen. Testen Sie am besten nacheinander verschiedene Druckereinstellungen in CUPS aus. Sollten Sie einen Drucker haben, der nicht direkt unterstützt wird (zum Beispiel *HP Office Jet 5505*), können Sie versuchen, einen ähnlichen Drucker einzurichten (zum Beispiel *HP Office Jet 5500* oder *HP Office Jet*). Meistens unterscheiden sich die Druckgeräte nur in unwesentlichen Spezial-Features, die dann im Zweifel nicht nutzbar sind.
2. Der Drucker wurde vom System nicht erkannt. Dies sollten Sie vielleicht zuerst checken, da ohne die grundsätzliche Datenverbindung der schönste und beste Druckertreiber nichts nützt.

Für letzteres Problem können Sie zum Beispiel folgendermaßen vorgehen:

Mit `lpinfo` testen Sie, ob CUPS den Drucker richtig erkannt hat. Das Tool ist im Paket `cupsys-client` enthalten:

```
# lpinfo -v
network socket
network http
network ipp
network lpd
direct canon:/dev/lp0
direct epson:/dev/lp0
direct parallel:/dev/lp0
direct usb:/dev/usb/lp0
direct usb:/dev/usb/lp1
```

Hier wurde mein *HP Office Jet 5505* nicht erkannt. Normalerweise müsste hier eine Meldung der folgenden Art auftauchen:

```
direct usb://hp/dj450?serial=SG31K340D11S
```

Anschließend sollten Sie testen, ob der Drucker von USB erkannt wurde:

```
# lsusb
Bus 003 Device 002: ID 05ac:1300 Apple Computer, Inc.
Bus 003 Device 001: ID 0000:0000
Bus 002 Device 001: ID 0000:0000
Bus 001 Device 003: ID 03f0:3a11 Hewlett-Packard
Bus 001 Device 001: ID 0000:0000
```

Aha, schon besser. Da hängt irgendetwas Druckerähnliches an Device 003. Sollte auch hier nichts erkannt werden, überprüfen Sie mit **`lsmod`**, ob die USB-Treiber (etwas mit `ohci`, `uhci` und `ehci`) ordnungsgemäß geladen wurden, und laden Sie diese gegebenenfalls nach.

Ihr Drucker sollte auch unter `/proc/bus/usb/devices` auftauchen. Mein *Office Jet* fand sich dort in folgender (gekürzter) Form:

```
T:  Bus=01 Lev=01 Prnt=01 Port=01 Cnt=01 Dev#=  3 Spd=12  MxCh= 0
D:  Ver= 2.00 Cls=00(>ifc ) Sub=00 Prot=00 MxPS= 8 #Cfgs=  1
```

```
P:  Vendor=03f0 ProdID=3a11 Rev= 1.00
S:  Manufacturer=hp
S:  Product=officejet 5500 series
S:  SerialNumber=MY49MG107296
```

Für Drucker mit Parallelport-Anschluss können Sie die Dateien unter `/proc/sys/dev/parport/parport?/autoprobe*` durchsuchen. Ersetzen Sie ? durch die Nummer des Ports und * durch die (mögliche) Ziffer hinter `autoprobe` und suchen Sie nach Einträgen, die auf eine Erkennung Ihres Druckers hindeuten.

> Allgemein bei Problemen können Sie in `/etc/cups/cupsd.conf` den Wert `loglevel` von `info` bzw. `warn` auf `debug` setzen, um detailliertere Logdaten in `/var/log/cups/error_log` zu erhalten. Vergessen Sie aber später nicht, diesen Wert wieder zurückzusetzen, damit Ihnen die Logfiles nicht zugemüllt werden.

Eine neue Druckerbeschreibungsdatei (PPD) einbinden

Ihr Drucker ist zwar physikalisch vorhanden, aber Sie finden keinen passenden Eintrag in der WebUI? Dann fehlt Ihnen vermutlich nicht der (zumeist generische) Treiber, sondern die passende PPD-Datei.

Diese können Sie sich – sofern vorhanden – von `www.linuxprinting.org` besorgen. Klicken Sie auf der Hauptseite im Navigationsmenü auf Printer Listings. Nun können Sie Ihren Drucker auswählen:

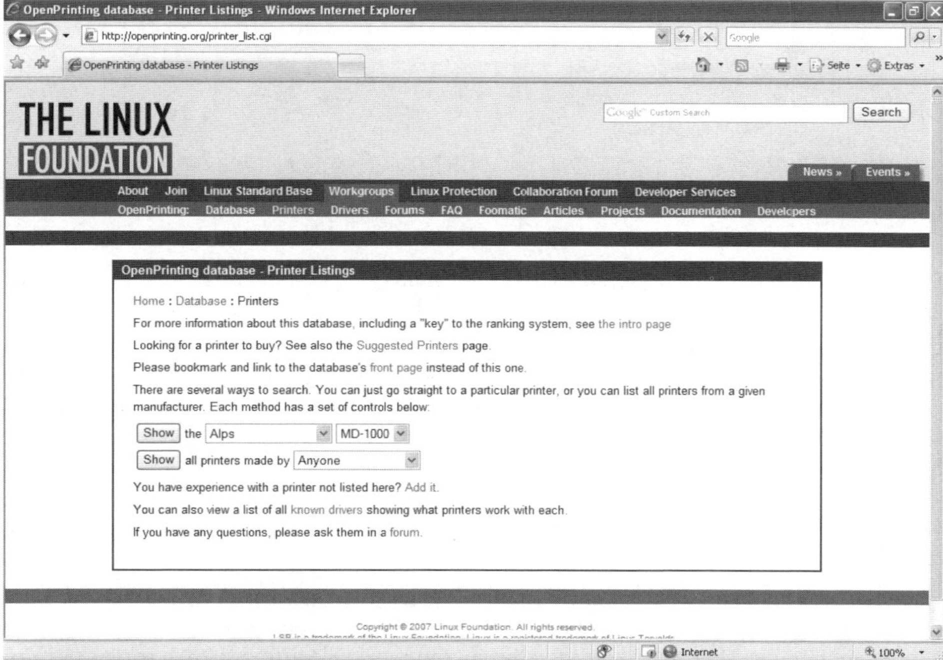

Abb. 23.11: Die Druckerdatenbank ist beachtlich groß.

Für das folgende Beispiel stelle ich mich selbst ausnahmsweise in den Mittelpunkt, um Ihnen die Vorgehensweise zu demonstrieren. Mein Ziel ist es, einen passenden Druckertreiber bzw. eine PPD für meinen Drucker, einen HP Office Jet 5505, zu erhalten.

Leider gibt es keinen Eintrag für den *HP Office Jet 5505*. Daher wähle ich hier *Office Jet 5500*. Über den Button SHOW werden mir die verfügbaren Informationen zu diesem Drucker angezeigt:

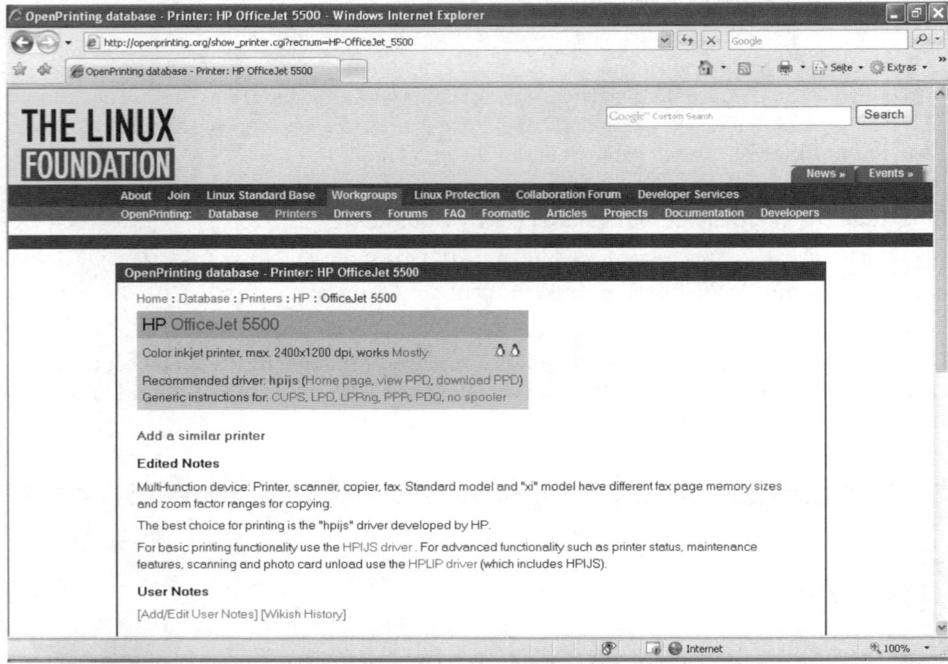

Abb. 23.12: Druckertreiber, PPD, Funktionen, Einschränkungen usw.

Der empfohlene Treiber für diesen Druckertyp ist `hpijs`. Er ist in einem CUPS-Paket integriert und muss nicht separat installiert werden. Ich kann mir aber die PPD-Datei herunterladen.

In meinem Fall habe ich die Datei unter Windows heruntergeladen, da ich auf dem Server keine GUI installiert hatte. Anschließend habe ich die Datei über `WinSCP` auf den Linux-Server überspielt, wo ich sie (unter *Etch*) in das Verzeichnis `/usr/share/cups/model` kopiert habe. Nach einem Neustart von CUPS erschien auf dem WebUI der Eintrag in der Druckerauswahlliste bei HP – und zwar zweimal. Ich hatte vorher die Pakete `hpijs` und `foomatic-db-hpijs` installiert und anschließend nicht noch einmal in die Liste geschaut. Nun ja, nobody is perfect!

Haben Sie die Foomatic-Pakete installiert, werden Sie eine ziemlich aktuelle Datenbank auf Ihrem System haben und eher selten eine Druckerbeschreibungsdatei aus dem Internet benötigen. Für diese Spezialfälle wissen Sie aber nun, wie Sie grundsätzlich vorgehen müssen. Bei Problemen empfiehlt es sich, das Forum auf der Website zu konsultieren.

23.5 Den Drucker nutzen

Wie kann denn nun ein unter CUPS eingerichteter Drucker verwendet werden? Grundsätzlich benötigen Sie den Drucker eher selten lokal auf dem Server. Meistens wird ein Drucker über das Netzwerk von Applikationen genutzt (siehe nächster Abschnitt). Hierzu zählen insbesondere Textverarbeitungsprogramme und andere Office-Anwendungen wie zum Beispiel Open Office.

Die Programme selbst holen sich – wie unter Windows auch – die auf dem Betriebssystem konfigurierten Drucker. Aus diesem Grund werde ich Ihnen an dieser Stelle auch kein ausführliches Druckbeispiel bringen, da uns in erster Linie die Serverseite interessiert und wir vermutlich auch gar kein Open Office o.Ä. auf dem Server konfiguriert haben.

Aber Sie können natürlich auch direkt von der Konsole einen Druckauftrag abschicken. Dazu nutzen Sie das Programm `lpr`. Die Syntax für einfache Testzwecke sieht so aus:

```
# lpr -P <Druckerbezeichnung> <Textdatei>
```

Sind mehrere Drucker konfiguriert, sollten Sie den gewünschten Drucker entsprechend angeben, zum Beispiel folgendermaßen:

```
# lpr -P Officejet_5505 /etc/fstab
```

Mit dem Befehl **`lpq`** können Sie die Druckaufträge in der Druckerwarteschlange überprüfen.

23.6 Drucken im (Linux-)Netzwerk

Bevor wir im nächsten Kapitel auf den Häufigkeitsfall zu sprechen kommen – das Drucken im Netzwerk von Windows-Clients ausgehend – möchte ich Ihnen hier kurz die Netzwerkdrucker-Möglichkeiten für reine Linux-Umgebungen erläutern. Dafür bietet CUPS hervorragende Möglichkeiten. Bei entsprechender Konfiguration werden alle an einem Druckserver angeschlossenen Drucker im Netzwerk propagiert. Dabei meldet der Server alle 30 Sekunden per Broadcast seine Drucker. Ein CUPS-Client muss dann lediglich im Netzwerk lauschen und kann die bekannten Drucker des Servers wie lokale Drucker nutzen.

Unter *Lenny* und *Etch* sind bereits folgende Zeilen enthalten:

```
Browsing On
BrowsOrder allow,deny
BrowseAllow @LOCAL
```

Sie können hier zum Beispiel noch die folgende Zeile hinzufügen:

```
BrowseAddress @LOCAL
```

Der Wert `BrowseAddress` gibt an, an welche Clients Druckerinformationen »gebroadcastet« werden. Dabei steht `@LOCAL` für alle lokalen Netze mit Ausnahme von Dial-Up-Verbindungen. Die restlichen Zeilen kennen Sie im Prinzip schon, nur dass hier ein `Browse` vorangestellt wurde. Damit geben Sie an, von welchen anderen CUPS-Servern Ihr lokaler Druckserver neue Drucker annehmen soll. Hier beschränken wir das auf den eigenen Rechner (`127.0.0.1`) und die lokalen Netzwerke (`@LOCAL`). Damit sorgen wir für ein Quäntchen Sicherheit – nicht viel, aber besser als nichts.

Auf Client-Seite tragen Sie bis auf die erste Zeile dasselbe ein. Vergessen Sie nicht, CUPS auf beiden Systemen neu zu starten:

```
# /etc/init.d/cups restart
Restarting Common Unix Printing System: cupsd.
```

Bei *Etch* heißt das Init-Skript `cupsys`. Über **`lpstat`** wird nun der Drucker des Servers auf dem Client angezeigt:

```
# lpstat -p
Drucker HP-
Officejet_5505 ist inaktiv.  Aktiviert seit Sa 30 Mai 2009 00:20:58 CEST
```

Sie erkennen keinen Unterschied, ob es sich um einen lokalen Drucker oder einen Netzwerkdrucker handelt – es spielt für den Anwender auch keine Rolle. Spricht er den Drucker an, wird der `cupsd` des Clients die Anfrage direkt weiter an den Server leiten. Dieser Vorgang ist für den Anwender völlig transparent. Der »Anwender« ist in diesem Fall in der Regel eine Applikation auf dem Client – nur zur Verdeutlichung.

Dies soll als kurze Einführung in das Thema »Drucken unter Linux« genügen. Im nächsten Kapitel geht es u.a. darum, einen Drucker über den Samba-Server als Netzwerkdrucker für Windows-Clients zur Verfügung zu stellen.

23.7 Zusammenfassung und Weiterführendes

Die Druckerkonfiguration ist dank des WebUI recht einfach. Nichtsdestotrotz existieren einige Stolperstellen, die mit Berechtigungen zu tun haben und auf der Kommandozeile bzw. in der Konfigurationsdatei `/etc/cups/cups.conf` angepasst werden müssen. Beachten Sie immer, von welchen IP-Adressen der Zugriff auf welche Ressourcen erlaubt ist, und vergessen Sie nicht, nach entsprechenden Änderungen `/etc/init.d/cupsys restart` auszuführen.

## Kapitel 24

Samba Teil I – Grundlagen des Windows-Servers

Vielleicht haben Sie sich für Linux aus Leidenschaft entschieden. Unter Umständen möchten Sie auch einfach nur einem Monopol von Microsoft entgegensteuern. Andererseits eignet sich Linux in jedem Fall hervorragend als Server-Betriebssystem.

Wie auch immer – die überwiegende Mehrheit der Clients besteht aus PCs, auf denen Windows XP oder auch Vista bzw. Windows 7 läuft. Würde Linux keine Möglichkeit bieten, als Server für Windows-Betriebssysteme zu fungieren, wäre dessen Einsatz in bestehenden lokalen Netzwerken eher beschränkt. Doch zum Glück gibt es Samba! Mit Samba können Sie fast alle Funktionen eines Windows-Servers realisieren. Dazu gehören:

- Dateifreigaben (Shares)
- Druckerfreigaben
- Primärer Domain-Controller (NT)

Sie lesen richtig: NT! Zwar unterstützt Samba LDAP, auf dem auch Windows 2000/2003 beruht, jedoch kann ein Samba-Server zum gegenwärtigen Zeitpunkt noch keinen Windows 2000/2003 Domain-Controller ersetzen. Für kleinere Netzwerke ist dies jedoch kein Problem, da es hier ohnehin nur einen Domain-Controller existiert – genau das wird im nächsten Kapitel unser Samba-Server sein. In diesem Kapitel beschäftigen wir uns aber zunächst mit Folgendem:

- NetBIOS- und SMB-Grundlagen
- Samba installieren
- Samba-Freigaben
- Samba-Druckdienste

Hierbei werden wir wiederum gemeinsam in diesmal drei Workshops (zwei für Verzeichnisfreigaben und einen für Druckerfreigaben) eine Grundkonfiguration von Samba erstellen. Im nächsten Kapitel lernen Sie fortgeschrittene Aspekte wie zum Beispiel Samba als PDC kennen. Außerdem lernen Sie dort, wie Sie Samba über SWAT konfigurieren können.

24.1 Grundlagen: NetBIOS und SMB

Wie Sie bereits gelernt haben, unterscheiden wir grob zwischen der Netzwerk- und der Anwendungsebene. Die Windows-Kommunikation läuft auf der Anwendungsebene ab. Dazu werden die Protokolle NetBIOS und SMB bzw. CIFS eingesetzt.

Bevor wir in die Praxis gehen, möchte ich Sie mit den Konzepten von Windows-Netzwerken vertraut machen, da die Kommunikation in Windows-Netzwerken ganz eigenen Regeln unterworfen ist und sich vollkommen von der Kommunikation von »normalen« Internetdiensten unterscheidet.

24.1.1 NetBIOS

Das Protokoll NetBIOS (Network Basic Input Output System) war ursprünglich eine Netzwerkschnittstelle für Programmierer – erst später entwickelte sich daraus ein Netzwerkprotokoll. NetBIOS ist nicht mit NetBEUI zu verwechseln, das als eigenständiges Protokoll neben TCP/IP von Microsoft verwendet wurde, bevor es nach und nach von TCP/IP verdrängt wurde. Das liegt nicht zuletzt daran, dass NetBEUI nicht routingfähig ist, also nur innerhalb eines Subnetzes funktioniert – das ist heute einfach nicht mehr ausreichend.

NetBIOS arbeitet auf dem Session Layer, der fünften Schicht des ISO-OSI-Modells (siehe Kapitel 17 *Netzwerkgrundlagen und TCP/IP*). Es baut auf NetBEUI oder TCP/IP auf. Bei Letzterem spricht man auch von *NetBIOS over TCP/IP*, kurz NBT. Für NBT unterscheiden wir drei Unterdienste:

- *Nameservice* (Port 137/udp): Der NetBIOS-Namensdienst zur Auflösung von NetBIOS-Namen
- *Datagram-Service* (Port 138/udp): Nutzt UDP als Transportprotokoll und wird für verschiedene Statusmeldungen u.a. verwendet.
- *Session-Service* (Port 139/tcp oder Port 445/tcp): Auf diesem eigentlichen Sitzungsdienst baut SMB bzw. CIFS auf. Hier werden Nutzdaten übertragen, Steuerungsinformationen übermittelt (zum Beispiel Datei öffnen, Datei schließen etc.) u.a.

SMB/CIFS nutzt also den Session-Service von NetBIOS und damit das Transport-Protokoll TCP. Andere NetBIOS-Datenpakete basieren auf UDP. Werfen wir nun einen Blick auf SMB/CIFS!

24.1.2 SMB und CIFS

SMB arbeitet auf dem Presentation Layer, der 6. Schicht des ISO-OSI-Modells. Das Protokoll SMB (Server Message Block) dient dazu, Anforderungen des Clients an den Server zu übertragen und zu verwalten. Hierzu gehören Dateiprozeduren wie *Öffnen*, *Schließen* und *Kopieren*. Damit ähnelt es dem NFS (Network File System), wobei SMB nicht als eigenständiges Dateisystem bezeichnet werden kann. SMB wird traditionell über Port 139/tcp übertragen.

> Der Name »Samba« kommt übrigens daher, dass nach einer Bezeichnung gesucht wurde, die die drei Buchstaben S, M und B enthält – da klang **Samb**a am besten ...

CIFS (Common Internet File System) ist eine Weiterentwicklung von SMB und wird über Port 445/tcp übertragen. Es wurde 1996 von Microsoft eingeführt und bietet neben der Datei- und Druckfreigabe weitere Dienste wie zum Beispiel den RPC- und NT-Domänendienst an. Jede Weiterentwicklung des SMB-Protokolls ist mit den älteren Versionen voll kompatibel. Somit ist CIFS kein eigenständiges Protokoll und wird weiterhin unter dem Begriff SMB geführt. Windows-Clients versuchen normalerweise, zuerst über CIFS bzw. Port 445/tcp zu kommunizieren – sollte dies nicht erfolgreich sein, greifen Sie als Fallback-Lösung auf die ältere Variante über Port 139/tcp zurück.

24.1.3 NetBIOS-Namensdienst und WINS

In einem Windows-Netzwerk können die Rechner innerhalb eines Subnetzes über ihre NetBIOS-Namen angesprochen werden. Dabei handelt es sich um einen so genannten »flachen« Namensraum. Im Gegensatz zu hierarchischen Namensräumen (wie zum Beispiel DNS) gibt es hier keine Gliederung in bestimmte Ebenen. Ein Rechner hat nur seinen NetBIOS-Namen, der aus maximal 15 Zeichen besteht, wobei außer Minus (-) und Unterstrich (_) keine Sonderzeichen erlaubt sind. Neben dem NetBIOS-Namen ist jeder Windows-Rechner noch einer Arbeitsgruppe (bzw. Domäne, doch dazu später) zugeordnet.

Außerdem erhalten bestimmte Windows-Dienste eigene NetBIOS-Namen. Wozu ein Name gehört, geht aus dem 16. Zeichen im NetBIOS-Namen hervor. Es ist unsichtbar und definiert den Dienst, zum Beispiel *Master-Browser* (siehe unten). Welche Namen ein Windows-Rechner reserviert hat, geht aus dem Befehl **`nbtstat -na <IP-Adresse>`** hervor. Diesen Befehl können Sie *nur* auf einem Windows-Rechner in der Eingabeaufforderung ausführen:

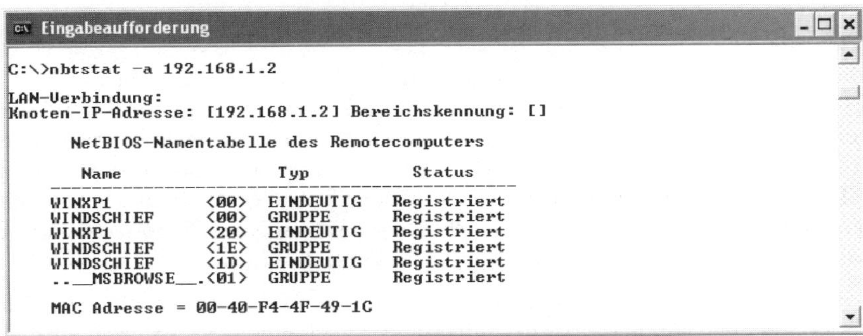

Abb. 24.1: `nbtstat` zeigt die registrierten NetBIOS-Namen eines Computers.

Diese Namen brüllt der Windows-Rechner normalerweise per Broadcast in die Welt – sprich in sein Subnetz. In jedem Subnetz gibt es einen so genannten *Master-Browser*, der die NetBIOS-Broadcasts registriert und in die Browsing-Liste einfügt.

Bei diesem *Master-Browser* handelt es sich um einen Rechner, der durch Aushandlung (Windows-Betriebssystemversion und andere Parameter) von allen anderen Rechnern im Subnetz dazu auserkoren wurde, die *Browsing-Liste* zu führen. Normalerweise hat ein Windows-Server die Aufgabe des Master-Browsers, da Windows-Server bei der Aushandlung höher bewertet werden als Windows-Clients. Bei Samba können Sie diesen Wert frei einstellen.

Andere Rechner holen sich vom Master-Browser diese Browsing-Liste. Dabei handelt es sich um eine Liste der im Netzwerk verfügbaren Windows-Ressourcen. Öffnen Sie nun die NETZWERKUMGEBUNG (siehe unten) auf einem dieser Windows-Rechner, finden Sie dort alle Computer, die sich in dieser Art im Netzwerk bekannt gemacht haben.

Was aber passiert, wenn ein Windows-Netzwerk über ein Subnetz hinaus existiert? In diesem Fall nützt der NetBIOS-Name-Service nicht viel, da die Benachrichtigungen der Clients am Router enden. Hierzu und zur Reduktion der Broadcasts (und damit der Netzwerklast) können Sie einen WINS-Server konfigurieren. WINS (Windows Internet Name Service) dient zur Auflösung von NetBIOS-Namen (nicht DNS!) in IP-Adressen.

Der Begriff »Internet« bei WINS ist hier irreführend, da WINS sich im Internet nicht gegen DNS durchsetzen konnte – auch in lokalen Microsoft-Netzwerken wird WINS mittelfristig an Bedeutung verlieren, weil Microsoft NetBIOS als »Auslaufmodell« behandelt. Im Moment ist NetBIOS und damit WINS allerdings noch topaktuell, da selbst die neuesten Windows-Versionen noch mit NetBIOS arbeiten. Das gesamte Prinzip der Netzwerkumgebung basiert nach wie vor auf NetBIOS. Wie aber funktioniert WINS denn nun?

Es muss auf dem Client mindestens ein WINS-Server in der Konfiguration von TCP/IP eingerichtet sein. Der WINS-Client sendet seine Namensankündigungen ab sofort nicht mehr per Broadcast ins Netz, sondern zielgerichtet (per Unicast) zum WINS-Server – egal, in welchem Subnetz dieser steht! Die Clients fragen bei Namensauflösungen nun den WINS-Server. Damit haben Sie keine Probleme mehr mit Routern und mehreren Subnetzen. Samba kann die Funktion eines WINS-Servers übernehmen.

24.1.4 Arbeitsgruppen und Domänen

Windows-Rechner sind entweder in Arbeitsgruppen oder in Domänen organisiert. Während die Arbeitsgruppen auf einem Peer-to-Peer-Netzwerk basieren, in dem niemand der Chef ist, werden die Ressourcen (Benutzer und Computer) in einer Domäne weitgehend zentral als Client-Server-Netzwerk verwaltet. Hierzu gibt es Domänen-Controller. Während Windows NT zwischen dem einen (!) Primären Domänen-Controller (PDC) und beliebigen Backup-Domänen-Controllern (BDC) unterschieden hat, existieren ab Windows 2000 nur noch DCs als Peers, also Domänen-Controller, die gleichberechtigt sind.

Hierbei ist zu berücksichtigen, dass es ab Windows 2000 sowohl einen NetBIOS-Namen für die Rechner und den (Windows-)Domänennamen als auch einen DNS-Namen gibt, da die Namensauflösung ab Windows 2000 auf DNS und die Domänenstruktur auf LDAP bzw. Active Directory (AD) umgestellt wurde, während NetBIOS weiterhin parallel betrieben wird.

Samba ist in der Lage, einen PDC zu emulieren. Damit kann eine einfache Windows-Domäne realisiert werden. Für kleinere Netzwerke ist dies häufig ausreichend, zumal weitere BDCs in Form von Windows-NT-Servern hinzugefügt werden können.

Als Clients für dieses ältere Domänenkonzept können sämtliche Windows-Versionen (NT/2000/XP/Vista/Windows 7) verwendet werden. Somit haben Sie also durchaus die Möglichkeit, ein Domänen-basiertes Netzwerk mit Hilfe von Samba zu implementieren. Dies ist oft eine sehr sinnvolle Sache, wie Sie im nächsten Kapitel lernen werden.

> Die Unterstützung von Samba für Active-Directory-Infrastrukturen ist seit Jahren in der Entwicklung! Ursprünglich als Samba 4 geplant, ist dieses nun als Entwicklerversion vorgesehen, um neue Features zu entwickeln und im stabilen Zustand in Samba 3 einfließen zu lassen. Im Moment ist die Active-Directory-Unterstützung noch nicht für Produktiv-Umgebungen geeignet! Über den aktuellen Stand informiert die Website des Projekts: `http://de.samba.org/samba`.

24.1.5 Die Netzwerkumgebung

Bei der Netzwerkumgebung handelt es sich eigentlich um einen *Netzwerkbrowser*. Was heißt das nun?

Wenn ein Rechner startet, meldet er sich im Netzwerk mit seinen NetBIOS-Namen an (wie wir gelernt haben, sind das mehrere, je nach seiner Funktion). Gleichzeitig bietet er sich als Master-Browser an.

Gibt es schon einen Master-Browser (also einen anderen Rechner im Netz, der diese Funktion innehat), wird sein Angebot abgelehnt. Der Master-Browser pflegt die Netzwerkobjektliste und stellt diese den Clients zur Verfügung. Dazu sammelt er alle NetBIOS-Meldungen und stellt daraus das zusammen, was wir als Netzwerkumgebung sehen.

Diese Liste wird teilweise verzögert aktualisiert, was ab und an zu unverständlichen Fehlermeldungen führt.

> Manchmal hilft es tatsächlich, erst mal einen Kaffee trinken zu gehen und zu warten – Probleme mit der Netzwerkumgebung lösen sich oft ganz von selbst!

Klingt komisch, ist aber so – Windows ist eben nicht Linux! Auf jeden Fall sollten Sie sich nie auf die Netzwerkumgebung verlassen – dass Sie dort etwas nicht finden können, heißt noch lange nicht, dass es wirklich nicht da ist! Andersherum könnten dort Ressourcen auftauchen, die nicht (mehr) verfügbar sind.

In diesem Fall sollten Sie eine direkte Verbindung über den UNC-Pfad und die IP-Adresse versuchen, indem Sie zum Beispiel `\\192.168.1.1\test` unter START|AUSFÜHREN eingeben.

> Der UNC-Pfad ist die gängige (NetBIOS-)Pfadangabe zu einer Windows-Netzwerkressource. Sie hat die folgende Syntax: `\\<Server>\<Freigabe>`. Der Server kann auch ohne Freigabe angegeben werden. In diesem Fall zeigt er alle seine Freigaben an. Er kann durch seinen NetBIOS-Hostnamen oder (besser) durch seine IP-Adresse angegeben werden. Im letzteren Fall eliminieren Sie Fehlerquellen bei der Namensauflösung.

In der Netzwerkumgebung sehen Sie die verfügbaren Computer in *Arbeitsgruppen* bzw. *Domänen* unterteilt angezeigt. Beide Organisationsformen haben identische Symbole. Unter NETZWERKUMGEBUNG|GESAMTES NETZWERK|MICROSOFT WINDOWS NETZWERK finden Sie diese Ansicht:

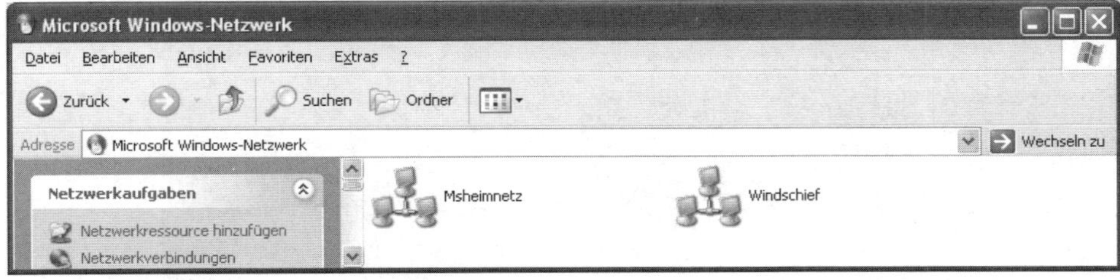

Abb. 24.2: Die Computer sind in Arbeitsgruppen bzw. Domänen untergliedert.

Klicken Sie nun doppelt auf eine Gruppe, sehen Sie anschließend die vorhandenen Computer:

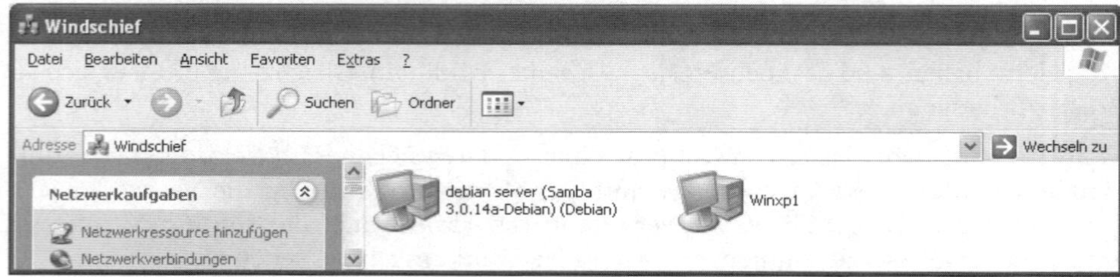

Abb. 24.3: In der Arbeitsgruppe Windschief befinden sich zwei Computer.

In diesem Beispiel finden Sie unseren Debian-Samba-Server und einen Client namens `Winxp1`. Genauso soll es später aussehen. Lassen Sie uns also zur Tat schreiten!

24.2 Installation des Samba-Servers

Für die Installation eines Samba-Servers unter Debian GNU/Linux werden die Pakete `samba` und `samba-common` benötigt. Außerdem installieren wir noch die Hilfspakete `smbclient` (Linux als Windows-Client) und `swat` (Webadministration).

> Haben Sie im letzten Kapitel `cups` installiert, wurden unter *Lenny* die Pakete `samba-common` und `smbclient` standardmäßig schon zur Abhängigkeitsauflösung mitinstalliert.

Die Installation passiert auf die bekannte Art, zum Beispiel per **`apt-get`**:

```
# apt-get install samba samba-common smbclient swat
```

Einige wenige Abhängigkeiten werden – wie immer automatisch – aufgelöst. Im Laufe der Installation werden Ihnen von Debconf einige Fragen zur Konfiguration gestellt, wenn das Paket `samba-common` noch nicht installiert war. Wie Sie bereits weiter oben gelernt haben, gehört jeder Windows-Rechner zu einer Arbeitsgruppe oder Domäne. Diese müssen Sie auch für den Samba-Server angeben – da wir die Konfiguration später selbst erstellen werden, ist es hier zunächst egal, wie die Arbeitsgruppe heißt. Geben Sie zum Beispiel `windschief` ein:

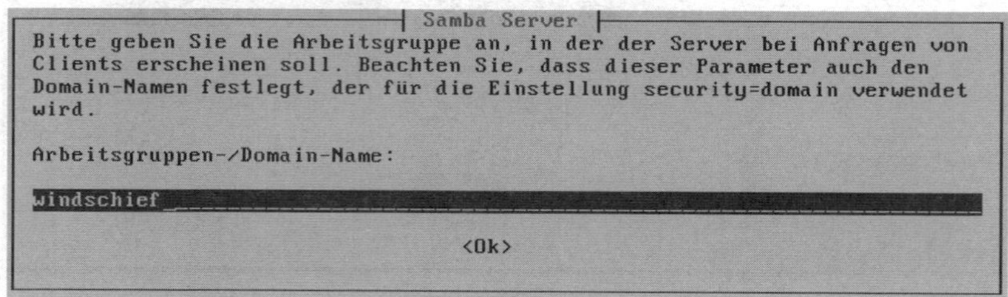

Abb. 24.4: Geben Sie den Namen der Arbeitsgruppe bzw. den Domänennamen an.

Die anschließende Frage nach den WINS-Einstellungen können Sie verneinen:

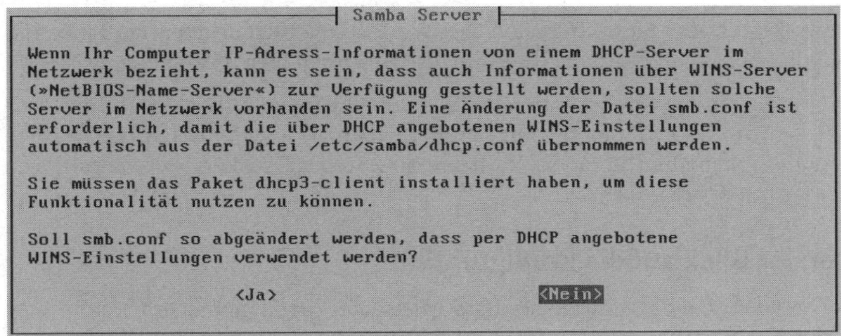

Abb. 24.5: Einen WINS-Server benötigen wir zunächst nicht.

Damit wären wir durch. Im Anschluss konfiguriert die Debian-Installationsroutine noch einige Dinge, wie zum Beispiel die Samba-User-Datenbank *tdbsam*. Hierbei tauchen regelmäßig merkwürdig anmutende (Fehler-)Meldungen auf, die Sie jedoch nicht weiter beachten müssen, solange am Ende der Prozedur Zeilen der folgenden Art erscheinen:

```
Starting Samba daemons: nmbd smbd.
Richte samba-doc ein (2:3.2.5-4lenny2) ...
Richte swat ein (2:3.2.5-4lenny2) ...
```

Ob Samba läuft, können Sie durch die Existenz der beiden Daemons `nmbd` (NetBIOS-Namensdienst) und `smbd` (NetBIOS-Session-Service) in der Prozessliste überprüfen:

```
# ps ax|grep .*mbd
 3146 ?        Ss     0:00 /usr/sbin/nmbd -D
 3148 ?        Ss     0:00 /usr/sbin/smbd -D
 3149 ?        S      0:00 /usr/sbin/smbd -D
```

Sowohl `/usr/sbin/nmbd` als auch `/usr/sbin/smbd` erscheinen in der Prozessliste. Das sieht gut aus. Außerdem können Sie mit **`netstat`** überprüfen, ob die Samba-Ports (137/udp, 138/udp, 139/tcp und 445/tcp) gebunden sind. Nach Eingabe des folgenden Befehls sollten Sie die folgenden Zeilen finden:

```
# netstat -tulpn|grep mbd
tcp6       0      0 :::139               :::*            LISTEN      2533/smbd
tcp6       0      0 :::445               :::*            LISTEN      2533/smbd
udp        0      0 192.168.0.83:137     0.0.0.0:*                   2531/nmbd
udp        0      0 0.0.0.0:137          0.0.0.0:*                   2531/nmbd
udp        0      0 192.168.0.83:138     0.0.0.0:*                   2531/nmbd
udp        0      0 0.0.0.0:138          0.0.0.0:*                   2531/nmbd
```

So weit, so gut – Ihr Samba-Server läuft, herzlichen Glückwunsch! Doch ohne Konfiguration passiert da noch recht wenig. Also weiter!

24.3 Grundkonfiguration des Samba-Servers

Zunächst wollen wir wissen, was unser Samba-Server von sich gibt. Zwar ist Samba eigentlich ein Windows-Server, aber Sie können den Dienst auch inhaltlich prima unter Linux testen. Dazu bringt Samba eine Reihe von Tools mit, die ich Ihnen gleich vorstellen werde.

Anschließend werden wir die Konfiguration an unsere Bedürfnisse anpassen. Hierbei werden wir im Rahmen von Workshops sowohl Dateifreigaben als auch eine Druckerfreigabe einrichten – Voraussetzung hierfür ist das Vorhandensein eines Druckers, den Sie an Ihren Samba-Server angeschlossen haben.

24.3.1 Ein erster Blick auf die Konfiguration

Der Samba-Server wird über die zentrale Konfigurationsdatei `/etc/samba/smb.conf` eingerichtet. Die vorkonfigurierte Datei ist bei Debian sehr gut kommentiert, so dass Sie an dieser Stelle schon mal einen Blick hineinwerfen können – erwarten Sie aber nicht, dass Sie bereits jetzt alles verstehen. Wir werden im Laufe der Workshops alle Sektionen analysieren.

Lassen Sie uns nun in die Samba-Werkzeugkiste greifen, um ein paar Abfragen zu generieren.

nmblookup

Dieses Tool löst die NetBIOS-Namen auf. Zuerst testen wir den Server-Namen. Nehmen wir an, Ihr Server heißt `lenny`. Groß- und Kleinschreibung wird von NetBIOS ignoriert:

```
lenny:~# nmblookup etch
querying lenny on 192.168.1.255
192.168.1.1 lenny<00>
```

Sieht gut aus – reagiert der Server auch auf die Arbeitsgruppe `windschief`?

```
lenny:~# nmblookup windschief
querying windschief on 192.168.1.255
192.168.1.1 windschief<00>
```

Prima! Die IP-Adresse, die angefragt wird (192.168.1.255), ist im Übrigen die Broadcast-Adresse des Netzwerks, an das der Server angeschlossen ist – im Grunde brüllt sich der Server also selbst an ... ;-)

smbclient

Dieses Tool testet die eigentliche Funktion von Samba: Zugriffe auf Freigaben, Drucker etc. Es enthält zahlreiche Optionen. Verschaffen Sie sich zunächst über folgende Befehlszeile einen Überblick:

```
lenny:~# smbclient -N -L lenny
Anonymous login successful
Domain=[WINDSCHIEF] OS=[Unix] Server=[Samba 3.2.5]

    Sharename       Type      Comment
    ---------       ----      -------
    print$          Disk      Printer Drivers
```

```
    IPC$            IPC        IPC Service (debian server (Samba 3.2.5))
    ADMIN$          IPC        IPC Service (debian server (Samba 3.2.5))
    lp              Printer    Generic dot-matrix printer entry
Anonymous login successful
Domain=[WINDSCHIEF] OS=[Unix] Server=[Samba 3.2.5]

    Server                   Comment
    ---------                -------
    LENNY                   Samba 3.2.5

    Workgroup                Master
    ---------                -------
    WINDSCHIEF
```

Sie können entweder den NetBIOS-Namen des Servers (hier: `LENNY`) angeben oder die IP-Adresse.

Die Option `-N` verhindert eine Passwortabfrage – es gibt ohnehin noch keine Samba-Passwörter. Mit `-L` wird der Server festgelegt, der abgefragt werden soll.

24.3.2 Workshop: Einfache Verzeichnisfreigaben

Als Erstes machen wir Tabula Rasa: Taufen Sie `/etc/samba/smb.conf` um in `/etc/samba/smb.conf.old` und erstellen Sie `smb.conf` neu als leere Datei:

```
# mv /etc/samba/smb.conf /etc/samba/smb.conf.old
# touch /etc/samba/smb.conf
```

Nun können wir die Konfiguration ganz von vorn erstellen.

Die Sektion [global]

Bei einem ersten Blick auf die ursprüngliche `smb.conf` haben Sie es vielleicht schon bemerkt: Die Konfiguration ist in Sektionen aufgeteilt, die in eckigen Klammern stehen. `[global]` ist die erste Sektion. Hier werden die Rahmenbedingungen bzw. die Direktiven für den gesamten Server definiert.

Samba kennt über 300 Konfigurationsparameter. Viele haben einen Default-Wert und müssen in `smb.conf` nur aufgeführt werden, wenn ihr Wert angepasst werden soll. Soll heißen: Wir müssen nur wenige Parameter definieren. Los geht's: Schreiben Sie Folgendes in die Datei und rücken Sie die Parameterzeile durch [Tab] ein:

```
[global]
    workgroup = windschief
```

Fertig! Zu einfach? Vielleicht. Aber es funktioniert! Sie glauben mir nicht? Ich beweise es Ihnen: Speichern Sie die neue `smb.conf` ab und geben Sie **`testparm`** ein. Damit testen Sie die Konfigurationsdatei von Samba auf Fehler:

```
lenny:~# testparm
Load smb config files from /etc/samba/smb.conf
Loaded services file OK.
Server role: ROLE_STANDALONE
```

```
Press enter to see a dump of your service definitions

# Global parameters
[global]
        workgroup = WINDSCHIEF
```

Es werden keine Fehler gefunden – alles fein! Das Tool **`testparm`** sollten Sie immer aufrufen, wenn Sie eine Änderung an `smb.conf` vorgenommen haben. Anschließend müssen Sie beide Dienste (`/usr/sbin/nmbd` und `/usr/sbin/smbd`) neu starten, damit die Änderungen wirksam werden. Dazu rufen Sie das Samba-Init-Skript `/etc/init.d/samba` wie gewohnt mit `restart` auf:

```
lenny:~# /etc/init.d/samba restart
Stopping Samba daemons: nmbd smbd.
Starting Samba daemons: nmbd smbd.
```

Ab sofort ist der Samba-Server Mitglied der Arbeitsgruppe `WINDSCHIEF`. Nicht mehr und nicht weniger.

> Da NetBIOS-Namen – genau wie DNS-Namen – nicht zwischen Groß- und Kleinschreibung unterscheiden, wird der NetBIOS-Name eines Computers oder einer Arbeitsgruppe oder Domäne bei Windows oft groß geschrieben. Dies ist lediglich eine Frage der Darstellung. Lassen Sie sich davon nicht irritieren.

So richtig funktionell ist unser Samba-Server zurzeit noch nicht. Wir brauchen eine Freigabe!

Die erste Freigabe

Jede Freigabe (engl. *Share*) hat eine eigene Sektion in `smb.conf`. Bevor wir jedoch eine solche Sektion erstellen, müssen wir festlegen, wie Benutzer authentifiziert werden, wenn Sie auf Ressourcen des Samba-Servers zugreifen. Das kann unterschiedlich erfolgen.

Der Parameter, der dies systemweit regelt, heißt `security`; er kann insbesondere folgende Werte annehmen:

1. *share*: Authentifikation auf Freigabe-Ebene, das heißt, die Freigaben sind de facto ungeschützt! Unter Windows ist es möglich, ein Passwort zu vergeben. Wer das Passwort kennt, darf auf die Freigabe zugreifen. Ist kein Passwort gesetzt, gibt es keine Passwort-Abfrage, und jeder hat Zugriff. Unter Samba funktioniert das ausschließlich *ohne* Passwort!
2. *user*: Authentifikation auf Benutzerebene: Der Benutzer muss sich mit einer Benutzerkennung authentifizieren, die auf dem Samba-Server selbst bekannt ist.

Wir werden mit einer einfachen Freigabe ohne Passwort anfangen, also ergänzen wir die Sektion `[global]` um die folgende Zeile:

```
security = share
```

Nun wird es Zeit, eine Testfreigabe zu erstellen. Dazu brauchen wir ein Verzeichnis auf dem Linux-Server. Nennen wir es `sambatest`:

```
lenny:~# mkdir /sambatest
```

Anschließend erstellen wir die neue Sektion in `smb.conf`. Diese sieht dann so aus:

```
[global]
   workgroup = windschief
   security = share

[test]
   comment = Testfreigabe
   path = /sambatest
   read only = no
   guest ok = yes
```

Hier die Erläuterung der Parameter:

Parameter	Bedeutung
`comment`	Kommentar, erscheint auch in der Netzwerkumgebung
`path`	Gibt das lokale Verzeichnis an, das freigegeben werden soll
`read only`	`yes` = nur lesen `no` = lesen + schreiben
`guest ok`	`yes` = keine Passwortabfrage – muss so gesetzt sein bei `security = share`

Die Freigabe heißt übrigens immer so wie der Sektionsname: `test`. Führen Sie nach der Änderung wieder `testparm` aus, um Ihre Konfiguration zu testen. Erhalten Sie keine Fehlermeldungen, können Sie den Dienst über das Init-Skript neu starten (siehe oben).

Nun können Sie sich die Konfiguration mittels `smbclient` noch mal ansehen:

```
lenny:~# smbclient -L etch -N
Domain=[WINDSCHIEF] OS=[Unix] Server=[Samba 3.2.5]

        Sharename       Type      Comment
        ---------       ----      -------
        test            Disk      Testfreigabe
        IPC$            IPC       IPC Service (Samba 3.2.5)
Domain=[WINDSCHIEF] OS=[Unix] Server=[Samba 3.2.5]

        Server               Comment
        ---------            -------
        LENNY               Samba 3.2.4

        Workgroup            Master
        ---------            -------
        WINDSCHIEF           LENNY
```

Lassen Sie uns schauen, was wir vom Windows-Client aus sehen. Öffnen Sie die Netzwerkumgebung und suchen Sie nach der Arbeitsgruppe `Windschief`. Öffnen Sie sie und klicken Sie anschließend doppelt auf das Symbol für Ihren Linux-Server. Es sollte sich ein Fenster öffnen, das die Freigaben des Servers anzeigt:

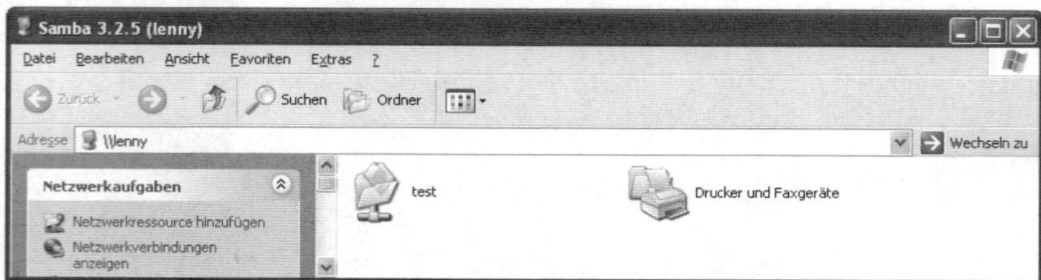

Abb. 24.6: Der Samba-Server zeigt seine Freigaben.

Hier finden Sie die Freigabe `test`, die wir gerade angelegt haben. Außerdem wird standardmäßig noch die Freigabe `Drucker und Faxgeräte` angezeigt – doch im Moment ist sie noch leer. Später finden Sie hier alle für Samba eingerichteten Drucker.

Klicken Sie nun doppelt auf die Freigabe `test`, um diese zu öffnen. Versuchen Sie einmal, innerhalb der Freigabe eine Datei zu erstellen (Rechtsklick – im Kontextmenü NEU wählen und einen Dateityp auswählen). Das Ergebnis ist ernüchternd, wie Sie in Abbildung 24.7 sehen.

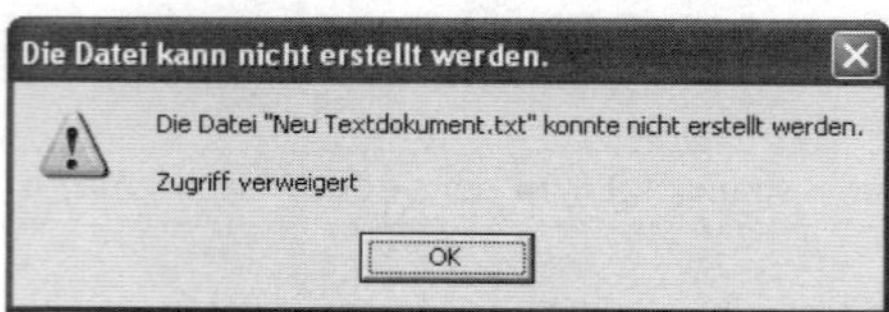

Abb. 24.7: Sie haben auf der Freigabe `test` keine Schreibrechte.

Aber hatten wir nicht festgestellt, dass die Freigabe völlig ungeschützt ist? Die Lösung ist einfach: Neben den Freigabeberechtigungen gibt es noch die lokalen Berechtigungen. Überzeugen Sie sich auf dem Linux-Server davon:

```
lenny:~# ls -ld /sambatest/
drwxr-xr-x  2 root root 1024 2006-05-25 19:26 /sambatest/
```

Nur `root` hat Schreibrechte. Passen wir dies nun an:

```
lenny:~# chmod 777 /sambatest/
```

Versuchen Sie anschließend, noch einmal eine Datei in der Freigabe zu erzeugen. Diesmal funktioniert es:

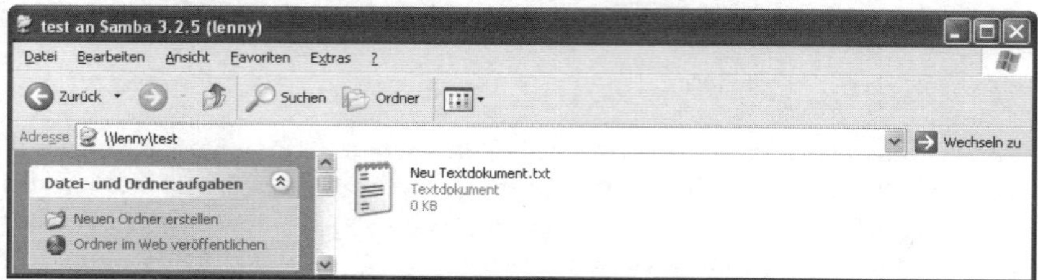

Abb. 24.8: Stimmen die lokalen Rechte, kann die Datei angelegt werden.

Dabei müssen die *Welt*-Rechte entsprechend gesetzt sein, da Sie als anonymer Benutzer auf die `test` zugreifen.

Der Zugriff auf den Samba-Server funktioniert natürlich genauso über die Eingabe eines UNC-Pfades. Möchten Sie auf die Freigabe `test` auf `lenny` zugreifen, geben Sie unter START|AUSFÜHREN Folgendes ein:

```
\\lenny\test
```

Im Ergebnis sollte sich ein Fenster öffnen, das den Inhalt der Freigabe anzeigt (s.o.).

Ändern Sie nun über Rechtsklick auf das Symbol ARBEITSPLATZ und Auswahl der EIGENSCHAFTEN die Arbeitsgruppe für den Windows-Client, indem über Sie COMPUTERNAME|ÄNDERN... den neuen Arbeitsgruppennamen WINDSCHIEF eingeben:

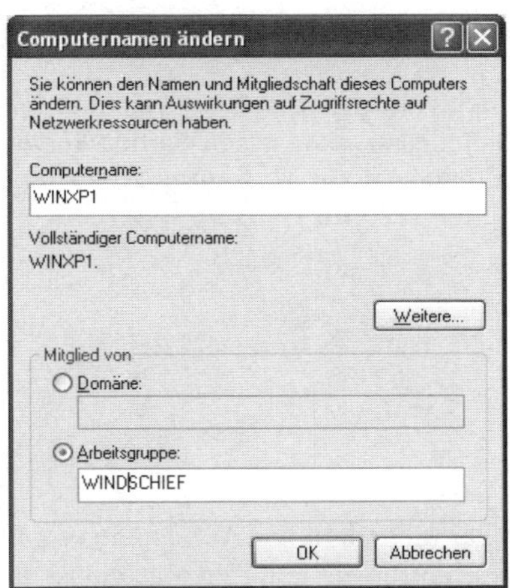

Abb. 24.9: Der Client erhält eine neue Arbeitsgruppe.

Diese Anleitung gilt für Windows XP – bei Windows Vista und Windows 7 ist die Vorgehensweise sehr ähnlich. Nach Klick auf OK werden sie in der Arbeitsgruppe WINDSCHIEF willkommen geheißen und müssen anschließend den Windows-Client neu starten.

Nun werden Sie in der Netzwerkumgebung unter der Arbeitsgruppe WINDSCHIEF neben dem Server auch Ihren Windows-Rechner finden.

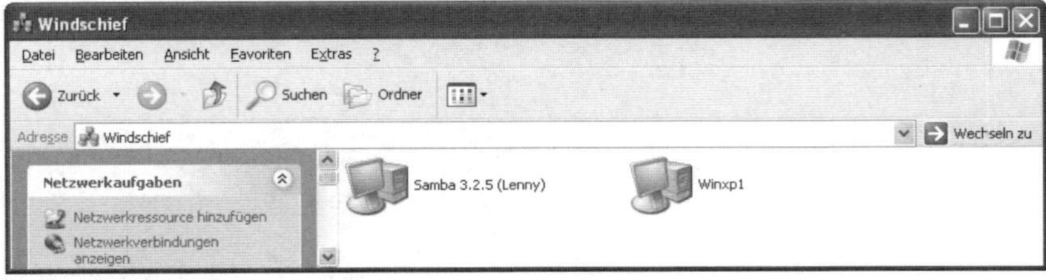

Abb. 24.10: Beide Rechner befinden sich in der Arbeitsgruppe WINDSCHIEF.

Somit ist der erste Workshop beendet. Im Folgenden schauen wir uns an, wie Sie den Zugriff auf Freigaben über Benutzerrechte regeln können. In diesem Zusammenhang werden Sie auch lernen, wie einfach es ist, Home-Verzeichnisse von Linux-Benutzern für Windows-Clients nutzbar zu machen.

24.3.3 Workshop: Sicherheit auf Benutzerebene und Einbinden der Home-Verzeichnisse

Möchten Sie einen richtigen Samba-Server aufbauen, benötigen Sie natürlich noch etwas mehr als eine einfache Freigabe. Bevor wir uns auf die Samba-Konfiguration stürzen, sind ein paar Vorarbeiten auf dem Linux-System nötig.

Nur eine kleine Randbemerkung: der Samba-Server heißt in diesem Tutorial `debian` und nicht mehr `lenny` – lassen Sie sich dadurch nicht irritieren!

Das Szenario und der Sollzustand

Bevor Sie Samba in der Produktivumgebung des Architekturbüros einsetzen, möchten Sie zunächst einige ausgiebige Tests durchführen. Dazu bietet es sich an, einen Samba-Server bei sich zu Hause zu installieren und allen Familienmitgliedern zur Verfügung zu stellen. Für dieses Szenario sind Sie der Chef der Familie – also die Frau im Haus ;-).

Ihre Familie besteht aus folgenden Mitgliedern:

- Anna – Ihre 14-jährige Tochter (`anna`)
- Paul – der 11-jährige Sohn (`paul`)
- Ihr Mann (`papa`)
- Sie selbst (`mama`)

Natürlich hat jeder seinen eigenen PC – anders wäre es gar nicht denkbar. Anna kann es gar nicht leiden, wenn Paul wieder irgendetwas an ihrem Computer verstellt und anschließend behauptet, er hätte gar nix gemacht ...

Ziel der Übung ist es, eine Freigabe für die Kiddies, eine für die Eltern und eine für die gesamte Familie für die Speicherung und den Austausch entsprechender Daten zu erstellen. Weiterhin soll jeder sein eigenes Home-Verzeichnis erhalten, auf das nur er Zugriff hat.

Gruppen einrichten

Wir benötigen drei Gruppen, um die Rechte passend setzen zu können:

- `kiddies` (für die Berechtigungen der Kids)
- `ellies` (Kurzform von *Eltern*)
- `family` (wenn alle etwas dürfen sollen)

> Beachten Sie, dass die Gruppen- und Benutzernamen per Konvention kleingeschrieben werden.

Sonst bauen wir uns eine erstklassige Fehlerquelle ein, da Linux genau zwischen Groß- und Kleinschreibung unterscheidet. Die Gruppe `kiddies` legen Sie folgendermaßen an:

```
# groupadd kiddies
```

Legen Sie nun die anderen beiden Gruppen analog dazu an. Anschließend überprüfen Sie, ob die Gruppen in /etc/group vorhanden sind:

```
# tail -n3 /etc/group
kiddies:x:1001:
ellies:x:1002:
family:x:1003:
```

Wunderbar, alles da!

Benutzer einrichten

Es fehlen noch die vier Benutzer:

- anna
- paul
- mama
- papa

Der Befehl zum Erstellen der Benutzer lautet für anna folgendermaßen:

```
# useradd -g kiddies -G family -m anna
```

Mit -g definieren Sie die Hauptgruppe. Für anna ist dies kiddies; standardmäßig wäre dies eine Gruppe, die den gleichen Namen wie der zu erstellende Benutzer hat und automatisch bei der Einrichtung des Benutzers mit erstellt wird. Mit -G geben Sie weitere Gruppenzugehörigkeiten an – wie Sie sehen, stecken wir anna noch in die Gruppe family. Die Option -m erstellt das entsprechende Home-Verzeichnis /home/anna.

Stellen Sie sicher, dass Ihre Benutzer zu folgenden Gruppen gehören:

Benutzer	Hauptgruppe	Nebengruppe
anna	kiddies	family
paul	kiddies	family
mama	ellies	family
papa	ellies	family

Mit **tail /etc/passwd** überprüfen Sie die neuen Benutzer. In /etc/group finden Sie auch alle anderen Gruppenzugehörigkeiten:

```
# tail -n3 /etc/group
kiddies:x:1001:
ellies:x:1002:
family:x:1003:anna,paul,mama,papa
```

Da kiddies und ellies als Hauptgruppen definiert sind, tauchen hier keine Mitglieder in /etc/group auf, denn die Hauptgruppen erscheinen ja nur mit ihrer Group-ID in /etc/passwd.

Anschließend vergeben Sie mit dem Befehl **passwd anna** usw. die Passwörter. Jedes Passwort muss zweimal eingegeben werden, aber das kennen Sie ja sicher schon. Ich empfehle Ihnen, das Passwort identisch zum Benutzernamen zu vergeben – für Testzwecke ist dies leicht zu merken. Alternativ können Sie auch für alle Benutzer das gleiche, einfache (!) Passwort (zum Beispiel `test123`) vergeben.

Rechte festlegen

Normalerweise darf jeder auf das Home-Verzeichnis eines anderen lesend zugreifen. Anna würde aber garantiert eine Krise bekommen, wenn sie wüsste, dass Mama ihre geheimen Tagebuchdateien lesen könnte ... was Sie ihr besser nicht sagen, ist, dass `root` alles darf ;-). Jedenfalls setzen wir die Rechte für Annas Home-Verzeichnis folgendermaßen:

```
# chmod 700 /home/anna
```

Damit ist Annas Home-Verzeichnis wirklich privat – nur vor `root` lässt sich eben nichts verstecken. Entsprechend können Sie nun die anderen Home-Verzeichnisse präparieren.

Weitere Verzeichnisse anlegen

Da sowohl Kids wie auch Erwachsene einerseits Geheimnisse untereinander haben, andererseits aber auch Daten austauschen wollen, erstellen wir noch folgende Verzeichnisse, die anschließend freigegeben werden:

- `kiddies`: Kids können Daten austauschen.
- `ellies`: Die Eltern können Daten austauschen.
- `family`: Daten für die ganze Familie

Zugegeben, die Bezeichnungen wiederholen sich, aber warum sollten wir jedes Mal das Rad neu erfinden? Die Verzeichnisse erstellen Sie folgendermaßen:

```
# mkdir -p /home/shares/kiddies
# mkdir /home/shares/ellies
# mkdir /home/shares/family
```

Anschließend ändern wir die Eigentumsverhältnisse:

```
# chown root:kiddies /home/shares/kiddies/
# chown root:ellies /home/shares/ellies/
# chown root:family /home/shares/family/
```

Bei den Berechtigungen müssen wir auch etwas nachhelfen:

```
# chmod 770 /home/shares/kiddies/
# chmod 770 /home/shares/ellies/
# chmod 2770 /home/shares/family/
```

Die Rechte 770 sichern, dass Benutzer und Gruppe Vollzugriff (77), andere dagegen keine Berechtigungen erhalten (0). Erinnern Sie sich noch an die Spezialrechte? Die 2 ganz vorn sorgt dafür, dass alle neu erstellten Dateien und Unterverzeichnisse mit der Gruppe des Verzeichnisses erstellt werden (also `family`) und nicht mit der Hauptgruppe des Benutzers, der die Datei oder das Unterverzeichnis erstellt. Sonst hätte die jeweils andere »Partei« (kiddies oder ellies) keinen Zugriff.

Security = user

Wie wir bereits gelernt haben, können wir mit dem Parameter `security = share` einfache, aber ungeschützte Freigaben zur Verfügung stellen. Die bessere Variante ist aber `security = user`. Alle weiteren Konfigurationen machen nur so Sinn. Ändern Sie also zunächst die Zeile in `smb.conf`. Ab sofort verlangt der Samba-Server eine Benutzerauthentifikation.

Außerdem setzen wir direkt darunter den Parameter `encrypt passwords = yes`. Alle Windows-Systeme ab Windows NT Service Pack 3 verwenden verschlüsselte Passwort-Übertragung, und dem tragen wir mit diesem Parameter Rechnung. Unsere `smb.conf` sieht jetzt also folgendermaßen aus:

```
[global]
   workgroup = windschief
   security = user
   encrypt passwords = yes
```

Wie Sie sehen, habe ich die Testfreigabe wieder entfernt, da wir sie nicht mehr brauchen.

smbpasswd

Legen Sie Benutzer unter Linux an, werden andere Verschlüsselungsalgorithmen für die Passwörter verwendet als unter Windows. Mit anderen Worten:

> Meldet sich ein Windows-Client beim Samba-Server an, versteht dieser das verschlüsselte Passwort zunächst nicht!

Wollen Sie ein Passwort in Windows-Art verschlüsseln, benötigen Sie den Befehl `smbpasswd`. Er funktioniert fast genauso wie `passwd`. Ein Windows-Passwort für *Anna* legen Sie folgendermaßen an:

```
# smbpasswd -a anna
New SMB password:
Retype new SMB password:
Added user anna.
```

Damit dies funktioniert, muss der Benutzer `anna` bereits als lokaler Systembenutzer angelegt sein. Auch `smbpasswd` hat Optionen – hier ein paar wichtige:

Option	Bedeutung
-a	Neuen Benutzer hinzufügen (= *append*)
-d	Benutzer deaktivieren
-e	Benutzer aktivieren (= *enable*)

Wie bei `passwd` gibt es unter `/etc/samba` auch für `smbpasswd` eine gleich lautende Datei, die Sie sich zum Beispiel mit `less` ansehen können. Hier der Eintrag für Anna:

```
anna:1003:D03FF8153DBC49EBAAD3B435B51404EE:1B82A68C7BFB52CB4F014328D2419833:[U
        ]:LCT-447DC67C:
```

Nach dem Login-Namen kommt die User-ID, anschließend das nach Windows-Art verschlüsselte Passwort.

Erstellen Sie nun für die anderen drei Benutzer entsprechende Einträge in `/etc/samba/smbpasswd`.

Freigaben erstellen

Zunächst wollen wir die normalen Freigaben erstellen – später dann die Home-Verzeichnisse. Hierzu haben wir bereits die folgenden Verzeichnisse angelegt und mit entsprechenden (lokalen) Rechten versehen:

- `kiddies`
- `ellies`
- `family`

Diese geben wir jetzt frei. Zunächst fügen wir die Freigaben als Sektionen ohne viel Schnickschnack unter `[global]` hinzu. Für `kiddies` sieht das so aus:

```
[kiddies]
   comment = Freigabe für die Kids
   path = /home/shares/kiddies
   read only = no
```

Fügen Sie analog die Sektionen `[ellies]` und `[family]` ein. Anschließend müssen Sie den Samba-Dienst neu starten.

Die Freigaben testen

Ob wir erfolgreich waren oder nicht, erfahren wir nur, wenn wir systematisch vorgehen. Für eine systematische Testreihe gehen Sie folgendermaßen vor:

1. Klicken Sie in der Netzwerkumgebung des Windows-Clients auf den Samba-Server. Sie sollten eine Login-Aufforderung sehen. Melden Sie sich zunächst als Benutzer `anna` an.
2. Bei erfolgreicher Anmeldung sehen Sie nun die erstellten Freigaben. Testen Sie, ob Sie Lese- und Schreibrechte auf die Freigaben `family` und `kiddies` haben. Dies sollte der Fall sein.

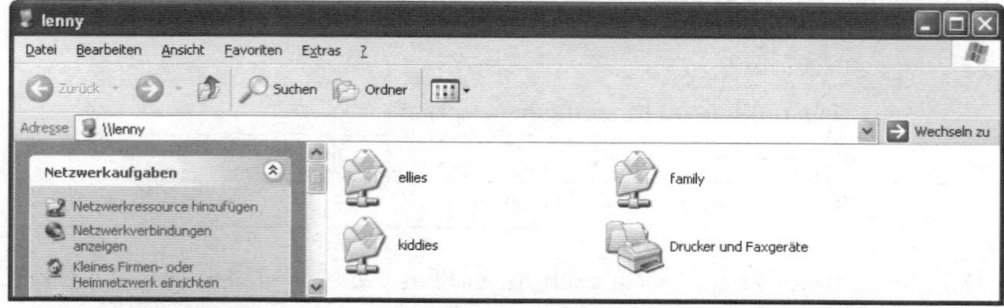

Abb. 24.11: Die Netzwerkumgebung zeigt die Familien-Freigaben an

3. Versuchen Sie nun, in `ellies` hineinzukommen. Dies sollte folgende Fehlermeldung verursachen, da Sie ja als `anna` angemeldet sind – und `anna` hat in diesem Verzeichnis nichts zu suchen ...

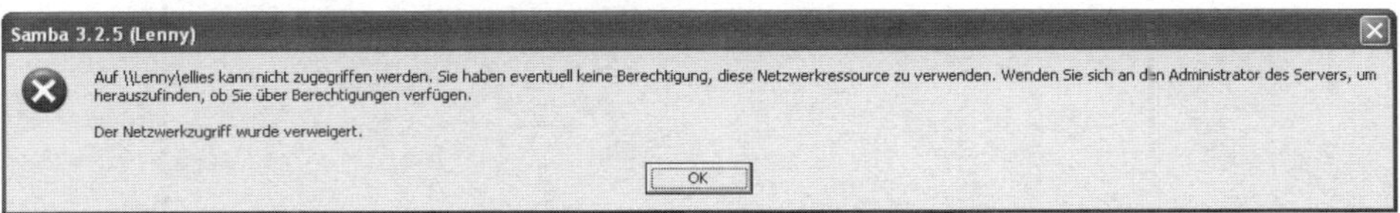

Abb. 24.12: Haben Sie keine Zugriffsberechtigungen, erhalten Sie eine Fehlermeldung.

4. Probieren Sie die Geschichte nun andersherum: Melden Sie sich zunächst bei Windows ab und wieder an, sonst bekommen Sie beim Zugriff auf den Samba-Server keine Login-Abfrage mehr. Anschließend können Sie sich als `mama` oder `papa` anmelden. Diese sollten in die Verzeichnisse `ellies` und `family` kommen, aber keinen Zugriff auf `kiddies` haben.
5. Um sicherzugehen, dass alles wie geplant läuft, müssen Sie JEDEN Benutzer testen: Was kann er, was kann er nicht? Diese Testphase ist einer der wichtigsten Bestandteile bei der Implementierung eines neuen Dienstes! Bei oberflächlichen Tests ist die Wahrscheinlichkeit groß, dass später doch irgendetwas nicht so funktioniert, wie geplant – seien Sie hier also besonders gründlich!

Klappt alles, haben wir Folgendes erreicht:

- Anna und Paul können Dateien untereinander austauschen, die Eltern haben aber kein Zugriff auf das Verzeichnis `kiddies`.
- Die Eltern können ebenfalls untereinander Daten vertraulich austauschen, weil die Kinder keinen Zugriff auf das Verzeichnis `ellies` haben.
- Alle können Dateien über das Verzeichnis `family` austauschen, auf das jeder Vollzugriff hat.

Die Home-Verzeichnisse

Nachdem wir die gemeinsamen Verzeichnisse erstellt haben, wenden wir uns den Home-Verzeichnissen zu. Hier gibt es eine besondere Sektion, die folgendermaßen aussieht:

```
[homes]
   comment = Home-Verzeichnisse
   read only = no
   create mask = 0700
   browseable = no
```

Damit hat es Folgendes auf sich: Jedem Benutzer, der sich authentifiziert hat, wird zusätzlich zu den expliziten Freigaben, die wir bisher erstellt haben, sein Home-Verzeichnis auf dem Samba-Server als Freigabe zur Verfügung gestellt. Haben Sie sich als `anna` angemeldet, sieht das so aus:

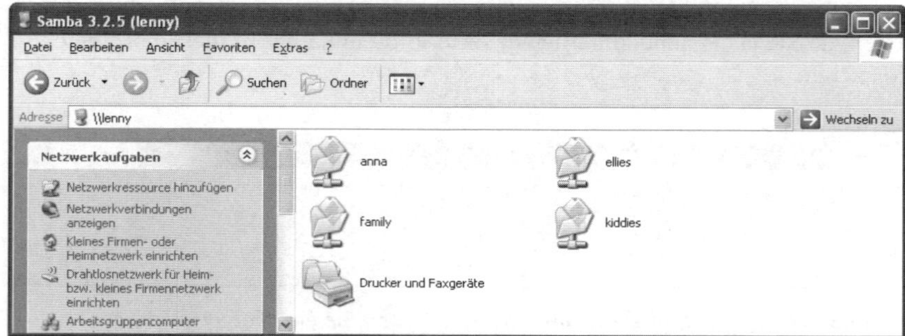

Abb. 24.13: Hier erscheint oben links Annas Home-Verzeichnis.

Nur anna bekommt diese besondere Freigabe angezeigt. Gehen Sie in das Verzeichnis, sehen Sie in der Tat denselben Inhalt, wie in Annas Home-Verzeichnis auf dem Linux-System:

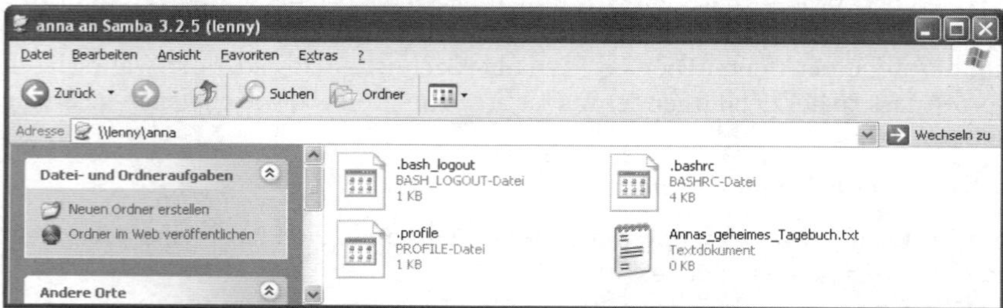

Abb. 24.14: Auf Annas geheimes Tagebuch hat nur Anna selbst Zugriff ...

Das Listing auf dem Server ergibt für das Home-Verzeichnis inhaltlich dasselbe:

```
# ls -a /home/anna/
.  ..  Annas_geheimes_Tagebuch.txt  .bash_logout...bash_profile  .bashrc
```

Jeder Benutzer bekommt sein eigenes Home-Verzeichnis angezeigt, das kein anderer sehen kann. Dies wird durch folgenden Parameter sichergestellt:

```
browseable = no
```

Außerdem haben wir einen Grundwert für die Erstellung neuer Objekte (Dateien oder Verzeichnisse) festgelegt:

```
create mask = 0700
```

Das bedeutet, dass neue Objekte mit den Rechten `-rwx------` erstellt werden. Damit hat niemand außer dem Ersteller darauf Zugriff. Für die Home-Verzeichnisse ist das genau die gewünschte Einstellung.

Angepasste Benutzerkennung

Bisher müssen Sie sich explizit anmelden, wenn Sie auf den Samba-Server zugreifen möchten. Besser wäre es, wenn Sie sich nur bei Windows anmelden müssten und dann direkt auf den Samba-Server mit der entsprechenden User-Kennung kommen würden – also ein Single-Sign-on, eine einmalige Anmeldung am System und im Netzwerk.

Das können wir durchaus realisieren – dazu müssen Sie nur unter Windows ein gleich lautendes Benutzerkonto mit identischem Passwort erstellen. Versuchen Sie nun, auf eine geschützte Netzwerk-Ressource zuzugreifen, schickt Windows gleich die Benutzerkennung (Login-Name und verschlüsseltes Passwort) an den Server, und es erscheint kein Login-Fenster.

Erstellen Sie nun ein Konto auf dem Windows-Client für alle vier Familienmitglieder mit den entsprechenden Passwörtern und testen Sie den Zugriff auf den Server. Es sollte anstandslos funktionieren.

Freigaben automatisch als Netzlaufwerk einbinden

Bisher ist immer noch ein manueller Verbindungsaufbau durch den Benutzer notwendig, um auf entsprechende Freigaben zugreifen zu können. Auch das können Sie automatisieren, indem Sie (angemeldet als entsprechender Benutzer) über ARBEITSPLATZ|EXTRAS|NETZLAUFWERK VERBINDEN... die entsprechende Freigabe unter Windows *mounten* (auch hier heißt das so):

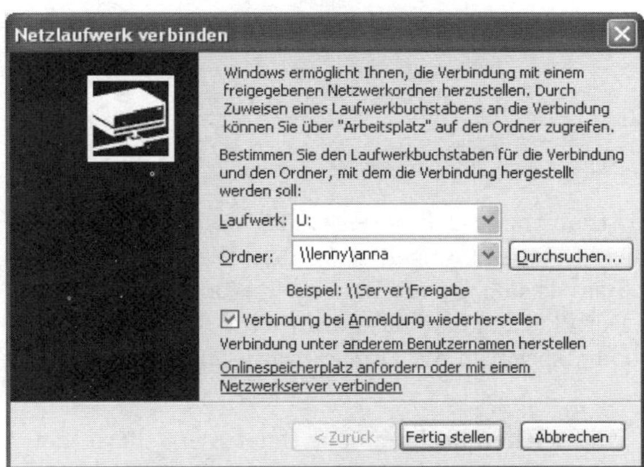

Abb. 24.15: Netzlaufwerke sind permanent eingebundene Freigaben.

Setzen Sie das Häkchen vor VERBINDUNG BEI ANMELDUNG WIEDERHERSTELLEN, wird das Laufwerk bei der Anmeldung automatisch eingebunden – der Benutzer muss dann nichts mehr tun. Voraussetzung hierfür ist natürlich, dass der Samba-Server zum Zeitpunkt der Anmeldung des Benutzers auf dem Client auch läuft.

Erstellen Sie nun für alle vier Benutzer die passenden Netzlaufwerke (Home-Verzeichnis und beide Austauschverzeichnisse).

Damit sind wir am Ende dieses Workshops angelangt. Es gab viel zu tun – andererseits haben wir uns hier auf die grundlegenden Dinge beschränkt und alle weiteren Möglichkeiten außer Acht gelassen. Erweiterte und fortgeschrittene Optionen finden Sie im nächsten Kapitel.

24.3.4 Workshop – Netzwerkdrucker mit Samba

Im letzten Kapitel haben Sie bereits CUPS kennen gelernt und in diesem Zusammenhang vermutlich auch schon einen Drucker eingerichtet – die Voraussetzung, um die nachfolgenden Schritte in der Praxis nachvollziehen zu können. CUPS selbst bietet bequeme Möglichkeiten für CUPS-Installationen auf den Clients (!), einen Netzwerkdrucker automatisch einzubinden.

Wie aber steht es mit Windows? Über Samba ist das ebenfalls kein Problem. Ähnlich wie die Spezialsektion `[homes]` können Sie eine Sektion `[printers]` erstellen, in der alle auf dem Samba-Server konfigurierten Drucker veröffentlicht werden. Hierzu gehen Sie folgendermaßen vor:

Ergänzen Sie zunächst `/etc/samba/smb.conf` durch folgende Zeilen:

```
[global]
   ...
   printing = cups
   printcap name = cups

[printers]
   Comment = Alle Drucker
   printable = yes
   path = /var/tmp
   create mask = 0600
   browsable = no
```

Die beiden Zeilen `printing` und `printcap name` definieren CUPS als das zu nutzende Drucksystem und müssen in der Sektion `[global]` eingefügt werden. Die Sektion `[printers]` definiert die Druckerfreigaben. Dass es sich um die Druckersektion handelt, wird in der Zeile `printable = yes` definiert. Der Pfad zeigt auf das gewünschte Spooler-Verzeichnis, in dem die Druckaufträge »gespoolt«, sprich in die Druckerwarteschlange eingereiht werden.

Die Direktive `create mask` bestimmt, mit welchen Rechten neue Dateien erstellt werden – hier sorgen wir dafür, dass Druckaufträge von niemand anderem eingesehen werden können als dem Auftraggeber selbst.

Vielleicht ist Ihnen an der letzten Zeile etwas aufgefallen? Richtig: Diesmal habe ich nicht `browseable` sondern `browsable` geschrieben – beides funktioniert!

Kommen wir zur Clientseite. Nachdem Sie die Datei `smb.conf` abgespeichert und den Samba-Server neu gestartet haben, müssen Sie den Drucker auf dem Windows-Client einrichten. Dazu klicken Sie zum Beispiel auf START|DRUCKER UND FAXGERÄTE. Über DRUCKER HINZUFÜGEN starten Sie den Assistenten.

Abb. 24.16: Druckerinstallationsassistent

Wählen Sie hier die Option NETZWERKDRUCKER ODER DRUCKER, DER AN EINEM ANDEREN COMPUTER ANGESCHLOSSEN IST aus. Auf der nächsten Dialogseite belassen Sie die Voreinstellung auf DRUCKER SUCHEN. Im folgenden Dialog können Sie die in der Netzwerkumgebung gefundenen Arbeitsgruppen und Domänen nach Computern durchforsten, die einen Drucker im Netzwerk bereitstellen:

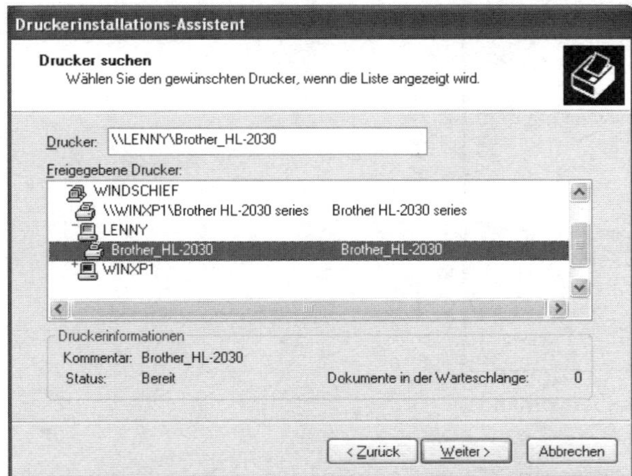

Abb. 24.17: Die Netzwerkumgebung präsentiert Ihnen verfügbare Drucker.

Wählen Sie den Rechner und den passenden Drucker aus (in meinem Beispiel heißt der Computer LENNY). Nach einem Klick auf WEITER wird Windows Sie unter Umständen warnen, dass nun ein Druckertreiber vom Server heruntergeladen wird.

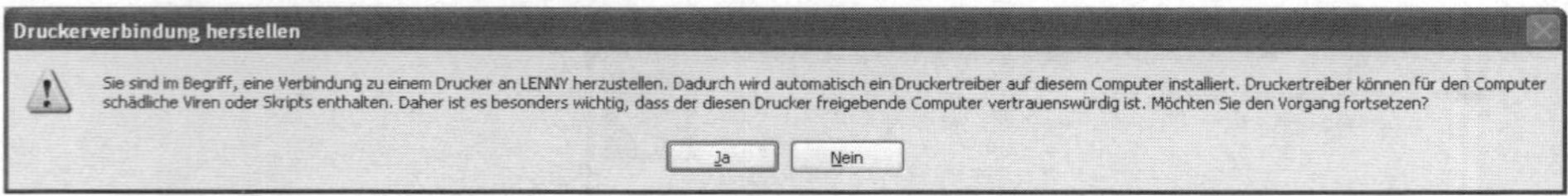

Abb. 24.18: Windows-Server stellen automatisch Druckertreiber zur Verfügung.

Sie können diesen Vorgang bedenkenlos fortführen, da nur Microsoft Windows-Server in der Voreinstellung den passenden Druckertreiber zur Verfügung stellen können – Linux bzw. Samba kann das nicht ohne Weiteres, was zur folgenden Fehlermeldung führt:

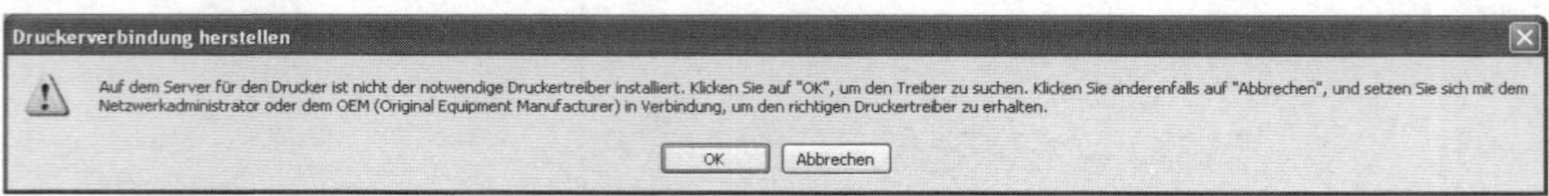

Abb. 24.19: Der richtige Druckertreiber konnte nicht gefunden werden ...

Klicken Sie auf OK und wählen Sie im Dialogfeld DRUCKERINSTALLATIONS-ASSISTENT auf Ihrem lokalen System einen passenden Druckertreiber aus – sollte dieser nicht vorhanden sein, können Sie über Klick auf DATENTRÄGER... den Treiber direkt von der Druckertreiber-CD einbinden:

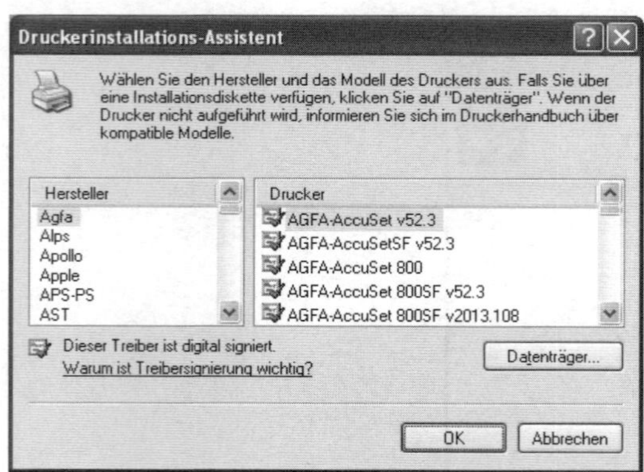

Abb. 24.20: Ist der richtige Druckertreiber vorhanden?

Haben Sie den passenden Treiber angegeben, können Sie im nächsten Dialogfenster festlegen, ob der Drucker als Standarddrucker verwendet werden soll. Anschließend wird die Installation abgeschlossen.

Abb. 24.21: Der Netzwerkdrucker wurde erfolgreich eingebunden.

Der Drucker steht ab sofort unter START|DRUCKER UND FAXGERÄTE zur Verfügung:

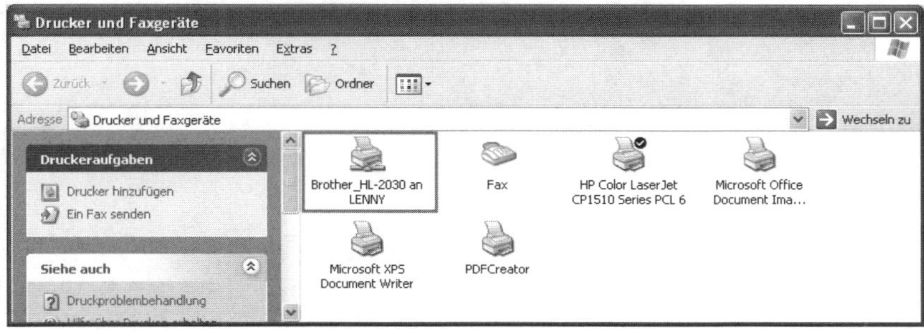

Abb. 24.22: Voilà – Ihr neuer Drucker wartet auf Aufträge ...

Damit haben Sie alle Grundfunktionen von Samba kennen gelernt. Im nächsten Kapitel stelle ich Ihnen weitere Funktionen vor, die Samba ausfüllen kann – namentlich die leitende Tätigkeit als Domänencontroller. Das wird spannend! Also: husch, husch, schnell einen Kaffee geholt und dann weitergelesen ;-).

Kapitel 25

Samba Teil II – Erweiterte Samba-Konfiguration

Im letzten Kapitel haben Sie Samba und seine Grundfunktionen kennen gelernt. In diesem Kapitel geht es vor allem darum, Ihnen Samba in seiner Funktion als PDC, sprich Chef einer Windows-Domäne vorzustellen. Außerdem gibt es noch ein paar weitere Konfigurationsmöglichkeiten, die ich Ihnen nicht vorenthalten möchte.

Wir werden uns in diesem Kapitel mit folgenden Themen beschäftigen:

- Wie funktionieren Windows-Domänen?
- Samba als Domänen-Controller
- Tipps und Tricks zur Samba-Konfiguration
- Samba über SWAT konfigurieren

Als Domänen-Controller ermöglicht Samba eine zentrale Administration der Ressourcen. Diesen wunderschönen (aber leeren) Satz werde ich im Laufe des Kapitels mit Inhalt unterlegen. In jedem Fall liegt der Vorteil für den Administrator in der einfacheren Verwaltung, während der Anwender weitere Vorteile durch die Domänenanmeldung an einem beliebigen Domänen-Computer, persönliche Anmeldeskripte und Profile hat. Es lohnt sich also, einen Blick auf dieses Konzept zu werfen.

Darüber hinaus gibt es noch einige Tipps, zum Beispiel das Einbinden eines CD-ROM-Laufwerks oder die Einrichtung eines Gast-Accounts. Auch diese möchte ich Ihnen nicht vorenthalten.

Nachdem (!) Sie die Konfiguration über die Konsole bzw. die Konfigurationsdatei `/etc/samba/smb.conf` verstanden haben, zeige ich Ihnen, wie Sie sich die Arbeit erleichtern können, indem Sie eine WebUI nutzen. Samba bringt nämlich eine eigene Oberfläche namens SWAT (Samba Web Administration Tool) mit.

25.1 Das Domänenkonzept von Windows

Ich habe Ihnen im letzten Kapitel schon einiges über Windows-Domänen und -Arbeitsgruppen erzählt. Während eine Arbeitsgruppe lediglich eine logische Zusammenfassung mehrerer eigenständiger Rechner in der Netzwerkumgebung darstellt, hat die Domäne viel weiterreichende Konsequenzen. Dies beginnt bei der zentralen Benutzerauthentifizierung inklusive Anmeldeskripte und geht bis hin zur Speicherung der Benutzerprofile auf dem Server.

Zur Realisierung einer solchen Domäne benötigen Sie mindestens einen Domänen-Controller (bei Windows NT einen PDC, Primären Domänen-Controller). Auf diesem wird die Domäne eingerichtet und verwaltet.

Jeder Rechner benötigt ein Computerkonto in der Domäne, um Mitglied in dieser Domäne werden zu können. Der Domänenadministrator kann einen Client in die Domäne »einfahren«, indem er die entsprechenden Einstellungen auf dem Client vornimmt und sich dabei gegenüber dem Domänen-Controller als Domänenadministrator authentifiziert.

Auch jeder Benutzer benötigt einen Domänen-Account, also ein Benutzerkonto in der Domäne, um sich in der Domäne anzumelden. Daneben ist es aber weiterhin möglich, auf dem Client lokale Benutzerkonten zu führen. Mit diesen können Sie sich ebenfalls anmelden, wenn Sie sich lokal und nicht in der Domäne anmelden. Dies können Sie im Anmeldefenster auswählen.

Es gibt auf jedem Computer zumindest einen lokalen Administrator-Account. Diesen benötigen Sie, um den Computer in die Domäne einzufahren – erst während dieses Prozesses werden Sie dazu aufgefordert, sich als Domänenadministrator zu authentifizieren. Wie das in der Praxis läuft, zeige ich Ihnen in diesem Kapitel.

Während die Windows-NT-Domäne auf NetBIOS aufsetzt, basiert das Domänenkonzept ab Windows 2000 auf DNS und LDAP, dem *Lightweight Directory Access Protocol*. Dabei handelt es sich nicht nur um ein Übertragungsprotokoll, sondern vor allem um einen so genannten Verzeichnisdienst. Stellen Sie sich das als dynamische Datenbank vor, in der alle Ressourcen der Domäne (Benutzer, Computer, Freigaben, Drucker etc.) verzeichnet sind.

Leider kann Samba in der gegenwärtigen Version noch nicht vollständig in einer Windows-2000/2003-Domäne mitspielen. Dies liegt daran, dass Windows 2000/2003 einen eigenen Verzeichnisdienst namens *Active Directory* (AD) verwendet, der auf LDAP basiert, aber modifiziert wurde. Wie bereits im vorherigen Kapitel erläutert, wird fieberhaft an der Active-Directory-Integration gearbeitet. Die Entwicklerversion 4 enthält bereits AD-Unterstützung, die jedoch erst im stabilen Zustand in die aktuelle Version 3 einfließen soll.

Samba kann aber entweder als PDC einer Windows-NT-Domäne fungieren oder als Mitgliedserver in einer Windows-NT- bzw. 2000/2003/2008-Domäne. Ein Mitgliedserver ist ein Server, der Bestandteil der Domäne ist, aber keine Domänen-Controller-Funktion hat, also zum Beispiel ein DNS, WINS, FTP, ein Web- oder Datenbankserver.

25.2 Das Szenario

Nachdem Sie im Architekturbüro Windschief einen Windows-Server eingerichtet haben, der sowohl Dateifreigaben als auch einen zentralen Drucker zur Verfügung stellt, möchten Sie nun noch einen Schritt weiter gehen und die Vorteile einer Domäne nutzen. Dadurch versprechen Sie sich eine bessere Administration der Benutzer und Computer, da ein Teil der »Turnschuh-Administration« entfällt. In vielen Fällen können Sie die administrativen Tätigkeiten auf dem Server erledigen. Außerdem haben Sie dadurch eine bessere Kontrolle über die Benutzerkonten, die Sie ebenfalls zentral verwalten können. Optimal wäre es, wenn für die Benutzer gleich nach der Anmeldung verschiedene Netzlaufwerke verbunden werden.

Ergo nehmen Sie sich vor, sich in den nächsten Tagen erneut mit Samba und seinen erweiterten Funktionalitäten zu beschäftigen.

25.3 Workshop: Samba als Domänen-Controller

Es gibt allerhand zu tun, um einen Samba-Server zum Domänen-Controller zu erheben. Um Ihnen die Schritte möglichst verständlich und praxisnah zu vermitteln, greife ich wieder auf das Prinzip des Workshops zurück. Lassen Sie uns gleich beginnen:

25.3.1 Computer-Konten einrichten

Nicht nur Benutzer müssen sich an der Domäne anmelden, sondern auch Computer. Dazu benötigen wir einfache Computer-Konten, die weder ein Home-Verzeichnis noch eine Shell benötigen. Wir erstellen einen solchen Maschinen-Account für unseren Client `WinXP1`:

```
# useradd -s /bin/false winxp1\$
```

Die Pseudo-Shell `/bin/false` verhindert eine lokale Anmeldung am Server. Wie Sie sehen, schreiben wir den Namen des Computers *klein*. Ganz wichtig ist `\$` am Ende des Namens. Damit wird ein Rechnername definiert. Im Übrigen müssen Sie für diesen Account kein Passwort anlegen. Im nächsten Schritt wird der Maschinen-Account für die Samba-Nutzung präpariert:

```
# smbpasswd -a -m winxp1
Added user winxp1$.
```

Hier wird `\$` weggelassen. Durch `-m` erkennt der Befehl, dass es sich um einen Maschinen-Account handelt, und bestätigt dies in der zweiten Zeile entsprechend durch Anhängen von `$`. Ein Passwort wird auch hier nicht erfragt.

> Jeder weitere Client, der der Domäne beitreten will, muss in dieser Art zuvor einen Maschinen-Account erhalten.

25.3.2 Einen Domänen-Administrator erstellen

Wie oben bereits skizziert, benötigen wir einen Domänen-Admin. Das soll hier `root` sein. Erstellen Sie einen Samba-Account mit folgendem Befehl:

```
# smbpasswd -a root
New SMB password: ******
Retype new SMB password: ******
Added user root.
```

Vergeben Sie für `root` ein Samba-Passwort – dieses muss und sollte (aus Sicherheitsgründen) nicht mit dem Linux-Passwort übereinstimmen. Sie müssen über die Direktive `admin users` in `/etc/samba/smb.conf` noch definieren, dass `root` Ihr Domänen-Admin ist. Wie das geht, zeige ich Ihnen etwas weiter unten.

25.3.3 Logon- und Profil-Verzeichnisse

Für den Windows-Anmeldevorgang sind besondere Verzeichnisse erforderlich. Dazu zählen die Verzeichnisse `netlogon` und `profiles`. Legen Sie diese folgendermaßen an:

```
# mkdir -p /var/samba/share/netlogon
# mkdir /var/samba/share/profiles
# chmod 755 /var/samba/share/netlogon
# chmod 777 /var/samba/share/profiles
```

Hier legen wir Logon (= Anmelde)-Informationen und die Benutzerprofile ab. Im Netlogon-Verzeichnis hat nur `root` vollen Zugriff; alle anderen können die Verzeichnisse ausschließlich lesen. Für die Profile jedoch müssen alle schreiben dürfen, da ansonsten von Windows eine Fehlermeldung bei der Erstellung des Profiles während der ersten Anmeldung erscheint.

25.3.4 Samba als PDC konfigurieren

Möchten wir Samba als PDC einsetzen, müssen wir einige Ergänzungen in `/etc/samba/smb.conf` vornehmen.

Ergänzungen in der [global]-Sektion

Ergänzen Sie die folgenden Zeilen irgendwo innerhalb der Sektion `[global]`:

```
local master = yes
```

Samba bietet sich als Master-Browser im lokalen Subnetz an, der gewinnt, wenn der `os-level`-Wert höher als der anderer Rechner ist. Setzen wir den Wert entsprechend:

```
os level = 80
```

Windows-Betriebssysteme haben einen bestimmten `os level`-Wert. Je höher dieser Wert, desto besser die Chancen, Master-Browser zu werden. 80 ist ein so hoher Wert, dass alle Microsoft-Betriebssysteme von unserem Samba-Server ausgestochen werden. Es ist wichtig, dass der PDC auch Master-Browser ist.

```
domain master = yes
```

Neben dem lokalen Suchdienst sollte Samba auch den *Domänen-Hauptsuchdienst* übernehmen.

```
domain logons = yes
```

Samba akzeptiert damit Domänenanmeldungen von Windows-Clients – die Hauptfunktion eines PDCs.

```
logon script = %u.bat
```

Jetzt wird es spannend. Mit diesem Parameter wird das Skript angegeben, das bei der Anmeldung eines Benutzers ausgeführt werden soll. Die Variable `%u` enthält den Anmeldenamen des Benutzers. Die Endung `.bat` ist wichtig, falls auch ältere Clients, wie zum Beispiel Windows 98, Mitglied der Domäne sind. Neuere Skripte haben oft die Endung `.com`.

```
logon path = \\%L\profiles\%u
```

Dies definiert den UNC-Pfad, in dem servergespeicherte Profile abgelegt werden. %L steht für den aktuellen Namen des Samba-Servers (zum Beispiel lenny).

```
logon home = \\%L\%u
```

Hiermit wird der Pfad zum Home-Verzeichnis definiert. Das Home-Verzeichnis eines Benutzers hat als Freigabebezeichnung den Benutzernamen, also %u wie zum Beispiel \\lenny\anna.

```
logon drive = U:
```

Das Logon- bzw. Home-Verzeichnis, das mit logon home definiert wurde, wird auf dem Client mit dem Laufwerksbuchstaben U: eingebunden. Dieser Buchstabe dürfte auf den meisten Clients noch nicht in Verwendung sein.

```
admin users = root
```

Dies ist die Zeile, die ich Ihnen weiter oben bereits angekündigt hatte: Hiermit definieren Sie root als Domänen-Administrator. Sie können auch mehrere Benutzer angeben, wenn Sie es für sinnvoll halten.

```
security = user
```

Nanu? Warum dies noch einmal explizit erwähnen? Das ist doch die Voreinstellung? Ehrlich gesagt, das stimmt. Dies dient hier nur ein wenig der Didaktik. Es gibt nämlich noch eine andere Einstellung: security = domain. Das wäre doch naheliegend, oder? Diese Einstellung bewirkt aber lediglich, dass die Authentifizierungsanfragen an einen anderen Server, dem PDC, BDC oder einfach DC, weitergeleitet werden. Diese Einstellung wählen Sie, wenn Sie einen *Mitgliedserver* einrichten möchten.

[netlogon]-Sektion

Wir hatten oben zwei Verzeichnisse erstellt, die wir jetzt freigeben müssen. Die [netlogon]-Freigabe wird von Windows-Clients benötigt und enthält Logon-Skripte. Nehmen Sie folgende Einträge in /etc/samba/smb.conf vor:

```
[netlogon]
   comment = Network Logon Service
   browsable = no
   path = /var/samba/share/netlogon
   read only = yes
```

Nichts dabei, was Sie nicht schon kennen, oder?

[profiles]-Sektion

Hier werden die servergespeicherten Profile abgelegt. Sie müssen unter Windows zunächst ein servergespeichertes Profil erstellen, aber der Aufwand lohnt sich, wenn ein Benutzer sich öfter an verschiedenen Computern anmelden muss und gern seine persönlichen Desktop- und Applikationseinstellungen behalten möchte.

```
[profiles]
   comment = Benutzerprofile
   path = /var/samba/share/profiles
   create mask = 0600
   directory mask = 0700
   browsable = no
   read only = no
```

Der einzige neue Parameter ist `directory mask` – er gibt an, mit welchen Rechten ein neues Verzeichnis erstellt wird. Normalerweise ist dies in oktaler Schreibweise 755, also hätten alle anderen (außer dem Ersteller) auch Lesezugriff. Das ist bei Profil-Verzeichnissen nicht gewünscht, daher stellen wir mit 700 sicher, dass ausschließlich der Eigentümer eines Profils Lese- und Schreibrechte auf einen neuen Ordner hat (siehe Kapitel 8 *Rechteverwaltung*).

Die Datei smb.conf für einen Domaincontroller

Hier nun noch einmal die komplette Konfigurationsdatei für den PDC inklusive der Freigaben aus dem letzten Kapitel in der Übersicht:

```
[global]
        workgroup = WINDSCHIEF
        printcap name = cups
        logon path = \\%L\profiles\%u
        logon drive = U:
        logon home = \\%L\%u
        domain logons = Yes
        os level = 80
        domain master = Yes
        admin users = root

[netlogon]
        comment = Network Logon Service
        path = /var/samba/share/netlogon
        browseable = No

[profiles]
        comment = Benutzerprofil
        path = /var/samba/share/profiles
        read only = No
        create mask = 0600
        directory mask = 0700
        browseable = No

[kiddies]
        comment = Freigabe für die Kids
        path = /home/shares/kiddies
        read only = No

[ellies]
        comment = Freigabe für die Ellies
        path = /home/shares/ellies
        read only = No
```

```
[family]
        comment = Freigabe für alle
        path = /home/shares/family
        read only = No

[homes]
        comment = Home-Verzeichnisse
        read only = No
        create mask = 0700
        browseable = No

[printers]
        comment = Alle Drucker
        path = /var/tmp
        create mask = 0600
        printable = Yes
        browseable = No
```

25.3.5 Windows in die Domäne bringen

Haben Sie die Ergänzungen in `/etc/samba/smb.conf` eingefügt und Samba neu gestartet, können Sie den bzw. die Windows-Client(s) in die Domäne einfahren.

1. Klicken Sie rechts auf den ARBEITSPLATZ und wählen Sie EIGENSCHAFTEN. Sie erhalten das Dialogfeld SYSTEMEIGENSCHAFTEN.

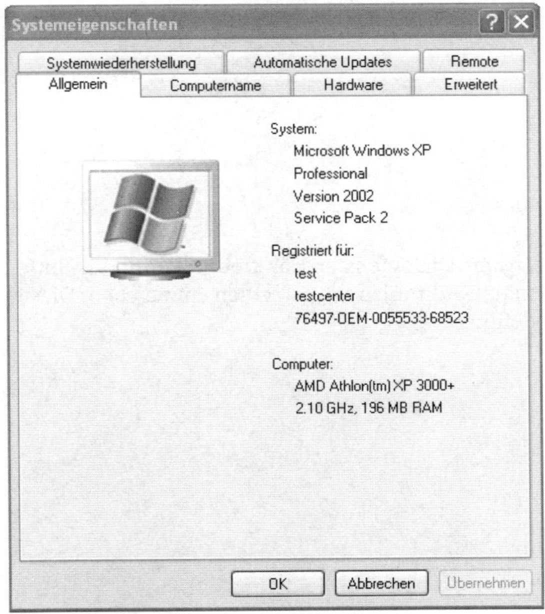

Abb. 25.1: Das Dialogfenster SYSTEMEIGENSCHAFTEN

Beachten Sie: Alle *Windows Home*-Versionen (sowohl XP als auch Vista) können *nicht* an einer Domäne teilnehmen! Es geht regulär nicht – und das ist so auch von Microsoft beabsichtigt. Sie können also hierfür nur die *Professional*- bzw. *Ultimatel*-Versionen nutzen. Im Internet gibt es Anleitungen, wie Sie diese Beschränkungen zum Teil umgehen können, aber dies soll nicht Gegenstand dieses Buches sein.

Alle anderen Betriebssysteme – einschließlich Windows 98 – können dies aber (ja, auch dieses Betriebssystem läuft noch auf einigen alten Rechnern!). Ich gehe hier davon aus, dass Sie einen Windows-XP-Professional-Client nutzen. Die Vorgehensweise ist für andere Windows-Versionen allerdings sehr ähnlich.

2. Wählen Sie im Register COMPUTERNAME die Schaltfläche ÄNDERN (bei Windows 2000 heißt das NETZWERKIDENTIFIKATION EIGENSCHAFTEN). Setzen Sie wie unten als MITGLIED VON die Option DOMÄNE und geben Sie WINDSCHIEF ein:

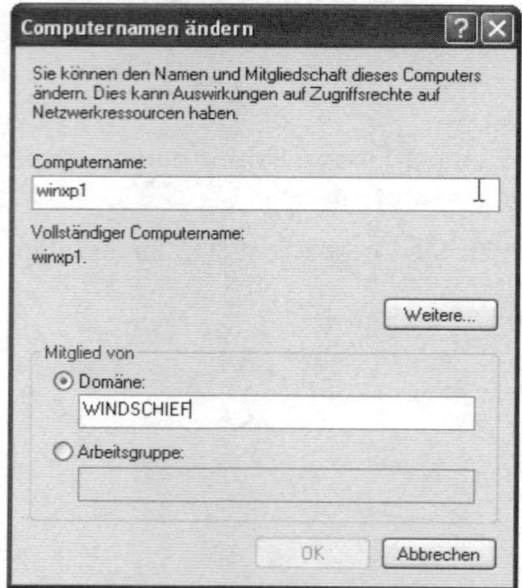

Abb. 25.2: Werden Sie Mitglied einer Domäne ...

3. Ein Klick auf OK führt Sie zum nächsten Dialogfenster, das freundlich darum bittet, einen Benutzer der Domäne mit Domänen-Administrationsrechten einzugeben. Diesen Benutzer haben wir vorher als `root` definiert.

Abb. 25.3: Ohne Domänen-Admin keine Domäne...

4. Hat alles funktioniert, werden Sie herzlich willkommen geheißen in Ihrem neuen Zuhause: der Domäne WINDSCHIEF. Ich gratuliere Ihnen, Sie haben es fast geschafft ...

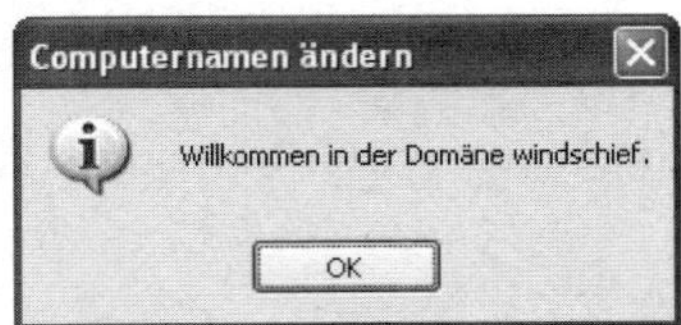

Abb. 25.4: Haben sich PDC und Client verständigt, sind Sie in der Domäne aufgenommen.

5. Es fehlt nur noch, was Windows zu Windows macht: der Neustart:

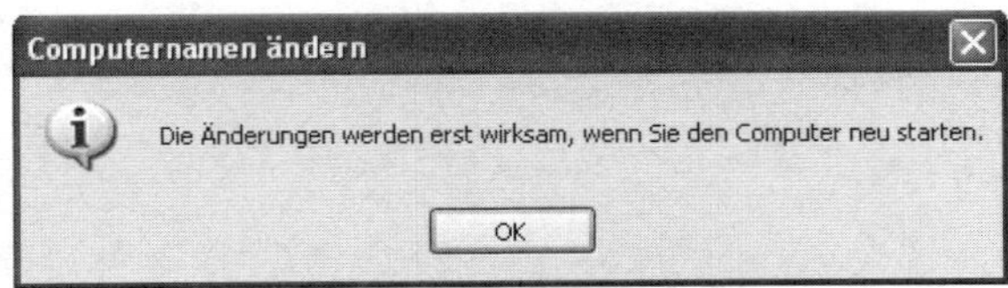

Abb. 25.5: Die Mitgliedschaft in der Domäne wird erst nach dem Neustart wirksam.

Nach dem Neustart können Sie im Anmeldefenster unter ANMELDEN AN die Domäne WINDSCHIEF auswählen, einen Benutzer angeben, den Sie vorher auf dem Samba-Server angelegt haben (zum Beispiel anna) und schon sind Sie in der Domäne!

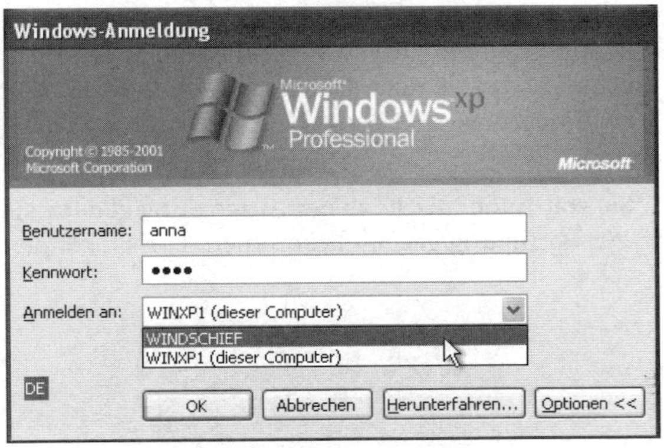

Abb. 25.6: Wählen Sie die Domäne aus und geben Sie einen Domänenbenutzer ein.

Sie können sich auch nach wie vor am lokalen Rechner authentifizieren, indem Sie den lokalen Rechner unter ANMELDEN AN auswählen – damit umgehen Sie die Domänenanmeldung.

Haben Sie sich zum Beispiel als anna angemeldet, finden Sie einerseits auf dem Samba-Server das neu erstellte Profil:

```
lenny:~# ls /var/samba/share/profiles/
anna
```

Andererseits sollte im Arbeitsplatz Annas Home-Verzeichnis automatisch als Netzlaufwerk gemappt worden sein:

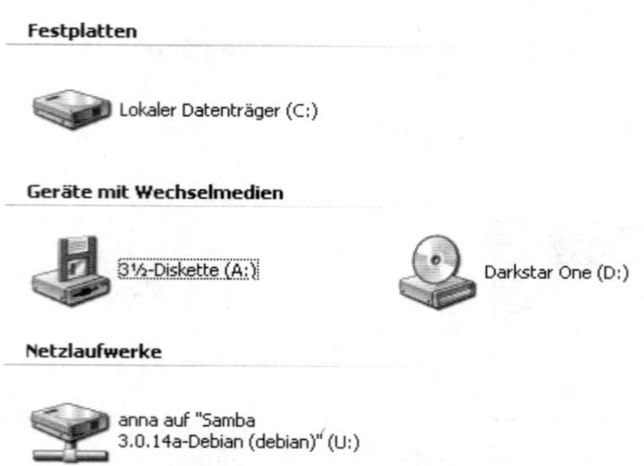

Abb. 25.7: Durch die Anmeldung an der Domäne wird das Home-Verzeichnis eingebunden.

Wie Sie sich überzeugen können, ist Anna nun ein vollwertiges Mitglied Ihrer Domäne.

25.3.6 Das Anmeldeskript

Ich spreche hier immer wieder von »Logon-Skripten«. Aber was steckt wirklich dahinter? Eigentlich handelt es sich dabei um ein mehr oder weniger schlichtes DOS-Batch-Skript, mit dem in erster Linie Netzlaufwerke zugewiesen werden. Jeder Benutzer kann sein eigenes Anmeldeskript zugewiesen bekommen.

Nehmen wir wieder Anna als Beispiel. Sie soll automatisch bei der Anmeldung alle für sie wichtigen Freigaben als Netzlaufwerke zur Verfügung gestellt bekommen. Für sie können Sie also folgendes Skript erstellen:

```
@echo off
net use X: \\debian\kiddies
net use Y: \\debian\family
:END
```

Das Skript speichern Sie ab als `/var/samba/share/netlogon/anna.bat`.

Sie können dieses Skript, ohne es zu ändern, auch für Paul übernehmen – dann heißt es natürlich `paul.bat`. Für die Eltern passen Sie das erste Netzlaufwerk an in `\\debian\ellies`. Der Rest kann ebenfalls bleiben – wie gesagt: bis auf den Namen des Skripts, dieser muss vor dem Punkt immer dem Benutzernamen entsprechen.

Meldet sich Anna anschließend neu an, erhält sie die Netzlaufwerke angezeigt.

Abb. 25.8: Per Logon-Skript werden die Netzlaufwerke beim Anmelden verbunden.

Zur Übung sollten Sie jetzt für Paul, Mama und Papa die Anmeldeskripte erstellen und die Anmeldung und den Zugriff auf die automatisch eingebundenen Netzlaufwerke für alle Benutzer testen.

25.3.7 Servergespeicherte Profile

Normalerweise wird ein Benutzerprofil auf dem lokalen Rechner gespeichert, an dem sich ein Benutzer angemeldet hat. Ein Benutzerprofil enthält u.a.:

- Desktop-Einstellungen
- Persönliche Programmkonfigurationen
- Eigene Dateien

Mit anderen Worten: Das Benutzerprofil bestimmt, welche Farben Windows verwendet und welche Desktop-Symbole angezeigt werden, welche Einträge im Startmenü auftauchen usw. Arbeitet ein Benutzer an verschiedenen Computern in der Domäne, ist er dankbar, wenn er jedes Mal seine persönlichen Einstellungen vorfindet, ohne sie immer wieder einrichten zu müssen.

Ein servergespeichertes Profil erstellen Sie über SYSTEMEIGENSCHAFTEN (Rechtsklick ARBEITSPLATZ, Option EIGENSCHAFTEN) und unter ERWEITERT die Option BENUTZERPROFILE.

Hier klicken Sie auf TYP ÄNDERN und wählen SERVERGESPEICHERTES PROFIL. So wird das Profil beim Abmelden auf dem Samba-Server (also dem PDC) gespeichert und wird bei zukünftigen Anmeldungen von dort geholt.

Sie können das überprüfen: Unter `/var/samba/share/profiles` finden Sie die Verzeichnisse mit den Anmeldenamen. Schauen Sie zum Beispiel in `anna`, finden Sie anschließend in etwa Folgendes:

```
lenny:~# ls /var/samba/share/profiles/anna
Anwendungsdaten   Druckumgebung    Netzwerkumgebung   ntuser.ini   StartmenÃ¼
Cookies           Eigene Dateien   NTUSER.DAT         Recent       Vorlagen
Desktop           Favoriten        ntuser.dat.LOG     SendTo
```

Dies ist exakt das, was auf dem lokalen Rechner unter `C:\Dokumente und Einstellungen\anna` zu finden ist – das Benutzerprofil.

Gratulation, Sie haben Ihren ersten PDC unter Samba eingerichtet! Nachdem Sie den Server im Familienumfeld ausgiebig getestet haben, können Sie ihn nun im Architekturbüro implementieren.

25.4 Tipps zur Samba-Administration

In diesem Abschnitt möchte ich Ihnen noch ein paar Anregungen und zusätzliche Parameter mit auf den Weg geben, bevor Sie sich im Rahmen der Übung noch einmal ein wenig in der Samba-Administration probieren können.

25.4.1 Einen Mitgliedserver erstellen

Möchten Sie einen Mitgliedserver in einer Domäne erstellen, wählen Sie den Parameter `security = domain`. Damit wird die Authentifizierung an den Domänen-Controller weitergegeben. Mehr müssen Sie an dieser Stelle nicht tun, der Samba-Server sucht sich anhand der NetBIOS-Namenserweiterung (16. Zeichen) den Domänen-Controller selbstständig aus.

> Der Unterschied zwischen einem Domänen-Controller und einem einfachen Mitgliedserver ist der, dass der Domänen-Controller neben allen anderen möglichen Serverdiensten, die er bereitstellt, auch die Verwaltung der Domäne und deren zentrale Ressourcen (Benutzer- und Computerkonten etc.) übernimmt – dies macht der Mitgliedserver nicht.

25.4.2 Zugriffsberechtigungen auf Freigabeebene

Möchten Sie auch auf Freigabeebene Zugriffsberechtigungen definieren, geben Sie die folgende Direktive an:

```
valid users = <Benutzer1>[, <Benutzer2>] …
```

Mit anderen Worten: Sie können beliebige, dem Samba-Server bekannte, Benutzer, durch Komma voneinander getrennt, angeben.

> Dies ist eine zusätzliche (Freigabe-)Sicherheitsebene, bei der Sie nur generell den Zugriff erlauben oder verweigern können – lokal haben Sie die Möglichkeit, die Zugriffsrechte deutlich genauer zu bestimmen.

Entsprechend können Sie auch eine Negativliste über `invalid users =` … definieren.

25.4.3 Gast-Account einrichten

Möchten Sie einen anonymen Zugriff auf eine Freigabe erlauben, können Sie die Direktive `guest ok = yes` verwenden. Damit können auch nicht authentifizierte Benutzer auf die Freigabe zugreifen.

Gibt ein Benutzer ein falsches Passwort ein, können Sie mit folgendem Parameter dafür sorgen, dass der Benutzer Gastrechte erhält:

```
map to guest = Bad Password
```

Ich verwende diese Option allerdings nicht, da ein nicht erfolgreicher Anmeldeversuch auch deutlich kenntlich gemacht werden sollte.

Normalerweise wird der Benutzer nobody als Gast-Account genutzt. Möchten Sie einen eigenen Gastbenutzer definieren, können Sie dies zum Beispiel mit folgendem Befehl erreichen:

```
# useradd -d /dev/null -s /bin/false sambagast
# smbpasswd -a sambagast
New SMB password: ******
Retype new SMB password:******
Added user sambagast.
```

Fügen Sie nun eine entsprechende Zeile in der Konfigurationsdatei in der Sektion `[global]` hinzu:

```
guest account = sambagast
```

Anschließend ist `sambagast` Ihr Gast-Account für Samba und hat keine Möglichkeit, sich lokal anzumelden – er hat noch nicht einmal ein Home-Verzeichnis.

25.4.4 CD- und DVD-Laufwerke freigeben

Sie können auch das CD- bzw. DVD-Laufwerk (mit eingelegtem Medium) freigeben. Fügen Sie dazu eine entsprechende Sektion in `/etc/samba/smb.conf` ein:

```
[cdrom]
   comment = CDROM/DVD-Laufwerk
   path = /media/CD-ROM
   read only = yes
   guest ok = yes
```

Die letzte Zeile ist natürlich optional.

Noch ein weiterer Hinweis: Neben `read only` gibt es noch die Direktive `writeable`. Beides meint dasselbe, mit umgekehrtem Vorzeichen: `read only = yes` heißt soviel wie `writeable = no`. Lassen Sie sich dadurch nicht irritieren!

25.5 Übung: Eine Domäne im Architekturbüro

Nun ist es so weit: Sie haben die Vorteile einer Domäne erkannt und möchten sich dies zunutze machen. Die Domäne selbst haben Sie im letzten Workshop – bzw. im Rahmen Ihrer »Evaluierung« im Familienkreis – bereits erstellt. Diese Schritte kennen Sie also schon. Nun müssen Sie nur noch wenige Änderungen machen, um den Server im Architekturbüro zu aktivieren. Ausgehend davon, dass Sie den Samba-Server grundsätzlich als PDC eingerichtet haben, nehmen Sie noch folgende Anpassungen vor:

1. Erstellen Sie für alle Windows-Benutzer des Architekturbüros einen Samba-Account.
2. Erstellen Sie auch für die anderen Windows-Computer einen Maschinen-Account.
3. Es gibt zwei Projekte, die momentan aktuell sind. Einmal das Projekt *Einkaufspassage* und zum anderen das Projekt *Bürohaus*. Erstellen Sie zwei entsprechende Freigaben: `/var/samba/share/passage` und `/var/samba/share/buero`. Auf `passage` sollen Herr Windschief, Herr Gerüst, Herr Hochbau und Herr Platte zugreifen können. Auf `buero` dürfen Herr Windschief, Herr Pfeiler und Herr Design zugreifen. Regeln Sie dies (auch) über Benutzereinschränkungen für die Freigaben in der Samba-Konfigurationsdatei.
4. Schließlich sorgen Sie dafür, dass die entsprechenden Freigaben per Logon-Skript den passenden Benutzern zugewiesen werden.

25.6 Samba-Administration mittels SWAT

SWAT, das Samba Web Administration Tool, ist eine eigens für Samba entwickelte Weboberfläche, mit der Sie Samba über einen Browser administrieren können. Hierzu müssen Sie das Paket `swat` installiert haben. SWAT lauscht auf Port 901/tcp.

SWAT wird unter Debian nicht als eigener Dienst, sondern mittels `inetd` gestartet. Was heißt das jetzt schon wieder? Exkurs!

25.6.1 inetd, der Super-Daemon

Die meisten Dienste werden durch eigene, nach der Initialisierung permanent im Arbeitsspeicher vorhandene, Programme (Daemons) gestartet. Diese lauschen ggf. an einem entsprechenden TCP- bzw. UDP-Port.

Es gibt aber auch Dienste, die von einem speziell dafür ausgelegten Super-Daemon namens `inetd` nur bei Bedarf gestartet werden. Der Vorteil liegt darin, dass diese Dienste nicht permanent den Arbeitsspeicher belegen.

Im Gegenzug dauert es länger, bis die Dienste nach einer Anfrage gestartet werden. Weiterhin muss jede weitere Instanz separat vom Super-Daemon gestartet werden. Dies geschieht – wie bereits erwähnt – immer nur auf Anfrage eines Clients.

Daraus folgt, dass es für hoch frequentierte Dienste wie zum Beispiel Webserver oder auch auf unserem Samba-Server effektiver ist, einen eigenen Daemon zu starten. Eine Administrationsoberfläche andererseits wird in der Regel nicht so häufig aufgerufen und bietet sich daher für `inetd` an.

Der Super-Daemon hat eine Konfigurationsdatei `/etc/inetd.conf`, die Sie nicht einmal anpassen müssen, um SWAT einzubinden, da Debian dies während der SWAT-Installation automatisch vornimmt. Viel wäre aber auch nicht zu tun. Entfernen Sie ggf. das Kommentarzeichen vor der entsprechenden Zeile, die mit `swat` beginnt.

```
#:OTHER: Other services
#<off># netbios-ssn   stream  tcp    nowait    root  /usr/sbin/tcpd  /usr/sbin/smbd
swat          stream  tcp    nowait.400    root  /usr/sbin/tcpd  /usr/sbin/swat
```

Nachdem Sie die Änderung abgespeichert haben, müssen Sie `inetd` neu starten:

```
# /etc/init.d/inetd restart
Restarting internet superserver: inetd.
```

Nun können Sie im Browser auf den Port 901/tcp Ihres Samba-Servers zugreifen. Wo wir gerade bei Exkursen sind, möchte ich aber zunächst in diesem Zusammenhang noch einen Schritt weiter gehen.

25.6.2 xinetd – der Nachfolger von inetd

Bei Debian *Lenny* und auch *Etch* wird in der Basisvariante zunächst `inetd` installiert. Sie können damit ohne Weiteres arbeiten, solange Sie nur wenige Dienste über diesen Weg bereitstellen wollen bzw. keine besonderen Anforderungen haben.

Seit geraumer Zeit existiert jedoch ein Nachfolger, der eine effizientere Verwaltung mit erweiterten Möglichkeiten anbietet. Der Nachfolger `xinetd` kann unter Debian wie üblich installiert werden:

```
# apt-get install xinetd
```

`xinetd` ersetzt `inetd`, das Init-Skript `/etc/init.d/inetd` wird während der Installation von `xinetd` entsprechend umgeschrieben. Das Init-Skript für `xinetd` heißt – wie überraschend – `/etc/init.d/xinetd`.

Unter `xinetd` existiert auch eine Datei `/etc/xinetd.conf`, die jedoch fast nichts anderes macht, als den Inhalt des Verzeichnisses `/etc/xinetd.d` einzubinden. Hier befinden sich für jeden über `xinetd` zu startenden Dienst jeweils eigene Dateien, die die entsprechenden Einstellungen beinhalten.

Der Inhalt ist ziemlich übersichtlich und intuitiv gehalten und hat in der Regel einen direkten Bezug zu den korrespondierenden Zeilen, wie Sie sie in `/etc/inetd.conf` vorfinden. Schauen Sie sich das Konzept ruhig einmal an, ich werde an dieser Stelle unseren kleinen Exkurs beenden.

25.6.3 SWAT starten

Kommen wir also wieder zu unserem eigentlichen Thema: Starten Sie SWAT über einen Browser von Ihrem Client durch Eingabe von `http://<Serveradresse>:901`. Zunächst müssen Sie sich mit Ihrem `root`-Account anmelden.

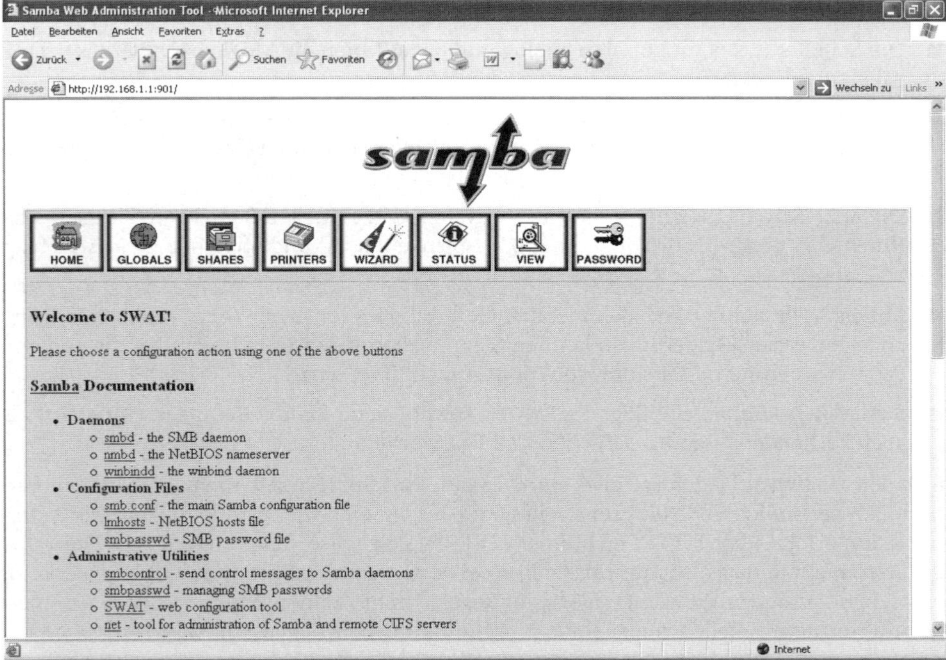

Abb. 25.9: Die Startseite von SWAT

Mittels SWAT können Sie den gesamten Samba-Server administrieren. SWAT kennt fast jede Option und jeden Parameter. Über die Links können Sie häufig auch eine recht gute

Online-Hilfe aufrufen – diese ist allerdings in Englisch gehalten. Bereits auf der Startseite finden Sie die Samba-Dokumentation und viele Man-Pages.

Oben befindet sich die Navigationsleiste:

Abb. 25.10: Hier können Sie auswählen, was Sie konfigurieren möchten.

Werfen wir einen kurzen Blick hinein:

- Unter GLOBALS können Sie die globalen Einstellungen vornehmen. Diese werden in der Sektion `[global]` eingefügt. Sie können immer zwischen einer BASIC und einer ADVANCED-Ansicht wählen. Bei letzterer werden Ihnen viel mehr Optionen angezeigt, die Sie normalerweise nicht benötigen. Möchten Sie Änderungen speichern, klicken Sie auf COMMIT CHANGES. Anschließend müssen Sie den Samba-Server unter STATUS neu starten.
- Die Seite SHARES dient Ihnen zum Erstellen oder Bearbeiten von Freigaben. Möchten Sie eine neue Freigabe erstellen, geben Sie den Freigabenamen ein und klicken auf CREATE SHARE. Anschließend können Sie die Parameter hierzu bearbeiten. Vergessen Sie nie, anschließend auf COMMIT CHANGES zu klicken und den Server neu zu starten.
- Die Seite PRINTERS funktioniert analog und bietet Ihnen die Möglichkeit, Drucker-Freigaben einzurichten.
- Auf der Seite WIZARD können Sie eine Grundkonfiguration gemäß vorgegebener Rollen (Stand Alone, Domain Member, Domain Controller etc.) durch einen Assistenten erstellen lassen. Dies wird normalerweise nicht benötigt.
- Die Seite STATUS informiert Sie einerseits über den aktuellen Status von Samba, bietet Ihnen aber andererseits vor allem die Möglichkeit, `smbd` und `nmbd` neu zu starten bzw. zu stoppen.
- Mittels VIEW können Sie sich die aktuelle Konfigurationsdatei `/etc/samba/smb.conf` anzeigen lassen. Änderungen können Sie hier allerdings nur indirekt über die anderen Seiten vornehmen. Eine Editorfunktion ist nicht integriert.
- Schließlich können Sie über PASSWORT sowohl neue Samba-Benutzer einrichten als auch vorhandene Benutzer löschen und Passwörter ändern.

Schauen Sie sich auf jeden Fall alles einmal an und machen Sie sich mit der Oberfläche vertraut. Ich persönlich finde dies sehr gelungen – bis auf eine winzige Kleinigkeit: Die Administration erfolgt über HTTP, nicht über HTTPS. Sie ist also völlig ungesichert. Diese Art der Administration ist also nur innerhalb eines vertrauenswürdigen (lokalen) Netzwerks zu empfehlen. Andererseits werden Sie in der Regel ohnehin keinen Windows-Server im Internet zur Verfügung stellen wollen – die Einschränkung hält sich also in Grenzen.

Sollten Sie dennoch nicht auf eine sichere Verbindung verzichten wollen, empfiehlt sich die Konfiguration von `stunnel`. Dabei handelt es sich um einen generischen SSL-basierenden Tunnel zwischen Client und Server. Eine kurze Anleitung finden Sie auf `http://fi.samba.org/docs/swat_ssl.html`.

25.7 Zusammenfassung und Weiterführendes

Samba bietet zwar (noch) nicht die volle Funktionalität eines aktuellen Windows-Domänen-Controllers unter Windows 2000/2003, kann aber in kleineren Umgebungen als Domänen-Controller mit zentraler Benutzerverwaltung dienen. Die meisten Funktionen, die ein Windows-DC darüber hinaus bietet, werden in kleinen Netzwerken oft nicht genutzt, so dass die Anwender hier kaum Einschränkungen bemerken werden.

In jedem Fall können Sie Samba als Mitgliedserver in einer Windows-2000/2003-Domäne einbinden, also als reiner Datei- und/oder Druckserver. Für die meisten Einsatzszenarien dürfte ein Samba-Server seinen Zweck voll erfüllen.

Das Web-Tool SWAT bietet eine attraktive grafische Alternative zur manuellen Bearbeitung der Konfigurationsdatei `/etc/samba/smb.conf`, hat allerdings den Nachteil, dass die Kommunikation zwischen Client und Server per Default nicht über einen gesicherten Kanal läuft. In der Regel werden Sie allerdings ohnehin nur im lokalen Netzwerk Ihren Samba-Server administrieren, so dass das Sicherheitsrisiko überschaubar bleibt.

Kapitel 26

Apache Teil I – Aufbau eines Intranets

Das Internet! Unendliche Weiten ...

Am Anfang war ASCII – sprich reiner Text! Die Hauptanwendung war (und ist immer noch) E-Mail. Es gab keine bunten Bilder, keine Interaktivität und auch sonst war das Internet ziemlich öde.

Durch die Erfindung des WWW (World Wide Web) Anfang der 1990er Jahre durch das CERN, der europäischen Organisation für Kernforschung in Genf, wurden grafische Präsentationen möglich, die vorher im Internet undenkbar waren. Mittels HTML (Hypertext Markup Language) wurde es möglich, neben formatierten Texten auch Bilder, Tabellen und Formulare zur Verfügung zu stellen.

Dies wurde durch so genannte *Browser* ermöglicht, die die vom Server gesandten Inhalte verstehen und interpretieren konnten. Das, was zu sehen war, bestimmten letztlich die Browser.

Durch zahlreiche Erweiterungen (Java, JavaScript, DHTML, Flash usw.) wurden interaktive Inhalte möglich, so dass die Fähigkeiten des WWWs stetig erweitert wurden. Die Browser erhielten *Plug-Ins,* also nachträgliche Funktionen, und konnten so auch Inhalte anzeigen, die in der Standardvariante nicht interpretiert werden konnten.

Letztlich reduziert sich jedoch alles auf zwei Hauptkomponenten: Den Webserver und den Webclient, Browser genannt. Aufgrund der vielfältigen Gestaltungsmöglichkeiten werden immer mehr Funktionen durch das WWW übernommen. Hierzu zählen neben vielen anderen Angeboten auch die WebUIs (Web User Interface), die Weboberflächen zur Administration einer Server- oder Netzwerkkomponente. Fast jeder DSL-Router hat ein solches WebUI.

In diesem Kapitel werde ich Ihnen die Serverkomponente der Webkommunikation vorstellen – den Webserver. Weltweit besitzt der *Apache Webserver* einen Marktanteil von über 60%. Dieser Wert schwankt, soll aber zur Orientierung reichen. In jedem Fall ist der *Apache* der Standardserver fast jeder Linux-Distribution – Debian eingenommen.

In diesem Kapitel lernen Sie Folgendes:

- Grundlagen zur HTML-Kommunikation
- Installation des Apache Webservers
- Grundkonfiguration von Apache
- Erstellen einer einfachen Intranet-Website

Was heißt eigentlich »Intranet«? Dabei handelt es sich um eine Webpräsenz, die lediglich im Unternehmensnetzwerk verfügbar ist. Demnach sind die Inhalte auch auf die Firmenbelange abgestimmt. In größeren Unternehmen gehören dazu News, ein (virtuelles) schwarzes Brett, ein Mitarbeiterverzeichnis etc.

In einer sehr einfachen Form werden wir gemeinsam ein solches Intranet aufbauen. Dabei geht es primär um die Grundfunktionen des Webservers, weniger um das Webdesign. Erwarten Sie hier also bitte nicht mehr als drei kleine HTML-Webseiten in Grundform!

Wir werden weitere Funktionen des Webservers in Kapitel 29 *Apache Teil II – Der Webserver im Internet-Einsatz* kennen lernen. Dennoch bleibt unser Fokus auf der Serverseite – Sie erhalten in diesem Buch aus Platzgründen keinen Lehrgang für Webdesign. Ich hoffe, mit dieser Einschränkung können Sie leben ... ;-)

26.1 Das Szenario

Herr Windschief ist begeistert von den Möglichkeiten, die das WWW bietet. Bei einer Unternehmensfeier fragt er Sie bei einem Glas Bier, ob es nicht möglich wäre, wichtige Infos für alle Mitarbeiter zentral über einen Server zu publizieren. Sie – kaum erholt von den Überstunden, die Ihnen das Samba-Projekt abverlangt hat – schlagen ihm daraufhin vor, ein Intranet zu erstellen, das über eine Datenbank zu verwalten ist. Dies könnte man mit Bordmitteln des Linux-Servers und Open-Source-Produkten ohne Weiteres realisieren.

Freudig stimmt er zu, wendet sich ab und lässt Sie den Rest des Abends allein mit Ihren Gedanken, die sich nun ständig um die anstehenden Herausforderungen drehen. »Toll!«, denken Sie sich, »warum muss ich nur immer gleich mit einer Lösung herausrücken?« Zu spät, die nächsten Tage beschäftigen Sie sich mit dem Webserver Apache ...

26.2 Grundlagen der Webkommunikation

Für viele ist das Web der Inbegriff des Internets. Wie Sie in der Einleitung aber bereits gelesen haben, ist das Web, oder WWW, nur eine von vielen Anwendungen, die über das Internet angeboten werden. Daneben gibt es FTP (File Transfer Protocol), E-Mail (SMTP, Simple Mail Transfer Protocol) und viele weitere Anwendungen.

Wie Sie bemerken, hat fast jede Internetapplikation ihr eigenes Übertragungsprotokoll. Das WWW nutzt HTTP (Hypertext Transport Protocol), um insbesondere HTML (Hyptertext Markup Language) zu übertragen – HTTP ist allerdings nicht darauf beschränkt.

HTTP ist ein Protokoll auf Anwendungsebene und nutzt TCP als Transportprotokoll. Der Webserver lauscht standardmäßig auf Port 80/tcp.

Möchte ein Client (meistens in Form eines Browsers) nun die Webpräsenz eines Servers aufrufen, nimmt er mit dem Server Kontakt auf. Verlangt der Browser keine spezielle Seite, liefert der Webserver normalerweise seine Startseite namens `index.htm`, `index.html` o.Ä. aus.

Diese Startseite wird in den Browser geladen und die Formatierungs- oder Skriptanweisungen interpretiert. Dies passiert bei der ersten Kontaktaufnahme mit dem Server. Anschließend ruft der Browser in der Regel über die auf der Startseite vorhandenen Hyperlinks einen URL (Uniform Resource Locator) der folgenden Art auf:

```
http://www.einedomain.topleveldomain/unterverzeichnis/datei.html
```

Nach der Angabe des Protokolls wird die eigentliche Adresse angegeben. Dabei wird der Teil vor dem Slash (/) als DNS-Name behandelt und entsprechend in die IP-Adresse des Webservers aufgelöst – mehr dazu in Kapitel 30 *DNS –Namensauflösung im Internet*. Nach dem / folgt der Pfad zu einer bestimmten Datei innerhalb der Webpräsenz. Das `DocumentRoot`-Verzeichnis bestimmt das Verzeichnis, unter dem die Webpräsenz auf dem Server vorliegt. Diese kann in weitere Unterverzeichnisse unterteilt sein. Ich komme im Rahmen der Konfiguration von Apache darauf zurück.

Wie das alles in der Praxis passiert, lernen Sie in diesem Kapitel. Nun möchte ich Ihnen kurz Ihren Webserver vorstellen.

26.3 Der Apache Webserver

Mitte der 1990er Jahre wurde von Rob McCool der NCSA-Server entwickelt. NCSA steht für National Center for Supercomputing Applications. Später verließ Rob McCool das NCSA, worauf die Entwicklung des Webservers ins Stocken geriet. Engagierte Entwickler entwarfen zahlreiche Erweiterungen, die in Form von Patchs dem NCSA-Server hinzugefügt werden konnten.

> Der Legende nach entstand so aus dem NCSA-Server ein gepatchter Server, engl: *a patchy server* ... der Name *Apache* war geboren. Auch wenn das inhaltlich der Wahrheit entspricht, so ist der Name Apache laut Wikipedia dann doch darauf zurückzuführen, dass die Entwickler damit ihren Respekt vor dem gleichnamigen Indianerstamm ausdrücken wollten – so entzaubert man Legenden ;-).

Der NCSA-Server war bereits sehr erfolgreich, doch der Apache-Server schaffte es bis heute auf 60% Marktanteil – gefolgt von Microsofts IIS (Internet Information Service) mit ca. 35-40%.

Seit geraumer Zeit ist Apache in der Version 2.x erhältlich. Hier gab es tiefgreifende Strukturänderungen gegenüber der älteren Version 1.3. Unter anderem können Sie nun zwischen zwei Modellen zur Prozessverwaltung wählen: *Prefork* und *Worker*. Ersteres ist eine Weiterführung der herkömmlichen Methode und ist stabiler aber auch langsamer. Das *Worker*-Modell ist effizienter und schneller und ist daher für Server geeignet, die hoch frequentiert sind, also eine starke Auslastung haben. Standardmäßig wird unter Debian das *Worker*-Modell gewählt.

Wir werden zunächst das *Worker*-Modul nutzen, um später aus Kompatibilitätsgründen zu PHP auf *Prefork* umzusteigen. Sie werden jedoch aller Wahrscheinlichkeit nach nicht viel davon mitbekommen, da die Unterschiede erst bei sehr frequentierten Servern zu Tage treten.

Während die Apache-1.3-Serie im Wesentlichen noch auf dem alten NCSA-Server beruht, wurde Apache 2 von Grund auf neu konzipiert. Dabei wurde der Kern entschlackt und das modulare Konzept ausgebaut.

Eine weitere Neuerung ist die Verwendung von Filtern. Anders als beim alten Apache ist eine SSL-Verbindung für Apache 2 zum Beispiel nur noch ein Verbindungsfilter. Wie das alles zusammenhängt, lernen Sie in diesem Kapitel und im zweiten Teil in Kapitel 29 *Apache Teil II – Der Webserver im Internet-Einsatz*. Lassen Sie uns nach der langen Vorrede nun zur Praxis kommen.

26.4 Apache installieren

Debian GNU/Linux liefert Apache sowohl in der Version 1.3 als auch in der Version 2 aus. Um Apache 2 zu installieren, gehen Sie wie gewohnt vor. Hierbei wählen Sie das Metapaket für `apache2`, das die aktuelle Version installiert:

```
# apt-get install apache2
Paketlisten werden gelesen... Fertig
Abhängigkeitsbaum wird aufgebaut... Fertig
Die folgenden zusätzlichen Pakete werden installiert:
  apache2-common apache2-mpm-worker apache2-utils libapr1 libaprutil1 libpcre3
(...)
Richte apache2-mpm-worker ein (2.2.9-10+lenny2) ...
Starting web server: apache2.

Richte apache2 ein (2.2.9-10+lenny2) ...
```

Aus Platzgründen ist die Ausgabe verkürzt dargestellt. Sie sehen, dass noch einige Pakete aus Abhängigkeitsgründen zusätzlich installiert werden. Schließlich wird Apache in der Version 2.2 sowohl bei *Lenny* als auch bei *Etch* installiert, eingerichtet und gestartet.

Das Paket `apache2.2-common` enthält alle gängigen Module des Apache 2. Mit dem Paket `apache2-mpm-worker` wählen Sie das Worker-Modell, das ich Ihnen weiter oben schon vorgestellt habe. Im Paket `apache2-utils` sind zusätzliche Hilfsprogramme für den Apache 2 enthalten.

Unser Webserver läuft nun. Das behauptet jedenfalls das Debian-System. Ob es stimmt, können Sie herausfinden! Einmal durch die Prozessliste:

```
# ps ax|grep -i apache
 2314 ?        Ss     0:00 /usr/sbin/apache2 -k start -DSSL
 2315 ?        S      0:00 /usr/sbin/apache2 -k start -DSSL
 2316 ?        S      0:00 /usr/sbin/apache2 -k start -DSSL
 2321 ?        S      0:00 /usr/sbin/apache2 -k start -DSSL
```

Hier sollte der Webserver-Daemon `/usr/sbin/apache2` auftauchen. Interessanterweise mehrfach – dazu später mehr.

Zum anderen können Sie sich mit dem inzwischen bekannten `netstat`-Befehl die Portbindung anzeigen lassen, der Ihnen eine Zeile der folgenden Art anzeigen sollte:

```
tcp6       0      0 :::80                   :::*                    LISTEN
```

Der Apache horcht in der Voreinstellung auf Port 80 – und zwar auf einem IPv6-TCP-Port!? Keine Sorge, dies schließt IPv4 ebenfalls mit ein. Es folgt der Beweis:

An dieser Stelle zeige ich Ihnen einen weiteren Trick, mit dem Sie die meisten Serverdienste, die auf TCP basieren, testen können. Hierzu nutzen wir eine spezielle Eigenschaft des Telnet-Clients.

Telnet ist eigentlich für die Remote-Administration gedacht. Da sie jedoch den Port angeben können, auf dem der Telnet-Client anklopfen soll, können Sie jeden beliebigen Netzwerkdienst ansprechen. Dies klappt natürlich nur für TCP-Dienste, da Telnet als Transportprotokoll TCP nutzt. Für UDP gibt es keinen derartigen Test.

Bevor Sie `telnet` nutzen können, müssen Sie den Client zunächst über das gleichnamige Paket `telnet` installieren:

```
# apt-get install telnet
```

Die Syntax von `telnet` ist folgende:

```
# telnet <Host> <Port>
```

Damit können wir unseren Webserver folgendermaßen testen:

```
# telnet localhost 80
Trying 127.0.0.1...
Connected to localhost.
Escape character is '^]'.
get
<!DOCTYPE HTML PUBLIC "-//IETF//DTD HTML 2.0//EN">
<html><head>
<title>501 Method Not Implemented</title>
</head><body>
<h1>Method Not Implemented</h1>
<p>get to /index.html not supported.<br />
</p>
<hr>
<address>Apache/2.2.9 (Debian) Server at lenny.linux.local Port 80</address>
</body></html>
Connection closed by foreign host.
```

Wir verbinden uns mit der Loopback-Adresse `localhost` (127.0.0.1) auf Port 80. Ist die Verbindungsaufnahme erfolgreich, ruft der HTTP-spezifische Befehl `get` eine Reaktion des Servers – hier eine Fehlermeldung in Form von HTML-Quellcode – hervor. Nun ja, *qed* (quod erat demonstrandum) wie der Lateiner zu sagen pflegt – zu Deutsch: was zu beweisen war! Der Server läuft; das war alles, was wir zu diesem Zeitpunkt wissen wollten ...

Sollte die Verbindung nicht aufgebaut werden können, reagiert `telnet` in etwa so:

```
# telnet localhost 80
Trying 127.0.0.1...
telnet: Unable to connect to remote host: Connection refused
```

Dies sagt Ihnen, dass an dem entsprechenden Port (80/tcp) des Zielhosts (localhost) kein Dienst lauscht. In diesem Fall läuft Ihr Webserver nicht. Überprüfen Sie, ob alle Pakete ordnungsgemäß installiert wurden, achten Sie auf Meldungen beim Systemstart und checken Sie die Logfiles. Der Apache Webserver hat ein eigenes Log-Verzeichnis `/var/log/`

`apache2`. Hier befinden sich zumindest die beiden Logdateien `access.log` und `error.log`.

> Natürlich müssen Sie sich für den Test nicht auf Ihrem Server befinden. Sie können `telnet` mit derselben Syntax zum Beispiel auch von einem Windows-Client in der Eingabeaufforderung starten. In diesem Fall geben Sie die IP-Adresse des Servers statt `localhost` ein. Sollte es lokal auf dem Server funktionieren, aber nicht von einem anderen Rechner aus, sind in der Regel Zugriffsbeschränkungen schuld, zum Beispiel mittels Access Control Lists (ACLs) innerhalb einer Dienstkonfiguration, oder es ist eine Firewall auf dem Client oder Server aktiv.

Der Telnet-Test funktioniert zuverlässig. Ein Test, der etwas praxisnäher ist, besteht natürlich darin, den Browser eines beliebigen Rechners im LAN zu starten und die IP-Adresse des Webservers in das Adressfeld einzugeben.

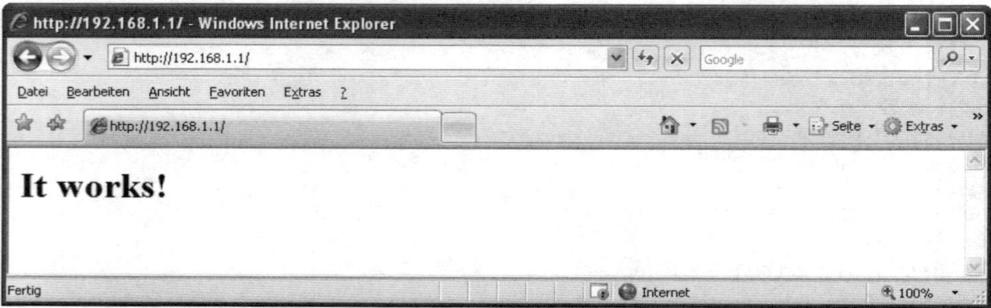

Abb. 26.1: Sehen Sie diese Meldung, läuft Apache.

Nun, das ist zwar noch nicht besonders eindrucksvoll, zeigt aber, dass der Webserver antwortet. Und für die Inhalte sind Sie schließlich selbst verantwortlich ... ☺

26.5 Grundkonfiguration von Apache

Auch für den Apache gibt es eine zentrale Konfigurationsdatei. Sie heißt `/etc/apache2/apache2.conf`. Früher hieß diese Datei `httpd.conf`. Diese Datei existiert immer noch, wird allerdings nur noch zur Abwärtskompatibilität mitgeführt, damit ältere Drittanbieter-Module eingebunden werden können, die diese Datei voraussetzen.

26.5.1 Die Apache-Konfigurationsstruktur

Die Konfiguration des Apache ist recht umfangreich. Zur besseren Übersicht und Vereinfachung der Administration wurden die meisten Direktiven bei Apache 2 in eigene Konfigurationsdateien ausgelagert, die per `Include-Direktive` in `apache2.conf` eingebunden werden. Die einzelnen Linux-Distributionen organisieren dies unterschiedlich. Bei Debian sieht die Aufteilung folgendermaßen aus:

Unter `/etc/apache2/` befinden sich folgende Konfigurationsdateien:

- `apache2.conf` – die zentrale Konfigurationsdatei, in die alle ausgelagerten Direktiven eingebunden werden
- `httpd.conf` – leere Datei, die nur aus Kompatibilitätsgründen vorhanden ist
- `envvars` – unter *Etch* noch (inhaltlich) leere Datei, wird unter *Lenny* zum Setzen von Default-Umgebungsvariablen für den Apache genutzt
- `ports.conf` – Hier werden die Schnittstellen und Ports eingetragen, auf denen Apache lauschen soll. Per Default ist das jede Schnittstelle auf Port 80/tcp.

Darüber hinaus existieren folgende Unterverzeichnisse mit entsprechendem Inhalt:

- `conf.d` – Standardmäßig enthält dieses Verzeichnis nur eine einzige Datei `charset`. Es dient für eigene Konfigurationsergänzungen, die nirgendwo sonst sinnvoll platziert werden können.
- `mods-available` – Hier befinden sich Dateien mit der Endung `.load` und `.conf`. Sie enthalten die Anweisungen zum Laden der verfügbaren Module (zum Beispiel `ssl.load`) und dessen Konfiguration zur Einbindung in das System (zum Beispiel `ssl.conf`).
- `mods-enabled` – Die tatsächlich einzubindenden Module müssen durch einen Softlink in diesem Verzeichnis auf die entsprechende Moduldatei in `/etc/apache2/mods-available` aktiviert werden, zum Beispiel `ssl.load -> /etc/apache2/mods-available/ssl.load`. Werfen Sie einen Blick in das Verzeichnis mit **`ls -l`**, um diesen Gedankengang nachvollziehen zu können.
- `sites-available` – Analog zum Konzept der Moduleinbindung hält Debian ein Unterverzeichnis für die verfügbaren Webpräsenzen, *Sites* genannt, bereit. Die Haupt-Site ist unter der Datei `default` gespeichert. Darüber hinaus werden Sie im zweiten Teil des Apache-Rundgangs virtuelle Hosts kennen lernen. Diese werden dann ebenfalls hier abgelegt. Doch dazu später mehr.
- `sites-enabled` – Möchten Sie eine Site einbinden, benötigen Sie hier einen entsprechenden Softlink auf die Site unter `/etc/apache2/sites-available`. Dies funktioniert ganz analog zu den Modulen.

Das Schaubild in Abbildung 26.2 soll die Zusammenhänge noch einmal verdeutlichen.

Wie Sie sehen, habe ich der Übersichtlichkeit halber einige Dateien bzw. Verzeichnisse ausgelassen. Aber das Prinzip sollte aus der Abbildung deutlich werden.

26.5.2 Globale Parameter in apache2.conf

Werfen wir gemeinsam einen Blick in `/etc/apache2/apache2.conf`. Früher gab es eine klare Trennung in drei Sektionen:

- Globale Parameter und Direktiven
- Konfiguration des Default-Servers
- Konfiguration der virtuellen Hosts

Diese Trennung ist nicht mehr so klar erkennbar, aber immer noch vorhanden. In diesem Abschnitt stelle ich Ihnen einige wichtige globale Parameter vor.

```
ServerRoot "/etc/apache2"
```

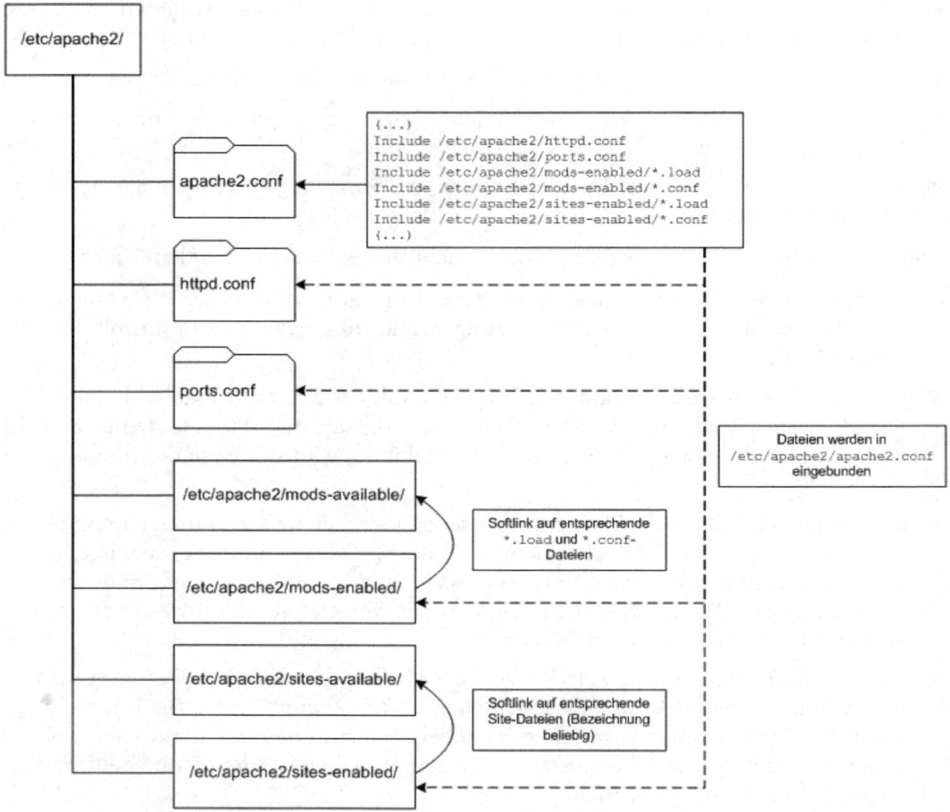

Abb. 26.2: Die Organisation der Apache-2-Konfiguration unter Debian

Dieses Verzeichnis definiert das Apache-Installationsverzeichnis. Es wird als Ausgangspunkt für relative Pfadangaben in den Konfigurationsdateien genutzt.

```
PidFile /var/run/apache2.pid
```

In dieser Datei steht die Prozess-ID des Apache-Mutter-Prozesses.

Unter *Lenny* ist hier eine Referenz auf die in `/etc/apache2/envvars` zu findende Umgebungsvariable `APACHE_PID_FILE` zu finden.

Der Apache-Mutter-Prozess »forked« weiter Prozesse, so genannte Kind- oder Child-Prozesse. Unter dem Begriff »fork« bzw. »forken« (engl. Verzweigung, verzweigen) verstehen wir das Aufrufen von weiteren Instanzen eines Serverdienstes durch den ersten Serverprozess. Dieser heißt Vater- oder Mutter-Prozess.

```
Timeout 300
```

Dies ist der allgemeine Timeout-Wert in Sekunden. Wird in dieser Zeitspanne keine erneute Anfrage vom Client geschickt, beendet Apache die Session.

```
KeepAlive On
```

Ist dieser Wert auf `On`, kann der Client innerhalb einer Session mehrere Anfragen an den Server schicken – ansonsten wird jeweils eine neue Session erforderlich. Dies ist meistens sinnvoll, da HTTP dazu neigt, sehr viele Sessions auch zu einem einzelnen Webserver aufzubauen.

```
MaxKeepAliveRequests 100
KeepAliveTimeout 15
```

Diese beiden Werte beziehen sich auf `KeepAlive` und bestimmen die maximale Anzahl und den maximalen zeitlichen Abstand von Anfragen innerhalb einer persistenten (also aufrecht erhaltenen) Session. Werden diese Werte überschritten, muss für eine neue Anfrage zunächst eine neue Session aufgebaut werden.

```
<IfModule worker.c>
StartServers          2
MaxClients          150
MinSpareThreads      25
MaxSpareThreads      75
ThreadsPerChild      25
MaxRequestsPerChild   0
</IfModule>
```

Hier lernen Sie gleich noch ein wichtiges Konstrukt der Konfigurationssyntax kennen: Mit `<IfModule Modulname>` ...`</IfModule>` können Sie Parameter und Direktiven für ein bestimmtes Modul definieren. Diese werden nur dann aktiv, wenn das Modul tatsächlich geladen wurde. Den oben stehenden Passus finden Sie auch für das Modul `prefork.c`.

Im Übrigen werden hier die Anzahl der vorgehaltenen Server-Prozesse, der maximalen gleichzeitigen Clients sowie der minimalen und maximalen Anzahl der Threads (interne Verarbeitungsprozesse), die für Anfragen offen gehalten werden, definiert.

Diese Parameter dienen der Optimierung der Leistung und der Ressourcennutzung. Hier lässt sich viel drehen, falls Sie Performance-Probleme haben. Später dazu mehr.

```
User www-data
Group www-data
```

Diese beiden Direktiven bestimmen den Benutzer und die Gruppe (unter *Lenny* als Umgebungsvariablen mit gleichem Inhalt definiert), in deren Kontext weitere Server-Instanzen aufgerufen werden. Hintergrund ist, dass ein Dienst nicht unnötig mit `root`-Rechten laufen sollte. Oftmals ist es erforderlich, dass der erste Prozess mit `root`-Privilegien gestartet werden muss. Für die Child-Prozesse, die dieser aufruft, gilt dies jedoch nicht.

```
ErrorLog /var/log/apache2/error.log
```

Hier definieren Sie die Logdatei, in die allgemeine Fehler geschrieben werden.

```
Include /etc/apache2/mods-enabled/*.load
Include /etc/apache2/mods-enabled/*.conf
Include /etc/apache2/httpd.conf
Include /etc/apache2/ports.conf
Include /etc/apache2/conf.d/[^.#]*
```

Hier sind sie also nun, die `Include`-Direktiven – ich hatte sie Ihnen ja bereits weiter oben vorgestellt. Die `Include`-Direktive erwartet eine Pfadangabe zu einer oder mehreren Dateien. Dabei können auch Bash-Patterns verwendet werden.

Für eine erste kurze Übersicht soll dies genügen. Für Sie ist es an dieser Stelle sicherlich viel interessanter, eine eigene Website an den Start zu bringen, oder?

26.5.3 Workshop – eine erste Website

Für eine Weile ist die Apache-Standardseite sicherlich beeindruckend (in etwa so wie das Türschild einer Klingel) – irgendwann aber dürfte es spannender sein, den Server mit eigenen Inhalten zu versehen. Davon ausgehend, dass Ihre Familie wieder »Versuchskarnickel« spielt, wollen wir ein sehr bescheidenes Intranet aufbauen. Wir benötigen zunächst eine Startseite für das Intranet. Von hier aus benötigen wir Hyperlinks (kurz: Links) zu den *Homepages* (so wird die Startseite einer Webpräsenz oder Site genannt) der Familienmitglieder Anna, Paul, Mama und Papa.

Beginnen wir mit der Startseite (oder Homepage) unseres Intranets. Aber, Moment mal: Wo soll diese Datei angelegt werden? Antwort: Im `DocumentRoot`-Verzeichnis! Dieses finden Sie in der Datei, die den Default-Server, also die Standard-Website, definiert. Werfen wir einen Blick in die Datei `/etc/apache2/sites-enabled/000-default`, die ein Softlink auf `/etc/apache2/sites-available/default` ist:

```
NameVirtualHost *
<VirtualHost *>
        ServerAdmin webmaster@localhost
        DocumentRoot /var/www/
        <Directory />
                Options FollowSymLinks
                AllowOverride None
        </Directory>
        <Directory /var/www/>
                Options Indexes FollowSymLinks MultiViews
                AllowOverride None
                Order allow,deny
                allow from all
                RedirectMatch ^/$ /apache2-default/
        </Directory>
        ScriptAlias /cgi-bin/ /usr/lib/cgi-bin/
        <Directory "/usr/lib/cgi-bin">
                AllowOverride None
                Options ExecCGI -MultiViews +SymLinksIfOwnerMatch
                Order allow,deny
                Allow from all
        </Directory>
```

```
23          ErrorLog /var/log/apache2/error.log
24          LogLevel warn
25          CustomLog /var/log/apache2/access.log combined
26          ServerSignature On
27      Alias /doc/ "/usr/share/doc/"
28      <Directory "/usr/share/doc/">
29          Options Indexes MultiViews FollowSymLinks
30          AllowOverride None
31          Order deny,allow
32          Deny from all
33          Allow from 127.0.0.0/255.0.0.0 ::1/128
34      </Directory>
35  </VirtualHost>
```

Listing 26.1: `/etc/apache2/sites-enabled/000-default`

> Anhand dieses Listings werde ich Ihnen im weiteren Verlauf verschiedene Direktiven und Konzepte erläutern – versehen Sie diese Seite daher am besten mit einem Lesezeichen. Bestimmte Zeilen sind zwischen *Etch* und *Lenny* geringfügig unterschiedlich, jedoch sollten Sie beide Versionen nach dieser Lektüre verstehen können.

Debian verzichtet auf den Standard-Server und definiert diesen als (ersten) virtuellen Host. Ignorieren Sie jedoch diese Aussage zunächst und konzentrieren Sie sich auf Zeile 4. Hier finden Sie die Angabe des `DocumentRoot`-Verzeichnisses. Es ist `/var/www/`. Hierunter müssen wir die neue Startseite namens `index.html` speichern. Unter *Lenny* existiert diese Datei schon und muss lediglich angepasst werden. Sie können sie mit einem beliebigen Editor erstellen. Geben Sie folgende Zeilen ein:

```
<html>
<head>
<title>Unser Intranet</title>
</head>
<body bgcolor="blue">
<h1 align="center">Intranet-Startseite</h1>
<br>
<br>
<a href=/anna/index.html>Annas-Homepage</a>
<br>
<a href=/paul/index.html>Pauls-Homepage</a>
<br>
<a href=/mama/index.html>Mamas-Homepage</a>
<br>
<a href=/papa/index.html>Papas-Homepage</a>
</body>
</body>
</html>
```

Listing 26.2: `/var/www/index.html`

Dies ist Minimal-Code, der nicht dem HTML-Standard entspricht – dennoch erfüllt er seinen Zweck. Ich möchte Ihnen an dieser Stelle keinen HTML-Kurs aufs Auge drücken – zumal HTML bei genauerem Hinsehen meistens sehr selbsterklärend ist. Daher verzichte ich auf eine genauere Erläuterung der Zeilen. Hier nur kurz allgemein einige Informationen:

Der Aufbau einer HTML-Seite ist folgendermaßen:

`<html>` – Damit startet jede »saubere« HTML-Seite.

`<head>` – Hier werden insbesondere Verwaltungsinformationen angegeben.

`<title>` – Bezeichnung, die in der Titelleiste des Browsers auftaucht

`</title>` – Die Bezeichnung wird beendet.

`</head>` – Der Kopfteil wird beendet.

`<body>` – Der Hauptteil beginnt.

Hier stehen der eigentlich sichtbare Text, die Bilder, Tabellen etc. ...

`</body>` – Der Hauptteil wird beendet.

`</html>` – Die Datei wird formell abgeschlossen.

Fast jedes *Tag*, so werden die in spitzen Klammern eingefassten Direktiven genannt, wird mit `</Tag>` beendet. Mit `<a href=...>...</a>` können Sie einen Hyperlink definieren, wobei hinter `href=` das Sprungziel angegeben wird.

> Möchten Sie sich über HTML informieren, bietet sich die HTML-Dokumentation SELFHTML unter `http://de.selfhtml.org/` an. Sie ist frei verfügbar und so etwas wie ein Referenzwerk.

Geben Sie im Server nun erneut die Adresse Ihres Webservers (`http://192.168.1.1`) ein, sehen Sie unter *Etch* nach wie vor die Apache-Standard-Seite. Dies liegt an Zeile 14 unserer oben dargestellten Datei `000-default`:

```
RedirectMatch ^/$ /apache2-default/
```

Diese besagt, dass jede Anfrage auf das `DocumentRoot`-Verzeichnis (`^/$`) auf `/apache2-default/` umgeleitet wird. Aufgrund der im HTTP-Protokoll gesendeten Länderkennung des Browsers wird die deutsche Startseite `/apache2-default/index.html.de` angezeigt.

> Zur Erinnerung: Der Passus `^/$` ist ein regulärer Ausdruck, der zutrifft, wenn das erste Zeichen / ist und dieses gleichzeitig das letzte Zeichen ist (^ steht für das erste und $ für das letzte Zeichen) – dies wiederum trifft zu, wenn der Server direkt oder die Standard-Domain ohne weitere Pfadangaben angesprochen wird.

Unter *Lenny* existiert diese Zeile nicht mehr. Kommentieren Sie die Zeile unter *Etch* aus, indem Sie ein # davor setzen. Anschließend müssen Sie den Server neu starten:

```
etch:~# /etc/init.d/apache2 restart
Forcing reload of web server: Apache2.
```

Nun erhalten Sie auch unter *Etch* die gewünschte Startseite.

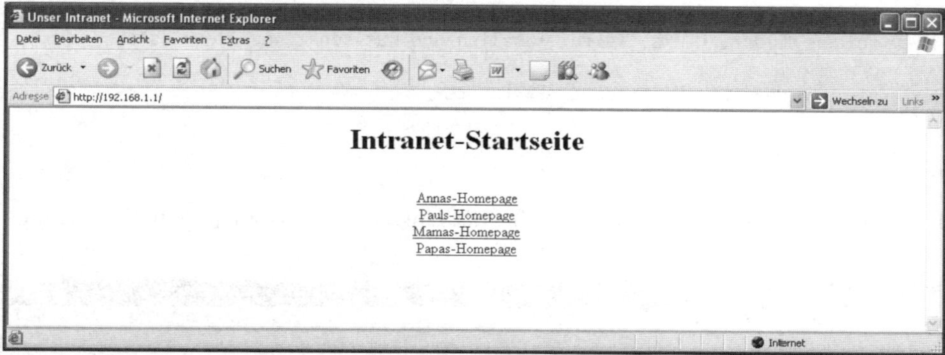

Abb. 26.3: Ihre erste Webseite erscheint.

Das sieht jetzt nicht wirklich beeindruckend aus, aber immerhin! Ihre erste Website ist am Start! Trauer haben Sie nur, wenn Sie auf einen der Links klicken.

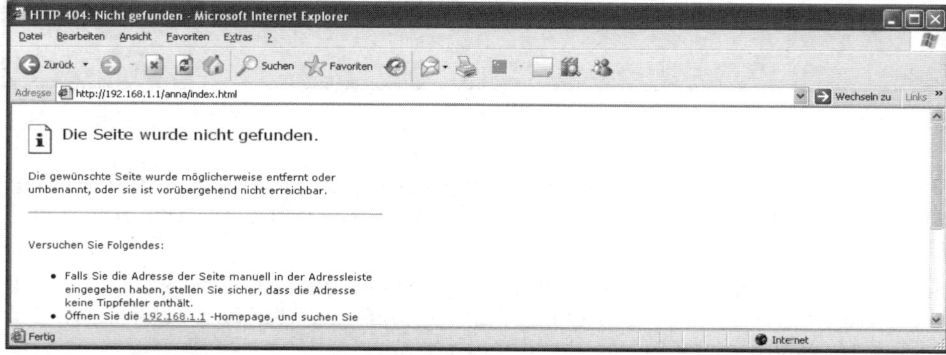

Abb. 26.4: Wo nichts ist, kann nichts angezeigt werden ...

Dies ist nur allzu logisch, da hinter Ihren Links noch keine Inhalte hinterlegt wurden. Dies ändern wir jetzt! Dazu brauchen wir entsprechende Unterverzeichnisse. Sie können dafür in das Verzeichnis `/var/www/` wechseln und folgenden Befehl eingeben:

```
debian:/var/www# mkdir -p anna paul mama papa
```

Anschließend wechseln Sie ins Verzeichnis `/var/www/anna` und legen eine Datei `index.html` mit folgendem Inhalt an:

```
<html>
<head>
<title>Annas Intranet-Seite</title>
</head>
<body bgcolor="#ccffff">
<h1 align="center">Anna</h1>
<br>
```

```
<p align="center">
Hier folgen Bilder, Links, Texte, Tabellen und was sonst noch cool ist.
<br><br>
<a href="../index.html">Intranet-Startseite</a>
</p>
</body>
</html>
```

Nun sollte – ohne Neustart des Servers (!) – der Link zu Annas Homepage funktionieren:

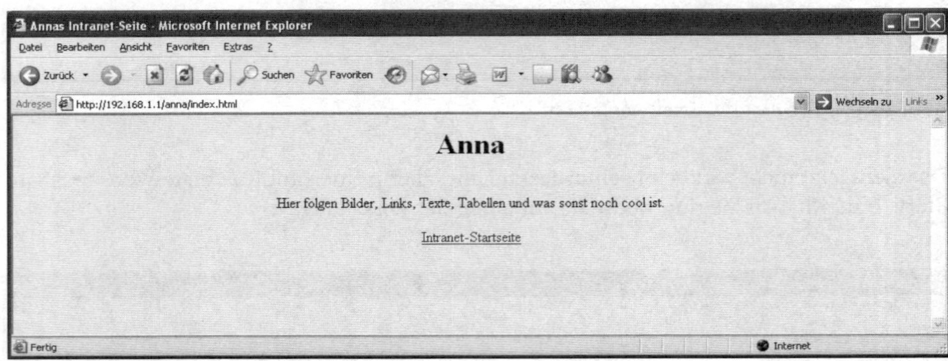

Abb. 26.5: Anna hat ihre eigene Homepage.

Wir haben diesmal etwas Farbe in die Webseite gebracht – die Seite sollte in Mint angezeigt werden. Darüber hinaus kommen Sie über den Link INTRANET-STARTSEITE zurück zum Hauptmenü.

Erstellen Sie nun für Paul, Mama und Papa entsprechende Webseiten. Dabei können Sie als Hintergrundfarben zum Beispiel #FFCCCC, #9999FF und #FF6600 wählen. Den Text müssen Sie natürlich auch entsprechend anpassen.

26.6 Fehlercodes und Statusmeldungen

Geben Sie folgende Adresse in Ihrem Browser ein:

```
http://192.168.1.1/gulugulu
```

Sollten Sie nicht zufällig eine Datei namens `gulugulu` unter `/var/www/` angelegt haben, dürfte die Anfrage mit einer Fehlermeldung quittiert werden (siehe Abbildung 26.6).

Wird eine Seite angefragt, die der Server nicht anzeigen kann, wird ein so genannter Fehler- bzw. Statuscode zurückgemeldet – hier lautet der Code 404. Dies lässt sich auch in `Wireshark` sehr schön nachvollziehen, das ich hier auf dem Client angeworfen habe, wie Sie in Abbildung 26.7 sehen können.

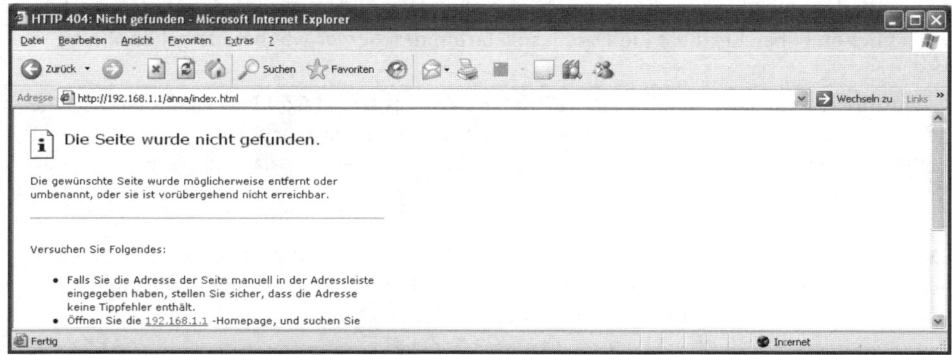

Abb. 26.6: HTTP 404 – Die Seite wurde nicht gefunden.

No.	Time	Source	Destination	Protocol	Info
1	0.000000	192.168.1.2	192.168.1.1	TCP	1131 > http [SYN] Seq=0 Ack=0 Win=65535 Len=0 MSS=1380
2	0.000208	192.168.1.1	192.168.1.2	TCP	http > 1131 [SYN, ACK] Seq=0 Ack=1 Win=5840 Len=0 MSS=1460
3	0.000237	192.168.1.2	192.168.1.1	TCP	1131 > http [ACK] Seq=1 Ack=1 Win=65535 Len=0
4	0.002070	192.168.1.2	192.168.1.1	HTTP	GET /gulugulu/ HTTP/1.1
5	0.002289	192.168.1.1	192.168.1.2	TCP	http > 1131 [ACK] Seq=1 Ack=367 Win=6432 Len=0
6	0.004216	192.168.1.1	192.168.1.2	HTTP	HTTP/1.1 404 Not Found (text/html)
7	0.138308	192.168.1.2	192.168.1.1	TCP	1131 > http [ACK] Seq=367 Ack=523 Win=65013 Len=0

Abb. 26.7: Der Server antwortet mit `HTTP/1.1 404 Not Found.`

Es gibt noch viele weitere Statuscodes, hier die wichtigsten:

- 401 – nicht berechtigt: Zugriffsgeschützter Bereich, der Server fordert den Browser auf, eine Benutzerkennung zu senden. Auf dem Client öffnet sich daraufhin ein Dialogfenster zur Eingabe von Benutzer und Passwort.
- 403 – verboten: Die gesendete Benutzerkennung wird zurückgewiesen, der Zugriff verweigert.
- 500 – interner Serverfehler: Hierbei handelt es sich meistens um einen Fehler innerhalb eines serverseitigen Programms (zum Beispiel ein CGI-Skript), das vom Server aufgerufen wurde.

Es gibt verschiedene Methoden, diese Fehlermeldungen zu individualisieren. Der einfachste Weg ist, eine entsprechende Fehlermeldung als HTML-Seite zu generieren und auf diese direkt zu verweisen. Dazu können Sie die folgende Direktive in `apache2.conf` an beliebiger Stelle einfügen:

```
ErrorDocument 404 /404.html
```

Erstellen Sie anschließend die Datei `/var/www/404.html`. Hier ein Vorschlag:

```
<html>
<head>
<title>Fehlermeldung 404 - Die Seite gibt es hier nicht</title>
</head>
<body>
<h1 align="center">Ups, diese Seite gibsganich!</h1>
</body>
</html>
```

Wenn Ihnen der Text zu albern ist, lassen Sie sich einfach etwas Kreativeres einfallen. Anschließend speichern Sie die Datei und starten den Server wie bereits bekannt neu.

> **Achtung:** Nutzen Sie einen anderen Browser als den Internet Explorer, wird die Fehlermeldung nun schon korrekt angezeigt, wenn Sie versuchen, eine nicht vorhandene Datei aufzurufen. Der Internet Explorer nutzt allerdings standardmäßig seine eigenen Fehlermeldungen.

Diese können Sie deaktivieren, indem Sie unter EXTRAS|INTERNET OPTIONEN|ERWEITERT das Häkchen vor KURZE FEHLERMELDUNGEN ANZEIGEN entfernen. Anschließend zeigt auch der Microsoft-Browser die vom Server gesendete Fehlermeldung an:

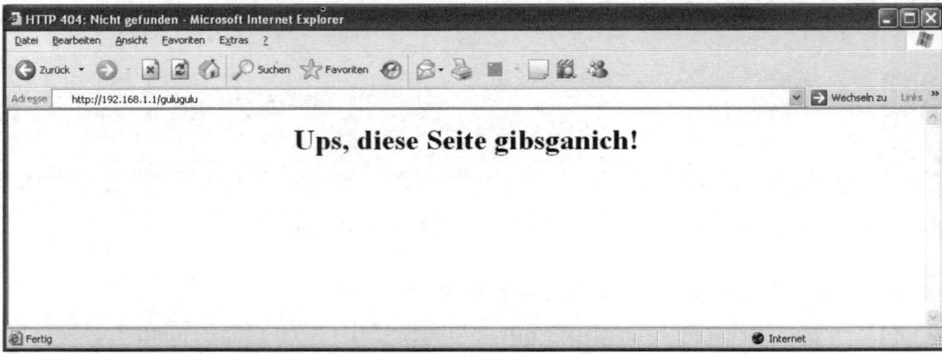

Abb. 26.8: Eine serverseitige Fehlermeldung

26.7 Kontexte

Als *Direktive* bezeichnen wir jede Anweisung, die innerhalb der Konfigurationsdatei gesetzt werden kann. Hiervon haben Sie schon einige kennen gelernt, zum Beispiel `ErrorDocument`, `KeepAlive` etc. Der *Kontext* ist eine Sonderform der Direktive und umfasst einen bestimmten Bereich, zum Beispiel ein Verzeichnis. Innerhalb dieses Kontextes können individuelle Einstellungen vorgenommen werden, die nur hier gelten. Jeder Kontext wird als Anfangs- und Endtag wie bei HTML in Spitze Klammern gesetzt. Das End-Tag wird durch / markiert, zum Beispiel `<Directory xyz> ...</Directory>`.

Schauen wir mal auf die wichtigsten Kontextarten:

26.7.1 <Directory>-Kontext

Führen wir uns nochmals die Zeilen 9 bis 15 der Datei `000-default` (s.o.) für den Standardserver vor Augen, wobei Zeile 14 unter *Lenny* nicht mehr existiert:

```
9         <Directory /var/www/>
10                Options Indexes FollowSymLinks MultiViews
11                AllowOverride None
12                Order allow,deny
```

```
            allow from all
            RedirectMatch ^/$ /apache2-default/
        </Directory>
```

Hier werden bestimmte Einstellungen für das Verzeichnis /var/www/ vorgenommen. Diese Einstellungen gelten auch für dessen Unterverzeichnisse. Sie können im Verzeichnispfad auch Suchmuster mit ? (= ein beliebiges Zeichen) und * (kein, ein oder beliebig viele Zeichen) einsetzen. Sogar reguläre Ausdrücke sind möglich, wenn vor das Verzeichnis eine Tilde (~) gesetzt wird. Hier ein Beispiel:

```
<Directory ~ /var/www/kapitel[a-z,0-9]/.*>
```

Alternativ dazu können Sie auch <DirectoryMatch /var/www/kapitel[a-z,0-9]/.*> ... </Directory> nutzen, wenn Sie reguläre Ausdrücke nutzen wollen.

Den <Directory>-Kontext finden Sie relativ häufig, allein in der Default-Datei vier Mal.

26.7.2 <Location>-Kontext

Während der <Directory>-Kontext ein explizites Verzeichnis beinhaltet, bezieht sich der <Location>-Kontext auf ein virtuelles Verzeichnis innerhalb eines URL-Pfades. Mittels der Alias-Direktive können Sie Verzeichnisse Ihrer Webpräsenz auf beliebige tatsächliche Verzeichnisse des Systems abbilden. Hier ein Beispiel:

```
Alias /gulugulu/ "/usr/share/apache2/gulugulu"
```

Rufen Sie nun http://192.168.1.1/gulugulu/ auf, wird intern das Verzeichnis /usr/share/apache2/gulugulu/ angesprochen. Der Kontext <Location /gulugulu> ... </Location> bezieht sich nun auch auf /usr/share/apache2/gulugulu/.

Die Kontexte <Directory> und <Location> können sich in ihrer Wirkung auch überschneiden.

26.7.3 <IfModule>-Kontext

Werfen Sie nun noch mal einen Blick in die Hauptkonfigurationsdatei apache2.conf. Sie finden folgende Zeilen:

```
<IfModule worker.c>
StartServers          2
MaxClients          150
MinSpareThreads      25
MaxSpareThreads      75
ThreadsPerChild      25
MaxRequestsPerChild   0
</IfModule>
```

Der Kontext <IfModule Modul> greift unter der Bedingung, dass das angegebene Modul geladen wurde und damit aktiv ist. Gerade in o.a. Beispiel leuchtet dies sehr gut ein – wie Sie wissen, können Sie Apache 2 mit dem *Prefork-* oder dem *Worker*-Modell betreiben. Hierzu wird entweder das eine oder das andere Modul geladen.

Um trotzdem eine einheitliche Konfigurationsdatei einsetzen zu können, wird der `<IfModule>`-Kontext genutzt. Sie können für beide Varianten eine entsprechende Konfiguration erstellen, wobei nur die passende aktiv wird.

26.8 Die Direktiven innerhalb der Kontexte

Eigentlich ist die Überschrift nicht ganz korrekt – die hier vorgestellten Direktiven können genauso auch außerhalb von Kontexten verwendet werden – meistens finden sie sich allerdings innerhalb von entsprechenden Kontexten.

26.8.1 Options

Mit dieser Direktive können Sie die Eigenschaften von Verzeichnissen festlegen. Die angegebenen Parameter können auch mit einem Plus (+) oder Minus (-) versehen sein. Dies fügt die entsprechende Eigenschaft hinzu oder entfernt sie im entsprechenden Kontext. Das macht natürlich nur dann Sinn, wenn globale Optionen gesetzt wurden, die in einzelnen Kontexten angepasst werden sollen.

ExecCGI

Hiermit können in dem Verzeichnis, für das die Option angegeben ist, CGI-Skripte verwendet werden. Dies sind ausführbare Programme, die serverseitig zur Ausführung gebracht werden, um dynamische Webseiten zu gestalten. Dabei steht CGI für Common Gateway Interface und bezeichnet eine Standardschnittstelle zwischen dem Webserver und Programmen, die auf diesem bereitstehen.

Sie finden diese Option im o.a. Listing der oben dargestellten Datei `000-default` in Zeile 19. Hier wird zunächst eine andere Direktive in Zeile 16 verwendet, um das Standard-Skriptverzeichnis zu definieren:

```
ScriptAlias /cgi-bin/ /usr/lib/cgi-bin/
```

Daraufhin wird innerhalb des Kontextes des Originalverzeichnisses `/usr/lib/cgi-bin` in Zeile 19 diese Option gesetzt.

FollowSymLinks

Kommt eine Anforderung an eine Datei, die ein symbolischer Link ist, darf dieser verfolgt werden, so dass die Datei, auf die der symbolische Link verweist, geöffnet werden kann – vorausgesetzt, es bestehen Leserechte. Ist diese Option nicht gesetzt, erfolgt eine Fehlermeldung.

Sie finden diese Option in den Zeilen 5, 10 und 29 des Listings. Sie wird hier für das `ServerRoot`-Verzeichnis, das `DocumentRoot`-Verzeichnis und für das Dokumentationsverzeichnis gesetzt.

MultiViews

Diese Option dient in erster Linie zur Anpassung der Sprache. Im Browser kann eine Spracheinstellung vorgenommen werden – beim IE ist das Dialogfenster unter EXTRAS|INTERNETOPTIONEN|SPRACHEN zu finden. Beim Mozilla Firefox finden Sie die Einstellungsmöglichkeiten unter EXTRAS|EINSTELLUNGEN|ERWEITERT. Hier wählen Sie SPRACHEINSTELLUNGEN.

Sie finden diese Option im Listing in den Zeilen 10, 19 und 29.

SymLinksIfOwnerMatch

Den symbolischen Links wird nur gefolgt, wenn der Eigentümer (Owner) des Links derselbe ist, wie der der Datei, auf die der Link verweist. Dies ist eine Verschärfung der `FollowSymLink`-Option. Sie finden diese Option in Zeile 19 des Listings, der ein Plus vorangestellt ist. Dieses Plus signalisiert, dass die Option auch dann aktiviert wird, wenn global etwas Anderes angegeben ist.

Includes

Diese Option bezieht sich auf die so genannten Server Side Includes (SSI). Es handelt sich um eine Art sehr einfacher Skriptsprache, mit der einfache Funktionen, wie zum Beispiel das Datum, in einer HTML-Seite eingebunden werden können.

Diese Funktionalität ist sicherheitstechnisch nicht unbedenklich. Sie finden sie nicht in unserem Listing.

IncludesNoExec

Hiermit können Sie zwar einerseits SSI erlauben, andererseits aber die sicherheitstechnisch gefährlichen SSI-Befehle `#exec` und `#include` ausklammern. Dieser Weg ist vielleicht die goldene Mitte.

Indexes

Enthält ein Verzeichnis keine Datei `index.html` oder eine andere geeignete Startdatei, kann durch die Aktivierung dieser Option das Inhaltsverzeichnis angezeigt werden. Normalerweise würde dies in einer Fehlermeldung resultieren. Sie finden diese Option im Listing in den Zeilen 10 und 29.

All/None

Außer `MultiViews` werden alle Optionen bei `All` aktiviert. Wird `None` angegeben, ist keine Option aktiviert.

26.8.2 Deny, Allow und Order

Nun können Sie schon eine Menge Zeilen des o.a. Listings verstehen. Bezüglich der Rechte habe ich Sie bisher allerdings im Dunkeln gelassen – das ändert sich nun. Mit den Optionen `Deny`, `Allow` und `Order` können Sie den Zugriff auf die Verzeichnisse, innerhalb deren Kontext die Optionen angegeben werden, bestimmen.

Grundsätzlich legen Sie mit `Order` fest, in welcher Reihenfolge die Auswertung erfolgt. Aus sicherheitstechnischer Sicht ist es eigentlich sinnvoll, zunächst alles zu verbieten und anschließend einzelne Zugriffe zu erlauben. Im Listing finden Sie aber beides – `Order allow, deny` in den Zeilen 12 und 20, `Order deny,allow` in Zeile 31.

In der Zeile 13 werden keinerlei Einschränkungen gemacht – hier handelt es sich auch um das allgemeine `DocumentRoot`-Verzeichnis:

```
9        <Directory /var/www/>
10               Options Indexes FollowSymLinks MultiViews
11               AllowOverride None
12               Order allow,deny
13               allow from all
14               RedirectMatch ^/$ /apache2-default/
15       </Directory>
```

Das Gleiche gilt für das Verzeichnis `/usr/lib/cgi-bin`. In den Zeilen 20 und 21 wird ebenfalls keine Zugriffseinschränkung vorgenommen.

Dagegen wird der Zugriff auf das Dokumentationsverzeichnis nur für den lokalen Rechner (`127.0.0.1`) erlaubt:

```
28    <Directory "/usr/share/doc/">
29        Options Indexes MultiViews FollowSymLinks
30        AllowOverride None
31        Order deny,allow
32        Deny from all
33        Allow from 127.0.0.0/255.0.0.0 ::1/128
34    </Directory>
```

Der letzte Teil der Zeile 33 bezieht sich übrigens auf IPv6. Kommen wir zu einem eigenen Beispiel: Nehmen wir an, Sie möchten den Zugriff auf das Verzeichnis `/var/www/gulugulu` auf zwei IP-Adressen (192.168.1.2 und 192.168.1.3) beschränken, dann können Sie das auf folgende Weise tun:

```
<Directory "/var/www/gulugulu/">
   Order deny,allow
   Deny from all
   Allow from 192.168.1.2
   Allow from 192.168.1.3
</Directory>
```

Sie können hier statt IP-Adressen auch Netzwerke, zum Beispiel 192.168.1.0/255.255.255.0 oder Domains angeben, wie zum Beispiel `apache.org`.

26.8.3 AllowOverride und .htaccess

Es kann nur eine geben – nur eine Apache-Konfigurationsdatei. Andererseits haben Sie vielleicht mehrere Benutzer, die gern ihre eigenen Optionen und Parameter innerhalb ihrer Webpräsenz setzen möchten. Hierzu können Benutzer in ihrem eigenen Bereich pro Verzeichnis eine `.htaccess`-Datei erstellen.

> Nebenbemerkung: Mit der Direktive `AccessFileName` kann der Dateiname verändert werden, zum Beispiel `AccessFileName .zugriff`. Das ist aber selten sinnvoll.

Eine `.htaccess`-Datei ist im Grunde nichts anderes als ein Bündel von Direktiven innerhalb eines Kontextes für ein Verzeichnis, also ein `<Directory>`-Kontext. Sie als Administrator können allerdings bestimmen, welche Art von Informationen durch diese Datei überschrieben werden kann.

Hierzu dient die Direktive `AllowOverride`. Normalerweise wird anschließend ein `none` stehen. Dies bedeutet, dass keine Änderungen der Einstellungen gemäß dem Kontext vorgenommen werden dürfen. Sie finden dies im Listing in den Zeilen 7, 11, 18 und 30. Es gibt aber auch andere Werte:

- `AuthConfig` – erlaubt die Verwendung von Direktiven für Benutzerrechte. Siehe Kapitel 28 *Apache Teil II – Der Webserver im Interneteinsatz.*
- `FileInfo` – erlaubt die Verwendung der Direktiven zur Dateibeschreibung (`AddType`, `AddEncoding` usw.)
- `Indexes` – erlaubt die Verwendung der Direktiven zur Indexerstellung (`Indexing`, `AddIcon` etc.)
- `Limit` – erlaubt die Verwendung von Direktiven, die den Zugriff kontrollieren, zum Beispiel `allow`, `deny` und `order`
- `Options` – erlaubt die bereits bekannten Optionen wie zum Beispiel `ExecCGI` u.a.

Die `.htaccess`-Dateien stellen unter Umständen ein Sicherheitsrisiko dar, da Sie Zugriffe ermöglichen können, die nicht gewollt sind. Sind Sie der einzige Administrator Ihres Systems und der Webpräsenzen, sollten Sie die Einstellungen zentral in `apache2.conf` vornehmen und auf `.htaccess`-Dateien verzichten.

Nun sollten Sie in der Lage sein, fast jede Zeile des Listings der Datei `/etc/apache2/sites-enabled/000-default` (bzw. der dahinterstehenden Datei) zu verstehen. Einige Zeilen in den verschiedenen Konfigurationsdateien sind für Sie noch fremd, doch reicht Ihr Wissen nun, um eine einfache Webpräsenz an den Start zu bringen. Herzlichen Glückwunsch!

26.9 Das Szenario – wie geht es weiter?

In Ihrem Gespräch mit Herrn Windschief hatten Sie ja den Aufbau eines Intranets vereinbart. Bezüglich des Webservers sollten Sie dies nun bewerkstelligen können – allerdings merken Sie schnell, dass der Inhalt Ihres Intranets sehr statisch ist. Für ein echtes Intranet werden News, ein schwarzes Brett oder ein Mitarbeiterverzeichnis benötigt.

Im nächsten Kapiteln beschäftigen wir uns daher mit dynamischen Inhalten einer Website, um das Intranet attraktiv zu gestalten. Hierbei führt kein Weg an einer Datenbank vorbei – freuen Sie sich auf MySQL und PHP ... ;-).

## Kapitel 27

Datenbanken mit MySQL

Datenbanken gehören zu den ersten Anwendungen von Computern überhaupt. Was aber ist eine Datenbank eigentlich? Kurz gesagt: eine strukturierte Ablage von Daten, meistens in Form von Tabellen. Diese können zueinander in Beziehung gesetzt werden – darin liegt der große Vorteil einer Datenbank gegenüber einer einfachen Tabelle. Hier ein Beispiel:

Nehmen wir eine Bibliothek. Die Bücher können in verschiedene Kategorien unterteilt werden, zum Beispiel Jahrgang, Thema, Sachbuch oder Belletristik, etc. Außerdem werden die Autoren, die ISBN-Nummer und vielleicht der Kaufpreis erfasst. In einer Datenbank werden diese Informationen nun derart abgelegt, dass komplexe Abfragen ermöglicht werden, zum Beispiel welche Bücher wurden von einem bestimmten Autor zwischen 2000 und 2009 geschrieben und handeln von Linux?

Eines der bekanntesten Open-Source-Datenbank-Management-Systeme ist MySQL. Es ist der Quasi-Standard für Open-Source-basierende Webapplikationen und wird bei allen großen Linux-Distributionen mitgeliefert – so auch bei Debian.

> Die Datenbank-Welt rund um *MySQL* könnte sich allerdings in der nächsten Zeit stark ändern, da das Unternehmen *Oracle* die Firma *Sun* übernommen hat, nachdem *Sun* im Jahre 2008 *MySQL* aufgekauft hat. Somit steht MySQL nunmehr im Besitz des größten Anbieters von kommerziellen Datenbanken – die Frage, die sich hier stellt, ist, ob der kommerzielle Teil von MySQL produktstrategisch weiterentwickelt oder eingestampft werden wird. Eine Open-Source-Version wird jedoch sicherlich auf absehbare Zeit bestehen bleiben.

Im letzten Kapitel haben Sie begonnen, ein Intranet aufzubauen. Eine Webapplikation dieser Art kommt kaum ohne Datenbank im Hintergrund aus. Daher werden wir in diesem Kapitel mittels MySQL eine solche Datenbank aufbauen. Dabei werde ich den theoretischen Teil auf das Nötigste beschränken; der Fokus liegt auf praktischen Ergebnissen. Dennoch werden Sie einige Grundlagen über Datenbanken kennen lernen, um ein Grundverständnis für die Zusammenhänge zu erhalten.

In diesem Kapitel lernen Sie Folgendes:

- Grundlagen von relationalen Datenbanksystemen
- Installation von MySQL
- Einrichtung von Datenbanken und Tabellen
- Datenbankzugriffe konfigurieren
- Einfache und komplexe Abfragen generieren

Im nächsten Kapitel lernen Sie, wie Sie die Anbindung der Webseite an die Datenbank per PHP realisieren. Sie ahnen vermutlich bereits, dass diese Themen Stoff für ein eigenes

Buch bereithalten – dennoch möchte ich Ihnen hier eine kurze Einführung in die wichtigsten Bereiche geben, damit Sie anschließend in der Lage sind, Ihr Wissen eigenständig zu vertiefen. Grundlegende Datenbankkenntnisse sind nach meiner Erfahrung in vielen Situationen nützlich.

Die hier gezeigte Kombination aus Linux, Apache, MySQL und PHP wird übrigens nach den Anfangsbuchstaben auch LAMP genannt. Da Apache, MySQL und PHP auch unter Windows und MacIntosh lauffähig ist, gibt es auch die Bezeichnung WAMP und MAMP.

Daraus sind einige vorkonfigurierte Komplettpakete hervorgegangen. Das wohl bekannteste ist XAMPP von `www.apachefriends.de`, wobei das letzte P für Perl steht. Perl ist die klassische Programmiersprache für CGI-Skripte, auf die wir hier nicht näher eingehen werden.

27.1 Das Szenario

Sie haben den ersten Schritt zum Aufbau des Intranets bewältigt, indem Sie Ihren Webserver Apache zum Laufen gebracht haben. Nun sind Inhalte gefragt! In einer solchen Webpräsenz ändern sich diese allerdings häufig, teilweise täglich. Schnell haben Sie festgestellt, dass hierfür eine Datenbank notwendig ist, um dynamische Inhalte zu erzeugen.

Nach gründlicher Recherche entscheiden Sie sich für das Datenbanksystem MySQL. Die nächsten Tage nutzen Sie, um MySQL für Ihre Zwecke nutzbar zu machen. Als Bindeglied zwischen dem Intranet und der Datenbank kommen Sie allerdings nicht um PHP herum, so dass Sie sich später im Schnellverfahren Grundkenntnisse in PHP aneignen – mit Schwerpunkt auf die MySQL-Datenbankanbindung.

27.2 Datenbank-Grundlagen

Ich habe Ihnen versprochen, die Theorie kurz zu halten. Ohne Grundverständnis für Datenbanken kommen Sie allerdings nicht weit. Daher werfen wir zunächst einen Blick auf die logische Struktur einer Datenbank, bevor wir eine eigene erstellen werden.

27.2.1 Relationale Datenbank-Management-Systeme

MySQL ist ein Relationales Datenbank-Management-System (RDBMS). Das bedeutet, dass Tabellen einer Datenbank zueinander in Beziehung (sprich Relation) gesetzt werden. Wie Sie gleich sehen werden, sind die wichtigen Informationen teilweise voneinander getrennt in einzelnen Tabellen gespeichert. So werden zum Beispiel Mitarbeiter und Kunden in zwei verschiedenen Tabellen geführt.

Durch die Relation werden Aussagen möglich wie zum Beispiel *Wer betreute welches Projekt eines Kunden X im Jahr 2008?*

Die meisten Datenbanksysteme sind relational. Es gibt allerdings auch so genannte objektorientierte bzw. objektrelationale Datenbanksysteme wie zum Beispiel *PostgreSQL* und *Oracle*. Hier werden die Daten hierarchisch gespeichert. Nach außen hin funktionieren diese Datenbanken aber genauso.

27.2.2 Was beinhaltet eine Datenbank?

Welche Daten in einer Datenbank enthalten sind, hängt von der Zielsetzung ab. Grundsätzlich geht es darum, eine gegebene Situation in der Realität abzubilden. Dazu werden Objekte, so genannte *Entitätstypen*, identifiziert. Diese Objekte haben Eigenschaften, *Attribute* genannt. Nicht alle Attribute sind für die Abbildung der Situation relevant. Dies wird durch die Sichtweise bestimmt, die wir annehmen. Doch ehe ich Ihnen jetzt noch mehr abstrakte Bezeichnungen um die Ohren haue, hier ein Beispiel:

Bemühen wir wieder einmal unser Architekturbüro Windschief. Wir wollen die Mitarbeiter, die aktuellen Projekte und die Kunden des Architekturbüros erfassen und diese in Beziehung zueinander setzen.

Damit haben wir schon einmal unsere drei Entitätstypen identifiziert: *Mitarbeiter, Projekte* und *Kunden*. Die relevanten *Attribute* unserer Mitarbeiter sind:

- Name
- Vorname
- Adresse (Straße, Postleitzahl, Ort)
- Abteilung
- Position
- Einstellungsdatum

Nicht relevante Attribute wären hier zum Beispiel Schuhgröße, Augenfarbe etc.

Für die Projekte könnten wir jetzt auch allerlei Attribute definieren, zum Beispiel Zeitraum, Ort, Art des Projekts (Neubau, Ausbau) etc. Wir beschränken uns hier allerdings der Einfachheit halber auf die folgenden drei Attribute:

- Projektname
- Adresse (Straße, Postleitzahl, Ort)
- Auftraggeber (Kunde)

Außerdem hat das Architekturbüro natürlich Kunden. Diese betrachten wir aus folgendem Blickwinkel:

- Name (ggf. Firma)
- Vorname
- Adresse (Straße, Postleitzahl, Ort)
- Ansprechpartner (wenn Firma)

Die *Entitäten* sind die individuellen, einzigartigen Ausprägungen eines Entitätstyps, also zum Beispiel ein bestimmter Mitarbeiter. Die Attribute sind für alle Entitäten identisch.

Während die Entitäten in den Zeilen definiert werden, werden die Attribute (zum Beispiel Name, Vorname etc.) als Spalten erfasst. Als Beispiel ein Auszug der Mitarbeitertabelle:

Vorname	Name	Straße	Postleitzahl	Ort
Beate	Bleistift	Ceciliengärten 10	12159	Berlin
Winfried	Windschief	Selerweg 20	12169	Berlin

Ihnen fällt sicher bereits auf, dass wir die Adresse aufgeteilt haben – in einer Datenbank werden die Informationen »atomisiert«, also in ihre Einzelteile zerlegt, und diese in jeweils einer eigenen Spalte gespeichert (Straße, Postleitzahl, Ort).

27.2.3 Das Entity Relationship Model

Im so genannten ERM oder Entity Relationship Model, werden die Objekte (Entitätstypen) nun zueinander in Beziehung gesetzt. Dazu überlegen wir uns, was die Objekte verbindet, und formulieren das entsprechend. Hier könnte das ungefähr folgendermaßen lauten:

```
Ein bestimmter Mitarbeiter ist Mitarbeiter eines bestimmten Projektes.
Ein bestimmter Kunde gibt ein bestimmtes Projekt in Auftrag.
```

Das klingt trivial, andererseits kann man dadurch bestimmte Rückschlüsse ziehen:

Ein Mitarbeiter kann bei mehreren Projekten mitarbeiten (warum auch nicht, wenn es seine Zeit zulässt?).

Ein Projekt kann von mehreren Mitarbeitern betreut werden (was oftmals notwendig sein wird).

Ein Kunde kann mehrere Projekte in Auftrag geben, ein Projekt ist jedoch immer genau einem Kunden zugeordnet (das nehmen wir hier jedenfalls vereinfachend an).

Daraus resultieren die so genannten *Verbindungstypen*. Es gibt folgende Möglichkeiten:

`1:1` – Jeder Entität eines Entitätstyps ist genau eine Entität eines anderen Entitätstyps zugewiesen. Beispiel: Ausweis – dieser gehört immer zu genau einer Person.

`1:n` – Jeder Entität eines Entitätstyps sind beliebig viele (auch keine!) Entitäten eines anderen Entitätstyps zugeordnet. Beispiel: Auto – eine Person kann beliebig viele Autos ihr eigen nennen, ein Auto kann aber immer nur einen Eigentümer haben.

`n:m` – Jeder Entität eines Entitätstyps sind beliebig viele (auch keine!) Entitäten eines anderen Entitätstyps zugeordnet. Im Gegensatz zur 1:n-Beziehung gilt dies aber auch umgekehrt. Beispiel: Mitarbeiter – Projekt: Ein Mitarbeiter kann (theoretisch) bei beliebig vielen Projekten eingebunden werden, die Projekte andererseits können von beliebig vielen Mitarbeitern betreut werden.

Die `n:m`-Beziehung ist nur indirekt abzubilden und daher nicht gern gesehen, kann aber auch nicht immer vermieden werden.

Optisch stellt sich das zum Beispiel wie in Abbildung 27.1 zu sehen dar.

Wie Sie sehen, werden auch die identifizierten Attribute im Modell abgebildet – das ist jedoch optional.

27.2.4 Die dritte Normalform und Objekttabellen

Grundsätzlich könnten Sie die erfassten Informationen in eine einzige Tabelle schreiben. Dann allerdings wären viele Informationen redundant, also doppelt vorhanden. Das liegt daran, dass alle Informationen, die zueinander gehören, als Spalten erfasst werden müssten: Alle Attribute sämtlicher Entitätstypen (Mitarbeiter, Projekte, Kunden) müssten in jeder Zeile in entsprechenden Spalten auftauchen. Solch eine Tabelle wäre selbst bei unserem sehr einfachen Beispiel schon recht umfangreich. Wir hätten mit unseren identifizierten Attributen für alle Entitätstypen mindestens 11 Spalten.

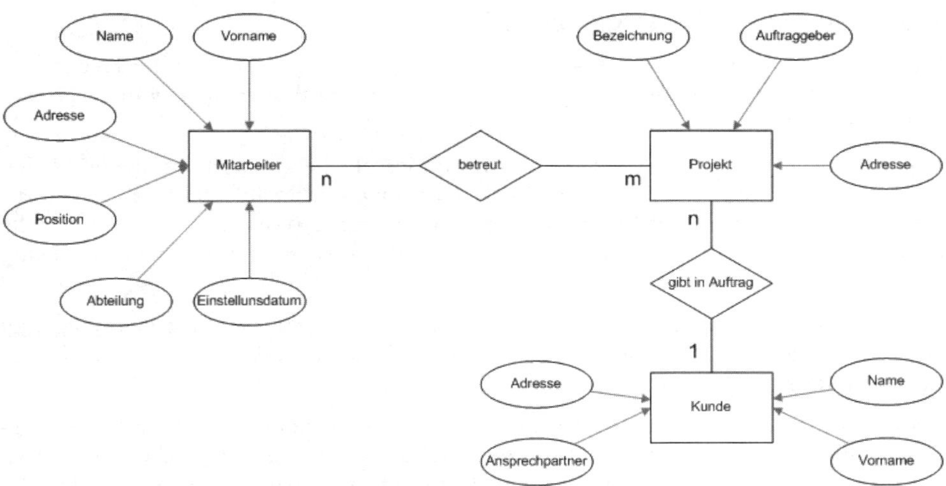

Abb. 27.1: Die Beziehungen im Entity Relationship Model (ERM)

Arbeitet nun ein Mitarbeiter an zwei Projekten, würde dies zwei Zeilen bedeuten, in denen jedes Mal alle Informationen wie zum Beispiel Adresse, Abteilung, Projektname, Ort des Projekts, Kundenname, seine Adresse etc. auftauchen würden. Das ist natürlich sehr ineffizient.

Diese Form nennt man übrigens 1. Normalform. Sie ist allenfalls Ausgangssituation und dringend verbesserungswürdig.

Daher strebt man die 3. Normalform an – die 2. Normalform ignorieren wir hier, da auch sie nur eine (eher theoretische) Zwischenstation ist. Erst in der 3. Normalform existieren keine Redundanzen mehr.

Die Definition der dritten Normalform besagt, dass es keine Abhängigkeiten zwischen Nicht-Schlüsselattributen innerhalb einer Relation (Tabelle) gibt. Alle Attribute dürfen nur vom *Primärschlüssel* (siehe unten) abhängig sein, der einen Datensatz eindeutig identifiziert.

Diese Aussage muss man erst mal gründlich durchdenken, bevor Sie logisch erscheint. Wie erhält man nun diese 3. Normalform?

Dazu extrahiert man alle redundanten Informationen und schreibt sie in eigene Tabellen. Hieraus resultieren *Objekttabellen* (hier für die Entitätstypen `Mitarbeiter`, `Projekte` und `Kunden`) und ggf. *Verbindungstabellen*, die die Objekte miteinander in Beziehung setzen. Wie das konkret aussieht, sehen wir gleich.

Achtung: Der Wohnort ist direkt abhängig von der Postleitzahl, das heißt, man kann ihn nicht nur vom Primärschlüssel, sondern auch direkt von der Postleitzahl ableiten. Daraus resultieren redundante Informationen! Daher müssen wir, um eine korrekte 3. Normalform zu erreichen, eine weitere Objekttabelle für den Wohnort erstellen.

27.2.5 Primär- und Fremdschlüssel

Wie können wir nun aber einen Datensatz (dies entspricht einer Zeile in einer Tabelle) eindeutig identifizieren? Dies geschieht durch den bereits erwähnten so genannten *Primärschlüssel* oder *Primary Key*.

In der Praxis handelt es sich meistens um eine (innerhalb dieser Tabelle) eindeutige Ziffer, die in der ersten Spalte eingefügt wird. Die Bezeichnung ist frei wählbar, zum Beispiel `Mitarbeiter-ID` für den Primärschlüssel der Tabelle `Mitarbeiter`. Für die Objekttabelle `Wohnort` ist der Primärschlüssel die Postleitzahl – durch sie wird der Wohnort eindeutig identifiziert.

Ein Primärschlüssel kann als *Fremdschlüssel* (*Foreign Key*) in eine andere Tabelle eingefügt werden. Während der Primärschlüssel eindeutig ist, kann er als Fremdschlüssel mehrfach in einer anderen Tabelle auftauchen.

Beispielsweise können Sie in der Tabelle `Projekte` einen Fremdschlüssel für den Auftraggeber einfügen. Die *Zeilen* in der untenstehenden Tabellenstruktur entsprechen den *Spalten* in der zu erstellenden Tabelle. Die Tabelle `Projekte` hätte also drei Spalten: `Projekt_ID`, `Bezeichnung` und `Auftraggeber`.

Der Auftraggeber ist ein Kunde und entspricht einem Datensatz der Tabelle `Kunden`. Dieser Datensatz verfügt über einen Primärschlüssel (PK) in dieser Tabelle. Tragen Sie diesen Primärschlüssel als Fremdschlüssel in der Tabelle `Projekte` ein, kann der Auftraggeber eindeutig identifiziert werden. In der nachfolgenden Abbildung werden die Spalten der Tabelle untereinander angezeigt:

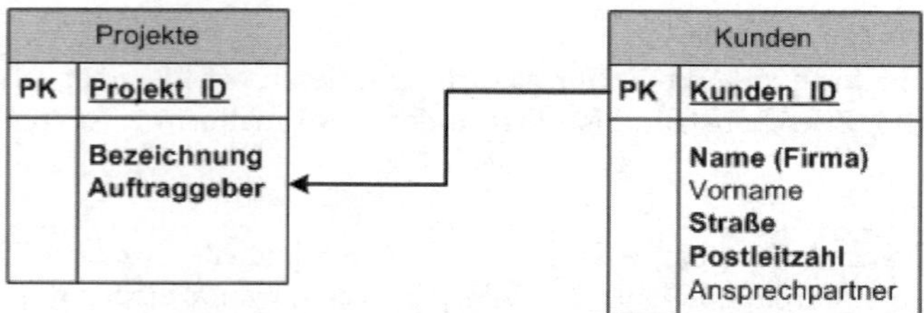

Abb. 27.2: Ein Primärschlüssel wird zu einem Fremdschlüssel.

Dies gilt auch für die Postleitzahl als Fremdschlüssel. Dadurch wird der Wohnort ebenfalls eindeutig identifiziert.

Fremdschlüssel sind bei allen 1:1- und 1:n-Beziehungen sinnvoll. Da jedes Projekt genau einem Auftraggeber zugeordnet werden kann, ist ein Fremdschlüssel in dieser Tabelle nützlich und stellt damit die Beziehung zwischen den beiden Objekten Projekt und Kunde dar.

27.2.6 Verbindungstabellen

Die Objekttabellen sind in der Regel recht leicht zu identifizieren. Allerdings gibt es Fälle, in denen diese Tabellen keine Aussage über die Beziehungen zwischen zwei Entitätstypen (sprich Objekten) treffen können. Hierzu gibt es *Verbindungstabellen*. Eine Verbindungstabelle ist für n:m-Beziehungen erforderlich und besteht typischerweise aus Fremdschlüsseln. Sie können keinen Primärschlüssel für eine Verbindungstabelle erstellen – das würde keinen Sinn ergeben.

Die einzige Verbindungstabelle, die wir für unser Beispiel benötigen, ist die Tabelle `Projektmitarbeit`. Hier werden alle Mitarbeiter erfasst, die bei bestimmten Projekten beteiligt sind. Da ein Mitarbeiter einerseits an mehreren Projekten beteiligt sein kann, andererseits aber ein Projekt auch von mehreren Mitarbeitern betreut werden kann, kann es keinen (sinnvollen) Primärschlüssel in dieser Tabelle geben.

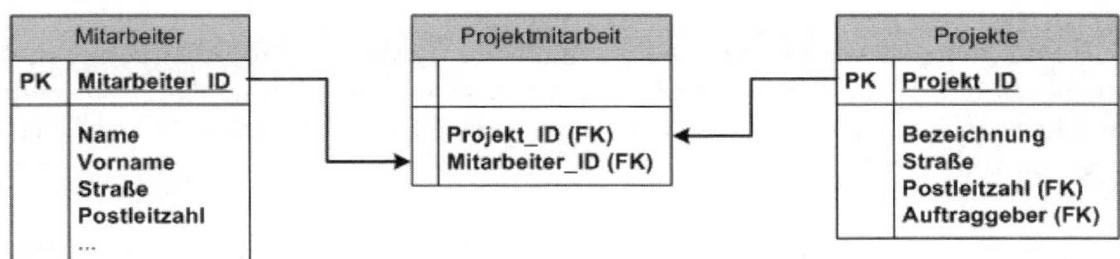

Abb. 27.3: Die Verbindungstabelle Projektmitarbeit setzt sich aus Fremdschlüsseln zusammen und hat keinen eigenen Primärschlüssel (PK).

27.2.7 Aufbau der Datenbank

Einige Grundstrukturen haben wir ja bereits identifiziert. Nun geht es also konkret darum, die passenden Tabellen vollständig zu definieren. Hierzu nutzen wir die Überlegungen zur 3. Normalform. Daraus ergibt sich für unser Beispiel folgende Struktur, wobei Primärschlüssel (PK) und Fremdschlüssel (FK – hinter den Spaltennamen stehend) vermerkt sind:

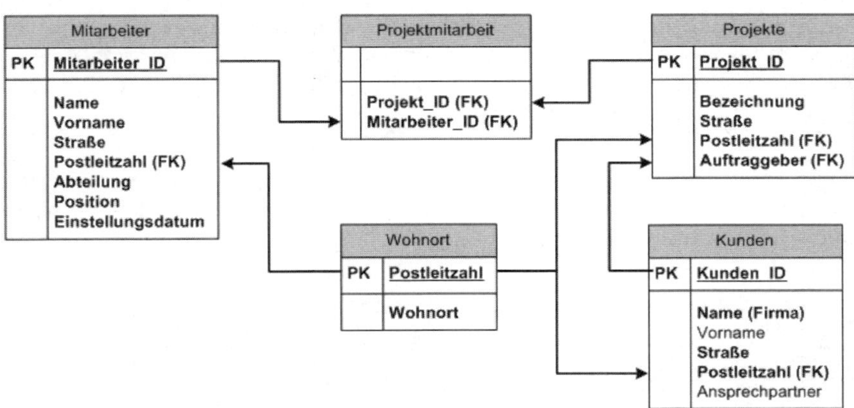

Abb. 27.4: Die vollständige Datenbankstruktur mit Primär- und Fremdschlüsseln

In der Tabelle `Kunden` gibt es eine kleine Besonderheit, die wir später bei der Erstellung der Tabellen berücksichtigen werden: Es gibt optionale Felder (nicht fett gedruckt). Dies ist davon abhängig, ob der Kunde eine Firma oder eine Privatperson ist. In ersterem Fall bleibt das Feld `Vorname` leer und das Feld `Ansprechpartner` wird mit dem Namen des Ansprechpartners gefüllt.

27.3 Installation von MySQL

Bei Debian GNU/Linux 4.0 *Etch* wird MySQL in der Version 4.1 und 5 mitgeliefert. Bei *Lenny* ist die Version 5 enthalten, die um etliche Features erweitert wurde (Trigger, Views, Transactions etc.) und nun auch professionellen Ansprüchen genügt. Für einfache Datenbankanwendungen wie der unseren spielen diese Erweiterungen allerdings keine Rolle.

> Aktuell ist MySQL in der Version 6 erhältlich. Auch hier wurden wiederum Verbesserungen vorgenommen, die im Produktivbetrieb einer anspruchsvollen Datenbank-Anwendung durchaus relevant sein können. Überlegen Sie sich also in diesem Fall, welche Version Sie nutzen möchten.

Die Installation der distributionseigenen Version können Sie bequem (wie fast immer) mittels `apt-get` vornehmen:

```
# apt-get install mysql-server
```

Das Paket `mysql-server` ist ein Meta-Paket, das jeweils die neueste Version (also 5) beinhaltet. Hierbei werden auch mehrere andere Pakete installiert, um Abhängigkeiten zu erfüllen, unter anderem `mysql-client` und `mysql-common`. Während der Installation wird ein Benutzer namens `mysql` erstellt, der für das Init-Skript des MySQL-Servers und Cronjobs verwendet wird.

> Erstaunlicherweise ist der Installationsmanager von *Lenny* der Meinung, er müsse neben etlichen anderen Abhängigkeiten auch den Debian-Standard-Mail-Server `Exim` mitinstallieren – es ist mir bisher nicht gelungen, zu ergründen, wozu dieser im Zusammenhang mit MySQL plötzlich erforderlich ist. Dennoch sollte auch diese Abhängigkeit erfüllt werden, um mögliche Probleme zu vermeiden.

Unter *Lenny* werden Sie während der Installation aufgefordert, ein Passwort für Ihren Datenbank-Administrator (ebenfalls `root` genannt, jedoch nicht mit dem System-Administrator zu verwechseln!) zu vergeben.

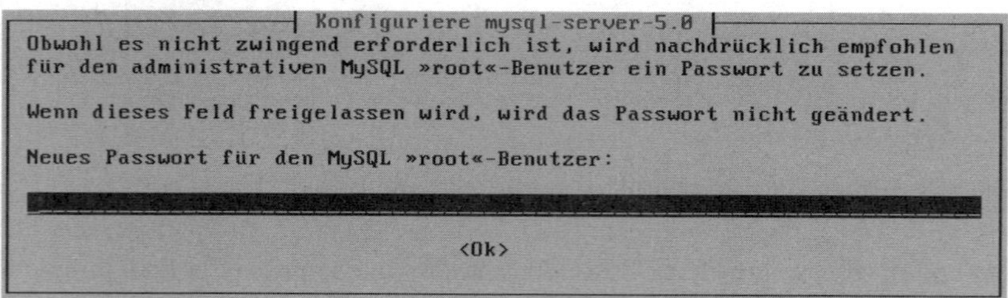

Abb. 27.5: Ohne `root`-Passwort kann jeder auf die Datenbank zugreifen

Obwohl Ihnen angeboten wird, dieses Feld zu überspringen, landen Sie immer wieder in diesem Dialogfenster, wenn Sie dies versuchen – ein Fehler in der Installationsroutine! Setzen Sie also das Passwort, um die Installation beenden zu können.

Nun können Sie einen ersten Test vornehmen. Haben Sie während der Installation ein Passwort für `root` festgelegt, geben Sie es mittels Option `-p` an:

```
# mysqlshow -p
Enter password: ******
+--------------------+
|     Databases      |
+--------------------+
| information_schema |
| mysql              |
```

Dies zeigt Ihnen die vorhandenen Datenbanken (`information_schema` und `mysql`) an. Natürlich können Sie auch über den Befehl **`ps ax|grep mysql`** die Prozessliste überprüfen. Darüber hinaus ist MySQL über das Netzwerk erreichbar und bindet sich an Port 3306/tcp, was Sie mittels **`netstat -na`** oder **`telnet localhost 3306`** überprüfen können.

27.4 SQL

Wie treten Sie nun mit dem MySQL-Datenbanksystem in Kontakt? Hierzu gibt es eine Standardsprache zur Verwaltung von Datenbanken. Sie heißt SQL – Structured Query Language, und wird oft wie das englische *Sequel* (Fortsetzung) ausgesprochen. SQL wird bei vielen gängigen Datenbanksystemen verwendet: MS SQL-Server, Oracle, PostgreSQL usw.

Dabei existiert für fast jedes System ein eigener SQL-Dialekt. Diese basieren in der Regel auf dem SQL 92-Standard. Auch der Dialekt von MySQL ist weitgehend SQL 92-konform, enthält aber einerseits einige Erweiterungen und andererseits einige Einschränkungen.

SQL teilt sich auf in *DDL* (Data Definition Language) zur Erstellung von Datenbank-Strukturen, *DCL* (Data Control Language) zur Zugriffsverwaltung und *DML* (Data Manipulation Language) zur Abfrage sowie Manipulation der Inhalte der Datenbank. Diese Unterscheidung ist aber mehr formaler Natur. Lassen Sie uns nun von der Theorie zur Praxis übergehen.

27.5 Workshop: Erstellen einer Datenbank

Es gibt erstaunlich viele Möglichkeiten, MySQL zu administrieren. Einige basieren auf grafischen Benutzeroberflächen, andere sind webbasierend. Am Ende des folgenden Kapitels 28 *Dynamische Webseiten mit PHP* stelle ich Ihnen `PHPMyAdmin` vor – dabei handelt es sich um das Standard-Administrationstool mittels Browser.

Zu diesem Zeitpunkt begeben wir uns jedoch zunächst auf die Konsole, um wichtige SQL-Statements (= Befehle) kennen zu lernen. Diese werden bei den grafisch basierenden Administrationstools hinter Eingabemasken und Buttons versteckt – und sind damit ungeeignet, um die Basics zu lernen.

Hierzu nutzen wir den MySQL-Monitor. Sie rufen das Tool folgendermaßen auf. Vergessen Sie nicht `-p`, falls Sie unter *Lenny* bereits ein Passwort gesetzt haben:

```
# mysql -p
Enter password:
Welcome to the MySQL monitor.  Commands end with ; or \g.
```

```
Your MySQL connection id is 28
Server version: 5.0.51a-24+lenny1 (Debian)

Type 'help;' or '\h' for help. Type '\c' to clear the buffer.

mysql>
```

Unter *Etch* arbeiten wir noch mit dem Default-Zustand, das heißt, es ist noch kein `root`-Passwort vergeben worden. Dies ist aus sicherheitstechnischer Sicht untragbar, an dieser Stelle belassen wir es aber zunächst so. Später werde ich Ihnen zeigen, wie Sie mittels DCL (s.o.) Benutzer für Ihre Datenbanken konfigurieren können.

Die folgenden Befehle werden allesamt innerhalb der Eingabeaufforderung vom MySQL-Monitor vorgenommen. Dies erkennen Sie am Prompt: `mysql>`. Mit **`exit`** [Enter] können Sie den MySQL-Monitor jederzeit verlassen.

27.5.1 Die Datenbank kreieren

Zunächst definieren wir eine Datenbank:

```
mysql>CREATE DATABASE windschief;
Query OK, 1 row affected (0.00 sec)
```

Die Schlüsselwörter werden bei SQL aus Konventionsgründen groß geschrieben, SQL unterscheidet jedoch nicht zwischen Groß- und Kleinschreibung. Jede Anweisung wird mit einem Semikolon abgeschlossen – ein [Enter] wechselt in die nächste Zeile, beendet aber nicht das SQL-Statement. Wir nutzen es, um in die Anweisungen ein wenig Formatierung zur Erhöhung der Lesbarkeit zu bekommen.

Nun wählen wir `windschief` als aktuelle Datenbank aus:

```
mysql>use windschief
Database changed
```

Hier ist ausnahmsweise kein Semikolon am Ende erforderlich. Lassen wir uns nun die Tabellen der Datenbank `windschief` anzeigen:

```
mysql>show tables;
Empty set (0.00 sec)
```

Die Datenbank ist – oh wunder – leer! Wir müssen zunächst die Tabellen anlegen. Dazu brauchen wir noch etwas Vorwissen:

27.5.2 Datentypen

Jeder Spalte – und damit jedem Attribut – wird ein Datentyp zugewiesen. Dadurch wird der Inhalt eines Feldes definiert. Hier eine Auswahl wichtiger Datentypen:

CHAR(m) – Eine Zeichenkette fester Länge mit maximal 255 Zeichen, `m` gibt die maximale Anzahl der Zeichen an.

TEXT – Text mit variabler Länge, maximal 65535 Zeichen

INTEGER – Ganze Zahl mit oder ohne Vorzeichen. Wird ein Vorzeichen angegeben, halbiert sich der Wertebereich von 0 bis 4294967295. Es gibt verschiedene Untertypen von INTEGER (zum Beispiel SMALLINT, BIGINT usw.).

FLOAT(m,n) – Fließkommazahl mit oder ohne Vorzeichen, m,n gibt die Anzahl der Vor- und Nachkommastellen an. Bereich: +1.18E-38 bis 3.40E+38, bzw. -3.40E+38 bis -1.18E-38. Die Daten werden aber normalerweise in Dezimalform, zum Beispiel 99,95 angegeben. Für einen erweiterten Datenbereich gibt es noch DOUBLE.

DATE – spezifisches Datumsformat: »JJJJ-MM-TT«

YEAR – Jahreszahl, vierstellig: »JJJJ«

TIME – Zeitangabe: »00:00:00« bis »23:59:59«

BLOB – Binärdaten variabler Länge, standardmäßig maximal 65535 Bytes

27.5.3 Erstellen der Tabellen

Geben Sie folgenden Befehl zum Erstellen der Tabelle Mitarbeiter ein:

```
mysql> CREATE TABLE Mitarbeiter (
    -> Mitarbeiter_ID SMALLINT NOT NULL AUTO_INCREMENT,
    -> Name CHAR(25) NOT NULL,
    -> Vorname CHAR(25) NOT NULL,
    -> Strasse CHAR(25) NOT NULL,
    -> Postleitzahl CHAR(7) NOT NULL,
    -> Abteilung CHAR(25) NOT NULL,
    -> Position CHAR(25) NOT NULL,
    -> Einstellungsdatum DATE NOT NULL,
    -> PRIMARY KEY (Mitarbeiter_ID)
    -> );
Query OK, 0 rows affected (0.00 sec)
```

Sie können nach jeder Zeile [Enter] drücken, erst durch das Semikolon wird das Ende des SQL-Statements deklariert. Beachten Sie, dass Sie keine Bindestriche, nur Unterstriche verwenden dürfen.

Wir nutzen für den Primärschlüssel den Datentyp SMALLINT und definieren hier mit NOT NULL, dass dieses Feld niemals leer bleiben darf. AUTO_INCREMENT sorgt für eine automatische Hochzählung um den Wert 1 bei jedem neuen Datensatz – so müssen wir uns nicht um diesen Wert kümmern. Die Zählung beginnt bei 1.

Für die normalen Felder nutzen wir den Datentyp CHAR mit einer Maximallänge von 25 Zeichen. Für die Postleitzahl können wir keinen INTEGER-Wert nutzen, da viele Postleitzahlen mit 0 beginnen ... daher auch hier ein CHAR-Wert.

Erstellen wir nun die restlichen Tabellen:

```
mysql> CREATE TABLE Projekte (
    -> Projekt_ID SMALLINT NOT NULL AUTO_INCREMENT,
    -> Bezeichnung CHAR(25) NOT NULL,
    -> Strasse CHAR(25) NOT NULL,
    -> Postleitzahl CHAR(7) NOT NULL,
    -> Auftraggeber SMALLINT NOT NULL,
```

```
    -> PRIMARY KEY (Projekt_ID)
    -> );
Query OK, 0 rows affected (0.01 sec)
```

Hier fügen wir den Fremdschlüssel `Auftraggeber` ein, der als Feld `Kunden_ID` in seiner Eigenschaft als Primärschlüssel in der folgenden Tabelle auftaucht:

```
mysql> CREATE TABLE Kunden (
    -> Kunden_ID SMALLINT NOT NULL AUTO_INCREMENT,
    -> Name CHAR(25) NOT NULL,
    -> Vorname CHAR(25),
    -> Strasse CHAR(25) NOT NULL,
    -> Postleitzahl CHAR(25) NOT NULL,
    -> Ansprechpartner CHAR(25),
    -> PRIMARY KEY (Kunden_ID)
    -> );
Query OK, 0 rows affected (0.01 sec)
```

Um es klarzustellen: Ja, Sie müssen diese Beziehungen per Hand pflegen, MySQL stellt nur unter bestimmten Bedingungen Unterstützung für Fremdschlüssel bereit, auf die ich hier nicht näher eingehen möchte, da sie den Rahmen dieser Einführung sprengen würden. Bei Bedarf empfehle ich das Referenzhandbuch auf `http://dev.mysql.com/doc/#refman`.

Das bedeutet für Sie, dass Sie den Überblick über Ihre Datenbank und deren Tabellen behalten müssen. Aber daran führt im Moment kein Weg vorbei – zur Übung und zum Verständnis finde ich dies auch erheblich besser!

Im Übrigen fordern wir hier keine Zwangseingabe für die Spalten `Vorname` und `Ansprechpartner`, da diese von der Situation abhängen – handelt es sich um eine Firma, benötigen wir keinen Vornamen, dafür aber einen Ansprechpartner, ist der Kunde eine Privatperson, benötigen wir einen Vornamen, aber keinen Ansprechpartner.

Ok, es fehlt noch die Tabelle `Wohnort`; diese ist etwas einfacher gehalten:

```
mysql> CREATE TABLE Wohnort (
    -> Postleitzahl CHAR(7) NOT NULL,
    -> Wohnort CHAR(25) NOT NULL
    -> PRIMARY KEY (Postleitzahl)
    -> );
Query OK, 0 rows affected (0.01 sec)
```

Hier ist der Primary Key ausnahmsweise aus bereits erwähnten Gründen kein `INTEGER`-Wert und wird auch nicht automatisch hochgezählt.

Nun benötigen wir noch unsere Verbindungstabelle:

```
mysql> CREATE TABLE Projektmitarbeit (
    -> Projekt_ID SMALLINT NOT NULL,
    -> Mitarbeiter_ID SMALLINT NOT NULL
    -> );
Query OK, 0 rows affected (0.00 sec)
```

Diesmal erfordern wir einen Eintrag in beiden Spalten (`NOT NULL`) – andererseits gibt es keinen Primärschlüssel. Werfen wir einen Blick auf die vorhandenen Tabellen der Datenbank `windschief`:

```
mysql> show tables;
+----------------------+
| Tables_in_windschief |
+----------------------+
| Kunden               |
| Mitarbeiter          |
| Projekte             |
| Projektmitarbeit     |
| Wohnort              |
+----------------------+
5 rows in set (0.01 sec)
```

Na das sieht doch schon ganz schick aus – aber können wir auch den Aufbau der einzelnen Tabellen prüfen? Sischer dat, und zwar folgendermaßen:

```
mysql> explain Kunden;
+-----------------+-------------+------+-----+---------+----------------+
| Field           | Type        | Null | Key | Default | Extra          |
+-----------------+-------------+------+-----+---------+----------------+
| Kunden_ID       | smallint(6) |      | PRI | NULL    | auto_increment |
| Name            | char(25)    |      |     | NULL    |                |
| Vorname         | char(25)    | YES  |     | NULL    |                |
| Strasse         | char(25)    |      |     | NULL    |                |
| Postleitzahl    | char(25)    |      |     | NULL    |                |
| Ansprechpartner | char(25)    | YES  |     | NULL    |                |
+-----------------+-------------+------+-----+---------+----------------+
6 rows in set (0.00 sec)
```

Dies zeigt die Struktur der Tabelle `Kunden`. Mit **`explain <Tabelle>`** können Sie sich jede beliebige Tabelle innerhalb der gewählten Datenbank anzeigen lassen.

27.5.4 Verändern der Datenbankstruktur

Lassen Sie uns für die folgenden Erläuterungen eine kleine Übungstabelle erstellen. Herr Windschief möchte gern eine Übersicht über alle angeschafften Fachbücher haben:

```
mysql> CREATE TABLE Buch (
    -> ID CHAR(5),
    -> Autor CHAR(4),
    -> Titel CHAR(25),
    -> ISBN CHAR(20),
    -> PRIMARY KEY(id)
    -> );
Query OK, 0 rows affected (0.00 sec)
```

Also diese Tabelle ist irgendwie nicht gelungen. Zunächst ändern wir den Tabellennamen in Fachbuch:

```
mysql> ALTER TABLE Buch RENAME Fachbuch;
Query OK, 0 rows affected (0.00 sec)
```

Außerdem haben wir den Kaufpreis vergessen:

```
mysql> ALTER TABLE Fachbuch ADD Preis FLOAT(5,2);
Query OK, 0 rows affected (0.01 sec)
Records: 0  Duplicates: 0  Warnings: 0
```

Die erste Spalte ist falsch definiert – wir benötigen einen SMALLINT-Wert, außerdem möchten wir gern ein AUTO_INCREMENT implementieren:

```
mysql> ALTER TABLE Fachbuch MODIFY ID SMALLINT NOT NULL AUTO_INCREMENT;
Query OK, 0 rows affected (0.01 sec)
Records: 0  Duplicates: 0  Warnings: 0
```

Nun schauen wir uns die aktuelle Struktur unserer Tabelle an:

```
mysql> explain Fachbuch;
+-------+------------+------+-----+---------+----------------+
| Field | Type       | Null | Key | Default | Extra          |
+-------+------------+------+-----+---------+----------------+
| ID    | smallint(6) |     | PRI | NULL    | auto_increment |
| Autor | char(4)    | YES  |     | NULL    |                |
| Titel | char(25)   | YES  |     | NULL    |                |
| ISBN  | char(20)   | YES  |     | NULL    |                |
| Preis | float(5,2) | YES  |     | NULL    |                |
+-------+------------+------+-----+---------+----------------+
5 rows in set (0.00 sec)
```

Im Endeffekt ist die ISBN-Nummer für unsere Sichtweise zurzeit nicht wichtig – also löschen wir sie:

```
mysql> ALTER TABLE Fachbuch DROP ISBN;
Query OK, 0 rows affected (0.00 sec)
Records: 0  Duplicates: 0  Warnings: 0
```

Dies waren zunächst nur ein paar Laborversuche, daher könnten (!) wir die gesamte Tabelle theoretisch nun wieder löschen:

```
mysql> DROP TABLE Fachbuch;
Query OK, 0 rows affected (0.00 sec)
```

Achtung: Wir benötigen die Tabelle noch für spätere Experimente. Daher belassen wir die Struktur und füllen Sie später mit Daten. Fügen Sie daher auch die Spalte ISBN mit ALTER TABLE ... ADD wieder hinzu.

Soweit unser erster Workshop. Nun haben Sie eine kleine Übersicht über die DDL – Data Definition Language – bekommen. Dieser Bereich beschäftigt sich mit dem Aufbau von Datenbankstrukturen und deren Anpassung. Ab jetzt geht es darum, die Tabellen zu füllen.

27.6 Die Beispieldatenbank

Sie können sich eigene Daten ausdenken. Damit die späteren Ergebnisse allerdings nachvollziehbar sind, biete ich Ihnen hier ein paar Beispieldatensätze für die erstellten Tabellen. Die gefüllten Tabellen stellen sich folgendermaßen dar:

Mitarbeiter_ID	Name	Vorname	Strasse	Postleitzahl	Abteilung	Position	Einstellungsdatum
1	Windschief	Winfried	Selerweg 20	12169	Leitung	Geschäftsführer	01.05.1985
2	Gerüst	Gerhard	Bismarckstr. 5	12115	Statik	Statiker	01.06.2000
3	Bleistift	Beate	Rüdesheimer Str. 4	10337	Sekretariat	Sekretärin	01.02.1991
4	Sorglos	Susanne	Weiherstr. 10	13145	Buchhaltung	Buchhalterin	15.03.1999
5	Hochbau	Harald	Göbelstr. 2	13343	Architektur	Architekt	01.12.2001
6	Platte	Bodo	Potsdamer Str. 24	14469	Architektur	Architekt	01.01.2002
7	Pfeiler	Phillip	Am Rathaus 15	14979	Leitung	Prokurist	01.09.1987
8	Design	Dominic	Berliner Str. 3	10775	Grafik und Design	Designer	15.04.1998
9	Kuli	Karla	Ortlerweg 38	12207	Sekretariat	Sekretärin	01.09.2004
10	Ohnesorg	Olga	Engadiner Weg 12	12207	Buchhaltung	Finanzbuchhalteri▪	01.10.2000
11	Marmor	Manfred	Voltastr. 1	13162	Architektur	Architekt	15.12.1989
12	Stift	Stefan	Teilestr. 41	14980	Ausbildung	Auszubildener	01.10.2005
13	Windschief	Willi	Wanderstr. 3	12443	Ausbildung	Praktikant	23.06.2006

Abb. 27.6: Tabelle `Mitarbeiter`

Projekt_ID	Bezeichnung	Strasse	Postleitzahl	Auftraggeber
1	Hofausbau	Windmühlstr. 5	10159	3
2	Villa Dahlem	Sandhofweg 13	12456	1
3	Bürogebäude Zentrum	Insbrucker Platz 1	12158	2

Abb. 27.7: Tabelle `Projekte`

Kunden_ID	Name	Vorname	Strasse	Postleitzahl
1	Gudemann	Gottlieb	Frankfurter Str. 156	61137
2	Zentro-Immobilien GmbH		Bundesallee 231	12135
3	Kfz-Meier GbR		Windmühlstr. 5	10159

Abb. 27.8: Tabelle Kunden

Postleitzahl	Wohnort
12169	Berlin
12115	Berlin
10337	Berlin
13343	Berlin
14469	Potsdam
14979	Großbeeren
10775	Berlin
12207	Berlin
13162	Berlin
14980	Großbeeren
61137	Schöneck

Abb. 27.9: Tabelle `Wohnort`

Mitarbeiter_ID	Projekt_ID
2	1
2	2
2	3
5	2
8	2
11	1
5	3
8	3
8	2

Abb. 27.10: Tabelle `Projektmitarbeit`

Die Daten sind rein fiktiv. Ähnlichkeiten mit lebenden oder verstorbenen Straßen, Wohnorten oder Personen sind zufällig und unbeabsichtigt.

Für die gesonderte Tabelle Fachbuch können Sie folgende Datensätze benutzen:

ID	Autor	Titel	ISBN	Preis
1	Gympel	Geschichte der Architektur	3833114037	5,95
2	Ditzingen	Kleines Wörterbuch der Architektur	3150093600	4,45
3	Cerver	Zeitgenössische Architektur	3833114096	21,95
4	Koch	Baustilkunde	3577104570	19,95
5	Bradley-Hole	Minimalismus in der Gartenkunst	3896603469	34,95
6	Cerver	Häuser der Welt	383311407X	12,95

Abb. 27.11: Tabelle Fachbuch

27.7 Workshop: Datensätze einfügen und abändern

Wir bewegen uns nun in der Datenmanipulationssprache (DML). Es gibt drei grundlegende Datenbankoperationen:

- INSERT – Einfügen von Datensätzen,
- UPDATE – Verändern von Daten und
- DELETE – Löschen von Datensätzen.

Eine Sonderrolle nimmt SELECT ein. Mit Hilfe dieses Befehls können Sie Daten nach bestimmten Kriterien filtern und abfragen. Der Befehl zählt auch zur DML, obwohl hiermit keine echte Datenmanipulation möglich ist.

27.7.1 INSERT

Die Syntax des Befehls sieht folgendermaßen aus:

```
INSERT INTO <Tabelle> [(Spaltenname[, Spaltenname] ...)]
VALUES (Wert1, [Wert2, ...)
```

Sie können optional die zu füllenden Spalten einer Tabelle angeben. Verzichten Sie darauf, werden die angegebenen Werte der Reihe nach in die Spalten eingefügt.

> Die Anzahl und Reihenfolge der Werte, die Sie hinter VALUES eingeben, muss mit der Anzahl und Reihenfolge der Tabellenspalten übereinstimmen, um die Tabelle sauber zu füllen! Sie müssen also die Struktur Ihrer Tabelle kennen.
>
> Sie können mit dem Befehl auch mehrere Datensätze gleichzeitig einfügen. Jeder Datensatz wird in Klammern eingefasst und durch Komma voneinander getrennt. CHAR-Werte müssen in doppelten Anführungszeichen stehen, bei FLOAT-Werten werden die Nachkommastellen durch einen Punkt getrennt.

Haben Sie eine Spalte mit AUTO_INCREMENT definiert, wird diese Spalte automatisch entsprechend gefüllt. Dies gilt allerdings nur dann, wenn Sie im INSERT-Befehl die anderen (zu füllenden) Spalten explizit angeben.

Füllen wir als Beispiel die Tabelle Mitarbeiter mit den ersten zwei Zeilen:

```
mysql> INSERT INTO Mitarbeiter
    -> VALUES
    -> (1,"Windschief","Winfried","Selerweg 20","12169","Leitung", "Gescha-
eftsfuehrer",1985-05-01);
    -> (2,"Geruest","Gerhard","Bismarckstr. 5","12115","Statik","Statiker"
,2000-06-01);
Query OK, 1 row affected (0.00 sec)
```

Wir haben auf die Angabe der Spalten verzichtet und müssen daher die Mitarbeiter-ID selbst angeben. Für den dritten Datensatz zeige ich Ihnen, wie Sie die AUTO_INCREMENT-Funktion einsetzen können, indem Sie die zu füllenden Spalten angeben:

```
mysql> INSERT INTO Mitarbeiter (Name, Vorname, Strasse, Postleitzahl, Abteilung,
Position, Einstellungsdatum)
    -> VALUES.
    -> ("Bleistift", "Beate", "Ruedesheimer Str. 4", "10337", "Sekretariat",
"Sekretaerin", 1991-92-91);
Query OK, 1 row affected (0.00 sec)
```

So wird das Statement akzeptiert, wobei als Mitarbeiter-ID die zum letzten Datensatz nächsthöhere Ganzzahl eingesetzt wird.

Füllen Sie nun die Tabellen gemäß den oben angegebenen Vorgaben aus oder denken Sie sich ein paar eigene Werte aus, um den Tabellen »Leben einzuhauchen«.

27.7.2 LOAD DATA INFILE

Die einzelnen Datensätze einzuhacken ist ziemlich mühselig. Der Befehl LOAD DATA INFILE ermöglicht es, die Daten aus einer vorbereiteten Textdatei zu lesen. Hierbei wird die AUTO_INCREMENT-Funktion ignoriert.

Die einzelnen Felder werden durch [Tab] voneinander getrennt, jeder Datensatz wird mit [Enter] abgeschlossen. Im Gegensatz zum INSERT INTO-Befehl müssen Sie für CHAR-Werte keine Anführungszeichen setzen.

Erstellen Sie nun Dateien in der folgenden Form (hier am Beispiel der Tabelle Projekte) für alle Tabellen unter /tmp/:

```
1 [Tab] Hofausbau [Tab] Windmuehlstr.5 [Tab] 10159 [Tab] 3 [Enter]
2 [Tab] Villa Dahlem [Tab] Sandhofweg 13 [Tab] 12456 [Tab] 1 [Enter]
```

Benennen Sie die Dateien entsprechend der Tabellen, zum Beispiel /tmp/mitarbeiter.txt.

Haben Sie die Tabellenstruktur entsprechend des letzten Abschnitts erstellt, können Sie nun die Datensätze einfügen. **Achtung:** Ab hier lasse ich den Prompt und die Ausgaben des MySQL-Monitors weg:

```
LOAD DATA INFILE "/tmp/mitarbeiter.txt" INTO TABLE Mitarbeiter;
```

In dieser Art können Sie nun auch die anderen Tabellen füllen – das Erstellen der Textdateien ist ein wenig Fleißarbeit, aber allenfalls schneller als die manuelle Eingabe der Daten mittels INSERT INTO.

27.7.3 UPDATE

Datensätze können mittels UPDATE korrigiert bzw. abgeändert werden. Sie können einen einzelnen Wert oder mehrere Werte gleichzeitig ändern. Die Syntax sieht folgendermaßen aus:

```
UPDATE <Tabelle>
SET <Feld1> = <Wert1>[,<Feld2> = <Wert2>] ...
[WHERE Vergleichsausdruck];
```

Nehmen wir an, Sie haben sich vertan, und Im Feld Name der Tabelle Mitarbeiter haben Sie Winschief statt Windschief für Winfried Windschief geschrieben. Außerdem ist das Eintrittsdatum von Herrn Windschief versehentlich auf 1988-01-01 statt 1985-05-01 gesetzt worden.

Dies würden Sie auf folgende Weise korrigieren:

```
UPDATE Mitarbeiter
SET Name = "Windschief", Einstellungsdatum = 1985-05-01
WHERE Name = "Winschief" AND Vorname = "Winfried";
```

Hinter SET werden die korrekten Spaltenwerte eingefügt. Welche Zeile(n) das betrifft, wird mit der WHERE-Klausel bestimmt. Die WHERE-Klausel werden Sie im Zusammenhang mit SELECT noch häufiger nutzen. Sie gibt die Bedingung an, die erfüllt sein muss, damit die angegebenen Felder im betreffenden Datensatz aktualisiert werden. Hier benötigen wir sogar zwei Bedingungen, da neben Winfried Windschief noch sein Neffe Willi als Praktikant in der Firma arbeitet.

27.7.4 DELETE

Mit DELETE können Sie einzelne Datensätze oder den gesamten Inhalt einer Tabelle löschen. Beginnen wir mit Letzterem:

```
DELETE FROM Mitarbeiter;
```

Dies löscht alle Datensätze aus der angegebenen Tabelle. Möchten Sie einen einzelnen Mitarbeiter, zum Beispiel Herrn Platte, aus der Mitarbeiter-Datenbank löschen, können Sie Folgendes eingeben:

```
DELETE FROM Mitarbeiter WHERE Name = "Platte";
```

Auch hier stolpern wir wieder über die WHERE-Klausel.

27.8 Workshop: Abfragen mit SELECT

Die SELECT-Anweisung ist die am häufigsten gebrauchte Anweisung in SQL. Es handelt sich um den Befehl zur Abfrage von Datensätzen nach bestimmten Kriterien. Die Ausgabe des Befehls ist eine Tabelle der Datensätze, die den gesetzten Filtern entsprechen. Aus Platzgründen werde ich Ihnen hier lediglich die Befehle und deren Bedeutung aufzeigen, verzichte aber auf die Darstellung der Ausgabe.

Ausgangspunkt ist zunächst die Tabelle Mitarbeiter. Später verknüpfen wir Informationen aus verschiedenen Tabellen, wozu wir die Fremdschlüssel nutzen werden.

27.8.1 Einfache Abfragen

Möchten Sie sich alle Datensätze einer Tabelle anzeigen lassen, geben Sie folgenden Befehl ein:

```
SELECT * FROM Mitarbeiter;
```

In diesem Fall verzichten wir komplett auf einen Filter. Möchten Sie die angezeigten Datensätze auf bestimmte Felder, sprich Spalten, beschränken, fügen Sie die anzuzeigenden Spaltennamen statt des Asterisks (*) ein:

```
SELECT Vorname, Name, Einstellungsdatum FROM Mitarbeiter;
```

Hiermit lassen Sie sich die bezeichneten Spalten in der angegebenen Reihenfolge angeben. In größeren Tabellen ist oftmals eine geordnete Auflistung erwünscht. Möchten Sie die Tabelle nach dem Nachnamen sortieren, geben Sie Folgendes ein:

```
SELECT Vorname, Name, Einstellungsdatum FROM Mitarbeiter
ORDER BY Name;
```

Die Auswahl bestimmter Spalten nennt man *Projektion*. Bei der *Selektion* dagegen geht es darum, Datensätze nach bestimmten Kriterien auszuwählen. Wir müssen also eine Bedingung angeben:

```
SELECT * FROM Mitarbeiter
WHERE Name = 'Windschief';
```

Dies wählt alle Datensätze aus, bei denen im Feld `Name` die Zeichenkette `Windschief` steht. Dies sind genau zwei (Winfried und Willi). Möchten Sie dies nun weiter eingrenzen, können Sie mit `AND` eine weitere Bedingung einfügen:

```
SELECT * FROM Mitarbeiter
WHERE Name = 'Windschief' AND Vorname = 'Willi';
```

Damit wird Ihnen nur der Datensatz für Willi Windschief angezeigt.

27.8.2 Komplexe Abfragen

Ich habe Ihnen weiter oben bereits das Konzept von Primär- und Fremdschlüssel vorgestellt. Jetzt bringen wir es zur Anwendung. Sie haben sich vielleicht schon gefragt, wie die Tabellen nun in der Praxis verknüpft werden. Nehmen wir die Postleitzahl und den dazugehörigen Wohnort. Lassen Sie uns die vollständigen Adressdaten jedes Mitarbeiters anzeigen:

```
SELECT Mitarbeiter.Vorname, Mitarbeiter.Name, Mitarbeiter.Strasse,
Mitarbeiter.Postleitzahl, Wohnort.Wohnort
FROM Mitarbeiter, Wohnort
WHERE Mitarbeiter.Postleitzahl = Wohnort.Postleitzahl;
```

Dies zeigt die folgenden Felder an: `Vorname`, `Name`, `Strasse`, `Postleitzahl`, `Wohnort`. Hierzu werden die entsprechenden Felder aus den beiden Tabellen nach folgender Syntax ausgewählt:

```
<Tabelle>.<Spalte>
```

Möchten Sie zwei Tabellen (sinnvoll) miteinander verknüpfen, setzen Sie die `WHERE`-Bedingung so, dass die Spalte mit dem Fremdschlüssel der ersten Tabelle (`Mitarbeiter.Postleitzahl`) mit der Spalte des Primärschlüssels der zweiten Tabelle (`Wohnort.Postleitzahl`) gleichgesetzt wird. Die passenden Datensätze beider Tabellen werden damit einander zugeordnet und ausgegeben. Diese Operation wird *Join* genannt, da sie Tabellen nach bestimmten Kriterien miteinander verknüpft.

> Die verglichenen Spalten müssen übrigens keineswegs angezeigt werden – `Wohnort.Postleitzahl` wird in unserem Beispiel lediglich für den Vergleich in der Bedingung herangezogen, aber nicht ausgegeben.

Bringen wir nun unsere Verbindungstabelle ins Spiel! Die Fragestellung lautet folgendermaßen: Welche Mitarbeiter sind am Projekt `Buerogebaeude Zentrum` beteiligt?

Die Antwort bringt folgendes SQL-Statement:

```
SELECT Mitarbeiter.Vorname, Mitarbeiter.Name, Projekte.Bezeichnung
FROM Mitarbeiter, Projekte, Projektmitarbeit
WHERE Mitarbeiter.Mitarbeiter_ID = Projektmitarbeit.Mitarbeiter_ID
   AND Projektmitarbeit.Projekt_ID = Projekte.Projekt_ID
   AND Projektmitarbeit.Projekt_ID = 3;
```

Das sieht zunächst komplizierter aus, als es ist. Wichtig zum Verständnis dieses Konstrukts sind folgende Informationen:

1. Sie wählen beliebige anzuzeigende Spalten aus den beteiligten Tabellen.
2. Die Verbindungstabelle ist nur Mittel zum Zweck, um die Tabelle `Mitarbeiter` mit der Tabelle `Projekte` zu verknüpfen – aus ihr werden keine Spalten angezeigt.
3. Es müssen alle drei Tabellen hinter FROM angegeben sein, auch wenn aus `Projektmitarbeit` keine Spalten angezeigt werden.
4. Es werden drei Bedingungen gestellt, um eine sinnvolle Aussage zu erhalten: Die Mitarbeiter-ID und die Projekt-ID werden über die Verbindungstabelle zugeordnet, außerdem wird das Feld `Projekt_ID` auf den Wert 3 eingeschränkt, da diese ID dem fraglichen Projekt `Buerogebaeude Zentrum` zugeordnet ist.

Das sollten Sie jetzt zunächst verdauen, um das Prinzip zu verstehen. Lassen Sie sich Zeit. Wenn Sie anschließend immer noch nicht genug haben, zeige ich Ihnen nun noch ein paar weitere Befehlsoptionen im Schnelldurchlauf.

27.9 Weiterführende SELECT-Optionen

Aus Platzgründen werde ich meinem Drang widerstehen, alles ausführlich erklären zu wollen. Stattdessen biete ich Ihnen hier eine kurze Übersicht mit weiterführenden Optionen.

27.9.1 Spalten-Aliasse

Sie können mit AS einen anderen Spaltentitel anzeigen lassen, als den Originaltitel in der Tabellenstruktur. Hier ein Beispiel:

```
SELECT Vorname, Name AS Nachname FROM Mitarbeiter;
```

Das Feld Name wird als Nachname in der Ausgabe angezeigt.

27.9.2 Logische und arithmetische Ausdrücke

Ausdrücke werden in SQL für Berechnungen und Vergleichsoperationen verwendet. Es gibt jede Menge davon, hier nur eine kleine Auswahl an Beispielen, für die wir die Tabelle Fachbuch heranziehen, da hier numerische Werte (Spalte Preis) enthalten sind:

```
SELECT Titel, Preis * 100 / 119 FROM Fachbuch;
```

Dies errechnet Ihnen den Nettopreis bei einer Umsatzsteuer von 19% für jeden Buchtitel. Der Spaltentitel ist Preis * 100 / 116. Sie können dies mit AS wie oben gezeigt anpassen. Hier das nächste Beispiel:

```
SELECT Titel, Preis FROM Fachbuch WHERE Preis > 10;
```

Hiermit lassen Sie sich alle Bücher anzeigen, die teurer als 10 Euro gewesen sind.

Den logischen Operator AND haben Sie bereits kennen gelernt. Darüber hinaus gibt es noch OR und NOT:

```
SELECT Titel FROM Fachbuch
WHERE Autor = "Cerver" OR Autor = "Gympel";
```

Dies sucht alle Titel der Autoren *Cerver* und *Gympel* heraus.

```
SELECT Titel FROM Fachbuch
WHERE NOT (Autor = "Cerver");
```

Das erbringt alle Titel, die nicht vom Autor *Cerver* sind. Aufgrund der hohen Priorität des Operators NOT müssen Sie an dieser Stelle eine Klammer setzen.

27.9.3 Funktionen

Sie können vielfältige Funktionen in Ihren SQL-Statements einfügen. Hier ein paar wichtige:

Funktion	Bedeutung
avg()	Mittelwert einer Spalte/Gruppierung
max()	Maximalwert einer Spalte
min()	Minimalwert einer Spalte
sum()	Summe aller Werte einer Spalte
count()	Anzahl der Werte eine Spalte (zählt ausgegebene Datensätze)
now()	Aktuelles Datum und Uhrzeit
curdate()	Aktuelles Datum

Die statistischen Funktionen können Sie zum Beispiel folgendermaßen einsetzen:

```
SELECT avg(Preis), max(Preis), min(Preis), sum(Preis) FROM Fachbuch;
```

Die Funktionen werden immer auf die in der Klammer angegebene Spalte angewendet. Hier werden also der Durchschnitts-, der größte und der kleinste Preis sowie die Summe aller Preise angezeigt.

27.9.4 Gruppierung

Mittels Gruppierung können Sie alle Datensätze zusammenfassen, die in einer bestimmten Spalte denselben Wert haben (zum Beispiel Autor). Nutzen Sie statistische Funktionen in der Abfrage, werden die entsprechenden Werte für jede Gruppe berechnet:

```
SELECT Autor, avg(Preis) FROM Fachbuch
GROUP BY Autor;
```

Damit werden die Datensätze nach Autoren gruppiert und für jeden Autor der mittlere Preis seiner Bücher berechnet. Dies ist natürlich nur für diejenigen Autoren interessant, die mehrere Bücher geschrieben haben. Um diese zu selektieren, können Sie zusätzlich die `HAVING`-Klausel einfügen:

```
SELECT Autor, avg(Preis) FROM Fachbuch
GROUP BY Autor
HAVING count(Preis) > 1;
```

Nun zeigt die Ausgabe ausschließlich Autoren an, die mehr als ein Buch geschrieben haben.

27.10 Datenbankadministration

Vielleicht denken Sie jetzt: »Was haben wir denn bisher gemacht? Waren das keine administrativen Aufgaben?« Nun, das waren wohl eher Aufgaben eines Datenbank-Designers. Die Administration betrifft eher das Datenbank-Management-System.

27.10.1 Das root-Passwort ändern

Wie wir eingangs festgestellt hatten, wird unter *Etch* per Default kein `root`-Passwort für das Datenbanksystem vergeben. Der Benutzer `root` ist aber auch für MySQL der Administrator, daher benötigen wir dies nun dringend zur Absicherung des Systems. Vergeben Sie das Passwort mit Hilfe des Tools **`mysqladmin`** folgendermaßen:

```
# mysqladmin -u root password <Passwort>
```

Ab sofort können Sie sich nur noch unter Angabe des Benutzers und des Passwortes am MySQL-Monitor anmelden. Dies geschieht folgendermaßen:

```
# mysql -u root -p
Enter Password:
```

Oder, falls wir als Benutzer `root` am Debian-System angemeldet sind, auch ohne Angabe des Benutzers:

```
# mysql -p
Enter Password:
```

Möchten Sie das Passwort später ändern, ergänzen Sie die obige Befehlszeile mit **mysqladmin** um -p:

```
# mysqladmin -u root password <Passwort> -p
```

Daraufhin werden Sie nach dem bisherigen Passwort gefragt, um dieses anschließend zu ändern.

27.10.2 Benutzer einrichten und löschen

In der Regel wird eine Datenbank von mehreren Benutzern genutzt. Diese müssen Sie separat vom Betriebssystem für MySQL einrichten, indem Sie dem betreffenden Benutzer Rechte auf eine bestimmte Datenbank einräumen. Dies tun Sie im Rahmen der DCL (Data Control Language), also als SQL-Statement. Hier ein Beispiel für einen neuen Benutzer `user1` mit dem Passwort pw123, der Zugriff auf die Datenbank `Windschief` erhalten soll:

```
GRANT ALL ON Windschief.* TO 'user1'@'localhost' IDENTIFIED BY 'pw123';
```

Dies gewährt dem angegebenen Benutzer sämtliche Aktionen auf die Datenbank `Windschief`. Durch den Asterisk (*) gilt dies für alle Tabellen der Datenbank. Wie Sie detaillierte Berechtigungen vergeben, lesen Sie im folgenden Abschnitt.

Zunächst zeige ich Ihnen noch, wie Sie Benutzer wieder löschen können. Wechseln Sie hierzu mit **use mysql** in die Systemdatenbank. Diese enthält mehrere Tabellen zur Administration, u.a. die Tabelle `user`. Welche MySQL-Benutzer bereits angelegt sind und von wo diese zugreifen dürfen (siehe nächster Abschnitt), können Sie folgendermaßen herausfinden:

```
SELECT Host, User FROM user;
```

Möchten Sie einen Benutzer, zum Beispiel `user1` nun löschen, geben Sie Folgendes ein:

```
DELETE FROM user WHERE User = 'user1';
DELETE FROM db WHERE User = 'user1';
```

Dies entfernt den Benutzer und alle zugehörigen Berechtigungen.

Das Kennwort eines Benutzers können Sie mittels UPDATE-Befehl ändern. Möchten Sie das Passwort von `user1` auf pw456 setzen, geben Sie Folgendes ein:

```
UPDATE user SET Password = password('pw456') WHERE User = 'user1';
```

Da die Passwörter verschlüsselt gespeichert werden, nutzen Sie die Funktion `password()`, um das in einfachen Anführungszeichen angegebene Passwort entsprechend zu verschlüsseln, bevor Sie es speichern.

27.10.3 Benutzerrechte verwalten

Zur Verwaltung von Benutzerrechten nutzen Sie die Befehle GRANT und REVOKE. Sehen wir uns zunächst GRANT an, der Benutzerrechte gewährt. Betrachten wir dazu folgendes Beispiel:

```
GRANT SELECT ON Windschief.Mitarbeiter TO 'user1'@'%';
```

Sie können dem Benutzer bestimmte Befehle erlauben, zum Beispiel SELECT, INSERT, DELETE, UPDATE oder ALL. Im Beispiel erlauben wir den Befehl SELECT. Hinter dem Befehl können Sie in Klammern die Spalten angeben, für die der Befehl ermöglicht werden soll.

Im Anschluss geben Sie die Datenbank und die betreffende Tabelle an, für die die Berechtigung gelten soll – hier die Tabelle `Mitarbeiter` der Datenbank `Windschief`. Der Benutzer kann entweder nur von der lokalen Maschine (`localhost`), einer bestimmten IP-Adresse oder von überall (%) zugreifen. Dies wird nach `<User>@` angegeben und muss in einfache Anführungszeichen gesetzt werden, wie oben angegeben. In unserem Beispiel schränken wir den Benutzer nicht ein, da wir `%` nutzen.

Der Benutzer darf also von jedem beliebigen Rechner im Netzwerk auf unsere Datenbank auf Port 3306/tcp zugreifen und erhält genau die Rechte, die wir ihm verliehen haben (SELECT).

Möchten Sie eine gesetzte Berechtigung wieder entziehen, nutzen Sie REVOKE. Die Syntax ist mit GRANT identisch, allerdings wird das Wort TO durch FROM ausgetauscht:

```
REVOKE SELECT ON Windschief.Mitarbeiter FROM 'user1'@'%';
```

Damit entziehen Sie dem Benutzer `user1` die oben vergebenen Rechte.

27.10.4 Datensicherung

Über die Bedeutung von Backups habe ich mich bereits ausführlich in Kapitel 12 *Zeitlich gesteuerte Backups* ausgelassen und muss Sie daher vermutlich nicht lang von der Wichtigkeit von Sicherungen überzeugen.

Sie können die Sicherungen auf zwei Arten vornehmen: Entweder sichern Sie den gesamten Datenbestand oder Sie sichern einzelne Datenbanken.

Alle Daten sichern

Möchten Sie den gesamten Datenbestand sichern, so müssen Sie das Verzeichnis `/var/lib/mysql` archivieren. Hierunter befinden sich die Datenbanken in gleichnamigen Unterverzeichnissen. Jede Tabelle ist dort in Form von drei Dateien gespeichert:

- `.frm` – die Strukturdatei für die Tabellenstruktur
- `.MYD` – enthält die Datensätze
- `.MYI` – enthält Indizes

Zur gezielten Sicherung von einzelnen Datenbanken sollten Sie allerdings das nachfolgend beschriebene Tool einsetzen.

Einzelne Datenbanken sichern

Nutzen Sie `mysqldump`, um eine ausgewählte Datenbank oder sogar einzelne Tabellen zu sichern. Natürlich können Sie auch auf diesem Wege alle Datenbanken gleichzeitig sichern. Die Speicherung erfolgt in einer Textdatei, die alle erforderlichen SQL-Statements zur Wiederherstellung der Tabellenstrukturen sowie der Datensätze enthält.

Möchten Sie alle Datenbanken sichern, geben Sie Folgendes ein:

```
# mysqldump -u root -p -A > backup_all.txt
```

Dabei sichert `-A` alle Datenbanken. Schauen Sie sich anschließend die Sicherungsdatei `backup_all.txt` einmal an, um sich zu überzeugen, dass wirklich nur die SQL-Befehle samt Daten gespeichert wurden.

Um nur eine einzelne Datenbank, zum Beispiel `Windschief`, zu sichern, gehen Sie folgendermaßen vor:

```
# mysqldump -u root -p Windschief > backup_windschief.txt
```

Zur Wiederherstellung nutzen Sie den MySQL-Monitor. Möchten Sie die Datenbank Windschief wiederherstellen, geben Sie Folgendes ein:

```
# mysql -u root -p Windschief < backup_Windschief.txt
```

Achtung: Dies bedingt, dass die wiederherzustellende Datenbank bereits existiert und alle vorhandenen Tabellen gelöscht wurden!

27.11 Und wie geht es weiter?

In diesem Kapitel haben Sie gelernt, wie Sie Ihren Linux-Server mit MySQL zu einem Datenbankserver machen, das Datenbanksystem administrieren sowie Datenbanken erstellen und verwalten. Dieses Wissen wird Ihnen sicherlich an der einen oder anderen Stelle weiterhelfen. Allerdings ist das gesamte Thema »Datenbanken« im Rahmen dieses Buches eher Mittel zum Zweck, um ein Intranet aufzubauen. Im letzten Kapitel haben Sie den Webserver konfiguriert und einige einfache Webseiten erstellt. Daraufhin haben wir festgestellt, dass ein Informationsportal von seinen – sich in der Regel ständig ändernden – Informationen lebt. Hierzu habe ich einfach mal behauptet, dass Sie eine Datenbank benötigen, da die Inhalte sich so besser pflegen lassen ... aber was nun? Wie bekommen wir die Datenbankinhalte auf die Webseiten?

Die Lösung bietet ein Verbindungsglied in Form einer serverseitigen Skriptsprache. Es gibt derer viele – doch im Zusammenspiel mit MySQL hat sich insbesondere *PHP* als Quasi-Standard etabliert. Lesen Sie weiter ...

## Kapitel 28

Dynamische Webseiten mit PHP

Im letzten Kapitel haben Sie das Datenbanksystem MySQL kennen gelernt. Sie haben eine einfache Datenbank mit mehreren Tabellen eingerichtet, die Sie sogar mittels Primär- und Fremdschlüssel (logisch) miteinander verbunden haben, so dass nun mehrere Tabellen in einer SQL-Abfrage verknüpft werden können.

Verlieren wir jedoch nicht unser Hauptziel aus den Augen: Herr Windschief gab uns den Auftrag, ein Intranet aufzubauen. Hierzu bedarf es einerseits eines Frontends in Form der Webseiten, die vom *Apache*-Webserver zur Verfügung gestellt werden. Andererseits sind die in einem Intranet angebotenen Inhalte in der Regel recht variabel. Daher bietet es sich an, eine Datenbank als Backend aufzubauen, um komplexe Sachverhalte geordnet zu speichern.

Doch wie kommen nun Front- und Backend zusammen? Hierzu nutzen wir PHP – PHP Hypertext Processor (der Name ist wie viele andere Linux-Namen rekursiv, enthält sich also in der Langversion selbst). Die Skriptsprache ist vermutlich gerade deswegen so populär, weil sie eine hervorragende Schnittstelle zu MySQL anbietet.

In diesem Kapitel lernen Sie Folgendes:

- Wie funktioniert PHP?
- Wie greift PHP auf MySQL zu?
- Was steckt hinter dem Begriff »Dynamische Webseiten«?
- Wie baue ich eine sinnvolle PHP-Skriptstruktur auf?
- Wie wird PHP in HTML-Seiten integriert?
- Alternative: CMS – Content Management System
- Administration von MySQL über phpMyAdmin

28.1 Einführung in PHP

Bisher haben wir uns mit dem Datenbanksystem beschäftigt. Es wird auch als *Backend* bezeichnet, weil es auf dem Server im Hintergrund arbeitet. Dagegen haben wir im vorletzten Kapitel das *Frontend*, nämlich die Intranet-Webseite, in seiner Grundform online gebracht. PHP ist das Bindeglied zwischen der Datenbank und der Website. PHP existiert inzwischen in der Version 5.3, Sowohl *Lenny* als auch *Etch* bieten die Version 5.2 an.

Es handelt sich um eine serverseitige Skriptsprache. Sie eignet sich hervorragend dazu, aus Datenbankinhalten dynamische Websites zu generieren. Wie muss man sich das nun vorstellen?

Schauen Sie sich die folgende Abbildung an:

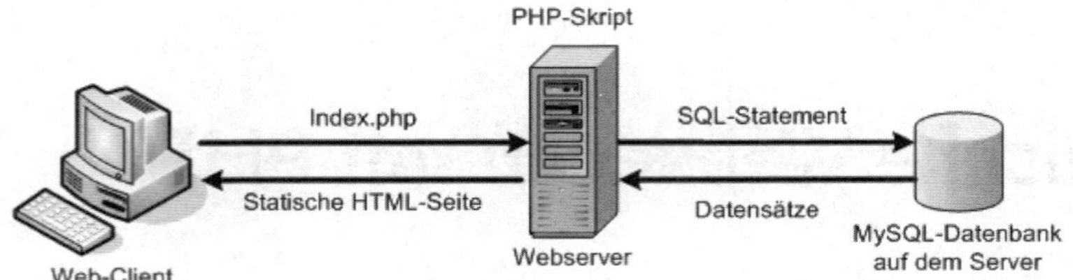

Abb. 28.1: PHP ist der Vermittler zwischen der Webseite und der Datenbank.

Der Vorgang läuft folgendermaßen ab:

1. Der Browser ruft ein PHP-Skript (hier: `Index.php`) auf.
2. Das Skript wird auf dem Server abgearbeitet. In unserem Fall ruft das Skript Daten aus der Datenbank ab und erstellt aus ihnen eine HTML-Seite, die dem Browser als Antwort auf seine Anfrage zurückgeschickt wird.
3. Im Browser ist nun lediglich das Ergebnis der Ausgabe vom PHP-Skript zu sehen – was das PHP-Skript im Einzelnen getan hat, wird für den Client nicht ersichtlich!

Und nun: Ab in die Praxis!

28.2 PHP für Apache aktivieren

Um PHP nutzen zu können, benötigen Sie das passende Apache-Modul. Je nach Apache-Version existieren verschiedene Pakete. Allerdings können Sie PHP für Apache2 nur dann ohne Umwege einbinden, wenn Sie Apache2-*Prefork* nutzen, da das PHP5-Modul nicht mit der vom *Worker*-Modul verwendeten Threading-Technik kompatibel ist.

Dank der ausgefeilten Installationsroutine von Debian können Sie aber auch dann das PHP-Modul einfach nachinstallieren, wenn Sie bisher das *Worker*-Modul genutzt haben. Dieses wird automatisch deinstalliert und *Prefork* wird installiert.

> Es gibt bestimmte (Um-)Wege, um PHP auch mit dem Worker-Modul zu nutzen (siehe `http://www.debianhowto.de/doku.php/de:howtos:sarge:apache2_php-fcgi`).

Zur (normalen) Aktivierung von PHP benötigen Sie `libapache2-mod.php5`:

```
# apt-get install libapache2-mod-php5
```

Benötigte Abhängigkeiten werden – wie üblich – mitinstalliert. Anschließend ist PHP5 sofort einsatzbereit. Sie glauben mir nicht? Ich beweise es Ihnen:

28.3 Das erste PHP-Skript

... ist nicht etwa ein »Hello World« (die Standardausgabe in fast jedem ersten Programm in fast jeder Programmiersprache), sondern noch einfacher! Erstellen Sie eine Datei `/var/www/info.php` mit folgendem Inhalt:

```
<?
phpinfo();
?>
```

Fertig! Rufen Sie nun in Ihrem Browser den Webserver mit seiner IP-Adresse und der Datei auf, zum Beispiel `http://192.168.1.1/info.php`:

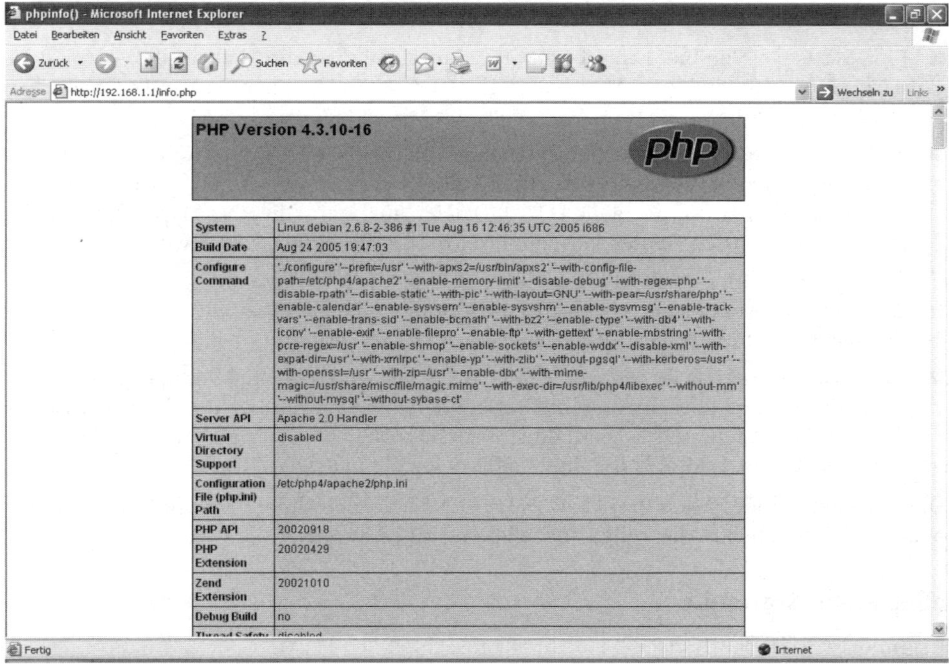

Abb. 28.2: Das erste PHP-Skript funktioniert!

Die Datei `info.php` enthält das denkbar einfachste PHP-Skript. Es ruft die Funktion `phpinfo()` auf, die alle erkannten Parameter und Direktiven zu PHP4 und dem System anzeigt.

28.4 Workshop: Datenbankabfragen mittels PHP

Leider kann ich Ihnen hier keinen vollwertigen Einführungskurs in PHP geben – das würde schlicht den Rahmen dieses Buches sprengen. Dennoch glaube ich, dass Sie einen sehr guten Einstieg durch ein umfassendes Anwendungsbeispiel erhalten können. Dadurch werden Sie keinesfalls zum PHP-Spezialisten, aber vielleicht reichen Ihnen die hier dargebotenen Informationen für eigene, weitergehende Experimente.

Ich setze an dieser Stelle Grundkenntnisse in HTML-Programmierung voraus. HTML ist jedoch recht intuitiv und sollte Ihnen auch ohne Vorkenntnisse nicht allzu schwer fallen. Haben Sie das Kapitel über Skript-Programmierung bereits durchgearbeitet, sollte Ihnen der Umstieg auf PHP ebenfalls nicht allzu schwer fallen, da zumindest die Denkweise des strukturierten Programmierens die gleiche ist.

28.4.1 Ziele und Vorgehensweise

Definieren wir zunächst unsere Ziele für unser Intranet:

- Wir wollen eine Liste mit allen Mitarbeitern abrufen können.
- Wir möchten eine Suchfunktion für Mitarbeiter einrichten.
- Neue Mitarbeiter sollen eingegeben werden können.

Wie sieht die Strategie hierzu aus? Wir benötigen Folgendes:

- Eine Startseite: Von hier kann die gesamte Mitarbeiterliste direkt abgerufen, eine Suche nach einem vorhandenen Mitarbeiter gestartet oder ein neuer Datensatz eingegeben werden.
- Zwei Formulare: eins für die Eingabe neuer Mitarbeiter, ein zweites für die Eingabe des Suchkriteriums, das wir der Einfachheit halber auf den Nachnamen beschränken wollen. Diese könnten wir in eigene HTML-Dateien auslagern, die über Hyperlinks von der Startseite aufgerufen werden können. Für unser Beispiel integrieren wir sie aber gleich auf der Startseite.
- Drei PHP-Antwortskripte: erstens für die Komplettliste der Mitarbeiter, zweitens für die Einzelabfrage und drittens für die Eingabe der neuen Daten.
- Zwei externe Dateien als *Shared Libraries,* in die wir zum einen die Verbindungsparameter auslagern und zum anderen die Funktionen zur Realisierung verschiedener Aufgaben unterbringen. Dies hat den Vorteil, dass Sie immer wieder benötigte Funktionalitäten zentral halten und dadurch leicht anpassen können.

Dies erfordert einige Zeilen PHP- bzw. HTML-Code, den ich Ihnen hier pro Datei komplett präsentieren werde, um die Zeilen anschließend zu erläutern.

28.4.2 Die Startseite

Beginnen wir mit der Startseite. Sie enthält ausschließlich HTML-Code:

```
<html><head><title>Intranet Windschief</title></head>
<body>
<h1 align="center">Willkommen im Windschief-Intranet</h1>
<br>
<p align="center">
<a href=mitarbeiterliste.php>Alle Mitarbeiter anzeigen</a>
<br>
<form action="suche.php" method="post">
<table border=0>
<tr>
<td>Mitarbeitersuche (Nachname):</td>
<td><input type="text" name="nachname" size="50"></td>
</tr>
<tr>
<td></td>
<td>
<input type=submit value="Suchen"><input type=reset value="Löschen"></td>
</tr>
```

```
19 </table>
20 </form>
21 <form action="mitarbeiter_neu.php" method="post">
22 <table border=0>
23 <tr>
24 <td><h4>Einen neuen Mitarbeiter eingeben:</h4></td>
25 </tr>
26 <tr>
27 <td>Name:</td><td><input type="text" name="name" size="25"></td>
28 </tr>
29 <tr>
30 <td>Vorname:</td><td><input type="text" name="vorname" size="25"></td>
31 </tr>
32 <tr>
33 <td>Strasse u. Hausnr:</td>
34 <td><input type="text" name="strasse" 33 size="25"></td>
35 </tr>
36 <tr>
37 <td>Postleitzahl:</td><td><input type="text" name="plz" size="7"></td>
38 </tr>
39 <tr>
40 <td>Abteilung:</td><td><input type="text" name="abteilung" size="25"></td>
41 </tr>
42 <tr>
43 <td>Position:</td><td><input type="text" name="position" size="25"></td>
44 </tr>
45 <tr>
46 <td>Einstellungsdatum (JJJJ-MM-TT):</td>
47 <td><input type="text" name="datum" size="10"></td>
48 </tr>
49 <tr>
50 <td></td>
51 <td><input type=submit value="Einfügen">
52 <input type=resetvalue="Löschen"></td>
53 </tr>
54 </table>
55 </form>
56 </p>
57 </body>
58 </html>
```

Listing 28.1: /var/www/index.html

Aus Platzgründen habe ich einige Tags (zum Beispiel <head> und <title>) in einer Zeile (Zeile 1) zusammengefasst. Im Übrigen erstellen wir neben dem Link zum Anzeigen aller Mitarbeiter (Zeile 6) zwei Formulare zum Suchen von Mitarbeitern (Zeilen 8 bis 20) bzw. Eingeben neuer Mitarbeiter (Zeilen 21 - 55). Durch die Definition innerhalb eines Absatzes (<p>) können wir in Zeile 5 definieren, dass die Tabellen, innerhalb derer wir die Formulare definiert haben, mittig ausgerichtet sind (align="center"). Die fertige Seite sieht dann so aus:

Abb. 28.3: Die Startseite unseres Intranetauftritts

28.4.3 Die Bibliotheksdateien

Nun folgt die erste Bibliotheksdatei. Sie dient der Kontaktaufnahme mit dem MySQL-Datenbanksystem. Daher nennen wir sie `/var/www/mysql.php`:

```
1 <?
2 // Hier lagern wir die Zugangsdaten für den Zugriff auf MySQL aus
3 $link=mysql_connect("localhost","root","pw123");
4 // Der Datenbankname kann hier ebenfalls zentral angepasst werden
5 $db="windschief";
6 ?>
```

Listing 28.2: `/var/www/mysql.php`

Diese Datei ist angenehm kurz. Durch <? In Zeile 1 eröffnen Sie ein PHP-Skript. Zeile 2 zeigt Ihnen, wie Sie Kommentarzeilen einfügen können. Sie werden durch zwei Slashes (//) eingeleitet und werden nicht ausgewertet.

In Zeile drei ordnen Sie der Variablen `$link` den Rückgabewert der Funktion `mysql_connect()` zu, die bei erfolgreicher Verbindung eine Connection-ID enthält, die Sie später noch benötigen, damit MySQL die SQL-Statements einer Verbindung zuordnen kann.

Die Funktion `mysql_connect()` benötigt den MySQL-Servernamen (bzw. die IP-Adresse), den gewünschten Benutzer (`root`) und dessen Passwort (bei mir: `pw123`). Außerdem definieren wir in Zeile 5 eine Variable (`$db`), die den Namen der betreffenden Datenbank (`windschief`) enthält.

Der Vorteil der Auslagerung solcher Daten ist einerseits die bessere Übersichtlichkeit, andererseits können Sie so bestimmte Daten, die immer wieder benötigt werden, gegebenenfalls zentral anpassen. Per `include`-Befehl werden wir die Bibliotheksdateien später in die

Hauptdatei einbinden. Dieses Konzept kennen Sie bereits vom Apache Webserver aus dem letzten Kapitel.

Wir werden auch die benötigten Funktionen auslagern. Dazu legen wir eine Datei `/var/www/funktionen.php` an:

```
<?
//Datenbankschnittstelle für SQL-Befehle
function sql_befehl($db, $sql)
{
   if (! $rueckgabe=mysql_db_query($db, $sql))
   {
      echo mysql_error();
      exit;
   }
      return $rueckgabe;
}

//Tabellenausgabe gemäß SELECT-Befehl
function tabelle($resultat)
{
   $spalten=mysql_num_fields($resultat);
   $spaltenbreite=100/$spalten."%";
   echo "<table width=100% border=0 cellpadding='2' cellspacing='2'>";
   echo "<tr bgcolor=#D0D0D0>";
   //Spaltenbezeichnungen
   for ($i=0;$i<$spalten;$i++)
   {
      echo "<th width='$spaltenbreite'><font size='1'>";
      echo mysql_field_name($resultat,$i);
      echo "</font></th>";
   }
   echo "</tr>";
   echo "<tr>";
   //Datensaetze einfuegen
   $datensaetze=mysql_num_rows($resultat);
   for ($j=0;$j<$datensaetze;$j++)
   {
      //Datensatz auslesen und Tabellenreihe erstellen
      $reihe=mysql_fetch_array($resultat);
      echo "<tr bgcolor=#00ffff>";
      for ($k=0;$k<$spalten;$k++)
      {
         //Datenfeld auslesen und einfuegen
         $fn=mysql_field_name($resultat,$k);
         echo "<td width='$spaltenbreite'>
               <font size='1'>$reihe[$fn]</font></td>";
      }
      echo "<tr>";
      echo "</tr>";
   }
   echo "</table>";
}
?>
```

Listing 28.3: `/var/www/funktionen.php`

Eine eigene Funktion eröffnen Sie mit dem Befehl `function`, gefolgt vom Funktionsnamen und den zu übergebenden Parametern. In Zeile 3 definieren wir die Funktion `sql_befehl()`. Alles, was innerhalb der folgenden geschweiften Klammern (Zeile 4 bis Zeile 11) folgt, gehört zur Funktion `sql_befehl()`. Eine Funktion wird in der Schreibweise dadurch kenntlich gemacht, dass ihr zwei Klammern folgen.

Zeile 5 verbindet zwei Dinge: Zunächst wird durch die PHP-Funktion `mysql_db_query()` eine Datenbankabfrage gestartet. Der Funktion werden die betreffende Datenbank (`$db`) sowie der SQL-Befehl (`$sql`) übergeben. Die Datenbank hatten wir bereits in der Datei `mysql.php` festgelegt, das SQL-Statement wird im jeweiligen Hauptskript in der Variable `$sql` definiert.

Die Funktion `mysql_db_query()` liefert das Ergebnis der SQL-Operation (0 = Fehler) zurück, die in `$rueckgabe` abgelegt wird. Ist `$rückgabe=0` greift die Negation (`!`) und der Ausdruck wird wahr. Damit kommen die Zeilen 7 und 8 zur Anwendung. Mit der Funktion `mysql_error()` wird die Fehlermeldung ausgegeben und die Funktion anschließend über `exit` verlassen. Das Ergebnis der Funktion ist eine Datenbankabfrage mit Error-Handling im Fehlerfall.

Die zweite Funktion, die wir ab Zeile 14 definieren, ist die Funktion `tabelle()`. Sie greift bei allen Ausgaben nach einer SELECT-Abfrage. Ihr wird das Resultat der SQL-Operation aus der vorigen Funktion `sql_befehl()` zugewiesen. Dies geschieht über das Hauptskript, daher finden Sie das Array `$resultat` hier noch nicht wieder.

> *Array*? Hierbei handelt es sich um eine mehrdimensionale Variable. Sie können sich ein Array vereinfacht als Tabelle vorstellen. So wie beim Schachbrett können Sie durch die Bezeichnung der Spalte und der Reihe das gewünschte Feld adressieren. Dies nennt man Index. Er kann aus Ziffern oder anderen Zeichenketten (zum Beispiel dem Spaltennamen) bestehen.
>
> Dieser Index wird in eckigen Klammern hinter den Namen des Arrays geschrieben. Hat ein Array nur einen Index (für die Spalte), so ist es eindimensional, hat es einen zweiten Index, so wird damit die Zeile angegeben. In Zeile 41 nutzen wir das Array `$reihe`, um über `$reihe[$fn]` das jeweilige Feld ausgeben zu lassen.

Nachdem wir in Zeile 16 über die PHP-Funktion `mysql_num_fields($resultat)` die Anzahl der Spalten herausgefunden haben, können wir in Zeile 17 die Spaltenbreite in % der Gesamtbreite definieren.

In Zeile 18 erstellen wir HTML-Code, indem wir mittels `<table>` eine Tabelle erstellen, deren erste Zeile mittels `<tr bgcolor=#D0D0D0>` nicht nur eröffnet, sondern auch grau unterlegt wird. Die Zeilen 21 bis 26 dienen dazu, den Tabellenkopf zu erstellen. Hierzu wird die `for`-Schleife (Zeile 21) so oft durchlaufen, wie es Spalten gibt.

In den Zeilen 23 bis 25 wird das jeweilige Datenfeld mit `<th>` (für *table head*) erstellt. Der Inhalt wird der PHP-Funktion `mysql_field_name()` entnommen. Sie nimmt das Resultat der Abfrage als Array `$resultat` und das jeweils gewünschte Feld (`$i`) entgegen. Die Schriftgröße wird durch das `<font>`-Tag definiert. In Zeile 25 werden die Tags wieder geschlossen, Zeile 26 beendet die `for`-Schleife.

In Zeile 27 endet die erste Zeile der Tabelle. Zeile 28 dient lediglich der optischen Abgrenzung des Tabellenkopfes vom Rest. Die Tabellenzeile wird nicht weiter gefüllt.

> Die `for`-Schleife funktioniert bei PHP, C/C++, Java und anderen Hochsprachen nicht ganz so, wie Sie das von der Bash-Skriptprogrammierung her kennen. In Klammern wird eine Laufvariable mit einem Initialwert angegeben (`$i`), die so lange um eins erhöht wird (`$i++`), wie die Bedingung in der Mitte (`$i<$datensaetze`) erfüllt ist.

Nun müssen wir die restliche Tabelle erstellen. Dazu benötigen wir die Anzahl der Zeilen. Sie wird in Zeile 30 von der PHP-Funktion `mysql_num_rows($resultat)` geliefert und in `$datensaetze` gespeichert.

In den Zeilen 31 bis 45 wird diese Tabelle nun erstellt. Dazu wird eine äußere Schleife in Zeile 31 erstellt, die die Zeilen zählt. In Zeile 34 wird dem Array `$reihe` mittels der PHP-Funktion `mysql_fetch_array($resultat)` die nächste Zeile der Rückgabe unserer SQL-Tabelle zugewiesen.

Die Ausgabe von MySQL wird in PHP intern verwaltet, so dass wir nicht direkt auf das Array `$resultat` mittels Indizes (s.o.) zugreifen, sondern über entsprechende PHP-Funktionen. Durch `mysql_fetch_array()` erhalten wir jeweils die nächste Zeile des Resultats. Diese wird in einem eindimensionalen Array (`$reihe`) gespeichert, auf dessen Felder wir in Zeile 41 ganz direkt über `$reihe[$fn]` zugreifen können. Dabei ist der Index `$fn` festgelegt als der jeweilige Spaltenname, den wir über `mysql_field_name()` erhalten (Zeile 39).

Diese Funktion erhält diesmal `$k` als Spaltenziffer. Diese Variable ist die Laufvariable für die innere Schleife (Zeile 36), mit der wir für jede Zeile die jeweiligen Felder erstellen und mit den passenden Werten (`$reihe[$fn]`) füllen.

Schließlich beenden wir in den Zeilen 42 bis 46 die Schleifen und Zeilen der Tabelle sowie die Tabelle selbst. Die Zeilen 47 und 48 beenden die Funktion `tabelle()` sowie das PHP-Skript.

28.4.4 Die Mitarbeiterliste

Klicken Sie auf der Hauptseite auf den Link ALLE MITARBEITER ANZEIGEN, wird die Datei `mitarbeiterliste.php` aufgerufen. Sie wird – wie alle anderen Skripte – unter `/var/www` erstellt und sieht folgendermaßen aus:

```
1  <?
2  include("mysql.php");
3  include("funktionen.php");
4  $sql="select * from Mitarbeiter";
5  if($res=sql_befehl($db,$sql))
6  {
7     echo "Abfrage=$sql";
8  }
9  tabelle($res);
10    echo "<a href=\"index.html\">Startseite</a>";
11 ?>
```

Listing 28.4: `/var/www/mitarbeiterliste.php`

Nun erkennen Sie bereits, wie übersichtlich die Sache wird, wenn die Routine-Arbeiten in Form von Funktions-Dateien ausgelagert werden. Die beiden Bibliotheksdateien werden in den Zeilen 2 und 3 eingebunden.

In Zeile 4 wird die bereits erwähnte Variable `$sql` mit dem SQL-Befehl belegt, der von der Funktion `sql_befehl()` in Zeile 5 an MySQL geschickt wird. Dies wird mit einer `if`-Abfrage verbunden, die die Ausgabe der SQL-Abfrage (`SELECT * FROM Mitarbeiter`) noch einmal auf den Bildschirm bringt (Zeile 7). `$res` enthält das Ergebnis der Abfrage, wie es von `sql_befehl()` durch die Variable `$rueckgabe` zurückgegeben wurde. Im Fehlerfalle ist dies 0, wodurch der Ausdruck unwahr wird und der `if`-Zweig nicht greift.

In jedem Fall wird in Zeile 9 die Funktion `tabelle()` aufgerufen. Diese erstellt die Ergebnistabelle (s.o.). Ist das Ergebnis 0, bleibt die Tabelle leer.

Zeile 10 sorgt anständigerweise dafür, dass der Benutzer auch wieder auf die Hauptseite kommt. Im Browser stellt sich das folgendermaßen dar:

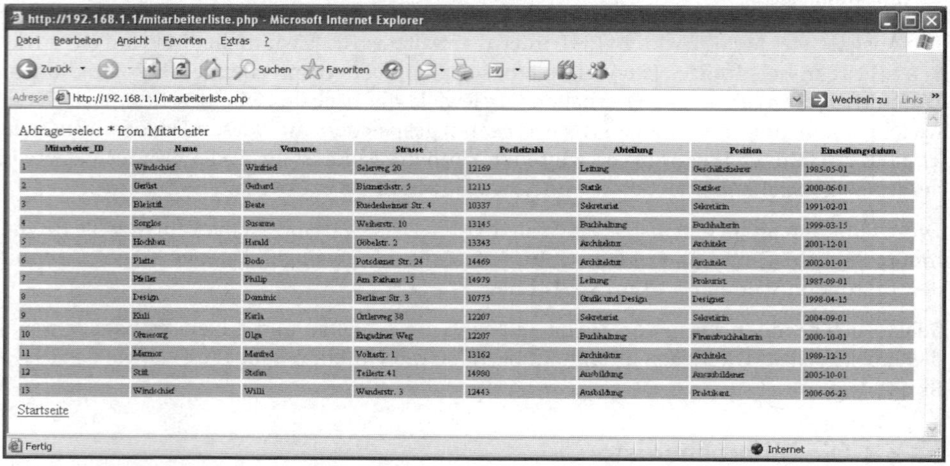

Abfrage=select * from Mitarbeiter

Mitarbeiter_ID	Name	Vorname	Strasse	Postleitzahl	Abteilung	Position	Einstellungsdatum
1	Windschief	Winfried	Selerweg 20	12169	Leitung	Geschäftsführer	1985-05-01
2	Gerüst	Gerhard	Bismarckstr. 5	12115	Statik	Statiker	2000-06-01
3	Bleistift	Beate	Ruedesheimer Str. 4	10337	Sekretariat	Sekretärin	1991-02-01
4	Sorglos	Susanne	Weiherstr. 10	13145	Buchhaltung	Buchhalterin	1999-03-15
5	Hochbau	Harald	Göbelstr. 2	13343	Architektur	Architekt	2001-12-01
6	Platte	Bodo	Potsdamer Str. 24	14469	Architektur	Architekt	2002-01-01
7	Pfeiler	Philip	Am Rathaus 15	14979	Leitung	Prokurist	1987-09-01
8	Design	Dominic	Berliner Str. 3	10775	Grafik und Design	Designer	1998-04-15
9	Kuli	Karla	Ortlerweg 38	12207	Sekretariat	Sekretärin	2004-09-01
10	Ohnesorg	Olga	Engadiner Weg	12207	Buchhaltung	Finanzbuchhalterin	2000-10-01
11	Marmor	Manfred	Voltastr. 1	13162	Architektur	Architekt	1989-12-15
12	Stift	Stefan	Teilestr.41	14980	Ausbildung	Auszubildener	2005-10-01
13	Windschief	Willi	Wanderstr. 3	12443	Ausbildung	Praktikant	2006-06-23

Startseite

Abb. 28.4: Die Mitarbeiterliste

28.4.5 Die Mitarbeitersuche

Auf der Hauptseite können Sie den Nachnamen eines Mitarbeiters eingeben und nach seinem Eintrag suchen lassen. Hier greift eine spezielle Technik:

Auf der Hauptseite wird hierfür ein HTML-Formular eingerichtet. Es enthält ein Textfeld, das den Namen `nachname` erhält. Schauen Sie sich die Zeile 12 des HTML-Codes für die Startseite an:

```
12 <td><input type="text" name="nachname" size="50"></td>
```

Klicken Sie auf den SUBMIT-Button (mit der Aufschrift SUCHEN), werden die Werte aller Eingabe-, Options- und Auswahlfelder des Formulars an das Zielskript übergeben, das über `action=suche.php` in Zeile 8 festgelegt wurde. Dazu wird der Name des jeweiligen INPUT-Elementes als Variablenname (`$nachname`) genutzt.

> **Achtung:** Damit die Variablenübergabe funktioniert, müssen Sie in der PHP-Konfiguationsdatei `/etc/php4/apache2/php.ini` den Wert `register_globals` auf `On` setzen, er steht in der Voreinstellung auf `Off`.

Das Skript /var/www/suche.php erstellen wir folgendermaßen:

```
1  <html>
2  <head><title>Mitarbeiter-Suche</title></head>
3  <body>
4  <h1 align="center">Mitarbeiter-Suche</h1>
5  <?
6  include("mysql.php");
7  include("funktionen.php");
8  $sql="SELECT * FROM Mitarbeiter WHERE Name='$nachname'";
9  if($res=sql_befehl($db,$sql))
10 {
11    echo "Abfrage=$sql";
12 }
13 tabelle($res);
14 echo "<a href=\"index.html\">Startseite</a>";
15 ?>
16 </body>
17 </html>
```

Listing 28.5: /var/www/suche.php

Der PHP-Teil enthält nicht viel Neues – neu ist aber, dass wir das PHP-Skript in HTML eingebettet haben. Das funktioniert problemlos und ermöglicht es, nur die dynamischen Teile der Webseite durch PHP erstellen zu lassen.

In Zeile 5 beginnt unser PHP-Skript. Der in Zeile 8 definierte SQL-Befehl wird in Zeile 9 an MySQL gesendet. Die Ausgabe geschieht in Zeile 13 durch Aufruf der Funktion `tabelle()`. Zeile 14 ermöglicht wiederum das saubere Zurückspringen zur Startseite, während Zeile 15 das PHP-Skript beendet. Das Ganze stellt sich dann zum Beispiel so dar:

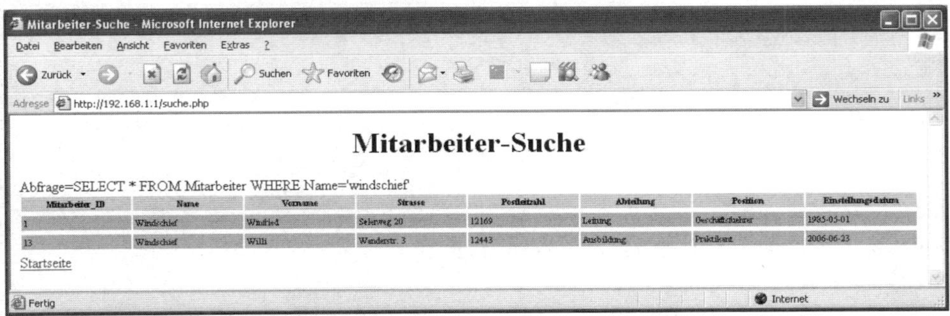

Abb. 28.5: Ergebnis der Suche nach dem Mitarbeiter »Windschief«

28.4.6 Eingabe eines neuen Mitarbeiters

Das letzte Skript wertet unser zweites Formular auf der Startseite aus. Hier können Sie neue Mitarbeiter eingeben. Klicken Sie auf den SUBMIT-Button (EINFÜGEN), wird das Skript `mitarbeiter_neu.php` aufgerufen. Es sieht folgendermaßen aus:

```
<?
include("mysql.php");
include("funktionen.php");
$sql="insert into Mitarbeiter (Name,Vorname,Strasse,Postleitzahl,
      Abteilung,Position,Einstellungsdatum)
      values ('$name','$vorname','$strasse','$plz','$abteilung',
      '$postition','$datum')";
if($res=sql_befehl($db,$sql))
{
   echo "Abfrage=$sql";
}
echo "<br>Name:              ", $name;
echo "<br>Vorname:           ", $vorname;
echo "<br>Strasse:           ", $strasse;
echo "<br>Postleitzahl:      ", $plz;
echo "<br>Abteilung:         ", $abteilung;
echo "<br>Position:          ", $position;
echo "<br>Einstellungsdatum: ", $datum;
echo "<br>";
echo "<a href=\"index.html\">Startseite</a>";
?>
```

Listing 28.6: `/var/www/mitarbeiter_neu.php`

Diesmal wird keine Tabelle erzeugt, da der SQL-Befehl einen neuen Datensatz schreibt. Zur Überprüfung der Eingaben geben wir diese nochmals auf dem Bildschirm aus.

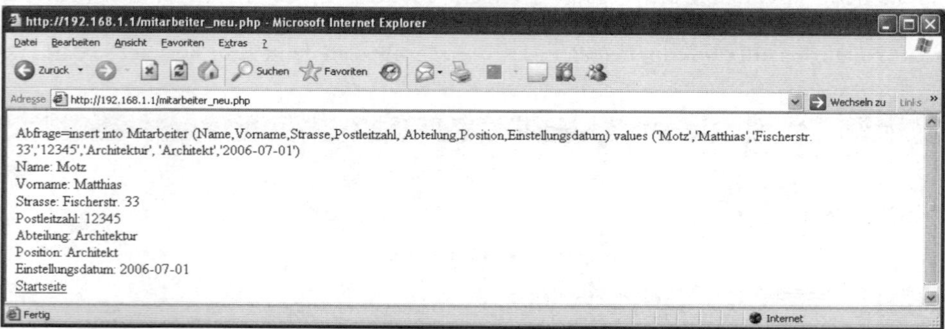

Abb. 28.6: Ein neuer Mitarbeiter wurde eingefügt.

Die Ausgabe ist zwar nicht wunderschön, aber zweckmäßig. Es steht Ihnen frei, dies zu verschönern, indem Sie Formatierung und Farben anpassen.

Übung: Der Einfachheit halber wurde hier nur die Postleitzahl automatisch eingetragen – Sie müssten nach gegenwärtigem Stand den dazugehörigen Wohnort in die Tabelle `Wohnort` per Hand eintragen! Erweitern Sie das Formular und fügen Sie ein zweites SQL-Statement in die Datei `mitarbeiter_neu.php` ein, um auch den Wohnort eintragen zu lassen.

Damit wären wir nun am Ende unseres Workshops angelangt. Seien Sie mir nicht böse, wenn ich nicht alle Details erläutert habe – dies würde einfach den Rahmen sprengen. Ich denke, die meisten Fragen lassen sich durch scharfes Hinsehen und eigene Experimente klären.

> Das Ziel dieses Workshops ist erreicht, wenn Sie inzwischen eine klare Vorstellung davon haben, wie dynamische Webseiten entstehen und welche Komponenten beteiligt sind. Haben Sie weitergehendes Interesse, dürfte es Ihnen nun nicht schwerfallen, an das bisher Gelernte anzuknüpfen und Ihre PHP- bzw. MySQL-Kenntnisse zu vertiefen.

Sollten Sie noch keine Programmiererfahrung mitbringen, dauert es sicher eine Weile, bis Sie die Zusammenhänge durchschaut haben. Ich empfehle Ihnen dringend, die *Was-passiert-dann-Maschine* anzuwerfen und eigene Experimente zu starten – nur durch Praxis können Sie das Programmieren lernen.

Gehen Sie zunächst einige einfache Dinge durch und erweitern Sie Ihren PHP-Code stückweise. Dadurch wird die Fehlereingrenzung einfacher. Darüber hinaus empfehle ich Ihnen, sich weitere Literatur zuzulegen oder im Internet nach PHP-Tutorials zu suchen, wenn Sie diese Thematik weiter verfolgen möchten. Ein guter Startpunkt, um sich intensiver mit PHP zu beschäftigen, ist `http://tut.php-q.net`.

28.5 Alternative: CMS

Ein Content Management System ist eine vorkonfigurierte Sammlung von Skripten samt Datenbankanbindung, mit der Sie in der Regel recht komfortabel neue Inhalte für Ihre Webpräsenz erstellen und bereitstellen können. Ohne CMS läuft heute kaum noch eine größere Website. Zwei wichtige Projekte im Open-Source-Bereich sind

- `Typo3` – komplex, mit eigener Skriptsprache (*TypoScript*), nicht einfach für Einsteiger, jedoch sehr leistungsfähig. Es ist für mittlere bis große Websites geeignet und basiert auf PHP und MySQL (`http://typo3.com`)
- `Mambo/Joomla` – Vor etwas längerer Zeit hat sich fast das gesamte Mambo-Team von der australischen Firma Miro getrennt, die die Namensrechte an `Mambo` besaß. Aus dem Quellcode von Mambo entstand `Joomla`, ein CMS, das ebenfalls auf PHP und MySQL basiert (`http://www.joomla.org`). `Joomla` ist mittlerweile sehr beliebt und weit verbreitet.

Es gibt noch viele weitere Content Management Systeme darüber hinaus. Möchten Sie eine größere Webpräsenz aufbauen, sollten Sie in jedem Fall ein CMS einsetzen, wenn nicht triftige Gründe dagegen sprechen. Letztlich basieren aber alle Management-Systeme auf den hier gezeigten Prinzipien.

28.6 phpMyAdmin

Im letzten Kapitel hatte ich Ihnen eine weitere Möglichkeit in Aussicht gestellt, mit der Sie Ihre MySQL-Datenbanken bequem browserbasiert administrieren können. Hier kommt sie: `phpMyAdmin` ist eine Sammlung von PHP-Skripten, die eine ausgefeilte Administrationsoberfläche für MySQL zur Verfügung stellen. Hierzu benötigen Sie das Paket `phpmyadmin`. Je nach Ausgangssituation werden unter Umständen verschiedene weitere Pakete als Abhängigkeiten installiert:

```
# apt-get install phpmyadmin
```

Während der Installation müssen Sie noch auswählen, dass Sie `phpMyAdmin` für Apache2 installieren möchten. Anschließend können Sie `phpMyAdmin` über folgenden Link aufrufen: `http://192.168.1.1/phphmyadmin`:

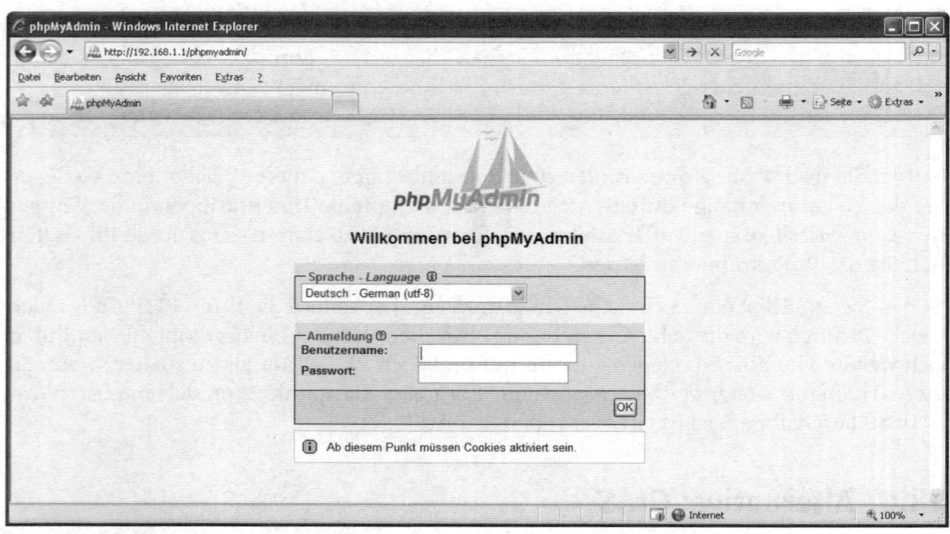

Abb. 28.7: Startseite von phpMyAdmin

Nach der Anmeldung an MySQL (beachten Sie das entsprechende Kennwort für MySQL-root!) öffnet sich die Hauptseite.

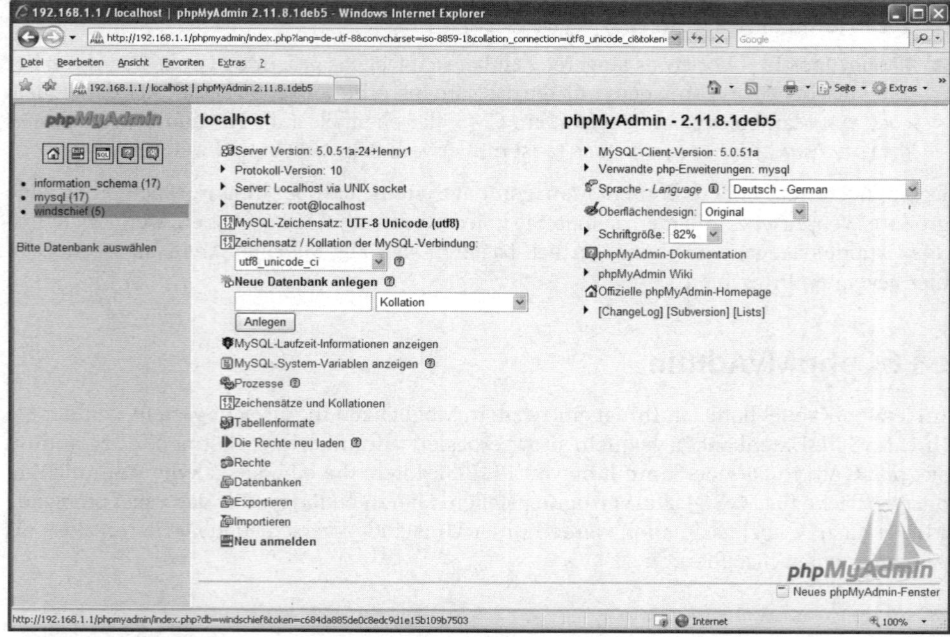

Abb. 28.8: Die Hauptseite von phpMyAdmin

Nun können Sie entweder allgemeine Informationen abrufen und Server-Administrationsaufgaben ausführen oder durch die Wahl einer Datenbank in diese wechseln.

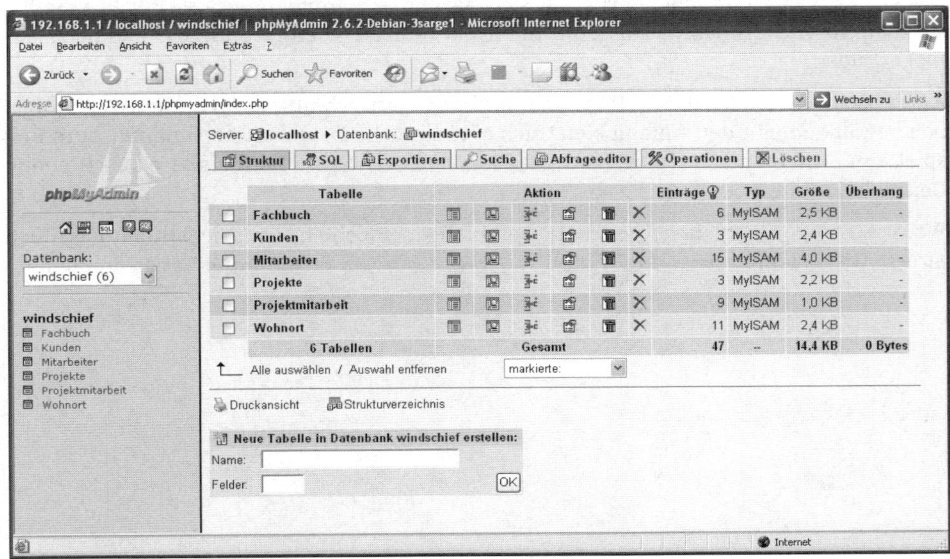

Abb. 28.9: Administration der Datenbank `windschief`

Hier können Sie alle nur denkbaren Aufgaben durchführen, angefangen vom Anlegen einer neuen Tabelle über die Modifikation dieser Tabelle bis hin zum Einfügen von Datensätzen.

Nachdem Sie sich ein wenig in die Menüstruktur von `phpMyAdmin` eingearbeitet haben, werden Sie dieses Web-Frontend nicht mehr missen wollen. Mit diesen Worten möchte ich Sie Ihren eigenen Experimenten mit MySQL und PHP überlassen, die Sie nun hoffentlich gar nicht mehr abwarten können.

28.7 Zusammenfassung und Weiterführendes

Neben den vielen Vorteilen, die PHP für die Gestaltung von dynamischen Webseiten bringt, gibt es einen gewichtigen Nachteil, den Sie im Auge behalten sollten: PHP hat relativ viele Schwachstellen. Gerade in den Tagen, da ich diese Zeilen schreibe, habe ich in Security-Newslettern mehrere Meldungen über PHP gefunden. Sollten Sie also PHP außerhalb Ihres Intranets auch für Ihre Internet-Webpräsenz einsetzen wollen, empfehle ich Ihnen dringend, die Sicherheitsmeldungen in Bezug auf PHP im Auge zu behalten, um ggf. schnell mit einem Update reagieren zu können.

> Möchten Sie sich über PHP-Sicherheit informieren, so hilft – wie immer – eine Google-Suche. Der folgende Link ist ein guter Ausgangspunkt für die Absicherung von PHP: `http://www.heise.de/security/Grundsicherung-fuer-PHP-Software--/artikel/96564`.

Abgesehen davon spricht jedoch nichts gegen den Einsatz von PHP, wenn Sie dynamische Webseiten erstellen möchten, die genau auf Ihre Bedürfnisse zugeschnitten sind. Bedenken Sie hierbei jedoch, dass es für viele Szenarien bereits Standardlösungen, wie zum Beispiel CMS oder Webshops gibt. Bevor Sie sich also in ein umfangreiches Projekt stürzen, schauen Sie erst einmal, was die Community so anbietet – denn warum das Rad noch einmal erfinden?

Andererseits lernen Sie die PHP-Programmierung natürlich nur, wenn Sie konkrete Aufgaben bewältigen. Für den Anfang bietet sich eine einfache Datenbankanwendung, zum Beispiel eine Mitarbeiterliste oder eine CD-Datenbank o.Ä. an. Hierfür gibt es auch genug Beispiele im Internet.

Wenn Sie sich tiefergehend mit PHP beschäftigen möchten, kann ich Ihnen das Buch *Sichere Webanwendungen mit PHP*, ISBN: 978-3-8266-1754-6, vom mitp-Verlag empfehlen.

Teil 3

Der Root-Server

Willkommen zum dritten Teil dieses Buches! Wir verlagern nun unsere Wirkungsstätte von der Arbeit an einem Unternehmensserver auf die Administration eines so genannten *Root-Servers*.

Was ist ein Root-Server?

Der Begriff »Root-Server« ist eigentlich irreführend und bezeichnet in erster Linie einen der 13 Hauptserver von DNS. Unter einem Root-Server in unserem Sinne wird ein dedizierter oder virtueller Server verstanden, der einem Kunden zur Verfügung gestellt wird. Dieser Server wird in einem Rechenzentrum professionell untergebracht und hardwaremäßig gewartet.

Der Begriff »Root-Server« kommt daher, dass der Kunde nicht nur auf Teile, also bestimmte Dienste des Servers, sondern auf den gesamten Server Administrationszugriff (also `root`-Rechte) hat. Der Vorteil ist, dass der Kunde selbst bestimmen kann, welchem Zweck der Server zugeführt werden soll: Web-, FTP-, Mail-, Datenbank- oder Spieleserver etc.

Neben den dedizierten Servern, bei denen tatsächlich ein physischer Server vollständig vermietet wird, werden inzwischen vermehrt so genannte VServer angeboten, virtuelle Root-Server. Dabei teilen sich mehrere Root-Server eine physische Hardware und laufen als virtuelle Instanzen auf einem Hostsystem, zum Beispiel unter `Virtuozzo`, `VMWare` oder `ESX-Server`. Dies ist in der Regel preisgünstiger, jedoch auch mit gewissen Kompromissen hinsichtlich der Leistungsfähigkeit der Hardware verbunden.

> Unter Linux gibt es übrigens in Form von XEN (`http://www.cl.cam.ac.uk/research/srg/netos/xen`) oder OpenVZ (`http://openvz.org`) freie Virtualisierungslösungen, die durchaus mit ihren kommerziellen Pendants mithalten können.

Die Administration seitens des Kunden läuft grundsätzlich remote, also per Fernwartung, ab – in der Regel per SSH. Kaum ein Kunde bekommt seinen angemieteten Server jemals zu Gesicht.

Das Szenario

Herr Windschief bittet Sie um ein Gespräch. Nach der erfolgreichen Inbetriebnahme des Intranets möchte er Ihnen nun auch die Betreuung der Webpräsenz des Architekturbüros Windschief anvertrauen. Darüber hinaus hätte er noch einige Geschäftspartner, vor denen er mit der Zuverlässigkeit seines Administrators – Ihnen – geprahlt hat. Diese wären auch daran interessiert, ihre Websites bei Ihnen hosten (also auf Ihrem Webserver betreiben) zu lassen. Außerdem hätte er ohnehin gern alles in einer Hand – und zwar in Ihrer. Im Zusammenhang damit könnte man doch vielleicht auch eine Möglichkeit finden, größere Datenmengen zwischen dem Architekturbüro und seinen Geschäftspartnern zu transportieren – E-Mail-Postfächer sind da ja meistens beschränkt ...

Mit Stolz in der Brust schlagen Sie ihm sogleich vor, einen Root-Server anzumieten, mit dem sich ein professionelles Webhosting weitgehend selbstständig und äußerst variabel realisieren ließe. Auch der Datentransfer wäre auf diese Art möglich, ohne einen Server im Unternehmensnetzwerk dafür entblößen zu müssen. Selbst E-Mail könnte man so sehr variabel handhaben. Herr Windschief ist begeistert und lässt Ihnen freie Hand.

... kaum sind Sie aus dem Büro des Chefs heraus, holt Sie die Realität wieder ein, und Sie malen sich die vielen Überstunden aus, die Ihnen durch dieses neue Projekt sicher wieder bevorstehen. Bevor Sie sich an die Arbeit machen, denken Sie noch: »Ich sollte mit ihm bei Gelegenheit mal über eine Gehaltserhöhung sprechen ...«.

Die Laborumgebung

Die Konfiguration Ihres Labs ist einfach: Wir benötigen schlicht einen Client und einen Server. Für bestimmte Kapitel, insbesondere die Kapitel, die sich mit dem Thema E-Mail befassen, gehe ich von einem Windows-Client mit Standardsoftware (MS Outlook) aus, da dies sicherlich der Häufigkeitsfall ist. Jedoch sollte es kein Problem darstellen, clientseitig eine andere E-Mail-Software zu nutzen, da die Protokolle genormt und in vielen Mail-Clients enthalten sind.

Was erwartet Sie in diesem Teil?

Typische Dienste auf einem Root-Server sind insbesondere Web-, Mail-, DNS- und FTP-Dienste. Darüber hinaus ist es in diesem Umfeld wichtig, eine geeignete Schutzmauer in Form einer Firewall aufzubauen.

Im folgenden Kapitel gehe ich noch einmal auf den Apache Webserver ein. Bisher haben Sie Ihren Webserver in einer sicheren Umgebung im Firmennetzwerk betrieben. Jetzt geht es darum, ihn »Internet-fest« zu machen. Neben den virtuellen Hosts, die eine Möglichkeit darstellen, mehrere Webpräsenzen von einem einzigen Server zu *hosten*, also zu beherbergen, gibt es noch andere Punkte, die bei einem produktiven und unter Umständen stark frequentierten Webserver zu beachten sind.

Anschließend beschäftigen wir uns mit dem Thema DNS. Das Domain Name System ist gewissermaßen der Leim, der das Internet zusammenhält. Dadurch ist es uns möglich, im Browser einen sprechenden Namen statt einer IP-Adresse anzugeben. Das Konzept und die Konfiguration von DNS bzw. DNS-Servern ist ebenso essenziell wie anspruchsvoll – ein Kapitel, das Sie auf keinen Fall überspringen sollten!

Nach wie vor ist E-Mail die wichtigste Anwendung im Internet. Zugleich ist die Konfiguration eines funktionierenden Mail-Servers oft die größte Herausforderung, der ein Administrator im Laufe seiner Karriere gegenübersteht. Es dauert einige Zeit, bis die bisweilen etwas zickig reagierenden Mail-Server so reagieren, wie man sich das wünscht. Dafür sind sie – wenn sie erst einmal laufen – meist so stabil wie ein Panzer!

Um Ihnen an dieser Stelle den Weg zu ebnen, habe ich gleich zwei Kapitel vorgesehen, die Ihnen die Konfiguration von E-Mail-Servern inkl. Spam- und Virenschutz sowie POP3- oder IMAP-Servern erläutern. Dabei werden wir aus didaktischen Gründen in Kapitel 31 *Lokaler E-Mail-Server mit Content-Filter* noch einmal einen Exkurs in das lokale Netz machen, um die Basics zu erarbeiten.

Im Anschluss daran werde ich Ihnen zeigen, wie Sie einen Mail-Server so konfigurieren, dass er gefahrlos in den Wind – sprich: ins Internet gestellt werden kann. Die größte Herausforderung an dieser Stelle ist, kein offenes Relay zu produzieren, also einen Mail-Server, der von nicht autorisierter Seite Mails annimmt und weiterleitet. Hierzu beschäftigen wir uns mit SMTP-Authentifizierung.

Das letzte Kapitel in diesem Teil beschäftigt sich mit `iptables` als Personal-Firewall. Sollten Sie einen Server betreiben, der – in welcher Form auch immer – vom Internet aus erreichbar ist, kommen Sie um eine Firewall nicht herum. Personal-Firewalls schützen im Gegensatz zu Netzwerkfirewalls nur einen einzelnen Rechner. Im 4. Teil werde ich Ihnen darauf aufbauend zeigen, wie Sie eine Netzwerkfirewall mit `iptables` konfigurieren können.

Apache Teil 2 – Der Webserver im Internet-Einsatz

In diesem Kapitel greife ich erneut das Thema Webserver auf, um Ihnen weitere wichtige Aspekte des Apache Webservers im Interneteinsatz zu erläutern. Hier spielen noch ganz andere Faktoren eine Rolle als im Intranet. So sind zum Beispiel oftmals viele Webpräsenzen über einen einzelnen Webserver erreichbar. Sind diese gut besucht, ist das Server-Monitoring ein wichtiges Thema. Darüber hinaus müssen Sie sich unter Umständen über Bandbreite und Transfervolumen Gedanken machen, denn das ist – nach Überschreitung des Freivolumens – in der Regel eine recht teure Angelegenheit. Doch es gibt serverseitige Möglichkeiten, Bandbreite zu sparen, wie Sie noch sehen werden.

Schließlich wird es zunehmend wichtiger, den Traffic zwischen dem Client und dem Server zu schützen und abhörsicher zu gestalten. Hier kommt SSL bzw. TLS ins Spiel, um abhörsichere HTTP-Tunnel aufzubauen.

Im Einzelnen wollen wir uns mit folgenden Themen beschäftigen:

- Virtuelle Hosts – mehrere Webangebote auf einem Server
- SSL – gesicherte HTTP-Verbindungen über HTTPS
- Serverüberwachung – Prozesse, CPU, RAM usw.
- Webalizer – das Auswertungstool für Apache
- `mod_deflate` – Bandbreite sparen

Auch in diesem Teil werde ich Sie einladen, unserem inzwischen lieb gewonnenen Szenario des Architekturbüros Windschief zu folgen und sich in die Rolle des Administrators dieses Unternehmens hineinzudenken.

Inhaltlich baue ich auf dem Wissen auf, das wir uns im ersten Teil (Kapitel 26 *Apache Teil I – Aufbau eines Intranets*) angeeignet haben.

29.1 Virtuelle Hosts

Die erste Herausforderung, die wir annehmen, ist das »Hosten« (Host = Gastgeber) mehrerer Webpräsenzen. Möchten wir ein und denselben Webserver dafür nutzen, müssen wir auf *virtuelle Hosts* zurückgreifen.

29.1.1 Wie funktionieren virtuelle Hosts?

Grundsätzlich gibt es drei Arten von virtuellen Hosts:

IP-basierende virtuelle Hosts

Ursprünglich musste jeder virtuelle Host einer eigenen IP-Adresse zugeordnet werden. Dies galt aufgrund von Einschränkungen, die das HTTP-Protokoll in der Version 1.0 mit sich brachte – im Header wurde nämlich nur die IP-Adresse, nicht aber der gewünschte Hostname angegeben.

Der Server musste also in früherer Zeit über mehrere IP-Adressen verfügen und daher prinzipiell über mehrere physikalische Interfaces verfügen. Über das IP-Aliasing wurde es dann möglich, mehrere IPs auf ein Interface zu binden.

Über die `Listen`-Direktive muss Apache dazu gebracht werden, auf den angegebenen IP-Adressen zu lauschen, zum Beispiel `listen 192.168.1.1`. Abhängig von der angesprochenen IP-Adresse wird der jeweils passende virtuelle Host adressiert.

Portbasierte virtuelle Hosts

Geben Sie hinter der IP-Adresse keinen speziellen Port an, lauscht Apache auf Port 80. Sie können aber auch eigene Ports definieren, zum Beispiel folgendermaßen:

```
listen 192.168.1.1:8080
listen 192.168.1.253:8081
```

Die oben genannten Direktiven führen dazu, dass Apache auf den angegebenen IP-Adressen und den entsprechenden Ports (8080 und 8081) lauschen würde. Abhängig hiervon kann dann ein bestimmter virtueller Host angesprochen werden.

Namensbasierte virtuelle Hosts

In HTTP v1.1 wurde die Möglichkeit integriert, dass der Client im HTTP-Header außer der IP-Adresse auch den Hostnamen mitschickt, auch *Hostheader*-Wert genannt. Durch die Information von IP-Adresse und Hostname ist es daher möglich, beliebig viele Domains auf einem Server unterzubringen. Damit das funktioniert, liest der Webserver den aufgerufenen Hostnamen aus dem HTTP-Header aus und adressiert den virtuellen Host gemäß seines Namens.

Wir werden uns in diesem Rahmen ausschließlich mit namensbasierten virtuellen Hosts beschäftigen, da diese Variante heutzutage die beste Lösung darstellt. Fast alle HTTP-Clients (Browser) beherrschen Version 1.1, so dass nur ein verschwindend kleiner Teil der Webclients im Internet nicht in den Genuss Ihrer Webpräsenz kommen wird – und auch nicht in den Genuss vieler hunderttausend anderer Webangebote ...

29.1.2 Workshop: Virtuelle Hosts einrichten

Bevor Sie Ihren neuen Root-Server für das Architekturbüro Windschief konfigurieren, wollen Sie das Konzept der virtuellen Hosts einmal im Labor testen. Ich gehe davon aus, dass Sie die Laborumgebung aus Teil 1 des Apache-Kapitels beibehalten haben. Hier ist ja bereits ein Apache in Grundkonfiguration aktiv, daher können wir darauf aufbauen.

Ziel ist es, zunächst zwei virtuelle Hosts zu erstellen: einmal die Webpräsenz von `www.architekturbuero-windschief.local` und zum anderen die Website eines Geschäftspartners: `www.ichbaudeinhaus.local`.

Die Topleveldomain (TLD) `.local` nutzen wir, um möglichen Konflikten mit existierenden Domains im Internet zu entgehen, da `.local` nicht als offizielle TLD existiert. In der Realität müssen Sie Ihre Domain(s) registrieren lassen und dafür sorgen, dass die entsprechenden DNS-Server Host-Adressen-Einträge für Ihren Root-Server besitzen. Diese Hosteinträge können entweder spezielle Hostnamen sein, zum Beispiel www, `ftp`, `mail` usw. oder aber auch *, womit sämtliche DNS-Namen, die auf Ihre Domain enden, auf die IP-Adresse Ihres Root-Servers aufgelöst werden. So wird zum Beispiel `mail.amberg-berlin.de` auf die Adresse 85.25.66.51 aufgelöst die Adresse meines (gegenwärtigen) Root-Servers. Ebenso wird `ftp.amberg-berlin.de` auf diese IP-Adresse aufgelöst. In beiden Fällen landet also ein Client auf meinem Root-Server.

Doch zurück zum Szenario: Erstellen Sie ein neues Verzeichnis für die Webpräsenzen:

```
# mkdir /var/windschief
# mkdir /var/ichbaudeinhaus
```

Nun benötigen wir in jedem dieser Verzeichnisse eine HTML-Startdatei `index.html`. Hier die Variante für `www.windschief.local`:

```
<html>
<head>
<title>Website des Architekturbueros Windschief</title>
</head>
<body bgcolor="#339999">
<h1 align="center">Dies ist die Website von Windschief</h1>
</body>
```

Erstellen Sie diese auch für Das Bauunternehmen *Ichbaudeinhaus*. Nutzen Sie für die Hintergrundfarbe zur Unterscheidung `#ff6633`.

Nun können wir den ersten virtuellen Server erstellen! Die folgende Zeile stellt sicher, dass namensbasierte virtuelle Hosts aktiviert sind:

```
NameVirtualHost *
```

Diese Zeile existiert bereits in der Datei `/etc/apache2/sites-available/default`. Erinnern wir uns: Dies war die Datei, in der der erste virtuelle Host definiert wurde. Aktiviert und in die Konfiguration eingebunden wird die Datei durch einen Link in `/etc/apache2/sites-enabled/`. Sollten Sie an dieser Stelle Verständnisprobleme haben, lesen Sie noch einmal die betreffenden Stellen in Kapitel 26 *Apache Teil I – Aufbau eines Intranets.*

Wichtig: Grundsätzlich gibt es bei Apache einen Hauptserver, der außerhalb der virtuellen Hosts konfiguriert wird. Sobald allerdings die Direktive `NameVirtualHost` gesetzt wird, verliert der Hauptserver seine Bedeutung und wird unter keinen Umständen mehr aufgerufen! Wird kein Domainname im HTTP-Header mitgeliefert, wird der erste eingetragene virtuelle Server aufgerufen (`000-default`).

Nach der Direktive wird die IP-Adresse (evtl. inkl. Portnummer) des virtuellen Hosts angegeben. Der Asterisk (*) steht für jede beliebige (eigene) Adresse.

Jetzt erstellen Sie eine neue Datei /etc/apache2/sites-available/windschief mit folgendem Inhalt:

```
<VirtualHost *>
  DocumentRoot "/var/windschief"
  ServerName www.windschief.local
  ServerAlias windschief.local
</VirtualHost>
```

Wie Sie sehen, nutzt die Apache-Syntax hier wieder Tags, wie Sie sie von HTML kennen. Im Eröffnungstag <VirtualHost *> sollte bei namensbasierenden virtuellen Hosts dieselbe IP-Adresse stehen wie in der Direktive NameVirtualHost, also hier *, was für alle IP-Adressen steht.

Sie definieren das DocumentRoot-Verzeichnis in Anführungszeichen, während Sie den Servernamen ohne diese schreiben. Optional können Sie eine Direktive ServerAlias angeben, mit der Sie weitere Servernamen definieren, die ebenfalls diesem virtuellen Host zugeordnet sind – hier: windschief.local.

Anschließend wird der Kontext dieses virtuellen Hosts mit </VirtualHost> geschlossen.

Erstellen Sie nun ebenfalls eine Datei /etc/apache2/sites-available/ichbaudeinhaus mit angepasstem Inhalt für einen zweiten VirtualHost-Kontext. Achten Sie darauf, dass die Direktive DocumentRoot nun auf das Verzeichnis /var/ichbaudeinhaus zeigen und der Servername ebenfalls angepasst werden muss.

Sind wir damit bereits fertig? Mitnichten und Neffen! Jetzt benötigen wir noch einen Link im Verzeichnis /etc/apache2/sites-enabled, um die jeweiligen Dateien in die Konfigurationsdatei /etc/apache2/apache2.conf einzubinden:

```
# cd /etc/apache2/sites-enabled/
debian:/etc/apache2/sites-enabled# ln -s ../sites-available/windschief windschief
debian:/etc/apache2/sites-enabled# ln -s ../sites-available/ichbaudeinhaus
                                                              ichbaudeinhaus
```

Nein, wir sind immer noch nicht fertig! Wie soll der Client die Domains denn mit Ihrem Server verknüpfen? Normalerweise macht das DNS, doch wir werden erst im nächsten Kapitel DNS konfigurieren, so dass wir zunächst auf die lokale Namensauflösung zurückgreifen müssen. Erstellen Sie auf dem Client folgende Einträge in /etc/hosts:

```
192.168.1.1    www.windschief.local        windschief.local
192.168.1.1    www.ichbaudeinhaus.local    ichbaudeinhaus.local
```

Nun ist sichergestellt, dass die Anfragen nach www.windschief.local und www.ichbaudeinhaus.local auf 192.168.1.1 aufgelöst werden.

Möchten Sie den Zugriff von einem Windows-Client testen, editieren Sie die Datei %systemroot%\system32\drivers\etc\hosts, wobei %systemroot% in der Regel c:\windows bzw. c:\winnt ist.

Jetzt müssen wir nur noch den Apache-Server neu starten:

```
# /etc/init.d/apache2 restart
Restarting web server: apache2 ... waiting ..
```

Und nun? Probieren Sie es aus! Rufen Sie im Browser die entsprechende Website auf und schauen Sie, was passiert:

Abb. 29.1: Aufruf von www.windschief.local

Wunderbar, www.windschief.local funktioniert, und www.ichbaudeinhaus.local?

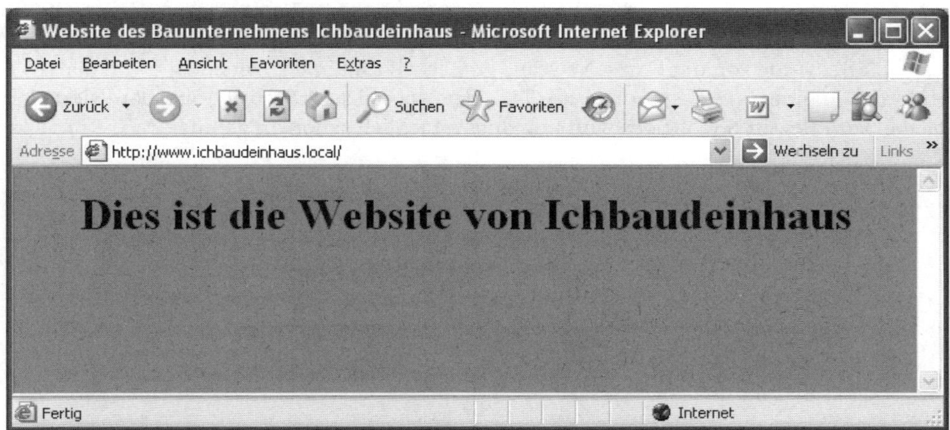

Abb. 29.2: Aufruf von www.ichbaudeinhaus.local

Geht ebenfalls! Gratulation, Sie haben Ihre ersten beiden virtuellen Hosts erstellt!

Sollten Sie hier nicht dasselbe Ergebnis haben wie oben abgebildet, kontrollieren Sie nochmals die einzelnen Schritte:

1. DocumentRoot-Verzeichnisse für die einzelnen Webpräsenzen erstellen.
2. Wenigstens eine index.html mit entsprechend angepasstem Text in den einzelnen DocumentRoot-Verzeichnissen erstellen.

3. Pro virtueller Host jeweils eine Datei mit aussagekräftigem Namen unter `/etc/apache2/sites-available` erstellen. In dieser Datei die entsprechenden Direktiven eintragen und für die jeweilige Webpräsenz anpassen.
4. Links unter `/etc/apache2/sites-enabled` für die angelegten Dateien unter `/etc/apache2/sites-available` anlegen, um die Dateien in die Konfiguration einzubinden.
5. Serverdienst neu starten.
6. Gegebenenfalls Cache im Browser leeren.

Ansonsten sind virtuelle Hosts unter Apache ziemlich unproblematisch. Sie können beliebig viele weitere erstellen und einbinden.

Aber was für Direktiven bindet man denn nun in den Kontext des virtuellen Hosts ein? Nun, grundsätzlich können Sie alle Direktiven hier einbinden. Schauen Sie sich die Datei `/etc/apache2/sites-available/default` noch einmal an – hierbei handelt es sich zwar um die Default-Seite, aber Debian verzichtet von Anfang an auf den Hauptserver und konfiguriert auch die Default-Seite als virtuellen Host.

Hier werden etliche Einstellungen vorgenommen, die wir zu einem großen Teil auch bereits im ersten Kapitel über den Apache Webserver analysiert haben. Ein virtueller Host funktioniert aber bereits mit den wenigen Einstellungen, die wir im Workshop vorgenommen haben, ausgezeichnet.

29.2 HTTPS

Mit HTTPS können Sie HTTP verschlüsselt übertragen. Dies basiert auf SSL (Secure Socket Layer). SSL wurde von der Firma Netscape entwickelt und in der Version 3.0 von der IETF (Internet Engineering Task Force) als TLS (Transport Layer Security) standardisiert. Ich bleibe beim Begriff SSL, beides wird umgangssprachlich synonym genutzt.

SSL setzt sich zwischen TCP und HTTP:

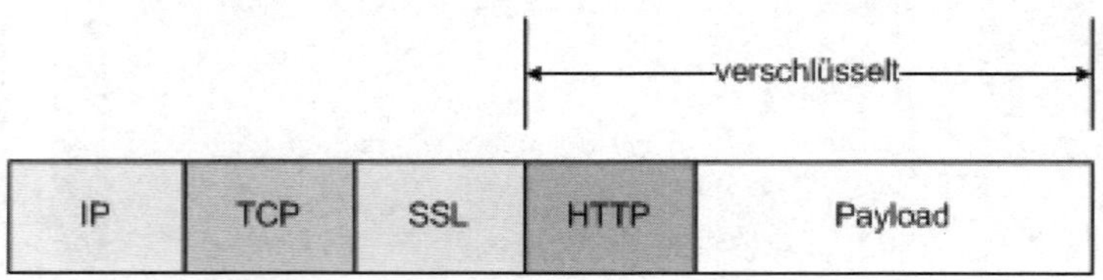

Abb. 29.3: HTTP setzt auf SSL auf.

Eigentlich ist SSL ein allgemeines Protokoll zur Verschlüsselung von Anwendungsprotokollen, die keine eigene Verschlüsselung mitbringen. Es wird aber hauptsächlich für HTTPS, also verschlüsseltes HTTP, verwendet. Der Apache lauscht per Default auf Port 443/tcp auf HTTPS-Anfragen.

29.2.1 Wie funktioniert SSL?

SSL ist ein Protokoll, das *Zertifikate* zur Server-Authentifizierung nutzt. Ein Zertifikat ist ein signierter öffentlicher Schlüssel (siehe Kapitel 20 *Fernwartung mit SSH*). Diese Signatur ist wie eine digitale Unterschrift. Dies funktioniert genau umgekehrt zum Verschlüsseln mit asymmetrischen Schlüsseln.

Das Prinzip der digitalen Signatur

Während bei der asymmetrischen Verschlüsselung der Public Key zum Verschlüsseln genutzt wird, ist es bei der digitalen Signatur der Private Key, mit dem eine Nachricht (hier: der öffentliche Schlüssel eines Servers) verschlüsselt wird.

Die mit dem Private Key verschlüsselte Botschaft kann nur mit dem dazugehörigen Public Key entschlüsselt werden. Da der Private Key beim Eigner des Schlüsselpaars sicher verwahrt wird, kann somit die Identität des Eigners bewiesen werden – vorausgesetzt, der Private Key wurde nicht kompromittiert.

Anders ausgedrückt: Damit Sie die Unterschrift einer Person oder Institution überprüfen können, benötigen Sie deren Public Key – das aber ist in der Regel kein Problem, da dieser Teil des Schlüsselpaars ja dazu gedacht ist, veröffentlicht zu werden.

Durchdenken Sie dieses Konstrukt erst einmal in Ruhe – erfahrungsgemäß dauert es eine Weile, bis es »Klick« macht. Die Sache mit den öffentlichen und privaten Schlüsseln und den Zertifikaten ist nicht ganz trivial, aber sehr logisch – und schlicht genial!

Wer oder was signiert denn nun diese Public Keys? Da kann ja kommen, wer will ... oder?

PKI

Das Ganze basiert auf dem PKI-Konzept. PKI steht für *Public Key Infrastructure* und besagt im Grunde Folgendes:

Ich habe einen Freund mit Namen Heiko. Jener Heiko kennt und vertraut einem Dritten, nennen wir ihn Anton. Da ich Heiko vertraue und Heiko Anton vertraut, vertraue auch ich Anton, obwohl ich ihn bisher gar nicht kenne.

Kommt Anton nun mit einem Empfehlungsschreiben von Heiko mit dessen fälschungssicherer Unterschrift, muss ich noch nicht einmal mit Heiko gesprochen haben – es reicht, dass Anton sich das Empfehlungsschreiben von Heiko geholt hat, damit Anton sich mir gegenüber als vertrauenswürdig ausweist.

CAs

Wer ist nun dieser ominöse Heiko? Auf die PKI bezogen handelt es sich um eine CA, eine *Certificate Authority*. Dies ist eine von staatlicher Seite sehr genau geprüfte und überwachte Institution, die Zertifikate signiert. Vertraue ich der CA, kann ich auch dem von der CA signierten Zertifikat und dessen Eigner vertrauen.

CAs sind hierarchisch aufgebaut. Es gibt Root-CAs, die an der Spitze stehen und lediglich Zertifikate für untergeordnete CAs erstellen. Diese stellen häufig auch wieder nur Zertifikate für die ihnen untergeordneten CAs aus. Das bezeichnet man dann auch als »Zwischenzertifizierungsstellen« (eine Woche morgens vor den Spiegel stellen und üben, dann kann man das Wort ohne zu stottern aussprechen!). Etwas weiter unten in der Hierarchie werden dann die Zertifikate für die verschiedenen Zwecke erstellt. Es gibt zum Beispiel Server-, Client-, User- oder Softwarezertifikate.

Die Vertrauenswürdigkeit

Signierte Objekte – insbesondere signierte Software – sind nicht per se vertrauenswürdig. Es ist mitunter sehr einfach, für bestimmte Zwecke ein von einer anerkannten CA signiertes Zertifikat zu erhalten.

Seien Sie also auf der Hut! Signierte Objekte zeigen Ihnen lediglich die Herkunft an – nicht aber deren Inhalt (Software) oder das, was dahinter steht (Inhalt des Webservers zum Beispiel).

Der Browser checkt die folgenden Bestandteile eines Zertifikats:

1. CA-Signatur (ist die CA als vertrauenswürdig eingestuft?), dies ist das wichtigste Kriterium, da mit dem Vertrauensstatus zur CA die gesamte PKI steht und fällt!
2. Gültigkeitsdatum: Jedes Zertifikat hat einen Gültigkeitszeitraum. Ist das Serverzertifikat noch gültig?
3. Die Zertifikatssperrliste: Diese wird auch als CRL (Certificate Revocation List) bezeichnet. Sie wird von der ausstellenden CA veröffentlicht und enthält eine Liste aller Zertifikate, denen das Vertrauen entzogen wurde. Der Client überprüft diese Liste automatisch. Wo sie zu finden ist, steht im Zertifikat. In der Regel handelt es sich um eine URL, von der die CRL heruntergeladen wird.
4. DNS-Name der Website, für die das Zertifikat ausgestellt wurde: Dieser Name muss exakt dem DNS-Namen entsprechen, den der Client in seinem HTTP-Request als Hostheader-Wert aufgerufen hat!

> Gerade mit dem vierten Punkt ist gewährleistet, dass kein anderer Server sich zum Beispiel für die Deutsche Bank oder Sparkasse ausgeben kann, da keine (vertrauenswürdige) CA dieser Welt ein Zertifikat auf diesen DNS-Namen signieren würde.

Möchten Sie eine HTTPS-Verbindung vom Client zum Server über Port 443/tcp aufbauen, schickt der Server grundsätzlich sein Zertifikat an den Client. Der Client in Form des Browsers hat in der Regel alle gängigen CA-Zertifikate bereits eingespeichert und kann damit die Signatur des ankommenden Zertifikats überprüfen. Im Internet Explorer finden Sie diese unter EXTRAS|INTERNETOPTIONEN|INHALTE|ZERTIFIKATE|VERTRAUENSWÜRDIGE STAMMZERTIFIZIERUNGSSTELLEN.

Wird die Signatur eines Zertifikats als vertrauenswürdig erkannt und alle Tests erfolgreich durchlaufen, stellt der Browser ohne viel »Trara« auf die verschlüsselte Verbindung um. Dies erkennen Sie in der Adressleiste am Protokoll `https://...`

Was aber passiert, wenn der Browser zum Beispiel die Signatur nicht erkennt, da das CA-Zertifikat nicht in der Liste der vertrauenswürdigen Stammzertifizierungsstellen enthalten ist? Und wie können wir überhaupt für uns selbst ein CA-signiertes Zertifikat organisieren? Lesen Sie weiter!

Eigene CAs

Ohne CA kein Zertifikat. Allerdings bietet Linux mit OpenSSL eine vollwertige CA, die fast jedes beliebige Zertifikat in allen möglichen Formaten ausstellen kann.

Der Nachteil: Eigene CAs sind per se nicht vertrauenswürdig. Wie würden Sie einem dubios aussehenden Fremden begegnen, der Ihnen sagt: »Ich bin vertrauenswürdig! Hier habe ich ein Schreiben mit meiner eigenen Unterschrift, das dies belegt ...«? Also ich würde mich umdrehen und das Weite suchen!

Trotzdem können diese Zertifikate ihren Zweck erfüllen – jedenfalls einen Teil davon. Ein von einer öffentlichen CA signiertes Zertifikat gibt Auskunft über den Eigner und liefert den Public Key zum Austausch des symmetrischen Schlüssels. Damit haben wir schon einmal zwei wichtige Informationen.

Voraussetzung ist, dass das CA-Zertifikat der signierenden CA im Browser des Clients enthalten ist (also in der Liste der VERTRAUENSWÜRDIGEN STAMMZERTIFIZIERUNGSSTELLEN). Nur unter diesen Umständen vertraut der Client dem Zertifikat, das ihm übermittelt wird.

Wie reagiert der Browser nun auf ein ihm nicht bekanntes Zertifikat? Er zeigt Ihnen eine Warnmeldung in der folgenden Art:

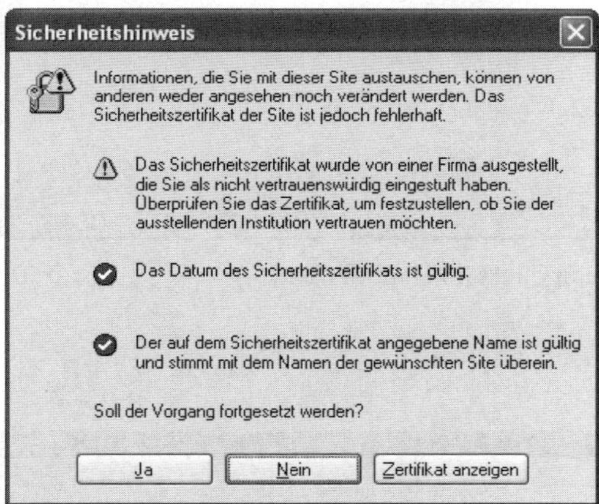

Abb. 29.4: Der Sicherheitshinweis mit der Zertifikatswarnung

Wie Sie sehen, prüft der Browser drei Dinge:

1. Von wem wurde das Zertifikat ausgestellt? Die ausstellende CA ist in diesem Fall nicht vertrauenswürdig (mangels vorhandenem CA-Zertifikat).
2. Das Ablaufdatum – jedes Zertifikat hat ein Ablaufdatum, nach dem es nicht mehr gültig ist. Ein grünes Häkchen dahinter besagt, dass an dieser Stelle alles in Butter ist, das Zertifikat ist noch gültig.
3. Der DNS-Name, auf den das Zertifikat ausgestellt ist. Er muss dem im Adressfeld des Browsers eingegebenen DNS-Namen des Servers entsprechen. Dies ist der Sicherheitsmechanismus, auf den zum Beispiel Banken setzen: Keine seriöse CA (und nur solche sind per Default im Browser als vertrauenswürdig eingestuft) wird zum Beispiel einem dubiosen russischen Webserver ein Zertifikat signieren, das auf `www.deutschebank.de` o.Ä. lautet.

Leider ignorieren viele Benutzer solche Popup-Fenster mit Warnmeldungen und klicken leichtfertig auf OK.

Ab dem Internet Explorer 7 wird diese Warnung direkt im Hauptfenster des Browsers angezeigt. Die empfohlene Vorgehensweise vom IE ist, das Zertifikat abzulehnen. Im vorliegenden Fall liegt wiederum ein Problem mit der Vertrauensstellung der Zertifizierungsstelle vor:

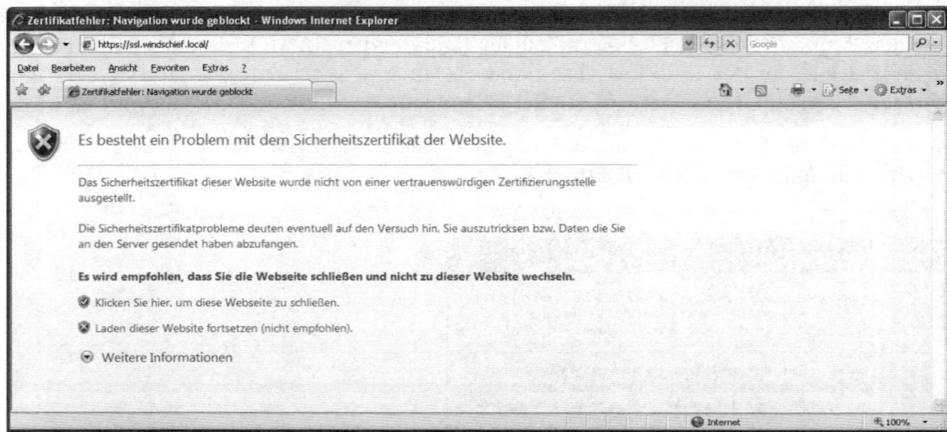

Abb. 29.5: Die Warnmeldung des IE 7 erscheint direkt im Hauptfenster.

Im Mozilla Firefox sieht die Warnmeldung ganz ähnlich aus:

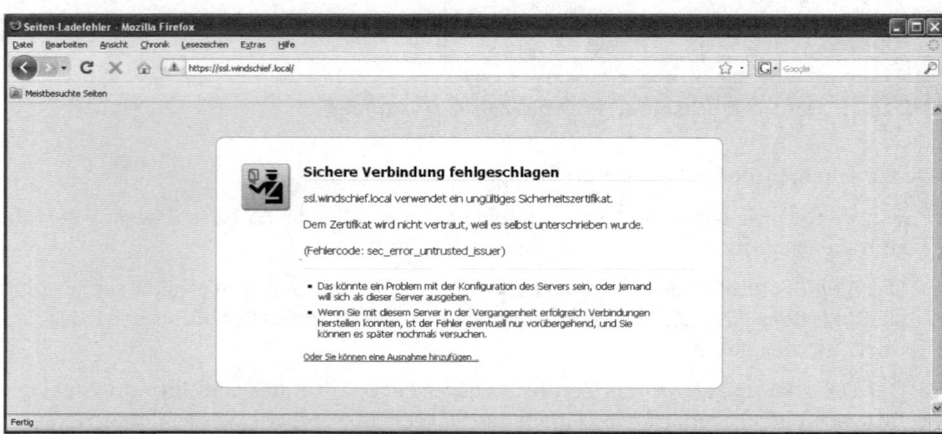

Abb. 29.6: Auch der Firefox ist mit dem Zertifikat nicht einverstanden.

Sie sollten sich aber auch immer vergewissern, dass das, was draufsteht, auch das ist, was drin ist! Klicken Sie dazu im IE auf ZERTIFIKAT ANZEIGEN|DETAILS.

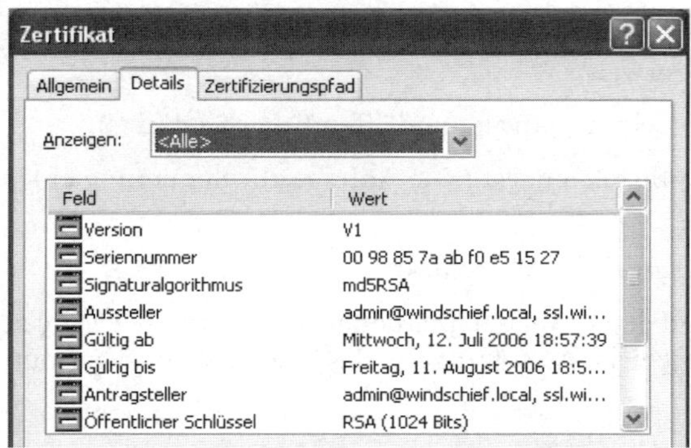

Abb. 29.7: Hier können Sie sich die Detailinformationen zum Zertifikat ansehen.

Kommt Ihnen etwas daran merkwürdig vor, lehnen Sie die Verbindung im Ernstfall ab und kontaktieren Sie den Website-Betreiber.

Die CRLs

Es kommt immer wieder vor, dass ein Zertifikat vorzeitig entzogen wird, weil der Eigner – aus welchen Gründen auch immer – nicht vertrauenswürdig ist. Wie aber erfährt der Client davon? Alle gängigen Browser laden sich regelmäßig automatisch so genannte CRLs (Certificate Revocation Lists) von den CAs herunter, in denen die entzogenen Zertifikate vermerkt sind. Wird dem Browser ein solches Zertifikat angeboten, zeigt er wieder eine Warnmeldung, dass das Zertifikat nicht mehr gültig ist.

> Auf das Thema »CRLs« gehe ich im weiteren Verlauf nicht weiter ein, da es sich um einen fortgeschrittenen Bereich im Rahmen von PKI-Strukturen und Zertifizierungsstellen handelt. Wir begnügen uns in diesem Rahmen mit einem einfachen Zertifikat für unseren Webserver.

Wie aber sieht das Ganze nun in der Praxis aus? Wohlan denn, lassen Sie uns ein Zertifikat erstellen und einbinden:

29.2.2 Workshop: Den Apache SSL-fähig machen

Mit dem Modul `mod_ssl` können Sie Apache 2 beibringen, über SSL zu kommunizieren. Dieses binden wir nun ein, indem wir die entsprechenden Links setzen:

```
# ln -s /etc/apache2/mods-available/ssl.conf /etc/apache2/mods-enabled/ssl.conf
# ln -s /etc/apache2/mods-available/ssl.load /etc/apache2/mods-enabled/ssl.load
```

Schauen Sie noch einmal in Kapitel 26 *Apache Teil I – Aufbau eines Intranets* nach, wenn Sie dies hier nicht auf Anhieb nachvollziehen können. Das Prinzip ist dasselbe wie bei den virtuellen Hosts.

Das Zertifikat erstellen

Der Normalfall ist die folgende Vorgehensweise:

1. Der Administrator erstellt ein Schlüsselpaar (privater und öffentlicher Schlüssel).
2. Der Administrator erstellt einen Zertifikatsrequest (eine Anfrage zur Signierung eines öffentlichen Schlüssels).
3. Der Zertifikatsrequest wird als Datei an eine CA geschickt.
4. Die CA prüft die Anfrage und signiert den Schlüssel. Das daraus resultierende Zertifikat wird an den Antragsteller zurückgeschickt. Ab sofort kann das Zertifikat zur Übermittlung an Clients genutzt werden.

In unserem Fall gehen wir allerdings etwas anders vor, da wir zwei Fliegen mit einer Klappe schlagen: Wir erstellen ein so genanntes selbst signiertes Zertifikat, da wir gleichzeitig auch die CA bereitstellen.

Wir erstellen das Zertifikat mit dem Befehl **openssl**. Stellen Sie sicher, dass die Pakete **openssl** und **ssl-cert** installiert sind. Hierzu können Sie zum Beispiel **grep** verwenden:

```
# dpkg -l|grep ssl
```

Gegebenenfalls müssen Sie die beiden Pakete mittels **apt-get** nachinstallieren. Sind die Pakete installiert, können Sie das Zertifikat manuell erstellen. Erschrecken Sie nicht, die Syntax wirkt etwas weniger intuitiv (ich neige zu Untertreibungen). Nehmen Sie diese hier einfach erst einmal zur Kenntnis. Bevor wir loslegen, muss das Verzeichnis /etc/apache2/ssl bestehen. Erstellen Sie es ggf. jetzt, bevor Sie den folgenden Befehl ausführen:

```
# openssl req $@ -new -x509 -days 365 -nodes -out /etc/apache2/ssl/
apache.pem -keyout /etc/apache2/ssl/apache.pem
```

Nun müssen Sie entsprechende Angaben zu Ihrem Zertifikat machen:

```
debian:~# openssl req $@ -new -x509 -days 365 -nodes -out /etc/apache2/ssl/
apache.pem -keyout /etc/apache2/ssl/apache.pem
Generating a 1024 bit RSA private key
.............++++++
......................++++++
writing new private key to '/etc/apache2/ssl/apache.pem'
-----
You are about to be asked to enter information that will be incorporated
into your certificate request.
What you are about to enter is what is called a Distinguished Name or a DN.
There are quite a few fields but you can leave some blank
For some fields there will be a default value,
If you enter '.', the field will be left blank.
-----
Country Name (2 letter code) [AU]:DE
State or Province Name (full name) [Some-State]:
Locality Name (eg, city) []:Berlin
Organization Name (eg, company) [Internet Widgits Pty Ltd]:Windschief
```

```
Organizational Unit Name (eg, section) []:
Common Name (eg, YOUR name) []:ssl.windschief.local
Email Address []:admin@windschief.local
```

Der *Common Name* ist der Servername, zum Beispiel `ssl.windschief.local`. Dieser Name muss dem Namen des virtuellen Hosts entsprechen, den wir gleich im Anschluss erstellen werden.

Haben Sie die Angaben gemacht, hört das Programm einfach auf und zeigt Ihnen den Prompt. Schöner wäre es natürlich, wenn `openssl` Ihnen bestätigt hätte, dass das Zertifkat tatsächlich erstellt wurde. Tatsächlich steht Ihnen das selbst signierte Zertifikat nun zur Verfügung. Es befindet sich unter `/etc/apache2/ssl/` und lautet `apache.pem`. Werfen wir einen Blick darauf:

```
# cat /etc/apache2/ssl/apache.pem
```

```
-----BEGIN RSA PRIVATE KEY-----
MIICXAIBAAKBgQDCvjdEtmi/4CNu0RM+Zr3Fcuc1ENSp4E/L7bZq6onieNF5q93k
nd8fAKwkoCdhhp1bH8t2n2d2H6rKYU4VpGJLKlQyNEcJrnO2mGdmOLXOOxm2MM76
2OsORV/csb18AvpbguauyMOmtUFIgP5RvxhQU3jOa4P6LfsftIsVTdh76wIDAQAB
AoGAcFBOBcYB8a9uIApaw+FzTz3ulI9JZ1PkEaPeUhlEPqYZgceaaLCYLwQvQ8xO
ChQeCqDysk5K2Dh5QtENvLOar+cDyJZN+qfTSWNKaOUpBlgU+Z5tqW7Elew2A0ZT
wbZrB1sH9+S63aOVQSqVpOzToag6B+oBtLy8/1zJx/4pwPECQQDtq5eajPDyF/aC
f/nGKIitbet6T1KjhiW7/yg/DBhMF3vCdi4pTk891Jyfu5tDR3sb51Yl11CGsrja
cJDtP14jAkEA0cMYjRIzTQfUxDdGvPlwtCBKNlugIdjbm7nvqYppFY+yMG3hvI6R
hLhtDe/OvBMOZVmM2giKX2OTD5pMZ8rzmQJBALXgYhu7T4dOHwiuto2V5OIQo+rt
WOgaeDXthPb6Yn2YWvTtS1YAv1MpqNHz11UdFnC8D4jVxKHPkvZWvhFQNNECQBra
hRwaRmMIK57rDK1IqbsFnzqSRE/Q+VxYU2w7AfT2rnMwvgNrpQl+qsdr+eVt8xva
eQO4sC5CCyOmNz3aZ5ECQGFPCmFCBJ3vS5BqBKfUluSCI/OAd21KSn/OJInzwKA9
UlFnuf8SJwq7qBVjJOU0JUXgPFoieMd9kXjpShgOEMw=
-----END RSA PRIVATE KEY-----
-----BEGIN CERTIFICATE-----
MIIDkzCCAvygAwIBAgIJAMxl/QzDebUqMA0GCSqGSIb3DQEBBQUAMIGOMQswCQYD
VQQGEwJERTETMBEGA1UECBMKU29tZS1TdGF0ZTEPMA0GA1UEBxMGQmVybGluMRMw
EQYDVQQKEwpXaW5kc2NoaWVmMROwGwYDVQQDExRzc2wud2luZHNjaGllZi5sb2Nh
bDElMCMGCSqGSIb3DQEJARYWYWRtaW5Ad2luZHNjaGllZi5sb2NhbDAeFw0wOTA2
MDUxMDIwMjJaFw0xMDA2MDUxMDIwMjJaMIGOMQswCQYDVQQGEwJERTETMBEGA1UE
CBMKU29tZS1TdGF0ZTEPMA0GA1UEBxMGQmVybGluMRMwEQYDVQQKEwpXaW5kc2No
aWVmMROwGwYDVQQDExRzc2wud2luZHNjaGllZi5sb2NhbDElMCMGCSqGSIb3DQEJ
ARYWYWRtaW5Ad2luZHNjaGllZi5sb2NhbDCBnzANBgkqhkiG9w0BAQEFAAOBjQAw
gYkCgYEAwr43RLZov+AjbtETPma9xXLnNRDUqeBPy+22auqJ4njReavd5J3fHwCs
JKAnYYadWx/Ldp9ndh+qymFOFaRiSypUMjRHCa5ztphnZji1zjsZtjDO+tjrDkVf
3LG9fAL6W4LmrsjDprVBSID+Ub8YUFN49GuD+i37H7SLFU3Ye+sCAwEAAaOB9jCB
8zAdBgNVHQ4EFgQUZPWkY9I/AwCyd+ZJUTLLwgK9bkswgcMGA1UdIwSBuzCBuIAU
ZPWkY9I/AwCyd+ZJUTLLwgK9bkuhgZSkgZEwgY4xCzAJBgNVBAYTAkRFMRMwEQYD
VQQIEwpTb21lLVN0YXRlMQ8wDQYDVQQHEwZCZXJsaW4xEzARBgNVBAoTCldpbmRz
Y2hpZWYxHTAbBgNVBAMTFHNzbC53aW5kc2NoaWVmLmxvY2FsMSUwIwYJKoZIhvcN
AQkBFhZhZG1pbkB3aW5kc2NoaWVmLmxvY2FsggkAzGX9DMN5tSowDAYDVR0TBAUw
AwEB/zANBgkqhkiG9w0BAQUFAAOBgQAOtbSVca+Ts+JF5j+RzthPPOkq7pKgfw9V
O7gZHHptUhZ83D/hZ2zSHVwEV+hqT8HUCcKwVy3BRtJSbA3KbnbMPn6sFcs5kgdk
pZrLA5SEMPDkMdunXTAkWj/gqxGzMtJ4BkLxJCIoyNXjqjWSKg/5BJRSYza3sUOb
2r/AWOMC/A==
-----END CERTIFICATE-----
```

Wir finden hier zwei Objekte vor: einen privaten Schlüssel (mit einem Algorithmus namens RSA kodiert) und ein Zertifikat mit dem dazu passenden öffentlichen Schlüssel. Beginn und Ende des jeweiligen Schlüssels werden durch entsprechende Zeilen markiert, diese dürfen nicht gelöscht werden. Auf Anfrage wird natürlich nur der Bereich zwischen `BEGIN CERTIFICATE` und `END CERTIFICATE` gesendet, da sich hier das Serverzertifikat befindet. Der private Schlüssel verbleibt geschützt auf dem Server.

So weit, so gut! Wir müssen allerdings noch die Rechte manuell anpassen, damit die Datei nicht von jedermann eingesehen werden kann:

```
# chmod 600 /etc/apache2/ssl/apache.pem
```

Nun haben wir alles, um unseren ersten virtuellen Host zu erstellen.

Virtuellen Host erstellen

Nun benötigen wir einen virtuellen Host, der auf HTTPS-Anfragen reagiert. Dazu erstellen wir eine neue Datei `/etc/apache2/sites-available/ssl-test`:

```
1 NameVirtualHost *:443
2 <VirtualHost *:443>
3   DocumentRoot /var/ssl-test
4   ServerName ssl.windschief.local
5   SSLEngine on
6   SSLCertificateFile /etc/apache2/ssl/apache.pem
7   SSLProtocol all
8   SSLCipherSuite HIGH:MEDIUM
9 </VirtualHost>
```

Listing 29.1: `/etc/apache2/sites-available/ssl-test`

Hier erstellen wir eine zweite `NameVirtualHost`-Direktive, die nur für Port 443 gilt. Entsprechend referenzieren wir im `VirtualHost`-Kontext darauf in Zeile 2. In Zeile 3 definieren wir ein `DocumentRoot`-Verzeichnis, das wir später noch erstellen werden.

> Zeile 4 definiert, dass der virtuelle Host auf den Namen `ssl.windschief.local` hört. Wie bereits erwähnt, muss dieser Name auch bei der Erstellung des Zertifikats für den Common Name angegeben werden.

Hier wird es interessant: In Zeile 5 schalten wir SSL ein. Die Zeile 6 gibt den Ort der eigenen Zertifikate an.

Zeile 7 aktiviert alle verfügbaren SSL-Protokollversionen und Zeile 8 stellt nur die mit mittlerer und hoher Sicherheit bewerteten Verschlüsselungsalgorithmen für die symmetrische Verschlüsselung bereit, die für die reguläre Datenübertragung zwischen den Kommunikationspartnern genutzt wird.

Vergessen Sie nicht, die neue Datei unter `/etc/apache2/sites-enabled` zu verlinken, um sie zu aktivieren:

```
# ln -s /etc/apache2/sites-available/ssl-test /etc/apache2/sites-enabled/ssl-test
```

Das DocumentRoot-Verzeichnis erstellen

Jetzt erstellen wir das `DocumentRoot`-Verzeichnis, das unsere neue Webpräsenz enthalten wird:

```
# mkdir /var/ssl-test
```

Natürlich benötigen wir hier auch eine `index.html`. Sie können die Datei mit folgendem Inhalt erstellen:

```
<html>
<head>
<title>Windschief-sicher</title>
</head>
<body bgcolor="#339999">
<h1 align="center">SSL funktioniert!</h1>
</body>
</html>
```

Listing 29.2: `/var/ssl-test/index.html`

Den Webserver vorbereiten

Nun haben wir zwar definiert, dass ein namensbasierter virtueller Host auf Port 443/tcp lauschen soll, aber davon weiß der Server noch nichts – wir ergänzen also noch `/etc/apache2/ports.conf` um die folgende Zeile:

```
Listen 443
```

Es bleibt nur noch, den Server neu zu starten:

```
# /etc/init.d/apache2 restart
Forcing reload of web server: Apache2.
```

Bevor Sie den ersten Test machen können, tragen Sie beim Client (!) in die Hosts-Datei (`etc/hosts` bzw. `%systemroot%\windows32\drivers\etc\hosts`) noch die entsprechende Zuordnung zum neuen Namen ein. Ohne diese werden wir nicht auf die richtige Seite gelotst:

```
192.168.1.1    ssl.windschief.local
```

Testen der SSL-Verbindung

Jetzt endlich ist es so weit: Geben Sie im Browser `https://ssl.windschief.local` ein. Sie sollten eine Zertifikatswarnung erhalten, wie oben angegeben. Diese können Sie mit OK bestätigen. Jetzt sollte der Browser Folgendes anzeigen:

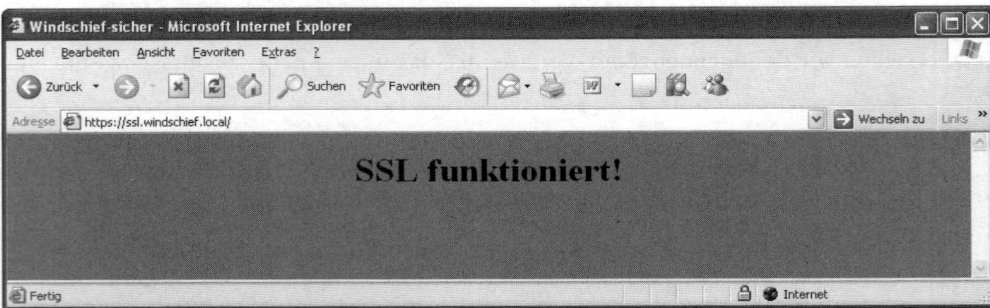

Abb. 29.8: Die Verbindung über SSL funktioniert.

Gratulation, Ihre erste SSL-Website steht! Sollten Sie auf eine Fehlermeldung stoßen, kontrollieren Sie noch einmal die notwendigen Schritte:

1. `mod_ssl` über Links in `/etc/apache2/mods-enabled` einbinden.
2. Zertifikat mit `apache2-ssl-certificate` erstellen.
3. Die Datei für den virtuellen Host für SSL unter `/etc/apache2/sites-available` erstellen – hier muss eine neue `NameVirtuelHost`-Direktive auf Port 443 erstellt werden. Weiterhin müssen die notwendigen Direktiven für SSL gesetzt werden.
4. Die Datei in `/etc/apache2/sites-enabled` verlinken, um sie zu aktivieren.
5. Das `DokumentRoot`-Verzeichnis und die `index.html` erstellen.
6. `/etc/apache2/ports.conf` um Listen 443 ergänzen.
7. Server neu starten.
8. Eintrag in Hosts-Datei auf dem Client für den neuen Domainnamen erstellen.

Sollte es einmal nicht funktioniert haben, müssen Sie u.U. den Cache Ihres Browsers leeren, bevor Sie es noch mal probieren – sonst zeigt dieser Ihnen das veraltete Ergebnis an.

> **Achtung:** SSL funktioniert nur für einen einzigen Domainnamen! Sie können also keine zwei namensbasierenden virtuellen Hosts über HTTPS ansprechen. Das liegt daran, dass das Server-Zertifikat für einen Domainnamen erstellt wurde. Und Sie können nur ein Server-Zertifikat erstellen.

Das neue Zertifikat importieren

Damit Sie nicht immer die Warnmeldung des Browsers erhalten, können Sie das Zertifikat als vertrauenswürdig einstufen. Normalerweise geschieht dies, indem das CA-Zertifikat der CA, die das Serverzertifikat signiert hat, in die Liste der VERTRAUENSWÜRDIGEN STAMMZERTIFIZIERUNGSSTELLEN importiert wird. Da wir hier allerdings ein selbst signiertes Zertifikat haben, wird ausnahmsweise genau dieses Serverzertifikat selbst importiert.

Hierzu klicken Sie entweder unten in der Statusleiste auf das Schloss-Symbol (IE 6) bzw. auf die Zertifikatsfehler-Warnmeldung neben der Adressleiste ab IE 7 und lassen sich das Zertifikat anzeigen. Im Firefox müssen Sie eine Ausnahme definieren, die Vorgehensweise ist aber recht ähnlich.

Abb. 29.9: Möchten wir dem Zertifikat vertrauen, müssen wir es importieren.

Klicken Sie auf ZERTIFIKAT INSTALLIEREN, um es zu importieren. Im Firefox klicken Sie auf die Schaltfläche SICHERHEITS-AUSNAHMEREGEL bestätigen.

Anschließend können Sie jederzeit ohne Warn- und Fehlermeldung der Browser auf Ihre neue HTTPS-Seite zugreifen.

29.3 Serverüberwachung

Dieses Thema ist bei allen Serverdiensten wichtig – jedoch greife ich es an dieser Stelle auf, da insbesondere Webserver bei hohen Besuchszahlen schnell einmal an ihre Grenze kommen können. Das liegt auch daran, dass die Kommunikation in Echtzeit abläuft – während ein entfernter E-Mail-Server zum Beispiel die Nachricht später noch einmal an unseren eigenen E-Mail-Server sendet, wenn er keinen Erfolg gehabt hat, sind Websurfer nicht so geduldig: Wird eine Seite nicht geladen, wird oftmals auf REFRESH oder erneut auf den Link geklickt, wodurch weitere Anfragen entstehen, die der gebeutelte Server erst recht nicht beantworten kann ...

Hier wollen wir zweierlei erreichen:

1. Wir wollen allgemeine Werte wie CPU-Last, Festplattenbelegung oder RAM-Auslastung überwachen und
2. wir interessieren uns für die Nutzungsstatistiken des Webservers.

29.3.1 Überwachung von CPU, HD, RAM etc.

Es gibt insbesondere fünf wichtige Indikatoren zur lokalen Überwachung von Systemen:

- *CPU-Last*: Steigt sie dauerhaft an, kann das auf einen einzelnen Prozess hindeuten, der sich aufgehängt hat. Es ist aber auch möglich, dass der Server aufgrund von starker Nutzung ganz allgemein an die Grenze seiner Rechenkapazität stößt.
- *Arbeitsspeicherauslastung*: Ein Server kann eigentlich nie genug RAM haben. Sollte der Arbeitsspeicher ständig bis zum Anschlag genutzt werden, wird Linux zunehmend »swappen«, also Daten auf die Swap-Partition auslagern – dies wirkt sich äußerst negativ auf die Performance aus.
- *Fesplattennutzung*: Viele Systeme, die umfangreiche Logdaten oder andere Daten speichern, kommen irgendwann an die Grenze der Speicherkapazität – typische Kandidaten sind `/var` und `/home`. Daher sollten diese nach Möglichkeit auch auf eigenen Partitionen untergebracht sein, denn wenn die Wurzelpartition / vollläuft, verweigert das System seinen Dienst.
- *Anzahl der Prozesse*: Dies geht meistens mit anderen Indikatoren einher. Sollte die Prozessliste stark anwachsen, werden oftmals alte, nicht mehr benötigte Prozesse nicht ordnungsgemäß beendet. Sie verbrauchen dann weiter Ressourcen, die dem Server nicht mehr zur Verfügung stehen. Bei 100 Prozessen brauchen Sie sich vermutlich noch keine Sorgen zu machen – wächst die Anzahl jedoch auf 200 oder 300 Prozesse an, sollten Sie dies untersuchen. Natürlich hängt das auch stark von der Anzahl und Art der laufenden Dienste und Systeme auf dem Server ab.
- *Netzwerkstatus*: Wie ist der Interface-Status? Gibt es Übertragungsfehler? Häufen diese sich mit der Zeit? Unter Umständen ist dann eine Hardwarekomponente defekt, vielleicht das Netzwerkkabel oder der Switch. Greifen Sie von außen zu, können Sie ebenfalls die Dienste mittels `telnet` abfragen.

Es gibt ausgefeilte Tools, um diese und andere Indikatoren regelmäßig zu überprüfen und deren Entwicklung grafisch aufzubereiten und über Webseiten abrufbar zu machen. Hierzu zählen:

- MRTG (`oss.oetiker.ch/mrtg`) – ein Tool, das ursprünglich zum Monitoring von Routern konzipiert wurde, inzwischen mittels SNMP-Abfragen aber alle möglichen Werte auslesen und grafisch anzeigen kann.
- RRDTool (`oss.oetiker.ch/rrdtool`) – aus MRTG hervorgegangen, ermöglicht die Anzeige von beliebigen Werten, die aus anderen Monitoring-Tools entnommen werden können.
- Nagios – dient in erster Linie der Überwachung von Netzwerkdiensten, kann aber auch mittels entsprechender Plug-Ins bzw. Skripte Systemindikatoren auslesen und anzeigen.

Alle diese Tools haben gemeinsam, dass es für einen Einsteiger doch recht aufwändig ist, eine geeignete Konfiguration zu erstellen. Außerdem sind sie mitunter für das Monitoring von mehreren Servern konzipiert und optimiert, so dass wir hier mit Kanonen auf Spatzen schießen würden.

Ich finde diese Art der Überwachung allerdings trotzdem sehr nützlich und kann Ihnen nur empfehlen, sich eines der Monitoring-Tools einmal näher anzuschauen. Im Rahmen dieses Buches allerdings beschränke ich mich auf Handarbeit.

Was heißt das nun? Ganz einfach: Erinnern Sie sich an Kapitel 10 *Wichtige Befehle zur Systemadministration* aus Teil I des Buches? Hier habe ich Ihnen bereits Ihren Werkzeugkasten vorgestellt. Nutzen Sie die folgenden Befehle, um den Zustand Ihres Servers zu überprüfen:

- **vmstat** – zeigt Ihnen umfangreiche Informationen zur Nutzung von CPU und RAM an.
- **top** – stellt CPU, RAM-Nutzung und die Prozessliste mit zahlreichen Informationen als Tabelle bereit und aktualisiert sich selbstständig während der Laufzeit.
- **df** – zeigt Ihnen die Festplattennutzung an.
- **free** – Tool zum Anzeigen des freien Arbeitsspeichers.
- **ps aux** – zeigt die Prozessliste, »gepiped« durch **|wc -l** kann die Anzahl der Prozesse ermittelt werden.
- **netstat** – dient der Überprüfung des Netzwerkstatus: Mit **-ni** werden Transferstatistiken angezeigt, **-na|grep -iv unix** zeigt die laufenden Dienste an.

Diese Tools sollten Sie regelmäßig aufrufen und sich über den Systemstatus informieren. Außerdem können Sie via **telnet <IP-Adresse> <Port>** die Dienste Ihres Servers überprüfen.

Übung: Schreiben Sie ein Skript, das die Ausgabe von **vmstat**, **df**, **free** und **ps ax|wc -l** zusammen mit dem aktuellen Datum und der Uhrzeit (Befehl: **date**) in eine Datei `~/sysmon.log` schreibt. Erstellen Sie einen Cron-Job, der dieses Skript jede Minute ausführt.

Scheint Ihnen das zu unübersichtlich, können Sie die Daten der jeweiligen Tools auch in separate Dateien schreiben lassen, zum Beispiel `vmstat.log` etc.

Damit haben Sie zwar noch keine grafisch aufbereitete Darstellung der Daten, aber zumindest eine Übersicht.

29.3.2 Webalizer

Sie möchten gerne bunte Grafiken haben? Nun, zumindest hinsichtlich der Auslastung des Apache Webservers kann ich Ihnen dazu etwas anbieten: den *Webalizer*.

Der *Webalizer* ist ein Tool zur Auswertung und grafischen Darstellung von Werten aus den Logfiles in `/var/log/apache2`. Das Paket wird wie üblich installiert:

```
# apt-get install webalizer
```

Während der Installation wird ein Verzeichnis `/var/www.webalizer` angelegt, in dem später die erstellten Berichte zur Verfügung gestellt werden.

Standardmäßig wird die Datei `/var/log/apache2/access.log.1` ausgewertet. Diese Datei ist allerdings bereits eine archivierte Logdatei. Um die aktuelle Logdatei `/var/log/apache2/access.log` als Access-Logdatei anzugeben, müssen Sie diese manuell in `/etc/webalizer/webalizer.conf` angeben. Suchen und editieren Sie hierzu die Direktive `LogFile` und verändern Sie den entsprechenden Wert.

Zunächst ist im Verzeichnis `/var/www/webalizer` nichts zu finden, Sie müssen `webalizer` erst einmal manuell aufrufen:

```
# webalizer
Webalizer V2.01-10 (Linux 2.6.26-2-686) locale: de_DE.UTF-8
Using logfile /var/log/apache2/access.log (clf)
Creating output in /var/www/webalizer
Hostname for reports is 'debian'
History file not found...
Previous run data not found...
Generating report for April 2006
Generating report for May 2006
Generating report for June 2006
Saving current run data... [07/13/2006 12:44:18]
Generating report for July 2006
Generating summary report
Saving history information...
358 records (5 ignored) in 0,11 seconds
```

Nun können Sie die Webalizer-Seite über `http://192.168.1.1/webalizer` aufrufen:

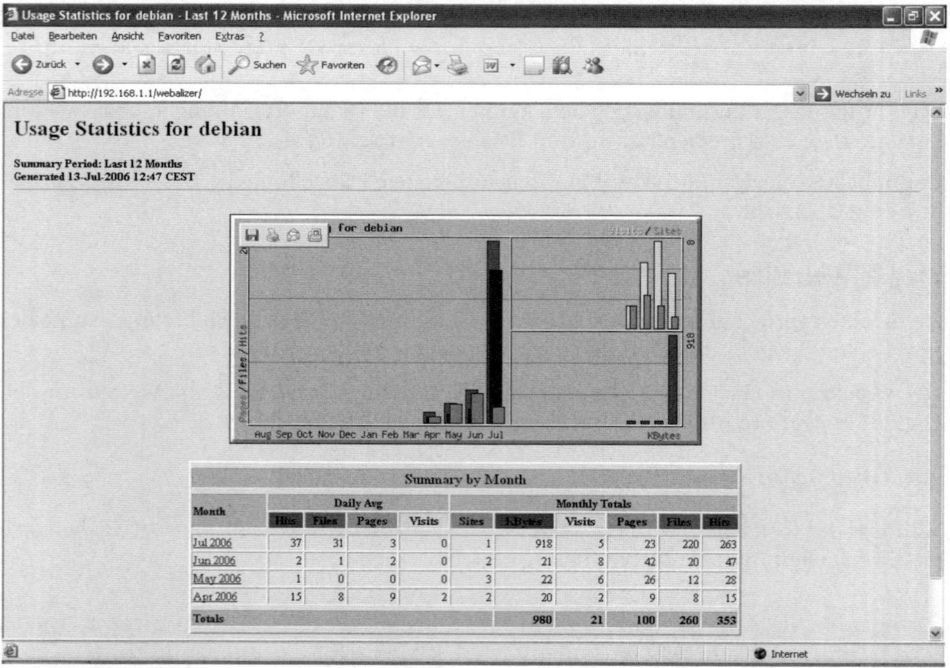

Month	Daily Avg				Monthly Totals					
	Hits	Files	Pages	Visits	Sites	KBytes	Visits	Pages	Files	Hits
Jul 2006	37	31	3	0	1	918	5	23	220	263
Jun 2006	2	1	2	0	2	21	8	42	20	47
May 2006	1	0	0	0	3	22	6	26	12	28
Apr 2006	15	8	9	2	2	20	2	9	8	15
Totals						980	21	100	260	353

Abb. 29.10: Die Webalizer-Startseite

Über die Monatslinks können Sie sich detailliertere Statistiken anzeigen lassen:

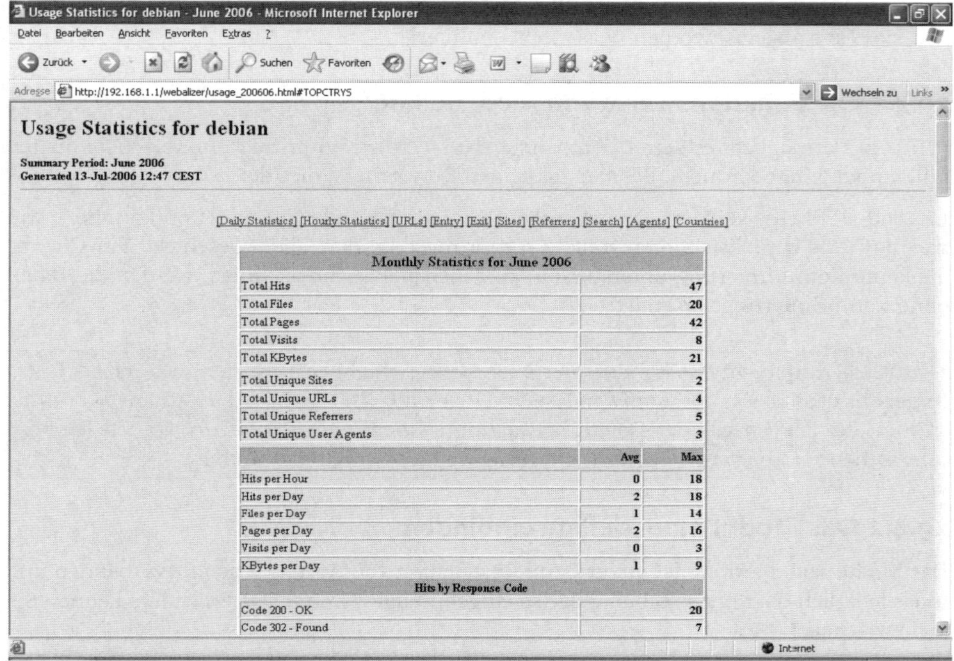

Abb. 29.11: Detaillierte Zugriffsstatistiken

Scrollen Sie weiter herunter, sehen Sie auch schöne Kuchen- und Balkengrafiken. Natürlich sind die Zahlen auf einem Laborrechner nicht besonders beeindruckend, da hier kaum Last entstehen wird. Auf einem stark frequentierten Produktivsystem kann das dann schon anders aussehen. Außerdem dauert es in Anbetracht der Fülle der angebotenen Informationen ein wenig, bis man die Daten richtig interpretieren kann.

Sie sollten einen Cron-Job erstellen, der das Programm **webalizer** zum Beispiel stündlich aufruft, um die Daten zu aktualisieren. Nur so haben Sie aktuelle Statistiken. Ein trivialer Einzeiler in `/etc/crontab` tut seinen Dienst:

```
0 * * * *   root   webalizer
```

29.4 Bandbreite einsparen

In fast allen Angeboten für dedizierte oder virtuelle Root-Server ist ein Datenübertragungsvolumen pro Monat definiert, zum Beispiel 5 GB. Ist ein Server gut besucht, kann es passieren, dass mehr als dieses Volumen in einem Monat übertragen wird. Alles was über das Freivolumen hinausgeht, lässt sich der Provider in der Regel teuer bezahlen.

Natürlich können Sie einen neuen Vertrag mit einem höheren Freivolumen abschließen. Es gibt aber auch die Möglichkeit, Bandbreite zu sparen, in dem Sie die zu übertragenden Daten komprimieren `mod_deflate` machts möglich. Für Apache 1.3 wurde noch das Third-

Party-Modul `mod_gzip` verwendet. Dies ist ab Version 2.0 von dem internen Modul `mod_deflate` abgelöst worden. Was steckt dahinter?

29.4.1 Die Funktionsweise von mod_deflate

HTTP v1.1 ermöglicht es dem Client, anzugeben, ob die Komprimierung von Webinhalten unterstützt wird oder nicht. Bei allen gängigen Browsern ist dies der Fall.

Ist `mod_deflate` aktiviert und konfiguriert, werden alle in der Konfiguration von `mod_deflate` berücksichtigten Inhalte komprimiert an den Client geschickt. Für Clients, die keine Komprimierung unterstützen, zum Beispiel Suchmaschinen, werden die Daten ohne Komprimierung versendet.

> Natürlich verbraucht der Komprimierungsvorgang CPU-Leistung, dennoch haben Tests ergeben, dass dieser Mehraufwand seitens der CPU fast immer Performance-Gewinn bringt, da der Prozess der Datenübertragung schneller abgeschlossen werden kann – abgesehen vom teilweise wesentlich verringerten Übertragungsvolumen.

29.4.2 Das Modul mod_deflate einbinden

Das Modul `mod_deflate` ist in der Grundinstallation von Apache 2 bereits vorhanden und muss lediglich über entsprechende Links eingebunden werden. Das Prozedere kennen Sie ja inzwischen:

```
# ln /etc/apache2/mods-available/deflate.load /etc/apache2/mods-enabled/
deflate.load
```

Anschließend muss der Server neu gestartet werden:

```
# /etc/init.d/apache2 restart
Forcing reload of web server: Apache2.
```

Nun ist `mod_deflate` einsatzbereit. Eine einzige Zeile genügt, um die Komprimierung zu aktivieren:

```
AddOutputFilterByType DEFLATE text/html text/plain
```

Dies aktiviert die Kompression für die MIME-Typen `text/html` und `text/plain`. Sie können bei Bedarf weitere MIME-Typen hinzufügen. Des Weiteren können Sie wählen, ob Sie diese Direktive in die globale Konfiguration unter `/etc/apache2/apache2.conf` oder innerhalb des Kontextes eines virtuellen Hosts einbinden – dementsprechend wird die Kompression aktiviert.

Dies ist nur ein oberflächlicher Einstieg in das Modul `mod_deflate`. Möchten Sie weitere Informationen erhalten, empfiehlt sich ein Blick in `http://httpd.apache.org/docs/2.0/mod/mod_deflate.html`.

29.5 Zusammenfassung und Weiterführendes

In diesem Kapitel haben Sie gelernt, wie Sie virtuelle Hosts einrichten können, um mehrere Webpräsenzen, die über unterschiedliche Domains erreichbar sind, auf einem Server hosten zu können. Die meisten kommerziellen Webserver arbeiten mit dieser Methode.

Zwischen Webclient und -Server ist ebenfalls eine verschlüsselte Übertragung mittels SSL bzw. HTTPS möglich. Allerdings können Sie pro Server tatsächlich nur eine einzige HTTPS-Verbindung konfigurieren, da das hierzu nötige Zertifikat für den gesamten Server gilt und nicht einzelnen virtuellen Hosts zugewiesen werden kann.

Apache ist modular aufgebaut, so dass sein Funktionsumfang um viele weitere Features erweitert werden kann. Mittels `mod_ssl` haben Sie SSL-Funktionalität gewonnen, während das Modul `mod_deflate` eine Kompression verschiedener Inhalte ermöglicht, um so Bandbreite zu sparen.

Auf einem Produktivsystem ist die Überwachung der Ressourcen, wie zum Beispiel CPU, Speicher- und Festplattennutzung, essenziell. Neben zahlreichen Tools, die Ihnen entsprechend grafisch aufbereitete Statistiken oder Übersichten über den Systemstatus liefern, können Sie sich bei einem einzelnen System auch mit den Bordmitteln von Linux ohne viel Aufwand einen recht guten Überblick über die Situation auf Ihrem System verschaffen. Gerade bei stark genutzten Systemen sollten Sie regelmäßig schauen, ob Ihr Server »innerhalb normaler Parameter« arbeitet – ja, ich gebe es zu: Diesen Spruch habe ich von *Commander Data* vom Raumschiff Enterprise geklaut ;-).

DNS – Namensauflösung im Internet

Bisher haben Sie die lokale Namensauflösung über die Hosts-Datei kennen gelernt. Nun stellen Sie sich einmal vor, Sie müssten alle im Internet verfügbaren Domains in dieser Datei pflegen – das geht natürlich nicht.

Hierfür wurde DNS, das Domain Name System, konzipiert. Es ist serverbasiert und hierarchisch aufgebaut. Ein DNS-Client, *Resolver* genannt, fragt einen DNS-Server nach einer Adresse der Form `host.einedomain.tld`, wobei `tld` für *Toplevel-Domain* steht, ein Begriff, den ich Ihnen in diesem Kapitel erläutern werde. Der Server liefert dem Client die zugehörige IP-Adresse zurück, worauf dieser mit dem gewünschten Host über seine IP-Adresse kommunizieren kann.

DNS ist im Grunde das Herzstück des Internets. Ohne DNS müssten Sie im Browser statt `http://www.debian.org` zum Beispiel `http://194.109.137.218` eingeben. Das wäre eine ziemliche Zumutung!

Namen sind nun mal leichter zu merken, als IP-Adressen. Das gilt für Sie als Administrator, aber noch mehr für normale Internetuser. Es ist daher wohl nicht übertrieben zu sagen, dass das Internet ohne DNS nicht funktionieren würde – die Attraktivität, eine IP-Adresse im Adressfeld des Browsers einzugeben, hält sich zumindest bei normalen Usern vermutlich in engen Grenzen und würde dazu führen, dass viele Menschen das Internet überhaupt nicht nutzen würden.

In vielen Fällen ist ein eigener DNS-Server nicht erforderlich, da der Provider die DNS-Einträge für die betreffende Domain selbst vornimmt. Andererseits haben Sie durch einen eigenen DNS-Server die volle Kontrolle über Ihre DNS-Einträge, so dass es durchaus attraktiv ist, einen eigenen DNS-Server zu betreiben – vorausgesetzt, Sie haben das entsprechende Know-how ...

Damit wären wir auch schon beim Thema: Sie lernen in diesem Kapitel Folgendes:

- Wie funktioniert DNS?
- Installation von BIND9
- Administration mit `rndc`
- Den DNS-Client nutzen
- Installation von primären und sekundären DNS-Servern
- Absichern der Server
- DDNS – dynamische Zoneneinträge via DHCP-Server

30.1 Das Lab

Für dieses Kapitel sieht unser Lab ein wenig anders aus, da wir zwei Server benötigen, um auch einen sekundären DNS-Server erstellen zu können, der die Daten vom primären bezieht. Die »Luxus-Variante« sieht so aus wie in Abbildung 30.1.

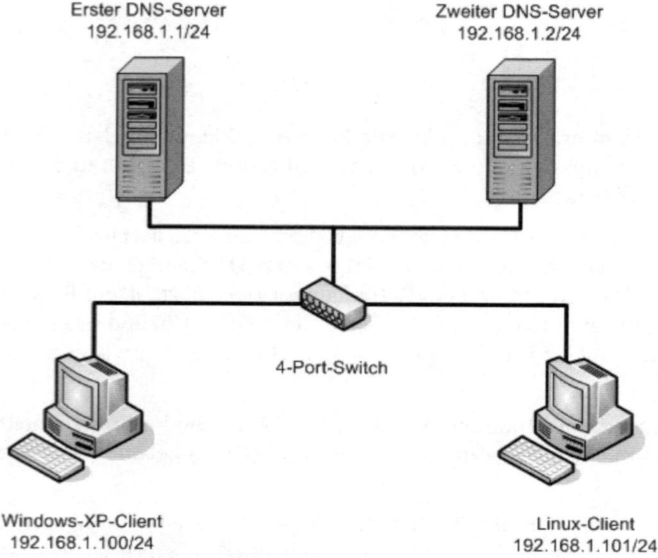

Abb. 30.1: Die DNS-Laborumgebung

Es ist jedoch vollkommen ausreichend, wenn Sie zunächst auf zwei Rechnern Debian installieren und diese als DNS-Server konfigurieren. Die Funktionalität Ihres Servers können Sie weitgehend auch auf dem Server selbst testen – Sie benötigen also nicht unbedingt einen dedizierten Client-PC. Für das Thema DDNS ist allerdings ein DHCP-Client erforderlich, damit der DHCP-Server eine Lease vergeben und den Client im DNS anmelden kann. Da sich hier die Windows-Clients von den Linux-Clients unterscheiden, ist es optimal (aber nicht zwingend erforderlich), wenn Sie beides testen können.

30.2 Das Szenario

Sie haben sich dazu entschlossen, einen eigenen DNS-Server auf Ihrem Root-Server zu erstellen, damit Sie die DNS-Einträge der bei Ihnen gehosteten Domains unter Kontrolle haben. Zwar wissen Sie, dass dies nicht unbedingt erforderlich wäre, da Ihr Provider ebenfalls in der Lage ist, diese Einträge zu pflegen, doch möchten Sie das Angenehme mit dem Nützlichen verbinden: Neben der besseren Kontrolle und der schnelleren Reaktionsfähigkeit gedenken Sie die Chance zu nutzen, sich mit den Feinheiten des DNS-Konzeptes vertraut zu machen – dieses ist schließlich eines der zentralen Konzepte, auf denen das Internet basiert.

30.3 Einführung in das Domain Name System

DNS ist kein ganz trivialer Dienst. Es gilt, zunächst das zugrundeliegende System zu begreifen. Lassen Sie uns daher einen Blick auf die verschiedenen Konzepte werfen.

30.3.1 Domains und Domainnamen

Die in DNS gespeicherten Daten sind Domainnamen. Diese sind hierarchisch als Baum gegliedert. Jede Abzweigung in diesem Baum entspricht einer Domain. Der gesamte Domainname setzt sich aus den Namen aller Domains zusammen, die übergeordnet auf dem Pfad zur Wurzel, Root genannt, liegen, und wird von rechts nach links interpretiert. Darauf kommen wir gleich zurück.

Root

Die DNS-Wurzel (Root, damit haben wir die dritte Bedeutung dieses Wortes kennen gelernt) wird durch einen Punkt (`.`) dargestellt und wird oftmals weggelassen, muss aber in den Zonendateien gesetzt werden. Auch hierzu später mehr.

Toplevel-Domains

Darunter kommen die Toplevel-Domains (TLD). Sie sind festgelegt und repräsentieren Institutionen, Bereiche oder Länder. Hier ein paar typische TLDs:

TLD	Bedeutung
`.de`	TLD für Deutschland
`.au`	TLD für Österreich
`.com`	Kommerzielle Webseiten
`.net`	Allgemeine Internet-Seiten
`.edu`	Bildungsseiten
`.org`	Non-Profit Organisationen
`.gov`	Staatliche Seiten (Government)
`.eu`	Neue TLD für Europa

In einem lokalen Netz können Sie natürlich eigene TLDs, wie zum Beispiel `.local` definieren. Dies ist in der Regel sogar sehr sinnvoll, um Konflikte mit im Internet existierenden DNS-Namen zu vermeiden.

Domains

Unter den TLDs kommen die Domains. Der Domainname ist frei wählbar und darf aus maximal 63 Zeichen (Buchstaben, Ziffern und dem Bindestrich) bestehen. Unter bestimmten Bedingungen (RFC 3490) sind auch andere Zeichen erlaubt, dies kann unter Umständen aber zu Kompatibilitätsproblemen führen.

Der Domainname bezeichnet in der Regel den Inhalt bzw. den Betreiber der Domain, zum Beispiel `debian.org` oder `microsoft.com`. Dies ist jedoch grundsätzlich völlig frei wählbar.

Sublevel-Domains

In vielen Fällen folgt dem Domainnamen noch ein weiterer Domainname. Hierbei handelt es sich um Sublevel-Domains in der Art. `support.meinefirma.tld`. Hier können im Zweifelsfall weitere Subdomains angehängt werden.

Hostname

Der Hostname steht ganz links und ist hierarchisch der unterste Punkt des Zweiges. Gemäß der Konvention werden Webserver oft www und Mail-Server oft `mail`, `smtp` oder `pop` genannt. Merken Sie was? Wenn Sie `www.debian.org` aufrufen, dann ist www nicht etwa ein Zauberwort, das dem Domainamen vorangestellt werden muss, sondern ein schlichter Hostname ...

Die DNS-Hierarchie

Schauen wir uns das noch einmal in Abbildung 30.2 bildlich an.

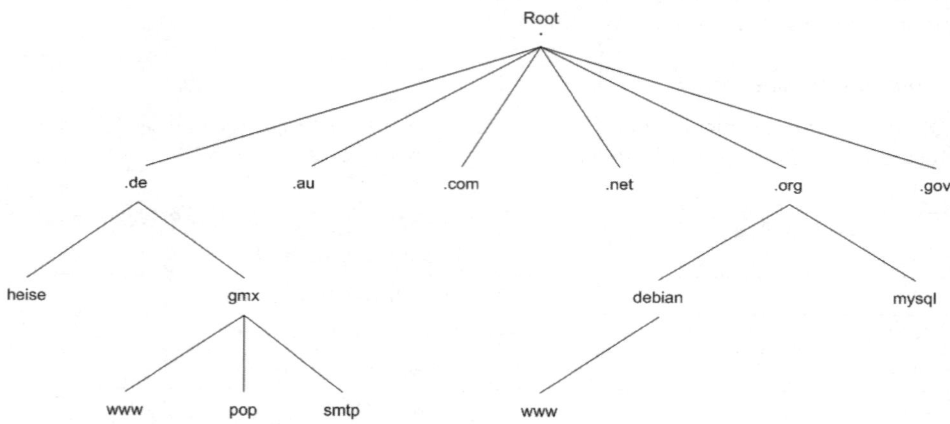

Abb. 30.2: Der hierarchische DNS-Baum

Hier können Sie sehr schön sehen, wie die Hierarchie funktioniert. An der Spitze steht der Punkt, *Root*, genannt. Darunter folgen die *Toplevel-Domains*, darunter wiederum die *Domains* und unter den Domains befinden sich (ggf. unter weiteren *Subdomains*) die *Hostnamen*. Jeder Name muss nur innerhalb seines übergeordneten Bereichs eindeutig sein. So kommt der Hostname www in sehr vielen Domains vor. Ebenso gibt es zum Beispiel `www.debian.de` und `www.debian.org`. Also auch Domain-Namen können in unterschiedlichen Toplevel-Domains wiederholt auftauchen.

FQDN

Der FQDN (Fully Qualified Domain Name) gibt den vollständigen Namen eines Knotens in der DNS-Hierarchie an. In der Regel wird dies ein Host sein, also die unterste Ebene eines DNS-Zweiges. Der FQDN des Webservers der Debian-Website ist zum Beispiel `www.debian.org`. Hierbei ist zu beachten, dass für den FQDN der Punkt am Ende grundsätzlich angegeben werden muss, da dieser die DNS-Wurzel repräsentiert.

> In der Regel wird dieser Punkt aber weggelassen, da über der Toplevel-Domain nur noch Root – also der Punkt – folgen kann. Unter bestimmten Bedingungen, zum Beispiel innerhalb einer Zonendatei, muss ein FQDN jedoch mit Punkt geschrieben werden.

Jeder Bestandteil des Namens, wie zum Beispiel www, `debian` oder `org` entspricht einem so genannten *Label*, der Bezeichnung eines Knotens innerhalb der DNS-Hierarchie. Alle hierarchisch zusammengehörenden Labels ergeben, durch Punkt voneinander getrennt, den FQDNs. Dagegen ist der *Hostname* eben nur www und der *Domainname* `debian.org`, hier wird die TLD regelmäßig mit angegeben.

30.3.2 Zonen und DNS-Servertypen

Wie Sie bereits erfahren haben, besteht DNS aus einer verteilten Datenbank. Kein DNS-Server auf der Welt enthält alle möglichen DNS-Einträge. Stattdessen wird die Datenhaltung in Zonen aufgeteilt.

> Eine Zone besteht aus einem zusammenhängenden Teil des Domain-Baums, für den sie autoritative, also bestimmende Informationen, bereithält.

Zone versus Domain

Worin besteht nun der Unterschied zwischen Domains und Zonen? Nun, in der Regel wird tatsächlich eine Zone auch einer Domain entsprechen. Allerdings kann eine Zone auch Subdomains enthalten, wenn diese nicht wiederum in weitere Zonen ausgelagert und damit delegiert werden.

Auf den oberen Ebenen sieht das wiederum etwas anders aus:

Während die 13 Root-Server lediglich Verweise auf die Toplevel-Domain-Server besitzen, halten diese in ihren Zonen die DNS-Server für sämtliche darunter liegenden Domains bereit. So kennt der TLD-DNS-Server für `.de`-Domains alle DNS-Server für die `de`-Domains – nicht mehr, aber auch nicht weniger. Im Zweifel muss sich der DNS-Client also von Server zu Server durcharbeiten – wie das konkret funktioniert, zeige ich Ihnen weiter unten.

> Natürlich existiert nicht nur ein einzelner TLD-Server für die `.de`-Domains. Aus Last- und Verfügbarkeitsgründen werden die Anfragen auf mehrere Server verteilt.

Master und Slave

Eine solche Zone wird von einem *primären Master-Server* bereitgestellt. Änderungen an der Zone können *nur auf diesem Server* vorgenommen werden.

Dagegen ziehen sich der oder die *Slave-Server* (ja, es können mehrere sein) lediglich eine Kopie der Zonendatei. Sie können diese Kopie direkt vom primären Master-Server oder von anderen Slave-Servern holen. Dabei ist Master und Slave relativ. Holt sich ein Slave-Server eine Kopie des Zonen-Files von einem anderen Slave-Server, ist dieser für Ersteren der Master. Jedoch kann es nur einen *primären* Master-Server geben. Alle anderen sind *sekundäre* Server für eine Zone.

Ändert sich ein Eintrag auf dem primären Master-Server, werden die Änderungen auf den Slaves erst nach erneutem Laden der entsprechenden Zonendatei bekannt. Hierzu wird nach jeder Änderung die Seriennummer der Zonendatei um eins erhöht. Somit wissen die sekundären Server, dass Ihre Kopie der Zonendatei nicht mehr aktuell ist, und ziehen sich die neue Version vom jeweiligen Master.

Beide Server (Master und Slave) geben *autoritative* Antworten, d.h., die Anfrage wird von einem Server beantwortet, der die passende Zonendatei gespeichert hat. Dagegen erhalten Sie keine autoritativen Antworten von *Caching-Servern* (siehe nächster Abschnitt).

Im Übrigen ist die Funktion des primären DNS-Servers nicht auf den Dienst oder Server als solchen festgelegt sondern nur für eine bestimmte Zone. So kann ein Server für eine bestimmte Zone der primäre Master-Server sein, während er gleichzeitig Slave – und damit sekundärer Server – für eine andere Zone ist.

Im Internet ist es erforderlich, dass mindestens zwei DNS-Server eine bestimmte Zone bereitstellen. Dies erfordert die Ausfallsicherheit.

Caching-Server

Während autoritative Server eine Zonendatei für die entsprechende Zone enthalten, dienen *Caching-Server* lediglich der Weiterleitung von Anfragen seitens des DNS-Clients. Sie speichern die Antworten im Cache, daher der Name. Wie lange eine solche Namensauflösung »gecached« werden darf, bestimmt der antwortende DNS-Server entsprechend der Einträge in der Zonendatei.

Wird eine Anfrage für eine Namensauflösung gestellt, die bereits im Cache vorhanden ist, kann der Caching-Server diese direkt beantworten und spart somit Zeit und Bandbreite. Ist die Antwort noch nicht bekannt, tritt der Caching-Server als DNS-Client auf und fragt seinerseits bei anderen Servern mittels *iterativem DNS-Request* an. Wie das funktioniert, lesen Sie weiter unten.

Forwarder

Ein *Forwarder* leitet eine DNS-Anfrage an einen anderen DNS-Server weiter, dient also lediglich als Zwischenstation. Der Unterschied zum Caching-Server ist der, dass der Forwarder immer denselben DNS-Server fragt. Auch er stellt, genau wie sein Client, eine *rekursive* Anfrage. Iterativ? Rekursiv? Was bedeutet das denn nun?

30.3.3 Die DNS-Namensauflösung

Wir unterscheiden zwei grundsätzliche Arten der DNS-Anfrage (DNS-Request):

Rekursiver DNS-Request

Diese Art der Anfrage wird von DNS-Clients auf den meisten Systemen genutzt. Sie erwartet eine direkte Antwort vom DNS-Server, d.h., dieser darf nicht auf einen anderen Server verweisen. Stattdessen muss seine Antwort entweder die Namensauflösung beinhalten oder die Aussage: »Kann nicht aufgelöst werden!«.

Iterativer DNS-Request

Die meisten DNS-Server (ausgenommen *Forwarder*) nutzen die iterative Anfrage zum Auflösen eines DNS-Namens. Dabei fragt der Server bei einem der 13 Root-Server an und erhält einen Verweis auf den bzw. die passenden TLD-Server. An diese stellt er die Anfrage erneut und erhält einen Hinweis auf die DNS-Server, die die entsprechende Zone verwalten.

Je nach FQDN landet er Schritt für Schritt irgendwann bei einem Server, der den FQDN bis zum Hostnamen auflösen und damit die DNS-Anfrage mit einer IP-Adresse beantworten kann. Dieser Vorgang stellt sich in etwa wie in Abbildung 30.3 dar.

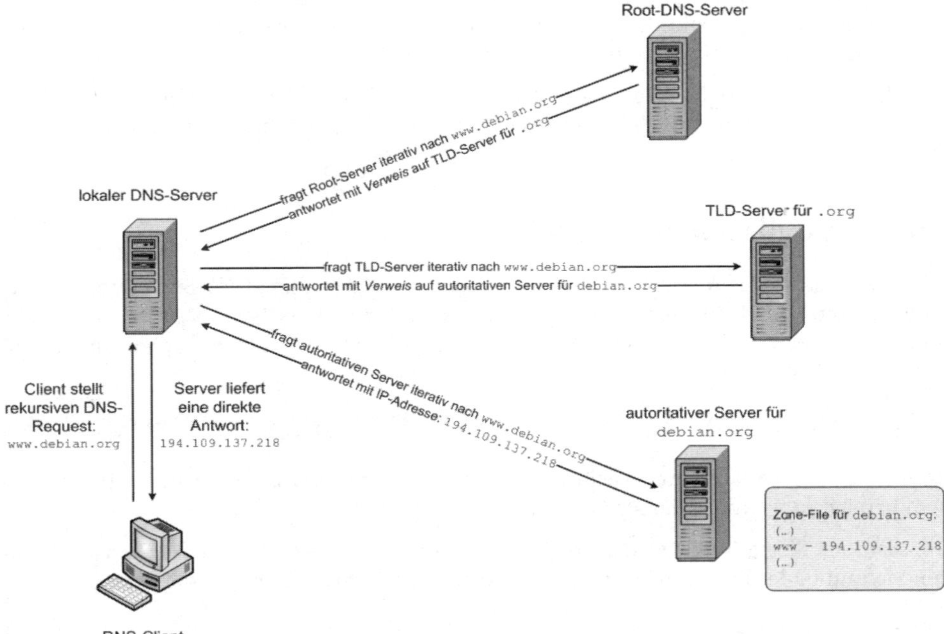

Abb. 30.3: Die DNS-Namensauflösung

Der lokale DNS-Server nähert sich also der Lösung durch Iterationsverfahren an. Ob eine Anfrage rekursiv oder iterativ ist, wird durch ein Flag im DNS-Protokoll-Header entschieden. Root-Server können nicht rekursiv angefragt werden, sie lehnen diese Art der Anfrage ab.

Sie können das System mit einer Detektei vergleichen: Ein Mandant (der DNS-Client) beauftragt die Detektei (lokaler DNS-Server) mit der Suche nach einer bestimmten Person – *rekursiv*. Dabei möchte der Mandant natürlich keinen Verweis auf das Telefonbuch erhalten – stattdessen wird die Detektei ihre »Connections« spielen lassen, um die Identität der betreffenden Person herauszufinden. Dies entspricht der *iterativen* Anfrage. Der Mandant erhält schließlich nur noch die Information über den Aufenthaltsort bzw. der Identität der Person oder – im Negativfall – dass diese Person nicht gefunden werden konnte.

Inverse Anfragen

DNS ist keine einseitige Geschichte – Sie können sowohl Namen in IP-Adressen auflösen (was der Regelfall ist) als oftmals auch umgekehrt. Eine solche Anfrage, bei der eine IP-Adresse in einen dazugehörigen Namen aufgelöst werden soll, nennt sich *invers* oder *revers* und ist nicht mit *rekursiv* zu verwechseln!

Hierzu wurde eine einzige Domain namens `in-addr.arpa` geschaffen. Die jeweiligen Oktette der Subnetze definieren die Subdomains und werden von hinten nach vorn angegeben – denken Sie daran, dass ein DNS-Name hierarchisch gesehen *von rechts nach links* gelesen werden muss. So würde also die IP-Adresse `194.109.137.218` innerhalb der Domain `194.in-addr.arpa` zu finden sein. Hier finden Sie die Subdomain `109.194.in-addr.arpa`. Darunter befindet sich vermutlich `137.109.194.in-addr.arpa`, wenn es sich um ein Klasse-C-Netzwerk handelt.

Raucht Ihnen der Kopf? Keine Sorge, Sie sind nicht allein! DNS ist harter Tobak und Sie können sich selbst auf die Schulter klopfen, wenn Sie es erst einmal richtig verstanden haben.

30.4 Installation von BIND9

BIND9? Was hat das mit DNS zu tun? Ganz einfach: Der gängige DNS-Server unter Linux und anderen Unix-Derivaten ist BIND9. BIND steht für *Berkeley Internet Name Daemon*. Er steht unter Debian GNU/Linux in der Version 9.3 (*Etch*) bzw. 9.5 (*Lenny*) zur Verfügung und wird wie üblich installiert:

```
# apt-get install bind9
```

Die Installation verläuft ohne Rückfragen. Anschließend ist der DNS-Server auf Ihrem System bereits aktiv – und zwar als Caching-Server.

Dies können Sie natürlich wiederum gleich durch mehrere Tests überprüfen. Zunächst sollten Sie nun in der Prozessliste einen entsprechenden Eintrag für `named` vorfinden:

```
# ps ax|grep named
 2186 ?        Ss     0:00 /usr/sbin/named -u bind
```

> Moment mal! DNS, BIND und nun auch noch `named`? Was soll das? Können die sich nicht mal auf eine Bezeichnung einigen? Vorab: Dies ist die letzte Bezeichnung in diesem Zusammenhang, die Sie kennen müssen! Der `named` ist der *Nameserver-Daemon*, daher der Name. Verwirrend, das. Zumal das Init-Skript von `named` wiederum `/etc/init.d/bind9` heißt ...

Außerdem können Sie mit **`netstat -na`** überprüfen, ob der Nameserver-Dienst läuft – er horcht auf Port 53/udp. Die entsprechende Ausgabe sieht in etwa so aus:

```
udp        0      0 192.168.1.1:53          0.0.0.0:*
udp        0      0 127.0.0.1:53            0.0.0.0:*
```

Darüber hinaus sehen Sie noch eine weitere Zeile:

```
tcp        0      0 192.168.1.1:53          0.0.0.0:*               LISTEN
```

Offensichtlich lauscht `named` auch auf Port 53/tcp. Können die Clients sich nun aussuchen, über welches Protokoll sie kommunizieren möchten? Mitnichten! Denn während die normale DNS-Abfrage eines Clients über Port 53/udp erfolgt, kommunizieren DNS-Server untereinander über Port 53/tcp, um Zoneninformationen auszutauschen.

30.5 Den DNS-Server mit rndc administrieren

Das Tool **rndc** erlaubt die Kommandozeilen-basierende Administration von BIND, sowohl lokal als auch remote. Zur Authentifizierung wird ein geheimer Schlüssel verwendet. Dieser wurde bereits bei der Installation von BIND erstellt und in der Datei `/etc/bind/rndc.key` »gebrauchsfertig« als Direktive gespeichert. Wir müssen allerdings noch etwas nachhelfen, damit **rndc** seinen Dienst aufnehmen kann.

30.5.1 rndc konfigurieren

Kopieren Sie zunächst die Datei `/etc/bind/rndc.key` nach `/etc/rndc.conf`:

```
# cp /etc/bind/rndc.key /etc/rndc.conf
```

Nun ergänzen wir die neu erstellte Konfigurationsdatei von **rndc**, so dass diese folgendermaßen aussieht:

```
key "rndc-key" {
        algorithm hmac-md5;
        secret "+8AHv8Ceq1IYnqfOROzi+g==";
};
options {
    default-server localhost;
    default-key "rndc-key";
};
```

Der obere Teil existiert bereits. Im neuen Bereich `options` definieren wir, dass per Default `localhost` kontaktiert und der oben definierte Schlüssel verwendet werden soll. Der Schlüsselstring sieht bei Ihnen natürlich anders aus.

Bevor wir loslegen können, müssen Sie noch einige Einträge in `/etc/bind/named.conf`, der Konfigurationsdatei von `bind9`, vornehmen. Ergänzen Sie der Übersichtlichkeit halber unter der vorhandenen `include`-Zeile relativ weit oben die folgenden Zeilen:

```
include "/etc/bind/rndc.key";
controls {
    inet 127.0.0.1 allow { localhost; } keys { rndc-key; };
};
```

Über die `include`-Direktive binden Sie den Inhalt der angegebenen Datei an der entsprechenden Stelle ein – ganz so, als würden die Zeilen dort direkt stehen. Sie haben dieses Prinzip bereits im Rahmen der Apache-Konfiguration kennen gelernt. Die Direktive `controls` definiert, welche Clients per `rndc` auf den DNS-Server zugreifen dürfen. In unserem Fall ist dies nur `localhost`. Als Letztes müssen Sie den DNS-Dienst erneut starten:

```
# /etc/init.d/bind9 restart
Stopping domain name service: named.
Starting domain name service: named.
```

Ab sofort ist **rndc** einsatzbereit.

30.5.2 rndc nutzen

Das Administrationstool **rndc** kann in einigen Fällen sehr nützlich sein und vereinfacht die Administration des DNS-Servers. Hier ein paar Beispiele, wie Sie **rndc** effektiv nutzen können:

```
# rndc reload
```

Lädt die Konfiguration und die Zonendateien erneut. Dies erspart Ihnen den Aufruf des Init-Skripts. Auch die Log-Konfiguration kann manipuliert werden:

```
# rndc querylog
```

Sehr interessant! Hiermit können Sie die Client-Anfragen in `/var/log/syslog` protokollieren lassen. Ein erneuter Aufruf von `rndc querylog` beendet das Logging.

```
# rndc
```

Ohne Optionen gibt **rndc** eine Liste mit unterstützten Parametern aus. Am besten testen Sie alle Parameter einmal aus, sobald Sie einige Zonen eingerichtet haben.

30.6 Workshop: Die DNS-Clients nutzen

Diesmal werden wir das Pferd von hinten aufzäumen! Um Ihnen ein Gefühl für die Arbeit von DNS-Servern zu geben, fangen wir bei den Clients an. In diesem Workshop lernen Sie, die Programme **nslookup** und **dig** zu verwenden und den DNS-Client (Resolver) zu konfigurieren. Diese sind Bestandteil des Pakets `dnsutils`, das in der Basisinstallation weder bei *Etch* noch bei *Lenny* installiert wird. Falls nötig, holen Sie dies bitte nun nach.

30.6.1 nslookup

Dieses Tool ist der klassische interaktive DNS-Client, wird allerdings nicht mehr weiterentwickelt. Den inoffiziellen Nachfolger, **dig**, lernen Sie im nächsten Abschnitt kennen.

Sie können **nslookup** mit oder ohne Parameter aufrufen. Im letzteren Fall wird eine interaktive Shell geöffnet, in der Sie Ihre Abfragen starten können. Lassen Sie uns dies einmal ausprobieren!

Normale Anfrage (Forward Lookup)

Stellen Sie zunächst sicher, dass Sie eine funktionierende Internetanbindung auf Ihrem Server haben. Wie bereits erwähnt, ist Ihr DNS-Server bereits voll funktionsfähig. Rufen Sie nun `nslookup` auf:

```
# nslookup
> server localhost
Default server: localhost
Address: ::1#53
> www.debian.org
Server:         localhost
Address:        127.0.0.1#53

Non-authoritative answer:
Name:   www.debian.org
Address: 194.109.137.218
>
```

Durch die erste Eingabe stellen wir zunächst sicher, dass wir den lokalen DNS-Server verwenden (**server localhost**). Anschließend erfragen wir die IP-Adresse des Domainnamens www.debian.org. Die Antwort ist nicht autoritativ, da sie von unserem eigenen DNS-Server stammt, der die Antwort des autoritativen Servers lediglich an den Client weiterleitet.

Nun ändern wir den Abfragetyp: Lassen Sie uns nach den Nameservern für die Domain www.debian.org fragen:

```
> set q=ns
> debian.org
Server:         localhost
Address:        127.0.0.1#53

Non-authoritative answer:
debian.org      nameserver = klecker.debian.org.
debian.org      nameserver = saens.debian.org.
debian.org      nameserver = spohr.debian.org.
debian.org      nameserver = samosa.debian.org.

Authoritative answers can be found from:
samosa.debian.org       internet address = 192.25.206.57
```

Mit **set q=** können Sie den Abfragetyp definieren. Fragen wir nach Nameservern, benötigen wir nur die Domain (debian.org) und keinen Hostnamen bzw. FQDN. Da die Antwort nicht autoritativ ist, wird Ihnen die autoritative Quelle genannt, falls Sie es dann doch aus erster Hand erfahren wollen.

> Zur Erinnerung: *Autoritativ* bedeutet, dass der antwortende DNS-Server zumindest eine Kopie der Zonendatei gespeichert hat. Im Englischen erhält dieses Wort noch ein h – »authoritative«.

Sie können auch nach den Mail-Server-Einträgen für eine Domain fragen:

```
> set q=mx
> debian.org
Server:         localhost
Address:        127.0.0.1#53

Non-authoritative answer:
```

```
debian.org      mail exchanger = 0 master.debian.org.

Authoritative answers can be found from:
debian.org      nameserver = klecker.debian.org.
debian.org      nameserver = saens.debian.org.
debian.org      nameserver = spohr.debian.org.
debian.org      nameserver = samosa.debian.org.
master.debian.org       internet address = 70.103.162.30
samosa.debian.org       internet address = 192.25.206.57
```

Mit dem Abfragetyp mx wird nach dem **M**ail E**x**changer, also dem Mail-Server, gefragt. Dieser ist `master.debian.org`. Die Zahl davor (hier: 0) gibt die Priorität an: je niedriger, desto höher die Priorität – null ist demnach nicht zu toppen. Dies wird von den anfragenden Mail-Servern ausgewertet, um den höher priorisierten MX-Eintrag möglichen anderen Mail-Server-Einträgen vorzuziehen. Ein zweiter Mail-Server hätte dann zum Beispiel 10 als Priorität.

> Mail-Server müssen wissen, an welchen Mail-Server sie eine Mail zu versenden haben. Hat ein Adressat die E-Mail-Adresse `gulugulu@hastdunichtgesehen.local`, fragt der sendende Mail-Server den zuständigen DNS-Server für die Domain `hastdunichtgesehen.local` nach den MX-Einträgen. Kann der erste Mail-Server nicht erreicht werden, wird ggf. der zweite Mail-Server der Domain konsultiert.

Inverse Anfrage (Reverse Lookup)

Natürlich funktioniert der Weg auch umgekehrt. Ein interessanter Test ist regelmäßig, zunächst den DNS-Namen auflösen zu lassen und anschließend eine inverse Anfrage zu stellen, wie das folgende Beispiel zeigt:

```
> www.gmx.de
Server:         localhost
Address:        127.0.0.1#53

Non-authoritative answer:
Name:   www.gmx.de
Address: 213.165.64.215
> 213.165.64.215
Server:         localhost
Address:        127.0.0.1#53

Non-authoritative answer:
215.64.165.213.in-addr.arpa     name = www.gmx.net.
```

Ups, das ist ja interessant: `www.gmx.de` wird auf `213.165.64.215` aufgelöst. Lassen wir uns diese IP-Adresse jedoch invers (engl. *reverse*) auflösen, kommt `www.gmx.net` heraus?!

Hier existiert offensichtlich ein Alias, ein so genannter CNAME bzw. Canonical Name. Es gibt verschiedene Arten von Einträgen in die Zonendatei, zum Beispiel:

- A für *Address* (Standard für Name zu IP-Adresse),
- NS für *Nameserver* (gibt einen Nameserver für eine Zone an),
- MX für *MailExchanger* (gibt einen Mail-Server für die Domain an),

- `CNAME` für *Canonical Name* (wie oben erwähnt, ein Alias auf einen A-Eintrag) und
- `PTR` für *Pointer* (für die Auflösung von IP-Adresse zu DNS-Namen, wird nur bei **`in-addr.arpa`**-Domains zugelassen und ist dort neben `NS`-Einträgen normalerweise der einzige Eintragstyp).

Haben Sie einen CNAME definiert, können mehrere DNS-Namen auf ein und dieselbe IP-Adresse aufgelöst werden – hier eben `www.gmx.de` und `www.gmx.net`.

Andererseits kann eine IP-Adresse aber immer nur auf *einen einzigen DNS-Namen* aufgelöst werden! Dies ist im Allgemeinen der erste A-Eintrag. Was heißt *der erste*? Nun, es könnte auch mehrere A-Einträge geben, zum Beispiel beim Round-Robin-Verfahren, bei dem aus Lastverteilungsgründen (Stichwort: Loadbalancing) rundherum abwechselnd verschiedene IPs für verschiedene Server einer Serverfarm zurückgeliefert werden. Schauen Sie sich die folgende Auflösung für `www.tagesschau.de` an:

```
> www.tagesschau.de
Server:          localhost
Address:         127.0.0.1#53

Non-authoritative answer:
www.tagesschau.de        canonical name = www.tagesschau.de.edgesuite.net.
www.tagesschau.de.edgesuite.net canonical name = a1838.g.akamai.net.
Name:   a1838.g.akamai.net
Address: 193.159.189.206
Name:   a1838.g.akamai.net
Address: 193.159.189.200
```

Hier sehen Sie, wie verschiedene CNAME-Einträge (`canonical name`) zur Auflösung von zwei A-Einträgen (`Name`) führen.

Mit **`exit`** können Sie die interaktive Shell von **`nslookup`** jederzeit verlassen.

Ziemlich viele Informationen? Keine Sorge, Sie werden im Rahmen dieses Kapitels selbst einige Einträge in dieser Art vornehmen, so dass Sie die Zusammenhänge auch serverseitig verstehen werden.

Parameter für nslookup

Werfen wir nun einen Blick auf die Parameter, mit denen Sie `nslookup` aufrufen können. Die Syntax sieht folgendermaßen aus:

```
# nslookup [<DNS-Name|->] [<DNS-Server>]
```

Möchten Sie also `www.debian.org` direkt auflösen, geben Sie Folgendes ein:

```
# nslookup www.debian.org
```

Es wird lediglich die Antwort zurückgeliefert, aber keine Eingabeaufforderung geöffnet. Sie können auch den Server angeben, den Sie befragen wollen:

```
# nslookup www.debian.org localhost
```

Möchten Sie einen bestimmten Server im interaktiven Modus befragen, geben Sie statt des DNS-Namens einfach (-) an:

```
# nslookup - localhost
>
```

Dies könnten Sie genauso erreichen, wenn Sie **nslookup** ohne Parameter aufrufen und anschließend `server localhost` eingeben.

30.6.2 dig

Ein etwas neueres Programm zum Abfragen von DNS-Informationen ist `dig` (engl. graben). Es wird oftmals als (besserer) Nachfolger von `nslookup` angesehen, existiert aber nur auf Linux-Systemen, nicht unter Windows (obwohl es inzwischen eine portierte Version gibt). Ich persönlich vermisse den interaktiven Modus von **nslookup**. Dafür hat **dig** eine recht einleuchtende Syntax:

```
# dig [@dns-server] [Name] [Typ]
```

Lassen wir zunächst alles Überflüssige weg! Versuchen Sie Folgendes:

```
# dig www.debian.org

; <<>> DiG 9.2.4 <<>> www.debian.org
;; global options:  printcmd
;; Got answer:
;; ->>HEADER<<- opcode: QUERY, status: NOERROR, id: 4194
;; flags: qr rd ra; QUERY: 1, ANSWER: 1, AUTHORITY: 0, ADDITIONAL: 0

;; QUESTION SECTION:
;www.debian.org.                     IN      A

;; ANSWER SECTION:
www.debian.org.         2987    IN      A       194.109.137.218

;; Query time: 25 msec
;; SERVER: 192.168.1.254#53(192.168.1.254)
;; WHEN: Wed Aug  2 18:26:33 2006
;; MSG SIZE  rcvd: 48
```

Die Ausgabe von **dig** ist etwas umfangreicher als von **nslookup**. In der `QUESTION SECTION` sehen Sie die Anfrage, die `ANSWER SECTION` (wenn vorhanden) liefert die Antwort. Hier fragen wir schlicht nach `www.debian.org` und erhalten eine klare und eindeutige Antwort.

Allerdings nutzen wir im Moment wieder den DSL-Router 192.168.1.254 als DNS-Server, wie Sie unter `SERVER` unten sehen können. Nun wollen wir auf unseren frisch installierten DNS-Server auf dem Debian-Server zugreifen. Sie geben den Server folgendermaßen an:

```
# dig @192.168.1.1 www.debian.org
```

Neben den bereits bekannten Informationen kommt hier noch der folgende Part hinzu:

```
;; AUTHORITY SECTION:
debian.org.             3511    IN      NS      spohr.debian.org.
debian.org.             3511    IN      NS      samosa.debian.org.
```

```
debian.org.              3511    IN      NS      klecker.debian.org.
debian.org.              3511    IN      NS      saens.debian.org.

;; ADDITIONAL SECTION:
samosa.debian.org.       3511    IN      A       192.25.206.57
```

Unser DNS-Server nennt uns darüber hinaus noch die autoritativen Nameserver für `debian.org`. Der DSL-Router ist lediglich als *Forwarder* für den DNS-Server des Providers konfiguriert, so dass sich seine Antwort auf die Anfrage nach dem A-Eintrag von `www.debian.org` beschränkt.

Aber vielleicht wollen Sie ja gar nicht nach dem A-Eintrag fragen, sondern benötigen die Mail-Server einer Domain. Lassen Sie uns nach den MX-Einträgen von `www.gmx.de` fragen:

```
# dig @127.0.0.1 gmx.de mx

; <<>> DiG 9.2.4 <<>> @127.0.0.1 gmx.de mx
;; global options:  printcmd
;; Got answer:
;; ->>HEADER<<- opcode: QUERY, status: NOERROR, id: 58131
;; flags: qr rd ra; QUERY: 1, ANSWER: 2, AUTHORITY: 2, ADDITIONAL: 1

;; QUESTION SECTION:
;gmx.de.                         IN      MX

;; ANSWER SECTION:
gmx.de.                  86400   IN      MX      10 mx0.gmx.de.
gmx.de.                  86400   IN      MX      10 mx0.gmx.net.

;; AUTHORITY SECTION:
gmx.de.                  86400   IN      NS      dns.gmx.net.
gmx.de.                  86400   IN      NS      ns.schlund.de.

;; ADDITIONAL SECTION:
ns.schlund.de.           86400   IN      A       195.20.224.97

;; Query time: 275 msec
;; SERVER: 127.0.0.1#53(127.0.0.1)
;; WHEN: Wed Aug  2 18:36:04 2006
;; MSG SIZE  rcvd: 130
```

Wie Sie sehen, können Sie der Anfrage den Abfragetyp mitgeben – in diesem Fall `mx`. Genauso könnten Sie nach den Nameservern (`ns`) oder Aliassen (`cname`) fragen. Haben Sie es bemerkt? In diesem Fall haben wir @127.0.0.1 angegeben – auch das funktioniert, wenn wir den lokalen DNS-Server ansprechen möchten. Nur Namen wie zum Beispiel `localhost` funktionieren nicht.

> **Achtung:** Nicht immer gibt es eine `ANSWER-SECTION`! Ist diese nicht vorhanden, hat der angefragte DNS-Server keinen Eintrag gefunden.

Das Tool **`dig`** enthält noch sehr viel mehr Optionen und Parameter. Für den normalen Gebrauch jedoch sollten Sie mit den oben genannten auskommen. Darüber hinaus sind Sie herzlich eingeladen, einen tiefen Blick in die Man-Pages von **`dig`** und **`nslookup`** zu werfen.

30.6.3 host

Ein schlichtes Tool zum Abfragen von DNS-Informationen ist **host**. Es arbeitet ähnlich wie seine Verwandten. Hier zwei Beispiele:

```
# host www.debian.org
www.debian.org has address 194.109.137.218
```

Hier wird der Standardserver gefragt. Sie können den Server auch festlegen, indem Sie ihn nach dem abzufragenden DNS-Namen angeben:

```
# host www.tagesschau.de 192.168.1.254
Using domain server:
Name: 192.168.1.254
Address: 192.168.1.254#53
Aliases:

www.tagesschau.de is an alias for www.tagesschau.de.edgesuite.net.
www.tagesschau.de.edgesuite.net is an alias for a1838.g.akamai.net.
a1838.g.akamai.net has address 193.159.189.206
a1838.g.akamai.net has address 193.159.189.200
```

Auch **host** verfügt über keinen interaktiven Modus. Ohne Parameter aufgerufen liefert es eine Übersicht über unterstützte Optionen. Das Tool **host** ist weniger gebräuchlich als **nslookup** und **dig** – dennoch verrichtet es anständig seinen Dienst.

30.6.4 /etc/resolv.conf

Beide bisher vorgestellten Programme sind lediglich Frontends für den DNS-Client, *Resolver* genannt. Sie können das Verhalten des Resolvers konfigurieren. Hierzu nutzen Sie `/etc/resolv.conf`. Zunächst öffnen wir die Datei mit einem beliebigen Editor, um einen Blick hineinzuwerfen:

```
order bind,hosts
search
nameserver 192.168.1.254
```

In der ersten Zeile sehen Sie die Reihenfolge, nach der der Resolver vorgeht, um einen DNS-Namen aufzulösen. Hier wird zunächst der DNS-Server bemüht, bevor die lokale Datei `/etc/hosts` konsultiert wird. Es ist auch möglich, dass diese Zeile bei Ihnen nicht vorhanden ist.

Dem Schlüsselwort `search` folgen ggf. eine Reihe von Domainnamen, dazu genutzt werden, einen DNS-Namen zu einem FQDN zu komplettieren, wenn nur der Hostname angegeben ist – vorausgesetzt, dieser kann nicht aufgelöst werden. Sie können maximal sechs Domainnamen durch Leerzeichen voneinander getrennt angeben.

> Ihre eigene Domain können Sie mit `domain <Domainname>` angeben. Dies steht allerdings in Konkurrenz zu `search`, wobei die letzte Angabe in der Datei »gewinnt«. Im Zweifelsfall belassen Sie es bei `search`.

Mit dem Schlüsselwort `nameserver` geben Sie maximal drei DNS-Server an. Das Schlüsselwort darf mehrfach auftauchen. Pro Zeile wird ein Nameserver definiert. Lassen Sie uns nun eine kleine Änderung vornehmen. Ersetzen Sie zunächst den angegebenen DNS-Server (den DSL-Router) durch unseren lokalen Server:

```
nameserver 192.168.1.1
```

Beachten Sie, dass Sie an dieser Stelle wiederum nur IP-Adressen angeben dürfen, keine Namen!

Außerdem geben wir ein Domainsuffix an, der immer dann zur Anwendung kommt, wenn lediglich ein Hostname angegeben wird. Erweitern Sie die `search`-Zeile wie folgt:

```
search debian.org
```

Schließlich können Sie die Datei abspeichern. Wie wirken sich unsere Änderungen nun aus? Lassen Sie uns dazu zwei Tests vornehmen. Suchen Sie zunächst mit einem einfachen `nslookup`-Befehl nach `www.debian.org`:

```
# nslookup www.debian.org
Server:         192.168.1.1
Address:        192.168.1.1#53

Non-authoritative answer:
Name:   www.debian.org
Address: 194.109.137.218
```

Wie Sie sehen, wird nun standardmäßig die lokale Adresse 192.168.1.1 als DNS-Server verwendet. Das Domainsuffix dagegen wirkt sich aus, wenn Sie lediglich einen Hostnamen angeben:

```
# nslookup www
Server:         192.168.1.1
Address:        192.168.1.1#53

Non-authoritative answer:
Name:   www.debian.org
Address: 194.109.137.218
```

Hier ist `www` der Hostname, der durch `debian.org` vom Resolver ergänzt wird, bevor die Anfrage an den Server gesendet wird. Hätten Sie diesen Eintrag in `/etc/resolv.conf` nicht vorgenommen, wäre das Ergebnis folgendermaßen ausgefallen:

```
# nslookup www
Server:         192.168.1.1
Address:        192.168.1.1#53

** server can't find www: NXDOMAIN
```

> Sowohl **nslookup** als auch **dig** nutzen für die Namensauflösung lediglich eingetragene DNS-Server, nicht aber die Datei /etc/hosts! Diese wird vom Resolver aber durchaus genutzt. Haben Sie zum Beispiel einen Eintrag in /etc/hosts für www.gulugulu.local auf 192.168.1.2, wird ein Ping auf www.gulugulu.local richtig aufgelöst – und zwar durch die Datei /etc/hosts. Testen Sie es aus!

Nun haben wir genug von der Client-Seite gesprochen. Es wird Zeit, eine eigene Zone zu definieren. Wichtige Grundlagen haben Sie ja nun bereits gelernt, so dass wir gleich mit Vollgas in den nächsten Workshop gehen können.

30.7 Workshop: Die erste Zone einrichten

In diesem Workshop werden wir gemeinsam eine Zone für die Domain windschief.local erstellen. Neben der normalen Namensauflösung werden wir Aliasse und Mail-Server-Einträge vornehmen, so dass Sie einen Einblick in eine realistische Zonendatei erhalten.

30.7.1 Die Dateistruktur von BIND9 unter Debian

Grundsätzlich sind Sie frei in der Wahl des Speicherorts Ihrer Konfigurations- und Zonendateien. Jedoch sollten Sie von Änderungen absehen, solange Sie keinen wirklich triftigen Grund dafür haben – die Speicherorte der Dateien sind wohl durchdacht.

Alle Dateien, die für die Konfiguration von BIND9 erforderlich sind, liegen unter /etc/bind/. Auch die Zonendateien werden dort abgelegt. Je nach Komplexität Ihrer Zonenkonfiguration können Sie weitere Unterverzeichnisse erstellen, in denen die Zonendateien untergebracht werden. Für uns reicht die Hauptebene. Hier finden Sie u.a. folgende Konfigurationsdateien:

- named.conf – die zentrale Konfigurationsdatei für BIND9. Hier konfigurieren Sie den Server und die Serverrollen (Master, Slave, primary, secondary etc.) und die entsprechenden Zonen.
- named.conf.local – Diese Datei dient der eigenen Konfiguration. Per Konvention werden alle eigenen Zonen und Parameter in diese Datei geschrieben. Wir halten uns in diesem Workshop daran, auch wenn Sie theoretisch sämtliche Konfigurationsanpassungen in /etc/bind/named.conf vornehmen könnten.
- named.conf.options – Hier werden die globalen Serveroptionen eingerichtet. Sowohl die Datei named.conf.local als auch named.conf.options wird in named.conf über eine include-Direktive eingebunden.

Darüber hinaus befinden sich einige Zonendateien in diesem Verzeichnis. Moment mal! Hatten wir nicht festgestellt, dass der Server nur als Caching-Server dient? Nun, bestimmte Zonendateien finden sich auf jedem DNS-Server – da dieser in jedem Fall autoritativ für die Zone localhost bzw. 127.0.0.0/8 (Loopback-Netz) sein muss.

Folglich befinden sich die Zonendateien db.local und db.127 unter dem Verzeichnis. Außerdem finden Sie die Dateien db.0 und db.255 für die lokale Broadcast-Zone. Diese Dateien dienen der inversen bzw. reversen Namensauflösung von IP-Adresse zu DNS-Name für die Loopback-Zone. Sie müssen hier nichts editieren und können ihre Existenz daher zunächst einfach nur zur Kenntnis nehmen.

Die Namensgebung der Zonendateien ist übrigens vollkommen frei wählbar. Die Zuordnung von definierten Zonen zu den Zonendateien erfolgt in `named.conf`. Debian hat sich für die gängige Konvention `db.<Zone>` entschieden. Wir werden dabei bleiben.

30.7.2 Einrichten der Zonendatei

Da das Format von Zonendateien sehr genau definiert ist, übernehmen wir eine bereits vorhandene Zonendatei als Vorlage für unsere neue Zonendatei – damit sind Sie meines Erachtens eigentlich immer gut beraten:

```
# cp /etc/bind/db.local /etc/bind/db.windschief.local
```

Nun öffnen wir die neue Datei und passen unsere Einträge wie folgt an, zu ändernde Einträge sind fett markiert:

```
1  ; BIND data file for domain windschief.local
2  ;
3  $TTL    604800
4  @       IN      SOA     ns.windschief.local.. root.ns.windschief.local. (
5                                1          ; Serial
6                           604800          ; Refresh
7                            86400          ; Retry
8                          2419200          ; Expire
9                           604800 )        ; Negative Cache TTL
10 ;
11                         IN      NS      ns.windschief.local.
12                         IN      NS      ns2.windschief.local.
13                         IN      MX 10   mail.windschief.local.
14 ns                    IN      A       192.168.1.1
15 ns2                   IN      A       192.168.1.2
16 mail                  IN      A       192.168.1.1
17 www                   IN      CNAME   ns.windschief.local.
```

Listing 30.1: `/etc/bind/db.windschief.local`

Die Zahlen zu Beginn jeder Zeile dienen – wie immer – nur der Erläuterung. Die ersten beiden Zeilen sind Kommentarzeilen. Sie beginnen mit einem Semikolon und werden – wie immer – nicht ausgewertet.

Zeile 3 enthält die Direktive für den TTL-Default-Wert für die Caching-Zeit in Sekunden (TTL = Time To Live). Dieser gibt an, wie lange ein anfragender Client die Antwort des Servers im Cache halten darf, bevor sie ungültig wird und er wieder anfragen muss. Der Wert kann für jeden Zoneneintrag geändert werden. Dieses Format der Angabe (`$TTL`) gibt es erst ab BIND 8.2. Vorher wurde die TTL für die Caching-Zeit als letzte Angabe innerhalb des SOA (s.u.) vorgenommen.

Allgemein können Sie bestimmte Direktiven zu Beginn der Zonendatei angeben. Jede Direktive beginnt mit $. Oft sehen Sie zum Beispiel `$ORIGIN windschief.local`. Dies wird jedem Nicht-FQDN (also jedem Eintrag ohne Punkt am Ende) in der Zonendatei angehängt. Geben Sie also zum Beispiel nur einen Hostnamen an, sagen wir www, wird der angegebene Domainname hinzugefügt, so dass der vollständige Eintrag `www.windschief.local.` lautet – beachten Sie den Punkt am Ende!

Diese Option ist jedoch im Allgemeinen überflüssig, da der `$ORIGIN`-Wert per Default aus der Zonen-Bezeichnung hervorgeht, die wir in `/etc/bind/named.conf` angeben (siehe nächster Abschnitt), und diese entspricht dem Domainnamen.

Nach den Direktiven kommt der so genannte SOA, der *Start Of Authority-Record*. Er beginnt in Zeile 4 und endet in Zeile 9. Der SOA enthält wichtige Informationen in erster Linie für andere Nameserver und Benutzer. Er beginnt mit `@` – es steht für das Origin, also den Domainnamen dieser Zone. `IN` steht für Internet und bezeichnet die Datenklasse der Zonendatei – außer IN gibt es noch weitere, die aber keine praktische Bedeutung haben.

Anschließend folgt – immer noch in Zeile 4 – die Angabe des (primären) autoritativen Nameservers für diese Zone, hier `ns.windschief.local.`, gefolgt von der E-Mail-Adresse des Zonenadministrators. Ersetzen Sie gedanklich den ersten Punkt von links durch das @-Zeichen.

> Diese Information wird nicht durch andere Server ausgewertet, sie dient nur der Information der Benutzer. Es ist also bezüglich der Funktionalität Ihres DNS-Servers egal, was Sie hier angeben.

Nun folgen Angaben für die sekundären Server: der `Serial`-Wert wird bei jeder Änderung der Zonendatei um eins erhöht, um den sekundären Servern mitzuteilen, dass sich etwas an der Datei geändert hat.

> Die Erhöhung des Serials müssen Sie *manuell* vornehmen! Vergessen Sie das nicht, sonst haben Sie eine inkonsistente Zonendatei, da der sekundäre Server die Zone nicht repliziert.

Der `Refresh`-Wert gibt an, nach welcher Zeit ein sekundärer Server nachschaut, ob sich etwas an der Zonendatei geändert hat.

Kann er seinen Masterserver nicht erreichen, versucht er es entsprechend dem `Retry`-Wert nach 86400 Sekunden erneut. Die Zonendatei ist so lange gültig, wie es der `Expire`-Wert vorgibt: hier 241920 Sekunden. Interessant ist die `Negative Cache TTL` – sie gibt an, wie lange eine Negativantwort »gecachet«, also im Cache des Clients vorgehalten werden darf. Auch diese Option existiert erst seit BINDv8.2 – vorher wurde hier der Wert für den Timeout der Cache-TTL (s.o.) angegeben.

Sie finden die Angaben in Sekunden unübersichtlich? Ich gebe Ihnen Recht! Ändern Sie die Angaben doch in ein für Menschen lesbares Format:

Sekunden	Lesbare Einheit
60	1M
3600	1H
86400	1D
604800	1W
2419200	28D

Hierbei steht M für Minuten, H für Stunden (Hours), D für Tage (Days) und W für Wochen. BIND versteht auch diese Schreibweise.

Nachdem wir dies nun geklärt haben, gehen wir über zum eigentlichen Inhalt der Zonendatei. Hier finden Sie zunächst in Zeile 11 und 12 zwei Einträge für die autoritativen Nameserver dieser Zone. Dabei werden wir `ns2` (Zeile 12) später als sekundären Server konfigurieren.

Der Grund, warum wir nichts auf der linken Seite der Namensauflösung eintragen müssen, ist das `@` oben im SOA-Eintrag. Erinnern Sie sich? Für alle Einträge (auch ein leerer Eintrag ist ein Eintrag), die nicht mit einem Punkt enden, wird der Domainname der Zone eingetragen – hier: `windschief.local`.

Die Einträge einer Zonendatei werden nach folgender Syntax erstellt:

```
<Name>    IN    <Typ>    <Auflösung>
```

Der Name kann – je nach Typ – aus einem Domainnamen (für NS- und MX-Einträge) oder einem Hostnamen bestehen. Der Typ ist entweder NS (Nameserver), MX (Mail Exchanger), A (Address), CNAME (Alias) oder (seltener) etwas anderes wie zum Beispiel TXT (Textinformation, keine Auswertung) oder SRV (Serverfunktion, wird zum Beispiel von Microsofts Active Directory genutzt).

Die Auflösung auf der rechten Seite ist nicht unbedingt eine IP-Adresse. Im Falle von NS-, MX- und CNAME-Einträgen zum Beispiel wird regelmäßig rechts ein FQDN oder ein Hostname angegeben.

So auch in Zeile 13, in der wir den (zurzeit einzigen) Mail-Server der Domain definieren. Er hat die Priorität 10, was allerdings nicht wirklich ins Gewicht fällt, solange Sie nicht noch weitere MX-Records definieren.

Wie Sie in den Zeilen 14 bis 16 sehen können, werden die vorher angegebenen Namen hier zu einer IP-Adresse aufgelöst. Dies darf natürlich nicht fehlen, da sich die Katze ansonsten in den buchstäblichen Schwanz beißt ...

In Zeile 17 verweisen wir nun für www über einen CNAME auf einen anderen DNS-Namen, hier `ns.windschief.local`. Anders gesagt: `www.windschief.local` ist ein Alias für `ns.windschief.local`.

30.7.3 Die Zone definieren und einbinden

Soweit, so gut! Die Zonendatei ist erstellt, die Einträge für die Namensauflösung vorgenommen. Nun müssen wir diese Zone unserem DNS-Server bekannt machen und ihm sagen, wie er die Zone zu behandeln hat.

Hierzu öffnen Sie `/etc/bind/named.conf.local` mit einem beliebigen Editor und tragen folgende Zeilen ein:

```
zone "windschief.local" {
        type master;
        file "/etc/bind/db.windschief.local";
};
```

Sie definieren so die Zone der Domain `windschief.local` und bestimmen den lokalen Server als *Master*. In der dritten Zeile geben Sie die Zonendatei (in Anführungszeichen gefasst) an. Alle Parameter werden in geschweifte Klammern gefasst, die – ebenso wie die einzelnen Parameter – mit einem Semikolon abgeschlossen werden.

Anschließend speichern Sie die Änderung und starten den Nameserver neu:

```
# /etc/init.d/bind9 restart
Stopping domain name service: named.
Starting domain name service: named.
```

Im Logfile `/var/log/syslog` finden Sie nun die folgenden Einträge:

```
[...]
Jun  6 12:35:22 dns1 named[2675]: command channel listening on 127.0.0.1#953
Jun  6 12:35:22 dns1 named[2675]: zone 0.in-addr.arpa/IN: loaded serial 1
Jun  6 12:35:22 dns1 named[2675]: zone 127.in-addr.arpa/IN: loaded serial 1
Jun  6 12:35:22 dns1 named[2675]: zone 255.in-addr.arpa/IN: loaded serial 1
Jun  6 12:35:22 dns1 named[2675]: zone windschief.local/IN: loaded serial 2
Jun  6 12:35:22 dns1 named[2675]: zone localhost/IN: loaded serial 2
Jun  6 12:35:22 dns1 named[2675]: zone windschief.local/
IN: sending notifies (serial 2)
Jun  6 12:35:22 dns1 named[2675]: running
```

Wie Sie sehen, wurde unter anderem die Zone `windschief.local` geladen und der Server läuft.

30.7.4 Die neue Zone testen

Lassen Sie uns das Ergebnis unserer Arbeit bewundern! Rufen Sie **`nslookup`** im interaktiven Modus auf und stellen Sie sicher, dass Sie den lokalen Server befragen:

```
# nslookup - 127.0.0.1
```

Nun befragen wir den Server nach `www.windschief.local`, den Nameservern und den Mail-Servern der Domain `windschief.local`:

```
> www.windschief.local
Server:         127.0.0.1
Address:        127.0.0.1#53

www.windschief.local    canonical name = ns.windschief.local.
Name:   ns.windschief.local
Address: 192.168.1.1
> set q=ns
> windschief.local
Server:         127.0.0.1
Address:        127.0.0.1#53

windschief.local        nameserver = ns2.windschief.local.
windschief.local        nameserver = ns.windschief.local.
> set q=mx
> windschief.local
```

```
Server:         127.0.0.1
Address:        127.0.0.1#53

windschief.local        mail exchanger = 10 mail.windschief.local.
```

Hat alles funktioniert, können Sie sich – wie in obigem Beispiel gezeigt – davon überzeugen, dass die Zone erfolgreich angelegt wurde. Sollten Sie hier keine positiven Ergebnisse erzielen, überprüfen Sie /var/log/syslog. Hier loggt named alle Fehler. Möglicherweise hat sich ein Fehler in der Zonendatei eingeschlichen, der das Laden der Zone verhindert. Im schlimmsten Fall kopieren Sie die Zonendatei erneut von einer bestehenden Vorlage (zum Beispiel db.local) und erstellen die Einträge neu – wie bereits erwähnt, ist DNS allgemein in dieser Hinsicht sehr empfindlich, die Zonendateien wollen in der richtigen Art und ohne falsche (und oft nicht sichtbare) Steuerzeichen erstellt werden – Leerzeichen und Tabulator sind jedoch erlaubt.

30.8 Workshop: Eine reverse Zone erstellen

Eine Zone, die Namen in IP-Adressen auflöst, nennen wir *Forward Lookup*-Zone. Das Gegenstück dazu ist die *Reverse Lookup*-Zone. Sie löst IP-Adressen in Namen auf. Während wir in einer Forward Lookup-Zone eine ganze Anzahl von verschiedenen Eintragstypen (NS, A, CNAME usw.) haben, gibt es in einer Reverse Lookup-Zone nur zwei Eintragstypen: NS und PTR (Pointer). Eine IP-Adresse wird immer genau auf einen Namen aufgelöst – es gibt Ausnahmen, die sind aber nicht RFC-konform.

Nicht jede IP-Adresse im Internet ist über eine Reverse Lookup-Zone einem Namen zuzuordnen. Solche reversen DNS-Einträge sind keine Pflicht – jedoch gibt es Applikationen, die eine entsprechende IP-Adresse-zu-Name-Auflösung erfordern, darüber hinaus ist es oft sehr hilfreich, wenn von den IP-Adressen auf die DNS-Namen geschlossen werden kann. In den Netzwerken größerer Unternehmen ist eine eigene DNS-Verwaltung inklusive entsprechender Reverse Lookup-Zone Standard.

In diesem Workshop erstellen wir eine Reverse Lookup-Zone für das lokale Netz 192.168.1.0/24. Haben Sie einen Root-Server angemietet, benötigen Sie eine solche Zone allerdings nicht. Selbst wenn Sie eine derartige Zone erstellen sollten, wird sie niemand abfragen, da für die Zone kein offizieller Server auf Ihren DNS-Server verweist. In lokalen Netzen jedoch ergeben solche Zonen durchaus Sinn.

30.8.1 Einrichten der Zonendatei

Wir kopieren zunächst eine der vorhandenen Reverse Lookup-Zonen als Vorlage:

```
# cp /etc/bind/db.127 /etc/bind/db.192.168.1
```

Passen Sie nun den Inhalt der neuen Datei entsprechend an, die notwendigen Änderungen sind wiederum fett markiert, den Rest können Sie aus der kopierten Datei übernehmen:

```
;
; BIND reverse data file for 1.168.192.in-addr.arpa
;
$TTL    604800
@       IN      SOA     ns.windschief.local. root.ns.windschief.local. (
```

```
                                 1          ; Serial
                            604800          ; Refresh
                             86400          ; Retry
                           2419200          ; Expire
                            604800 )        ; Negative Cache TTL
;
@       IN      NS      ns.windschief.local.
@       IN      NS      ns2.windschief.local.
1       IN      PTR     ns.windschief.local.
2       IN      PTR     ns2.windschief.local.
```

Listing 30.2: /etc/bind/db.192.168.1

Auch für diese Zone tragen wir wieder unsere beiden DNS-Server als Nameserver ein. Diesmal haben wir anschließend eine Eins-zu-eins-Zuordnung, die durch einen PTR-Eintrag (Pointer) vorgenommen wird. Grundsätzlich können Sie hier natürlich eintragen, was Sie möchten – Sinn ergibt allerdings nur ein Name, der in der korrespondierenden Forward Lookup-Zone einen entsprechenden A-Eintrag hat. Dabei geben Sie den FQDN mit Punkt am Ende an.

Auf der linken Seite wird die Hostadresse angegeben. Hätten Sie ein Klasse-B-Netzwerk, so würden Sie hier die letzten beiden Ziffern eintragen, für die Zone `16.172.in-addr.arpa` sähe das zum Beispiel folgendermaßen aus:

```
5.30      IN      PTR      host.domain.tld.
```

30.8.2 Die Zone definieren und einbinden

Nun folgen wieder die passenden Zeilen in `/etc/bind/named.conf.local`:

```
zone "1.168.192.in-addr.arpa" {
        type master;
        file "/etc/bind/db.192.168.1";
};
```

War der Name der Zone bei einer Forward Lookup-Zone noch halbwegs verständlich, werden Sie sich bei einer Reverse Lookup-Zone zunächst an die Syntax gewöhnen müssen: Das Subnetz wird in umgekehrter Reihenfolge der Domain `in-addr.arpa` vorangestellt – nicht eben intuitiv ...

Der Rest ist Ihnen bereits bekannt. Speichern Sie die Datei und starten Sie in gewohnter Manier den DNS-Server erneut.

> Schauen Sie in jedem Fall (am besten parallel auf einer zweiten Konsole mit `tail -f /var/log/syslog`) in die Syslog-Datei, ob alle Zonen einwandfrei geladen werden oder ob es Fehlermeldungen gibt. Der DNS-Daemon `named` ist in dieser Hinsicht nämlich sehr schweigsam und startet auch anstandslos, wenn eine oder mehrere Zonendateien fehlerhaft sind – sie werden dann schlicht ignoriert und nicht geladen. Zwar sehen Sie keine entsprechende Fehlermeldung auf der Standardausgabe, aber immerhin erzeugt `named` eine Syslog-Meldung in `/var/log/syslog`.

30.8.3 Die neue Zone testen

Testen Sie die Einträge Ihrer neuen Zone. Diesmal nutzen wir der Abwechslung (und Übung) halber **dig**:

```
# dig @127.0.0.1 -x 192.168.1.1
[...]
;; QUESTION SECTION:
;1.1.168.192.in-addr.arpa.        IN      PTR

;; ANSWER SECTION:
1.1.168.192.in-addr.arpa. 604800 IN      PTR      ns.windschief.local.
[...]
```

Möchten Sie eine reverse Namensaufllösung vornehmen, müssen Sie bei `dig` entweder die Option `-x` davor setzen, oder Sie schreiben den gesuchten Eintrag voll aus: `1.1.168.192.in-addr.arpa`. In diesem Fall müssen Sie `ptr` anfügen, um `dig` den Eintragstyp vorzugeben – standardmäßig wird nach A-Einträgen gesucht. Testen Sie dies aus, um ein Gefühl für `dig` zu bekommen.

Nutzen Sie **nslookup**, benötigen Sie keine weiteren Angaben:

```
# nslookup 192.168.1.1 127.0.0.1
Server:         127.0.0.1
Address:        127.0.0.1#53

1.1.168.192.in-addr.arpa        name = ns.windschief.local.
```

Sie können auch nach den Nameservern für eine Reverse Lookup-Zone fragen:

```
# dig @127.0.0.1 1.168.192.in-addr.arpa ns
```

Beachten Sie, dass bei `dig` in diesem Fall nur die Zone selbst angegeben wird. Einfacher geht es wieder mit -x:

```
# dig @127.0.0.1 -x 192.168.1 ns
```

Das Tool `nslookup` ist etwas einfacher gestrickt. Hier können Sie schlicht den Eintragstyp auf `ns` setzen und eine beliebige (komplette!) IP-Adresse angeben:

```
# nslookup - 127.0.0.1
> set q=ns
> 192.168.1.1
Server:         127.0.0.1
Address:        127.0.0.1#53

1.1.168.192.in-addr.arpa        name = ns.windschief.local.
```

Funktioniert alles? Gratulation! Sie haben einen primären DNS-Server für eine Forward Lookup- und eine Reverse Lookup-Zone erstellt. Wenden wir uns nun dem zweiten DNS-Server zu, der für diese beiden Zonen den sekundären Nameserver spielen soll.

30.9 Einen sekundären Server aufsetzen

Im Grunde ist die Konfiguration eines sekundären DNS-Servers für eine bestehende Zone eine recht einfache Angelegenheit. Lassen Sie uns zunächst die Grundvariante durchspielen, bevor ich Ihnen einige Tricks zeige, wie Sie Ihre DNS-Serverkonfiguration ein wenig sicherer gestalten können, um nicht Hinz und Kunz an Ihre Zonendaten zu lassen.

Die folgenden Schritte nehmen Sie auf dem zweiten DNS-Server (dns2) 192.168.1.2 vor.

Stellen Sie zunächst sicher, dass der Benutzer, unter dem named läuft, Schreibrechte auf das Verzeichnis /etc/bind/ hat. Dazu passen wir die Gruppenrechte an, da das Verzeichnis root gehört und der Gruppe bind zugeordnet ist:

```
dns2:~# chmod g+w /etc/bind
```

Nun können wir die Zonenkonfiguration vornehmen. Tragen Sie folgende Zeilen in /etc/bind/named.conf.local ein, um die Zone windschief.local von unserem Masterserver zu holen:

```
zone "windschief.local" {
        type slave;
        file "/etc/bind/slave.windschief.local";
        masters {192.168.1.1;};
};
```

Es handelt sich um eine normale Zonendefinition. Der Zonentyp in der zweiten Zeile wird auf slave gesetzt. In der dritten Zeile legen Sie die Datei fest, in die die Zoneninformationen geschrieben werden sollen. Sie existiert zu diesem Zeitpunkt noch nicht. Diese Datei muss für den Benutzer bind schreibbar sein, daher haben wir weiter oben die Rechte angepasst.

In der vierten Zeile geben Sie Ihren Master für diese Zone an. Vergessen Sie nicht, das Semikolon innerhalb und ein zweites außerhalb der geschweiften Klammern zu setzen.

Starten Sie nun Ihren sekundären DNS-Server neu:

```
dns2:~# /etc/init.d/bind9 restart
Stopping domain name service...:.
Starting domain name service...:.
```

Nun finden Sie in /var/log/syslog folgende Meldungen:

```
Aug 14 21:03:47 dns2 named[3649]: zone windschief.local/IN: Transfer started.
Aug 14 21:03:47 dns2 named[3649]: transfer of 'windschief.local/
IN' from 192.168.1.1#53: connected using 192.168.1.7#1435
Aug 14 21:03:47 dns2 named[3649]: zone windschief.local/IN: transferred serial 1
Aug 14 21:03:47 dns2 named[3649]: transfer of 'windschief.local/
IN' from 192.168.1.1#53: end of transfer
```

Außerdem wurde unter /etc/bind/ die Datei slave.windschief.local erstellt:

```
dns2:~# ls -l /etc/bind/slave.windschief.local
-rw-r--r-- 1 bind bind 472 2006-08-14 21:03 /etc/bind/slave.windschief.local
```

Damit haben Sie Ihren ersten sekundären DNS-Server erfolgreich konfiguriert! Sollte die Zone jedoch noch nicht geladen werden, achten Sie auf Fehlermeldungen in `/var/log/syslog`, wie zum Beispiel die folgende:

```
Aug 14 20:47:39 dns2 named[3482]: transfer of 'windschief.local/
IN' from 192.168.1.1#53: failed while receiving responses: permission denied
```

Falls Sie denken, dass in diesem Fall die Zonenübertragung vom Master abgelehnt wurde, liegen Sie schief! Hier sind die lokalen (!) Rechte noch nicht korrekt gesetzt – `named` darf die Datei nicht schreiben (Lösung: s.o.).

30.10 DNS-Sicherheit

In der aktuellen Konfiguration sind wir offen wie ein Scheunentor. In diesem Abschnitt zeige ich Ihnen einige grundlegende Sicherheitseinstellungen, um Ihre Zoneninformationen zu schützen.

Warum die Zoneninformationen schützen? Ist ein DNS-Server nicht dafür gedacht, öffentliche Anfragen zu beantworten? Viele DNS-Server sind in der Tat öffentlich im Internet erreichbar. Allerdings möchte man auch dort häufig nicht gleich seine sämtlichen Zoneneinträge preisgeben, da solche Daten wertvolle Informationen für Hacker und andere wenig vertrauenswürdige Zeitgenossen geben können. Es reicht ja, wenn die Hosts www, `mail` und vielleicht noch ein oder zwei Aliasse öffentlich bekannt sind – alles andere wird nur denjenigen zugänglich gemacht, die berechtigt sind.

> Die hier beschriebenen Maßnahmen sind als Grundschutz konzipiert und bieten keinesfalls perfekten Rundum-Schutz! Den gibt es – wie so oft – auch gar nicht.

30.10.1 Den Zonentransfer auf bestimmte Slaves beschränken

Die erste Maßnahme, die Sie treffen können, ist, den Zonentransfer auf bestimmte Hosts zu beschränken. Hierzu fügen Sie folgende Zeile zu Ihrer Zonenkonfiguration auf dem *Masterserver* hinzu:

```
allow-transfer {192.168.1.2;};
```

Haben Sie mehrere sekundäre Server, die als Slaves die Zonendaten abrufen, können Sie diese innerhalb der geschweiften Klammern – durch Semikolon voneinander getrennt – angeben. Der letzte Eintrag wird immer mit einem Semikolon innerhalb der Klammer abgeschlossen!

> Sie können diese und andere Einstellungen entweder im globalen Konfigurationsbereich oder innerhalb einer Zonendefinition einrichten – je nach dem richtet sich der Wirkungsbereich: entweder auf alle oder nur auf die Zone.

Nach einem Neustart des DNS-Servers wird die Einschränkung aktiv. Fragen nun andere Server als 192.168.1.2 nach den Zonendaten (entweder generell oder auf die Zone bezogen, innerhalb derer sich die Direktive befindet), wird die Datenübertragung abgelehnt.

30.10.2 Die Authentizität des Masters sicherstellen

Stellen Sie sich vor, jemand startet eine so genannte *Man-in-the-Middle-Attacke*. Dabei fängt dieser jemand die Datenpakete ab, die der Master an den anfragenden Slave schickt. Nun verändert er die Name-IP-Zuordnungen und sendet die Daten weiter an den Slave.

Dieser empfängt nun von einem beliebigen Client eine Anfrage für `www.irgendeine-bank.de` und antwortet mit der gefälschten IP-Adresse. Der Client landet nun beispielsweise auf einem russischen Server, während im Browser-Adressfeld `www.irgendeine-bank.de` steht. Der Benutzer hat an dieser Stelle kaum eine Chance, die Falle zu erkennen – sofern die Seite nicht derart stümperhaft gestaltet ist, wie es (glücklicherweise) zurzeit noch häufig der Fall ist.

Um dem entgegenzuwirken, gibt es die Möglichkeit, per TSIG (Transaction Signature) einen Schlüssel (Key) zu erzeugen, der sowohl auf dem Master als auch auf dem Slave eingespielt wird. Der Master hängt bei der Zonendatei-Übertragung an jedes Datenpaket einen MD5-Hashwert über den Inhalt des Datenpakets an, der mit dem symmetrischen Key erzeugt wurde. Der empfangende Slave macht das Gleiche – kommt derselbe Hashwert heraus, ist die Authentizität gewährleistet.

Folgende Schritte sind notwendig, um eine TSIG-Authentifizierung einzurichten:

Erzeugen des Schlüssels

Der Schlüssel dient der Kommunikation von zwei DNS-Servern. Er muss zunächst generiert werden:

```
# dnssec-keygen -a hmac-md5 -b 128 -n HOST master-slave1
Kmaster-slave1.+157+40339
```

Mit diesem Befehl erzeugen Sie einen 128-Bit-Schlüssel namens `master-slave1` nach dem HMAC-MD5-Algorithmus zur Host-Authentifizierung. Dieser wird im aktuellen Verzeichnis in zwei Dateien angelegt, die den angegebenen Namen mit den Endungen `.key` und `.private` haben. Letztere enthält den gewünschten Schlüssel. Sie können den String in der Zeile, die mit `Key:` anfängt, herauskopieren:

```
# cat Kmaster-slave1.+157+40339.private
Private-key-format: v1.2
Algorithm: 157 (HMAC_MD5)
Key: 06JcAyViDlm6HREhsSe4Lg==
Bits: AAA=
```

Der extrahierte String (`06JcAyViDlm6HREhsSe4Lg==`) ist der *Base64*-kodierte Schlüssel (eine spezielle Form der Kodierung). Er kann in dieser Form in den `Key`-Direktiven übernommen werden.

> Muss ich erwähnen, dass der String bei Ihnen natürlich anders aussehen wird? Vermutlich nicht – schließlich denken Sie aktiv mit ☺.

Erstellen der Schlüsseldirektive in einer eigenen Datei

Der Schlüssel muss manuell auf beiden DNS-Servern eingepflegt werden. Hierzu könnten Sie natürlich die entsprechende Direktive direkt in `/etc/bind/named.conf` eintragen – dies wäre allerdings ziemlich riskant, da diese Datei von allen gelesen werden kann. Daher erstellen Sie besser eine eigene Datei, die die Direktive mit dem Schlüssel beinhaltet, und binden diese per `include`-Direktive ein. Dabei wird die Datei dem Benutzer `bind` zugewiesen. Die Rechte auf diese Datei setzen Sie minimal auf 400, so dass nur der Benutzer `bind` lesend zugreifen kann.

Doch eines nach dem anderen! Zunächst erstellen Sie die Datei, zum Beispiel `/etc/bind/master-slave1.key` und füllen diese (sinngemäß) mit folgendem Inhalt, wobei Ihr `secret`-Wert natürlich an Ihren Schlüssel angepasst werden muss:

```
key master1-master2 {
    algorithm hmac-md5;
    secret "O6JcAyViDlm6HREhsSe4Lg==";
};
```

Listing 30.3: `/etc/bind/master-slave1.key`

Der *Schlüsselname* muss ebenso wie der *Schlüsselstring* auf beiden DNS-Servern übereinstimmen. Erstellen Sie eine entsprechende Datei auf beiden (!) Servern mit identischen Schlüsseln. Anschließend müssen Sie die Eigentumsverhältnisse anpassen:

```
# chown bind:bind /etc/bind/master-slave1.key
```

Nun fehlen nur noch die passenden Berechtigungen:

```
# chmod 400 /etc/bind/master-slave1.key
```

Damit ist sichergestellt, dass nur `bind` den Schlüssel im Klartext lesen kann.

> Noch mal zur Klarstellung: Diese Schritte müssen Sie auf beiden DNS-Servern vollziehen!

Den Schlüssel einbinden

Nun fügen wir in `/etc/bind/named.conf` die folgende Zeile hinzu – am besten unter der bereits vorhandenen `include`-Zeile:

```
include "/etc/bind/master-slave1.key";
```

Hierbei passen Sie natürlich den Dateinamen ggf. an. Soweit die Schritte, die auf beiden Servern identisch sind.

Die nun folgende `server`-Direktive wird zwar auch auf beiden DNS-Servern benötigt, jedoch müssen Sie hier den jeweilig anderen Kommunikationspartner eintragen. Auf dem Master fügen Sie also in `/etc/bind/named.conf` folgende Zeilen unterhalb der obigen `include`-Direktive ein:

```
server 192.168.1.2 {
    keys { master-slave1 ;};
};
```

Damit ordnen Sie dem Server mit der IP-Adresse `192.168.1.2` (unserem Slave) den Schlüssel `master-slave1` zu. Das Gleiche schreiben Sie in `/etc/bind/named.conf` auf dem Slave – nur, dass Sie hier die IP-Adresse des Masters einsetzen.

Auf dem Master müssen Sie nun noch zwei Direktiven setzen, um den Zonentransfer für den bzw. die gewünschten Slaves zuzulassen. Für die Zone `windschief.local` sähe das zum Beispiel folgendermaßen aus, wobei die neuen Direktiven fett markiert sind:

```
zone "windschief.local" {
        type master;
        file "/etc/bind/db.windschief.local";
   allow-update { key master-slave1 ;};
   allow-transfer { key master-slave1 ;};
};
```

Die `allow-update`-Direktive ermöglicht den *inkrementellen Zonentransfer*, bei dem der Slave lediglich die Änderungen der Zonendatei gegenüber seiner vorhandenen Kopie vom Master herunterlädt. Ein BIND9-Server wird sich standardmäßig so verhalten, es sei denn, es wird ihm explizit innerhalb der `options`-Sektion (bzw. in `/etc/bind/named.conf.options`) durch `request-ixfr no;` verboten, einen inkrementellen Zonentransfer anzufordern. Zur Info: AXFR wird als vollständiger Zonentransfer bezeichnet, IXFR als inkrementeller Zonentransfer.

Nun müssen Sie nur noch den DNS-Serverdienst auf beiden Rechnern neu starten. Anschließend findet eine Zonenübertragung statt – vorausgesetzt, die Konfiguration enthält keine Tippfehler ☺, der Schlüssel und dessen Bezeichnung stimmen überein und die Zonenkonfiguration ist korrekt.

Beobachten Sie in jedem Fall mit `tail -f /var/log/syslog` die Meldungen des `named`. Bei korrekter Übertragung stellt sich das in etwa folgendermaßen dar:

```
Aug 21 21:04:18 dns2 named[3651]: zone windschief.local/IN: Transfer started.
Aug 21 21:04:18 dns2 named[3651]: transfer of 'windschief.local/
IN' from 192.168.1.7#53: connected using 192.168.1.8#1463
Aug 21 21:04:18 dns2 named[3651]: zone windschief.local/
IN: transferred serial 4: TSIG 'master-slave1'
Aug 21 21:04:18 dns2 named[3651]: transfer of 'windschief.local/
IN' from 192.168.1.7#53: end of transfer
```

Es gibt eine Reihe von Fehlermeldungen, die Ihnen unter bestimmten Bedingungen begegnen können, zum Beispiel

- FORMERR, wenn eine TSIG-signierte Anfrage an einen Server geschickt wird, der TSIG an dieser Stelle nicht erwartet bzw. versteht,
- BADKEY, wenn die Schlüssel nicht übereinstimmen oder
- BADSIG, wenn der Schlüssel nicht in der korrekten Form (Base64-kodiert) vorliegt.

In jedem Fall empfiehlt es sich, die Konfiguration nochmals genau zu kontrollieren und zwischen den Servern abzugleichen.

30.10.3 Weitere Sicherheitseinstellungen

Sie können auch den Clientzugriff einschränken, in dem Sie ACLs (Access Control Lists) erstellen. Bei vielen Direktiven wird zunächst eine (universelle) Gruppe definiert und benannt, die dann an anderer Stelle (entweder global oder innerhalb einer Zonendefinition) eingebunden wird. So auch bei ACLs. Sinnvollerweise werden diese Direktiven entweder in `/etc/bind/named.conf.local` oder in `/etc/bind /named.conf` direkt eingetragen. Das sieht zum Beispiel folgendermaßen aus:

```
acl hacker-net {
    10.5.5.0/24;
    172.16.5.0/24;
};

acl lan-clients {
    192.168.1.0/24;
};

options {
    blackhole { hacker-net; };
    allow-query { lan-clients; };
    allow-recursion { lan-clients; };
}
```

Hier definieren wir zwei ACLs. Einmal `hacker-net`, wo alle Netzwerke verzeichnet sind, denen wir keine Angriffsmöglichkeit bieten wollen, und zum anderen `lan-clients`. In dieser ACL-Gruppe befindet sich unser lokales Netz, dessen Clients wir den Zugriff auf unseren DNS-Server erlauben wollen.

Dementsprechend werden die Optionen `blackhole` (Anfrage wird stillschweigend verworfen), `allow-query` (Anfrage wird generell erlaubt) und `allow-recursion` für rekursive Anfragen den entsprechenden Gruppen zugewiesen.

30.11 Workshop: DynDNS

Der dynamische DNS-Eintrag ermöglicht es, einen festen Hostnamen für wechselnde IP-Adressen zu vergeben. Das klassische Beispiel ist ein Home-Server, der über eine DSL-Anbindung über PPPoE an das Internet angeschlossen ist. Jedes Mal, wenn die Verbindung aufgebaut wird, ändert sich die IP-Adresse, die dem Server (bzw. einem davor geschalteten Router) zugewiesen wird.

Für die Clients, die auf diesen Server zugreifen wollen, ist das ziemlich schlecht, da sie keine Möglichkeit haben, die aktuelle IP-Adresse herauszufinden – es sei denn, es existiert ein Hosteintrag in einer bestimmten Domain, dem die jeweils aktuelle Adresse zugewiesen ist.

Im nächsten Teil des Buches beschäftigen wir uns mit Debian-Linux als Router, wobei ich Ihnen die Konfiguration zur Anbindung an einen öffentlichen DynDNS-Dienst (`www.dyndns.org`) erläutern werde. An dieser Stelle jedoch zeige ich Ihnen, wie Sie über einen eigenen DHCP- und DNS-Server eine DynDNS-Konfiguration realisieren, um die Hosts im LAN, die sich eine DHCP-Lease holen, im DNS anzumelden, damit diese auch über den DNS-Namen erreichbar sind.

Dies ist übrigens in größeren Unternehmen äußerst sinnvoll, da sich in dieser Art die Client-PCs durch einen passenden Namen leichter klassifizieren lassen. So könnte ein Client zum Beispiel `bsws110` heißen, was für Standort Berlin (`b`), Filiale Steglitz (`s`), Workstation (`ws`) Nummer 110 stehen würde. Der Domainname wird zentral vom DHCP-Server vergeben, so dass der Rechner dann zum Beispiel `bsws110.windschief.local` heißen könnte. Da müsste unser Architekturbüro allerdings zunächst noch um einiges wachsen ;-).

30.11.1 Vorbereitungen und Voraussetzungen

Sie benötigen für diesen Workshop einen Debian-Server, der als DNS- und als DHCP-Server konfiguriert ist. Die Inhalte dieses Kapitels und des Kapitels 21 *DHCP – Dynamische Zuweisung der IP-Konfiguration* setze ich voraus, schauen Sie ggf. noch mal nach, wenn Sie sich unsicher sind. Hier werde ich nur ausgewählte Themen wiederholen.

Darüber hinaus ist ein DHCP-Client nötig – wahlweise Windows oder Linux, am besten beides, um das Verhalten zu testen. Allerdings ist bei Windows keine Client-Konfiguration notwendig, daher reicht ein Linux-Client vollkommen aus, wenn Sie die Konfiguration der Clientseite kennen lernen wollen.

Die Zonen `windschief.local` und `1.168.192.in-addr.arpa` setze ich ebenfalls als vorhanden voraus.

30.11.2 Den DHCP-Server konfigurieren

Zunächst benötigen wir wieder einen Schlüssel. Sie generieren diesen in der bereits bekannten Form:

```
# dnssec -a hmac-md5 -b 128 -n HOST ddns
```

Den erstellten Schlüssel kopieren Sie aus der `.private`-Datei in eine Datei `/etc/dhcp3/ddns.key` und erstellen dort eine Schlüsseldirektive:

```
key ddns {
    algorithm hmac-md5;
    secret "fl0sYSvpgq+/Ft4653tXTA==";
};
```

Listing 30.4: `/etc/dhcp3/ddns.key`

Passen Sie anschließend die Berechtigungen an:

```
# chmod 400 /etc/dhcp3/ddns.key
```

> Zur Erinnerung: Die Auslagerung des Schlüssels dient der Sicherheit, da auch die Datei `/etc/dhcp3/dhcpd.conf` »world-readable« ist, also von jedem eingesehen werden kann.

Binden Sie nun die Direktive in `/etc/dhcp3/dhcpd.conf` ein, indem Sie über den anderen Optionen die folgende Zeile eintragen:

```
include "/etc/dhcp3/ddns.key";
```

Direkt darunter können Sie die folgenden Statements platzieren, bzw. vorhandene Einträge anpassen:

```
authoritative;
ddns-update-style interim;
```

Insbesondere die zweite Zeile ist interessant: Vermutlich stand bei Ihnen hier vorher none. Mit dem Update-Style `interim` folgen wir den Empfehlungen von ISC, um DDNS zu nutzen. Die zurzeit einzige Alternative, `ad-hoc`, funktioniert de facto nicht – das vereinfacht die Wahl ;-). Inhaltlich ermöglicht der `interim`-Stil im Gegensatz zum `ad-hoc`-Modus die Aktualisierung des DNS-Servers durch den DHCP-Client. Dies ist aber über `allow|ignore client-updates` konfigurierbar.

Nun tragen Sie ganz unten in der Datei `/etc/dhcp3/dhcpd.conf` noch die folgenden Ergänzungen ein, sofern noch nicht vorhanden:

```
zone windschief.local. {
    primary 127.0.0.1;
    key ddns;
}
zone 1.168.192.in-addr.arpa. {
    primary 127.0.0.1;
    key ddns;
}
subnet 192.168.1.0 netmask 255.255.255.0 {
    range 192.168.1.10 192.168.1.20;
    option subnet-mask 255.255.255.0;
    option broadcast-address 192.168.1.255;
    option Domainname "windschief.local";
    one-lease-per-client on;
    default-lease-time 604800;
    max-lease-time 604800;
    option routers 192.168.1.254;
    option Domainname-servers 192.168.1.1;
}
```

Listing 30.5: Ergänzungen in `/etc/dhcp3/dhcpd.conf`

Wie Sie sehen können, benötigen wir auch in der DHCPD-Konfigurationsdatei ein Zone-Statement, um die Zonen anzugeben, die der DHCP-Daemon aktualisieren soll. Hierbei sind allerdings keine Anführungszeichen notwendig, dafür ein Punkt am Ende des Domainnamens. Darüber hinaus benötigen Sie kein abschließendes Semikolon hinter der schließenden geschweiften Klammer.

Als primären DNS-Server tragen Sie diesmal die Loopback-Adresse ein, da Ihr DNS-Server auf demselben Host läuft, wie der DHCP-Server. Um sich zu authentifizieren, geben Sie den Schlüssel `ddns` an, den wir vorher eingebunden haben.

Die anschließende Subnet-Konfiguration kennen Sie bereits aus dem Kapitel 21 *DHCP – Dynamische Zuweisung der IP-Konfiguration*. Wichtig ist, dass der als `option Domainname` angegebene Name dem Zonennamen (`windschief.local`) entspricht. Damit wären wir auf Seiten des DHCP-Servers aber auch schon fertig.

30.11.3 Den DNS-Server konfigurieren

Kopieren Sie die Schlüsseldatei nach `/etc/bind/` und binden Sie die Datei in `/etc/bind/named.conf` ein:

```
# cp /etc/dhcp3/ddns.key /etc/bind/
```

Setzen Sie auch hier die entsprechenden Rechte:

```
# chown bind:bind /etc/bind/ddns.key
# chmod 400 /etc/bind/ddns.key
```

Durch folgenden Eintrag in `/etc/bind/named.conf` binden Sie die Schlüsseldatei ein:

```
include "/etc/bind/ddns.key";
```

Nun benötigen Sie lediglich noch ein entsprechendes Statement (fettgedruckt) innerhalb der beiden Zonen. Diese sind vermutlich in `/etc/bind/named.conf.local` definiert:

```
zone "windschief.local" {
        type master;
        file "/etc/bind/db.windschief.local";
   allow-update { key ddns ;};
};
zone "1.168.192.in-addr.arpa" {
        type master;
        file "/etc/bind/db.192.168.1";
   allow-update { key ddns ;};
};
```

Als letzte Amtshandlung auf Serverseite müssen Sie nun noch sicherstellen, dass der Benutzer `bind` Schreibrechte auf das Verzeichnis `/etc/bind/` hat, da er für die DynDNS-Einträge eine Journaldatei erstellt.

Nun sind wir startklar! Starten Sie also beide Serverdienste in der gewohnten Art durch. Und beobachten Sie – ebenfalls wie gewohnt – das Syslog-File.

30.11.4 Den Client konfigurieren

Nutzen Sie Windows, reicht es, wenn Sie die IP-Konfiguration auf IP-ADRESSE AUTOMATISCH BEZIEHEN setzen (siehe Kapitel 21 *DHCP – Dynamische Zuweisung der IP-Konfiguration*), da Windows standardmäßig seinen Hostnamen mitschickt, der vom DHCP-Server als Hosteintrag im DNS aktualisiert wird.

Für einen Linux-Client müssen Sie noch ein wenig Hand anlegen. Passen Sie die Datei `/etc/dhclient.conf` so an, dass der DHCP-Client den gewünschten Hostnamen an den DHCP-Server meldet:

```
send host-name "linuxclient1";
```

Sie müssen die entsprechende Zeile lediglich auskommentieren und den Hostnamen anpassen.

30.11.5 Die Arbeit der Serverdienste kontrollieren

Im letzten, parallelen Schritt lassen Sie am besten `tail -f /var/log/syslog` auf einer anderen Konsole laufen, um die Ergebnisse zu betrachten. Eine entsprechende Zonenaktualisierung stellt sich in etwa folgendermaßen dar:

```
Aug 22 23:46:25 etch named[3882]: client 127.0.0.1#1032: updating zone 'windschie
f.local/IN': adding an RR at 'WINXP.windschief.local' A
Aug 22 23:46:25 etch named[3882]: client 127.0.0.1#1032: updating zone 'windschie
f.local/IN': adding an RR at 'WINXP.windschief.local' TXT
Aug 22 23:46:25 etch named[3882]: journal file /etc/bind/
db.windschief.local.jnl does not exist, creating it
Aug 22 23:46:25 etch named[3882]: client 127.0.0.1#1032: updating zone '1.168.192
.in-addr.arpa/IN': adding an RR at '20.1.168.192.in-addr.arpa' PTR
Aug 22 23:46:25 etch named[3882]: journal file /etc/bind/
db.192.168.1.jnl does not exist, creating it
Aug 22 23:46:25 etch named[3882]: zone 1.168.192.in-addr.arpa/
IN: sending notifies (serial 2)
Aug 22 23:46:25 etch dhcpd: added reverse map from 20.1.168.192.in-
addr.arpa. to WINXP.windschief.local
```

Damit können Sie nun auch entsprechende Anfragen starten wie zum Beispiel:

```
# dig @127.0.0.1 winxp.windschief.local
```

Sie erhalten einen korrekten A-Eintrag:

```
winxp.windschief.local. 302400 IN      A       192.168.1.20
```

Ebenso funktioniert die reverse Auflösung:

```
# dig @127.0.0.1 -x 192.168.1.20
```

Die erbringt folgendes Ergebnis:

```
20.1.168.192.in-addr.arpa. 302400 IN    PTR     WINXP.windschief.local.
```

Sollten bei Ihnen noch Fehler auftauchen, sind diese in `/var/log/syslog` zu finden und meist recht aussagekräftig: Entweder fehlt auf einer Seite der Schlüssel bzw. er ist falsch oder es ist ein Konfigurationsfehler in einer der Dateien aufgetreten.

30.12 Zusammenfassung und Weiterführendes

Zwar ist das Domain Name System eines der zentralen Konzepte des Internets, aber andererseits auch ein ganz schön harter Brocken in der Konfiguration. Es dauert meist eine Weile, bis man die Zusammenhänge versteht. Dennoch sollte jeder Administrator eines Root-Servers das DNS-Konzept verstanden haben, zumal es in vielen Fällen sinnvoll ist, einen eigenen DNS-Server an den Start zu bringen.

In diesem Kapitel haben Sie viele der wesentlichen Konfigurationsarbeiten kennen gelernt. Wir haben nicht nur einen primären Masterserver sondern auch einen Secondary-Server erstellt. Darüber hinaus haben Sie gelernt, wie Sie dynamisches DNS konfigurieren können, so dass sich die Clients, die eine automatische IP-Adresse beziehen, auch gleich am DNS-Server anmelden bzw. vom DHCP-Server angemeldet werden.

Vergessen Sie nie, Ihren DNS-Server mit den notwendigen Grundschutzmaßnahmen abzusichern. Gelingt es einem Angreifer Zonendaten zu fälschen, könnte ein Client, der auf eine Ihrer Webpräsenzen zugreifen möchte, plötzlich auf einem ganz anderen Server landen, der ihm eine mit einem frischen *Exploit* (= Ausnutzung einer Schwachstelle) manipulierte Webseite liefert, die den Client kompromittiert. Das ist im besten Fall ziemlich unangenehm zu erklären ...

Lokaler E-Mail-Server mit Content-Filter

Die nach wie vor häufigste Internetanwendung ist E-Mail. Im Gegensatz zur traditionellen Post ist sie schnell, einfach und – mehr oder weniger – kostenlos. In diesem Kapitel lernen Sie, wie Sie unter Debian einen Mail-Server in verschiedenen Szenarien zum Laufen bekommen.

Da das Betreiben eines Mail-Servers zu den anspruchsvollsten Aufgaben eines Administrators gehört, habe ich mich dazu entschlossen, das Thema erst an dieser Stelle anzusprechen. Allerdings werden wir in diesem Kapitel noch einmal unser Lab aus dem zweiten Teil des Buches bemühen, da ich Ihnen zeigen möchte, wie Sie einen Mail-Server im LAN verwenden können, um Mails aus dem Internet abzurufen und den lokalen Clients zur Verfügung zu stellen. Die Clients holen die Mails vom Server ab und können über den Server ebenso Mails versenden. Außerdem implementieren wir einen Viren- und Spamschutz, um uns gegen diese Plagen zu schützen.

Im zweiten Szenario – welches ich Ihnen im nächsten Kapitel vorstelle – stellen wir den Mail-Server in eine DMZ, wo er von außen direkt erreichbar ist. An dieser Stelle werden wir den Mail-Server so konfigurieren, dass er verschiedene Domains verwaltet und nur gewünschte Benutzer auf den Server zugreifen können. Hierbei spielen natürlich noch andere Überlegungen eine Rolle: Sicherheit, Authentifizierung und Domainverwaltung sind hier die Stichworte.

Im Einzelnen lernen Sie in diesem Kapitel Folgendes:

- Wie funktioniert E-Mail?
- Die Funktion des E-Mail-Clients
- Installation von Postfix
- Struktur und Arbeitsweise von Postfix
- Aufbau eines einfachen Intranet-Mail-Servers inkl. POP3- und IMAP-Server
- Content-Filter-Framework AMaViS mit Viren- und Spamschutz

Wie Sie anhand des dritten und vierten Punktes vielleicht bemerkt haben, werden wir nicht den Standard-Mail-Server von Debian – `Exim` – nutzen, sondern auf `Postfix` umsteigen, da `Postfix` im Internet besser dokumentiert ist. Dies bietet Ihnen den Vorteil, dass Sie schneller Hilfe zur Selbsthilfe erhalten, falls es Probleme gibt.

Dabei möchte ich jedoch betonen, dass `Exim` ein sehr guter, schneller und sicherer Mail-Server ist. Sollten Sie also mit `Exim` arbeiten wollen, spricht dem natürlich nichts entgegen.

> Der historische Quasi-Standard ist `sendmail`, auch als »Dinosaurier unter den Mail-Servern« bezeichnet. Dieser Mail-Server wird noch heute von Red Hat/Fedora als Standardserver verwendet, verliert aber zunehmend Marktanteile, da es einfacher zu konfigurierende und sicherere Alternativen wie die oben genannten Mail-Server gibt.

31.1 Das Szenario

Nachdem Herr Windschief sich davon überzeugen konnte, dass Sie die Webpräsenzen des Architekturbüros und einiger Geschäftspartner souverän über den Root-Server betreuen, fragt er Sie eines Tages, ob es nicht auch möglich wäre, die E-Mail-Korrespondenz über einen eigenen Server zu verwalten.

Hierzu fallen Ihnen spontan zwei Möglichkeiten ein: Zum einen könnte man einen Server im LAN aufsetzen, der die E-Mails beim Provider abholt bzw. diesem übermittelt. Das hätte den Vorteil, dass die teilweise sehr anspruchsvolle Konfiguration des Internet-Mail-Servers vom Provider vorgenommen wird und der eigene Mail-Server im LAN etwas einfacher zu konfigurieren ist. Hier entfällt zum Beispiel die SMTP-Authentifizierung, da die Clients im LAN vertrauenswürdig sind. Andererseits muss der interne Mail-Server als Client für den Provider-Server auftreten, was wiederum über ein eigenes Programm (zum Beispiel `fetchmail`) realisiert werden muss.

Zum Anderen wäre es möglich, einen eigenen Mail-Server im Internet zu betreiben – schließlich verfügen Sie ja über einen Root-Server. Der Vorteil hierbei ist, dass Sie die volle Kontrolle über den Mail-Verkehr und dessen Abwicklung haben – mit allen Rechten und Pflichten ... vor allem Letzterem ;-).

Da Sie sich bisher noch nicht mit der Konfiguration von Mail-Servern beschäftigt haben, entscheiden Sie sich, beides einmal unter Laborbedingungen zu erproben. Die nächsten Abende am Computer sind »gerettet« ... wie war das mit der Gehaltserhöhung?

31.2 Das Lab

Für das erste Szenario greifen wir auf unseren Laboraufbau aus Teil II zurück, wobei wir allerdings einige Modifikationen vornehmen müssen. Wesentliche Voraussetzungen für dieses Lab sind die Internetanbindung und ein Provider, bei dem bestimmte E-Mail-Konten bzw. -Postfächer konfiguriert sind, die unser Mail-Server abholen kann. Ansonsten benötigen Sie lediglich einen Client und einen Server. Die Beispielkonfiguration sieht so aus wie in Abbildung 31.1.

Im zweiten Lab, das Sie im nächsten Kapitel aufbauen, werden wir einen Root-Server nachbilden, der von einem Client eine SMTP-Authentifizierung verlangt und verschiedene Domains bedient. Hierbei können Sie dieselbe Konfiguration wie für Lab 1 verwenden, benötigen aber nicht zwangsläufig einen Internetzugang. Mehr dazu im nächsten Kapitel.

31.3 Grundlagen der E-Mail-Kommunikation

Eine E-Mail-Adresse hat die Form `user@domain.tld`. Damit eine Mail beim Adressaten ankommt, muss auf dem Mail-Server der betreffenden Domain ein Postfach für den angegebenen User vorhanden sein.

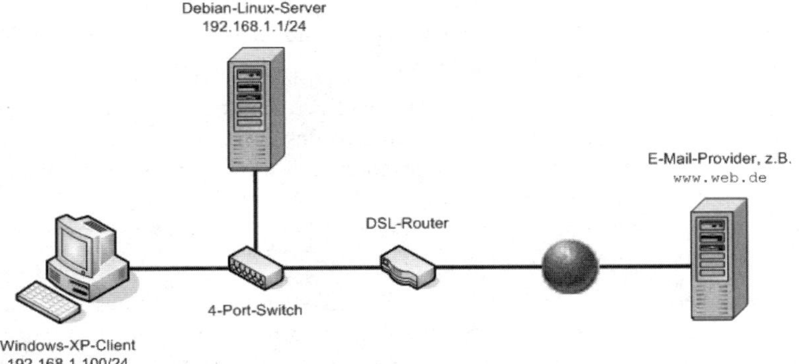

Abb. 31.1: Lab 1: Interner Mail-Server

Bevor wir aber mit der Konfiguration loslegen, sollten wir uns ein paar Gedanken zur E-Mail-Übertragung machen.

31.3.1 SMTP – Das Mail-Protokoll

Der E-Mail-Versand geschieht im Internet mittels SMTP (Simple Mail Transfer Protocol). Dieses sehr alte Protokoll wird in RFC 821 beschrieben und arbeitet über Port 25/tcp.

SMTP kommuniziert in Klartext – daher kann ein E-Mail-Server auch per Telnet angesprochen werden. Die Kehrseite der Medaille ist, dass SMTP praktisch keine eingebaute Sicherheit hat.

Diese lässt sich jedoch über verschiedene Wege nachrüsten. Dabei kann sowohl die Zugangskontrolle (SMTP-Auth) als auch die Integrität (PGP bzw. S/MIME) sowie die Vertraulichkeit (PGP, S/MIME, SSL/TLS) sichergestellt werden. In der Regel ist serverseitig aber nur die Zugangskontrolle in Form einer Benutzerauthentifikation sinnvoll, da der weitere Versand einer Mail über das Internet zumeist in Klartext erfolgt und nicht kontrolliert werden kann – Sie als Administrator haben schließlich nur Kontrolle über Ihren eigenen Mail-Server, nicht jedoch über die weiteren Stationen einer Mail auf ihrem Weg zum Adressaten.

Andererseits kann mittels PGP bzw. GnuPG zumindest clientseitig eine Ende-zu-Ende-Verschlüsselung sichergestellt werden. Allerdings werde ich in diesem Rahmen dieses Thema nicht weiter behandeln, da wir die Serverseite betrachten wollen.

Seit 1995 existiert eine Erweiterung von SMTP namens ESMTP (Extended SMTP), Ich gehe darauf weiter unten noch einmal ein. Doch zunächst die »Basics«.

31.3.2 Der Weg einer E-Mail

Die Mail wird zunächst über einen E-Mail-Client, einen so genannten MUA (Mail User Agent) wie zum Beispiel `pine`, `mutt` oder das klassische *Outlook* erstellt und an den lokalen MTA (Mail Transfer Agent) – dies ist unser Mail-Server – übermittelt. Dies geschieht mittels SMTP.

Auch der Versand der Mail vom lokalen MTA zum Ziel-MTA, sprich Ziel-Mail-Server, ist Sache von SMTP. Dabei kann die Mail entweder gleich vom lokalen MTA zum Ziel-MTA oder über weitere Zwischenstationen transportiert werden.

Aber wie findet der sendende Mail-Server (MTA) den richtigen Zielserver? Dies geschieht durch die MX-Einträge der jeweiligen Zonen bzw. Domains des Zielservers. Der sendende Mail-Server fragt beim DNS-Server, der die passende Zone verwaltet, nach den MX-Einträgen und erhält entweder direkt eine IP-Adresse oder den DNS-Namen des bzw. der Mail-Server der Domain. Gegebenenfalls muss er weiterfragen, bis er eine oder mehrere IP-Adressen erhält.

Am Ziel-MTA angekommen, wird die Mail in das dort bereitstehende Postfach des Adressaten gelegt und liegt zur Abholung bereit. Dies geschieht wiederum durch einen MUA. Hierbei kommen allerdings andere Protokolle wie zum Beispiel POP3 (Post Office Protocol) oder IMAP (Internet Message Access Protocol) zum Einsatz. Ich komme darauf zurück.

Der Vorgang stellt sich bildlich so dar wie in Abbildung 31.2 gezeigt.

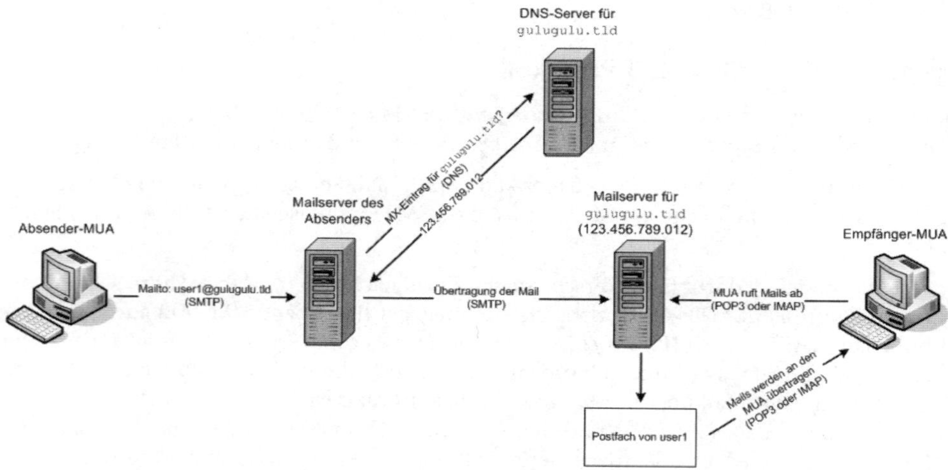

Abb. 31.2: Der Transport einer E-Mail

Es gibt hierbei einige Varianten, zum Beispiel:

- *Smarthost* – hiermit wird ein Mail-Server bezeichnet, an den ein anderer Mail-Server alle seine Mails weiterleitet. Der Smarthost organisiert dann den zielgerichteten Transport zum Adressaten. Oftmals senden lokale Mail-Server ihre Mails an den Mail-Server des Providers. Dies hat den Vorteil, dass die internen Strukturen verborgen bleiben und der Mail-Server nicht permanent erreichbar sein muss. Außerdem wird ein Smarthost in größeren Unternehmen eingesetzt, bei denen interne Mail-Server die Mails an externe Adressaten an ein zentrales Mail-Gateway, das als Smarthost dient, weiterleiten. Das Mail-Gateway steht meistens in einer DMZ (Demilitarized Zone – mehr dazu in Teil IV) und enthält zum Beispiel Antiviren- und Antispam-Software sowie Content-Filter.
- *Relay* – ein Mail-Server, der Mails für einen anderen Mail-Server entgegennimmt und an diesen weiterleitet. Gefürchtet sind die so genannten »Open Relays«, Mail-Server, die

jede an sie gesendete Mail weiterleiten – genau das, was Spammer brauchen. Daher sollten Sie unbedingt darauf achten, Ihren Mail-Server abzudichten. Sonst landen Sie sehr schnell auf einer so genannten »Blacklist«, die zur Identifizierung von bekannten Spamschleudern dient. Damit werden Mails, die von Ihrem Mail-Server versendet werden, von einer großen Anzahl von Mail-Servern abgelehnt bzw. verworfen, die nämlich die entsprechende Blacklist als Entscheidungsgrundlage nutzen.

Relays werden zum Beispiel ebenfalls als Mail-Gateways eingesetzt – hier in umgekehrter Richtung, also von außen nach innen, wobei die Mail-Gateways die Spreu vom Weizen trennen, also bereits auf Viren, Spam und unerwünschte Inhalte filtern, bevor sie die Mails an den internen Mail-Server weiterleiten.

31.3.3 POP3

Befindet sich der Mail-Client (MUA) des Adressaten auf dem Mail-Server, kann dieser direkt auf das betreffende Postfach in Form einer lokalen Datei bzw. eines Verzeichnisses zugreifen. In der Regel handelt es sich jedoch um externe Clients, die die Mails über das Netzwerk abrufen. Hierzu wird hauptsächlich POP3 oder IMAP verwendet.

POP3 (Post Office Protocol Version 3) ist ein einfaches Protokoll zur Übertragung von E-Mail-Daten vom Server zum Client, das in RFC 1939 definiert ist. Hierzu wird ein POP3-Server auf dem MTA benötigt. Dieser lauscht standardmäßig auf Port 110/tcp. Praktisch jeder E-Mail-Client kann über POP3 kommunizieren.

POP3 enthält nicht viele Funktionen – es ermöglicht lediglich die Abholung und Löschung von Mails auf dem Server. Trotzdem ist es noch sehr weit verbreitet und Quasi-Standard. POP3 arbeitet in ASCII, also Klartext, enthält also auch keine nennenswerten Sicherheitsmechanismen. Damit kann eine POP3-Sitzung auch über Telnet simuliert werden. Ich komme darauf zurück.

Für erweiterte Funktionen wie zum Beispiel Vorselektion der E-Mails benötigen Sie IMAP.

31.3.4 IMAP4

Das Internet Message Access Protocol belässt – im Gegensatz zu POP3 – die Mails normalerweise auf dem Server. Es werden verschiedene Features unterstützt, die bei POP3 nicht enthalten sind, zum Beispiel

- gemeinsam genutzte Mail-Boxen für mehrere Benutzer
- das Suchen und Sortieren kann serverseitig erfolgen, so dass die Clients weniger belastet werden. Dies ist insbesondere bei großen Mail-Boxen sinnvoll.

IMAP4 ist in RFC 3501 im Grundsatz beschrieben. Allerdings gibt es zahlreiche Erweiterungen, die keineswegs einheitlich ein- und umgesetzt werden.

Zwar gibt es viele E-Mail-Clients, die IMAP4 unterstützen (zum Beispiel *Mozilla Thunderbird, Outlook Express, Outlook, Pegasus Mail, Novell Evolution* etc.), allerdings nutzen nur wenige Clients die Vorteile von IMAP4 wirklich aus, wie zum Beispiel `pine` es tut.

IMAP4 horcht auf Port 143/tcp. Auch hierfür ist ein eigener Serverdienst erforderlich.

31.3.5 ESMTP

Die Erweiterung von SMTP wird ESMTP (Extended SMTP) genannt und ist in RFC 1869 standardisiert. Über ein modulares Konzept können weitere SMTP-Befehle eingebunden werden. Eine normale Begrüßung zwischen zwei SMTP-Kommunikationspartnern beginnt mit `HELO`. Meldet sich der Sender jedoch mit `EHLO` (SMTP-Befehle dürfen nur vier Buchstaben haben!), so teilt der Server dem Sender im Gegenzug alle unterstützten ESMTP-Befehle mit. Später schauen wir uns das noch ausführlicher an.

31.3.6 Unix to Unix Copy (UUCP)

Das UUCP ist ein uraltes Protokoll zur Übertragung von Dateien zwischen Unix-Computern. Es entstand in den 1970er Jahren und wurde häufig auch zur Übertragung von E-Mails verwendet (siehe RFC 976). Dabei ist UUCP dazu konzipiert, bei Bedarf Wählverbindungen aufzubauen und mittels Polling (Abrufen von Informationen) Daten zu übertragen. Seit der steigenden Popularität des Internets in den 1990er Jahren hat es zunehmend an Bedeutung verloren und wird heute kaum noch verwendet.

31.3.7 ... und was ist MAPI?

Bei MAPI (Message Application Programming Interface) handelt es sich um eine Schnittstelle für die Programmierung Nachrichten-verarbeitender Programme. Diese wurde von Microsoft entwickelt und wird vor allem für die Kommunikation zwischen Outlook und MS Exchange Server verwendet. Sie bietet zum Beispiel den Vorteil, dass Programme direkt E-Mails versenden können, ohne den E-Mail-Client öffnen zu müssen. Darüber hinaus können die Clients auf Groupware-Funktionen, wie zum Beispiel gemeinsame Kalender, Kontaktlisten und öffentliche Ordner zugreifen. Für unsere Betrachtungen spielt MAPI keine weitere Rolle.

31.3.8 Weitere wichtige E-Mail-Konzepte

MDA

MUA und MTA haben Sie bereits kennen gelernt. Darüber hinaus gibt es noch den MDA (Mail Delivery Agent). Er ist dafür zuständig, die Mails an die entsprechenden lokalen Benutzer zu verteilen. Hierzu kann der MDA auf Filter und Kategorien zurückgreifen. So könnte hier zum Beispiel die Weiterleitung einer Mail an einen bestimmten Adressaten an einen anderen Benutzer bzw. eine andere E-Mail-Adresse geregelt sein. Die meisten MTAs haben einen MDA integriert.

Postmaster

Gemäß RFC 2142 (Mail-Box Names for Common Services, Roles and Functions) muss für jede Domain, für die ein Mail-Server E-Mails empfängt, ein *Postmaster* mit einer entsprechenden E-Mail-Adresse (in der Regel `postmaster@domain.tld`) vorhanden sein. Mails an diese Adresse sollten an den für den Server zuständigen Administrator geleitet werden.

Reject und Bounce

Erhält ein Mail-Server eine Mail, die er nicht akzeptiert – sei es, weil der Adressat nicht existiert oder weil der SMTP-Header kaputt ist –, wird die Mail abgelehnt (`reject`) und an den Absender inkl. Fehlerreport (NDR, Non Delivery Report) zurückgeleitet.

Wird die Mail zunächst vom Server angenommen, kann aber anschließend nicht zugestellt werden, zum Beispiel weil der Benutzer gelöscht wurde – so wird die Mail nach einer bestimmten Zeit und mehreren Versuchen zurückgeschickt (`bounce`). Dies geschieht wiederum mit einer im Klartext gesendeten und interpretierbaren Fehlermeldung.

Grundsätzlich gilt, dass ein Mail-Server für die von ihm entgegengenommenen Mails so lange verantwortlich ist, wie er sie nicht an den Adressaten oder an einen anderen Mail-Server weitergeleitet hat.

Envelope-Adressen und Message Headers

Ein häufig auftretendes Verständnisproblem ist der Unterschied zwischen Envelope-Adressen und den Adressen, die im Message-Header auftauchen. Zur Klarstellung:

Im Feld `To:` Ihres Mail-Clients tragen Sie die E-Mail-Adresse des Adressaten ein. Verglichen mit einem Brief ist das der Briefkopf, eben der Message Header. Der Mail-Client bzw. der Mail-Server verpackt diesen Brief dann allerdings in einen Umschlag (Envelope). Die Adresse, die auf diesem Umschlag auftaucht, ist die maßgebliche für die Zustellung des Briefes. In den meisten Fällen wird die Envelope-Adresse mit der Message-Header-Adresse übereinstimmen – das muss allerdings nicht zwangsläufig so sein, lassen Sie sich also nicht irritieren, falls Sie darüber stolpern! So könnte zum Beispiel eine Adressumschreibung (Redirection) im Rahmen des Mail-Routings für einen solchen Fall sorgen.

Weitere Festlegungen und Konzepte lernen Sie innerhalb der Workshops kennen. Lassen Sie uns also nun in die Praxis einsteigen!

MIME

Als Multipurpose Internet Mail Extensions (MIME) wird ein Kodierungsstandard bezeichnet, der dazu dient, die Inhalte von Mails und anderen Nachrichten zu definieren. Hierzu werden verschiedene »Content-Types« festgelegt, zum Beispiel `html/ascii`, `text/plain`, `image/gif` usw. Somit wird die Übertragung von Nicht-ASCII-Zeichen in Textdokumenten ermöglicht, indem diese Elemente in einer festgelegten Form (*base64* oder *quoted-printable*) beim Absender codiert und vom Empfänger wieder decodiert werden.

Somit ist es nicht nur möglich, die E-Mails selber mittels HTML optisch ansprechender zu gestalten, sondern auch Anhänge (Attachments) anzufügen. Der MIME-Typ zeigt dem Mail-Client an, welche Applikation er starten beziehungsweise welche Komponenten er einbinden muss, um die Inhalte korrekt anzuzeigen.

> Neben MIME existiert noch *uuencode* (bzw. *uudecode*), das das erste verbreitete Programm war, das es ermöglichte, Binärdateien innerhalb von E-Mails zu versenden. Es stammt aus der Unix-Welt und ist in seiner Nutzung auch mehr oder weniger auf diesen Bereich eingeschränkt. In der Regel wird heutzutage MIME verwendet.

31.4 Installation von Postfix

Der Default-MTA von Debian ist *Exim*. Auf einem frisch installierten Debian-System ist Exim zwar nicht mehr standardmäßig enthalten (bis Debian GNU/Linux 3.1 *Sarge* war das der Fall), jedoch könnte *Exim* im Rahmen anderer Installationen bereits als Abhängigkeit installiert worden sein.

Wie auch immer: Auf einem Linux-System darf immer nur ein MTA aktiviert sein. Sie brauchen jedoch nicht extra *Exim* zu deinstallieren, um `Postfix` einsetzen zu können. Dafür sorgt das intelligente Debian-Installationssystem. *Postfix* wird unter *Lenny* in der Version 2.5 und unter *Etch* in der Version 2.3 installiert:

```
# apt-get install postfix
Paketlisten werden gelesen... Fertig
Abhängigkeitsbaum wird aufgebaut... Fertig
Die folgenden zusätzlichen Pakete werden installiert:
  openssl ssl-cert
Vorgeschlagene Pakete:
  ca-certificates postfix-mysql postfix-pgsql postfix-ldap postfix-pcre
  sasl2-bin libsasl2-modules resolvconf
Die folgenden Pakete werden ENTFERNT:
  exim4 exim4-base exim4-config exim4-daemon-light
Die folgenden NEUEN Pakete werden installiert:
  openssl postfix ssl-cert
0 aktualisiert, 3 neu installiert, 4 zu entfernen und 11 nicht aktualisiert.
Es müssen noch 2066kB von 2075kB Archiven geholt werden.
Nach dem Auspacken werden 1307kB Plattenplatz zusätzlich benutzt.
Möchten Sie fortfahren [J/n]?
```

Die (hier) fettgedruckten Zeilen zeigen Ihnen, dass die (in diesem Fall vorhandenen) `Exim`-Komponenten deinstalliert werden, bevor *Postfix* und einige Abhängigkeiten (je nach Ausgangszustand) installiert werden können.

Im anschließenden `Debconf`-Menü wählen Sie NUR LOKAL für die Konfiguration des Mail-Servers, die anderen Einstellungen (Name des Serves) können Sie in der Regel übernehmen.

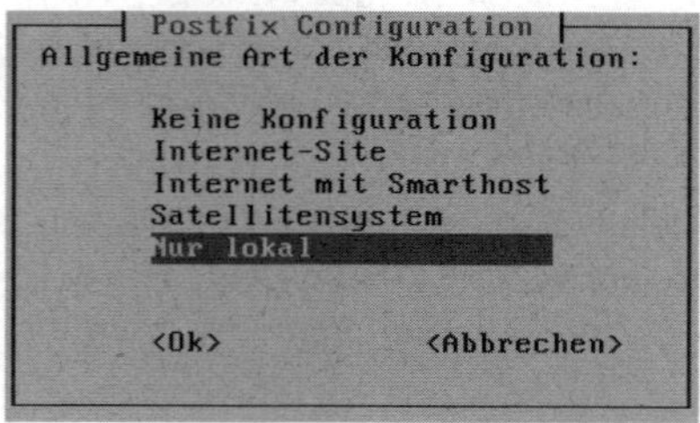

Abb. 31.3: Die Ausgangskonfiguration für Postfix

Zum Abschluss der Installation wird Ihr Mail-Server mit der gewählten Konfiguration gestartet:

```
Stopping Postfix Mail Transport Agent: postfix.
Starting Postfix Mail Transport Agent: postfix.
```

Nun ist Postfix aktiv. In der Prozessliste (`ps ax`) sollten Sie in etwa Folgendes finden:

```
4240 ?        Ss     0:00 /usr/lib/postfix/master
4245 ?        S      0:00 pickup -l -t fifo -u -c
4246 ?        S      0:00 qmgr -l -t fifo -u
```

Dies sind Serverkomponenten, die Postfix benötigt. Im nächsten Abschnitt erfahren Sie mehr dazu.

Darüber hinaus sollten Sie in der Liste der aktiven Ports (`netstat -na|grep -iv unix`) die folgende Zeile vorfinden:

```
tcp        0      0 127.0.0.1:25            0.0.0.0:*               LISTEN
```

Im Moment lauscht unser Mail-Server nur auf der Loopback-Adresse – so, wie wir es konfiguriert haben. Alles Weitere folgt später.

Außerdem können Sie den Serverdienst sofort testen – wie so oft mit Telnet:

```
# telnet localhost 25
Trying 127.0.0.1...
Connected to localhost.
Escape character is '^]'.
220 debian.linux.local ESMTP Postfix (Debian/GNU)
quit
221 2.0.0 Bye
Connection closed by foreign host.
```

Wie Sie sehen, meldet sich unser Postfix-System brav auf Port 25. Mit **`quit`** beenden Sie die Sitzung.

31.5 Wie funktioniert Postfix?

Inzwischen kennen Sie ja meine Devise: Ich möchte, dass Sie die Zusammenhänge Ihres Systems verstehen lernen. Damit Sie sich in Ihrem Mail-Server zurechtfinden, müssen Sie die Funktionsweise von `Postfix` verstehen. Sie können allerdings auch zunächst gleich in die Praxis springen und sich den notwendigen Background später bei Bedarf aneignen. Ich persönlich setze beim Lernen jedoch auf den Wiedererkennungseffekt, der auftritt, wenn Sie Dinge, die Sie vorher theoretisch gelernt haben, später in der Praxis wieder finden.

Postfix wurde als `Sendmail`-Nachfolger bzw. -Alternative konzipiert und bleibt daher bezüglich des Verhaltens und der Befehle mit `Sendmail` weitgehend kompatibel. Die interne Struktur ist jedoch vollständig unterschiedlich zu dem Dinosaurier unter den Mail-Servern.

Im Gegensatz zu Sendmails monolithischem Ansatz verfolgt Postfix ein modulares Konzept, wonach es einen Hauptdaemon (`master`) gibt, der bei Bedarf die notwendigen Module nachlädt und – nach getaner Arbeit – wieder entlädt. Darüber hinaus gibt es einige Unterdaemons, die permanent laufen (`pickup`, `qmgr` – siehe unten).

In den nächsten Abschnitten folgen einige neue Begriffe, die zu gründlicher Verwirrung beitragen können – lassen Sie sich davon nicht beeindrucken! Letztlich ist es alles halb so wild ...

31.5.1 Stoppen und Starten von Postfix

`Postfix` wird durch das Init-Skript `/etc/init.d/postfix` gesteuert. Es versteht u.a. die üblichen Parameter `stop`, `start`, `restart` und `reload`. Haben Sie Änderungen an der Konfiguration durchgeführt, müssen Sie den Server mittels `restart` neu starten – meine Tests haben ergeben, dass ein reiner `reload` in manchen Fällen nicht ausreicht.

31.5.2 Lokale Mails

Möchte ein lokaler Benutzer auf dem Mail-Server eine Mail versenden, wird diese mit dem `postdrop`-Kommando in das `maildrop`-Verzeichnis der `Postfix`-Queue abgelegt. Der `pickup`-Daemon liest die Mail aus und leitet sie an den `cleanup`-Daemon weiter. In Zusammenarbeit mit dem `trivial-rewrite`-Programm wird die Mail nun in das richtige Format gebracht, Mail-Header korrigiert, Aliasse angepasst usw. Anschließend wird die Mail vom `cleanup`-Daemon in die `Incoming-Queue` verschoben.

An dieser Stelle wird der `Queue-Manager` aufgerufen, der die Mail an die jeweiligen `Delivery-Agents` weiterleitet, die für die Zustellung bzw. den Versand zuständig sind.

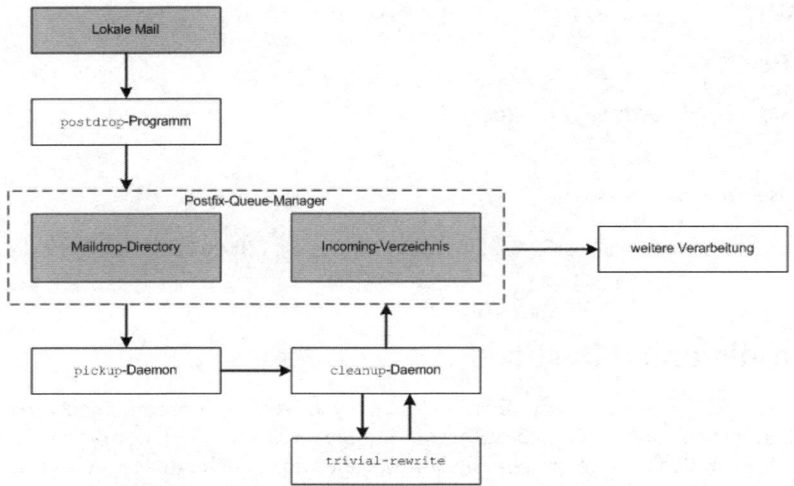

Abb. 31.4: Annahme und Verarbeitung lokaler Mails

31.5.3 Mails aus dem Netzwerk

Etwas anders stellt sich der Vorgang dar, wenn die Mail über das Netzwerk entgegengenommen wird. Hier kommt der `smtpd`-Daemon zum Einsatz. Er lauscht standardmäßig auf Port 25 und ist die einzige Komponente von Postfix, die sich der Außenwelt als Serverdienst präsentiert.

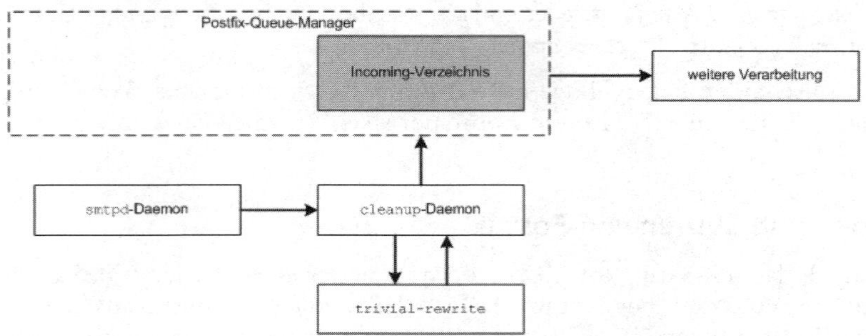

Abb. 31.5: Annahme und Verarbeitung von Mails aus dem Netzwerk

Der smtpd leitet die Mail an den cleanup-Daemon, wonach die bereits bekannte Prozedur greift.

Darüber hinaus existieren noch der defer- und der bounce-Daemon. Diese werden aktiv, wenn eine Mail nicht zugestellt werden konnte. Sie erstellen eine passende Fehlermeldung und leiten diese an den cleanup-Daemon weiter, der nach den gewöhnlichen Checks die Fehlermeldung im Incoming-Verzeichnis ablegt.

31.5.4 Der Queue-Manager

Der Cleanup-Manager schickt jede Mail ins Incoming-Verzeichnis und benachrichtigt den Queue-Manager, dass eine neue Mail zur Abarbeitung vorhanden ist. Der Queue Manager unterhält vier verschiedene Mailqueues:

- *Incoming*: Hier landen zunächst alle neuen Mails.
- *Active*: Geht die Mail ihren normalen Weg, landet sie anschließend in dieser Queue, und der Queue-Manager ruft einen *Delivery Agent* zur Zustellung auf.
- *Deferred*: E-Mails, die zurzeit nicht zustellbar sind, landen in dieser Queue.
- *Corrupt*: Fehlerhafte oder unvollständige Mails landen in dieser Queue.

Darüber hinaus verwaltet der Queue-Manager noch die beiden Spool-Verzeichnisse bounce und defer, in denen Statusinformationen gespeichert werden, aus denen die entsprechenden Daemons die Fehlermeldungen generieren.

31.5.5 Weiterleitung der Mail

Postfix nutzt ein Adress-Klassen-Konzept zur Weiterleitung von Mails. Die Hauptklassen sind:

- *local* – Der local Delivery-Agent liefert alle Mails aus, die an Benutzer mit einer Shell auf dem Mailsystem gehen.
- *virtual alias* – Virtuelle Alias-Adressen werden immer zu anderen Adressen weitergeleitet. Dieses und das folgende Konzept kommen zur Anwendung bei der Verwaltung mehrerer Domains. Sie lernen dies im Rahmen unseres zweiten Tutorials kennen.
- *virtual Mail-Box* – Virtuelle Mail-Boxen sind Mail-Boxen, die keinen »echten« Benutzern auf dem System zugewiesen sind. Auch dieses Konzept lernen Sie im zweiten Tutorial näher kennen.
- *relay* – In diese Klasse fallen alle Mails, die an andere Server weiterzuleiten sind.

Für diese Adressklassen werden die jeweils passenden Delivery-Agents aufgerufen. Alles, was nicht in diese Klassen fällt, wird nur von bestimmten Clients zugelassen und mittels smtp-Delivery-Agent weitergeleitet.

31.5.6 ... und wo sind die Dateien und Verzeichnisse von Postfix?

Postfix hat insbesondere zwei Konfigurationsdateien:

/etc/postfix/master.cf

In dieser Datei befindet sich die Konfiguration der zur Verfügung stehenden Postfix-Module – so, wie Sie vom master-Daemon gestartet werden sollen. Sie ist sehr strukturiert aufgebaut und als Tabelle lesbar. Hier ein kleiner Ausschnitt:

```
# cat /etc/postfix/master.cf
#
# Postfix master process configuration file.  For details on the format
# of the file, see the master(5) manual page (command: "man 5 master").
#
# ==========================================================================
# service type  private unpriv  chroot  wakeup  maxproc command + args
#               (yes)   (yes)   (yes)   (never) (100)
# ==========================================================================
smtp      inet  n       -       -       -       -       smtpd
pickup    fifo  n       -       -       60      1       pickup
cleanup   unix  n       -       -       -       0       cleanup
qmgr      fifo  n       -       n       300     1       qmgr
(...)
```

Auch hier wird eine Kommentarzeile wieder mit einem Doppelkreuz gekennzeichnet. In der Datei befinden sich einige Kommentarzeilen, die ich der Übersicht halber an dieser Stelle weggelassen habe.

Verschaffen wir uns einen Überblick über die Spalten. Die Default-Werte sind im Spaltenkopf jeweils in Klammern angegeben:

- `service`: Hier finden Sie die Module. Einige, wie zum Beispiel `smtp`, `pickup`, `qmqr` oder `cleanup` werden Sie wiedererkennen.
- `type`: Dies bestimmt die Art des Transports bzw. der Weiterleitung der Nachrichten. Gültige Werte sind `inet`, `fifo` und `unix`. Nur `inet` ist für die Übertragung über das Internet geeignet. Sowohl `fifo` als auch `unix` sind interne Kommunikationswege.
- `private`: Bestimmt, ob eine Komponente nur intern von Postfix selbst erreichbar ist (default: `yes`).
- `unpriv`: Hier legen Sie fest, ob das Modul mit den Rechten des für Postfix angelegten Benutzers `postfix` arbeitet (default) bzw. als root laufen muss (`n`).
- `chroot`: Hiermit können Sie einen Prozess in einer Change-Root-Umgebung laufen lassen (default), um ein zusätzliches Sicherheitslevel einzurichten. Dies erhöht allerdings auch die Komplexität und ist nicht ohne! Ändern Sie also nichts an dieser Spalte, bevor Sie nicht wissen, was Sie tun ...
- `wakeup`: Einige Prozesse müssen periodisch aktiviert werden, so zum Beispiel der *pickup*-Service, der in der Voreinstellung alle 60 Sekunden nachschaut, ob neue Mails eingegangen sind. Ein Fragezeichen (?) hinter dem Wert signalisiert, dass der Wakeup-Call nur bei Bedarf gesendet wird.
- `maxproc`: die maximal zulässige Anzahl an Prozessen dieses Typs, die gleichzeitig laufen dürfen.
- `command + args`: In dieser Spalte werden die auszuführenden Programme angegeben, wobei auf die Pfadangabe verzichtet werden kann, da Postfix das Programm im Daemon-Verzeichnis `/usr/lib/postfix` sucht. Auf der anderen Seite können Sie hier verschiedene zusätzliche Parameter für den Start des Daemons angeben.

In Einzelfällen werden Sie an dieser Datei Änderungen vornehmen müssen. Dies ist jedoch eher selten. Die andere Konfigurationsdatei, die Sie nun kennen lernen werden, enthält die laufende Konfiguration Ihres Postfix-Systems.

/etc/postfix/main.cf

In dieser Datei werden wir uns innerhalb der Workshops und der Konfiguration von Postfix häufig bewegen. Sie enthält alle Parameter, die das Verhalten von Postfix steuern. An dieser Stelle gehe ich nicht weiter auf den Inhalt ein, da wir uns in den Workshops mit den Details vertraut machen werden.

Werfen wir einen kurzen Blick in die Struktur dieser Datei: Die Parameter werden in der Form `Parameter = Wert` eingegeben. Es ist wichtig, dass diese Angabe in der ersten Spalte einer Zeile beginnt, da Sie durch Einrücken eine Zeile auf mehrere Zeilen auftrennen können, um die Übersichtlichkeit zu erhöhen:

```
mydestination = gulugulu.tld
  test.tld
  intern.tld
```

Mehrere Werte für einen Parameter können Sie entweder durch Komma oder durch Leerzeichen getrennt angeben – oder eben wie oben angegeben in mehreren Zeilen.

Wird ein Parameter gesetzt, können Sie diesen als Variable innerhalb des Wertes eines anderen Parameters einsetzen, zum Beispiel

```
myorigin = $mydomain
mydomain = windschief.local
```

Wie Sie sehen, müssen Sie die Parameter nicht einmal in einer bestimmten Reihenfolge definieren – die Deklaration der Variablen erfolgt nach ihrer Nutzung. Alles Weitere lernen Sie in der Praxis.

/usr/lib/postfix

Dies ist das Daemon-Verzeichnis, in dem sich die Daemons befinden, die vom `master`-Daemon gemäß `/etc/postfix/master.cf` gestartet werden.

/var/spool/postfix/

Hier befinden sich die Queues von Postfix. Sie finden hier u.a. die Verzeichnisse `incoming`, `active`, `deferred` etc. Werfen Sie am besten jetzt gleich einen Blick hinein!

/usr/sbin/

In diesem Verzeichnis legt Postfix seine Programme wie zum Beispiel `postfix`, `postdrop` oder `sendmail` ab.

31.6 Workshop: Ein interner Mail-Server mit Postfachabholung

In diesem Workshop werden wir in die Konfiguration von Postfix einsteigen. Sie haben nun schon einiges über Postfix und seine Struktur gelernt und können dies jetzt in die Praxis umsetzen. Lassen Sie uns unsere Ziele abstecken:

1. Ein Mail-Server im LAN, der den E-Mail-Clients im LAN (und nur diesen!) das Versenden von Mails ermöglicht.
2. Der Mail-Server holt die Mails von den Postfächern der Benutzer ab und stellt sie lokal zur Verfügung. Die Postfächer sind bei einem E-Mail-Provider im Internet (`www.gmx.de`, `www.web.de` etc.) vorhanden.
3. Die Benutzer im LAN können über ihren Mail-Client mittels POP3 auf ihre Postfächer zugreifen.

In einem zweiten Workshop werden wir dann Viren- und Spamschutz einrichten. Das ist ein sportliches Programm – lassen Sie uns also beginnen und keine Zeit mehr verlieren.

31.6.1 Grundkonfiguration des Mail-Servers

Ein Mail-Server muss sich selbst identifizieren können, daher benötigt er einen Hostnamen, oder genauer: einen FQDN. Stellen Sie sicher, dass dieser in `/etc/postfix/main.cf` korrekt gesetzt ist. Es sollte eine Zeile der folgenden Art existieren:

```
myhostname = mail.linux.local
```

Daraus kann Postfix entsprechende Default-Werte ziehen, zum Beispiel den Parameter `mydomain`, der sich aus dem FQDN ergibt (hier: `linux.local`). Allerdings möchten wir, dass der Server auch Mails für die Domain `windschief.local` annimmt. Daher passen wir den Parameter `mydestination` an:

```
mydestination = etch.linux.local
  windschief.local
  localhost.linux
  localhost
```

Nun müssen wir sicherstellen, dass die lokalen Clients vom Mail-Server akzeptiert werden. Dazu ergänzen wir den Parameter `mynetworks` folgendermaßen:

```
mynetworks = 127.0.0.0/8 192.168.1.0/24
```

Den IPv6-Wert, der in eckigen Klammern unter *Lenny* auftaucht, können Sie so stehen lassen oder auch löschen, er stört nicht, wird aber auch nicht benötigt, solange wir IPv4 sprechen. Fügen Sie Ihr Netzwerk einfach hinten durch Leerzeichen getrennt an.

Bisher lauscht der Mail-Server nur auf dem `Loopback`-Interface. Das ändern wir, indem wir den folgenden Parameter anpassen, wobei die hintere Adresse der IP-Adresse Ihres Servers entsprechen muss:

```
inet_interface = 127.0.0.1 192.168.1.1
```

Entfernen Sie den vorhandenen Eintrag `loopback-only`. Sie könnten die Zeile auch komplett auskommentieren, um den Default-Wert (`All`) zu aktivieren. In diesem Fall geht jedoch meines Erachtens die Übersicht verloren. Es ist immer besser, etwas explizit anzugeben, anstatt Default-Werte kennen zu müssen, um das Verhalten des Systems zu verstehen.

> Damit der Mail-Server Mails versenden kann, benötigt er einen DNS-Server, den er nach den MX-Records befragen kann. Stellen Sie sicher, dass ein DNS-Server in `/etc/resolv.conf` eingetragen ist. In unserem Lab ist dies der DSL-Router 192.168.1.254.

31.6.2 E-Mail-Benutzer einrichten

... ist für unser erstes Lab denkbar trivial: Es handelt sich schlicht um lokale Benutzer. Lassen Sie uns zwei exemplarische User einrichten – sofern noch nicht vorhanden: `wwindschief` und `ppfeiler`. Wählen Sie im Lab ein einfaches Passwort, zum Beispiel den Benutzernamen:

```
# useradd -m wwindschief
# useradd -m ppfeiler
# passwd wwindschief
Enter new UNIX password:******
Retype new UNIX password: ******
passwd: Kennwort erfolgreich geändert
# passwd ppfeiler
Enter new UNIX password: ******
Retype new UNIX password: ******
passwd: Kennwort erfolgreich geändert
```

> Möchten Sie den erstellten Benutzern ausschließlich ein Postfach zur Verfügung stellen, aber keine lokale Anmeldung zulassen, ergänzen Sie `-s /bin/false` in der `useradd`-Zeile.

Nun können wir bereits mit den Benutzern arbeiten. Lassen Sie uns dies gleich einmal testen.

31.6.3 Den E-Mail-Client konfigurieren und testen

Sie müssen das E-Mail-Konto auf Ihrem Mail-Client konfigurieren. Steht Ihnen kein zweiter Computer zur Verfügung, können Sie auch lokale Linux-Clients wie zum Beispiel `mutt`, `pine` oder `elm` verwenden.

Der lokale Mail-Client

Auf Ihrem Serversystem sollte zumindest `mutt` installiert sein. Führen Sie es erstmalig aus, wird ein entsprechendes lokales Mail-Verzeichnis `<Homeverzeichnis>/Mail` eingerichtet. Anschließend werden Ihnen vorhandene Nachrichten nach Aufruf des Befehls **`mutt`** angezeigt, wie in Abbildung 31.6 beispielhaft gezeigt.

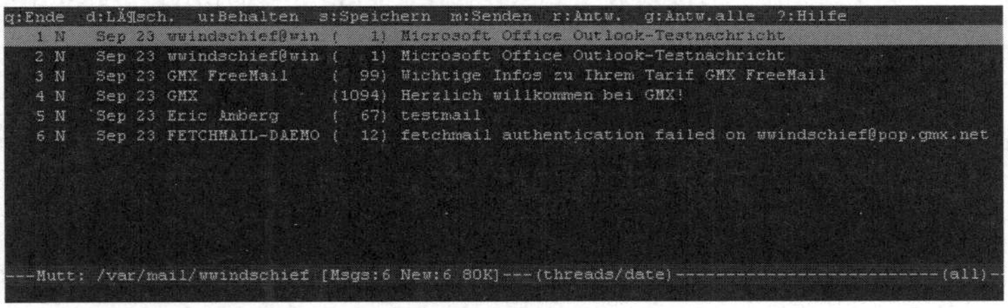

```
q:Ende  d:LÃ¶sch.  u:Behalten  s:Speichern  m:Senden  r:Antw.  g:Antw.alle  ?:Hilfe
   1 N   Sep 23 wwindschief@win (    1) Microsoft Office Outlook-Testnachricht
   2 N   Sep 23 wwindschief@win (    1) Microsoft Office Outlook-Testnachricht
   3 N   Sep 23 GMX FreeMail    (   99) Wichtige Infos zu Ihrem Tarif GMX FreeMail
   4 N   Sep 23 GMX             (1094) Herzlich willkommen bei GMX!
   5 N   Sep 23 Eric Amberg     (   67) testmail
   6 N   Sep 23 FETCHMAIL-DAEMO (   12) fetchmail authentication failed on wwindschief@pop.gmx.net



---Mutt: /var/mail/wwindschief [Msgs:6 New:6 80K]---(threads/date)-------------------------(all)--
```

Abb. 31.6: mutt-Hauptansicht

Sie können mit den Cursortasten [↑] und [↓] die Mails auswählen, mit [Enter] wird Ihnen die Mail angezeigt.

> Wenn Sie `mutt` das erste Mail starten, steht unter Umständen noch kein Postfach für den aufrufenden Benutzer zur Verfügung. Dieses legt *Postfix* erst bei Bedarf – sprich bei der ersten für ebendiesen Benutzer empfangenen Mail – an. Das resultiert in einer entsprechenden Fehlermeldung von `mutt`. Haben Sie die zwei Benutzer angelegt, schicken Sie einfach von einem Benutzer (zum Beispiel `wwindschief`) eine Mail an den anderen Benutzer (`to: ppfeiler`), loggen sich als `ppfeiler` ein bzw. nutzen `su - ppfeiler` [Enter] und starten dort `mutt`.

Mit der Taste `i` können Sie wieder in die Hauptansicht zurückgelangen. Das Programm können Sie über q verlassen. Darüber hinaus sind alle wichtigen Tasten in der blauen Hinweisleiste oben angegeben – Sie sollten also keine größeren Probleme im Umgang mit `mutt` haben.

Mail-Client auf der Workstation

Ich gehe hier davon aus, dass Sie einen zweiten PC haben, auf dem Windows läuft. Sie können jeden beliebigen POP3-fähigen Mail-Client verwenden. Nutzen Sie Outlook auf dem Client, sähe die Konfiguration in etwa so wie in Abbildung 31.7 aus.

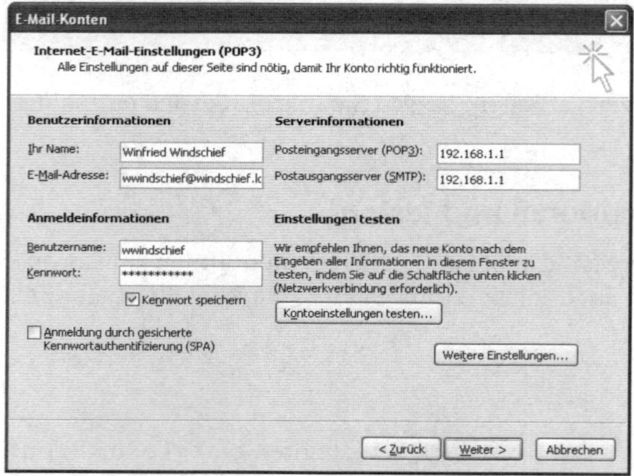

Abb. 31.7: Ein Mail-Konto für Winfried Windschief

Über KONTOEINSTELLUNGEN TESTEN... können Sie sich davon überzeugen, dass die Outlook-Test-Mail im Postfach des Benutzers `wwindschief` ankommt. In Outlook erhalten Sie im Moment noch eine Fehlermeldung bezüglich POP3:

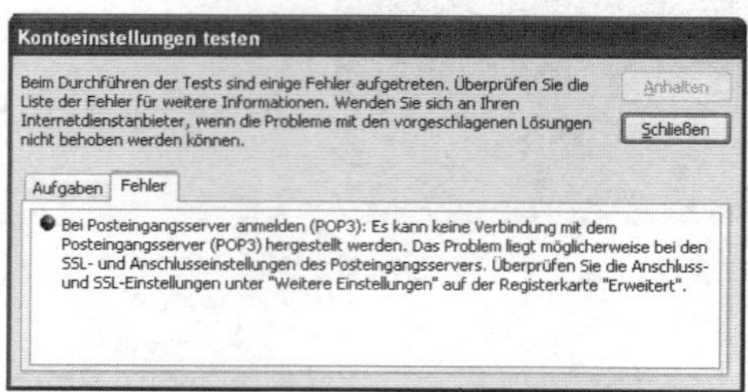

Abb. 31.8: Ohne POP3-Server kein POP3 ...

Dies ist in Ordnung, da wir zunächst noch einen POP3-Server einrichten müssen, bevor das Abholen der Mails funktionieren kann. Was jedoch schon funktioniert, ist die Annahme und Weiterleitung an das lokale Postfach des Benutzers `wwindschief`, wie Sie sich im Postfix-Logfile `/var/log/mail.log` überzeugen können, da Outlook testweise eine Mail *vom* eingerichteten Benutzer *an* ebendiesen selbst schickt:

```
Sep 23 15:05:04 etch postfix/smtpd[4207]: connect from unknown[192.168.1.2]
Sep 23 15:05:04 etch postfix/smtpd[4207]: 5779C21057: client=unknown[192.168.1.2]
Sep 23 15:05:04 etch postfix/cleanup[4211]: 5779C21057: message-
id=<20060923130504.5779C21057@etch.linux.local>
Sep 23 15:05:04 etch postfix/smtpd[4207]: disconnect from unknown[192.168.1.2]
Sep 23 15:05:04 etch postfix/
qmgr[4205]: 5779C21057: from=<wwindschief@windschief.local>, size=664, nrcpt=1 (q
ueue active)
Sep 23 15:05:04 etch postfix/
local[4212]: 5779C21057: to=<wwindschief@windschief.local>, relay=local, delay=0.
27, delays=0.16/0.05/0/
0.06, dsn=2.0.0, status=sent (delivered to command: procmail -a "$EXTENSION")
Sep 23 15:05:04 etch postfix/qmgr[4205]: 5779C21057: removed
```

Hier können Sie auch sehr schön sehen, welche Komponente jeweils aktiv wird: Nachdem `smtpd` die Verbindungsanfrage von 192.168.1.2 akzeptiert und die Mail angenommen hat, versieht `cleanup` die Mail mit einer eindeutigen Mail-ID und legt diese in die *Incoming*-Queue. Nun wird `qmqr` (Der Queue-Manager) aktiv und verschiebt die Mail in die *Active*-Queue und ruft den `local`-Delivery-Agent auf. Währenddessen hat `smtpd` die Verbindung zum Client bereits beendet. Nachdem die Mail zugestellt ist, wird sie von `qmqr` aus der Queue gelöscht.

> Führen Sie dasselbe mit dem zweiten Benutzer `ppfeiler` durch. Nutzen Sie einen anderen Mail-Client, achten Sie darauf, dass Sie für den ersten Versuch zunächst sich selbst eine Mail schreiben – mit anderen Worten: der jeweils eingerichtete Benutzer schickt eine Mail an sich selbst – MS Outlook macht das wie gesagt beim Testen automatisch. Anschließend können Sie eine Mail an den anderen eingerichteten Benutzer (in diesem Fall `wwindschief`) schreiben.

Sollten Sie auf andere Fehler stoßen, überprüfen Sie, ob der Mail-Server auf dem Ethernet-Interface lauscht, `mynetworks` das lokale Netz umfasst und der Parameter `mydestination` die Domain `windschief.local` enthält.

31.6.4 Die Postfächer überprüfen

Wo aber liegt die Mail jetzt? Ganz einfach: Für jeden Benutzer wird ein Postfach angelegt, wenn er seine erste Mail erhält. Wie Sie noch lernen werden, gibt es zwei Mail-Box-Verfahren. Der Standard ist `mbox`. Hier liegt das Postfach unter `/var/mail/` und hat den Namen des Benutzers. Dabei handelt es sich um eine Textdatei, die alle Mails enthält die noch nicht abgerufen und gelöscht wurden. Schauen Sie in das Postfach von `wwindschief`:

```
# cat /var/mail/wwindschief
From wwindschief@windschief.local  Sat Sep 23 14:57:32 2006
Return-Path: <wwindschief@windschief.local>
```

```
X-Original-To: wwindschief@windschief.local
Delivered-To: wwindschief@windschief.local
Received: from WINXP2 (unknown [192.168.1.2])
        by etch.linux.local (Postfix) with SMTP id A390521057
        for <wwindschief@windschief.local>; Sat, 23 Sep 2006 14:57:32 +0200 (CEST)
From: <wwindschief@windschief.local>
To: <wwindschief@windschief.local>
Subject: =?utf-8?B?TWljcm9zb2Z0IE9mZmljZSBPdXRsb29rLVRlc3RuYWNocmljaHQ=?=
MIME-Version: 1.0
Content-Type: text/plain;
    charset="utf-8"
Content-Transfer-Encoding: 8bit
Message-Id: <20060923125732.A390521057@etch.linux.local>
Date: Sat, 23 Sep 2006 14:57:32 +0200 (CEST)

Diese E-Mail-Nachricht wurde vom Microsoft Office Outlook-Konto-
Manager gesendet, um Ihre POP3-Konto-Einstellungen zu testen.
```

Hier finden Sie die Testnachricht Ihres Mail-Clients – hier Outlook. Alles, bis auf die letzten beiden Zeilen, gehört zum Envelope und zum Message-Header. Natürlich können Sie nun auch Ihren lokalen Mail-Client (`mutt`) verwenden, um die Mails anzeigen zu lassen – ich wollte Ihnen an dieser Stelle lediglich zeigen, in welcher Form die Mails tatsächlich gespeichert werden.

Funktioniert alles, ist Punkt 1 unseres Pflichtenheftes erledigt, die lokalen Clients dürfen Mails über unseren Mail-Server versenden.

31.6.5 Mails vom Provider abholen

Natürlich können Sie, wie im Privatbereich üblich, jeden Mail-Client im LAN dafür einrichten, seine Mails vom Provider selbst zu holen. Eleganter – und vor allem sicherer – geht es jedoch, wenn der interne Mail-Server die Mails vom Provider bzw. von den Providern (es können durchaus mehrere sein) zieht und in den lokalen Postfächern zur Verfügung stellt. Zum einen können Sie als Administrator somit alle Mailkonten zentral konfigurieren und zum anderen ermöglicht es Ihnen, eine Sicherheitsschicht in Form von Virenscannern, Content- und Antispam-Filtern einzurichten.

Mailkonten beim Freemailer einrichten

Für unser Lab gehe ich davon aus, dass Sie für beide Benutzer ein Mailkonto bei `gmx.de` einrichten. Natürlich ist auch jeder andere Webmailer geeignet, sofern er das Senden und Abrufen der Mails durch einen Mail-Client unterstützt. Da sich die Prozedur der Einrichtung eines E-Mail-Postfachs häufiger ändert, verzichte ich an dieser Stelle auf eine detaillierte Anweisung hierzu. Als erfahrener Internet-Benutzer dürften Sie ohnehin keine Schwierigkeiten dabei haben, auch wenn – gerade bei GMX – die Anmeldeprozedur doch ziemlich nervig sein kann. Dafür verfügen Sie anschließend über einen kostenlosen E-Mail-Account. Weitere Anbieter kostenloser Mailkonten sind `web.de` und `google.de`.

Fetchmail installieren und konfigurieren

Sie lernen nun eines der unkompliziertesten und am einfachsten zu konfigurierenden Dienstprogramme unter Linux kennen: `fetchmail`. Dieser Dienst sorgt für die Abholung unserer Mails beim Provider und der Auslieferung an lokale Benutzerpostfächer. Dabei kontaktiert `fetchmail` nach der Abholung der Mails den lokalen MTA auf 127.0.0.1 Port 25/tcp.

Das Paket wird wie gewohnt installiert:

```
# apt-get install fetchmail
```

Anschließend müssen Sie die Datei `/etc/fetchmailrc` anlegen und mit den notwendigen Zeilen anpassen:

```
poll  pop.gmx.net   protocol POP3   user winfried.windschief@gmx.de  password win
dschief
to wwindschief
poll  pop.gmx.net   protocol POP3   user paul.pfeifer  password pfeifer
to ppfeifer
```

Die Syntax der Konfigurationsdatei ist denkbar einfach und selbsterklärend. Nach der Angabe des abzufragenden Servers geben Sie das Protokoll (hier: POP3), den Benutzer (Achtung: bei GMX die vollständige Mail-Adresse!) und dessen Passwort an. Hinter dem `to` folgt der lokale Account, in dessen Postfach die Mail verschoben werden soll Sie können die für einen Eintrag notwendigen Parameter hinter- oder untereinander schreiben. In diesem Fall habe ich die `to`-Direktive unter die jeweilige Zeile geschrieben.

Achtung: Die Passwörter der Mail-Accounts werden hier in Klartext angegeben, sichern Sie also die Datei durch entsprechenden Zugriffsschutz, so dass nur noch `root` Lese- und Schreibrechte hat, wie im Folgenden gezeigt:

```
# chmod 600 /etc/fetchmailrc
```

> Sie müssen in `/etc/default/fetchmail` den folgenden Wert auf `yes` setzen, bevor Sie den Dienst `fetchmail` starten können:
>
> START_DAEMON=yes

Nun können Sie den Daemon starten:

```
# /etc/init.d/fetchmail start
Starting mail retrieval agent: fetchmail.
```

`fetchmail` wird nun selbstständig regelmäßig Ihre Mails checken, ggf. herunterladen und auf dem Server löschen. Das Intervall ist im Initskript mit 300 Sekunden angegeben. Rufen Sie den Daemon händisch auf, können Sie dies mit der Option `-d` <Sekunden> selbst angeben – natürlich können Sie diesen Wert auch im Init-Skript `/etc/init.d/fetchmail` anpassen.

Sie sollten dies nun natürlich gleich austesten, indem Sie dem Webmail-Account eine Mail zusenden und schauen, ob diese nach spätestens 5 Minuten (= 300 Sekunden) im lokalen Postfach liegt. Andererseits schickt GMX einem neuen Benutzer ohnehin Begrüßungsmails auf das Postfach, die – wenn von Ihnen noch nicht gelesen – von `fetchmail` gezogen werden sollten.

`fetchmail` loggt nach `/var/log/syslog`. Hier finden Sie ggf. auch Hinweise auf Fehler, zum Beispiel bei falschen Benutzerdaten.

Ach übrigens: Punkt zwei unseres Pflichtenheftes (Abholen und lokales Bereitstellen der Mails) ist erledigt ☺.

31.6.6 Einen POP3-Server einrichten

Nun müssen wir dafür sorgen, dass die Mail-Clients der Benutzer die Mails auch vom lokalen Server abholen können. Dazu richten wir einen einfachen POP3-Server ein: `qpopper`. Und hat Sie `fetchmail` bereits als benutzerfreundlicher Dienst überzeugt, dürfte Sie `qpopper` begeistern! Sie müssen das Programm lediglich wie gewohnt installieren:

```
# apt-get install qpopper
```

Und jetzt die Konfiguration: ... fertig! Zwar hat `qpopper` eine Konfigurationsdatei `/etc/qpopper.conf` – diese enthält auch jede Menge potentieller Parameter – jedoch müssen Sie nichts weiter einrichten, bevor der Dienst seine Arbeit aufnehmen kann. Im Rahmen der Installation wurde eine entsprechende Zeile in `/etc/inetd.conf` hinzugefügt, die dafür sorgt, dass der Superdaemon `inetd` den Dienst `qpopper` immer dann startet, wenn ein Client eine Verbindung auf Port 110/tcp anfordert.

Falls `inetd` bisher keine Aufgabe hatte, da die Datei `/etc/inetd.conf` keine Einträge enthielt, müssen Sie `inetd` nun zunächst starten. Nach dem nächsten Neustart erkennt `inetd` selbst, dass er einen Dienst zu überwachen hat, und startet sich selbstständig:

```
# /etc/init.d/openbsd-inetd
```

Anschließend sollte **`netstat -na`** eine Zeile enthalten, die anzeigt, dass Port 110/tcp gebunden ist.

```
tcp       0      0 0.0.0.0:110       0.0.0.0:*       LISTEN
```

Ihr POP3-Server ist nun kommunikationsbereit. Testen Sie es aus! Ihr Mail-Client sollte nun die Mails herunterladen können und damit keine Fehlermeldungen bringen.

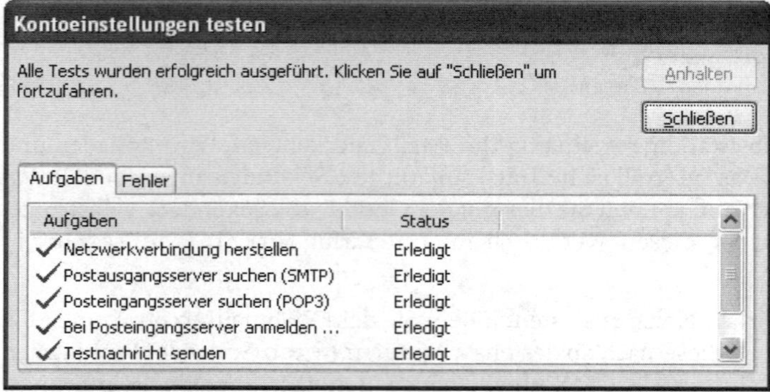

Abb. 31.9: Outlook durchläuft erfolgreich alle Tests.

Darüber hinaus haben wir Punkt drei des Pflichtenheftes erfüllt – die Clients können die Mails vom Server über POP3 abholen. Falls Ihnen das etwas zu einfach vorkommt: Im nächsten Kapitel werden wir mit einem etwas aufwändigeren POP3- und IMAP-Server arbeiten. Dort erfahren Sie auch etwas mehr über die Konfiguration.

Damit haben Sie Ihren ersten voll funktionsfähigen Intranet-Mail-Server erstellt – Gratulation!

Nun werden wir zunächst etwas für die Sicherheit unserer E-Mail-Kommunikation tun. Hierzu dient der nächste Workshop.

31.7 Workshop: Content-Filter einrichten

Ein Hauptvorteil eines zentralen Mail-Gateways ist die Möglichkeit, die eingehenden Mails auf Herz und Nieren zu checken, bevor sie in das interne Netz auf die Clients gelangen. Hierzu existieren zwei Hauptkomponenten: der Virenscanner und die Antispam-Software. Außerdem wollen wir bestimmte Dateianhänge (`.exe`, `.src` usw.) blocken. Dies geschieht am Ende des Workshops.

Um diese Komponenten in unser Mailsystem einbinden zu können, benötigen wir ein Bindeglied namens `AMaViS`. Hier laufen letztlich alle Stränge zusammen. Doch lassen Sie uns zunächst einen allgemeinen Virenscanner installieren.

31.7.1 ClamAV auf dem Mail-Server einrichten

Einer der Vorteile eines zentralen Mail-Verteilers ist, dass die Mails durchgecheckt und auf Viren überprüft werden können, bevor sie den Benutzern zugestellt werden. Unter Linux gibt es die Open-Source-Software `ClamAV`. Hierbei handelt es sich um einen Virenscanner, der eine recht gute Erkennungsrate aufweist und permanent aktualisiert werden kann. Für den Betrieb als Hintergrunddienst (Daemon) benötigen Sie die folgenden Pakete:

- `libclamav6` – die Scanner-Bibliothek
- `clamav` – das Kommandozeilentool
- `clamav-base` – Basis-Utilities
- `clamav-freshclam` – Update-Daemon für AV-Patterns
- `clamav-daemon` – der Serverdienst für ClamAV

Darüber hinaus könnte es sein, dass Debian noch einige andere Abhängigkeiten auflöst, falls die entsprechenden Pakete auf Ihrem System noch nicht vorhanden sind. Installieren Sie `ClamAV` folgendermaßen:

```
# apt-get install clamav clamav-daemon
```

Anschließend finden Sie in der Prozessliste die beiden neuen Dienste `clamd` und `freshclam` vor:

```
# ps ax
(...)
4914 ?   Ss   0:00 /usr/bin/freshclam -d -quiet
5075 ?   Ss   0:00 /usr/sbin/clamd
(...)
```

Die PIDs dürften bei Ihnen andere sein. Natürlich erhalten Sie von den Daemons auch Logmeldungen. Diese befinden sich in `/var/log/clamav/` und lauten wie die Dienste: `freshclam.log` und `clamav.log`.

Möchten Sie die Konfiguration anpassen, können Sie das in den Konfigurationsdateien `/etc/clamav/freshclam.conf` bzw. `/etc/clamav/clamd.conf` vornehmen. Werfen Sie einfach mal einen Blick in die beiden Dateien, um sich einen Überblick zu verschaffen. An der Konfiguration müssen Sie derzeit aber noch nichts ändern.

Wie Sie aus `/etc/clamav/freshclam.conf` durch den Eintrag `checks 24` ersehen können, verbindet sich dieser Dienst 24 Mal pro Tag (= einmal pro Stunde) mit den angegebenen Update-Servern, die im Round-Robin-Verfahren (reihum) angesprochen werden, um ggf. neue Virensignaturen herunterzuladen.

> Der Scanner beinhaltet ein Kommandozeilentool (`clamscan`) und einen Daemon (`clamd`). Letzterer ist optional (Paket `clamav-daemon`) und kann von Programmen angesprochen werden, um einen Scanvorgang zu starten, ohne dass `clamscan` jedes Mal neu gestartet werden muss. Dies spart Systemressourcen und beschleunigt den Start des Scans.

Normale Verzeichnisse können Sie jetzt bereits nach Viren scannen. Lassen Sie uns überprüfen, ob der Scanner korrekt funktioniert: Erstellen Sie im Home-Verzeichnis von `root` eine Datei `vtest.txt` mit folgender Zeichenkette als Inhalt (das dritte Zeichen ist ein großes Oh):

```
X5O!P%@AP[4\PZX54(P^)7CC)7}$EICAR-STANDARD-ANTIVIRUS-TEST-FILE!$H+H*
```

Damit haben Sie ein so genanntes »Eicar-Testfile« erstellt. Dabei handelt es sich um einen vollkommen harmlosen String, der jedoch von jedem Virenscanner erkannt und als Eicar-Signatur angezeigt werden muss.

> Sie können den String auch zum Beispiel unter `http://www.eicar.org/anti_virus_test_file.htm` kopieren und in die Datei einfügen oder ein Eicar-Testfile direkt aus dem Internet herunterladen.

Nun starten Sie den Scanner und checken das Home-Verzeichnis von `root`. Dabei steht die Option `-r` für einen rekursiven Scan durch alle Unterverzeichnisse. Mit `-i` (für *infected*) lassen Sie sich nur die gefundenen Viren anzeigen:

```
# clamscan -r -i /root
/root/vtest.txt: Eicar-Test-Signature FOUND

----------- SCAN SUMMARY -----------
Known viruses: 70623
Engine version: 0.88.4
Scanned directories: 2
Scanned files: 7
Infected files: 1
Data scanned: 0.00 MB
Time: 3.720 sec (0 m 3 s)
```

Die Datei wurde gefunden – der Scanner funktioniert grundsätzlich erst einmal. Die infizierte Datei wird Ihnen allerdings nur angezeigt – sie wird in der Default-Einstellung nicht verschoben oder gelöscht. Hierzu können Sie die Optionen `--move=<Verzeichnis>` bzw. `--remove` angeben. Letzteres würde ich aber nicht empfehlen, da Sie bei einem Fehlalarm eine Datei unwiederbringlich verlieren.

> Beachten Sie, dass es zurzeit keinen automatischen Scan Ihrer Dateien gibt – mit einer Komponente namens `dazuko` (`http://www.dazuko.org`) können Sie aber einen »On-Access-Scan« einrichten. Dabei handelt es sich um ein Treibermodul, um Dateien beim Zugriff zu überprüfen. Debian liefert Dazuko nicht mit.
>
> Über die in `ClamAV` eingebaute Komponente `Clamuko` (woher der Name wohl kommt?) können Sie den *On-Access-Scan* aktivieren. Dazu benötigen Sie bestimmte Parameter in `/etc/clamav/clamd.conf`. Möchten Sie zum Beispiel `/home` schützen, geben Sie `ClamukoIncludePath /home` an. Für weitere Details verweise ich auf das deutsche Handbuch von `ClamAV`, das Sie sich unter der folgenden Adresse herunterladen können: `http://www.opensource.apple.com/darwinsource/10.4.1/SpamAssassin-124/clamav/docs/German/clamdoc_de.pdf`

Um `ClamAV` für Ihren Mail-Server einsatzfähig zu machen, benötigen wir jedoch noch eine Komponente, die zwischen dem Virenscanner und dem Mail-Server vermittelt. Lesen Sie weiter!

31.7.2 AMaViS einbinden

`AMaViS` steht für *A Mail Virus Scanner.* Dabei handelt es sich eigentlich gar nicht um einen Virenscanner, sondern um ein Filter-Framework, um Virenscanner und andere Content-Filter in ein Mailsystem einzubinden. `AMaViS` entstand 1997 und wurde inzwischen durch viele eigenständige Zweige weiterentwickelt. Viele dieser Entwicklungen werden heute nicht mehr aktiv fortgeführt und/oder weisen bestimmte Schwächen auf. Dazu zählt `amavis` selbst, `amavis-perl`, `amavisd` und `amvavis-ng`.

Wir werden `amavis-new` nutzen, dies ist eine um 2000 entwickelte Version, die ständig weiterentwickelt wird und nicht nur Virenscanner, sondern auch andere Filterprogramme wie zum Beispiel `SpamAssassin` unterstützt. Sie installieren das Programm inklusive ggf. zahlreicher Abhängigkeiten wie folgt:

```
# apt-get install amavisd-new
```

Die vielen Abhängigkeiten kommen dadurch zustande, dass `AMaViS` in der Skriptsprache Perl geschrieben wurde und daher etliche Perl-Programmpakete erfordert. Wie auch immer, nach der Installation finden Sie einen neuen Dienst in der Prozessliste vor

```
(...)
5397 ?        Ss     0:00 amavisd (master)
5400 ?        S      0:00 amavisd (virgin child)
5401 ?        S      0:00 amavisd (virgin child)
```

Wie immer ist es ziemlich wahrscheinlich, dass die PIDs bei Ihnen andere sind. Bevor wir nun fortfahren, müssen Sie verstanden haben, wie `AMaViS` in die E-Mail-Kommunikation eingebunden wird.

Hierzu wird `AMaViS` als Content-Filter-Programm Postfix bekannt gemacht. Jede Mail, die der MTA erhält, wird an `AMaViS` auf Port 10024/tcp weitergeleitet. Dieses Programm tut, was immer es tut (in unserem Fall leitet `AMaViS` die Mail an ClamAV weiter) und schickt die Mail – sofern sie nicht unerwünscht bzw. mit Viren verseucht ist – zurück an den MTA.

Hierbei handelt es sich um eine zweite Instanz von Postfix, die auf Port 10025/tcp lauscht. Dies ist notwendig, da diese zweite Instanz kein Filterprogramm definiert haben darf, sonst würden wir in eine Endlosschleife laufen. Dieser Prozess geschieht nur lokal auf dem Mail-Server – und das ist auch gut so, da `AMaViS` keinerlei Sicherheitsmechanismen beinhaltet, also besser nicht aus dem Netz erreichbar sein sollte (auch wenn es grundsätzlich möglich wäre).

Merken Sie was? `AMaViS` ist nichts für Fußgänger! Hier geht's ans Eingemachte. Lassen Sie uns diesen Prozess in Abbildung 31.10 bildlich betrachten.

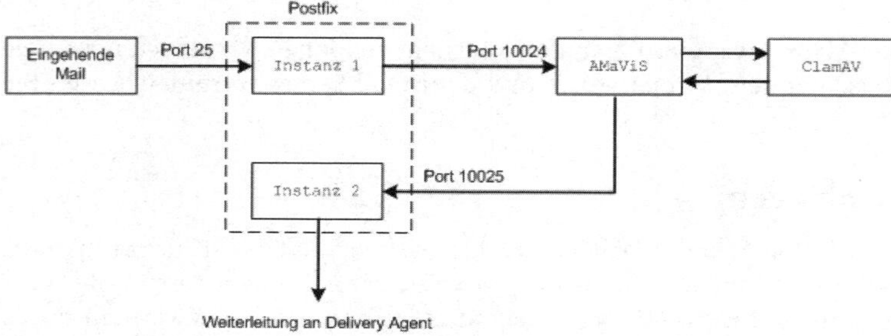

Abb. 31.10: Der Weg einer Mail durch Postfix und AMaViS

Die High-Ports 10024/tcp und 10025/tcp sind frei gewählt, jedoch haben sich diese beiden Ports als Quasi-Standards etabliert und sollten nur geändert werden, wenn es Konflikte mit anderen Diensten gibt.

Übrigens lauscht `AMaViS` bereits am Port 10024 – testen Sie es aus:

```
# telnet localhost 10024
Trying 127.0.0.1...
Connected to localhost.
Escape character is '^]'.
220 [127.0.0.1] ESMTP amavisd-new service ready
quit
221 2.0.0 [127.0.0.1] amavisd-new closing transmission channel
Connection closed by foreign host.
```

Mittels **`quit`** können Sie die Session jederzeit beenden – `AMaViS` verhält sich wie ein normaler E-Mail-Server.

An dieser Stelle sollten Ihnen (mindestens) drei Fragen durch den Kopf gehen:

1. Wie bekomme ich `Postfix` dazu, eingehende Mails an `AMaViS` weiterzuleiten?
2. Wie kann ich `Postfix` dazu bringen, die Mails von `AMaViS` auf Port 10025/tcp wieder entgegenzunehmen und ohne erneute Filterung weiterzuleiten?
3. Wie binde ich `ClamAV` in `AMaViS` ein, so dass jede Mail automatisch gescannt wird?

Lassen Sie uns die Schritte im Einzelnen durchgehen:

Postfix für die Weiterleitung zu AMaViS konfigurieren

Erschrecken Sie nicht – hier ist etwas kryptische Schreibarbeit notwendig! Fügen Sie in `/etc/postfix/master.cf` *unten* die folgenden Zeilen ein, wobei Sie *unbedingt* auf die Anzahl der Spalten achten müssen, da sich hier häufig Fehler einschleichen – ob Sie (ein oder mehrere) Leerzeichen oder Tabs dazwischen setzen, ist egal. Am besten orientieren Sie sich an den bereits bestehenden Einträgen:

```
smtp-amavis  unix  -     -     n     -     2     smtp
  -o smtp_data_done_timeout=1200
  -o smtp_send_xforward_command=yes
  -o disable_dns_lookups=yes
```

Hierbei erstellen wir einen ausgehenden SMTP-Dienst namens `smtp-amavis`. Dieser nutzt das Modul `smtp`. Dabei handelt es sich um den SMTP-Client von Postfix. Die Optionen (`-o`), die – aufgrund der Einrückung – noch zur selben Zeile gehören, sind nicht unbedingt nötig, optimieren aber die Kommunikation und überschreiben ggf. entsprechende Einstellungen in `/etc/postfix/main.cf`. Aus Platzgründen werde ich diese Optionen nicht im Einzelnen erläutern. Sie finden eine Erläuterung zu allen Optionen in der Man-Page von `postconf(5)`.

> **Achtung Falle:** Rufen Sie **`man postconf`** auf, landen Sie in `postconf (1)`! Hierbei handelt es sich um ein Postfix-Tool zur Kontrolle der Konfiguration. Um die Man-Page der Konfigurationsdateien `postconf (5)` aufzurufen, müssen Sie **`man 5 postconf`** eingeben ;-).

Zurück zur Konfiguration: Außerdem müssen wir Postfix nun noch sagen, in welcher Form der neue SMTP-Dienst verwendet werden soll. Fügen Sie daher die folgende Zeile in `/etc/postfix/main.cf` hinzu:

```
content_filter = smtp-amavis:[127.0.0.1]:10024
```

Anschließend müssen Sie `postfix` neu starten bzw. die Konfiguration mit `/etc/init.d/postfix restart` [Enter] erneut einlesen.

> Zur Fehlersuche bietet sich übrigens oben genanntes Tool `postconf` an, das mit der Option `-n` aufgerufen alle Konfigurationszeilen aus `main.cf` anzeigt, die nicht dem Default-Wert entsprechen.

Die zweite Instanz von Postfix konfigurieren

Wir gehen noch einmal in die Datei /etc/postfix/master.cf und fügen weitere Zeilen ein. Auch wenn es viel Tipparbeit ist, seien Sie bitte besonders sorgfältig bei der Eingabe, um unnötige Fehler zu vermeiden:

```
127.0.0.1:10025  inet  n     -     n     -     -     smtpd
  -o content_filter=
  -o local_recipient_maps=
  -o relay_recipient_maps=
  -o smtpd_restriction_classes=
  -o smtpd_client_restrictions=
  -o smtpd_helo_restrictions=
  -o smtpd_sender_restrictions=
  -o smtpd_recipient_restrictions=permit_mynetworks,reject
  -o mynetworks=127.0.0.0/8
  -o strict_rfc821_envelopes=yes
  -o smtpd_error_sleep_time=0
  -o smtpd_soft_error_limit=1001
  -o smtpd_hard_error_limit=1000
  -o smtpd_client_connection_count_limit=0
  -o smtpd_client_connection_rate_limit=0
  -o receive_override_options=no_header_body_checks
```

Hiermit wird Postfix beigebracht, auf der Loopback-Adresse auf Port 10025/tcp zu lauschen. Dabei wird der Daemon smtpd zur Annahme der Mails genutzt. Auch hier sind die meisten Optionen wieder – nun ja – optional und ihre Bedeutung aus man postconf(5) zu entnehmen. Sie benötigen jedoch in jedem Fall die erste Option content_filter=, da Sie damit verhindern, dass die Mail in eine Endlosschleife läuft. Der Wert ist undefiniert, daher wird *kein* Content-Filter angewendet – und genau das wollen wir ja.

Sollten Sie sich dazu entscheiden, den Konfigurationsmarathon mit allen Optionen zu durchlaufen, seien Sie sorgfältig: Postfix führt beim im Anschluss durchzuführenden Restart (**/etc/init.d/postfix restart**) keinen Syntax-Check durch, so dass fehlerhafte Optionen zunächst gar nicht auffallen. Schauen Sie im Zweifel in /var/log/syslog, um sich eventuelle Fehlermeldungen von Postfix anzusehen.

Ob Ihr Konfigurationsexzess erfolgreich war, finden Sie wieder mit telnet auf Port 10025 heraus:

```
# telnet localhost 10025
Trying 127.0.0.1...
Connected to localhost.
Escape character is '^]'.
220 debian.linux.local ESMTP Postfix (Debian/GNU)
quit
221 2.0.0 Bye
Connection closed by foreign host.
```

Antwortet Postfix (wie hier gezeigt), ist die zweite Instanz aktiv. Bevor wir fortfahren, sollten wir testen, ob AMaViS auch mit Postfix kommuniziert – lassen Sie uns eine komplette

SMTP-Session, sprich: die Übertragung einer E-Mail von einem MTA zum anderen, simulieren:

```
# telnet localhost 10024
Trying 127.0.0.1...
Connected to localhost.
Escape character is '^]'.
220 [127.0.0.1] ESMTP amavisd-new service ready
helo test
250 [127.0.0.1]
mail from:<test@gulu.gulu>
250 2.1.0 Sender test@gulu.gulu OK
rcpt to:<postmaster>
250 2.1.5 Recipient postmaster OK
data
354 End data with <CR><LF>.<CR><LF>
subject: test1

test
.
250 2.6.0 Ok, id=05400-
02, from MTA([127.0.0.1]:10025): 250 2.0.0 Ok: queued as 384652105E
quit
221 2.0.0 [127.0.0.1] amavisd-new closing transmission channel
Connection closed by foreign host.
```

Jede SMTP-Session beginnt mit `helo` oder `ehlo` (für ESMTP), gefolgt vom Servernamen des Senders. Dieser ist allerdings grundsätzlich frei wählbar. Der empfangende Server (`AMaViS`) bestätigt jede Zeile mit einer entsprechenden Meldung. Der Absender wird mit `mail from:` und der Empfänger mit `rcpt to:` angegeben. Die Adressen stehen in spitzen Klammern.

Der `postmaster` existiert auf jedem normalen Mailsystem und hat einen Alias auf den Systemadministrator. Der SMTP-Befehl `data` kündigt den Inhalt der Mail an. Den Betreff geben Sie mit `subject:` an. Anschließend können Sie so viel Text (inklusive Return-Zeichen) schreiben, wie Sie möchten – am Ende der Mail muss ein Punkt in einer eigenen Zeile stehen – den Rest kennen Sie. So viel zum Crahskurs *SMTP für Einsteiger* ☺.

Abgesehen von den Meldungen von `AMaViS` während der Session, die Ihnen den Erfolg bereits ankündigen, sollten Sie anschließend die neue Mail im Postfach des Empfängers (je nachdem, auf welchen lokalen Benutzer Sie den `postmaster` gemappt haben) vorfinden. Schauen Sie im Zweifel im Verzeichnis `/var/mail/` nach – bei mir ist es `user1`, der auch das »Alter Ego« von `root` ist.

> Sollte die Zustellung noch nicht funktioniert haben, schauen Sie in `/var/log/syslog` nach. Hier sollten Sie eine Fehlermeldung mit einem Hinweis auf die Ursache vorfinden.

Konfiguration von AMaViS

Es gibt zwei Verzeichnisse, in denen sich bestimmte Dateien befinden, innerhalb derer Sie bestimmte Änderungen vornehmen können:

/usr/share/amavis/conf.d

Hier befinden sich zwei Dateien: `10-debian_scripts` und `20-packages`. Während Sie erstere in der Regel nicht verändern sollten, müssen Sie in der letzteren (`20-packages`) die Optionen anpassen. Per Default ist das Virenscanning nämlich deaktiviert. Ändern Sie also die Variable entsprechend, lassen Sie aber die Variable für Spamfilter zunächst unangetastet:

```
@bypass_virus_checks_maps  = (0);
```

In der Klammer muss der Wert '0' stehen, um die Umgehung (`bypass`) zu deaktivieren. Im Übrigen wundern Sie sich vielleicht über die Schreibweise der Parameter. Dies kommt daher, dass `AMaViS` vollständig in Perl geschrieben ist und die Syntax der Konfigurationsdateien genau die von Perl ist – genau genommen handelt es sich um einzelne Perl-Skripte.

Aus Platzgründen kann ich Ihnen hier leider keine Einführung in Perl anbieten. Sollten Sie sich bereits mit Perl auskennen, haben Sie sicherlich keine größeren Schwierigkeiten mit der Syntax. Andernfalls müssen Sie jetzt einige recht kryptisch aussehende Ausdrücke zur Kenntnis nehmen und über sich ergehen lassen.

> Für einen Einstieg in Perl empfehle ich Ihnen das Buch *Perl – Grundlagen, fortgeschrittene Techniken, Übungen* vom mitp-Verlag.

/etc/amavis/conf.d

Hier ist der Hauptteil der Konfigurationsdateien angesiedelt. Im weiteren Verlauf der Konfiguration werden wir noch die eine oder andere Anpassung in einer dieser Dateien vornehmen.

ClamAV einbinden

Jetzt müss(t)en wir den Virenscanner `AMaViS` bekanntmachen, damit `AMaViS` alle eingehenden Mails von ClamAV checken lässt. Das Einbinden eines Virenscanners ist grundsätzlich nicht ganz einfach, da jeder Scanner seine eigenen Optionen anbietet. Daher bietet AMaViS für viele Scanner bereits vorgefertigte Optionszeilen an – so auch für ClamAV. Wie komplex eine solche Konfigurationszeile sein kann, davon können Sie sich unter `/etc/amavis/conf.d/15-av_scanners` selbst überzeugen. Die Zeile für `ClamAV` sieht in etwa folgendermaßen aus:

```
['ClamAV-clamd',
   \&ask_daemon, ["CONTSCAN {}\n", "/var/run/clamav/clamd.ctl"],
   qr/\bOK$/, qr/\bFOUND$/,
   qr/^.*?: (?!Infected Archive)(.*) FOUND$/ ],
```

Wie dem auch sei, an dieser Stelle müssen wir jetzt nichts weiter tun, da die entsprechenden Zeilen bereits in der Voreinstellung vorhanden und aktiv sind. Dafür müssen Sie aber sicherstellen, dass der Benutzer `clamav` in der Gruppe `amavis` ist – editieren Sie dazu die Datei `/etc/group` und passen Sie die entsprechende Zeile an:

```
amavis:x:108:clamav
```

Außerdem überprüfen Sie, ob die Option `AllowSupplementaryGroups true` in `/etc/clamav/clamd.conf` enthalten ist – dies ist nötig, damit `ClamAV` mit `AMaViS` sauber zusammenarbeiten kann. Anschließend starten Sie ggf. beide Dienste neu.

Den Virenschutz testen

Bevor wir weitere Konfigurationsarbeiten vornehmen, testen wir, ob `ClamAV` im Zusammenspiel mit `AMaViS` Viren in eingehenden Mails findet. Senden Sie zum Beispiel mit dem Absender `ppfeiler@windschief.local` eine Mail von Ihrem Mail-Client an `wwindschief@windschief.local`, die eine Eicar-Testdatei als Anhang hat. Am besten laden Sie sich zum Beispiel von `http://www.eicar.org/anti_virus_test_file.htm` eine Datei herunter. Gegebenenfalls müssen Sie Ihren lokalen Virenscanner hierfür kurzzeitig deaktivieren, damit er das Senden erlaubt. Achten Sie darauf, dass die Mail wirklich über Ihren lokalen Mail-Server versandt wird.

Werfen Sie nun einen Blick in das Maillog (`/var/log/mail.log`). Sie sollten eine Zeile der folgenden Art vorfinden:

```
Jun  7 23:07:13 debian amavis[3178]: (03178-02) Blocked BANNED (multipart/
mixed | application/octet-
stream,.asc,eicar.com), LOCAL [192.168.1.2] [192.168.1.2] <wwindschief@windschief
.local> -> <ppfeiler@windschief.local>, quarantine: z/banned-
zWMTXRXtHkva, Message-
ID: <980076FF729147489D5AB9C371FDB93D@winxp1>, mail_id: zWMTXRXtHkva, Hits: -
, size: 3235, 244 ms
```

Die abgefangene Mail wird in das Quarantäne-Verzeichnis `/var/lib/amavis/virusmails` verschoben. Dieses Verzeichnis ist in Ziffern- und Buchstaben-Verzeichnisse unterteilt. Unter welchem Verzeichnis mit welchem Namen die jeweilige Mail verschoben wurde, sagt Ihnen die Meldung **`quarantine`** – hier fettgedruckt. In diesem Fall landete die Mail im Unterverzeichnis `z`.

Möchten Sie nun diese Datei trotzdem an den Adressaten (`wwindschief`) weiterleiten, können Sie das folgendermaßen tun:

```
# cat /var/lib/amavis/virusmails/virus-m8FUfKOvdAcx >> /var/mail/wwindschief
```

Wichtig ist, dass die Viren befallene Mail als Datei in das Quarantäne-Verzeichnis verschoben worden ist. Möchten Sie die Mail wieder in das Postfach des Benutzers verschieben, dürfen Sie nur den Inhalt der Datei, nicht die Datei selbst verschieben, da beim `mbox`-Verfahren das Postfach selbst eine Datei ist.

> Weiter unten lernen Sie, wie Sie das Verhalten von `AMaViS` an Ihre Bedürfnisse anpassen können.

31.7.3 Spamschutz mit SpamAssassin

Der Virenschutz läuft – allerdings ist das nur die Hälfte der Miete! Denn was ist mit Spam? Kaum jemand, der nicht schon irgendwann – in den meisten Fällen täglich –diese unerwünschten Werbe-Massen-Mails in seinem Postfach vorgefunden hätte. Nach einigen Schätzungen beträgt der Anteil an Spam-Mails am Gesamt-Mail-Volumen weltweit über

65% - mit anderen Worten: Die Mail-Server im Internet transportieren weit über die Hälfte Ihrer Mails an Schrott von A nach B!

Landet dieser Werbemüll dann im Postfach des Benutzers, »freut« sich dieser dann über »informative« Mails zum Thema Penisverlängerung, Viagra (es gibt mehrere tausend Varianten für die Schreibweise von Viagra, zum Beispiel *V1@grA*) oder Stock Options (angebliche Börsen-Geheimtipps). Ich habe eine meiner E-Mail-Adressen einmal an einer falschen Stelle angegeben – daraufhin stieg der Anteil an Spam-Mails auf über 90% ... die E-Mail-Adresse konnte ich vergessen!

Zudem zirkulieren immer mehr Phishing-Mails im Netz, die Sie dazu auffordern, Ihre PIN-TAN-Informationen für das Online-Banking auf einer eigens präparierten Website (die zum Beispiel in der Ukraine oder in Russland gehostet wird) preiszugeben. Man sollte meinen, dass kaum einer darauf hereinfällt – stattdessen haben die Phisher eher das Problem, dass Sie zu viele (!) Daten erhalten, die sie gar nicht alle abarbeiten können ...

Wie auch immer: Wir sollten unsere Benutzer vor diesen Gefahren schützen. Dazu dient das Open-Source-Programm `SpamAssassin`. Sie installieren das Paket wie üblich:

```
# apt-get install spamassassin
```

Hierbei werden ggf. noch etliche Abhängigkeiten aufgelöst und Libraries (Bibliotheken) installiert. Anschließend müssen Sie in `/usr/share/amavis/conf.d/20-packages` die Spam-Erkennung aktivieren:

```
@bypass_spam_checks_maps  = (0);
```

Starten Sie nun `AMaViS` neu durch folgende Eingabe:

```
# /etc/init.d/amavis restart
```

Überzeugen Sie sich in `/var/log/syslog`, dass die Spam-Erkennung aktiviert wurde. Sie sollten etwas der folgenden Art vorfinden:

```
Sep 28 00:31:09 etch amavis[5106]: ANTI-SPAM code       loaded
Sep 28 00:31:09 etch amavis[5106]: ANTI-SPAM-SA code    loaded
```

Um die Spam-Erkennung zu testen, existiert eine Zeichenkette, die – analog zu den Virenmails – jeder Spamfilter zu 100% als Spam erkennen sollte:

```
XJS*C4JDBQADN1.NSBN3*2IDNEN*GTUBE-STANDARD-ANTI-UBE-TEST-EMAIL*C.34X
```

Haben Sie keine Lust, diesen String abzutippen, finden Sie eine Datei `/usr/share/doc/spamassassin/examples/sample-spam.txt`, die genau dies beinhaltet. Ansonsten erstellen Sie eine Mail mit diesem String und senden Sie sie an `wwindschief@windschief.local`. Die Mail sollte als Spam erkannt werden, was Sie unter *Etch* folgendermaßen in `/var/log/mail.log` erkennen können:

```
Jun 7 00:31:40 debian amavis[5107]: (05107-
01) Blocked SPAM, LOCAL [192.168.1.2] [192.168.1.2] <ppfeiler@windschief.local> -
> <wwindschief@windschief.local>, quarantine: spam-gePsAc0G-D9D.gz, Message-
ID: <20060927223140.55BB12105F@debian.linux.local>, mail_id: gePsAc0G-
D9D, Hits: 998.754, 367 ms
```

Auch Spam-Mails landen in der Voreinstellung in /var/lib/amavis/virusmails/ und werden mit spam-<eindeutige ID> gekennzeichnet. In der Voreinstellung werden Spam-Mails genauso wie Viren-Mails behandelt. In der Meldung unter /var/log/syslog oder /var/log/mail.log steht wiederum, in welchem Unterverzeichnis die Spam-Mail abgelegt wurde.

> Zur Performance-Optimierung können Sie Spamassassin auch als spamd-Daemon starten. Dazu setzen Sie den Wert ENABLED=1 in /etc/default/spamassasin. Anschließend lässt sich **/etc/init.d/spamassassin start** ausführen, was vorher zu einer Fehlermeldung führte. Der Vorteil ist, dass der SpamAssassin-Scanner nicht für jede Mail neu gestartet und initialisiert werden muss.

31.7.4 Unerwünschte Dateitypen blocken

Unter Umständen ist es sinnvoll, bestimmte E-Mail-Anhänge generell zu blocken, da diese nur allzu häufig entweder Malware enthalten oder vielleicht im Unternehmen nicht erwünscht sind. Hierzu gehören zum Beispiel Dateien mit der Endung .exe .scr (Screensaver) evtl. .mp3 und .mpeg. Je nach Situation möchten Sie vielleicht auch noch andere Dateitypen blocken.

Hierzu bietet AMaViS über die Variable $banned_filename_re die Möglichkeit, eine Liste regulärer Ausdrücke anzugeben, auf die die gewünschten Dateitypen zutreffen.

Sie finden diese Variable in der Datei /etc/amavis/conf.d/20-debian-defaults. Hier bemerken Sie auch, dass Debian bzw. AMaViS Ihnen die Arbeit zu einem größeren Teil schon abgenommen hat. Es gibt bereits einige Dateitypen, die in Quarantäne verschoben werden.

Aufgrund der nicht gerade intuitiven Perl-Syntax wirkt das Ganze ziemlich kryptisch. Die entsprechende Anweisung sieht (um für diesen Zweck unnötige Zeilen bereinigt) folgendermaßen aus:

```
$banned_filename_re = new_RE(
# block certain double extensions anywhere in the base name
  qr'\.[^./]*\.(exe|vbs|pif|scr|bat|cmd|com|cpl|dll)\.?$'i,
  qr'\{[0-9a-f]{8}(-[0-9a-f]{4}){3}-[0-9a-
f]{12}\}?'i, # Windows Class ID CLSID, strict
  qr'^application/x-msdownload$'i,                # block these MIME types
  qr'^application/x-msdos-program$'i,
  qr'^application/hta$'i,
  qr'.\.(exe|vbs|pif|scr|bat|cmd|com|cpl)$'i, # banned extension - basic
  qr'^\.(exe-ms)$',                      # banned file(1) types
);
```

So! Wo ist hier bitte hinten und vorn? Die Funktion new_RE ist vorgegeben, reguläre Ausdrücke werden durch den Operator qr erstellt. Tragen Sie hier der Übung halber in der entsprechenden Zeile noch mp3 und mpeg ein:

```
qr'.\.(exe|vbs|pif|scr|bat|cmd|com|cpl|mp3|mpeg)$'i, # banned extension - basic
```

Nachdem Sie die Änderungen abgespeichert haben, starten Sie AMaViS neu.

Jetzt wird es Zeit, AMaViS auf die Probe zu stellen. Dazu versenden Sie eine E-Mail an wwindschief@windschief.local mit einem Anhang in Form einer .exe-Datei. Ich wähle hier c:\windows\notepad.exe als Beispiel.

Werfen Sie nun einen Blick in /var/log/mail.log. Sie sollten eine Zeile der folgenden Art vorfinden:

```
Sep 28 21:49:21 debian amavis[3906]: (03906-01) Blocked BANNED (multipart/
mixed | application/x-msdownload,.exe,.exe-
ms,notepad.exe), LOCAL [192.168.1.2] [192.168.1.2] <ppfeiler@windschief.local> -
> <wwindschief@windschief.local>, quarantine: y/banned-FX3TMvdoqwuH, Message-
ID: <20060928194919.B795C2105F@debian.linux.local>, mail_id: FX3TMvdoqwuH, Hits:
-, 1325 ms
```

Wie Sie sehen, wird die Mail geblockt, da ein Anhang mit einem verbotenen Dateityp entdeckt wurde. Diese Art Mails werden ebenfalls als Datei in das Quarantäneverzeichnis verschoben und in banned-<eindeutige ID> umbenannt. Dies sollte auch mit den neu hinzugefügten Dateitypen .mp3 und .mpeg funktionieren.

Machen wir nun einen anderen Test: kopieren Sie notepad.exe in ein anderes Verzeichnis und benennen Sie die Datei um in notepad.txt, geben Sie der Datei also eine unkritische Endung, um sie zu tarnen. Versenden Sie die umbenannte Datei und werfen Sie einen erneuten Blick ins Logfile:

```
Sep 28 22:04:00 etch amavis[3905]: (03905-02) Blocked BANNED (multipart/
mixed | text/plain,.exe,.exe-
ms,notepad.txt), LOCAL [192.168.1.2] [192.168.1.2] <ppfeiler@windschief.local> -
> <wwindschief@windschief.local>, quarantine: banned-5HMr2Bt6O+VB, Message-
ID: <20060928200359.A05C12105F@etch.linux.local>, mail_id: 5HMr2Bt6O+VB, Hits: -
, 811 ms
```

Sieh an, sieh an! Unser Content-Filter lässt sich nicht so einfach überlisten! Die Datei wird trotzdem geblockt, obwohl die Endung verändert wurde. Das liegt daran, dass der Anhang nicht wirklich anhand der Namensendung, sondern vor allem über den MIME-Content-Type und mit dem Linux-Programm file ermittelten Dateityp überprüft und bewertet wird. AMaViS weiß bei vielen Endungen, die Sie in der Konfigurationsdatei angeben, welche Art Datei dahintersteckt. Nicht schlecht, Herr Specht!

> Über den MIME-Type haben wir bereits gesprochen – das Programm **file** untersucht den Datei-Header. Dieser ist vollkommen unabhängig von irgendwelchen Dateinamen oder -endungen. Hier befinden sich in der Regel Informationen über die Art der Datei. Dies ist zwar nicht zu 100% zuverlässig, hat aber in vielen Fällen Erfolg. So zum Beispiel bei den Dateitypen .exe, .bat, .com, .scr, .vbs und anderen.

Im nächsten Abschnitt lernen Sie nun noch einige weitere Konzepte und Konfigurationsmöglichkeiten von AMaViS kennen, die Ihnen Lust auf eigene Experimente machen sollen.

31.8 Weitere Schritte

Sie haben nun einen funktionierenden Intranet-Mail-Server, der Viren- und Spamschutz sowie Content-Filtering bereitstellt. Beides ist noch nicht optimiert. An dieser Stelle möchte ich Ihnen jedoch noch einige Tipps zur Optimierung mit auf den Weg geben, in der Hoffnung, dass Sie genug gelernt haben, um nun auf eigenen Füßen stehen und experimentieren zu können. Damit finden Sie die für Ihren Fall optimale Konfiguration heraus.

31.8.1 Hinter den Kulissen von AMaViS

AMaViS erkennt grundsätzlich vier verschiedene Arten von unerwünschten E-Mails:

- *Ungültige Header* – Hierbei handelt es sich um E-Mail-Header, die nicht korrekt codiert sind – da dies sowohl bei Spam- als auch bei normalen Mails vorkommen kann, ist dieser Filter nicht wirklich wertvoll und sollte deaktiviert sein.
- *Verbotene Dateien* – Hier greift der im letzten Abschnitt beschriebene Filtermechanismus von AMaViS selbst. Sie können typische Dateitypen und beliebige reguläre Ausdrücke in der Konfigurationsvariablen `$banned_filename_re` verwenden.
- *Viren* – Hier ist AMaViS auf externe Virenscanner angewiesen, die eingebunden werden müssen. Für viele Scanner gibt es bereits vorkonfigurierte Einträge in den Konfigurationsdateien.
- *Spam* – Für die Spamerkennung greift AMaViS auf SpamAssassin zurück. Dieses kann einerseits direkt über die AMaViS-Konfigurationsdateien konfiguriert werden, ist andererseits aber auch separat lauffähig mit eigenen Konfigurationsdateien.

Die Filter werden in der genannten Reihenfolge durchlaufen. Greift ein Filter, werden die restlichen Filter übersprungen. Sie können für die meisten Fälle getrennte Konfigurationseinstellungen vornehmen. Allerdings ist dies nicht immer gegeben. So werden verbotene Dateien und die Virenerkennung historisch bedingt teilweise in der gleichen Art behandelt.

31.8.2 Tuning-Parameter von AMaViS

Lassen Sie uns einen Blick auf wichtige Variablen (= Parameter) in der AMaViS-Konfiguration werfen. Für die nicht gesetzten Variablen können Sie sich eine der zur Verfügung stehenden Konfigurationsdateien aussuchen oder Sie nutzen `/etc/amavis/conf.d/50-user`.

`$MYHOME` – Wurzelverzeichnis für viele weitere Pfadangaben, Default: `/usr/share/amavis/conf.d/10-debian_scripts`)

`$max_servers` – bestimmt, wie viele Serverprozesse AMaViS vorhält. Wichtigster Tuning-Parameter zur Leistungsoptimierung. Ist per Default nicht gesetzt.

`@local_domains_acl` – definiert die lokalen Domains. Dies legt fest, welche Mails eingehend oder ausgehend sind. Wird zur Unterscheidung der Benachrichtigungs-Mails verwendet. Ist per Default nicht gesetzt. Konfiguration in `/etc/amavis/conf.d/05-domain_id`.

`$insert_received_line` – bestimmt, ob AMaViS einen Received-Header wie ein Mail-Server in jede Mail einfügt. Zur Nachverfolgung empfehlenswert, es sei denn, Sie möchten AMaViS verstecken. Die Variable muss zur Aktivierung logisch wahr sein und ist per Default nicht gesetzt.

`$X_HEADER_TAG` – fügt einen X-Header in jede Mail, um anzuzeigen, dass die Mail gescannt wurde. Sollte im Zusammenhang mit `$X_HEADER_LINE` eingesetzt werden. Hier ein Beispiel:

```
$X_HEADER_TAG = 'X-Virus-Canned';
$X_HEADER_LINE = "$myproduct_name at $mydomain";
```

Dies ergibt zum Beispiel eine Zeile der folgenden Art:

```
X-Virus-Scanned: by amavisd-new at windschief.local
```

Sie können diese Einstellung zum Beispiel in `/etc/amavis/conf.d/50-users` einfügen.

`$inet_socket_port` – Hier definieren Sie den TCP-Port, auf dem AMaViS lauscht, Default ist 10024 (Datei: `/etc/amavis/conf.d/20-debian_defaults`).

`$log_level` – bestimmt den Loglevel (0 – nur Fehler, bis 5 – Debugging). Ebenfalls per Default nicht gesetzt.

31.8.3 Das Verhalten von AMaViS anpassen

In diesem Abschnitt geht es darum festzulegen, wie `AMaViS` mit einer Mail verfährt. Dabei können Sie bestimmen, ob eine Mail verworfen, lediglich mit einer Header-Ergänzung versehen, in Quarantäne verschoben oder ohne Aktion weitergeleitet wird. Hierfür gibt es zunächst vier Variablen, die das Grundverhalten für unerwünschte Mails bestimmen:

```
$final_bad_header_destiny
$final_banned_destiny
$final_virus_destiny
$final_spam_destiny
```

Mit den folgenden Werten können Sie bestimmen, was mit dem jeweiligen Mailtyp passiert:

`D_PASS` – Die Mail wird an den Empfänger ausgeliefert. Etwaige Subject- oder Header-Ergänzungen werden aber durchgeführt (zum Beispiel Ergänzung des Subjects durch `*****SPAM*****`).

`D_DISCARD` – Die Mail wird angenommen aber stillschweigend verworfen. Ist eine Quarantäne definiert, landet die Mail im Quarantäneverzeichnis.

`D_BOUNCE` und `D_REJECT` – Die Mail wird nicht ausgeliefert. Stattdessen versucht `AMaViS` bzw. der MTA eine Benachrichtigung an den Sender-MTA zu verschicken. Diese Optionen sind grundsätzlich erst einmal nicht empfehlenswert, da die Absenderadressen von Viren- oder Spam-Mails fast immer gefälscht sind. Anders sieht es vielleicht bei verbotenen Dateitypen aus.

Sie finden die Variablen in `/etc/amavis/conf.d/20-debian_defaults`.

Hier sind einige Voreinstellungen, die Sie – wenn nicht bereits in einer der anderen Konfigurationsdateien schon geschehen – anpassen sollten. Setzen Sie `D_PASS` für ungültige Header, `D_DISCARD` für Viren und Spam und `D_Bounce` für verbotene Dateitypen.

Mit den folgenden Variablen können Sie bestimmen, ob ein lokaler Empfänger benachrichtigt wird, wenn eine Mail in Quarantäne gegangen ist:

```
$warnbadhrecip = [0|1]
$warnbannedrecip = [0|1]
$warnvirusrecip = [0|1]
```

Der Wert der Variablen ist entweder 0 (keine Benachrichtigung) oder 1 (Benachrichtigung wird gesendet). Für Spam gibt es keine Einstellung hierzu. Sie sollten meines Erachtens im Gegensatz zur Empfehlung von `AMaViS` diese Variablen auf *wahr* setzen, damit lokale Empfänger wissen, wenn etwas nicht weitergeleitet wurde. Zusammen mit der folgenden Variablen sichern Sie sich ab, dass keine Empfänger außerhalb Ihrer lokalen Domäne eine Benachrichtigung erhalten:

```
$warn_offsite = 0;
```

Mit der folgenden Variablen können Sie einen Account angeben, an den Benachrichtigungen über Virenmails versendet werden:

```
$virus_admin
```

Per Default erhält der Postmaster eine Benachrichtigung. Auch dieser Parameter findet sich in /etc/amavis/conf.d/20-debian_defaults.

31.8.4 Das Quarantäneverhalten anpassen

Die folgenden Variablen legen das Quarantäneverhalten für die verschiedenen unerwünschten Mails fest:

```
$bad_header_quarantine_to
$banned_quarantine_to
$virus_quarantine_to
$spam_quarantine_to
```

Sie können entweder ein Quarantäneverzeichnis oder eine E-Mail-Adresse angeben. Dorthin wird die jeweilige Mail weitergeleitet. Beachten Sie, dass E-Mail-Adressen folgendermaßen angegeben werden müssen: "user\@domain". Der Backslash maskiert das @-Zeichen.

Werden diese Variablen nicht gesetzt, greift $QUARANTINEDIR, das in /etc/ amavis/conf.d/20-debian_default festgelegt ist. Eine Mail kann nur in Quarantäne kommen, wenn sie nicht weitergeleitet wird, der jeweilige final_*_destiny-Wert also nicht D_PASS ist.

31.8.5 Grundüberlegungen zu SpamAssassin

Da AMaViS für die Nutzung von SpamAssassin als Spam-Filter ausgelegt ist, können Sie viele Einstellungen von SpamAssassin – das ja eigentlich ein eigenes Programm ist – über AMaViS vornehmen.

Wie Sie die Spam-Erkennung grundsätzlich aktivieren, haben Sie ja bereits gelernt. Grundsätzlich sollten Sie überlegen, ob Spam in Quarantäne wandern oder weitergeleitet werden soll – dies ist eine Grundsatzentscheidung. Auf der einen Seite haben Sie zufriedene Benutzer, wenn diese kein Spam im Postfach vorfinden – auch wenn dieser als Spam gekennzeichnet ist (zum Beispiel durch Subject-Ergänzung ****SPAM****), ist dies immer ein Ärgernis. Andererseits ist die Spam-Erkennung nach entsprechendem Training der Detection-Engine zwar relativ zuverlässig, dennoch kommt es immer wieder zu so genannten »false positives«. Darunter versteht man Mails, die fehlerhafterweise als Spam erkannt wurden und dementsprechend behandelt werden. Stellen Sie sich vor, Sie schreiben Ihrem Chef eine wichtige Mail und diese wird als Spam erkannt ... das gibt Ärger!

Ich empfehle im Zweifel, Spam entsprechend markiert weiterzuleiten und auf den Mail-Clients entsprechende Filterregeln einzurichten. Damit landen Spam-Mails beim Adressaten und dieser kann selbst kontrollieren, ob es sich um »false positives« handelt.

31.8.6 Wie arbeitet SpamAssassin?

`SpamAssassin` enthält viele einzelne Tests und errechnet eine Punktzahl, anhand derer die Wahrscheinlichkeit bestimmt wird, dass eine E-Mail Spam ist. Dabei greift SpamAssassin auf verschiedene Ansätze und Techniken zu:

- verdächtige Worte und Phrasen,
- Untersuchung des Mail-Headers auf verdächtige Zeichenketten,
- Ähnlichkeit mit bereits erkannten Spam-Mails,
- Erkennung durch externe Methoden und Filter, die zur Laufzeit angewandt und befragt werden. Dabei wird auf DNS-Blacklists und andere Datenbanken wie *Pyzor* und *Razor* zurückgegriffen.

Keiner dieser Ansätze und Tests sind für sich alleine ein sicherer Indikator – erst im Zusammenspiel ergibt sich eine erstaunlich hohe Trefferquote. Aus Platzgründen (ich weiß, das hören Sie öfters) kann ich hier nur sehr eingeschränkt auf das Feintuning von `SpamAssassin` eingehen. Die meisten der folgenden Parameter finden Sie in `/etc/amavis/conf.d/20-debian_defaults`.

Zunächst können Sie bestimmen, ob Sie externe Checks durchführen lassen wollen oder nicht:

```
$sa_local_tests_only
```

Setzen Sie diese Variable auf `true` (zum Beispiel `1`), werden alle externen Tests übersprungen. Das reduziert allerdings auch die Erkennungsrate.

Sollten externe Quellen jedoch nicht erreichbar sein, kann die Spam-Engine das gesamte Mail-System derart ausbremsen, dass nichts mehr geht! Sollten Sie also Performance-Probleme bemerken, sollten Sie ggf. externe Tests deaktivieren.

Wie Sie bereits gelernt haben, bestimmt `SpamAssassin` die Spam-Wahrscheinlichkeit anhand einer Punktzahl. Die Grenze, ab der `SpamAssassin` von Spam ausgeht, können Sie anpassen:

```
$sa_tag2_level_deflt
```

Die Voreinstellung ist 6.31. Möchten Sie die das Subject (die Betreffzeile) anpassen, nutzen Sie die folgenden Variablen:

```
$sa_spam_modifies_subj = 1;
$sa_spam_subject_tag = '****SPAM****';
```

Den einzufügenden String können Sie nach Belieben anpassen. Dieses Vorgehen ergibt natürlich nur dann Sinn, wenn die Spam-Action auf `D_PASS` gesetzt ist.

Es gibt noch sehr viel mehr Einstellungsmöglichkeiten, die Sie in `/etc/amavis/conf.d/20-debian_defaults` finden können. Die meisten Parameter sind gut dokumentiert, so dass Sie in jedem Fall hier einen Blick reinwerfen sollten.

Zu guter Letzt möchte ich Ihnen noch einen weiteren Tipp geben: Sie können `SpamAssassin` trainieren. Zum einen nutzt der Filter einen Erkennungsmechansimus namens »Bayesisches Verfahren«, wonach nach bereits erkannten Spam-Mails auf neue Spam-Mails geschlossen wird – das System lernt also dazu.

Leider reicht das nicht immer aus, so dass Sie die Möglichkeit haben, `SpamAssassin` auch manuell zu trainieren. Hierzu legen Sie zum Beispiel einen Benutzer `spam` an und schicken diesem per Weiterleitung alle Mails, die der Filter nicht erkannt hat. Anschließend führen Sie den folgenden Befehl aus:

```
# sa-learn --spam /var/mail/spam
```

Möchten Sie auch eine Positiv-Liste pflegen, erstellen Sie analog einen Benutzer `ham`, an den alle »false positives« weitergeleitet werden. Nun führen Sie den Befehl folgendermaßen aus:

```
# sa-learn --ham /var/mail/ham
```

Nur zur Erläuterung: die Optionen `--spam` und `--ham` sind unabhängig vom Benutzernamen – sie bestimmen, ob Mails *spam* (unerwünscht) oder *ham* (gut) sind.

31.9 Zusammenfassung und Weiterführendes

An dieser Stelle überlasse ich Sie nun Ihren eigenen Experimenten. Sie haben gelernt, wie Sie einen Mail-Server für Ihr lokales Netzwerk installieren können, der neben einem Viruscheck mittels `clamav` auch eine Spamfilterung über `AmAViS` bzw. `SpamAssassin` beinhaltet. Über `fetchmail` können Sie Mails von anderen Mailboxen herunterladen und in die lokalen Mailboxen Ihrer Benutzer verschieben. Mittels `qpopper` verbinden sich die lokalen Benutzer dann über einen POP3-Mail-Client mit ihren Mailboxen.

Spam-Erkennung ist leider nicht ganz so schwarz oder weiß, wie wir uns das wünschen würden – daher dürfte einiges an Feintuning und Konfigurationsarbeit auf Sie zukommen, bevor Sie ein gut funktionierendes Spam-Erkennungssystem haben. Aber der Aufwand lohnt sich, wenn Sie dafür die Spam-Rate deutlich reduzieren können.

Im nächsten Kapitel lernen Sie einiges über die grundlegende Postfix-Konfiguration hinaus. Dort werden wir uns mit virtuellen Domains und Mail-Boxen, SMTP-Auth und dem MAILDIR-Konzept beschäftigen. Außerdem erhalten Sie Tipps zur Optimierung Ihrer Mail-Serverkonfiguration, bevor wir uns ansehen, wie Sie Ihren Mail-Server über eine Web-GUI administrieren können.

Kapitel 32

Internet-Mail-Server mit SMTP-Authentication

Im letzten Kapitel haben Sie gelernt, was alles dazugehört, einen E-Mail-Server im lokalen Netzwerk zu implementieren. In diesem Kapitel werden wir nun den Mail-Server auf unserem Root-Server installieren und internetfähig machen. Dazu gehört neben der Möglichkeit, mehrere Domains bedienen zu können, auch die Fähigkeit, Clients mit einer unbestimmten IP zu authentifizieren.

Wir kommen damit nach unserem Exkurs ins LAN zurück zum Hauptthema von Teil III: dem Root-Server und seinen Diensten. Auch in diesem Kapitel werden wir uns nicht ausschließlich mit `Postfix` beschäftigen, sondern auch mit dem `Courier`-POP3 und -IMAP-Server sowie `Cyrus SASL` zur Authentifizierung der Clients. Jedoch werden Sie hier noch deutlich tiefer in die Konfiguration von Postfix einsteigen als im letzten Kapitel. Außerdem werde ich Ihnen zeigen, wie Sie Webmail einrichten können, um jederzeit und von überall an Ihre E-Mails zu gelangen. Dies sind unsere Themen im Einzelnen:

- Administration der Mail-Queue
- Aliasse, Mappings, virtuelle User und Domains
- `Courier` POP3- und IMAP-Server einrichten
- `Cyrus SASL` einbinden für SMTP-Authentication
- Webmail mit `Squirrelmail` zur Verfügung stellen
- Sicherheitsaspekte

Bis auf das Programm `fetchmail`, das Sie in diesem Szenario natürlich nicht mehr benötigen, und `qpopper`, den POP3-Dienst, den wir in diesem Kapitel durch `Courier` ablösen, setzt der Inhalt dieses Kapitels direkt am Ende des letzten Kapitels an – mit anderen Worten: Neben der Grundkonfiguration von Postfix können Sie auch `AMaViS`, `ClamAV` und `SpamAssassin` in diesem Szenario weiterhin verwenden und in derselben Art einsetzen, wie Sie es im letzten Kapitel gelernt haben – vorausgesetzt werden diese Zusatzprogramme aber nicht.

Zunächst stelle ich Ihnen zahlreiche Konzepte, Konfigurationsparameter und Tools vor – anschließend werden wir dies in einigen Workshops in die Praxis umsetzen – die Konfiguration von Postfix werden wir vollständig neu erstellen.

> **Wichtig**: Lassen Sie sich nicht entmutigen, falls eine Konfiguration nicht auf Anhieb funktioniert! Das Thema ist äußerst komplex – irgendwie scheint immer etwas schief zu gehen! Aber in der Regel ist dies auf alte Konfigurationen oder minimale Konfigurationsfehler bzw. fehlende Arbeitsschritte zurückzuführen. Gehen Sie also im Fehlerfall alles noch einmal in Ruhe durch und achten Sie auf Schreibfehler. Lassen Sie nicht zu, dass Ihre Mail-Server-Konfiguration Ihnen graue Haare beschert! ;-)

32.0.1 Das Szenario

Nachdem Sie ein wenig Sicherheit im Umgang mit dem MTA Postfix gewonnen und Verständnis für die E-Mail-Kommunikation erworben haben, wagen Sie sich nun an den nächsten Schritt: Einen eigenen Mail-Server im Internet zu betreiben, um die gesamte Internetpräsenz inkl. E-Mail selbst zu administrieren – dies macht Sie vom Provider unabhängig – und genau das möchte Herr Windschief gern. Sollten sich die Anforderungen an die Internetpräsenz des Architekturbüros Windschief irgendwann ändern, können Sie – dadurch, dass Sie volle Kontrolle über Ihren eigenen Linux-Server haben – jederzeit reagieren und entweder vorhandene Dienste umkonfigurieren oder weitere Dienste einbinden.

32.1 Das Lab

Vielleicht haben Sie bereits einen Root-Server angemietet und brennen jetzt darauf, alles Mögliche auf diesem Server einzurichten. Verständlich – dennoch möchte ich Ihnen nahe legen, die Konfiguration zunächst in einer Laborumgebung zu testen und zu optimieren, bevor Sie wild drauflos konfigurieren und womöglich Ihren gesamten Server lahmlegen oder Angreifern Tür und Tor öffnen!

Die Laborumgebung für dieses Szenario ist relativ simpel: Wir benötigen lediglich zwei Computer: einen mit (Debian-)Linux und einen mit einem beliebigen Betriebssystem, wobei ich von Windows XP ausgehe. Hier ist ein E-Mail-Client notwendig, der das so genannte »SMTP-Auth« beherrscht. Das ist bei den meisten Clients der Fall, ich gehe hier von `MS Outlook` aus, da dieser Client sehr häufig genutzt wird.

32.2 Administration der Mail-Queues

Bevor wir uns in die Abenteuer der Mail-Server-Konfiguration stürzen, möchte ich Ihnen ein paar Hinweise zur Verwaltung der Mail-Queues geben. Die Hauptarbeit macht der Queue-Manager `qmgr`. Führen wir uns den Weg einer eingegangenen Mail noch einmal vor Augen:

32.2.1 Der Weg einer Mail durch die Mail-Queues

Postfix führt fünf Queues in `/var/spool/postfix`:

- `incoming`
- `active`
- `deferred`
- `bounce`
- `corrupt`
- `hold`

Zunächst nimmt `qmgr` die Mail aus der *Incoming-Queue* und verschiebt diese in die *Active-Queue*. Anschließend ruft `qmgr` den passenden *Delivery Agent* auf zur Zustellung. Wenn alles glattläuft, sehen Sie die Mail nicht in der Queue. Sollte es ein Zustellungsproblem geben, verbleibt die Mail für 30 Sekunden in der *Active-Queue*. Entscheidet Postfix in dieser Zeit, dass ein Mail-Server nicht erreichbar ist, landet sie in der *Deferred-Queue*. Wird jedoch festgestellt, dass es sich um einen permanenten Fehler handelt (wenn der entfernte MTA zum

Beispiel zurückmeldet, dass der Adressat auf seinem System nicht existiert), wird die Mail sofort über die *Bounce-Queue* zum Absender zurückgeschickt und aus der Queue gelöscht. `Postfix` versucht nach intelligenten Algorithmen in regelmäßigen Abständen, Mails aus der *Deferred-Queue* zuzustellen. Mit dem Parameter `maximal_queue_lifetime` können Sie die Zeit einstellen, nach der eine Mail als unzustellbar gewertet wird. Diese ist per Default auf fünf Tage eingestellt.

> Diese und die folgenden Einstellungen nehmen Sie in `/etc/postfix/main.cf` vor. Für alle der folgenden Parameter können Sie Details in der Manpage über den Befehl **`man 5 postconf`** nachlesen. Hier können Sie über Eingabe von / in den Suchmodus gehen und den gesuchten Begriff eingeben. Weitere Fundstellen erreichen Sie über die Taste [n], zurück über [Shift]+[n].

Auf stark ausgelasteten Systemen können Sie in `/etc/postfix/main.cf` an ein paar Schrauben drehen:

Mit `queue_run_delay` können Sie das Zeitintervall bestimmen, nach dem `Postfix` nachschaut, welche Mails für einen neuen Zustellversuch vorgesehen sind. Es steht per Default auf 1000 Sekunden.

Da sich `Postfix` an der gegenwärtigen Auslastung orientiert, ist dieses Intervall aber nicht in Stein gemeißelt. Damit `Postfix` nicht zu viele Systemressourcen verbraucht, können Sie den Parameter `maximal_backof_time` höher als den Default von 4000 Sekunden setzen. Dieser Wert beschreibt das maximale Zeitintervall zwischen zwei Checks der *Deferred-Queue*.

Die *Corrupt-Queue* wird nur sehr selten verwendet und enthält Mails, deren Inhalt korrupt, also unleserlich ist. Weiß Postfix nichts anderes mit der entsprechenden Mail zu tun, landet sie hier.

32.2.2 Administrationstools

Zur Administration der Mail-Queues nutzen Sie insbesondere zwei Tools: **`postsuper`** und **`postqueue`**. Der Unterschied liegt vor allem in den Privilegien: während **`postqueue`** von jedem Benutzer verwendet werden kann, benötigt **`postsuper`** `root`-Rechte.

Anzeigen der Mails in der Queue

Mit folgendem Befehl können Sie sich die zurzeit noch nicht zugestellten Mails anzeigen lassen:

```
# postqueue -p
```

Für Mails in der *Deferred-Queue* wird neben der Message-ID, der Größe, dem Ankunftszeitpunkt und dem Adressaten bzw. Sender auch der Grund für die Verzögerung mitgeteilt.

Mails löschen

Im Einzelfall kann es vorkommen, dass Mails aus der Queue entfernt werden sollen. Dies bewerkstelligen Sie mit folgendem Befehl:

```
# postsuper -d <Message-ID>
```

Sie können auch `-d ALL` eingeben, um die gesamte Mail-Queue zu löschen – dies ist in der Regel aber keine sehr gute Idee.

Mails in die Active-Queue verschieben

Hatten Sie ein allgemeines temporäres Problem, das Sie nun gelöst haben, können Sie die Mails aus der *Deferred-Queue* manuell für die Zustellung aktivieren:

```
# postsuper -r ALL
```

Hierbei werden die Mails nach und nach wieder für einen erneuten Zustellungsversuch vorgesehen. Möchten Sie die Mail-Queue möglichst schnell leeren, nutzen Sie die *Flush*-Funktion:

```
# postqueue -f
```

Aber Achtung: Sollte sich unter den Mails nach wie vor eine unzustellbare Mail befinden, wird der ganze Prozess stark verlangsamt – in der Regel ist also die obere Option zu bevorzugen.

Damit haben Sie eigentlich schon das nötige Rüstzeug, um Ihre Mail-Queue zu verwalten. Sollten Sie weitere Optionen benötigen, schauen Sie in die Man-Pages: `postsuper(1)` und `postqueue(1)`.

32.3 Mappings und Lookup-Tables

Bei der Konfiguration eines Mail-Servers ergibt sich nicht selten die Notwendigkeit, bestimmte Daten einander zuzuordnen – man sagt zu »mappen«. So existiert auf den meisten Systemen zumindest die Zuordnung des Benutzers `root` zu einem lokalen, nicht privilegierten Benutzer (zum Beispiel `user1`) für die Mail-Zustellung. Gleiches gilt für den Benutzer `postmaster`. Dieser ist in der Regel auf `root` gemappt, so dass Mails an ihn ebenfalls bei jenem unprivilegierten Benutzer landen.

Diese Gegenüberstellungen werden *Lookup-Tabellen* bzw. *Mapping-Dateien* genannt und zunächst in Textdateien gespeichert. Wie Sie weiter unten erfahren werden, benötigen MTAs wie Postfix aber ein binäres Datenbankformat, um aus diesen Tabellen lesen zu können. Daher müssen die Dateien nach jeder Änderung entsprechend umgewandelt werden.

> Sie können die Beispiele aus den folgenden Abschnitten gern einmal durchprobieren – genau genommen empfehle ich Ihnen das sogar dringend – jedoch sollten Sie dies einzeln tun und jeweils anschließend den Ursprungszustand wieder herstellen, da Sie sich sonst Seiteneffekte einfangen könnten, die später das Ergebnis verfälschen können und die Fehlersuche stark erschweren. Einiges von dem, was Sie in den nächsten Abschnitten lernen, nutzen wir in den anschließenden Workshops.

32.3.1 /etc/aliases

Für die oben genannten Beispiele existiert die Datei `/etc/aliases`. Sie dient dazu, lokale Benutzerkonten auf andere Benutzer abzubilden, sprich zu *mappen*. Ein Eintrag in dieser Datei ist recht einfach aufgebaut:

```
<Key> : <Value>
```

Auf der linken Seite steht der Key (Schlüsselwert), auch LHS für *Left Hand Side* genannt. Er ist innerhalb dieser Mapping-Datei eindeutig. Die rechte Seite ist der Value (Wert), auf den der Key gemappt wird, auch RHS bzw. *Right Hand Side* genannt. Dazwischen steht ein Doppelpunkt. Dies ist allerdings eine historisch bedingte Ausnahme, da bei allen anderen Mapping-Tabellen lediglich Leerzeichen oder Tabstops zwischen LHS und RHS stehen. Sie können in `/etc/aliases` übrigens auch mehrere RHS-Werte durch Komma getrennt angeben:

```
<Key> : <Value>, <Value>, ...
```

Dies kann zum Beispiel genutzt werden, um Mails an `root` oder `postmaster` an mehrere Benutzer weiterzuleiten.

Die Datei `/etc/aliases` ist ursprünglich eine Datei des MTAs `Sendmail` und wird heute nur noch aus Kompatibilitätsgründen mitgeführt. Zwar wird die Datei als Textdatei geführt, muss jedoch nach jeder Änderung mit dem Befehl **`newaliases`** in ein binäres Format umgewandelt werden, bevor die Mapping-Tabelle genutzt werden kann. Die Binärdatei wird als `/etc/aliases.db` gespeichert.

32.3.2 postmap

Während die Datei `/etc/aliases` mittels **`newaliases`** in das binäre Datenbankformat umgewandelt wird, nutzen Sie für alle anderen Mapping-Tabellen den Befehl **`postmap <Mapping-Datei>`**. Für die Umwandlung gibt es verschiedene Datenbankformate. Welche auf Ihrem System unterstützt werden, können Sie sich mit **`postconf -m`** anzeigen lassen. In der Regel werden die Formate `hash`, `btree` und `sdbm` von Postfix genutzt, der Default-Wert ist `hash`. Je nach Datenbankformat entstehen zusätzliche Dateien mit gleichem Namen und der Endung `.pag` und `.dir` oder `.db`.

32.3.3 Einbinden der Mapping-Tabellen

Interessanterweise werden die Textdateien in `/etc/postfix/main.cf` eingebunden, nicht deren binäre Versionen. Dies stellt sich folgendermaßen dar:

```
Parameter = DB-Typ:Datei
```

Für `/etc/aliases` finden Sie die folgende Zeile in `/etc/postfix/main.cf`:

```
alias_database = hash:/etc/aliases
```

Sie können fast jede Zuordnung als Mapping-Datei einbinden. Dazu müssen Sie lediglich den entsprechenden Parameter kennen. Weitere Beispiele folgen später.

32.3.4 Einfache Listen in Dateien auslagern

Erinnern Sie sich an den Parameter `mydestination`? Hier wird eine Liste mit lokalen Domains geführt, für die sich der Mail-Server zuständig fühlt. Ab einer bestimmten Länge könnte dies ziemlich unübersichtlich werden, daher können Sie diese Liste auch in eine Datei auslagern (zum Beispiel `/etc/postfix/domains`) und diese Datei später in der folgenden Art einbinden:

```
mydestination = /etc/postfix/domains
```

Für alle Listen mit Werten, die eine bestimmte Länge überschreiten, bietet sich eine Auslagerung dieser Art an. Schreiben Sie die Domains einfach untereinander – eine pro Zeile.

32.3.5 Canonical-Adressen

Canonical-Adressen sind gemappte Adressen. Im Unterschied zu `/etc/aliases`, wo lediglich lokale Benutzer gemappt werden, können Sie mit der Datei `/etc/postfix/canonical` eine vollständige E-Mail-Adresse mappen. So könnten Sie zum Beispiel E-Mails an die Adresse `wwindschief@windschief.local` auf `user5@linux.local` mappen. Der entsprechende Eintrag sähe folgendermaßen aus:

```
wwindschief@windschief.local   user5@linux.local
```

Dieser Eintrag in der (ggf. zu erstellenden) Datei `/etc/postfix/canonical` reicht jedoch noch nicht aus – Sie müssen zunächst noch den Befehl **`postmap /etc/postfix/canonical`** ausführen und die Datei auch noch in `/etc/postfix/main.cf` folgendermaßen einbinden:

```
canonical_maps = hash:/etc/postfix/canonical
```

Schließlich führen Sie **`/etc/init.d/postfix restart`** aus, um die Änderungen zu aktivieren. Dies wird häufig verwendet, um lokale in öffentliche Adressen umzuwandeln. Für unsere Zwecke benötigen wir diese Möglichkeit allerdings nicht.

32.3.6 Relocated-Adressen

Es kommt ab und zu vor, dass Benutzer eine alte E-Mail-Adresse nicht mehr verwenden (können) und stattdessen eine neue nutzen. Das kann zum Beispiel passieren, wenn ein Unternehmen umfirmiert, also unter einem anderen Namen weitergeführt wird. Oftmals ist es dann nicht mehr erwünscht, die alten Adressen (mit dem alten Namen als Domain) weiterzubenutzen.

Sie als Administrator des MTAs für die alte Adresse können – wenn Sie nett sind – eine Fehlermeldung zurückschicken, aus der die neue E-Mail-Adresse zu entnehmen ist. Hierzu benötigt Postfix eine Datei `/etc/postfix/relocated`, aus der – analog zu den Canonicals – eine entsprechende Zuordnung *alte Adresse <-> neue Adresse* hervorgeht.

Haben Sie die Datei `/etc/postfix/relocated` erstellt, können Sie zum Beispiel folgenden Eintrag einfügen:

```
wwindschief@windschief.local   windschief@gulugulu.local
```

Nach dem obligatorischen `postmap` über die Datei folgt der Eintrag in `/etc/postfix/main.cf`:

```
relocated_maps = hash:/etc/postfix/relocated
```

Anschließend müsste die Postfix-Konfiguration neu eingelesen werden. Wird nun eine Mail an `wwindschief@windschief.local` empfangen, erhält der Sender die folgende Fehlermeldung in Form einer Mail vom Postfix-System:

```
  'wwindschief@windschief.local' am 02.10.2006 17:00
           550 5.1.1 <wwindschief@windschief.local>: Recipient address rejected:
 User has moved to windschief@gulugulu.local
```

Wer sich die Mühe macht, diese Fehlermeldung zu lesen (was gar nicht so selbstverständlich ist!), weiß nun, an welche neue Adresse er die Mail senden muss.

32.4 Mailbox-Formate

Es gibt zwei Formate, in denen Mailboxen gespeichert bzw. organisiert werden können. Das erste Format, `mbox`, haben Sie bereits kennen gelernt. Es wird standardmäßig von Postfix genutzt. Das andere Format nennt sich `maildir` und wird vom Courier-Server, den wir für POP3 und IMAP einsetzen werden, genutzt.

32.4.1 mbox

Beim `mbox`-Format werden alle Mails in einer einzelnen Datei, standardmäßig unter `/var/mail/<Benutzer>` gespeichert, auf anderen Systemen unter `/var/spool/mail/<Benutzer>`. Aus Kompatibilitätsgründen existiert unter Debian `/var/spool/mail/` als Softlink auf `/var/mail/`.

Sie können den Pfad für `mbox`-Postfächer durch den Parameter `mail_spool_directory` in `/etc/postfix/main.cf` anpassen.

Die einzelnen Mails beginnen mit dem Wort `From` und können dementsprechend (optisch) auseinandergehalten werden. Hierbei handelt es sich um das traditionelle Unix-Mail-Format. Allerdings gibt es Probleme mit der Konsistenz beim gleichzeitigen Zugriff auf die Mailboxen von verschiedenen Programmen. Da es sich um eine einzige Datei handelt, muss diese »gelockt«, also für alle anderen Programme außer dem zugreifenden gesperrt werden. Aufgrund von Designschwächen bringt das allerdings Probleme mit sich, wenn gleichzeitig zum Beispiel der MTA und der POP3- oder IMAP-Server darauf zugreifen, so dass es hierbei zu Inkonsistenzen kommen kann.

32.4.2 maildir

Beim `maildir`-Format wird jede Mail als eigene Datei gespeichert. Dabei wird ein entsprechendes `maildir`-Verzeichnis unter dem Home-Verzeichnis eines Benutzers angelegt. Dieses enthält wiederum drei Unterverzeichnisse: `cur`, `new` und `temp`.

Im `new`-Verzeichnis werden alle noch nicht gelesenen Mails abgelegt. Wurden sie betrachtet, landen Sie in `cur`. Im `temp`-Verzeichnis werden alle auszuliefernden Mails, deren Eingang noch nicht vollständig abgeschlossen ist, zwischengespeichert.

Das `maildir`-Format umgeht durch die eben vorgestellte Organisationsstruktur das Locking-Problem von `mbox`. Es gibt für beide Systeme Für und Wider, in der Regel entscheidet die Wahl des POP3/IMAP-Servers, welches Format Sie nutzen müssen. Da wir `Courier` einsetzen werden, stellen wir das Mailbox-Format in diesem Zusammenhang auf `maildir` um, da `Courier` dies erfordert. `Postfix` unterstützt beides problemlos.

Um das `maildir`-Format nutzen zu können, definieren Sie den Parameter `home_Mailbox` und geben hier einen relativen Pfad, ausgehend vom Home-Verzeichnis des Benutzers, an. In der Regel sieht das folgendermaßen aus:

```
home_Mailbox = Maildir/
```

Der abschließende Slash (/) ist notwendig, da Postfix auf diese Weise weiß, dass es sich um das `maildir`-Format handelt. Postfix legt alle notwendigen Verzeichnisse selbstständig an.

Ich komme im Rahmen der Konfiguration von *virtuellen Accounts* darauf zurück.

32.5 Mehrere Domains verwalten

Ihr MTA kann mehrere Domains verwalten. Hierzu gibt es wiederum mehrere Wege. Ich stelle Sie Ihnen kurz vor. Die angegebenen Parameter sind alle in `/etc/postfix/main.cf` einzutragen.

> Letztlich müssen Sie sich für einen der Wege entscheiden. Um eine fundierte Entscheidung zu treffen, sollten Sie alle Alternativen studieren. Hierzu gebe ich Ihnen im Rahmen des nachfolgenden Workshops Gelegenheit.

32.5.1 Gemeinsame Domains mit lokalen Benutzern

Sie haben die Möglichkeit, mehrere Domains im Parameter `mydestination` in `/etc/postfix/main.cf` anzugeben. Dies haben Sie bereits kennen gelernt. Je nach Anzahl können Sie die Domains hintereinander, untereinander bzw. in einer eigenen Datei angeben bzw. hinterlegen. Außerdem sollten Sie eine »Hauptdomain« durch den Parameter `mydomain` angeben:

```
mydomain = linux.local
mydestination = localhost, $mydomain, windschief.local, gulugulu.local
```

Was bedeutet nun »gemeinsame« Domains? Nehmen wir an, Sie haben in `mydestination` die Domains `windschief.local` und `gulugulu.local` angegeben. Außerdem existiert der lokale Benutzer `wwindschief`. Dann würde `Postfix` Mails an `wwindschief@windschief.local` demselben Benutzer zustellen wie Mails an `wwindschief@gulugulu.local`. Jeder lokale Benutzer ist also über jede der angegebenen Domains erreichbar. Das ist in der Regel allerdings nicht gewünscht. Daher werde ich nicht weiter darauf eingehen. Schauen wir uns an, wie wir Domains trennen können.

32.5.2 Getrennte Domains mit lokalen Benutzern

In diesem Fall wird eine Mail an `wwindschief@windschief.local` einem anderen lokalen Benutzer zugeordnet als an `wwindschief@gulugulu.local`. Diese Konfiguration ist etwas aufwändiger. Zunächst geben wir die Domains nicht mehr im Parameter `mydestination`, sondern in `virtual_alias_domains` an:

```
virtual_alias_domains = windschief.local, gulugulu.local
```

Nun benötigen wir für jede einzelne E-Mail-Adresse einen lokalen Benutzer-Account. Dieser muss vom Namen her rein gar nichts mit dem Adressaten in der E-Mail-Adresse zu tun haben, da wir die Adressen gleich *mappen*, sprich zuordnen. Um die Angelegenheit jedoch überschaubar zu halten, ist es sinnvoll, wenn der Benutzername auf die Domain hindeutet. Sie könnten zum Beispiel zwei Benutzer folgendermaßen anlegen:

```
# useradd -m -s /bin/false wwind.wind.local
# useradd -m -s /bin/false wwind.gulu.local
```

Falls Sie sich das jetzt fragen: ja, Sie können Punkte im Benutzernamen verwenden! Allerdings ist dies nur ein Vorschlag – vielleicht finden Sie eine viel bessere Konvention. Da es sich um »Nur-Mail-User« handelt, verweigern wir Ihnen jedenfalls die lokale Anmeldung durch die zugewiesene Shell `/bin/false`. Für später mögliche Änderungen auf `maildir` benötigen sie allerdings lokale Home-Verzeichnisse (`-m`).

Die Zuordnung nehmen Sie zum Beispiel in der zu erstellenden Datei `/etc/postfix/virtual_alias` vor, die folgenden Inhalt hätte:

```
wwindschief@windschief.local    wwind.wind.local@localhost
wwindschief@gulugulu.local      wwind.gulu.local@localhost
```

Somit werden alle Mails an `wwindschief@windschief.local` zum lokalen Benutzer `wwind.wind.local` weitergeleitet und Mails an `wwindschief@gulugulu.local` an `wwind.gulu.local`.

Vergessen Sie an dieser Stelle nicht, **postmap** über die Datei auszuführen:

```
# postmap /etc/postfix/virtual_alias
```

Fügen Sie anschließend die folgende Zeile in `/etc/postfix/main.cf` hinzu:

```
virtual_alias_maps = hash:/etc/postfix/virtual_alias
```

Anschließend müssen Sie die Postfix-Konfiguration erneut einlesen lassen:

```
# /etc/init.d/postfix restart
```

Testen Sie danach, ob die Mails tatsächlich in den Postfächern der angelegten Benutzer landen. Wenn nicht, sollten Sie die Logdateien `/var/log/mail.log` und `/var/log/syslog` nach Fehlermeldungen durchsuchen.

Mit dieser Methode haben wir eine saubere Trennung von Domains, die Sie so auch in der Praxis verwenden können. Allerdings müssen Sie jeden Benutzer lokal anlegen und administrieren. Eleganter wäre es, wenn wir diese Ebene noch virtualisieren könnten ...

32.5.3 Getrennte Domains mit virtuellen Accounts

Haben Sie eine Umgebung, in der die lokalen Benutzer lediglich für die E-Mail-Postfächer benötigt werden und diese ihre Mails ausschließlich über POP3 oder IMAP abrufen, sind virtuelle Accounts vollkommen ausreichend. Darüber hinaus ist diese Art der Postfachverwaltung auch sicherer, da lokale Benutzer-Accounts im Zweifel immer ein Sicherheitsrisiko darstellen.

> Allerdings werden Sie bemerken, dass die Administration deutlich komplexer wird, wenn Sie SMTP-Auth verwenden möchten und kein einheitliches Authentifikationssystem, wie zum Beispiel das Linux-eigene PAM, haben. In diesem Fall müssen Sie für jede Komponente eine eigene Authentifizierung bereitstellen. Ein Lösungsansatz hierfür ist eine Datenbank, zum Beispiel `MySQL`, in der alle Benutzerinformationen zentral gespeichert werden können. Am Ende des Kapitels werde ich Ihnen dazu noch einige Hinweise geben.

Zunächst benötigen Sie die Angabe der Domains, die diesmal über den Parameter `virtual_Mailbox_domains` statt `mydestination` erfolgt:

```
virtual_Mailbox_domains = windschief.local, guluglulu.local
```

Sie müssen nun eine Struktur für die virtuellen Mailboxen (Postfächer) erstellen. In der Regel haben Sie freie Wahl, die allerdings von den Erfordernissen Ihres POP3/IMAP-Servers eingeschränkt werden könnte.

Üblich (und untypisch für variable Daten) ist eine Verzeichnisstruktur unter `/usr/local/vmail/`. Hier werden die einzelnen virtuellen Domains angelegt. In den Domainverzeichnissen liegen die Postfächer – entweder im `mbox`- oder im `maildir`-Format vor:

```
/usr/local/vmail/windschief.local/
/usr/local/vmail/gulugulu.local/
```

In `/etc/postfix/main.cf` fügen Sie nun die folgende Zeile ein, um den obersten Punkt Ihrer virtuellen Mailbox-Struktur (das Basisverzeichnis) zu kennzeichnen:

```
virtual_Mailbox_base = /usr/local/vmail
```

> Dieses Verzeichnis müssen Sie auch per Hand anlegen – alles darunter (die Domainverzeichnisse und die Postfächer) erstellt Postfix für Sie, wenn Sie vorher die Besitzverhältnisse entsprechend eingerichtet haben – siehe unten.

Nun benötigen wir die Mapping-Datei `/etc/postfix/virtual`. In dieser Datei werden die E-Mail-Adressen entsprechenden Postfächern (bzw. Postfachverzeichnissen) zugeordnet. Sie hat zum Beispiel folgenden Inhalt:

```
wwindschief@windschief.local    windschief.local/wwindschief
wwindschief@gulugulu.local      gulugulu.local/wwindschief
```

Wie Sie sehen, geben Sie die Postfächer relativ zum eben definierten Basisverzeichnis `/usr/local/vmail/` an. Möchten Sie `maildir` verwenden, fügen Sie im RHS-Wert noch ein Slash (/) an:

```
wwindschief@windschief.local    windschief.local/wwindschief/
```

Die gerade erstellte Datei müssen Sie mit **`postmap`** noch umwandeln und anschließend durch folgenden Parameter bekanntmachen:

```
virtual_Mailbox_maps = hash:/etc/postfix/virtual
```

Damit sind wir allerdings noch nicht ganz fertig, da zunächst noch festgelegt werden muss, welchem Benutzer und welcher Gruppe die Postfächer zugewiesen werden sollen. Dazu reicht es, eine einzelne Gruppe und einen einzigen lokalen Benutzer für alle virtuellen Accounts zu erstellen. Dies könnte zum Beispiel folgendermaßen aussehen:

```
# groupadd -g 5000 vmail
# useradd -u 5000 vmail
```

Sie müssen die Besitzverhältnisse des Basisverzeichnisses (`/usr/local/vmail/`) entsprechend anpassen, sonst kann Postfix die Unterverzeichnisse nicht erstellen:

```
# chown vmail:vmail /usr/local/vmail
```

Die UID und GID tragen Sie folgendermaßen in `/etc/postfix/main.cf` ein:

```
virtual_uid_maps = static:5000
virtual_gid_maps = static:5000
```

Da es sich um nur einen Benutzer und nur eine Gruppe handelt, deren UID bzw. GID wir explizit angeben können, steht hier das Schlüsselwort `static`. Sie könnten auch eine Mapping-Datei angeben, in der die virtuellen Benutzer den gewünschten UIDs zugeordnet werden, doch darauf gehe ich hier nicht weiter ein. Durch die Virtualisierung ist dies schlicht nicht notwendig.

Das ist ganz schön komplex, wenn Sie mit dem System noch nicht so vertraut sind. Aber bei genauer Betrachtung ist die Struktur recht logisch.

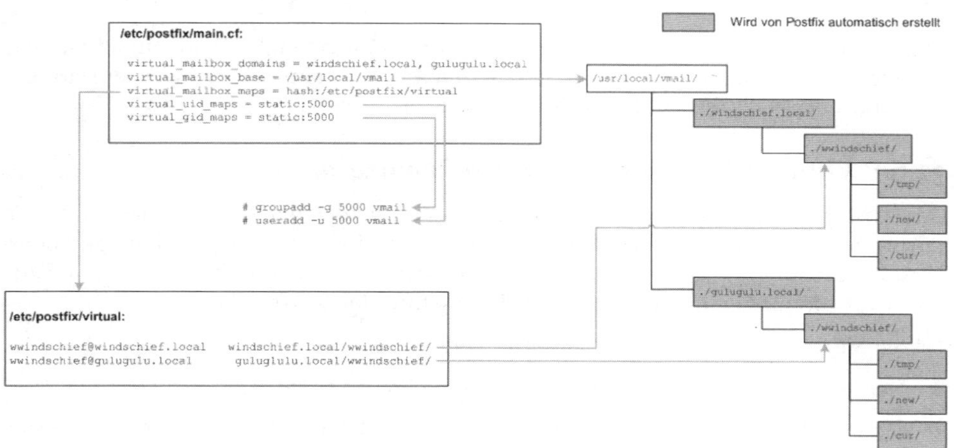

Abb. 32.1: Virtuelle Domains und virtuelle Accounts mit `maildir`-Postfächern

Sorgen Sie zu guter Letzt dafür, dass die Postfix-Konfiguration erneut eingelesen wird, und testen Sie anschließend die neuen virtuellen Mailboxen, indem Sie Mails an die eingerichteten Mail-Adressen versenden und schauen, wo diese landen. Beachten Sie, dass Sie nun natürlich nicht mehr mit einem lokalen E-Mail-Client auf die virtuellen Postfächer zugreifen können, da die virtuellen Benutzer auf dem System nicht wirklich existieren. Für den regulären Zugriff benötigen wir nun einen POP3- oder IMAP-Server.

Nun wird es Zeit für den einen oder anderen Workshop! Hier möchte ich allerdings noch ein kleines Vorwort an Sie richten: Die folgenden Arbeitsschritte sind teilweise recht komplex und erfordern hohe Aufmerksamkeit, damit sich keine Fehler einschleichen. Aus eigener Erfahrung (von unzähligen Flüchen begleitet) weiß ich, wie frustrierend die Einrichtung eines komplexen Mail-Systems wie das vor Ihnen liegende sein kann. Bitte haben Sie mit sich, der Lektüre und der Konfiguration etwas Geduld – irgendwie scheint anfangs immer etwas schiefzugehen ... bleiben Sie dran und geben Sie nicht auf, wenn Sie vor scheinbar unüberwindlichen Hindernissen stehen! Versprochen: Sie werden es hinbekommen und den – meistens klitzekleinen – Fehler in Ihrer Konfiguration finden! Wie gesagt, ich spreche aus eigener Erfahrung ...

32.6 Workshop: Virtuelle Domains und POP3/IMAP-Server

Kommen wir also zur Praxis: Sie haben ja im Rahmen der Apache-Webserver-Konfiguration neben der Webpräsenz des Architekturbüros Windschief auch bereits die Webpräsenz eines Geschäftspartners `ichbaudeinhaus.local` eingerichtet. Nun wollen wir für diese beiden Domains auch E-Mail einrichten.

> Die folgenden Workshops bieten einen 360°-Blick – lassen Sie sich bitte nicht verwirren: die einzelnen Arbeitsschritte sind so aufeinander abgestimmt, dass Sie am Ende einen guten Einblick in die Konfigurationsmöglichkeiten Ihres Mail-Systems bekommen haben sollten. Anschließend können Sie in Ruhe Ihr eigenes Mail-System konzipieren und einrichten, wobei Sie natürlich nur eine der hier vorgestellten Varianten wählen werden.

Lassen Sie uns zunächst den etwas einfacheren Fall einrichten, bei dem wir auf virtuelle Accounts verzichten. Anschließend zeige ich Ihnen, was Sie anpassen müssen, um virtuelle Accounts über POP3/IMAP via `Courier` abzufragen.

32.6.1 Virtuelle Domains mit lokalen Benutzern

Zunächst gehe ich davon aus, dass Sie den Mail-Server mehr oder weniger in seinen Ursprungszustand zurückversetzt haben. Wir werden eine komplett neue Konfigurationsdatei `/etc/postfix/main.cf` erstellen. Hierbei stelle ich Ihnen noch ein paar neue Parameter vor, die zur Optimierung und zum Tuning Ihres Mail-Systems dienen.

Lassen Sie uns zunächst unsere Ziele abstecken:

- Der Mail-Server soll E-Mail-Benutzer als lokale Konten verwalten.
- Die einzelnen Domains (`windschief.local` und `ichbaudeinhaus.local`) sollen vollkommen voneinander getrennt sein.
- Die E-Mail-Postfächer müssen im `maildir`-Format vorliegen, da `Courier` dies erfordert.
- Die Postfächer sollen auf 100 MB und jede einzelne Mail auf 16 MB beschränkt sein.
- Für die E-Mail-Benutzer steht ein POP3- und IMAP-Server zur Verfügung; hierfür nutzen wir – wie schon erwähnt – `Courier`.

Soweit der Plan. Lassen Sie uns zur Tat schreiten!

Mapping der E-Mail-Adressen

Zunächst benötigen wir zwei Benutzerkonten, eines für Herrn Winfried Windschief (`wwindschief`) und eines für seinen Geschäftspartner Bernhard Bauer (`bbauer`). Eventuell existiert der Benutzer `wwindschief` bei Ihnen bereits. Sie sollten ihn in diesem Fall sicherheitshalber mit **`userdel -r wwindschief`** löschen und neu erstellen, um eine saubere Konfiguration zu erhalten. Hier die Schritte im Einzelnen:

```
# useradd -m wwindschief
# useradd -m bbauer
# passwd wwindschief
Geben Sie ein neues UNIX-Passwort ein: ******
Geben Sie das neue UNIX-Passwort erneut ein: ******
passwd: Kennwort erfolgreich geändert
# passwd bbauer
Geben Sie ein neues UNIX-Passwort ein: ******
Geben Sie das neue UNIX-Passwort erneut ein: ******
passwd: Kennwort erfolgreich geändert
```

Dann erstellen wir die Datei `/etc/postfix/virtual_alias` für das Mapping der E-Mail-Adressen auf lokale Benutzer. Diese hat folgenden Inhalt:

```
winfried.windschief@windschief.local    wwindschief@localhost
bernhard.bauer@ichbaudeinhaus.local     bbauer@localhost
```

Listing 32.1: `/etc/postfix/virtual_alias`

Auch wenn Sie lokale Benutzer mappen, müssen Sie `@localhost` anhängen, da Postfix sonst den Fehler `mail to localhost.localdomain loops back to myself` bringt. Möchten Sie die Mails an eine externe Adresse weiterleiten, geben Sie diese entsprechend vollständig als RHS-Wert an.

Haben Sie die Datei erstellt und abgespeichert, können (und müssen!) Sie **postmap** ausführen, um die neue Datei in das entsprechende Datenbank-Format zu konvertieren:

```
# postmap /etc/postfix/virtual_alias
```

/etc/postfix/main.cf anpassen

Nun sichern Sie die Konfigurationsdatei `/etc/postfix/main.cf` als `main.cf.bak`:

```
# mv /etc/postfix/main.cf /etc/postfix/main.cf.bak
```

An dieser Stelle werden wir die Konfigurationsdatei `main.cf` vollkommen neu erstellen. Sie hat folgenden Inhalt:

```
smtpd_banner = $myhostname ESMTP $mail_name (Debian/GNU)
append_dot_mydomain = no
myhostname = debian.linux.local
alias_maps = hash:/etc/aliases
alias_database = hash:/etc/aliases
myorigin = /etc/mailname
mydestination = debian.linux.local localhost.linux.local localhost
mynetworks = 127.0.0.0/8 192.168.1.0/24
mailbox_size_limit = 102400000
message_size_limit = 16384000
home_mailbox = Maildir/
inet_interfaces = 127.0.0.1 192.168.1.1
content_filter = smtp-amavis:[127.0.0.1]:10024
virtual_alias_domains = windschief.local ichbaudeinhaus.local
virtual_alias_maps = hash:/etc/postfix/virtual_alias
```

Listing 32.2: `/etc/postfix/main.cf`

Die Zeilennummern dienen – wie immer – nur der einfachen Erläuterung und werden in der echten Datei weggelassen. In Zeile 1 geben Sie an, wie Sich `Postfix` am Port 25/tcp meldet. In Zeile 2 legen Sie fest, dass an Mails, die an eine E-Mail-Adresse gehen, die keinen FQDN enthalten, *nicht* automatisch die eigene Domain (`linux.local`) angehängt wird. Dies ist eine Auffangoption für Zieladressen, die nicht vollständig eingegeben wurden, und wird in unserer Konfiguration nicht benötigt.

Zeile 3 definiert den Hostnamen des Mail-Servers. Ich habe hier `debian.linux.local` gewählt, Sie können das natürlich gern nach Belieben anpassen. In den Zeilen 5 und 6 bestimmen Sie die Dateien, die für das systemweite, aber lokale Mapping vorgesehen sind – in der Regel finden Sie hier immer `/etc/aliases`.

In Zeile 6 wird der eigene Hostname aus `/etc/mailname` gelesen – die Datei enthält den konfigurierten FQDN für das System. Die Zeilen 7 und 8 sind Ihnen bereits bekannt.

In den Zeilen 9 und 10 beschränken wir die Größe des Postfachs auf 100 MB und die erlaubte Größe einzelner Mails im Postfach auf 16 MB. Damit haben wir eines unserer Ziele bereits erfüllt (s.o.).

Der Parameter `home_mailbox` in Zeile 11 legt fest, dass die Postfächer der Benutzer in den jeweiligen Home-Verzeichnissen unter `~/Maildir/` im `maildir`-Format angelegt werden. Die Zeilen 12 und 13 enthalten bereits bekannte Optionen – ich gehe davon aus, dass Ihre `AMaViS`-Konfiguration noch besteht. Sollte dem nicht so sein, können Sie die Konfiguration entsprechend des vorigen Kapitels erstellen oder die Zeile 13 löschen. Für diesen Workshop macht es keinen Unterschied.

Während Sie in Zeile 14 die virtuellen Domains angeben, wird in Zeile 15 die Mapping-Datei `/etc/postfix/virtual_alias` für die Zuordnung der E-Mail-Adressen zu den lokalen Benutzern angegeben.

Anschließend müssen wir den Postfix-Daemon neu starten – **Achtung:** ein *Reload* reicht nicht aus, da Sie die Interface-Konfiguration geändert haben:

```
# /etc/init.d/postfix restart
Stopping Postfix Mail Transport Agent: postfix.
Starting Postfix Mail Transport Agent: postfix.
```

Somit ist Ihr Mail-Server in der gewünschten Konfiguration einsatzbereit. Testen wir ihn! Richten Sie auf dem E-Mail-Client ein POP3-Konto für den Benutzer Bernhard Bauer ein. Seine E-Mail-Adresse ist `bernhard.bauer@ichbaudeinhaus.local` und der Benutzername `bbauer`. Hier wieder am Beispiel von *MS Outlook* (siehe Abbildung 32.2).

Testen Sie nun die Kontoeinstellungen: bei Outlook über den entsprechenden Button, oder sonst, indem Sie eine Mail an `winfried.windschief@windschief.local` verschicken.

> Je nach Vorkonfiguration erhalten Sie vielleicht eine Fehlermeldung, dass die POP3-Anfrage nicht erfolgreich war (wenn `qpopper` nicht oder nicht mehr installiert ist) – das ist jedoch im Moment unproblematisch, da es nur um das Senden der Mails und deren lokale Zustellung auf dem Mail-Server geht. Haben Sie das letzte Kapitel durchgearbeitet und nutzen zurzeit noch die Laborumgebung, befindet sich allerdings `qpopper` als POP3-Server in einem funktionierenden Zustand auf Ihrem Server, so dass Sie auch volle POP3-Funktionalität haben. Im Rahmen dieses Workshops werden wir `qpopper` allerdings durch `Courier-POP3` ersetzen.

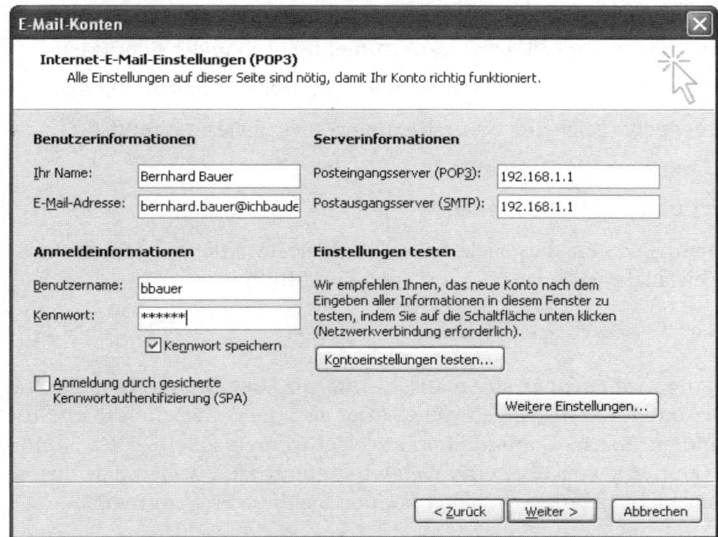

Abb. 32.2: Mail-Client-Konfiguration für Bernhard Bauer mit POP3

Schauen Sie nun unter `/home/wwindschief/` nach – Sie sollten das Mail-Verzeichnis `./Maildir/` mit den Unterverzeichnissen `tmp`, `cur` und `new` vorfinden:

```
# ls /home/wwindschief/Maildir
cur  new  tmp
```

Schauen Sie unter `new` nach, finden Sie die Mail:

```
# ls /home/wwindschief/Maildir/new
1160313373.V309I20effM586692.debian.linux.local
```

Natürlich lautet der Name der Mail-Datei bei Ihnen etwas anders, da hier die von `Postfix` vergebene eindeutige ID der Mail mit einfließt.

> Sollten Sie jedoch auf Probleme stoßen, untersuchen Sie `/var/log/syslog` nach entsprechenden Fehlermeldungen!

So weit, so gut. Doch nun wollen wir `Courier` einrichten, um POP3- und IMAP-Funktionalität zu erreichen.

Den Courier-Server einrichten

Eigentlich ist der `Courier`-Mail-Server (`www.courier-mta.org`) ein vollwertiger MTA mit optionalem POP3- und IMAP-Server. Uns interessiert allerdings nur Letzteres. In vielen Fällen wird tatsächlich auch nur das POP3- und/oder IMAP-Modul installiert und konfiguriert – so auch bei uns. Lassen Sie uns mit der Installation beginnen. Sie benötigen die folgenden Pakete, die teilweise zueinander in Abhängigkeiten stehen:

- `courier-base` (das Basispaket für alle Courier-Module)
- `courier-authdaemon` (der Courier-Daemon zur Authentifizierung der Benutzer)
- `courier-authlib` (Bibliothek für die verschiedenen Authentifizierungsmethoden)
- `courier-authlib-userdb` (Paket zur Unterstützung von virtuellen Accounts)
- `courier-pop` (der Courier-POP3-Daemon)
- `courier-imap` (der Courier IMAP-Daemon)

Es existieren weitere Abhängigkeiten, die gegebenenfalls aufgelöst werden müssen. Am einfachsten lassen Sie die Installation wieder über **apt-get** durchführen:

```
# apt-get install courier-pop courier-imap
```

In diesem Zusammenhang wird `qpopper` automatisch entfernt. Außerdem werden Sie von `Debconf` gefragt, ob die Konfigurationsdateien von Courier als Unterverzeichnisse im Stile der Ihnen bereits bekannten Apache-Konfiguration angelegt werden sollen – dies ist notwendig, wenn Sie den Courier-Server über eine Web-UI konfigurieren wollen. Für unsere Zwecke ist dies allerdings nicht erforderlich, daher können Sie diese Frage verneinen.

Anschließend steht Ihnen ein ausgewachsener POP3- und IMAP-Server zur Verfügung, der unter Debian ohne weitere Konfiguration lauffähig sein sollte. Testen Sie den Server mit Hilfe Ihres bereits für Bernhard Bauer konfigurierten Mail-Clients. Zunächst erstellen wir im Mail-Client ein IMAP-Konto für Winfried Windschief. Die Konfigurationsschritte sind vom Mail-Client abhängig, bei Outlook 2003 wählen Sie EXTRAS|E-MAIL-KONTEN|EIN NEUES E-MAIL-KONTO HINZUFÜGEN. Hier wählen Sie IMAP als Kontotyp:

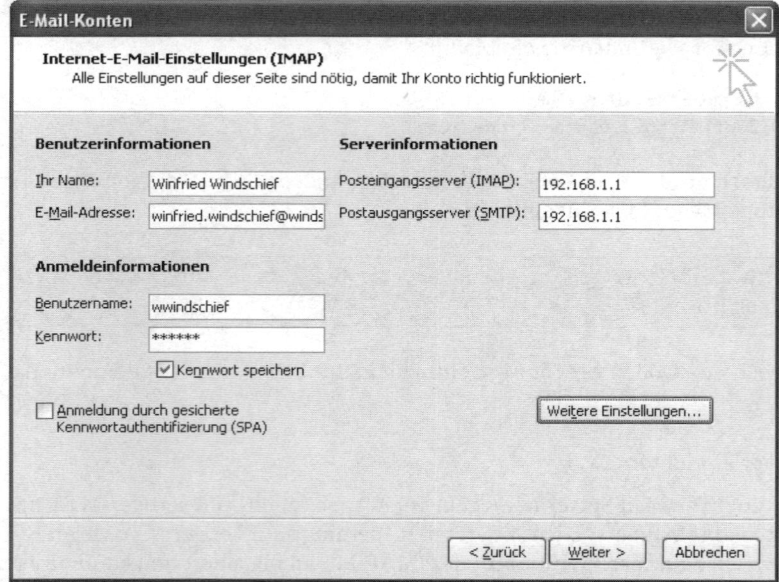

Abb. 32.3: Mail-Client-Konfiguration für Winfried Windschief mit IMAP

Die Konfigurationseinstellungen können Sie diesmal aufgrund der Architektur von IMAP nicht direkt testen, daher stellen Sie die Konfiguration zunächst ohne Test fertig. IMAP ist ein Online-Protokoll. Es baut eine laufende Session mit dem Mail-Server auf, die so lange besteht, wie die Verbindung zwischen Client und Server existiert. Es wird unter Outlook ein eigener Ordner für das IMAP-Konto erstellt – suchen Sie also nicht im Posteingang Ihres persönlichen Ordners nach den abgeholten Mails.

Haben Sie bisher noch keine Mail an `winfried.windschief@windschief.local` gesendet, existiert das Postfachverzeichnis `~/Maildir/` des Benutzers `wwindschief` noch nicht, daher erhalten Sie beim Abrufen der Mails dieses IMAP-Kontos unter Umständen eine Fehlermeldung! Dies können Sie auch in `/var/log/mail.log` nachvollziehen:

```
Oct  8 16:27:07 debian imapd: Connection, ip=[::ffff:192.168.1.2]
Oct  8 16:27:07 debian imapd: chdir Maildir: No such file or directory
```

Senden Sie in diesem Fall einfach vom bereits eingerichteten POP3-Konto Herrn Bauers ein oder zwei Mails an die Adresse `winfried.windschief@windschief.local`, um Postfix dazu zu bewegen, das `maildir`-Postfach zu erstellen – anschließend sollte der Abruf der Mails kein Problem mehr darstellen.

Nun können Sie den Courier-POP3-Server, für den das Konto von Bernhard Bauer erstellt wurde, sowie den Courier-IMAP-Server, für den wir das Konto von Winfried Windschief erstellt haben, ausgiebig testen, indem Sie sich gegenseitig Mails zusenden und diese aus den jeweiligen Postfächern per POP3 bzw. IMAP auslesen.

Hat alles funktioniert, darf ich Ihnen gratulieren: Sie haben alle Ziele erfüllt und nun ein funktionsfähiges Mail-System für beliebig viele virtuelle Domains eingerichtet, das zudem noch POP3- und IMAP-Funktionalität bereitstellt und die Postfachgröße auf 100 MB sowie die Größe einzelner Mails auf 16 MB beschränkt. Je nach verfügbarem Speicherplatz und Anzahl der Benutzer können Sie diese Werte in der Praxis an Ihre Bedürfnisse anpassen.

Hinter den Kulissen des Courier-POP3- und IMAP-Servers

Wie immer schauen wir ein wenig hinter die Kulissen, um zu verstehen, was wir da so alles auf unserem Server laufen haben. Im Falle des `Courier`-Servers handelt es sich um einen eigenen TCP-Wrapper, der auf verschiedenen TCP-Ports lauscht. Welche dies sind, können Sie konfigurieren, jedoch handelt es sich in unserem Fall um Port 110/tcp (Standard für POP3) und 143/tcp (Standard für IMAP). Der Dienst heißt `couriertcpd`, und Sie sollten ihn in der Prozessliste mindestens zweimal vorfinden. Schauen wir uns mal an, was passiert, wenn wir alle Courier-Dienste anzeigen lassen:

```
# ps ax|grep -i courier
 3668 ?        S      0:00 /usr/sbin/courierlogger -pid=/var/run/courier/authdae-
mon/pid -start /usr/lib/courier/courier-authlib/authdaemond
 3669 ?        S      0:00 /usr/lib/courier/courier-authlib/authdaemond
 3678 ?        S      0:00 /usr/sbin/courierlogger -pid=/var/run/courier/
imapd.pid -start -name=imapd /usr/sbin/couriertcpd -address=0 -maxprocs=40 -
maxperip=20 -nodnslookup -noidentlookup 143 /usr/lib/courier/courier/imaplogin /
usr/bin/imapd Maildir
 3679 ?        S      0:00 /usr/sbin/couriertcpd -address=0 -maxprocs=40 -
maxperip=20 -nodnslookup -noidentlookup 143 /usr/lib/courier/courier/imaplogin /
usr/bin/imapd Maildir
 3683 ?        S      0:00 /usr/lib/courier/courier-authlib/authdaemond
 3684 ?        S      0:00 /usr/lib/courier/courier-authlib/authdaemond
```

```
 3685 ?        S      0:00 /usr/lib/courier/courier-authlib/authdaemond
 3686 ?        S      0:00 /usr/lib/courier/courier-authlib/authdaemond
 3687 ?        S      0:00 /usr/lib/courier/courier-authlib/authdaemond
 3693 ?        S      0:00 /usr/sbin/couriertcpd -pid=/var/run/courier/
pop3d.pid -stderrlogger=/usr/sbin/courierlogger -maxprocs=40 -maxperip=4 -
nodnslookup -noidentlookup -address=0 110 /usr/lib/courier/courier/
courierpop3login /usr/lib/courier/courier/courierpop3d Maildir
 3702 ?        S      0:00 /usr/sbin/courierlogger courierpop3login
 3939 pts/0    D+     0:00 grep -i courier
```

Wow, da geht ja einiges! Zunächst können wir feststellen, dass die Dienste mit teilweise ellenlangen Options- und Parameterlisten aufgerufen werden. Bei genauerer Betrachtung handelt es sich um drei Dienste:

- `courierlogger` – Er dient dazu, Fehlermeldungen an `Syslog` weiterzuleiten. Für nähere Informationen siehe **`man 1 courierlogger`**.
- `authdaemon` – der Authentifizierungsdaemon. Er stellt verschiedene Authentifkationsverfahren bereit und wird in mehreren Instanzen vorgehalten.
- `couriertcpd` – der eigentliche TCP-Wrapper. Er lauscht an den angegebenen Ports und startet bei einem Verbindungsaufbau das angegebene Programm. Dabei handelt es sich einmal um `imaplogin` und zum anderen um `courierpop3login`. Für nähere Informationen siehe `man couriertcpd(1)`.

Die Dienste haben entsprechende Konfigurationsdateien unter `/etc/courier`:

- `authdaemonrc` – die Konfiguration für den `authdaemon`. Hier legen Sie fest, mit welcher Methode Benutzer authentifiziert werden. Wir werden im nächsten Teil des Workshops an dieser Datei noch etwas anpassen, da wir die Authentifizierung nicht mehr über das Linux-System, sondern über Courier laufen lassen werden.
- `imapd` – Hier legen Sie die Parameter für den IMAP-Dienst fest. Die Voreinstellungen passen für die meisten Fälle, daher müssen Sie hier nichts anpassen.
- `pop3d` – Analog zu oben Gesagtem können Sie hier den POP3-Dienst konfigurieren.

Alle Dienste loggen bei Debian per Default sowohl in `/var/log/mail.log` als auch in `/var/log/syslog`. Im Falle von Problemen ist dies also Ihre erste Anlaufstelle.

32.6.2 Virtuelle Domains mit virtuellen Mailboxen

Nun werden wir uns von lokalen Benutzern lösen und auch die Postfächer der E-Mail-Benutzer auf eine virtuelle Ebene »erheben«. Diese Technik habe ich Ihnen bereits weiter oben exemplarisch vorgestellt – an dieser Stelle fordere ich Sie auf, die notwendigen Schritte praktisch nachzuvollziehen.

Die thematisch neue Herausforderung besteht darin, die Postfächer über Courier abzurufen, da wir keine lokalen Benutzer mit einem Systempasswort nutzen können. Doch eins nach dem anderen. Zunächst die Postfix-Konfiguration:

Die folgenden Parameter aus `/etc/postfix/main.cf` benötigen wir in der folgenden Konfiguration nicht mehr:

- `virtual_alias_domains`
- `virtual_alias_maps`
- `home_mailbox`

Zunächst sollten Sie diese auskommentieren. So können Sie bei Bedarf die alte Konfiguration schnell wieder herstellen. Außerdem benötigen wir die dazugehörigen Dateien `/etc/postfix/virtual_alias` und `/etc/postfix/virtual_alias.db` nicht mehr. Benennen Sie daher die Dateien um und hängen Sie die Endung `*.old` an.

Nun erstellen wir die neue Konfiguration. Sollten Sie den Überblick zu verlieren drohen, nehmen Sie sich die Abbildung aus dem entsprechenden Abschnitt 31.6.3 weiter oben zu Hilfe.

Das Basisverzeichnis für die virtuellen Postfächer

Zunächst benötigen wir das Basisverzeichnis `/usr/local/vmail/` für die virtuellen Postfächer:

```
# rm -r /usr/local/vmail
# mkdir -p /usr/local/vmail
```

Mit der oberen Zeile löschen wir ggf. Altlasten. Ist das Verzeichnis nicht vorhanden, erhalten Sie eine Fehlermeldung, die Sie ignorieren können.

Die Adresszuordnungen in /etc/postfix/virtual

Nun folgt die Datei `/etc/postfix/virtual`, in der wir die Zuordnungen der E-Mail-Adressen zu den entsprechenden virtuellen Postfächern vornehmen:

```
winfried.windschief@windschief.local      windschief.local/wwindschief/
bernhard.bauer@ichbaudeinhaus.local       ichbaudeinhaus.local/bbauer/
```

Listing 32.3: `/etc/postfix/virtual`

Nur, wenn Sie den letzten Slash (/) setzen, werden die Mailbox-Unterverzeichnisse im `maildir`-Format automatisch erstellt. Nicht vergessen, **postmap** darüber laufen zu lassen:

```
# postmap /etc/postfix/virtual
```

Die Besitzverhältnisse klären

Jetzt benötigen wir noch einen nicht privilegierten Benutzer und eine Gruppe für die Eigentumsverhältnisse der Postfächer. Haben Sie den Benutzer noch nicht angelegt, holen Sie das nun nach:

```
# useradd -u 5000 vmail
# groupadd -g 5000 vmail
```

Unter Debian ist die Gruppe nach der Erstellung des Benutzers bereits automatisch vorhanden. Stellen Sie durch den zweiten Befehl lediglich sicher, dass die Gruppe tatsächlich existiert. Natürlich müssen wir diesen Benutzer und diese Gruppe noch zuordnen:

```
# chown vmail:vmail /usr/local/vmail
```

Somit stellen wir sicher, dass `Postfix` die Unterverzeichnisse anlegen kann.

Anpassen von /etc/postfix/main.cf

Nun fehlen noch die notwendigen Einträge in `/etc/postfix/main.cf`. Ergänzen Sie die Datei um folgende Zeilen, vergessen Sie aber nicht, die alten Zeilen auszukommentieren (siehe oben):

```
virtual_Mailbox_domains = windschief.local ichbaudeinhaus.local
virtual_Mailbox_maps = hash:/etc/postfix/virtual
virtual_Mailbox_base = /usr/local/vmail
virtual_uid_maps = static:5000
virtual_gid_maps = static:5000
```

Anschließend müssen wir die Postfix-Konfiguration neu einlesen:

```
# /etc/init.d/postfix reload
Reloading Postfix configuration...done.
```

Erster Testlauf und Fehlersuche

Versenden Sie nun mit Hilfe Ihres Mail-Clients eine Mail vom Benutzer `wwindschief` (Mail-Adresse `winfried.windschief@windschief.local`) an `bernhard.bauer@ichbaudeinhaus.local`. Anschließend sollten Sie unter `/usr/local/vmail/ichbaudeinhaus.local/bbauer/new/` eine entsprechende Maildatei vorfinden.

Wenn ja, darf ich Ihnen zu ihrer ersten virtuellen Mailbox gratulieren!

Sollte dies jedoch nicht der Fall sein, durchsuchen Sie `/var/log/syslog`. Eine häufige Fehlerursache ist, dass die Benutzerrechte nicht korrekt gesetzt sind:

```
Oct  8 23:42:57 debian postfix/
virtual[4224]: warning: maildir access problem for UID/GID=5000/
5000: create maildir file /usr/local/vmail/windschief.local/wwindschief/tmp/
1160343777.P4224.debian.linux.local: Permission denied
```

Kontrollieren Sie ggf. alle oben angegebenen Konfigurationsschritte.

> Versenden Sie auch eine Mail vom Benutzer Bernhard Bauer an Winfried Windschief, damit dessen Maildir-Verzeichnisstruktur erstellt wird – sonst werden Sie im nächsten Arbeitsschritt unter Umständen die Fehlermeldung erhalten, dass das Maildir-Hauptverzeichnis nicht gefunden werden konnte.

Konfiguration des Courier-POP3- und IMAP-Servers

Bis zu diesem Punkt haben Sie alles schon einmal weiter oben gehört bzw. gelesen. Sind wir MTA-seitig bereits fertig, so fehlt uns jedoch der Zugriff auf die Mailboxen via POP3 und IMAP. Das Hauptproblem: Wie kann ein Benutzer authentifiziert werden und wie stellen wir fest, welches sein Postfach ist? Bisher konnten wir dies über die lokalen Benutzer und deren Passwörter und Home-Verzeichnisse machen, doch nun gibt es diese ja nicht mehr.

Für diesen Fall bringt Courier ein Konzept namens `userdb` mit. Hierbei handelt es sich um eine Datei, die die notwendigen Informationen und Zuordnungen enthält. Unter Debian ist diese Datei unter `/etc/courier/userdb` angesiedelt. Andere Systeme nutzen hierfür `/usr/lib/courier/etc/userdb` oder andere Pfade.

Die Datei `userdb` enthält den Anmeldenamen und einige Pflicht- und optionale Felder. Im Gegensatz zu vielen anderen Linux-Konfigurationsdateien sind die Syntax und der Aufbau der Datei sehr genau vorherbestimmt:

`Name` ↹ `Feld=Wert|Feld=Wert|Feld=Wert ...`

Für eine funktionierende Konfiguration sind zumindest folgende Felder erforderlich:

- `Name` – der Anmeldename des POP3/IMAP-Benutzers, er steht in der ersten Spalte.
- `systempw` – das Anmeldepasswort. Es muss verschlüsselt eingetragen werden (s.u.).
- `uid` – die Benutzer-ID, wir verwenden für alle Benutzer 5000.
- `gid` – die Gruppen-ID, wir verwenden 5000.
- `home` – das Home-Verzeichnis des Benutzers, der Eintrag hier ist für uns uninteressant, muss aber trotzdem vorhanden sein.
- `mail` – Das Feld ist optional, für das Funktionieren unserer Konfiguration aber essenziell. Hier geben Sie das Postfachverzeichnis des Benutzers an.

Zwar handelt es sich um eine Textdatei, dennoch bietet es sich an, die Datei über das mitgelieferte Perl-Skript `/usr/sbin/userdb` zu füllen. Das Skript hat folgende Syntax:

```
# userdb <Benutzer> set <Feld> = <Wert> [<Feld> = <Wert>] ...
```

Es füllt die Spalten in der Datei `/etc/courier/userdb` korrekt aus, so dass Sie sich keine Sorgen darum machen müssen. Allerdings bleibt bis hierher schon mindestens eine Frage offen: Wie wird das verschlüsselte Passwort eingetragen?

Hierzu dient ein anderes Skript namens `userdbpw`. Es fragt Sie nach einem Passwort und gibt die verschlüsselte Version aus. Sie nutzen es in der Regel im Zusammenhang mit `userdb`, da dieses Skript von der Standardausgabe lesen kann – durch eine Pipe (|) erreicht das Ergebnis von `userdbpw` das `userdb`-Skript:

```
# userdbpw | userdb <Benutzer> set systempw
```

Anschließend müssen Sie das Passwort zweimal angeben. Sie können die Verschlüsselung (eigentlich ist es ein Hash-Wert) verstärken, indem Sie die Option `-md5` angeben.

Lassen Sie uns das bisher Ausgeführte in die Praxis umwandeln und einen Eintrag für den Benutzer `wwindschief` erzeugen. Hierzu rufen wir aus Übersichtsgründen das Skript mehrfach mit den unterschiedlichen Parametern auf und füllen den Eintrag nach und nach mit allen erforderlichen Werten:

```
# userdb wwindschief set uid=5000 gid=5000
# userdb wwindschief set home=/usr/local/vmail/windschief.local/wwindschief
# userdb wwindschief set mail=/usr/local/vmail/windschief.local/wwindschief
# userdb wwindschief set shell=/bin/false
# userdbpw | userdb wwindschief set systempw
Password: ******
Reenter password: ******
```

Als Home-Verzeichnis geben wir das Postfach an. Zum Schluss tragen wir noch ein Passwort ein. Überzeugen Sie sich, dass ein entsprechender Eintrag in `/etc/courier/userdb` erzeugt wurde:

```
# cat /etc/courier/userdb
wwindschief     systempw=RggOpfGjOLSXs|uid=5000|shell=/bin/false| mail=/usr/
local/vmail/windschief.local/wwindschief|home=/usr/local/vmail/ windschief.local/
wwindschief|gid=5000
```

Erzeugen Sie nun in der gleichen Art einen Eintrag für Bernhard Bauer. Anschließend müssen wir die Textdatei – analog zu `Postfix'` **`postmap`** – noch in das passende binäre Datenbankformat bringen:

```
# makeuserdb
```

Mit diesem Befehl wird eine Datei `/etc/courier/userdb.dat` erstellt. Damit Courier von dieser Datenbankdatei Gebrauch machen kann, müssen wir den `authdaemon` entsprechend konfigurieren. Passen Sie die entsprechende Zeile in `/etc/courier/authdaemonrc` an:

```
authmodulelist="authuserdb"
```

Anschließend müssen Sie diesen Dienst neu starten oder reloaden:

```
# /etc/init.d/courier-authdaemon reload
Stopping Courier authentication services: authdaemond.
Starting Courier authentication services: authdaemond.
```

Testen Sie nun den Zugriff auf die Postfächer von Winfried Windschief und Bernhard Bauer via POP3 oder IMAP – beides sollte funktionieren. Bei Problemen werfen Sie einen Blick in `/var/log/mail.log` bzw. `/var/log/syslog`. Eventuell haben Sie ein Pflichtfeld vergessen o.Ä.

Damit haben Sie nun einen weiteren Schritt getan und ein Mail-System mit virtuellen Accounts erstellt. Herzlichen Glückwunsch! Ganz nebenbei haben wir damit unseren Workshop abgeschlossen.

32.7 Workshop: SMTP-Authentication mit Cyrus SASL

Auch in diesem Workshop werden wir unsere Rundreise durch die verschiedenen Konfigurationsmöglichkeiten eines Mail-Systems fortsetzen. Lassen Sie sich also nicht davon irritieren, wenn wir später wieder auf lokale Benutzerkonten zurückkommen, nachdem wir zunächst mit einigem Aufwand virtuelle Benutzer eingerichtet haben – warum lokale Benutzer bei komplexen Mail-Systemen durchaus Vorteile mitbringen, erläutere ich Ihnen weiter unten an entsprechender Stelle.

> Wie Sie gesehen haben, sind virtuelle Benutzerkonten auch nicht eben leicht zu pflegen. Daher sollte der Sicherheitsgewinn gegenüber dem Konfigurationsaufwand abgewogen werden.

Das Ziel der Workshops in diesem Kapitel ist, Ihnen wiederum eine Übersicht über die verschiedenen Möglichkeiten zu geben – erst wenn Sie alles einmal durchprobiert haben, können Sie eine fundierte Entscheidung treffen, welcher Weg für Sie der geeignete ist, um Ihr eigenes Mail-System optimal zu konfigurieren. Genug der Vorrede:

Bisher haben wir zwar schon einiges auf die Beine gestellt, sind aber einem Grundproblem immer aus dem Weg gegangen: Die Authentifizierung eines beliebigen Clients aus dem Internet. Eine der wichtigsten Forderungen an einen Mail-Server, der im Internet steht, ist, dass dieser nicht zu einem »Open Relay« wird. Im Umkehrschluss soll er also nur Mails von bestimmten Quellen weiterleiten.

Solange es sich bei diesen Quellen um Mail-Clients in einem LAN handelt lässt sich ein passabler (wenngleich keineswegs absolut sicherer) Schutz dadurch einrichten, dass die erlaubten Client-IP-Adressen auf das LAN begrenzt werden.

Was aber tun Sie mit Ihrem Mail-Server im Internet, wo die Clients regelmäßig unterschiedliche IP-Adressen beziehen? Hier benötigen wir eine Sicherheit auf Benutzerebene. Nur leider bietet das SMTP in der Grundform nicht an. Die Lösung heißt SMTP-Auth bzw. SASL-Authentication. `Postfix` benötigt das `Cyrus-SASL`-Paket.

32.7.1 Was ist SASL?

Die Abkürzung steht für *Simple Authentication and Security Layer*, stellt eine Ergänzung des Basis-SMTP-Protokolls dar und wird in RFC 2554 beschrieben. Sie müssen eine *Authentifikationsmethode* und ein *Authentifikationssystem* angeben, mit dem SASL arbeiten soll.

32.7.2 Die Authentifikationsmethode

Es gibt verschiedene Methoden, mit deren Hilfe ein Client authentifiziert werden kann. Ich stelle sie Ihnen in aller Kürze vor:

Authentifikationsmethode	Erläuterung
PLAIN	Die einfachste Form, nutzt keine Verschlüsselung, Login und Passwort werden Base-65-codiert an den Server gesendet
LOGIN	Ähnlich wie PLAIN, wird für ältere E-Mail-Clients und solche mit nicht standardisierten Authentifikationsverfahren (wie zum Beispiel Outlook und Outlook Express!) benötigt
OTP	One Time Password, benötigt keine Verschlüsselung, da jedes Passwort nur für die jeweilige Sitzung gültig ist
DIGEST-MD5	Es werden lediglich die Hashes des Passwortes verglichen, das auf dem Client und dem Server gespeichert ist. Das Passwort selbst wird niemals über das Netz versendet.
KERBEROS	Allgemeines Netzwerk-Authentifikationsprotokoll, wird unter anderem auch bei Windows 2003/2008 verwendet
ANONYMOUS	Vorhanden, aber als Authentifizierungsmechanismus vollkommen »ergebnisneutral«, sprich nutzlos

Verbindet sich ein Client mit dem Mail-Server, listet dieser in der Regel alle von ihm unterstützten Authentifikationsmethoden auf. Der Client erwählt sich eine Methode, wonach die Authentifikationsprozedur beginnt.

32.7.3 Das Authentifikationssystem

Ein toller Begriff, doch was steckt dahinter? Nun, der englische Begriff ist *Authentication Framework*. Dies bezeichnet ein System, durch das ein Kommunikationspartner (zum Beispiel ein Mail-Client) authentifiziert werden kann. Hierbei handelt es sich in der Regel um Tabellen bzw. Dateien, in denen Benutzernamen und Kennwörter gespeichert sind. Grundsätzlich können Sie zwischen dem Linux-Authentifikationssystem (also den lokalen Benutzern und ihren Passwörtern), das seine Daten in `/etc/passwd`, `/etc/shadow` bzw. `PAM` speichert, und externen Quellen wählen.

Bevor wir in die Konfigurationsdetails gehen, sollten wir aber zunächst die notwendigen Pakete installieren.

32.7.4 Cyrus-SASL installieren

Während Sie in früheren Debian-Versionen noch das Paket `postfix-tls` zusätzlich installieren mussten, um SASL- und TLS-Unterstützung zu erhalten, ist dies seit *Etch* gleich im Standardpaket `postfix` integriert. Stellen Sie mittels `apt-get` sicher, dass darüber hinaus folgende Pakete (samt Abhängigkeiten) installiert sind:

- `libsasl2` – die Bibliothek zur Authentifizierung mit SASL
- `libsasl2-modules` – stellt die Authentifikationsmechansimen (PLAIN, LOGIN etc.) bereit.
- `sasl2-bin` – In diesem Paket befindet sich unter anderem der Daemon `saslauthd`, der zur Authentifizierung genutzt wird. Gegebenenfalls werden Abhängigkeiten mitinstalliert.

Sie werden von der Installationsroutine darauf hingewiesen, dass Sie zunächst einmal das Default-Verhalten von SASL anpassen müssen. Hierzu ändern Sie die folgende (bereits existierende) Variable in `/etc/default/saslauthd`:

```
START = yes
```

Außerdem passen wir in dieser Datei noch die so genannten *Mechanismen* an. Hierbei handelt es sich um die Verfahren, um auf die Authentifikationssysteme zuzugreifen. Da wir zwei Szenarien durchspielen wollen, müssen wir hier später noch eine Änderung vornehmen. Zunächst ersetzen wir in der Variablen `MECHANISMS` den vorhandenen Wert durch `sasldb`:

```
MECHANISMS="sasldb"
```

Diese Variable wird im Init-Skript genutzt, um den Daemon mit entsprechenden Parametern zur Unterstützung der genannten Verfahren zu starten.

> Neben dem genannten Authentifikationsverfahren gibt es vor allem noch `pam` bzw. `shadow` für das lokale Linux-eigene Authentifikationssystem und `auxprop`, ein variabler Mechanismus, mit dem auch externe Authentifikationssysteme wie zum Beispiel MySQL angesprochen werden können.

Nun können wir den Dienst `saslauthd` starten:

```
# /etc/init.d/saslauthd start
Starting SASL Authentication Daemon: saslauthd.
```

In der Prozessliste findet sich nun auch ein entsprechender Prozess, genauer derer fünf:

```
# ps ax|grep saslauthd
 4293 ?        Ss     0:00 /usr/sbin/saslauthd -a sasldb -c -m /var/run/saslauth
 4294 ?        S      0:00 /usr/sbin/saslauthd -a sasldb -c -m /var/run/saslauth
 4295 ?        S      0:00 /usr/sbin/saslauthd -a sasldb -c -m /var/run/saslauth
 4296 ?        S      0:00 /usr/sbin/saslauthd -a sasldb -c -m /var/run/saslauth
 4297 ?        S      0:00 /usr/sbin/saslauthd -a sasldb -c -m /var/run/saslauth
```

Über die Option -a werden die gültigen Mechanismen angegeben, hier `sasldb`. Die Option -c aktiviert das Caching für Authentifizierungsinformationen, -m legt lediglich die Socket-Datei für die Kommunikation fest.

32.7.5 Grundüberlegungen zur Authentifikation

Die erste Frage, die sich Ihnen vermutlich stellt, ist, wie wir die Benutzer denn nun authentifizieren wollen. Die eleganteste Methode wäre über MySQL. Hierzu gebe ich Ihnen weiter unten noch einige Hinweise. Der Vorteil: Sie können alle Benutzerdaten zentral verwalten. Der Nachteil: Die Konfiguration nimmt an Komplexität deutlich zu, da die Datenbank programmiert und eingebunden werden muss.

Eine weitere Methode ist die Nutzung eines von SASL mitgelieferten Authentifikationssystems namens `sasldb2`. Dabei müssen wir allerdings zwei Nachteile in Kauf nehmen:

- Erstens haben wir neben der Courier-Datenbank `userdb` eine weitere, davon unabhängige Datenbank, die wir pflegen müssen.
- Zweitens unterstützt der `saslauthd`, der für den Zugriff auf `sasldb2` genutzt wird, nur unverschlüsselte Authentifikation (PLAIN und LOGIN) – die Sicherheit dieser Methode ist also eher begrenzt. Um dem Abhilfe zu schaffen, können Sie TLS implementieren, so dass die Clients nur über eine gesicherte Verbindung Mails versenden können. Dies wird in der Praxis bisher allerdings ohnehin eher selten genutzt, so dass dieser zweite Punkt keinen außergewöhnlichen Schwachpunkt darstellt.

Die dritte Variante ist die Nutzung lokaler Benutzerkonten. Der Vorteil liegt auf der Hand: Nutzen Sie auch für die E-Mail-Kommunikation lokale Accounts und verzichten Sie auf die Virtualisierung der Mailboxen, können Sie sowohl den SMTP-Versand als auch POP3- und IMAP-Benutzer über die zentrale Linux-Benutzerdatenbank authentifizieren lassen.

In unserem zweiten Workshop beginnen wir mit der zweiten Methode (`sasldb2`), bevor ich Ihnen anschließend die dritte Variante mit lokalen Benutzerkonten vorstelle. Damit gehen wir am Ende zwar wieder von virtuellen Mailboxen zurück zu lokalen Benutzern, haben aber alle möglichen Varianten einmal durchgespielt. Anschließend sollte Ihr Verständnis für die Zusammenhänge eines Mail-Systems deutlich größer sein. Für welche Variante Sie sich dann im Produktivbetrieb entscheiden, bleibt schließlich Ihnen überlassen – je nach Situation werden Sie den einen oder anderen Weg bevorzugen.

32.7.6 SMTP-Auth mit sasldb

Zunächst eine kleine Hiobsbotschaft: Für die folgenden Prozeduren müssen wir den `smtpd` aus seinem `chroot`-Gefängnis herauslassen. Das Problem ist ein grundsätzliches: Versucht `smtpd` auf einen weiteren Prozess zuzugreifen, kann er das nur in seiner eigenen Umgebung. Ist sein /-Verzeichnis aber zum Beispiel unter `/var/spool/postfix`, kann er den

Prozess `/usr/sbin/saslauthd` nicht mehr finden. Dies wird das Syslog-System ggf. auch durch eine entsprechende Meldung dokumentieren. Es gibt Wege, das Problem zu umgehen, jedoch ist dies nicht trivial und soll nicht Gegenstand dieses Workshops sein. Diesmal gehen wir den Weg des geringsten Widerstandes und befreien den `smptd`, indem wir die Datei `/etc/postfix/master.cf` editieren und in der entsprechenden Zeile, in der `smtpd` rechts als aufzurufender Prozess auftaucht, unter der Spalte `chroot` ein `n` setzen:

```
# ==========================================================================
# service type  private unpriv  chroot  wakeup  maxproc command + args
#               (yes)   (yes)   (yes)   (never) (100)
# ==========================================================================
smtp      inet  n       -       n       -       -       smtpd
```

> Die Gefahr für Ihr System ist allerdings nicht so groß, da der Daemon nach wie vor mit unprivilegierten Rechten läuft, so dass `chroot` lediglich eine zusätzliche Sicherheitsmaßnahme ist. Postfix bleibt also auch nach dieser Änderung ein sehr sicherer MTA!

Um SASL unter Postfix nutzen zu können, müssen Sie die Datei `/etc/postfix/sasl/smtpd.conf` erstellen. Erstellen Sie folgenden Inhalt:

```
pwcheck_method: saslauthd
mech_list: PLAIN LOGIN CRAM-MD5 DIGEST-MD5
log_level: 3
auxprop_plugin: sasldb
```

Listing 32.4: `/etc/postfix/sasl/smtpd.conf`

Damit bestimmen wir, dass der Daemon `saslauthd` für die Authentifkation verwendet werden soll. Die zweite Zeile definiert eine Liste mit unterstützten Methoden (*mechanisms*). Die dritte Zeile setzt das Logging auf einen mittleren Wert – müssen Sie debuggen, können Sie diesen Wert auf 9 erhöhen.

In der letzten Zeile definieren wir den Authentifikationsmechanismus, der hier `sasldb` sein wird. Damit versucht `saslauthd`, auf die Benutzerdatenbank `/etc/sasldb2` zuzugreifen.

Nun sollten wir ebendiese Benutzerdatenbank aber auch erstellen. Dazu existiert das Programm `saslpasswd2`, mit dessen Hilfe einem anzugebenden Benutzer ein Passwort zugewiesen wird. Erstellen wir unsere zwei Benutzer mit Passwort.

> Achten Sie darauf, dass Sie dasselbe Passwort nutzen, wie es in `/etc/courier/userdb` für POP3 und IMAP angegeben wurde, damit wir im Mail-Client die entsprechende Option aktivieren können (siehe unten).

```
# saslpasswd2 -c wwindschief
Password:******
Again (for verification):******
# saslpasswd2 -c bbauer
Password:******
Again (for verification):******
```

Die Option `-c` erstellt einen Benutzer, wenn dieser noch nicht vorhanden ist. Analog dazu können Sie Benutzer mit `-d` wieder löschen.

Diese Datenbank können Sie im laufenden Betrieb ändern, ohne dass ein Dienst neu gestartet werden muss.

Wichtig: Damit Postfix mit saslauthd zusammenarbeitet, muss der Benutzer postfix in der Gruppe sasl sein – ergänzen Sie also die entsprechende Zeile in /etc/group:

sasl:x:45:postfix

Die GID (hier 45) kann bei Ihnen natürlich anders lauten.

Natürlich sind wir damit noch nicht fertig – es fehlt ja noch der komplette Teil der Postfix-Konfiguration in /etc/postfix/main.cf. Fügen Sie die folgenden Zeilen hinzu:

```
smtpd_sasl_auth_enable = yes
broken_sasl_auth_clients = yes
smtpd_recipient_restrictions = permit_sasl_authenticated, reject_unauth_destination
smtpd_sasl_security_options = noanonymous
```

Jede Serveroption für SASL startet mit smtpd_sasl_. Da Postfix auch als SMTP-Client auftritt, existieren auch Client-Optionen für SASL, die mit smtp_sasl_ beginnen. Diese sind für unseren Workshop allerdings nicht relevant.

Während Sie mit smtpd_sasl_auth_enable die generelle SASL-Funktionalität aktivieren, sorgen Sie mit diesem etwas merkwürdig anmutenden zweiten Parameter broken_sasl_auth_clients dafür, dass sich (bezeichnenderweise) auch *MS Outlook* anmelden kann, das sich nicht an die Internetstandards hält und ein bestimmtes – nicht standardisiertes – Verhalten vom Server erfordert.

Mit smtpd_recipient_restrictions können Sie bestimmen, dass nur die per SASL authentifizierten Benutzer Mails versenden dürfen. Die letzte Zeile dient nur zur Sicherheit, damit kein anonymer Login erlaubt ist.

Jetzt tun wir, was wir immer tun, wenn wir eine Änderung an der Konfiguration eines Dienstes vorgenommen haben – wir reloaden oder restarten postfix:

```
# /etc/init.d/postfix reload
Reloading Postfix configuration...done.
```

Nun sollte SMTP-Auth aktiviert sein. Testen können Sie dies, indem Sie eine Telnet-Verbindung zu Ihrem Server aufbauen und per EHLO eine Liste mit unterstützten SMTP-Erweiterungen aufrufen:

```
# telnet localhost 25
Trying 127.0.0.1...
Connected to localhost.
Escape character is '^]'.
220 etch.linux.local ESMTP Postfix (Debian/GNU)
EHLO test
250-etch.linux.local
250-PIPELINING
250-SIZE 16384000
250-VRFY
250-ETRN
250-AUTH LOGIN PLAIN
250-AUTH=LOGIN PLAIN
```

```
250-ENHANCEDSTATUSCODES
250-8BITMIME
250 DSN
```

Wie Sie sehen können, befinden sich in der Liste gleich zwei Zeilen mit `AUTH`. Die erste wird für die oben erwähnten »Broken-SASL-Clients« erzeugt. Hinter dem `AUTH` stehen die unterstützten Authentifikationsmethoden, aus denen der Client wählen kann – hier: `LOGIN` und `PLAIN`.

Um die SASL-Authentifizierung zu testen, erstellen Sie ein Konto in Ihrem Mail-Client (bzw. modifizieren ein vorhandenes) und aktivieren die SMTP-Authentifizierung, wobei Sie die gleichen Anmeldedaten wie für die POP3- und IMAP-Authentifizierung nutzen. Bei Outlook finden Sie diese Option unter WEITERE EINSTELLUNGEN... auf der Konfigurationshauptseite des betreffenden Mailkontos:

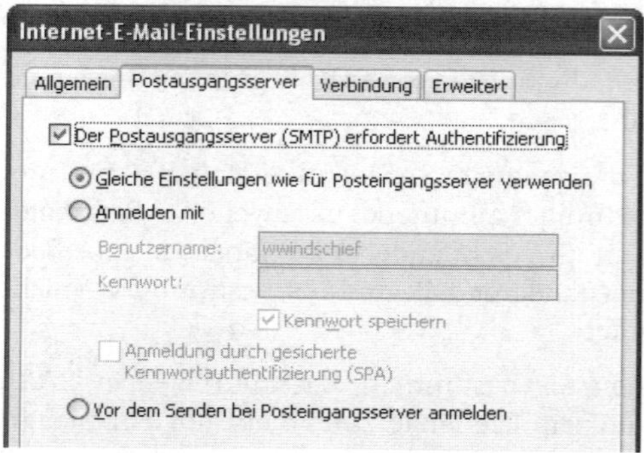

Abb. 32.4: SMTP-Authentifizierung bei Outlook

Nutzen Sie als E-Mail-Adresse zum Beispiel `winfried.windschief@windschief.local`. Damit können Sie auch eine Mail an sich selbst schicken, da diese Mail-Adresse lokal ist. Sie erinnern sich? Wir hatten im Rahmen der Konfiguration von `Courier` diese Adresse unter `/etc/postfix/virtual` eingerichtet (siehe Abschnitt 31.7.2). Der Benutzer ist `wwindschief` (wie in `sasldb2` eingetragen) mit dem entsprechenden Passwort.

Testen Sie anschließend den Zugriff, indem Sie eine Mail über dieses Konto versenden. Lassen Sie am besten parallel **`tail -f /var/log/syslog`** laufen, um die Logmeldungen beobachten zu können, falls etwas schiefgeht.

> Bei MS Outlook können Sie für ein POP3-Konto über den Button KONTOEINSTELLUNGEN TESTEN ... das Versenden und Empfangen von Mails testen. Wundern Sie sich aber nicht, wenn Sie in diesem Fall auch ohne SMTP-Auth eine Mail versenden können. Dies liegt schlicht daran, dass Outlook eine Testmail an den eigenen Benutzer schickt – und dieser ist auf dem Mail-System zu Hause. Da Mails an die lokale Domain von Postfix natürlich von überall angenommen werden müssen, funktioniert dieser Test immer. Ein geeigneter Test ist also eher der, bei dem Sie von diesem Konto aus eine Mail an eine andere, nicht lokale E-Mail-Adresse versenden.

Damit haben Sie nun auch SMTP-Auth in einer ersten Variante implementiert. In dieser Form kann Ihr Mail-Server bereits auch im Internet an den Start gehen. Doch werfen wir einen Blick auf eine Alternative ...

32.7.7 SMTP-Auth mit lokalen Benutzern

Um es vorwegzunehmen: viel müssen wir nicht ändern. Ich zeige Ihnen zunächst die Änderungen für SMTP-Auth, damit wir anschließend – über eine kleine Wiederholung – eine zentrale Benutzerverwaltung über das Linux-Benutzersystem vornehmen können.

SMTP-Auth mit /etc/shadow

Wir nutzen wieder `saslauthd` und bedienen uns nun der Passwörter in `/etc/shadow`. Passen wir zunächst `/etc/default/saslauthd` an. Die Variable `MECHANISMS` muss nun `shadow` enthalten:

```
MECHANISMS="shadow"
```

Außerdem muss `/etc/postfix/sasl/smtpd.conf` an die neuen Bedingungen angepasst werden:

```
pwcheck_method: saslauthd
mech_list: PLAIN LOGIN
log_level: 9
```

An dieser Stelle nehmen wir folglich einfach die letzte Zeile heraus, so dass nicht mehr nach `sasldb2` gesucht wird. Vergessen Sie nicht, anschließend beide Dienste neu zu starten:

```
# /etc/init.d/postfix reload
Reloading Postfix configuration...done.
# /etc/init.d/saslauthd restart
Stopping SASL Authentication Daemon: saslauthd.
Starting SASL Authentication Daemon: saslauthd.
```

Somit sind wir bereits fertig – testen Sie es aus! Legen Sie ggf. (falls noch nicht vorhanden) zwei lokale Benutzer `wwindschief` und `bbauer` mit demselben Passwort an, wie Sie es für die virtuellen Benutzer von `Courier` in `userdb` vergeben haben. Nun können Sie die bereits erstellten Mail-Konten auf Ihrem Mail-Client testen und sollten Mails versenden können.

Sollte dies allerdings schiefgehen, überprüfen Sie `/var/log/syslog`. Dort sollten Sie Hinweise finden, was schiefgegangen ist – insbesondere, wenn der Log-Level in `/etc/postfix/sasl/smtpd.conf` auf 9 gestellt ist. Vergessen Sie nicht, ihn später wieder herunterzusetzen, sonst müllt das Syslog schnell zu.

Das eigentlich Interessante ist nun, dass Sie auch `Postfix` und `Courier` umstellen können, um sowohl die Postfächer als auch die Authentifikation der E-Mail-Benutzer zentral über das lokale Linux-System zu verwalten. Der Nachteil: Sie verlieren die virtuellen Benutzer und deren Postfächer und die mit der Virtualisierung zusammenhängende Sicherheit. Der Vorteil: Der Administrationsaufwand reduziert sich beträchtlich, da Sie nur noch ein einziges Authentifikationssystem – nämlich das von Linux – pflegen müssen.

Postfix und Courier auf lokale Benutzerkonten setzen

Nun schließt sich der Kreis: Nachdem wir zunächst mit lokalen Benutzerkonten gearbeitet haben, um Postfächer und Courier-Benutzer zu verwalten, betraten wir anschließend die virtuelle Ebene. Leider mussten wir feststellen, dass ohne zentrale Benutzerverwaltung jeder sein eigenes Süppchen kocht. Wir können uns aber mit den bisherigen Mitteln durchaus behelfen, indem wir die virtuelle Ebene wieder verlassen und uns auf die Linux-Benutzer beschränken. Alle nun folgenden Schritte haben Sie bereits kennen gelernt. Daher finden Sie hier nur eine kurze Wiederholung. Was also ist zu tun?

Aktivieren Sie zunächst wieder die virtuellen Domains mit Mapping auf lokale Konten in `/etc/postfix/main.cf`:

```
virtual_alias_domains = windschief.local ichbaudeinhaus.local
virtual_alias_maps = hash:/etc/postfix/virtual_alias
```

Erstellen oder reaktiveren Sie die Datei `/etc/postfix/virtual_alias` mit den Zuordnungen der E-Mail-Adressen auf lokale Konten. Vergessen Sie nicht, `postmap` auszuführen.

> Natürlich müssen Sie die `virtual_mailbox`-Parameter löschen oder auskommentieren, da diese in Konflikt zu den oben genannten Parametern stehen. Denken Sie auch daran, das `maildir`-Format mittels des Parameters `home_mailbox` beizubehalten, damit `Courier` auf die Postfächer weiterhin zugreifen kann.

Nun müssen Sie `Postfix` neu starten oder zumindest die Konfiguration erneut einlesen. Damit sind Sie auf Seiten von Postfix fertig.

Kommen wir zu `Courier`: Editieren Sie die Datei `/etc/courier/authdaemonrc` und ändern Sie das Authentifikationssystem durch den entsprechenden Parameter:

```
authmodulelist="authpam"
```

Nach einem Neustart von `courier-authdaemon` werden Ihre Benutzer von Linux authentifiziert. Testen Sie es aus – wie, das haben Sie ja in der Zwischenzeit schon oft gelesen, gesehen und (hoffentlich) selbst ausprobiert.

32.8 Mail-System mit MySQL-Backend

Suchen Sie im Internet nach Einführungen und Tutorials zum Thema *Postfix, SMTP-Auth und POP3-/IMAP-Server,* so stolpern Sie über etliche Abhandlungen, die allesamt MySQL als Backend implementieren. Alle genannten Komponenten unterstützen MySQL, so dass sich diese Datenbank als zentraler Datenspeicher natürlich anbietet.

Aus didaktischen Gründen habe ich bisher davon Abstand genommen, MySQL in die Konfiguration zu integrieren. Es ist ein zusätzlicher Dienst, der relativ aufwändig zu konfigurieren ist, da zuvor die Datenbankstruktur und die Tabelleninhalte erzeugt werden müssen. Außerdem ist die Anbindung an die Dienste teilweise komplexer.

> Um ehrlich zu sein: Als ich damals das erste Mal ein Tutorial zu diesem Thema studierte, habe ich wie das sprichwörtliche Schwein ins Uhrwerk geschaut – und Bahnhof verstanden ... Postfix, Courier, Cyrus-SASL, MySQL?!? Was denn noch alles? Mich dessen erinnernd, habe ich in diesem Kapitel versucht, ein wenig didaktischer vorzugehen, die Komplexität etwas zu reduzieren und zunächst Grundlagen zu schaffen.

Der große Vorteil einer Datenbank jedoch ist neben der zentralen Datenhaltung die große Skalierbarkeit – Sie können tausende von Benutzern und Domains verwalten, wenn Sie dies möchten. Außerdem lassen sich die Daten auf diese Weise über ein Web-UI (zum Beispiel `phpMyAdmin`) pflegen.

Für den semi-professionellen und professionellen Bereich sollten Sie in jedem Fall die Einbindung einer Datenbank in Erwägung ziehen. Durch die bisher gezeigten Beispiele und Lösungen sollten Sie genug Hintergrundwissen haben, um sich nun dieser nächsten Hürde zu widmen. Ein guter Einstiegspunkt hierfür ist `http://workaround.org`. Hier finden Sie ein recht gutes Tutorial zu diesem Thema.

32.9 Einen Webmailer einrichten

Bisher habe ich immer von Mail-Clients gesprochen, wobei ich Client-Software meinte. Diese muss auf dem Client installiert und konfiguriert sein. Möchten Sie von einem anderen PC aus Mails versenden oder empfangene Mails lesen, haben Sie das Nachsehen ...

Allerdings nur dann, wenn Sie keinen Webmailer zur Verfügung haben. Mit Hilfe eines solchen Webinterface als Frontend zu Ihrem Mail-System können Sie von jedem beliebigen Rechner, der an das Internet angebunden ist und über einen Browser verfügt, auf Ihre Mails zugreifen.

Unter Linux ist der Webmailer `Squirrelmail` (`www.squirrelmail.org`) weit verbreitet. Er ist einfach zu konfigurieren und modular erweiterbar. Zum Ende dieses Kapitels möchte ich Ihnen kurz zeigen, wie Sie `Squirrelmail` auf Ihrem Mail-System installieren und nutzen können.

Die Voraussetzung für `Squirrelmail` ist eine funktionierende IMAP-Konfiguration. Diese haben wir mit `Courier` im Rahmen des ersten Workshops bereits eingerichtet. Darüber hinaus benötigt `Squirrelmail` folgende andere Komponenten:

- `Apache2` – Der Webserver wird benötigt – irgendwie logisch, schließlich wollen wir ein Web-UI anbieten.
- `PHP 4` – Zwar benötigt `Squirrelmail` keine Datenbank, aber `PHP` ist Voraussetzung.
- `Perl` – Zwar wird `Squirrelmail` auch ohne Perl auf Ihrem System laufen, jedoch erleichtert das Perl-Skript `squirrelmail-configure` die Konfiguration enorm.

Je nach eingebundenen Modulen benötigen Sie weitere Komponenten, doch um `Squirrelmail` erst einmal in der Grundkonfiguration zum Fliegen zu bringen, reicht dies aus.

Sie installieren `Squirrelmail` auf die gewohnte Art. Dabei können Sie das Paket `squirrelmail-locales` mitinstallieren, um (teilweise) Unterstützung für andere Sprachen als englisch zu erhalten:

```
# apt-get install squirrelmail squirrelmail-locales
```

Eventuelle Abhängigkeiten (s.o.) werden ggf. automatisch aufgelöst und mitinstalliert. Anschließend können Sie Squirrelmail konfigurieren. Hierzu rufen Sie das oben genannte Perl-Skript auf:

```
# squirrelmail-configure
SquirrelMail Configuration : Read: config.php (1.4.0)
---------------------------------------------------------
Main Menu --
1.  Organization Preferences
2.  Server Settings
3.  Folder Defaults
4.  General Options
5.  Themes
6.  Address Books
7.  Message of the Day (MOTD)
8.  Plugins
9.  Database
10. Languages

D.  Set pre-defined settings for specific IMAP servers

C   Turn color off
S   Save data
Q   Quit

Command >>
```

Insbesondere sollten Sie über die Option D den IMAP-Server auf `Courier` stellen. Vergessen Sie anschließend nicht, die Konfiguration über den Menüpunkt S abzuspeichern. Über Q verlassen Sie das Menü.

Damit `Squirrelmail` über Ihre Webpräsenz erreicht werden kann, braucht `Apache` einen Link auf die Apache-Konfigurationsdatei von `Squirrelmail`. Diese stellt `Squirrelmail` im Verzeichnis `/etc/squirrelmail/apache.conf` mit. So binden Sie die Datei ein:

```
# ln -s /etc/squirrelmail/apache.conf /etc/apache2/conf.d/squirrelmail.conf
```

Nach einem Neustart des Apache Webservers ist Ihr neuer Webmailer über `http://192.168.1.1/squirrelmail` zu erreichen, wobei Sie ggf. die IP-Adresse durch eine URL, wie zum Beispiel `www.windschief.local`, austauschen können:

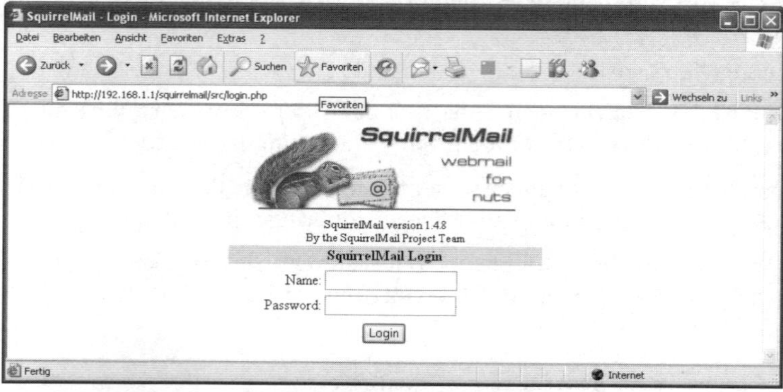

Abb. 32.5: Die Login-Seite von Squirrelmail

Loggen Sie sich mit einem E-Mail-Benutzer ein, erhalten Sie eine Übersicht über seine vorhandenen Mails:

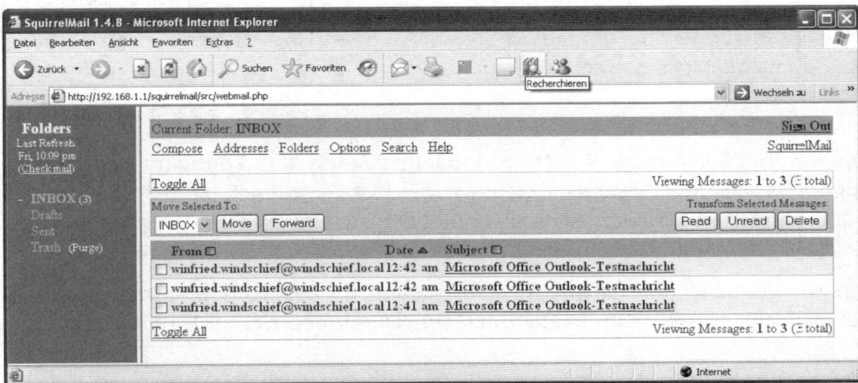

Abb. 32.6: Die Inbox des Benutzers Winfried Windschief

Ansonsten verhält sich `Squirrelmail` wie andere Webmailer auch. Über den Link OPTIONS können Sie das Aussehen und Verhalten von `Squirrelmail` für Ihren Benutzer auf Ihre Bedürfnisse anpassen (das *Theme* im Bild ist *Techno Blue*).

Da es sich um ein IMAP-Konto handelt, das `Squirrelmail` für jeden Benutzer verwaltet, können Sie weitere Ordner erstellen, um Ordnung in Ihre Inbox zu bekommen. Eine Online-Hilfe ist ebenfalls verfügbar.

Übrigens: Über das Perl-Konfigurationsskript **`squirrelmail-configure`** können Sie das Aussehen der Startseite detailliert konfigurieren, zum Beispiel mit einem Logo des Architekturbüros Windschief, das Sie unter `http://www.cooltext.com` erstellen lassen können:

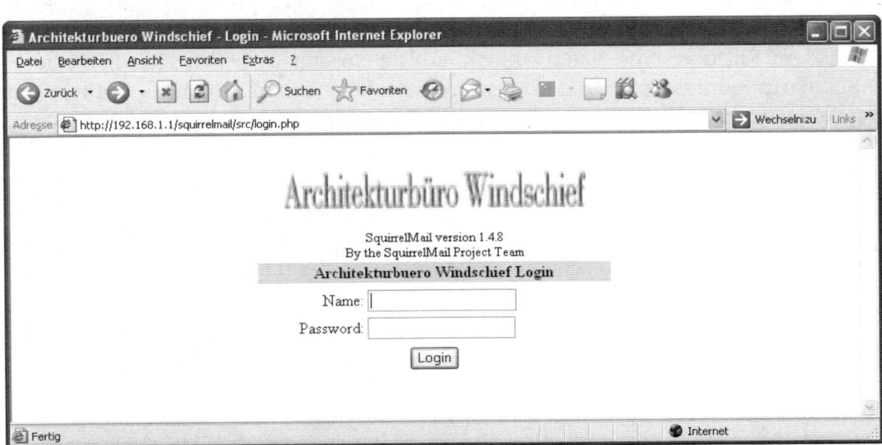

Abb. 32.7: Die Startseite personalisiert

Darüber hinaus lasse ich Ihrer Experimentierlust freien Lauf und erspare mir eine Schritt-für-Schritt-Anleitung zur Benutzung von `Squirrelmail`.

> Da `Squirrelmail` und seine abhängigen Komponenten sicherheitsrelevante Schwachstellen aufweisen können, sollten Sie die Software immer auf dem aktuellen Patchstand halten – hierbei handelt es sich schließlich um ein von überall zugängliches Frontend zu Ihrem Mail-System!

Somit sind wir am Ende unserer Rundreise durch die Mail-System-Konfiguration. Ich habe der Konfiguration des Mail-Systems absichtlich viel Platz gewidmet, da es meistens stiefmütterlich behandelt wird, andererseits aber eines der wichtigsten Komponenten im Internet darstellt.

Sie sollten nun genug gelernt haben, um selbstständig ein Postfix-System mit verschiedenen Zusatzdiensten aufsetzen zu können. Ich wünsche Ihnen viel Spaß und wenig Frust dabei! ☺

32.10 Zusammenfassung und Weiterführendes

Ein komplexes und funktionierendes Mail-System mit POP3-, IMAP-Funktionalität und SASL-Authentifizierung zu erstellen, womöglich noch mit Antiviren- und Spamfilter ausgestattet, ist sicherlich eine der anspruchsvollsten Aufgaben eines Systemadministrators. Aus diesem Grund finden sich zurzeit auch noch recht wenig umfassende Literatur bzw. Online-Tutorials zu diesem Thema. Andererseits werden die meisten Administratoren eines Root-Servers früher oder später eine solche Konfiguration benötigen.

In diesem und dem vorigen Kapitel habe ich versucht, Ihnen einen Überblick über verschiedene Konfigurationsmöglichkeiten, einschließlich deren Vor- und Nachteile zu geben. Sie haben sicherlich festgestellt, dass es einige Stolperfallen gibt, die es zu umschiffen gibt. Vermutlich ist es anfangs schwer für Sie, sämtliche Konfigurationsvarianten zu überblicken. Nach einer gewissen Einarbeitungszeit werden Sie jedoch einen guten Überblick bekommen haben und selbstständig entscheiden können, welchen Weg Sie wählen. Ich empfehle Ihnen, in jedem Fall über eine Datenbankanbindung (vorzugsweise MySQL) nachzudenken, da Sie hiermit eine bessere und skalierbarere Systemstruktur erhalten – natürlich zu dem Preis einer zunächst aufwändigeren Implementierung ...

Kapitel 33

FTP – Dateiübertragung im Internet

Es gibt viele Wege, Daten von A nach B zu übertragen: Angefangen von NFS über SMB, HTTP bis hin zum sicheren SCP bzw. SFTP. Im Internet ist die gebräuchlichste Methode nach wie vor FTP (File Transfer Protocol). Auch bei FTP handelt es sich um einen Dinosaurier unter den TCP/IP-Diensten, der 1985 im RFC 959 als Internetstandard übernommen wurde.

FTP bringt einige Nachteile mit sich: zunächst werden FTP-Daten grundsätzlich in Klartext übertragen – auch die Login-Daten! Außerdem bereitet FTP den Firewalls einige Schwierigkeiten, da über verschiedene Ports kommuniziert wird – Näheres erfahren Sie weiter unten und im nächsten Kapitel.

Warum also nutzt man nicht allgemein SCP oder SFTP? Und hier greift der Vorteil von FTP: Im Gegensatz zu SCP und SFTP ist ein FTP-Server darauf ausgelegt, bestimmte Verzeichnisse oder Verzeichnisstrukturen für die Dateiübertragung zur Verfügung zu stellen – bei einer SCP/SFTP-Kommunkation steht grundsätzlich das gesamte Dateisystem zur Verfügung, und der angemeldete Benutzer hat überall dort Lese- und Schreibrechte, wo er sie lokal auch hat.

In diesem Kapitel lernen Sie Folgendes:

- Wie funktioniert FTP?
- Installation von `ProFTPD`
- Grundkonfiguration
- FTP-Befehle
- Optimierung der Konfiguration
- Anonymous-FTP
- Virtuelle Benutzer und virtuelle Server

FTP ist sicherheitstechnisch nicht unproblematisch. Wir werden daher ein Augenmerk darauf legen, unsere Konfiguration abzusichern. Die wohl bekanntesten FTP-Server unter Linux sind:

- `Wu-FTPD` – einer der ältesten FTP-Server, hat allerdings Sicherheitsschwächen,
- `vsFTPD` – ein FTP-Server, der auf Sicherheit ausgelegt ist, aber dafür auf einige Features verzichtet und
- `ProFTPD` – vielleicht der am meisten verbreitete FTP-Server im Linux-Bereich. Er bietet jede Menge Features und ist als inoffizieller Nachfolger von WuFTPD unser FTP-Server der Wahl.

33.1 Szenario

Herr Windschief bittet Sie um ein Gespräch. Er hat kürzlich mit seinem Geschäftspartner, Herrn Bauer, eine Unterhaltung geführt. Dabei haben die beiden eine engere Zusammenarbeit vereinbart. Dazu müssen häufiger Dateien zwischen den beiden Firmen ausgetauscht werden.

Außerdem möchte Herr Windschief, dass seine Webdesignerin die Webinhalte selbstständig updaten kann, ohne dass Sie jedes Mal deswegen belästigt werden müssen. Dies gilt auch für die Inhalte der von Ihnen gehosteten Website von `www.ichbaudeinhaus.local`, die ein Mitarbeiter von Herrn Bauer hoch laden können soll.

Da fällt Ihnen natürlich sofort FTP ein. Ein entsprechend konfiguriertes System sollte dies problemlos bewerkstelligen können. Wieder einmal erbitten Sie sich ein paar Tage Zeit zur Evaluierung ... Ihr Job wird einfach nicht langweilig!

33.2 Das Lab

Sie benötigen für dieses Kapitel im Grunde nur einen einzelnen Debian-Linux-Server. Alle FTP-Tests können lokal durchgeführt werden. Wenn Sie möchten, können Sie aber zu einem späteren Zeitpunkt auch mittels eines Windows-basierenden FTP-Clients (zum Beispiel WS FTP LE) den Zugriff testen. Ich werde allerdings nur auf die Konsolenversion eingehen, da dies das Verständnis für die FTP-Kommunikation besser fördert als eine grafische Black-Box.

33.3 Wie funktioniert FTP?

FTP ist zur Dateiübertragung sowohl vom Server zum Client (Download) als auch vom Client zum Server (Upload) konzipiert. Für die Kommunikation benötigen Sie einen FTP-Client und einen FTP-Server. Dabei baut der Client zunächst standardmäßig eine Verbindung zum Server auf Port 21/tcp auf. Dies ist allerdings nur der Control-Port, über den die Steuersignale übertragen werden. Er kann konfiguriert werden, wie Sie später noch feststellen werden. Die eigentliche Datenübertragung geschieht auf einem anderen Port. Dummerweise ist dies nicht immer derselbe Port – zusätzlich hängt die Art der Kommunikation davon ab, welcher FTP-Modus verwendet wird. Alles in allem nicht eben Firewall-freundlich – doch dazu im nächsten Kapitel mehr. Schauen wir uns zunächst die beiden FTP-Modi an:

33.3.1 Aktives FTP

Beim so genannten *Active Mode* teilt der Client dem Server über das PORT-Kommando mit, auf welchem unprivilegierten Port (>1023) der Server (!) eine Verbindung zum Client für die Datenübertragung aufbauen soll. Dazu nutzt der Server bei sich den lokalen Port 20/tcp:

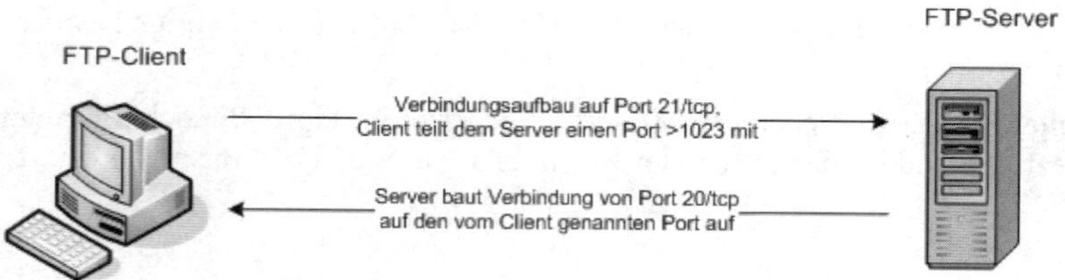

Abb. 33.1: Kommunikation beim aktiven FTP

Dabei bleibt der Steuerungskanal auf Port 21/tcp geöffnet. Somit können weiterhin Steuerungsdaten parallel zu den Nutzdaten übertragen werden. Aktives FTP macht Probleme mit Proxy-Servern, da eine Verbindung vom Server zum Client aufgebaut werden muss.

33.3.2 Passives FTP

Beim passiven FTP wird ebenfalls eine Verbindung vom Client zum Server auf Port 21/tcp aufgebaut. Im Unterschied zum aktiven FTP gibt nun allerdings der Server einen unprivilegierten Port (>1023) vor, auf den der Client einen Datenkanal aufbaut. In diesem Fall kommunizieren beide Rechner über High-Ports (unprivilegierte Ports):

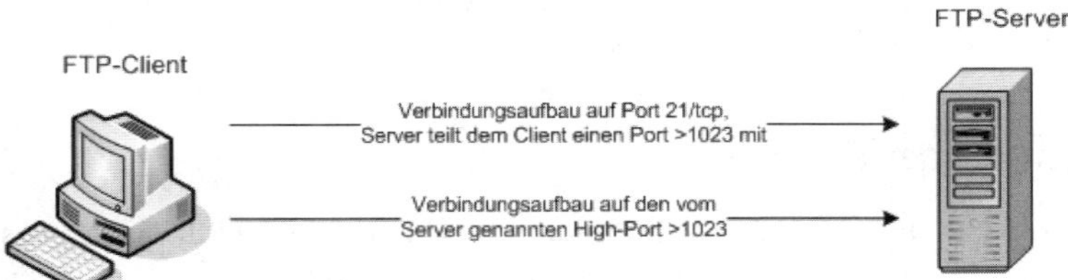

Abb. 33.2: Kommunikation beim passiven FTP

Um passives FTP zu nutzen, sendet der Client das PASV-Kommando an den Server.

Der Vorteil hierbei ist, dass beide Verbindungen vom Client aufgebaut werden. Das ist sowohl für einen Proxy als auch für eine Firewall leichter zu handhaben. Dies gilt allerdings nur clientseitig. Im nächsten Kapitel zeige ich Ihnen Lösungsansätze für dieses Problem.

33.3.3 Binary- und ASCII-Modus

Eigentlich ist die Überschrift falsch: Es müsste Streaming- und Block-Modus heißen. Sie können Daten über FTP auf zwei Arten übertragen:

- *Binary Mode* – wird mit dem Befehl **`bin`** im Client aktiviert und sollte für alle Nicht-ASCII-Dateien verwendet werden. Hierbei werden die Bits original von A nach B transferiert.
- *ASCII Mode* – wird mit dem Befehl **`ascii`** im FTP-Client aktiviert. Dieser Modus wird nur für Text-(ASCII-)Dateien genutzt. Die Daten werden blockweise übertragen.

> Sie sollten im Zweifel immer in den *Binary-Mode* umschalten, da eine Programmdatei oder ein Bild unter Umständen korrupt beim Empfänger ankommt, wenn die Datei im *ASCII-Mode* (also blockweise) übertragen wurde.

33.3.4 Anonymous FTP

Es gibt Fälle, bei denen ist es gewünscht, dass jedermann auf ein bestimmtes Verzeichnis eines FTP-Servers entweder lesend, schreibend oder beides zugreifen können soll. Dies ist zum Beispiel bei den öffentlichen FTP-Servern von `debian.org` der Fall, von denen Sie die Debian-Distributionen beziehen können. Server, die anonymen Zugriff gestatten, werden *Public-FTP-Server* genannt.

Hierfür stellt FTP einen speziellen Zugang namens *anonymous FTP* bereit. Dabei gibt der Benutzer als Login-Namen `anonymous` ein und als Passwort seine E-Mail-Adresse. Diese ist natürlich nur Konvention und nicht kontrollierbar, so dass Sie fast jede Zeichenkette, die ein @-Zeichen enthält, verwenden können. Oftmals – so auch bei `ProFTPD` – ist überhaupt kein Passwort notwendig.

Rufen Sie einen Public-FTP-Server in einem Webbrowser auf (diese sind ja über die Angabe des Protokolls `ftp://` auch FTP-fähig), so authentifiziert sich der Browser automatisch mit entsprechenden Login-Daten.

Selbst einen Public-FTP-Server zu betreiben ist in der Regel keine gute Idee, da die Anfälligkeit für Angriffe bei einer solchen Konfiguration naturgemäß höher liegt als bei authentifizierten Zugriffen. Somit werden wir in unserer Grundkonfiguration dafür sorgen, dass jegliche *Anonymous*-Funktionalität deaktivert ist bzw. bleibt.

33.4 Installation von ProFTPD

An und für sich ist die Installation von `ProFTPD` eine einfache Sache. Allerdings hat das Paket einige Abhängigkeiten. Lassen Sie sich das Paket auf `www.debian.org` für *Etch* anzeigen, werden Ihnen die vielen Abhängigkeiten aufgelistet – es sind ca. 20 Pakete, für *Lenny* sind es ein paar weniger, da hier die Abhängigkeiten anders organisiert wurden! Allerdings ist dies so oder so normalerweise kein Problem, wenn Sie die Auflösung der Abhängigkeiten `apt-get` oder `aptitude` überlassen:

```
# apt-get install proftpd
```

Alle auf Ihrem System noch nicht installierten Abhängigkeiten werden nachinstalliert und somit aufgelöst. Anschließend müssen Sie entscheiden, ob Sie `ProFTPD` als eigenständigen Dienst oder über `inetd` starten wollen. Bei einem mit Hardware einigermaßen gut ausgestattetem Server können Sie ohne Bauchschmerzen die erste Variante wählen – dies entspricht auch der Default-Einstellung.

Nach der Installation steht der FTP-Server zur Verfügung. Dies können Sie wie üblich überprüfen, zum Beispiel über die Prozessliste, in der nun ein neuer Dienst auftauchen sollte:

```
4755 ?        Ss     0:00 proftpd: (accepting connections)
```

Lassen Sie `ProFTPD` über `inetd` starten, finden Sie eine entsprechende Zeile in `/etc/inetd.conf`. Ob der Server wirklich aktiv ist, sehen Sie mittels **`netstat -na`**. Suchen Sie nach der folgenden Zeile:

```
tcp6       0      0 :::21                   :::*                    LISTEN
```

Schließlich könnten wir den Dienst über `telnet` prüfen – aber wozu? Schließlich können wir uns auch gleich des in der Debian-Basisinstallation integrierten FTP-Clients bedienen. Bauen wir also eine Verbindung zu unserem Server auf:

```
# ftp localhost
Connected to localhost.
220 ProFTPD 1.3.0 Server (Debian) [::ffff:127.0.0.1]
Name (localhost:root): wwindschief
```

```
331 Password required for wwindschief.
Password:******
230 User wwindschief logged in.
Remote system type is UNIX.
Using binary mode to transfer files.
ftp> quit
221 Goodbye.
```

Das sieht gut aus! Bevor wir uns anschauen, wie Sie eine FTP-Sitzung steuern, werfen wir einen ersten Blick auf die Konfiguration.

33.5 Grundkonfiguration von ProFTPD

Der Dienst `ProFTPD` wird über eine zentrale Konfigurationsdatei `/etc/proftpd/proftpd.conf` gesteuert. Sie ist in der Grundkonfiguration bei Debian so eingerichtet, dass sich jeder Systembenutzer außer `root` anmelden darf. So weit wäre das ja auch ganz okay, nur leider werden die Benutzer nicht auf bestimmte Verzeichnisse beschränkt, so dass sie sich frei im Dateisystem bewegen können. Das ist aus sicherheitstechnischer Sicht sehr schlecht.

Lassen Sie uns zunächst eine eigene Konfiguration erstellen, die wir anschließend erweitern werden. Benennen Sie dazu die vorhandene Konfgurationsdatei um:

```
# mv /etc/proftpd/proftpd.conf /etc/proftpd/proftpd.conf.old
```

Nun können Sie eine neue Datei »from the scratch«, also ganz von vorn, mit folgendem Inhalt erstellen, wobei die Zahlen wie immer nur der Erläuterung dienen und weggelassen werden müssen:

```
1  Include /etc/proftpd/modules.conf
2  ServerName "Windschief"
3  ServerType standalone
4  Defaultserver on
5  Port 21
6  Umask 022
7  MaxInstances 30
8  User nobody
9  Group nogroup
10 DefaultRoot ~
11 AllowOverwrite on
12 SystemLog /var/log/proftpd/proftpd.log
```

Für den Anfang ist diese Konfiguration bereits ausreichend. Gehen wir die Direktiven (derer es über 200 gibt!), kurz durch:

In Zeile 1 wird sichergestellt, dass die in der angegebenen Datei eingetragenen Module eingebunden werden. Der Servername in Zeile 2 erklärt sich von selbst, `ServerType standalone` startet einen eigenen Daemon für den FTP-Dienst, statt diesen über `inetd` oder `xinetd` starten zu lassen.

Zeile 4 ist wichtig, damit `ProFTPD` Anfragen entgegennimmt. Ohne diese Direktive erwartet er die Konfiguration eines virtuellen Hosts (siehe unten).

In Zeile 5 legen wir den Kommandoport für FTP fest, auf dem `ProFTPD` Verbindungsanfragen annimmt. Zeile 6 sorgt für entsprechende Berechtigungen für neu angelegte Dateien oder Verzeichnisse. Die maximale Anzahl an FTP-Server-Prozessen legen wir in Zeile 7 mit 30 fest.

Die Direktiven `User` und `Group` sorgen dafür, dass unser FTP-Server nicht mit `root`-Rechten laufen muss. Per Default wäre das der Fall, was aber auf keinen Fall erwünscht ist.

In Zeile 10 bauen wir ein Gefängnis, auch *chroot-jail* genannt! Die Direktive `DefaultRoot` gibt das oberste Verzeichnis für einen eingeloggten Benutzer an, die Tilde (~) steht für das Home-Verzeichnis eines Benutzers.

Die Direktive in Zeile 11 erlaubt das Überschreiben bereits vorhandener Dateien, was in der Regel gewünscht ist.

Die Direktive `SystemLog` gibt das Logfile an, in das `ProFTPD` schreiben soll. Aus Übersichtsgründen ist es von Vorteil, hier ein eigenes Logfile anzugeben.

> Das Logfile `/var/log/proftpd/proftpd.log` existiert zwar per Default, jedoch loggt `ProFTPD` im Standardmodus hier nicht alles. Es fehlen zum Beispiel fast alle Informationen über Benutzer-Anmeldevorgänge. Durch die angegebene Direktive bringen wir den FTP-Server dazu, sämtliche relevanten Vorgänge hier zu protokollieren.

Speichern Sie die Datei ab und starten Sie `ProFTPD` neu, um die Änderungen wirksam werden zu lassen:

```
# /etc/init.d/proftpd restart
```

So weit, so gut! So ein konfigurierter Server ist schon eine schöne Sache ... aber wie können Sie denn nun mit FTP arbeiten?

33.6 Workshop: Eine FTP-Sitzung

Lassen Sie uns eine FTP-Sitzung aufbauen und ein wenig mit den FTP-Befehlen spielen, um ein Gefühl für die Funktionsweise zu bekommen.

> Stellen Sie sicher, dass der Benutzer `wwindschief` existiert. Erstellen Sie in der Identität dieses Benutzers (!) in seinem Home-Verzeichnis das Unterverzeichnis `daten` und darin eine Datei, zum Beispiel `remote.txt`, und füllen diese mit ein wenig Inhalt.

Außerdem erstellen Sie als `root` das Verzeichnis `/ftptest/` und drei Dateien `lokal[1-3].txt`, die dort gespeichert werden. Diese Dateien möchten wir auf den FTP-Server laden.

Bevor wir loslegen, benötigen wir noch den FTP-Client, der sich im gleichnamigen Paket (ftp) verbirgt – dieses wird in der Basisinstallation nicht mitinstalliert, was Sie nun ggf. nachholen müssen:

```
# apt-get install ftp
```

Los geht's! Zunächst loggen wir uns als Benutzer `wwindschief` ein:

```
# ftp
ftp> open 192.168.1.1
Connected to 192.168.1.1.
220 ProFTPD 1.3.0 Server (Debian) [::ffff:192.168.1.1]
Name (192.168.1.1:root): wwindschief
331 Password required for wwindschief.
Password: ******
230 User wwindschief logged in.
Remote system type is UNIX.
Using binary mode to transfer files.
```

Sie können auf der Kommandozeile **ftp <FTP-Server>** eingeben oder – wie hier gezeigt – in den interaktiven Modus gehen und anschließend über **open <FTP-Server>** die Verbindung aufbauen. Nach dem Login befinden wir uns auf dem FTP-Server. Dieser teilt uns mit, dass per Default der *binary mode* (s.o.) zur Datenübertragung verwendet wird.

Wo befinden wir uns jetzt? Genau dort, wo wir es erwarten: im Home-Verzeichnis des angemeldeten Benutzers `wwindschief`. Schauen wir uns einmal den Inhalt an:

```
ftp> ls
200 PORT command successful
150 Opening ASCII mode data connection for file list
drwxr-xr-x   2 root     root         4096 Oct 17 14:36 daten
226 Transfer complete.
```

Wie Sie sehen, ist der Befehl zum Anzeigen des Verzeichnisinhalts ebenfalls `ls`. Versuchen wir doch einmal, eine Ebene höher zu gelangen:

```
ftp> cd ..
250 CWD command successful
ftp> ls
200 PORT command successful
150 Opening ASCII mode data connection for file list
drwxr-xr-x   2 root     root         4096 Oct 17 14:36 daten
226 Transfer complete.
```

Wie es aussieht, greift unser »Jail« (engl. für Gefängnis). Obwohl der FTP-Client eine Erfolgsmeldung für den Verzeichniswechsel ausgibt, zeigt das Verzeichnislisting immer noch denselben Inhalt an – kein Wunder, wir befinden uns ja auch noch im selben Verzeichnis ...

Gut, nach oben ist der Weg verschlossen, doch sollten wir zumindest in das frisch angelegte Unterverzeichnis wechseln können:

```
ftp> cd daten
250 CWD command successful
ftp> ls
200 PORT command successful
150 Opening ASCII mode data connection for file list
-rw-r--r--   1 root     root           61 Oct 17 12:15 remote.txt
226 Transfer complete.
```

Siehe da, es funktioniert! Auch die Datei `remote.txt` befindet sich dort. Diese wollen wir nun downloaden. Hierzu nutzen wir den Befehl `get`:

```
ftp> get remote.txt
local: remote.txt remote: remote.txt
200 PORT command successful
150 Opening BINARY mode data connection for remote.txt (61 bytes)
226 Transfer complete.
61 bytes received in 0.00 secs (54.5 kB/s)
```

Die heruntergeladene Datei landet lokal im aktuellen Verzeichnis, aus dem der FTP-Client aufgerufen wurde. Möchten Sie den Zielort ändern, können Sie vorher in das entsprechende lokale Verzeichnis mit `lcd` wechseln. Lassen Sie uns das gleich einmal austesten:

```
ftp> lcd /ftptest
Local directory now /ftptest
```

Eine nun per `get` heruntergeladene Datei würde unter `/ftptest` gespeichert werden. Allerdings nutzen wir das an dieser Stelle gleich aus, um ein paar Dateien auf den FTP-Server zu laden (upload). Der zu `get` analoge Befehl ist `put`:

```
ftp> put lokal1.txt
local: lokal1.txt remote: lokal1.txt
200 PORT command successful
150 Opening BINARY mode data connection for lokal1.txt
226 Transfer complete.
51 bytes sent in 0.00 secs (184.5 kB/s)
```

Somit haben wir die Datei `lokal1.txt` hochgeladen, wovon Sie sich durch **`ls`** überzeugen können. Wie aber können wir mehrere Dateien gleichzeitig hochladen? Hierzu nutzen wir **`mput`**, da **`put`** nur einzelne Dateien bewältigen kann:

```
ftp> mput lokal2.txt lokal3.txt
mput lokal2.txt? j
200 PORT command successful
150 Opening BINARY mode data connection for lokal2.txt
226 Transfer complete.
51 bytes sent in 0.00 secs (189.4 kB/s)
mput lokal3.txt? j
200 PORT command successful
150 Opening BINARY mode data connection for lokal3.txt
226 Transfer complete.
51 bytes sent in 0.00 secs (85.1 kB/s)
```

Analog zu **`mput`** können Sie **`mget`** nutzen, um mehrere Dateien gleichzeitig herunterzuladen.

Nehmen wir an, Sie haben aus Versehen die falsche Datei hochgeladen. Wie können Sie diese nun wieder löschen? Diesmal lautet der Befehl nicht etwa **`rm`** sondern **`del`** oder **`delete`**. Dies ist nur bei entsprechenden Berechtigungen erlaubt:

```
ftp> del lokal1.txt
250 DELE command successful
ftp> ls
200 PORT command successful
150 Opening ASCII mode data connection for file list
drwxr-xr-x   2 root     root          4096 Oct 17 14:36 daten
-rw-r--r--   1 wwindschief wwindschief       51 Oct 17 15:33 lokal2.txt
-rw-r--r--   1 wwindschief wwindschief       51 Oct 17 15:33 lokal3.txt
226 Transfer complete.
```

Möchten Sie in einem Schritt mehrere Dateien löschen, nutzen Sie **mdel**. Sie können auch neue Verzeichnisse anlegen mit dem zu Linux gleichlautenden Befehl – vorausgesetzt, Sie haben die entsprechenden Berechtigungen:

```
ftp> mkdir daten2
257 "/daten2" - Directory successfully created
```

Dieses neue Verzeichnis können Sie auch wieder löschen:

```
ftp> rmdir daten2
250 RMD command successful
```

Möchten Sie zwischen den Übertragungsmodi wechseln, geben Sie `binary` oder `ascii` ein:

```
ftp> binary
200 Type set to I
ftp> ascii
200 Type set to A
```

Eine FTP-Sitzung beenden Sie mit **close**, **quit** oder **exit**:

```
ftp> close
221 Goodbye.
```

Damit haben Sie das nötige Rüstzeug, um über die Kommandozeile mit FTP zurechtzukommen. Diese Befehle funktionieren übrigens auf den meisten FTP-Clients, unabhängig von Windows oder Linux. Es gibt noch etliche weitere Befehle, über die Sie vielleicht stolpern werden, doch sollten Sie mit den genannten erst einmal zurechtkommen. Außerdem – und das sei Ihnen gegönnt, sobald Sie die FTP-Kommunikation verstanden haben – gibt es intuitiv zu bedienende grafische FTP-Clients, wie zum Beispiel `Xftp` für Linux oder `WS FTP LE` für Windows.

33.7 Workshop: Erweiterte Konfiguration

Nachdem Sie nun gesehen haben, wie FTP funktioniert, werden wir nun die endgültige Konfiguration gemäß unserer Zielvorgaben erstellen. Welche waren das noch gleich?

- Jeder normale Systembenutzer soll sein Home-Verzeichnis als FTP-Verzeichnis innerhalb eines *chroot-jails* erhalten.
- Für jede Homepage soll ein FTP-Benutzer zur Verfügung stehen, dessen Home-Verzeichnis das `DocumentRoot`-Verzeichnis der jeweiligen Website ist.

Darüber hinaus nehmen wir noch einige Optimierungen zur Ressourcenkontrolle vor. Am Ende steht ein ProFTPD -Server, der eine solide Basiskonfiguration für den Internetbetrieb bereitstellt.

33.7.1 Ein FTP-Home-Verzeichnis zuweisen

Zunächst einmal ist Teilziel Nummer eins ja bereits erreicht, da wir mittels der Direktive DefaultRoot die Benutzer bereits in ihr Home-Verzeichnis eingesperrt haben. Aber wie erreichen wir das zweite Ziel?

Erinnern Sie sich noch an die virtuellen Hosts unserer Apache-Konfiguration? Hier hatten wir die folgenden Verzeichnisse als DocumentRoot-Verzeichnisse definiert:

- /var/windschief – für die Webpräsenz www.windschief.local
- /var/ichbaudeinhaus – für die Webpräsenz www.ichbaudeinhaus.local

> Für die folgenden Schritte ist es zwar nicht erforderlich, dass Apache installiert ist – andererseits können Sie dadurch natürlich gleich den »Ernstfall« testen, indem Sie die jeweiligen Webpräsenzen aufrufen, nachdem Sie deren Inhalte verändert und per FTP hochgeladen haben.

In jedem Fall müssen Sie sicherstellen, dass die beiden oben genannten Verzeichnisse vorhanden sind oder die folgenden Angaben sinngemäß durch eigene Verzeichnisse ersetzen.

Nun benötigen wir zwei Benutzer – jeweils einen für jede Website (www-windschief und www-ichbaudeinhaus):

```
# useradd -s /bin/false www-windschief
# useradd -s /bin/false www-ichbaudeinhaus
# passwd www-windschief
Enter new UNIX password:******
Retype new UNIX password:******
passwd: Kennwort erfolgreich geänndert
# passwd www-ichbaudeinhaus
Enter new UNIX password:******
Retype new UNIX password:******
passwd: Kennwort erfolgreich geändert
```

> In der Realität werden Sie natürlich aus Sicherheitsgründen weniger sprechende Namen nutzen, zum Beispiel web001 und web002 o.Ä. Für Laborzwecke ist dies jedoch der bessere Weg, um Fehler zu vermeiden.

Wie Sie sehen, haben wir den Benutzern aus Sicherheitsgründen *kein* Home-Verzeichnis angelegt. Außerdem wird den Benutzern die Pseudo-Shell /bin/false zugewiesen, deren einziger Existenzzweck darin liegt, eine lokale Anmeldung zu verhindern.

Ändern Sie den Owner (Eigentümer) der oben genannten Verzeichnisse auf den jeweiligen Benutzer:

```
# chown www-windschief /var/windschief
# chown www-ichbaudeinhaus /var/ichbaudeinhaus
```

Nun können wir die Datei /etc/proftpd/proftpd.conf (bzw. /etc/proftpd.conf) anpassen und ein wenig erweitern. Fügen Sie über (!) der DefaultRoot-Zeile die zwei folgenden Zeilen ein:

```
DefaultRoot /var/windschief www-windschief
DefaultRoot /var/ichbaudeinhaus www-ichbaudeinhaus
```

Damit werden die genannten Verzeichnisse den angegebenen Benutzern als Wurzelverzeichnis für eine FTP-Session zugewiesen. Die anschließende Defaultroot-Direktive gilt dann nur noch für alle anderen außer den Ausnahmen.

Starten Sie ProFTPD erneut und testen Sie anschließend den Benutzer www-windschief. Sie werden die betrübliche Feststellung machen, dass der Benutzer nicht angemeldet werden kann. Das liegt nicht etwa daran, dass Sie sich das Passwort nicht merken konnten, sondern dass wir keine echte Shell angegeben haben!

Dies können Sie im Detail auch in der Logdatei von ProFTPD nachlesen. Die Logdateien des FTP-Servers befinden sich unter /var/log/proftpd/. Das Hauptlog ist (wie angegeben) proftpd.log. Dort finden Sie die folgende Meldung:

```
Oct 18 00:20:07 debian proftpd[4139] debian.linux.local (::ffff:192.168.1.2[::fff
f:192.168.1.2]): USER www-windschief (Login failed): Invalid shell: '/bin/false'
```

Um dieses Problem zu lösen, veranlassen wir ProFTPD, auf die Prüfung einer gültigen Shell zu verzichten, indem wir folgende Direktive an beliebiger Stelle einfügen:

```
RequireValidShell   off
```

Nach einem erneuten Neustart des Servers sollte nun die Anmeldung der Benutzer funktionieren. Testen Sie alle Benutzer aus und vergewissern Sie sich, dass jeder Benutzer nach der Anmeldung in dem ihm zugewiesenen Verzeichnis landet. Dazu können Sie jeweils unterschiedliche Dateien erstellen. Mit **ls** lassen Sie sich im FTP-Client den Inhalt zeigen, der für jeden Benutzer unterschiedlich sein sollte.

Haben Sie einen Webserver entsprechend konfiguriert, können Sie nun überprüfen, ob die aktuell hochgeladenen Webinhalte auch tatsächlich aktualisiert angezeigt werden – ein Neustart von Apache ist dazu nicht notwendig, da die Dateien zum Zeitpunkt des Aufrufs der Webpräsenz ausgelesen werden.

Damit haben wir unser zweites Ziel erreicht: Es existiert jeweils ein Benutzer, der sich per FTP in das DocumentRoot-Verzeichnis seiner Webpräsenz einloggen kann, um die Inhalte zu aktualisieren.

33.7.2 Sitzungen begrenzen

Ich hatte es weiter oben schon erwähnt: Es gibt weit über 200 Direktiven, die ProFTPD kennt! Fast jede Beispielkonfigurationsdatei, die Sie im Internet oder in anderen Büchern finden werden, enthält andere Parameter und Einstellungen. Im Folgenden stelle ich Ihnen einige Tuning-Parameter vor, die Sie vielleicht nützlich finden werden.

Möchten Sie die maximale Anzahl der gleichzeitig verbundenen Clients auf 10 beschränken, können Sie das auf folgende Weise tun:

```
MaxClients 10
```

Zur Zugriffsbeschränkung gibt es weitere Direktiven, wie zum Beispiel die folgenden:

```
MaxHostsPerUser                3 "Sie können sich nur %m mal anmelden"
MaxClientsPerHost              3 "Nur %m Anmeldungen pro Host möglich"
```

Dabei geben Sie die maximale Anzahl an Sitzungen, die ein bestimmter Benutzer gleichzeitig aufbauen kann an, bzw. die maximale Anzahl pro Host. Damit verhindern Sie bestimmte Denial-of-Service-Angriffe (DoS-Attacken). Der anschließende Informationstext für den Benutzer ist optional. Wird er nicht angegeben, wird die Standardmeldung von ProFTPD ausgegeben.

33.7.3 Ein Nur-Lesen-Verzeichnis einbinden

Als Sie sich die originale Datei `proftpd.conf` angesehen haben, ist Ihnen vielleicht schon aufgefallen, dass die Datei eine ähnliche Syntax hat, wie die des Apache-Webservers. Es gibt Blöcke in Form von Tags (analog zu HTML), die die Gültigkeit der in ihnen enthaltenen Direktiven festlegt.

So können Sie zum Beispiel einen Block `<global> ... </global>` definieren, indem Sie alle Anweisungen unterbringen, die für den gesamten Server gelten sollen. Analog dazu existiert auch `<Directory Pfadname> ... </Directory>`. Dies wollen wir nun nutzen, um ein spezielles allgemeines Verzeichnis zu definieren, aus dem alle Benutzer Installationsdateien beziehen können. Allerdings möchten wir verhindern, dass FTP-Benutzer dort hineinschreiben können – daher vergeben wir auf das Verzeichnis nur Leserechte. Erstellen wir zunächst das Verzeichnis:

```
# mkdir /var/install
```

Dieses Verzeichnis wollen wir nun allen Benutzern zur Verfügung stellen. Hier haben wir allerdings ein Problem: Die einfachste Variante, einfach einen symbolischen Link in die Home-Verzeichnisse einzufügen, funktioniert aufgrund der `DefaultRoot`-Direktive nicht mehr. Das Gefängnis erlaubt auch keinen Ausgang über Symlinks und im Gegensatz zu `Apache` gibt es auch keine Option analog zu `FollowSymLinks`.

Zur Lösung des Problems bieten sich zwei Wege an. Beide sind nicht perfekt:

1. Erstellen Sie in jedem Home-Verzeichnis ein neues Verzeichnis `install`, vergessen Sie für zukünftig anzulegende Benutzer nicht `/etc/skel` anzupassen. Anschließend mounten Sie das Verzeichnis `/var/install` ein zweites Mal unter `~/install`, also dem neu erstellten Unterverzeichnis im Home-Verzeichnis des jeweiligen Benutzers. Dies können Sie mit der Option `--bind` bewerkstelligen, die der `mount`-Befehl seit Kernel 2.4 kennt. Leider können Sie dies nur individuell für jeden Benutzer einrichten. Der Befehl hierzu lautet folgendermaßen: **`mount --bind /var/install /home/<Benutzer>/install`**. Nun können Sie ein entsprechendes Bash-Skript schreiben, um die notwendigen `mount`-Befehle für alle Benutzer automatisch ausführen zu lassen. Die Lösung ist nicht besonders elegant, aber sie funktioniert, solange die Anzahl der Benutzer überschaubar bleibt.

2. Der zweite Weg ist der, über den Eintrag `DefaultRoot /home` in der Konfig-Datei das Wurzelverzeichnis auf `/home` zu legen und darunter das Verzeichnis `/home/install` zu erstellen. Damit haben aber alle Benutzer per Default Lesezugriff auf alle Home-Verzeichnisse. Sie können dies natürlich durch entsprechende Rechtevergabe passend einschränken. Trotzdem finde ich diese Lösung nicht sehr geeignet, da sie zu viele Informationen über Ihre Benutzer preisgibt.

Den dritten möglichen Weg stelle ich Ihnen im nächsten Abschnitt vor.

Übung: Wählen Sie sich eine Lösung aus, erstellen Sie die entsprechenden Verzeichnisse und ein oder zwei Probedateien im `install`-Verzeichnis und testen Sie den Zugriff.

33.8 Anonymous-FTP

Grundsätzlich rate ich Ihnen vom Betreiben eines Anonymous-FTP-Servers ab, wenn er nicht unbedingt erforderlich ist. Dies gilt vor allem im Interneteinsatz. Andererseits könnte ein solcher Server die Lösung dafür sein, wie wir ein Installationsverzeichnis zur Verfügung stellen können, auf das alle Benutzer Zugriff haben. Im lokalen Netzwerk ist das Sicherheitsrisiko überschaubar, so dass man hier über einen Einsatz nachdenken kann.

In der Originalkonfigurationsdatei von ProFTPD ist eine auskommentierte Anonymous-FTP-Konfiguration enthalten, die wir im Folgenden einmal genauer anschauen werden:

```
<Anonymous ~ftp>
   User                                ftp
   Group                               nogroup
   # We want clients to be able to login with "anonymous" as well as "ftp"
   UserAlias                   anonymous ftp
   # Cosmetic changes, all files belongs to ftp user
   DirFakeUser on ftp
   DirFakeGroup on ftp
   RequireValidShell           off
   # Limit the maximum number of anonymous logins
   MaxClients                  10
   # We want 'welcome.msg' displayed at login, and '.message' displayed
   # in each newly chdired directory.
   DisplayLogin                        welcome.msg
   DisplayFirstChdir           .message
   # Limit WRITE everywhere in the anonymous chroot
   <Directory *>
     <Limit WRITE>
       DenyAll
     </Limit>
   </Directory>
   # Uncomment this if you're brave.
   # <Directory incoming>
   #   # Umask 022 is a good standard umask to prevent new files and dirs
   #   # (second parm) from being group and world writable.
   #   Umask                               022  022
   #            <Limit READ WRITE>
   #            DenyAll
   #            </Limit>
   #            <Limit STOR>
```

```
31    #              AllowAll
32    #              </Limit>
33    # </Directory>
34  </Anonymous>
```

Wie Sie sicher bemerken werden, schließen wir die Anonymous-FTP-Konfiguration in den Block `<Anonymous ~ftp> ... </Anonymous>` ein (siehe Zeilen 1 und 34). Das `Anonymous`-Verzeichnis ist `/home/ftp`, also das Home-Verzeichnis des Benutzers `ftp`.

Da Sie sich mit `anonymous` am Server anmelden, um diesen Modus zu aktivieren, müssen wir die Sitzung auf einem dem System bekannten Benutzer und einer entsprechenden Gruppe abbilden. Hier ist dies `ftp` und `nogroup`. Die Rechte sind hier natürlich auf ein Mindestmaß eingeschränkt. In der Debian-Konfiguration wird zusätzlich ein Alias eingerichtet (Zeile 5), so dass Sie nicht jedes Mal den langen Namen `anonymous` schreiben sondern auch kurz `ftp` eingeben können.

Die Zeilen 7 und 8 täuschen vor, dass jedes sichtbare Objekt (Datei oder Verzeichnis) dem Benutzer und der Gruppe `ftp` gehört. Dies dient der Sicherheit.

Die Direktiven in den Zeilen 9 und 11 kennen Sie bereits. Die Zeilen 14 und 15 definieren die anzuzeigenden Message-Textdateien, einmal bei der Anmeldung und zum anderen beim Wechsel in ein anderes Verzeichnis. Befindet sich hier eine Datei `.messages`, wird diese angezeigt.

Die Zeilen 17 bis 21 verhindern generell den Schreibzugriff auf sämtliche Verzeichnisse, die sich innerhalb des Anonymous-FTP-Bereichs befinden.

Ab der Zeile 22 finden Sie einen im obigen Beispiel nach wie vor auskommentierten Bereich, der ein Verzeichnis `incoming` für den Upload von Dateien bereitstellen würde. Durch die Zeilen 26 bis 32 wird festgelegt, mit welcher `Umask` neue Dateien und Verzeichnisse angelegt werden können, und dass zwar speichern erlaubt, alles andere aber verboten ist.

Typischerweise gibt es bei Anonymous-FTP zwei getrennte Verzeichnisse: das eine dient dem Download und wird oft `public` genannt, das andere heißt `incoming` und dient dem Upload. Letzteres ist naturgemäß aufgrund des möglichen Schreibzugriffs sicherheitstechnisch bedenklicher, daher sollten Sie sich sehr gut überlegen, ob Sie ein solches Verzeichnis zur Verfügung stellen möchten.

33.9 Virtuelle Benutzer

Bereits im letzten Kapitel haben Sie im Rahmen der Mail-Server-Konfiguration den Vorteil von Nicht-System-Benutzern kennen gelernt. Auch `ProFTPD` bietet Ihnen die Möglichkeit, die Benutzer in einer externen Datenbank zu verwalten. `ProFTPD` unterstützt u.a. `MySQL` und LDAP.

Zunächst müssen die entsprechenden Module `mod_sql_mysql.so` und `mod_ldap.so` eingebunden werden. Die verfügbaren Module finden Sie unter `/usr/lib/proftpd/`, einbinden können Sie sie über die Modulliste in `/etc/proftpd/modules.conf`, indem Sie die Direktive `LoadModule <Modul>` nutzen. In der Datei finden Sie genügend Beispiele.

Außerdem können Sie über die Direktiven `AuthUserFile` und `AuthGroupFile` alternative Datenbankdateien angeben, in denen Benutzer und Gruppen eingerichtet sind:

```
AuthUserFile /etc/proftpd/ftpd.passwd
AuthUserFile /etc/proftpd/ftpd.group
```

Die Syntax ist äquivalent zu /etc/passwd bzw. /etc/group. Sie erstellen die Dateien mit dem Programm ftpasswd. Es erzeugt eine Datei ftpd.passwd bzw. ftpd.group automatisch im aktuellen Verzeichnis. Hier ein Beispiel:

```
# ftpasswd --passwd --name ftpuser1 --home /home/ftpuser1 --shell /bin/false --
uid 5100
```

Sie werden anschließend aufgefordert, ein Passwort für den Benutzer anzugeben. Damit erstellen Sie einen Benutzer namens ftpuser1. Die weiteren Angaben sind ebenfalls Pflicht. Wichtig hierbei ist die UID, die auf den lokalen Benutzer mit derselben UID gemappt wird. Mit anderen Worten: Haben Sie einen Benutzer user1 und einen virtuellen Benutzer ftpuser1, so müssen beide Benutzer dieselbe UID (5100) haben. Außerdem muss als *Owner* des Verzeichnisses /home/ftpuser1/ der Benutzer user1 eingetragen werden.

In der gleichen Art können Sie eine Gruppendatei anlegen:

```
# ftpasswd --group --gid 100 --name ftpusers
```

Dies erstellt eine Datei ftpd.group im aktuellen Verzeichnis. Die konfigurierten AuthUserFiles werden zusätzlich zu /etc/passwd verwendet – nicht stattdessen. Das bedeutet, dass die virtuellen Benutzer andere Namen haben sollten als die lokal angelegten, da ansonsten die falsche Datei abgefragt wird.

33.10 Virtuelle FTP-Hosts

Den Begriff »virtuelle Hosts« haben Sie schon im Zusammenhang mit dem Apache Webserver kennen gelernt, bei dem wir verschiedene virtuelle Hosts erstellt haben, um die verschiedenen Webpräsenzen voneinander getrennt über einen Server anbieten zu können.

ProFTPD bietet etwas Vergleichbares an – sogar die Konfiguration ist sehr ähnlich zu der des Apache. Leider gibt es eine entscheidende Einschränkung: Bei ProFTPD werden keine namensbasierten virtuellen Hosts unterstützt, da der FTP-Header – im Gegensatz zum HTTP-Header – kein Host-Header-Feld hat, in dem der angesprochene DNS-Name steht. Daraus folgt, dass die virtuellen FTP-Hosts entweder über verschiedene IP-Adressen oder über die Ports voneinander getrennt werden müssen.

Bei einem Root-Server haben Sie in der Regel nur eine einzige öffentliche IP-Adresse übrig. Da Sie vermutlich nicht jeder Website einen eigenen FTP-Port zuweisen wollen, ist der Nutzung eines virtuellen FTP-Hosts im Internetbetrieb eher beschränkt. Trotzdem werde ich Ihnen im Folgenden in aller Kürze die Konfiguration von virtuellen Hosts präsentieren, da Sie diese zum Beispiel im lokalen Netz recht nützlich finden könnten.

Das Ganze ist im Grunde recht einfach. Wie beim Apache wird ein virtueller Server durch den Anweisungsblock <VirtualHost *IP-Adresse*> ... </VirtualHost> beschrieben. Dabei sind Sie – im Gegensatz zum Apache – gezwungen, eine IP-Adresse anzugeben. Sollten Sie hier trotzdem einen DNS-Namen angeben, wird ProFTPD diesen zu einer IP-Adresse auflösen und mit dieser arbeiten.

Innerhalb dieses Anweisungsblocks können Sie die üblichen Anweisungen geben, die Sie bisher bereits kennen gelernt habe.

Für IP-basierende VHosts ist das bereits alles. Möchten Sie dagegen einen *portbasierenden* virtuellen Host einrichten, der auf unseren Debian-Server im Lab zum Beispiel auf dem Port 31 lauscht, können Sie dies folgendermaßen bewerkstelligen:

```
<VirtualHost 192.168.1.1>
   ServerName "Virtual Host 1"
   Port 31
   DefaultRoot /var/ftp/vhost1
   <Limit LOGIN>
   DenyGroup !ftpvhost1
   </Limit>
</VirtualHost>
```

Okay, ich gebe zu, dass ich noch ein paar weitere Dinge eingebaut habe. Zunächst finden Sie die wichtige Direktive `Port 31`, mit der Sie den Port zuweisen. Lassen Sie diese Zeile weg, lauscht der Server auf dem Standardport 21. Das `DefaultRoot`-Verzeichnis dieses Hosts habe ich auf `/var/ftp/vhost1` gelegt. Dieses Verzeichnis muss natürlich angelegt und mit passenden Rechten ausgestattet sein.

Der Anweisungsblock `<Limit LOGIN> ... </Login>` gibt Ihnen die Möglichkeit, den Kreis der FTP-User einzuschränken, die auf diesen virtuellen Host Zugriff haben. Die Direktive `DenyGroup !ftpuser` sagt aus, dass alle Benutzer, die *nicht* in der Gruppe `ftpvhost1` sind, abgelehnt werden.

Bei der Vergabe der Ports sollten Sie berücksichtigen, dass für eine aktive FTP-Sitzung der Port *n-1* für den Aufbau der Datenverbindung vom Server zum Client genutzt wird. Vergeben Sie die Ports für Ihre VHosts also nicht zu dicht beieinander.

Sie können den Zugriff übrigens mit dem Linux-FTP-Client auf der Konsole testen, indem Sie – wie bei `telnet` – den Port durch Leerzeichen getrennt anhängen:

```
# ftp 192.168.1.1 31
```

Beachten Sie, dass **`ftp localhost 31`** nicht funktionieren wird, da der virtuelle Server auf die IP-Adresse 192.168.1.1 hört, nicht aber auf 127.0.0.1. Warum ich das überhaupt erwähne? Raten Sie mal, wer darauf beim ersten Mal reingefallen ist ...

33.11 Zusammenfassung und Weiterführendes

FTP ist ein Dienst, den Sie nur dann einrichten und anbieten sollten, wenn Sie ihn wirklich benötigen! Er stammt aus der Urzeit des Internet und ist in seiner Grundform mit vielen systembedingten Sicherheitslücken »gesegnet«. Anders gesagt: Wenn Sie können, nutzen Sie eine sichere Alternative, namentlich SCP, SFTP o.Ä.

Andererseits ist FTP heute noch sehr weit verbreitet, da es eine einfache Methode zum Dateitransfer für nicht-kritische Daten (!) ermöglicht. Sollte es einmal notwendig sein, sensible Daten per FTP zu übertragen, sollten Sie erwägen, die betreffenden Dateien lokal zu verschlüsseln und in diesem Zustand zu versenden.

Kapitel 34

iptables als Personal-Firewall

Die Zeiten, in denen man den meisten Menschen noch erklären musste, was eine Firewall ist, sind vorbei. Inzwischen hat auch der letzte Administrator genug von Sicherheitswarnungen und Einbrüchen gehört und gelesen, um zu wissen, dass seine Systeme gegen Angriffe geschützt werden müssen.

Doch ein EDV-System wirksam zu schützen, ist eine sehr komplexe und anspruchsvolle Angelegenheit. Dabei spielen viele Faktoren und Komponenten eine Rolle, von denen die Firewall nur eine ist. Trotzdem ist eine Firewall für einen Rechner, der »im Wind« steht, also über das Internet aus erreichbar ist, absolute Pflicht!

Dieses Kapitel enthält eine Einführung in die Konfiguration der Linux-eigenen Firewall `iptables`. Voraussetzung für das Verständnis dieses Kapitels ist ein gutes Verständnis von TCP/IP. Sollten Sie hier noch Nachholbedarf haben, empfehle ich Ihnen zunächst die Lektüre des Kapitels 17 *Netzwerkgrundlagen und TCP/IP*.

Im Einzelnen geht es um Folgendes:

- Firewall-Grundlagen – was Firewalls können und was nicht
- Die Tabellen und Regelketten
- Filterregeln
- Stateful Inspection
- Wichtige Dienste erlauben
- Firewall-Logging
- Grafische Frontends

Während wir in diesem Kapitel ausschließlich die *Personal-Firewall* betrachten werden, geht es in Teil IV um *Netzwerkfirewalls*. Wie Sie bemerken werden, ist eine Firewall zu konfigurieren eine anspruchsvolle Aufgabe, die volle Konzentration erfordert. In vielen größeren Unternehmen gibt es Mitarbeiter, die als Firewall-Administrator nur für diesen Zweck eingestellt wurden. Hinzu kommt, dass `iptables` grundsätzlich über Konsole bedient wird, so dass das Regelwerk mühsam mittels Parameter und Optionen einzugeben ist. Am Ende des Kapitels werde ich Ihnen allerdings auch grafische Frontends vorstellen, die Ihnen diese Arbeit ein wenig vereinfachen können.

> Heißt es nun eigentlich *die* oder *der* Firewall? Um das ein für allemal klarzustellen: Es heißt *die* Firewall! ... und *der* Firewall! Der Duden erlaubt beides. Wörtlich übersetzt heißt Firewall *Brandschutzmauer* (die) oder *Brandschutzwall* (der). In meiner Laufbahn als Netzwerk- und Security Engineer habe ich allerdings meistens den weiblichen Artikel vernommen und selbst genutzt. Daher bleibe ich hier auch dabei.

34.1 Das Lab

Zum Testen der Firewall-Regeln kommen Sie in diesem Fall nicht um einen zweiten Rechner herum, da die Firewall keine Kommunikation über `localhost` blocken soll. Ansonsten können Sie Ihren Test-Server (und nur diesen bitte!) mit so vielen Diensten ausstatten, wie Sie möchten – je mehr, desto besser, denn desto mehr können Sie testen. Im Laufe dieses Kapitels werden wir jeden Dienst, den wir bisher besprochen haben, in unser Firewall-Regelwerk aufnehmen.

34.2 Firewall-Grundlagen

Warum eigentlich eine Firewall? Wozu brauch' ich das Teil? Zu was macht mich das?

Auf eine gewisse Art sind diese Fragen berechtigt! Eine Firewall ist kein Allheilmittel für Ihren Systemschutz. Sie dient dazu, gewünschten von unerwünschtem Netzwerkverkehr zu unterscheiden und letzteren zu unterbinden. Hierzu gibt es unterschiedliche Ansätze. Werfen wir einen Blick drauf.

34.2.1 Die Paketfilter-Firewall

Diese Art von Firewall filtert auf der Netzwerkebene. Sie kennt die Protokolle IP, ICMP, TCP und UDP und kann die Headerdaten dieser Protokolle auswerten. Dazu gehören die Quell- und Ziel-IP-Adresse, die Ports und die Status-Flags wie zum Beispiel SYN, ACK oder FIN.

Daten der Anwendungsebene wie zum Beispiel Inhalte des Protokolls HTTP oder FTP erkennt die Firewall nicht. Der Vorteil dieser Art von Firewall ist ihre vergleichsweise einfache Art der Konfiguration. Außerdem ist sie flexibel auf den gesamten TCP/IP-Verkehr anwendbar. Die Linux-Firewall `iptables` ist eine Paketfilter-Firewall mit zusätzlichen Funktionen (siehe nächster Abschnitt).

34.2.2 Die Stateful-Inspection-Firewall

Die *Stateful-Inspection*-Technologie wurde von der Firma *Checkpoint* patentiert und ist eine Erweiterung für Paketfilter-Firewalls. Während diese jedes einzelne Paket für sich betrachten und jedes Mal neu entscheiden, ob das Paket passieren darf oder nicht, greift eine Stateful-Firewall auf interne Tabellen zurück, die den Status einer Verbindung beinhalten, und kann somit einzelne Pakete einer bestehenden Kommunikation zuordnen. Dies macht die Firewall deutlich effektiver. Die Linux-Firewall `iptables` unterstützt *stateful inspection*.

34.2.3 Die Application-Level-Firewall

Hierunter verstehen wir Firewalls, die auf der Applikationsebene arbeiten. Sie verstehen den Inhalt der Applikationsprotokolle (HTTP, FTP etc.) und untersuchen diesen auf mögliche Angriffe. Application-Level-Firewalls werden auch als *Application-Gateways* bezeichnet und sind auf bestimmte Protokolle spezialisiert. Im Gegensatz zu den universell einsetzbaren Netzwerk-Firewalls können Application-Gateways also nur für die ihnen bekannten Protokolle eingesetzt werden. Oftmals sind diese als Proxy realisiert, nehmen also die Verbindung entgegen, untersuchen die Pakete und leiten die Kommunikation in einer neuen Verbindung jeweils an den Server bzw. an den Client weiter.

Im vierten Teil dieses Buches lernen Sie `Squid` kennen, der HTTP- und FTP-Proxy-Funktionalität bereitstellt.

34.2.4 Die Personal-Firewall

In der Einleitung habe ich den Begriff Personal-Firewall bereits leichtfertig gebraucht, doch was steckt dahinter? Nun, dabei handelt es sich um eine Firewall auf einem Host, die nur diesen Host beschützt. Den meisten Benutzern sind Personal-Firewalls auch als Desktop-Firewalls für ihren PC bekannt, aber natürlich benötigen auch Server einen solchen Schutz.

34.2.5 Die Netzwerk-Firewall

Das Pendant zur Personal-Firewall ist die Netzwerk-Firewall. Sie ist auf einem Router installiert, überprüft hauptsächlich durchgehende Pakete und beschützt somit ganze Netzsegmente. Sie stellt sozusagen einen Torwächter zu Ihrem Netzwerk dar. Netzwerk-Firewalls sind nicht Gegenstand dieses Kapitels. Ich komme aber im vierten Teil ausführlich darauf zurück, wenn es darum geht, einen Linux-basierenden Router einzurichten.

34.2.6 Netfilter/iptables

Bei Netfilter handelt es sich um eine modulare Software innerhalb des Linux-Kernels, die TCP/IP-Netzwerkpakete analysieren und manipulieren kann. Sie ist die zentrale Komponente für die Linux-Firewall. Das Programm, mit dem die Software konfiguriert wird, heißt `iptables`. Im täglichen Wortgebrauch werden beide Begriffe oft synonym füreinander genutzt. Im Folgenden bleibe ich beim Begriff `iptables`.

Der Name kommt nicht von ungefähr. Es handelt sich um IP-Tabellen, die gegenüber der Vorgängerversion `ipchains` als zusätzliche Ebene eingefügt wurden. Ich stelle sie Ihnen gleich vor.

Doch wo ich es gerade erwähnt habe: Werfen wir einen Blick auf die Historie der Linux-Firewalls:

Linux verfügt seit Kernel-Version 1.0 über eine Paketfilter-Firewall, die zunächst von BSD übernommen wurde. Ab der Kernel-Version 2.0 wurde die Firewall funktionell erweitert und unter dem Namen `ipfwadm` fortgeführt.

Mit der Kernel-Version 2.2 wurde die von *Rusty Russell* entworfene Firewall-Software `ipchains` eingeführt, eine Weiterentwicklung von `ipfwadm`. In `ipchains` wurden die *Chains*, die Regelketten, eingeführt, die für eingehenden, ausgehenden und durchgehenden Netzwerkverkehr separate Regelwerke ermöglichen. Dazu gleich mehr.

Ab dem Kernel 2.4 wird `iptables` eingesetzt, eine vollständig überarbeitete Weiterentwicklung von `ipchains`. Wie bereits angedeutet, wurden – neben einer kompletten Überarbeitung von `ipchains` – die IP-Tabellen eingeführt, innerhalb derer nun die einzelnen Regelketten konfiguriert werden. Bevor das Ganze jetzt zu theoretisch wird, erkläre ich Ihnen den Aufbau von `iptables`.

34.3 Wie funktionert iptables?

Bevor wir jede Menge Regeln konfigurieren und unsere Firewall zum Einsatz bringen können, sollten Sie zunächst ein gründliches Verständnis für die Arbeitsweise von `iptables` entwickeln. Im Folgenden erkläre ich Ihnen die Funktion von *Tables* und *Chains*, *Filterregeln* und *Modulen* sowie *Stateful Inspection*.

34.3.1 Tables – die Tabellen

Es gibt drei Tabellen:

- *filter*
- *nat*
- *mangle*

Die Tabelle *filter* ist die wichtigste. Sie wird angesprochen, wenn Sie keine andere Tabelle explizit angeben und übernimmt die Aufgabe der eigentlichen Paketfilterung.

Die Tabelle *nat* ist für die Network Address Translations (NAT) zuständig. Dies bezeichnet das Umwandeln von IP-Adressen. Dies gehört zwar nicht zu den Kernaufgaben einer Firewall, wird aber oftmals von einer Firewall übernommen.

Es gibt verschiedene Arten von NAT, die ich Ihnen im vierten Teil im Rahmen des Kapitels über Netzwerk-Firewalls vorstellen werde. Für eine Personal-Firewall spielt NAT im Allgemeinen keine Rolle.

Die dritte Tabelle *mangle* dient zum Ändern der Protokoll-Header und fällt unter fortgeschrittene Techniken. Auch diese Tabelle spielt in diesem Kapitel keine weitere Rolle.

34.3.2 Chains – die Regelketten

Jede Tabelle hat mehrere *Chains*. Sie sind für die jeweilige Situation zuständig. Ich stelle Ihnen in diesem Kapitel zunächst nur die Regelketten für die `filter`-Tabelle vor:

- INPUT – regelt alle eingehenden Pakete
- OUTPUT – regelt alle ausgehenden Pakete
- FORWARD – regelt alle weiterzuleitenden Pakete (nur für Netzwerk-Firewalls)

Die Regelketten enthalten die einzelnen Firewall-Regeln für die Datenpakete. Sie können auch eigene Regelketten einfügen, wie Sie später noch lernen werden.

34.3.3 Rules – die Filterregeln

Eine Paketfilter-Firewall kann u.a. anhand der IP-Adressen, der Ports oder der Flags in den Protokoll-Headern entscheiden, wie ein eingehendes Datenpaket zu behandeln ist. Dies legen die *Rules*, die Filterregeln, fest. Die Rules werden von oben nach unten abgearbeitet. Sobald eine Regel zutrifft, werden die darauf folgenden Regeln ignoriert. Sie müssen also auf die Reihenfolge der Regeln achten. Ich komme darauf zurück.

34.3.4 Policies – die Richtlinien

Für jede Regelkette der *filter*-Tabelle gibt es eine *Policy*, eine Richtlinie. Diese bestimmt, was mit einem Datenpaket passiert, wenn keine Regel darauf zutrifft. Die Policy ist die Auffangregel. Sie können sie sich als letzte Regel innerhalb Ihres Regelwerkes vorstellen. Sie kann entweder auf ACCEPT (Paket darf passieren) oder auf DROP (Paket wird stillschweigend verworfen) gesetzt werden.

Für eine sichere Firewall-Konfiguration wird man immer Letzteres wählen. Hierzu gilt folgendes Motto: Was nicht explizit erlaubt ist, ist verboten.

34.4 Workshop: Ein Firewall-Skript erstellen

Das Problem bei `iptables` ist, dass alle Regeln, die Sie auf der Kommandozeile eingeben, nach einem Neustart verschwunden sind. Dem kann man entgegenwirken, indem ein Skript während des Systemstarts aufgerufen wird, das die Firewall-Regeln in der gewünschten Form konfiguriert.

In diesem Workshop werde ich Ihnen zeigen, wie Sie ein solches Skript erstellen können. Dabei lernen Sie, welche Optionen und Parameter es gibt, wie Sie *Stateful Inspection* einrichten und auf welche Dinge Sie achten müssen. Das Skript ist als Gerüst gedacht und kann beliebig modifiziert und erweitert werden.

34.4.1 Das Skript vorbereiten

Wir müssen dafür sorgen, dass das Firewall-Skript bei jedem Systemstart ausgeführt wird. Dazu erstellen wir die Datei `/etc/network/firewall` und vergeben entsprechende Rechte, damit das Skript ausführbar wird:

```
# touch /etc/init.d/firewall
# chmod 755 /etc/init.d/firewall
```

Als Nächstes müssen wir das Firewall-Skript beim Wechsel in einen regulären Runlevel (2–5) aufrufen lassen. Hierzu dient das Skript `/etc/rc.local`. Es enthält zunächst kaum Inhalt und wartet darauf, von uns gefüllt zu werden. Tragen Sie die folgende Zeile über der letzten Zeile `exit 0` ein und vergessen Sie nicht das Leerzeichen zwischen dem Punkt und dem Pfad, um das Skript in der aktuellen Shell auszuführen:

```
. /etc/network/firewall
```

Das Skript `/etc/rc.local` ist dazu vorgesehen, User-Skripts am Ende jeder Runlevel-Konfiguration auszuführen. Es existiert auf vielen Linux-Systemen, nicht nur auf Debian.

Ab sofort wird das Firewall-Initialisierungsskript – das wir in den nächsten Abschnitten mit Inhalt füllen werden – bei jedem Systemstart und jedem Runlevel-Wechsel ausgeführt.

Sie können übrigens auch auf die Tools **`iptables-save`** und **`iptables-restore`** zurückgreifen. **`iptables-save`** speichert die aktuelle **`iptables`**-Konfiguration in einer Datei, die von **`iptables-restore`** wieder eingelesen werden kann. Ich finde den Weg über das eigene Firewall-Skript allerdings wesentlich eleganter und transparenter.

Öffnen Sie nun die erstellte Datei und fügen Sie folgende Zeilen ein:

```
#!/bin/sh
echo "Initialisiere Firewall ..."
iptables -F
iptables -X
iptables -P INPUT DROP
iptables -P OUTPUT DROP
iptables -P FORWARD DROP
iptables -Z
```

```
iptables -N MYDDROP
iptables -N MYACCEPT
#
# Hier kommen die Regeln hinein
#
echo "Firewall ist konfiguriert und aktiv"
```

Listing 34.1: `/etc/init.d/firewall`

Diese Zeilen werden wir in jeder möglichen Variante unseres Firewall-Skripts benötigen. Daher ist dies unser Grundgerüst, das wir in Kapitel 36 *iptables als Netzwerk-Firewall* noch deutlich erweitern werden.

Die Bedeutung der `iptables`-Befehle werde ich Ihnen im folgenden Abschnitt erläutern.

> **Achtung:** Erstellen Sie das Firewall-Regelwerk nach Möglichkeit immer lokal, bzw. dann, wenn Sie per Konsolenkabel verbunden sind – nicht über SSH oder einen anderen Netzwerkdienst. Mit den obigen Befehlen sägen Sie sich sonst den Ast ab, auf dem Sie gerade sitzen! Haben Sie jedoch ausschließlich SSH-Zugriff, wie bei einem Root-Server üblich, lesen Sie zunächst die folgenden Abschnitte, bevor Sie das Skript zur Ausführung bringen.

34.4.2 Globale Operationen

Hierunter fallen alle Optionen, die sich auf eine ganze Chain oder sogar das gesamte Regelwerk beziehen. Werfen wir zunächst einen Blick auf das Regelwerk:

```
# iptables -L
Chain INPUT (policy ACCEPT)
target     prot opt source               destination

Chain FORWARD (policy ACCEPT)
target     prot opt source               destination

Chain OUTPUT (policy ACCEPT)
target     prot opt source               destination
```

Die Option `-L` zeigt Ihnen alle Regeln der Chains der Tabelle *filter* an (da wir keine andere Tabelle angegeben haben). Die obige Ausgabe zeigt Ihnen die Default-Einstellungen. Hierbei ist die Policy aller drei Chains auf `ACCEPT` gesetzt. Weiterhin existieren keine einzelnen Regeln. Das ist die Ausgangssituation.

In unserem Skriptgrundgerüst sorgen wir zunächst mittels `-F` dafür, dass die Regeln aller drei Chains (`INPUT`, `OUTPUT` und `FORWARD`) gelöscht werden. Diese werden im Anschluss sauber neu erstellt. Dies dient dazu, evtl. vorhandene Altlasten (»Leichen«) zu beseitigen. Die Option `-X` löscht alle selbst erstellten Chains.

Anschließend werden die Policies der drei Chains mittels `-P <Chain> <Target>` auf `DROP` gesetzt. Dabei bedeutet *Target* (Ziel) die Aktion, die erfolgen soll. Dies folgt der Maxime, dass alles, was nicht explizit erlaubt wird, verboten ist. Jede mir bekannte professionelle Firewall verwendet diesen Ansatz.

Die Option `-Z` (zeroize) setzt alle Paket- und Bytezähler aller Chains auf null. Damit erhalten Sie saubere Statistiken, die Sie über den folgenden Befehl abrufen können:

```
# iptables -L -v
```

Mit der Option `-N <Chain>` können Sie eine eigene Chain erstellen. Wie Sie sehen werden, ergibt es durchaus Sinn, eine eigene Chain für das Erlauben und Verwerfen von Paketen zu erstellen, wenn Sie diese mitloggen wollen.

> Haben Sie das obige Firewall-Skript bereits ausgeführt, finden Sie die selbst erstellten Chains `MYACCEPT` und `MYDROP` bereits in der Liste wieder.

34.4.3 Lokale Kommunikation

Wie Sie bereits gelernt haben, gibt es Anwendungen, die auch dann, wenn beide Komponenten auf ein und demselben Rechner ausgeführt werden, auf einer Client-Server-Kommunikation basieren. X Window ist ein Beispiel hierfür.

Schalten wir keine entsprechende Regel, können diese Anwendungen nicht kommunizieren. Die Kommunikation des Servers mit sich selbst ist sicherheitstechnisch in der Regel unproblematisch. Daher legen wir fest, dass alles, was über das Loopback-Interface kommuniziert, zugelassen wird. Fügen Sie die Regeln in den dafür vorgesehenen Bereich ein, wobei Sie die auskommentierten Zeilen nun ersetzen können:

```
iptables -A INPUT -i lo -j ACCEPT
iptables -A OUTPUT -o lo -j ACCEPT
```

Mit `-A` fügen Sie eine Regel in der angegebenen Chain ganz unten an – mit `-I` würde diese oben eingefügt. Mit `-i` (input) und `-o` (output) geben Sie das betreffende Interface an. In unserem Fall betrifft es den ein- und ausgehenden Netzwerkverkehr über das Loopback-Interface (`lo`).

Mit `-j` geben Sie das *Target* ein. Dieses wird auch *Sprungziel* genannt, `-j` steht für *jump* (also springen). Was hat es mit den Targets auf sich?

34.4.4 Targets

Es gibt vier grundsätzliche Targets:

- `ACCEPT` – Das Paket wird zugelassen.
- `DROP` – Das Paket wird abgelehnt und stillschweigend verworfen.
- `QUEUE` – Das Paket wird dem Userspace übergeben, wo es durch einen entsprechenden Prozess weiterbearbeitet werden kann – wird von uns nicht genutzt.
- `RETURN` – Die Abarbeitung der aktuellen Chain wird abgebrochen, `iptables` springt wieder zur aufrufenden Chain zurück, um dort fortzufahren. Dies ist nur bei Subchains relevant und wird uns nicht weiter beschäftigen.

Darüber hinaus gibt es die so genannten Target-Extensions, weitere Targets, die über Module eingebunden werden können. Zwei der wichtigsten, die in der Standardversion von `iptables` eingebaut sind, möchte ich Ihnen vorstellen:

- `LOG` – Das Paket wird geloggt, per Default in `/var/log/syslog`. Im Unterschied zu den Targets `ACCEPT` und `DROP` wird die Regelkette anschließend aber nicht verlassen, so dass anschließend die nächstfolgende Regel verglichen wird.
- `REJECT` – Möchten Sie ein Paket ablehnen, können Sie es entweder stillschweigend verwerfen oder über `REJECT` ein Reset-Paket an den Client zurückschicken. In der Regel ist dies jedoch nicht gewollt, da eine Firewall als »schwarzes Loch« für nicht erwünschte Kommunikation dienen soll.

Einige Targets haben Sie ja schon kennen gelernt, einige andere werden wir noch kennen lernen. Als Target kann auch eine selbst erstellte Chain angegeben werden, wie Sie gleich feststellen werden.

34.4.5 Stateful Inspection

Die Stateful-Inspection-Funktion wird durch das Modul `ip_conntrack` erledigt. Im Gegensatz zu einigen anderen Modulen wird es automatisch geladen, wenn die untenstehenden Regeln eingefügt werden. Doch wie funktioniert dieses ominöse Stateful Inspection?

Davon ausgehend, dass die Paketfilter-Firewall ansonsten ihre Aufgabe korrekt erfüllt, kann man davon ausgehen, dass Pakete, die zu einer bereits bestehenden Verbindung gehören oder in Relation zu einer anderen Verbindung stehen (zum Beispiel FTP), erlaubt werden sollen. Andererseits sollen alle Pakete, die in irgendeiner Form ungültig sind (beispielsweise fehlerhafte Protokoll-Header) abgelehnt werden. Hierzu kennt `iptables` folgende Zustände, auch *Status* genannt:

Zustand	Bedeutung
NEW	Paket initiiert eine neue Verbindung.
ESTABLISHED	Paket gehört zu einer bestehenden Verbindung.
RELATED	Paket initiiert aus einer bereits bestehenden Verbindung eine neue (zum Beispiel bei FTP).
INVALID	Paket ist ungültig (zum Beispiel falscher Protokoll-Header).

Für die Stateful-Inspection-Funktion geben Sie folgenden Passus an:

```
-m state --state <Status>[,<Status>]
```

Nun fassen wir das in eine Regel für die INPUT-Chain:

```
iptables -A INPUT -m state --state ESTABLISHED,RELATED -j ACCEPT
iptables -A INPUT -m state --state INVALID -j MYDROP
iptables -A OUTPUT -m state --state ESTABLISHED -j ACCEPT
```

In der zweiten Zeile springen wir zum Target `MYDROP`. Dies ist eine unserer selbst zu erstellenden Chains, die dafür sorgt, dass das Paket geloggt wird, bevor es verworfen wird. Datenpakete, die zu einer bereits bestehenden Verbindung gehören, sollten dagegen nicht mitgeloggt werden.

34.4.6 Selbst erstellte Chains und Logging

Sie haben weiter oben bereits gelernt, wie Sie eine neue Chain erstellen. Wir benötigen MYACCEPT und MYDROP – die Namen sind frei wählbar. Diese Chains werden immer dann als Target aufgerufen, wenn wir ein zugelassenes Paket bzw. ein zu verwerfendes Paket mitloggen wollen, bevor es seinen Weg geht. Dementsprechend erstellen wir die entsprechenden Regeln, wobei wir als Chain einfach die selbst erstellte Regelkette angeben:

```
iptables -A MYDROP -j LOG --log-prefix "FW-DROP: "
iptables -A MYDROP -j DROP
iptables -A MYACCEPT -j LOG --log-prefix "FW-ACCEPT: "
iptables -A MYACCEPT -j ACCEPT
```

Beachten Sie, dass nach dem Target LOG die Abarbeitung der Chain nicht abgebrochen wird, so dass die folgende Zeile mit dem Target DROP bzw. ACCEPT in jedem Fall noch zur Ausführung kommt.

Wie Sie sehen, können Sie nach dem Target LOG weitere Parameter angeben. Hier definieren wir zusätzlich ein Log-Präfix, um die Logdaten zuordnen zu können. Mit einem entsprechenden grep-Befehl lässt sich dann auch sehr gut nach Firewall-Logs filtern. Ein entsprechender Eintrag hat folgende Form:

```
Oct 23 20:14:05 debian kernel: FW-
ACCEPT: IN=eth0 OUT= MAC=00:0c:29:84:20:7f:00:40:f4:4f:49:1c:08:00 SRC=192.168.1.
2 DST=192.168.1.1 LEN=48 TOS=0x00 PREC=0x00 TTL=128 ID=35981 DF PROTO=TCP SPT=157
9 DPT=22 WINDOW=65535 RES=0x00 SYN URGP=0
```

Dabei erhalten Sie Informationen über das Interface, über das das Paket hereingekommen bzw. hinausgegangen ist (IN= und OUT=), über die Quell- und Zieladresse (SRC= und DST=), das Transportprotokoll (PROTO=) und den Source- und Destinationport (SPT= und DPT=). Außerdem sind verschiedene sekundäre Informationen (zum Beispiel Länge, TTL, Flags etc.) enthalten. In jedem Fall haben Sie genug Anhaltspunkte, um mittels eines geeigneten grep-Kommandos entsprechende Einträge herausfiltern zu können.

Zurzeit werden Sie natürlich noch keine Einträge entdecken können – hierzu müssen wir zunächst ein paar Dienste einrichten und auf MYACCEPT bzw. MYDROP verweisen – bisher finden Sie lediglich Pakete, die den Status INVALID besitzen, als Eintrag in /var/log/syslog.

34.4.7 Verschiedene Dienste freigeben

In diesem Abschnitt geht es nun darum, einzelne Dienste, die wir auf unserem Server anbieten wollen, zuzulassen. Außerdem wollen wir in vielen Fällen auch in der Lage sein, den Server als Client zu verwenden, zum Beispiel für Mail, Web und DNS.

Da eine Firewall auf jeden Server gehört, zeige ich Ihnen auch, wie Sie Dienste, die Sie normalerweise nicht im Internet, sondern nur im LAN anbieten werden, freischalten können. Hierzu zählen NetBIOS und DHCP.

SSH – Remote-Administration

Das Erste, was wir berücksichtigen müssen, ist ein entsprechender Zugriff zur Remote-Administration via SSH:

```
iptables -A INPUT -p tcp --dport 22 -j MYACCEPT
```

Hinter der Option `-p` geben Sie das Transportprotokoll an. Neben TCP können Sie auch die Protokolle UDP und ICMP angeben. Sie können den Zielport (*destination port*) mit `--dport` angeben. Das funktioniert im Bedarfsfall auch für den Quellport (*source port*) mit `--sport`.

> Beachten Sie, dass diese Parameter nur dann genutzt werden können, wenn Sie vorher mit `-p` das Protokoll `tcp` oder `udp` angegeben haben. Ansonsten bringt `iptables` eine Fehlermeldung.

Für diese Kommunikation benötigen wir nur eine Regel für das erste Paket des Clients, da nach dem ersten Paket alle weiteren Pakete via Stateful Inspection zu dieser Kommunikation zugehörig erkannt werden. Möchten Sie allerdings von Ihrem Server auf andere Maschinen via SSH zugreifen – was nicht ungewöhnlich ist –, so benötigen Sie natürlich noch die Regel für ausgehenden SSH-Verkehr:

```
iptables -A OUTPUT -p tcp --dport 22 -j MYACCEPT
```

ICMP – Ping und andere Statusmeldungen

Man kann trefflich darüber streiten, inwieweit ICMP für Angriffe bzw. Vorstufen zu Angriffen verwendet werden kann. Das Gegenargument ist, dass ICMP viele wichtige Statusmeldungen überträgt, die für das Debuggen wichtig sind. Auch Ping basiert auf ICMP-Typ 0 und 8. Entscheiden Sie sich dafür, ICMP grundsätzlich zu erlauben, fügen Sie folgende Zeilen ein:

```
iptables -A INPUT -p icmp -j MYACCEPT
iptables -A OUTPUT -p icmp -j MYACCEPT
```

Somit erlauben Sie das Protokoll ICMP, das Sie wieder hinter der Option `-p` angeben, sowohl eingehend als auch ausgehend.

> Zwar ist nur TCP verbindungsorientiert, baut also tatsächlich eine Sitzung auf, dennoch können auch bei ICMP Rückpakete durch die Stateful-Inspection-Engine erkannt werden. Testen Sie es aus: Kommentieren Sie die zweite Zeile aus und »pingen« Sie den Server von Ihrem Client aus an – Sie werden Antworten erhalten, obwohl wir ausgehende ICMP-Pakete nicht explizit freigeschaltet haben.
>
> Hier wird von der Stateful-Inspection-Engine eine virtuelle Sitzung angenommen: kommt das typische auf ICMP Typ 8 (*echo request*) folgende Typ-0-Paket (*echo reply*) innerhalb einer bestimmten Zeit, wird es als Antwortpaket erkannt.

Gleiches gilt auch für UDP, wie im folgenden Fall, bei dem ja auch keine Sitzung aufgebaut wird.

DNS – Domain Name Service

In jedem Fall muss der Server DNS-Anfragen als Client starten dürfen – ist ein DNS-Server installiert, muss Port 53/udp auch eingehend freigeschaltet werden:

```
iptables -A INPUT -p udp --dport 53 MYACCEPT
iptables -A INPUT -p tcp --dport 53 MYACCEPT
iptables -A OUTPUT -p udp --dport 53 MYACCEPT
iptables -A OUTPUT -p tcp --dport 53 MYACCEPT
```

Regel eins greift bei eingehenden DNS-Anfragen, Regel zwei bei Transferanfragen eines anderen DNS-Servers, der unsere Zone replizieren möchte – Zonentransfers laufen über TCP. Regel drei betrifft ausgehende DNS-Anfragen und Regel vier Zonentransfers, die der lokale DNS-Server initiiert.

Wie bereits erwähnt, benötigen Sie keine Rückregeln, da wir diese über Stateful Inspection abfangen.

WWW – Surfen

Einerseits müssen externe Benutzer auf unsere eigenen Webangebote zugreifen können, andererseits sollten wir auch die Möglichkeit haben, über Port 80/tcp auf andere Webserver zuzugreifen:

```
iptables -A INPUT -p tcp --dport 80 -j MYACCEPT
iptables -A OUTPUT -p tcp --dport 80 -j MYACCEPT
```

Doch war es das schon? Nicht unbedingt! Vielleicht haben Sie ja auch SSL/TLS eingerichtet?! Dann benötigen wir eine weitere Regel für 443/tcp:

```
iptables -A INPUT -p tcp --dport 443 -j MYACCEPT
```

Davon ausgehend, dass Sie keine GUI installiert haben, erübrigt sich vermutlich die Regel für ausgehenden SSL-Verkehr. Ansonsten müssen Sie eine entsprechende OUTPUT-Regel einfügen.

Mails – Senden und Empfangen

Wie Sie sich erinnern werden, funktioniert das Senden von Mails per SMTP standardmäßig über Port 25/tcp. Dagegen läuft POP3 über 110/tcp und IMAP über 143/tcp. Hier müssen wir den Root-Server vom Unternehmensserver unterscheiden. Beide benötigen in jedem Fall sowohl eingehend als auch ausgehend SMTP. Während beim Root-Server jedoch POP3 und IMAP nur eingehend benötigt wird, müssen diese Dienste für den Unternehmensserver unter Umständen auch ausgehend freigeschaltet werden – nämlich dann, wenn per `fetchmail` externe Konten abgerufen werden (siehe Kapitel 31 *Lokaler E-Mail-Server mit Content-Filter*). Betrachten wir zunächst den Root-Server:

```
iptables -A INPUT -p tcp --dport 25 -j MYACCEPT
iptables -A OUTPUT -p tcp --dport 25 -j MYACCEPT
iptables -A INPUT -p tcp --dport 110 -j MYACCEPT
iptables -A INPUT -p tcp --dport 143 -j MYACCEPT
```

Während die ersten beiden Zeilen ein- und ausgehenden SMTP-Verkehr erlauben, ermöglichen die Zeilen 3 und 4 eingehenden POP3- und IMAP-Verkehr.

Möchten Sie dem Server selbst Zugriff via POP3 und IMAP ermöglichen, benötigen Sie zwei weitere Zeilen, bei denen Sie die OUTPUT-Chain ansprechen:

```
iptables -A OUTPUT -p tcp --dport 110 -j MYACCEPT
iptables -A OUTPUT -p tcp --dport 143 -j MYACCEPT
```

Samba – Windows-Kommunikation

Für die Kommunikation von Windows-Clients mit einem Samba-Server benötigen Sie vier Ports:

- 137/udp – NetBIOS Nameservice
- 138/udp – NetBIOS Datagram-Service
- 139/tcp – NetBIOS Session-Service (SMB)
- 445/tcp – CIFS (ebenfalls SMB, neuere Version)

Damit die Kommunikation nur zum internen Netzwerk erlaubt ist, schränken wir die Regeln entsprechend ein:

```
iptables -A INPUT -p udp -m multiport --destination-port 137,138 -s 192.168.1.0/
24 -j MYACCEPT
iptables -A INPUT -p tcp -m multiport --destination-port 139,445 -s 192.168.1.0/
24 -j MYACCEPT
iptables -A OUTPUT -p udp -m multiport --destination-port 137,138 -d 192.168.1.0/
24 -j MYACCEPT
iptables -A OUTPUT -p tcp -m multiport --destination-port 139,445 -d 192.168.1.0/
24 -j MYACCEPT
```

Nach der Angabe des Protokolls können Sie auch mehrere Ports angeben, indem Sie mit -m das Modul `multiport` ansprechen und hier über `--destination-port` die Ports durch Kommas getrennt angeben. Dies spart Konfigurationszeilen.

Mit `-s <Source>` geben Sie die Quelladresse an. Dies kann eine einzelne IP-Adresse oder – wie in unserem Fall – ein ganzes Subnetz sein. Mit `-d <Destination>` können Sie in gleicher Art die Zieladresse angeben. In diesem Fall greift die Regel nur, wenn die Quell- bzw. Zieladresse stimmt.

Wir erlauben sowohl ein- als auch ausgehenden NetBIOS- und SMB-Verkehr.

> Beim Erstellen von Firewall-Regeln geht man im Allgemeinen von der Maxime aus, dass nur so viel, wie unbedingt nötig ist, freigeschaltet wird. Für einen Root-Server werden Sie nur wenige weitere Einschränkungen vornehmen können, da die Quelladresse selten bekannt sein wird – eine Ausnahme bildet der sekundäre DNS-Server, der Ihnen sicherlich bekannt sein wird.
>
> Für einen Intranet-Server können Sie allerdings die Adressen der Clients meistens recht gut einschränken, so dass Sie dies in der Regel auch tun sollten. Passen Sie andererseits auf, dass Ihr Regelwerk nicht zu komplex wird – dann bauen Sie sich unter Umständen Fehler und Lücken ein, da Sie das Regelwerk nicht mehr überblicken ...

DHCP – Dynamische IP-Adressvergabe

DHCP kommuniziert über die Ports 67/udp und 68/udp. Dabei nutzt der Server Port 67 und der Client Port 68. Dementsprechend benötigen wir nur eine Freischaltung für Zielport 68/udp:

```
iptables -A INPUT -p udp --dport 67 -j MYACCEPT
```

Die Antwortpakete werden durch Stateful Inspection erkannt und erlaubt.

34.4.8 FTP – der »Firewall-Killer«

Ich hatte Ihnen ja schon im letzten Kapitel das FTP-Problem angedeutet. Sowohl bei aktivem als auch bei passivem FTP wird ein Datenkanal aufgebaut, dessen Quell- und/oder Zielport nicht von vornherein festgelegt ist. Das ist für eine Firewall natürlich nur schwer zu bewältigen. Schließlich wollen wir nicht sämtliche Highports (>1023) ein- und ausgehend freischalten. Was also tun?

Ganz einfach: Wir nutzen das Modul `ip_conntrack_ftp`! Wir müssen lediglich den Verbindungsaufbau zum Steuerungskanal auf Port 21/tcp erlauben – den Rest erledigt das Modul. Lassen Sie uns das einmal untersuchen. Ich gehe davon aus, dass auf Ihrem Debian-Server noch der FTP-Server mit der Konfiguration aus dem letzten Kapitel läuft. Tragen Sie zunächst die ohnehin notwendige Regel ein:

```
iptables -A INPUT -p tcp --dport 21 -j MYACCEPT
```

Testen Sie nun – nachdem Sie zur Aktualisierung der Regeln das Firewall-Skript aufgerufen haben – den Verbindungsaufbau und geben Sie anschließend **`ls`** ein, um sich den Inhalt Ihres Home-Verzeichnisses anzeigen zu lassen. Das Ergebnis dürfte so ausfallen wie in Abbildung 34.1.

```
C:\WINDOWS\system32\cmd.exe - ftp 192.168.1.1
C:\>ftp 192.168.1.1
Verbindung mit 192.168.1.1 wurde hergestellt.
220 ProFTPD 1.3.0 Server (Debian) [::ffff:192.168.1.1]
Benutzer (192.168.1.1:(none)): wwindschief
331 Password required for wwindschief.
Kennwort:
230 User wwindschief logged in.
ftp> ls
200 PORT command successful
```

Abb. 34.1: FTP über die Firewall ohne `ip_conntrack_ftp`

Sowohl der Login als auch das Absenden des Befehls `ls` funktioniert – leider wird die Antwort des Servers über den Datenkanal gesendet, der aber wegen der Firewall nicht aufgebaut werden kann. Das Ergebnis: Die Sitzung »verhungert«, es passiert schlicht nichts mehr, bis irgendwann ein Timeout greift und die Sitzung vom FTP-Client beendet wird.

Im Gegensatz zu `ip_conntrack` für die Stateful-Inspection-Funktion wird `ip_conntrack_ftp` nicht automatisch geladen. Tragen Sie daher nun in Ihr Firewall-Skript oben als erste Zeile den folgenden Befehl ein:

```
modprobe ip_conntrack_ftp
```

Führen Sie das Skript anschließend erneut aus und testen Sie das Ergebnis der FTP-Sitzung.

```
C:\WINDOWS\system32\cmd.exe - ftp 192.168.1.1
C:\>ftp 192.168.1.1
Verbindung mit 192.168.1.1 wurde hergestellt.
220 ProFTPD 1.3.0 Server (Debian) [::ffff:192.168.1.1]
Benutzer (192.168.1.1:(none)): wwindschief
331 Password required for wwindschief.
Kennwort:
230 User wwindschief logged in.
ftp> ls
200 PORT command successful
150 Opening ASCII mode data connection for file list
Maildir
install
226 Transfer complete.
FTP: 64d Bytes empfangen in 0,00Sekunden 18000,00KB/s
ftp>
```

Abb. 34.2: Mit dem Modul `ip_conntrack_ftp` funktioniert FTP einwandfrei.

Nun funktioniert FTP auch auf dem Datenkanal. Das Modul `ip_conntrack_ftp` arbeitet auf Anwendungsebene und fängt den PORT-Befehl ab, indem der Client bzw. der Server (je nachdem, ob aktives oder passives FTP stattfindet) dem Kommunikationspartner den Port mitteilt, über den der Datenkanal aufgebaut werden soll. Eine elegante Lösung!

Nicht vergessen dürfen wir die Freischaltung für ausgehenden FTP-Verkehr, wenn Sie in `/etc/apt/sources-list` den FTP-Server angegeben haben! Sonst kann sich der Server nicht mehr aktualisieren.

```
iptables -A OUTPUT -p tcp --dport 21 -j MYACCEPT
```

Die Linux-Firewall `iptables` kennt weitere Module, von denen Sie in Kapitel 35 *iptables als Netzwerk-Firewall* noch einige kennen lernen werden. Dort lernen Sie auch weitere Funktionen von `iptables` kennen. Für einen soliden Firewall-Grundschutz unseres Servers sollten die gezeigten Regeln jedoch reichen.

34.4.9 Das Firewall-Skript

Nachdem wir im Rahmen dieses Workshops Stück für Stück das Skript erstellt und erweitert haben, hier noch einmal das vollständige Regelwerk:

```
#!/bin/sh
echo "Initialisiere Firewall ..."
# Module laden
modprobe ip_conntrack_ftp
# Firewallregeln löschen
iptables -F
iptables -X
iptables -P INPUT DROP
iptables -P OUTPUT DROP
iptables -P FORWARD DROP
# eigene Chains erstellen
iptables -N MYDROP
iptables -N MYACCEPT
# Loopback-Kommunikation
```

```
iptables -A INPUT -i lo -j ACCEPT
iptables -A OUTPUT -o lo -j ACCEPT
# Stateful Inspection
iptables -A INPUT -m state --state ESTABLISHED,RELATED -j ACCEPT
iptables -A INPUT -m state --state INVALID -j MYDROP
iptables -A OUTPUT -m state --state ESTABLISHED,RELATED -j ACCEPT
# eigene Chains MYDROP und MYACCEPT konfigurieren
iptables -A MYDROP -j LOG --log-prefix "FW-DROP: "
iptables -A MYDROP -j DROP
iptables -A MYACCEPT -j LOG --log-prefix "FW-ACCEPT: "
iptables -A MYACCEPT -j ACCEPT
# SSH
iptables -A INPUT -p tcp --dport 22 -j MYACCEPT
# ICMP
iptables -A INPUT -p icmp -j MYACCEPT
iptables -A OUTPUT -p icmp -j MYACCEPT
# DNS
iptables -A INPUT -p udp --dport 53 -j MYACCEPT
iptables -A INPUT -p tcp --dport 53 -j MYACCEPT
iptables -A OUTPUT -p udp --dport 53 -j MYACCEPT
iptables -A OUTPUT -p tcp --dport 53 -j MYACCEPT
# WWW
iptables -A INPUT -p tcp --dport 80 -j MYACCEPT
iptables -A OUTPUT -p tcp --dport 80 -j MYACCEPT
# Mail
iptables -A INPUT -p tcp --dport 25 -j MYACCEPT
iptables -A OUTPUT -p tcp --dport 25 -j MYACCEPT
iptables -A INPUT -p tcp --dport 110 -j MYACCEPT
iptables -A INPUT -p tcp --dport 143 -j MYACCEPT
# Samba
iptables -A INPUT -p udp -m multiport --destination-port 137,138 -s 192.168.1.0/
24 -j MYACCEPT
iptables -A INPUT -p tcp -m multiport --destination-port 139,445 -s 192.168.1.0/
24 -j MYACCEPT
iptables -A OUTPUT -p udp -m multiport --destination-port 137,138 -d 192.168.1.0/
24 -j MYACCEPT
iptables -A OUTPUT -p tcp -m multiport --destination-port 139,445 -d 192.168.1.0/
24 -j MYACCEPT
# FTP
iptables -A INPUT -p tcp --dport 21 -j MYACCEPT
iptables -A OUTPUT -p tcp --dport 21 -j MYACCEPT
# DHCP
iptables -A INPUT -p udp --dport 67 -J MYACCEPT
echo "Firewall ist konfiguriert und aktiv"
iptables -A INPUT -j LOG -log-prefix "FW-LAST-DROP: "
```

In der letzten Zeile habe ich gerade noch klammheimlich etwas hinzugefügt: die letzte Logging-Regel. Sie ist optional und dient zum Protokollieren aller übrig gebliebenen Pakete, die verworfen werden. Einzelheiten hierzu finden Sie im Kapitel 36 *iptables als Netzwerk-Firewall*.

Sie können sich das Regelwerk auch per `iptables -L` anzeigen lassen. Beachten Sie, dass hierbei einige wichtige Informationen nicht angezeigt werden. So fehlt zum Beispiel die Interface-Spalte. Dies führt dazu, dass gleich die erste Regel in der INPUT- und OUTPUT-

Chain scheinbar alles erlaubt. In Wirklichkeit handelt es sich aber um die Loopback-Kommunikation.

Vielleicht geben Sie mir Recht, wenn ich behaupte, dass das Regelwerk nicht besonders übersichtlich angezeigt wird. Auch das Erstellen von Regeln ist recht mühselig, auch wenn ich diesen Weg im Allgemeinen bevorzuge. Werfen wir dennoch einmal einen Blick auf ein grafisches Frontend, das uns das Leben vielleicht etwas einfacher machen könnte.

34.5 Firewall Builder – Frontend zu iptables

Der `Firewall Builder` ist ein Konfigurations- und Management-Tool für verschiedene Firewalls. Neben `iptables` werden auch `OpenBSD PF` und `Cisco PIX` unterstützt. Die GUI läuft auf verschiedenen Plattformen. Es gibt auch eine Windows-Portierung (`http://www.fwbuilder.org`), die allerdings nur gegen Lizenz genutzt werden kann. Dagegen ist die Linux-Version unter GPL verfügbar. Sie können `Firewall Builder` mittels `apt-get` installieren:

```
# apt-get install fwbuilder
```

Voraussetzung zum Betrieb des Firewall Builders ist ein konfiguriertes X Window inklusive QT-Grafikbibliothek. Anschließend können Sie das Tool über ein normales Konsolenfenster (kein Root-Terminal!) über den gleichnamigen Befehl (**`fwbuilder`**) aufrufen.

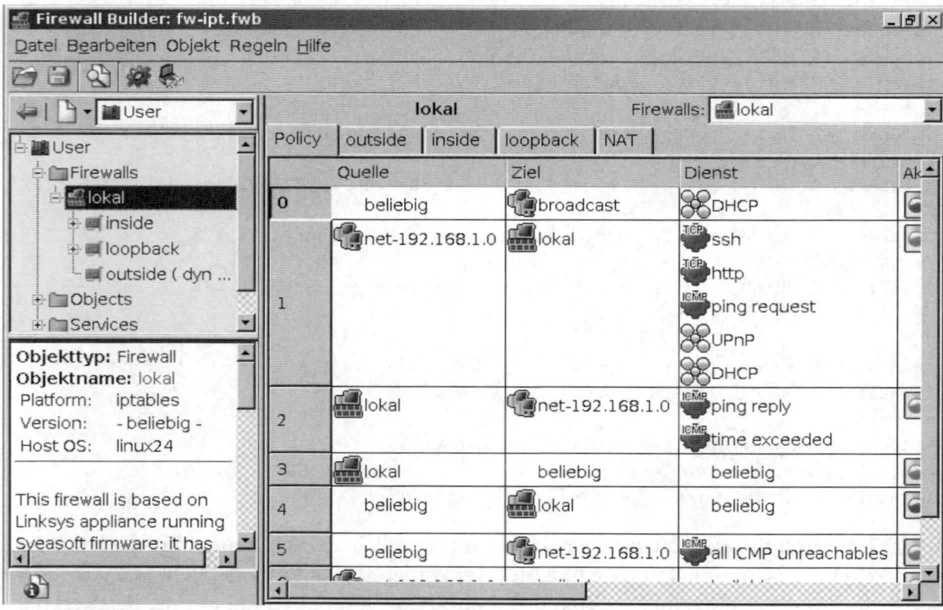

Abb. 34.3: Der Firewall Builder

Der `Firewall Builder` arbeitet objektorientiert, d.h. für jede Komponente (IP-Adresse, Subnetz, Service etc.) müssen Sie zunächst ein Objekt anlegen. Dies erscheint zunächst zwar etwas mühselig, zahlt sich aber schnell aus, wenn das Regelwerk etwas umfangreicher wird.

Die Oberfläche ist an die GUI des Checkpoints *Smart Dashboards* angelehnt, dem Konfigurationstool für Checkpoint-Firewalls. Links oben sind die verfügbaren Objekte aufgeführt, die Sie im rechten Hauptfenster in die Regeln einfügen können. Über entsprechende Reiter können Sie auch spezifische Regeln für die vorhandenen Interfaces erstellen. Darüber hinaus bietet der rechte Reiter die Möglichkeit, NAT-Regeln einzufügen. Mehr zu NAT in Kapitel 36 *iptables als Netzwerk-Firewall*.

Der `Firewall Builder` ist recht leistungsfähig, aber zunächst auch verwirrend, wenn Sie die Administration von Firewalls nicht gewöhnt sind. Nach einer kurzen Einarbeitungszeit sollten Sie jedoch gut zurechtkommen und die Vorteile der grafischen Administration zu schätzen wissen. Für nähere Informationen bietet sich ein Blick auf `http://www.fwbuilder.org` an, wo Sie auch eine ausführliche Dokumentation vorfinden.

34.6 Zusammenfassung und Weiterführendes

Eine Personal-Firewall mit `iptables` aufzusetzen ist gar nicht so einfach, wie es am Anfang aussieht – um das Teil sauber zu konfigurieren, müssen Sie die Funktionsweise von TCP/IP und `iptables` recht gut verstanden haben. Andererseits führt eigentlich kein Weg an einer Firewall auf einem Server vorbei. Natürlich können Sie darauf verzichten, aber dann handeln Sie – juristisch gesprochen – grob fahrlässig!

Die bei fast jeder Linux-Distribution mitgelieferte Firewall `iptables` (bzw. Netfilter) ist bei entsprechender Konfiguration ähnlich leistungsfähig wie viele kommerzielle Firewalls – in der Regel ist das Ganze nur etwas aufwändiger einzurichten. Doch wie gesagt: diese Zeit sollten Sie sich auf jeden Fall nehmen! Eine Firewall ist bei weitem kein Allheilmittel, aber dennoch unverzichtbar im Rahmen einer vernünftigen IT-Sicherheitsstrategie.

Teil 4

Linux als Gateway

Herzlich willkommen zum vierten Teil unseres Lehrgangs! Sie haben nun schon ein solides Wissen über die System- und Netzwerkadministration erwerben können – doch es warten weitere spannende Themen auf Sie!

In diesem Teil werden wir einen Blick auf Linux als Gateway werfen. Dabei spielt das Routing natürlich eine zentrale Rolle, da ein Gateway immer in mindestens zwei Subnetzen zu Hause ist. Darüber hinaus hat ein Gateway oftmals zusätzliche Funktionen, wie zum Beispiel als Proxy, DNS-Server und nicht zuletzt als Netzwerk-Firewall.

Das Szenario

Nachdem Sie nun einen funktionierenden Backoffice-Server im LAN des Architekturbüros Windschief aufgebaut und einen Root-Server für Internetanwendungen erstellt haben, möchten Sie nun den 30-Euro-DSL-Router gegen ein vollwertiges Linux-Gateway-System ersetzen. Seit geraumer Zeit leben Sie mit den Nachteilen dieses Gerätes, die aus der geringen Einflussnahme resultieren, die Sie auf die Funktionalität der Box haben. Das hat schon öfter zu längeren Debugging-Sessions geführt, während derer Sie sich wünschten, ein detaillierteres Logfile oder auch einen Paketsniffer zu haben.

Folgende Vorteile versprechen Sie sich davon:

- bessere Kontrolle über die Routing- und Gateway-Funktionen
- aussagefähigere Logfiles und einfacheres Debugging, da Sie zum Beispiel auch Paketsniffer einsetzen können
- zusätzliche Funktionen wie zum Beispiel Proxydienste
- einfache Integration einer oder mehrerer DMZ(s)
- durch den Einsatz von `iptables` eine genaue Kontrolle über den Kommunikationsfluss
- bei Bedarf Aufbau von VPNs zu Geschäftspartnern

Für die genannten Vorteile nehmen Sie gern in Kauf, dass es wesentlich aufwändiger ist, ein solches, auf Linux basierendes, Gateway-System aufzubauen, als eine kleine DSL-Box zu konfigurieren. Außerdem entstehen – je nach Hardware – höhere Stromkosten, die allerdings durch den geringeren Aufwand bei der Eingrenzung von Kommunikationsproblemen mitunter schnell wieder mehr als ausgeglichen werden. Somit können die TCO, die *Total*

Cost of Ownership – also die Gesamtkosten eines Systems über seinen gesamten Lebenszyklus – durch ein eigenes Linux-Gateway niedriger ausfallen als der Einsatz eines 30-Euro-Routers.

Wie auch immer: Sie statten Ihrem Chef, Herrn Windschief, einen Besuch ab und unterbreiten ihm Ihren Vorschlag. Wie nicht anders zu erwarten, gibt er Ihnen grünes Licht, da er inzwischen volles Vertrauen zu Ihnen hat. Bevor Sie das System im Architekturbüro implementieren, wollen Sie die Komponenten jedoch zunächst unter Laborbedingungen ausgiebig testen.

Die Laborumgebung

Sie können die meisten Szenarien mit einem Client und einem Linux-Server nachbilden. Jedoch ist für den Aufbau einer DMZ mindestens noch ein dritter Rechner erforderlich. Für einen Test von »außen« sind sogar vier Computer nötig.

Da wir in diesem Teil über Routing sprechen, benötigt das Linux-Gateway pro angeschlossenes Netzwerksegment eine Netzwerkkarte. Bei vollem Ausbau inklusive DMZ also drei an der Zahl. Die Luxusvariante des Labors stellt sich dann in der Grundform folgendermaßen dar:

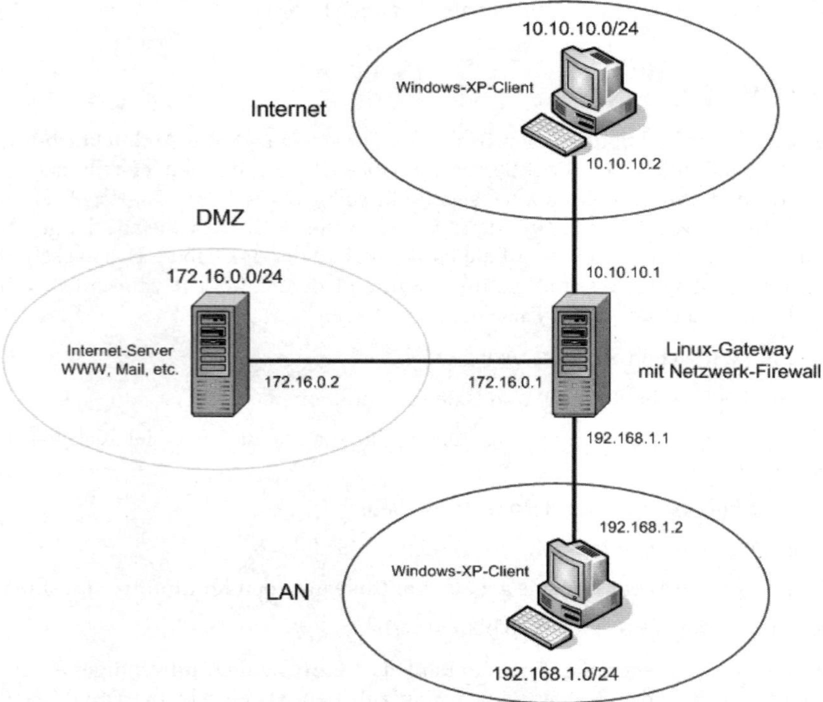

Abb. T.1: Laborumgebung für das Linux-Gateway

Da ich Ihnen auch zeigen werde, wie Sie einen Internetanschluss per DSL realisieren können, benötigen Sie hierfür noch ein DSL-Modem, wenn Sie diese Szenarien praktisch nachvollziehen können.

Wir werden das Lab also im Einzelfall an unsere Bedürfnisse anpassen. Was die Client-Betriebssysteme angeht, so gehe ich zwar von Windows XP aus, jedoch können Sie hier auch jedes andere Betriebssystem nutzen, das über entsprechende Netzwerk-Clients (Browser, E-Mail-Programm etc.) verfügt.

Übrigens sind die Hardware-Anforderungen an unseren Router recht bescheiden. Mit einem kleinen Pentium-II-System und wenig RAM (64 MB) sollte sich bereits ein leistungsfähiges Gateway aufbauen lassen. Der Vorteil eines solchen Systems ist der geringe Stromverbrauch gegenüber einem modernen System. Außerdem gibt Ihnen das die Möglichkeit, einen alten vorhandenen Rechner weiter sinnvoll zu nutzen.

Was erwartet Sie in diesem Teil?

Natürlich steht zunächst die Routing-Funktionalität von Linux auf dem Programm. Die Routing-Konfiguration ist in kleinen Netzwerken recht simpel, kann jedoch in einer größeren Infrastruktur Ausmaße annehmen, die sich ein Außenstehender kaum vorstellen kann. Wir sprechen von Tausenden von Routen, die über Routing-Protokolle ausgetauscht werden. Allerdings werde ich das Thema des dynamischen Routings mittels Routing-Protokollen nur streifen, da dies sonst den Rahmen dieses Lehrgangs sprengen würde. Stattdessen werde ich Ihnen die Grundlagen des statischen Routings unter Linux nahe bringen.

Im Rahmen der Grundkonfiguration beschäftigen wir uns auch mit der Anbindung an das Internet über ISDN und DSL, da dies sicherlich ein häufiger Anwendungsfall sein wird. Dabei werde ich nicht so stark auf ISDN eingehen, da diese Technologie in der heutigen Zeit allenfalls als Notfall-Backup-Lösung dienen sollte – der Durchsatz von maximal 128 KBit ist einfach zu gering.

Zu einem (internen) Router gehört in vielen Fällen auch eine Netzwerk-Firewall – auf einem Gateway, das das Internet vom LAN oder einer DMZ trennt, ist sie obligatorisch. Demnach werden wir uns auch diesem Thema widmen, wobei wir die bereits vorhandenen Kenntnisse aus dem dritten Teil des Buches erweitern werden. Dabei werden wir auch ein etwas ausgereifteres Firewall-Skript erstellen.

Darüber hinaus wollen wir aber auch einen Blick auf typische Gateway-Dienste wie zum Beispiel DNS-Caching-Server, `Squid` Proxyserver und DynDNS-Dienste werfen. In diesem Zusammenhang zeige ich Ihnen, wie Sie ein Home-Netzwerk mit einer DMZ aufbauen können, in der Sie verschiedene Dienste anbieten können. Dieses Prinzip wird in dieser Form auch in professionellen Netzwerken angewandt, so dass die beschriebenen Konzepte in den meisten Fällen eins-zu-eins übernommen werden können.

Am Ende steht ein Gateway-System, das in den meisten kleineren Umgebungen gute Dienste leisten kann. Mit entsprechendem Tuning ist Linux allerdings durchaus in der Lage, mit einem kommerziellen Oberklasse-Gateway mitzuhalten.

Linux als Router

In diesem Kapitel wird es kurz und bündig um die Routing-Funktionalität von Linux gehen. Dabei werden wir einen Blick auf allgemeine Routing-Techniken werfen. Darüber hinaus gebe ich Ihnen einen Überblick über das dynamische Routing, werde jedoch keinen Schwerpunkt darauf legen.

In kleineren Netzwerken ist es sicherlich der Häufigkeitsfall, dass das Linux-Gateway einen Anschluss ins Internet hat – normalerweise entweder über ISDN oder über DSL. Ersteres ist heutzutage in der Regel nicht mehr zeitgemäß und meistens nur noch als Backup-Lösung ausreichend, so dass ich den Schwerpunkt auf die DSL-Anbindung legen werde.

Dies sind die Themen in diesem Kapitel:

- Grundlagen des statischen Routings
- Dynamisches Routing und Routing-Protokolle
- Wie aus Linux ein Router wird
- Anbindung via DSL
- NAT und Masquerading

Das letzte Thema ist eigentlich ein Firewall-Thema, da das NATing von `iptables` durchgeführt wird. Dennoch zeige ich Ihnen in diesem Kapitel, wie Sie einen einfachen DSL-Router für Ihre Internetanbindung einrichten können. Da Sie in der Regel hierfür nur eine einzige (zudem dynamische) IP-Adresse vom Provider zur Verfügung gestellt bekommen, lassen sich die Zugriffe der internen Clients auf Server im Internet nur über Hide-NAT bzw. Masquerading realisieren.

35.1 Wie funktioniert Routing?

Im ersten Teil dieses Buches haben Sie die Grundlagen der IP-Adressierung kennen gelernt. Dabei haben wir festgestellt, dass die Computer in bestimmten Netzwerken, *Subnetze* genannt, organisiert sind. Die IP-Adresse teilt sich in einen Subnetz- und einen Hostanteil, wobei die Subnetzmaske (bzw. die in der Maske von links durchgängig gesetzten Bits) mittels logischer UND-Operation den Netzanteil definieren. Der (rechts befindliche) Rest der IP-Adresse ist Hostanteil.

Sollten Sie gerade Bahnhof verstehen, lege ich Ihnen die Lektüre des Kapitels 17 *Netzwerkgrundlagen und TCP/IP* aus dem ersten Teil des Buches ans Herz. Im Folgenden bauen wir auf diesem Wissen auf.

Somit sind zum Beispiel die Hosts 172.16.0.2/24 und 192.168.1.2/24 nicht im selben Subnetz. Die Konsequenz? Sie können nicht direkt miteinander kommunizieren. Was tun? Wir brauchen einen Router, um zwischen den Netzwerken zu vermitteln, zu *routen*.

Der Router hat in jedem Subnetz ein Beinchen, also eine Netzwerkkarte, deren IP-Adresse im entsprechenden Subnetz liegt. Wie läuft nun das Routing technisch ab? Werfen wir einen Blick auf das Szenario in Abbildung 35.1, das einen Ausschnitt unserer Labkonfiguration ist.

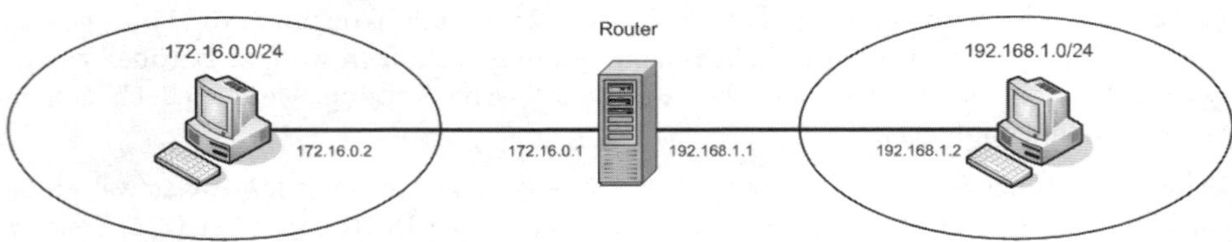

Abb. 35.1: Routing-Grundkonfiguration

Der Router hängt in beiden Netzen – einmal hat er die IP-Adresse 172.16.0.1 und zum anderen 192.168.1.1. Damit Computer mit anderen *Netzwerkknoten* (allgemeiner Ausdruck für aktive Netzwerkkomponenten mit einer eigenen IP-Adresse) kommunizieren können, benötigen Sie eine IP-Konfiguration, die die IP-Adresse eines Routers einschließt. Diese IP-Adresse muss immer im selben Subnetz liegen, wie die Adresse des Computers selbst.

Möchte der Rechner mit der IP-Adresse 192.168.1.2 nun mit 172.16.0.2 kommunizieren, so bemerkt er, dass die Ziel-IP nicht im lokalen Subnetz ist. Zunächst einmal kontaktiert er seinen Router, indem er ein Datenpaket mit der Ziel-IP 172.16.0.1 aber der MAC-Adresse des Routers (!) sendet.

> Zur Erinnerung: Computer in einem Netzwerk kommunizieren immer über die Hardware-Adresse, die so genannte MAC-Adresse. Durch ARP (Address Resolution Protocol) wird die IP-Adresse in eine MAC-Adresse aufgelöst.

Dadurch fühlt sich der Router angesprochen und nimmt das Paket entgegen. Da die Ziel-IP-Adresse allerdings nicht seine eigene ist, schickt er das Paket weiter an das eigentliche Ziel (172.16.0.1).

Grundlage der Entscheidung, was mit einem Datenpaket an eine bestimmte IP-Adresse zu geschehen hat, ist die so genannte Routing-Tabelle. Hier sind alle Netzwerke und Router eingetragen, die der Computer kennt. Jeder Computer, der über TCP/IP kommuniziert, nennt eine solche Tabelle sein eigen. Sie können sich die Routing-Tabelle zum Beispiel folgendermaßen anzeigen lassen:

```
# netstat -nr
Kernel IP Routentabelle
Ziel            Router          Genmask         Flags   MSS Fenster irtt Iface
172.16.0.0      0.0.0.0         255.255.255.0   U         0 0          0 eth0
0.0.0.0         172.16.0.1      0.0.0.0         UG        0 0          0 eth0
```

Während der Parameter `-n` für eine nur numerische Anzeige sorgt (sonst versucht **`netstat`** die IP-Adressen in Namen aufzulösen, was in der Regel völlig überflüssig ist), zeigt Ihnen `-r` die Routing-Tabelle an.

Ein normaler Client oder Server mit nur einer Netzwerkkarte kennt in der Regel nur sein eigenes Netzwerk und sein *Standard-Gateway*. Das ist der Router, an den alle Pakete geschickt werden, für die es keinen besseren Weg gibt. Finden Sie in der Spalte Ziel die Adresse `0.0.0.0`, so steht diese für alle Ziele. Dies ist die Auffang-Routing-Regel, die in der letzten Zeile einer Routing-Tabelle steht.

Steht diese Adresse dagegen in der Spalte Router, so bedeutet dies, dass das Ziel lokal anliegt, der Rechner also selbst ein Beinchen in diesem Netz hat (so in der ersten Zeile zu finden).

Für die `Genmask` (nichts anderes als die Subnetzmaske) gilt dies analog, wobei in der ersten Zeile das Zielnetz natürlich entsprechend eingeschränkt wird (`255.255.255.0`), während die zweite Zeile als Auffangregel keine Einschränkung vornimmt (Ziel: `0.0.0.0/0.0.0.0`).

Ganz rechts schließlich steht das Interface, über das das entsprechende Paket weitergeleitet wird. Im dem Falle, dass der Rechner nur über eine Netzwerkkarte verfügt, kann hier grundsätzlich nur diese (meistens `eth0`) oder `lo` für das Loopback-Interface stehen. Eine Ausnahme bilden bestimmte virtuelle Interfaces, zum Beispiel `ppp0`, die für ISDN, DSL oder VPN-Anbindungen erstellt werden. Doch dazu später.

> **Achtung:** Die Routing-Tabellen können sich von System zu System (namentlich Linux und Windows) ein wenig unterscheiden und bringen z.T. weitere Informationen über Multicast-, Broadcast- und Loopback-Adressen. In der Regel können Sie diese Zeilen ignorieren, da sie keinen Informationswert für das Debugging normaler Kommunikation haben. Lassen Sie sich davon also nicht irritieren.

Werfen wir in Abbildung 35.2 einen Blick auf ein anderes Szenario.

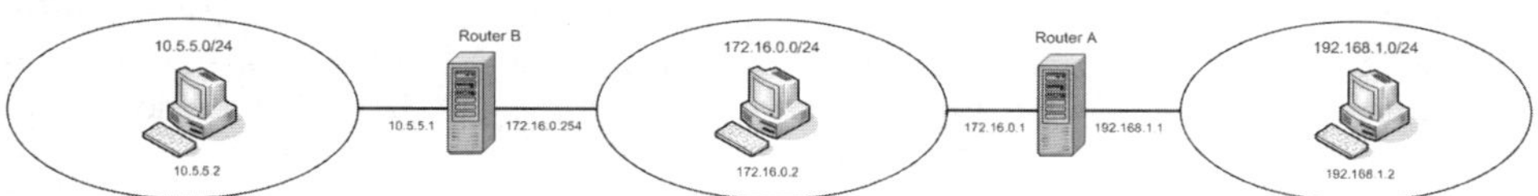

Abb. 35.2: Drei Subnetze durch zwei Router verbunden

Hier haben wir ein zusätzliches Subnetz (10.5.5.0/24). Was passiert, wenn 192.168.1.2 mit 10.5.5.2 kommunizieren möchte? Zunächst sendet er wieder ein Paket zu seinem Standard-Gateway 192.168.1.1 mit der Ziel-IP 10.5.5.2. Nennen wir es Router A.

Aber was macht Router A mit dem Paket? Die Ziel-IP ist in keinem der Subnetze, in denen er ein Beinchen hat – weder 192.168.1.0/24 noch 172.16.0.0/24.

Grundsätzlich gibt es nun zwei Möglichkeiten:

1. Der Router hat selbst ein Standard-Gateway – in diesem Fall Router B –, an das er alle Pakete weiterleitet, für die er keine bessere Route hat.
2. Der Router hat eine dedizierte Route für das Netzwerk 10.5.5.0/24, die auf Router B zeigt.

Beide Wege führen hier zum selben Ziel. Allerdings sollten Sie in einem größeren Netzwerk mit mehreren Routern immer eins im Hinterkopf behalten:

> Ein Router, der weder eine Route zum Ziel noch ein Standard-Gateway hat, verwirft das Paket und teilt dies dem Sender per ICMP Typ 3 mit (Code: `no route to host`).

Wo wir schon von größeren Netzwerken sprechen – in solchen sind häufig dynamische Routing-Protokolle im Einsatz. Mehr dazu im folgenden Abschnitt.

35.2 Statisches und dynamisches Routing

Bisher haben wir über statisches Routing gesprochen. Entweder ergeben sich die Routen automatisch (durch die IP-Adresse der eigenen Netzwerkkarten bzw. der Konfiguration eines Standard-Gateways) oder sie werden manuell eingegeben.

35.2.1 Statische Routen eintragen

Nehmen wir an, Router A ist ein Linux-Rechner. Um eine statische Route auf Router A für 10.5.5.0/24 über 172.16.0.254 einzutragen, geben Sie Folgendes ein:

```
# route add -net 10.5.5.0 netmask 255.255.255.0 gw 172.16.0.254
```

Die Routing-Tabelle zeigt Ihnen anschließend die neue Route an:

```
# netstat -nr
Kernel IP Routentabelle
Ziel            Router          Genmask         Flags   MSS Fenster irtt Iface
172.16.0.0      0.0.0.0         255.255.255.0   U         0 0          0 eth1
192.168.1.0     0.0.0.0         255.255.255.0   U         0 0          0 eth0
10.5.5.0        172.16.0.254    255.255.255.0   UG        0 0          0 eth1
```

Möchten Sie, dass diese Routen permanent bestehen, müssen Sie den **route**-Befehl in einem Skript unterbringen, das Sie beim Systemstart automatisch aufrufen lassen. Das Vorgehen hierfür habe ich Ihnen im Rahmen dieses Lehrgangs schön öfter demonstriert. Schauen Sie im Zweifel noch einmal in das Kapitel 6 *Der Linux-Systemstart*.

Es gibt Fälle, in denen Sie Hostrouten eintragen wollen. Hierbei handelt es sich um Routen, deren Ziel ein einzelner Host (Netzwerkknoten) ist. Sie können dies durch den Parameter `-host` statt `-net` eingeben. Dadurch entfällt die Angabe einer Subnetzmaske.

```
# route add -host 10.5.5.25 gw 192.168.1.254
```

Das Ergebnis ist eine neue Route, die nur für dieses einzelne Ziel gilt:

```
# route -n
Kernel IP Routentabelle
Ziel            Router          Genmask         Flags Metric Ref    Use Iface
10.5.5.25       192.168.1.254   255.255.255.255 UGH   0      0        0 eth0
172.16.0.0      0.0.0.0         255.255.255.0   U     0      0        0 eth1
192.168.1.0     0.0.0.0         255.255.255.0   U     0      0        0 eth0
10.5.5.0        172.16.0.254    255.255.255.0   UG    0      0        0 eth1
0.0.0.0         192.168.1.254   0.0.0.0         UG    0      0        0 eth0
```

Fällt Ihnen etwas auf? Erstens habe ich einen anderen Befehl (**route -n**) zur Anzeige der Routing-Tabelle verwendet – er hat aber dieselbe Wirkung wie **netstat -nr**. Zum anderen erscheint die neue Hostroute ganz oben in der Tabelle. Dies liegt an der Priorität – aber was hat es mit der Priorität auf sich?

Es gibt Fälle, da wollen Sie für bestimmte Hosts eine andere Route festlegen, als für andere Hosts im betreffenden Subnetz. Hierzu legen Sie die Hostroute fest. Aufgrund der Routing-Prioritäten (vom Speziellen zum Allgemeinen) hat eine Hostroute immer Vorrang vor allgemeinen Netzrouten. Damit greift immer die Hostroute, auch wenn das Ziel ebenfalls auf eine Netzroute zutrifft (wie hier `10.5.5.0/24`).

Natürlich ist das obige Beispiel recht sinnfrei, da wir keinen Router 192.168.1.254 haben – das Paket verschwände im Nirvana. Andererseits diente dies nur der Veranschaulichung. Genug entschuldigt ;-).

> Das Prinzip der Prioritäten gilt übrigens allgemein: Haben sie eine Route zu 192.168.1.0/24 und eine Route zu 192.168.1.128/25, so hat die zweite Route die höhere Priorität, da sie spezifischer ist (bzw. die größere Netzmaske hat).

Es gibt noch eine zweite Anwendung von Hostrouten: die Sicherheit. Werden auf Routern nur Hostrouten zu existierenden Zielen eingetragen, wird es einem Angreifer erschwert, sich in das entsprechende Subnetz einzuklinken, da die von ihm gewählte Adresse entweder bereits besetzt ist oder nicht geroutet wird. Dennoch handelt es sich hier um eine Spezialität, die wir nicht weiter verfolgen wollen.

35.2.2 Das Standard-Gateway

Wie Sie das Standard-Gateway (auch *Default-Ggateway* genannt) eintragen, haben Sie bereits gelernt. Fügen Sie eine entsprechende Zeile in der Konfigurationsdatei `/etc/network/interfaces` hinzu:

```
gateway <IP-Adresse>
```

Tragen Sie diese Zeile innerhalb der Konfiguration des Interface ein, das in demselben Subnetz wie das Standard-Gateway liegt:

```
iface eth0 inet static
        address 192.168.1.1
        netmask 255.255.255.0
        network 192.168.1.0
        broadcast 192.168.1.255
        gateway 192.168.1.254
```

Nach dem Neustart der Netzwerk-Interfaces wird das neue Gateway aktiv:

```
# /etc/init.d/networking restart
Reconfiguring network interfaces...ifup: interface lo already configured
done.
```

35.2.3 Dynamisches Routing

Dieses Thema werde ich in diesem Lehrgang lediglich streifen. Haben Sie ein Netzwerk, in dem dynamisches Routing von Vorteil ist, handelt es sich in der Regel um eine Größenordnung, in der spezialisierte Geräte (zum Beispiel von Cisco oder Nortel) zum Einsatz kommen. Mit `routed` und `gated` sowie `zebra` können Sie jedoch auch unter Linux dynamisch routen.

Dynamisches Routing ist dann sinnvoll, wenn zu einem Ziel mehrere Routen führen. Das Routing-Protokoll entscheidet dann, welchen Weg das Paket nehmen soll, sprich, über welche Router das Paket weitergeleitet wird. Außerdem ist dynamisches Routing nützlich, um neue Subnetze in einem größeren Netzwerk zu propagieren, also allen Routern bekanntzumachen.

Das einfachste Routing-Protokoll ist RIP (*Routing Information Protocol*). Es entscheidet nur aufgrund der Anzahl der so genannten *Hops* (das sind die Router auf dem Weg zum Ziel), welcher Weg gewählt wird. Es kann nur in relativ kleinen Umgebungen eingesetzt werden, da die maximale Anzahl der Hops 15 beträgt – ist eine 16 eingetragen, wird das Ziel als nicht erreichbar über den betreffenden Weg betrachtet. Man bezeichnet dies auch als *Distance-Vector-Algorithmus.*

Der Nachteil einer solchen Vorgehensweise liegt auf der Hand: Existiert eine Route über ISDN, die einen Hop erfordert, eine andere jedoch über eine T3-Leitung, die über zwei Hops zum Ziel führt, würde RIP die erste Variante wählen, auch wenn Variante 2 mit Sicherheit die performantere wäre.

Abhilfe schafft da OSPF (*Open Shortest Path First*), ein Routing-Protokoll, das den *Link-State-Algorithmus* verwendet. Es entscheidet nach verschiedenen Kriterien die optimale Route zum Ziel – eines davon ist die Wertigkeit des *Links*, also der Verbindung. Diese ist bei einer T3-Leitung deutlich höher als bei ISDN, so dass OSPF in vorigem Beispiel die zweite Variante gewählt hätte. OSPF ist deutlich komplexer und für größere Umgebungen geeignet. Es unterteilt Netzwerk-Bereiche in so genannte *Areas,* um eine effiziente Routing-Tabellen-Übertragung zu gewährleisten.

Bei beiden Protokollen handelt es sich um *interne* Routing-Protokolle. Diese werden in lokalen Netzwerken eingesetzt. Davon zu unterscheiden sind die *externen* Routing-Protokolle. Diese werden im Internetbereich bzw. zwischen den lokalen Netzwerken eingesetzt. Der bekannteste Vertreter ist BGP, das *Border Gateway Protocol.* Es teilt die Netzwerke in AS, autonome Systeme ein. Diese sind ein Netzbereich, der von jeweils einer Organisation (Unternehmen, Hochschule, Provider etc.) verwaltet wird.

Darüber hinaus gibt es noch andere Routing-Protokolle, wie zum Beispiel IS-IS oder (E)IGRP. Allen gemeinsam ist, dass sie auf den Routern installiert sind und untereinander in bestimmten Abständen die jeweils bekannten Routen austauschen. Fällt eine Route aus, wird dies in der einen oder anderen Form an die anderen Router propagiert, so dass der Weg nicht mehr genutzt wird. Stattdessen suchen die Router einen anderen Weg, der für Ausfallsicherheit sorgt. Die so genannte *Konvergenz,* das ist die Zeit, die ein Routing-System mit mehreren Routern benötigt, um sich nach einem Ausfall auf neue Routen einzustellen, ist sehr unterschiedlich und reicht von wenigen Sekunden bis zu mehreren Minuten.

35.3 Einen Router einrichten und konfigurieren

Zunächst benötigen Sie eine weitere Netzwerkkarte, die Sie in den Rechner, der Ihr Router werden soll, einbauen müssen. Vom einfachsten Fall ausgehend, dass es sich um eine Ethernetkarte handelt, wird diese in der Regel beim Systemstart eigenständig erkannt und eingebunden. Für eine IP-Konfiguration ergänzen Sie die Datei `/etc/network/interfaces` entsprechend analog zu Ihrem bestehenden ersten Interface `eth0`. Das nächstfolgende wird dann mit `eth1` bezeichnet, weitere Interfaces mit fortlaufender Nummer:

```
iface eth1 inet static
        address 172.16.0.1
        netmask 255.255.255.0
        network 172.16.0.0
        broadcast 172.16.0.255
```

Nun sind zwei Interfaces vorhanden, die in zwei unterschiedlichen Netzwerken beheimatet sind. Der Router selbst kann nun – vorausgesetzt, die Verkabelung stimmt – in beiden Netzwerken kommunizieren. Versuchen Sie jedoch, von 192.168.1.2 nach 172.16.0.2 über den Router zu kommunizieren, wird dies nicht funktionieren, auch wenn Sie auf beiden Rechnern als Standard-Gateway jeweils die Router-IP 192.168.1.1 bzw. 172.16.0.1 eingetragen haben.

Grund hierfür ist, dass die Routing-Funktionalität auf dem Router erst aktiviert werden muss. Dies geschieht durch folgende Zeile:

```
# echo "1" > /proc/sys/net/ipv4/ip_forward
```

Damit schreiben Sie in die angegebene Datei `ip_forward` – die vorher eine 0 enthielt – schlicht eine 1. Dies führt dazu, dass *ab sofort* (ohne jeglichen Neustart) Pakete weitergeleitet werden. Man spricht auch allgemein von *IP-Forwarding*. Fortan ist Ihr Linux-Rechner ein Router. Allerdings nur bis zum nächsten Neustart – möchten Sie die Routing-Funktionalität dauerhaft aktivieren, benötigen Sie auch hier wieder ein Skript, das zum Systemstart aufgerufen wird. Da auf unserem Router in Kürze eine Firewall installiert wird, werden wir das IP-Forwarding im Rahmen der Firewall-Konfiguration aktivieren – siehe nächstes Kapitel.

Übung: Bevor Sie weiterlesen, sollten Sie Ihre Labkonfiguration anpassen, so dass die Netze 192.168.1.0/24 und 172.16.0.0/24 über den Router miteinander kommunizieren können.

35.4 Der Weg ins Internet

Haben Sie das bisher Gesagte nachvollzogen, haben wir zwar schon Routing-Funktionalität, jedoch noch keine Verbindung zum Internet. In einer reinen Laborumgebung können Sie das Internet durch ein drittes Subnetz, zum Beispiel 10.10.10.0/24, simulieren. Hierzu benötigen Sie eine dritte Netzwerkkarte, die mit einer IP-Adresse aus dem genannten Subnetz (zum Beispiel 10.10.10.1) konfiguriert wird. Mehr müssen Sie in diesem Fall auf dem Router nicht konfigurieren.

Der Vorteil dieser Vorgehensweise liegt darin, dass alle beteiligten Netzwerkkomponenten lokal verfügbar sind. Dies ist insbesondere in den Szenarien praktisch, in denen Sie den Zugriff *aus dem Internet* auf *lokale* Ressourcen (in der Regel in einer DMZ) simulieren wollen, also einen Client im Internet benötigen. Dies wird allerdings erst in den nächsten Kapiteln relevant.

An dieser Stelle stellen wir ein paar Überlegungen an, wie unsere internen Clients auf Ressourcen im Internet zugreifen können. Hierzu benötigen wir in jedem Fall einen Internetanschluss.

35.4.1 Ein vorhandener ISDN/DSL-Router

Die für den Linux-Router einfachste Konfiguration ist die Anbindung an einen vorhandenen DSL-Router via Ethernet.

> Auch wenn wir im weiteren Verlauf nur von DSL-Routern sprechen, so gilt das gleiche auch für ISDN-Router.

Der DSL-Router ist über einen Provider (zum Beispiel T-Online, Arcor, 1&1, Alice etc.) an das Internet angebunden. Der Linux-Router hat eine Verbindung zum DSL-Router, den er auch als Default-Gateway eingetragen hat.

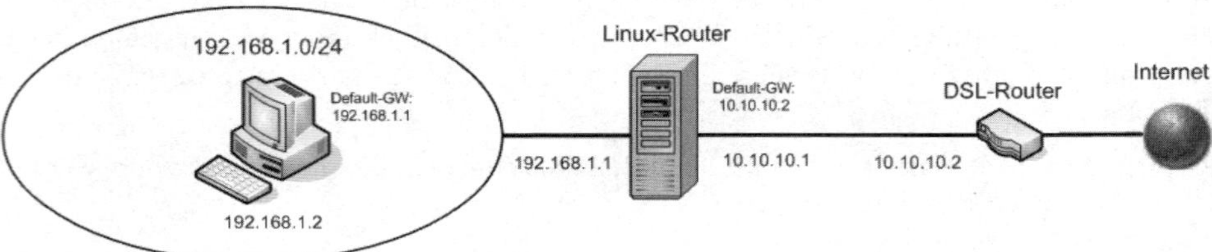

Abb. 35.3: Der Linux-Router hängt hinter einem DSL-Router

Das Subnetz 10.10.10.0/24 zwischen den Routern bezeichnet man als *Transfernetz*, da es keine andere Funktion hat, als die beiden Systeme zu verbinden.

Sieht man genauer hin, hat diese Konstruktion genau drei Haken:

1. Der DSL-Router muss statische Routen unterstützen, da Sie ihm eine Route für 192.168.1.0/24 über 10.10.10.1 mitteilen müssen. Sein eigenes Standard-Gateway zeigt ja schließlich auf den Provider-Router (der im obigen Bild nicht eingezeichnet ist).
2. Sie haben nach wie vor eine Blackbox in Form des DSL-Routers zwischen sich und dem Internet, so dass Sie beim Debuggen nicht viel gewonnen haben., da diese Kisten häufig nur eingeschränkte Überwachungsfunktionen mitbringen.
3. Möchten Sie den Zugriff auf lokale Ressourcen ermöglichen, muss auf dem DSL-Router ein so genanntes »Port-Forwarding« auf das interne Ziel eingerichtet werden. Dabei leitet der Router bestimmte Pakete, die an ihn selbst gerichtet sind, an den wahren Rechner im internen Netz weiter. Ich komme im Rahmen des Kapitels *Linux als Netzwerk-Firewall* darauf zurück.

Im Endeffekt ist diese Konstruktion nur unter bestimmten Umständen sinnvoll. In der Regel ist es besser, Linux selbst als DSL-Router einzurichten. Sie können das ja gleich einmal schnell machen, ich hole mir derweil eine Tasse Tee ... ;-)

Schon gut, schon gut! Werfen wir also gemeinsam einen Blick auf dieses Thema!

35.4.2 Einen DSL-Anschluss einrichten

Bevor wir in die Details gehen, lassen Sie uns einen kurzen Blick auf die DSL-Technik werfen. Damit meine ich weniger die technischen Spezifikationen, sondern eher die Anschlusstechnik.

Aufbau eines DSL-Anschlusses

Ein DSL-Anschluss ist in der Regel mit einem normalen Telefonanschluss – analog oder ISDN – gekoppelt. Die Übertragung geschieht also über das normale Telefonkupferkabel. Demnach ist der DSL-Anschluss auch genau der, in den Sie Ihr Telefon, Ihre Telefonanlage bzw. den NTBA (als ISDN-Endpunkt) anschließen – nämlich die Telefonbuchse, TAE (Telefon-Anschluss-Einheit) genannt.

Die Daten werden durch Frequenzen voneinander getrennt. Während ISDN oder analoge Daten über ein relativ niedriges Frequenzband übertragen werden, laufen die DSL-Daten über höhere Frequenzen. Letztlich kommt allerdings nur ein gekoppeltes Signal an der TAE an – was nun?

Hier kommt der Splitter ins Spiel – er trennt die Frequenzen und leitet die Telefon-Signale an das entsprechende Endgerät weiter. Handelt es sich um ein analoges Endgerät, wird dieses hier direkt angeschlossen. Bei ISDN wird der NTBA an den Splitter angeschlossen.

Auf der anderen Seite sendet der Splitter die DSL-Daten an das DSL-Modem. Dieses bereitet die Informationen zur Weiterleitung an die Computer vor. Handelt es sich um ein externes Modem, geschieht dies über ein Protokoll namens PPPoE (Point-to-Point-Protocol over Ethernet). Nomen est Omen, der Transport zum Computer geschieht via Ethernet. Den selteneren Fall eines internen DSL-Modems lasse ich hier außen vor.

Schauen wir uns das Ganze noch einmal in Abbildung 35.4 an:

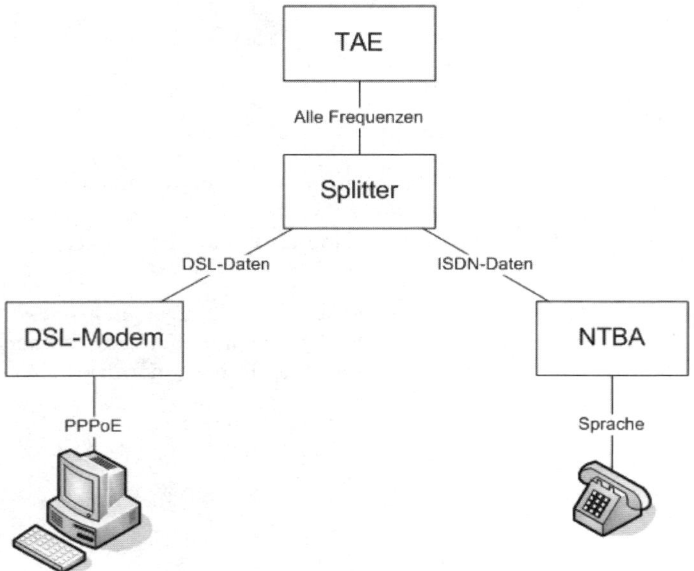

Abb. 35.4: Grundsätzlicher Aufbau eines DSL-Anschlusses mit ISDN

Im Falle eines analogen Telefonanschlusses wird das Telefon bzw. die Telefonanlage direkt an den Splitter angeschlossen.

Dies ist die Grundstruktur. Es gibt viele Varianten. So wird zum Beispiel inzwischen häufig die Funktionalität des Splitters und des DSL-Modems in einem Gerät kombiniert.

Dies ist häufig bei DSL-Routern der Fall. Hier werden die DSL-Daten bereits derart aufbereitet, dass die Clients direkt über TCP/IP ohne PPPoE mit dem Router kommunizieren können. Bei der weit verbreiteten *Fritz-Box* der Firma AVM stellt sich das zum Beispiel so dar wie in Abbildung 35.5.

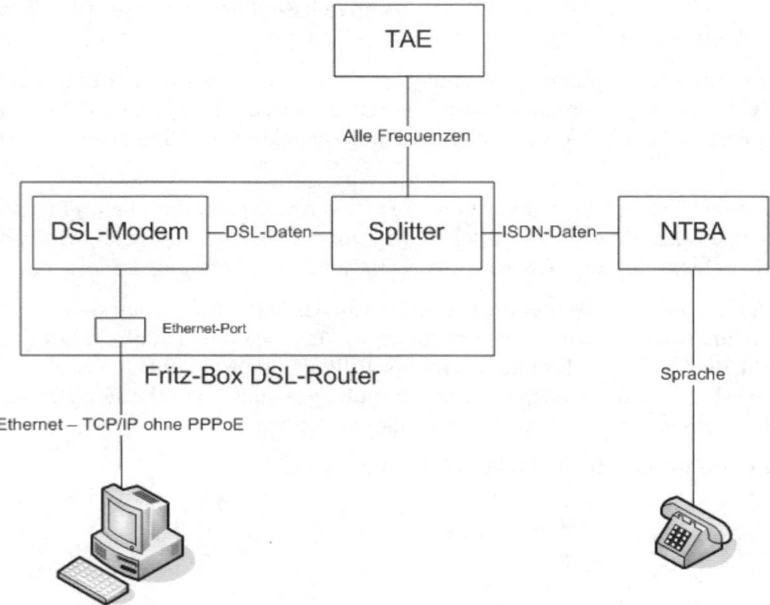

Abb. 35.5: DSL mit DSL-Router

Wollen Sie mehrere Computer über den Router anschließen, benötigen Sie einen Switch (oder Hub), den Sie mit dem Router verbinden. Über die Switch-Ports können Sie die Clients anbinden. Viele handelsübliche DSL-Router bringen von Haus aus einen eingebauten 2- oder 4-Port-Switch mit.

Unser Ziel wird es sein, unter Linux einen DSL-Router einzurichten. Hierzu benötigen wir ein externes DSL-Modem und den Splitter. Nutzen Sie die oben genannte Fritzbox, können Sie die Router-Funktionalität deaktivieren. Damit arbeitet die Box als normales DSL-Modem.

PPPoE auf dem Linux-Router einrichten

Zunächst benötigen Sie die folgenden Pakete:

- `pppoe`
- `pppoeconf`

Diese haben verschiedene Abhängigkeiten. Während das Paket `pppoe` insbesondere von den Paketen `ppp` und `libpcap` abhängt, benötigt `pppoeconf` das Paket `modconf`. Installieren Sie wie gewohnt:

```
# apt-get install pppoe pppoeconf
```

Die Abhängigkeiten werden von **`apt-get`** (wie immer) automatisch aufgelöst. Nach der Installation rufen Sie das Skript **`pppoeconf`** auf.

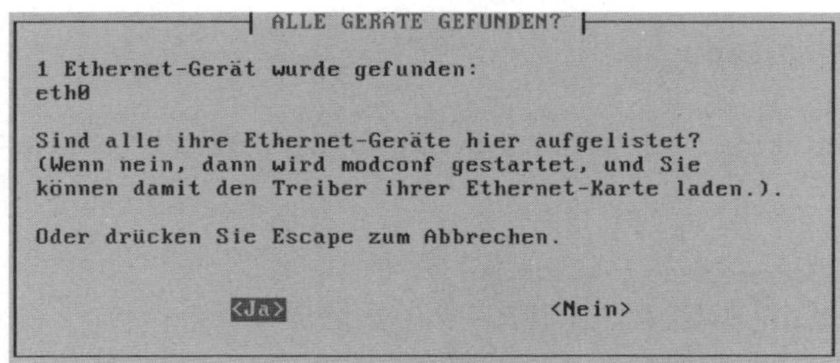

Abb. 35.6: `pppoeconf` durchsucht alle Ethernet-Anschlüsse.

Zunächst werden Ihnen alle erkannten NICs angezeigt. Im obigen Beispiel ist nur ein Ethernet-Adapter angeschlossen. Sollten Sie bereits einen Router mit mehreren NICs verwenden, durchsucht **`pppoeconf`** alle Anschlüsse. Aktivieren Sie den <JA>-Button, wird die Suche nach einem PPPoE-Konzentrator (also einem angeschlossenen DSL-Modem) gestartet. Ist die Suche erfolgreich, können die Konfigurationsänderungen vorgenommen werden.

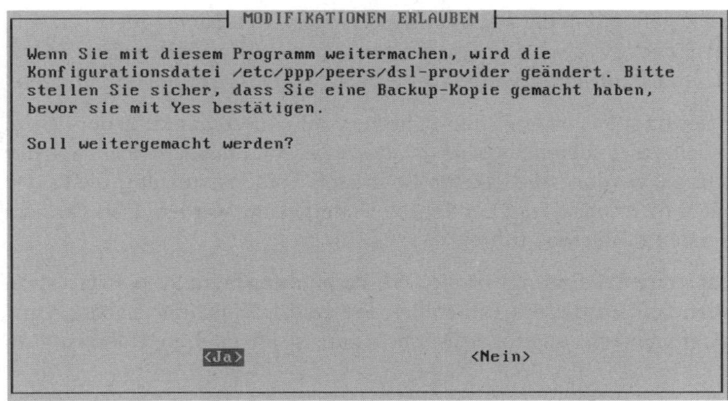

Abb. 35.7: pppoeconf verändert verschiedene Konfigurationsdateien.

Die »üblichen Optionen« (`noauth` und `defaultroute`), nach denen Sie im folgenden Dialogfenster gefragt werden, können Sie ohne Weiteres übernehmen. Nun müssen Sie Ihren Benutzernamen angeben, den Sie vom Provider erhalten haben.

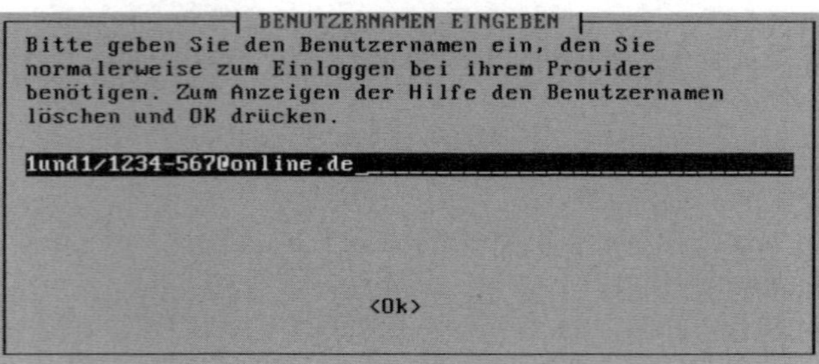

Abb. 35.8: Ihr Benutzername beim Provider

Zu einem Benutzernamen gehört immer ein Passwort, das Sie auf der nächsten Seite eingeben müssen.

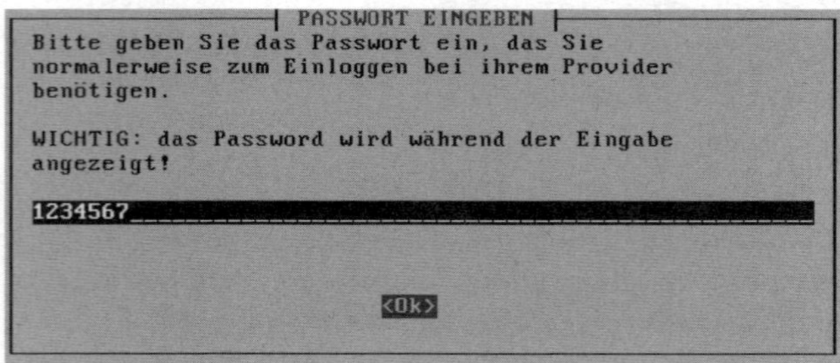

Abb. 35.9: Passwort, wie vom Provider vorgegeben

Anschließend werden Sie gefragt, ob der Provider Ihnen einen DNS-Server zuweisen soll, der automatisch in `/etc/resolv.conf` eingetragen wird. Dies ist normalerweise in Ordnung. In Einzelfällen kann es notwendig werden, einen DNS-Server manuell einzutragen.

Das nächste Dialogfenster fragt Sie, ob eine automatische Größenbeschränkung der Pakete vorgenommen werden soll – dies sollten Sie bejahen, da im Fall von *Masquerading* – welches wir in jedem Fall vornehmen werden – die Paketgröße so groß werden kann, dass die Pakete von einigen Routern nicht mehr ohne Fragmentierung weitergeleitet werden. Dies kann zu schwer zu interpretierenden Problemen führen.

Im letzten Dialogfenster werden Sie gefragt, ob die DSL-Verbindung beim Systemstart automatisch gestartet werden soll. In diesem Fall sollten Sie eine DSL-Flatrate haben, sonst dürfte die nächste Gebührenabrechnung für einige nicht ganz so angenehme Überraschungen sorgen ;-).

Falls dem nicht so ist, wird die Verbindung nur bei Bedarf gestartet. Sie können die Verbindung nun direkt von **`pppoeconf`** starten lassen oder tun dies selbst zu einem beliebigen Zeitpunkt mit dem Befehl **`pon dsl-provider`**. Entsprechend können Sie die Verbindung mittels **`poff`** trennen. Den aktuellen Status und Informationen über die Verbindung erhalten Sie mit **`plog`**.

Abb. 35.10: Der DNS-Server kann in der Regel automatisch übernommen werden.

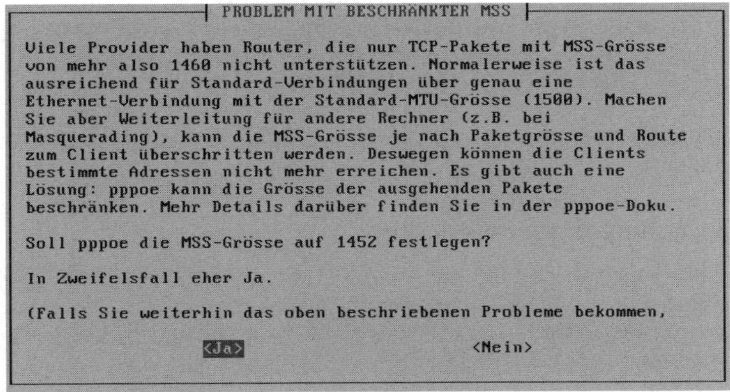

Abb. 35.11: Paketgröße beschränken

Was passiert hier im Hintergrund? Zunächst wurden die Dateien `/etc/ppp/chap-secrets` und `pap-secrets` um den Benutzernamen und das Passwort ergänzt:

```
"1und1/1234-567@online.de" * "1234567"
```

Die Datei `/etc/ppp/peers/dsl-provider` wurde um die Benutzerzeile ergänzt:

```
user "1und1/1234-567@online.de"
```

Der Benutzername muss identisch in allen Dateien sein. Natürlich mit jeweils Ihren eigenen Daten – versteht sich. Außerdem wurden verschiedene Einstellungen in der oben genannten Datei und in `/etc/ppp/peers/provider` vorgenommen, die die Verbindungsparameter definieren.

Darüber hinaus finden Sie eine neue Interface-Definition in `/etc/network/interfaces`:

```
iface dsl-provider inet ppp
pre-up /sbin/ifconfig eth0 up # line maintained by pppoeconf
provider dsl-provider
```

Dieses Interface wird nur bei Bedarf, sprich Aktivierung der DSL-Verbindung, verfügbar. Nach deren Beendigung ist es nicht mehr verfügbar.

Starten Sie die DSL-Verbindung nun mit **`pon dsl-provider`**, erscheint in der Netzwerkschnittstellenliste, die sie über **`ifconfig`** aufrufen, eine neue Schnittstelle `ppp0`. Zwar wird die Kommunikation über die Ethernet-Schnittstelle `eth0` aufgebaut, jedoch fügt PPPoE eine weitere logische Schnittstelle hinzu. Auch wenn `eth0` eine private IP-Adresse (zum Beispiel 10.10.10.1) zugewiesen ist, wird diese an dieser Stelle nicht mehr für die Kommunikation verwendet. Stattdessen erhält der Router eine IP-Adresse vom Provider:

```
ppp0      Protokoll:Punkt-zu-Punkt Verbindung
          inet Adresse:84.178.65.43  P-z-P:217.0.116.28  Maske:255.255.255.255
          UP PUNKTZUPUNKT RUNNING NOARP MULTICAST  MTU:1492  Metric:1
          RX packets:640 errors:0 dropped:0 overruns:0 frame:0
          TX packets:631 errors:0 dropped:0 overruns:0 carrier:0
          Kollisionen:0 SendewarteschlangenlÃ¤nge:3
          RX bytes:330708 (322.9 KiB)  TX bytes:99560 (97.2 KiB)
```

Sie können diese Verbindung jederzeit durch **`poff`** beenden. Anschließend ist das Interface `ppp0` nicht mehr vorhanden.

35.4.3 Einen DNS-Caching-Server einrichten

Möchten Sie von internen Clients auf das Internet zugreifen, werden Sie dies in der Regel über DNS-Namen tun. Entweder tragen Sie Ihnen bekannte DNS-Server auf den Clients ein oder Sie setzen kurzerhand einen DNS-Caching-Server auf dem Router auf, der DNS-Requests selbstständig auflöst.

Dies ist unkomplizierter, als Sie vielleicht denken. Alles, was Sie im Grunde tun müssen, ist das Paket `bind9` zu installieren. Eine Konfiguration fällt nicht zwingend an, da der Nameserver in der Voreinstellung bereits als Caching-Server agiert.

Per Default lauscht Ihr DNS-Server allerdings auch auf Anfragen aus dem Internet. Dies schafft die Grundlage für einen so genannten »DNS-Poisoning-Angriff«, bei dem simulierte DNS-Anfragen mit manipulierten Antworten für falsche Auflösungen sorgen, die der DNS-Server im Cache behält und ggf. an die internen Clients weiterleitet. Bei Anfragen an die Webpräsenzen von Banken zwecks Online-Banking kann dies doch recht kritisch werden. Sie können die Gefahr hier deutlich reduzieren, indem Sie in `/etc/bind/named.conf` die Option `allow-query` nutzen, um die erlaubten Anfragen auf Ihr lokales Netzwerk zu beschränken. Für Details werfen Sie am besten nochmals einen Blick in Kapitel 30 *DNS – Namensauflösung im Internet*.

35.4.4 IP-Masquerading einrichten

Was haben wir bisher konfiguriert? Kurz gesagt, Folgendes:

- Direkte Anbindung des DSL-Modems an die erste NIC. Dies erhält der Form halber eine beliebige IP-Adresse (zum Beispiel 10.10.10.1/24).
- Konfiguration von PPPoE mit den Zugangsdaten und den gewünschten Verbindungsparametern.

- Einbau einer zweiten NIC und Konfiguration für die Anbindung an das LAN (192.168.1.1/24).
- Aktivierung von IP-Forwarding.
- Einrichten eines DNS-Caching-Servers für die DNS-Namensauflösung der Clients.

Falls Sie anschließend versuchen, eine Verbindung der Clients zum Internet herzustellen, erleben Sie eine herbe Enttäuschung – es will einfach nicht funktionieren! Aber warum? Haben wir nicht alles sauber konfiguriert? Routing aktiviert, alle Komponenten können angepingt werden, sogar die Namensauflösung funktioniert ... was also fehlt?

> Des Rätsels Lösung steht in RFC 1918! Hier wird beschrieben, welche IP-Adressbereiche im Internet *nicht* geroutet werden, weil Sie zu den privaten Netzwerken zählen. Dämmert's?

Sie haben selbstverständlich (und richtigerweise) private IP-Adressen an Ihre Clients vergeben, zum Beispiel 192.168.1.2/24. Mit dieser Adresse versucht der Client nun, eine Antwort von einem Server im Internet zu erhalten. Spätestens am nächsten Router ist jedoch Ende Banane, da dieser das Paket gemäß RFC 1918 verwirft. Was also tun?

Wir richten *IP-Masquerading* ein. Was versteckt sich hinter dem Wort? *Verstecken* ist genau der richtige Ansatz – darum geht es nämlich. Wir verstecken die privaten IP-Adressen der internen Clients hinter der (einen) offiziellen IP-Adresse des Routers, die uns der Provider zugewiesen hat. Die Linux-Firewall `iptables` nennt das *Masquerading*. Bei Checkpoint heißt es *Hide-NAT*, bei Cisco *Source-NAT Overloading*. Alles bedeutet grundsätzlich dasselbe: die internen IP-Adressen werden hinter der (manchmal auch *den*) offiziellen IP-Adresse(n) versteckt. Wie muss ich mir das nun vorstellen?

Schickt der Client im LAN eine Anfrage an einen Server im Internet, so wandelt der Router die Quelladresse in seine eigene um und schickt das Paket zum Ziel. Dabei wird eine NAT-Tabelle geführt, um Antwortpakete zuordnen zu können. Die Unterscheidung der einzelnen Verbindungen geschieht durch die Source-Ports des Routers. Antwortet ein Server auf einem bestimmten Port, weiß der Router, welcher Verbindung er dies zuzuordnen hat.

Der Zielserver geht davon aus, dass er mit dem Router spricht, und antwortet der offiziellen IP-Adresse. Empfängt der Router ein solches Paket, schaut er in seine NAT-Tabelle und findet dort einen passenden Eintrag. Das Paket wird dementsprechend an den wirklichen Client im LAN mit der privaten IP-Adresse weitergeleitet.

Soweit die Theorie. Wie sieht die Praxis aus? Lassen Sie uns eine sehr einfache Masquerading-Regel aufstellen, nach der nur Anfragen nach außen erlaubt sind – alles andere wird verworfen. Hierzu erstellen wir ein Skript `/etc/network/inet-firewall`:

```
#!/bin/bash
iptables -A POSTROUTING -t nat -o ppp0 -j MASQUERADE
iptables -A INPUT -m state --state NEW,INVALID -i ppp0 -j DROP
iptables -A FORWARD -m state --state NEW,INVALID -i ppp0 -j DROP
```

Listing 35.1: `/etc/network/inet-firewall`

Dieses Skript können Sie über das Runlevel-Skript **`/etc/rc.local`** einbinden (siehe letztes Kapitel) oder manuell aufrufen.

Ich werde Ihnen im nächsten Kapitel noch mehr Details zum Inhalt erläutern. An dieser Stelle können Sie den Dreizeiler erst einmal zur Kenntnis nehmen. Neu dürfte für Sie ohnehin nur die erste Zeile sein, wonach wir in der Tabelle `nat` das Target für die `POSTROUTING`-Chain für das Interface `ppp0` auf `MASQUERADE` setzen. Die anderen beiden Regeln besagen schlicht, dass alles, was von außen kommt und zu keiner vorhandenen Kommunikation gehört, geblockt wird.

Damit haben Sie nun einen vollwertigen DSL-Router, der neben den normalen Funktionen einer DSL-Router-Box noch viel weiterreichende Möglichkeiten bietet, dass Sie auf der Linux-Plattform alles realisieren können, wonach Ihnen der Sinn steht. Doch Achtung: Weniger ist oft mehr – gerade bei Geräten, die direkt mit dem Internet verbunden sind!

Lassen Sie uns nun im nächsten Kapitel einen gründlichen Blick darauf werfen, wie wir sicherstellen können, dass ein solches Linux-Gateway entsprechend geschützt ist und nur die Kommunikation erlaubt, die gewünscht ist – ich spreche von Netzwerk-Firewalls!

35.5 Zusammenfassung und Weiterführendes

Sie wissen nun, wie das (statische) Routing unter Linux funktioniert. Lustigerweise wissen Sie damit im Grunde auch, wie es auf jedem anderen Router funktioniert, da das Routing-Konzept von TCP/IP stammt und damit systemübergreifend funktioniert. Lassen Sie sich also nicht ins Bockshorn jagen, wenn das Routing-Problem auf einer anderen Plattform als Linux lokalisiert wurde ;-).

Darüber hinaus wissen Sie nun, wie Sie mit (Debian-)Linux einen einfachen DSL-Router einrichten können. Installieren Sie auf diesem Router noch einen DHCP-Server und richten Sie die Netzwerk-Firewall wie im nächsten Kapitel gezeigt ein, verfügen Sie über ein leistungsfähiges Gateway, mit dem Sie erheblich mehr anstellen können, als mit einem 30-Euro-DSL-Router. Ehrlicherweise möchte ich allerdings ergänzen, dass ein solcher Hardware-DSL-Router natürlich einen wichtigen Vorteil hat: Er unterstützt WLAN. Auf WLAN gehe ich im Rahmen unseres Lehrgangs nicht weiter ein, jedoch darf ich am Rande bemerken, dass es selbstverständlich möglich ist, einen Linux-Server auch als WLAN-DSL-Router zu konfigurieren – allerdings ist das zurzeit noch nicht wirklich komfortabel ...

iptables als Netzwerk-Firewall

Sie haben `iptables` bereits als Personal-Firewall kennen gelernt. Damit konnten wir einen einzelnen Rechner schützen. Eine Netzwerk-Firewall setzt in der Regel auf einem Router auf (Ausnahmen bilden Proxy-Firewalls und transparente Bridge-Firewalls).

Wie Sie unter Linux einen Router konfigurieren, haben Sie im letzten Kapitel gelernt. Hierbei haben wir auch einen DSL-Anschluss konfiguriert.

Für den Zugriff ins Internet ist eine Firewall obligatorisch. Wenn mehrere Rechner über einen Router (Standard-Gateway) Zugriff auf das Internet benötigen, bietet es sich natürlich an, auf diesem Router eine Firewall zu installieren, die das gesamte interne Netzwerk schützt. Genau darum geht es in diesem Kapitel. Im Einzelnen beschäftigen wir uns mit folgenden Themen:

- Wie behandelt `iptables` Pakete, die geroutet werden?
- Firewall-Module einbinden
- Einrichtung einer DMZ
- Antispoofing-Schutz einrichten
- Ein universelles Firewall-Skript erstellen
- NAT und Masquerading einrichten
- Den eigenen Namen per DynDNS anmelden

Vielleicht sind Sie über den dritten Punkt »Einrichtung einer DMZ« gestolpert!? Im Zusammenhang mit Netzwerk-Firewalls fällt der Begriff »DMZ« fast zwangsläufig. Es empfiehlt sich in den meisten Fällen, Dienste, die sowohl vom Internet als auch aus dem lokalen Netzwerk erreichbar sein sollen, in einer DMZ zu platzieren. Im Rahmen dieses Kapitels werden wir einen einfachen Webserver einrichten, der sowohl vom LAN als auch vom (simulierten) Internet aus erreichbar sein wird.

36.1 Das Szenario

Ausnahmsweise ist es nicht Herr Windschief, sondern Ihre eigene Familie, die Sie eines Tages am Frühstückstisch (ich glaube, es war an einem Sonntag) anspricht. Ihre 13-jährige Tochter würde gerne eine Website ins Internet stellen, um Infos über sich und ihre Lieblingsband (bleibt hier unbenannt, da diese öfters mal wechselt) zu veröffentlichen. Ihr 15-jähriger Sohn hätte gern eine Plattform, um eine Clan-Website für – wie hieß das Spiel doch gleich? – aufzubauen. Er und seine Clan-Kumpels haben auch schon angefangen, sich mit Webdesign zu beschäftigen.

Zu guter Letzt Ihre Frau (verehrte Leserinnen, bitte denken Sie sich das andersherum), die gerne eine Website über Ihr Dissertationsthema »Die Rolle der Bedeutung bei der weiteren Gestaltung des Fortschritts im Sinne der Entwicklung« ins Netz stellen möchte.

Außerdem wäre es toll, wenn man auch größere Dateien mit Freunden per FTP austauschen könnte.

Da Sie noch einen älteren Rechner in der Ecke stehen haben, entscheiden Sie sich dafür, einen eigenen Server aufzusetzen und mit den benötigten Diensten zu bestücken. Im Hinterkopf haben Sie da noch eine weitere Anwendung vor Augen: einen Proxyserver, der Bandbreite sparen hilft. Doch dazu im nächsten Kapitel mehr ...

36.2 Wozu eigentlich eine DMZ?

Wo stellen Sie eigentlich den gerade beschriebenen Server auf? Im LAN? Besser nicht! Stellen Sie sich vor, dass der Server »kompromittiert«, also gehackt wird. Dann hat der Angreifer vollen Zugriff auf die anderen Computer im LAN!

Ich habe einen besseren Vorschlag für Sie: Stellen Sie den Server in eine DMZ! Was steckt da nun konkret dahinter?

Eine DMZ ist ein durch eine Firewall abgegrenzter, nur beschränkt vertrauenswürdiger Netzbereich in Form eines Subnets. Schauen Sie sich Abbildung 36.1 an.

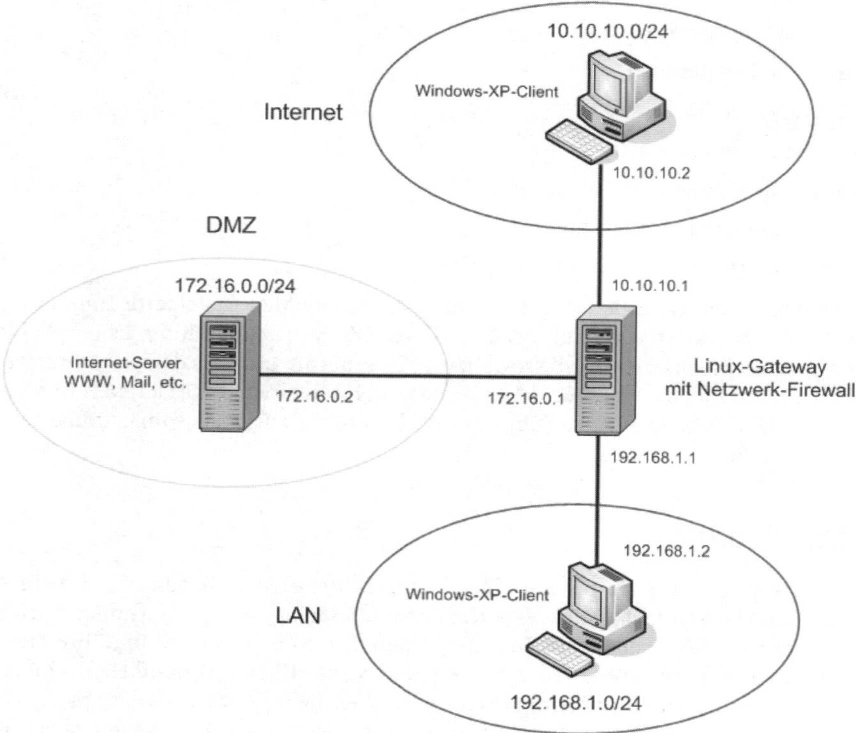

Abb. 36.1: Die Laborumgebung für dieses Szenario mit getrenntem DMZ-Netzbereich

Hier trennt die Firewall drei Bereiche:

- das böse Internet (nicht vertrauenswürdig),
- das LAN mit den internen Clients (vertrauenswürdig) und
- die DMZ (beschränkt vertrauenswürdig).

Somit können Sie die Firewall auf dem Gateway so konfigurieren, dass sie nur bestimmte Kommunikation zwischen den drei Netzen zulässt und alles andere blockt. Hat nun ein Angreifer die Kontrolle über den DMZ-Server erlangt, muss er immer noch die Hürde nehmen, über die Firewall auf die Clients im LAN zuzugreifen – mit entsprechend restriktivem Firewall-Regelwerk dürfte ihm das kaum gelingen.

36.3 Aufbau der Laborumgebung

Für dieses Lab benötigen Sie eine dritte Netzwerkkarte, an die die DMZ angeschlossen wird.

> Für eine reale Umgebung sollten Sie in jedem Fall einen eigenen Switch oder Hub (bzw. ein Cross-Over-Kabel) nutzen, um den Server anzuschließen und damit die Segmente auch physisch voneinander zu trennen! Andernfalls könnte der Angreifer einfach die IP-Adresse auf dem kompromittierten Server anpassen und somit die Firewall umgehen.

Im Labor können Sie die Segmente auch über einen einzigen Switch anschließen.

Außerdem können Sie sich überlegen, ob Sie ein »künstliches Internet«, so wie in Abbildung 36.1 gezeigt, anlegen oder Ihr Gateway tatsächlich an das Internet anbinden, so wie im letzten Kapitel gezeigt. Ich gehe davon aus, dass Sie zunächst vollständig in der Laborumgebung wie oben abgebildet arbeiten. Das Internet wird folglich durch das Netzwerk 10.10.10.0/24 simuliert. Der Vorteil liegt auf der Hand: Sollten Sie den einen oder anderen Fehler einbauen, werden Sie von den bösen Jungs nicht gleich abgestraft.

> Es gibt Untersuchungen, wonach ein ungeschützter Rechner im Internet innerhalb von kurzer Zeit kompromittiert ist – gehen Sie also besser kein Risiko ein!

36.4 iptables als Netzwerk-Firewall

Sie haben bisher nur mit den Chains INPUT und OUTPUT gearbeitet. Diese regeln den Netzwerkverkehr für ein- und ausgehende Pakete. Für die Funktion einer Netzwerk-Firewall benötigen Sie jedoch Regeln, die auf Pakete angewandt werden, die lediglich durch die Firewall hindurchgeroutet werden. Hierfür nutzen Sie die Chain `FORWARD`.

Die Regeln in dieser Chain sind oftmals etwas komplexer, da nicht nur Quelle oder Ziel sowie Quell- oder Zielport sondern meistens beides anzugeben ist – die Devise lautet:

> Eine Firewall erlaubt so wenig wie möglich und nur so viel wie nötig!

Das bedeutet, dass wir die Regeln so exakt wie möglich auf genau den Netzwerkverkehr eingrenzen werden, der erwünscht ist – nichts darüber hinaus.

Da die Konfiguration einer Netzwerk-Firewall deutlich komplexer ist, als die einer Personal-Firewall, werden wir das Firewall-Skript auch etwas professioneller gestalten. Trotzdem ist das Skript, wie wir es am Ende dieses Kapitels erstellt haben werden, vergleichsweise sehr einfach gehalten. Nun aber genug der Vorrede!

36.5 Aufbau des DMZ-Servers für die Laborumgebung

Ich fasse mich hier kurz, da der DMZ-Server im Labor lediglich zu Testzwecken unserer Firewall-Konfiguration benötigt wird. Erstellen Sie einen Server mit folgenden Diensten:

- WWW (`Apache2`)
- Mail (`Postfix` oder `Exim`)
- POP3 (zum Beispiel `qpopper`)
- FTP (`ProFTPD`)
- SSH

Hierbei können Sie die Dienste in ihrer Grundkonfiguration belassen. Bringen Sie sie einfach nur zum Laufen, so, wie Sie es in den jeweiligen Kapiteln des Buches gelernt haben. Es geht im Grunde zunächst nur darum, dass ein Rechner auf dem entsprechenden Port antwortet, wenn ein Client von außerhalb der DMZ (also aus dem LAN oder Internet) auf den jeweiligen Dienst zuzugreifen versucht.

36.6 Grundgerüst des Firewall-Skripts

Stellen Sie zunächst sicher, dass Ihre Laborkonfiguration korrekt aufgebaut ist und die Routing-Funktionalität auf dem Gateway vorhanden ist. Hierzu sollte ein Ping von allen beteiligten Rechnern auf alle anderen Rechner ausreichen.

Für das Skript erstellen Sie ggf. eine Datei `/etc/network/network-firewall`. Vergessen Sie nicht, entsprechende Rechte zu setzen, um das Skript ausführbar zu machen. Im Anschluss rufen Sie das Skript über das lokale Init-Skript `/etc/rc.local` auf, wie Sie es in den vorangegangenen Kapiteln gelernt haben. Fügen Sie entsprechend die folgende Zeile hinzu:

```
. /etc/rc.local
```

Ich gehe davon aus, dass `eth0` das LAN-Interface ist, `eth1` in die DMZ führt und `eth2` an das Internet angebunden ist. Sollte dies bei Ihnen anders konfiguriert sein, müssen Sie das im Skript entsprechend anpassen.

36.6.1 Vorarbeiten

Alle folgenden Zeilen fügen Sie nach und nach in das Firewall-Skript `/etc/init.d/firewall` ein. Ich habe bereits Kommentarzeilen zur besseren Lesbarkeit eingefügt.

Variablen

In jedem umfangreicheren Firewall-Skript für `iptables` werden zunächst einmal einige Variablen definiert:

```
#!/bin/sh
# Variablen
LAN_IFACE="eth0"
DMZ_IFACE="eth1"
INET_IFACE="eth2" # Hier muss ggf. ppp0 statt eth2 stehen
LAN_IP="192.168.1.1"
DMZ_IP="172.16.0.1"
DMZ_SERVER="172.16.0.2"
LAN_NET="192.168.1.0/24"
DMZ_NET="172.16.0.0/24"
```

Ich lese gerade Ihre Gedanken: »Oh je, das wird ja richtig kompliziert – wozu denn die Variablen, kann ich nicht gleich die Daten an den entsprechenden Stellen eintragen?«

Genauso habe ich auch reagiert, als ich die ersten professionellen Firewalls-Skripte für `iptables` gesehen habe – zumal das Skript dadurch auch nicht einfacher zu erstellen oder zu lesen ist ... Stellen Sie sich aber nun einmal vor, Sie müssen bestimmte Konfigurationsänderungen an Ihrem Netzwerk vornehmen – vielleicht ändert sich zum Beispiel die IP-Adresse Ihres DMZ-Servers. An dieser Stelle sind Sie dankbar dafür, dass Sie diese IP nur an einer Stelle im Skript anpassen und nicht das gesamte Skript durchforsten müssen.

Die Variablen können Sie nach eigenem Gutdünken und Bedarf erstellen und auf Ihre Bedürfnisse anpassen. Alle immer wiederkehrenden Schnittstellen, Netze oder IP-Adressen sollten Sie bei umfangreicheren Regelwerken entsprechend definieren.

Kernelparameter

Doch es sind noch weitere Vorarbeiten notwendig: Zunächst wollen wir die Routing-Funktion nur aktivieren, wenn die Firewall konfiguriert ist. Darüber hinaus aktivieren wir die Unterstützung für dynamische IP-Adressen – dies ist notwendig bei Wählverbindungen wie DSL, ISDN oder Modem. Erweitern Sie das Skript also um die folgenden Zeilen:

```
# Setzen der Kernelparameter
echo 1 > /proc/sys/net/ipv4/ip_forward
echo 1 > /proc/sys/net/ipv4/ip_dynaddr
```

Außerdem aktivieren wir bestimmte Schutzmechanismen des Kernel, um Denial-of-Service-Attacken und andere Angriffe zu erschweren:

```
for i in /proc/sys/net/ipv4/conf/*/
{accept_source_route,accept_redirects,send_redirects}; do
   echo 0 > $i
done
echo 1 >/proc/sys/net/ipv4/icmp_echo_ignore_broadcasts
echo 1 >/proc/sys/net/ipv4/tcp_syncookies
```

In die in geschweiften Klammern angegebenen Dateien wird jeweils eine 0 geschrieben, um die entsprechende Funktion zu unterbinden:

- *Source-Routing*: Der Client gibt der Firewall vor, wohin das Paket zu routen ist – das kann nicht im Sinne des Erfinders einer Firewall sein.

- *Redirects*: ICMP-Pakete, die der Firewall ein neues Routing-Ziel angeben – das wollen wir natürlich ebenso unterbinden.
- *Send redirects*: Auch die Firewall soll keine *Redirects* zurückreichen.

Außerdem setzen wir die Optionen `icmp_echo_ignore_broadcast`, um Broadcast-Echo-Requests zu ignorieren und `tcp_syncookies`, um bestimmte TCP-Angriffe zu verhindern.

> Der Kernel kennt noch etliche weitere Parameter, die Sie unter `/proc/sys/net/ipv4` finden. Die hier genannten sind lediglich eine kleine Auswahl, die Sie nach Belieben erweitern können.

Module

Für bestimmte Funktionen von `iptables` benötigen Sie entsprechende Module. Zwar werden verschiedene Module automatisch geladen, wenn die dazugehörige Funktion aufgerufen wird (zum Beispiel *Stateful Inspection*), aber dennoch ist es sauberer, die Module explizit zu Beginn in den Speicher zu laden:

```
# Module laden
modprobe ip_conntrack
modprobe ip_conntrack_ftp
modprobe ip_nat_ftp
modprobe ipt_LOG
modprobe ipt_MASQUERADE
```

> Die mit `ip_` beginnenden Module haben unter Lenny das Präfix `nf_`. Dennoch können Sie alle angegebenen Module auch unter Lenny mit dem entsprechenden Präfix `ip_` einbinden, Lenny übernimmt die Umstellung automatisch.

Das erste Modul sorgt für Stateful-Inspection-Unterstützung. Sie kennen es bereits. Auch das zweite Modul haben Sie bereits kennen gelernt, als wir die FTP-Problematik durchleuchtet haben. Das Modul `ip_nat_ftp` sorgt dafür, dass FTP auch mit NAT (Network Address Translation) funktioniert. Dies ist immer dann notwendig, wenn Sie ein Port-Forwarding machen, um Anfragen auf die öffentliche IP Ihres Gateways auf dem FTP-Port auf das wirkliche Ziel (in der DMZ) weiterzuleiten. Bahnhof? Keine Sorge, ich komme darauf zurück ;-).

Außerdem laden wir die Module `ipt_LOG` zur Unterstützung des Targets `LOG` und `ipt_MASQUERADE`, um NAT zu unterstützen.

36.6.2 Chains vorbereiten

Die folgenden Zeilen kennen Sie vermutlich bereits – wir übernehmen sie aus unserem ersten Firewall-Skript für Personal-Firewalls:

```
echo "Initialisiere Firewall ..."
# Chains loeschen und Policies setzen
iptables -F
iptables -X
iptables -P INPUT DROP
```

```
iptables -P OUTPUT DROP
iptables -P FORWARD DROP
iptables -Z
iptables -N MYDROP
iptables -N MYACCEPT
```

Auch hier erstellen wir wieder zwei neue Chains MYDROP und MYACCEPT, um das Logging sicherzustellen. Sollten Sie mit diesen Zeilen Verständnisprobleme haben, schauen Sie sich nochmals das Kapitel *iptables als Personal-Firewall* an.

Die neu erstellen Chains müssen natürlich mit Leben, sprich mit Regeln gefüllt werden:

```
# eigene Chains MYDROP und MYACCEPT konfigurieren
iptables -A MYDROP -j LOG --log-prefix "FW-DROP: "
iptables -A MYDROP -j DROP
iptables -A MYACCEPT -j LOG --log-prefix "FW-ACCEPT: "
iptables -A MYACCEPT -j ACCEPT
```

Nun wird jede über diese *Targets* (MYDROP und MYACCEPT) abgearbeitete Kommunikation geloggt und entsprechend verworfen oder erlaubt.

36.6.3 Stateful Inspection

Die Stateful-Inspection-Technologie habe ich Ihnen bereits vorgestellt. Dabei geht es darum, ein Paket, das zu einer bestehenden Verbindung gehört, zu erlauben, ohne das Regelwerk erneut durchlaufen zu müssen. Hierzu wird eine entsprechende *State-Table*, also eine Verbindungstabelle erstellt. Jede Kommunikation wird in dieser Tabelle gespeichert. Alle eingehenden Datenpakete werden mit den eingetragenen Sitzungen verglichen – gehört ein Paket zu einer bestehenden Kommunikation, darf es passieren.

Im Unterschied zur Personal-Firewall wird lediglich noch eine entsprechende Regel für das Forwarding benötigt:

```
# Stateful Inspection
iptables -A INPUT -m state --state ESTABLISHED,RELATED -j ACCEPT
iptables -A OUTPUT -m state --state ESTABLISHED,RELATED -j ACCEPT
iptables -A FORWARD -m state --state ESTABLISHED,RELATED -j ACCEPT
iptables -A INPUT -m state --state INVALID -j MYDROP
iptables -A FORWARD -m state --state INVALID -j MYDROP
```

Alle Pakete, die zu einer bereits bestehenden Verbindung gehören, sollen erlaubt, aber nicht geloggt werden. Dagegen sollen ungültige Pakete verworfen und geloggt werden. Für von der Firewall selbst ausgehende Pakete (OUTPUT) ist dies natürlich nicht notwendig.

36.6.4 Loopback-Kommunikation

Wie Sie bereits gelernt haben, müssen wir Loopback-Kommunikation erlauben, um bestimmten Diensten, die auf dem Gateway selbst laufen, die Kommunikation mit den eigenen Komponenten zu ermöglichen. Dies geschieht folgendermaßen:

```
# Loopback-Kommunikation
iptables -A INPUT -i lo -j ACCEPT
iptables -A OUTPUT -o lo -j ACCEPT
```

Diese Regeln sind auf fast jeder Firewall notwendig. Natürlich benötigen wir hier keine Regel für das Forwarding – über die Loopback-Adresse kommen allenfalls gefälschte Absenderadressen, die weitergeleitet werden sollen. Damit sind wir auch schon beim *Antispoofing*.

36.6.5 Antispoofing-Regeln

Was ist eigentlich Antispoofing genau? Alle reden davon, doch was steckt dahinter? Nun, klären wir doch zunächst einmal das Gegenteil: *Spoofing*.

Beim Spoofing (engl. *to spoof* = hereinlegen) wird eine falsche Absenderadresse vorgetäuscht. Stellen Sie sich vor, es gibt eine Regel, nach der der Admin-PC im LAN (sagen wir: 192.168.1.5) per SSH auf den Rechner in der DMZ zugreifen darf – jedoch keine andere IP-Adresse. Die Regel scheint auf den ersten Blick recht gelungen: so viel wie nötig, so wenig wie möglich ...

Nun könnte es jedoch einem Angreifer aus dem Internet gelingen, diese Adresse zu fälschen und so zu tun, als ob er selbst die IP-Adresse 192.168.1.5 hätte. Ohne weitere Vorsichtsmaßnahmen würde die Firewall eine erlaubte Kommunikation feststellen und die Pakete hindurch lassen. Was also kann man dagegen tun, wie funktioniert das *Antispoofing*?

Im Grunde genommen ist die Technik simpel: Auf einem Interface wird nur das zugelassen, was von dort kommen darf – alles andere nicht! Wie realisiert man das?

Zunächst gibt es grundsätzlich die Möglichkeit, für jede Regel die korrespondierenden Interfaces mit anzugeben – eine Technik, die ich Ihnen wärmstens empfehlen kann, wenn Sie bereit sind, den entsprechenden Mehraufwand in Kauf zu nehmen. Auf der anderen Seite gibt es natürlich gewisse generelle Regeln, die immer zutreffen – siehe die folgenden Zeilen:

```
# Antispoofing
iptables -A FORWARD -s $LAN_NET -i $INET_IFACE -j DROP
iptables -A FORWARD -s $DMZ_NET -i $INET_IFACE -j DROP
iptables -A FORWARD -s ! $DMZ_NET -i $DMZ_IFACE -j DROP
iptables -A FORWARD -s ! $LAN_NET -i $LAN_IFACE -j DROP
iptables -A FORWARD -s 127.0.0.0/8 -j DROP
```

Was passiert hier? Zunächst verwerfen wir alle Pakete, die über das Internet-Interface hereinkommen und entweder eine Absenderadresse aus unserem LAN oder aus unserer DMZ haben – denn hier kann es sich unmöglich um echte Quell-IPs handeln. Private Netzbereiche werden nämlich nicht über das Internet geroutet!

Anschließend verwenden wir den Negationsoperator, das Ausrufezeichen (!). Dies besagt, dass alles, was NICHT den folgenden Wert hat, zutrifft. Für die Zeilen drei und vier bedeutet das Folgendes: Alles, was über das entsprechende Interface, das mit `-i` angegeben wird, hereinkommt, aber KEINE Adresse aus dem entsprechenden Subnetz (DMZ bzw. LAN) hat, wird verworfen. Ebenso die letzte Regel, wonach alles verworfen wird, was als Quelle das Loopback-Netz (127.0.0.0/8) hat und weitergeleitet werden soll (nur die weiterzuleitenden Pakete landen in der FORWARD-Chain!).

Somit haben wir einige Fälle abgefangen, bei denen die Quelladresse nicht korrekt sein kann. Dennoch werden wir im Folgenden für jede Regel auch die entsprechenden Interfaces angeben. Aber: Gibt das wirklich die absolute Sicherheit? NEIN! Ganz sicher nicht! Schließlich könnte sich – um unser obiges Beispiel aufzugreifen – ein Angreifer auch in das interne LAN einklinken und von hier aus die Absenderadresse des Admin-PCs fälschen – dies kann die Firewall mitnichten erkennen! Dennoch ist die Konfiguration von Antispoofing unverzichtbar für professionelle Umgebungen. Schließlich kann es kein Argument sein, auf mögliche Schutzmaßnahmen zu verzichten, nur, weil sie keinen 100%igen Schutz bieten ...

36.6.6 Das Grundgerüst zusammengefasst

Hier noch einmal das Skript im Ganzen:

```
#!/bin/sh
#
# Variablen
#
LAN_IFACE="eth0"
DMZ_IFACE="eth1"
INET_IFACE="eth2" # Hier muss ggf. ppp0 statt eth2 stehen
LAN_IP="192.168.1.1"
DMZ_IP="172.16.0.1"
DMZ_SERVER="172.16.0.2"
LAN_NET="192.168.1.0/24"
DMZ_NET="172.16.0.0/24"
#
# Setzen der Kernelparameter
#
echo 1 > /proc/sys/net/ipv4/ip_forward
echo 1 > /proc/sys/net/ipv4/ip_dynaddr
for i in /proc/sys/net/ipv4/conf/*/
{accept_source_route,accept_redirects,send_redirects}; do
   echo 0 > $i
done
echo 1 >/proc/sys/net/ipv4/icmp_echo_ignore_broadcasts
echo 1 >/proc/sys/net/ipv4/tcp_syncookies
#
# Module laden
#
modprobe ip_conntrack
modprobe ip_conntrack_ftp
modprobe ip_nat_ftp
modprobe ipt_LOG
modprobe ipt_MASQUERADE
#
echo "Initialisiere Firewall ..."
#
# Chains loeschen und Policies setzen
#
iptables -F
iptables -X
iptables -P INPUT DROP
iptables -P OUTPUT DROP
iptables -P FORWARD DROP
iptables -Z
iptables -N MYDDROP
```

```
iptables -N MYACCEPT
#
# eigene Chains MYDROP und MYACCEPT konfigurieren
#
iptables -A MYDROP -j LOG --log-prefix "FW-DROP: "
iptables -A MYDROP -j DROP
iptables -A MYACCEPT -j LOG --log-prefix "FW-ACCEPT: "
iptables -A MYACCEPT -j ACCEPT
#
# Stateful Inspection
#
iptables -A INPUT -m state --state ESTABLISHED,RELATED -j ACCEPT
iptables -A OUTPUT -m state --state ESTABLISHED,RELATED -j ACCEPT
iptables -A FORWARD -m state --state ESTABLISHED,RELATED -j ACCEPT
iptables -A INPUT -m state --state INVALID -j MYDROP
iptables -A FORWARD -m state --state INVALID -j MYDROP
#
# Loopback-Kommunikation
#
iptables -A INPUT -i lo -j ACCEPT
iptables -A OUTPUT -o lo -j ACCEPT
#
# Antispoofing
#
iptables -A FORWARD -s $LAN_NET -i $INET_IFACE -j MYDROP
iptables -A FORWARD -s $DMZ_NET -i $INET_IFACE -j MYDROP
iptables -A FORWARD -s ! $DMZ_NET -i $DMZ_IFACE -j MYDROP
iptables -A FORWARD -s ! $LAN_NET -i $LAN_IFACE -j MYDROP
iptables -A FORWARD -s 127.0.0.0/8 -j MYDROP
```

Wow, da kommt ganz schön was zusammen! Doch können Sie dieses Grundgerüst für fast alle Netzwerk-Firewalls unter `iptables` verwenden und müssen nur wenige Dinge an Ihre Gegebenheiten anpassen.

36.7 Das Firewall-Regelwerk – normale Regeln

Nun haben wir alle Vorarbeiten erledigt und alle generell erforderlichen Regeln im Skript erfasst. Damit können wir uns dem eigentlichen Regelwerk zuwenden. Wir beginnen mit etwas ganz Banalem.

36.7.1 NetBIOS und RPC

In der Regel werden Sie keine Windows-Kommunikation zwischen dem LAN und der DMZ erlauben wollen, da für NetBIOS und SMB (CIFS) sowie RPC die Kommunikation in beide Richtungen freigeschaltet werden muss. Somit geht jeder Sicherheitsaspekt verloren. Es gibt etliche Viren und Würmer, die sich über Windows-Freigaben verbreiten. Wenn Sie können, verzichten Sie in einer DMZ auf Datenübertragung über NetBIOS und SMB. Haben Sie also einen Dateiserver, stellen Sie ihn ins LAN und finden Sie andere Wege (zum Beispiel FTP) um Dateien mit Rechnern aus dem Internet auszutauschen.

Andererseits ist NetBIOS sehr gesprächig, es plappert ständig vor sich hin – NetBIOS-Namensauflösungen, Masterbrowser-Aushandlungen etc. Damit uns das »Windows-Netzwerk-Blah-Blah« nicht das Logfile zumüllt, sollten wir auf das Logging verzichten. Wir ergänzen das Firewall-Skript also folgendermaßen:

```
# NetBIOS und RPC stillschweigend verwerfen
iptables -A INPUT -p udp -m multiport --destination-port 137,138 -j DROP
iptables -A INPUT -p tcp -m multiport --destination-port 135,139,445 -j DROP
iptables -A FORWARD -p udp -m multiport --destination-port 137,138 -j DROP
iptables -A FORWARD -p tcp -m multiport --destination-port 135,139,445 -j DROP
```

Achten Sie auf die angesprochenen Chains: einmal INPUT und zum anderen FORWARD. Mehrere Zielports können Sie mit der folgenden Option zusammenfassen: `-m multiport`. Anschließend können Sie die Zielports mit `--destination-port`, durch Komma voneinander getrennt, hintereinander angeben.

36.7.2 Kommunikation von und zum Gateway

Vermutlich werden Sie Ihr Linux-Gateway über SSH administrieren. Daher benötigen wir eine entsprechende Regel. Der Zugriff auf die zentrale Sicherheitskomponente Ihres Netzwerks sollten Sie so gut wie möglich einschränken. Nehmen wir an, Ihr Administrationsrechner hat die IP-Adresse 192.168.1.150, dann würde die Regel folgendermaßen aussehen:

```
# Kommunikation von und zum Gateway
iptables -A INPUT -i $LAN_IFACE -s 192.168.1.150 -p tcp --dport 22 -j MYACCEPT
```

Gegebenenfalls müssen Sie die Regel entsprechend weiter fassen. Das Input-Interface sollten Sie aus Antispoofing-Gründen immer angeben.

Es ist dringend zu empfehlen, dem Gateway den Zugriff auf das Internet per DNS, HTTP und FTP zu ermöglichen, damit das System aktualisiert und auf dem aktuellen Patchstand gehalten werden kann. Außerdem ist es für viele Zwecke nützlich, wenn vom Gateway SSH-Verbindungen aufgebaut werden können:

```
iptables -A OUTPUT -p udp --dport 53 -j ACCEPT
iptables -A OUTPUT -p tcp -m multiport --destination-port 21,22,80,443 -j ACCEPT
```

Haben Sie einen DNS-Caching-Server für die internen Clients eingerichtet, ist der Zugriff per DNS ins Internet ohnehin erforderlich.

Natürlich könnten Sie sich entscheiden, ausgehend vom Gateway alles zu erlauben. Halten Sie sich an die Maxime »so viel wie nötig, so wenig wie möglich«, werden Sie allerdings auch die Kommunikation, die Ihr Gateway selbst initiiert, auf das notwendige Maß einschränken. Zu Debugging-Zwecken empfehle ich, ICMP ausgehend zu erlauben:

```
iptables -A OUTPUT -p icmp -j ACCEPT
```

Damit haben Sie die wichtigsten Verbindungen von und zu ihrem Gateway abgedeckt. Weitere Freischaltungen können Sie bei Bedarf vornehmen.

36.7.3 Web, FTP, Mail, POP3 und SSH

Für die Konfiguration des DMZ-Servers hatte ich Ihnen vorgeschlagen, zumindest die drei Hauptdienste des Internets, Web, FTP und Mail sowie POP3, zu installieren. Die Clients im

LAN sollen auf alle Dienste Zugriff haben. Von außen wollen wir den Zugriff etwas einschränken, doch dazu komme ich etwas später im Rahmen von NAT und Masquerading. Lassen Sie uns zunächst schauen, was wir unseren eigenen Systemen erlauben wollen:

```
# Kommunikation DMZ-Server
iptables -A FORWARD -i $LAN_IFACE -s $LAN_NET --sport 1024:65535 -d $DMZ_SERVER -
p tcp -m multiport --destination-port 21,22,25,80,110,443 -j MYACCEPT
```

Na das nenne ich doch mal eine effiziente Regel! Gleich sechs Klappen mit einer Fliege erschlagen ... oder umgekehrt ;-). Hiermit erlauben wir den Clients im LAN den Zugriff auf den DMZ-Server über FTP (21/tcp), SSH (22/tcp), SMTP (25/tcp), HTTP (80/tcp), POP3 (110/tcp) und SSL/TLS bzw. HTTPS (443/tcp).

Darüber hinaus legen wir einen Source-Port-Bereich (1024-65535) fest, der definiert, dass lediglich Clients von unprivilegierten Ports aus Verbindungen initiieren dürfen. Reguläre Anfragen werden immer von unprivilegierten Ports kommen. Portbereiche können Sie mit dem Anfangs- und dem Endport, durch Doppelpunkt voneinander getrennt, angeben.

> Dank der Module `ip_conntrack_ftp` und `ip_nat_ftp` brauchen wir uns keine Sorgen über dedizierte Datenverbindung für FTP zu machen – die Module regeln dies für uns. Dies gilt durch das Modul `ip_nat_ftp` auch für die NAT-Regel (s.u.).

Der Server seinerseits darf lediglich SMTP- und POP3-Kommunikation ins Internet initiieren. Dies werden wir allerdings auch erst behandeln, wenn wir über NAT sprechen. Eines jedoch wollen wir nicht vergessen: Die Clients im LAN dürfen alle ins Internet:

```
# Kommunikation LAN -> Internet
iptables -A FORWARD -i $LAN_IFACE -s $LAN_NET -o $INET_IFACE -j MYACCEPT
```

Durch die Angabe des Outgoing-Interface stellen wir sicher, dass die Clients tatsächlich nur in Richtung Internet unbeschränkt Verbindungen initiieren dürfen – wohlgemerkt als Clients – Kommunikationsanfragen *annehmen* dürfen sie nicht.

> Beachten Sie, dass das Outgoing-Interface ggf. auch ppp0 sein kann, falls Sie eine Wählverbindung wie zum Beispiel ISDN oder DSL ins Internet nutzen.

36.7.4 DNS – Namensauflösungen

Haben Sie einen DNS-Caching-Server auf Ihrem Gateway installiert, müssen die Clients hierauf zugreifen dürfen. Außerdem sollten die Rechner im LAN auch auf DNS-Server im Internet zugreifen dürfen. Gleiches gilt für den DMZ-Server. Wie bereits erwähnt, werden wir die Verbindungen ins Internet gesondert betrachten.

```
# DNS-Caching-Server
iptables -A INPUT -i $LAN_IFACE -s $LAN_NET -p udp --dport 53 -j MYACCEPT
iptables -A INPUT -i $DMZ_IFACE -s $DMZ_SERVER -p udp --dport 53 -j MYACCEPT
```

Dass das Gateway selbst DNS-Anfragen ins Internet abschicken kann, haben wir ja bereits weiter oben sichergestellt. Somit haben wir schon fast alle gewünschten Verbindungen erfasst ... bis auf die Verbindungen, die aus dem LAN bzw. aus der DMZ mit Computern im

Internet aufgebaut werden sollen – vor denen habe ich mich bisher gedrückt ;-). Doch dies hat jetzt ein Ende!

36.8 SNAT, DNAT und MASQUERADING

Im letzten Kapitel haben Sie bereits ein wenig Berührung mit dem Thema NAT bekommen. Allerdings habe ich Sie dort auf dieses Kapitel verwiesen. Lassen Sie uns also ein wenig Licht in dieses ominöse NAT bringen.

> Grundsätzlich hat NAT nichts mit der Firewall selbst zu tun. Da NAT allerdings in aller Regel auf einem Router stattfindet, übernimmt die (Netzwerk-)Firewall traditionell auch die NAT-Funktion.

Es gibt verschiedene Arten von NAT. Betrachten wir die wichtigsten Varianten:

36.8.1 SNAT und Masquerading

Beim Source-NAT (oder kurz: SNAT), wird die IP-Adresse des Clients, also desjenigen Rechners, der die Kommunikation initiiert, geändert. Dabei erhält der Client eine vollkommen neue Adresse. Der Adressat sieht nur die neue, geNATtete Adresse – nicht das Original. Er denkt, er kommuniziert mit dem NAT-Device.

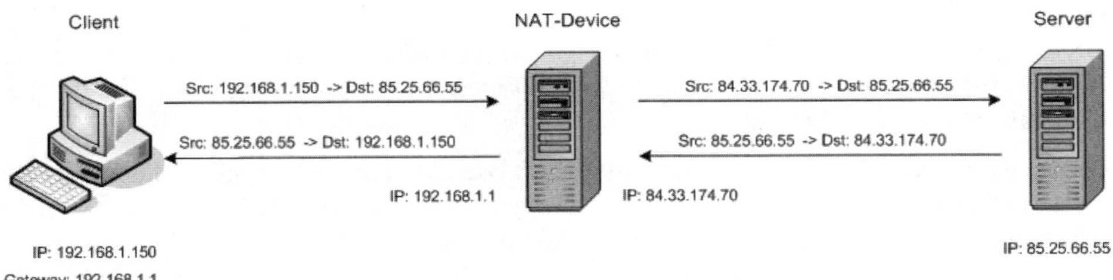

Abb. 36.2: SNAT

Erhält das NAT-Device eine Antwort, leitet es diese zum echten Client weiter.

Sie können die NAT-Adresse auf drei Arten vergeben:

1. *Statisches SNAT*: Jeder Original-IP wird genau eine NAT-IP zugeordnet. Dies ist immer dann notwendig, wenn auch Verbindungen von außen auf diese IP-Adresse initiiert werden müssen.
2. *Dynamisches SNAT mit IP-Pool*: Auf der einen Seite haben Sie die Client-IPs, zum Beispiel aus dem LAN. Auf der anderen Seite sind Sie im Besitz eines Adresspools, aus dem IP-Adressen für das NAT dynamisch zugewiesen werden. Die Anzahl der IP-Adressen müssen dabei nicht unbedingt übereinstimmen – so können Sie zum Beispiel 120 Client-IPs im LAN auf 5 öffentliche Adressen abbilden. Cisco's IOS ist zum Beispiel ein System, das dynamisches SNAT unterstützt. Ich kenne nur wenige Anwendungsfälle, bei denen diese Art von SNAT eingesetzt wird.

3. *Masquerading*: Eine Sonderform des SNAT, bei der alle Client-IPs hinter einer einzelnen Adresse versteckt werden. Dies wird auch *Hide-NAT* genannt und ist der klassische Anwendungsfall bei Einwählverbindungen, bei denen der Router nur eine offizielle IP-Adresse zur Verfügung gestellt bekommt.

Zur Realisierung dieser Übersetzung erstellt das NAT-Device Tabellen, um die Zuordnung der einzelnen Kommunikationen zu bewahren. Bei Hide-NAT oder Masquerading wird ein entsprechender Source-Port auf dem NAT-Device verwendet, anhand dessen die Antwort des Servers zugeordnet werden kann. Das sieht dann zum Beispiel so aus:

Vom Original:

Source-IP 192.168.1.150, Source-Port 1467

Destination-IP 85.25.66.55, Destination-Port 80

Weiterleitung durch das NAT-Device:

Source-IP 84.33.174.70, Source-Port 2234

Destination-IP 85.25.66.55, Destination-Port 80

Das NAT-Device ändert also nicht nur die Source-IP-Adresse, sondern auch den Source-Port. Kommt eine Antwort auf Destination-Port 2234 herein, kann das NAT-Device die Session anhand der Session-Tabelle zuordnen und leitet dies dann direkt an 192.168.1.150, Destination-Port 1467 weiter.

36.8.2 DNAT

DNAT bzw. Destination-NAT funktioniert genau andersherum: Hier wird das Ziel einer Kommunikationsanfrage geNATted. Wir nutzen dies zur Weiterleitung von Anfragen aus dem Internet auf den DMZ-Server.

Dieser hat in Wirklichkeit die IP-Adresse 172.16.0.2. Von außen ist er über diese Adresse direkt nicht erreichbar, da es sich um eine private IP-Adresse handelt, die im Internet nicht geroutet wird (in unserem Lab trifft dieser Punkt natürlich nicht zu). Die einzige Chance für den Server, trotzdem Kommunikationsanfragen aus dem Internet entgegennehmen zu können, liegt darin, dass das Gateway Anfragen auf seine eigene offizielle IP-Adresse unter bestimmten Voraussetzungen weiterleitet. Hierzu gibt es grundsätzlich zwei Möglichkeiten:

1. Das Gateway leitet alle Anfragen auf seine Internet-IP an den DMZ-Server weiter. Dies wird nur in wenigen Fällen gewünscht sein.
2. Das Gateway leitet Anfragen auf seine Internet-IP weiter, wenn diese auf bestimmte, definierte Ports gehen, zum Beispiel 80/tcp.

Natürlich gibt es auch noch den Fall, dass das Gateway auf eine Adresse reagiert, die nicht die eigene ist. Dazu muss dies auf dem Gateway in Form eines *Proxy-ARPs* eingetragen sein. Dies ist allerdings nicht Gegenstand unserer Betrachtung, sondern soll nur der Vollständigkeit halber erwähnt werden.

Schauen wir uns in Abbildung 36.3 den Standardfall an.

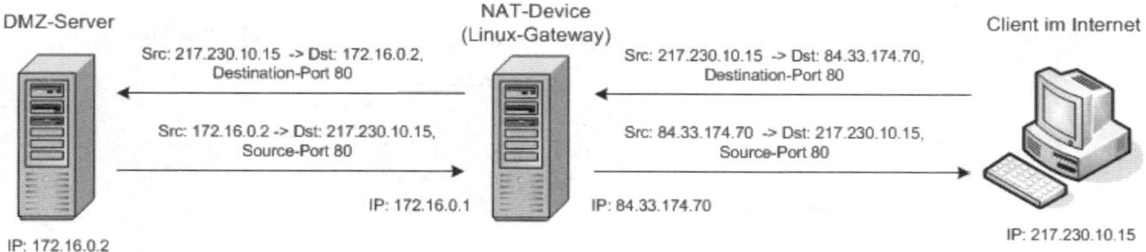

Abb. 36.3: Destination-NAT (Port Forwarding)

Hierbei denkt der Client, er kommuniziert mit dem NAT-Device (unser Linux-Gateway). Dieses leitet die Anfragen (hier: Port 80) allerdings an den DMZ-Server weiter. Der DMZ-Server antwortet der Original-IP-Adresse des Clients, da sich diese beim DNAT nicht ändert. Schließlich kommt das Antwortpaket beim Client mit der Source-Adresse des Linux-Gateways an.

Vom Original:

Source-IP 217.230.10.15, Source-Port 1467 (beliebiger unprivilegierter Port)

Destination-IP 84.33.174.70, Destination-Port 80

Weiterleitung durch das NAT-Device:

Source-IP 217.230.10.15, Source-Port 1467

Destination-IP 172.16.0.2, Destination-Port 80

Hier wird also die Zieladresse auf dem NAT-Device geändert. Der Server seinerseits kennt seinen wahren Kommunikationspartner – im Gegensatz zum Client.

36.8.3 NAT unter iptables

Das ist ja alles ganz fein, aber vermutlich fragen Sie sich, wie Sie dieses neue Wissen nun in Firewall-Regeln umwandeln können?! Hier die Antwort:

Erinnern Sie sich? Die Linux-Firewall `iptables` unterscheidet in Tabellen – für normale Firewall-Regeln wird die Default-Tabelle `filter` verwendet. Für NAT-Regeln gibt es die Tabelle `nat` – wer hätte das gedacht ;-). Diese kennt zwei Chains:

- PREROUTING: wird für DNAT verwendet und kommt vor dem Routing zur Anwendung. Natürlich muss die Zieladresse vor dem Routing angepasst werden, da das System sonst nicht weiß, wohin mit dem Paket (das ja vorher noch eine falsche Zieladresse hatte).
- POSTROUTING: wird für SNAT verwendet und kommt nach dem Routing zur Anwendung. Die eingehenden Pakete werden zunächst in die richtige Richtung geroutet (das Ziel ändert sich ja nicht) und anschließend vor dem ausgehenden Interface an die neue Source-Adresse angepasst.

Sie können sich das Ganze bildlich so vorstellen wie in Abbildung 36.4 gezeigt.

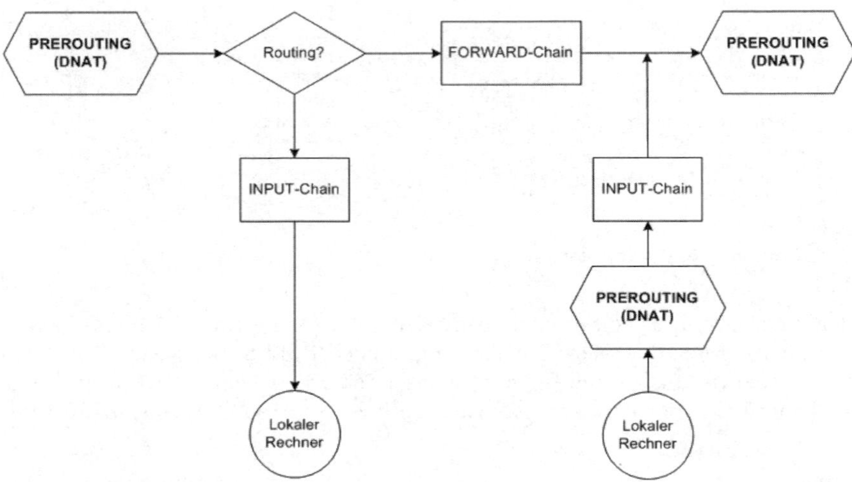

Abb. 36.4: NAT und Routing – die interne Logik von `iptables`

Ergänzend habe ich hier noch den (seltenen) Fall des DNATs für ausgehenden Verkehr dargestellt – normalerweise ergibt es natürlich keinen Sinn, DNAT für lokal initiierte (also von der Firewall ausgehende) Kommunikation einzurichten. Sie werden NAT fast immer auf einem Gateway (Firewall bzw. Router) für durchgehende Pakete vorfinden.

Lassen Sie uns also nun ein paar NAT-Regeln einfügen:

Masquerading

Damit die internen Clients mit dem Internet kommunizieren können, verstecken wir sie hinter der (u.U. dynamischen) IP-Adresse des externen Interface. Wir führen also unser Firewall-Skript folgendermaßen fort:

```
# Masquerading setzen
iptables -A POSTROUTING -t nat -o $INET_IFACE -j MASQUERADE
```

Wie Sie sehen, geben wir die neue Tabelle mit `-t` an, das Ziel (Target) ist MASQUERADE. Diese Regel schließt alle ausgehenden Pakete ein, also sowohl die aus dem LAN als auch aus der DMZ.

> Beachten Sie, dass Sie statt `eth0` das dynamische Interface `ppp0` angeben müssen, wenn Sie per ISDN oder DSL oder über eine andere Wählverbindung mit dem Internet verbunden sind. Die obige Konfiguration ist nur für das Lab geeignet.

DNAT

Um den Zugriff vom Internet auf den DMZ-Server zu ermöglichen, benötigen wir eine DNAT-Regel:

```
#DNAT fuer DMZ-Server -> FTP, HTTP, HTTPS und SMTP
iptables -A PREROUTING -t nat -i $INET_IFACE -p tcp -m multiport --destination-
port 21,25,80,443 -j DNAT --to-destination $DMZ_SERVER
```

Hier machen wir wieder Gebrauch von dem sehr nützlichen Modul `multiport` und geben alle Ports in einer Regel an. Wie Sie sehen, wird als Target `DNAT` angegeben, worauf mit `--to-destination` die Weiterleitungsadresse angegeben wird.

36.9 Die letzte Regel

Nun sind wir am Ende unseres Regelwerks angelangt. Es hat sich jedoch als sehr sinnvoll erwiesen, außer bestimmten, bekannten Protokollen (zum Beispiel NetBIOS), alle verworfenen Pakete zu loggen. Dies zeigt auch, ob ein Verbindungsversuch tatsächlich an der Firewall angekommen ist oder ob andere Ursachen für die erfolglose Kommunikation gesucht werden müssen. Die letzte Regel fängt also alles ab, was bisher nicht durch eine Regel abgedeckt wurde. Aus der letzten Regel werden drei, da wir für jede Chain eine eigene erstellen müssen:

```
# Logging aller verbleibender Pakete
iptables -A INPUT -j LOG --log-prefix "FW-LAST-DROP: "
iptables -A OUTPUT -j LOG --log-prefix "FW-LAST-DROP: "
iptables -A FORWARD -j LOG --log-prefix "FW-LAST-DROP: "
```

Nun werden Sie sich fragen, warum wir nicht unsere definierte Chain MYDROP verwenden!? Dies liegt daran, dass wir in `/var/log/syslog` sehen möchten, wenn eine Kommunikation aufgrund der letzten Regel verworfen wurde. Daher beschreiben wir genau das im Prefix mit `FW-LAST-DROP`.

Moment mal! Diese Regeln loggen doch nur, sie verwerfen keine Pakete, oder? Nein, aber nach diesen Regeln kommt nur noch die *Policy*, das Default-Verhalten für die jeweilige Chain. Da wir dies ganz zu Anfang mit `iptables -P <Chain> DROP` auf »Verwerfen« gesetzt haben, geschieht genau das im Anschluss an die letzte Logging-Regel. Damit wäre das Regelwerk komplett.

36.10 Das Firewall-Skript im Ganzen

Hier nun also das vollständige Skript, wie wir es entwickelt haben, in der Übersicht:

```
#!/bin/sh
# Variablen
LAN_IFACE="eth0"
DMZ_IFACE="eth1"
INET_IFACE="eth2" # Hier muss ggf. ppp0 statt eth2 stehen
LAN_IP="192.168.1.1"
DMZ_IP="172.16.0.1"
DMZ_SERVER="172.16.0.2"
LAN_NET="192.168.1.0/24"
DMZ_NET="172.16.0.0/24"
# Setzen der Kernelparameter
echo 1 > /proc/sys/net/ipv4/ip_forward
echo 1 > /proc/sys/net/ipv4/ip_dynaddr
for i in /proc/sys/net/ipv4/conf/*/
{accept_source_route,accept_redirects,send_redirects}; do
   echo 0 > $i
```

```
done
echo 1 >/proc/sys/net/ipv4/icmp_echo_ignore_broadcasts
echo 1 >/proc/sys/net/ipv4/tcp_syncookies
# Module laden
modprobe ip_conntrack
modprobe ip_conntrack_ftp
modprobe ip_nat_ftp
modprobe ipt_LOG
modprobe ipt_MASQUERADE
echo "Initialisiere Firewall ..."
# Chains loeschen und Policies setzen
iptables -F
iptables -X
iptables -P INPUT DROP
iptables -P OUTPUT DROP
iptables -P FORWARD DROP
iptables -Z
iptables -N MYDROP
iptables -N MYACCEPT
# eigene Chains MYDROP und MYACCEPT konfigurieren
iptables -A MYDROP -j LOG --log-prefix "FW-DROP: "
iptables -A MYDROP -j DROP
iptables -A MYACCEPT -j LOG --log-prefix "FW-ACCEPT: "
iptables -A MYACCEPT -j ACCEPT
# Stateful Inspection
iptables -A INPUT -m state --state ESTABLISHED,RELATED -j ACCEPT
iptables -A OUTPUT -m state --state ESTABLISHED,RELATED -j ACCEPT
iptables -A FORWARD -m state --state ESTABLISHED,RELATED -j ACCEPT
iptables -A INPUT -m state --state INVALID -j MYDROP
iptables -A FORWARD -m state --state INVALID -j MYDROP
# Loopback-Kommunikation
iptables -A INPUT -i lo -j ACCEPT
iptables -A OUTPUT -o lo -j ACCEPT
# Antispoofing
iptables -A FORWARD -s $LAN_NET -i $INET_IFACE -j DROP
iptables -A FORWARD -s $DMZ_NET -i $INET_IFACE -j DROP
iptables -A FORWARD -s ! $DMZ_NET -i $DMZ_IFACE -j DROP
iptables -A FORWARD -s ! $LAN_NET -i $LAN_IFACE -j DROP
iptables -A FORWARD -s 127.0.0.0/8 -j DROP
# NetBIOS und RPC stillschweigend verwerfen
iptables -A INPUT -p udp -m multiport --destination-port 137,138 -j DROP
iptables -A INPUT -p tcp -m multiport --destination-port 135,139,445 -j DROP
iptables -A FORWARD -p udp -m multiport --destination-port 137,138 -j DROP
iptables -A FORWARD -p tcp -m multiport --destination-port 135,139,445 -j DROP
# Kommunikation von und zum Gateway
iptables -A INPUT -i $LAN_IFACE -s 192.168.1.150 -p tcp --dport 22 -j MYACCEPT
iptables -A INPUT -i $LAN_IFACE -p udp --dport 53 -j ACCEPT
iptables -A INPUT -i $DMZ_IFACE -p udp --dport 53 -j ACCEPT
iptables -A OUTPUT -p udp --dport 53 -j ACCEPT
iptables -A OUTPUT -p tcp -m multiport --destination-port 21,22,80,443 -j ACCEPT
iptables -A OUTPUT -p icmp -j ACCEPT
# Kommunikation DMZ-Server
```

```
iptables -A FORWARD -i $LAN_IFACE -s $LAN_NET -d $DMZ_SERVER -p tcp -
m multiport --destination-port 21,22,25,80,110,443 -j MYACCEPT
iptables -A FORWARD -i $LAN_IFACE -s $LAN_NET -o $INET_IFACE -j MYACCEPT
iptables -A FORWARD -i $INET_IFACE -p tcp -m multiport --destination-
port 21,25,80,443 -j MYACCEPT
iptables -A INPUT -i $LAN_IFACE -s $LAN_NET -p udp --dport 53 -j MYACCEPT
iptables -A INPUT -i $DMZ_IFACE -s $DMZ_SERVER -p udp --dport 53 -j MYACCEPT
# Masquerading setzen
iptables -A POSTROUTING -t nat -o $INET_IFACE -j MASQUERADE
# DNAT fuer DMZ-Server -> FTP, HTTP, HTTPS und SMTP
iptables -A PREROUTING -t nat -i $INET_IFACE -p tcp -m multiport --destination-
port 21,25,80,443 -j DNAT --to-destination $DMZ_SERVER
# Logging aller verbleibender Pakete
iptables -A INPUT -j LOG --log-prefix "FW-LAST-DROP: "
iptables -A OUTPUT -j LOG --log-prefix "FW-LAST-DROP: "
iptables -A FORWARD -j LOG --log-prefix "FW-LAST-DROP: "
```

Jau, das ist ein ganz schöner Batzen – und ich gehe davon aus, dass es bei Ihrem ersten Versuch zunächst einmal Fehlermeldungen hagelt – war bei mir nicht anders! Auf jeden Fall empfehle ich Ihnen, das Skript Stück für Stück aufzubauen und regelmäßig zu testen – sperren Sie sich aber bloß nicht aus! Das ist eine ziemlich gemeine Falle, in die man hineinzutappen neigt ;-). Also im Zweifel ganz oben die folgende Regel einfügen, die Sie wieder entfernen können, wenn Ihr Skript komplett ist:

```
iptables -A INPUT -p tcp --dport 22 -j ACCEPT
iptables -A OUTPUT -p tcp --sport 22 -j ACCEPT
```

Wie können Sie nun das Ganze testen? Probieren Sie einfach systematisch alle Verbindungen per `telnet` oder `ftp` oder ggf. `nslookup` aus. Antwortet der Server, ist die Verbindung ok – antwortet er nicht, schauen Sie ins Logfile und werfen Sie ggf. einen `tcpdump` an, um den Netzwerkverkehr zu monitoren. Das Firewall-Log finden Sie in `/var/log/syslog`. Ist das Logfile sehr groß, können Sie mit `grep` auf `FW:` oder `FW-LAST-DROP:` einen geeigneten Filter setzen.

Nun haben Sie also nicht nur eine Netzwerk-Firewall konfiguriert, sondern ganz nebenbei noch einen DMZ-Server aufgesetzt, auf den Ihre Familie nach Herzenslust zugreifen kann. Allerdings haben wir bei allen Überlegungen bisher noch eins außer Acht gelassen:

Woher soll ein Client im Internet wissen, welche IP-Adresse Ihr Gateway gerade hat? Schließlich wird diese bei ISDN und DSL dynamisch vergeben ...

Nun, für dynamische IP-Adressen hilft dynamisches DNS – siehe nächster Abschnitt.

36.11 DynDNS – immer über den eigenen Namen erreichbar

Davon ausgehend, dass Sie bisher unsere Laborumgebung nachvollzogen haben, hatte Ihr externes Interface (`eth2`) eine feste IP-Adresse. In diesem Fall sind die Zugriffe von außen leicht zu simulieren. Was aber, wenn die IP-Adresse ständig wechselt, da Ihr Provider nicht im Traum daran denkt, Ihnen eine feste IP-Adresse zuzuweisen, solange Sie nicht einen entsprechenden Vertrag abgeschlossen haben. Inzwischen werden feste IP-Adressen von vielen Providern angeboten und sind auch preislich nicht mehr jenseits von Gut und Böse. Daher ist dies eine Alternative, die eine Überlegung wert ist.

In den meisten Fällen werden die DSL-Anschlüsse jedoch nach wie vor mit dynamischer IP-Adresse verbunden. Somit haben Sie ein grundsätzliches Problem, wenn Sie Serverdienste anbieten wollen: Woher soll der Client die aktuelle IP-Adresse wissen?

Die Antwort: *DynDNS*. Dabei handelt es sich um einen DNS-Dienst, der die dynamische Aktualisierung von A-Einträgen der Clients ermöglicht. Dazu verbinden sich die Clients nach dem Aufbau der Internetverbindung mit dem Server und melden Ihren registrierten Namen und die dazugehörige aktuelle IP-Adresse, die Ihnen der Provider gerade zugewiesen hat.

Damit dies funktioniert, muss auf dem Client ein DynDNS-Client installiert sein. Dieser registriert sich bei einem DynDNS-Server. Schauen wir uns das in der Praxis an!

36.11.1 Bei dyndns.org anmelden

Einen der bekanntesten DynDNS-Dienste finden Sie unter `http://www.dyndns.org`.

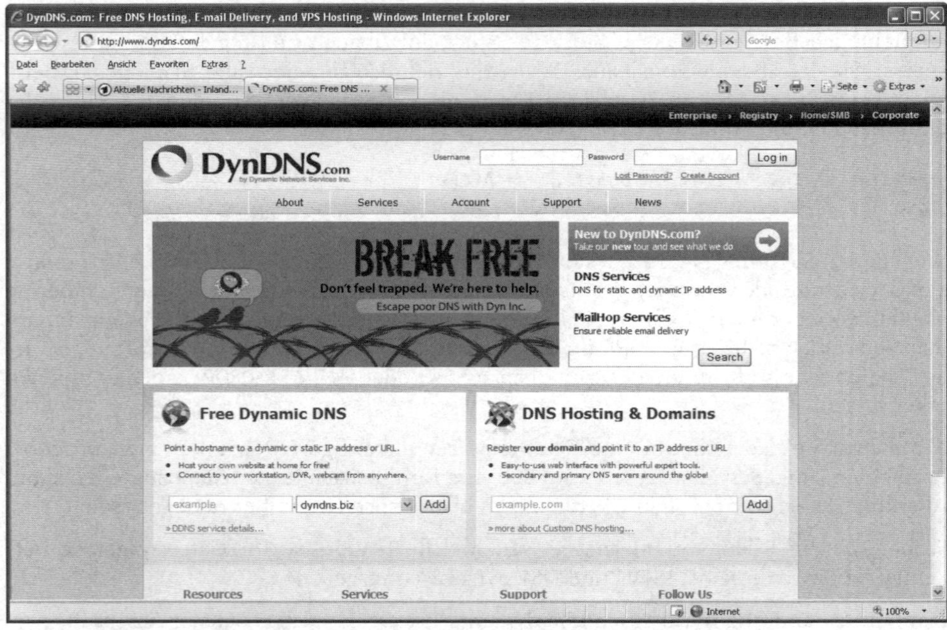

Abb. 36.5: Bei DynDNS anmelden und über den Domainnamen erreichbar sein

Wie viele Websites werden auch bei `dyndns.org` die Inhalte immer wieder angepasst und verändert. Daher könnte es sein, dass die Anmeldeprozedur bei Ihnen etwas anders aussieht. Zum gegenwärtigen Zeitpunkt gehen Sie folgendermaßen vor:

Klicken Sie oben rechts auf den Link CREATE ACCOUNT und füllen im Formular alle notwendigen Felder aus.

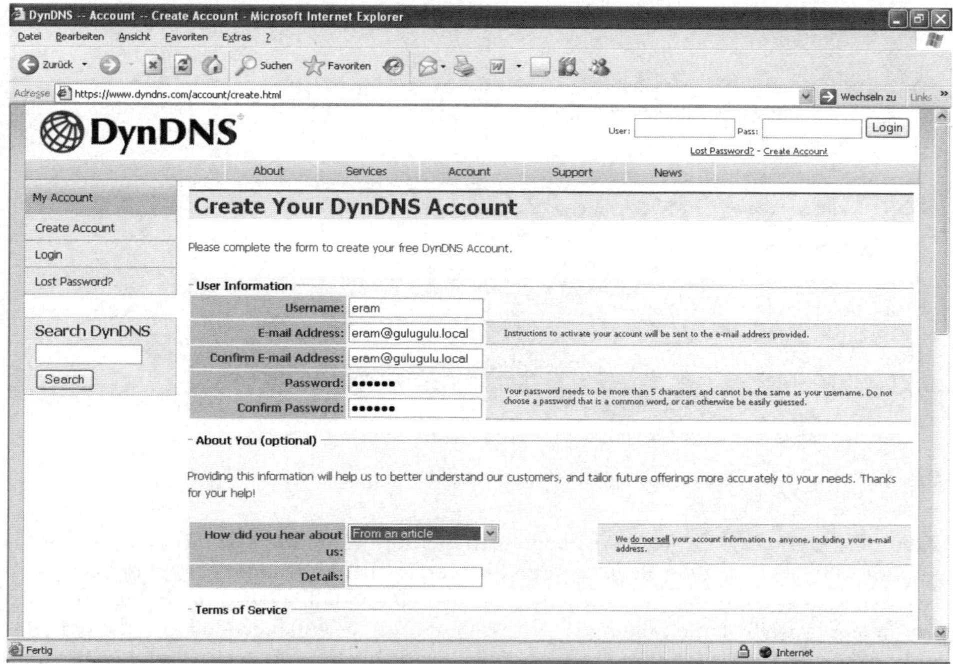

Abb. 36.6: Erstellen Sie Ihren Account.

Nachdem Sie über den Link in der Bestätigungsmail von `dyndns.org` Ihren Account bestätigt haben, können Sie sich auf der Hauptseite oben rechts über Eingabefelder einloggen.

Abb. 36.7: Melden Sie sich mit Ihrem Usernamen und Ihrem Passwort an.

Über den Link SERVICES in der Navigationsleiste oben gelangen Sie in den Service-Bereich von DynDNS: Auf der linken Seite befindet sich nun eine Navigationsleiste, die Sie über DOMAIN SERVICES|DYNAMIC DNS zur Dynamic-DNS-Seite führt. Unter MANAGING MY ACCOUNT können Sie nun neue Hostnamen erstellen, über die Sie erreichbar sein wollen.

Auf der rechten Seite finden Sie die Optionen zum Erstellen von neuen DynDNS-Namen bzw. deren Verwaltung. Lassen Sie uns über CREATE HOSTS bzw. ADD HOSTNAME einen neuen Namen erstellen.

Sie können rechts aus einer Reihe von Domains auswählen – unter anderem `dyndns.org`. Außerdem können Sie wählen, ob ein Wildcard-Eintrag vorgenommen werden soll – dies bedeutet nichts anderes, als das jeder beliebige Hostname unter Ihrer Domain auf Ihre IP aufgelöst wird. Die aktuelle IP Ihres Clients wird übrigens automatisch übernommen – dies ist auch dann kein Problem, wenn Sie die Anmeldung über einen ganz anderen Anschluss vornehmen, da die Aktualisierung durch den DynDNS-Client automatisch geschieht.

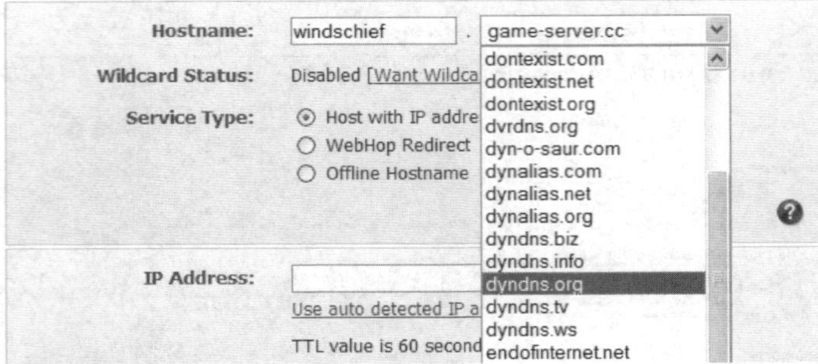

Abb. 36.8: Erstellen Sie einen eigenen Hostnamen.

Die untere Option (MAIL ROUTING) benötigen Sie nur, wenn Sie über diese Adresse Mails empfangen wollen – in der Regel werden Sie hierfür aber eine andere Domain bzw. einen externen Mail-Account verwenden. Sollten Sie hier einen Mail-Server angeben wollen, müssen Sie einen DNS-Namen (keine IP-Adresse!), der in der entsprechenden Zone einen A-Eintrag (keinen CNAME-Eintrag!) hat, angeben. Nach Klick auf ADD HOST ist der DNS-Eintrag aktiv.

Dies können Sie sofort überprüfen, indem Sie zum Beispiel über `nslookup` eine Namensanfrage stellen:

```
# nslookup
> windschief.dyndns.org
Server:          192.168.1.254
Address:         192.168.1.254#53

Non-authoritative answer:
Name:   windschief.dyndns.org
Address: 84.178.57.67
```

Ab sofort werden Anfragen, die auf die von Ihnen gewählte DNS-Adresse (zum Beispiel `windschief.dyndns.org`) gehen, auf Ihre aktuelle IP-Adresse umgeleitet – was aber, wenn diese sich ändert (wie bei dynamischen Internet-Anbindungen üblich) oder Sie die IP-Adresse gern auf einen ganz anderen Anschluss umleiten wollen? Hier hilft nur der DynDNS-Client, der die entsprechende Adresse beim DynDNS-Server registriert.

36.11.2 Den DynDNS-Client installieren

Sie haben durchaus die Auswahl zwischen verschiedenen DynDNS-Clients. Wir werden hier `ddclient` nutzen, da er einfach zu installieren ist – die übliche Prozedur:

```
# apt-get install ddclient
```

Anschließend können Sie mittels Debconf den Client an Ihre Bedürfnisse anpassen – der Dialog wird Ihnen automatisch nach der Installation angezeigt:

Konfiguriere ddclient
Bitte wählen Sie nun den dynamischen DNS-Service-Betreiber, den Sie benutzen möchten. Falls Ihr Betreiber hier nicht aufgeführt ist, wählen Sie bitte »anderer« und Sie werden nach dem Protokoll und Servernamen gefragt.
Anbieter des Dynamischen-DNS-Dienstes:
www.dyndns.com
www.easydns.com
www.dslreports.com
www.zoneedit.com
anderer
<Ok>

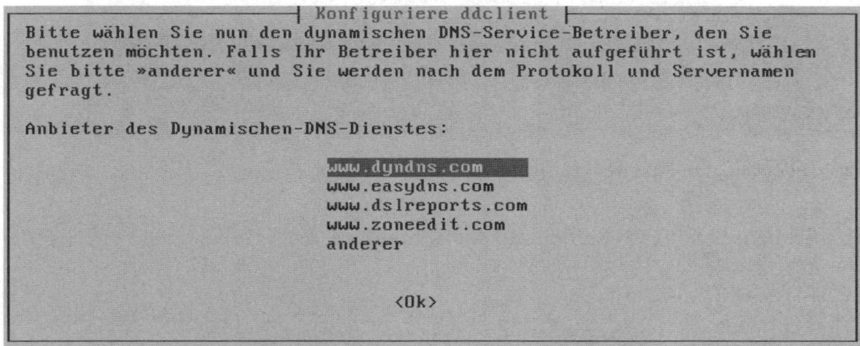

Abb. 36.9: Wählen Sie Ihren Provider.

Nun geben Sie den bei dyndns.org registrierten FQDN an:

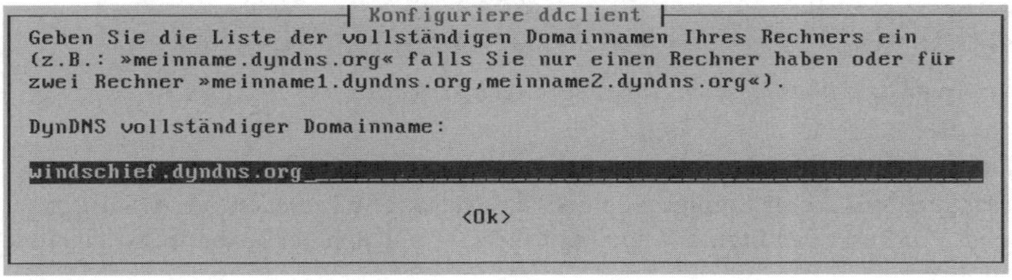

Konfiguriere ddclient
Geben Sie die Liste der vollständigen Domainnamen Ihres Rechners ein (z.B.: »meinname.dyndns.org« falls Sie nur einen Rechner haben oder für zwei Rechner »meinname1.dyndns.org,meinname2.dyndns.org«).
DynDNS vollständiger Domainname:
windschief.dyndns.org
<Ok>

Abb. 36.10: Für welchen FQDN soll die aktuelle IP registriert werden?

Nun müssen Sie noch Ihren Anmeldenamen angeben:

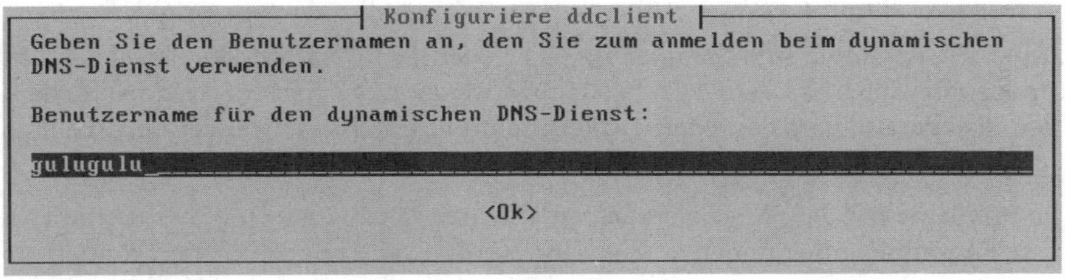

Konfiguriere ddclient
Geben Sie den Benutzernamen an, den Sie zum anmelden beim dynamischen DNS-Dienst verwenden.
Benutzername für den dynamischen DNS-Dienst:
gulugulu
<Ok>

Abb. 36.11: Der Anmeldename bei dyndns.org

Raten Sie mal, was nun kommt!? Das Passwort! Wären Sie drauf gekommen? ;-)

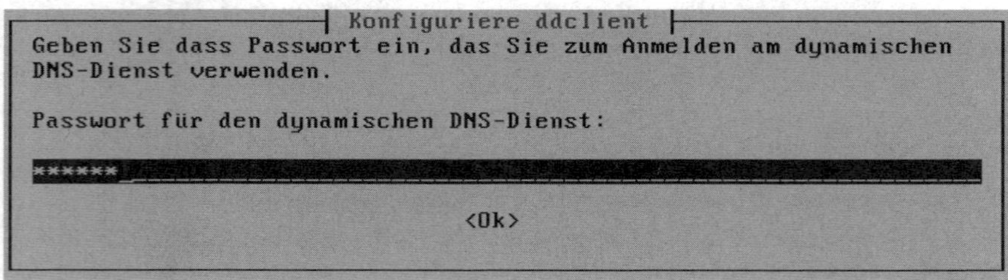

Abb. 36.12: Geben Sie das Passwort für Ihren Account ein.

Der DynDNS-Client benötigt außerdem noch das Interface, dessen IP-Adresse er registrieren soll:

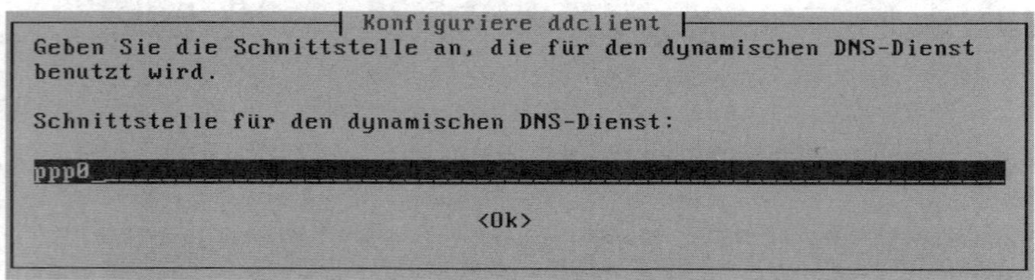

Abb. 36.13: Es gilt, die IP-Adresse des Internet-Anschlusses anzumelden.

Anschließend wird die Datei `/etc/ddclient.conf` mit den von Ihnen gemachten Angaben erstellt. Das Ergebnis dieser Konfiguration ist, dass `ddclient` bei jedem Verbindungsstart die aktuelle IP-Adresse des Interface `ppp0` mit Ihren Kenndaten bei `members.dyndns.org` anmelden wird.

Werfen Sie am besten einen Blick in `/etc/ddclient.conf`, um eine Übersicht über die Optionen zu bekommen – sie ist kurz und sehr intuitiv verständlich. Darüber hinaus können Sie in `/etc/default/ddclient` auch in den Daemon-Modus wechseln. Dazu setzen Sie die Variable `run_daemon` auf `true`. Per Default meldet der `ddclient`-Daemon die aktuelle IP-Adresse nun alle 300 Sekunden an den DynDNS-Server.

Wie auch immer: Ab sofort sind Sie über Ihren eigenen DynDNS-Namen erreichbar. Mit den passenden Firewall- und DNAT-Regeln ist nun auch der DMZ-Server erreichbar. Achten Sie in jedem Fall darauf, dass das externe Interface im Firewall-Regelwerk auf `ppp0` eingestellt ist.

Sollten Sie Probleme mit dem Regelwerk haben, schauen Sie in `/var/log/syslog` und filtern Sie Ihre Firewall-Logmeldungen heraus. Dort werden Sie schnell erkennen können, ob Ihre Firewall etwas blockt, was eigentlich erlaubt werden sollte. Firewalls sind ein Thema für sich – seien Sie also nicht frustriert, wenn nicht gleich alles von Anfang an funktioniert, wie Sie es erwarten ;-).

36.12 Zusammenfassung und Weiterführendes

Ein ehemaliger Kollege – seines Zeichens Firewall-Veteran – sagte einmal zu mir: »mit `iptables` kann man ungefähr 95% von dem machen, was eine Checkpoint-Firewall kann!«. Nun ist Checkpoint immerhin Marktführer im Firewall-Segment ...

Seit dieser Zeit habe ich insbesondere mit Checkpoint-Firewalls intensiven Kontakt gehabt und kann mir selbst ein Urteil erlauben. Im Ergebnis würde ich sagen, dass er Recht hat, solange es um die eigentlichen Funktionen einer Stateful-Inspection-Firewall geht. Zwar hat Checkpoint sich in Richtung Application-Firewall weiterentwickelt, jedoch sind dies größtenteils Funktionen, die in professionellen Umgebungen oftmals nicht genutzt werden, da sie noch nicht den notwendigen Reife- bzw. Zuverlässigkeitsgrad erreicht haben und man sich mit deren Aktivierung oft mehr Probleme als Lösungen schafft.

Wie auch immer: `iptables` ist eine sehr gute Firewall – zwar bisweilen nicht wirklich komfortabel zu konfigurieren, aber sehr leistungsfähig. Es handelt sich um eine Paketfilter-Firewall mit Stateful-Inspection-Funktionalität, die zwar TCP/IP-Know-how voraussetzt, aber nach entsprechender Einarbeitung und Konfiguration sehr zuverlässig und performant funktioniert! Im Open-Source-Bereich sucht sie ihresgleichen ...

Kapitel 37

Squid-Proxyserver

Das Wort »Proxy« bedeutet »Stellvertreter«. Bei einem Proxyserver handelt es sich um einen Dienst, der die Verbindungsanfrage eines Internet-Clients entgegennimmt und sie statt seiner weiterleitet. Typischerweise werden sie vor allem für HTTP- und FTP-Kommunikation verwendet.

Proxyserver sind in kleineren Unternehmen nicht so stark verbreitet wie in größeren. Dies jedoch zu Unrecht, da auch kleine Unternehmen und sogar Heimnetze davon profitieren können – und in diesem Kapitel zeige ich Ihnen, wie und warum ein Proxyserver eine sinnvolle Ergänzung zu anderen Diensten wie zum Beispiel Datei-, Datenbank oder Webservern ist.

Die Themen in diesem Kapitel:

- Grundlagen zur Proxy-Technologie
- Installation und Konfiguration von Squid
- Authentifizierung und ACLs
- Optimierung der Performance
- Content-Filtering

Wie Sie sehen können, konzentrieren wir uns auf den `Squid`-Proxyserver, der der Defacto-Standard für Webproxies unter Linux ist. Dazu installieren wir `Squid` auf dem DMZ-Server unseres Labs aus dem letzten Kapitel. Wenn Sie können, sollten Sie einen Proxyserver immer in einer DMZ unterbringen. Viele installieren den Proxy allerdings auch im LAN, was ich nur für die zweitbeste Lösung halte.

37.1 Die Laborumgebung

Sehen wir uns also noch einmal kurz das Lab an (siehe Abbildung 37.1).

Sollten Ihnen die Ressourcen für ein solches Lab fehlen, können Sie den Proxy auch auf Ihrem Gateway installieren. Für den Praxiseinsatz ist dies allerdings – wie bereits gesagt – die schlechtere Alternative. Sollte es einem Angreifer gelingen, Kontrolle über den Proxyserver zu bekommen, hat er unter Umständen auch die Kontrolle über das gesamte Gateway und damit potenziellen Zugriff auf das LAN!

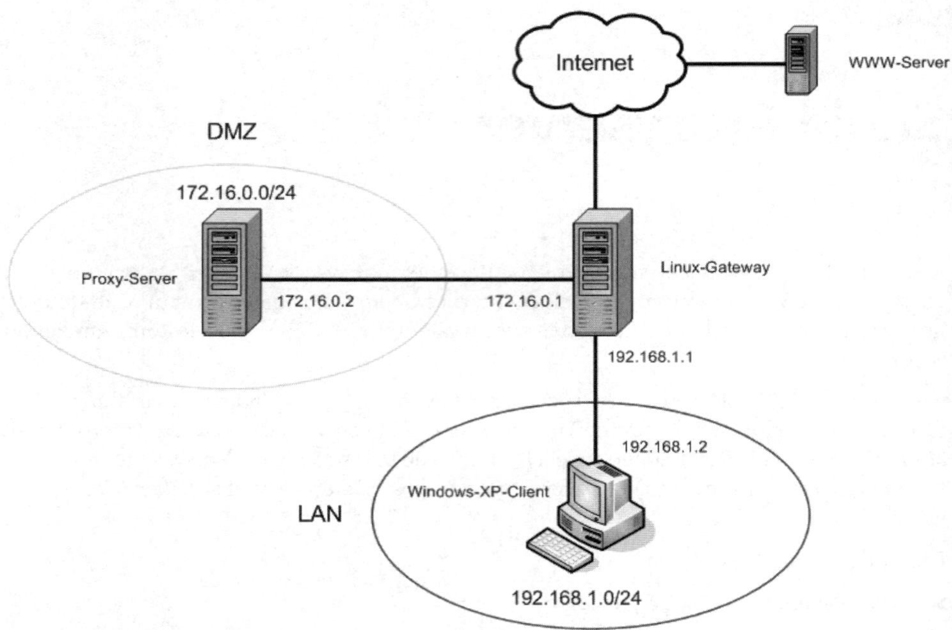

Abb. 37.1: Das Proxy-Lab – Der Proxserver steht in der DMZ.

37.2 Das Szenario

Für die Internetrecherche wird das Internet rege von fast allen Mitarbeitern des Architekturbüros Windschief genutzt. Oftmals werden größere Downloads gestartet, zum Beispiel um bestimmte Programme zu evaluieren. Hinzu kommen zunehmend längere Ladezeiten durch anspruchsvolle interaktive Inhalte der Websites.

In Spitzenzeiten kommt es daher regelmäßig zu längeren Wartezeiten, da alle Mitarbeiter über eine 3-MBit-DSL-Anbindung ins Internet gehen. Sie haben bereits versucht, die Bandbreite zu erhöhen, jedoch musste Ihr Provider passen: Die Distanz zur Vermittlungsstelle ist zu groß, um höhere Bandbreiten zuverlässig anbieten zu können.

Herr Windschief bittet Sie, über mögliche Lösungen nachzudenken. Hinzu kommt, dass er gerne eine Auswertungsmöglichkeit über das Surfverhalten haben möchte. Dies wäre mit einem Web-Proxyserver möglich. Sie weisen ihn allerdings gleich darauf hin, dass dies rechtlich unter Umständen kritisch sein kann. Andererseits ist die Internetnutzung durch eine Zusatzregelung zum Arbeitsvertrag auf die berufliche Notwendigkeit beschränkt, so dass Ihnen eine Auswertung erlaubt ist.

Außerdem wäre es auf diesem Weg möglich, bestimmte Websites und Inhalte zu sperren, also Content-Security für Internet-Traffic einzuführen. Das klingt alles ziemlich verlockend, und so machen Sie sich an die Arbeit, um `Squid` kennen zu lernen, der später im Produktivbetrieb im Architekturbüro seinen Dienst versehen soll.

37.3 Wie arbeitet ein Proxy?

Lassen Sie uns zunächst wie immer einen Blick auf die Grundlagen werfen. Nachdem ich Ihnen die grundsätzliche Funktionalität eines Proxys erläutert habe, werde ich Ihnen einige Gründe und Anwendungsfälle für den Einsatz eines Proxys nennen, bevor ich Ihnen im speziellen `Squid` vorstelle.

37.3.1 Proxy-Grundlagen

Zunächst einmal arbeitet ein Proxy oberflächlich gesehen ähnlich wie ein NAT-Device, das Source-NAT betreibt. Der Proxy nimmt die Anfrage des Clients entgegen und leitet diese als eigene Anfrage weiter zum Server. Dieser antwortet dem Proxy, der die Antwort als eigene Antwort zum Client weiterreicht. Statt einer Kommunikation zwischen Client und Server entstehen zwei vollkommen voneinander getrennte Kommunikationsverbindungen: zum einen zwischen Client und Proxy und zum anderen zwischen Proxy und Server:

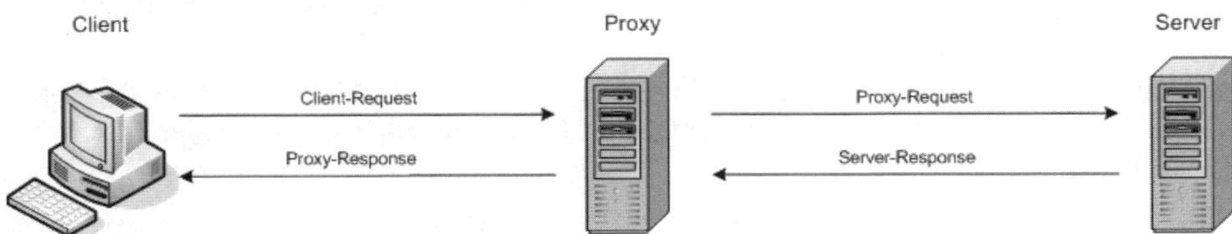

Abb. 37.2: Der Proxy steht als Stellvertreter des Clients in der Mitte der Kommunikation.

Zwar weiß der Client, welches Ziel er hat, spricht aber den Proxy *direkt* an. Dieser ist also in der Regel nicht transparent, so wie ein NAT-Device (obwohl es durchaus transparente Proxies gibt!).

»Transparent« bedeutet übrigens, dass die anderen Computer in einem Netzwerk nichts von der betreffenden Funktion bzw. dem betreffenden Dienst wissen. Es ist, als sei er gar nicht da.

Womit wir auch schon bei den Unterschieden zwischen NAT und Proxy sind: beim Source-NAT weiß der Client gar nicht, dass er nicht mit seiner eigenen IP beim Server ankommt, so wie der Server nicht weiß, dass er gar nicht mit dem echten Client kommuniziert. Das NAT-Device ändert einfach nur IP- und/oder Portnummer des Clients. Ansonsten ist das Teil strunzdoof! Es hat keine Ahnung, welches Anwendungsprotokoll mit welchem Inhalt transportiert wird und es ist ihm auch egal. Eben echte Layer-3-Funktionalität – nicht mehr, nicht weniger.

Dagegen arbeitet der Proxy auf Layer 7, also auf der Applikationsebene. Ein Proxy ist immer auf bestimmte Anwendungsprotokolle spezialisiert und kann mit anderen Protokollen gar nichts anfangen. So ist `Squid` auf die Protokolle HTTP, HTTPS und FTP beschränkt. Hinzu kommen etliche Proxy-Hilfsprotokolle, die ich Ihnen später kurz vorstellen werde. Hiermit ergeben sich ganz andere Anwendungsmöglichkeiten: Wenn der Proxy weiß, welche Inhalte er weiterleitet, kann er diese auch manipulieren. Darin liegt seine Stärke!

37.3.2 Warum einen Proxy einsetzen?

Ja! Warum eigentlich? Was bedeutet denn bitte »Inhalte manipulieren«? Nun, werfen Sie einen Blick auf die folgenden Argumente:

- *Sicherheit*: Ein Proxyserver steht zwischen den Clients und dem bösen Internet – wird der Proxy angegriffen, so besteht zunächst keine Gefahr für die Clients. Auch kann der Proxy durch eigene Content-Filter und externe Filterprogramme wie zum Beispiel Virenscanner den Netzwerkverkehr scannen und entsprechend filtern.
- *Geschwindigkeit und Bandbreite*: Ein Proxy kann schon einmal angefragte Inhalte in seinem Cache speichern und vorhalten. Fragt ein Client zum Beispiel eine Webseite ab, die schon vorher einmal angefordert wurde, kann der Proxy diese Webseite aus seinem Cache beantworten. Dies beschleunigt die Auslieferung an den Client und spart Bandbreite – im Falle unseres Architekturbüros Windschief ein essenzieller Punkt, da Bandbreite eine begrenzte Ressource ist.
- *Zugriffssteuerung*: Ein Proxy kann durch verschiedene Authentifizierungsmethoden für eine Zugriffssteuerung sorgen. Möchten Sie nur für bestimmte Webinhalte eine Authentifizierung, so ist auch das möglich.
- *Protokollierung*: Ähnlich wie ein Webserver protokolliert auch ein Proxyserver alle Anfragen und ermöglicht so eine detaillierte Auswertung des über ihn laufenden Netzwerkverkehrs.

Aus den genannten Gründen (es sind bei Weitem nicht alle, die für einen Proxy sprechen) ist bereits ersichtlich, warum ein Proxyserver auch schon in kleinen Netzwerken effizient genutzt werden kann.

37.3.3 Squid – der HTTP- und FTP-Proxyserver

`Squid` ist ein Open-Source-Proxyserver für Webclients mit Cache-Funktionalität. Daher wird er in dieser Funktion oft auch »Cache-Proxy« oder schlicht »Cache« genannt. `Squid` kann mit den Protokollen HTTP, HTTPS (SSL/TLS) und FTP umgehen. Darüber hinaus kennt `Squid` noch einige Hilfsprotokolle, wie zum Beispiel ICP (Internet Cache Protocol), CARP (Cache Array Routing Protocol), HTCP (Hypertext Caching Protocol) und Cache Digest. Außerdem unterstützt Squid in der Version 3 (als Nicht-Standard-Version bei *Lenny* enthalten) ICAP. ICAP (Internet Content Adaption Protocol) ist ein Protokoll, um externe Komponenten wie zum Beispiel Virenscanner oder Content-Filter etc. anzusprechen. Damit lässt sich der Datenstrom zusätzlich filtern.

`Squid` ist sehr skalierfähig und kann ebenso in kleinen wie in sehr großen Netzwerken effizient betrieben werden. Es unterstützt ACLs, externe Authentifizierung per LDAP u.a.

37.4 Squid installieren

`Squid` wird bei *Lenny* per Default in der Version 2.7 und bei *Etch* in Version 2.6 ausgeliefert. Für Lenny können Sie optional auch Squid 3.0 (Paket `squid3`) wählen. Dies ist allerdings nur dann notwendig, wenn Sie die neuen Features, wie zum Beispiel ICAP, benötigen. Sonst wählen Sie einfach das Defaultpaket `squid`. Sie installieren `Squid` wie immer:

```
# apt-get install squid
```

Dabei wird das Paket `squid-common` mitinstalliert. Es enthält diverse Hilfsdateien und Icons für die Anzeige von Squid-Meldungen im Browser. Bei der Installation wird die Cache-Verzeichnisstruktur unter `/var/spool/squid` erstellt. Anschließend wird `Squid` gestartet und wartet auf Port 3128/tcp auf Anfragen. Ob der Dienst läuft, können Sie über die Prozessliste mittels **`ps ax`** erfragen, wo Sie eine Zeile der folgenden Art finden sollten:

```
3992 ?        S      0:00 (squid) -D -sYC
```

Dass der Dienst auf dem genannten Port lauscht, können Sie über **`netstat -tulpn | grep 3128`** feststellen. Sie sollten die folgende Zeile finden können:

```
tcp        0      0 0.0.0.0:3128            0.0.0.0:*               LISTEN
```

Wie so oft können Sie den Dienst über `Telnet` testen:

```
# telnet localhost 3128
Trying 127.0.0.1...
Connected to localhost.
Escape character is '^]'.
quit
```

`Squid` antwortet nach der Eingabe von **`quit`** mit einer HTML-Seite – zwar mit einer Fehlermeldung, aber der Port ist gebunden ...

37.5 Grundkonfiguration von Squid

Auch `Squid` hat – wie viele andere Dienste unter Linux – nur eine einzige Konfigurationsdatei – Quizfrage: Wie heißt diese Datei? Antwort: `/etc/squid/squid.conf` – hätten Sie es gewusst? Irgendwo muss es da wohl eine Regel geben ... ;-)

Zur Sache: Werfen Sie einen Blick in die Datei, werden Sie bei *Etch* bzw. `squid 2.6` mit über 4000 (in Worten: viertausend) Zeilen konfrontiert – bei *Lenny* sind es sogar fast 5000! Bevor Sie nun allerdings dieses Kapitel frustriert überblättern, hier die gute Nachricht: Die meisten Zeilen sind Kommentarzeilen, die – wie üblich – durch das Doppelkreuz zu Beginn der Zeile gekennzeichnet sind. Die Zahl der effektiven Konfigurationszeilen beschränkt sich auf ca. 25 – es gibt nur wenige Konfigurationsdateien, die ausführlicher kommentiert sind! Man könnte meinen, es steht die komplette Man-Page von `Squid` in der Datei ... und im Grunde ist genau das der Fall!

Grundsätzlich können Sie `Squid` mit ca. zehn Konfigurationszeilen in den meisten Fällen gut betreiben, da es sehr viele sinnvolle Default-Einstellungen gibt, die Sie nur in begründeten Ausnahmefällen verändern sollten.

> Bei so vielen Zeilen ist es natürlich recht mühsam, einzelne Zeilen aufzufinden. Hierzu bieten sich die Suchfunktionen zum Beispiel in **`less`** oder **`vim`** an. Durch Eingabe von **`/<Suchbegriff>`** in **`less`** oder **`vim`** können Sie Ihre Suche starten, mit **`n`** gelangen Sie zur jeweils nächsten Fundstelle. [Shift]+[n] führt Sie zur vorigen Fundstelle zurück.

Zunächst schlage ich jedoch vor, dass wir den Squid-Proxy einmal testen: Geben Sie im Browser Ihres Clients (192.168.1.2) die IP-Adresse des Proxys (172.16.0.2) und den Port 3128 ein, in Abbildung 37.3 beispielhaft für den Internet Explorer.

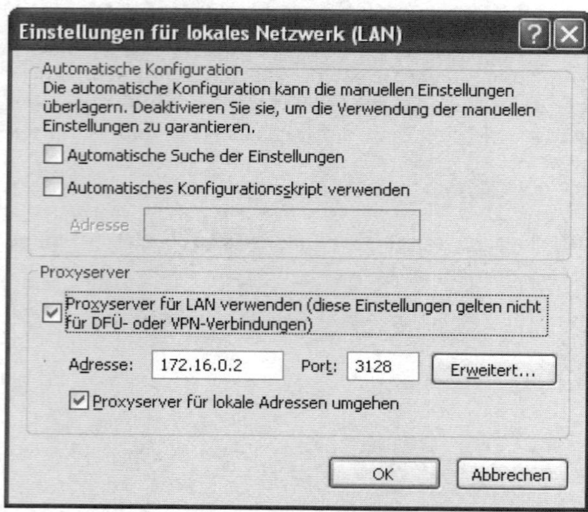

Abb. 37.3: Tragen Sie in den Internetoptionen die Einstellungen des Proxyservers ein.

Bei Mozilla/Firefox oder ähnlichen Browsern funktioniert es analog. Nach Klicken auf OK sollten die neuen Einstellungen aktiv sein – ab sofort können Sie über ihren neuen Proxyserver surfen. Testen Sie es aus!

> Es funktioniert nicht? Dann haben Sie vermutlich eine aktivierte Firewall und noch keine Firewall-Regel für die Kommunikation zum Proxyserver eingetragen. Blättern Sie ggf. zurück zum vorigen Kapitel und fügen eine zusätzliche Regel für die Kommunikation vom LAN zum DMZ-Server auf Port 3128/tcp in Ihr Firewall-Skript ein – vergessen Sie nicht, dieses anschließend auszuführen.

Nun aber – siehe Abbildung 37.4.

Moment mal! Das ist auch nicht das, was wir sehen wollten! War es vielleicht vorher die Firewall, die unsere Anfrage nach `/dev/null` (das virtuelle schwarze Loch unter Linux) geschickt hat, so lehnt nun der Proxy seine Zusammenarbeit mit uns ab.

Die Lösung ist recht einfach: Zunächst müssen wir `Squid` nämlich noch mitteilen, wer seine Dienste in Anspruch nehmen darf. Per Default ist das nur `localhost`.

Tragen Sie daher gleich einmal in der entsprechenden Sektion `ACCESS CONTROLS` (beginnt bei *Lenny* ca. ab Zeile 330, bei *Etch* ca. ab Zeile 2260) oben vor allen anderen ACLs (das sind die Zeilen, die mit `acl` beginnen) die folgende Zeile ein:

```
acl localnet src 192.168.1.0/255.255.255.0
```

Kommentieren Sie anschließend bei *Lenny* die Zeilen aus, die ebenfalls das Objekt `localnet` definieren, bei *Etch* sind diese Zeilen noch nicht vorhanden:

```
#acl localnet src 10.0.0.0/0        # RFC1918 possible internal network
#acl localnet src 10.0.0.0/0        # RFC1918 possible internal network
#acl localnet src 10.0.0.0/0        # RFC1918 possible internal network
```

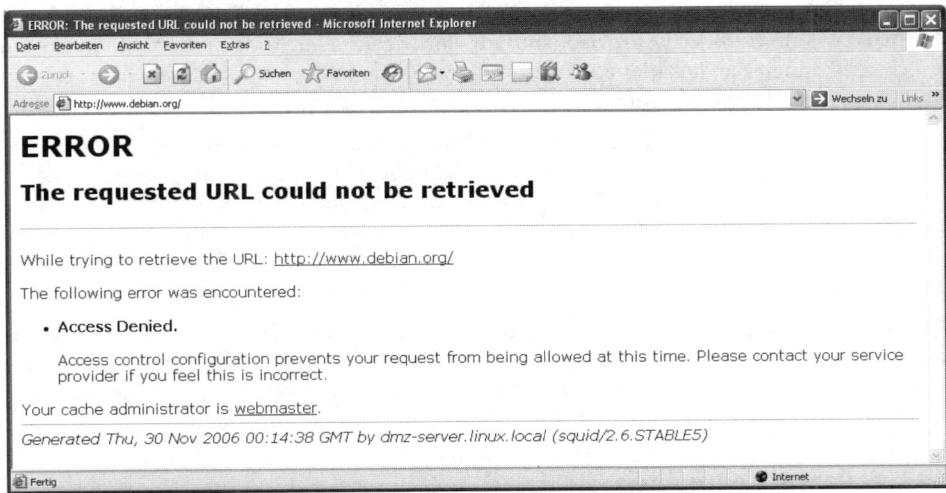
ERROR: The requested URL could not be retrieved - Microsoft Internet Explorer

ERROR

The requested URL could not be retrieved

While trying to retrieve the URL: http://www.debian.org/

The following error was encountered:

- Access Denied.

  Access control configuration prevents your request from being allowed at this time. Please contact your service provider if you feel this is incorrect.

Your cache administrator is webmaster.

Generated Thu, 30 Nov 2006 00:14:38 GMT by dmz-server.linux.local (squid/2.6.STABLE5)

Abb. 37.4: Squid erlaubt uns nicht, zu surfen ...

Somit haben Sie die Definition von `localnet` auf die Netzadresse Ihres LANs eingeschränkt. Nun müssen wir jedoch noch den Zugriff von `localnet` erlauben. Etwas weiter unten, dort, wo sich die Zeilen `http_access ...` befinden, fügen Sie (hier ganz oben) den folgenden Eintrag ein bzw. entfernen das Kommentierungszeichen vor der (bei *Lenny* vorhandenen) Zeile:

```
http_access allow localnet
```

Weiter unten werde ich Ihnen genau erläutern, was es damit auf sich hat. Speichern Sie die Datei ab und starten Sie `Squid` neu:

```
# /etc/init.d/squid restart
```

Nun sollte Ihrem Surfvergnügen nichts mehr im Wege stehen.

Lassen Sie uns nun einen Blick auf die Datei `/etc/squid/squid.conf` werfen. Die Datei ist in Sektionen unterteilt. Jede Option ist ausführlich dokumentiert – zwar auf Englisch, aber durch die Darstellung der Syntax lässt sich Inhalt und Form leicht nachvollziehen, auch wenn Ihr Englisch ein wenig eingerostet ist. Daher werde ich mich hier auf die wichtigsten Parameter (wie bei HTML *Tags* genannt) beschränken.

37.5.1 Portbindung und andere Netzwerkoptionen

Der Aufbau von `squid.conf` unterscheidet sich ein wenig zwischen *Etch* und *Lenny*. Im Folgenden gehe ich auf beide Versionen ein.

Die erste Sektion unter *Etch* ist `NETWORK OPTIONS`. Bei *Lenny* kommt diese Sektion erst weiter hinten, das nachfolgend Geschilderte gilt jedoch für beide Versionen. In dieser Sektion legen Sie IP-Adressen und Ports für `Squid` fest. Der für die Grundkonfiguration einzig relevante Parameter ist der folgende:

```
http_port 3128
```

Mit diesem Wert definieren Sie den Port, auf dem Squid lauscht – wie bereits festgestellt, ist das per Default 3128. Viele Proxies sind auf Port 8080 oder 8081 eingestellt. Wenn Sie möchten, können Sie dies hier anpassen. Achten Sie dann aber darauf, dass Sie in diesem Fall Ihre Firewall anpassen müssen.

Alle weiteren Optionen in dieser Sektion beziehen sich auf spezielle HTTPS-Kommunikationen (per Default müssen Sie jedoch hier nichts einstellen) und auf ICP (Internet Cache Protocol). Dieses Protokoll ist UDP-basiert und dient zur Koordination von Webcaches. Sie benötigen dies nur, wenn Sie `Squid` im Verbund mit mehreren anderen Proxyservern betreiben. Das Protokoll ist schon recht alt und wird in Zukunft durch HTCP (Hypertext Caching Protocol) ersetzt. Für unsere Betrachtungen spielt dies jedoch ohnehin keine Rolle.

Unter *Lenny* bzw. `Squid 2.7` lautet die erste Sektion `OPTIONS FOR AUTHENTICATION`. Sie dient der Konfiguration von Authentifizierungsmechanismen, wie zum Beispiel NTLM (die ältere Version der Windows-Authentifizierung). Per Default ist hier keine einzige Zeile aktiviert. Auf das Thema Authentifizierung kommen wir später noch einmal zurück.

37.5.2 Parents einrichten

Die nächste Sektion unter *Etch* ist betitelt mit `OPTIONS WHICH AFFECT THE NEIGHBOR SELECTION ALGORITHM`. Sie folgt auch bei *Lenny* der Sektion `NETWORK OPTIONS`. Wie Sie diesem Titel entnehmen können, bezieht sich der Inhalt dieser Sektion ebenfalls ausschließlich auf die gut-nachbarschaftlichen Beziehungen zwischen den Proxies. Es gibt insbesondere ein Tag, das unsere Beachtung verdient:

```
cache_peer <Proxyname> <Art> <Proxy-Port> <ICP-Port> [Optionen]
```

Hiermit können Sie Peer-Proxies angeben. Es gibt *Silblings* (Proxies auf gleicher Ebene, die ihren Cache teilen), Multicast-Gruppen und *Parents* (übergeordnete Proxies). Moment mal! Hatten wir nicht gerade festgestellt, dass wir die Betrachtung von Proxies im Verbund aus unserer Betrachtung ausschließen wollen?

Ja, doch eine Ausnahme möchte ich trotzdem mit Ihnen besprechen: die Einrichtung so genannter *Parents*. Dies sind vorgelagerte Proxies, an die unser Proxy seine Anfragen weiterleitet. Hier ein Anwendungsbeispiel:

Verschiedene Provider bieten Proxyserver an, die Sie als (deren!) Kunde nutzen können. Dies verbessert die Antwortzeiten und das Surfverhalten. Bei T-Online heißt dieser Server `www-proxy.t-online.de`. Er lauscht auf Port 80, also genau so, wie ein normaler Webserver. Sie nutzen ihn folgendermaßen:

```
cache_host www-proxy.t-online.de parent 80 0 no-query default
```

Dabei wird die Null (0) als ICP-Port angegeben, um zusammen mit der Option `no-query` ICP-Anfragen zu unterbinden. Darüber hinaus definieren wir diesen Parent als `default`, sozusagen als Last-Ressort (letzter Ausgang), wenn sonst keine andere Regel zutrifft. Da wir hier keine weiteren Regeln dieser Art definieren, wird diese Regel natürlich immer zutreffen.

Speichern Sie die Konfiguration ab, und starten Sie `Squid` neu:

```
# /etc/init.d/squid restart
```

Vorausgesetzt, Sie sind T-Online-Kunde, wird Ihr Proxy anschließend den T-Online-Proxy als Parent-Proxy nutzen.

Es gibt einige öffentlich zugängliche Proxies, die Sie als Parent eintragen könn(t)en. Die meisten von ihnen bieten Anonymizer-Funktionen an, die Ihre eigene IP-Adresse verschleiern. Dabei gibt es oftmals zwei Nachteile: zum einen sind diese Proxies häufig stark ausgelastet und damit relativ langsam, zum anderen – und das wiegt noch viel schwerer – kann Ihr Surfverhalten genau protokolliert werden. Da Sie in der Regel nicht herausfinden können, wer mit welcher Absicht an diesen Servern arbeitet, sollten Sie nur in begründeten Fällen auf einen Ihnen nicht bekannten Parent-Proxy zurückgreifen.

37.5.3 Den Cache konfigurieren

Die nächste Sektion, die wir hier betrachten wollen, heißt bei *Etch* `OPTIONS WHICH AFFECT THE CACHE SIZE`, bei *Lenny* schlicht `MEMORY CACHE OPTIONS` und beinhaltet Einstellungen zur Cache-Größe. Der Cache ist natürlich ein entscheidender Faktor für die Leistungsfähigkeit und Performance eines Proxyservers mit Caching-Funktion. Die Default-Einstellungen sollten für die meisten Fälle passen.

Sollten Sie Änderungen vornehmen müssen, werden Sie eine Iteration an das Optimum per »Trial and Error« vornehmen müssen. Wow, was für eine Ausdrucksweise, gell? Aber mir war gerade so ;-). Heißt nichts Anderes, als dass Sie die besten Einstellungen für sich selbst herausfinden müssen. Hier ein paar »Schrauben«, an denen Sie drehen können:

```
cache_mem <Größe> [MB|KB]
```

Per Default steht dieser Wert auf 8 MB. Er bezeichnet die Größe des von Squid reservierten Hauptspeichers für die so genannten *In-Transit Objects*, *Hot Objects* und *Negative-Cached Objects* festgelegt. Hierbei handelt es sich um die am häufigsten angefragten Webobjekte und die Objekte, die nicht gespeichert bzw. schnell verfügbar sein müssen. Auf diesen Speicherbereich wird häufig zugegriffen. Er sollte daher nicht zu klein bemessen sein.

Andererseits ist diese Speichergrenze nicht absolut – steht der Proxy unter Last, kann er die Größenbeschränkung überschreiten. Auch bezeichnet dieser Speicher nicht den gesamten von Squid belegten Speicherbereich an. Dieser hängt noch von vielen anderen Faktoren ab.

```
cache_swap_low <Prozentzahl>
cache_swap_high <Prozentzahl>
```

Dies definiert die untere und obere Marke (`Squid` spricht von »Wassermarke«) für die Räumung des Caches. Füllt sich der Cache über `cache_swap_low`, wird begonnen, den Cache leer zu räumen. Überschreitet die Belegung `cache_swap_high`, erfolgt die Räumung deutlich aggressiver. Per Default stehen die Werte auf 90 bzw. 95%. Sollten Sie einen sehr großen Cache verwenden, können Sie diese Werte enger zusammenlegen. Ist der Cache sehr klein, sollten die Werte vielleicht insgesamt herabgesetzt werden.

```
maximum_object_size <Größe> KB
```

Hierbei handelt es sich um eine Größenbeschränkung für zu cachende Objekte. Alle Objekte, die größer als der angegebene Wert sind, werden nicht gecached. Er steht per

Default auf 4096 KB. Mit steigender Größe dieses Wertes reduzieren Sie die Bandbreitennutzung auf Kosten der Geschwindigkeit. Setzen Sie den Wert kleiner, erhöhen Sie die Geschwindigkeit, der Proxy muss allerdings häufiger auf das Internet zugreifen.

```
maximum_object_size_in_memory <Größe> KB
```

Der hier angegebene Wert definiert analog zum obigen Parameter die maximale Größe der Webobjekte im Arbeitsspeicher. Der Default-Wert ist 8 KB, allerdings könnte es durchaus sinnvoll sein, diesen Wert ein wenig hochzusetzen. Damit stellen Sie sicher, dass auch etwas größere, aber häufig angefragte, Objekte schnell verfügbar sind. Setzen Sie ggf. den Wert für `cache_mem` entsprechend höher.

```
cache_replacement_policy <Verfahren>
```

Mit diesem Wert bestimmten Sie, nach welchem Algorithmus alte Objekte aus dem Cache entfernt werden, wenn Platz für neue Objekte benötigt wird. Folgende Algorithmen sind möglich:

- `lru`: *least recently used* (Default) – behält die zuletzt angefragten Objekte im Cache, unabhängig von ihrer Größe und dem Alter der Objekte.
- `heap GDSF`: *Greedy-Dual Size Frequency* – optimiert die Objekt-Hitrate, indem die kleineren und häufiger angefragten Objekte im Cache behalten werden. Für stark ausgelastete Proxies, bei denen die Geschwindigkeit auf Kosten der Bandbreitenauslastung optimiert werden soll.
- `heap LFUDA`: *Least Frequently Used with Dynamic Aging* – erhält die am häufigsten angefragten Objekte unabhängig von ihrer Größe im Cache. Diese Methode funktioniert ähnlich wie `lru`. Durch *dynamic aging* werden ältere Objekte jedoch eher entfernt. Sie sollten bei dieser Methode den Wert für `maximum_object_size` höher als 4096 KB setzen.

Alle diese Werte werden erst bei einer höheren Auslastung Ihres Proxy-Caches relevant. Für kleine Umgebungen werden Sie vermutlich keine großen Unterschiede feststellen können. Sollten Sie jedoch Performance-Probleme haben, kennen Sie nun einige Knöpfe, an denen Sie drehen können.

37.5.4 Cache-Verzeichnisse und Logging

Die nächste Sektion hat unter *Etch* den Titel `LOGFILE PATHNAMES AND CACHE DIRECTORIES`, ist unter *Lenny* aufgeteilt in `LOGFILE OPTIONS` sowie `DISK CACHE OPTIONS` und enthält Parameter zur Konfiguration der Cache-Verzeichnisse und der Logdateien.

```
cache_dir <Typ> <Stammverzeichnis> <Speichersystem-Optionen> [Optionen]
```

Mit diesem Wert können Sie ein Stammverzeichnis angeben, unter dem `Squid` seine Caching-Verzeichnisstruktur anlegt. Das Stammverzeichnis muss bereits existieren und für `Squid` beschreibbar sein. Unter Debian wird hier automatisch `/var/spool/squid` angelegt, Eigner und Gruppe sind der Benutzer bzw. die Gruppe `squid`.

Der Default-Wert ist folgender:

```
cache_dir ufs /var/spool/squid 100 16 256
```

Das Speichersystem `ufs` ist das per Default einzig einkompilierte. Weitere Speichersysteme sind `aufs` und `diskd`, auf die wir hier nicht weiter eingehen.

Für `ufs` geben Sie als Speichersystemoptionen die Gesamtgröße (Default: 100 MB), die Anzahl der Level-1-Verzeichnisse, also der direkten Unterverzeichnisse (16), und deren Unterverzeichnisse als Level-2-Verzeichnisse (256) an.

Sie können mehrere `cache_dir`-Zeilen, also mehrere solcher Cache-Verzeichnisse angeben. Dies kann sehr nützlich sein, wenn Sie mehrere Partitionen auf Festplatten mit jeweils eigenem Controller festlegen, da dies die Performance deutlich steigern kann.

```
access_log <Logdatei>
```

Hier können Sie angeben, wohin Squid alle HTTP-Client-Anfragen loggt. Per Default finden Sie diese Datei als `/var/log/squid/access.log`.

> **Beachten Sie:** Sollten Sie den Proxy im Unternehmen betreiben, so bewegen Sie sich bei der Auswertung des Proxy-Logs rechtlich gesehen auf sehr dünnem Eis! Erlauben Sie den Mitarbeitern die private Nutzung des Internets, dürfen Sie keine Auswertung vornehmen, die einen Rückschluss auf den einzelnen Mitarbeiter zulässt – das ist aber über die geloggte IP-Adresse des Clients sehr einfach möglich. Auf der sicheren Seite sind Sie nur, wenn Sie den Benutzern eine private Nutzung komplett untersagen – das ist allerdings oftmals nicht gewünscht. Damit bleibt dieses Thema heikel. Da ich mich an dieser Stelle auch nicht zu weit aus dem Fenster lehnen möchte, werde ich die Diskussion über rechtliche Grauzonen nicht weiter vertiefen. Weiter unten zeige ich Ihnen, wie Sie mit `client_netmask` eine Teilanonymisierung durchführen können.

Ein Eintrag im Logfile sieht zum Beispiel folgendermaßen aus:

```
1165000984.405     145 192.168.1.2 TCP_CLIENT_REFRESH_MISS/200 15605 GET http://
www.debian.org/ - DIRECT/194.109.137.218 text/html
```

Wie ein solcher Eintrag genau aufgebaut ist, können Sie selbst über das Tag `logformat` konfigurieren. Ich gehe hier allerdings nicht weiter darauf ein. Sollten Sie sich dafür interessieren, wird Ihnen die Erläuterung in `/etc/squid/squid.conf` zu diesem Tag sicherlich weiterhelfen.

Das `cache_log` enthält – anlaog zum `access_log` – Aktivitäten und Meldungen über den Cache. Das Tag hat dieselbe Syntax.

Darüber hinaus finden Sie im frisch installierten Zustand von `Squid` eine Datei `/var/log/squid/store.log`. Sie wird über das Tag `cache_store_log` definiert. Dabei handelt es sich um die Aktivitäten des Store-Managers, der protokolliert, welches Objekt wann aus dem Cache geholt, gespeichert oder gelöscht wurde. Es gibt kaum einen praktischen Nutzen dieser Datei, geschweige denn Tools für deren Auswertung. Sie können dieses Log über `cache_store_log none` deaktivieren.

```
client_netmask <Netzmaske>
```

Mit diesem Wert können Sie die per Default vollständig mitgeloggten IP-Adressen der Clients zum Teil maskieren. In der Voreinstellung hat das Tag den Wert 255.255.255.255. Damit wir die komplette IP-Adresse angegeben. Setzen Sie den Wert zum Beispiel auf 255.255.255.0, wird nur noch ein Klasse-C-Netz mitgeloggt, der Hostanteil wird durch eine Null (0) ersetzt. Probieren Sie es einfach einmal aus! Nützlich kann dies in jedem Fall werden, wenn Sie ansonsten rechtliche Schwierigkeiten bezüglich der Auswertung Ihrer Logdaten bekommen würden (s.o.).

37.5.5 FTP- und DNS-Einstellungen

Die nächste zu betrachtende Sektion titelt unter *Etch* mit `OPTIONS FOR EXTERNAL SUPPORT PROGRAMS`. Unter *Lenny* lautet der Titel `OPTIONS FOR FTP GATEWAYING` bzw. `DNS OPTIONS`. Zunächst können Sie hier festlegen, wie sich Ihr Proxyserver als FTP-Client verhält:

```
ftp_user <Benutzer>@
```

Hiermit geben Sie den FTP-Benutzer an, den Squid bei einer Login-Anforderung senden soll. Per Default wird `squid@` gesendet. Es gibt nur wenige Gründe, dies zu ändern. Im Übrigen fügt `Squid` seine eigene Domain an diesen Namen an, so dass eine vollständige E-Mail-Adresse der Art `benutzer@domain.tld` herauskommt. Diese wird von den meisten Anonymous-FTP-Servern gefordert.

```
ftp_passive <on|off>
```

Dieses Tag bestimmt, ob `Squid` passives oder aktives FTP nutzt. Erlaubt zum Beispiel Ihre Firewall kein passives FTP, können Sie den Default-Wert (`on`) auf `off` setzen.

Darüber hinaus können Sie für `Squid` separate DNS-Server angeben, die sich von denen, die für den lokalen Resolver zum Beispiel in `/etc/resolv.conf` festgelegt wurden, unterscheiden:

```
dns_nameservers <Nameserver1> [<Nameserver2>] ...
```

Es gibt allerdings nicht viele Gründe, dies abzuändern. In diesem Zusammenhang sei auch `hosts_file` erwähnt, womit Sie eine separate `hosts`-Datei angeben können. Der Default-Wert ist `/etc/hosts`.

37.6 Zugriffssteuerung via Access-Lists

`Squid` ermöglicht die Zugriffskontrolle via ACLs (Access Lists). Sie haben die Möglichkeit, sehr granular zu bestimmten, wer wie wann was darf. Dabei gilt folgendes Grundschema:

Zunächst müssen Sie mit Hilfe des Tags `acl` eine ACL definieren. Das kann zum Beispiel ein Subnetz, eine Domain, eine Zeit oder etwas Anderes sein. Damit ist allerdings noch nicht viel geschehen, da die ACL noch nicht in Benutzung ist. Sie haben sozusagen erst einmal das »Objekt« erstellt.

Die eigentliche Regel wird nun über das Tag `http_access` eingerichtet. Hier definieren Sie auch, ob der Zugriff erlaubt oder verboten wird. Schauen wir uns das anhand eines Beispiels an. Erinnern Sie sich noch an unsere erste Regel, die wir gleich zu Anfang ein einfügen mussten, um überhaupt surfen zu können? Greifen wir sie noch einmal auf. Zunächst mussten wir ein ACL-Objekt erstellen:

```
acl localnet src 192.168.1.0/255.255.255.0
```

Wir definieren hiermit ein Objekt namens `localnet`, das ein Quellnetz 192.168.1.0/255.255.255.0 enthält. Die allgemeine Syntax für ACLs ist folgende:

```
acl <Name> <Typ> <Objekt1> [<Objekt2>] ...
```

Der Name ist frei wählbar und steht für das ACL-Objekt. Es gibt viele verschiedene Typen von ACLs, hier ein paar wichtige:

- `scr` – beschreibt die Quelle (source) einer Kommunikation.
- `dst` – beschreibt das Ziel (destination) einer Kommunikation.
- `time` – beschreibt einen Zeitraum nach folgender Syntax: `<Tage> <h1:m1-h2:m2>`, wobei `h1:m1` kleiner sein muss als `h2:m2`. Ein Beispiel: `acl verboten time A S 08:00-18:00`. Damit können Sie die Nutzung des Proxys auf bestimmte Zeiten beschränken. Für weitere Informationen schauen Sie in die Erläuterung zu diesem ACL-Typ in `/etc/squid/squid.conf`.
- `url_regex [-i]` – beschreibt einen regulären Ausdruck für einen URL. Dies ermöglicht es Ihnen, auf bestimmte Webseiten zu filtern. Die Option `-i` ignoriert Groß- und Kleinschreibung.
- `proxy_auth` – ermöglicht eine Zugriffskontrolle via Authentifizierung – siehe nächster Abschnitt.

Sie finden noch viele weitere Typen in der Erläuterung innerhalb der Konfigurationsdatei. Nun denn, wie geht es weiter?

Als Nächstes benötigen wir eine Regel, die bestimmt, wie mit dem ACL-Objekt zu verfahren ist. Das funktioniert über das Tag `http_access`. Möchten Sie – wie in unserem Fall – die Kommunikation über den Proxy ermöglichen, so benötigen wir eine *Allow*-Regel:

```
http_access allow localnet
```

Möchten Sie eine Kommunikation unterbinden, nutzen Sie `deny`. Eine Anwendung hierfür wäre zum Beispiel die Nutzung des Proxys auf bestimmte Zeiten zu beschränken:

```
acl verboten time 19:00-06:00
http_access deny verboten
```

Somit darf zwischen 19:00 Uhr und 06:00 Uhr nicht über den Proxy gesurft werden.

> Sie sollten in jedem Fall die jeweiligen Zeilen `acl ...` und `http_access ...` in der jeweiligen Sektion unterbringen, da nur so die Übersicht bewahrt bleibt. Wichtig ist, dass die Regeln von oben nach unten abgearbeitet werden. Die letzte Regel ist per Default `http_access deny all`. Somit müssen Sie alles, was erlaubt werden soll, darüber platzieren.

37.7 Authentifizierung

Mit dem ACL-Typ `proxy_auth` erlaubt `Squid` bestimmte Zugriffe nur nach einer Authentifizierung. `Squid` unterstützt eine ganze Anzahl an Authentifizierungsmethoden, u.a.:

- LDAP
- PAM
- SASL
- NTLM
- NCSA (basic)

Dabei kann die Authentifizierung sowohl intern (auf dem Proxyserver selbst) als auch extern (zum Beispiel auf einem LDAP-Server) stattfinden. Die grundlegende und für kleine Netzwerke häufig einfachste Authentifizierung ist *basic*. Sie funktioniert folgendermaßen:

Zunächst legen wir auf dem Proxy eine Authentifizierungsdatei an. Hierzu dient das Tool **htpasswd**. Lassen Sie uns einen Benutzer `user1` anlegen:

```
# htpasswd -c /etc/squid/squidpasswd user1
New password:******
Re-type new password:******
Adding password for user user1
```

Die gewählte Datei wird automatisch angelegt und kann auch beliebig anders lauten. Nun müssen wir `Squid` noch mitteilen, dass eine Authentifizierung über diese Datei erfolgen soll. Dies geschieht dreistufig.

Über das Tag `auth_param` legen wir die Parameter zur Authentifizierung fest. Fügen Sie die folgenden Zeilen am besten dort ein, wo sich die Erläuterung zu `auth_param` befindet. Sie finden diese unter *Etch* in der Sektion `OPTIONS FOR EXTERNAL SUPPORT PROGRAMS` und unter *Lenny* in `OPTIONS FOR AUTHENTICATION`:

```
auth_param basic program /usr/lib/squid/ncsa_auth /etc/squid/squidpasswd
```

Das Programm `ncsa_auth` dient zur Abfrage der Authentifizierung und vergleicht die Benutzereingaben mit denen in `/etc/squid/squidpasswd`. Außerdem benötigen wir noch einige andere Parameter:

```
auth_param basic children 5
auth_param basic realm Squid Proxy Windschief
auth_param basic credentialsttl 2 hours
```

Die erste Zeile bestimmt, dass 5 Authentifikationsprozesse gestartet werden, mit `realm` geben Sie den Text für das Dialogfenster bei der Anmeldung an und `credentialsttl` bestimmt, wie lange `Squid` die Anmeldeinformationen speichert (hier: 2 Stunden).

Damit `Squid` dies nun auch wirklich nutzt, benötigen wir wieder eine ACL:

```
acl privusers proxy_auth REQUIRED
```

Diese ACL müssen wir nun noch in eine passende Regel integrieren:

```
http_access allow privusers
```

Anschließend starten wir den `Squid`-Server neu:

```
# /etc/init.d/squid restart
```

Sie können nun auch in der Prozessliste sehen, dass einige Prozesse hinzugekommen sind:

```
4038 ?        Ss     0:00 /usr/sbin/squid -D -sYC
4040 ?        S      0:00 (squid) -D -sYC
4045 ?        Ss     0:00 (ncsa_auth) /etc/squid/squidpasswd
4046 ?        Ss     0:00 (ncsa_auth) /etc/squid/squidpasswd
4047 ?        Ss     0:00 (ncsa_auth) /etc/squid/squidpasswd
4048 ?        Ss     0:00 (ncsa_auth) /etc/squid/squidpasswd
4049 ?        Ss     0:00 (ncsa_auth) /etc/squid/squidpasswd
```

Greifen Sie nun von einem Browser über `Squid` auf das WWW zu, sehen Sie ein Dialogfenster, das Sie zur Authentifizierung auffordert.

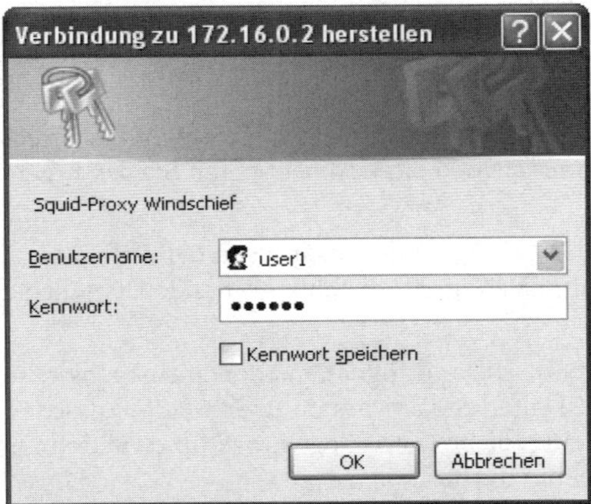

Abb. 37.5: Squid möchte gerne wissen, mit wem er es zu tun hat.

Tragen Sie hier Ihre Nutzerdaten ein, wie Sie sie vorhin mit `htpasswd` festgelegt haben. Die Nutzerdaten werden im HTTP-Header an den Proxy geschickt. Anschließend lässt `Squid` Sie passieren.

Sie können nun zunächst einmal zwei Stunden surfen, ohne dass Sie sich erneut anmelden müssen. Dies gilt allerdings nur für eine Browserinstanz – sollten Sie also ein neues Browserfenster starten, müssen Sie sich erneut anmelden ...

37.8 URL-Filter mit Squid

Vielleicht haben Sie sich schon gefragt, wie Sie mit `Squid` verhindern können, dass Ihre Benutzer auf bestimmte unerwünschte Websites gelangen? Hierfür gibt es verschiedene Ansätze. Sie können zum Beispiel externe Content-Filter einbinden. An dieser Stelle möchte ich Ihnen jedoch zunächst die »Hausmittel« von `Squid` vorstellen. Zu diesem Zweck kommen wir noch einmal auf die ACLs zurück. Können Sie sich an den ACL-Typ `url_regex` erinnern? Hiermit lassen sich URLs mit Listen vergleichen, die reguläre Ausdrücke enthalten. Betrachten wir ein sehr einfaches Beispiel:

Nehmen wir an, unsere Liste ist in `/etc/squid/gesperrt` enthalten. Sie können diese Datei übungshalber mit folgendem Inhalt erstellen:

```
porn
sex
warez
cracks
debian
```

Listing 37.1: /etc/squid/gesperrt

Natürlich ist diese Liste nur ein sehr einfaches und in der Praxis völlig unzureichendes Beispiel, zumal in der letzten Zeile der ehrenwerte Begriff debian steht – wie gesagt, es ist nur eine Übung! Doch lassen Sie uns fortfahren. Nun erstellen wir eine ACL mit dieser Liste:

```
acl gesperrt url_regex -i "/etc/squid/gesperrt"
```

Diese muss sodann in eine Regel integriert werden:

```
http_access deny gesperrt
```

Nun wird der Proxy neu gestartet. Anschließend können Sie einen Browsertest starten. Geben Sie in der Adressleiste `http://www.debian.org` ein und betrachten Sie das Ergebnis.

Jeder angefragte URL wird mit den Begriffen bzw. regulären Ausdrücken der Datei `/etc/squid/gesperrt` verglichen – trifft ein Ausdruck zu, greift die entsprechende Deny-Regel und die Seite wird nicht erlaubt.

Im Internet sind so genannte Blacklists und Phraselists verfügbar, mit denen eine effiziente URL-Filterung vorgenommen werden kann. Halten Sie am besten über *Google* Ausschau danach. Natürlich können Sie auch manuell eine solche Liste pflegen, was Ihnen allerdings zunächst einmal eine Menge Aufwand bescheren dürfte.

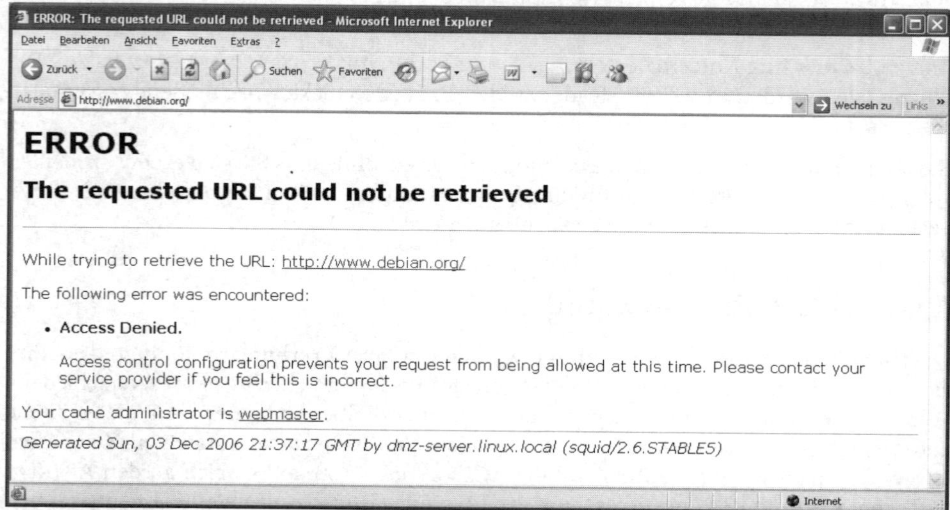

Abb. 37.6: URLs, die den Begriff »debian« enthalten, sind nicht mehr erlaubt ...

37.9 Zusammenfassung und Weiterführendes

Natürlich bietet Squid noch erheblich mehr als in dieser recht kurzen Einführung zu erfahren war – insbesondere ist es möglich, externe Content-Filter-Programme wie zum Beispiel DansGuardian (http://dansguardian.org, frei, aber nicht kostenlos!) über Redirectoren einzubinden. Sie sollten jedoch in diesem Kapitel einen guten Einblick in die Grundkonfiguration von Squid erhalten haben, so dass Sie in der Lage sind, einen eigenen Web-Proxyserver aufzusetzen, um den Webtraffic sowohl besser steuern und überwachen zu können als auch eine bessere Performance bei geringeren Bandbreiten zu erzielen.

Teil 5

Server-Security

In diesem letzten Teil (Gratulation, Sie sind bereits auf der Zielgeraden!) geht es um die Absicherung unseres Servers. Sie haben im Laufe dieses Lehrgangs viele Serverdienste kennen gelernt und an vielen Stellen habe ich Sie bereits auf mögliche Sicherheitsrisiken hingewiesen. Der nun folgende Teil soll Ihnen helfen, Ihren Server rundum möglichst sicher aufzusetzen und zu konfigurieren. Dabei sollten Sie allerdings eins stets berücksichtigen:

> Es gibt keine absolute Sicherheit! Ein System oder Dienst ist nur so lange sicher, wie niemand eine Schwachstelle darin gefunden hat – und das passiert oftmals schneller als man denkt!

IT-Security ist kein Status, den man irgendwann einmal erreicht, sondern ein stetig laufender und nie endender Prozess. Kaum haben Sie ein Sicherheitsloch gestopft, öffnet sich ein neues. Als Administrator läuft man den Ereignissen fast zwangsläufig ständig hinterher.

Wie komme ich an Informationen?

Eine der größten Schwierigkeiten ist die Informationsbeschaffung. Ein gründlicher und sicherheitsbewusster Administrator könnte einen Großteil seiner Zeit damit verbringen, Sicherheitsmeldungen zu studieren und nach Sicherheitslücken zu suchen, die sein eigenes System betreffen.

Meine Empfehlung hierzu lautet: Abonnieren Sie zwei oder drei einschlägige Newsletter und lesen Sie regelmäßig zwei bis drei aktuelle Seiten im Internet. Machen Sie sich nicht verrückt und beschränken Sie sich auf die Informationen, die Ihre eigenen Systeme betreffen – nur wenn Sie die Zeit dazu haben, sollten Sie sich mit anderen Security-Meldungen auseinandersetzen.

Hier eine Auswahl, die Sie sich einmal genauer ansehen sollten:

- `www.bsi.de` – Website des *Bundesministeriums für Sicherheit in der Informationstechnik*. Unter `http://www.bsi.de/certbund/infodienst/kurzinfo.htm` können Sie eine Kurzinfo-Mailingliste abonnieren. Sie erhalten mehrmals täglich aktuelle Informationen über Sicherheitslöcher. Sehr empfehlenswert.

- www.heise.de – Website des Heise-Verlags, der sowohl die Zeitschrift *C't* als auch die *iX* herausbringt. Enthält eine Security-Seite (http://www.heise.de/security) und einen Security-Newsletter mit einer wöchentlichen Zusammenfassung aller Security-relevanten Nachrichten unter http://www.heise.de/bin/newsletter/listinfo/heisec-summary.
- www.securityfocus.com – Diese Website betreibt das bekannte Security-Forum *Bugtraq* unter http://www.securityfocus.com/archive/1. Hier werden oftmals sehr detailliert Sicherheitslücken und deren *Exploits* aufgezeigt und diskutiert. Die Site enthält auch einen wöchentlichen Newsletter unter http://www.securityfocus.com/newsletters.
- Websites verschiedener Antivirenhersteller, zum Beispiel www.symantec.de, www.mcafee.de, www.sophos.de usw.

Zusätzlich finden Sie auf den Webpräsenzen Ihres Betriebssystems, zum Beispiel www.debian.org/security, sicherheitsrelevante Meldungen bezüglich der eigenen Distribution.

Grundsätzliche Security-Regeln

Sie werden im nächsten Kapitel konkrete Vorschläge erhalten, welche Dinge Sie tun und welche Sie besser nicht tun sollten. Hier möchte ich Ihnen zunächst einige allgemeine Ratschläge geben, die für jedes Serversystem gelten:

- Installieren Sie auf Ihrem Server nur das Nötigste, um Ihren Server zu betreiben. Lassen Sie keine unnötigen Dienste oder Subsysteme laufen. Jeder Dienst stellt eine potenzielle Sicherheitslücke dar.
- Konfigurieren Sie auch die einzelnen Dienste so, dass möglichst wenig Angriffsfläche übrig bleibt. Aktivieren Sie keine Features, die Sie nicht benötigen. So können Sie zum Beispiel das Login per SSH für `root` unterbinden. Ein normaler Benutzer tut es auch, der sich anschließend per `su` in `root` verwandelt.
- Vergeben Sie überall nur so viele Rechte wie nötig und so wenig, wie möglich.
- Sichern Sie Ihren Server durch Firewalls, Intrusion-Detection-Systeme, Backups und durch einen geeigneten (logischen sowie physikalischen) Standort ab. Die Vorteile eines Servers in einer DMZ habe ich Ihnen bereits ausgiebig erläutert.
- Sorgen Sie dafür, dass Ihr Server und seine Dienste immer auf dem aktuellen Patch-Stand sind – Security-Löcher werden oftmals schnell mit Updates und Patchs geschlossen.
- Führen Sie Ihre Dienste – wann immer möglich – innerhalb einer Change-Root-Umgebung aus. Das Ausbrechen aus einem `chroot` ist sehr schwierig.
- Führen Sie regelmäßig Security-Audits durch, indem Sie einen Security-Scanner, zum Beispiel `Nessus`, auf Ihren Server ansetzen. Sie können sich noch so gut absichern, erst ein Angriff zeigt, wie stark Ihre Mauern wirklich sind.
- Betreiben Sie das Vier-Augen-Prinzip: Lassen Sie eine vertrauenswürdige Person, die mit der Materie vertraut ist, Ihre Sicherheitsmaßnahmen checken! Vier Augen sehen mehr als zwei. In großen Unternehmen übernehmen interne und externe Security-Auditoren diese Aufgabe.

Vor welchen Gefahren muss ich mich eigentlich schützen?

Ich spreche hier ständig über Schwachstellen und Sicherheitslöcher – aber was genau verbirgt sich denn dahinter? Welchen Bedrohungen müssen wir uns stellen? Wo sind die klassischen »Sollbruchstellen«? Eine vollständige Auflistung dürfte schwierig oder gar unmöglich sein – die wichtigsten Angriffe stelle ich Ihnen im Folgenden vor. Doch zunächst möchte ich mit Ihnen über Security-Grundsätze sprechen.

Ziele der Informationssicherheit

Die Informationssicherheit – oder internationaler: IT-Security – verfolgt drei Hauptziele:

Vertraulichkeit

Die vorhandenen Daten dürfen nur von autorisierten Personen eingesehen werden. Dazu gehört auch der Schutz von personenbezogenen Daten bzw. der Anonymität.

Verfügbarkeit

Der Zugriff auf die Daten muss jederzeit innerhalb eines vereinbarten Zeitrahmens möglich sein. Dies schließt auch eine Wiederherstellungszeit im Rahmen eines Desaster-Recoverys (siehe Kapitel 40 *Desaster Recovery*) ein.

Integrität

Die Daten dürfen nicht unbemerkt verändert werden. Es muss sichergestellt werden, dass die Manipulation von Daten, das Hinzufügen, Verändern oder Löschen, nur von autorisierten Personen vorgenommen werden können.

Darüber hinaus ist ein weiteres Ziel die **Authentizität** – dies beinhaltet die Sicherstellung der Identität einer Person, mit der Informationen ausgetauscht werden. Dies spielt insbesondere bei allen Finanzangelegenheiten wie Geldtransaktionen, größeren Aufträgen etc. eine Rolle. Die Authentizität spielt bei Transaktionen eine erhebliche Rolle, ich zähle sie daher als viertes Ziel hinzu.

Ist das für Sie zu banal? Interessanterweise können Sie aber tatsächlich alle Security-relevanten Vorfälle in einem der vier Hauptziele wiederfinden. Betrachten wir ein paar Beispiele:

1. Ein Hacker hat es geschafft, in ein Datenbanksystem einzudringen und Kundendaten auszuspähen – hier wurde die *Vertraulichkeit* verletzt.
2. Einem Wurm ist es gelungen, wichtige Dateien auf einem Server zu zerstören. Die Dateien enthielten Buchhaltungsdaten, aufgrund derer die Bilanz zu erstellen ist – in diesem Fall ist die *Verfügbarkeit* der Daten gefährdet.
3. Einem gekündigten und unzufriedenen Mitarbeiter gelingt es, die Zahlen in einem Angebotsschreiben für einen Großauftrag derart zu verfälschen, dass der Auftrag an ein anderes Unternehmen geht – ein klarer Fall von Verletzung der *Integrität*.
4. Eine Bank erhält Buchungsaufträge von einer Person, die über Phishing-Mails PINs und TANs von anderen Leuten erschlichen hat – hier versagt die Sicherstellung der *Authentizität* des Kommunikationspartners.

Diese Beispiele verdeutlichen den Zusammenhang zwischen *Security-Incidents* (Incident = Ereignis, Vorfall) und den Security-Zielen. Doch lassen Sie uns nun einen Blick auf die Bedrohungen werfen, denen unsere EDV-Systeme ausgesetzt sind.

Bedrohungen der Informationssicherheit

Wie bereits erwähnt, ist die folgende Auflistung keineswegs vollständig. Sie dient lediglich dazu, wichtige und immer wiederkehrende Einbruchstechniken und Sollbruchstellen aufzuzeigen. Wir können zwischen lokalen und Netzwerkangriffen unterscheiden:

Lokale Angriffe

Hierunter fallen alle Angriffe, die von einem Benutzer, der direkt vor dem betreffenden System sitzt, ausgehen. Grundsätzlich gibt es keine lokale Sicherheit! Hat ein Angreifer physischen Zugriff auf ein System, ist es nicht möglich, einen Einbruch zu 100 % zu verhindern.

Daher kommt dem Serverstandort und dessen Absicherung auch eine hohe Bedeutung zu. Die Mitarbeiter größerer Rechenzentren tragen Waffen, der Zugang wird häufig nur über duale Authentifikationssysteme realisiert – neben dem Ausweis müssen die Zugangsberechtigten Ihre Identität über biometrische Systeme (Fingerabdruck, Retinascan etc.) nachweisen.

Typische lokale Angriffe sind:

- *Bruteforce-Attacken* auf Passwörter: Kommt ein Angreifer zum Beispiel in den Besitz der Passwort-Datei (`/etc/shadow`), kann er durch Ausprobieren aller möglichen Kombinationen früher oder später alle Passwörter herausfinden.
- *Privilegieneskalation*: Hat ein Angreifer nicht privilegierten Zugriff auf ein System, kann er in bestimmten Fällen durch Ausnutzen bestimmter Sicherheitslöcher bzw. fehlender Absicherungen seine Privilegien u.U. bis auf Root-Rechte erweitern.
- *Pufferüberläufe*: Viele Programme sind unsauber programmiert und enthalten Fehler in der Überprüfung von Benutzereingaben. Durch entsprechend manipulierte Eingaben können unter Umständen Shells oder andere Programme gestartet werden, die mit den Rechten des fehlerhaften Programms laufen – viele Programme laufen unter `root` ...
- *Zerstörung* von Daten: Ob Sie es glauben oder nicht: dies passiert (absichtlich) relativ selten – und zwar aus einem einfachen Grund: wenn ein Angreifer schon die Möglichkeit hat, lokal auf das System zuzugreifen, ist es viel interessanter, Daten auszuspähen, zu stehlen oder zu manipulieren, als sie zu zerstören.

Kommen wir nun zu den Netzwerk- oder Remote-Angriffen:

Angriffe über das Netzwerk

Ein Angreifer, der über das Netzwerk in ein System eindringen will, muss noch ganz andere Hürden nehmen als ein lokaler Angreifer. Aber wer sagt eigentlich, dass ein Remote-Angriff auf ein Eindringen abzielt? Siehe unsere erste Kategorie:

- *Denial-of-Service-Attacke* (DoS): Das Ziel eines solchen Angriffs ist es, ein System lahmzulegen, es unbenutzbar zu machen. Dazu muss der betreffende Dienst entweder überlastet oder mit bestimmten falschen Daten gefüttert werden. Hierbei hat der Angreifer allerdings in der Regel nur einen temporären Erfolg, da sich eine DoS-Attacke nicht endlos aufrechterhalten lässt. Da viele Systeme heutzutage eine sehr große Netzwerklast ertragen können und mit entsprechenden Schutzmaßnahmen versehen wurden, wird DoS oftmals auf DDoS erweitert, dem *Distributed Denial-of-Service-Angriff*, bei dem viele Rechner mit Internetzugang für einen DoS-Angriff missbraucht werden – in der Regel ohne Wissen der jeweiligen Eigentümer. Dies geschieht häufig durch Würmer oder Trojaner auf den betroffenen Systemen, die den Angriff automatisiert zu einem bestimmten Zeitpunkt starten.

- *Reconnaissance-Attacke*: Hierbei handelt es sich eigentlich nicht um einen Angriff im eigentlichen Sinne. Vielmehr geht es um die Aufklärung (engl. reconnaissance) von Netzwerkstrukturen. Mittels bestimmter Techniken (TCP-Scan, Portscan, Fingerprinting etc.) versucht ein Angreifer herauszubekommen, wie das betreffende Netzwerk aufgebaut ist und wo die Schwachstellen sind.
- *Remote-Exploit*: Der Traum jedes Angreifers – eine Schwachstelle in einem von außen erreichbaren System durch einen so genannten *Exploit* (ein Stückchen Code oder eine Technik zum Ausnutzen der Schwachstelle) infiltrieren und sich somit Zugang zu dem betreffenden System verschaffen. In Kombination mit anderen Techniken, zum Beispiel Privilegieneskalation, kann der Angreifer auch unter ungünstigen Bedingungen volle Kontrolle über einen Server erhalten.
- *Viren, Würmer und Trojaner*: Der Übergang ist fließend, viele Schädlinge haben heutzutage schon Eigenschaften aller drei »Gattungen«. Ihnen gemein ist, dass sie über verschiedene Wege per Netzwerkkommunikation auf bestimmte Rechner und Server gelangen und dort automatisiert ihre Schadensfunktion entfalten. Zwar sind sie auf Linux-Systemen bei weitem noch nicht so stark verbreitet wie unter Windows, dennoch sollten Sie die Gefahr für Ihre Systeme nicht unterschätzen, zumal Linux-Server häufig in Windows-Client-Netzwerken ihren Dienst tun. Schädlinge werden inzwischen übrigens hauptsächlich über infizierte Webseiten übertragen und nicht mehr per E-Mail.
- *Spoofing*: Kein selbstständiger Angriff, sondern ein Hilfsmittel zum Angriff. Es wird zum Beispiel eine vertrauenswürdige IP-Adresse aus dem LAN vorgetäuscht, um durch eine Firewall oder einen lokalen IP-Filter zu kommen. Schutz bieten hier Antispoofing-Maßnahmen wie ich Sie Ihnen in Kapitel 36 *Linux als Netzwerk-Firewall* vorgestellt habe. Oftmals wird auch versucht, über die Loopback-Adresse 127.0.0.1 das Ziel auszutricksen. Fast jedes Serversystem ist darauf angewiesen, dass es mit sich selbst über 127.0.0.1 kommunizieren kann. Daher haben die wenigsten Systeme einen lokalen Filter auf dieser IP-Adresse.
- *Root-Kits*: Die so genannten *Root-Kits* sind häufig erst Teil 2 eines erfolgreichen Angriffs. Es handelt sich um Software, die dazu geeignet ist, sich vor dem System selbst unsichtbar zu machen und vollkommen unbemerkt bestimmte Funktionen auszuführen. Dabei kann es sich um Keylogging (Mitschnitt der Tastatureingabe), versenden von Systemlogs oder anderen Dateien oder – sehr beliebt – dem Öffnen von so genannten *Backdoors* handeln. Backdoors sind Hintertüren auf dem System, sprich Ports, über die der Angreifer eine Shell auf dem System öffnen kann. So kann ein Angreifer im ungünstigsten Fall einen Server über lange Zeit unter seiner Kontrolle behalten, ohne dass der Administrator irgendetwas davon bemerkt. Root-Kits aufzuspüren ist eine ganz eigene Wissenschaft.

Genug Angst gemacht ;-). Dabei möchte ich es hier bewenden lassen. Wie gesagt: es handelt sich weder um eine komplette Aufzählung noch um die einzig mögliche Gliederung von Angriffen.

Was jetzt jedoch viel wichtiger ist: Wie können Sie sich gegen die böse Welt da draußen wappnen und ihren armen, kleinen und unschuldigen Server schützen? Die Antwort darauf geben Ihnen die nächsten Kapitel.

Wir werden uns zunächst mit der allgemeinen Härtung des Betriebssystems und der wichtigsten Dienste beschäftigen, bevor ich Ihnen einige Instrumente zur Einbruchserkennung und -analyse vorstelle. Schließlich wird es im letzten Kapitel dieses Buches um das Thema *Desaster Recovery* gehen, also um die effiziente Wiederherstellung Ihrer Systeme nach dem K-Fall – wie immer der auch aussehen mag.

Kapitel 38

Das Serversystem härten

In diesem Kapitel geht es um das so genannte »Härten« unseres Systems. Unter »Härten« verstehen wir allgemeine Maßnahmen, die dazu dienen, einen Server und seine Dienste so zu konfigurieren, dass sie möglichst wenig Angriffsfläche bieten. Dabei gibt es Grundregeln, die auf jedem System anwendbar sind und Regeln, die nur für bestimmte Dienste, Konfigurationen und Szenarien gelten. Über das Thema »Serversicherheit« ließen sich ganze Bücher schreiben. Ich werde mich in diesem Kapitel daher auf zentrale Maßnahmen beschränken, die keinen Anspruch auf Vollständigkeit erheben. Um folgende Themen wird es gehen:

- Installation eines gehärteten Betriebssystems
- Den Bootloader schützen
- Serverdienste sicher konfigurieren
- Weitere Maßnahmen zur Absicherung des Servers

38.1 Installation des Betriebssystems und der Dienste

Möchten Sie Ihren Server perfekt härten, kommen Sie vermutlich nicht um eine Neuinstallation herum, da einige Einstellungen (zum Beispiel die Partitionierung) nur an dieser Stelle vorgenommen werden können. Betrachten wir die Installation einmal unter dem Security-Aspekt.

38.1.1 Partitionierung

Aus Security-Sicht empfiehlt es sich, Verzeichnisbäume, auf die normale Benutzer Schreibzugriffe haben bzw. deren Größe schwanken kann, auf eigenen Partitionen zu mounten. Dies betrifft in der Regel:

- `/var`
- `/home`
- `/tmp`

Der Hintergrund hierzu ist, dass andernfalls ein Benutzer die /-Partition vollschreiben könnte, was das gesamte System unbenutzbar macht. Darüber hinaus kommen bestimmte Angriffe vor, die über Hardlinks realisiert werden, um das SUID-Bit eines Programms zu verschleiern – wer es genau wissen will, hier ein schönes Beispiel: `http://www.hacking-linuxexposed.com/articles/20031111.html`. Hardlinks sind aber nicht partitionsübergreifend möglich, so dass die oben genannte Aufteilung auch davor schützt.

Für Partitionen, deren Platzbedarf Sie noch nicht abschätzen können, bietet sich der Logical-Volume-Manager (LVM) an.

> Für *Mail-Server* empfiehlt es sich übrigens, die Mailqueue (oft `/var/mail` oder `/var/spool/mail`) auf eine eigene Partition auszulagern. Sollte die Mailqueue einmal volllaufen, kann das System weiterhin Syslogs erzeugen, Pakete können installiert und Programme, die auf `/var/run` zugreifen, weiterhin gestartet werden.

38.1.2 Das Dateisystem

Sie sollten nicht mehr das alte Standard-Dateisystem `ext2` verwenden, sondern ein Dateisystem mit Journaling-Funktion. Hier bieten sich `ext3`, `reiserfs`, `jfs` oder `xfs` an. Sehen wir einmal von der Performance ab – hier finden wahre Glaubenskriege statt – sprechen einige Gründe für die Verwendung von `ext3`:

- Gibt es Probleme mit der Journaling-Funktion, kann diese einfach abgeschaltet werden – übrig bleibt ein vollwertiges `ext2`-Dateisystem, da `ext3` 100%ig kompatibel zu `ext2` ist.
- Sollten Sie das System einmal mit einer CD-ROM oder Boot-Diskette wiederherstellen müssen, benötigen Sie keinen eigenen Kernel – `ext2` (also `ext3` ohne Journaling-Funktion) wird von nahezu allen Kerneln unterstützt.
- Die Datenintegrität von `ext3` ist besser als von anderen Dateisystemen, da auch die Dateidaten und nicht nur die Metadaten protokolliert werden.

38.1.3 Installation des Grundsystems

Je nach Linux-Distribution haben Sie verschiedene Optionen zur Installation des Betriebssystems. Bei Debian GNU/Linux wird zunächst ein Basissystem erstellt, das einer Minimalinstallation entspricht. Andere Distributionen bieten ähnliche Optionen zur Installation eines Minimalsystems.

Dies ist ein guter Ausgangspunkt für die Härtung Ihres Systems. Installieren Sie im Folgenden nur genau die Pakete, die für den Zweck Ihres Servers benötigt werden. Das macht zwar deutlich mehr Arbeit, reduziert aber die Angriffsfläche. Benötigen Sie ein bestimmtes Programm, das nicht dem Paketnamen entspricht (zum Beispiel `nslookup` – enthalten im Paket `dnsutils`) können Sie zum Beispiel auf `www.debian.org` unter DEBIAN-SOFTWAREPAKETE|DURCHSUCHEN DES INHALTS VON PAKETEN nach einzelnen Programmen suchen – angezeigt werden Ihnen alle Pakete, die Dateien mit dem angegebenen Namen haben.

Beachten Sie, dass wirklich *jedes* Programm und jede Programmbibliothek eine potenzielle Sicherheitslücke darstellt. Dies gilt auch für Hilfsprogramme von Programmiersprachen wie C/C++, Python, tcl etc. Diese werden bei Debian im Basissystem mitinstalliert und können u.U. zumindest teilweise wieder entfernt werden. Perl dagegen ist ziemlich fest im Linux-System integriert und es zu entfernen ist ein Abenteuer, auf das sich nur die ganz Harten einlassen sollten – zumal viele Serverapplikationen auf Perl zurückgreifen und es sich auch als Administrationswerkzeug für eigene Skripte anbietet.

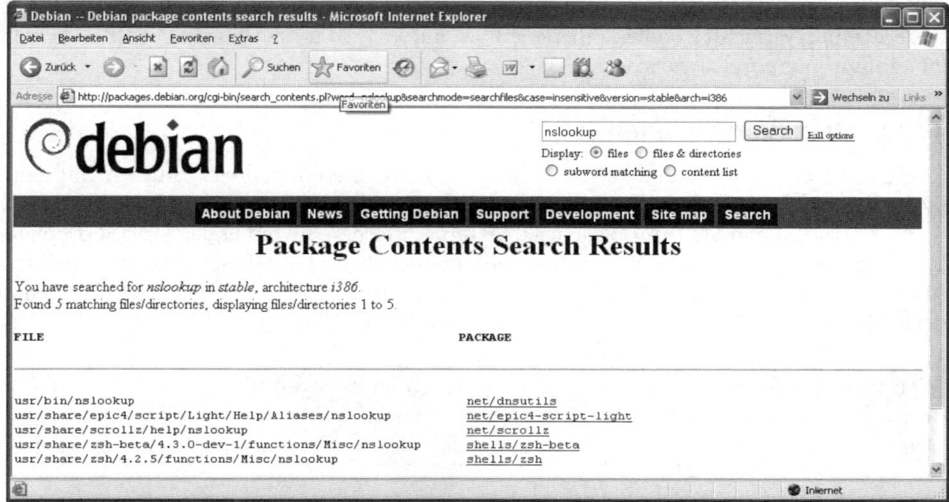

Abb. 38.1: Die Paketsuche von Debian

38.1.4 Weitere Maßnahmen bei der Installation

Stellen Sie sicher, dass Sie eine zuverlässige Internetanbindung und einen sicheren DNS-Server haben, wenn Sie eine Netzwerkinstallation vornehmen – andernfalls ist es besser, den Server zunächst nur von CD/DVD zu installieren, das System zu härten und erst dann ins Internet zu gehen. Sonst könnte Ihr System unter Umständen bereits während der Installation kompromittiert werden.

Vergessen Sie nicht, ein gutes `root`-Passwort zu wählen. Es sollte folgende Bedingungen erfüllen:

- Es sollte lang genug sein (mindestens 8 Zeichen, besser 12 oder 14),
- Groß- und Kleinbuchstaben sowie Sonderzeichen enthalten,
- keine bekannten oder persönlichen Namen enthalten und trotzdem
- leicht merkbar sein, damit man sie nicht aufschreiben muss.

Sie können sich zum Beispiel einen Merksatz ausdenken, nehmen die Anfangsbuchstaben der einzelnen Worte und verändern einige in Sonderzeichen (`!` für `1`, `@` für `a`, `0` für `o` usw.) fügen noch einige Zahlen ein und fertig ist Ihr nicht zu knackendes `root`-Passwort.

Eins ist in diesem Zusammenhang sehr wichtig: Aktivieren Sie in jedem Fall Shadow-Passwörter, so dass die Passwörter in `/etc/shadow` gespeichert werden und deren Hashwerte somit nur von root eingesehen werden können. Stellen Sie auch sicher, dass MD-5-Passwörter verwendet werden, damit die Passwörter einigermaßen sicher verschlüsselt (bzw. »gehashed«) werden und eine Länge von mehr als 8 Zeichen haben können.

Überlegen Sie sich auch gut, ob Sie `inetd`, den Superdaemon, überhaupt benötigen. Er stammt aus Zeiten, in denen man gewisse Unzulänglichkeiten des Kernels ausgleichen musste, und bietet einige DoS-Schwachstellen als Angriffspunkte. Heutzutage ist es in der Regel sinnvoller, die ehemals durch ihn überwachten Dienste als eigenen Daemon zu starten – die meisten Dienste bieten dies als Option an. Sollten Sie dennoch nicht auf den Superdaemon verzichten wollen, überlegen Sie, auf `xinetd` umzusteigen. Dieser ist besser zu konfigurieren und abzusichern.

38.1.5 Dienste reduzieren

Können Sie einen bestehenden Server nicht neu installieren, sondern müssen mit dem leben, was Sie haben, sollten Sie genau kontrollieren, welche Dienste Sie wirklich benötigen – alles andere sollten Sie zumindest deaktivieren. Entfernen Sie mit `update-rc.d` (Debian) bzw. dem auf der jeweiligen Distribution vorhandenen Administrationsbefehl die Startlinks für die Init-Skripte der betreffenden Dienste, damit diese bei einem Neustart nicht wieder gestartet werden.

> Neu installierte Systeme sind aus genau diesen Überlegungen übrigens oft durch eine Variable in `/etc/defaults/<Dienstname>` per Default deaktiviert, so dass der Administrator sie erst bewusst aktivieren muss.

Überlegen Sie sich auch unter Sicherheitsaspekten, ob Sie auf einem Server wirklich `X Window` mit KDE oder GNOME benötigen – hier gibt es besonders viele Schwachstellen! Sei es ein MP3-Player, der mittels präparierter Mediadateien ausgetrickst werden kann und dem Angreifer die volle Kontrolle über den Server ermöglicht oder eine Bibliotheksdatei von GTK, die ebenfalls das Einschleusen von *Shellcode* (das ist der Exploit selbst in Form von Assembler- oder Maschinencode) ermöglicht.

38.2 Nach der Installation

Direkt nach einer frischen Installation sollten Sie einige Arbeiten ausführen, um sicherzustellen, dass Ihr System auf dem neuesten Stand ist.

38.2.1 Das System updaten

Zunächst die Basics. Bringen Sie Ihr System auf den neuesten Patchstand. Die folgenden beiden Befehle führen dies durch:

```
# apt-get update
# apt-get upgrade
```

Für andere Distributionen nutzen Sie das entsprechende Tool (zum Beispiel YaST oder YUM). Handelt es sich um eine Installation von CD/DVD, wird es sicherlich einige Security-Updates geben. Unter Umständen müssen Sie bestimmte Dienste – oder wenn Sie den Kernel aktualisiert haben – sogar das ganze System neu starten. Gönnen Sie sich dies ausnahmsweise! Es ist eine gut investierte *Offtime* (= Zeit, in der das System nicht zur Verfügung steht). Im günstigsten Fall ist Ihr Server ohnehin noch nicht produktiv.

Außerdem sollten Sie noch einmal die aktuellen Security-Meldungen durchgehen, um sicherzugehen, dass sich auf Ihrem System keine bekannte aber bis dato ungepatchte Sicherheitslücke befindet.

38.2.2 LILO und GRUB sichern

Sie sollten sicherstellen, dass ein Benutzer, der das System rebootet, nicht einfach am Bootprompt `init=/bin/sh` eingibt und sich damit eine Single-User-Shell erschleicht, über die er einfach in das System einbrechen kann. Nutzen Sie LILO, müssen Sie `/etc/lilo.conf` editieren. Fügen Sie zum Image-Eintrag eine `password`- und eine `restricted`-Zeile hinzu:

```
image=/boot/vmlinuz-2.6.15
    label=Linux
    read-only
   password=gulugulu
   restricted
```

Das Passwort wählen Sie natürlich entsprechend ;-). Anschließend müssen Sie das Programm `lilo` zur Installation des Bootloaders aufrufen. Stellen Sie sicher, dass die Datei `/etc/lilo.conf` nur für `root` lesbar ist, um das Passwort zu schützen.

Nutzen Sie GRUB, müssen Sie die Datei `/boot/grub/menu.lst` bzw. `grub.conf` editieren. Fügen Sie unter der `timeout`-Zeile die `password`-Zeile ein, wie im folgenden Beispiel gezeigt:

```
timeout 3
password gulugulu
```

Wie Sie wissen, müssen Sie GRUB nicht neu installieren, da die Konfigurationsdatei direkt ausgelesen wird – setzen Sie auch hier die Leserechte entsprechend restriktiv!

38.2.3 BIOS-Einstellungen

Das BIOS enthält meistens zwei Passwörter: Eins zur Veränderung von BIOS-Einstellungen und eins zum Start des Gesamtsystems. Letzteres sollten Sie nur dann in Erwägung ziehen, wenn der Server nicht remote administriert wird, da bei jedem Reboot eine manuelle Eingabe am Rechner selbst erfolgen muss. Das Passwort zum Schutz vor Konfigurationsänderungen sollten Sie jedoch unbedingt setzen! Aber welche Einstellungen sind Security-relevant?

Vor allem sollten Sie das Booten von externen Standardmedien wie zum Beispiel Diskette oder CD/DVD unterbinden. Außerdem sollten alle sonstigen Bootmöglichkeiten (Netzwerk oder USB) ebenfalls deaktiviert werden.

38.2.4 Der physische Standort

Eigentlich gehört dieses Kapitel ganz an den Anfang. Aus Erfahrung weiß ich aber, dass ein Server häufig zunächst irgendwo installiert und später an seinen Bestimmungsort gebracht wird – daher hat der Abschnitt an dieser Stelle ebenfalls seine Berechtigung.

Zur Sache: Der beste Software-Schutz nützt nichts, wenn jedermann an Ihren Server gelangt und die Festplatte ausbauen kann. Darüber hinaus hatte ich ja bereits im letzten Kapitel ausgeführt, dass lokale Sicherheit auf Dauer nicht funktioniert.

Wo also stellt man seinen Server am besten hin? Der Königsweg ist natürlich ein Platz in einem Rack im Rechenzentrum mit elektrisch geladenem Zaun, Argon-Brandschutzanlage, mehrstufigen biometrischen Authentifikationsmechanismen und bewaffneten Pförtnern. Dies ist allerdings nur den wenigsten Administratoren vergönnt.

Die zweitbeste Lösung ist ein eigenes, abschließbares 19-Zoll-Rack im Hause. Hier können Sie ebenfalls recht gut sicherstellen, dass nur befugte Personen lokalen Zugriff zum Server haben.

Für kleine Unternehmen ist allerdings auch das häufig schon ein zu hoher Aufwand, zum Beispiel wenn nur ein einziger Server vorhanden ist. Hierbei handelt es sich häufig um einen Tower, der auch gar nicht in ein 19-Zoll-Rack hineinpassen würde. Hier sollten Sie als Administrator aber zumindest auf einen abschließbaren und kontrollierbaren Raum bestehen, um den Server dort unterzubringen. Nicht selten muss die Besenkammer dafür herhalten – nun gut, solange sie abschließbar ist und nur Sie und der Chef den Schlüssel haben ;-).

> Wichtig ist jedoch eins: Achten Sie auf ausreichende Belüftung! Ihr Server entwickelt nämlich recht schnell eine bemerkenswerte Wärme, die abgeleitet werden muss – erst recht, wenn die Temperaturen im Sommer so richtig in die Höhe gehen. Optimal ist eine Klimaanlage – hier an der falschen Stelle zu sparen könnte hinterher ziemlich teuer werden!

38.3 Dienste absichern

Es gibt diverse Dienste, die wir mit wenigen Maßnahmen absichern können. Dabei geht es in erster Linie darum, sicherzustellen, dass nur autorisierte Benutzer bzw. Clients die gewünschten Funktionen mit den passenden Rechten nutzen können. Werfen wir einen Blick auf die wichtigsten Dienste.

38.3.1 SSH

Es ist hoffentlich überflüssig zu erwähnen, dass Sie nur verschlüsselte Protokolle zur Remote-Administration verwenden sollten – `Telnet` und `rsh` fallen somit schon einmal weg. Übrig bleibt SSH. Dieses Protokoll bietet nur sehr geringe Angriffsfläche, die Sie durch die folgenden Maßnahmen weiter verkleinern können:

- Stellen Sie in `/etc/ssh/sshd_conf` sicher, dass kein direkter `root`-Login möglich ist. Fügen Sie dazu die folgende Zeile ein: `PermitRootLogin no`.
- Erlauben Sie nur bestimmten Benutzern den Zugriff auf das System via SSH mit dem folgenden Eintrag: `AllowUsers wwindschief ppfeiler eamberg`. Die Benutzernamen tauschen Sie natürlich gegen ihre eigenen aus. Noch eleganter lösen Sie dies mit einer Gruppe: `AllowGroups sshgroup`.
- Erzwingen Sie *nicht-leere* Passwörter mit der Zeile: `PermitEmptyPasswords no`.
- Sie können außerdem den Port von Standard 22/tcp auf etwas Anderes, zum Beispiel 666/tcp ändern. Passen Sie die folgende Zeile an: `Port <Portnummer>` – Passen Sie auf, dass Sie keine Portkonflikte schaffen.
- Deaktivieren Sie SSHv1. Das Protokoll hat Designschwächen, die genutzt werden können, um Passwörter herauszufinden. Fordern Sie in jedem Fall vom Client SSHv2 mit folgender Zeile: `Procotol 2`.

Es gibt weitere Möglichkeiten, den SSH-Zugriff zu sichern und einzuschränken, wie zum Beispiel zertifikatsbasierender Zugriff. Mit den hier genannten Maßnahmen haben Sie jedoch einen guten Grundschutz erworben.

38.3.2 Apache Webserver

Ihr Webserver ist bevorzugtes Ziel von Hacker- (oder eher: Script-Kiddy-) Angriffen. Es gibt Wettbewerbe im Internet, wer die meisten Webseiten in einer bestimmten Zeit gehackt hat. Dabei kommen in der Regel frei erhältliche Tools zum Einsatz. Um es auf Deutsch zu sagen: Jedes Kind kann mit Hilfe dieser Tools Ihren Webserver hacken – wenn Ihr Webserver die entsprechende Schwachstelle aufweist! Wie Sie wissen, gibt es keine 100%ige Sicherheit. Einige wichtige Maßnahmen können Sie in jedem Fall durchführen.

> Beachten Sie, dass Sie zunächst die Konfiguration des Apache neu einlesen oder den Serverdienst neu starten müssen, bevor Änderungen an den Konfigurationsdateien wirksam werden!

Sicherheits-Updates

Zunächst einmal müssen Sie – wie immer – sicherstellen, dass Sie die neuesten Sicherheitspatchs für Ihren Server installiert haben. Diese allgemeine Sicherheitsmaßnahme habe ich Ihnen bereits weiter oben vorgestellt.

Unprivilegierter Benutzer

Außerdem sollten Sie sicherstellen, dass der Webserver unter einem nicht-privilegierten Benutzer läuft. Das ist bei Debian in der Voreinstellung der Fall. Sie finden die Parameter bei Debian in `/etc/apache2/apache2.conf`:

```
User www-data
Group www-data
```

Der Benutzer muss natürlich auf Ihrem System existieren – logisch ;-). Bei Debian werden die entsprechenden Konfigurationen automatisch vorgenommen.

Signatur

Ein sehr unschönes Default-Verhalten ist die Signatur, die der Apache unterhalb der Fehlermeldungen zeigt. Rufen Sie zum Beispiel eine nicht vorhandene Seite auf, sieht die Antwort des Servers folgendermaßen aus:

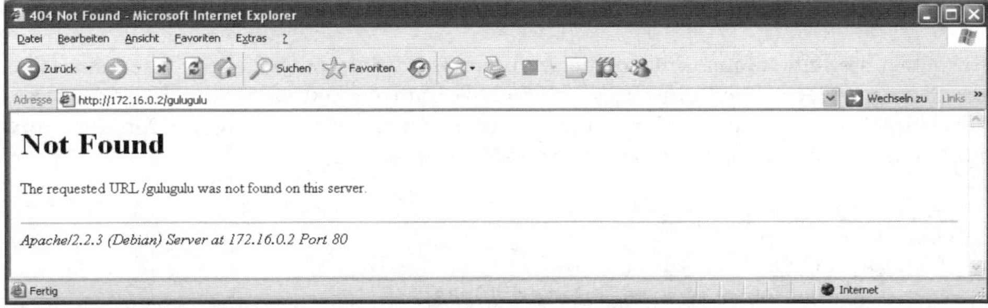

Abb. 38.2: Die Fehlermeldung des Apache ist ein wenig zu informativ ...

»Vielen Dank!«, sagt der Hacker und weiß, welche Version von Apache und welches Betriebssystem ihm geantwortet hat. Daraufhin kann er seinen Angriff gezielter planen.

Dies können wir jedoch leicht abstellen. Suchen Sie in `/etc/apache2/apache2.conf` nach der Direktive `ServerSignature`. Sie ist per Default auf `On` gesetzt, was wir ändern werden:

```
ServerSignature Off
```

Suchen Sie anschließend nach der Direktive `ServerTokens` und setzen Sie diese wie folgt:

```
ServerTokens prod
```

Die Direktive bestimmt, wie ausführlich die Informationen im HTTP-Response-Header ausfallen. Dies steht bei `prod` auf `Server: Apache`.

Directory-Browsing

Haben Sie in einem öffentlichen Verzeichnis – aus welchen Gründen auch immer – keine Index-Datei (`index.html`), wird Ihnen der Inhalt dieses Verzeichnisses angezeigt:

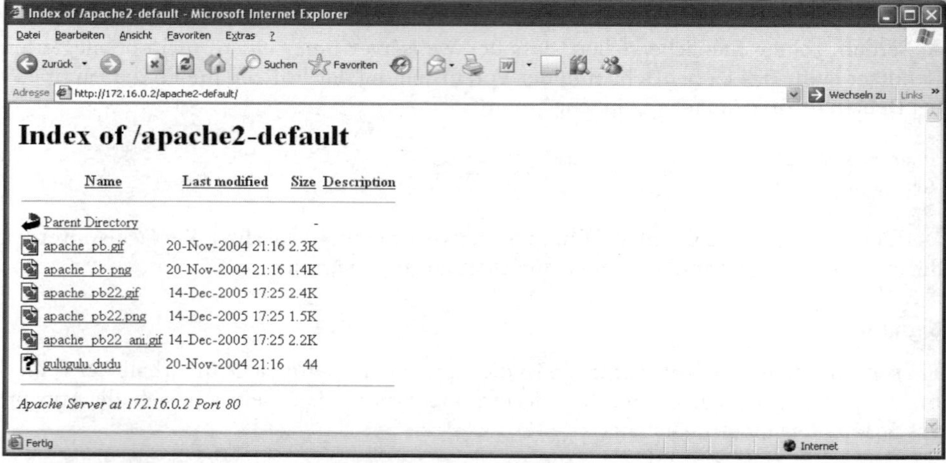

Abb. 38.3: Auch hier zeigt sich der Apache wieder sehr auskunftsfreudig.

Sie geben hier eine Menge Informationen preis. Das ist ein potenzielles Sicherheitsrisiko, das Sie vermeiden sollten! Innerhalb der Direktive `Options` können Sie durch `-Indexes` das Directory-Browsing unterbinden. Binden Sie die Direktive in den passenden Directory-Block ein, wie hier in der vierten und achten Zeile zu sehen:

```
(...)
DocumentRoot /var/www/
       <Directory />
             Options -Indexes FollowSymLinks
             AllowOverride None
       </Directory>
       <Directory /var/www/>
```

```
            Options -Indexes FollowSymLinks MultiViews
            AllowOverride None
            Order allow,deny
            allow from all
            RedirectMatch ^/$ /apache2-default/
        </Directory>
(...)
```

Listing 38.1: Ausschnitt aus `/etc/apache2/sites-available/default`

Anschließend erhält der Client folgende Meldung, wenn er auf ein Verzeichnis ohne Indexdatei zugreifen möchte:

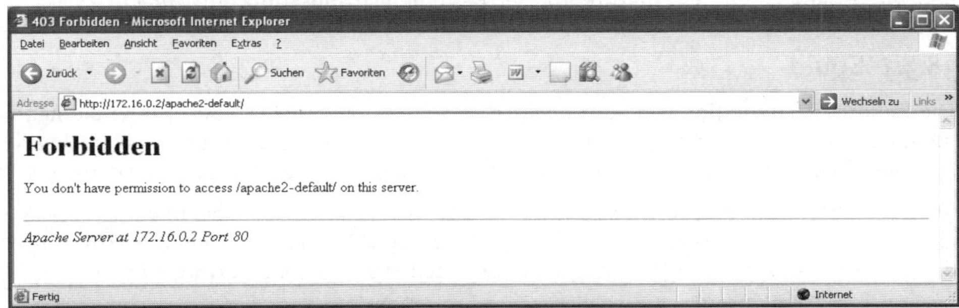

Abb. 38.4: Nun geht nichts mehr ...

Weitere Beschränkungen

Über die Direktive `Options` können Sie weitere Einschränkungen vornehmen. Stellen Sie vor die entsprechende Option ein Minus (-), um sie im entsprechenden Kontext (`Directory`-Block) zu deaktivieren:

- `-Includes`: deaktiviert *server side includes*
- `-ExecCGI`: deaktiviert *CGIs*
- `-FollowSymLinks`: Symbolischen Links kann nicht mehr zu ihren Zielpunkten gefolgt werden.
- `None`: Setzen Sie diese (ausschließliche) Option, wenn Sie gar keine Optionen aktivieren möchten.

Außerdem können Sie mit der Direktive `AllowOverride None` die `.htaccess`-Zugriffsberechtigungen für einzelne Verzeichnisse unterbinden.

Den Zugriff auf bestimmte Hosts beschränken

Möchten Sie einen Intranet-Webserver so konfigurieren, dass er nur Anfragen von IPs aus dem lokalen Netzwerk annimmt, können Sie das ebenfalls innerhalb eines entsprechenden Blocks tun:

```
Allow from 192.168.1.0/24
```

Nun werden alle Anfragen, die nicht aus diesem Netzwerk stammen, geblockt.

mod_security

Bei mod_security handelt es sich um ein Apache-Modul, dass als Application-Layer-Firewall konzipiert ist. Das Modul schützt Apache, indem es verschiedene Angriffe, die speziell für Webserver konzipiert sind, abwehren kann. Es ist durch entsprechende Regeln sehr flexibel konfigurierbar.

Es würde den Rahmen dieses Buches sprengen, alle Funktionen und Möglichkeiten von mod_security aufzuzeigen. Sie sollten sich aber in jedem Fall einmal damit beschäftigen. Ein guter Startpunkt ist die offizielle Website des Open-Source-Projekts: http://www.modsecurity.org.

Die Konfiguration benötigt einige Zeit, da das Modul mit passenden Regeln bestückt werden will. Es gibt allerdings ein Core-Ruleset, das einen Grundschutz einrichtet.

38.3.3 Squid

Die Default-Konfiguration von Squid ist bereits sehr gut abgesichert. Bevor irgendjemand, der nicht von localhost kommt, zugreifen kann, müssen Sie zunächst eine entsprechende ACL-Regel einfügen. Ich hatte Ihnen das bereits in Kapitel 37 *Squid-Proxyserver* dargelegt.

Stellen Sie in Ihrem Regelwerk sicher, dass Sie nicht mehr erlauben, als nötig. Nutzen Sie also zum Beispiel ein Subnetz 192.168.1.0/26 für Ihr LAN, so sollten Sie in der ACL *nicht* das gesamte C-Klasse-Netz (/24) angeben. Zwei Zeilen der folgenden Art genügen:

```
acl localnet src 192.168.1.0/255.255.255.192
http_access allow localnet
```

Aktivieren Sie zum Beispiel nicht unnötig weitere Ports. Ansonsten haben Sie mit Squid einen zuverlässigen, sicheren Webproxy im Einsatz. Beobachten Sie trotzdem die aktuellen Security-Meldungen, da Squid in der Vergangenheit ab und zu durch Schwachstellen auf sich aufmerksam gemacht hat, die zu einem DoS-Angriff genutzt werden konnten.

38.3.4 FTP

Ich gehe hier zwar auf ProFTPD ein, doch gelten die Grundsätze für jeden FTP-Server. Fangen wir an:

Erstens: Aus Security-Sicht empfehle ich Ihnen, auf einen FTP-Server zu verzichten! Wenn Sie persönlich Daten übertragen wollen oder müssen, dann nutzen Sie scp oder sftp aus der SSH-Suite.

Zweitens: Kommen Sie um einen FTP-Server nicht herum, da von verschiedenen Seiten Daten übertragen werden müssen, verwenden Sie FTPS (FTP over SSL) und umhüllen FTP mit SSL. Damit ist das Protokoll auch verschlüsselt, so dass das Passwort nicht mehr im Klartext übertragen wird.

Drittens: Ob mit oder ohne SSL – sorgen Sie mit einer DefaultRoot-Zeile dafür, dass Ihre Benutzer mit chroot eingesperrt werden und nicht (mehr oder weniger) vollen Zugriff auf das gesamte Dateisystem haben. Damit die Benutzer nicht über einen typischen Angriff cd ../../../ aus Ihrem chroot entkommen bzw. den Server zum Absturz bringen, stellen Sie sicher, dass die folgende Zeile vorhanden ist: DenyFilter *.*/.

Viertens: Geben Sie nur den Benutzern Schreibrechte, die diese auch wirklich brauchen – während diese Zeilen entstanden, ist eine Sicherheitslücke in ProFTPD bekannt geworden, die es Benutzern mit Schreibrechten ermöglicht, beliebigen Code zur Ausführung zu bringen und damit vollen Zugriff auf das Serversystem zu erhalten!

Fünftens: Deaktivieren Sie *Anonymous FTP*! Hiermit handeln Sie sich jede Menge Ärger ein, der meistens nicht im Verhältnis zum potenziellen Nutzen steht. Die wenigsten Anbieter benötigen dies tatsächlich.

Nun, damit bin ich alles losgeworden, was mir bezüglich der Sicherheit von FTP-Servern auf dem Herzen lag. Wie immer kann man noch mehr machen, aber für einen Grundschutz ist dies ein guter Anfang.

38.3.5 DNS-Server

Auch beim DNS-Server können Sie zwei grundsätzliche Maßnahmen ergreifen:

1. Konfigurieren Sie den Server so, dass nur die Zugriffe erlaubt werden, die notwendig sind – alles andere sollten Sie explizit verbieten. Im Anschluss gehe ich darauf ein.
2. Sperren Sie den Daemon selbst in eine Change-Root-Umgebung ein, so dass ein potenzieller Angreifer, der die Kontrolle über den Daemon erlangt, nicht weiterkommt. Dies ist eine Ergänzung der Maßnahme, BIND unter einem nicht-privilegierten Benutzer (`bind`) zu starten – dies wird automatisch bei der Installation eingerichtet. Ich gehe aus Platzgründen hier nicht weiter auf `chroot`-Umgebungen ein. Eine Anleitung hierzu finden Sie zum Beispiel auf der offiziellen Linux-Dokumentationssite unter `http://www.tldp.org/HOWTO/Chroot-BIND-HOWTO.html`.

In Kapitel 30 *DNS-Namensauflösung im Internet* habe ich Ihnen bereits einige Optionen mit auf den Weg gegeben, um Ihren DNS-Server abzusichern. Hier möchte ich dieses Wissen ergänzen und Ihnen – wie versprochen – eine Übersicht über die wichtigsten Maßnahmen geben. Es geht insbesondere um folgende Optionen: *allow-transfer, allow-query, allow-recursion* und *version*. Ich empfehle Ihnen, diese Optionen im globalen Abschnitt vor den Zonendefinitionen einzutragen. Sie können zum Beispiel folgende Konfiguration verwenden:

```
options {
                allow-query { 192.168.1/24; } ;
                allow-transfer { none; } ;
                allow-recursion { 192.168.1/24; } ;
                listen-on { 192.168.1.2; } ;
                forward { only; } ;
                forwarders { 1.2.3.4; } ;
                version "not available" ;
    };
```

Mit `allow-query` definieren Sie die Netzbereiche, die DNS-Anfragen stellen dürfen – hier das Netz 192.168.1.0/24. Merken Sie was? Sie können sich hier auf den Netzanteil beschränken. Im Beispiel fehlt nämlich das vierte Oktett.

Die Option `allow-transfer` bezieht sich auf den Zonentransfer. Diesen dürfen nur die genannten Hosts anfordern – bzw. wie in obigem Beispiel `none`, also *niemand*. Ist Ihr Server primärer DNS-Server im Internet, tragen Sie hier die IP-Adressen der sekundären DNS-Server ein.

Mit `allow-recursion` definieren Sie den Netzbereich, der rekursive Anfragen (im Gegensatz zu iterativen Anfragen) stellen darf. Dies ist in der Regel nur für das lokale Netzwerk für Caching-Server notwendig – DNS-Server im Internet müssen nicht unbedingt auf rekursive Anfragen antworten, die eine Möglichkeit zum so genannten *DNS-Poisoning* bieten.

> *DNS-Poisoning*? Was ist das? Dabei handelt es sich um eine Attacke auf einen DNS-Caching-Server, dem – vereinfacht ausgedrückt – eine falsche DNS-zu-IP-Auflösung untergejubelt wird.
>
> Dabei fragt der Angreifer immer wieder einen bestimmten DNS-Namen an und schickt gleichzeitig die Antwort. Unter bestimmten Bedingungen und Versionen (für BIND 9 wurden hierzu verschiedene Sicherheitslöcher bekannt) übernimmt der DNS-Server, der die provozierte Anfrage weitergeleitet hat, die falsche Antwort.
>
> Stellen Sie sich vor, der Benutzer des Clients fragt nach der Online-Banking-Seite seiner Bank. Der Server löst die Anfrage auf und liefert die (falsche) Adresse eines Servers, sagen wir in der Ukraine, zurück.
>
> Der Client baut darauf eine Verbindung zu diesem Server auf und landet auf einem vom Angreifer kontrollierten Server – ist die Webseite selbst gut gemacht und das Server-Zertifikat von einer gültigen CA signiert, hat der Benutzer kaum eine Chance, den Betrug zu erkennen, da im Adressfeld die korrekte DNS-Adresse steht.

Über die Option `listen-on` können Sie IP-Adressen angeben, auf denen der DNS-Server auf Anfragen lauscht. Damit bindet sich der Server nur an die entsprechenden Schnittstellen. Damit können Sie sicherstellen, dass Ihr DNS-Server nur an der LAN-Schnittstelle auf Anfragen wartet.

Die Option `forward ( only; );` ergibt nur Sinn, wenn Sie auch `forwarders` angeben. Sie besagt, dass der DNS-Server ausschließlich seinen DNS-Forwarder befragt, wenn er den Namen weder selbst in seinen Zonen führt noch in seinem Cache finden kann. Damit verhindern Sie, dass Ihr DNS-Server selbst iterative Anfragen stellt. Er wird auch nur Antworten von seinem Forwarder annehmen.

Mit der `version`-Option können Sie verhindern, dass die Version Ihres BIND-Servers ausgelesen werden kann und aus dieser entsprechende Schwachstellen angegriffen werden können. Statt der Versionsnummer können Sie Ihren eigenen Text definieren, wie oben angegeben.

Beachten Sie, dass die Werte in den jeweiligen Klammern auch als Gruppe in Form einer ACL angegeben werden können, siehe folgendes Beispiel:

```
acl internal {
            127.0.0.1/32;             // localhost
            192.168.1.0/24;           // intern
            172.16.0.0/24             // DMZ
     };
allow-query ( internal; ) ;
```

Denken Sie daran, dass Sie die Optionen auch innerhalb bestimmter Zonenkonfigurationen einbinden können und damit die globalen Optionen überschreiben können; sie werden in diesem Fall nur für diese Zone aktiv.

38.4 Weitere Maßnahmen

Sie sollten Ihrem System in jedem Fall eine Personal-Firewall spendieren. In Kapitel 34 *iptables als Personal-Firewall* habe ich Ihnen bereits eine Einführung in dieses Thema angeboten. Mit einer Firewall können Sie keineswegs alle Gefahren blocken, jedoch ist sie ein elementarer Bestandteil jeder Serverhärtung.

Außerdem sollten Sie auf Ihrem System eine Einbruchserkennung implementieren. Hierzu nehmen Sie ein Intrusion Detection System (IDS) bzw. ein Intrusion Prevention System (IPS). Während Ersteres lediglich Angriffer erkennen und melden kann, darüber hinaus aber passiv ist, kann ein IPS einen erkannten Angriff auch gleich blocken. Näheres hierzu erfahren Sie im nun folgenden Kapitel.

Einbruchserkennung mit Intrusion Detection Systemen

Sie haben in den letzten Kapiteln gelernt, welche Maßnahmen Sie ergreifen können, um Ihr System vor einem Einbruch bzw. einem unerlaubten Zugriff zu schützen. Damit sollten Sie bereits ein recht anständiges Sicherheitsniveau erreicht haben.

Wie Sie aber bereits wissen, kann es niemals eine 100%ige Sicherheit geben! Was also, wenn ein Angreifer eine Sicherheitslücke gefunden und ausgenutzt hat?

Nach bisherigem Stand befindet er sich jetzt – im ungünstigsten Fall mit `root`-Privilegien – auf Ihrem Server und kann dort nach Belieben schalten und walten! Das Schlimme daran: Sie merken es womöglich überhaupt nicht!

Der Angreifer kann zum Beispiel Konfigurationsdateien verändern oder neue Software (zum Beispiel Backdoors oder Root-Kits) installieren, die ihm auch später uneingeschränkten Zugang zu Ihrem Server erlaubt. Mitunter gibt es Server, die schon monatelang unter der Kontrolle eines Angreifers stehen, ohne dass der Administrator etwas davon ahnt!

Was können wir dagegen tun? Ganz einfach: Wir implementieren ein Einbruchserkennungssystem – ein IDS (Intrusion Detection-System). Dieses System kann zwar keinen Angreifer abhalten, aber es erkennt, wenn sich jemand an unserem System zu schaffen macht. Dies ermöglicht es Ihnen, zeitnah entsprechende Schutzmaßnahmen zu ergreifen, um das Schlimmste zu verhindern.

In diesem Kapitel beschäftigen wir uns mit folgenden Themen:

- Grundlagen von Intrusion Detection-Systemen
- Host-basierte IDS (Tripwire)
- Netzwerk-basierte IDS (Snort)
- IPS (Intrusion Prevention-System)

Die hier genannten Dienste und Techniken fallen unter das *Security-Monitoring*, das als eigenes Thema ganze Bücher füllen kann – erwarten Sie also bitte nicht mehr, als eine Einführung in die Thematik. Intrusion Detection- und Intrusion Prevention-Systeme sind alles andere als »Fire-and-Forget«-Dienste! Das Tuning von IDS bzw. IPS ist eine langwierige und sehr individuelle Angelegenheit, die den jeweiligen Gegebenheiten angepasst werden muss. Trotzdem lohnt sich oft der Einsatz eines solchen Systems.

39.1 Wie funktioniert ein IDS?

Hier die eindeutige Antwort: Es kommt darauf an! Und zwar auf die Art des Intrusion Detection-Systems:

39.1.1 Host-Instrusion-Detection-Systeme (HIDS)

Unter HIDS verstehen wir Systeme, die auf einem beliebigen System installiert sind und speziell dieses System überwachen. HID-Systeme müssen auf jedem System, das überwacht werden soll, installiert sein. Sie beziehen ihre zu überprüfenden Daten aus verschiedenen Quellen (zum Beispiel Logfiles, Kernel-Meldungen und anderen Systemdaten). Findet das HIDS Anzeichen für einen möglichen Einbruch, schlägt es Alarm.

Eine Untergattung der HIDS sind die »System Integrity Verifiers«, kurz: SIV. Zu ihnen zählt `Tripwire`, das ich Ihnen im Folgenden noch näher vorstellen werde.

Ein SIV überprüft die Integrität, indem es einen »Schnappschuss« des Systems zu einem bestimmten Zeitpunkt (der Initiierung) aufzeichnet und diesen mit einem späteren Schnappschuss vergleicht. Alle Änderungen, die sich von den zu überwachenden Objekten in diesem Zeitraum ergeben haben, zeigt das SIV an. Nun liegt es am Administrator, ob er diese Änderungen als zulässig oder unzulässig betrachtet. Jede unzulässige Änderung muss entsprechend untersucht werden.

Bei zulässigen Änderungen kann der Administrator nun das veränderte Objekt in den Basis-Schnappschuss aufnehmen, also eine neue »Baseline« erstellen. Diese dient fortan als Vergleichsbasis, mit der jeder neue Schnappschuss verglichen wird.

Vielleicht haben Sie es schon bemerkt: Dieses Prinzip hat (mindestens) zwei Schwachstellen:

1. Was, wenn das System zum Zeitpunkt der Initiierung bereits kompromittiert war? In diesem Fall vergleicht der SIV mit einer Baseline, die das Problem bereits enthält! Dagegen hilft nur eins: sicherstellen, dass das System bei der Erstellung der Baseline absolut sauber ist – also am besten direkt nach der Installation von einer überprüften CD oder DVD.
2. Da der System Integrity Verifier nur im Nachhinein einen Einbruch aufzeigen kann, ist dem Einbrecher in der Zwischenzeit freigestellt, mit dem System zu tun und zu lassen, was und wie es ihm beliebt! Wie aber schützen wir unser IDS? Wer verhindert, dass der Einbrecher einfach ein paar Daten der SIV-Baseline verändert?

   Dies geht nur, indem sowohl die Datenbank als auch die Konfigurationsdateien des SIV verschlüsselt sind. Außerdem sollten alle wichtigen Dateien (Konfiguration, ausführbare Dateien des SIV selbst und dessen Baseline-Datenbank) am besten auf einem Read-Only-Medium gespeichert werden, zum Beispiel einer CD-R. Eine Alternative hierzu bieten Netzwerklaufwerke (NFS oder SMB), die nur zu diesem Zweck kurzfristig beschreibbar sind.

Trotz der genannten Schwachstellen hat sich der SIV unter den HIDS eine Vormachtstellung erarbeitet. Ehrlicherweise muss man allerdings anmerken, dass HID-Systeme aufgrund ihrer systembedingten Schwächen zunehmend an Bedeutung verlieren. Sie sind nicht nur aufwändig zu administrieren und erfordern vom Administrator eine Menge Pflege, sondern können Angriffe im Allgemeinen auch nicht zeitnah oder gar – wie heutzutage gefordert – in Echtzeit erkennen.

Trotzdem behalten Sie in meinen Augen eine gewisse Daseinsberechtigung, da die netzwerkbasierenden Ansätze keine Änderungen am System selbst erkennen können. Mögen HID-Systeme auch keinen perfekten Schutz vor Angriffen bieten, bleiben Sie doch eine zuverlässige Kontrolle, ob das System verändert wurde oder nicht. Daher sind sie vor allem in kleineren Umgebungen, die ein einzelner Administrator betreut, eine wertvolle Ergänzung des Security-Konzepts.

39.1.2 Network Intrusion Detection-Systeme (NIDS)

Während Intrusion Detection-Systeme auf Host-Basis den Host und seine Dateien selbst überwachen, verfolgen Network Intrusion Detection-Systeme einen ganz anderen Ansatz: Sie schneiden den Netzwerkverkehr mit und analysieren dessen Daten. In der Regel werden NIDS dann auch zur Überwachung ganzer Netzsegmente genutzt. Dazu benötigt das NIDS einen oder mehrere Sensoren. Diese müssen strategisch dort positioniert werden, wo der gesamte (!) Netzwerkverkehr für ein definiertes Netzwerksegment abgehört werden kann.

In professionellen Umgebungen wird hier meistens der Monitoring-Port eines Routers oder Switches verwendet. Dieser Monitoring-Port erhält eine Kopie sämtlicher Pakete, die über einen der regulären Ports der Netzwerkkomponente hereinkommen.

Das NIDS ist nach Möglichkeit vollkommen passiv und der Netzwerkport, über den die Pakete gesammelt werden, erhält oftmals keine eigene IP-Adresse. Damit wird die Angriffsfläche des NIDS reduziert. Die Daten werden dann in der Regel in einer Datenbank gespeichert und anschließend von der Detection-Engine ausgewertet. Werfen wir einen Blick auf eine solche professionelle Umgebung:

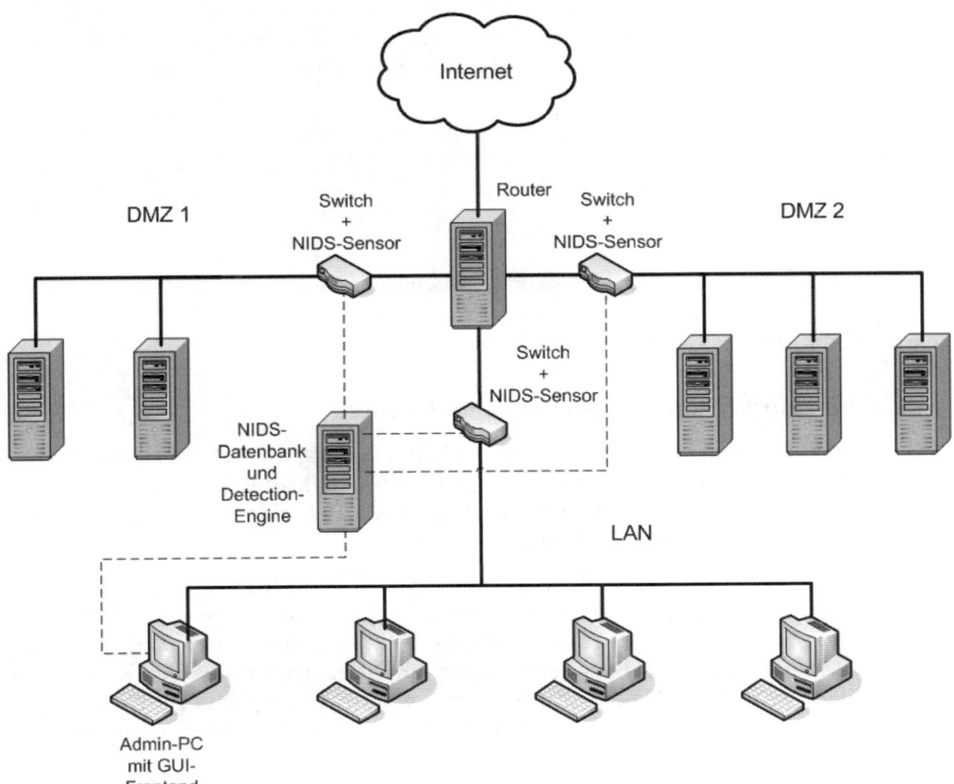

Abb. 39.1: NIDS in professioneller Umgebung

Die in der Abbildung dargestellte Konfiguration ist nur eine von vielen möglichen Konstellationen. In anderen, vorwiegend kleineren, Umgebungen wird das NIDS auch auf dem Gateway selbst platziert. Wichtig ist die Erkenntnis, dass die Sensoren so platziert werden müssen, dass sie den gesamten Netzwerkverkehr eines Netzsegments mitschneiden können, also auf dem Switch oder Router selbst.

Die meisten NIDS arbeiten Signatur-basiert. Sie benötigen also Signaturen, die sie mit den Daten des Netzwerkverkehrs vergleichen können. Stimmt eine Signatur mit einem Datensegment überein, schlägt das NIDS in einer vordefinierten Weise Alarm. Ähnlich wie ein Virenschutzprogramm benötigt das NIDS immer die aktuellen Signaturen, um auch neuen Angriffen begegnen zu können.

Der bekannteste Open-Source-Vertreter von NIDS ist wohl `Snort`. Im Rahmen dieses Kapitels werde ich Ihnen eine kleine Einführung in die Benutzung von `Snort` geben. Wir werden uns dabei auf die einfache Installation auf dem Gateway selbst beschränken. Solange sich die Netzwerkauslastung im Rahmen hält, ist diese Variante empfehlenswert für kleinere Umgebungen. Der Nachteil ist allerdings, dass das NIDS ausgehebelt werden kann, wenn das Gateway selbst kompromittiert wird.

39.1.3 Intrusion-Prevention-Systeme (IPS)

Wird das NIDS auf dem Gateway selbst installiert oder fließt der Netzwerkverkehr direkt durch das (zwischengeschaltete) NIDS, spricht man von »Inline-Installation«. Damit ist es möglich, ein IPS einzurichten. Dieses nimmt einen Angriff nicht nur zur Kenntnis, sondern reagiert (hoffentlich) adäquat und sperrt die betreffende Kommunikation.

> Das größte Problem eines IPS ist, dass es auch bei *False Positives* »dichtmacht«, also normalen Traffic, der irrtümlich als gefährlich eingestuft wird, aussperrt. Damit baut man sich den Denial-of-Service-Angriff gleich selbst mit ein. Hier kommt es also auf das Feintuning an!

Während es auf dem kommerziellen Markt inzwischen einige ausgereifte IPS gibt (zum Beispiel von *Tipping Point* oder *ISS*), lässt sich auch `Snort` als Open-Source-Variante im Zusammenspiel mit `iptables` als IPS konfigurieren.

39.1.4 Vor- und Nachteile von ID/IP-Systemen

Während das HIDS bereits in frühen Jahren der EDV ursprünglich vom Militär zum Schutz der Serversysteme eingesetzt wurde und in den letzten Jahren an Bedeutung verloren hat, kamen um die Jahrtausendwende die Network Intrusion Detection-Systeme groß auf und wurden als das Wundermittel der IT-Security angepriesen.

Einige Jahre später musste man allerdings erkennen, dass die Wirkung von NIDS überschätzt wurde; die Dinger produzierten jede Menge bunte Warnmeldungen auf den Frontends der Administratoren und keiner wusste so recht etwas damit anzufangen. Nur die wenigsten Unternehmen konnten sich Security-Analysten leisten, die den ganzen Tag nichts anderes tun, als die Meldungen der Intrusion Detection-Systeme zu überwachen – und genau das ist notwendig, will man ein solches System wirklich nutzbringend einsetzen.

Hinzu kommt, dass das Kind bereits in den Brunnen gefallen ist – egal, wie schnell der Administrator auf die Warnmeldungen des IDS reagiert. Das Rootkit ist bereits installiert, der Angriff ist bereits vorüber, die Daten sind bereits zerstört! Der Administrator kann immer erst im Nachhinein reagieren.

Schon früh erkannte man die mögliche Lösung: Intrusion Prevention-Systeme. Sie sind aktiv in das Geschehen eingebunden und können reagieren, wenn sie einen Angriff erkennen, indem sie die Kommunikation blocken.

Das Problem bei IPS ist, dass sie geradezu zu Denial-of-Service-Attacken einladen. Reagiert das IPS nicht korrekt, kann es zu *False-Positives* kommen. Das heißt, eine harmlose Kommunikation wird als Angriff erkannt und geblockt.

Damit kommt der Konfiguration eines IPS eine sehr große Bedeutung zu – ist sie zu restriktiv, werden unter Umständen normale Verbindungen geblockt. Ist die Policy andererseits zu weit gefasst, werden manche Angriffe vielleicht nicht geblockt.

Daher dauerte es auch eine Weile, bis IPS zur Markreife gelangten. Dies ist seit kürzerem der Fall, so dass davon auszugehen ist, dass den IPS die Zukunft auf dem Intrusion Detection-Markt gehört. Sie bieten ganz einfach den Vorteil, dass der Administrator nicht permanent neben seinem IDS sitzen muss, um die Meldungen zu beobachten, damit er schnellstmöglich reagieren kann, wenn ein Angriff erkannt wurde.

Wird ein traditionelles HIDS oder NIDS jedoch im richtigen Kontext und mit entsprechender Konfiguration eingesetzt und ist sich der Administrator seiner Überwachungsaufgabe bewusst, können diese Systeme weiterhin einen wertvollen Beitrag zur Sicherheit in IT-Systemen und -Netzwerken leisten.

39.2 Tripwire

Wie bereits angesprochen ist `Tripwire` eines der bekanntesten Host Intrusion Detection-Systeme. Es handelt sich um ein System Integrity Verifier (SIV), der Änderungen an den überwachten Objekten anzeigt. Bei diesen Objekten handelt es sich um Verzeichnisse oder Dateien. `Tripwire` erstellt eine Ausgangsdatenbank und vergleicht die Integrity-Checks mit dieser Datenbank.

Genug Vorgerede! Schauen wir uns `Tripwire` einfach einmal an. In der Praxis lässt sich das Konzept ohnehin besser verstehen ;-).

39.2.1 Tripwire installieren

Sie können `Tripwire` wie üblich mittels `apt-get` installieren:

```
# apt-get install tripwire
```

Während der Installation müssen Sie einige Eingaben vornehmen. Zunächst werden Sie darüber aufgeklärt, dass zwei Schlüssel (Keys) erforderlich sind, die ich Ihnen weiter unten näher erläutern werde:

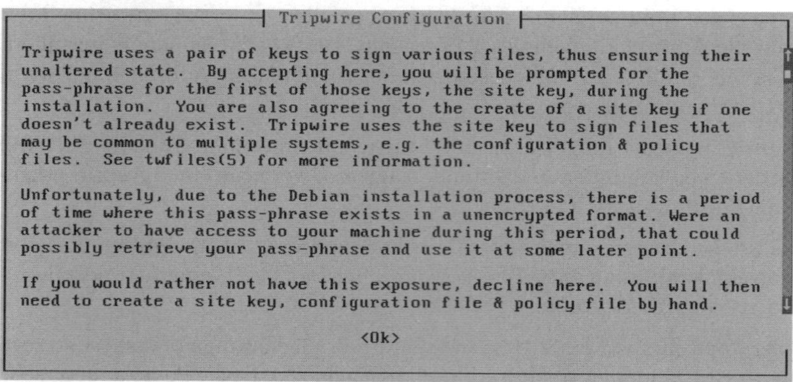

Abb. 39.2: Es werden Keys für die Signaturen und die Verschlüsselung benötigt.

Sie müssen anschließend bestimmen, ob Sie die Schlüssel während der Installation erstellen wollen. Es wird ein `site key` (eine Art *Domain-Schlüssel*) benötigt.

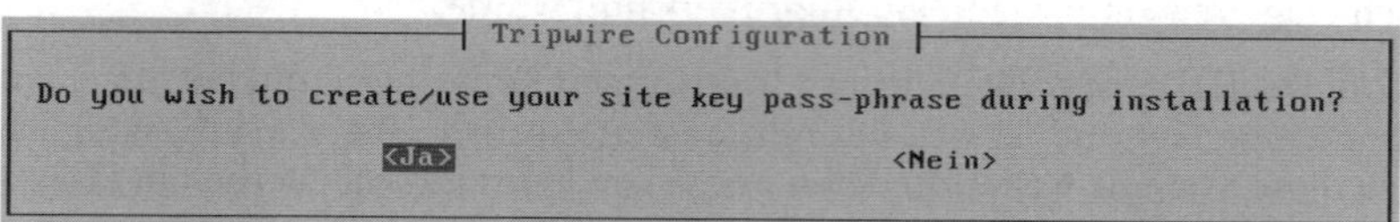

Abb. 39.3: `site key` erstellen?

Wählen Sie <JA>, wird ein evtl. bereits vorhandener `site key` verwendet bzw. ein neuer erstellt. Doch bevor `debconf` hier zur Tat schreitet, werden Sie erst einmal gefragt, ob auch der zweite erforderliche Schlüssel, der `local key` (der lokale Schlüssel) im Rahmen dieser Initialisierungskonfiguration erstellt werden soll. Nach der angezeigten Information, dass der Schlüssel benötigt wird, dürfen Sie wieder wählen:

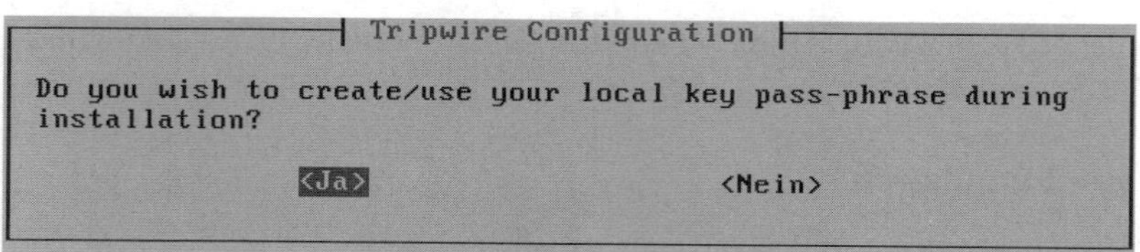

Abb. 39.4: `local key` erstellen?

Wählen Sie bei einer Standardinstallation auch hier <JA>, um den Schlüssel zu erstellen.

Nun müssen Sie noch bestimmen, ob die Tripwire-Konfigurationsdatei neu erstellt werden soll – in der Regel ist das der Fall:

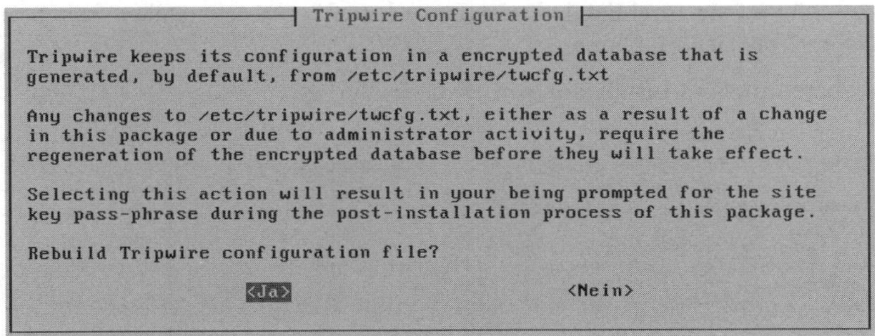

Abb. 39.5: Konfigurationsdatei neu erstellen?

Auch die Policy-Datei muss neu erstellt werden, wählen Sie also auch hier <Ja>:

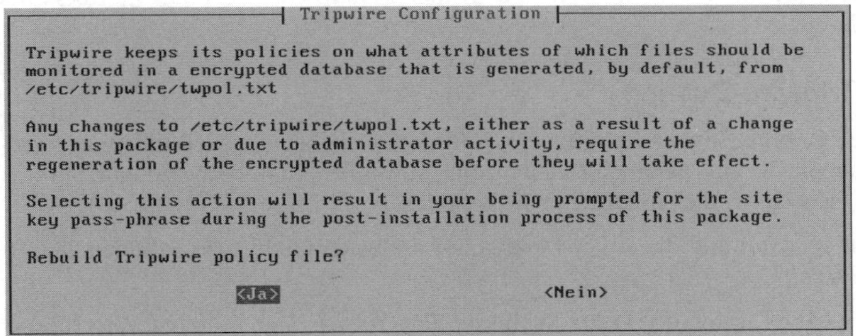

Abb. 39.6: Policy-Datei erstellen?

Nun müssen Sie die Passwörter für die beiden Schlüssel eingeben. Wählen Sie diese mit Bedacht, da durch sie die Sicherheit und Integrität der Tripwire-Konfiguration und -Datenbanken gewährleistet werden.

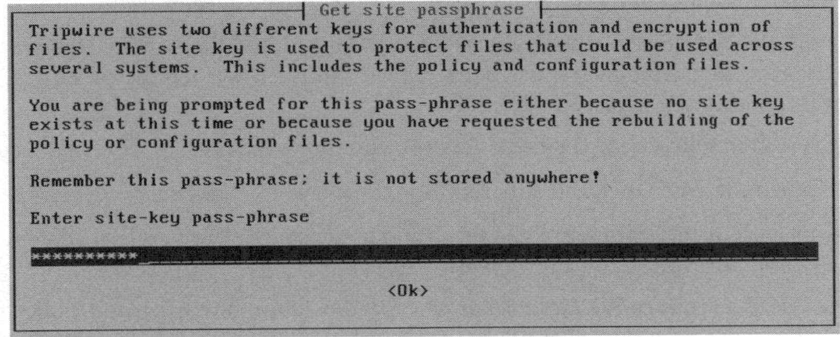

Abb. 39.7: Passwörter für die Keys

In gleicher Weise müssen Sie anschließend noch den lokalen Schlüssel erstellen, mit dem Sie zum Beispiel Berichte sichern können.

Damit ist die Vorbereitung und Installation von `Tripwire` fertig.

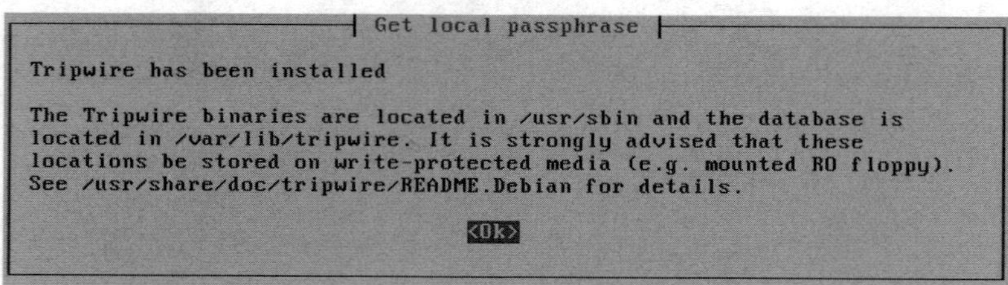

Abb. 39.8: Eine Empfehlung schließt die `Tripwire`-Installation ab.

Das war ein gutes Stück Vorarbeit! Doch sind wir bei Weitem noch nicht fertig. Aber eins nach dem anderen:

39.2.2 Die Tripwire-Dateien

Werfen wir zur Orientierung erst einmal einen Blick auf die beteiligten Dateien und Programme. Gehen Sie die angegebenen Dateien ruhig einmal durch und überzeugen Sie sich davon, dass diese sich wirklich an diesem Ort befinden.

Die Konfigurationsdatei und die Policy-Datei sowie die beiden Schlüssel befinden sich in `/etc/tripwire/`:

- `<Hostname>-local.key`: der lokale Schlüssel. Er wird zur Signatur und Verschlüsselung aller nur für dieses System gültigen Dateien verwendet.
- `site.key`: der Domain-Schlüssel. Er findet Verwendung bei der Signatur und Verschlüsselung von Dateien, die für viele verschiedene Systeme genutzt werden können.
- `twcfg.txt`: die Konfigurationsdatei von `Tripwire` in Textform. Hier können Sie grundsätzliche Einstellungen vornehmen, u.a. den Speicherort der Tripwire-Dateien. Sie muss zunächst verschlüsselt werden, bevor sie aktiv wird.
- `tw.cfg`: die verschlüsselte Konfigurationsdatei, die von `Tripwire` ausgewertet wird.
- `twpol.txt`: die Policy-Datei, in der die überwachten Objekte und die Art der Überwachung festgelegt werden. Auch sie muss zunächst verschlüsselt werden, bevor sie von `Tripwire` wahrgenommen wird.
- `tw.pol`: die verschlüsselte Policy-Datei zur Auswertung für `Tripwire`.

Unter `/usr/sbin` befinden sich die ausführbaren Programme von `Tripwire`:

- `tripwire`: mit diesem Programm erstellen und modifizieren Sie die Vergleichsdatenbanken und führen die Vergleiche aus.
- `twadmin`: mit dem `Tripwire`-Admintool können Sie die Konfigurations- und Policy-Dateien erstellen (verschlüsseln) oder anzeigen (entschlüsseln) lassen. Außerdem lassen sich damit neue Schlüssel erzeugen.
- `twprint`: hiermit können Sie sich Berichte anzeigen lassen.

Unter /var/lib/tripwire/ finden Sie schließlich die Vergleichsdatenbank (Baseline) und unter /var/lib/tripwire/report/ die einzelnen Reports der Integritätsprüfung, die den Systemstatus zum untersuchten Zeitpunkt beinhalten. Hier werden auch die Veränderungen zur Baseline angezeigt.

39.2.3 Die Konfigurationsdatei twcfg.txt

In der Datei /etc/tripwire/twcfg.txt legen Sie generelle Einstellungen für Tripwire fest. In der Regel müssen Sie hier nichts ändern. Die Datei hat unter Debian folgendes Aussehen:

```
ROOT          =/usr/sbin
POLFILE       =/etc/tripwire/tw.pol
DBFILE        =/var/lib/tripwire/$(HOSTNAME).twd
REPORTFILE    =/var/lib/tripwire/report/$(HOSTNAME)-$(DATE).twr
SITEKEYFILE   =/etc/tripwire/site.key
LOCALKEYFILE  =/etc/tripwire/$(HOSTNAME)-local.key
EDITOR        =/usr/bin/vi
LATEPROMPTING =false
LOOSEDIRECTORYCHECKING =false
MAILNOVIOLATIONS =true
EMAILREPORTLEVEL =3
REPORTLEVEL   =3
SYSLOGREPORTING =true
MAILMETHOD    =SMTP
SMTPHOST      =localhost
SMTPPORT      =25
```

Listing 39.1: /etc/tripwire/twcfg.txt

Die Variablen haben folgende Bedeutung:

- ROOT – Hier befinden sich die Binaries, also die ausführbaren Programme von Tripwire.
- POLFILE – die Policy-Datei.
- DBFILE – die Datenbankdatei, die aus den Daten der Policy-Datei erstellt wird.
- REPORTFILE – Speicherort von Report-Dateien der Integritätsprüfungen. Diese können Sie jederzeit auf Übereinstimmungen und Abweichungen überprüfen.
- SITEKEYFILE – der Site Key.
- LOCALKEYFILE – Hier liegt der Local Key.
- EDITOR – Hiermit können Sie den Editor angeben, der automatisch gestartet wird, wenn Sie die Tripwire-Datenbank nach einem Integritätscheck anpassen wollen. Ich komme darauf zurück.
- LATEPROMPTING – wenn auf wahr (true) gesetzt, wartet Tripwire so lange wie möglich, bevor vom Benutzer ein Passwort abgefragt wird, um die Zeit, in der sich das Passwort im (evtl. abhörbaren) Speicher befindet, zu minimieren.
- LOOSEDIRECTORYCHECKING – wenn auf wahr (true) gesetzt, wird ein Verzeichnis nicht als geändert angezeigt, falls nur eine Datei in diesem Verzeichnis geändert wurde. Das reduziert den Report-Output.

- `MAILNOVIOLATIONS` – wenn auf wahr (`true`) gesetzt, verschickt `Tripwire` regelmäßig Mails, auch wenn keine Verletzungen aufgetreten sind.
- `EMAILREPORTLEVEL` – legt den Detaillevel für die Mail-Berichte fest. Gültige Werte sind 0-4.
- `REPORTLEVEL` – legt den Detaillevel für Berichte fest, die vom `twprint`-Befehl erzeugt werden.
- `SYSLOGREPORTING` – wenn auf wahr (`true`) gesetzt, schickt `Tripwire` Daten an den Syslog-Daemon. Das Loglevel ist hierbei auf `notice` gesetzt.
- `MAILMETHOD` – gibt an, welches Mailprotokoll `Tripwire` verwenden soll. Gültige Werte sind `SMTP` und `SENDMAIL`.
- `SMTPHOST` – gibt den MTA an, an den die Mails geschickt werden.
- `SMTPPORT` – gibt den SMTP-Port an, der natürlich standardmäßig auf 25 steht.

Die Datei ist lediglich eine Textversion der verschlüsselten Konfigurationsdatei `/etc/tripwire/tw.cfg`. Tripwire kann nur die verschlüsselte Version verwenden!

> **Zur Klarstellung:** Die verschlüsselte Version existiert nach der Installation von Tripwire bereits. Nur wenn Sie Änderungen vornehmen möchten, ist der nachfolgende Arbeitsschritt notwendig!

Haben Sie also Werte in der Textdatei geändert, so müssen Sie die Datei anschließend verschlüsseln, um sie für `Tripwire` verwendbar zu machen. Dies geschieht folgendermaßen:

```
# /usr/sbin/twadmin --create-cfgfile -S /etc/tripwire/site.key /etc/tripwire/
twcfg.txt
Please enter your site passphrase: ******
Wrote configuration file: /etc/tripwire/tw.cfg
```

Mit dem angegebenen Befehl wird die verschlüsselte Konfigurationsdatei `/etc/tripwire/tw.cfg` neu erstellt bzw. die alte Version dieser Datei überschrieben. Hierzu müssen Sie mit `-S` den Site Key angeben.

> **Wichtig:** Sie sind von `Tripwire` gehalten, die Textkonfigurationsdateien `twcfg.txt` und `twpol.txt` (siehe unten) nach der Erstellung der verschlüsselten Dateien zu **löschen**, um sie vor unbefugter Einsicht zu schützen. Aber keine Sorge: Sollten Sie die *Konfigurationsdatei* (zur *Policy-Datei* siehe nächster Abschnitt) in der Textversion wieder benötigen, können Sie sie mit dem folgenden Befehl aus der verschlüsselten Version erstellen lassen:
>
> ```
> # twadmin --print-cfgfile > /etc/tripwire/twcfg.txt
> ```
>
> Die so erstellte Datei enthält die aktuelle Konfiguration. Sie können sie ganz normal bearbeiten und daraus – wie oben beschrieben – wieder eine verschlüsselte Version erstellen, die `Tripwire` fortan nutzt.

39.2.4 Die Policy-Datei twpol.txt

Die Policy-Datei `/etc/tripwire/tw.pol` wird genutzt, um die `Tripwire`-Datenbank zu erstellen. Diese Datei ist verschlüsselt und wird aus der Textdatei `twpol.txt` erstellt. Eine erste Version von `tw.pol` wird bereits bei der Installation bereitgestellt. Würden Sie Tripwire jetzt initialisieren, sprich die Baseline-Datenbank erstellen, erhielten Sie allerdings jede Menge Fehlermeldungen und Warnungen. Dies liegt daran, dass es sich um eine generische Policy-Datei handelt, die auch Dateien und Verzeichnisse checkt, die auf Ihrem System vielleicht gar nicht existieren.

Daher sollten Sie zunächst die Datei `twpol.txt` editieren und anschließend eine neue `tw.pol` erstellen. Die gesamte Datei hier abzubilden, würde zu viel Platz in Anspruch nehmen. Daher beschreibe ich Ihnen hier die wichtigsten Zeilen und evtl. erforderliche Änderungen. Die Datei ist in Sektionen aufgeteilt. In `@@section GLOBAL` werden globale Parameter festgelegt. Im Grunde handelt es sich um die Definition von Variablen:

```
@@section GLOBAL
TWBIN = /usr/sbin;
TWETC = /etc/tripwire;
TWVAR = /var/lib/tripwire;
```

Diese werden innerhalb der nächsten Sektion, `@@section FS`, bei Bedarf eingesetzt. Hier werden zunächst einige Variablen definiert, die eine bessere Lesbarkeit bewirken sollen:

```
SEC_CRIT      = $(IgnoreNone)-SHa ; # Critical files that cannot change
SEC_BIN       = $(ReadOnly) ;        # Binaries that should not change
SEC_CONFIG    = $(Dynamic) ;         # Config files that are changed
                      # infrequently but accessed
                      # often
SEC_LOG       = $(Growing) ;         # Files that grow, but that
                                     # should never change ownership
SEC_INVARIANT = +tpug ;              # Directories that should never
                      # change permission or ownership
SIG_LOW       = 33 ;                 # Non-critical files that are of
                                     # minimal security impact
SIG_MED       = 66 ;                 # Non-critical files that are of
                                     # significant security impact
SIG_HI        = 100 ;                # Critical files that are
                                     # significant points of
                                     # vulnerability
```

Den mit SEC_ beginnenden Variablen werden bestimmte so genannte »Eigenschaftenmasken« zugewiesen. Diese Masken definieren die überwachten Attribute eines Objekts (entweder ein Verzeichnis oder eine Datei) und bestehen im Grunde aus Buchstaben. Jeder Buchstabe steht für eine bestimmte Eigenschaft. Schauen wir uns die Maske für SEC_INVARIANT an: `+tpug`. Das Plus (+) besagt, dass die entsprechende Eigenschaft geprüft wird, ein Minus (-) würde die Eigenschaft aus der Prüfung ausschließen. Wird keins der Zeichen angegeben, wird ein Plus (+) unterstellt. Die genannten Buchstaben bedeuten Folgendes:

- `t` – filetyp, der Dateityp
- `p` – Permissions and file mode bits, also die Rechte
- `u` – file owners user id, also die UID des Datei-Eigners
- `g` – file owners group id, die GID des Datei-Eigners

Die genannten Attribute des Objekts werden also immer dann geprüft, wenn die Variable `SEC_INVARIANT` in der Eigenschaftenmaske angegeben wird. Es gibt eine ganze Reihe von Buchstaben bzw. Attributen, die Sie unter `man twpolicy` nachlesen können.

> Auf der anderen Seite finden Sie einige Variablen, die scheinbar nirgendwo definiert sind. Hierzu zählen `IgnoreNone`, `ReadOnly`, `Dynamic`, `Growing`, `Device` und `IgnoreAll`. Die Definition dieser Variablen geschieht `Tripwire`-intern. So steht zum Beispiel die Variable `ReadOnly` für die Buchstabenkombination `+pinugtsdbmCM-rlacSH`. Auch dies finden Sie in der Man-Page von `twpolicy`.

Unter den Eigenschaftenmasken finden Sie Variablen, die mit `SIG_` beginnen. Sie stehen für bestimmte Schweregrade, `severities` genannt. Führt `Tripwire` einen Integrity-Check durch, kann festgelegt werden, dass nur Regeln mit einem Mindestschweregrad ausgeführt werden. Dazu können Sie für jede Regel einen `severity`-Wert zwischen 0 und 1.000.000 angeben. Normalerweise stellt aber die Zahl 100 der Einfachheit halber den höchsten Wert dar.

Wie also sieht nun so eine Regel aus? Zunächst geben Sie in runden Klammern den Regelnamen und das Severity-Level an:

```
(
  rulename = "System-Konfiguration",
  severity = 66
)
```

> Möchten Sie, dass Änderungen am Zustand der Objekte innerhalb dieser Regel per Mail an den Administrator und/oder andere Personen geschickt werden, können Sie noch eine Zeile unter `severity` angeben:
>
> `emailto = user1@linux.local;gulugulu@linux.local`

Nun folgen in geschweiften Klammern die Definition der Objekte und deren Eigenschaftenmasken. Für das Verzeichnis `/etc` könnte das folgendermaßen aussehen:

```
{
        /etc          -> $(SEC_CONFIG);
        /etc/init.d   -> $(SEC_BIN);
}
```

Damit würde das Verzeichnis `/etc` mit der Eigenschaftenmaske, die sich hinter `$(SEC_CONFIG)` verbirgt, überprüft werden, während das Unterverzeichnis `/etc/init.d` entsprechend der Eigenschaftenmaske hinter `$(SEC_BIN)` behandelt wird.

Ein Verzeichnis wird immer als Ganzes mit seinem kompletten Inhalt betrachtet – mit einer wichtigen Ausnahme: Haben Sie ein Unterverzeichnis auf einer anderen Partition gemountet oder ist dieses aus anderen (oft internen) Gründen mit einem anderen Dateisystem formatiert (zum Beispiel `tempfs` oder `udev` o.Ä.), muss dieses extra aufgeführt werden. Sind zum Beispiel `/usr/` und `/usr/lib/` auf verschiedenen Partitionen, müssen sie als zwei Objekte angegeben werden.

Analog dazu gilt Folgendes: Möchten Sie zwar ein ganzes Verzeichnis scannen, jedoch eine oder mehrere bestimmte Dateien oder Unterverzeichnisse innerhalb dieses Verzeichnisses ausschließen oder anders behandeln, können Sie dies tun, indem Sie die betreffende Datei unterhalb des Verzeichnisses separat und mit den gewünschten Eigenschaften angeben. Ein Beispiel hierfür habe ich Ihnen oben bereits gezeigt.

Möchten Sie ein Verzeichnis oder eine Datei gänzlich ausschließen, während alles drum herum gescannt wird, setzen Sie ein Ausrufezeichen (!) davor:

```
!/etc/mtab;
```

Dies wird bei `Tripwire` »stop point« genannt. Natürlich müssen Sie in diesem Fall keine Eigenschaftenmaske angeben.

Zur Praxis: Damit uns nicht etliche Fehlermeldungen bei der Initialisierung und bei nachfolgenden Integritätschecks um die Ohren fliegen, müssen wir ein paar minimale Anpassungen an der Datei vornehmen.

- Kommentieren Sie alle unter `/root` aufgeführten Dateien aus, indem Sie ein Doppelkreuz (#) an den Anfang der betreffenden Zeile einfügen. Hierbei handelt es sich um individuelle Konfigurationsdateien verschiedener Dienste und Programme, von denen die meisten vermutlich nicht auf Ihrem System installiert sind. Meines Erachtens bringt die Überprüfung der einzelnen Dateien keinen echten zusätzlichen Sicherheitsgewinn. Sind die aufgeführten Dateien nicht vorhanden, wird jedes Mal eine Warnmeldung erzeugt.
- Kommentieren Sie das `/proc`-Verzeichnis aus. Es wird dynamisch vom Kernel erzeugt. Dessen Dateien wechseln ständig. Daher bekommen Sie teilweise hunderte Änderungen angezeigt, die keinen Aussagewert besitzen. Warum es in der Default-Policy vorhanden ist, kann ich nicht ganz nachvollziehen.

Sie werden später sicher herausfinden, wie Sie die Policy weiter optimieren können. Für unsere Zwecke soll dies erst einmal ausreichen, um den Report auf eine akzeptable und überschaubare Größe zu reduzieren.

Sollten Sie sich an die Empfehlung von `Tripwire` gehalten und die Textdatei `twpol.txt` nach der Verschlüsselung gelöscht haben, können Sie die Datei aus der verschlüsselten Version jederzeit wieder als Vorlage herstellen:

```
# twadmin --print-polfile > /etc/tripwire/twpol.txt
```

Um eine neue Policy-Datei nach getaner Arbeit (bzw. Änderung) nutzen zu können, müssen wir nun eine neue `Tripwire`-Datenbank anlegen lassen. Dies geschieht durch die Initialisierung von `Tripwire`. Lesen Sie weiter!

39.2.5 Tripwire initialisieren

Damit wir mit `Tripwire` arbeiten können, müssen wir besagte Baseline-Datenbank erstellen. Dies können wir mit dem Befehl `tripwire` bewerkstelligen. Haben Sie sich an die bisherigen Vorgaben gehalten, sieht das folgendermaßen aus:

```
# tripwire --init
Please enter your local passphrase:******
Parsing policy file: /etc/tripwire/tw.pol
```

```
Generating the database...
*** Processing Unix File System ***
[...]
Wrote database file: /var/lib/tripwire/server.twd
The database was successfully generated.
```

Unter Umständen werden Sie mit einigen Fehlermeldungen der Art »`xyz is on a different file system...ignoring.`« konfrontiert. Dies ist vermutlich in Ordnung, da diese speziellen Dateien mit virtuellen Dateisystemen formatiert und nur Linux-intern genutzt werden. Machen Sie eine Gegenprobe: durch Eingabe des Befehls **`mount`**. Sie sollten hier die angegebenen Dateien wiederfinden:

```
tmpfs on /lib/init/rw type tmpfs (rw,nosuid,mode=0755)
udev on /dev type tmpfs (rw,mode=0755)
sysfs on /sys type sysfs (rw,noexec,nosuid,nodev)
devpts on /dev/pts type devpts (rw,noexec,nosuid,gid=5,mode=620)
tmpfs on /dev/shm type tmpfs (rw,nosuid,nodev)
```

Trotz eventueller Fehlermeldungen wurde die (verschlüsselte) Datenbank als `/var/lib/tripwire/<Hostname>.twd` erstellt, so dass `Tripwire` nun einen Überblick über das System hat. Im nächsten Schritt sollten Sie gleich eine Integritätsprüfung vornehmen, bevor das System im Netz hängt. Die führen Sie folgendermaßen durch:

```
# tripwire --check
Parsing policy file: /etc/tripwire/tw.pol
*** Processing Unix File System ***
Performing integrity check...
[...]
```

Der komplette Report wird Ihnen auf der Standardausgabe, sprich auf dem Bildschirm, ausgegeben. Außerdem wird eine verschlüsselte Report-Datei mit identischem Inhalt unter `/var/lib/tripwire/report/` mit Timestamp (Datum und Uhrzeit) abgelegt.

39.2.6 Eine Integritätsprüfung durchführen

Wie Sie manuell eine Integritätsprüfung durchführen, haben Sie bereits gelernt:

```
# tripwire --check
```

Darüber hinaus wurde bei der Installation automatisch ein Cronjob eingerichtet, der unter `/etc/cron.daily/tripwire` definiert wurde und somit einmal täglich durchgeführt wird. Es ist allerdings in der Regel sinnvoll, vor und nach jeder Konfigurationsänderung oder Installation einen Check durchzuführen, um die Integrität des Systems zu verifizieren.

> Dies ist natürlich nur möglich, wenn die Anzahl der Konfigurationsänderungen am System überschaubar bleibt. Meine Erfahrung hat gezeigt, dass `Tripwire` in dieser Form für größere Umgebungen mit vielen Administratoren nicht mehr ohne erheblichen Administrationsaufwand (der den potenziellen Nutzen unter Umständen übersteigt) zu handhaben ist. Setzen Sie also Tripwire nur ein, wenn Sie auch gewillt sind, das HIDS entsprechend zu pflegen!

Ein weiterer wichtiger Punkt in diesem Zusammenhang ist die Auswertung der Reports. Sie müssen entsprechend regelmäßig kurzfristig nach der Erstellung erfolgen, da sonst Änderungen nicht mehr sauber nachvollziehbar sind.

Sie können sich eine Report-Datei nicht mit einem Viewer wie `less`, `more` oder `cat` anzeigen lassen, da die Datei verschlüsselt ist. Zur Auswertung einer solchen Datei verwenden Sie den folgenden Befehl:

```
# twprint -m r -twrfile /var/lib/tripwire/report/<Name>.twr
```

Mit `-m r` weisen Sie `twprint` an, den Bericht zu entschlüsseln, `--twfile` gibt den Namen der Report-Datei an.

Sie kommen nun nicht darum herum, den Bericht manuell auszuwerten. Sie selbst müssen entscheiden, welche erkannten Änderungen akzeptabel sind und welche nicht. Entsprechend müssen Sie die Datenbank mit den erfassten Objekten und deren aktuellen Attributen auf den neuen Stand bringen, damit die korrekten Veränderungen am System nicht jedes Mal erneut angezeigt werden.

39.2.7 Die Tripwire-Datenbank aktualisieren

Unter `/var/lib/tripwire/<Hostname>.twd` wird die `Tripwire`-Datenbank abgespeichert. Sie dient als Vergleichsgrundlage für alle Integritätsprüfungen. Sie können sich die aktuell in der Datenbank gespeicherten Daten Ihres Systems mit folgendem Befehl anzeigen lassen:

```
# twprint -m d --print-dbfile | less
```

Es handelt sich in der Regel um eine sehr umfangreiche Liste mit den Dateien und deren Attributen. Möchten Sie sich den Eintrag für eine bestimmte Datei anzeigen lassen, geben Sie die Datei einfach an:

```
# twprint -m d --print-dbfile /etc/passwd
Object name:  /etc/passwd

Property:                Value:
-------------            -----------
Object Type              Regular File
Device Number            769
Inode Number             355891
Mode                     -rw-r--r--
Num Links                1
UID                      root (0)
GID                      root (0)
```

Der Inhalt der Datenbank ist natürlich nicht in Stein gemeißelt – im Gegenteil: sie werden die Datenbank jedes Mal aktualisieren müssen, wenn Sie eine Änderung am System vorgenommen haben, da `Tripwire` die Änderungen (sei es eine Installation, Deinstallation, Modifikation oder Konfigurationsänderung) bei jedem Integritätscheck anzeigt. Dazu nutzen Sie folgenden Befehl:

```
# tripwire --update --twrfile /var/lib/tripwire/report/<Name>.twr
```

Nun wird der in `/etc/tripwire/twcfg.txt` bzw. `tw.cfg` definierte Editor geöffnet und die angegebene Berichtsdatei in modifizierter Form geöffnet. Alle erkannten Änderungen werden mit einem Kästchen `[x]` vorab angezeigt:

```
-------------------------------------------------------------------------------
Rule Name: Other configuration files (/etc)
Severity Level: 66
-------------------------------------------------------------------------------

Remove the "x" from the adjacent box to prevent updating the database
with the new values for this object.

Modified:
[x] "/etc/cron.daily"
```

Belassen Sie das `x` in den eckigen Klammern, wird die Änderung als korrekt in die Datenbank übernommen. Entfernen Sie das `x`, um die Datenbank für diese Änderung nicht zu aktualisieren. Speichern Sie die Änderungen und beenden Sie den Editor. Anschließend müssen Sie das Passwort für den lokalen Schlüssel angeben, damit die Datenbank aktualisiert werden kann.

Damit wissen Sie alles Notwendige, um mit der Arbeit mit `Tripwire` zu beginnen. Natürlich gibt es noch viel über `Tripwire` zu sagen, doch für den Einstieg sollte dies erst einmal reichen. Schließlich haben wir in diesem Kapitel noch ein anderes spannendes Thema ;-).

39.3 Snort

Mit `Snort` hält die Open-Source-Gemeinde ein Werkzeug in den Händen, dass sich nicht hinter kommerziellen Network Intrusion Detection-Systemen verstecken muss. Es wird bei *Etch* in der Version 2.3 und bei *Lenny* in der Version 2.7 bereitgestellt. Bevor wir es installieren, werfen wir zunächst einen Blick auf die Struktur von `Snort`.

39.3.1 Wie funktioniert Snort?

`Snort` besteht aus mehreren Komponenten, die im Zusammenspiel das eigentliche NIDS ergeben:

Packetsniffer

Der Packetsniffer zapft das Netzwerk an und sammelt die Netzwerkdaten. Der Sniffer übernimmt, zusammen mit der Netzwerkkarte, über die die Daten gesammelt werden, die Rolle des Sensors. In seiner Grundfunktion stellt `Snort` nichts anderes als einen Packetsniffer dar.

Präprozessoren

Die Präprozessoren (preprocessors) sind vor die Detection-Engine vorgeschaltete Filter. Sie nehmen die Rohdaten entgegen und führen eine Art Normalisierung durch, damit die Daten anschließend von der Detection-Engine gegen die Regelsets getestet werden können.

Was bedeutet »Normalisierung«? Stellen Sie sich einen sehr langen String (engl. für *Zeichenkette*) vor, der nicht in einem einzelnen Paket versendet werden kann. In diesem Fall wird der String auf verschiedene Pakete verteilt, sprich fragmentiert. Versteckt sich der Code des Angreifers innerhalb des Strings und ist der String geteilt, so kann es passieren, dass sich ein Teil des schadhaften Codes in einem Paket befindet und ein anderer Teil im nächsten Paket. Einzeln sind die Pakete harmlos, erst zusammengesetzt ergeben sie das richtige Bild. Hier setzt zum Beispiel der Präprozessor an und defragmentiert die Pakete, bevor der nun komplette zusammenhängende Inhalt der Detection-Engine übergeben wird.

Ein anderes Beispiel ist die Codierung. So ist es ein gängiges Verfahren, Angriffe durch Hex-Codierung zu verstecken. Die meisten Webserver verstehen das hexadezimal codierte ASCII-Zeichen und interpretieren es korrekt. Prüft jedoch das IDS die passende (ASCII-codierte) Regel gegen die Angriffssignatur, schlägt diese Prüfung fehl. Auch hier kann ein Präprozessor die Daten normalisieren, indem die Hexdaten zuvor in ASCII umgewandelt werden und erst anschließend zur Detection-Engine geschickt werden.

Detection-Engine

Die Detection-Engine ist das Herz von `Snort`. Hier werden die gesammelten und normalisierten Daten mit den Snort-Regeln verglichen. Trifft eine Regel (sprich Signatur) zu, muss eine entsprechende Reaktion (zum Beispiel Logeintrag) erfolgen. Trifft keine Regel zu, werden die Daten verworfen.

Alarmierungs- und Logging-Komponenten

Erkennt die Detection-Engine einen Angriff, wird über diese Komponenten eine entsprechende Reaktion ausgelöst. Dies kann ein einfacher Logeintrag, ein Eintrag in einer Datenbank oder eine E-Mail an den Administrator sein. Plugins machen dies sehr flexibel.

Die Alarmmeldungen können durch zahlreiche Add-ons ausgewertet und interpretiert werden, zum Beispiel `Acid` (`http://acidlab.sourceforge.net/`).

39.3.2 Snort installieren

Sie können `Snort` sowohl auf einem Router (bzw. einer Firewall als Gateway) als dediziertes NIDS mit einem oder mehreren Sensoren im Netzwerk als auch auf einem Single-Homed-Host (zu deutsch: einem Rechner mit nur einer Schnittstellenkarte) installieren. `Snort` ist das egal – das Schnüffelschwein mit der übergroßen Nase (Wappentier von Snort) schnüffelt auf jedem Interface, das Sie in der Konfiguration angeben.

Sie können `Snort` – wie üblich – mit `apt-get` installieren:

```
# apt-get install snort
Paketlisten werden gelesen... Fertig
Abhängigkeitsbaum wird aufgebaut... Fertig
Die folgenden zusätzlichen Pakete werden installiert:
  libdb4.4 libpcre3 perl perl-base perl-modules snort-common snort-rules-
default
[...]
```

Je nach Ausgangskonfiguration werden einige Pakete automatisch mitinstalliert. Während der Installation erwartet `Debconf` eine Angabe zur Konfiguration von Ihnen (siehe Abbildung 39.9).

```
                    Konfiguriere snort
Sie müssen das CIDR-Format benutzen, z. B. 192.168.1.0/24 für einen
Block von 256 IP-Adressen oder 192.168.1.42/32 für nur eine. Trennen Sie
mehrere IP-Adressen in einer Zeile durch ',' (Komma), Leerzeichen sind
nicht erlaubt!

Sie können 'any' eingeben, um keiner Seite des Netzwerkes zu vertrauen.

Beachten Sie, wenn Sie mehrere Schnittstellen benutzen, wird diese
Festlegung als HOME_NET-Definition für alle verwendet.

Bitte geben Sie den Adressbereich ein, an dem Snort lauschen soll.

172.16.0.0/24,192.168.1.0/24_

                           <Ok>
```

Abb. 39.9: Der eigene Adressbereich kann angegeben werden.

Hier können Sie Ihren eigenen Adressbereich angeben. Das umfasst sowohl das LAN als auch evtl. DMZ-Netze. Trennen Sie mehrere Netze durch Komma aber ohne Leerzeichen. Diese Angabe wird als Variable `HOME_NET` gespeichert und in der Konfigurationsdatei `/etc/snort/snort.conf` verwendet.

Möchten Sie keine Einschränkung treffen, geben Sie hier `any` an. Haben Sie `Snort` andererseits auf einem Server mit nur einer Schnittstelle installiert, können Sie dies durch eine IP-Adresse mit /32-Netzmaske angeben, zum Beispiel 172.16.0.2/32.

Grundsätzlich ist die Installation damit bereits abgeschlossen. `Snort` startet anschließend selbstständig und informiert Sie noch, dass das Interface `eth0` in den »Promiscuous-Mode« versetzt wurde. Dieser Modus ermöglicht es, *sämtliche* Pakete mitzuschneiden – sonst würde die Netzkarte alle nicht an sie adressierten Pakete verwerfen.

39.3.3 Snort-Konfiguration – Ein Überblick

Die Konfiguration von `Snort` geschieht in der Voreinstellung dankenswerterweise in einer zentralen Datei: `/etc/snort/snort.conf`.

```
/etc/snort~nort.conf   [----]  0 L:[  1+ 0   1/724] *(0   /27641b)= #  35 0x23
#--------------------------------------------------
#   http://www.snort.org     Snort 2.3.3 Ruleset
#     Contact: snort-sigs@lists.sourceforge.net
#--------------------------------------------------
# $Id: snort.conf,v 1.144.2.11 2005/04/22 19:15:49 jhewlett Exp $
#
###################################################
# This file contains a sample snort configuration.
# You can take the following steps to create your own custom configuration:
#
#  1) Set the network variables for your network
#  2) Configure preprocessors
#  3) Configure output plugins
#  4) Customize your rule set
#
###################################################
# Step #1: Set the network variables:
#
# You must change the following variables to reflect your local network. The
# variable is currently setup for an RFC 1918 address space.
#
# You can specify it explicitly as:
#
1Hilfe 2 Speich3Markier4Ersetze5Kopiere6Verschi7Suchen 8Löschen9Menüs 10Beende
```

Abb. 39.10: Die Datei `/etc/snort/snort.conf` unter Etch

Die Datei wird in vier (bei *Lenny* in sechs) Konfigurationsschritte und weitere Unterabschnitte unterteilt.

Variablen

In Schritt Nr. 1 setzen Sie die grundsätzlichen Variablen für Ihr System. Vorneweg die bereits bekannte Variable HOME_NET, die Ihre eigenen IP-Adressen bzw. -Netze enthalten sollte. Im Umkehrschluss wird die Variable EXTERNAL_NET durch das Negationszeichen (!) definiert als alles andere außer HOME_NET:

```
var EXTERNAL_NET !HOME_NET
```

An diesem Beispiel sehen Sie auch, in welcher Form Variablen definiert werden – ohne Gleichheitszeichen aber durch ein Leerzeichen vom Wert bzw. von den (durch Komma getrennten) Werten.

> Unter *Lenny* stellen sich die Default-Werte der Variablen etwas anders dar, jedoch können Sie ebenfalls nach diesem Schema vorgehen, da es hier mehrere Wege zum Ziel gibt – die Konfigurationsdatei enthält eine ausführliche (wenn auch englischsprachige) Anleitung.

Snort bietet Ihnen die Möglichkeit, für alle möglichen Server IP-Adressen oder -Bereiche zu definieren. So können Sie zum Beispiel Regeln zur Ausnutzung von Schwachstellen von DNS-Servern nur dort überprüfen lassen, wo die Ziel-IP in der Variablen DNS_SERVERS auftaucht. Das erhöht die Performance, reduziert allerdings den Gesamtüberblick, da Angriffe, die nicht auf die definierten IPs gehen, nicht erkannt werden.

In der Voreinstellung haben alle Servervariablen den Wert HOME_NET. Möchten Sie dies ändern, können Sie eigene Werte angeben, zum Beispiel folgendermaßen:

```
var DNS_SERVERS 172.16.0.1,10.10.10.1
```

Das Gleiche gilt für Ports, die Sie ebenfalls über Variablen genau einschränken können, um die Effizienz der Regelbearbeitung von Snort zu erhöhen. So ist zum Beispiel standardmäßig eine Variable für den HTTP-Port definiert:

```
var HTTP_PORTS 80
```

Somit kann Snort speziell für diesen Port dedizierte Regeln für Webattacken durchgehen und durchforstet hierfür zum Beispiel nicht die Regeln für DNS-Angriffe.

Im anschließenden Abschnitt CONFIGURE THE SNORT DECODER können Sie bestimmte Alarmmeldungen des Snort-Decoders deaktivieren, indem Sie die vorbereiteten Konfigurationszeilen *einkommentieren*, sprich das Doppelkreuz (#) am Beginn der Zeile entfernen:

```
# config disable_tcpopt_experimental_alerts
```

Der Decoder ist dafür zuständig, die Layer-2-Informationen (zum Beispiel Ethernet-Header etc.) von den höheren Protokollen zu trennen. Findet er unvollständige oder fehlerhafte Informationen, schlägt er Alarm. Unter normalen Umständen gibt es keinen Grund, Alarmmeldungen des Snort-Decoders zu unterdrücken.

Im Abschnitt CONFIGURE THE DETECTION ENGINE können Sie lediglich festlegen, dass `Snort` sich einer Engine bedienen soll, die weniger Arbeitsspeicher nutzt – mit geringerer Performance, aber dafür auch auf alten Maschinen lauffähig ist.

Der darunterliegende Abschnitt CONFIGURE INLINE RESETS ermöglicht es Ihnen, aus Snort ein IPS, also ein Intrusion-Prevention-System zu machen. Dazu bedient sich `Snort iptables`, um unerwünschte Verbindungen dynamisch zu blocken. Diesen Modus von `Snort` nennt man »Inline-Mode«, da Snort hier direkt auf dem System installiert ist, durch das die Kommunikation geleitet wird. Ich gehe aus Platzgründen an dieser Stelle nicht näher darauf ein.

Die Präprozessoren

Nun folgt der zweite Schritt – unter *Etch* die Konfiguration der Präprozessoren (preprocessors). Hier können Sie bestimmen, welche Präprozessoren mit welchen Parametern eingesetzt werden sollen. Den grundsätzlichen Sinn dieser vorgeschalteten Filter habe ich Ihnen bereits erläutert.

> Unter *Lenny* fügt sich CONFIGURE DYNAMIC LOADED LIBRARIES als zweiter Schritt an. Hier müssen Sie jedoch in der Regel nichts anpassen, so dass ich an dieser Stelle nicht weiter darauf eingehen werde. Wir bleiben also bei der Vorgehensweise unter *Etch*. Bei *Lenny* ist dies nun der dritte Schritt.

Die Präprozessoren haben im Einzelnen verschiedene Funktionen. Hier einige Beispiele:

- `flow` – dieser Präprozessor dient dazu, Stateful-Inspection-Funktionalität in Snort zu zentralisieren. Damit wird es möglich, zusammenhängende Pakete im Sinne eines Angriffs zu erkennen. Zurzeit ist dies allerdings nur für Portscans implementiert – das Modul wird allerdings ständig weiterentwickelt.
- `frag2` – mit diesem Präprozessor werden fragmentierte Pakete wieder zusammengesetzt. Wird unter *Lenny* durch frag3 ersetzt.
- `stream4` – ebenfalls ein Stateful-Inspection-Modul, das durch *Session-Reassembly* einen Regelvergleich über zu einer Sitzung gehörende Pakete ermöglicht. `stream4` hat weitere Funktionalitäten und wurde ursprünglich als Abwehr gegen *Stick* erdacht. *Stick* versucht, durch jede Menge False Positives den wirklichen Angriff zu verschleiern.

Es gibt viele weitere Präprozessoren. In der Datei `/etc/snort/snort.conf` sind die Präprozessoren, deren Funktion und Parameter, ausführlich erläutert. Glücklicherweise können Sie diesen Bereich erst einmal unverändert belassen, da die Voreinstellungen eine gute Ausgangskonfiguration darstellen. Später steht es Ihnen frei, im Rahmen des Tunings Ihres ID-Systems die Präprozessoren zu optimieren.

Alert-Meldungen

Im nächsten Schritt, CONFIGURE OUTPUT PLUGINS, können Sie definieren, wohin Snort seine Meldungen schickt. Standardmäßig landen die Daten in `/var/log/snort/alert`. Sie können aber auch zum Beispiel eine Datenbank wie `MySQL` angeben, um die Meldungen in einer Tabelle zu speichern. Die Syntax wird ebenfalls in der Datei erläutert.

Regeln

In Schritt vier (je nach Version wird noch ein Schritt CONFIGURE SNORT WITH CONFIG STATEMENTS dazwischen geschoben) können Sie unter CUSTOMIZE YOUR RULE SET Einfluss darauf nehmen, welche Regelsets Snort mit einbinden soll. Die Regeln finden Sie bei Debian unter /etc/snort/rules/ thematisch entsprechend in Dateien sortiert. Einige sind per Default nicht eingebunden (zum Beispiel web-attacks, backdoor, shellcode u.a.), die Sie durch einen Befehl der folgenden Art einbinden können:

```
include $RULE_PATH/<Dateiname>
```

Seien Sie jedoch vorsichtig! Nehmen Sie experimentelle Regeln in Ihre Regelbasis auf, könnte dies zu vielen *False Positives* führen – je mehr *False Positives*, desto weniger ernst werden Sie die Warnmeldungen auf Dauer nehmen. Damit wächst die Gefahr, dass der eine echte Angriff nicht gesehen wird...

Wie sieht eine Snort-Regel nun eigentlich aus? Werfen wir einen Blick auf ein Beispiel für eine FTP-Regel aus /etc/snort/rules/ftp.rules:

```
alert tcp $EXTERNAL_NET any -> $HOME_NET 21 (msg:"FTP format string attempt";
flow:to_server,established; content:"%"; pcre:"/\s+.*?%.*?%/smi";
classtype:string-detect; sid:2417; rev:1;)
```

Die Regel beginnt mit der Regelaktion (alert), gefolgt von der Bedingung, die getestet wird (tcp $EXTERNAL_NET any -> $HOME_NET 21). Stimmen diese grundsätzlichen Parameter, wird die eigentliche Kommunikation – in diesem Fall auf Anwendungsebene – überprüft. Hier muss es sich um ein Paket zum Server handeln, das zu einer bereits existierenden Kommunikation gehört (flow:to_server,established). Entspricht der Inhalt (content) dem nachfolgenden String, wird die vorher angegebene Meldung (msg:"FTP format string attempt") ausgegeben.

Ich gebe zu, dies ist keine erschöpfende Erläuterung der Regelsyntax. Da es sich hier lediglich um eine Einführung handelt, kann ich das Thema aus Platzgründen jedoch nicht weiter vertiefen. Fühlen Sie sich bitte herzlich eingeladen, mit Hilfe der zahlreichen Internetquellen (ein guter Einstieg ist zum Beispiel http://www.snort.org) tiefer in die Materie einzusteigen und Ihr Snort-System perfekt auf Ihre Bedürfnisse abzustimmen.

39.3.4 Snort testen

Sollten Sie Snort einmal austesten wollen, bietet sich ein Selbsttest an. Sie können von einem anderen Rechner entweder einen nmap-Scan (http://insecure.org), einen Nessus-Scan (http://www.nessus.org) oder einen anderen Test dieser Art vornehmen. Diese Programme führen bestimmte Scans durch, die von einem simplen Portscan über Vulnerability-Scans bis hin zu kompletten Denial-of-Service-Attacks reichen. In jedem Fall sollte Snort einen Haufen Meldungen erzeugen, die Sie in Ruhe studieren können, um im Ernstfall zu wissen, wie eine Reaktion von Snort auf einen echten Angriff aussieht.

Die Meldungen finden Sie in der Voreinstellung in der Logdatei /var/log/snort/alert. Hier ein Beispiel:

```
[**] [122:1:0] (portscan) TCP Portscan [**]
01/13-14:03:09.281222 10.10.10.22 -> 10.10.10.1
PROTO255 TTL:0 TOS:0x0 ID:0 IpLen:20 DgmLen:159 DF
```

In diesem Fall habe ich von der IP-Adresse 10.10.10.22 mit `nmap` einen Portscan auf 10.10.10.1 gestartet. `Snort` erkennt den Scan und zeigt ihn als TCP Portscan an.

39.3.5 Snort updaten

Ein Signatur-basierendes Intrusion Detection-System ist nur so gut, wie die Regeln, auf denen es basiert. Somit kommt dem Update der Regelsets eine entscheidende Bedeutung zu.

`Snort` bietet hier mit `oinkmaster` (ja, das Paket heißt wirklich so!) die Möglichkeit, Updates automatisch herunterzuladen und einzubinden. Unter *Lenny* wird `oinkmaster` automatisch mit Snort installiert, bei *Etch* müssen Sie es nachinstallieren.

Sie installieren das Paket mittels `apt-get` wie üblich folgendermaßen:

```
# apt-get install oinkmaster
Paketlisten werden gelesen... Fertig
Abhängigkeitsbaum wird aufgebaut... Fertig
Die folgenden zusätzlichen Pakete werden installiert:
  libarchive-tar-perl libcompress-zlib-perl libhtml-parser-perl libhtml-tagset-
perl libhtml-tree-perl libio-zlib-perl
  liburi-perl libwww-perl
[...]
```

Wie Sie sehen, existieren zahlreiche Abhängigkeiten, die glücklicherweise automatisch aufgelöst werden. Unter `/etc/oinkmaster.conf` finden Sie die Konfigurationsdatei für den Dienst. Hier müssen Sie die Zeile für den Download-URL anpassen, da die mitgelieferte Datei einen veralteten URL angibt. Der zum gegenwärtigen Zeitpunkt aktuelle URL ist:

```
http://www.snort.org/pub-bin/downloads.cgi/Download/comm_rules/Community-Rules-
2.3.tar.gz
```

Anschließend können Sie `oinkmaster` folgendermaßen aufrufen, um die Regelsets zu aktualisieren:

```
# oinkmaster -o /etc/snort/rules/
```

Natürlich können Sie das regelmäßig per Hand durchführen – eleganter wäre es allerdings, einen Cron-Job einzurichten, was meinen Sie?

39.4 Zusammenfassung und Weiterführendes

Mit `Tripwire` und `Snort` existieren vollwertige ID-Systeme, die Sie gemäß der GPL frei verwenden können. Optimalerweise kombinieren Sie diese Produkte, um einen bestmöglichen Einbruchserkennungsschutz einzurichten.

Eine sehr interessante Variante ist, `Snort` im Zusammenspiel mit `iptables` als IPS einzurichten. Schauen Sie im Internet, zum Beispiel über `www.google.de`, nach den Begriffen »snort« und »ips« und durchforsten Sie bei Bedarf die vielen Forenbeiträge oder kaufen Sie den sehr anschaulichen Artikel über dieses Thema von `http://en.hakin9.org/?module=products&moduleAction=articleInfo&value=103`. Das Magazin *hakin9* ist *die* einschlägige IT-Security-Zeitschrift – sollten Sie tiefergehendes Interesse an IT-Security-Themen haben, bietet sich ein Abonnement an.

Desaster Recovery

Herzlich willkommen zum letzten – aber sicher nicht unwichtigsten – Kapitel dieses Buches! Im Teil V geht es um Serversicherheit. Da darf ein abschließendes Kapitel über *Desaster Recovery* nicht fehlen. Was aber verbirgt sich hinter diesem Begriff?

Im Grunde geht es darum, nach einem K-Fall eine möglichst schnelle und reibungslose Wiederherstellung des Systems zu ermöglichen. Desaster Recovery ist in ein umfangreicheres Thema namens *Business Continuity* eingebettet. Im Rahmen der Business Continuity werden alle Themen behandelt, die die Weiterführung des Betriebs als Ganzes gefährden können.

Egal, ob Sie als Administrator einen Intranetserver betreiben, auf dem wichtige Unternehmensdaten gespeichert sind, ob Sie einen Root-Server administrieren, der für mehrere Business-Domains zuständig ist oder ob Sie ein anderes System betreuen, von dem Geschäftsprozesse abhängen – in jedem Fall kann es mehr oder weniger fatale Auswirkungen haben, wenn die betreffenden Systeme eine längere Ausfallzeit haben.

Um dem zu begegnen, ist es essenziell, ein Desaster Recovery Plan (DRP) in der Schublade zu haben. Während alle anderen kopflos wie die aufgescheuchten Hühner durch die Gegend rennen, greifen Sie in jene Schublade, befolgen die einzelnen Punkte des Plans und stellen somit in kürzester Zeit die Systeme wieder her! Klingt fast schon zu gut? Dann lassen Sie uns schnellstens einen solchen Plan für Ihr(e) System(e) erstellen. Dazu behandeln wir die folgenden Themen:

- Inhalt des Notfallplans und Rahmenbedingungen
- Risikoanalyse
- Backups und Ausweichmöglichkeiten
- Wiederanlauf und Wiederherstellung
- Tests und Übungen

Die meisten Quellen zu DRPs beziehen sich auf größere Organisationen. Die Grundsätze sind jedoch auch ohne Weiteres auf kleine Institutionen bis herunter zum Administrator eines einzelnen Systems anwendbar.

40.1 Grundlagen

Bedienen wir uns nochmals unseres Szenarios des Architekturbüros Windschief. Stellen Sie sich vor, der Intranetserver, auf dem die meisten relevanten Unternehmensdaten liegen, ist plötzlich aufgrund eines Hardware-Defektes nicht mehr verfügbar. Mögliche (und scheinbar unmögliche) Gründe hierfür sind:

- Eine essenzielle Komponente (Netzteil, Festplatte, CPU oder Motherboard) geht kaputt.
- Durch einen Blitzeinschlag und einer anschließenden Stromspitze wird das System »gegrillt« - natürlich war kein Überspannungsschutz eingerichtet ...
- Ein scheidender Mitarbeiter hinterlässt einen »Abschiedsgruß« und installiert ein bösartiges Virus, das nicht nur die Dateien auf dem Server, sondern auch jene auf Freigaben von anderen Computern zerstört.
- Ein Feuer zerstört das Bürogebäude.

Bei der Aufzählung der möglichen Gründe für einen Ausfall des Servers sind der Fantasie keine Grenzen gesetzt. Leider sind die hier genannten Gründe keinesfalls so unwahrscheinlich, wie man sich das wünschen würde.

Wie auch immer: in jedem Fall wird der Server zunächst unbrauchbar. Die entscheidende Frage ist nun, wie es bewerkstelligt werden kann, dass der Ausfall dieses Servers eine möglichst geringe Auswirkung auf die Arbeitsfähigkeit der Mitarbeiter hat. Dabei ist es für den DRP zunächst einmal egal, mit welchen Mitteln das passiert.

Konkret könnte das zum Beispiel bedeuten, dass – als Alternative zur sofortigen Reparatur des defekten Servers – die Benutzer zunächst lokal mit den für sie jeweils relevanten Dateien arbeiten. Parallel wird der Server instandgesetzt und zum nächstmöglichen Zeitpunkt wieder in den Produktivbetrieb eingebunden. Doch egal wie – wir brauchen einen Plan, wie es nach dem Ausfall des Servers weitergeht ...

> Im Rahmen der Bestimmungen zu *Basel II* (Eigenkapitalvorschriften, die vom *Baseler Ausschuss für Bankenaufsicht* entworfen wurden) wird es zunehmend auch für kleine und mittlere Unternehmen wichtig, die operationellen Risiken zu minimieren, da die Banken dazu verpflichtet sind, diese in Bezug auf Kreditvergabe genauer zu prüfen. Da die IT-Systeme und Datenhaltung heutzutage in fast jedem Betrieb eine zentrale Rolle spielt, sind die Banken gehalten, auch hier die getroffenen Vorsichtsmaßnahmen genau unter die Lupe zu nehmen.

40.2 Inhalt eines Notfallplans

Bevor wir uns an die Erstellung eines Notfallplans machen, müssen wir uns darüber klar sein, was überhaupt Bestandteil eines solchen Plans ist. In jedem Fall sollten Sie im Unternehmensumfeld folgende Fragestellungen beantworten:

40.2.1 Verantwortlichkeiten

Sind Sie als Administrator ein Einzelkämpfer in einem kleinen Unternehmen wie dem Architekturbüro Windschief, wird sich die Verantwortlichkeit in weiten Bereichen vermutlich auf Sie und – bezüglich bestimmter Entscheidungen – auf Ihren Chef, Herrn Windschief bzw. seinem Prokuristen, Herrn Dr. Pfeiler konzentrieren. In größeren Unternehmen werden die Verantwortlichkeiten in der Regel auf verschiedene Administratoren und Entscheidungsträger verteilt sein. Hier ist ein höherer Planungsaufwand notwendig.

40.2.2 Führung

Dieser Punkt hängt eng mit dem vorher genannten zusammen. In größeren Unternehmen sollte ein Krisenstab definiert werden, der im K-Fall die Koordination aller Maßnahmen übernimmt. In kleineren Umgebungen – Architekturbüro Windschief – wird es wohl reichen, wenn sich der Administrator mit dem Chef bzw. seinem Stellvertreter abspricht. Gibt es eine tiefere Hierarchie, sollten alle Verantwortungsträger einbezogen werden. Wichtig ist in jedem Fall, dass es eine klare Führungsstruktur gibt. Diese hilft dabei, die in Krisen übliche Verwirrung zu begrenzen und die Kooperation zu verbessern.

40.2.3 Prioritäten

Es muss klar geregelt sein, wo die Prioritäten liegen. Alle kritischen Komponenten müssen mit höchster Priorität wieder hergestellt werden, andere, unwichtigere, können und müssen hinten angestellt werden. Die Reihenfolge der Handlungsschritte für den Wiederanlauf des Geschäftsbetriebs sollte klar definiert sein, damit nicht untergeordnete Arbeiten vor den essenziellen Arbeitsschritten durchgeführt werden.

40.2.4 Handlungsschritte

Gemäß der identifizierten Risiken (s.u.) und deren Eintrittswahrscheinlichkeit müssen entsprechende Maßnahmen definiert werden, die durchzuführen sind, wenn die Risiken eingetreten sind. Diese sollten so detailliert wie möglich die notwendigen Handlungsschritte beinhalten, damit im K-Fall ein klarer Handlungsleitfaden vorliegt.

40.2.5 Test und Aktualisierung

Es ist schön, einen DRP zu haben. Allerdings müssen Ausfallszenarien auch simuliert und die entwickelten Verfahren getestet und ggf. angepasst werden. In dem Maße, wie sich die Konfiguration und Struktur der betreffenden IT-Systeme verändert, muss auch der DRP angepasst werden.

Ausfallszenarien und -Tests müssen regelmäßig eingeplant werden. Je nach Anwendungsfall sollten Wiederherstellungstests und Updates des DRP viertel- bis halbjährlich stattfinden. Dies dient auch der persönlichen Ausbildung, um im Ernstfall ohne Hektik überlegt und zielgerichtet handeln zu können.

> Ein von mir auch in großen Unternehmen häufig beobachtetes Phänomen ist Aktionismus auf Managementebene. Die Verantwortlichen geben aus Angst, gar nichts tun zu können, per Schnellschuss aus der Hüfte Anweisungen an ihre Mitarbeiter aus, wie ein Ausfall zu behandeln ist, und lassen teilweise sinnlose Maßnahmen durchführen. Hier ist besonnenes Analysieren und Handeln gefragt. Ein DRP sorgt für die notwendige Handlungssicherheit.

40.3 Risikoanalyse

Der Ausfall eines zentralen Systems ist in der Regel ein drastischer Einschnitt in die Betriebsfähigkeit eines Unternehmens. Stellen Sie sich einen Online-Shop vor, dessen Server down ist – eine Katastrophe für den Betreiber!

Oder nehmen Sie das Architekturbüro Windschief: Fällt der zentrale Intranetserver aus, bedeutet das weitgehende Arbeitsunfähigkeit für die meisten Mitarbeiter, da sie nicht mehr an ihre Daten kommen.

Dagegen sind Ausfälle anderer Systeme vielleicht nicht so kritisch einzustufen. Fällt zum Beispiel der Root-Server mit der Internetpräsenz und dem Mail-Server der Domain `windschief.local` (die TLD ist in einem echten Szenario natürlich zu ersetzen) aus, ist das zwar hinderlich und ärgerlich, je nach Abhängigkeit des Unternehmens von den Internetdiensten WWW und Mail jedoch nicht in der gleichen Weise katastrophal wie der (temporäre) Verlust aller arbeitsrelevanten Daten.

Die Beispiele sollen Ihnen verdeutlichen, dass das betriebliche Risiko bzw. die Auswirkung beim Ausfall eines Systems ganz unterschiedlich zu bewerten ist.

> In professionellen Umgebungen wird zum Zwecke der Risikoanalyse ein Workshop mit den Administratoren für ein bestimmtes (Sub-)System durchgeführt. Dabei moderiert der für *Operational Risk Management* Verantwortliche die Gesprächsrunde, führt Befragungen und Abstimmungen durch. Daraus entsteht ein rundes Bild über die Wichtigkeit der Systeme und deren Bedrohungen, woraus der Sicherheits- und Handlungsbedarf abgeleitet werden kann.

Der erste Punkt in einer Risikoanalyse sollte die Einstufung der vorhandenen Systeme in *kritisch* (5), *sehr wichtig* (4), *wichtig* (3), *weniger wichtig* (2) und *nachrangig* (1) sein.

Für alle Einstufungen sollten Sie maximale Ausfallzeiten festlegen, die keinesfalls überschritten werden sollten. Daraus ergibt sich nebenbei auch die Reaktionszeit für die Wiederherstellung.

Anschließend werden die Bedrohungen identifiziert. Hier einige der wichtigsten:

- Hardware-Ausfall (zum Beispiel Festplatte)
- Vorsätzlich oder versehentlich falsche Bedienung (Konfiguration, Datenmanipulation o.Ä.)
- Virenbefall
- Einbruch (Systempenetration)
- Denial-of-Service-Angriff
- Höhere Gewalt (Blitz, Überschwemmung, Brand)

Es gibt mit Sicherheit weitere wichtige Bedrohungen, jedoch lassen sich die meisten von ihnen mit denselben Maßnahmen behandeln, wie jene, die für die oben genannten Gefahren festzulegen sind.

Nun können Sie anhand von vorhandenen Statistiken oder eigenen Erfahrungen die Eintrittswahrscheinlichkeiten der Bedrohungen einschätzen. Diese werden ebenfalls mit einer Wichtung von 1 (sehr unwahrscheinlich) bis 5 (hohe Wahrscheinlichkeit) bewertet.

Aus der Wichtigkeit der Systeme und den identifizierten gewichteten Bedrohungen lässt sich der Schutzbedarf herleiten. Hier ein praktisches Beispiel:

1. Der Intranetserver des Architekturbüros Windschief wird mit *kritisch* eingestuft. Dies entspricht einer Wichtung von 5. Da der Server zurzeit noch nicht redundant ausgelegt

ist und ein Hardware-Ausfall als relativ wahrscheinlich (Wichtung 5) gewertet wird, ergibt sich in diesem Punkt eine Wichtung von 5 * 5 = 25.

2. Der Root-Server mit der Internetpräsenz und dem Mail-Server von Windschief wird mit 3 (wichtig) bewertet. Die Gefahr eines Hardware-Ausfalls ist hier relativ gering, da der Server in einem Rechenzentrum steht und dort professionell gewartet wird. Sie wird mit 2 gewichtet. Zusammen ergibt sich für diesen Punkt eine Wichtung von 3 * 2 = 6.

Hieraus lässt sich eine übersichtliche Matrix erstellen, die die Systeme (zum Beispiel auf der Y-Achse) den möglichen Bedrohungen (auf der X-Achse) gegenüberstellt. Im Ergebnis lässt sich für jedes System und jede identifizierte Bedrohung der Schutzbedarf ablesen.

Auch in kleineren Umgebungen sollten Sie zumindest an dieses Verfahren angelehnt einmal gründlich über Risiken und Auswirkungen auf Ihre IT-Systeme nachdenken. Sie erhalten eine gute Übersicht über den IST-Zustand und können gezielt Maßnahmen ergreifen, um einerseits den Gefahren vorbeugend zu begegnen und andererseits einen geeigneten Maßnahmenkatalog für den Eintrittsfall bestimmter Bedrohungen zu erstellen.

40.4 Backups und Ausweichmöglichkeiten

Wenn Sie »Backup« hören, denken Sie vermutlich zunächst an Software-Backups Ihrer Daten. Unter Backup ist aber auch zum Beispiel Hardware zu verstehen, die als Ersatz unter dem Tisch des Administrators steht. Hier ein Beispiel:

Eine preiswerte Möglichkeit, den Intranetserver von Windschief abzusichern, besteht darin, einen preisgünstigen, aber noch ausreichend dimensionierten PC mit denselben Diensten wie dem Original zu bestücken und entsprechend vorzukonfigurieren. Fällt der echte Server nun aus, ziehen Sie als Administrator den Zweitrechner unter dem Tisch hervor, stöpseln ihn ans Netz an, ändern ggf. noch einige wenige Konfigurationsdetails (IP-Adresse, Gateway etc.) und spielen das letzte verfügbare Daten-Backup ein. Bei entsprechender Vorarbeit und Vorbereitung sowie regelmäßigen Backups in kurzen Intervallen dürfte die Ausfallzeit auf diese Weise auf unter eine Stunde reduziert werden. Der Datenverlust ist minimal.

Einen solchen Server bezeichnet man als *Cold-Standby*. Er muss bei einem Ausfall zwar zunächst betriebsbereit gemacht werden, stellt aber dafür eine recht preisgünstige Variante zur Ausfallabsicherung dar.

Noch günstiger wäre die Variante, bei der der Administrator die Daten aus dem Backup zunächst auf seiner Workstation einspielt und entsprechende Freigaben macht, um die Arbeitsfähigkeit wiederherzustellen.

Um ehrlich zu sein: Für ein kritisches System sollte nach Möglichkeit eine bessere Ausfallsicherheit geschaffen werden. Optimalerweise wird ein solches System als HA-Cluster betrieben, wobei HA für »High Availability«, also Hochverfügbarkeit, steht. Fällt das primäre System aus, übernimmt das sekundäre System automatisch und unmittelbar ohne Eingriff des Administrators. Die Daten werden permanent zwischen beiden Systemen synchronisiert, so dass der Anwender im Regelfall nichts von dem Ausfall mitbekommt. Datenverlust gibt es hier normalerweise keinen.

Das zweite System wird als *Hot-Standby* bezeichnet. Charakteristisch ist, dass es jederzeit den Betrieb übernehmen kann, ohne dass noch Konfigurationsarbeiten notwendig werden.

Was aber passiert, wenn das Gebäude abbrennt und alle Systeme unbrauchbar werden? Hier ist guter Rat teuer!

Davon ausgehend, dass zumindest ein minimaler Betrieb möglichst schnell wieder aufgenommen werden soll, muss ein Ersatzarbeitsplatz zur Verfügung stehen, der bei Bedarf schnellstmöglich arbeitsfähig gemacht werden muss. So könnte Herr Windschief zum Beispiel drei PCs zu Hause unter dem Tisch in einer Ecke stehen haben, die bereits mit den notwendigen Anwendungen installiert und konfiguriert wurden, so dass zumindest drei Mitarbeiter bei Herrn Windschief zu Hause für eine Weile weiterarbeiten können. Voraussetzung hierfür ist natürlich, dass die Backups nicht im Büro oder wenn, dann in einem feuersicheren Tresor gelagert wurden.

Sie halten das für zu weit hergeholt? Vielleicht ist es das – aber nur so lange, bis es Ihnen tatsächlich einmal passiert! Eine hundertprozentige Sicherheit gibt es nicht, aber Sie sollten hier nicht am falschen Ende sparen. Je nach Auswirkung eines K-Falles kann dies die gesamte Existenz kosten!

40.5 Beispiel: Desaster-Recovery-Plan für das Architekturbüro Windschief

Zunächst ein wichtiger Hinweis:

Bei der Erarbeitung eines DRPs ist es absolut essensiell, dass Sie die Rückendeckung der Geschäftsleitung haben! Alle Maßnahmen, die Sie planen, müssen von der Geschäftsleitung abgesegnet sein. Bei der Erstellung des Plans sollten Sie sich mit allen Verantwortlichen absprechen und niemanden übergehen – denn dies könnte sich durch Nicht-Akzeptanz rächen, die Ihnen im Ernstfall Ihre schöne Planung vollkommen über den Haufen wirft! Prozesse sind nur so viel wert, wie sie auch im Unternehmen »gelebt« werden.

Zur Sache: Es gibt viele Ansätze, einen DRP zu erstellen. Je nach Komplexität der Systeme bzw. der Organisation muss dieser Plan in monatelanger Kleinarbeit zusammengestellt, verfeinert und optimiert werden. Ich möchte Ihnen hier einmal einen Auszug eines sehr einfach und pragmatisch gehaltenen Desaster-Recovery-Plans für das Architekturbüro Windschief vorstellen. Der Plan erhebt keinen Anspruch auf Vollständigkeit und erfüllt sicher nicht die formalen Erfordernisse größerer Unternehmen (Versionskontrolle, Formatierung etc.). Betrachten Sie ihn als Einführung und als Anregung für eigene Überlegungen.

Desaster-Recovery-Plan – Architekturbüro Windschief

1. *Zielsetzung:*

Dieses Dokument dient der Anleitung zur systematischen Wiederherstellung kritischer IT-Systeme des Architekturbüros Windschief nach einem Ausfall.

2. Verantwortliche und Ansprechpartner:

Im Falle eines Ausfalls eines der weiter unten genannten Systeme sind die folgenden Personen unverzüglich zu informieren:

- Herr Windschief (Geschäftsführung), Tel. 0123
- Herr Dr. Pfeiler (Prokurist), Tel. 4567
- Herr/Frau *IchbinhierderAdmin* (Administrator, technischer Ansprechpartner), Tel. 8901

3. Betrachtete IT-Systeme und Wichtung

Die für das Architekturbüro Windschief als betriebskritisch bewerteten Systeme und deren Wichtung werden im Folgenden genannt. Hierbei gelten folgende Einstufungen und daraus resultierende Ausfalltoleranzen:

Wichtung	Bedeutung	Ausfalltoleranz
1	nachrangig	< 5 Arbeitstage
2	weniger wichtig	< 1 Arbeitstag
3	wichtig	< 8 Stunden
4	sehr wichtig	< 5 Stunden
5	kritisch	< 2 Stunden

Die kritischen Systeme werden wie folgt benannt:

Systembezeichnung und -Funktion	Wichtung
Intranetserver (Kommunikationsserver)	5
Gateway (DSL-Router)	4
Root-Server (WWW und Mail)	3

4. Vorbeugende Maßnahmen

Im Folgenden werden alle Maßnahmen genannt, die zu treffen sind, um einem Ausfall vorzubeugen bzw. eine optimale Wiederherstellung mit minimaler Anlaufzeit zu gewährleisten:

Bezeichnung	Maßnahme
Cold-Standby-Server	Ein installierter und vorkonfigurierter Server steht bereit, um im Notfall die wesentlichen Funktionen des Intranetservers übernehmen zu können.
Daten-Backups	Entsprechend der Sicherungsstrategie werden regelmäßig Vollbackups und inkrementelle Backups von allen unter 3. genannten Systemen erstellt, so dass sich der Datenverlust auf maximal einen Tag begrenzt. Die Backups werden im feuerfesten Panzerschrank aufbewahrt. Die Kombination ist dem Geschäftsführer und seinem Prokuristen bekannt. Eine wöchentliche Vollsicherung wird beim Geschäftsführer gelagert.

Bezeichnung	Maßnahme
USV	Sowohl der Intranetserver als auch das Gateway sind durch eine USV vor plötzlichen Stromunterbrechungen oder Überspannungen geschützt.
Wartungsvertrag	Der Provider des Root-Servers garantiert eine Verfügbarkeit von 99,3 Prozent.
Schulung	Durch regelmäßige Ausfalltrainings im Halbjahreszyklus werden alle Mitarbeiter einschließlich der Verantwortlichen für einen Notfall geschult und über Notfallpläne informiert.
Sicherheitssoftware	Zur Vermeidung von Angriffen und Schädlingsbefall sind auf dem Gateway und auf den Workstations Firewalls mit restriktivem Regelwerk und Virenschutzprogramme installiert, die automatisch aktualisiert werden.
Backup-Arbeitsplätze	Im Falle eines Komplettausfalls der gesamten IT-Infrastruktur im Büro existieren drei mit den notwendigen Applikationen installierten und konfigurierten PCs und Arbeitsplätze im Haus vom Geschäftsführer, mit denen übergangsweise ausgewählte Mitarbeiter arbeiten können.

5. *Notfallmaßnahmen*

Für verschiedene Bedrohungen existieren unterschiedliche Maßnahmenkataloge. Alle nicht genannten Ausfallszenarien sind den aufgeführten Szenarien zuzuordnen und können analog behandelt werden.

Intranetserver

Nachfolgend werden Maßnahmen zur Behandlung der genannten Bedrohungen aufgezählt:

Diebstahl

1. Backup-Server aufstellen, anschließen und konfigurieren
2. neuestes Backup einspielen
3. Clients in die neue Domäne einfahren
4. Zugriff auf alle relevanten Daten testen

Einbruch (System-Penetration)

1. Server schnellstmöglich vom Netz trennen
2. Backup-Server in Produktion nehmen, wie unter Szenario *Diebstahl* geschildert
3. Mit forensischen Techniken wird der Einbruchsweg verfolgt und die Sicherheitslücke geschlossen
4. Der Server ist situationsabhängig entweder nach gründlicher Desinfektion wieder in Betrieb zu nehmen oder vorzugsweise neu aufzusetzen.

Denial-of-Service

Die Handlungsschritte sind analog zum Szenario *System-Penetration*. Die Analyse konzentriert sich hierbei auf die Herkunft des Angriffs und der Schwachstelle, die umgehend zu beheben ist.

Virenbefall

1. Server schnellstmöglich vom Netz trennen
2. Check aller Clients auf möglichen Virenbefall
3. Backup-Server in Produktion nehmen, wie unter Szenario »Diebstahl« geschildert
4. Analyse, warum der Schädling das Netzwerk befallen konnte, ggf. Isolierung und Benachrichtigung des AV-Herstellers
5. Wenn vollständige Beseitigung zuverlässig möglich, Original-Server anschließend wieder in Betrieb nehmen.

Gateway

[...]

An dieser Stelle wollen wir aus dem (sich nun inhaltlich weitgehend wiederholenden) DRP aussteigen. Für die übrigen Systeme *Gateway* und *Root-Server* sind analog hierzu entsprechend den Bedrohungsszenarien Maßnahmen abzuleiten und systematisch anzuführen.

Im Anschluss halten Sie einen DRP in den Händen, der Ihnen im Notfall eine effiziente Wiederherstellung der Arbeitsfähigkeit ermöglicht. Voraussetzung hierfür ist natürlich, dass die entsprechenden Maßnahmen wie zum Beispiel Hard- und Software-Backup, Firewall und Virenschutz, Ausfalltraining etc. vorher getroffen wurden.

Abgesehen von den Forderungen im Rahmen von Basel II ist ein DesasterRecovery-Plan nicht nur ein effizientes Werkzeug zur Sicherstellung der Business Continuity sondern auch sehr hilfreich, um ruhig schlafen zu können. Lassen Sie sich diese Beruhigungspille nicht entgehen ... ;-)

Tobias Wassermann

Postfix

- **Alle Optionen der main.cf auf einen Blick**
- **Konfiguration von SASL & TLS**
- **Content-Filtering mit amavisd**

Postfix GE-PACKT – die praktische Referenz

Postfix Ge-Packt ist das ideale Arbeitswerkzeug für den Betrieb eines stabilen, performanten Mailservers. Es richtet sich insbesondere an Administratoren, die bereits Erfahrung mit Postfix haben, konkrete Details jedoch zügig nachschlagen möchten.

Es werden u. a. folgende Inhalte behandelt:

- alle Konfigurationsoptionen der main.cf
- Datenbankanbindung, Transporte und Autoresponder
- Blacklists, SASL und TLS/SSL
- amavisd, SpamAssassin und ClamAV
- Warteschlangenverwaltung mit qmgr, postqueue u.a.
- Test und Troubleshooting

Die hochstrukturierte Aufbereitung und der umfassende Index ersparen Ihnen ab sofort die zeitraubende Suche nach benötigten Informationen. Sie werden Ihr *Postfix Ge-Packt* nicht mehr missen wollen!

Probekapitel und Infos erhalten
Sie unter: **www.it-fachportal.de**

ISBN 978-3-8266-1557-3

Stichwortverzeichnis

Symbole

A

D

E

F

G

H

I

J

K

Q

R

T

U

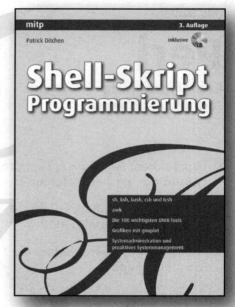